아랍인의 역사

A History of The Arab Peoples
by Albert Hourani

아랍인의 역사

앨버트 후라니 지음

김정명 · 홍미정 옮김

심산

옥스퍼드 대학 세인트 안토니 칼리지의

동료들과 제자들에게

머리말

이 책의 주제는 이슬람 세계 가운데 아랍어가 통용되는 지역의 역사다. 다루는 시기는 이슬람 성립 시기부터 오늘날까지다. 그러나 일부 시기와 관련해서는 부득이 주제 범위를 벗어나야 했다. 초기 칼리파 제국 시기, 오스만 제국 시기, 유럽의 무역과 제국 확장 시기 등이 이러한 경우에 속한다. 어떤 이는 이 책이 다루는 주제의 범위가 지나치게 방대하거나 또는 지나치게 협소하다고 비판할 수 있을 것이다. 또한 마그립 지역은 역사적으로 중동 지역과 차이가 난다거나 또는 아랍어 통용 지역이 기타 이슬람 국가들과 분리될 수 없다는 사실을 지적할 수도 있다. 그러나 어느 지점을 골라 경계를 짓는 일은 반드시 필요하며, 따라서 본인은 그 경계를 선택할 수밖에 없었다. 물론 그 원인의 일부는 본인의 무지 탓이라는 점도 인정하는 바다. 본인은 이 책이 아랍 세계가 지역적 차이에도 불구하고 공통의 역사 경험을 갖는다는 사실을 보여주길 희망한다. 아랍 세계는 이러한 공통성 때문에 하나의 틀로써 사고하고 기술하는 것이 가능하다고 생각한다.

이 책은 앞서 언급한 주제를 처음 공부하는 학생이나 아랍 역사에 대해 알고 싶어 하는 일반 독자를 대상으로 한다. 전문가들이라면 저자가 한 권의 책에서 언급하고 있는 방대한 내용이 다른 학자의 연구 결과에 의존하고 있다는 점을 쉽게 간파할 수 있을 것이다. 본인은 다른 학자들이 제시한 연구물의 견해를 따르면서 동시에 핵심적인 사실을 전하고 이에 대해 해석하려고 노력했다. 본문에서 인용한 저작물들의 일부 목록은 참고문헌에 언급해 놓았다.

이 책을 집필할 수 있도록 격려해 주고 출판 업무를 처리해 주었던 패트릭 실에게 먼저 감사드리고 싶다. 아울러 원고를 읽고, 오류를 수정해 주고, 개선을 위해 조언을 아끼지 않은 나의 동료들 패트리샤 크론, 폴 드레쉬, 레일라 파와즈, 코넬 플레이셔, 고故 마틴 하인즈, 찰스 잇사위, 타리프 칼리디, 필립 코우리, 아이라 라피두스, 빌페르트 마델룽, 바심 무살람, 로빈 오슬레, 로저 오웬, 마이클 로저스, 메리 윌슨 등에게도 감사의 뜻을 전한다. 이 가운데에서도 특히 폴 드레쉬에게 각별한 경의를 표한다. 그는 뛰어난 통찰력과 방대한 지식으로 나와 사상적 교분을 나누었다.

그 밖에도 많은 동료와 친구들이 집필에 필요한 정보를 내게 전해 주었는데, 특히 줄리안 발딕, 칼 바르비르, 투르칸 간제이, 이스라엘 게르쇼니, 베네티아 포터 등이 많은 도움을 주었다.

정성을 다해 능숙한 솜씨로 원고를 타이핑해 준 엘리자베스 불록, 파버 앤 파버 출판사에서 편집을 담당한 윌 설킨과 존 보들리, 지도를 제작한 존 플라워, 난해한 원고를 세심하고 현명하게 교열해 준 브렌다 톰슨, 주석들을 꼼꼼하게 수정해 준 브라이언 아브라함, 색인을 작성해 준 힐러리버드 등에게도 감사의 뜻을 전한다.

아랍 원문은 저자 본인과 다른 전문가들이 직접 번역을 했거나 기존의 번역문들을 인용한 것이다. 여러 책들로부터 번역문이나 본문 내용을 인용할 수 있도록 허락해 준 아래의 출판사 관계자 분들께 사의를 표한다.

- 케임브리지 대학교 출판부 : 알베리A. J. Arberry의 번역서 ≪아랍시선 *Arabic Poetry*≫(1965)과 ≪알 무타납비 시집 *Poems of al-Mutanabbi*≫(1967), 윌리엄스John A. Williams의 번역서 ≪알 따바리 : 초기 압바스 제국 제1권 *Al-Tabari : the Early Abbasid Empire, Vol. I*≫(1988).
- 컬럼비아 대학교 출판부 : 살마 카드라 자이유시Salma Khadra Jayyusi 편집의 ≪현대 아랍 시선 *Modern Arabic Poetry*≫(ⓒ Columbia University Press, New York, 1987)에 게재된 크리스토퍼 미들턴Christopher Middleton)과 레나 자이유시Lena Jayyusi가 번역한 바드르 샤키르 알 사이얍Badr Shakir al-Sayyab의 시.
- 에든버러 대학교 출판사 : 조지 마크디시George Makdisi의 저서 ≪대학의 출현 *The Rise of Colleges*≫(1981).
- 쿼테트 출판사Quartet Books : 데니스 존스톤 데이비스Denys Johnston-Davies가 번역한 알리파 리파아트Alifa Rifaat의 ≪멀리서 본 미나레트 *Distant View of a Minaret*≫(1983).
- 뉴욕 주립대학교 출판부 : 야르-샤터E. Yar-Shater가 편집한 윌리엄스 번역의 ≪따바리의 역사서 *The History of al-Tabari*≫ 제27권인 ≪압바스 왕조 혁명 *The 'Abbasid Revolution*≫(ⓒ State University of New York, 1985).
- 언윈 하이맨 출판사Unwin Hyman Limited : 알베리의 ≪꾸란 번역 *The Koran Interpreted*≫(ⓒ George Allen and Unwin Limited, 1995).
- 웨인 주립대학교 출판부 : 라스너J. Lassner의 번역서 ≪중세 초기 바그다드 지형도 *The Topography of Baghdad in the Early Middle Ages*≫(1970).

일러두기

■ 지명

방대한 기간을 다루는 책을 저술하면서 지명의 표기 방식에 대해 원칙을 정하지 않을 수 없었다. 먼저 지리적 단위를 가리키면서 과거에는 존재하지 않았던 현대 국가의 이름을 사용했다. 책 전체에서 지명의 표기 방식을 일관되게 유지하는 것이 시기마다 바꾸는 것보다 편리하다고 여겼기 때문이다. 예를 들어, 북아프리카의 특정 지역을 지칭하기 위해 '알제리'Algeria라는 지명을 사용했는데, 사실 알제리라는 명칭은 근세기에 들어서서야 처음 생겨난 용어다. 대체적으로 본인은 영어권 독자들에게 익숙한 표기 방식을 우선시했다. 예를 들어 '북서아프리카'North-west Africa보다는 '마그립'Maghrib이 아마 더 친숙한 용어일 것이다. 그에 반해 '마슈리끄'Mshriq는 친숙하지 않은 표현이기 때문에 '중동'Middle East이라는 용어를 택했다. 한편 '이베리아 반도의 이슬람 지역'은 '안달루스'Andalus라는 용어로 표기했는데, 그 이유는 구句보다는 한 단어를 사용하는 것이 간편하기 때문이다. 과거 독립 주권 국가가 탄생하기 이전의 지역을 가리키기 위해 오늘날의 국명을 사용하는 경우가 있다. 이 경우 국명은 대략 그 지역을 가리킨다. 그러나 현대 시기에서 국명을 언급할 경우에는 정확히 그 국가의 영토를 가리킨다. 예를 들어, 이 책 대부분에서 '시리아'Syria라는 지명은 공통의 자연적 사회적 특성을 가지며 같은 역사 경험을 지닌 지역에 대한 개념으로 사용된다. 그러나 제1차 세계대전 이후를 다루는 대목에서 이 지명은 그 이후 등장한 국가적 단위인 시리아만을 뜻한다. 물론 이러한 용례가 국가의 존재나 국경 문제와 관련한 정치적 판단에서 나온 것이 아님은 두말할 나위 없다.

이 책에서 사용되고 있는 주요 지리적 명칭은 〈지도 1〉에 표시되어 있다.

■ 철자 표기

- 영어식으로 익숙해져 있는 낱말이나 이름은 그대로 사용했다. 아랍어 낱말이나 이름을 음역音譯할 때는 ≪국제 중동학회지International Journal of Middle East Studies≫에서 사용되는 간단한 표기 방식을 따랐다.
- 발음 구별 부호는 하나도 사용하지 않았다.
- 아랍 글자 아인'ayn은 [']으로 그리고 함자hamza는 [']로 표기했다. 그러나 이런 식으로 표기하는 것은 단어 중간에서 사용되는 경우에만 국한했다(단어를 발음할 때, 아랍어에

관심이 없는 독자는 위에 언급한 두 가지 표기법을 무시하고 읽어도 좋다).

- 복수형을 영어식으로 표기하기 위해 단어 끝에 s를 덧붙였다. 그러나 종교학자를 뜻하는 알림'alim만은 예외적으로 울라마'ulama라는 복수형을 사용했다.
- 단어 중간에 모음이 겹쳐 나올 때는 -이야(-iyya) 또는 -우와(-uwwa) 그리고 이중모음은 -아우(-aw)와 -아이(-ay)로 표기한다.
- 아랍식 이름을 처음 사용할 때는 정관사 알-(al-)을 표기하지만 그 다음에는 생략한다 (예 : al-Ghazali, Ghazali).
- 일반적으로 터키식 이름과 낱말은 현대 터키어의 표기법을 따른다.

■ 날짜 표기

이슬람 초기부터 무슬림들은 기원후 622년 예언자 무함마드가 메카에서 메디나로 이주한 때를 기준으로 날짜를 표기해 왔다. 이 같은 이주 사건을 아랍어로 헤지라*hijra*라고 부르는데, 유럽인들은 헤지라력曆을 보통 AH라는 약어로 표시한다.

이슬람력에서 사용하는 1년의 길이는 기독교권에서 사용하는 양력과 차이가 난다. 서양력은 지구가 태양을 완전히 한 바퀴 도는 것을 1년의 기준으로 삼으며, 그 길이는 대략 365일이다. 이슬람력에서는 1년이 12개월로 이루어져 있는데, 1개월은 달이 지구를 완전히 한 바퀴 도는 것을 기준으로 한다. 이같이 이슬람력은 음력 체계로 이루어져 있기 때문에 1년의 길이가 양력에 비해 11일 짧다.

이슬람력을 기독교식 양력으로 또는 그 반대로 바꾸는 계산법에 대해서는 프리먼 그렌빌G. S. P. Freeman-Grenville의 ≪이슬람력과 기독교력The Muslim and Christian Calendars≫(London : R. Collings, 1977)을 참고하기 바란다.

- 일반적으로 날짜는 기독교식 양력으로 표기한다. 그러나 문맥상 이슬람식 날짜나 세기世紀를 써야 할 필요가 있을 때는 이슬람력으로 표기한다.
- 군주의 경우 즉위일과 사망일(또는 폐위된 날)을 병기한다. 그 밖의 인물들은 출생일과 사망일을 병기한다. 출생일을 알 수 없을 때는 사망일만 적는다(예 : 1456년 사망). 인물이 아직 살아있는 경우에는 출생일만 적는다(예 : 1905년 출생). 정확한 날짜를 모르고 대략적으로만 알 때는 c.를 사용한다(예 : c.1307~1358).

차례

지도 차례

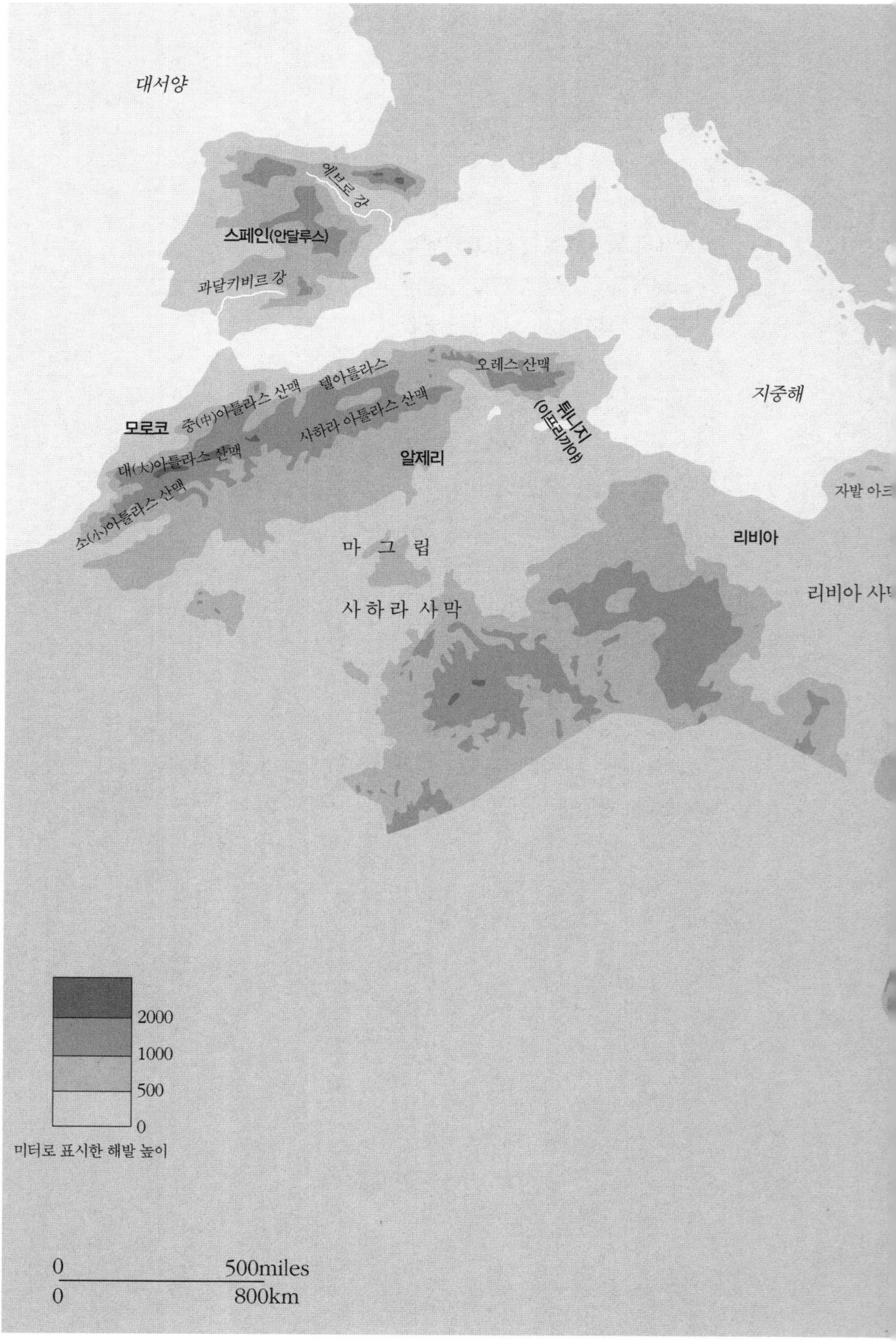

대서양
에브로 강
스페인(안달루스)
과달키비르 강
오레스 산맥
텔아틀라스
중(中)아틀라스 산맥
사하라 아틀라스 산맥
모로코
대(大)아틀라스 산맥
소(小)아틀라스 산맥
알제리
튀니지
(이프리키야)
지중해
자발 아크
리비아
마 그 립
사하라 사막
리비아 사
2000
1000
500
0
미터로 표시한 해발 높이
0 500miles
0 800km

1. 중동과 마그립 지역

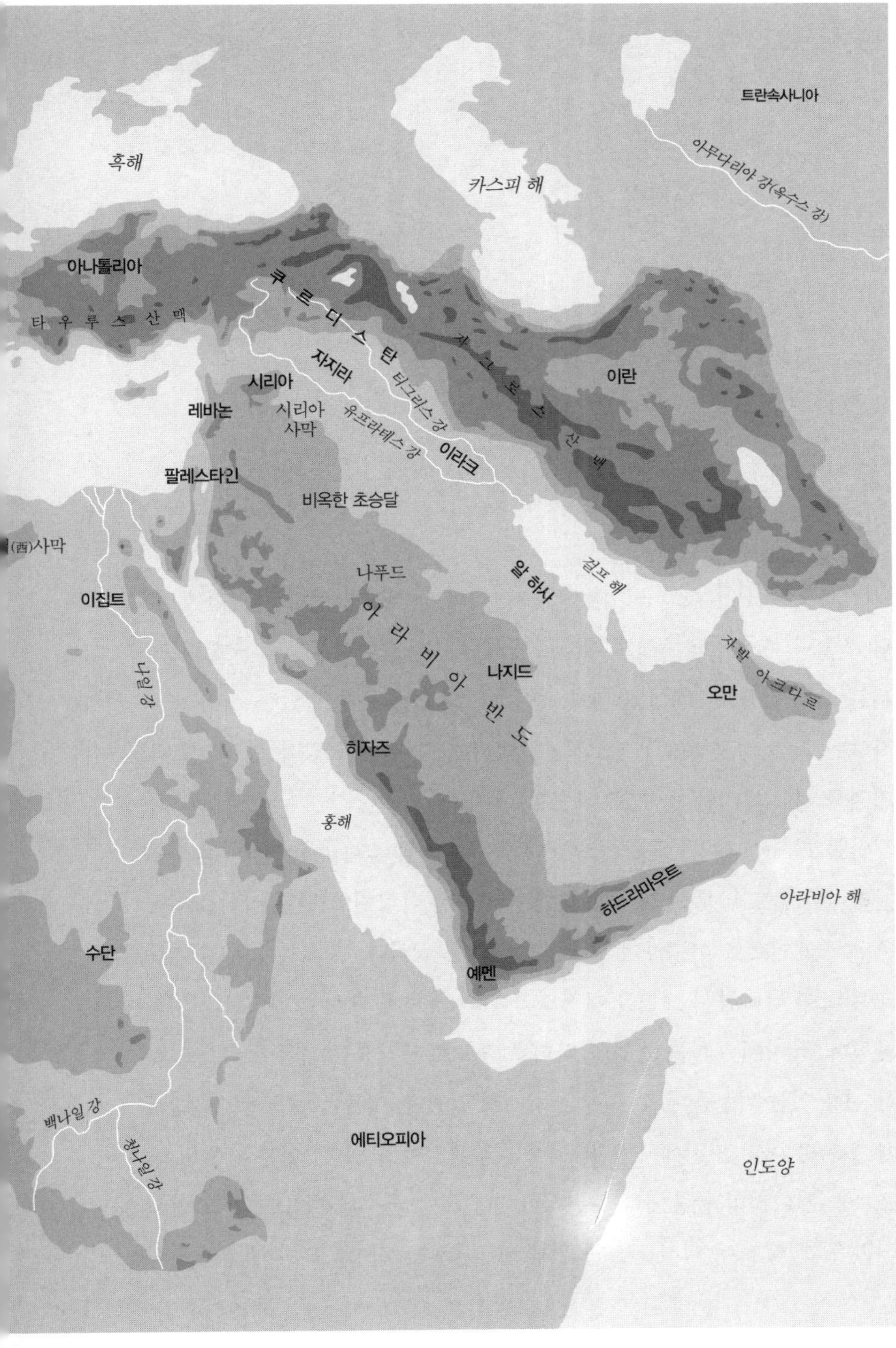
흑해
카스피 해
트란속사니아
아무다리아 강(옥수스 강)
아나톨리아
타 우 루 스 산 맥
쿠 르 디 스 탄
자 그 로 스 산 맥
이란
자지라
시리아
레바논
시리아
사막
티그리스 강
유프라테스 강
이라크
팔레스타인
비옥한 초승달
(西)사막
나푸드
알 하사
걸프 해
이집트
아 라 비 아 반 도
나지드
자발 아크다르
오만
나일 강
히자즈
홍해
하드라마우트
아라비아 해
수단
예멘
백나일 강
청나일 강
에티오피아
인도양

프롤로그

서기 1382년 어느 날이었다. 튀니지의 궁중에서 신하로 있던 한 아랍 무슬림 학자가 군주에게 메카로 순례를 떠나겠다며 허락을 구했다. 그 뒤로 그는 이집트 알렉산드리아로 향하는 배편에 몸을 실었다. 50세를 바라보던 그 학자는 자신과 조상들이 여러 주요 관직을 맡아 왔던 마그립 지역을 떠나 다시는 돌아오지 못했다.

압둘 라흐만 이븐 칼둔'Abd al-Rahman ibn Khaldun(1332~1406)의 선조는 원래 아라비아 반도 남부 출신이었다. 그의 가문은 아랍인의 정복 직후 고향을 떠나 스페인으로 이주하여 세비야Sevilla에 정착했다. 스페인 북부의 기독교 왕국이 남하하여 세력을 확장하자 그의 가문은 다시 튀니지로 거처를 옮겼다. 당시에 문화적 소양을 익히고 관료로 활약하던 이들이 속했던 많은 전통 있는 가문들이 모두 같은 처지에 있었다. 이들은 마그립(이슬람 세계 서쪽)의 여러 도시에서 지방 군주들의 관료가 되었다. 이븐 칼둔의 증조부는 튀니지의 궁중에서 고위직을 지냈으나 군주의 미움을 받고 살해되었다. 그의 조부 역시 관료를 지낸 바 있었다. 그러나 그의 부친은 정치와 관직을 멀리하고 은둔하여 학자로서 여생을 보냈다. 이븐 칼둔 역시 당대의 여느 지식인과 다름없이 상당 수준의 교육을 받았다. 그에게 학문을 전수해 준 이는 그의 부친 그리고 튀니지의 모스크와 학교에서 가르침을 행하고 있거나 외지에서 방문한 학자들이었다. 청년 시절 이븐 칼둔은 다른 도시에서 생활하기도 했는데, 이때도 학문을 쉬지 않았다. 그가 이렇게 학문에 열정을 기울였던 이유는 누군가 나눠 줄 지식을 갖고 있다면 그에게서 배워야 한다는 학풍이 몸에 배어 있었기 때문이다. 이븐 칼둔은 자서전에서 자신에게 직접 강의를 해 주었던 스승의 이름과 그들이 가르쳤던 내용의 주제를 기록해 두었다. 당시 그가 학습했던 과목들은 다음과 같다. 첫째는 ≪꾸란*Qur'an*≫으로, 무슬림들은 이 경전이 예언자 무함마드Muhammad를 통해 아랍어로 계시된 알라Allah의 말씀이라고 여긴다. 둘째는 ≪하디스*Hadith*≫로, 이 책은 예언자 자신이 행한 말과 행동을 기록한 언행록이다. 셋째는 법학과 윤리학으로, 이것들은 ≪꾸란≫과 ≪하디스≫를 기초로 형성된 학문들이다. 넷째는 아랍어로, 이 언어에 대한 지식 없이 종교학의 이해는 불가능하다. 다섯째는 이성理性 학문으로, 수학 · 논리학 · 철학 등이 이에 해당한다. 이븐 칼둔은 자신을 가르쳤던 스승들의 인물 됨됨이와 생애에 대해 상세한 기록을 남겼다. 그 기록을 보면 그의 부모를 비롯하여 대부분의 스승들이 14세기 중반 전 세계를 휩쓸었던 흑사병으로 사망했다는 것을 알 수 있다.

젊은 나이 때부터 이븐 칼둔은 언어와 법학 분야에서 뛰어난 실력으로 두각을 나타냈다. 결국 그는 튀니지의 군주에 의해 관료로 발탁되었다. 처음에 그는 서기로 일했으나 시간이 지나면서 점차 고위직에 올랐다. 그러나 그럴수록 그는 오히려 신변이 불안정해졌고, 결국 약 20년 동안 파란만장한 인생의 부침을 겪게 되었다. 튀니지를 떠난 이븐 칼둔은 마그립 지역의 다른 군주들 밑에서 관료직을 맡았다. 그리고 그는 스페인에 남아 있던 마지막 이슬람 왕국의 수도 그라나다Granada로 갔다. 그곳에서 그는 군주의 총애를 입었고, 그 덕분에 특사가 되어 기독교 군주를 만나기 위해 선조의 고향 세비야로 파견되었다. 그러나 그곳에서 그는 첩자로 의심을 받아 결국 황급히 알제리로 피신해야 했다. 알제리에서 그는 다시 관직을 맡았다. 그는 오전에 궁중의 업무를 수행했고, 오후에는 모스크에서 학문을 가르쳤다. 그는 자신이 섬겼던 군주를 위해 스텝이나 산악 지역에 사는 아랍 및 베르베르 족장들로부터 정치적 충성을 이끌어 내는 공을 세웠다. 이로써 그는 영향력을 확보할 수 있었는데, 이러한 경험은 그가 군주로부터 총애를 잃었을 때 종종 도움을 주기도 했다. 실제로 그는 무려 4년(1375~1379) 동안 알제리에 있는 한 시골의 성채에서 아랍인 족장으로부터 보호를 받으며 지낸 적이 있었다. 바로 이 기간 동안 이븐 칼둔은 속세의 잡무에서 벗어나 마그립 지역의 왕조사를 넓은 시야에서 기술할 수 있는 기회를 얻었다.

그가 저술한 역사서의 서론에 해당하는 ≪역사서설*Muqaddima*≫은 오늘날까지도 세인들로부터 주목을 받는 명저로 남아 있다. 이 책에서 이븐 칼둔은 역사 서술의 시금석이라 불릴 만한 방식으로 왕조 흥망성쇠의 원인을 설명하고자 했다. 그는 가장 단순한 최초의 인간 사회 유형은 스텝과 산악 지역에서 보이는 것과 유사할 것이라고 생각했다. 이러한 지역에 사는 사람들은 농작물을 경작하고 가축을 기르는데, 그들의 지도자는 조직화된 권력 기반을 갖추고 있지 못하다. 물론 그들은 천성적으로 선하고 상당한 활력을 갖고 있지만 스스로의 힘으로 안정적인 정부나 도시를 만들고 고급문화를 가꿀 수 있는 능력은 없다. 그러한 것이 가능하기 위해서는 반드시 절대 권력을 지닌 통치자가 필요하다. 한편 그러한 통치자가 등장하기 위해서는 무엇보다도 아싸비야*'asabiyya*를 가진 추종 집단을 규합하고 지배할 수 있어야 한다. 아싸비야란 권력을 획득하고 유지하기 위한 일종의 집단 연대 의식을 말한다. 아싸비야를 지닌 집단은 스텝이나 산악 지역에 사는 활력 있는 부족민들 사이에서 가장 쉽게 발견할 수 있다. 그러한 집단은, 진짜든 허구이든, 같은 조상을 둔 한 종족이라는 의식 그리고 의존 관계와 공통의 종교로 인해 하나로 결속되어 있다. 이같이 강한 결속력을 지닌 추종자 집단을 거느리고 있는 통치자는 손쉽게 왕조를 건설할 수 있다. 한편 통치가 안정되고 많은 인구를 가진 도시들이 성장하면 자연스럽게 전문화된 공예, 화려한 생활 방식, 고급문화 등이 꽃을 피울 수 있다. 그러나 모든 왕조는 선천적으로 쇠락의 씨앗을 갖고 태어난다. 각 왕조는 학정, 사치, 기강의 문란 등에 시달리며 점차 힘을 잃어 간다. 물론 통치자가 자신의 권력을 효율적으로 집단의 일원들에게 이양할 수도 있다. 그러나 언젠가 때가 되면 어떤 왕조든 비슷한 과정을 밟으며 다른 왕조에게 권좌를 내놓을 수밖에 없다. 결국 왕조가 몰락하면 통치자뿐만 아니라 그의 권력을 뒷받침했던 사람들 그리고 그들의 생활양식까지도 모두 자취를 감추게 된다. 이와 같은 맥락에서 이븐 칼둔은 "일반적인 조건이 변하면, 그것은 마치 만물이 변하고 온 세계가 바뀌는 것과 같다"고 언급한 바 있다.[1] '당대 세계 최강을 자랑했던' 그리스인들과 페르시아인들 역시 아랍인들에게 자리를 내주고 말았다.[2] 그 뒤 아랍인들은 강한 결속력과 세력을 바탕으로 아라비아 반도에서 스페인에 이르는 거대한 제국을 건설했다. 그러나 아랍인들도 결국 스페인 및 마그립 지역에서는 베르베르인들에게 그리고 동쪽에서는 튀르크인들에게 쫓겨나고 말았다.

통치자의 운세가 바뀌면 그를 모셨던 신하들의 처지도 덩달아 바뀌기 마련이다. 이븐 칼둔은 알렉산드리아를 향해 떠나는 순간 인생의 새로운

---

1 'Abd al-Rahman Ibn Khaldun, *Muqaddima* (Cairo, n.d.), p.33 ; English trans. F. Rosenthal, *The Muqaddimah* (London, 1958), Vol. I, p.65.

2 Ibid., p.163 ; English trans. Vol. I, p.330.

국면을 맞이했다. 그때 그는 순례의 길에 오르지 않았고, 물론 나중에 진짜로 순례를 했지만, 대신 카이로로 발길을 돌렸다. 그는 일찍이 볼 수 없었던 도시의 웅장한 규모에 충격을 받았다. 그는 당시 카이로의 모습을 "세계의 대도시, 우주의 정원, 만민의 회합장, 인종의 전시장, 이슬람의 정점, 권력의 중심"이라고 표현했다.[3] 당시 카이로는 맘루크Mamluk 술탄국國의 수도였다. 그 무렵 맘루크 술탄국은 가장 강성한 이슬람 국가 중 하나로 이집트는 물론 시리아까지도 다스리고 있었다. 이곳에서 이븐 칼둔은 군주를 알현하여 총애를 받았다. 덕택에 그는 군주로부터 부양금을 받을 수 있었을 뿐만 아니라 나중에는 여러 궁중 학교에서 교수직을 얻었다. 그는 튀니지에 남아 있던 가족들을 불러들였으나 불행히도 항해 도중 전원이 익사하고 말았다.

이븐 칼둔은 죽는 날까지 카이로에서 여생을 보냈다. 그는 대부분의 시간을 책을 읽고 집필하는 일에 할애했다. 그러나 이곳에서도 그의 생활은 과거처럼 세력을 얻다가도 총애를 잃는 등 부침을 거듭했다. 그는 자신의 순탄치 못한 인생이 정적政敵들 때문이라고 비난했다. 그러나 사실 그 원인의 일부는 그의 성격에서 비롯된 것이기도 했다. 몇 차례에 걸쳐 맘루크의 군주는 이븐 칼둔을 주요 법정의 재판관으로 임명한 적이 있었다. 그러나 그때마다 그는 그 직위를 잃거나 도중에 그만두곤 했다. 한편 그는 맘루크의 군주와 함께 시리아로 가서 예루살렘과 헤브론의 성지들을 둘러보기도 했다. 나중에 그는 시리아를 두 번째 방문하게 되었는데, 그때 마침 그곳의 수도 다마스쿠스Damascus는 티무르Timur에게 포위된 상태였다. 그 무렵 티무르는 북인도에서 시리아와 아나톨리아에 이르는 거대

3 Ibn Khaldun, *al-Ta'rif bi Ibn Khaldun*, ed. M. T. al-Tanji (Cairo, 1951), p.246 ; French trans. A. Cheddadi, *Ibn Khaldun : le voyage d'occident et d'orient* (Paris, 1980), p.148.

한 제국을 건설함으로써 위대한 아시아의 정복자로 군림하고 있었다. 이븐 칼둔은 티무르를 만나 대화를 나누었고, 이때 그에게서 통솔력의 전형을 보았다. 그가 보기에 티무르는 군대와 백성들로부터 힘을 모아 새로운 왕조를 건설할 수 있는 인물이었다. 이븐 칼둔은 다마스쿠스가 약탈당하는 것을 막지는 못했지만 이집트로 돌아가는 퇴로의 안전을 확보하는 데는 성공했다. 그러나 귀환 도중 팔레스타인 언덕 인근에서 강도에게 붙잡히는 수모를 겪었다.

이븐 칼둔 스스로가 그려낸 인생 노정은 오늘날 우리에게 당시 그가 살았던 세상의 모습에 대해 많은 것을 보여준다. 그가 살았던 세계는 인간의 노력이 덧없음을 드러내는 순간들로 가득 차 있었다. 그의 경험들은 왕조들이 자신의 권력을 유지하기 위해 체결했던 동맹 관계가 얼마나 불안정한 것이었는지 잘 드러내 준다. 다마스쿠스 인근에서 티무르와 가졌던 만남은 새로운 권력의 등장이 도시와 백성들의 생활에 얼마나 큰 영향을 미쳤는지 극명하게 보여준다. 한편 도시 바깥은 그야말로 무법천지였다. 군주가 파견한 사절이 강도에게 약탈당하기도 했고, 군주로부터 총애를 잃은 신하가 통제력이 미치지 않는 먼 곳으로 피신하기도 했다. 역병으로 부모를 잃고 난파로 자녀를 잃음으로써 운명의 힘 앞에서 인간이 얼마나 무기력한지 가르쳐 준다. 그러나 이러한 변화에도 불구하고 그 무엇인가는 계속 지속되고 있었다는 느낌이 든다. 즉 이슬람 세계는 시간과 공간을 초월한 지속적인 면모를 갖추고 있었는데, 이러한 사실은 아라비아 반도 남부에서 스페인으로 이주한 한 가문이 여섯 세기가 흐른 뒤 다시 본향의 인근 지역으로 귀환하여 과거와 유사한 생활을 누렸던 사례에서 잘 드러난다. 당시 아랍어는 이슬람 전역에서 관직에 오르고 영향력을 행사하는 데 필요한 수단이었다. 또한 정통한 스승들로부터 수세기를 거쳐 전수받은 지식은 군주가 바뀌어도 공동체를 윤리적으로 지탱시켜 주는 힘이 되었다. 뿐만 아니라 권력의 중심지가 한 도시에서 다른 도시로 바뀌었다 할지라도 메카나 예루살렘과 같은 순례의 중심지들은 변함없이 세상의 중심지로 남아 있었다. 한편 세상을 창조하고 유지하는 유일신 알라에 대한 믿음은 운명 앞에 스러져 가는 인생들에게 삶의 의미를 끊임없이 부여해 줄 수 있었다.

제1부
이슬람 세계의 출현
(7세기~10세기)

● 7세기 초반 서반구 지역을 양분하고 있던 두 거대 세력인 비잔틴 제국과 사산 왕조 페르시아 제국의 틈 사이로 새로운 종교 운동이 출현했다. 그 종교 운동은 아라비아 반도 서쪽에 자리 잡은 도시 메카Mecca에서 시작되었다. 무함마드는 사람들에게 윤리적 개혁을 설파하며 알라(하느님)의 뜻에 순종할 것을 가르쳤다. 무함마드와 그의 추종자들은 그 가르침을 신성한 계시라고 여겼으며, 향후 이것은 ≪꾸란≫이란 한 권의 책으로 집대성되었다. 아라비아 반도의 주민들은 이슬람Islam이란 이 신흥 종교의 기치 아래 군사 원정을 감행했다. 그들은 이웃 국가들을 차례로 정복한 뒤 칼리파*Khalifa*를 정점으로 하는 신흥 제국을 건설했다. 이슬람 제국은 비잔틴 제국의 상당 부분과 사산 왕조 페르시아 제국의 영토 전부를 자신의 것으로 한 뒤 중앙아시아와 스페인까지 그 영역을 확장해 나갔다. 이후 이슬람 제국의 권력 중심지는 아라비아 반도의 경계를 벗어나 우마이야

칼리파 왕조 때 시리아의 다마스쿠스로 그리고 압바스 제국 때는 이라크의 바그다드로 이동하였다.

10세기 무렵 칼리파 체제는 분열의 위기를 맞았다. 이집트와 스페인 지역에서도 칼리파들이 등장하여 중앙 정부와 경쟁 관계를 유지했다. 그러나 이러한 분열의 위기에도 불구하고 이슬람 세계는 나름대로 사회적 문화적 통일성을 변함없이 유지해 나갔다. 이슬람 영토 안에 살고 있던 거주민들은 대부분 이슬람으로 개종했다. 그러나 이슬람 세계 안에서는 여전히 유대교와 기독교 그리고 다른 종교 공동체가 공존하고 있었다. 한편 아랍어의 사용도 확산되기 시작했다. 당시 이슬람 세계의 문화는 자신이 흡수한 외부인의 전통 요소들이 섞여 형성되었다. 아랍어는 바로 이러한 혼합 문화의 매개체가 되었던 것이다. 그 결과 아랍어는 문학, 법제, 신학, 신앙의 중심 언어로 발돋움할 수 있었다. 다양한 자연 환경 속에서 각지의 이슬람 사회들은 특유한 제도를 발전시켜 나갔다. 지중해와 인도양 연안의 수많은 국가들은 하나의 망으로 묶였고, 그 덕택에 단일한 무역 체계가 탄생하고 농업과 공예 기술도 발전하였다. 그리고 이러한 변화는 도시 문명을 가진 거대 도시의 성장을 촉진하는 토대가 되었다. 이슬람 세계의 도시 문화가 가진 특성은 독특한 양식의 이슬람 건축물에서 확연히 드러난다.

1장
구세계에 도전한 새로운 문명, 이슬람

이슬람 이전의 아랍 세계

아랍의 역사학자 이븐 칼둔이 그려 낸 세계는 당대인들에게 마치 영원히 지속되어 온 것처럼 보였다. 그러나 이븐 칼둔 자신도 잘 알고 있었듯이, 당시의 세계는 과거의 세계를 대신하여 등장한 새로운 것이었다. 이븐 칼둔이 활동했던 시기보다 7백여 년 전, 이 지역의 국가들은 전혀 다른 형국에 놓여 있었다. 당시 이 지역은 '거대한 두 세력'이 지배하고 있었다.

과거 수세기 동안 지중해 연안 대부분은 로마 제국의 일부로 귀속되어 왔다. 이 일대의 정착 농경 지대는 곡물, 과일, 포도주, 기름 등을 생산했으며, 이 상품들은 평화로운 해로海路를 따라 운송되었다. 대도시의 부유층은 출신에 상관없이 제국의 주류 문화인 그리스·라틴 문화를 공유하고 있었다. 기원후 4세기 무렵, 로마 제국의 세력 중심지는 동쪽을 향해 이동하기 시작했다. 콘스탄티노플Constantinople이 로마를 대신하여 제국의 수도로 성장했다. 콘스탄티노플의 로마 황제는 신민들의 충성을 한 몸에 받는 제국 통합의 상징이었다. 그 뒤 로마 제국은 크게 두 지역으로 나뉘는 '수평 분할' horizontal division을 경험하였으며, 이 현상은 오늘날까지도 계속 이어지고 있다. 독일, 영국, 프랑스, 스페인, 북이탈리아 등은 야만족 출신 군주들의 통치 아래로 들어갔다. 물론 그들은 아직 로마 제국에 대한 귀속감만은 간직하고 있었다. 한편 남이탈리아, 시칠리아, 북아프리카 해안 지대, 이집트, 시리아, 아나톨리아, 그리스 등은 콘스탄티노플에 있는 황제가 직접 관할하던 지역에 속했다. 이와 같이 로마 제국은 반으로 축소되었고, 이러한 형태의 로마 제국은 이제 더 이상 로마인들의 제국이 아니라 그리스인들의 제국에 더욱 가까웠다. (그 뒤로 콘스탄티노플의 로마 제국은 '비잔틴' Byzantine 제국이라는 이름으로 더 많이 알려졌다. 이 명칭은 콘스탄티노플의 옛 이름이었던 비잔티움Byzantium에서 유래한 것이다.) 비잔틴 제국의 황제들은 그리스어를 구사하는 신하들을 밑에 두고 국가를 통치해 나갔다. 시리아의 안티오크, 이집트의 알렉산드리아 등과 같이 지중해 동부 연안에 위치했던 대도시들은 그리스 문화의 중심지로 성장했다. 이들 도시의 지배층은 중앙 정부에 진출하여 제국의 행정을 도맡곤 했다.

또 하나의 보다 근원적인 사건이 로마 제국에 큰 변화를 가져왔는데, 그것은 바로 기독교의 수용이었다. 이제 기독교는 단순히 통치자의 공식 칙령에 의해 인정받는 수준을 넘어 각계각층을 파고드는 경지에 이르렀다. 제국의 인구 절대 다수가 기독교로 개종했던 것이다. 6세기까지만 해도 비기독교 철학자들이 아테네 학당에서 고대 철학을 가르치고 있었으며, 유대 공동체가 주요 도시에 잔존하고 있었다. 한편 고대 이방 종교의 신전은 이 무렵 교회로 변모되었음에도 불구하고 여전히 이방신들에 대한 추억만은 간직하고 있었다. 하지만 기독교는 로마 황제에 대한 충성심을 불어넣고, 황제의 관할 아래에 있던 여러 지방의 문화들을 하나로 통합하는 새로운 역할을 맡았다. 기독교의 사상과 개념들은 그리스어를 비롯한 각 지역의 언어로 표현되었다. 즉 아나톨리아 동부 지역에서는 아르메니아어Armenian, 시리아에서는 시리아어Syriac, 이집트에서는 콥트어Coptic 등이 기독교의 언어로 사용되었다. 그러나 성자聖者들의 무덤과 순례지는 고대부터 내려온 각 지방의 전통 신앙과 제식을 기독교식 외양으로 포장한 채 보존하고 있었다.

로마 제국의 관료 체제가 확대되면서, 고대 그리스의 자치 제도는 자취를 감추었다. 반면 기독교의 주교들은 지방의 권력을 장악해 나갔다. 제국의 황제가 로마를 떠나자, 마침내 로마의 주교는 교황Pope의 지위를 확보하였다. 그 결과 로마의 주교는 동로마 제국의 어느 대주교나 주교도 상상해 보지 못한 막강한 권위를 휘두를 수 있었다. 반면에 동로마 제국의 주교들은 황실과 밀접한 관계를 유지하고 있었다. 하지만 그들은 여전히 지방의 민심을 대변하고 주민들의 이익을 보호해 주는 역할을 맡았다. 도시 변두리나 아나톨리아와 시리아의 정주지에 살고 있던 은둔자나 기적을 일으키는 성자들도 분쟁을 중재하거나 현지 주민들의 의견을 대변하곤 했다. 이집트의 사막에도 많은 수도사들이 은둔하고 있었는데, 그 종교 공동체들은 도시의 세속 사회와 구별되었다. 한편 각 지역에서는 정교회Orthodox Church와 더불어 교리와 전례典禮를 달리하는 여러 종파들이 성장하기 시작했다. 그들은 그리스어 이외의 언어를 사용하는 주민들 사이에서 교세를 확장했으며, 중앙 정부에 대해서는 충성하거나 반기를 드는 등 각기 다른 태도를 보였다.

기독교 종파 간의 교리적 차이는 주로 그리스도의 본성에 관한 문제를 두고 생겨났다. 기원후 451년 종파 간의 분열을 막기 위해 칼케돈 공의회Council of Chalcedon가 열렸다. 당시 공의회는 그리스도가 삼위일체의 두 번째

위격에 해당하며 따라서 신성神性과 인성人性을 동시에 갖고 있다고 인정했다. 동방과 서방의 주요 교파들은 공의회의 판결을 수용했고, 로마 제국 당국도 이를 지지했다. 그러나 교회는 자체의 수장권首長權 문제를 두고 다시 한 번 분열을 겪었다. 비잔틴의 동방 정교회Eastern Orthodox Church는 자신의 대주교들이야말로 모든 성직자들의 수장이 되어야 한다고 주장했다. 반면 서유럽 교회들은 로마 교황을 최고 수장으로 받아들였다. 그 와중에 새롭게 등장한 일부 공동체들은 그리스도가 신성과 인성이 결합된 하나의 본성만을 지닌다고 주장하고 나섰다. 단성론單性論, Monophysite doctrine이라고 불리는 이 교리는 아나톨리아의 아르메니아 교회, 대부분의 이집트 기독교인들, 시리아어를 사용하는 토착 기독교인들에게 받아들여졌다. (당시 이집트 기독교인들은 '콥트교도'Copts라고 불렸는데, 콥트는 원래 이집트의 옛 명칭이었다. 한편 시리아 기독교인들은 시리아 정교Syrian Orthodox 또는 '야곱파' Jacobites라고 불렸다. '야곱파'라는 명칭은 이 종파의 가장 대표적인 신학자의 이름에서 유래한 것이다.) 이와 더불어 그리스도의 신성과 인성을 보다 엄격히 구분하고, 예수의 인성만을 인정한 종파들도 등장했다. 그들은 잉태의 순간 하느님의 말씀이 인간 예수에게 임하였다고 생각했다. 이 교리를 주장한 대표적인 종파는 네스토리우스파Nestorians였다. 이 종파의 명칭은 창시자 네스토리우스의 이름에서 유래한 것이다. 네스토리우스파는 비잔틴 제국의 동쪽 국경 너머 이라크 지역에서 가장 중요한 기독교 세력으로 자리 잡았다. 7세기 무렵, 정교회와 단성론자의 견해 차이를 조정하기 위해 또 하나의 종파가 등장했다. 단의론자單意論者, Monotheletes라고 알려진 이 종파는 그리스도가 두 본성을 갖고 있으면서도 오직 하나의 의지만을 지니고 있다고 주장했다.

비잔틴 제국 동쪽 유프라테스 강 건너에는 또 하나의 거대한 제국이 자리 잡고 있었다. 페르시아의 사산 왕조Sasanians는 오늘날 이란과 이라크를 아우르는 대제국을 건설했으며, 한때 그 세력은 중앙아시아에까지 미치기도 했다.[1] 오늘날 흔히 이란 또는 페르시아라고 일컬어지는 이 지역은 다양한 민족들이 발전시킨 고대의 고급문화와 도시 유적들로 가득했다. 그곳의 주민들은 스텝이나 사막에 의해 고립되어 있었을 뿐만 아니라 거대한 하천이 하나도 없었기 때문에 서로 간에 연락이 원활하지 못했다. 그러나 이따금씩 오랫동안 강력한 힘을 유지한 왕조가 등장하여 주민들을 하나의 세력으로 규합시키곤 했는데, 그 마지막이 바로 사산 왕조였다. 이 왕조는 이란 남부 지역에 거주하고 있던 페르시아 사람들이 세웠다. 사산 왕조는 관료 체제에 바탕을 둔 왕조 국가로, 고대 이란의 전통 종교인 조로아스터교Zoroastrianism를 부활시킨 뒤 이를 국가 통합과 충성의 근본이념으로 삼았다. 조로아스터교는 최고 유일신을 숭배했던 종교로, 우주를 천사와 악령 간의 전쟁터라고 보았고 결국 선善의 승리로 귀결될 것이라고 말했다. 그리고 의롭고 순수한 선남선녀들이 선의 편에 설 경우 그 승리를 앞당길 수 있다고 가르쳤다.

기원전 334~333년 알렉산더 대왕Alexander the Great은 이란을 정복했으며, 그 결과 그리스와 지중해 동부는 지리적으로 더욱 가까워졌다. 이를 계기로 그리스의 사상이 동방으로 유입되어 갔다. 한편 이라크 지역에서는 마니Mani라는 인물이 등장하여 과거의 모든 예언자들과 스승들을 하나의 종교 체계로 통합하고자 했다. 흔히 마니교Manichaeism로 알려진 이 종교 운동은 서방으로 전파되었다. 한편 사산 왕조의 치세 동안 조로아스터교는

---

1 사산 왕조Sasanian dynasty는 208~224년에 아르다시르 1세Ardashir I가 세워 637~651년 아랍인들에 의해 멸망한 고대 이란 왕조다. 서쪽으로는 로마와 비잔틴 제국에 대응하고 동쪽으로는 쿠샨 왕조Kushans와 에프탈족Hephthalites에 대응하여 그 영토가 끊임없이 변화했다. 이 시기 동안 조로아스터교가 국교로 인정되었으며, 이란 예술은 다양한 분야에서 르네상스를 경험했다. — 옮긴이

철학적 형태로 더욱 정교하게 다듬어진 뒤 부활하였다. 조로아스터교는 선과 악의 대립이라는 이원론적 특성을 더욱 강조했으며, 사제 제도와 숭배 의례에서도 정형화된 모습을 갖추었다. 당시 조로아스터교는 마즈다교Mazdaism라고 불리기도 했다. 사산 왕조의 국교가 된 마즈다교는 통치자의 권력을 지지하는 버팀목이 되었다. 마즈다교는 사회 각 계층을 조화시킬 수 있는 인물을 바람직한 군주의 이상형으로 내세웠다.

사산 왕조의 수도는 이란 고원 지대가 아니라 이라크 중부의 크테시폰Ctesiphon에 자리하고 있었다. 이 지역은 티그리스 강과 유프라테스 강의 풍부한 수자원을 이용할 수 있어 땅이 비옥하고 인구가 많았다. 당시 이라크 지역에는 조로아스터교와 마니교 신자들 이외에 네스토리우스파 소속 기독교 신자들도 있었다. 이들 기독교인들은 페르시아 국가 발전에 중요한 공헌을 했다. 또한 이 지역은 유대교 학문의 중심지이기도 했고, 지중해 연안 그리스 도시들로부터 몰려든 비기독교 철학자들과 의학자들의 도피처이기도 했다. 당시 이 지역에서는 여러 형태의 페르시아어가 널리 통용되었는데, 그 가운데서 팔레비어Pahlavi가 문어文語 구실을 했다. 이와 함께 아람어Aramaic도 중동 전역에서 두루 통용되었는데, 이 언어는 히브리어 및 아랍어와 밀접한 셈어족Semitic languages 계통에 속한다. 고대 시리아어도 이 계통의 언어 가운데 하나다.

당시 서반구의 중심지는 비잔틴 제국과 사산 제국이었으며, 그 주요 도시에서는 정주민 특유의 고급문화가 꽃을 피웠다. 한편 남쪽으로 가면 홍해를 마주보고 조직화된 권력과 문화를 가진 전통 사회가 에티오피아Ethiopia와 예멘Yemen 두 지역을 중심으로 형성되었다. 이 두 사회의 근간은 농업뿐만 아니라 인도양과 지중해를 오가는 무역에 의해 뒷받침되고 있었다. 에티오피아는 콥트교를 국교로 채택한 고대 기독교 왕국이었다. 그리고 아라비아 반도 남서쪽에 위치한 예멘은 비옥한 토지를 가진 산악 국가로, 장거리 무역의 중간 기착지 역할을 해 왔다. 예멘은 일찍이 주변의 작은 지방 국가들을 하나로 통합하여 거대한 왕국으로 발돋움했다. 기원후 초기 예멘 왕국은 무역의 퇴조로 그 세력이 쇠잔해졌으나 뒤에 다시 강성해졌다. 예멘은 자신만의 고유한 언어와 종교를 갖고 있었다. 고대 예멘인들이 사용했던 언어는 아라비아 반도의 다른 지역에서 통용되던 아랍어와 달랐다. 예멘의 신전들은 여러 신들을 섬기고 있었는데, 순례의 장소이자 (공동체가 아닌) 개인이 소원을 빌며 봉헌을 하는 곳이었다. 따라서 예멘의 신전은 자연스럽게 사람들이 바친 공물과 재산으로 넘쳐났다. 수세기 뒤에, 시리아와 에티오피아의 기독교인들과 유대인들은 무역로와 해상 이동로를 따라 예멘에 영향을 끼쳤다. 6세기 무렵, 유대교 신자였던 예멘의 왕은 그곳에 있던 기독교 중심지를 파괴했다. 그러나 에티오피아의 침공 이후 기독교는 다시 예멘에서 위상을 회복할 수 있었다. 당시 비잔틴과 사산 양 제국은 예멘에서 벌어진 이와 같은 일련의 사건에 개입하곤 했다.

아랍 사회는 북쪽의 비잔틴과 사산 양 제국 그리고 홍해 주변의 예멘과 에티오피아 중간에 위치하고 있었는데, 자연환경은 이 국가들과 사뭇 달랐다. 아라비아 반도 대부분은 스텝이나 사막으로 이루어져 있다. 그리고 군데군데 생성된 오아시스는 정기적인 농경이 가능할 정도로 수량이 풍부했다. 아라비아 반도의 주민들은 다양한 형태의 아랍어 방언을 사용했으며, 그들의 생활양식은 지역마다 달랐다. 주민들 가운데 일부는 유목민이었다. 그들은 사막의 희소한 수자원을 이용하여 낙타, 양, 염소 등을 방목했다. 이곳의 유목민들은 흔히 '베두인'beduin이라고 불렀다. 주민들 가운데는 오아시스에 정주해 곡물이나 야자수를 경작했던 농경민들은 물론 시장이 열리는 소도시를 중심으로 활동했던 상인들과 장인들도 있었다. 일부 주민들은 다양한 형태의 생활양식을 동시에 영위하기도 했다. 유목민들과 정주민들 사이에 세력 균형은 불안정한 편이었다. 수적으로 유목민들은 소수에 불과했다. 그러나 유목민들은 낙타를 타면서 기동성을 확보했고 무기도 휴대했기 때문에 도시 상인들처럼 농민들과 장인들을 지배할 수 있었다. 유목민들은 기질적으로 용맹했으며, 손님에 대한 환대와 가족에 대한 충성, 가문의 명예 등을 중요하게 여겼다. 당시 유목민들은 강압적인 제도적 권력보다는 오히려 가문을 이끄는 부족장에게 더 많이 예속되어 있었다. 그들은 같은 혈연이라는 이유로 부족장에게 단결과 충성을 보였으며, 그를 중심으로 어느 정도 영속적인 집단을 이루었다. 이렇게 형성된 집단이 바로 부족이다.

유목민 부족장들은 오아시스를 중심으로 권력을 휘둘렀다. 오아시스의 상인들은 유목민 부족장들과 친분을 맺곤 했는데, 그 이유는 유목민들이 지배하는 영역을 통과해야만 상거래를 할 수 있었기 때문이다. 오아시스 주민 가운데 일부 가문은 종교의 힘을 빌려 다른 형태의 권력을 행사하기도 했다. 당시 이 지역에 살았던 목축민들과 농경민들에게는 아직 뚜렷한 형태의 종교가 없었다. 사람들은 지역신을 하늘의 천체와 동일시했으며, 동물이나 나무와 같은 자연물 속에 신이 깃들어 있다고 믿었다. 선한 영혼과 악한 영혼이 동물의 몸속에 들어가 세상을 거닌다고 생각하기도 했다. 점술가들은 초자연적인 지혜의 힘을 빌려 예언을 하기도 했다. 현대 아라비아 남부 지역의 풍습을 조사한 결과에 따르면, 고대 아랍인들은 신들이 하람*haram*이라고 불리는 성역 안에 머물렀다고 믿었던 것으로 추측된다. 하람은 부족 간의 분쟁으로부터 유리된 특별한 장소나 마을을 가리키며, 이곳은 순례 · 희생제 · 모임 · 중재 등의 중심지 구실을 했다.[2] 그리

2 R. B. Serjeant, '*Haram and hawta* : the sacred enclave in Arabia' in A. R. Badawi (ed.), *Mélanges Taha Hussein* (Cairo, 1962), pp.41-58.

고 특정 가문은 이웃 부족의 보호를 받으며 하람을 관리했다. 하람을 관리했던 가문은 종교적 명망을 바탕으로 부족 간의 분쟁을 중재했으며 상거래를 할 때 많은 기회를 얻기도 했는데, 그들은 이러한 장점을 십분 활용하여 권력이나 영향력을 행사할 수 있었다.

6세기와 7세기 초반, 근동近東 지역에는 많은 변화의 바람이 불었다. 비잔틴과 사산 양 제국은 장기간의 전쟁을 치렀는데, 그 전쟁은 몇 번의 중간 휴식기를 포함하여 540년부터 629년까지 지속되었다. 양 제국은 주로 시리아와 이라크를 사이에 두고 전투를 치렀다. 사산 제국의 군대는 일시적으로 지중해 연안까지 진격하여, 성도聖都 예루살렘을 비롯한 안티오크와 알렉산드리아 등과 같은 대도시들을 점령하기도 했다. 그러나 620년대에 이르러 비잔틴의 헤라클리우스Heraclius 황제는 페르시아 군대를 패퇴시키는 데 성공했다. 한편, 사산 제국은 또다시 일시적으로 아라비아 반도 남서부 예멘까지 세력을 확장했다. 당시 예멘 왕국은 에티오피아의 침공과 농작물 생산의 감소로 말미암아 과거의 세력을 상당 부분 잃은 상태였다. 이같이 양 제국의 지배가 오랫동안 지속되자, 그 아래에서 신음하고 있던 아라비아의 주민들은 점차 '인생의 의미란 무엇이고, 또 어떻게 올바로 살 수 있는가?'와 같은 물음에 관심을 갖게 되었다. 그리고 그들은 이를 해결하기 위해 종교에 의탁했다.

비잔틴과 사산 양 제국이 아라비아 반도로 영향력을 확대해 가는 동안, 반도 북부와 중부의 아랍 유목민들은 여러 세기에 걸쳐 오늘날 '비옥한 초승달'Fertile Crescent로 알려진 지방으로 이주하고 있었다. 시리아 내륙, 이라크의 유프라테스 강 하류 서쪽, 유프라테스 강과 티그리스 강 상류 중간 지역(자지라Jazira 지방) 등에는 대부분 아랍인들이 거주하고 있었다. 아랍인들은 이 지역에 자신들 고유의 문화와 사회 제도를 이식하였다. 일부 아랍 부족장들은 그곳의 오아시스 마을을 지배하기도 했다. 비잔틴과 사산 양 제국은 이들을 이용해 다른 유목민들의 정주지 침입을 막거나 세금을 대리 징수하기도 했다. 그 덕분에 몇몇 아랍 부족은 안정적으로 정치적인 독립을 누릴 수 있었다. 라흠 부족Lakhmids은 히라Hira를 도읍으로 삼아 번성한 아랍 부족으로, 사산조 페르시아로부터 자치권을 누릴 수 있었다. 한편 갓산 부족Ghassanids 역시 비잔틴 제국으로부터 자치권을 누렸다. 위의 두 아랍 부족 국가는 비잔틴과 사산 양 제국으로부터 정치 및 군사 지식을 습득함은 물론 사상과 종교에서 영향을 받았다. 당시 히라는 기독교 중심지 가운데 하나였다. 그 무렵 아라비아 반도에는 라흠과 갓산 부족 국가, 예멘, 기타 상업 무역로 등을 통해 외부의 지식 · 문화 · 이주민들이 유입되었다. 아라비아 반도 서부에 위치한 히자즈Hijaz의 오아시스 지역에는 유대인 농민 · 공예인 · 상인들이 있었고, 반도 중앙에는 기독교 수도승과 개종자들이 거주하고 있었다.

이슬람 이전의 아랍 시문학

이 무렵 아라비아 반도에서 목축 생활을 영위하던 부족민들 사이에는 문화적 일체감이 커져 가기 시작했는데, 이는 아랍 방언으로부터 공통의 시어詩語가 등장하면서 구체화되었다. 그것은 세련된 문법과 어휘를 갖춘 문어적 언어formal language였다. 이 언어는 어느 특정한 방언의 정교화 과정을 통해, 또는 여러 방언들 간의 융합 과정을 통해 점진적으로 발전해 왔다. 당시 부족 또는 오아시스 마을을 대표하던 시인들이 이 언어를 사용했다. 처음에 그들이 사용한 시어는 주문이나 주술에 쓰이던 리듬과 운율을 갖춘 언어에서 비롯된 것으로 보인다. 그러나 현재는 이 언어에 그러한 초기 흔적이 남아 있지 않다. 새로운 공통 언어의 등장은 오랫동안 문화적 전통이 축적된 결과였다. 부족 모임이나 도시의 시장뿐만 아니라 제국 변방의 아랍 왕국 궁정도 공통 언어의 탄생에 기여했다. 특히 유프라테스 강 유역의 히라 지역이 많은 기여를 했는데, 이곳은 기독교나 조로아스터교와 같은 외래 종교를 자유롭게 받아들이고 있었다.

이러한 전통은 결국 정교한 시 형식을 만들어 냈다. 당시 최고의 가치를 지닌 아랍 시는 까시다*qasida*라고 불리는 정형시였다. 최대 백 개의 행으로 구성되는 이 정형시는 이미 통용되고 있는 수많은 운율 가운데 하나를 고른 뒤, 하나의 운을 처음부터 끝까지 사용한다. 각 행은 두 개의 반행半行으로 나뉜다. 첫째 행은 두 개의 반행 모두에 운이 사용된다. 그러나 두 번째 행부터는 두 번째 반행만 운을 띤다. 일반적으로 하나의 행이 독립적인 의미 단락이 되기 때문에 다음 행과 의미가 연결되는 경우는 드물다. 그렇지만 이것이 시 전체를 관통하는 사상이나 감정의 연속적 흐름을 방해하지는 않는다.

이슬람 이전의 시 작품은 문자로 기록되지 않았다. 그러나 그것은 기록 자체가 불가능했던 탓은 아닌 것으로 보인다. 왜냐하면 아라비아 반도에는 이미 문자 표기법이 존재하고 있었기 때문이다. 수세기 전부터 아라비아 반도 남부에서는 비문碑文이 등장하기 시작했다. 가장 오래된 아랍어 비문은 4세기의 것으로 추정된다. 초기에는 아람어 문자로 기록되었으나 후대에 이르러 아랍어 문자가 발전하기 시작했다. 표기 문자는 비문 제작뿐만 아니라 장거리 무역에서도 사용되었을 것이다. 그러나 당시의 시 작품은 오직 청중들 앞에서 읊기 위한 목적에서 지어졌다. 시는 작가 자신이나 라위*rawi*라고 불리는 전문 낭송가가 읊었다. 이러한 관행은 시 발전에 몇 가지 영향을 미쳤다. 시의 의미는 한 개의 행 안에서 전달되었고, 청중들이 일련의 시어들을 쉽게 이해할 수 있어야 했다. 또한 시 낭송은 매회 저마다 다른 독특함을 지녔는데, 이는 시인이나 라위가 즉흥성을 추구했기 때문이다.[3] 그들은 기존에 익숙한 구어적 형식과 틀을 이용하되 몇 가지 단어를 덧붙임으로써 자신들의 사고와 감정을 전달했다. 따라서 어떠한 시를 막론하고 원본이라 할 수 있는 것이 존재하지 않았을 것으로 보인다. 오늘날 우리가 접하는 시들은 모두 후대의 문헌학자나 문학 비평가들이 당대에 통용되었던 언어나 시의 형태를 기준 삼아 정리해 놓은 것이다. 그리고 이러한 편집 과정을 거치면서 원작에는 없었던 새로운 요소들이 후대에 삽입되었을 가능성이 농후하다. 편집인들은 자신들의 구미에 맞게 시구를 변형했으며, 심지어는 몇 개의 짧은 시편詩片들을 결합하여 새로운 까시다를 만들어 내기도 했다. 이러한 의심의 여지없는 사실에 기초하여, 1920년대에 영국과 이집트 출신의 두 명의 학자는 고대 아랍 시는 후대의 산물에 불과하다는 이론을 발표하기도 했다. 그러나 오늘날 이 분야의 연구자 대부분은 시 내용의 핵심만은 원래 만들어졌을 것으로 추정되는 시기부터 그대로 전수되어 왔다고 본다.

후대의 학자들과 비평가들은 전수된 시 작품 가운데 고대 아랍 시의 정수를 보여주는 몇 점을 따로 모아 분류했다. 이 작품들은 흔히 '걸어둔 시'란 뜻의 무알라까트*Mu'allaqat*라고 불리는데, 그 유래와 의미는 불명확하다.[4] 무알라까트의 대표적인 작가들은 라비드Labid, 주하이르Zuhayr, 이므룰

---

3 라위는 시詩 낭송자 또는 전송자를 뜻한다. 고대 아랍 시인들은 라위를 두었고 가는 곳마다 데리고 다녔다. 그리하여 자기 시를 암송케 하여 시 그 자체와 시와 관련된 상황을 다른 이들에게 전하게 하였다. 때로는 시인이 라위를 겸하는 경우도 있었다. 처음에 시의 전송이란 무보수로 좋아서 하는 일이었지만, 뒤에는 일종의 영리사업이 되어 라위들은 시인 개인에 부속되는 대신 점차 독자적인 계층을 형성하고 막대한 양의 고대 시와 다방면에 걸친 지식을 기억해 두었다. — 옮긴이

4 무알라까트는 자힐리야Jahiliyyah(이슬람 이전) 시대 7인의 시인들이 쓴 대표적인 시 7편을 모은 시선집詩選集이다. 무알라까트라는 아랍어의 의미에 대해서는 여러 가지 견해가 있지만 다음과 같은 것이 가장 지배적이다. 그것은 우리말로 '걸려 있는 것'을 뜻하며, 이는 명예로운 장소, 특히 신전에 걸릴 만큼 '걸작으로 평가되는 시편'을 뜻한다. 이슬람

까이스Imru'l-Qays 등이며, 이들은 시 예술의 최고 권위자로 대접받아 왔다. 이 시대의 아랍 시 모음집은 일반적으로 '디완'diwan이라고 불렸다. 디완 속에는 고대 아랍인들이 어떻게 자신들의 행동과 집단적 기억을 기록하고 표현했는지 잘 나타나 있다. 뿐만 아니라 그 속에는 시인 자신의 개성도 강하게 묻어난다.

후대의 비평가들과 학자들은 까시다의 형식을 관례적으로 크게 세 요소로 구분했다. 그러나 이러한 구분 방식은 어디까지나 자유분방하고 다양한 시 형식을 구별하기 위한 방편에서 고안된 것일 뿐이다. 까시다의 서두는 일반적으로 시인 자신이 머물렀던 장소 또는 떠나간 연인에 대한 회상으로 시작한다. 옛 연인을 회상할 때는 관능미보다는 인생의 무상함을 일깨우는 분위기가 지배적이다.

> 거기에는 아무도 살지 않는다. 우리가 머물며 야영했던 미나Mina의 그곳. 가울Ghawl과 리잔Rijan 그곳에는 아무도 살지 않는다. 홍수가 범람했던 라얀Rayyan의 그곳에는 이제 강이 바닥을 드러내고 잠잠하구나. 돌 위에 새겨진 기록이 남아 있듯이, 검게 변해 버린 배설물은 고스란히 남아 있구나. 그곳에 머물던 자들이 떠나 버렸기 때문이리라. 그곳 위로 기나긴 세월이 흘러 버렸다. 성聖과 속俗의 나날들이 어우러진 세월. 하늘의 별들이 샘물을 흐르게 하여 그들을 배부르게 했다. 또한 그들은 하늘의 먹구름이 가져온 빗물을 마셨다. 사납게 몰아치는 폭우와 촉촉이 스며드는 가랑비, 밤에 뜬 구름 아침마다 하늘을 뒤덮는 구름, 서로의 목소리가 메아리쳐 울려 퍼지는 황혼의 구름.[5]

이전 시대에 쓰인 수많은 시 작품들 가운데 그 심미적 가치와 시어의 정확성을 따져 고른 뒤 최종적으로 정선된 우수한 시편들이 곧 무알라까트인 것이다. — 옮긴이

5 F. A. al-Bustani and others (eds.), *al-Majani al-haditha*, Vol. I (Beirut, 1946), p.103 ; English trans. A. J. Arberry, *The Seven Odes* (London, 1957), p.142.

이 다음에는 낙타를 타고 떠나는 여행이 등장한다. 여기서 시인은 낙타, 지방의 풍광, 동물 사냥 등에 관해 말한다. 때에 따라서는 자연의 힘에 맞서 시험당하고 있는 본인이 기력과 자신감을 회복하고 있음을 암시하기도 한다. 시인이 자기의 부족을 찬양할 때, 시는 절정에 이른다.

> 우리를 위해 높다란 지붕을 가진 집을 지었다. 노소老少를 불문하고 모두가 그 꼭대기에 오르려고 한다. …… 그들은 자신의 부족이 어려움에 처했을 때 싸우는 자들이다. 그들은 부족의 전사이며 중재자이다. 그들은 도움을 갈구하는 자들을 위한 샘물이다. 또한 그들은 오랜 애도 기간으로 지친 과부들을 위한 샘물이다. 그들은 그와 같이 위대한 부족이다. 어떠한 질시도 그들을 해害할 수 없다. 부족의 일원 가운데 적敵과 동행할 만큼 비열한 자는 아무도 없다.[6]

간혹 부족에 대한 칭송과 자랑을 늘어놓은 뒤에 다른 주제로 옮겨 가기도 한다. 이때는 주로 무한한 자연의 힘 앞에서 초라해져 버린 인간 능력의 한계를 노래로 표현한다.

> 나는 삶의 무거운 짐에 지쳤다. 착각하지 말라. 누구든 80년의 세월을 살아가면 지쳐 간다. 나는 오늘 무슨 일이 벌어지고 있는지 알고 있다. 또 어제 무슨 일이 벌어졌는지도 알고 있다. 그러나 내일 어떤 일이 일어날지는 말할 수 없다. 나는 운명이 마치 어둠 속의 낙타처럼 발을 구르는 것을 보았다. 운명은 자신과 마주 친 자들을 잡아 죽인다. 운명을 피한 자들은 살아가지만 점차 늙어간다.[7]

---

6 Ibid., pp.112-113 ; English trans. p.147.

7 Ibid., p.88 ; English trans. p.118.

무함마드와 이슬람의 출현

7세기 초반 세계는 크게 두 부류로 나뉘어 있었다. 정주 세계는 이미 세력과 자신감을 잃고 위축된 상태였다. 변방 세계는 북쪽에 위치한 이웃 국가들과 긴밀하게 접촉하는 동시에 개방을 통해 주변 문화를 흡수하고 있었다. 7세기 중반에 접어들면서 양 세계 사이에는 중요한 변화가 일어났다. 아라비아 반도와 사산 제국 영토 전역, 비잔틴 제국 하의 시리아와 이집트 등은 모두 정치적 변화의 물결에 휩싸였다. 과거의 국경이 사라지고 새로운 국경이 만들어졌다. 이러한 새로운 국제 질서 속에서 주도권을 장악한 세력은 더 이상 비잔틴이나 사산 제국이 아니었다. 아라비아 반도 서부에 위치한 메카 출신의 아랍인들이 신흥 세력으로 부상했던 것이다.

7세기 말 아랍의 지배층은 무함마드Muhammad가 알라로부터 받은 계시를 중심 삼아 새롭게 질서를 재편하고 있었다. 무함마드는 메카 출신의 아랍인으로, 그가 받은 계시는 경전 ≪꾸란≫으로 집대성되었다. 무함마드가 받은 계시는 알라가 선대先代의 예언자나 사도들을 통해 내린 과거의 계시들을 완성한 것이었다. 그리고 새로운 계시는 유대교, 기독교와 확연히 구분되는 새로운 종교, 즉 이슬람을 탄생시켰다. 학자들 사이에서 이슬람의 신앙이 어떻게 발전하였는가를 두고 논쟁이 분분하다. 무함마드의 생애와 그를 중심으로 한 종교 공동체 탄생에 대해 기술하고 있는 아랍어 자료들은 시기적으로 후대에 속한다. 현재까지 알려진 최초의 무함마드 전기 작품은 그가 사망한 지 한 세기가 지나서야 완성되었다. 다른 언어로 작성된 자료들은 아랍인이 주변의 제국들을 정복해 나간 역사적 사실을 상세하게 증언해 주고 있다. 그러나 이 자료들이 보여주고 있는 무함마드의 포교에 관한 묘사는 무슬림들의 전승傳承과 차이가 나며, 따라서 보다 많은 연구와 논의가 필요하다. ≪꾸란≫의 경우 상당한 시일이 지난 뒤에야 비로소 문서로서 형식을 갖추기 시작한 것으로 보인다. 그럼에도 불구하고 ≪꾸란≫이 7세기에 아라비아 반도에서 만들어진 경전이라는 사실만은 의심의 여지가 없다. 과거 전기와 역사서들을 보더라도 이에 관한 내용이 조작된 것으로 보이지는 않는다. 물론 과거의 일부 기록은 후대인들이 무함마드를 근동의 전형적인 성인聖人이나 아라비아 귀족의 모습으로 비치도록 노력했음을 보여주기도 한다. 또한 일부 기록 속에는 집필되던 시대와 지역, 즉 8세기 이라크에서 벌어진 교리 논쟁의 흔적이 남아 있기도 하다. 그럼에도 불구하고 과거 전기와 역사서들이 전하는 무함마드의 인생과 가족 그리고 교우敎友들에 관한 내용은 거의 사실 그대로인 것으로 보인다. 이렇게 볼 때 이슬람의 기원에 관해서는 전통적인 설명 방식을 따르는 것이 약간의 주의가 필요하겠지만 최선인 것 같다. 그리고 그렇게 하는 것이 여러모로 유리하다. 왜냐하면 전통적인 설명과 ≪꾸란≫의 내용은 큰 변형 없이 이슬람 신자들의 정신과 심상心像 속에 살아남아 있으며, 따라서 그것들을 따름으로써 무슬림들의 역사관과 인간관을 쉽게 이해할 수 있기 때문이다.

전기 작가들이 서술하듯이 무함마드의 생애 가운데 가장 불확실한 시기는 유년기다. 그들에 따르면, 무함마드는 570년 무렵 아라비아 반도 서부에 자리 잡은 메카라는 도시에서 태어났다. 그의 가문은 꾸라이쉬Quraysh 부족에 속했지만 그 안에서 권력 핵심을 장악하지는 못했다. 꾸라이쉬 부족은 무역을 업으로 삼고 있었다. 그들은 메카 주변의 유목 부족들과 협정을 맺었으며, 아라비아 서남 지역은 물론 시리아와도 돈독한 관계를 유지했다. 또한 그들은 메카의 성소聖所였던 카으바Ka'ba 신전과도 관련이 있었던 것으로 전해진다.[8] 당시 카으바 신전은 그 지역 신들의 우상

8 카으바 신전은 메카에 있는 이슬람 대사원 중앙에 자리 잡은 작은 성소를 가리킨다. 정

메카의 모스크와 카으바 신전

을 모시고 있었다. 무함마드는 무역을 하던 카디자Khadija라는 미망인과 혼인했으며, 아내의 사업을 관장했다. 후대 작가들이 기록한 일화에 따르면, 당시 세계는 신의 부르심을 갈구하는 인도자를 기다리고 있던 것으로 묘사되고 있다. 하느님을 찾았던 한 구도자는 가르침을 받고자 소원을 빌었다. "오, 하느님. 제가 만일 당신께서 어떤 식으로 경배받기를 원하시는

육면체 모양인 이곳은 회색 화산암과 대리석으로 지어졌다. 무슬림들은 카으바 신전을 지구상에서 가장 신성한 곳으로 여기며, 매일 다섯 차례의 예배 시간에 이곳을 향해 절을 한다. ≪꾸란≫에는 아브라함과 이스마일이 카으바의 '기초를 세웠다'고 기록되어 있다. — 옮긴이

지 알 수만 있다면 바로 그렇게 경배드리겠사옵니다. 그러나 저는 그것을 알지 못합니다." 유대교의 랍비, 기독교의 수도승, 아랍의 역술가 등 모두가 예언자의 출현을 예견했다. 무함마드가 무역을 위해 시리아 남부 지역으로 여행하고 있었을 때 한 수도승이 그와 마주쳤다. 수도승은 그의 등을 보고 양어깨 사이에 예언자를 상징하는 징표가 있는 것을 발견했다. 자연의 만물이 그에게 경의를 표했다. "무함마드가 지나칠 때마다 돌과 나무들은 하나도 빠짐없이, '당신께 평화가 임하소서. 오, 하느님의 사도시여'라고 말했다."[9]

무함마드는 광야를 헤매는 고독한 방랑자가 되었다. 그의 나이가 마흔에 이르렀던 어느 날 심상치 않은 일이 벌어졌다. 초자연적 존재와 만나는 경험을 한 것이다. 훗날 사람들은 이 사건을 '권능의 밤' 또는 '운명의 밤'이라고 불렀다. 전하는 이야기에 따르면, 한 천사가 인간의 모습으로 지평선 위에 등장하여 무함마드를 불러 알라의 사도가 될 것을 부탁했다고 한다. 다른 이야기에 따르면, 무함마드는 자신에게 암송하라고 말하는 천사의 목소리를 들었다고 한다. 그가 "무엇을 암송합니까"라고 묻자, 그 목소리는 다음과 같이 답했다.

> 암송하라. 창조주의 이름으로,
> 그분은 한 방울의 응혈로 인간을 창조하셨노라.
> 암송하라. 주님은 가장 은혜로운 분으로,
> 붓으로 가르침을 주셨노라.
> 주님은 인간이 알지 못하는 것을 가르쳤노라.

---

9 이 부분과 후반부에서 인용되는 예언자 무함마드의 전기傳記의 경우 A Guillaume, *The Life of Muhammad* (London, 1955)를 참고. 이 작품은 이븐 이샤끄Ibn Ishaq가 쓴 무함마드 전기문의 영역본이다.

그러나 실로 인간은 오만하여

스스로 충만하다 생각하도다.

실로 모든 것은 주님에게로 귀의하노라.[10]

바로 이 순간, 초자연적 힘을 경험했던 다른 이들의 삶 속에서 볼 수 있는 일이 무함마드 자신에게도 벌어졌다. 사람들은 무함마드의 말을 들었고, 그의 주장을 받아들였다. 무함마드는 사람들로부터 인정을 받자 더욱 자신의 주장에 대해 확신을 가졌다. 처음에는 소수의 사람들만이 무함마드의 말에 관심을 보였다. 그의 아내 카디자가 그 중 한 사람으로, 다음과 같이 말했다. "기뻐하라, 나의 사촌이여. 그리고 용기를 가져라. 카디자의 영혼을 손에 움켜쥐고 있는 그분의 이름으로 말하니, 나는 그대가 그분 하느님의 백성들을 위한 예언자가 되기를 바란다."

그때부터 무함마드는 자신의 추종자들에게 계속해서 계시를 전달하기 시작했다. 그는 알라가 천사를 통해 계시를 내리고 있다고 믿었다. 현세는 언젠가 종말을 맞이하게 된다. 인간을 창조했던 전능하신 알라는 그들 모두를 심판할 것이다. 계시는 천국에서 얻을 기쁨과 지옥에서 받을 고통에 대해서도 생생하게 묘사하고 있다. 만일 살아생전에 알라의 뜻에 복종하고 따랐다면 그는 심판의 날에 알라의 자비를 구할 수 있을 것이다. 빠짐없이 예배를 근행하고 규율을 준수하며, 자비를 베풀고 성적性的 방탕을 삼감으로써 감사의 마음을 나타내는 것이야말로 알라의 뜻에 순종하는 길이다. '알라'Allah라는 말은 하느님God을 뜻한다.[11] 알라라는 말은 이미

10 ≪꾸란≫ 96 : 1-8.

11 무슬림들은 온 우주와 최초의 인간 아담과 하와를 창조한 유일신을 알라라고 부른다. 유일신 알라는 각 민족에게 자신의 뜻을 전하기 위해 경전을 계시했다. 즉 유대인들을 위해 ≪토라(구약)≫를, 기독교인들을 위해 ≪복음서(신약)≫를, 무슬림들을 위해 ≪꾸

아라비아 지역에서 지역신 중 하나를 가리키는 개념으로 통용되고 있었다(현재 아랍어를 사용하는 유대인들과 기독교인들은 자신들의 하느님을 가리키기 위해 알라라는 표현을 사용하고 있다). 그리고 알라의 뜻에 순종하는 사람들은 무슬림Muslim이라고 불렸다. 이슬람Islam은 무슬림이 믿는 종교를 가리키는 낱말로 그 어원은 무슬림과 같다.

점차 무함마드의 주변에는 신자들이 하나둘씩 모여들기 시작했다. 그를 추종했던 사람들은 꾸라이쉬 부족 가운데 영향력을 가진 가문의 몇몇 청년, 약소 가문 출신자, 꾸라이쉬 부족의 예속민, 장인, 노예 등 다양했다. 무함마드에 대한 지지도가 높아질수록 그와 꾸라이쉬의 유력한 가문들 사이에서 관계가 악화되어 갔다. 그들은 무함마드가 알라의 사도라는 주장을 인정하지 않았다. 또한 그들은 무함마드가 자신들의 생활 방식을 위협한다고 생각했다. "오, 아부 딸립Abu Talib이여." 그들은 무함마드의 보호자 중 한 사람이었던 삼촌에게 말했다. "당신의 조카가 우리의 신들을 저주하고, 우리의 종교를 모욕했소. 뿐만 아니라 우리의 생활 방식을 조롱했고, 우리의 조상들이 과오를 저질렀다고 비난했소." 아내 카디자와 삼촌 아부 딸립이 같은 해에 세상을 떠나자 무함마드는 처지가 더욱 곤란해졌다.

무함마드의 가르침은 발전을 거듭했다. 그럴수록 기존 신앙들과의 차이점이 명확해져 갔다. 우상 신들과 그들을 모시는 각종 의례들은 무함마드에게 비판의 대상이 되었다. 대신 그는 정례적인 집단 예배와 같은 새로운 형태의 종교 의식을 받아들이고 선善을 행하라고 명했다. 무함마드는 스스로를 유대교와 기독교 전통의 연장선상에 위치한 예언자의 반열

란≫을 계시한 것이다. 따라서 무슬림들이 아랍어로 지칭하는 유일신 알라는 '야훼' Yahweh 또는 '하느님' God과 같은 신神을 가리키는 것이다. — 옮긴이

에 올려놓았다.

결국 무함마드는 심각한 곤경에 처했다. 622년 그는 메카를 떠나 북쪽으로 3백여 킬로미터 떨어진 오아시스 마을 야쓰립Yathrib으로 향했다. 이 도시는 후대에 메디나Madina라고 불리는 바로 그곳이었다. 무함마드의 이주를 사전에 도모했던 자들은 메카를 오가던 야쓰립의 무역상들이었다. 당시 야쓰립은 두 개의 부족으로 갈라져 있었는데, 마침 부족 간 분쟁을 해결해 줄 중재인을 찾고 있었다. 야쓰립의 주민들은 오래전부터 유대인들과 함께 지내 왔기 때문에 새로운 예언자와 경전의 가르침을 받아들일 준비가 되어 있었다. 무함마드가 메디나로 이주한 이 사건은 헤지라라고 불린다. 그리고 후대인들은 헤지라를 이슬람 역사의 기원紀元으로 삼았다. 헤지라란 단순히 메카로부터 피신한다는 소극적인 뜻이 아니다. 그것은 오히려 고향이 아닌 다른 지역에 안착하여 보호막을 확보한다는 적극적인 의미를 담고 있다. 이슬람 역사의 후대에 이르러 헤지라는 이슬람 윤리에 따라 살기 위해 사악한 이교도 땅을 버리고 떠난다는 뜻을 갖게 되었다. 무함마드와 그의 추종자들은 메디나를 양분하고 있던 두 부족은 물론 유대인 공동체들과도 협약을 체결했다. 초기의 전기 작가들은 당시 체결되었던 이 협약 문서들을 보존하고 있었다. 당시 이들이 맺은 협약 내용은 오늘날 아라비아 반도 남부 지역에서 목격되는 하람(성역)에 관한 협약과 크게 다르지 않았다. 즉 각 당사자들은 자기 고유의 율법과 관습을 준수하되, 하람에 해당하는 모든 곳은 평화 구역으로 남는다. 분쟁이 발생할 경우 폭력으로 해결할 수 없으며, 대신 '알라와 무함마드'의 심판에 따라야 한다. 평화를 해치는 측이 나타날 경우 나머지 당사자들은 연합 세력을 만들어 함께 대응한다.

메디나에서 무함마드는 힘을 규합하기 시작했고, 그의 세력은 오아시스 전역과 인근 사막 지대까지 확산되어 나갔다. 곧 그는 꾸라이쉬 부족과 무력으로 충돌하였는데, 이는 아마도 무역로를 둘러싼 양측 간의 갈등이 고조되면서 비롯된 것으로 보인다. 그리고 이러한 충돌의 와중에서 무슬림들 사이에 점차 공동체 의식이 형성되었다. 그들은 올바른 목적을 위해서라면 반드시 투쟁해야 한다는 신념을 갖게 되었다. 점차 무슬림들은 "꾸라이쉬 부족은 알라께 무례하게 굴고 알라의 영광된 목적을 저버렸으며, 따라서 알라께서는 사도使徒에게 적과 싸우고 스스로를 보호할 것을 허락하셨다"고 믿게 되었다. 무슬림들은 알라와 천사가 자신들의 편에 서서 함께 싸우고 있다고 확신했다. 또한 그들은 어떠한 역경도 감내해낼 수 있었다. 왜냐하면 그들은 역경이야말로 신자들을 가려내기 위한 알라의 시험이라고 여겼기 때문이다.

세력이 확장되고 무력 투쟁이 진행되었던 바로 이 무렵, 예언자 무함마드의 가르침은 마침내 완성된 모습을 갖추었다. 사람들은 ≪꾸란≫을 알라가 계시한 경전이라고 믿었다. ≪꾸란≫ 가운데 일부 구절은 종교 제의, 사회의 도덕과 평화, 재산, 결혼, 상속 등에 관해 상세히 언급했다. 경우에 따라 구체적인 명령을 내리기도 하고 일반적 원칙만 제시하기도 했다. 무함마드의 가르침은 점차 보편적인 성향을 띠면서, 아라비아 반도뿐만 아니라 온 세계를 그 대상으로 삼게 되었다. 이로써 무함마드의 가르침은 유대교 및 기독교와 보다 확연하게 구분되어 갔다.

예언자 무함마드의 가르침이 발전되어 갔던 양상은 메디나에 거주하고 있던 유대인들과의 관계 변화와 밀접하게 관련된 것으로 보인다. 원래 유대인들은 무함마드가 주도했던 연합 세력의 일원이었다. 그러나 포교를 위한 무함마드의 목소리가 높아지면서 유대인들은 처지가 점차 난처해지기 시작했다. 유대인들은 자신들의 종교 전통 때문에 무함마드를 진정한 알라(하느님)의 사도로 받아들일 수 없었다. 이에 대해 무함마드는 유대인들이 스스로 유대교의 계시를 왜곡한다고 비난을 퍼부으며 다음과 같이 말했다. "너희들은 명명백백히 밝히라고 명령받은 것을 은폐해 버렸구나." 결국 유대인들 가운데 일부 씨족은 추방당하거나 살해당하고 말았다.

무슬림들은 예배의 방향, 즉 끼블라*qibla*를 예루살렘에서 메카로 바꾸었다.[12] 이 사건은 무슬림들과 유대인들 사이에 불화가 있었음을 암시해 주고 있다. 이와 함께 무슬림들은 무함마드와 아브라함을 연결짓는 영적 계보를 새삼스레 강조하기 시작했다. 아브라함이 고차원적인 유일신 신앙을 주창했으며 메카의 신전을 세웠다는 믿음은 이미 예전부터 전해져 내려오고 있었다. 이제 무슬림들은 아브라함을 유대교도나 기독교도로 여기지 않았다. 대신 그들은 아브라함을 이슬람을 포함한 세 종교의 공통 조상이라고 생각했다. 이러한 변화는 무함마드, 꾸라이쉬 부족, 메카 사이의 관계가 달라진 것과도 관련이 있었다. 이 세력들 사이에 일종의 화해 분위기가 조성되기 시작한 것이다. 메카 상인들은 일부 부족장들의 동맹 탈퇴와 무역 주도권의 상실로 말미암아 점차 위기 국면을 맞이하고 있었다. 게다가 메카 내부에서조차 이슬람을 추종하는 무리들이 점차 증가하고 있었다. 메카 상인들은 새롭게 등장한 이슬람 세력과 협약을 체결할 경우 위기를 다소나마 모면할 수 있을 것이라 생각했다. 한편 무함마드의 이슬람 공동체는 메카가 적대적으로 남아 있는 이상 안전을 보장받을 수 없을 것이라 생각했다. 더구나 이슬람 공동체는 메카 귀족이 갖고 있는 수완이 필요한 터였다. 무슬림들은 메카의 하람(성역)을 아브라함이 세운 것으로 여기고 있었기 때문에, 의미는 바뀌었지만 메카를 새로운 종교 이슬람의 순례지로 받아들일 수 있었다.

629년에 이르러, 메카와 메디나의 관계는 무슬림들이 메카로 순례 여

---

12 끼블라란 무슬림들이 예배를 올릴 때 바라보는 방향을 뜻한다. 본래 끼블라는 예루살렘의 사원이었지만 헤지라 2년에 메카 방향으로 바뀌었다. ─ 옮긴이

행을 떠날 수 있을 만큼 호전되었다. 이듬해 메카의 지도자들은 무함마드에게 항복을 선언했다. 이로써 무함마드는 사실상 메카를 무혈점령하였다. 그는 새로운 질서의 원칙을 다음과 같이 공표했다. "나는 특권, 혈통, 재산 등에 관한 모든 주장을 무효화한다. 단, 신전에 대한 보호와 순례자들에게 물을 공급하는 것은 예외로 한다."

메디나는 그 뒤에도 계속 무함마드가 이끄는 공동체의 수도로 남았다. 무함마드는 메디나를 중심으로 이슬람 공동체를 통치했다. 그의 통치는 기본적으로, 틀을 갖춘 정부 조직체보다는 정치적 수단과 개인의 권위에 의존하고 있었다. 카디자가 사망한 뒤 무함마드는 여러 여인들과 결혼을 했다. 그 가운데 전부는 아니더라도 일부는 정략적인 성격을 띤 것이었다. 행정 당국이나 군대는 아직 체제가 완전히 정비되지 못한 상태였다. 무함마드를 단순히 여러 명의 대리인을 거느린 최고 조정자로 여겼을 뿐이었다. 군대는 신도들 사이에서 징집되었고, 국고는 자발적인 기부금과 투항한 부족들로부터 거둬들인 세금으로 충당되었다. 무함마드가 이룩한 평화 체제는 도시의 경계를 넘어 광범위하게 확산되어 갔다. 무함마드는 오아시스와 시장을 장악하고 있었고, 이러한 이유 때문에 인근 지역의 부족장들은 그와 협정을 맺지 않을 수 없었다. 협정의 내용은 매번 달랐다. 동맹을 체결하고 무력 충돌을 포기하는 경우가 있는가 하면 무함마드를 예언자로 인정하고 예배의 규정을 준수하며 정기적으로 희사금을 내는 경우도 있었다.

632년 무함마드는 메카를 향해 마지막 순례를 떠났다. 그곳에서 무함마드가 한 연설은 그가 남긴 최후의 메시지로 기록되었다. "유념할지니라. 모든 무슬림은 무슬림의 형제다. 무슬림들은 형제인 것이다." 무슬림들 사이의 골육상잔은 반드시 피해야 하며, 과거 우상 신을 섬기던 시대에 일어난 학살 행위에 대해 보복을 해서는 안 된다. 또한 무함마드는 만

백성들이 “알라 이외에는 다른 신은 없습니다”라고 신앙 고백을 하는 그 순간까지 투쟁하겠노라고 역설했다.

바로 그 해가 저물어 가던 어느 날 무함마드는 죽음을 맞이했다. 그가 남긴 업적은 한두 가지가 아니었다. 그 가운데 가장 위대한 업적은 가까운 교우들에게 보여준 인간적 모범이었다. 교우들이 전한 무함마드의 일화는 처음엔 구전 형태로 회자되다가 한참 후대에 이르러 문자로 기록되기 시작했다. 물론 그들이 전한 일화들 중 일부는 첨삭 과정을 거치며 과장되었을 수도 있다. 그럼에도 불구하고 초창기부터 무함마드를 만나고 따랐던 자들은 그를 자신들의 윤리적 모범으로 삼는 데 주저하지 않았다. 후대에 정립된 바람직한 인간상은 대부분 무함마드를 준거로 발전한 것이다. 추종자들의 눈에 비친 무함마드는 생애 일찍이 진리를 찾아 구도의 길을 걸었던 선각자의 모습이었다. 그들이 전하는 무함마드는 높은 곳에서 강림한 어떤 힘에 압도되어 당혹해 하다가 자신에게 내려진 계시를 전파하기 위해 혼신의 힘을 기울였으며, 주위에 모여든 추종자들로부터 확신을 얻고 포교에 나선 인물이었다. 또한 무함마드는 알라가 명한 정의의 원칙에 따라 평화를 정착시키고 분쟁을 종식시킨 중재자요, 정치 세력들을 하나로 통합한 유능한 지도자이기도 했다. 그들의 눈에 비친 무함마드는 결코 인간 행동의 관습적 양식을 무시하지 않으면서, 그것을 알라의 뜻에 부합하는 틀 안에서 제어하려고 노력한 인물이었다.

이슬람 공동체 역시 무함마드와 마찬가지로 세대가 거듭될수록 그 이미지가 점차 이상화되어 갔다. 후대에 비쳐진 이슬람 공동체는 예언자를 존경하고, 그에 대한 추억을 소중히 간직하고 있으며, 그의 모범을 따르려고 노력하고, 알라를 위해 이슬람의 길을 걸었던 사회였다. 이슬람 공동체는 사회 전체적으로 보편적인 종교 의식을 통해 하나로 결속되어 있었다. 무슬림들은 똑같은 시기에 순례를 떠났고, 똑같은 달에 단식을 했으며, 함께 예배를 보았다. 무슬림들은 이 같은 의식을 거행함으로써 세계 어디에서도 찾아볼 수 없는 자신들만의 독특한 정체성을 가질 수 있었다.

무함마드가 남긴 업적 가운데서 무엇보다 ≪꾸란≫을 빼놓을 수 없다. ≪꾸란≫은 활력이 넘치는 아름다운 언어로써 전능하고 절대 선하신 초월적 존재 알라가 피조물인 인간 세계에 임재臨在하는 과정을 묘사하고 있다. 또한 ≪꾸란≫은 알라의 의지를 전하는 계시이기도 하다. 알라는 인간들에 경고를 주기 위해, 그리고 인간 스스로가 감사할 줄 아는 순종적인 피조물로서의 본래 모습을 회복할 수 있도록 여러 예언자들을 통해 계시를 내렸다. 이와 더불어 ≪꾸란≫은 알라의 최후의 심판과 그 결과로 얻어지는 보상과 처벌에 대해서도 증언한다.

정통 무슬림들은 누구나 ≪꾸란≫을 알라의 말씀이라고 믿어 의심치 않는다. 무슬림들은 ≪꾸란≫이 공동체가 필요로 하는 순간마다 천사를 통해 아랍어로 무함마드에게 전해진 알라의 계시라고 믿는다. 비非무슬림이라면 대부분 이 같은 믿음을 받아들이려고 하지 않을 것이다. 기껏해야 무함마드가 인간 세상 바깥으로부터 어떤 영감을 얻었다고 생각할 것이다. 더 나아가 그들은 그것이 무함마드 자신의 언어에 의해 표현된 인격적 반영물에 불과하다고 주장할지도 모른다. 이러한 믿음의 차이를 해소할 수 있는 합리적 방법은 없다. 그러나 의견을 달리하는 양측 모두 ≪꾸란≫에 대해 제기되는 다음과 같은 몇 가지 정당한 의문에 대해서는 공감할 수 있을 것이다.

첫째는 ≪꾸란≫이 언제 그리고 어떻게 최종적으로 완성되었는가 하는 의문이다. 무함마드는 여러 차례에 걸쳐 추종자들에게 계시를 전달했으며, 추종자들은 그것을 기록으로 남기거나 기억으로 보존했다. 대부분의 학자들은 여러 개의 판본들이 수집된 뒤 다시 한 권의 정본으로 집대성된 것은 무함마드 사후의 일이라는 점에 대해 동의한다. 이슬람 전승에 따르면, 3대 칼리파 우스만'Uthman(644~656) 시대에 최초의 정본이 완성되었다고 한다. 그러나 일각에서는 정본의 출현이 이보다 후대에 이뤄졌다는 이론을 제기하기도 한다. 심지어 일부 이슬람 종파는 예언자가 전하지 않은 내용을 다른 사람들이 ≪꾸란≫에 삽입하기도 했다고 비판한다.

보다 더 중요한 의문은 ≪꾸란≫의 독창성에 관한 것이다. 학자들은 ≪꾸란≫을 당대에 그 지역에서 유행했던 사유의 맥락에서 이해하고자 한 경우가 많았다. 왜냐하면 과거 다른 종교들이 설파했던 가르침이 ≪꾸란≫ 속에서도 발견되기 때문이다. 예를 들어, ≪꾸란≫의 교리 속에 유대교 사상이 보이며, 최후의 심판에 관한 공포나 천국과 지옥에 관한 묘사는 동방 기독교 수도원이 가르쳤던 내용과 흡사하다(그러나 ≪꾸란≫에는 기독교의 교리나 예배 의식에 관한 언급이 거의 없다). 또한 ≪꾸란≫에는, 물론 그 형식이 차이가 나긴 하지만, 구약이나 신약과 같은 기독교 성서의 이야기들도 등장한다. 심지어 ≪꾸란≫은 계시가 여러 민족에게 내려지고 계승되어 왔다고 설파했다는 점에서 과거 마니교를 떠올리게 한다. 그 밖에 아랍 토착 문화의 흔적을 ≪꾸란≫ 속에서 발견하는 것은 어렵지 않다. 예를 들어, ≪꾸란≫이 강조하고 있는 윤리관은, 물론 일부 덕목에서 큰 차이를 드러내기도 하지만, 당시 아라비아 반도의 윤리관과 맥을 같이하고 있다. ≪꾸란≫이 처음 계시되었을 때의 분위기 또한 과거 아랍의 주술사들이 초자연적 존재와 마주쳤을 때 더듬거리며 말을 했던 장면을 떠올리게 한다.

그러나 정작 무슬림들은 과거의 흔적이 ≪꾸란≫에 나타나는 문제를 별로 심각하게 여기지 않았다. 왜냐하면 무슬림들은 이 사실이 결국 수많은 예언자들이 동일한 진리를 설파했고, 무함마드는 그 연장선의 마지막에 자리하고 있음을 보여주는 증거라고 여겼기 때문이다. 다시 말해,

≪꾸란≫은 최후의 경전으로서 계시 내용을 효과적으로 전달하기 위해 기존에 익숙히 알려진 언어와 표현을 사용하고 있다는 것이다. 만일 ≪꾸란≫에서 발견되는 사상과 이야기가 과거의 것과 차이가 난다면, 그것은 단지 과거에 다른 예언자를 추종했던 무리들이 계시의 내용을 왜곡했기 때문이다. 그러나 일부 비무슬림 학자들은 이 문제에 대해 다른 의견을 제시하기도 했다. 심지어 그들은 ≪꾸란≫이 무함마드가 옛 종교의 내용들을 모아 재구성한 결과물에 지나지 않는다고 주장하기도 했다. 그러나 이런 식의 결론은 사실 독창성이란 무엇인가에 대한 오해에서 비롯된 것이다. 옛 종교로부터 무엇을 취했든지 그것은 어디까지나 새로운 형태로 정립되고 각색된 것이고, 따라서 그것을 수용하는 자는 기존에 알고 있던 것과 다른 새로운 세계관을 얻을 수 있기 때문이다.

2장
이슬람 제국의 형성

무함마드의 계승 : 제국의 정복

무함마드가 세상을 떠나자 그의 후계자들에게 혼란의 순간이 닥쳤다. 이때 지도자들 중 하나였던 아부 바크르Abu Bakr는 이슬람 공동체를 향해 다음과 같이 선언했다. "여러분! 만일 당신들이 무함마드를 숭배했다면, 그는 이미 죽은 자입니다. 그러나 만일 알라를 숭배했다면, 그분은 살아계신 신神이십니다." 알라의 기치 아래라면 아부 바크르에게는 아직 해야 할 일이 남아 있었다. 즉 공동체의 내분을 중재하고 사안을 결정해 줄 수 있는 이가 필요했던 것이다. 당시 무함마드의 추종 세력은 크게 세 부류로 나뉘어 있었다. 첫째는 무함마드와 함께 헤지라(메디나로의 이주)를 감행했던 초기 동료들로, 무함마드와 친인척 관계를 맺고 있었던 부류였다. 둘째는 메디나 출신의 유력 인사들로, 무함마드와 협정을 맺은 부류였다.

마지막 세 번째는 메카의 귀족들로, 이제 막 이슬람으로 개종한 부류였다. 공동체의 동료들과 지도자들 사이에 회의가 열렸고, 그 결과 첫 번째 부류의 한 인물이 칼리파, 즉 예언자의 후계자로 선출되었다.[1] 그는 바로 아부 바크르였다. 아부 바크르는 최초의 개종자 가운데 한 사람이었으며, 그의 딸 아이샤'A'isha가 무함마드의 아내이기도 했다.

칼리파는 예언자가 아니다. 칼리파는 공동체의 수장이기는 하지만 어떤 의미로든 알라의 사도라고 말할 수는 없다. 다시 말해, 그는 결코 스스로가 계시의 역사를 계승한다고 주장할 수 없는 것이다. 그러나 초기 칼리파들은 신성한 후광을 받는 선택받은 인물로 여겨졌고, 따라서 특정한 종교적 권위를 갖고 있다고 스스로 주장하기도 했다. 아부 바크르를 비롯한 후대의 칼리파들은 자신들이 예언자 무함마드보다 훨씬 광활한 영토를 다스려야 한다는 사실을 곧바로 깨닫게 된다. 무함마드의 가르침과 행동에는 보편주의가 내재해 있었다. 그는 보편적 권위를 내세웠고, 따라서 그가 설정한 하람(성역)은 예외 없이 받아들여졌다. 인생의 말년에 무함마드는 비잔틴 제국 국경을 향해 군사 원정대를 파견했다. 또한 그는 강대국의 군주들에게 사절단을 보내 자신이 받은 계시를 인정하라고 촉구하기도 했다. 예언자가 세상을 하직하자 그가 주변의 부족장들과 체결했던 동맹 체제는 해체의 위기에 봉착했다. 일부 부족장은 무함마드가 예언자라는 사실을 부인하거나 메디나의 정치적 지배권을 거부하기도 했다. 이러한 위기를 극복하기 위해 아부 바크르를 위시한 이슬람 공동체는 군사 행동을 통해 권위를 확실히 다지고자 했다. 그들의 군사적 행동은 후대에 '배교의 전쟁'wars of the ridda이라고 불렸다.[2] 이 같은 과정을 거치면서 이슬

1 칼리파khalifa란 아랍어로 '후계자'를 뜻한다. 영어로는 보통 칼리프caliph로 표기한다. 칼리파는 이슬람 세계 최고의 수장을 가리킨다. 칼리파의 자리는 우마이야 왕조, 압바스 왕조, 오스만 제국 순으로 계승되었다. — 옮긴이

람 세계는 군대 조직을 갖추었다. 이때 탄력을 얻은 군사 원정의 물결은 비잔틴과 사산 제국의 국경까지 휩쓸고 지나갔다. 양 제국의 저항이 예상보다 약하다는 것이 판명되자 이슬람의 군사 원정은 제국 심장부를 향해 돌진하기 시작했다. 제2대 칼리파였던 우마르 이븐 알 카땁ʻUmar ibn al-Khattab(634~644)의 말년에 이슬람 세력은 아라비아 반도 전체, 사산 제국의 일부, 비잔틴 제국 치하의 시리아와 이집트까지 정복했다. 곧이어 사산 제국의 나머지 영토가 마침내 이슬람의 수중에 떨어지고 말았다.

그로부터 수년 뒤에 근동近東의 정치적 경계선은 새롭게 바뀌었다. 이와 함께 정치적 중심지도 부와 인구가 넘쳐나는 비옥한 초승달 지역에서 고급문화나 부와는 거리가 멀었던 주변부의 작은 마을로 이동하였다. 이러한 변화는 아무도 예견치 못한 상황에서 급작스럽게 일어났기 때문에 몇 가지 설명을 덧붙일 필요가 있다. 고고학자들이 찾아낸 증거 자료에 따르면, 당시 지중해 세계는 쇠퇴기에 접어들면서 점차 역동성을 잃어 가고 있었다. 몰락의 원인으로는 야만족의 침입, 대지의 황폐화, 농작물의 생산 감소, 도시 시장의 쇠락 등을 꼽을 수 있다. 비잔틴과 사산 양 제국은 전염병과 장기간의 전쟁에 시달리면서 약해져 가고 있었다. 비잔틴 제국은 629년 사산 제국을 패배시킨 뒤에야 겨우 시리아를 회복할 수 있었으나 그곳의 정세는 여전히 불안했다. 양 제국을 침공한 아랍인들은 결코 유목민으로 구성된 오합지졸이 아니라 잘 조직된 정규군이었다. 병사들 중 상당수는 양 제국에서 군 복무를 한 바 있었고, 일부는 예언자의 사후 벌어진 전투에 참여한 경험도 있었다. 아랍 병사들은 이미 군사 기술과 경험을 터득한 상태였던 것이다. 광활한 영역을 가로지르며 치러진 군사

---

2 릿다ridda는 '배교'背敎를 뜻하는 아랍어 단어이다. 특히 예언자 무함마드의 죽음을 전후로 일부 부족들이 이슬람 공동체로부터 이탈한 행위를 가리킨다. — 옮긴이

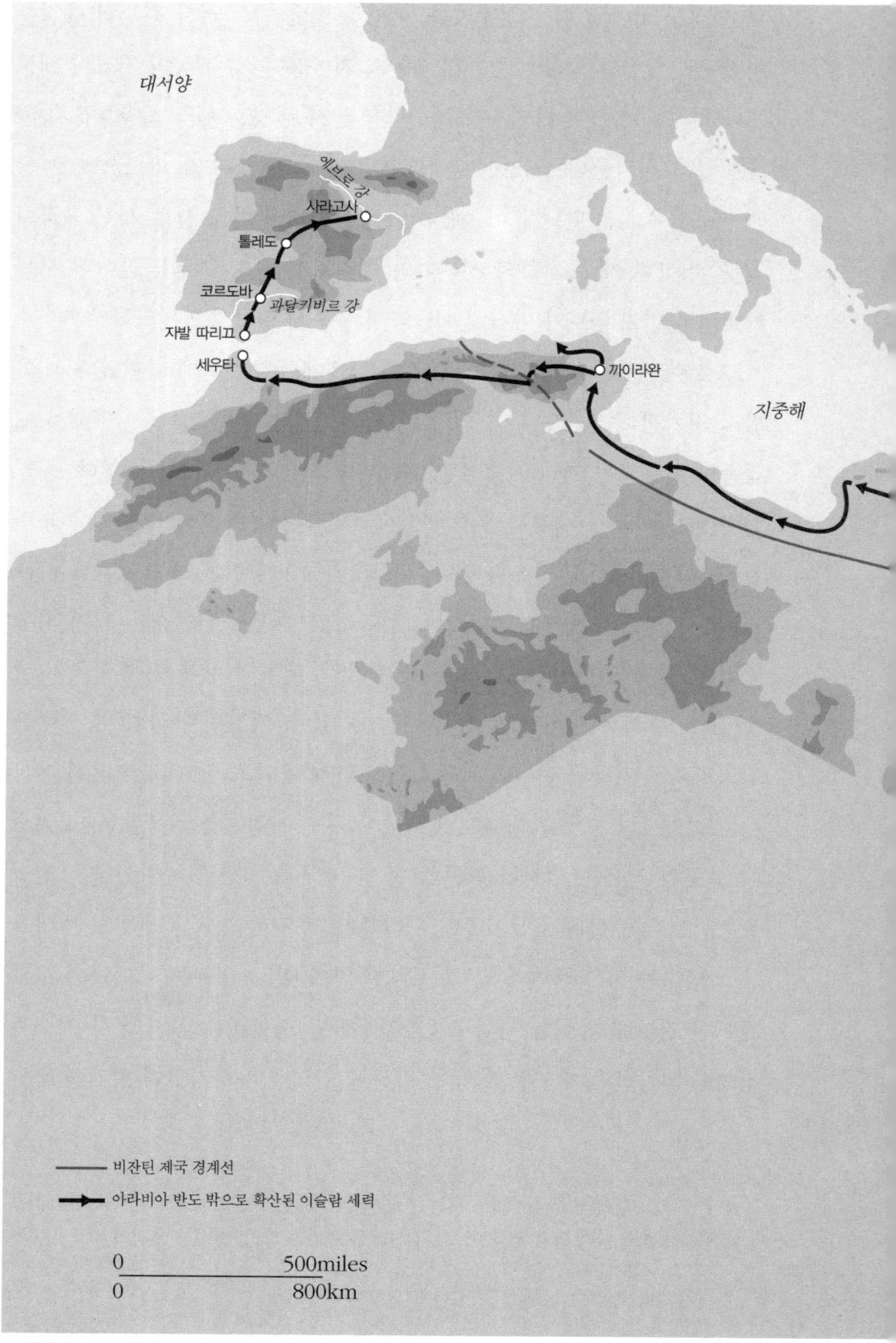

대서양
에브로 강
사라고사
톨레도
코르도바
과달키비르 강
자발 따리끄
세우타
까이라완
지중해
비잔틴 제국 경계선
아라비아 반도 밖으로 확산된 이슬람 세력
0 500miles
0 800km

2. 이슬람 제국의 확장

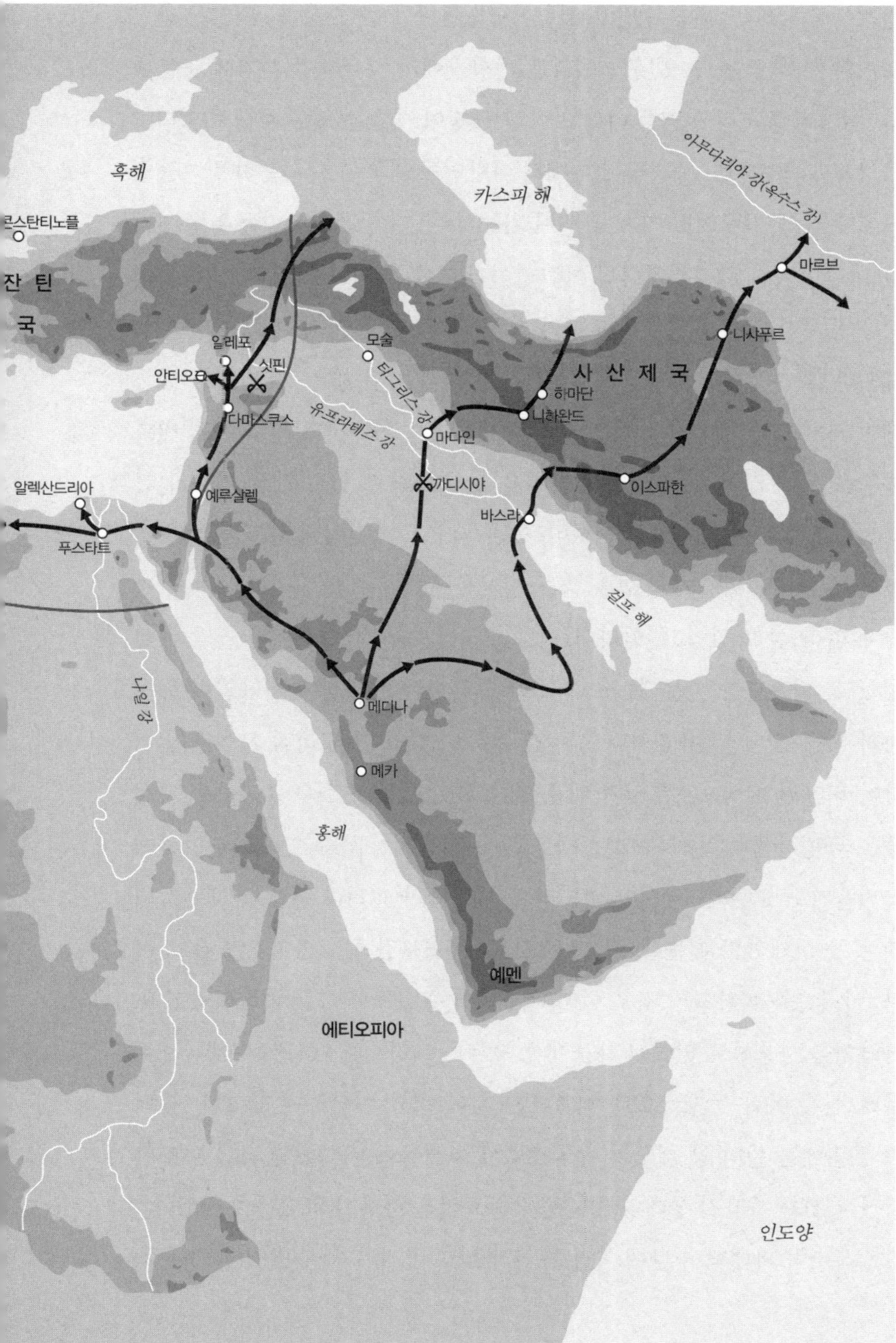
흑해
스탄티노플
잔 틴
국
카스피 해
아무다리야 강(옥수스 강)
마르브
니샤푸르
사 산 제 국
하마단
니하완드
모술
티그리스 강
유프라테스 강
마다인
가디시야
바스라
이스파한
걸프 해
알레포
싯핀
안티오크
다마스쿠스
예루살렘
알렉산드리아
푸스타트
메디나
메카
홍해
나일 강
예멘
에티오피아
인도양

원정에서 낙타는 운송 수단으로서 아랍인들에게 큰 도움을 주었다. 한편 토지와 부를 얻을 수 있다는 희망은 병사들에게 자극제가 되기에 충분했다. 여기에 종교적 신념을 바탕으로 한 열정이 새로운 힘을 보태 주었다.

당시 피정복지의 주민들이 어째서 아랍인들의 통치를 순순히 받아들였는지에 대해서는 여러 가지 설명이 가능하다. 먼저 피정복민들은 통치자가 이란인이건 그리스인이건 아랍인이건 크게 개의치 않았다. 대부분의 경우 통치자가 세운 정부는 도시와 그 배후지에만 영향을 미치는 것이 상례였다. 따라서 관료, 그들과 이해관계가 얽혀 있던 계층, 몇몇 종교 공동체의 사제 등을 제외한 나머지 도시 주민들은 누가 지배자가 되든지 별로 관심을 두지 않았다. 평상시에 안전을 보장받을 수 있고 세금 징수가 합리적으로 이루어지는 한 그러했다. 농촌이나 스텝 지역에 살고 있었던 주민들의 경우도 마찬가지였다. 그들은 자신들의 부족장 밑에서 고유의 관습에 따라 살고 있었고, 따라서 누가 도시를 지배하느냐는 관심 밖의 일이었다. 피정복민 가운데는 그리스인이나 이란인 대신에 아랍인이 통치자가 되는 것이 더 유리하다고 여긴 부류도 있었다. 교리적 차이로 말미암아 비잔틴 제국으로부터 박해를 받아 왔던 기독교 소수 종파들은 자신들을 공평하게 처우해 주었던 새로운 아랍 통치자들을 오히려 편안하게 느꼈을지도 모른다. 당시만 하더라도 이슬람의 교리나 율법이 체계화되지 못한 상태였기 때문에 종교적으로도 큰 거부감을 느끼지 않았을 것이다. 시리아와 이라크의 경우 이미 대부분의 주민들이 아랍 혈통이었고 또 아랍어를 사용하고 있었기 때문에 종주국을 그리스나 페르시아 제국으로부터 신흥 아랍 동맹국으로 전환하는 것이 전혀 이상하지 않았다. 특히 그 무렵에는 이미 양 제국의 속국으로서 자신들을 지배했던 라흠 왕조와 갓산 왕조가 사라진 상태였기 때문에 종주국을 바꾸기가 더욱 수월했다.

정복지가 확대되어 감에 따라 통치 방식도 바뀔 수밖에 없었다. 정복자들은 아랍 병사들을 군사 야영지에 배치하고 권력을 휘둘렀다. 시리아에서는 군사 야영지가 기존의 도시 내부에 설치되었다. 그러나 다른 지역에서는 거주지를 새롭게 만들어야 했다. 이런 식으로 새롭게 건설된 도시로는 이라크의 바스라Basra와 쿠파Kufa, 이집트의 푸스타트Fustat(후대에 카이로로 성장), 후라산Khurasan의 북동쪽 접경 도시 등이 있었다. 권력의 중심지였던 군사 야영지는 아라비아와 다른 피정복지로부터 몰려온 이주민들로 넘쳐나면서 도시로 성장해 나갔다. 그리고 도시의 중앙에는 총독의 궁전, 공공 집회 장소, 모스크 등이 들어섰다.

신흥 지배 세력은 메디나와 그곳에서 육로로 연결된 새로운 군영軍營 도시들에서 권력을 장악하고 있었다. 지배층 가운데 일부는 초창기부터 무함마드를 추종했던 예언자의 교우 세력이었다. 그러나 지배층의 다수를 이루었던 자들은 군사 기술과 정치적 능력을 겸비한 메카 귀족들이었다. 이외에 인근 도시였던 따이프Ta'if의 유력 가문 출신들도 지배층에 속해 있었다. 정복 사업이 지속되자 유목 부족 중 일부 가문도 지배층으로 편입되었다. 심지어 무함마드의 사후 메디나의 통치 체제로부터 이탈을 꾀했던 세력도 지배층에 끼어 있었다. 이와 같이 이슬람 공동체는 다양한 집단들로 구성되어 있었음에도 불구하고 나름대로 하나로 융화되어 갔다. 제2대 칼리파 우마르는 이슬람의 대의를 위해 싸운 자들을 위해 연금 제도를 만들었고, 이들의 공과를 개종의 순위와 공헌도에 따라 공정하게 평가했다. 그 덕분에 지배층 간의 결속력은 강화될 수 있었다. 반면 지배층과 피지배층 간의 격차는 점차 심화되어 갔다. 부를 소유한 지배층과 빈곤한 피지배층 간의 알력은 이슬람 초기부터 그 조짐을 드러내기 시작했다.

이슬람 공동체가 겉으로는 하나로 통합되어 있었지만 내부적으로는 개인이나 분파적 차이에 따라 분열을 겪고 있었다. 초창기부터 무함마드를 추종했던 교우들은 나중에 개종했음에도 불구하고 권력을 차지한 집단들에 대해 경계를 하고 있었다. 초창기에 이슬람으로 개종하여 무함마드와 긴밀한 관계를 유지했던 집단과 전통적으로 귀족 행세를 해 왔던 집단 간에 충돌이 일어났던 것이다. 메디나의 주민들은 권력의 중심이 보다 많은 부와 인구를 가진 시리아와 이라크로 이동하는 것에 대해 우려하고 있었다. 반면 시리아와 이라크의 총독들은 중앙의 간섭을 받지 않고 독자적으로 권력을 행사하기 위해 노력을 기울이고 있었다.

내부 세력 간의 긴장 국면은 제3대 칼리파였던 우스만 이븐 아판'Uthman ibn 'Affan(644~656) 시대에 이르러 본격화되었다. 우스만은 제2대 칼리파였던 우마르가 개인적 원한 관계로 암살되자 꾸라이쉬 부족의 일족으로부터 지지를 얻어 칼리파로 선출된 인물이었다. 사람들은 우스만이 파벌 간의 분열을 해결할 수 있으리라 기대했다. 왜냐하면 그는 꾸라이쉬 부족의 유력 가문 출신이었으며, 동시에 초기 개종자 가운데 한 명이었기 때문이다. 그러나 우스만은 주위의 기대를 저버리고 문중의 일원만을 지방 총독으로 중용하는 족벌 정책을 펼쳐 사방으로부터 비난을 사고 말았다. 메디나에서는 예언자 교우의 후손들과 예언자의 아내 아이샤가 우스만에게 반기를 들었다.[3] 쿠파와 푸스타트에서도 메카 출신의 몇몇 가문이 권력을 독점하는 것에 대해 불만을 터뜨리는 자들이 나오기 시작했다. 이는 결국 메디나에 소요 사태를 불러일으켰고, 이집트 출신 병사들이 이에 가세했다. 그 결과 우스만은 656년에 살해당하여 최후를 맞이하고 말았다.

우스만의 시해 사건을 계기로 이슬람 공동체는 제1차 내란기로 접어들

---

3 예언자 무함마드는 평생에 걸쳐 13명의 여인과 결혼한 것으로 알려져 있다. 그의 첫 번째 아내는 카디자였다. 그는 25세의 나이에 40세의 카디자와 결혼했고, 두 사람의 결혼 생활은 25년 동안 지속되었다. 무함마드는 카디자가 죽은 뒤에야 다른 여인들을 아내로 받아들이기 시작했다. 아이샤는 카디자를 제외하고 무함마드가 가장 사랑한 아내였다. 무함마드는 마지막 숨을 거둘 때 그녀의 무릎 위에 머리를 누였다고 전해진다. 한편 그녀는 제1대 칼리파였던 아부 바크르의 딸로 정치적 야심이 강했다. — 옮긴이

었다. 우스만의 뒤를 잇는 차기 칼리파 후보로 알리 이븐 아비 딸립'Ali ibn Abi Talib(656~661)이 물망에 올랐다.[4] 꾸라이쉬 부족 출신으로 초기 개종자였던 알리는 무함마드의 사촌이었으며, 동시에 그의 딸 파티마Fatima와 결혼한 사이였다. 그러나 그는 두 부류의 저항에 직면했다. 우스만의 일족이 그에게 대항했으며, 일부 세력은 알리의 칼리파 선출에 대해 적법성 여부를 문제 삼으며 반기를 들고 나섰다. 권력을 둘러싼 메디나의 암투는 군영 도시들로 확산되어 갔다. 알리는 쿠파에서 스스로 칼리파의 자리에 올랐다. 반면 바스라에서는 알리에 반대하는 세력이 등장했다. 알리는 바스라를 진압하는 데 성공했지만 곧바로 시리아로부터 새로운 도전에 직면하였다. 당시 시리아의 총독이었던 무아위야 이븐 아비 수프얀Mu'awiya ibn Abi Sufyan은 우스만의 가까운 친족이었다. 알리와 무아위야의 군대는 유프라테스 강 상류 지점에 위치한 싯핀Siffin에서 결전을 치렀다. 전투를 치른 지 한참이 지난 뒤 양측은 각각 대표단을 내세워 중재안을 만들도록 하고, 그 결과를 받아들이기로 합의했다. 알리가 중재안에 동의하자, 그를 추종했던 무리 중 일부가 진영으로부터 이탈하였다. 이탈자들은 알리가 알라의 뜻 대신 인간의 판단을 받아들였다는 이유를 내세워 중재안의 수용을 거부했다. 이로써 초기 이슬람 개종자로서 추앙받고 있었던 알리의 명예는 실추되고 말았다. 중재인들 사이에서 논의가 수개월 동안 지속되는 동안 알리를 지지했던 동맹군은 점차 결속력을 잃어 갔다. 결국 알리는 자신의 본거지였던 쿠파에서 암살당하여 최후를 맞이했다. 알리가

4 알리'Ali는 예언자 무함마드의 사촌 동생이며, 무함마드의 장녀 파티마와 결혼한 사이였다. 알리는 무함마드가 죽은 뒤 후계 칼리파에 대한 논쟁에 휘말렸다. 그는 제4대 칼리파에 등극했지만 반대파에게 암살당했다. 그 뒤 그의 추종자들은 쉬아파라고 불리었다. 쉬아Shi'a란 알리를 추종하는 무리란 뜻을 갖는다. 알리는 쉬아파의 제1대 이맘*imam*이 된다. ― 옮긴이

암살당하자 무아위야는 스스로 칼리파임을 선언했고, 알리의 장남 하산Hasan은 무아위야의 등극을 암묵적으로 인정할 수밖에 없었다.

우마이야 왕조 : 다마스쿠스의 칼리파 왕조

무아위야Mu'awiya(661~680)의 칼리파 등극은 과거의 종식과 새로운 시작을 동시에 뜻하는 획기적인 사건이었다.[5] 대부분의 무슬림들은 아부 바크르에서 알리에 이르는 첫 4명의 칼리파들을 흔히 '정통 칼리파', 즉 라쉬둔*Rashidun*이라고 부른다. 그러나 무아위야 이후의 칼리파들에 대해서는 다른 평가를 내린다. 무엇보다도 이제부터 칼리파의 자리는 사실상 세습화된 것과 마찬가지였다. 물론 공동체의 지도층이 선출함으로써 적어도 공적인 승인을 한다는 개념이 형식적으로나마 남아 있긴 했지만 이제 권력은 실질적으로 우마이야 가문Umayyads이 독점하게 되었다. 이 가문의 이름은 선조 우마이야Umayya에게서 나왔다. 무아위야가 사망하자 그의 권좌는 연달아 아들을 거쳐 곧바로 손자에게로 계승되었다. 그 뒤 두 번째 내란이 발생했고, 권좌는 우마이야 가문 가운데 다른 계파로 넘어갔다.

변화의 물결이 통치자의 자리만 바꾸어 놓은 것은 아니었다. 제국의 수도 역시 다마스쿠스로 바뀌었다. 다마스쿠스는 궁정, 정부, 군대 등이 필요로 하는 잉여 물자를 충분히 제공할 수 있는 입지를 확보하고 있었다. 게다가 이 도시는 메디나보다 훨씬 손쉽게 지중해 동부 해안 지대와 동쪽

---

5 무아위야는 우마이야 왕조(661~750)의 제1대 칼리파였다. 우마이야 왕조는 다마스쿠스를 수도로 하여 중앙아시아로부터 스페인까지 지배하고 서유럽에 이슬람 문화를 전하기도 하였으나 750년에 압바스 왕조에게 멸망하였다. 그 뒤 우마이야 가문은 스페인으로 거처를 옮겨 후기 우마이야 왕조(756~1031)를 건설했다. — 옮긴이

으로 뻗은 내륙 지방을 통제할 수 있는 이점을 지니고 있었다. 이 점이 매우 중요했는데, 왜냐하면 당시 칼리파의 통치 영역은 계속 확대일로에 있었기 때문이었다. 무슬림 군대는 마그렙 지역을 가로질러 계속 진군했다. 그들은 최초의 중요 기지를 과거 로마 제국의 아프리카 속주(이 지역은 아랍어로 이프리끼야Ifriqiya라 불리며, 오늘날 튀니지에 해당한다)에 속했던 까이라완Qayrawan에 건설했다. 이곳을 근거지로 무슬림 군대는 계속 서진西進하여 7세기 말 모로코의 대서양 해안 지대에 도달했다. 곧이어 그들은 스페인을 향해 바다를 건넜다. 정반대편의 무슬림 군대는 후라산을 넘어 옥수스Oxus 강 유역까지 진격했다. 이때 무슬림 군대는 처음으로 인도 북서부의 땅까지 밟을 수 있었다.

거대한 제국으로 성장한 우마이야 왕조는 정부 조직을 새롭게 개편할 필요가 있었다. 우마이야 왕조는 적대 관계에 있던 세력에 의해 멸망했기 때문에, 이 왕조에 대한 후대의 평가는 대개 부정적인 견해를 취하고 있다. 다시 말해, 종교를 위해 헌신했던 선대의 칼리파들과 달리, 우마이야 왕조는 사리사욕을 추구하기 위해 세속적 목표를 지향하는 정부 조직을 도입했다는 것이다. 그러나 거대한 제국을 다스려야만 했던 우마이야 왕조로서는 권력 문제에서 타협점을 찾아야 했다고 보는 것이 옳을 것이다. 우마이야 왕조의 칼리파들은 아랍 부족장과 같은 위치에서 벗어나 점차 근동近東 통치자들의 전통과 유사한 생활 방식을 따랐다. 동시에 그들은 비잔틴 황제나 이란 군주의 예식을 모방하여 내빈과 신하들을 접견하곤 했다. 우마이야 왕조 시대에 이르러 아랍 군대는 점차 보수가 지급되는 정규군으로 대치되어 갔다. 군 지도자나 부족장들이 새로운 지배층으로 떠오른 반면 메카와 메디나의 귀족들은 더 이상 요직을 맡지 못한 채 권좌로부터 멀어져 갔다. 그 때문에 메카와 메디나의 귀족들은 수차례 반란을 시도했다. 이라크의 도시들도 충성심을 의심받기는 마찬가지였다. 우마이야 왕조의 칼리파는 충성심이 강한 자들을 선별하여 이라크의 총독으로 임명해야 했다. 우마이야 왕조의 통치자들은 대개 정주 문화에 익숙한 도시 출신이었다. 이 때문에 이들은 권력자나 지도자를 회의를 통해 선출하는 부족주의 전통에 대해 부정적 태도를 보였다. 이와 관련하여 이라크에 파견된 우마이야 왕조의 초대 총독은 "종교적 대의보다 혈연을 앞세우지 말라"는 경고문을 선포하기도 했다. 후대의 총독 가운데 한 명이었던 핫자즈Hajjaj는 현지 부족 유력자들과 그 추종자들을 엄중하게 다루는 정책으로 일관했다.

신흥 우마이야 가문은 군권軍權을 장악하는 데 성공했지만 재무 행정만은 여전히 옛 제국에서 활약했던 관료들의 몫으로 남아 있었다. 우마이야 왕조의 서부 지역에서는 그리스어가 그리고 동부 지역에서는 팔레비어가 관료들의 언어로 사용되었다. 690년대 이후부터 우마이야 왕조의 행정 언어는 아랍어로 바뀌기 시작했다. 그러나 그 뒤에도 행정 관료의 인적 구성이나 업무 방식은 크게 변하지 않은 것으로 보인다. 그들은 아랍어를 습득함으로써 계속 지위를 유지할 수 있었기 때문이다. 특히 시리아 지역에서는 이들이 아예 이슬람으로 개종하기도 했다.

우마이야 왕조의 새로운 통치자들은 시리아의 도시뿐만 아니라 농촌에서도 세력을 확고하게 구축해 나갔다. 그들은 옛 왕실의 소유지와 주인이 버려두고 떠난 땅을 차지했다. 우마이야 왕조는 특히 아라비아 반도 스텝 북쪽과 접한 내륙 지역을 많이 차지했다. 그러나 그들은 각 지역에 존속해 오고 있었던 관개 · 경작 체계만은 그대로 유지하는 조심스러움을 발휘했던 것으로 보인다. 또한 우마이야 왕조는 궁전과 주택 건설을 통해 경제를 조절함은 물론 자신들의 포용력을 과시하고자 했다. 접견실, 목욕탕, 모자이크 문양의 마루, 조각으로 장식된 현관 · 천장 등을 갖춘 우마이야 왕조의 궁전과 주택은 과거 통치자들의 건축 양식을 따랐다.

여러 가지 점에서 우마이야 왕조는 서로마 제국을 정복했던 야만족 군주들과 유사했다. 그들은 이방의 땅에 어렵사리 정착한 뒤에 무력을 통해 국정을 유지해 나갔다. 그렇지만 한 가지 차이점이 있다. 서로마의 야만족 군주들은 고유문화가 부재했기 때문에 라틴-기독교 문명의 힘에 휩쓸린 채 결국 동화되고 말았다. 반면 아랍 통치자들은 고유문화를 갖고 있었기 때문에 근동의 고급문화에 휩쓸리지 않고 오히려 적절히 융화하면서 세련된 독자적 문화를 발전시킬 수 있었다. 그들의 문화는 알라로부터 예언자 무함마드에게 아랍어를 통해 계시된 이슬람에 바탕을 두고 있었다.

칼리파 압둘 말리크'Abd al-Malik(685~705)의 재위 기간이었던 690년대부터 우마이야 왕조가 이룩한 새로운 질서는 본격적으로 자신만의 특색과 영속성을 갖추기 시작했다. 이때부터 아랍어가 행정 용어로 사용되었으며 새로운 화폐 제도가 도입되었다. 이 사실이 시사하는 바는 매우 크다. 왜냐하면 화폐는 권력과 정체성을 상징하기 때문이다. 기존에 통용되었던 화폐들은 사산 왕조로부터 유입되었거나 다마스쿠스에서 주조된 것이었는데, 대부분 인간 형상을 새겨 놓고 있었다. 그러나 새로 주조된 화폐에는 오직 문자만을 새겨 놓았는데, 알라는 유일신이라는 것과 그의 사도가 전한 이슬람은 진리라는 것이 그 내용이었다.

더욱 중요한 것은 대형 기념물의 건축이었다. 건축물은 그 자체로 무함마드가 인류에 전한 계시는 최후의 계시로서 가장 완전한 것이며, 그의 왕국은 영원히 지속될 것이라는 사실을 대중들에게 선포하는 것과 마찬가지였다.

초기에 건축된 모스크Mosque는 집단 예배뿐만 아니라 공동체 전체의 공공 업무를 수행하는 용도로도 이용되었다[영어 '모스크'는 아랍어의 마스지드*masjid*를 옮긴 스페인어 메스키타*mezquita*에서 나온 것으로 보인다]. 당시의 모스크에는 특별한 표식이 없었기 때문에 다른 건축물들과 명확하게 구분하기 어려웠다. 모스크 가운데는 오래된 건물을 개조한 것이 있었는가 하면 무슬림 거주지의 중심부에 새로 건설한 것도 있었다. 우마이야 왕조의 통치자들은 유대교와 기독교의 성지에 대해 여전히 애착을 갖고 있었다. 과거에 칼리파 우마르는 예루살렘이 함락되자 그곳을 방문했으며, 무아위야도 예루살렘에서 자신의 칼리파 등극을 선포했다. 우마이야 왕조가 이슬람 고유의 양식으로 대형 건축물을 짓기 시작한 것은 690년대 이후부터였다. 그때 세워진 최초의 건축물이 바로 바위돔 사원Dome of Rock이었다. 예루살렘의 바위돔 사원은 원래 유대교 성전이 있었던 곳과 같은 장소에 세워졌다. 그러나 이때부터 이 장소는 이슬람의 성역, 즉 하람으로 바뀌고 말았다.[6] 바위돔 사원은 원래 중앙의 바위를 순례하기 위한 옥내 회랑의 용도로 설계되었다. 유대교의 랍비 전승에 따르면, 하느님은 아브라함을 불러 아들 이삭을 바로 그 바위 위에서 제물로 바치라고 명하였다고 한다. 바로 이 장소에 돔형 사원을 지었다는 것은 우마이야 왕조가 이슬람을 아브라함으로부터 유래하는 종교적 전통의 반열 위에 놓으면서, 동시에 유대교 및 기독교와 구분 지으려고 했다는 것을 상징적으로 암시한다. 사원 내부 구석구석을 장식하고 있는 서예 장식은 최초로 ≪꾸란≫의 문구를 예술 양식으로 이용한 사례로 알려져 있다. 바위돔의 ≪꾸란≫ 장식은 '전지전능한' 알라의 위대함과 '알라와 천사가 예언자를 축복했음'을 언명하고 있다. 이와 더불어 기독교도들을 향해 예수가 알라의 사

6 아랍어에서 하람haram은 '금지된 것'과 '성스러운 것' 두 가지 뜻을 지니고 있다. 가옥 내에서 여성들만 기거하는 전용 공간을 하렘Harem이라고 하는데, 이는 하람과 같은 말이다. 즉 여성의 공간은 집안 내에서 가장 소중한 구역으로 함부로 들어갈 수 없는 곳이란 뜻을 지니고 있다. 이와 같은 맥락에서 메카나 메디나 같은 종교 성지도 하람이라고 부른다. — 옮긴이

예루살렘의 바위돔 사원

도이자 말씀이고 성령이지만 알라의 아들은 아니라는 것을 받아들이라고 말하고 있다.[7]

그 뒤 더 많은 예배 장소가 필요해지면서 대형 모스크들이 우후죽순처럼 건설되기 시작했다. 우마이야 왕조는 다마스쿠스, 알레포Aleppo, 메디나, 예루살렘 등지에 모스크를 건설했다. 마그립 최초의 아랍 중심지였던 까이라완과 스페인의 아랍 수도였던 코르도바Córdoba에도 모스크가 생겨났다. 당대에 건설되었던 모스크들은 모두 기본적으로 같은 형태를 지니

7 O. Grabar, *The Formation of Islamic Art* (New Haven, 1973), pp.45-74.

고 있었다. 개방형 안뜰은 지붕으로 덮인 공간으로 연결되었고, 사람들은 이곳에서 이맘*imam*의 인도에 따라 길게 줄을 이룬 채 메카를 향해 예배를 드렸다. 모스크의 한쪽 벽에는 메카의 방향을 알려 주기 위해 벽감壁龕 모양의 미흐랍*mihrab*이 장식되었다. 미흐랍 옆에는 민바르*minbar*라고 불리는 설교단이 놓였다. 금요일 정오 예배의 설교는 바로 이 설교단에서 행해졌다. 첨탑인 미나레트minaret는 모스크의 일부로서 세워지거나 가까운 곳에 따로 배치되었다. 무앗진*mu'adhdhin*이라고 불리는 소리꾼은 첨탑 위에 올라 정기적으로 예배 시각을 알렸다.

모스크의 건축은 새로운 권력뿐만 아니라 독자적인 신앙 공동체가 새롭게 성장했음을 상징적으로 보여준다. 무함마드에게 내려진 계시는 지배층의 신앙으로 자리매김한 뒤 점차 널리 확산되어 나갔다. 이슬람의 정확한 전파 과정에 대해서는 오늘날 우리가 알기 힘들다. 단지 그 경로에 대해 어렴풋이나마 추측해 볼 뿐이다. 이라크와 시리아에 살고 있었던 아랍 주민들은 새로운 지배 계층과의 연대감 덕분에 쉽게 개종할 수 있었을 것이다(물론 갓산 부족을 비롯한 일부 부족들이 개종하지 않은 경우도 있었다). 반면 관료 계층에 속했던 자들은 새로운 지배층 밑에서 개인적인 이익이나 권력을 추구하기 위해 개종했을 가능성이 높다. 정복 전쟁에서 잡혀온 포로들이나 아랍 군대에 편입된 사산 왕조 병사들 역시 마찬가지였다. 한편 새롭게 건설된 도시들로 몰려든 이주자들은 비무슬림들에게 부과되었던 특별세를 피하기 위해 개종했을 가능성이 농후하다. 고대 페르시아의 조로아스터교 신자들은 사산 제국의 멸망과 함께 교단이 이미 약화되었기 때문에 기독교인들에 비해 이슬람으로 개종하기가 상대적으로 수월했을 것이다. 그러나 하느님과 계시의 성격에 관한 논쟁을 접한 일부 기독교도들은 초기 무슬림들이, 거시적 차원에서 자신들과 같은 사고 틀 안에서, 이 문제에 대해 단순 명료한 답을 내놓은 것에 매료되어 개종을 택했을 가능성도 있다. 이슬람에는 특정한 교회 조직이나 입교 의식이 없었고 단지 몇 가지 주문을 암송하는 것만으로 개종이 가능했다. 이와 같이 간단한 입교 절차는 개종을 더욱 수월하게 만들었다. 그러나 입교 절차가 단순했다 해도 한 가지 조건이 따랐다. 아랍어를 ≪꾸란≫의 계시 언어로서 인정해야 한다는 것이다. 사람들은 아랍 출신의 통치자, 군인, 지주 등과 상대하게 되면서 점차 아랍어를 일상생활의 언어로 받아들이지 않을 수 없었다. 이슬람이 있는 곳에는 어디서나 아랍어가 전파되었다. 그러나 우마이야 왕조 시절에는 아랍어의 전파가 아직 초기 단계에 머물러 있었다. 아라비아 반도를 제외한 대부분 지역에서는 주민 대다수가 아직 이슬람으로 개종하지 않았고 아랍어도 제대로 구사하지 못하는 상태였다.

규모와 세력 면에서 이슬람 공동체가 성장한 것이 우마이야 왕조에게 유리하게만 작용한 것은 아니었다. 우마이야 왕조의 중심지였던 시리아는 제국으로 편입된 여러 나라들을 결속시키기에 입지가 빈약했다. 시리아의 도시들은 이란, 이라크, 아프리카 등에 새롭게 건설된 도시들과 달리 그 역사가 이슬람 발흥 이전 시기로 거슬러 올라간다. 따라서 시리아의 도시들은 통치자들로부터의 간섭을 배제한 채 독립적인 노선을 추구하는 성향이 강했다. 아랍과 비잔틴의 사이에 새롭게 설정된 국경은 두 세력 간의 전쟁으로 인해 불안정했다. 그 결과 시리아와 비잔틴 치하의 아나톨리아 지역의 교류가 단절되어 무역 활동이 붕괴되고 말았다.

이슬람 공동체의 세력 중심지는 동쪽에 위치한 이라크에 있었다. 이라크의 도시들은 점차 규모가 커져 갔는데, 그 이유는 아라비아 반도뿐만 아니라 이란 지역으로부터 이민자들이 몰려들었기 때문이다. 이민자들은 관개 시설이 정비된 풍요로운 이라크 남부 땅에서 부를 축적할 수 있었다. 이곳에서 아랍인들은 지주 행세를 하기도 했다. 새롭게 건설된 도시들은 시리아의 도시들에 비해 아랍적인 색채가 강했다. 이라크에 건설된 신도시들은 이란의 옛 지배 계층이 관료나 세리로 활약하면서 더욱 부유해졌다.

이슬람 제국의 북동부 끝에 위치한 후라산 지역에서도 이와 유사한 양상이 전개되고 있었다. 후라산은 이슬람이 중앙아시아로 진입하기 위한 접경 지역에 있었던 관계로 거대한 군사 주둔지를 갖추고 있었다. 이곳의 경작지와 목초지는 아랍 정착민들을 유인하기에 충분했다. 때문에 초창기부터 후라산에는 상당수의 아랍인들이 이란인들과 함께 나란히 살고 있었다. 이란의 지주와 지배 계층은 후라산 지역에서만큼은 과거의 지위를 그대로 유지할 수 있었다. 이곳에서 아랍인들과 이란인들 사이에 차츰 일종의 공생 관계가 형성되기 시작했다. 아랍인들은 점차 용맹한 전사의 모습을 잃어버렸고 농촌이나 니샤푸르Nishapur, 발크Balkh, 마르브Marv 등과 같은 도시에 정착함으로써 이란 사회에 흡수되고 말았다. 반면 이란인들은 지배층의 일원으로 입지를 굳히기 시작했다.

동쪽 지역의 곳곳에서 이슬람 공동체가 성장하면서 긴장감이 조성되어 갔다. 개인적 야망, 지방의 불만, 정파 간 충돌 등의 문제가 민족 · 부족 · 종교 등 다양한 이름으로 표출되었다. 이러한 이유 때문에 각 분파들을 어떻게 구분할지 설명하기가 쉽지 않다.

먼저 이란인들을 필두로 이슬람 개종자들이 재정을 비롯한 기타 분야에서 아랍인들에 주어진 특권에 대해 불만을 품게 되었다는 점을 지적할 수 있다. 주민들 사이에서 최초 정복 사건에 대한 기억이 점차 희미해지기 시작하면서 불만의 감정은 더욱 커졌다. 일부 주민들은 이슬람으로 개종한 뒤 스스로 마왈리*mawali*가 되어 아랍 부족 지도자들과 교분을 맺고자 시도했다.[8] 그러한 노력에도 불구하고 개종자와 아랍인 사이에 놓인 장벽

8 마왈리란 비非아랍 무슬림을 가리킨다. 7세기 이후 이슬람은 아라비아 반도를 벗어나

은 사라지지 않았다.

부족 간의 차이와 반목이 새로운 긴장 관계를 조성하기도 했다. 아랍에서 건너온 군대는 부족에 대한 충성심을 그대로 유지하고 있었다. 그리고 그들의 충성심은 새로운 환경 속에서 더욱 강해져 갔다. 새롭게 이주한 도시나 지역에서는 같은 혈통의 부족민들이 아랍 스텝 지역에서 살 때보다도 오히려 더 서로 가까이 살 수 있었다. 세력을 가진 귀족 출신의 지도자들은 이주지에서 보다 많은 추종자들을 불러 모을 수 있었다. 정치적 통합이 이루어지자 지도자와 부족민들은 때때로 공통의 이익을 추구하며 다양한 분야에서 하나로 결집할 수 있었다. 중앙의 정부는 통치권을 둘러싼 정쟁政爭에서 승리하기 위해 부족의 이름과 충성심을 이용하기도 했다. 우마이야 왕조의 한 가문은 칼브 부족Banu Kalb과 인척 관계를 맺었는데, 이 부족은 정복 이전부터 시리아에 정착해 있던 강력한 부족이었다. 무아위야의 아들이 사망했을 때도 일부 가문은 우마이야 가문으로부터 칼리파 자리를 빼앗기 위해 다른 부족들을 끌어들였다. 아라비아 반도의 중앙이나 남부로부터 이주해 온 부족민들은 공동의 이익이 생겼을 때 단일 집단이라는 강력한 공동체 의식을 갖기도 했다. (오늘날도 시리아 일부 지역에서는 까이스Qays나 예멘Yemen과 같은 부족명이 지역 분쟁의 상징으로 남아 있다.)

칼리파의 계승과 이슬람 공동체에서 차지하는 칼리파의 위상 문제는 항상 제기되는 중요한 논쟁거리 중 하나였다. 두 개의 세력이 무아위야를 비롯한 우마이야 가문의 주장에 대해 반론을 제기했다. 사실 당시만 해도 반대 세력은 구체적인 조직을 갖춘 상태가 아니었기 때문에 그냥 일종의

페르시아, 이집트, 터키 등으로 전파되었고, 그곳의 주민들은 이슬람으로 개종했다. 이들은 아랍인은 아니지만 이슬람을 받아들이고 ≪꾸란≫의 언어인 아랍어도 사용하기 시작했다. 초창기에 마왈리는 아랍 무슬림들에 비해 지위가 조금 낮았지만 후대에 이르러서는 동등하게 대접받았다. — 옮긴이

여론이라 부르는 것이 더 정확할지도 모른다. 여하튼 우마이야 가문에 대해 반기를 든 첫 번째 세력은 카와리지파Kharijis라고 불린 다양한 형태의 집단이었다. 원래 카와리지파는 알리가 싯핀 전투에서 중재에 동의하자 알리에 대한 지지를 철회하고 그의 진영으로부터 이탈한 무리들을 일컫는 용어였다. 이들은 일단 진압되었으나 뒤에 다른 집단이 운동을 일으켜 같은 명칭을 사용했다. 특히 이 같은 성향은 바스라의 통제 아래 있었던 지역에서 두드러졌다. 카와리지파는 일반 부족 지도자들의 의견에 반대해, 이슬람에서는 덕성이 가장 중요하다고 강조했다. 오직 덕성을 갖춘 무슬림만이 이맘이 될 수 있으며, 만일 그가 타락하게 된다면 그를 따르지 말아야 한다는 것이다. 즉 우스만은 자신의 가문을 우선시했고, 알리는 원칙에 관한 문제에서 타협을 택하는 과오를 저질렀다는 것이다. 그러나 카와리지파 모두가 이 문제에 대해 똑같은 결론을 내린 것은 아니다. 우마이야 왕조의 통치를 한동안 마지못해 따랐던 카와리지파가 있었는가 하면 반란을 감행한 카와리지파도 있었다. 또 다른 일파는 진정한 신앙인이라면 새로운 헤지라(이주)를 감행하여 다른 먼 곳에서 이상理想 사회를 건설해야 한다고 주장하기도 했다.

우마이야 왕조를 반대한 다른 세력은 예언자 가문의 후손이 수장이 되어야 한다는 당위성을 내세웠다. 이러한 논리는 여러 가지 형태로 구체화될 가능성이 있었다. 그러나 알리와 그의 후손을 공동체의 합법적 수장, 즉 이맘으로 삼아야 한다는 의견이 가장 많은 호응을 얻어 냈다. 그들의 논리는 피정복지에서 유래하는 고대의 종교 및 사상을 받아들이면서 더욱 정교하게 다듬어졌다. 그 결과 추종자들은 알리와 그의 후손이 무함마드로부터 전수된 특수한 영적 능력과 ≪꾸란≫의 비밀스런 내적 의미에 관한 지식을 갖는다고 믿기 시작했다. 심지어 알리와 그의 후손을 일종의 초인간적 존재로 여기며 그들 중 한 명이 정의로운 통치 시대를 개막할 것이라고 믿는 자들도 등장하였다. 이것이 바로 이슬람 역사 초기에 등장한 마흐디*mahdi*, 즉 구세주 사상이다.[9] 680년 알리의 차남 후세인Husayn은 쿠파에서 지지자들을 모으기 위해 소수의 친족과 가신만을 대동하고 이라크로 출발했다. 그러나 그는 이라크의 카르발라Karbala에서 벌어진 전투에서 살해당하고 말았다. 그의 죽음은 알리를 따르던 추종자들에게 순교로 기억되어 그들을 결속해 주는 힘이 되었다. 알리의 추종자들은 '쉬아 알리' *Shi'at 'Ali*라고 불렸으며, 이것이 바로 쉬아파*Shi'is*의 효시가 되었다. 수년이 지난 뒤 쉬아파의 일원은 알리의 다른 아들을 지지하며 또다시 반란을 일으켰다. 이 반란의 중심인물은 무함마드 이븐 알 하나피야Muhammad ibn al-Hanafiyya였다. 그는 알리가 파티마가 아닌 다른 아내를 통해 낳은 아들이었다.

8세기 초반 십여 년 동안 우마이야 왕조의 통치자들은 다양한 형식으로 표출된 반란을 진압하기 위해 많은 노력을 기울였다. 동시에 영토의 지나친 확장과 이질적인 요소들이 공존함으로써 야기되는 어려움도 극복해야만 했다. 우마이야 왕조는 재정과 군사적 기반을 공고히 하는 데 성공함으로써 잠시나마 대규모의 반란을 겪지 않을 수 있었다. 그러나 740년대에 접어들면서 우마이야 왕조는 새로운 내전에 시달리게 되어 갑자기 몰락의 길을 걷기 시작했다. 우마이야 왕조에 반기를 든 새로운 연합 세력이 등장했던 것이다. 반란 세력들은 각자 다른 목표를 갖고 있었음에도 불구하고 반反우마이야 왕조라는 대의 하나만으로 연합 세력을 형성할 수 있었다. 반란의 움직임은 제국의 서쪽보다는 후라산을 중심으로 한 동쪽에서 더욱 강력하게 일어났다. 반란 세력 가운데는 이란계 마왈리(비아

---

9 마흐디는 쉬아파의 독특한 개념으로 '구세주'를 뜻한다. 최후의 심판일에 마흐디가 재림하여 이슬람 공동체를 올바른 길로 인도하고 정의를 세우게 된다. 그들은 미래에 마흐디가 도래할 것이라고 하여, 그를 '기다리는 이맘'이라고도 부른다. — 옮긴이

랍 무슬림)뿐만 아니라 이란 사회에 동화되어 버린 아랍 정착민들도 섞여 있었다. 당시 이란에서는 쉬아파가 아직 구체적인 조직을 갖추지 않았지만 정서적으로는 널리 공감을 얻고 있었다.

반우마이야 연합 세력 가운데서 예언자 가문의 다른 일족이 주도권을 발휘하기 시작했다. 이들은 예언자의 숙부였던 압바스'Abbas의 후손들이었다.[10] 압바스 가문은 무함마드 이븐 알 하나피야의 아들이 자신들에게 계승권을 양도했다고 주장했다. 압바스 가문은 자신들의 거주지였던 시리아 사막 주변에서 세력을 규합한 뒤 쿠파를 본거지로 삼았다. 그들은 출신이 확실치는 않지만 이란인으로 추정되는 아부 무슬림Abu Muslim을 사절로 내세워 후라산에 파견했다. 아부 무슬림은 후라산에서 아랍인들과 다른 반우마이야 세력을 규합하여 군대를 만들고 연합 세력을 조직할 수 있었다. 아부 무슬림은 검은 깃발과 함께 예언자 가문의 후손임을 내세우며 반란군을 이끌었다. 뒤에 검은 깃발은 반란 운동의 상징이 되었다. 반란을 일으켰던 당시에는 예언자 후손 가운데 정확히 누가 수장이 되어야 하는지에 대해 구체적으로 언급하지 않았다. 그 덕분에 반란군은 더 폭넓은 지지층을 확보할 수 있었다. 후라산에서 출발한 반란군은 서진을 계속했고, 749년에서 750년 사이 우마이야 왕조는 일련의 전투에서 패배를 맛보았다. 결국 우마이야 왕조의 마지막 칼리파 마르완 2세Marwan II는 이집트까지 추격당하다가 살해되고 말았다. 그 와중에 쿠파에서는 무명에 가까웠던 한 인물이 칼리파로 선포되었다. 새로운 칼리파 아불 압바스Abu'l

---

10 압바스(652년 사망)는 예언자의 숙부로 부유한 상인이었다. 초창기 무슬림들과 그들을 박해했던 메카인들 사이에서 중재인 역할을 했다. 예언자 무함마드가 메카를 정복하려고 진군했을 때 그는 무슬림군에 합류하였고, 이를 계기로 그의 가문은 이슬람 공동체 내에서 특권을 갖게 되었다. 이를 바탕으로 그의 후손들은 우마이야 왕조를 무너트리고 압바스 왕조를 건설했다. — 옮긴이

ʿAbbas는 알리가 아닌 압바스의 후손이었다.

역사학자 알 따바리al-Tabari(839~923)는 칼리파가 선포되었던 장면을 기록으로 남겨둔 바 있다. 아불 압바스의 동생 다우드Dawud는 쿠파의 모스크 단상에 올라 무슬림들을 향해 다음과 같이 연설했다.

> 감사, 감사, 감사의 마음을 거듭 전하며, 알라께 찬양을 드립니다. 우리의 적을 멸망케 하시고 우리로 하여금 예언자 무함마드(알라의 축복과 평안이 그에게 있으라)를 계승하도록 인도하신 알라께 찬양을 드립니다. 오! 백성들이여! 이제야 비로소 세상의 어두운 밤이 사라지고 장막이 걷히게 되었습니다. 이제 비로소 천지에서 빛이 발하고, 태양이 낮의 근원에서 솟구치고 달이 자신의 자리에서 내려앉았습니다. 활을 만든 자가 그것을 집어 들자, 화살은 그것을 쏜 자에게 되돌아 왔습니다. 권리는 원래의 자리로 되돌아온 것입니다. 여러분들의 예언자 그분의 가문으로 되돌아온 것입니다. 이들은 여러분들을 동정하고 자비와 호의로써 대하는 분들입니다. …… 알라께서는 여러분들이 기다리며 고대했던 바를 바라볼 수 있도록 해 주셨습니다. 알라 그분께서는 당신들 앞에서 하쉼 가家 출신의 칼리파를 선포하셨습니다. 이로써 그분은 여러분들의 얼굴을 밝게 만드셨고 여러분들이 시리아 군대에 승리할 수 있도록 도우셨습니다. 알라께서는 이슬람의 주권과 영광을 여러분들께 주셨습니다. …… 알라의 사도 후계자 가운데 믿는 자들의 왕 되시는 알리 이븐 아비 딸립과 압둘라 이븐 무함마드ʿAbd Allah ibn Muhammad 이외에 그 누가 이 설교단에 오른 적이 있습니까? …… 그리고 그는 자신의 손으로 아불 압바스를 가리켰다.[11]

---

11 Muhammad ibn Jarir al-Tabari, *Tarikh*, ed. M. Ibrahim, Vol. 7 (Cairo, 1966), pp.421-431 ; English trans. J. A. Williams, *The History of al-Tabari 27 : The ʿAbbasid Revolution* (Albany, New York, 1985), pp.154-157.

압바스 왕조 : 바그다드의 칼리파 왕조

압바스 왕조의 등장과 함께 이슬람 제국의 중심지는 시리아에서 이라크로 바뀌었다. 아불 압바스(749~754)와 그의 후계자들이 건설한 왕조는 조상들의 성씨에 따라 압바스 왕조'Abbasids라고 불렸다. 그들의 권력은 과거 사산 왕조의 영토에 기반을 두고 있었다. 반면 지중해 동쪽으로부터 히자즈로 연결된 지역에서는 권력 기반이 취약한 편이었다. 압바스 왕조의 근거지였던 옛 사산 제국의 영토는 이라크 남부, 이란의 오아시스와 고원지대, 후라산과 그곳 너머 중앙아시아 입구에 이르는 지역 등을 포함하고 있었다. 압바스 왕조의 칼리파에게 마그립Maghrib은 다른 지역에 비해 중요성이 떨어진 반면 통치하기에는 더욱 어려운 곳이었다.

압바스 왕조의 통치 방식은 우마이야 왕조의 후기 시절과 크게 다르지 않았다. 초창기부터 압바스 왕조는 새로운 왕조라면 어쩔 수 없이 겪어야 하는 문제에 부딪혔다. 초기 압바스 왕조의 가장 중요한 관심사는 잡다한 이해관계에 얽혀 불안정해진 연합 세력의 힘을 어떻게 하면 보다 안정시키고 영속화시키느냐는 것이었다. 압바스 왕조가 권좌를 차지할 수 있었던 것은 오직 우마이야 왕조 타도라는 명분 하나로 연합 세력을 구축할 수 있었기 때문이다. 그러나 이제는 연합 세력의 내부 역학 관계를 새롭게 정비해야 할 필요성이 생겨났다. 신임 칼리파였던 아불 압바스는 먼저 자신이 권좌에 오르도록 도와주었던 개국 공신들을 직접 숙청하기 시작했다. 그 결과 아부 무슬림을 비롯한 측근들이 살해되었다. 압바스 가문 내부에서도 암투가 벌어졌다. 총독으로 임명되었던 가문의 일원들이 지나치게 많은 권력을 갖게 된 것이었다. 한 세대가 지나자 일부 고위 관료들은 새로운 지배층을 형성하기 시작했다. 그 가운데는 오랫동안 국가를 위해 헌신해 온 이란 출신 개종자들도 섞여 있었다. 압바스 가문의 일족과 자유 신분을 얻은 노예 출신들도 새로운 지배 권력층으로 등장했다.

압바스 왕조는 아불 압바스 이후 알 만수르al-Mansur(754~775)와 하룬 알 라쉬드Harun al-Rashid(786~809)를 거치면서 중앙 집권 체제를 완성했다. 새로운 수도 바그다드의 건설은 중앙 집권화가 성공했다는 사실을 잘 보여준다. 역사학자 알 따바리는 알 만수르가 미래의 수도 바그다드를 답사했던 이야기를 다음과 같이 전한다.

> 그(알 만수르)는 다리가 놓인 그 지역에 당도한 뒤 현재의 까스르 알 살람Qasr al-Salam 지역에 해당하는 곳에서 강을 건넜다. 그리고 오후 예배를 드렸다. 때는 여름이었다. 현재 궁전이 들어선 터에는 한 사제의 교회가 자리 잡고 있었다. 그는 그곳에서 하룻밤을 묵었다. 그는 세상에서 가장 달콤하고 평온한 밤을 보내고 아침에 깨어났다. 그때 그는 가만히 있다가, 바라보았던 모든 것들이 흡족하게 느껴졌다. 그리고 말했다. "바로 여기가 내가 도읍을 건설할 곳이구나. 물품들은 유프라테스 강, 티그리스 강, 운하 등을 통해 여기에 당도할 수 있을 것이다. 군대와 일반 백성들을 부양할 수 있는 곳은 바로 여기뿐이구나." 곧바로 그는 그곳을 구획하고 건설 자금을 책정했다. 그는 손수 첫 번째 벽돌을 쌓고는 다음과 같이 말했다. "알라의 이름으로, 그분을 찬미하기를. 지상은 알라의 것이다. 그분께서는 자신의 종 가운데 원하는 자를 택하시어 그것을 상속케 하신다. 알라를 경외하는 자들이 바로 그 열매를 얻게 된다." 그리고 그는 덧붙였다. "건설하라. 알라께서 너희를 축복하시리라."[12]

바그다드는 티그리스 강과 유프라테스 강의 물줄기가 가장 가깝게 만

---

12 Ibid., pp.614-622 ; English trans. J. A. Williams, *Al-Tabari, the early 'Abbasi Empire I : The reign of al-Ja'far al-Mansur* (Cambridge, 1988), p.145.

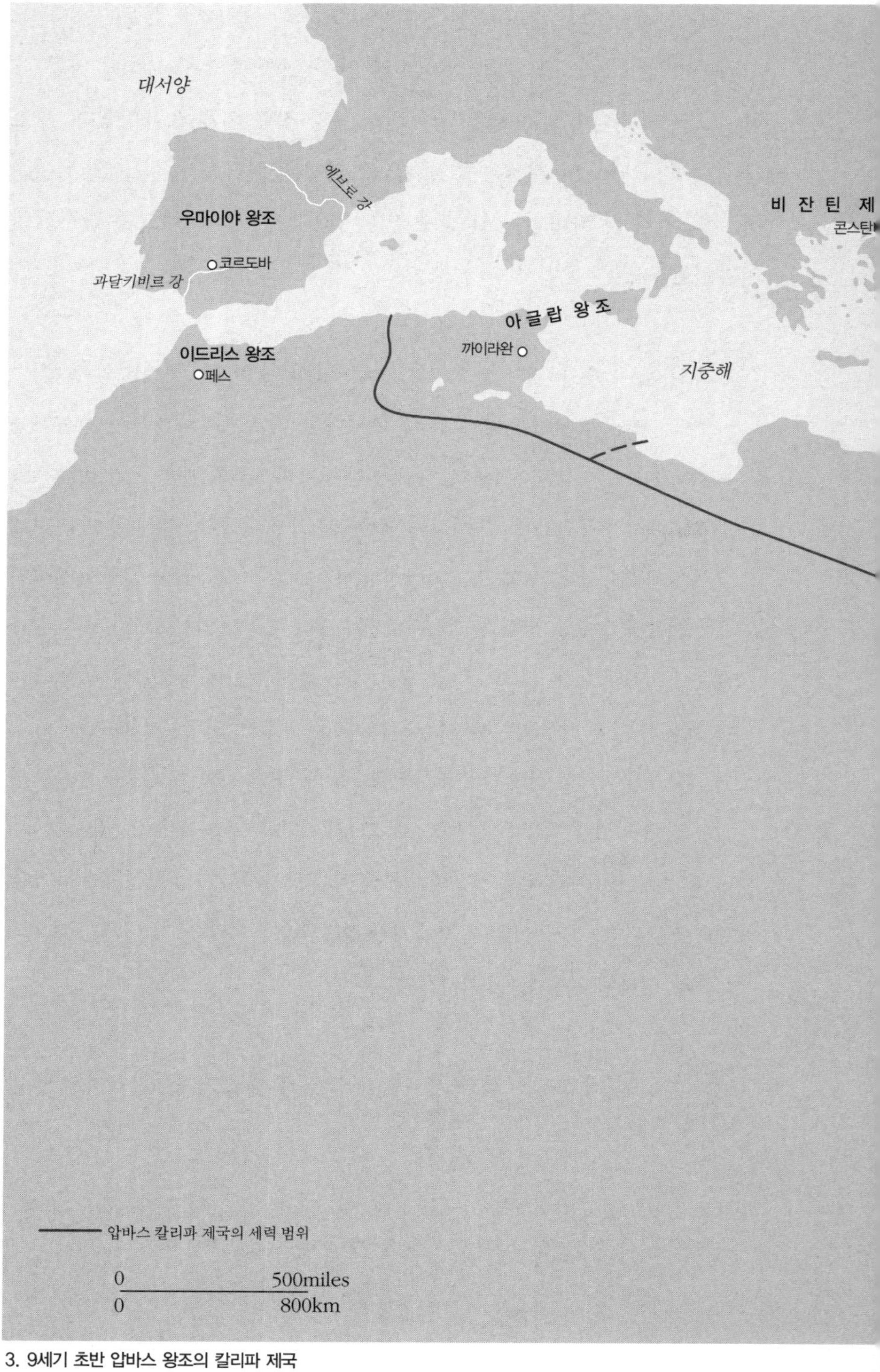

3. 9세기 초반 압바스 왕조의 칼리파 제국

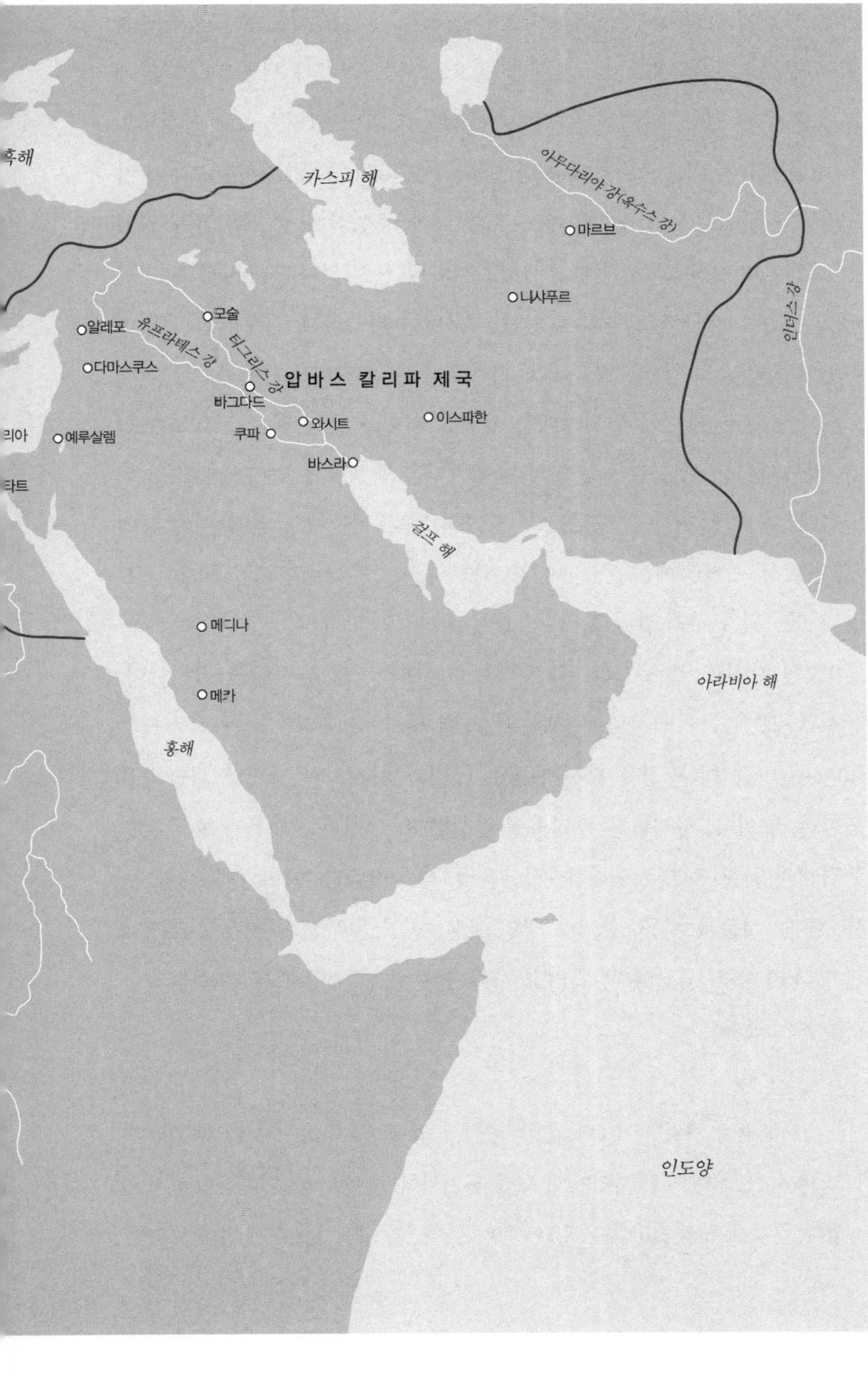

흑해
카스피 해
아무다리아 강(옥수스 강)
마르브
니샤푸르
인더스 강
모술
알레포
유프라테스 강
티그리스 강
다마스쿠스
압바스 칼리파 제국
바그다드
와시트
이스파한
쿠파
예루살렘
바스라
걸프 해
메디나
메카
홍해
아라비아 해
인도양

나는 지점에 위치하고 있었다. 이곳의 운하는 인근 지역을 풍요롭게 만들어 주었기 때문에 대도시와 정부가 필요로 하는 식량과 세입을 넉넉하게 조달할 수 있었다. 이 지역은 이란은 물론 그 너머 지역으로도 연결되었기 때문에 전략적으로도 중요했다. 게다가 이라크 북부의 곡창 지대인 자지라Jazira를 확보하고 우마이야 왕조에 대한 충성심이 강하게 남아 있었던 시리아와 이라크를 견제하기에도 용이했다. 바그다드는 새롭게 건설된 도시였기 때문에 그곳의 통치자는 쿠파나 바스라에 거주하고 있었던 아랍 무슬림들의 압력으로부터도 자유로울 수 있었다. 고대부터 근동 지역의 군주들은 자신들과 피지배층 사이에 거리를 두는 전통을 갖고 있었다. 바그다드는 이 전통을 반영하여 통치자를 백성들과 멀리 떨어뜨려 위엄을 높일 수 있도록 설계되었다. 티그리스 강 서안에 자리 잡은 중앙의 '원형도시'round city에는 궁전, 병영, 관청 등이 들어섰고, 그 외곽에는 시장과 거주지가 자리 잡았다.

917년 칼리파 알 무끄타디르al-Muqtadir는 비잔틴의 사절단을 접견했다. 당시 바그다드의 역사학자였던 알 카팁 알 바그다디al-Khatib al-Baghdadi(1002~1071)는 이 광경을 묘사하면서, 궁정과 의전의 웅장함과 화려함을 표현한 바 있다. 사절단은 칼리파를 알현했고, 칼리파는 그들에게 궁전을 구경시켜 줄 것을 명령했다. 사절단은 궁전에서 회당, 안마당과 정원, 병사, 환관, 시종과 시동, 창고에 쌓인 보물, 공작새 무늬의 비단으로 장식된 코끼리 등을 구경했다. 그리고 사절단은 수목실樹木室에서 다음과 같은 것들을 보았다.

> 깨끗한 물로 채워진 거대한 원형의 연못 중앙에는 나무 한 그루가 서 있었다. 그 나무에는 18개의 큰 가지가 나 있었고, 거기에는 다시 작은 가지들이 뻗쳐 있었다. 온갖 종류의 크고 작은 금조金鳥와 은조銀鳥가 나뭇가지 위에 앉아 있었다.

이 나무의 큰 가지들은 대부분 금이나 은으로 만들어져 있었다. 알록달록한 잎사귀가 달린 가지들은 하늘을 향해 뻗어 있었다. 새들이 지저귀며 노래하는 동안 나뭇잎들은 바람에 나부끼고 있었다.

마지막으로 사절단은 다시 한 번 칼리파를 알현했다.

그(칼리파)는 금으로 치장된 의관을 차려입고 있었고 …… 흑단나무 권좌에 앉아 있었다. …… 권좌의 오른쪽에는 보석으로 치장된 아홉 개의 장식들이 매여 있었다. …… 왼쪽에도 마찬가지로 온갖 유명한 보물들이 달려 있었다. …… 칼리파의 앞에는 다섯 명의 아들이 늘어서 있었는데, 세 명은 오른쪽에 그리고 두 명은 왼쪽에 있었다.[13]

외부와 격리된 바그다드의 궁전 안에서 칼리파는 선왕에게서 전해 내려온 방식대로 권력을 행사했다. 다른 왕조들도 칼리파의 통치 방식을 모방했을 것이다. 세련된 궁중 의식은 칼리파의 위엄을 대변해 주었다. 궁중의 관리들은 칼리파의 신변을 지켰고, 즉결 처분 권한을 지닌 집행관이 그의 곁을 따랐다. 압바스 왕조 초창기에 와지르*wazir*라고 불리는 재상직이 생겨났다. 와지르는 칼리파의 고문으로서 각종 영향력을 행사했다. 후대에 그는 정부의 수장이 되어, 관료들과 칼리파의 중간자 역할을 맡기도 했다.

정부는 여러 개의 디완*diwan*, 즉 관청으로 구성되었다. 압바스 왕조의 정부 조직은 후대에 다른 이슬람 왕조에서도 채택되었다. 디완 가운데는

---

13 al-Khatib al-Baghdadi, *Tarikh Baghdad*, Vol. I (Cairo, 1931), pp.100ff. ; English trans. in J. Lassner, *The Topography of Baghdad in the Early Middle Ages* (Detroit, 1970), pp.86ff.

군사 업무를 관장하는 국방원, 서한과 문서를 공식적으로 기록하고 보관하는 문서기록원, 세입과 세출을 감독 및 기록하는 재무원 등이 있었다. 칼리파는 관료 계층을 통해 광활한 영토를 다스릴 수 있었다. 따라서 칼리파는 관료들이 지나치게 강성해지거나 통치자의 이름을 빙자하여 권력을 남용하지 못하도록 확실히 조치를 취할 필요가 있었다. 칼리파는 일종의 첩보 체계를 마련함으로써 지방에서 벌어지는 일을 보고받았다. 또한 칼리파와 총독은 공개회의를 통해 백성들로부터 민원을 경청하고 그에 상응하는 조치를 취할 수도 있었다.

압바스 왕조는 절대 권력의 기반이 되는 관료 체제를 유지하기 위해 세입과 군대가 필요했다. 초기 이슬람 시대의 징세 관행은 압바스 왕조에 이르러서야 비로소 법률적으로 정비되었다. 조세 제도는 최대한 이슬람의 규범을 반영했다. 세금의 종류는 크게 두 가지로 나뉘었다. 첫 번째는 토지나 그 소출, 즉 카라즈*kharaj*에 부과되었던 토지세였다. 초기에는 지주가 무슬림이냐 비무슬림이냐에 따라 세율과 종류가 구분되었다. 그러나 이러한 관행은 법률 서적에만 남게 되었을 뿐 유명무실해져 갔다. 두 번째로는 비무슬림에게 부과되었던 인두세人頭稅가 있었다. 이 세금은 부富, 즉 지즈야*jizya*의 정도에 따라 차등적으로 징수되었다. 그 밖에 수출입 물품이나 도시 공예품에 대해 각종 부과금이 징수되었고, 필요에 따라서는 재산에 대한 임시세가 도시민들에게 부과되었다. 이슬람 율법을 철저히 따랐던 보수주의자들은 이러한 관행들에 대해 공공연히 비난을 퍼부었다.

압바스 왕조가 권력을 장악하는 데 공을 세운 후라산의 병사들은 지도자가 누구냐에 따라 여러 분파로 나뉘었다.[14] 그 이유 때문에 칼리파는 이

---

14 후라산은 이란 북동부에 위치한 지역을 말한다. 고대에 후라산('떠오르는 태양의 땅'이라는 뜻)은 지금의 투르크메니스탄과 아프가니스탄을 포괄하는 광활한 구역을 가리켰으며, 아케메네스 제국(559~330 BC)과 사산 제국(226~651)의 요충지 구실을 했다. 압바

들로부터 충성심을 이끌어 내기가 쉽지 않았다. 후라산 병사들이 바그다드 시민으로 유입되자 군대는 점차 효율성을 잃어 갔다. 하룬 알 라쉬드가 세상을 떠나자, 그의 두 아들 알 아민al-Amin과 알 마문al-Ma'mun 사이에 내전이 벌어졌다.[15] 아민이 칼리파라 선언했을 때 바그다드의 군대는 그를 위해 전장에 나섰으나 패배하고 말았다. 9세기 초반 압바스 왕조는 효율적이고 충성심이 강한 군대를 양성하기 위해 노예병을 사들이거나 주로 국경 지대나 그 건너편 중앙아시아에 살고 있었던 튀르크 계통의 유목민들 가운데서 징병을 하였다. 튀르크족를 비롯한 국경 지대의 유목민들은 이방인이었기 때문에 사회 내부에 아무런 연고를 갖지 않았다. 그들은 고용주였던 칼리파하고만 직접 관계를 유지하고 있을 뿐이었다. 압바스 왕조의 튀르크 병사 유입은 이슬람 세계의 정치 판도를 바꾸는 일대 전환점이 되었다.

바그다드에서 정권에 대한 백성들의 불만이 고조되자 칼리파 알 무으타심al-Mu'tasim(833~842)은 군사들을 도시 외곽으로 격리하지 않을 수 없었다. 결국 알 무으타심은 바그다드를 버리고 수도를 티그리스 강 북쪽에 새로 건설한 도시인 사마라Samarra로 이동시켰다. 그 뒤 사마라는 약 50년 동안 압바스 왕조의 수도 역할을 했다. 수도의 이전으로 압바스 왕조는 백성들의 압력으로부터 벗어나는 데는 성공했으나 튀르크 군벌의 정치

스 왕조는 후라산 출신 이란 병사들의 도움으로 건설된 이슬람 제국이다. — 옮긴이

15 하룬 알 라쉬드(786~809 재위)는 압바스 왕조의 제5대 칼리파로서, 그의 통치 기간 동안 바그다드를 중심으로 한 이슬람 문명은 전성기를 맞이했다. 그의 사후 두 아들 마문과 아민은 계승권을 놓고 다툼을 벌였다. 마문의 어머니는 페르시아 출신이었던 반면 아민의 어머니는 아랍인이었다. 아민이 정통성을 내세워 칼리파에 오르자 마문은 후라산 지역의 이란 병사들을 동원하여 반란을 일으켰다. 드디어 마문은 동생 아민을 죽인 뒤 칼리파 자리를 차지했다. 마문의 통치 기간(813~833) 동안 압바스 왕조는 철학과 과학을 장려하여 문화적 부흥기를 맞이했다. — 옮긴이

이라크 사마라의 압바스 왕조 칼리파 알 무타와킬 모스크

개입을 불러오고 말았다. 마침내 칼리파의 정부는 튀르크 군 지휘관에 의해 장악당하고 말았다. 이때부터 지방의 통치자들은 압바스 왕조로부터 사실상 독립적 지위를 누리기 시작했다. 설상가상으로 이라크 남부 지역의 염습지와 사탕수수 농장에서 일하던 흑인 노예들이 오랫동안 대규모 반란을 일으켜 칼리파의 권위를 실추시켰다. 일명 '잔즈의 반란'Revolt of Zanj이라고 불리는 노예 반란 사건은 868년부터 883년까지 지속되었다. 그 뒤 수년이 흐른 892년에 칼리파 알 무으타디드al-Mu'tadid는 다시 바그다드로 귀환했다.

지위가 높아지고 세력이 강해질수록 칼리파는 그의 권력을 백성들의 윤리적 정서에 뿌리내리는 것이 훨씬 더 중요해졌다. 압바스 왕조는 우마이야 왕조보다 체계적인 권력 체제를 구축하기 위해 이슬람을 내세웠다.

사실 압바스 왕조는 초창기부터 종교적 상징을 이용해 왔다. 압바스 왕조의 칼리파는 스스로가 예언자 가문의 후손으로서 신성한 권한에 의거하여 다스린다고 주장했다. 또한 칼리파는 자신의 통치 체제가 ≪꾸란≫과 정의로운 행위 원칙에 근거를 두고 있다는 점을 강조했다. 칼리파가 강조한 행동 원칙은 점차 순나*sunna*, 즉 '예언자의 관행'이라는 이름으로 정착되어 갔다. 그 연장선에서 종교 학자는 칼리파 정권에 일정한 공헌을 했으며, 까디*qadi*라고 불리는 재판관은 더욱 중요한 역할을 맡았다. 까디는 정치나 재정과 관련된 업무를 맡지 않았다는 점에서 지방 총독과 구별되었다. 까디는 다툼을 해결하고 점차 제도화되어 가던 이슬람 율법이나 사회 규범에 입각해 판결을 내리는 구실을 했다. 대법관의 경우 국가의 관직 위계에서 중요한 고관으로서 예우를 받았다.

압바스 가문은 초기부터 예언자 가문 출신임을 내세워 통치자로서 정통성을 강조해 왔다. 그러나 알리의 후손들은 자신들이야말로 진정한 예언자 가문의 일원이라고 맞섰다. 쉬아파라고 불린 알리의 추종자들은 압바스 왕조의 권위에 도전하기 시작했다. 그러나 쉬아파라고 해서 모두가 압바스 왕조의 통치에 대해 적대적이었던 것은 아니다. 예를 들어, 쉬아파의 제6대 이맘이었던 자으파르 알 사디끄Ja'far al-Sadiq(c.700~765)는 온건주의자로, 마흐디가 도래할 때까지는 직접적인 저항 운동을 자제해야 한다고 가르쳤다. 마흐디란 알라가 종교와 정의에 바탕을 둔 통치권을 회복하기 위해 지상에 내려 보내는 구세주를 일컫는다. 그러나 압바스 왕조의 초기 두 세대에 걸쳐 상당수의 쉬아파 일원들은 알리 가문의 기치를 내걸고 여러 차례에 걸쳐 반란을 시도했다. 하룬 라쉬드의 아들이었던 칼리파 마문(813~833)은 쉬아파의 부상을 막고 스스로의 입지를 강화하기 위해 두 가지를 시도했다. 먼저 마문은 쉬아파의 제8대 이맘이었던 알리 알 리다'Ali al-Rida를 자신의 후계자로 선포했다. 마문은 알리 알 리다야말로 예언자 가문의 일원 가운데 칼리파의 계승자로서 가장 적합한 자격을 갖추고 있다고 강조했다. 마문이 이 같은 조치를 취한 이유는 만약 계승권이 예언자 가문 중 도덕성을 지닌 인물에게 돌아가야 한다면 압바스 가문 또한 원칙적으로 예언자 가문의 하나로서 알리 가문과 동등한 권리를 갖는다는 사실을 은연중에 주장하기 위해서였다. 한편 마문은 이성理性 중심의 신학파를 지원하기 시작했다. 심지어 마문은 관직 등용의 조건으로 이성주의 신학을 받아들이도록 했다. 그 결과 마문은 아흐마드 이븐 한발Ahamd ibn Hanbal이 이끄는 신학자 집단으로부터 반발을 샀다. 아흐마드 이븐 한발은 ≪꾸란≫과 순나가 인류를 위한 가르침의 근본이 되기 위해서는 반드시 문자 그대로 해석해야 한다고 강조했다. 결국 압바스 왕조는 이븐 한발을 비롯한 보수 신학자들을 박해하기 시작했다. 그들에 대한 박해 사건 이후, 통치자가 권력으로 신앙 문제에 대해 특정 의견을 강요하려는 시도는 종적을 감추었다. 그 대신 ≪꾸란≫과 예언자의 관행(순나)을 바탕으로 다양한 율법적 견해들을 수용하는 하나의 통일된 사고관이 형성되기 시작했다. 그 결과 쉬아 사상Shi'ism과 엄연히 구분되는 순니 사상Sunnism이 탄생하였다.

3장
이슬람 사회의 형성

압바스 왕조의 몰락과 이슬람 세계의 분열

압바스 왕조의 칼리파는 권세가 최고조에 이르렀을 때조차 그 통치력이 제한된 지역에만 머물러 있었다. 칼리파의 영향권은 주로 도시와 그 주변의 비옥한 지대에 국한되었다. 먼 곳에 위치한 산악과 스텝 지역은 실질적으로 복속시키기 힘든 상태였다. 세월이 흐르면서 압바스 왕조의 칼리파는 정부의 중앙 집권화된 관료 제도가 모순을 드러내자 난관에 부딪혔다. 칼리파는 광활한 영토를 다스렸기 때문에 각 지방마다 총독을 파견해야 했다. 총독은 세금 징수와 더불어 수입의 일부를 군대 유지 명목으로 쓸 수 있는 권한도 부여받았다. 칼리파는 일종의 첩보 제도를 통해 총독들을 감시하고자 했으나 총독들의 세력화를 막기에는 역부족이었다. 지방의 총독들은 적어도 원칙적으로는 주요 이해관계가 얽힌 문제에 대해 칼리파에게 충성을 바쳤다. 그러나 그들은 권력을 세습화할 정도로 힘을 갖게 되었다. 이런 식으로 각지에서 지방 왕조들이 등장하기 시작했는데, 그 예로 이란 동부의 삿파르 왕조Saffarids(867~1495), 후라산의 사만 왕조Samanids(819~1005), 이집트의 툴룬 왕조Tulunids(868~905), 튀니지의 아글랍 왕조Aghlabids(800~909) 등을 들 수 있다. 튀니지에서 출발한 아글랍 왕조는 시칠리아Sicilia를 정복하는 데 성공했다. 이후 시칠리아는 11세기 후반 노르만인들에 의해 정복될 때까지 줄곧 아랍 왕조들의 지배 아래 있었다. 지방 왕조의 등장과 함께 바그다드의 세입은 더욱 줄어들었다. 설상가상으로 이라크 남부 지역에서는 관개 시설의 쇠퇴와 함께 농업 생산량이 일정 정도 감소했다. 제국의 중심부를 차지하고 있었던 압바스 왕조의 칼리파는 자신의 입지를 강화하기 위해 더욱 직업 군인들에게 의존할 수밖에 없었다. 그 덕택에 군 지휘관들은 더 많은 권력을 거머쥘 수 있었다. 이 무렵 카스피 해 연안 출신의 군벌 부이 가문Buyids은 몇몇 지역에서 세력을 확대하다가 945년에 바그다드마저 장악하고 말았다.

부이 왕조는 고대 이란 황제를 가리켰던 샤한샤*Shahanshah*, 즉 '왕중왕'과 같은 칭호들을 사용했으나 칼리파란 칭호만은 삼갔다. 이 뒤에도 압바스 왕조는 3백여 년 동안이나 연명해 나갔지만 그 위상은 이미 과거와 판이하게 달라졌다. 이제 이슬람 제국 중심부의 실권은 군부의 지지를 등에 업은 지방 왕조들의 손에 넘어갔다. 압바스 왕조는 칼리파의 지위만은 계속 인정받았는데 이따금씩 남아 있던 권위를 다시 주장해 보기도 했다. 그러나 압바스 왕조의 권위가 통용되는 지역은 예전과 비교해 볼 때 훨씬 축소되었다. 심지어 권력을 차지한 일부 지방 군주들이 압바스 왕조의 공식적인 권위를 인정하지 않는 경우가 있었다.

일부 지역에서는 저항 운동과 분리주의 운동이 이슬람이란 이름으로 전개되기도 했다. 그 결과 정치적 분열은 더욱 심화되어 갔다. 그러나 여

카이로 근처 이븐 툴룬 코스크

러 독립 정치 단체의 등장은 오히려 이슬람의 확산에 기여하기도 했다. 이슬람은 점차 사회 질서와 부합하는 형태로 발전해 나갔다.

종교적 명분을 내세운 정치 운동의 대표적 사례로 카와리지파와 그 분파인 이바디파Ibadis를 들 수 있다.[1] 그들은 최고의 덕성을 갖춘 인물이 공동체의 수장, 즉 이맘이 되어야 한다는 믿음을 갖고 있었다. 그들은 이맘이 지위에 걸맞은 자질을 보이지 못한다면 당연히 제거되어야 한다고도 생각했다. 그들의 신조는 외딴 지역에 살고 있던 느슨한 형태의 부족 연합체들의 요구에 잘 들어맞았다. 왜냐하면 이들은 때로 지도자나 중재자

1 카와리지파는 원래 쉬아파의 이맘 알리를 지지했던 이들이었다. 그러나 알리가 우마이야 가문과 협상과 휴전을 하는 것으로 보고 실망하여 새로운 분파를 형성하게 되었다. 이들은 나중에 알리를 암살하는 극단적인 행동을 저질렀다. 이바디파 역시 알리가 우마이야 가문과 협상한 것에 대해 부정적인 태도를 취했다. 그러나 이들은 극단적인 행동만은 삼갔다. 오늘날 오만만이 유일하게 이바디파의 교리를 공식적으로 채택하고 있다. — 옮긴이

의 필요성을 느끼긴 했지만 조직화된 권력이 지속적으로 자신들 위에서 군림하는 것은 원치 않았기 때문이다. 실제로 이바디 이맘국國, Ibadi imamate이 8세기 중반에서 9세기 말 사이에 아라비아 반도 동남부에 위치한 오만Oman에 등장했다. 당시 오만은 압바스 왕조에 의해 억압받고 있는 상황이었다. 한편 마그립에서는 일부 베르베르 원주민들이 이슬람의 지배를 거부하고 있었다. 그러나 마침내 그들은 무슬림이 되었고, 이때 카와리지 사상이 베르베르인들 사이에 전파되어 나갔다. 한동안 루스탐 왕조Rustamids(777~909)라고 불리는 강력한 이바디 이맘국이 알제리 지역에 존속했다. 루스탐 왕조의 수도는 알제리 서부에 위치한 타하르트Tahart에 있었다. 오만의 이바디파는 루스탐 왕조를 이맘국의 일원으로 인정했다.

쉬아 운동은 알리 이븐 아비 딸립의 후손을 이맘으로 옹립해야 한다고 주장하면서 한층 광범위한 지지 기반을 확보해 나갔다. 이라크와 그 주변에 거주하고 있던 쉬아파의 중심 세력은 압바스 왕조의 권위를 자의반 타의반으로 받아들이고 있었다. 쉬아파 이맘들은 압바스 왕조의 치하에서 비교적 평온한 삶을 누렸다. 그러나 간혹 수도 바그다드에 유폐당하는 고초를 겪기도 했다. 부이 왕조의 경우 모호하긴 했지만 어쨌든 쉬아파에 속했다. 그러나 부이 왕조는 칼리파에 대한 압바스 왕조의 권리에는 도전하지 않았다. 시리아 북부에 있었던 함단 왕조Hamdanids(905~1004) 또한 이와 유사한 태도를 취하고 있었다.

그 밖에도 쉬아 운동은 여러 가지 형태로 전개되었고, 그 결과 많은 왕조들이 등장하였다. 자이드파Zaydis 역시 당시에 등장한 쉬아파 가운데 하나였다. 그들은 이맘이란 무릇 예언자 후손으로서 최고의 덕성을 갖춘 자가 되어야 하고 부당한 통치자에 대해 맞설 줄 알아야 한다고 주장했다. 자이드파는 일반 쉬아파와는 달리 무함마드 알 바끼르Muhammad al-Baqir(731년 사망)를 제5대 이맘으로 인정하지 않았다. 대신 그들은 무함마드 알 바끼르의 형제였던 자이드Zayd를 제5대 이맘으로 추대했다. 자이드파란 명칭은 바로 그의 이름에서 유래한 것이다. 자이드파는 9세기 예멘에서 이맘국을 건설했다. 또한 자이드파는 카스피 해 연안에서도 잠시 이맘국을 건설한 적이 있다.[2]

중세의 가장 대표적인 쉬아파로 이스마일파Isma'ilis를 들지 않을 수 없다. 이스마일파는 압바스 왕조의 권위에 보다 직접적으로 도전했다. 이스마일파의 기원에 대해서는 명확하게 알려진 것이 없다. 단지 그들은 처음에 이라크, 이란 남서부의 쿠지스탄Khuzistan, 시리아 등에서 비밀 조직으로 출발했던 것으로 추정될 뿐이다. 그들은 이스마일Isma'il을 가장 중요한 이맘으로 추앙했다. 이스마일은 일반 쉬아인들이 제6대 이맘으로 모시는 자으파르 알 사디끄의 장남이다. 760년 이스마일은 부친보다 5년 일찍 세상을 떠났다. 그러자 쉬아파 중 다수는 그의 동생이었던 무사 알 카짐Musa al-Kazim(799년 사망)을 이맘으로 추대했다. 그러나 이스마일파는 이스마일이 이미 부친의 후계자로 지목되었고 그의 아들 무함마드Muhammad가 그의 뒤를 이어 이맘의 자리를 계승했다고 주장했다. 그들은 무함마드가 조만간 마흐디, 즉 구세주로서 재림할 것이라고 주장했다. 그들은 마흐디가 ≪꾸란≫의 계시 내용 가운데 숨겨진 내재적 의미를 밝히고 정의로써 세상을 다스릴 것이라고 믿었다.

이스마일파 운동은 대규모 선교 사업을 전개했다. 그 중 한 분파는 아라비아 동부 지역에 '까라미타'Qaramita라고 불리는 일종의 공화국을 건설

2 자이드파는 자이드를 포함한 다섯 이맘만 인정하기 때문에 '다섯 이맘파'라고도 불린다. 자이드파는 제4대 칼리파이자 초대 이맘인 알리의 후손 가운데서만 칼리파가 나와야 한다고 주장하지만, 그들이 완전무결하다거나 인간과 신 사이의 중재적 기능을 지녔다고 보지는 않는다. 9세기 말 무렵부터 최근까지 자이드파는 아라비아 반도 남부의 예멘을 지배했으나 예멘 인구의 다수는 순니파 무슬림으로 남아 있다. — 옮긴이

했다. 또 다른 이스마일 분파는 마그립 지역에 정착한 뒤 베르베르 병사들을 모집하여 까이라완을 정복했다. 910년 튀니지에 등장한 우바이둘라 'Ubaydullah는 자신이 바로 알리와 파티마의 후손임을 주장하며 스스로 칼리파임을 선포했다. 반세기가 지난 뒤 우바이둘라의 가문은 파티마 왕조 Fatimids라고 하는 강성한 왕조를 건설했다. 이 국가의 명칭은 예언자의 딸이었던 파티마에서 유래한 것이다. 종교 및 정치적 명분에서 반反압바스 왕조 정책을 취한 파티마 왕조는 동진 정책을 꾀했고, 그 결과 969년에 이집트를 정복할 수 있었다. 이집트를 기반으로 파티마 왕조는 아라비아 서부와 시리아로 통치권을 확장했지만 곧바로 튀니지를 잃고 말았다.

파티마 왕조의 통치자들은 이맘과 칼리파라는 두 개의 호칭을 동시에 사용하고 있었다. 그들은 스스로 이맘임을 내세우며 전 이슬람 세계로부터 권위를 인정받고자 했다. 곧 파티마 왕조는 이스마일파 교리를 전파하는 선교 중심지가 되었다. 파티마 왕조가 사라진 지 오랜 세월이 지난 뒤에도 그 추종자들이 세운 공동체들은 예멘, 시리아, 이란, 인도 서부 등에 계속 남았다.

파티마 왕조의 통치자는 이맘이었을 뿐만 아니라 나일 강 유역을 중심으로 거대한 국가를 건설한 군주이기도 했다. 파티마 왕조는 푸스타트 북쪽에 수도 카이로Cairo를 새롭게 건설했다. 카이로는 파티마 왕조의 권력과 독립을 알리는 상징물이 되었다. 파티마 왕조의 정부는 바그다드의 칼리파 체제가 수립해 놓은 노선을 따랐다. 자신의 손에 집중된 권력을 거머쥔 칼리파는 그것을 장대하고 세련된 의례를 통해 표현했다. 파티마 왕조의 칼리파들은 관행적으로 장엄한 행렬을 만들어 자신의 모습을 카이로 시민들에게 과시하곤 했다. 국가의 대신들이 궁전 회당으로 들어서면 칼리파는 홀笏을 손에 쥔 채 휘장 뒤에서 나왔다. 그가 말에 올라 궁전 성문을 향해 행진하면 나팔소리가 울려 퍼졌다. 앞뒤로 측근과 병사들을 대동한 칼리파는 상인들이 문직紋織과 고급 아마포로 장식해 놓은 거리를 말을 탄 채 활보했다. 칼리파가 행렬을 시행했던 목적은 두 가지였다. 첫째는 자신이 종교 지도자임을 과시하기 위한 것이었으며, 둘째는 도시와 하천에서 생활하는 백성들과 자신이 하나임을 보여주기 위한 것이었다.

파티마 왕조의 권력 원천은 나일 강 삼각주와 그 유역의 비옥한 토양, 도시의 공예품, 홍해 및 지중해 연안의 무역 등으로부터 얻어진 세입이었다. 세입은 베르베르인, 수단의 흑인, 튀르크인 등과 같이 이집트 외부에서 수입한 병사들로 구성된 군대를 유지하기에 충분했다. 칼리파는 이집트 무슬림을 상대로 이스마일파 교리의 수용을 애써 강요하지 않았다. 파티마 왕조 치하에서 이집트인 대다수는 순니파 무슬림이었다. 이집트인들 가운데에는 기독교와 유대교 신자들도 상당수 있었는데, 이들은 대체로 무슬림과 평화적인 공존 관계를 유지하고 있었다.

압바스 왕조에게 파티마 왕조의 칼리파 선포는 직접적인 도전이었다. 한편 이슬람 세계 서쪽에서도 새로운 세력이 등장하여 압바스 왕조와 파티마 왕조의 칼리파들에게 도전하기 시작했다. 과거 아랍인들이 정복했던 모로코와 스페인 지역의 경우 지중해 동부 연안과 이라크에 중심을 두고 있었던 이슬람 제국이 그곳을 직접 통치하기가 어렵거나 사실상 불가능했다. 덕분에 그곳에 정착한 아랍인 병사와 관료들은 곧바로 현지에 정착하여 독자적인 세력을 구축할 수 있었다. 아랍인들은 이곳에서 과거 아라비아 반도를 박차고 나왔을 때 느꼈던 열정을 다시 한 번 경험할 수 있었다. 8세기 말엽 쉬아파 제1대 이맘 알리의 증손자였던 이드리스Idris가 모로코에 당도했다. 이드리스는 그곳에서 세력을 얻고 왕조를 건설했다. 이 사건을 계기로 모로코는 중요한 역사적 전환기를 맞이하였다. 이드리스는 페스Fez를 건설함으로써 오늘날까지 지속되어 온 모로코 독립 왕조 전통의 기틀을 마련했다. 역대 모로코 왕조들은 자신들이 예언자의 후손임을 내세워 정권의 정당성을 확보할 수 있었다.

안달루스에서 독자적 형태의 이슬람 문명이 출현한 것은 이슬람 역사 전체에서 매우 중요한 사건이었다. 안달루스란 과거 아랍인들이 스페인 땅을 가리켰던 용어이다. 아랍인들이 처음 스페인 땅을 밟았던 것은 710년이었다. 아랍인들은 그곳에 칼리파 왕국의 속주를 건설했고, 곧바로 스페인 반도 북쪽까지 세력을 넓혀 나갔다. 스페인을 처음 정복한 세력은 아랍인과 베르베르인으로 구성된 연합군이었으며, 뒤에 시리아 병사들이 가세했다. 압바스 왕조의 혁명 이후 우마이야 가문의 일부가 스페인으로 피난했다. 이때 시리아 병사들은 피난 세력이 스페인에서 세력을 확보하는 데 중요한 역할을 했다. 새로 건설된 후기 우마이야 왕조는 3백여 년 동안 스페인을 지배했다. 10세기 중반에 이르러 후기 우마이야 왕조 통치자는 스스로 칼리파란 칭호를 사용하기 시작했다.

새롭게 건설된 후기 우마이야 왕조의 역사는 동쪽의 압바스 왕조와 유사한 변천 과정을 겪었다. 당시 스페인 사회에서는 지배층인 무슬림이 소수에 불과했던 반면 인구 대다수는 비무슬림이 차지하고 있었다. 그러나 점차 현지 주민들 중 상당수가 지배층의 종교와 언어를 수용하기 시작했다. 초창기 우마이야 정부는 각종 권모술수를 이용하여 지방 분권적 정책을 펼쳤다. 그러나 강력한 중앙 집권 형태의 정부를 완성한 뒤에는 관료제도를 중심으로 한 직접 통치를 실시했다.

후기 우마이야 왕조는 과달키비르Guadalquivir 강 연안에 두 번째 수도인 코르도바를 건설했다. 과달키비르 강은 식량 조달과 산업 발전에 필요한 막대한 물품을 나를 수 있는 수로 구실을 했다. 강 주변의 평원에 도시에서 소비되는 곡물과 다른 작물을 경작하기 위한 관개 시설을 확충하고 토지를 개간했다. 또한 코르도바는 지역 간 물품을 교환하는 교차로이자 시장 역할을 하기에 안성맞춤이었다. 우마이야 가문은 권력을 독점하기 시작하면서 다시 시민들과 거리를 두기 시작했다. 후기 우마이야 왕조의 군주는 코르도바에서 벗어나 그 외곽에 왕도王都 메디나 알 자흐라Madinat al-Zahra를 새롭게 건설했다. 이곳에서 우마이야 가문은 아랍 출신이거나 아랍화된 가문들과 함께 지배층을 형성하여 왕국을 다스려 나갔다. 우마이야 가문이 다른 귀족 가문들과 함께 생활했다는 것은 그들이 바그다드의 칼리파만큼 사회와 유리된 생활을 하지 못했다는 것을 보여준다. 또한 지배층에는 흑해 연안과 이탈리아 등지에서 수입한 노예 출신자들도 있었다. 군대의 주축은 해외에서 모집한 용병들로 구성되어 있었다. 또한 군복무의 대가로 땅을 받아 정착한 아랍인과 베르베르인도 군대의 한 축을 이루었다.

우마이야 가문은 원래 히자즈 출신의 도시민들이었다. 이러한 이유 때문에 후기 우마이야 왕조는 시리아에서와 마찬가지로 도시 및 정착지 개발에 힘을 쏟았다. 초기에는 코르도바가 다음에는 세비야와 같은 도시들이 성장했는데, 이것은 관개 시설을 갖춘 지역의 뒷받침 덕분이었다. 근동 지역으로부터 농업 기술이 수입되면서 관개 지역에서는 잉여 농산물을 생산하기 시작했다. 원주민이 대부분 그대로 살고 있었지만 지주와 경작자로서 중요한 구실을 했던 자들은 아랍인이었다. 관개된 평원 너머 고원 지대에서는 마그립 산악 지역 출신인 베르베르인이 소규모로 농사를 짓고 양을 방목하며 생활했다.

마그립 출신의 베르베르인들은 동쪽 지역 출신의 아랍인들보다 더 큰 규모로 장기간에 걸쳐 스페인으로 이주했다. 원주민들은 세월이 흐르자 점차 이슬람으로 개종하기 시작했다. 10세기 말에 이르러 무슬림이 안달루스 인구의 대다수를 차지하였다. 그러나 개종하지 않은 기독교인들과 상당수에 이르는 유대인 장인들 그리고 상인들이 그들 곁에 함께 살고 있었다. 후기 우마이야 왕조는 스페인에 거주하고 있던 기독교인과 유대인을 관용으로 대했고, 그 덕분에 다양한 집단 간의 화합을 도모할 수 있었다. 아랍어의 보급 역시 사회적 결속의 요인이 되었다. 11세기에 이르러 아랍어는 무슬림뿐만 아니라 유대인과 기독교인도 사용하는 다수의 언어가 되었다. 종교적 관용, 공통의 언어, 오랜 분리 통치의 전통 등이 상호작용하면서 안달루스만의 독특한 의식과 사회가 형성되어 나갔다. 안달루스의 이슬람 문화는 동쪽 지역과 다른 양상으로 발전해 나갔다. 안달루스에 살았던 유대인들 또한 종교 중심지였던 이라크의 유대 사회와 구분되는 독자적 형태의 문화를 발전시켰다.

후기 우마이야 왕조는 압둘 라흐만 3세ʿAbd al-Rahman III(912~961)에 이르러 처음 칼리파란 칭호를 사용하기 시작했다. 후기 우마이야 왕조의 칼리파 선포는 여러 가지 면에서 의미가 있는 사건이었다. 칼리파의 선포를 통해 후기 우마이야 왕조는 정치적 이익을 도모함은 물론 안달루스가 갖는 독특한 정체성을 과시할 수도 있었다. 압둘 라흐만 3세의 치세 동안 스페인의 후기 우마이야 왕조는 최고 절정기를 맞았다. 그러나 11세기에 이르러 후기 우마이야 왕조는 작은 군소 국가들로 쪼개졌다. 군소 왕국들을 다스렸던 아랍 또는 베르베르 군주들은 '군소 왕국의 군주'란 뜻으로 '물루크 알 따와이프' *muluk al-tawa'if*라 불렸다. 당시 안달루스 사회의 분열은 압바스 왕조와 유사한 양상을 보이고 있었다.

경제적 기반과 사회적 통합

이슬람 세계는 동쪽과 서쪽 양 지역 모두에서 단일 정부 체제가 와해돼 가고 있었지만 이러한 현상이 반드시 사회적 또는 문화적 쇠퇴를 뜻하는 것은 아니다. 오히려 이때를 계기로 권력과 고급문화의 여러 중심지가 수

많은 고리로 연결된 이슬람 세계가 생겨났다.

광활한 영토가 하나의 제국에 흡수되면서 자연스럽게 단일 경제 공동체가 탄생하였다. 이슬람 경제 공동체는 규모가 방대했을 뿐만 아니라 지중해와 인도양 연안의 문명 세계를 하나로 연결했다는 점에서도 매우 중요한 의미를 지녔다. 이제 군대, 상인, 장인, 학자, 순례자, 사상, 유행, 기술 등이 지중해와 인도양을 가로지르며 보다 수월하게 교류할 수 있었다. 지중해와 인도양의 양 세계는 공존하며 광범위한 교류를 전개했고, 그 덕택에 강력한 정부와 거대한 도시가 탄생하고 국제 무역이 번성하며 지방이 번영하였다.

이슬람 제국과 후대에 등장한 이슬람 왕국들의 성립은 거대 도시들의 성장을 가져왔다. 대도시의 궁정 · 정부 · 주민들은 먹을 음식, 생산에 필요한 원자재, 부와 권력을 과시하기 위한 사치품 등을 요구하기 시작했다. 대도시의 변화무쌍하고 복잡한 생활은 진기한 물건에 대한 호기심을 자극했고 권력자나 이방인 사이의 유행을 따르도록 만들었다. 시민들의 수요가 증가하고 교통이 발전하자 기존의 장거리 무역은 새로운 방식으로 변화하기 시작했다. 부피가 큰 상품은 장거리 운반 시 이윤이 남지 않았고, 식료품은 대부분 도시와 가까운 배후지에서 구할 수 있었기 때문에 교역 상품으로 적합하지 않았다. 그러나 장거리 운반을 해도 이윤이 보장되는 상품들도 있었다. 후추와 같은 향신료, 보석류, 고급 옷감, 도자기 등은 인도와 중국으로부터, 모피는 북방 지역으로부터 수입되었다. 반면 이슬람 세계는 산호, 상아, 직물 등을 외부로 수출했다. 중동의 도시들은 단순히 상품의 소비지 노릇만 했던 것이 아니다. 그 안에서 내수와 수출용 공산품을 모두 생산했다. 국가와 궁정에서 필요로 했던 무기류, 고급 직물과 설탕 정제소, 제지 공장의 생산은 대규모로 이루어졌으나 일반 직물이나 금속 세공품은 대개 소규모 작업장에서 만들어졌다.

철도나 자동차가 출현하기 전까지 해상 운송은 육로보다 훨씬 경제적이고, 빠르고, 안전했다. 특히 대도시들은 부양해야 할 인구가 많았기 때문에 바다나 하천 가까이 자리 잡을 필요가 있었다. 장거리 무역의 주요 통로 또한 해로였는데, 당시에는 특히 인도양의 역할이 중요했다. 압바스 왕조 시절 가장 중요했던 무역 거점 도시는 이라크 남부의 바스라와 이란 해안에 접한 걸프 해의 시라프Siraf였다. 압바스 왕조의 지배 아래 있었던 두 도시는 모두 수도권의 수요를 만족시켜 주기에 충분한 지리적 위치에 있었다. 10세기 무렵 카이로가 무역과 정치 중심지로 부상하고 이탈리아의 무역 도시들에서 수요가 증가하기 시작하자 걸프 해와 홍해를 잇는 무역로는 새로운 변화의 시기를 맞이하였는데, 이것은 단지 시작일 뿐이었다.

바스라와 시라프의 동방 무역은 주로 이란, 아랍, 유대 상인들이 담당했다. 상인들은 아랍 선박을 타고 인도 서부 또는 그 너머로 항해하곤 했다. 한때 중동의 상인들은 중국까지 진출하기도 했으나 10세기 이후에는 동남아시아의 항구 너머로 나아가지 않았다. 중동 상인들은 남하하여 아라비아 반도 남부와 서부를 돌아 동아프리카 일대도 항해했다. 상품들은 바스라에서 강을 거슬러 올라가 바그다드까지 운반되었다. 거기에서 상품들은 다시 시리아 사막을 거쳐 시리아와 이집트로 운송되거나 아나톨리아를 통해 콘스탄티노플과 트레비존드Trebizond로 운반되었다. 일부 상품들은 바그다드로부터 이란 동북부의 니샤푸르로 연결되는 대大무역로를 따라 중앙아시아나 중국으로 운송되기도 했다. 장거리 무역에 종사했던 대규모의 조직화된 대상隊商들은 물건을 나를 때 주로 낙타를 이용했다. 반면 근거리 무역에서는 주로 노새나 당나귀를 이용했다. 중동 대부분의 지역에서는 이슬람 제국이 등장한 이후에 바퀴를 이용한 운송 수단이 자취를 감추었고, 그것이 다시 모습을 드러낸 것은 19세기에 이르러서였다. 바퀴가 사라진 원인으로는 로마 제국이 건설한 도로의 파손, 아랍 지배층의 낙타 사육에 대한 각별한 관심, 마차에 비해 값싼 낙타의 운송비 등 다양한 이론이 제기되고 있다.

지중해 무역이 초창기에는 불안정했을 뿐만 아니라 한계를 지니고 있었다. 과거 서유럽은 지중해를 통해 대량의 물품을 수출입했었지만 아직은 그러한 상태를 회복하지 못하고 있었다. 비잔틴 제국은 한동안 아랍의 해군 세력과 해상 무역 활동을 억제하기도 했다. 지중해의 무역 활동은 남쪽 해안 지대에서 가장 활발하게 전개되었다. 튀지니를 중계항으로 스페인과 마그럽이 이집트와 시리아로 연결되었던 것이다. 지중해 해상 무역권에서 활동했던 상인들 가운데 유대인들의 활약이 가장 두드러졌다. 유대인들은 스페인산 비단, 서西아프리카산 금, 금속, 올리브유 등을 취급하며 무역 활동을 전개해 나갔다. 10세기 무렵에는 베네치아Venezia 및 아말피Amalfi와의 교역이 점차 각광받기 시작했다.

강력한 정부와 거대 도시가 지탱되기 위해서는 반드시 생산력이 높은 농촌 지역을 확보해 둘 필요가 있었다. 반대로 농촌 지역은 번영을 누리기 위해 강력한 힘을 지닌 정부와 도시로부터 투자를 유인해야만 했다. 정복지 가운데 특히 아랍 이주자가 많았던 지역에서는 새로운 지주 계급이 성장했다. 아랍 통치자들은 옛 지주들로부터 토지를 압수한 뒤 납세 의무 이행을 조건으로 아랍 이주민들에게 분배해 주었다. 이후 10세기 무렵에는 세금 제도가 새롭게 정비되었다. 새로운 제도에 따라 관료나 군 사령관이 토지에 부과된 세금의 징수권을 갖게 되었고, 이들은 실질적인 지주로서 토지의 생산성 개선에 관심을 갖기 시작했다. 반면 옛날부터 거주해 왔던 원주민 경작자들은 계속 일거리를 찾아 떠돌아야 하는 신세로 전락하고 말았다. 일부 지역에서는 소작인과 목축업자들이 아예 외부로 이주해 버리기도 했다. 현존하는 증거 자료에 따르면, 당시 지주와 경작자들은 이러저러한 분익소작分益小作 관계였던 것으로 보인다. 이에 따라 세금 납부 뒤 남는 생산물을 경작에 투입한 토지, 종자, 가축, 노동력 등의 비율에 따라 분배했다. 관개 시설을 갖춘 경작지와 수목樹木을 심는 토지에 대해서는 보다 복잡한 형태의 계약 관계가 적용되었다.

지주들은 무역이나 다른 방법으로 축적한 자금을 농업 생산에 투자했다. 그들은 넉넉한 자본을 이용하여 신기술을 도입할 수도 있었다. 이슬람 제국의 확대와 함께 과거에 없었던 새로운 작물이 도입되거나 기존 작물의 재배가 확산되었다는 증거가 있다. 대체로 새로운 작물은 동쪽에서 서쪽으로, 즉 중국이나 인도로부터 이란을 경유하여 지중해 연안으로 전달되어 갔다. 그 결과 쌀, 사탕수수, 면화, 수박, 가지, 오렌지, 레몬 등이 널리 경작되었다. 일부 작물들을 경작하기 위해서는 관개 시설과 토지 개량에 대규모 투자가 필요했다. 이라크 남부 지역에서는 낙후된 관개 시설을 보수하거나 새로운 시설을 확충하기도 했다. 농업 기술이 서쪽으로 전파되어 간 흔적은 스페인에서 발견된다. 스페인은 시리아로부터 나우라 *na'ura*라고 불리는 수차水車와 이란으로부터 까나트*qanat*라고 불리는 지하수로를 받아들였다. 이와 더불어 새로운 윤작 기법도 스페인으로 전파되었다.

농업 기술의 발전으로 잉여 농산물의 양이 증가할 수 있었다. 이와 함께 제조업과 무역업이 성장하면서 근동과 지중해 연안 일대에서는 화폐의 중요성이 커졌다. 그 결과 국제적으로 인정받는 통화 제도가 발전했다. 아프리카의 금을 비롯한 귀금속이 이슬람 영토로 유입되면서 화폐의 주조도 늘어났다. 수세기 동안 압바스 왕조의 디나르dinar 금화는 교역의 수단으로 통용되었다. 심지어 이슬람 세계의 은화는 스칸디나비아나 옥스퍼드 북쪽의 위치우드 포레스트Wychwood Forest로도 유입되었다. 화폐 주조가 늘어나면서 일종의 신용 제도도 함께 발전했다. 거상巨商들은 예금을 받거나 돈을 빌려 주었으며, 대금업자나 세리들도 모아 놓은 현금을 빌려

시리아 하마의 수차

주었다. 일부 상인들은 타지에 주재원이나 고객을 두고 있었는데, 이 경우 거래를 위해 어음을 작성하거나 신용장을 발급하기도 했다.

개인적 친분이나 안면이 없는 사람들끼리 거래를 하는 복잡한 형태의 경제 체제가 확산되기 위해서는 만인이 공감할 수 있는 보편적 교역 체제가 마련되어야만 한다. 유대 상인들의 경우에서 볼 수 있듯이, 가족 간의 인맥은 바로 이러한 점을 충족시켜 주었다. 당시 유대 상인들은 이슬람과 기독교 국가들을 넘나들며 지중해 전역과 그 너머로 여행하곤 했다. 그러나 만일 이러한 인맥이 없다면 사회 구성원 모두가 공감할 수 있는 법규나 사회 구범이 필요할 것이다. 이와 같은 맥락에서 지주와 경작자들은 재산, 생산물의 분배, 과세, 수자원 이용, 수목과 지하자원의 사용 등에 관해 누구나 인정할 수 있는 명확한 규정을 요구하였다.

경제 관계의 확대는 보편적 행동 양식의 마련을 요구했고, 이 요구는 점차 실현 가능해졌다. 그 이유는 무슬림이 다스리는 영토의 주민들 가운데 개종하는 이가 더욱 늘어났기 때문이다. 무함마드가 설파한 계시의 가르침이 보편적인 사회 행동 양식으로 현실화되어 갔던 것이다.

종교와 언어의 통합

피지배 주민들이 어떤 단계를 거쳐 무슬림이 되어 갔는지 구체적으로 파악하기는 힘들다. 그러나 한 연구는 무슬림 이름의 채택 과정을 근거로 이슬람화 정도를 설명한 바 있는데, 그 내용이 설득력이 있어 보인다.[3] 그 추정에 따르면, 우마이야 왕조 말엽(8세기 중반)에 이란, 이라크, 시리아, 이집트, 튀니지, 스페인 등지의 무슬림 인구는 10퍼센트에도 미치지 못했다. 물론 아라비아 반도에서는 그 비율이 훨씬 높았을 것이다. 이슬람 정복 이전 시기부터 이라크와 시리아에 거주하고 있었던 아랍 부족들을 제외한다면 대부분의 개종자들은 다음 두 가지 부류에 속했다. 첫째, 사회 하층민으로, 대표적인 예로 전쟁에서 포로로 잡힌 병사들을 들 수 있다. 둘째, 사산 왕조의 정부 관료 출신으로, 새로운 통치자 밑에서 일하게 된 자들이다. 개종을 위한 강요나 적극적인 장려 정책은 없었다. 개종자들은 대부분 아랍 출신 주민이나 권력자들이 모여 사는 주요 도시 주변에 거주하였다. 바로 이러한 도시들을 중심으로 모스크나 법원과 같은 이슬람을

---

3 R. W. Bulliet, *Conversion to Islam in the Medieval Period* (Cambridge, Massachusetts, 1979).

상징하는 기관들이 등장하기 시작했다. 이라크와 이란의 대도시, 아프리카의 까이라완, 스페인의 코르도바 등이 이슬람 전파의 중심지로 자리를 잡아 갔다.

이슬람력 4세기(서기 10세기) 말엽 인구의 상당수가 이슬람으로 개종하는 변화가 일어났다. 도시뿐만 아니라 농촌에서도 많은 주민들이 개종했던 것으로 보인다. 사람들이 개종을 선택한 이유는 무엇보다 이슬람의 개념이 구체화되면서 무슬림과 비무슬림 간의 경계가 보다 뚜렷해졌기 때문이다. 이제 무슬림들은 정교한 의례, 교리, 율법 등을 갖추면서 자신들과 비무슬림 간의 차이를 확실하게 구별할 수 있게 되었다. 다시 말해 무슬림만의 자의식이 더욱 구체화된 것이다. 반면 기독교도, 유대교도, 조로아스터교도의 지위는 보다 세밀히 규정되고, 어떤 면에서는 열등하게 취급되기 시작했다. 그들은 계시 경전을 갖고 있다는 뜻에서 '성서의 백성' People of the Book으로 불리거나 칼리파 우마르와 보호 협약을 맺었다는 뜻에서 '계약의 백성' People of the Covenant으로 여겨졌다. 일반적으로 비무슬림들은 개종을 강요받지는 않았지만 제약이 뒤따르곤 했다. 예를 들어, 그들은 특별 세금을 납부해야 했고, 특정한 색상의 옷을 입지 못했으며, 무슬림 여성과 혼인할 수 없었다. 또한 법정에서 무슬림과 대립할 경우 그들의 증언은 받아들여지지 않았고, 그들의 주택이나 예배소는 눈에 띄게 치장할 수 없었다. 뿐만 아니라 그들은 권력의 요직에서도 소외되었다(물론 많은 지역에서 유대교도와 기독교도가 무슬림 통치자의 서기관이나 재정관으로 활약한 경우도 있었다). 이러한 규정들이 얼마만큼 적용되었는지는 현지 사정에 따라 달랐다. 그러나 아무리 환경이 좋다 하더라도 소수자들의 지위는 여전히 불안했기 때문에 개종에 대한 유혹을 뿌리치기가 힘들었다.

하지만 모두가 개종을 선택한 것은 아니었다. 이슬람 초창기 유대인들은 아라비아 반도 대부분 지역에서 추방된 바 있었다. 그러나 그들은 이슬람 국가의 대도시에 정착하여 상인이나 장인으로 일했다. 유대인들은 특히 이라크, 예멘, 모로코 등지에서 소규모 무역상으로서 입지를 굳힐 수 있었다. 유대인들이 생존하고 번영을 누릴 수 있었던 것은 단지 탄탄한 공동체 조직 때문만은 아니었다. 무엇보다도 유대인들은 복잡한 사회구조의 틈새에서 일정한 경제적 지위를 차지하는 탁월한 능력을 갖고 있었다. 게다가 그들은 이슬람 국가들의 전쟁 상대국과 관련이 없기 때문에 무슬림 통치자들로부터 호의적으로 대우받을 수 있었다.

기독교인들은 상황이 달랐다. 일부 기독교인들은 종교적으로 비잔틴 제국과 가까웠기 때문에, 전쟁이 발발하면 무슬림 군주들로부터 의심의 대상이 되기 일쑤였다. 또한 기독교인들은 유대인들처럼 긴밀히 맺어진 공동체 조직을 갖고 있지도 않았다. 일부 지역의 기독교인들은 신앙심이 깊지 못했던 것으로 보인다. 어떤 지역에서는 일시적이긴 하지만 기독교가 완전히 자취를 감추기도 했고, 또 어떤 곳에서는 소수파 신앙으로 잔존했다. 반면 스페인에서는 여전히 인구 대다수가 로마 가톨릭을 따르고 있었다. 그 외 지역에 살아남은 기독교 신자들은 주류에서 벗어난 교파를 따르는 경향이 있었다. 이 교파들은 기독교 역사 초기 수세기 동안 그리스도의 본성을 둘러싼 논쟁 끝에 주류로부터 갈라져 나오면서 등장하기 시작했는데, 네스토리우스파, 단성론자, 단의론자 등이 그 대표적인 예에 속한다. 기독교인들은 도회지뿐만 아니라 상上이집트, 레바논 산악 지역, 이라크 북부 등과 같은 농촌 지역에도 남아 있었다.

아랍어는 이슬람의 전파와 함께 확산되어 나갔다. 그러나 일부 지역에서는 이슬람보다 아랍어가 먼저 전파되기도 했다. 시리아 내륙과 이라크 서부 지역에서는 무슬림 정복이 있던 무렵에 이미 인구 상당수가 아랍어를 사용하고 있었다. 새롭게 건설된 도시에는 아랍 이주민들이 몰려들었고 아랍인들이 정부의 요직을 장악했다. 이 도시들을 중심으로 아랍어는 더욱 넓게 확산될 수 있었다. 아랍어는 구어口語와 문어文語 모두가 전파되었다. 구어는 기존의 토착어로부터 영향을 받으며 다양한 방언의 형태로 발전했다. 반면 문어는 아랍어로 계시된 경전 ≪꾸란≫ 덕분에 통일성과 연속성을 지킬 수 있었다.

아랍어는 대화의 수단으로 정착되어 갔지만 이란을 경계로 더 이상 확산되지 못했다. 왜냐하면 이란에서는 여전히 페르시아어가 통용되고 있었기 때문이다. 그러나 문어로서 아랍어는 이슬람 세계 전역을 파고들어 갈 수 있었다. 이슬람이 아랍어를 전파하는 매개체 구실을 했기 때문이다. 이란인과 같은 비非아랍 개종자들은 아랍어로 기록된 ≪꾸란≫을 읽었을 뿐만 아니라 ≪꾸란≫에 바탕을 둔 사상과 법률 체계를 정립하는 데 많은 공헌을 했다. 반면 이슬람으로 개종하지 않은 자들은 여전히 자신들의 고유 언어를 종교 및 문학 활동의 매개 수단으로 삼고 있었다. 예를 들어, 일부 동방 기독교 교회들은 시리아어나 콥트어를 예배를 위한 언어로 사용했으며, 유대인들은 예배와 종교 학습을 위해 히브리어 또는 아람어를 사용했다. 한편 이슬람 시대 이후부터 조로아스터교 신자들은 정복되기 이전에 쓰던 페르시아어인 팔레비어로 새롭게 경전을 기록하기 시작했다. 그러나 여기에서도 변화가 일어났다. 일부 동방 기독교 교회에서는 아랍어를 예배와 종교 문학의 언어로 사용하기 시작했다. 스페인에 살고 있었던 유대인들 역시 철학, 과학, 시문학 활동을 위해 아랍어를 사용하기 시작했다. 9세기 무렵 페르시아어가 이슬람화된 형태의 문학 언어로 정착하면서 아랍어의 전파는 처음으로 심각한 난관에 봉착하는 듯했다. 그럼에도 불구하고 아랍어는 이란에서조차 종교학과 법학의 주요 언어로 여전히 위세를 떨쳤다.

당시의 글들을 보면 '아랍인'Arab 또는 '아랍어'Arabic와 같은 용어는 과거보다 훨씬 폭넓은 의미를 갖고 있었다. 기본적으로 아랍인이란 고향이 아라비아 반도인 자들을 가리키며, 특히 군사적 전통을 가진 유목 부족 출신자들을 말한다. 또한 아랍인이란 용어는 모로코, 스페인부터 이란 국경 지대까지 아랍어를 일상 구어로 받아들인 사람 모두를 가리키기도 했다. 아랍인이란 용어는 더욱 넓은 뜻으로 사용될 수도 있었는데, 이때는 수준 높은 학술 문화의 주요 표현 수단으로 아랍어를 쓰는 사람들을 가리켰다.

우마이야 왕조 시절에도 시詩 문학 전통은 번영을 이어 갔다. 우마이야 왕조 초기에 아크탈Akhtal, 파라즈다끄Farazdaq, 자리르Jarir 등과 같이 최고의 명성을 누렸던 시인들은 모두 아랍 베두인 출신이었다. 그러나 시문학의 전통에도 변화가 일어났다. 다마스쿠스에 거주하고 있던 우마이야 가문이나 기타 유력한 부족 지도자들이 시인들을 후원하기 시작한 것이다. 그 결과 시문학의 영역은 더욱 확장되었고 내용도 바뀌어 갔다. 통치자나 권력자에게 찬사를 보내는 송시頌詩는 그 중요성이 더해졌다. 동시에 가잘ghazal이라 불리는 연애시는 보다 개인적인 성향을 띠게 되었다.

우마이야 왕조 말기와 압바스 왕조 초기에는 보다 근본적인 변화가 일어났다. 이슬람이 전파되면서 아랍어를 대하는 사람들의 시선이 달라진 것이다. ≪꾸란≫은 아랍어로 기록된 최초의 서적이었다. 종교적으로 무슬림들은 ≪꾸란≫이 아랍어로 계시된 경전이라는 사실을 믿고 있었다. ≪꾸란≫은 고대 시 작품에 사용되었던 것과 같은 고급 아랍어로 기록되었으나 그 목적만큼은 달랐다. 무슬림들은 ≪꾸란≫을 알라의 말씀으로 받아들였고, 따라서 ≪꾸란≫의 언어에 대한 이해는 필수적이었다. 따라서 무슬림들은 고대 아랍 시를 단순히 디완, 즉 문학 작품으로만 보지 않고 올바른 언어를 습득하는 데 필요한 규범으로 여겼다.

세월이 흐르면서 아랍어는 표현의 매개 수단으로 정착되어 갔다. 아라비아 반도를 박차고 나와 제국의 각 지역으로 퍼져나간 아랍인들은 계속

모국어인 아랍어를 사용했다. 뿐만 아니라 이슬람으로 개종한 다른 민족들도 아랍어를 사용하기 시작했다. 적어도 직업이나 생활에서 필요하기 때문에 아랍어를 사용한 이들도 나타났다. 새로운 아랍 통치자 밑에서 일하게 된 페르시아인들과 다른 관료들이 그러한 경우에 속했다. 이제 문학 활동의 중심지는 오아시스 마을이나 부족의 야영지에서 벗어나 새롭게 건설된 바스라와 쿠파 그리고 다음에는 제국의 수도 바그다드로 옮겨 갔다. 아랍 문학은 환경의 변화와 함께 참여도 확대되었다. 칼리파와 그의 신하, 고위 관료, 다양한 지역 출신의 새로운 도시 지배층 모두가 문학 활동에 참여했다. 그 무렵에도 구술에 의존한 시작詩作이나 시문학 암송과 같은 관행이 여전히 남아 있었던 것으로 보인다. 그러나 이때부터 문학 작품은 문자로 기록되기 시작했다. 특히 종이의 도입과 함께 9세기 초부터 기록된 문학 작품의 유통이 더욱 탄력을 받았다. 과거에는 파피루스나 양피지가 기록의 수단으로 애용되었으나 8세기 후반부터는 중국으로부터 종이 제조 기술이 수입되었다. 종이는 후라산에서 처음 제조되었고, 그 뒤 이슬람 제국 각 지역으로 전파되었다. 10세기 중엽에 이르러 종이는 어느 정도 파피루스를 대체했다.

아랍어가 전파되면서 아랍어 사용자들은 아랍어를 보다 정확하게 이해하고자 하는 욕구를 갖기 시작했다. 아랍 언어학의 발전은 대개 아랍어를 외국어로서 배우기 때문에 언어적 이해가 필요했던 비非아랍인들에 의해 이루어졌다. 사전 편찬 학자들은 아랍어 어휘를 모으고 분류하기 위해 베두인의 시장을 자주 드나들었다. 시바웨이Sibawayh(793년 사망)는 아랍어가 어떻게 기능하는지 설명하기 위해 최초로 체계적인 문법학을 정립했는데, 그 역시 비아랍 출신이었다. 후대에 나온 모든 문법 서적들은 바로 그에게서 비롯한다. 학자들이 고대 아랍 시문학을 수집하고 연구하게 된 동기도 마찬가지였다. 고대 시 작품들은 편집 과정을 거치며 학자들의 손에 의해 내용이 수정되었던 것으로 보인다. 그 와중에 시 형식에 관한 원칙이 정립되어 후대에 많은 영향을 미쳤다. 최초의 괄목할 만한 문학 이론가는 이븐 꾸타이바Ibn Qutayba(828~889)였다. 그는 고대 아랍의 정형시였던 까시다의 전형적 유형을 논구했고, 후대 시인들은 그의 자료를 교본으로 삼았다. 그의 주장에 따르면, 까시다는 잃어버린 집과 연인에 대한 환기로 시작해야 한다. 다음에 시는 여행에 관한 묘사로 이어지다가, 본 주제에 해당하는 찬사, 비가悲歌, 풍자 등에서 절정에 이르게 된다.

시문학 발전에 보다 중요한 구실을 했던 것은 이론가들의 작품보다는 시인 자신들의 변화일 것이다. 시 작품은 이슬람 이전의 까시다에 비해 더욱 개인적인 성향을 띠었다. 도시 출신의 일부 비아랍 시인들은 과거 자신들의 시적 전통을 계승한 뒤 개인의 독특한 문학적 기교를 덧붙였다. 그 결과 정교한 언어와 수사적 비유를 위주로 한 새로운 시 형식, 즉 바디으*badi'*가 발전하기 시작했다. 이 경우 보기 드문 어휘가 사용되었고, 단어들은 서로 대조를 이루며 배치되었다. 하지만 모든 표현들은 초창기 시 작품에서 특징적으로 나타났던 운율과 각운만은 엄격히 지켰다.

과거에 비해 시의 주제는 더욱 풍부해졌다. 시인들은 헤어진 연인이나 금지된 사랑에 대해 단지 형식적으로 애석한 마음을 표현하는 데 그치지 않고, 노골적으로 색정적인 사랑에 대해서도 노래하기 시작했다. 몇몇 시인들은 이슬람 초창기 수세기 동안 벌어진 종교적, 윤리적 논쟁에 참여하기도 했다. 시리아의 시인이었던 아불 알라 알 마아리Abu'l-'Ala al-Ma'arri(973~1057)는 계시와 사후 세계에 대한 일반적 통념을 의문시했고, 이에 대한 자신의 견해를 시와 산문을 통해 상세히 표현했다.

송시가 특별한 주목을 받게 된 것은 당연한 일이었다. 이때부터 송시는 시인 자신의 부족보다는 통치자나 후원자를 찬양하는 경우가 더 많아졌다. 송시에서는 이븐 꾸타이바가 까시다의 전형적 요소로 여겼던 도입부가 축소되고 단순히 주제의 서두 구실만 맡았다. 시인은 통치자나 후원자를 의례적인 온갖 미사여구로 찬양했으며, 때로는 자신의 개성이나 감정을 나타내기도 했다.

후대의 문학 비평가들은 송시의 백미로 알 무타납비Al-Mutanabbi(915~968)의 작품을 꼽는다. 알 무타납비는 쿠파 태생의 아랍인으로 유년 시절을 아랍 부족 가운데 하나인 칼브 부족과 함께 보냈다. 젊은 시절 그는 한동안 정치 활동에 몸담았으며, 말년에는 알레포, 카이로, 바그다드, 쉬라즈Shiraz 등지에서 통치자를 찬양하는 궁정 시인으로 활약했다. 그가 가장 왕성한 창작 활동을 했던 시기는 아마도 알레포와 시리아 북부를 지배했던 함단 왕조의 통치자 사이프 알 다울라Sayf al-Dawla 밑에서 시인으로 있었을 때였던 것으로 보인다. 알 무타납비는 통치자를 찬양하기 위해 과장법을 즐겨 사용했다. 사이프 알 다울라의 병이 낫자 그는 다음과 같이 노래했다.

> 당신께서 쾌차하는 순간 영광과 영예도 쾌차했습니다. 고통은 당신의 품을 떠나 적들에게 갔습니다. …… 태양을 떠나 버린 빛. 그 빛의 상실은 육체의 병을 가져오는 것 같았습니다. 그러나 이제 그 빛은 돌아왔습니다. …… 아랍인들은 그와 똑같은 유일한 민족. 그러나 그의 자비는 타민족이건 아랍인이건 가리지 않습니다. …… 내가 당신의 쾌차를 축하하는 것은 당신만을 위한 것이 아닙니다. 당신께서 건강하실 때 만백성이 건강하게 됩니다.[4]

알 무타납비는 자화자찬하는 시 작품을 남기기도 했다. 그는 사이프 알 다울라의 총애가 다른 이에게 옮겨 갔다고 생각했을 때 다음과 같은 시로

4 Abu'l-Tayyib al-Mutanabbi, *Diwan*, ed. A. W. al-'Azzam (Cairo, 1944), pp.355-356 ; English trans. A. J. Arberry, *Poems of al-Mutanabbi* (Cambridge, 1967), p.76.

심경을 표현했다.

> 오! 사람들 가운데 가장 의로운 자 그대여. 그러나 저를 대할 때만은 예외시군요. 저는 당신과 불화 상태에 있습니다. 당신은 저를 적대시하며 동시에 심판하는 분이십니다. …… 장님조차 제 글을 읽어 보았고, 귀머거리조차 제 말을 들어 보았습니다. 저는 그러한 사람입니다. 떠돌아 방황하는 말[語]들에 저는 눈꺼풀을 닫은 채 잠을 잡니다. 그러나 타인들은 그 말 때문에 잠을 이루지 못하고 서로 다툼을 벌입니다. …… 아랍인이건 페르시아인이건 쓰레기 같은 자가 감히 당신 앞에서 시를 운운할 수 있겠습니까? 이것은 당신을 향한 질타. 그러나 그 속에 담겨진 사랑. 진주로 새겨진 질타. 그 진주는 나의 말.[5]

아랍 역사에서 시는 오랜 전통을 갖고 있었지만 산문은 비교적 새로운 문학 장르에 속했다. ≪꾸란≫은 고급 아랍어로 쓰인 최초의 산문 작품이었다(그게 아니라면 최소한 현존하는 작품 중 최고最古라고 말할 수 있다). 어떤 의미에서 대부분의 문학 작품들은 ≪꾸란≫으로부터 유래했다고 해도 지나친 말은 아니다. 예언자의 일화와 아랍인들의 승리에 관한 이야기들이 집대성되었고, 인기 있는 설교가들은 이슬람의 주제에 적합한 수사법을 고안하기도 했다. 후대에 이르러 이슬람 세계는 다른 문화권으로부터 가져온 주제를 탐구하며 예술성을 갖춘 새로운 장르의 산문을 탄생시켰다. 이 가운데 처음으로 등장한 가장 유명한 산문 작품은 ≪칼릴라와 딤나 *Kalila wa Dimna*≫라는 우화였다. 도덕적 내용을 담은 이 동물 우화는 원래 산스크리트어로 쓰인 작품으로 팔레비어를 통해 전해지다가 이란 출신의 압바스 왕조 관료였던 이븐 알 무깟파아Ibn al-Muqaffa'(c.720~756)에 의해 아

5 Ibid., pp.322-355 ; English trans. pp.70-74.

그물로 고기를 잡는 어부. 《칼릴라와 딤나》에서

랍어로 번역되었다.

이븐 알 무깟파아는 아랍화, 이슬람화된 서기들의 대표적인 예라고 볼 수 있다. 그와 같은 이들은 자신들의 고유한 전통에서 유래한 사상과 문학 장르를 아랍어로 옮겨 나갔다. 한편 이들과 어깨를 겨룬 작가들은 이슬람의 전파와 더불어 확장된 제국으로부터 영감을 얻었다. 그들은 자신들의 작품 속에 민족과 국가의 다양성, 새로운 종류의 인간성, 새롭게 대두된 도덕 및 행동의 문제 등을 반영했다. 그들은 이러한 요소들을 이슬람이라는 새로운 신앙적 기준에서 바라보고 적절한 문학적 형태로 표현하고자 했다. 이와 같은 새로운 형태의 문학, 즉 아답*adab*을 추구한 작가들 가운데 가장 뛰어난 이는 알 자히즈al-Jahiz(776/7~868/9)였다. 알 자히즈는 본보기가 될 만한 빼어난 언어적 표현으로 특이한 주제와 생생한 반응을 다루었다. 그는 원래 노예로 잡혀와 아랍 부족에게 팔렸다가 오랜 세월이 지난 뒤 완전히 아랍화된 아프리카 가문 출신이었다. 알 자히즈는 바스라에서 성장했으며, 뒤에 칼리파 알 마문을 후견인으로 얻었다. 그의 지칠

줄 모르는 지적 호기심은 작품 활동으로 이어져 국가, 동물, 기묘한 인간 행위 등 인간과 자연에 관한 희귀하고 흥미로운 지식들을 기록했다. 또한 그의 작품 이면에는 우정과 사랑, 질투와 긍지, 탐욕, 기만, 성실 등과 같은 도덕적 비평이 담겨져 있다. 그 예를 보면 다음과 같다.

> 웅변가가 자신의 달변을 내세우지 않듯이 고귀한 자는 스스로 고귀한 체하지 않는다. 사람이 자신의 자질을 과장하는 것은 무엇인가 부족한 것이 있기 때문이다. 불한당이 허풍을 떠는 것은 자신의 약점을 알고 있기 때문이다. 교만은 모든 사람들에게 추악한 것이다. …… 그것은 모든 죄악 가운데 가장 악한 잔혹보다 더 나쁘다. 한편 겸손은 모든 행위 가운데 가장 선한 자비보다도 더 좋은 것이다.[6]

압바스 왕조 초기 발전했던 아답은 교화와 흥미를 본위로 저술되었다. 바그다드에서 까디(판관)를 지냈던 알 타누키al-Tanukhi(940~994)는 세 권 분량의 이야기책을 저술했다. 그의 저서는 흥미로운 문학 작품이자 재상과 재판관을 비롯한 압바스 궁정 주변의 하급 관료에 대한 사회적 기록물이다. 다음 세기에 등장한 아부 하이얀 알 타우히디Abu Hayyan al-Tawhidi(1023년 사망)는 당대 학자들과 작가들 사이에서 유행했던 다양한 주제들을 총 망라한 수필과 논문을 남겼다. 그의 작품들은 매혹적인 문학적 양식을 갖추고 있음은 물론 박학한 지식과 예리한 지성을 드러내고 있다. 흥미 본위의 대표적인 문학 장르로 마까마*maqamat*를 꼽을 수 있다. 마까마는 사즈으

---

6 'Amr ibn Bahth al-Jahiz, *'al-nubl wa'l-tannabul wa dhamm al-kibr'* in C. Pellat, 'Une risala de Gahiz sur le "snobisme" et l'orgueil', *Arabica*, Vol. 14 (1967), pp. 259-283 ; English trans. in C. Pellat, *The Life and Works of Jahiz*, trans. D. Hawke (London, 1969), p. 233.

알 바스라의 도서관

saj', 즉 각운을 지닌 산문으로서 여러 이야기들을 연속적으로 다루는 것이 특징이다. 여기에서 화자는 여러 상황 속에서 만난 협잡꾼이나 유랑자의 이야기를 전해 주는 구실을 한다. 마까마는 알 하마다니al-Hamadhani(968~1110)와 알 하리리al-Hariri(1054~1122)에 의해 절정에 이르렀으며, 20세기 현재까지도 아랍 문학계에서 여전히 인기를 누리고 있다.

어느 인간 사회든지 과거의 사건을 기록하는 것은 중요한 일이다. 그렇지만 특정한 시간과 공간 속에서 특별한 사건이 일어났다는 믿음을 기초로 건설된 공동체에서 역사 기록은 더욱 각별한 의미를 갖는다. 이슬람 발흥 이전부터 아랍 부족들은 조상들의 행적을 구술口述을 통해 전달하는 고유의 전통을 지니고 있었다. 구전으로 전해졌던 이야기 가운데 일부는 당대의 시 작품을 통해 오늘날까지 전수되고 있다. 이슬람 초창기 역사가 새롭게 주목을 받으면서 문자로 기록되기 시작했다. 두 가지 종류의 역사 기술 방식이 발전했는데, 양자는 서로 밀접한 연관성을 갖고 있다. 첫째로, 문헌학자와 계보학자들은 구전으로 전승된 아랍 부족의 역사를 수집한 뒤 기록으로 남겼다. 이러한 작업은 아랍어 연구에 중요한 역할을 했다. 뿐만 아니라 부족의 역사는 정복지에서 얻은 전리품이나 새로운 정착지에서 토지를 분배하는 것 같은 현실적인 문제를 해결하는 데 중요한 증거 자료를 제공하기도 했다. 둘째로, 예언자의 생애와 초기 칼리파들, 최초의 정복, 무슬림 공동체의 공공 업무 등을 기록하는 것은 더욱 중요했다. 신뢰할 만한 학자들에 의해 전달된 방대한 양의 이야기들이 점차 형태를 갖추어 갔다. 그 가운데 일부 이야기는 정치적, 종교적 논쟁에 휘말려 변형되거나 심지어 조작되기도 했고, 이야기꾼들에 의해 윤색되기도 했다. 이러한 작업은 하디스 전집, 예언자 전기, 하디스 전승자에 관한 전기 등 몇 가지 종류의 문학을 탄생시켰다. 이와 더불어 공동체를 위한 알라의 섭리를 다루는 이야기체 역사 작품도 나왔는데, 이러한 작품들은 교훈적인 이야기를 전하면서도 핵심적인 진리를 담고 있다. 한편 헤지라를 기원紀元으로 한 이슬람 역법이 발명되면서, 사건 기록에 필요한 체계가 갖추어졌다.

9세기 무렵 역사 기록의 전통이 성숙 단계에 접어들면서, 보다 넓은 영역을 보다 깊이 성찰하기 시작했다. 당시의 대표적인 역사학자들로는 알 발라두리al-Baladhuri(892년 사망), 알 따바리al-Tabari(839~923), 알 마스우디al-Mas'udi(928년 사망) 등을 꼽을 수 있다. 이들은 이슬람 역사 전체를 저술의 주제로 삼았으며, 때로는 중요하다고 여긴 인류 역사 전체를 다루기도 했다. 알 마스우디는 역사적으로 실재했다고 여긴 고대의 7개 민족에 관해 연대기를 작성했다. 그가 다룬 7개 민족은 페르시아인, 칼데아인, 그리스인, 이집트인, 튀르크인, 인도인, 중국인이었다. 그가 수집한 방대한 양의 정보는 일정한 기준에 따라 정리되었다. 이슬람 역사의 경우는 연차별로 그리고 다른 지역 역사의 경우는 왕의 재위 기간과 같은 기준에 의해 정리되었다. 또한 내용의 진위를 판별할 수 있는 비평 기준도 마련되었다. 이러한 기준 가운데 가장 두드러졌던 것은 이스나드*isnad*였다. 이스나드는 특정한 사건을 목격한 증언자들의 계보를 가리키는 것으로, '그들의 증언을 얼마만큼 신뢰할 수 있는가?'를 논의 대상으로 삼았다. 그 밖에 다른 비평 기준들도 존재했다. 전승된 기록이 신뢰할 만한지 아닌지의 여부는 어떻게 통치자가 행동하고 인간 사회가 변화했는지 총체적으로 이해함으로써 판별될 수 있었다.

알 비루니al-Biruni(973~c.1050)와 같은 역사가는 관심과 지식의 범위 면에서 독보적인 인물이었다. 그의 유명한 저서 ≪인도의 역사*Tahqiq ma li'l-Hind*≫는 아마도 무슬림으로서 이슬람 세계의 경계를 넘어 다른 문화의 전통적 가치를 탐구한 가장 위대한 작품일 것이다. 알 비루니 스스로가 서문에서 명확히 밝히고 있듯이, 그의 작품은 결코 논쟁적 성격을 지니고 있지 않았다.

> 이 저서는 논쟁과 토론을 위한 것이 아니다. 즉 상대방의 주장을 도마 위에 놓고 그 가운데서 진리로부터 벗어난 오류가 무엇인지 밝혀내고자 하지 않을 것이다. 이 저서는 있는 사실을 가감 없이 기술하는 것을 목적으로 한다. 즉 힌두인들의 주장을 소개하면서 이와 유사한 주제에 관해 그리스인들이 무엇을 말했는지 살펴보고, 그 다음에 양자의 주장을 비교해 보고자 한다.[7]

인도의 종교 및 철학 사상에 대해서는 다음과 같이 탁월하게 묘사했다.

> 인도에 있는 것을 서술하고 있는 이상, 그들의 미신에 대해 언급할 수밖에 없을 것이다. 그러나 이러한 것들은 오로지 일반인들에게만 국한되는 문제라는 사실을 반드시 지적해야 할 것이다. 구원의 길을 걷는 자들, 이성과 토론의 방식을 추구하는 자들, 진리를 갈구하는 자들은 알라 이외의 그 누구도 숭배하지 않으며, 그를 본뜬 어떤 우상도 섬기지 않을 것이다.[8]

결론적으로 알 비루니는 종교적으로 힌두교도들과 그리스인들이 서로 유사하다고 지적했다. 그리스인들은 기독교의 도래 전까지 종교적으로 무지의 나날을 보냈기에 그들 가운데 일반인들도 우상을 섬긴 자들이 상당수 있었다. 그러나 교육받은 식자층들은 힌두교도들과 유사한 견해를 갖고 있었다. 하지만 아무리 엘리트 계층에 속한다 하더라도 힌두교도들은 다음 한 가지 점에서만큼은 무슬림들과 달랐다.

> 오늘날 인도인들은 인간에 수많은 구분을 둔다. 바로 이 점에서 우리는 인도인들과 다르다. 왜냐하면 우리들(무슬림)은 신앙의 문제를 제외하고는 모든 인간을 평등하다고 보기 때문이다. 이것이야말로 그들과 이슬람 사이에 놓인 가장 큰 장벽이다.[9]

---

7 Muhammad Abu Rayhan al-Biruni, *Tahqiq ma li'l-Hind* (Hayderabad, 1958), p.5 ; English trans. E. Sachau, *Alberuni's India* (London, 1888), Vol. I, p.7.

8 Ibid., p.85 ; English trans. pp.111-112.

9 Ibid., p.76 ; English trans. p.100.

이슬람 세계의 건축과 예술

이슬람력 3~4세기(서기 9~10세기)에 이르자 '이슬람 세계'는 고유의 문화적 정체성을 분명히 드러내기 시작했다. 세계 일주를 하는 여행가라면 자신이 보고 들은 것만으로 그 땅이 무슬림들이 다스리고 거주하고 있는 곳인지 여부를 판단할 수 있었을 것이다. 이와 같이 이슬람 세계가 외형적으로 일관성을 지킬 수 있었던 것은 인구의 이동 덕분이었다. 이슬람 왕조와 군대, 인도양과 지중해를 누비던 상인, 군주나 부호의 후원 아래 도시를 옮겨 다니던 장인들이야말로 이슬람 양식을 전파한 주역이었다. 특정한 양식을 지녔던 수출입 품목들도 이슬람 양식의 전파에 공헌했다. 서적, 금속 공예품, 도자기, 특히 직물과 같은 장거리 무역의 주요 품목들이 이 과정에서 중요한 구실을 했다.

특히 무엇보다도 대규모 건축물들은 이러한 '이슬람 세계'의 외형적 상징으로서 큰 구실을 했다. 후대에 이르면 지역마다 고유한 양식을 지닌 모스크가 등장한다. 그러나 이슬람 초기에는 코르도바로부터 이라크 그리고 그 너머까지 여러 가지 공통된 특징을 지니고 있었다. 대大모스크 이외에 바자르(시장)와 도시의 구역이나 마을에는 소규모의 모스크가 있었는데, 이곳에서 일반 예배는 드렸지만 금요일 설교는 하지 않았다. 소규모 모스크들은 보통 그 지방에서 얻은 자재로 건축되었으며, 지역 특유의 풍취와 전통을 드러내곤 했다.

이제 모스크는 종교 건축물 가운데 핵심적인 위치를 차지하였다. 당시의 종교 건축물들로는 까디가 재판을 하던 법정, 나그네나 순례객들이 투숙하던 여인숙, 병자를 수용하던 병원 등이 있었다. 이러한 종교 건축물을 건립하고 운영하는 것은 ≪꾸란≫이 명한 자선 행위에 해당했다. 그 밖에도 도시와 농촌을 초월하여 이슬람 공동체를 하나로 묶는 데 특별히

스페인 코르도바의 대모스크

기여했던 다른 종류의 건축물이 있었는데, 그것은 바로 성소聖所이다. 순례와 기도의 중심지가 된 성소들 가운데는 원래 옛날 종교의 전통에서 유래했다가 나중에 이슬람적 의미를 갖게 된 곳도 있었다. 메카의 카으바 신전, 예루살렘의 바위돔 사원, 헤브론Hebron의 아브라함 묘지 등이 바로 그와 같은 곳이다. 이와 더불어 사람들의 발길이 끊이지 않는 새로운 성지들이 생겨나기도 했는데, 초기 이슬람의 역사적 인물들이 안치된 묘가 바로 그곳이다. 원래 무슬림들은 무함마드를 다른 사람들과 똑같은 평범한 인물로 여겼다. 그러나 점차 무함마드가 최후의 심판일에 인류를 위한 중보자仲保者 역할을 하게 될 것이란 생각이 받아들여지기 시작했다. 그 결과 무슬림들은 메카 순례 기간 동안 무함마드의 묘를 방문하기 시작했다. 한편 쉬아파의 이맘들 가운데 특히 핍박을 많이 받았던 이들은 일찍부터 순례객들을 끌어 모았다. 나자프Najaf에 있는 알리의 묘는 9세기에 조성된 부분이 있다. 점차적으로 '알라의 친구'로 추앙받거나 알라의 중보자라는 능력을 가진 성자들을 모신 성소들이 이슬람 세계 전역에 퍼지기 시작했다. 분명한 사실은 이러한 성소들이 옛 종교나 지방의 오랜 전통에 의해 성지로 여겨졌던 곳에서 등장했다는 것이다.

두 번째 유형의 건축물은 통치자가 자신의 권력을 과시하기 위해 건립한 것들인데, 그 예로 대형 공공건물, 무역로에 위치한 대상隊商용 숙사, 수로 및 기타 급수 시설 등을 꼽을 수 있다. 중동이나 마그립과 같이 건조한 지역의 경우 도시 거주민들에게 물을 공급하는 것은 중요한 정책 과제 중 하나였다. 한편 아랍인들이 지중해 일대로 퍼져 나가자, 관개 시설을 갖춘 토지도 점차 증가하였다. 그렇지만 제국의 위용이 가장 잘 표현된 곳은 역시 궁전이었다. 궁전에는 은밀한 지상 낙원의 상징인 정원과 흐르는 물 사이에 쾌락의 별궁이 있고, 행정과 사법뿐만 아니라 왕족 생활의 중심인 공적인 관저가 있었다. 압바스 궁전의 면모는 작가들이 묘사한 기록과 사마라에 남아 있는 유적을 통해 개략적으로 가늠해 볼 수 있다. 궁전에 이르기 위해서는 먼저 열병閱兵이나 기마 시합을 거행했던 광장을 지나야 한다. 높다란 성벽 안에서 정원을 통과하면 여러 개의 내부 성문으로 이어진다. 그리고 마침내 중심부에 도달하면 칼리파의 처소와 집무실 그리고 어전 회의가 열렸던 돔형 지붕의 회당이 보였다. 칼리파의 궁전은 권력, 장엄, 향락을 상징했으며, 외부 세계와는 분리되어 있었다. 이러한 궁전은 이슬람 세계 전역에서 모방된 뒤 수세기 동안 지속된 국제적 양식을 만들어 냈다.

어떤 의미에서 보면 궁전에는 특별하게 '이슬람식'이라고 부를 만한 것이라고는 하나도 없었다. 세계의 많은 지역을 하나의 제국으로 편입시킨 뒤, 기원을 달리하는 각양각색의 요소들을 새롭게 하나로 융합했기 때문이다. 통치자들은 이슬람 세계 바깥과도 교류를 했다. 외부 세계와 선물이 교환되었고, 대사들은 진귀한 이야기보따리를 가져왔다. 지배층은 특히 새로운 것을 얻고자 하는 열정에 불타올랐다. 이슬람 제국의 궁전은 여타 지역과 마찬가지로 군주들의 생활과 밀접한 전통 주제인 전투와 사냥, 술과 춤의 표현으로 장식되었다.

상기한 주제들은 주로 벽화의 소재로 이용되었다. 벽화에서는 동물이나 인간의 형상이 장식의 소재로 두드러졌다. 반면 종교적 목적으로 세워진 건축물의 경우에는 살아있는 생명체의 모습을 표현할 수 없었다. 생명체의 형상을 묘사하지 말라는 금기 사항이 ≪꾸란≫에 명기되어 있는 것은 아니었다. 그러나 대부분의 율법학자들은 ≪하디스≫에 근거하여 그러한 행위는 알라만의 유일한 권한인 생명 창조 능력을 침해하는 것이라고 주장했다. 다마스쿠스에 있는 우마이야 모스크Umayyad Mosque의 모자이크는 이른 시기에 만들어진 것으로, 자연 세계와 가옥들을 비교적 사실적으로 묘사하는 로마 시대의 벽화를 연상케 한다. 그럼에도 불구하고 이곳의 모자이크에서 살아있는 생명체의 모습만은 발견되지 않는다. 그러나 모스크나 기타 공공건물들의 벽화가 무미건조했던 것은 아니다. 겉 표면은 여러 가지 모양으로 화려하게 장식되었다. 각종 식물과 꽃문양들은 매우 정형화된 모습을 띠었고, 여러 가지 선과 원들이 복잡하게 연결되거나 끝없이 반복되었으며, 특히 아랍어 서예가 사용되었다. 정교한 서예 기법은 아마도 통치자의 문서기록원에서 근무하던 관리들이 개발한 것으로 보인다. 서예는 무슬림들에게 각별하게 여겨졌다. 왜냐하면 그들은 알라가 계시의 말씀을 아랍어를 매개로 하여 인류에게 전달해 주었다고 믿었기 때문이다. 많은 서예 연구가들은 건축 장식용으로 사용하기에 적합하도록 아랍어 글씨체를 개발했다. 변화무쌍한 서체로 쓰인 아랍어 단어가 반복되거나 문장에 식물이나 기하학적 문양들이 가미되었다. 그 덕택에 서예는 가장 중요한 이슬람 예술 장르 가운데 하나로 자리 잡았다. 아랍어 글씨는 건축물뿐만 아니라 동전 · 놋그릇 · 도자기 · 직물, 특히 왕실 전용 공방에서 제조되어 선물용으로 증정되는 직물을 꾸미는 데 쓰였다. 서예는 알라의 영광과 영속성을 기리는 내용을 담고 있는데, 그러한 예는 바위돔 사원 둘레에 새겨진 명문銘文에서 찾아볼 수 있다. 그 외에도 기부자의 관용과 위업을 기리거나 건축가의 솜씨를 찬미하는 내용을 담기도 한다.

이 시기에 지어진 도시 거주 무슬림 주민들의 주택은 소실되어 현재 사라져 버린 상태다. 그러나 주택에 사용되었던 공예품들은 아직 상당수가 남아 있는데, 이를 통해 상당수의 주택이 궁전과 유사한 예술 장식을 사용했다는 것을 짐작할 수 있다. 상인과 학자들을 위한 서적들은 필사된 뒤 삽화가 넣어졌다. 유리 제품, 금속 공예품, 도자기 등도 그들을 위해 제조되었다. 직물류는 특히나 중요하게 취급됐다. 마루에는 카펫을 깔았고, 낮은 등받이 의자에는 직물로 된 덮개를 씌웠으며, 벽에는 카펫이나 천 조각을 걸어 두었다. 이러한 것들을 통해 가정에서 사용된 장식물은 전반적으로 종교 건축물의 것과 유사했음을 확인할 수 있다. 즉 정형화된 식물과 꽃문양, 기하학적 디자인, 아랍어 문자 등이 주로 장식으로 사용된 것이다. 왕궁에서 사용된 장식의 주제가 가정에서 발견되지는 않는다. 하지만 가정에서는 비록 오래 지속되지 않았지만 간혹 인간 형상이 장식의 소재로 사용되기도 했다. 이러한 예는 이집트에서 제조된 도자기에서 잘 나타난다. 필사본의 경우에도 우화나 일상생활의 장면을 묘사하는 삽화를 그리기 위해 동물과 인간 형상을 사용했다.

10세기 무렵 중동과 마그립 지역의 사람들은 이슬람이 규정한 세계관 안에서 살고 있었다. 세계는 '이슬람 영역'과 '전쟁 영역' 두 가지로 나뉘어 구분되었다.[10] 무슬림들의 성지나 초창기 역사 유적지는 '이슬람 영역'에 고유의 특징을 부여했다. 하루 다섯 차례의 예배, 일주일 한 차례의 모스크 설교, 연중 한 번 치러지는 라마단Ramadan 단식과 메카 순례, 이슬람력 등은 시간을 구분 짓는 기준으로서 구실을 했다.

이와 함께 이슬람은 사람들에게 자신과 타인을 구분 짓는 정체성의 기준을 마련해 주기도 했다. 다른 지역민들과 마찬가지로 무슬림들도 여러 차원의 생활을 하고 있었다. 무슬림들이라고 항상 최후의 심판과 천국만을 생각했던 것은 아니다. 대개 무슬림들은 개개인의 존재를 넘어 일상생활 속에서 스스로가 가족이나 친족 집단, 목축 집단이나 부족, 마을이나 지역, 구역이나 도시 등에 속해 있다고 여기고 있었다. 한편 무슬림들은 보다 큰 어떤 집단에 귀속되어 있다는 것도 인식하고 있었는데, 그것이

10 이슬람 교리에 따르면, 세상은 크게 '다르 알 이슬람' Dar al Islam이라고 불리는 이슬람 영역과 '다르 알 하릅' Dar al Harb이라고 불리는 전쟁 영역으로 나뉜다. 이슬람 영역은 이슬람 통치 아래 있는 곳을 가리키는 데 반해, 전쟁 영역은 비非무슬림 정부가 다스리는 곳을 일컫는다. — 옮긴이

바로 움마*umma*, 즉 이슬람 신자 공동체였다. 공동체 속에서 무슬림들은 공통의 의식을 거행했고, 현세와 내세의 인간 운명에 대해 같은 견해를 공유하고 있었다. 이러한 공감대는 무슬림들을 결속시켜 주었을 뿐만 아니라 그들을 '이슬람 영역'의 내부나 바깥에 살고 있던 다른 종교인들과 구별해 주기도 했다.

'이슬람 세계'는 전체 집단과 일상생활의 응집력 있는 소규모 집단 사이의 중간 차원에서 일종의 정체성을 공유하고 있었다. 그러나 전반적으로 이러한 정체성은 강력하고 지속적인 충성심을 유발하지 못했다. 오히려 특정 왕조에 대한 공헌과 복종이 이러한 충성심을 유발시킬 수 있었는데, 특히 그 왕조가 오래 지속될수록 더욱 그러했다. 한편 하나의 언어를 공유하게 되자 의사소통이 보다 편리해졌고, 일종의 자긍심이 생겨났다. 11세기에는 아직 '아랍'과 '이슬람'을 동일시하는 경향이 강했다. 이와 관련하여 이란 출신의 학자 알 비루니는 다음과 같이 말했다.

> 우리의 종교와 우리의 제국은 아랍이며, 이 둘은 쌍둥이와 같다. 전자는 알라의 권능에 의해 그리고 후자는 하늘에 계신 주님에 의해 보호받는다. 피정복 부족들은 나라에 비아랍적 성격을 덧붙이려고 얼마나 많이 결집했는가! 그러나 그들은 소기의 목적을 이루지 못했다.[11]

중세 이슬람 세계에는 근대적 의미의 민족주의 개념이 당연히 없었다. 즉 공통 언어를 사용하는 사람들이 정치적으로 배타적인 한 사회 안에서 모여 살아야 한다는 의식이 부재했던 것이다. 한편 영토 국가라는 개념도

---

11 Biruni, *Kitab al-saydana fi'l-tibb*, ed. and English trans. H. M. Said (Karachi, 1973), p.12.

없었기 때문에, 자연 경계로 인해 다른 지역과 명확히 구분되는 곳 안에서 살아야 한다고 생각하지도 않았다. 그렇지만 특정 도시와 그 배후지가 갖고 있는 특성들에 대해서만큼은 어느 정도 의식하고 있었으며, 이것은 이슬람이라는 모습으로 표출되었다. 이집트에 관한 어떤 연구는 사람들이 현지의 독특한 개성에 대한 의식을 어떻게 지속적으로 지녀 왔는지 보여준다. 이집트는 오랫동안 천혜의 자연 환경, 비옥한 토지, 이슬람 역사에서 차지하는 위치, 그곳의 영웅 · 순교자 · 성인 등과 같은 특징들로 기억되어 왔다. 그리고 그 의식의 배후에는 이슬람 이전 시대로 거슬러 올라가는 과거의 기억이 일부 남아 있었다. 이집트는 피라미드나 스핑크스와 같이 불가사의한 고대 유물이 남아 있었던 곳이다. 뿐만 아니라 이집트는 여전히 많은 사람들이 과거의 제식과 신앙을 유지하며 보호를 빌었던 곳으로 인식되고 있었다.[12]

12 U. Haarmann, 'Regional Sentiment in medieval Islamic Egypt', *Bulletin of the school of Oriental and African Studies*, Vol. 43 (1980), pp.55-66 ; Haarmann, 'Die Sphinx ; systematische Volkreligiosität im spätmittelaltischen Ägypten', *Saeculum*, Vol. 29 (1978), pp.367-384.

4장
이슬람 교리와 사상

후계자를 둘러싼 논쟁

아랍어가 다른 민족에게 전파되어 감에 따라 아랍어로 기록된 저술도 그 성격이 바뀌었다. 변화가 나타난 곳은 비단 세속적 내용을 담은 작품뿐만 아니었다. 무함마드에게 내려진 계시의 의미와 함의를 밝히고자 새로운 문학 장르가 등장하였는데, 이러한 작품들은 더욱 두드러진 변화를 보였다. 이슬람으로 개종한 사람들은 계시에 대해 외면할 수 없는 의문들에 직면했다. 그 의문들은 지적 호기심뿐만 아니라 기독교도, 유대교도, 조로아스터교도들이 제기한 비판으로부터도 나왔다. 더군다나 개종자들은 사회생활을 위해서 신앙이 갖는 함의를 이끌어 낼 필요성을 절실히 느끼고 있었는지 모른다. 당연한 현상이지만 개종자들은 자신들의 새로운 공동체에 기존의 지식과 사유 방법을 갖고 들어왔으며, 그것들을 통해 새롭게 제기된 의문을 풀어내려고 시도하였다. 또한 그들은 아직 개종하지 않은 이들로부터도 답을 구하고자 했다. 초기의 유대교, 기독교, 이슬람은 후대에 비해 상호 개방적인 자세를 취하고 있었기 때문이다. 이 또한 당연한 것이지만 사유의 전통과 지식인층의 영향력이 가장 강한 곳들에서 이 같은 현상이 제일 활발하게 전개되었다. 이슬람의 정치계에서 일어났던 지각 변동과 무게 중심의 이동은 사상계에서도 일어났다. 메디나와 메카는 여전히 중요했지만 시리아가 더 비중 있는 사상의 중심지로 떠오르기 시작했다. 특히 이라크는 가장 중요한 중심지로 부각되었다. 그곳은 유대교와 네스토리우스파 기독교뿐만 아니라 이란의 종교도 혼재해 있었기 때문에 문화적으로 풍요로웠다.

이슬람이 종교로서 학문과 실천의 틀을 뚜렷이 갖추기 시작한 것은 대략 압바스 왕조 시절 이라크에서였다. 어떤 의미에서 이는 이슬람 출현 이전부터 있었던 사상운동의 연장이라고 할 수 있다. 물론 그렇다고 이슬람이 사상운동의 새로운 방향을 제시하지 않은 것은 아니었다.

학자와 사상가들이 다루었던 대상들에는 여러 가지가 있었다. 그 중 첫째로 ≪꾸란≫를 꼽을 수 있다. ≪꾸란≫이 언제 완성된 형태를 갖추었는지는 몰라도, ≪꾸란≫의 본질적 내용이 예언자 생존 시기부터 존재해 왔다는 사실만은 의문의 여지가 없다. 그 내용은 전능한 알라의 존재, 알라가 예언자들을 통해 인류와 대화를 했다는 사실, 알라가 인류에게 신앙과 감사 그리고 예배와 자선을 명한 것, 최후 심판의 날에 알라의 정의와 자비가 함께 드러난다는 사실 등에 관한 것이다. 둘째로, 예언자 시기부터 공동체가 어떻게 행동해 왔는지에 대한 전승이 있었다. 이러한 전승은 후대인들에게 전해져 정교하게 다듬어졌는데, 그 내용의 핵심은 예언자 자신의 실제 행동에 대한 일종의 집단 기억이었다. 그 이외에도 공동체 대중의 행위와 칼리파를 비롯한 지도자들의 정책과 상호 대립 등에 관한 기억도 남아 있었다. 특히 우스만 재위 시절 일어났던 의견 충돌과 정쟁, 그의 몰락을 초래한 반대 운동, 무함마드 추종자들 가운데 알리를 필두로 한 초기 쉬아파 인물들이 관심의 대상이 되었다.[1]

알라의 뜻에 순종하고자 하는 이들이라면 의무적으로 지식을 구하고 그것을 숙고해야 했다. 이러한 전통이 생겨난 것은 개종자들이 식자층에 속했기 때문만은 아니었다. 이것은 이슬람 자체의 속성이기도 했다. 이슬람은 말씀에 의한 종교이며, 말씀은 곧 사상이자 지식이기도 하다. 종교적 지식, 즉 일므*'ilm*를 추구하는 전통은 이슬람 역사 초기부터 시작되었다. 그 결과 알림*'alim*, 복수형은 *'ulama*, 즉 학식과 교양을 지닌 이슬람 학자층이 형성되기 시작했다.

이슬람과 연결된 사상 및 학문의 갈래는 수없이 많았지만 그들은 분명히 서로 연관되어 있었다. 가장 처음 긴급하게 제기되었던 문제는 바로 권위에 관한 것이다. 무함마드의 설교는 ≪꾸란≫에 담겨 있거나 내포된 규범에 따라 살아갈 것을 약속하는 공동체를 일으켜 세웠다. 그런데 과연 누가 이슬람 공동체를 이끌어 갈 권위를 가지며, 또한 그가 갖는 권위는 어떤 것이어야 한단 말인가? 이러한 질문은 초창기 반세기 동안 의견 충돌과 정쟁들을 거치며 제기되었고, 이 분쟁들에 대해 거듭 숙고하면서 답을 구했다. 무함마드를 계승하는 칼리파 또는 이맘 자리에는 누가 앉는가? 무슬림이라면 누구나 될 수 있는가, 아니면 예언자의 교우敎友에 국한되어야 하는가, 아니면 오직 그의 가문에만 한정되어야 하는가? 또 칼리파는 과연 어떤 방식으로 선출해야 하는가? 칼리파의 합법적 권한은 어디까지인가? 만일 칼리파가 정의롭지 못하다면, 과연 그에게 불복종하고 그

1 우스만'Uthman(656년 사망)은 4명의 정통 칼리파 가운데 제3대 칼리파였다. 우스만은 자신의 씨족인 우마이야 가문에 편중된 인재 등용으로 각 지역으로부터 원성을 샀고, 그 결과 잦은 폭동이 발생했다. 결국 그는 재위 12년 만에 살해당했다. — 옮긴이

를 폐위시킬 수 있는가?

점차적으로 상기한 문제들에 대한 각양각색의 견해들이 구체화되기 시작했다. 그리고 어느 시점부터 순니파라 불린 사람들이 등장하기 시작했다. 순니파는 모든 무슬림들이 평화와 통합 속에서 함께 사는 것이 중요하다는 태도를 보였다. 이것은 다시 말해 이미 벌어진 사건을 그대로 받아들여야 한다는 것을 뜻했다. 결국 그들은 최초의 네 칼리파들을 합법적이고 의로운 정통 칼리파로 인정했다. 즉 후대의 칼리파들이 의로운 행동을 하지 못했을지라도 알라가 명한 근본적인 계율을 어기지 않은 이상 합법적인 지도자로 인정해 주어야 한다는 것이다. 몇 가지 증거 자료에 따르면, 우마이야 왕조의 칼리파들의 경우 자신들이 공동체 지도자로서 예언자의 후계자일 뿐만 아니라 알라의 지상 대리인이며, 신성한 율법의 궁극적 해석자라고 주장하기도 했다.[2] 그러나 후대의 발전한 순니파 사상은 칼리파를 예언자로도, 신앙에 대한 무오류의 해석자로도 여기지 않았다. 순니파는 칼리파를 단지 공동체의 안녕과 정의를 수호하는 지도자로서만 인정했다. 이와 같은 점에서 칼리파는 반드시 충분한 덕성과 율법에 대한 지식을 겸비하고 있어야 했다. 이와 함께 많은 사람들은 칼리파가 예언자가 속했던 꾸라이쉬 부족 출신이어야만 한다는 생각에 공감했다.

칼리파의 권위에 도전했던 운동들은 점차 정통의 권위란 어떤 것인가 나름대로 이론을 발전시켜 나갔다. 이바디파의 경우 이맘이 항상 존재해야 할 필요는 없다고 주장했다. 대신 그들은 가문이나 출신에 상관없이 무슬림이라면 누구든 이맘이 될 수 있다고 말했다. 또한 이맘은 반드시 공동체에 의해 선출되어야 했다. 이맘은 반드시 ≪꾸란≫과 ≪하디스≫를 중심으로 제정된 율법에 따라 바르게 행동해야 하며, 만일 그가 정의롭

---

2 P. Crone and M. Hinds, *God's Caliph* (Cambridge, 1986).

지 못하다고 판명된다면 폐위되어야 마땅했다. 한편 쉬아파 운동은 최초의 세 칼리파의 권위를 부정하는 태도를 취했다. 대신 그들은 알리 이븐 아비 딸립이야말로 유일한 정통 계승자로서 예언자의 후계자인 이맘에 임명되었다고 믿었다. 그렇지만 쉬아파는 다시 내부적으로 알리의 후손 중 어느 가계가 적통인지에 대한 그리고 이맘의 권위에 대한 문제를 두고 의견을 달리하기 시작했다. 자이드파는 쉬아파 가운데 순니파의 견해와 가장 가까웠던 종파였다. 자이드파는 만일 필요한 학식과 경건한 마음가짐을 겸비하고 불의에 맞설 수 있는 힘을 보여줄 수 있다면 알리와 그의 아내 파티마의 자손 중 누구라도 이맘이 될 수 있다고 주장했다. 따라서 이맘의 가계는 끊임없이 바뀔 수도 있는 것이다. 또한 자이드파는 이맘이 무오류의 인물이라거나 초인간적인 권위를 갖는다고는 믿지 않았다.

다른 두 개의 쉬아파 운동은 여기에서 한 걸음 더 나아갔다. 그들은 이맘의 자리가 현역 이맘에 의해 지명된 인물에게 계승된다고 주장했다. 뿐만 아니라 이런 식으로 지명된 이맘은 예언자를 통해 내려진 알라의 계시를 오류 없이 해석할 수 있는 유일한 이라고 강조했다. 그 가운데 최대 종파로 성장한 것은 '12이맘 쉬아파' *Ithna 'ashariyya*(영어로는 흔히 Twelvers라고 불림)였다. 그들은 이맘의 자리가 알리의 후손들 가운데 계승되어 왔는데, 9세기 무렵 12번째 계승자가 홀연히 사라져 버렸다고 주장했다. 12이맘 쉬아파의 견해에 따르면 현세는 이맘의 존재 없이는 존속할 수 없다. 따라서 그들은 마지막 12번째 이맘은 죽지 않았으며 대신 가이바*ghayba*, 즉 '은둔 상태' 속에서 여전히 살아 있다고 믿었다. 그들의 주장에 따르면, 마지막 이맘이 처음에는 대리인을 통해 무슬림 대중들과 교통했었으나 나중에는 아예 현세에서 자취를 감추고 말았다. 그러나 12이맘 쉬아파는 언젠가 최후의 이맘이 현세에 재림할 것이며 정의로운 통치를 구현할 것이라고 기대하고 있다. 한편 이스마일파도 이맘이야말로 진리에 대한 무오류의 해석자라는 의견에는 동의했다. 그러나 그들은 이맘의 계보가 7번째 계승자인 무함마드 이븐 이스마일Muhammad ibn Isma'il과 함께 끝났다고 주장했다(이스마일파 일원 중 일부는 나중에 교리를 수정하였는데, 그 이유는 파티마 왕조의 칼리파들이 스스로 이맘이라고 주장했기 때문이다).

칼리파나 이맘의 자리를 둘러싸고 제기된 다양한 견해들은 정부의 성격과 사회 속에서 정부가 차지하는 위상에 다양한 의미를 부여하기 마련이었다. 이바디파와 자이드파는 정부의 정의롭지 못한 통치에 반대하여 주류 사회를 박차고 나왔다. 그들은 자신들이 해석한 종교 율법대로 생활하고자 했을 뿐만 아니라 이맘을 비롯한 통치자에게는 자칫 불의로 치달을 권력을 부여하고 싶지 않았다. 다른 한편, 순니파, 12이맘 쉬아파, 이스마일파 등은 각자 나름대로 권위를 얻고자 했으며, 그것을 통해 율법을 지탱하고 사회 질서를 유지하고자 했다. 이슬람 역사의 첫 번째 시기가 저물어 가면서, 사회는 사실상 율법의 유지자들(순니파의 울라마와 쉬아파의 숨은 이맘)과 무력에 의존하여 세속의 질서를 집행하는 칼을 쥔 자들에 의해 분할되었다.

알라의 권능과 정의

인간이 갖는 권위를 둘러싸고 발생한 논쟁은 어떤 의미에서 ≪꾸란≫에서 비롯된 근본적인 의문의 반영이었다. 즉 알라의 본질은 무엇이며, 알라는 인간을 어떻게 다루는가, 알라의 유일성과 정의正義에 대한 의문과 관련되어 있었다.

≪꾸란≫에 나타난 알라는 초월적이며 유일한 존재다. 그러나 ≪꾸란≫은 알라가 의지, 지식, 청각, 시각, 말씀 등과 같은 속성attributes을 갖는다

고 말하기도 한다. 어떤 의미에서 ≪꾸란≫은 알라의 말씀이기도 하다. 그렇다면 과연 유일자 알라가 어떻게 이러한 속성들을 가질 수 있단 말인가? 특히 이러한 속성들은 인간도 갖고 있는 것이라는 점을 감안한다면, 과연 어떻게 알라와 인간 사이의 무한한 차별성을 유지한 채 속성을 묘사할 수 있단 말인가? 또한 ≪꾸란≫과 알라의 관계는 무엇인가? 알라가 피조물처럼 말을 하는 속성을 지니고 있다는 의미를 내포하지 않으면서, 과연 ≪꾸란≫을 알라의 말씀이라고 부를 수 있는가? 상기한 문제들은 초월적 신이 존재하며 그 신이 특정한 형식을 빌려 인류 앞에 현현했다고 믿는 종교라면 모두 내재하고 있는 것이다. 기독교도들의 경우 신의 계시가 하나의 인격체로 현현했다고 믿었다. 따라서 기독교의 초기 수세기 동안 제기된 근본적인 신학적 물음은 그 인격체와 하느님 간의 관계에 관한 것이었다. 반면 무슬림들의 경우 계시가 한 권의 경전으로 현현했다고 믿었다. 따라서 경전의 지위에 관한 근본적인 문제가 제기되지 않을 수 없었다.

논리상 알라의 본질에 관한 문제는 알라가 인간을 어떻게 다루는가 하는 문제로 이어질 수밖에 없다. ≪꾸란≫을 읽어 보았거나 그것이 낭송되는 것을 들어 보았던 이라면 누구나 머리에 다음 두 가지 인상이 남는다. 먼저, 알라는 전지전능한 존재라는 것이다. 하지만 인간은 자신의 행동에 대해 어느 정도 책임을 지며, 알라는 그 행동에 대해 심판을 내린다는 것이다. 그렇다면 이 두 가지 점이 어떻게 양립 가능할 수 있단 말인가? 이 문제 또한 유일신 신앙에서 항상 발견된다. 만일 알라가 정말로 전능하다면 어떻게 악惡을 허용할 수 있으며, 이때 어떻게 인간의 악행을 바르게 심판할 수 있단 말인가? 보다 넓은 의미에서, 과연 인간은 자신의 행동에 자유가 있는 것일까 아니면 모든 행동이 알라로부터 기인한 것일까? 만일 인간이 자유롭지 못하다면, 과연 알라가 인간을 심판하는 것이 공정한 것일까? 만일 인간이 자유롭고 따라서 알라에 의해 심판을 받는다면 인간은 자신이 인지할 수 있는 어떤 정의正義의 원칙에 의해 심판을 받는 것일까? 만일 그러하다면 정의의 원칙이라는 것이 알라의 행동을 규제하고 있는 것은 아닐까? 그러면 과연 알라는 전능한 존재라고 말할 수 있는가? 또한 무슬림들은 어떤 근거에 의해 심판받는가? 오직 신앙뿐인가? 또는 신앙과 더불어 그것을 말로써 표현하는 것이 근거가 되는가? 아니면 선행이 심판의 근거가 되는가?

상기한 문제들은 ≪꾸란≫에 내재되어 있는 것들로서, ≪꾸란≫을 진지하게 받아들인 자들에게 화두로 떠올랐다. 그러나 이 문제들을 체계적으로 사고하기 위해서는 경전에 대한 고찰뿐만 아니라 그것을 위한 방법론을 마련하는 것이 필수적이었다. 즉 일정한 법칙에 따라 작동하는 인간 이성理性을 통해 지식을 얻을 수 있다는 믿음이 필요했던 것이다. 바르게 인도된 이성이 갖는 능력에 대한 믿음을 바탕으로 히자즈를 비롯한 이슬람 지역에 지식 문화가 형성되었다. 이 지역에서는 ≪꾸란≫ 자체에 변증법적 논리를 적용하고자 했던 흔적이 엿보인다. 따라서 이슬람력 1세기 말(서기 7세기)에 쓰인 것으로 보이는 현존하는 최고最古의 문서들이 히자즈, 시리아, 이란 등지에서 ≪꾸란≫을 해설하는 데 이러한 방법이 사용되었음을 보여주는 것은 놀라운 일이 아니다. 사변 신학파라고 불리는 집단들이 처음 등장한 것도 바로 이 무렵이었다. 그들 가운데는 인간이 자유의지로써 자신의 행동을 스스로 만들어 낸다고 주장한 이들이 있었는가 하면, 인간은 자유의지가 없으며 알라는 인간과 같은 어떠한 속성도 갖고 있지 않으므로 속성을 갖고 있는 것처럼 묘사할 수도 없다고 주장한 이들도 있었다.

이슬람력 2세기 중반(서기 8세기)에 이르러 제반 문제들에 대해 명확하고 일관된 견해를 주장하는 본격적인 의미의 학파가 등장했다. 물론 여기에서 학파라고 말하고 있지만, 그 구성원 모두가 천편일률적으로 똑같은 견해를 갖고 있었다거나 세대가 바뀌어도 사상적 발전이 이루어지지 않았다는 것을 뜻하는 것은 아니다. 이슬람 세계에 처음 등장한 신학파는 무으타질라파Mu'tazilis였는데, 이 학파의 명칭은 아랍어로 '분리되어 나간 자들'이란 뜻을 지니고 있다. 무으타질라파는 이성理性으로써 ≪꾸란≫에 언급된 문제에 대해 올바른 답을 얻을 수 있다고 믿었다. 무으타질라파는 이와 같은 믿음을 바탕으로 과거에 제기된 문제들에 대해 답변을 제시했다. 즉 알라는 유일자로서, 그의 본질에는 어떠한 속성도 부가되지 않는다는 것이다. 특히 무으타질라파는 알라에게 인간의 것과 같은 속성이 전혀 없다는 점을 강조했다. 따라서 알라는 인간처럼 ≪꾸란≫을 말할 수 없으며, 다른 방법으로 ≪꾸란≫을 창조했다. 또한 알라는 의로우신 분으로서, 일종의 정의 원칙에 묶여 있다. 따라서 인간은 자유로운 존재일 수밖에 없다. 왜냐하면 만일 인간이 자기 마음대로 행동하지 못하는데 그 행동을 심판한다면, 이 자체가 정의로부터 벗어난 것이기 때문이다. 만일 인간이 행동에서 자유를 누리고 그 결과에 따라 심판을 받는다면 신앙생활을 하는 것만으로는 충분치 못하며 선善을 행할 필요가 있다. 마지막으로, 만일 무슬림이 치명적인 과오를 저지를 경우 그를 진정한 신앙인으로 취급할 수는 없지만 그렇다고 불신자로 볼 수는 없다. 과오를 저지른 자는 신자와 불신자의 중간에 위치하게 된다.

같은 시기에 순니파는 상기한 문제들을 다른 각도에서 바라보았다. 순니파는 이성으로써 누구나 공감하는 진리에 이를 수 있다는 생각에 대해 보다 조심스럽고 회의적인 태도를 보였다. 또한 논리적 토론이나 논쟁이 지나치게 과도해질 경우 공동체가 위험에 처하게 된다는 사실을 확실하게 의식하고 있었다. 순니파는 교리적 문제에 대해 합일점을 찾기보다는 오히려 신도 집단들 간의 통합을 유지하는 것이 보다 중요하다고 여겼다. 순니파에게 ≪꾸란≫의 말씀은 바로 신앙이 성장하고 공동체의 평화가 뿌리를 내릴 수 있는 하나뿐인 굳건한 토대였다. 물론 필요할 때 ≪꾸란≫은 해석될 수도 있다. 그러나 그 해석은 반드시 세대를 관통하여 전해 내려온 순나, 즉 예언자와 교우들의 관행에 의거해서 이루어져야 한다. 이러한 학풍은 초창기부터 존속해 왔던 것으로 보인다. 그러나 그 속성상 순니파가 구체적인 교리를 갖추기 시작한 것은 보다 사변적 성향이 짙은 신학파들의 등장 이후였다. 순니파의 학풍을 정립하는 데 가장 많은 기여를 했던 인물은 아흐마드 이븐 한발(780~855)이었는데, 그는 칼리파 마문에 의해 박해를 받은 바 있었다. 그는 오직 ≪꾸란≫과 예언자의 순나만을 기준으로 삼는다.[3] ≪꾸란≫과 순나는 알라가 전능한 존재이며, 알라의 정의正義는 인간의 정의와 다르다는 것을 보여준다. 만일 ≪꾸란≫에서 알라가 특정한 속성들을 지니고 있는 것으로 묘사되어 있다면 그것들은 신성한 속성으로 받아들여야 한다. 알라의 속성을 인간적 속성에서 유추하여 이해해서는 안 되며, 왜 알라가 그러한 속성들을 갖는지 물어서도 안 된다. 알라가 가진 속성 가운데 하나가 바로 ≪꾸란≫이다. ≪꾸란≫은 알라의 말씀이라고 할 수 있는데, 왜냐하면 ≪꾸란≫ 스스로가 그렇게 말하고 있기 때문이다. 또한 ≪꾸란≫은 창조된 것이 아니다. 왜냐하면 '알라의 그 어떤 부분도 창조되지 않았고, ≪꾸란≫은 알라의 일부이기 때문이다.' 인간은 신앙심을 가져야 할 뿐만 아니라 이를 행동으로 표현함으로써 알라의 뜻에 응답해야 한다. 신비스러운 방식을 통해 심판을 하는 알라라는 개념은 다소 가혹해 보일 수도 있다. 그러나 그 개념 속에는, 비록 인간의 방식과 다를지는 모르겠지만, 궁극적으로 알라가 세계

3 순나*sunna*란 예언자의 관행과 언행을 말한다. 그리고 ≪하디스≫는 이를 기록한 책을 가리킨다. 순니파Sunnis는 '순나를 따르는 자들'이란 뜻으로, 예언자의 순나가 기록된 ≪하디스≫를 ≪꾸란≫ 다음으로 권위 있는 경전으로 여긴다. 가장 유명한 ≪하디스≫로는 ≪부카리의 하디스≫와 ≪무슬림의 하디스≫가 있다. — 옮긴이

를 보살핀다는 일종의 확신이 내포되어 있다. 또한 그 속에는 인간의 역사 속에서 벌어진 모든 사건들은 신의 의지에 따라 빚어진 것이라는 의미도 숨어 있다. 이러한 일련의 견해를 바탕으로 순니 사상은 구체화되어 갔다.

이성주의자들과 이븐 한발 추종자들 사이에 벌어진 논쟁은 오랫동안 지속되었다. 이와 함께 논의의 쟁점도 변화되어 갔다. 후대의 무으타질라파 사상가들은 그리스 사상으로부터 상당한 영향을 받았다. 그 결과 무으타질라파는 새롭게 성장한 순니파 공동체 내부로부터 점차 중요성을 잃어 갔다. 그러나 그들의 영향은 11세기부터 발전하기 시작한 쉬아파의 사상 안에 뚜렷이 남았다. 한편 '전통주의자'의 견해를 폭넓게 지지하고 이를 옹호하기 위해 칼람*kalam*, 즉 이성적 변증론을 사용한 사상가가 등장했는데, 그가 바로 알 아샤리al-Ash'ari(935년 사망)였다. 알 아샤리는 ≪꾸란≫에 대한 문자적 해석을 지지했지만 어느 한계까지는 이성에 따른 ≪꾸란≫ 해석이 정당하다고 주장하기도 했다. 그러나 그 한계를 넘어선 수준에서는 다시 ≪꾸란≫을 그냥 그대로 받아들여야 한다고 보았다. 알 아샤리의 의견에 따르면, 알라는 유일자로, 그의 속성은 본질의 일부이다. 알라의 속성들을 알라 자체라고 말할 수는 없지만, 그렇다고 알라가 아닌 그 무엇인 것도 아니다. 알라는 청각, 시각, 말씀 등과 같은 속성을 지니고 있지만 이 속성들은 인간의 듣고 보고 말하는 속성과 다르다. 이 속성들은 '어떻게 그렇게 되냐고 묻지 말고'(빌라 카이프*bila kayf*) 그냥 받아들여야 하는 것이다. 알라는 우주에서 벌어지는 모든 일의 직접적인 원인자로서, 자신을 제외한 그 어떤 외부 요인에 의해 제한받지 않는다. 인간이 행위를 하는 순간 알라는 그에게 행위의 능력을 부여한다. 또한 알라는 자신의 의지로써 세상의 선과 악을 창조한다. 알라가 계시한 말씀에 대해 인간이 취해야 할 적절한 태도는 바로 신앙이다. 만일 행동으로 실천하지 못했더라도 신앙심을 갖고 있다면 그 사람은 여전히 신앙인이다. 최후의 심판일에 예언자는 그를 위해 중재를 해 줄 것이다.

알 아샤리는 자신의 사상을 통해 종교를 둘러싼 분쟁의 종식을 강조했다. 또한 알 아샤리는 이맘이나 칼리파의 통치를 받아들이고, 무력으로써 통치 권력에 대항해서는 안 된다고 역설했다. 그럼에도 불구하고 ≪꾸란≫을 은유적으로 해석해야 하느냐, 아니면 문자 그대로 받아들여야 하느냐는 문제를 놓고 의견 대립은 오랫동안 지속되었다. 예를 들어 ≪꾸란≫은 '창조되지 않았다'는 말이 엄밀히 무엇을 뜻하는가에 대해서 의견이 분분했다. 즉 ≪꾸란≫의 성구聖句 그 자체를 말하는 것인가, 아니면 인류에게 전달된 책자를 말하는 것인가? 그리고 신앙과 그 것에 대한 실천의 필요성에 관한 문제도 논쟁거리가 되었다. 그렇지만 이와 같은 다양한 논쟁이 순니파 공동체 내부의 분열로 이어지는 경우는 거의 없었다.

이슬람의 율법, 샤리아

교리와 관련하여 ≪꾸란≫은 간접적으로 암시만 할 뿐 체계적으로 그 내용을 담고 있지는 않다. 단지 ≪꾸란≫은 알라가 바라는 인간 행위가 무엇인지를 말하고 있을 뿐이다. 무엇보다도 ≪꾸란≫은 알라의 의지를 알려주는 계시인 것이다. 따라서 알라를 기쁘게 하기 위해 인간이 무엇을 해야 할지, 그리고 최후의 날 인류는 어떻게 심판받을지 알려줄 뿐이다. 물론 구체적인 명령이 ≪꾸란≫ 속에서 발견되는 경우도 있다. 예를 들어, 결혼 문제나 무슬림이 사망할 때의 유산 배분 문제에 대해서 ≪꾸란≫은 상세히 언급한다. 그러나 이러한 경우는 한정되어 있으며, 대개 알라의 의지는 보편적인 원칙의 차원에서 표현되고 있다. ≪꾸란≫에 나타나는 명령과 원칙은 크게 두 가지 사항과 관련되어 있다. 하나는 알라에 대한 인간의 숭배 방식에 관한 것이고, 다음은 인간들 간의 행동 방식에 관한 것이다. 하지만 이러 식의 구분은 다소 인위적이다. 왜냐하면 알라에 대한 숭배는 결국 사회적 측면을 갖게 마련이며, 또한 정의로운 행위나 자선 행위는 어떤 의미에서 알라를 향한 것이기 때문이다.

≪꾸란≫과 초기 이슬람 공동체의 관행에 대한 성찰은 곧 무슬림들이 지켜야 할 기본적인 의무에 대한 일반적인 합의, 즉 '이슬람의 기둥' Pillars of Islam이라고 불리는 다섯 가지 실천 덕목을 낳았다. 그 가운데 첫 번째는 신앙증언으로, "알라 이외에 다른 신은 없고, 무함마드는 알라의 사도입니다"라고 입으로 말하는 것이다. 두 번째 덕목은 예배로, 정해진 시간에 특정한 예배 자세를 취하여 몇 개의 기도문을 반복한다. 예배는 하루에 다섯 차례 해야 한다. 세 번째 덕목은 개인의 수입 가운데 정해진 몫을 자선이나 공공복지를 위해 희사하는 것이다. 네 번째는 라마단 단식으로, 1년 중 한 달 동안 일출부터 일몰까지 음식을 엄격하게 삼가야 한다. 라마단 단식은 축제와 함께 종료된다. 다섯 번째 덕목은 핫즈*Hajj*, 즉 메카 순례이다. 순례는 1년 중 정해진 날에 행하며 갖가지 의식을 수반한다. 순례는 이슬람 공동체 전체가 참여하는 축제와 함께 막을 내린다. 이러한 특정한 행위들에 알라의 길에서 노력하라는 일반적 명령, 즉 지하드*jihad*가 실천 덕목으로 추가되기도 한다. 지하드는 경우에 따라 넓은 의미로 사용되기도 하고, 이슬람의 영역을 확장하기 위해 투쟁한다는 보다 구체적인 의미를 띠기도 한다.

그럼에도 불구하고 숭배를 위한 필수적인 행위가 무엇인가에 대한 합의의 차원을 넘어 보다 구체적인 무엇인가가 마련되어야 한다는 필요성이 초창기부터 제기되었다. ≪꾸란≫을 중요하게 여겼던 자들은 그 속에 평생 지켜야 할 계율이 내포되어 있다고 믿었다. 알라가 보기에 인간의 행동은 모두가 유의미하며, 따라서 최후의 날 심판의 대상이 되기 때문이다. 한편 통치자들과 그 대리인들은 모든 영역에서 제기되는 문제에 대해 판결을 내려야만 했다. 그들은 자신의 신념이나 법률 또는 규정의 조항에 따라 통치 권력을 정당화했고, 또한 그것에 의거하여 판결을 내렸다. 그렇지만 그들의 판결은 최소한 ≪꾸란≫이 뜻하거나 함의하는 바와 모순되어서는 안 되었다.

이와 관련하여 초기 칼리파 시기와 우마이야 왕조 시기에 두 가지 움직임이 등장했다. 먼저 통치자와 총독 그리고 특별 대리인과 까디(판관)들은 여러 지역 고유의 관습과 법규를 참고하여 법을 시행하고 분쟁을 조정했다. 반면 독실하고 엄격한 무슬림들은 인간의 모든 행위를 이슬람의 잣대로 판단하고자 했으며, 이로써 이상적인 인간 행위 규범을 마련하고자 했다. 이러한 목적을 달성하기 위해 그들은 ≪꾸란≫의 말씀을 참고하고 그것을 해석했으며, 전승되어온 공동체의 기억까지도 고려해야 했다. 그들은 예언자라면 어떻게 행동했을까 하는 것에 관심을 가졌다(예언자의 관행 순나는 점차 '전승'이란 뜻을 지닌 ≪하디스≫에 기록되었다). 또한 그들은 초기 칼리파들이 어떻게 결정을 내렸을까, 축적된 공동체의 지혜가 올바른 행동 방식이라고 믿었던 것(공동체의 순나)은 무엇일까 등을 고려해야 했다.

상기한 두 가지 움직임이 서로 다른 것은 아니었다. 칼리파, 총독, 까디(판관) 등이 이슬람의 요구에 의해 촉발된 사고를 반영하여 과거의 관습을 수정했음은 의심의 여지가 없어 보인다. 한편 학자들은 공동체에 전해 내려오는 관습 중 일부를 이상적인 행동 규범의 범주에 넣기도 했다. 그럼에도 불구하고 초창기에 양 노선은 서로 동떨어져 있었다. 게다가 같은 노선 안에서도 여러 분파가 갈라져 나오기도 했다. 이슬람 제국이 창건되고 통치되었던 시대 상황을 고려해 볼 때, 지역에 따라 관습과 법규가 많은 차이를 보였던 것은 당연할지 모른다. 학자들은 메카와 메디나, 쿠파와 바스라, 시리아의 여러 도시에 걸쳐 흩어져 있었다. 그들은 각 지방에서 요구되는 사항과 고유의 관행은 물론 전승된 기억까지도 반영하여 나름대로 사유 체계를 발전시켜 나갔으며, 이는 다시 지역민들 간의 이즈마*ijma'*, 즉 의견합일을 통해 구체화되었다.

이슬람력 2세기 중반(서기 8세기) 압바스 왕조가 등장하면서 상황이 바뀌었다. 중앙 집권 국가가 탄생하고 관료제에 기반을 둔 통치 체제가 마련되면서, 분쟁을 해결하고 사회를 다스릴 수 있는 방법에 대한 합의의 필요성이 절실해졌다. 압바스 왕조는 자신들의 통치가 종교적으로 정당하다고 주장했다. 따라서 어떠한 합의가 되었든 그것은 이슬람의 가르침에 바탕을 둔 것으로 보일 필요가 있었다. 그 결과 상기한 두 가지 움직임이 하나로 융합되기 시작했다. 까디(판관)가 최소한 이론적으로는 행정 권력으로부터 독립된 재판관이 되어 종교적 가르침의 관점에서 판결을 내릴 수 있었다. 따라서 이슬람에 내포된 실천적 의미에 대해 합의를 도출할 필요가 더욱 절실해졌다. ≪꾸란≫, ≪하디스≫에 기록된 예언자의 관행(순나), 학파들의 의견, 발전 과정에 있었던 지역 공동체의 관행(공동체 순나) 등은 모두 중요한 요소였지만 각 요소들 간의 관계에 대해서는 아직 합의를 보지 못한 상태였다. 이에 대해 학자들은 다양한 의견을 갖고 있었는데, 아부 하니파Abu Hanifa(c.699~767)와 같은 학자는 개개인이 추론에 바탕을 둔 의견들에 보다 많은 중요성을 부여했다. 한편 말리크Malik(c.715~795)와 같은 학자는 메디나의 관행을 중요시했다. 그러나 말리크도 공동체의 이해와 결부되었을 경우에는 이성적 사고가 타당하다고 인정했다.

알 샤피al-Shafi'i(767~820)는 법적 판단을 위한 갖가지 법원法源들 간의 관계를 정의하는 데 결정적인 공헌을 했다. 먼저 알 샤피는 ≪꾸란≫이 문자 그대로 알라의 말씀이라고 주장했다. ≪꾸란≫은 알라의 의지를 일반적 원칙과 함께 구체적인 계명誡命 형식으로도 표현했다는 것이다. ≪꾸란≫의 계명들은 예배, 희사금, 단식, 순례, 간음 · 음주 · 돼지고기 금지 등과 같은 특정한 문제들을 다룬다. 또한 ≪하디스≫에 기록되어 있는 예언자의 관행, 즉 순나도 ≪꾸란≫ 못지않게 중요시했다. 예언자의 순나는 공동체의 전통적 관행보다 우선시되었다. 예언자의 순나는 알라의 의지가 현시顯示되어 생생하게 표현된 것이기 때문이다. 순나의 위신은 ≪꾸란≫의 구절 속에서도 확인된다. "오 믿는 자들이여! 알라와 그의 사도에게 순종하라."[4] 예언자의 언행은 ≪꾸란≫의 일반적 규정이 내포하고 있는 의미를 구체화시켜 줄 뿐만 아니라 ≪꾸란≫이 침묵하고 있는 문제들에 대해서도 충실한 안내자 구실을 해 줄 수 있다. 알 샤피의 견해에 따르면, ≪꾸란≫과 순나는 모두 오류가 없다는 점에서 동등하다. 또한 순나는 ≪꾸란≫의 내용을 부정할 수 없으며, ≪꾸란≫ 역시 순나의 내용을 부정할 수 없다. ≪꾸란≫과 순나는 서로 모순될 수 없기 때문이다. 만일 명백한 모순이 발견된다면 양자를 조화시킬 수 있다. 만일 양자 간의 조화가 어렵다면 후대에 계시된 구절이나 예언자의 말씀으로 앞서의 것을 폐기하는 방법을 택할 수도 있다.[5]

≪꾸란≫과 순나 속에 알라의 의지가 명확하게 표현되어 있다고 할지라도 해석의 문제와 새로운 상황에 직면할 때 원칙을 적용해야 하는 문제는 여전히 남기 마련이다. 알 샤피에 의해 명확해진 사고방식에 따르면, 일반 무슬림 신도들이 오류를 피할 수 있는 유일한 방법은 종교적 학식이 있는 이들에게 이성으로써 ≪꾸란≫과 ≪하디스≫에 담겨진 내용을 설명하게 하고, 그것을 스스로가 엄격한 제한 안에서 실행하는 것이다. 새로

---

4 Qur'an 8 : 20.

5 Muhammad ibn Idris al-Shafi'i, *al-Risala*, ed. A. M. Shakir (Cairo, 1940) ; English trans. M. Khadduri, *Islamic Jurisprudence : Shafi'i's Risala* (Baltimore, 1961).

운 상황에 맞닥뜨리게 될 경우 이성적 사유 능력을 갖춘 자는 유추*qiyas*를 사용하여 문제를 처리해야 한다. 유추를 행하는 자는 새로운 상황과 이미 판결이 내려진 상황 사이에서 적절한 방법으로 유사점을 찾아내야 한다. 이와 같이 이성을 학문적으로 사용하는 행위를 이즈티하드*ijtihad*라고 부르는데, ≪하디스≫는 이즈티하드의 정당성에 대해 다음과 같이 언급하고 있다. "학식을 지닌 자들은 예언자들의 계승자이다." 이와 같은 이성적 추론의 결과물이 일반적 합의의 수준에 이를 경우 이즈마, 즉 의견합일이라고 일컫는다. 이즈마는 의심의 여지없는 확실한 진리로 간주될 수 있다.

알 샤피 자신은 ≪꾸란≫ 해석의 원칙에 대해 매우 포괄적으로 언급했다. 만일 공동체 전체가 어느 특정한 문제에 대해 합의에 이를 경우 그것에 관해서는 영원히 의문을 제기할 수 없게 된다는 것이다. 이와 관련하여 ≪하디스≫는 다음과 같이 전하고 있다. "공동체 전체가 ≪꾸란≫, 순나, 유추에 대해 오류를 저지르는 경우는 없다." 그러나 알 샤피의 추종자를 비롯한 후대 사상가들은 이 원칙을 조금 다르게 정립했다. 오직 이즈티하드의 자격을 갖춘 학자들이 특정한 시기에 모여 합의한 사항들만 이즈마로서 타당하다는 것이다.

알 샤피는 상기한 해석의 원칙에 일종의 부가 조건을 더했으며, 대부분의 사람들이 이를 받아들였다. 그것은 바로 아랍어에 대해 적절한 지식이 없는 자가 ≪꾸란≫과 순나를 해석해서는 안 된다는 것이었다. 알 샤피는 ≪꾸란≫의 구절을 인용하여, 그것이 아랍어로 계시된 경전이라는 점을 상기시켰다. "우리는 그대에게 아랍어로 된 ≪꾸란≫을 계시하였노라. …… 명료한 아랍어로 계시했노라."[6] 알 샤피는 무슬림이라면 누구나 아랍어를 배워야 한다고 보았다. 최소한 신앙증언*shahada*과 ≪꾸란≫ 낭송,

6 Qur'an 26 : 192-195, 13 : 37.

'알라는 위대하다' *Allahu akbar*라고 신의 이름을 부르는 것은 아랍어로 할 수 있어야 한다. 종교학자의 경우라면 아랍어를 더욱 탁월하게 구사할 수 있어야 한다.

≪꾸란≫ 해석에 관한 원칙이 마련되고 이것이 일반적으로 수용되면서, 율법과 윤리적 규율 전체를 이와 연결시키려는 시도가 가능해졌다. 이러한 일련의 사유 과정은 피끄흐*fiqh*, 즉 법학이라고 알려졌다. 그리고 그 최종적인 결과물로서 샤리아*shari'a*, 즉 이슬람 율법이 탄생했다. 점차 율법 '학파' *madhhab*의 수가 늘어났는데, 각 학파의 명칭은 학문적 계보가 시작된 최초의 학자들 이름에서 유래되었다. 예를 들어, 하나피 학파Hanafis는 아부 하니파에서, 말리키 학파Malikis는 말리크에서, 샤피 학파Shafi'is는 알 샤피에서, 한발리 학파Hanbalis는 이븐 한발에서 각각 유래했다. 그 외에도 여러 학파들이 등장했지만 존속하지는 못했다. 상기 법학파들은 법의 실체적인 면뿐만 아니라 법을 추론하는 원칙*usul al-fiqh*에 대해서도 서로 의견을 달리했다. 특히 그들은 ≪하디스≫의 지위 그리고 이즈티하드의 적법성, 한계, 방법 등에 관해 의견 차이를 보였다.

상기한 4대 법학파는 모두 순니파 공동체의 범주에 속한다. 그 밖에 다른 이슬람 종파들은 독자적인 율법과 사회 윤리 체계를 구축했다. 이바디파와 자이드파는 순니 법학파와 크게 다르지 않았다. 그러나 '12이맘' 쉬아파는 율법의 기반에 대해서 다른 방식으로 정의하고 있었다. 12이맘 쉬아파에 따르면, 공동체의 의견합일(이즈마)은 오직 이맘이 참여하고 있는 경우에 한해서만 성립할 수 있다. 또한 쉬아파의 실체법에는 몇 가지 특징이 있었다.

샤리아를 가르치고, 해석하고, 시행했던 자들은 울라마*'ulama*라고 불렸다. 샤리아가 갖는 다소 이론적 측면에도 불구하고, 아니 어쩌면 바로 그러한 이유 때문에 울라마는 이슬람 국가나 사회에서 중요한 자리를 차지할 수 있었다. 사회적 행동에 대한 정교한 규범의 수호자로서 울라마는 일정한 한도 안에서 통치자의 행위에 제한을 가할 수 있었으며, 그들에게 조언도 할 수 있었다. 또한 울라마는 공동체 전체나 최소한 도시 지역에서 민중의 대변자 구실을 할 수 있었다. 그러나 대체적으로 울라마는 정부나 사회 양쪽으로부터 거리를 두려고 노력했다. 그들은 공동체가 신의 힘으로 인도된다는 생각을 갖고, 통치자의 이해나 변덕스러운 민심과의 얽힘 없이 시간의 흐름 속에서도 자신들의 주장을 고수하고자 했다.

하디스, 예언자의 전승

이슬람 초기 3세기 동안 ≪하디스≫는 정치 및 신학적 논쟁에 이용되었다. 또한 ≪하디스≫는 율법이 체계화되어 감에 따라 법원法源의 하나로서 중요해졌다. 그러나 신학, 율법과 ≪하디스≫ 간의 관계는 생각보다 훨씬 복잡했다. 신학과 율법은 ≪하디스≫를 근간으로 정립될 뿐만 아니라 많은 경우에 오늘날 우리에게 전해지고 있는 ≪하디스≫ 문헌을 집대성하는 구실을 했다. 그 결과 새로운 종교 학문인 하디스 비평학Hadith-criticism이 탄생했다. 하디스 비평학의 주요 목적은 진정한 가치를 지닌 전승과 의심스럽거나 위조된 전승을 구분하는 기준을 발전시키고 적용하는 데 있었다.

예언자 무함마드를 중심으로 성장한 이슬람 공동체는 초창기부터 순나라고 하는 그의 관행에 대한 체계를 갖고 있었다. 이슬람 공동체에게 순나는 두 가지 의미를 지니고 있었다. 첫째는 공동체의 순나다. 하나의 공동체로서 무슬림들은 점차 올바른 행동의 독자적 양식을 만들어 냈고, 이러한 행동 양식은 일종의 합의에 의해 발전하였다. 둘째, 예언자의 순나다. 공동체 가운데는 예언자의 순나, 즉 그가 남긴 말과 행동을 기억하며 이것을 보존하고자 했던 이들이 있었다. 아마도 교우들은 예언자를 기억하고 있었을 것이며 자신들이 알고 있었던 사실들을 다음 세대에 전달했을 것이다. 초창기부터 예언자의 언행을 기록한 ≪하디스≫는 구전뿐만 아니라 문자 기록의 형태로도 전달되었다. 일부 독실한 무슬림들은 ≪하디스≫가 ≪꾸란≫의 독보적인 가치를 떨어뜨릴지 모른다는 우려 때문에 그것에 대한 기록을 미심쩍은 눈으로 바라보았다. 그러나 ≪하디스≫의 기록을 장려했던 무슬림들도 있었다. 우마이야 왕조 말엽에 이르러 많은 수의 ≪하디스≫들이 문서의 형태로 기록되었으며, 이 가운데 일부는 후대에 예언자 전기 작품에 편입되었다.

≪하디스≫의 기록 과정은 여기에서 그치지 않았다. 공동체의 순나Sunna of the Community와 예언자의 순나Sunna of the Prophet는 시대와 지역에 따라 그 내용이 달랐다. 기억이 희미해지면서 구전으로 내려온 이야기들이 바뀌어 갔다. 게다가 순나를 기록한 기록자들을 모두 신뢰할 수 있는 것도 아니었다. 초창기에는 공동체의 순나가 더욱 중요하게 다루어졌다. 그러나 세월이 흐르면서 율법학자들과 일부 신학자들은 예언자의 순나에 보다 많은 비중을 두었다. 율법 전문가들은 발전해 온 사회적 관습과 행정상의 규범을 종교적 원칙과 연관시키고자 했다. 그리고 그것을 실현시키는 방법 가운데 하나는 예언자의 시대까지 추적해 당시의 관습과 규범을 알아보는 것이었다. 공동체의 권위는 과연 누구에게 귀속되어야 하며, 알라와 ≪꾸란≫의 본질은 무엇인가와 같은 문제를 놓고 커다란 논쟁이 벌어지자, 논쟁 참여자들은 무함마드의 생애와 말씀으로부터 자신들의 견해를 뒷받침해 줄 수 있는 근거를 얻고자 했다. 그 결과 이슬람력 2~3세기(대략 서기 8~9세기)에 이르러 예언자에게서 나왔다고 하는 말씀을 모은 문헌집들이 널리 퍼졌다. 일반적으로 이런 문헌집들을 어느 정도까지는

문학 작품으로 받아들였는데, ≪하디스≫의 문구는 그것의 정당성에 대해 다음과 같이 언급했다. "좋은 연설이라고 이야기되는 것은 내가 말한 것이다." 그러나 초창기부터 무슬림들은 이러한 행태 속에 내포되어 있는 위험성을 인식했다. 따라서 진리와 허위를 구분하고자 하는 일종의 비평 운동이 일어나기 시작했다. 이러한 운동이 발전하기 시작한 것은 아마도 이슬람력 1세기 무렵이었던 것으로 보인다. 이 분야의 전문가들은 광범위한 지역을 여행하며, 부모나 스승으로부터 예언자의 언행을 전승받은 증언자들을 찾았다. 그리고 증언자 계보를 통해 예언자 자신이나 교우까지 그 전승의 기원을 추적하려고 노력했다. 이러한 과정을 거치며 각 지역의 ≪하디스≫ 문헌집은 하나로 통합되어 갔다.

이러한 과정에서 ≪하디스≫ 문헌들은 부분적인 재편집과 부분적인 창작을 거치며 오늘날의 형태로 모양새를 갖추어 갔다. 각각의 ≪하디스≫ 문헌은 다음과 같은 두 가지 요소로 구성되어 있다. 첫째는 예언자의 언행을 기록하고 보존한 본문이다. 때로는 여기에 예언자가 알라로부터 받았다고 하는 계시의 말씀도 담겨져 있다. 둘째는 증언자의 계보이다. 일반적으로 그 계보는 예언자의 언행을 보고 들었을 그의 교우까지 거슬러 올라간다. 상기한 두 가지 요소들은 언제든지 논쟁의 대상이 될 수 있다. 본문은 얼마든지 위조되거나 잘못된 기억일 수 있기 때문이다. 전승의 계보 역시 마찬가지다. 율법학자들이나 신학적 논쟁자들이 고의적으로 전승의 계보를 예언자까지 연장한 경우도 적지 않았던 것으로 보인다. 이와 같은 사정 때문에 하디스 비평학과 같은 새로운 학문이 탄생했다. 이 학문의 주요 목적은 명백한 원칙에 따라 진리와 허위를 구분해 내는 것이다.

하디스 비평학을 업으로 삼은 학자들의 주요 관심사는 이스나드*isnad*라고 불리는 증언자 계보에 대한 기록에 집중되었다. 이를 통해 학자들은 각 세대의 증언자들이 출생하고 사망한 날짜와 그들이 살았던 장소를 검토하고, 과연 그들이 서로 만났을지 그리고 인물 됨됨이가 신뢰할 만한지 여부를 판별한다. 이 같은 비평 작업이 온전하게 수행되면 ≪하디스≫의 본문 내용 자체는 권위와 신빙성을 갖춘 것으로 여겨진다. 한편 경험이 많은 전승학자는 ≪하디스≫의 등급을 구분하는 체계를 발전시키기도 했다.

상기한 판별 기준을 사용하여 ≪하디스≫ 학자들은 그것을 신뢰성의 정도에 따라 구분할 수 있게 되었다. 가장 위대한 ≪하디스≫ 문헌집은 알 부카리al-Bukhari(810~870)와 무슬림Muslim(c.817~875)에 의해 각각 편집되었다. 이들은 확실한 사실이라고 판단되는 전승만 남겨 놓고 나머지는 모두 폐기해 버렸다. 어느 정도 권위를 인정받았던 다른 ≪하디스≫ 문헌집들은 그처럼 엄격한 기준을 적용하지 않았다. 쉬아파의 경우 이맘들의 언행을 모은 독자적인 ≪하디스≫ 문헌집을 갖고 있었다.

대부분의 서구 학자들과 일부 현대 무슬림들은 부카리나 무슬림보다 더욱 회의적인 태도를 취하고 있다. 그들은 정본으로 여겨지고 있는 ≪하디스≫ 문헌 가운데 상당수가 권위와 교리를 둘러싼 논쟁이나 율법 발전 과정의 산물이라고 여긴다. 그럼에도 불구하고 ≪하디스≫가 이슬람 공동체 역사 속에서 매우 중요한 구실을 했다는 사실에는 의심을 보이지 않는다. 사실 ≪하디스≫들이 어떻게 사용되었는가에 대해 묻는 것은 그 기원이 무엇인가에 대해 묻는 것 못지않게 중요하다. 과거 이슬람 세계의 군주는 적들의 침입이 임박했을 때와 같이 정치적 긴장의 순간에 울라마(종교학자)로 하여금 대사원에서 부카리의 ≪하디스≫ 몇 구절을 선택해 읽게 함으로써 알라가 자신의 백성들을 위해 예비해 둔 것이 무엇인지 확인하곤 했다. 부카리와 무슬림이 정선 작업을 마쳤을 무렵에도 ≪하디스≫는 방대한 양이 남았고, 신학 또는 이성 학문 등을 다루었던 후대 저술가들은 ≪하디스≫의 구절을 인용함으로써 자신들의 견해를 뒷받침하곤 했다.

수피즘과 신비주의자들의 노정

신학, 율법학, 하디스학 등과 같은 학문들은 모두 ≪꾸란≫에서 시작하여 이슬람의 주장을 강화하는 것을 목적으로 삼았다. 따라서 이 학문들은 주로 이슬람이 동류의 다른 유일신 종교들과 어떻게 다른지를 밝히는 데 역량을 집중했다. 그러나 이와 같은 방향에서 출발했지만 점차 이슬람이 기타 종교들과 어떤 공통점을 지니고 있는지를 모색하였던 사상 체계도 등장했다.

이러한 사상 및 실천 노선 가운데 하나가 바로 '신비주의'神秘主義였다. 신비주의는 영어로 수피즘Sufism이라고 일컬어지는데, 이 낱말은 아랍어의 타사우우프*tasawwuf*에서 유래한 것이다. 타사우우프라는 표현은 수프*suf*, 즉 양털로 짠 의복에서 나온 것으로, 초기 신비주의자들이 이것을 즐겨 입었던 것으로 보인다. 오늘날 수피즘은 ≪꾸란≫으로부터 영감을 얻어 형성되었다고 알려져 있다. 수피즘의 의미를 명상하는 신자는 알라의 초월적인 힘에 압도된 상태에서 모든 피조물들이 그에게 의존하고 있음을 느낄 수 있다. 즉 그들은 알라가 전능하고, 불가해하고, 믿는 자를 인도하시는 분이라는 사실을 깨닫게 되는데, 그 이유는 알라에게 의존하는 모든 인간의 영혼 곁에는 그의 위대함이 항상 가까이 있기 때문이다. 이에 대해 수피주의자들은 "알라는 당신 목에 있는 혈관보다 가깝게 계신다"고 말한다. ≪꾸란≫은 알라가 인간에게 가깝게 있다는 사실을 설득력 있는 이미지로 보여주고 있을 뿐만 아니라 인간이 알라에게 응답하는 방법까지도 알려 준다. 전하는 바에 따르면, 알라는 세계 창조 이전에 인류와 한 가지 계약*mithaq*을 체결했다고 한다. 알라는 인류에게 "내가 너희들의 주님이더냐?"라고 물었고, 인류는 "예 그러합니다. 우리는 증언합니다"라고 대답했다.[7] 한편 예언자 무함마드는 살아생전에 예루살렘을 거쳐 천국으로의 신비한 여행을 한 것으로 전해지고 있다. 천국에서 무함마드는 알라에게 일정한 거리까지 다가가 그의 얼굴을 알현하는 기회를 허락받았다고 한다.

이슬람 역사 초기부터 서로 밀접히 관련된 두 가지 수행 과정이 시작되었던 것으로 보인다. 첫째는 경건주의 운동으로서, 순수한 의도를 갖고 이기적인 동기와 세속적 쾌락을 포기하기 위해 기도를 올리는 것이다. 둘째는 ≪꾸란≫의 의미를 놓고 명상을 행하는 것이다. 이러한 두 가지 수행 운동은 히자즈 지역보다는 시리아와 이라크에서 더욱 많이 등장했다. 당연한 일이지만 이 지역 사람들은 무슬림들이 살던 세계에 이미 존재하던 사유와 행동의 양식에서 지적 자양분을 얻어야 했다. 새로운 개종자들은 자신들 고유의 전통 수행 방식을 이슬람의 영역으로 끌어들였다. 개종자들은 여전히 이슬람보다는 기독교나 유대교의 영향이 강한 환경 속에서 살고 있었다. 이 무렵은 동방 기독교의 수도원 제도와 금욕주의 사고 및 실천이 번성했던 마지막 시기에 해당한다. 원래 예언자 무함마드는 수도원 제도에 대해 난색을 표했다고 한다. 한 유명한 ≪하디스≫ 구절은 무함마드가 "이슬람에는 수도원 제도가 없다"고 말했다고 전하고 있다. 이슬람의 제도 가운데 금욕주의에 해당하는 것이 있다면 그것은 다름 아닌 지하드일 것이다. 그러나 실제로는 기독교 수도승들의 영향이 폭넓게 스며들었던 것으로 보인다. 기독교 수도승들은 율법에 복종한다는 생각을 넘어서 신비스러운 미덕의 세계에 대한 개념을 갖고 있었다. 그들은 속세를 단념하고 육체적 금욕을 지키며 예배 중 하느님의 이름을 반복하게 되면 결국 하느님의 도움을 얻어 마음을 정화하게 되고, 더 나아가 마음을 세속적 번뇌로부터 벗어나게 해 하느님을 인식할 수 있는 고차원적

7 Qur'an 7 : 171.

인 직관에 이르게 된다고 믿었다.

일찍이 이슬람력 1세기 무렵 무슬림들 가운데서 이러한 사상이 싹트고 있었음을 발견할 수 있다. 알 하산 알 바스리al-Hasan al-Basri(642~728)는 다음과 같은 말을 남겼다.

> 신자는 비탄에 젖은 채 깨어났다가 잠자리에 든다. 이것이야말로 그를 에워싸고 있는 모든 것이다. 왜냐하면 신자는 두 가지 두려운 존재 사이에 놓여 있기 때문이다. 이미 저질러 버린 죄악에 대해 그는 알라께서 자신에게 무엇을 예비해 두셨는지 알지 못한다. 남아 있는 기간 동안에 그는 어떤 재앙이 자신에게 닥쳐올지 알지 못한다. …… 여기 머무르는 장소를 유의하라. 왜냐하면 알라 이외에 그 어느 것도 권세와 권능이 없기 때문이다. 그리고 미래의 삶을 기억하라.[8]

초기 신비주의자들은 사랑이란 말로써 자신과 알라와의 관계를 표현하곤 했다. 다시 말해 알라는 인간에게 유일한 사랑의 대상인 것이다. 알라는 바로 그 존재 자체로서 사랑의 대상이 된다. 진정한 신자는 알라를 알아 가기 위한 삶의 노정을 걸어야 한다. 인간이 알라에게 접근할수록 알라는 인간에게 가까이 오게 되며, '그를 위한 눈과 귀 그리고 손과 혀'가 되어 준다.

이슬람력 3세기(서기 9세기) 무렵 영적인 주제를 다루던 저술가 알 티르미디al-Tirmidhi는 자서전의 한 부분에서 어떻게 인간 영혼이 그 노정에 발을 들여놓을 수 있는지 보여주었다. 메카의 하람*haram* 사원에서 순례하며 기도를 드리고 있는 동안 그는 갑자기 자신의 죄악을 회개하는 순간을 맞

8 Ahmad ibn 'Ahd Allah al-Isbahani, *Hilyat al-awliya*, Vol. 2 (Cairo,1933), pp.132 · 140 ; English trans. J. A. Williams, *Islam* (New York, 1961), p.124.

이하였다. 인생의 올바른 길을 간구하던 와중에 그는 우연히 알 안타키al-Antaki의 책을 접하였고, 그것의 도움을 받아 자기 수련에 정진할 수 있었다. 알 티르미디는 자신의 욕망을 억제하고 사회로부터 은둔하면서 점차적으로 그의 도정에서 앞으로 나아갈 수 있었다. 그는 꿈에서 예언자를 만나 도움을 받기도 했다. 그의 아내 역시 꿈과 환영을 접했다. 사람들은 그가 종교에 이단적인 요소를 도입하고 있다며 박해와 중상中傷을 가했다. 하지만 이러한 고난들은 오히려 그의 마음을 순결하게 정화시킬 뿐이었다. 어느 날 저녁 알라를 명상하는 집회를 마치고 돌아가는 길에 그의 마음은 활짝 열리면서 감미로운 감정으로 충만했다.[9]

다음 세기 동안에는 인간이 알라에게 가까이 다가설 수 있는 노정과 그 궁극은 무엇인지에 대한 탐구와 성찰이 더욱 깊이 모색되었다. 일찍이 8세기 무렵 알라의 이름을 집단적으로 반복 암송하는 독특한 의식이 등장했던 것으로 보인다. 디크르*dhikr*라고 불리는 이 의식에는 다양한 몸동작과 호흡법 그리고 음악이 동원되었다. 디크르를 행한다고 무조건 황홀경에 빠져 알라를 직접 알현하게 되는 것은 아니다. 그러나 이 의식은 인간 영혼을 속세의 번뇌로부터 벗어나게 만드는 구실을 한다. 수피 스승들은 영적 노정의 종착점에 이르러 얻게 되는 지식이 무엇인지에 대해 가르쳤다. 이들의 사상은 구전으로 전해지다가 후대에 제자들에 의해 문서로 기록되었다. 이와 같은 방식에 따라 신비한 준비 과정과 체험의 성격을 표현할 수 있는 집단 언어가 발전하였다. 이와 더불어 신비한 여정에 참여한 구성원들 사이에 공통의 정체성과 같은 의식이 자라났다.

이슬람력 3세기(대략 서기 9세기) 무렵에 이르러 알라에 대한 지식을 얻

---

9 Muhammad ibn 'Ali al-Tirmidhi, *Kitab khatm al-awliya*, ed. U. Yahya (Beirut, 1965), pp.13-32.

는 방식과 그 지식의 성격이 무엇인가에 대한 논의가 체계적으로 진행되었다. 알 무하시비al-Muhasibi(857년 사망)는 저술을 통해 진리를 추구하는 구도자들이 살아가는 인생 역정을 묘사했다. 한편 알 주나이드al-Junayd(910년 사망)는 구도의 종착점에 이르러 겪게 되는 체험의 성격을 분석했다. 영적 노정의 궁극에 이르면 진실하고 신실한 신자는 알라를 마주 대하고 있는 자기 자신을 발견하게 된다. 이 순간은 마치 인류가 알라와 계약을 맺었던 때와 같다. 알라의 속성이 구도자의 속성을 대체하면 그의 개인적 존재는 사라져 버린다. 그러나 이 순간은 찰나에 불과하다. 곧바로 구도자는 자신의 존재를 되찾고 현세로 돌아온다. 그럼에도 불구하고 그는 알라에게 가까이 갔던 순간과 신적 초월성을 경험했던 순간을 고스란히 기억하고 있다.

> 알라에 대한 사랑은 본질적으로 마음이 환희의 빛을 발하는 것과 같다. 왜냐하면 그 마음이 사랑의 대상과 가깝게 있기 때문이다. 넘쳐나는 기쁨으로 충만할 때, 그 마음은 사랑의 대상을 회상하며 혼자서 즐거움을 발견한다. …… 고독의 와중에서 사랑의 대상과 비밀스런 교제를 맺는 순간, 정신은 기쁨에 압도당하고 만다. 결국 현세와 그 속에 깃든 모든 것에 대해 더 이상의 관심을 접게 된다.[10]

알 무하시비와 알 주나이드 같은 신비주의자들은 온건 순니파의 틀 속에서 생활하고 저술 활동을 했다. 다시 말해 그들은 샤리아(율법)가 무엇인지 아는 인물들로, 아무리 신비주의 노정에서 앞서간 이라 할지라도 무

10 al-Isbahani, *Hilyat al-awliya*, Vol. 10 (Cairo, 1938), p.79 ; English trans. M. S. Smith, *An Early Mystic of Islam* (London, 1935), p.243.

슬림으로서 샤리아의 지시를 성실히 따라야 한다고 생각했다. 그들이 지니고 있었던 알라의 압도적인 위대성과 권능에 대한 관념은 신학자 알 아샤리와 크게 다르지 않았다. 알 아샤리의 견해에 따르면, 인간의 모든 행위는 궁극적으로 알라로부터 기원하며, 따라서 신자는 알라가 자신을 인도해 주길 바랄 수 있다. 두 신비주의자는 신적 존재가 인간의 삶에 개입하며, 알 수 없는 섭리가 독자적으로 인간의 삶을 결정한다고 생각했다. 비록 찰나에 불과할지라도 알라가 현시顯示하여 마음이 충만해질 경우 자칫 도취 상태에 빠질 수도 있다. 알 주나이드와 사상적으로 크게 다르지 않았을 일부 수피주의자들은 형언 불가능한 신비적 경험까지도 과장되고 화려한 언어로 묘사하려 했다. 이들의 시도는 반발을 불러일으킬 소지가 있었다. 아부 야지드 알 비스타미Abu Yazid al-Bistami(875년경 사망)는 신비주의자가 자신의 존재로부터 발가벗겨지고 알라의 존재로 충만해지는 순간 경험하는 황홀경을 묘사하고자 했다. 결국 그는 현세의 삶은 일장춘몽과 같은 것으로 기껏해야 알라의 존재가 들락날락하는 것밖에 되지 않는다는 사실을 깨달았다. 보다 유명한 사례는 신성 모독적인 발언으로 바그다드에서 처형을 당했던 알 할라즈al-Hallaj(c.857~922)의 경우에서 찾아볼 수 있다. 알 주나이드의 제자였던 그는 교리적으로는 스승과 크게 다르지 않았던 것으로 보인다. 그러나 알 할라즈는 황홀경에 이르러 사랑으로 충만한 어조로 교리를 표현했다는 점에서 스승과 차이점을 보였다. 알 할라즈는 "나는 진리(알라)이다"라고 선언했다. 그의 선언은 인간이 신비한 체험을 하는 순간 인간적 속성이 알라의 속성에 의해 대체된다는 사실을 뜻하는 것 이상이 아니었을 것이다. 그러나 그의 발언에는 또 다른 무엇인가 있는 것이 아니냐는 오해를 불러일으킬 소지가 있었다. 게다가 알 할라즈는 진정한 순례는 메카를 향한 것이 아니라고 말하며, 신비주의자는 자신의 방 안에서도 영적인 여행을 떠날 수 있다고 주장했다. 그러나 이 역시 종교적 의무를 엄격히 수행하는 것은 중요하지 않다는 것을 암시하는 것이 아니냐는 오해를 불러일으켰다. 알 할라즈는 그러한 오해들을 오히려 즐기려 했을지도 모른다. 왜냐하면 그는 동방 기독교의 수도 생활에서 유래한 말라마티파Malamatis 수피 사상으로부터 영향을 받았었기 때문이다. 말라마티파 수피주의자들은 세상으로부터 손가락질 받을 만한 행동을 함으로써 스스로를 비하하고자 했는데, 이는 자존을 없애기 위한 고행과 같은 것이었다.[11]

이슬람 철학과 과학 그리고 이성 학문

후대의 수피주의자들은 어떻게 알라가 인간을 창조했고, 또 어떻게 인간이 알라에게 귀환할 수 있는가 하는 문제에 대해 성찰하면서 또 다른 사상운동에 크게 영향을 받았다. 이 운동은 일찍이 그리스의 과학과 철학 전통을 아랍어로 흡수하려는 시도에서 시작되었다. 그리고 어쩌면 이 운동은 아랍어를 매개로 그리스 학문의 전통을 계승 발전시키려는 시도에서 비롯되었다고 볼 수도 있다.

아랍인들이 왕조를 세워 권력을 거머쥐었지만 이집트, 시리아, 이라크, 이란 등지의 지적 전통에 급작스러운 단절을 가져오지는 않았다. 알렉산드리아 학파의 경우 비록 소속 학자들이 나중에 시리아 북부로 이주하기는 했지만 한동안 그 생명력을 유지해 나갔다. 사산 왕조 시절 네스토리

11 말라마티파는 자신들에겐 아무 잘못이 없는데도 비난을 감수하는 사람들이 갖는 성향이나 심리적 상황을 가리키는 말이다. 이것은 아주 오묘한 정신 작용으로 병적 특성을 띠고 있을 수도 있지만 수피들의 수련에서는 적법하며 가능한 것으로 인정되었다. — 옮긴이

우스파 기독교도들은 왕가의 후원을 받고 이란 남부에 위치한 준디샤푸르Jundishapur에 의학 전문 학원을 건립했다. 이 학원 역시 한동안 계속 존속했다. 물론 과거에 비해 제한적이긴 했지만 헬레니즘 사상과 과학의 전통은 이 이슬람 초기에도 여전히 여기저기에 남아 있었다. 이 시기 헬레니즘 학문 연구를 위한 언어는 그리스어에서 시리아어로 바뀌었고, 이라크 지역에서는 선진적인 유대 학문과 더불어 팔레비어를 매개로 한 이란 학문이 전통을 유지하고 있었다.[12] 그 밖에도 이슬람 학문에는 인도로부터 가져온 중요한 요소들이 가미되었다.

이슬람 통치기 첫 세대 동안에는 그리스어로부터 시리아어로 옮겨진 것을 다시 아랍어로 번역하는 수고를 할 필요가 없었다. 왜냐하면 그리스 학문을 연구했던 대부분의 학자들이 기독교도나 유대교도 또는 조로아스터교도였기 때문이다. 게다가 개종자들은 자신들의 사고를 표현할 수 있는 고유 언어에 대한 지식을 잊지 않고 있었거나 적어도 이런 이들과 접촉을 계속하고 있었다. 당시 아랍 통치자들은 백성들이 어떤 학문을 연구하고 있는지 그다지 관심을 갖지 않았고, 그렇게 할 수도 없었던 것으로 보인다. 왜냐하면 아랍어가 아직 과학과 철학적 개념들을 정확하게 표현할 수 있는 능력을 얻지 못했기 때문이다.

그러나 이슬람력 2세기 후반부터 4세기(서기 8~10세기경)까지 이슬람 세계에서는 번역 작업이 집중적으로 전개되었다. 번역 작업은 당시로선 드문 현상이었지만 압바스 왕조 칼리파들의 직접적인 장려 덕택에 이루어질 수 있었다. 대부분의 번역 작업은 문화 표현 언어로 시리아어를 구사했던 기독교도들이 맡아 시리아어에서 아랍어로 이루어졌다. 그러나 일

12 팔레비어는 사산 제국 시절(3세기~7세기) 페르시아 지역에서 통용되었던 인도-유럽어 가운데 하나이다. 고대 페르시아어Old Persian와 현대 페르시아어Modern Persian 중간 시기에 등장했던 언어로서, 중기 페르시아어Middle Persian라고 불리기도 한다. — 옮긴이

부 문헌들은 그리스어에서 아랍어로 직접 번역되기도 했다. 그들의 작업 가운데서 가장 중요한 부분은, 아랍어의 언어적 자원인 어휘와 숙어를 확대하여 당시의 지적 세계 전반을 적절히 매개할 수 있는 수단으로 만드는 것이었다. 이 분야에서 중요한 공헌을 했던 인물은 최고 번역가로 손꼽혔던 후나인 이븐 이스하끄Hunayn ibn Ishaq(808~873)였다.

여러 학파들이 보존하고 있었던 당시 그리스 문화의 모든 산물들은 사실상 확장일로에 있었던 아랍어로 흡수되어 갔다. 그러나 그 흡수의 과정에서 원래 그리스 문화는 축소된 모습을 띠게 되었다. 즉 수사학, 시학, 극문학, 역사학 등은 가르침과 연구의 대상에서 제외되었던 것이다. 당시 무슬림들이 가장 선호했던 그리스 학문은 철학이었다(아리스토텔레스의 철학이 대부분을 차지했고 플라톤의 대화록과 신新플라톤학파의 저작들도 일부 번역되었다). 그 밖에 의학은 물론 수학, 천문학과 같은 엄밀 과학 그리고 점성술, 연금술, 마술 등과 같은 신비 과학도 관심의 대상이 되었다. 당시에는 요즘처럼 철학, 과학, 신비학 등이 명확하게 구분되지 않았다. '과학적'이라고 간주되는 것의 경계는 시대에 따라 변천되었으며, 당대에 통용되고 있던 우주관과 밀접하게 관련되어 있었다. 당시 무슬림 학자들은 자연이 인간의 삶을 규제하며, 천체들이 월하세계月下世界에서 일어나는 일을 지배한다고 믿고 있었다.[13] 따라서 그들은 천체의 힘을 이해하고 그것을 이용하는 데 각별한 관심을 갖고 있었다.

번역자들과 칼리파를 비롯한 후원자들이 번역 사업에 관심을 갖게 된 것은 다소 실용적인 동기에서 비롯되었던 것으로 보인다. 그들은 의술에 대한 수요가 증가하고 있다는 사실을 간파했고, 자연의 힘에 대한 지배가

13 중세 무슬림 학자들은 인간이 살고 있는 지상을 '달 아래의 세계'world lying beneath the Moon란 의미에서 월하세계月下世界라고 표현했다. — 옮긴이

부와 권력을 가져다줄 수 있다고 생각했다. 그러나 폭넓은 지적 호기심에 이끌려 번역 사업을 착수한 경우도 있었다. 실질적인 이슬람 철학사의 효시가 되었던 알 킨디al-Kindi(c.801~866)는 이에 대해 다음과 같이 표현하고 있다.

> 진리가 어디에서 오건 간에 우리는 그것을 인정하는 데 부끄러워하지 말아야 한다. 설혹 그 진리가 과거 세대나 이방인들로부터 온 것이라고 해도 마찬가지다. 진리를 추구하는 자에게 진리 자체보다 귀중한 것은 아무것도 없다.[14]

이와 같은 알 킨디의 발언은 그리스 학문 전통을 발견함으로써 얻어지는 흥분된 감정뿐만 아니라 세속적 권력과 신의 가호에 대한 신념 위에 세워진 제국이 주는 자부심을 표현하고 있다.

번역 사업이야말로 아랍어로 표현된 과학 전통의 출발점이 되었다. 아랍의 과학은 대부분의 경우 후기 그리스 전통을 계승 발전시킨 산물이었다. 이러한 연속성은 아랍 의학의 역사가 이븐 아비 우사이비아Ibn Abi Usaybi'a가 그리스 의사들의 히포크라테스 선서를 그대로 재현했었다는 사실에서도 잘 드러난다. "나는 삶과 죽음을 주관하시는 알라께 맹세합니다. …… 나는 아스클레피오스Asclepius께 맹세하며, 또한 알라의 선지자께도 맹세합니다. ……"[15]

그리스에서 기원한 과학은 이란과 인도의 전통적 요소들과 혼합되기도

---

14 Ya'qub ibn Ishaq al-Kindi, 'Fi'l-falsafa al-ula' in M. A. Abu Rida (ed.), *Rasa'il al-Kindi al-falsafiyya* (Cairo,1950), p.103 ; English trans. R. Walzer in *Greek into Arabic* (Oxford, 1962), p.12.

15 Ahmad ibn al-Qasim ibn Abi Usaybi'a, *'Uyun al-anba fi tabaqat al-atibba* (Beirut, 1979), Vol. I, p.43 ; English trans. in F. Rosenthal, *The Classical Heritage in Islam* (London, 1975), p.183.

했다. 일찍이 9세기에 수학자 알 크와라즈미al-Khwarazmi(c.800~847)는 수학 계산을 위해 이른바 아라비아 숫자라고 불리는 인도 숫자의 이용법에 대해 서술했다. 이와 같은 학문적 요소들 간의 융합은 의미심장한 것이었다. 압바스 칼리파 제국이 인도양과 지중해 세계를 하나의 무역권으로 결속한 것처럼 그리스와 이란, 인도의 전통들은 하나로 융합될 수 있었다. 이를 두고 혹자는 "역사상 최초로 대단위적 차원에서 학문의 국제화가 이루어졌다"고 표현하기도 했다.[16]

과학은 그 기원이 어디인지 상관없이 아랍어가 통용되었던 문화와 사회 속으로 무리 없이 흡수되어 갔다. 천문학자는 예배나 의식 거행 시간을 정하는 시간 관리자 역할을 맡았다. 의사들은 대체적으로 존경받는 위치에 있었으며, 때로는 통치자들에게 영향력을 행사하기도 했다. 그럼에도 불구하고 일부 학문은 인간 지식의 한계가 어디까지인가에 대한 논쟁을 불러일으키기도 했다. 상당수의 의사들은 신체 속에 깃든 기질들 간의 결합이 천체들 간의 결합에 의해 지배받는다고 말하는 점성술의 주장을 배격했다. 연금술사들의 주장도 전부 수용되지는 못했다. 무엇보다도 가장 큰 논쟁거리가 된 것은 철학이었다. 왜냐하면 그리스 철학의 방법론과 결론이 신학자나 율법학자가 발전시킨 이슬람의 근본 가르침과 여러 면에서 조화되기 어려웠기 때문이다.

철학은 이성理性이 올바로 사용되기만 하면 우주에 대해 확실한 지식을 제공할 수 있을 것이라는 가정에서 출발한다. 그에 반해 무슬림은 인생에 가장 중요한 지식은 예언자들에게 계시된 알라의 말씀을 통해서만 주어진다는 믿음을 받아들여야만 했다. 만일 이슬람의 교리가 옳다면, 과연

16 A. I. Sabra, 'The scientific enterprise' in B. Lewis (ed.), *The World of Islam* (London, 1976), p. 182.

철학을 어디까지 받아들여야 하는가? 만일 철학자들의 주장에 일리가 있다면 계시는 왜 필요하단 말인가? ≪꾸란≫의 가르침에 따르면, 알라는 '있으라'라는 말씀 한마디로 세상을 창조해 냈다. 그렇다면 과연 이 가르침은 질료matter는 영원하며 오직 형상form만 창조될 뿐이라고 말하는 아리스토텔레스의 이론과 어떻게 부합할 수 있단 말인가? 플라톤은 후대 사상가들에 의해 해석된 형태로 아랍 문화권으로 소개되었다. 심지어 아리스토텔레스조차 ≪아리스토텔레스 신학*The Theology of Aristotle*≫이라고 잘못 알려진 신플라톤 철학 계통의 저작물을 통해 변형되어 소개되었다. 이들 후대 사상가들은 알라가 자신으로부터 유출流出된 일련의 지성체intelligence를 매개로 하여 세상을 창조하고 유지한다고 생각했다. 그렇다면 과연 이러한 철학적 견해는 절대적 권능을 가진 신이 인간 세상에 직접 개입한다고 설파하는 종교적 사고와 어떻게 부합할 수 있을 것인가? 또한 인간 영혼은 불멸하는 것일까? 플라톤의 견해에 따르면, 철인왕哲人王이 다스리는 정치 체제야말로 가장 이상적인 형태다. 그렇다면 이는 예언자와 초기 정통 칼리파 시절의 정치 체제야말로 알라의 뜻에 가장 합치된다는 이슬람의 견해와 어떻게 부합할 수 있단 말인가?

9세기 저명한 의학서 저자 아부 바크르 알 라지Abu Bakr al-Razi(865~925)는 이 같은 질문에 대해 명확한 답변을 제시했다. 오직 인간 이성만이 확실한 지식을 제공할 수 있으며, 철학적 방법은 모든 분야에서 활용 가능하다. 이에 반해 계시의 주장은 그릇되며 종교는 위험스럽기조차 하다.

아마도 알 파라비al-Farabi(950년 사망)의 태도는 독실한 무슬림이면서 동시에 철학자로서 활약했던 이들의 보다 전형적인 모습일 것이다. 알 파라비의 주장에 따르면, 철학자는 이성으로써 진리에 도달하고, 또 그것으로써 삶을 영위할 수 있다. 그러나 모든 사람들이 전부 철학자인 것은 아니며 진리를 직접 터득할 수 있는 것도 아니다. 대부분의 사람들은 단지 상징을 통해 진리에 이를 수 있을 뿐이다. 일부 철학자들은 지성뿐만 아니라 상상력으로써 진리를 이해할 수 있는 능력을 갖기도 한다. 그들은 이성적 개념과 상상적 비유 두 가지로 진리를 표현하는데, 이들이 바로 예언자들이다. 이렇게 볼 때 예언자가 설파한 종교는 모든 사람들이 이해할 수 있는 상징으로써 진리를 표현하는 방법론을 일컫는다. 상징체계가 다르면 종교도 달라진다. 그러나 모든 종교가 표현하고자 했던 진리는 모두 동일하다. 물론 그렇다고 모든 종교가 반드시 진리를 똑같이 올바르게 표현하는 것은 아니다.

결국 철학과 종교는 서로 모순되지 않는다. 철학과 종교는 인간의 이해 수준을 고려하여 동일한 진리를 다른 형태로 말하고 있을 뿐이다. 지각이 깨인 자들은 철학으로써 삶을 영위해 나갈 수 있다. 상징을 통해 진리를 얻었으나 일정한 수준의 이해력을 갖춘 자는 신학에 의해 인도될 수 있다. 반면 평범한 자들은 샤리아(율법)에 복종하면서 살아야 한다.

알 파라비의 사상에는 순수한 형태의 철학은 만인을 위한 것이 아니라는 주장이 밑바탕에 깔려 있다. 특수한 지식인 계층과 평범한 대중을 구분하는 것은 이슬람 사상에서 흔히 발견되는 일이다. 그 뒤에도 철학 활동은 지속되었지만 주로 의학자들에 의해 개별적으로 연구되었다. 이들의 연구는 신중히 수행되었지만 종종 의심의 대상이 되었다. 그럼에도 불구하고 일부 철학자들의 사상은 당대는 물론 후대에도 많은 영향을 미쳤다. 알 파라비가 활약했던 때는 바로 파티마 왕조의 시기였다. 신플라톤 철학에 입각한 알 파라비의 유출론적 우주관은 완숙한 형태의 이스마일파 사상에서도 발견할 수 있다. 후대에 이르러 신플라톤 철학은 수피의 이론 체계 발전에도 영향을 미쳤다. 수피 저술가들은 신플라톤 철학으로써 자신들이 탐색한 바와 그 궁극으로서 발견하고자 한 진리를 설명하고자 심혈을 기울였다.

제2부
아랍-이슬람 사회
(11세기~15세기)

● 제2부에서 다루고자 하는 5백여 년의 기간은 이슬람 세계가 분열과 통합 두 가지 양상을 동시에 보여주었던 시기였다. 이 시기에 이슬람 세계의 경계선은 변화를 경험했다. 아나톨리아와 인도 지역에서는 이슬람이 확산되었지만, 반대로 스페인에서는 기독교 왕국들에게 영토를 빼앗겼다. 이러한 영토적 경계 속에서 아랍어가 생활과 문화의 주요 언어로 통용되었던 지역과 아랍어가 종교 및 율법의 언어로서 중요한 구실을 했지만 새롭게 부활한 페르시아어가 세속 문화의 주요 매개체였던 지역 사이에 구분이 생겼다. 한편 제3의 민족적 언어적 집단인 튀르크인이 주요하게 부상했다. 이들은 이슬람 세계 동쪽의 많은 지역에서 지배층을 형성하고 있었다. 아랍어가 통용되었던 지역에서 압바스 칼리파 왕조는 13세기까지 바그다드를 중심으로 생명력을 유지해 나갔다. 그러나 당시 아랍 지역은 정치적으로 크게 이라크, 이집트, 마그립 등 세 영역으로 분할되어

있었다. 이라크는 보통 이란과 결속되어 있었으며, 이집트는 통상적으로 시리아 및 아라비아 반도 서부 지역을 장악하고 있었다. 마지막으로 마그립과 그 부속 지역을 하나로 볼 수 있다.

정치적 격변과 분열에도 불구하고 아랍어가 통용되었던 이슬람 지역은 이 시기 동안 비교적 안정된 사회 및 문화적 양상을 보여주었으며 지역끼리 서로 유사성을 띠기도 했다. 제2부에서는 도시민, 농민, 유목민의 세계와 이들 간의 관계성을 탐구하고자 한다. 이와 더불어 어떻게 도시 주민과 통치자들 사이에 이해관계가 발전하게 되었는지 밝혀내고자 한다. 당시 통치자들은 권위와 관련된 수많은 개념으로써 자신들의 권력을 정당화하고 있었다. 한편 당시 도시의 고급문화 중심부에는 종교학과 율법학의 전통이 정착되어 가고 있었고, 이것들은 신학교, 즉 마드라사*madrasa*와 같은 특수한 기관을 통해 전파되어 갔다. 이와 더불어 세속 문학, 철학 사상, 과학 사상 등도 하나의 전통으로 성장하고 있었다. 특히 신비주의 사상은 수피 종단을 통해 전파되어 가면서, 이슬람 사회의 다양한 종파들을 하나로 통합하는 데 기여하기도 했다. 유대인들과 기독교도들은 수적으로는 감소했음에도 불구하고 고유한 종교적 전통을 간직하고 있었다. 특히 유대인들은 사상과 문학의 번영에 기여했음은 물론 도시 간 무역에서도 중요한 구실을 했다.

5장
아랍-이슬람 세계

국가와 왕조

10세기 말엽 이슬람 세계는 아랍어를 매개로 한 공통된 종교 문화와 무역, 이민, 순례를 매개로 한 인적 유대에 의해 하나로 통합되어 있었다. 그럼에도 불구하고 정치적인 측면에서 이슬람 세계는 더 이상 단일한 사회가 아니었다. 스스로 칼리파임을 주장하는 통치자들이 바그다드, 카이로, 코르도바 등 세 지역에서 난립했으며, 그 밖에도 지방 군주들이 등장하여 실질적으로 독립적인 지위를 누리고 있었다. 이 같은 사실은 놀라운 것이 아니다. 왜냐하면 다양한 전통과 이해관계를 지닌 수많은 국가들을 그처럼 오랜 기간 동안 하나의 제국 속에 편입시켰던 사실 자체가 이례적인 것이기 때문이다. 이 같은 업적은 아마 종교적 신념의 힘을 빌리지 않았다면 불가능했을 것이다. 이 힘은 아라비아 반도 서부에서 유력한 통치 집단을 만들어 냈을 뿐만 아니라 확대일로에 있었던 여러 사회 영역과 통치 집단 사이에 이해관계 상의 결속을 이끌어 내기도 했다. 그러나 압바스 칼리파 왕조의 군사력과 행정력으로는 중앙아시아로부터 대서양에 이르는 광활한 제국을 정치적으로 하나로 통합하고 영원히 지속시키기에 역부족이었다. 통치자와 증가하고 있던 주민들이 무슬림이었던 국가들의 10세기 이후 정치사는 한마디로 지방 분권의 역사였다. 이 시기 동안 수도를 중심으로 변경을 향해 권력을 확장해 나갔던 수많은 왕조들이 흥망성쇠를 거듭했다. 당시 이슬람 세계의 변경 지대는 대체적으로 경계가 불명확한 상태였다.

이 장에서 이러한 왕조들의 역사를 전부 상세히 언급하지는 않을 것이다. 그러나 적어도 당시 사건들의 일반적 유형만은 명확하게 규명할 필요가 있다. 이를 위해 이슬람 세계를 각기 독자적인 권력 중심지를 가진 세 개의 넓은 지역으로 나누어 볼 필요가 있다. 첫 번째는 이란과 옥수스 강 건너편 그리고 이라크 남부를 포괄하는 지역이다. 10세기 이후 한동안 바그다드가 이곳의 세력 중심지 구실을 했다. 바그다드는 비옥한 농경 지대와 광범위한 무역로의 심장부를 차지하고 있었다. 또한 압바스 왕조의 칼리파가 통치했던 수세기 동안 바그다드는 영향력과 명성을 쌓아 가고 있었다. 두 번째는 카이로와 시리아 그리고 아라비아 반도 서부를 포괄하는 지역이다. 이 지역의 세력 중심지였던 카이로는 파티마 왕조에 의해 건설되었다. 카이로는 광활하고 비옥한 농촌 지역 중앙에 위치했을 뿐만 아니라 인도양과 지중해 세계를 연결하는 무역 체계의 중심이기도 했다. 세 번째는 마그립과 안달루스라고 불린 스페인 이슬람 지역이다. 이 지역의 세력 중심지는 딱히 두드러지는 곳 없이 여러 지방에 분산되어 있었다. 이곳들은 넓은 경작지를 아우르고 있었을 뿐만 아니라 아프리카와 지중해 여러 지역의 무역을 통제할 수 있는 거점도 확보하고 있었다.

상기한 세 지역의 정치사는 시기별로 간단히 3단계로 나누어 볼 수 있다. 그 중 첫 번째 단계는 11세기에서 12세기에 이르는 시기이다. 이 기간 동안 동부 지역은 셀주크 왕조Saljuqs의 통치 아래 놓여 있었다. 셀주크 왕조는 튀르크 군인들의 지원을 받고 순니파 이슬람을 추종했던 튀르크 계통의 왕조였다. 이들은 압바스 왕조의 종주권을 인정하고 있었지만 1055년 바그다드를 장악함으로써 국가의 실권을 장악해 버렸다. 1038년부터 1194년까지 셀주크 왕조는 이란, 이라크, 시리아의 대부분을 좌지우지했을 뿐만 아니라 비잔틴 황제로부터 아나톨리아의 일부를 빼앗기도 했다. 그러나 셀주크 왕조는 스스로 칼리파임을 선언하지는 않았다. 셀주크 왕조를 비롯한 후대 왕조의 통치자를 가리키기에 가장 무난한 용어 가운데 하나는 '슬탄' sultan일 것이다. 술탄은 대략 '권력자'란 뜻을 지니고 있다.

이집트는 1171년까지 파티마 왕조의 지배 아래 있었으나 쿠르드족 출신의 살라흐 알 딘Salah al-Din(1169~1193) 장군에 의해 정권이 바뀌었다. 이집트는 통치자의 교체와 함께 종교적인 변혁도 맞이했다. 원래 파티마 왕조는 쉬아파의 하나인 이스마일파에 속해 있었다. 그러나 살라흐 알 딘은 순니파였다. 그는 11세기 말엽 팔레스타인과 시리아 해안 지역에 기독교 왕국을 건설한 유럽 십자군을 무찌른다는 명목으로 이집트와 시리아의 무슬림들로부터 군사 및 종교적 지지를 얻어 낼 수 있었다. 살라흐 알 딘이 건설했던 아이윱 왕조Ayyubids는 이집트를 1169년부터 1252년까지 통치했으며, 시리아와 아라비아 반도의 서부 일부 지역도 각각 1260년과 1229년까지 다스렸다.

코르도바를 중심으로 이슬람 세계의 서부 지역을 장악하고 있었던 후기 우마이야 왕조는 11세기 초반 많은 군소群小 왕국으로 분열되었다. 이 사건은 스페인 북부에 잔존했던 기독교 국가들로 하여금 남진南進을 하게 만든 계기가 되었다. 그러나 기독교의 팽창은 잇따라 등장한 두 이슬람

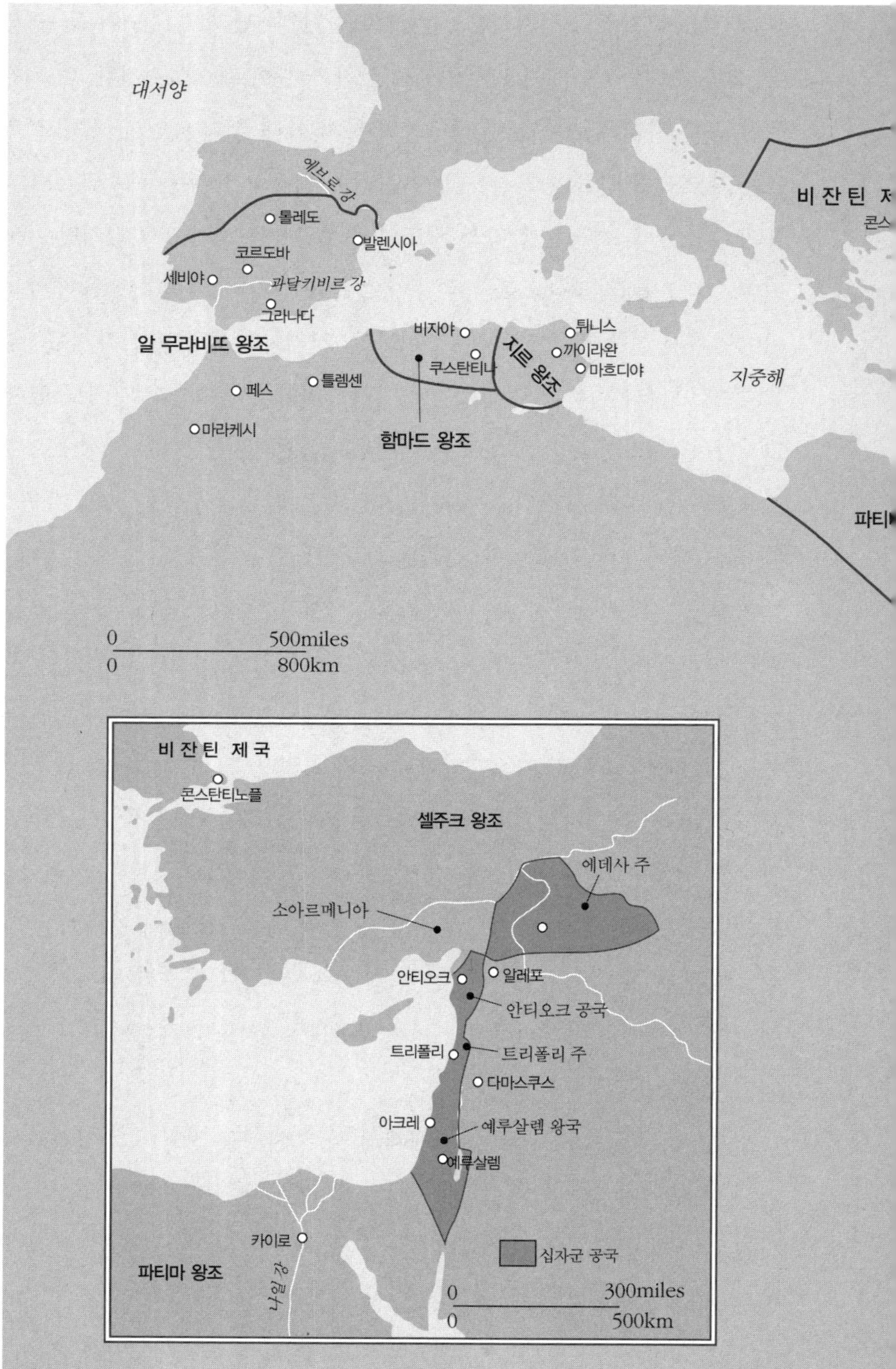

4. 11세기 말엽 중동과 마그립 지역

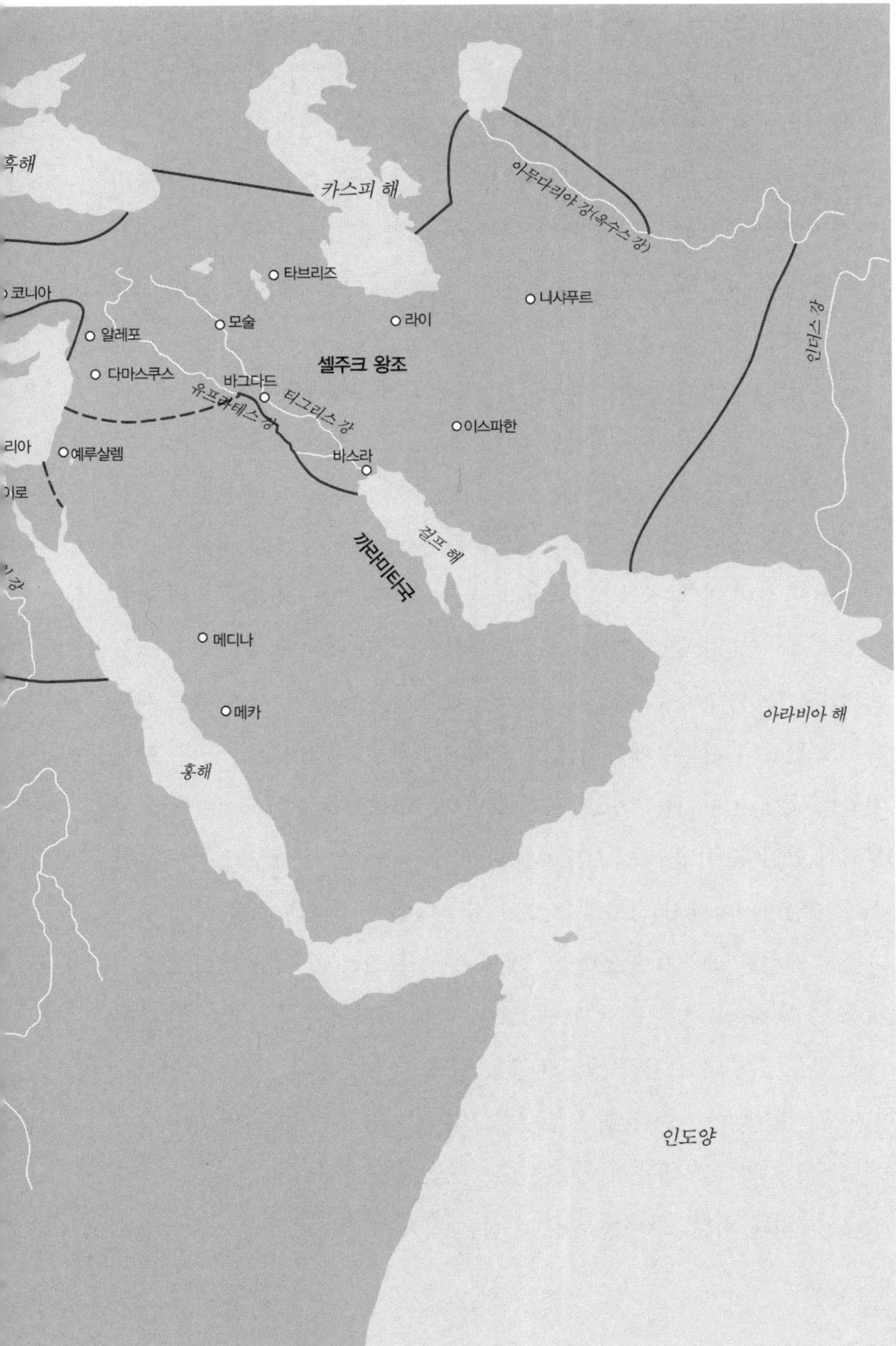
흑해
카스피 해
아무다리야 강(옥수스 강)
타브리즈
코니아
니샤푸르
모술
라이
알레포
인더스 강
셀주크 왕조
다마스쿠스
바그다드
티그리스 강
유프라테스 강
이스파한
예루살렘
바스라
걸프 해
카라미타국
메디나
메카
아라비아 해
홍해
인도양

왕조에 의해 한동안 저지당하고 말았다. 이 두 왕조는 종교 개혁을 주창하며 모로코의 지방에서 베르베르인들의 힘을 규합했다. 첫 번째 등장한 알 무라비뜨 왕조Almoravids(1056~1147)는 모로코 남부 사막 주변부에서 출발했다. 두 번째로 등장한 알 무와히드 왕조Almohads(1130~1269)는 아틀라스 산맥에 거주하고 있던 베르베르인들을 규합했다. 알 무와히드 왕조는 최고 전성기 시절 모로코, 알제리, 튀니지, 스페인 이슬람 지역 등을 포괄하는 제국을 건설하기도 했다.

정치사의 두 번째 단계는 대략 13세기와 14세기에 해당한다. 13세기에 이슬람 동부 지역은 동아시아에서 온 비非무슬림 몽골 왕조의 침입으로 혼란스러웠다. 몽골의 군대는 아시아 내륙 스텝 지역 출신의 몽골과 튀르크 부족민으로 혼성되어 있었다. 그들은 이란과 이라크를 정복했으며, 1258년 마침내 바그다드의 칼리파 체제를 종식시켰다. 몽골의 지배 가문 가운데 하나는 약 한 세기(1256~1336) 동안 이란과 이라크 일대를 다스렸으며, 그 과정 속에서 이슬람으로 개종했다. 몽골인들은 서진西進을 시도하기도 했으나 시리아에서 이집트 군대에 의해 저지당하고 말았다. 당시 이집트 군대는 아이윱 왕조가 수입했던 맘루크*mamluk*, 즉 노예병들로 구성되어 있었다. 이 군대의 지도자들은 아이윱 왕조를 멸망시키고, 카프카스와 중앙아시아에서 군사들을 모아 항구적인 군사 지도층을 형성했다. 그들이 건설한 맘루크 왕조Mamluks(1250~1517)는 2백 년 이상 이집트를 지배했다. 더 나아가 맘루크 왕조는 1260년부터 시리아를 통치했으며, 아라비아 반도 서부에 위치한 성도聖都들을 관할하기도 했다. 이슬람 서부 지역에서는 알 무와히드 왕조가 무너지고 많은 새로운 왕조들이 뒤를 이었다. 그 가운데 가장 대표적인 왕조로는 모로코를 지배한 마린 왕조Marinids(1196~1465)와 튀니스Tunis를 수도로 삼은 하프스 왕조Hafsids(1228~1574)를 들 수 있다.

카이로의 맘루크 술탄 까이트베이 성소 돔

이 두 번째 단계(13~14세기) 동안 이슬람 세계의 변경 지대에는 적지 않은 변화가 일어났다. 일부 지역에서는 서유럽의 기독교 국가들로부터 공격을 받아 국경이 축소되었다. 시칠리아는 북유럽에서 온 노르만인들에 의해 정복되었고, 스페인 영토 대부분은 북쪽에 위치한 기독교 왕국들의 수중으로 떨어졌다. 14세기 중반 기독교도들은 남부에 위치한 그라나다 왕국을 제외한 스페인 전 영역을 정복했다. 정복 이후에도 아랍 무슬림 주민들은 한동안 시칠리아와 스페인에 계속 남아 있었다. 그러나 결국 그들은 개종 또는 추방으로 소멸되고 말았다. 반면 시리아와 팔레스타인에 건설되었던 십자군 왕국들은 맘루크 왕조에 의해 멸망하고 말았다. 또한 셀주크 왕조에 의해 감행되었던 아나톨리아 정복 사업은 다른 튀르크 계통의 왕조들에 의해 계속 진행되어 갔다. 이 와중에 튀르크 부족민들이 유입되고 그리스 주민들이 대거 개종함으로써 인구 구성에도 변화가 일어났다. 그 외에도 무슬림 통치자들과 주민들은 북인도 지역을 향해 동진東進을 꾀하기도 했다. 사하라 남쪽 주변의 사힐Sahil, 나일 강 유역 남쪽, 동아프리카 해안 지대 등과 같은 아프리카 지역에서도 이슬람은 무역로를 따라 계속 확산되었다.

정치사의 세 번째 단계는 대략 15세기와 16세기에 해당한다. 이 기간 동안 이슬람 국가들은 서유럽 국가들로부터 새로운 도전에 직면했다. 이 무렵 유럽 도시들에서는 생산 및 무역량이 증가하고 있었다. 베네치아와 제노바Genova 상인들의 수출 품목이었던 직조물은 이슬람 도시에서 생산된 제품들과 경쟁했다. 한편 기독교도들은 1492년 그라나다 왕국을 멸망시킴으로써 스페인 정복을 완수했다. 이제 이베리아 반도 전체가 포르투갈과 스페인 왕들의 지배 아래 들어가게 된 것이다. 남유럽의 해적들이 지중해 동부 지역을 위협했던 것처럼 스페인은 마그립 지역에서 무슬림들의 지배권을 위협했다.

같은 시기에 군사 및 해군 기술의 발전과 특히 화약의 사용은 보다 큰 권력의 집중과 더 강력하고 오랜 생명력을 지닌 국가들의 탄생을 가져오는 계기가 되었다. 이 시기에 이러한 국가들이 거의 모든 이슬람 지역에서 등장했다. 이슬람 서부 끝 지역에서는 마린 왕조가 무너지고 사으드 왕조Sa'dids(1511~1628)와 알라위 왕조'Alawis가 차례로 건설되었다. 특히 알라위 왕조는 1631년부터 현재까지 모로코를 다스리고 있다. 지중해 반대편 지역에서는 튀르크인들이 오스만 제국Ottomans을 건설했다. 오스만 제국은 비잔틴 제국과 분쟁이 끊이지 않았던 아나톨리아 접경 지역에서 성장했다. 오스만 제국은 이곳을 발판으로 유럽 남동부 지역으로 영토를 확장한 뒤 아나톨리아의 나머지 지역을 정복했다. 1453년 비잔틴 제국의 수도 콘스탄티노플은 오스만 제국의 수중으로 떨어졌고, 그 이름도 이스탄불Istanbul로 개칭되었다. 16세기 초반 오스만 제국은 맘루크 왕조를 패퇴시켰고, 이를 계기로 시리아, 이집트, 아라비아 서부 지역 등을 자국의 영토로 흡수했다(1516~1517). 오스만 제국은 스페인에 대항하여 마그립 해안 지대 방어에 나섰고, 하프스 왕조를 복속시킴으로써 모로코를 제외한 마그립 지역 대부분을 통치하게 되었다. 오스만 제국은 여러 우여곡절을 겪으며 1922년까지 존속했다.

오스만 제국 동쪽에서는 티무르가 등장하여 아시아 내륙 부족민들을 주축으로 군대를 구축한 뒤 마지막 정복 운동을 감행했다. 그 결과 이란과 트란속사니아Transoxania 지역에 티무르 왕국이 건설되었으나 그리 오래 지속되지는 못했다(1370~1506). 16세기 초반 티무르 왕국을 대신하여 사파비 왕조Safavids(1501~1732)가 등장했다. 사파비 왕조는 이란 북서부 지역을 발판으로 이란 전역은 물론 그 너머까지도 세력을 확장했다. 한편 몽골 지배 가문과 티무르의 후손들은 북인도에 무갈 제국Mughals(1526~1858)을 세웠고, 그 수도는 델리Delhi에 두었다.

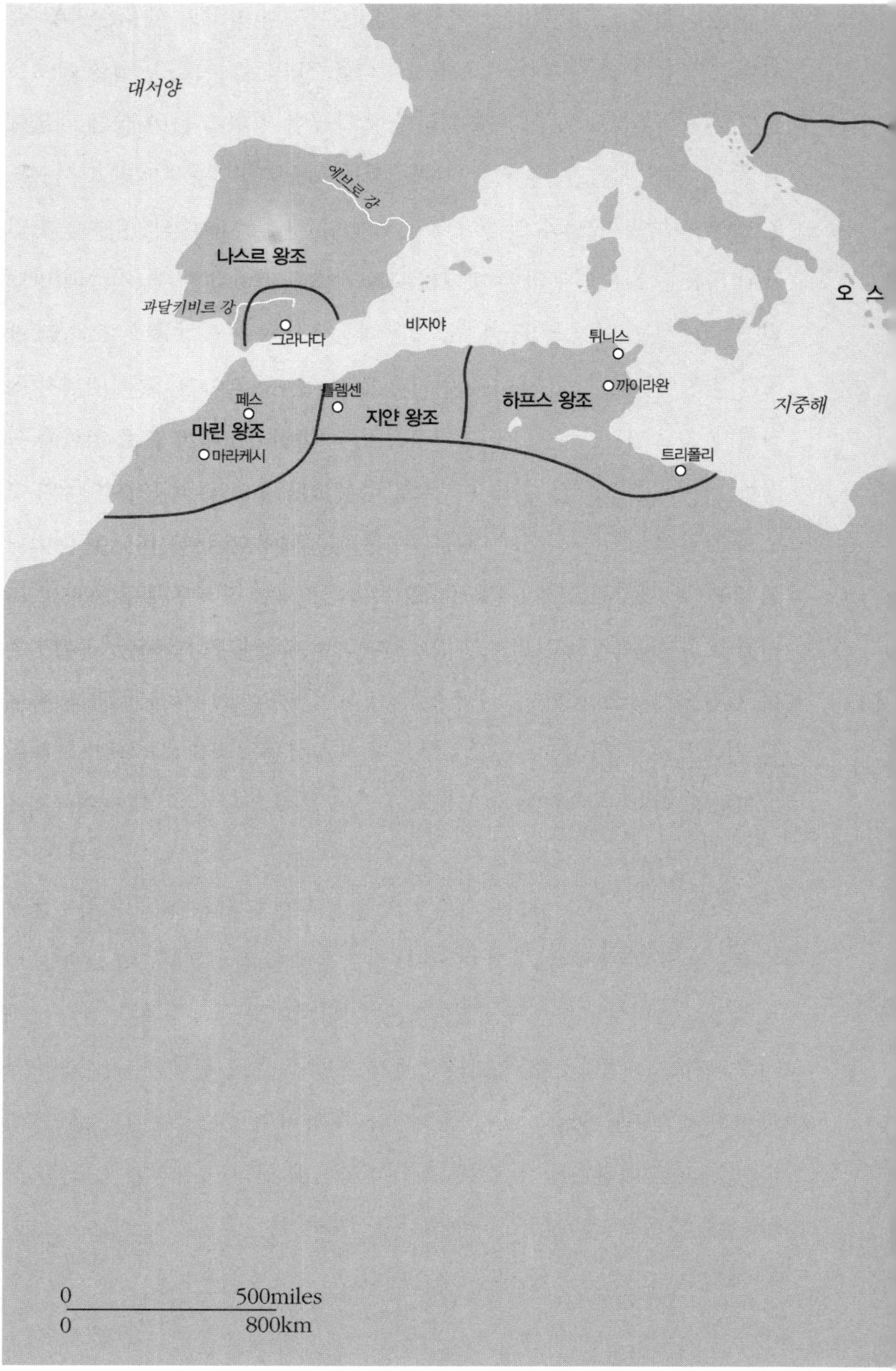

5. 15세기 말엽 중동과 마그립 지역

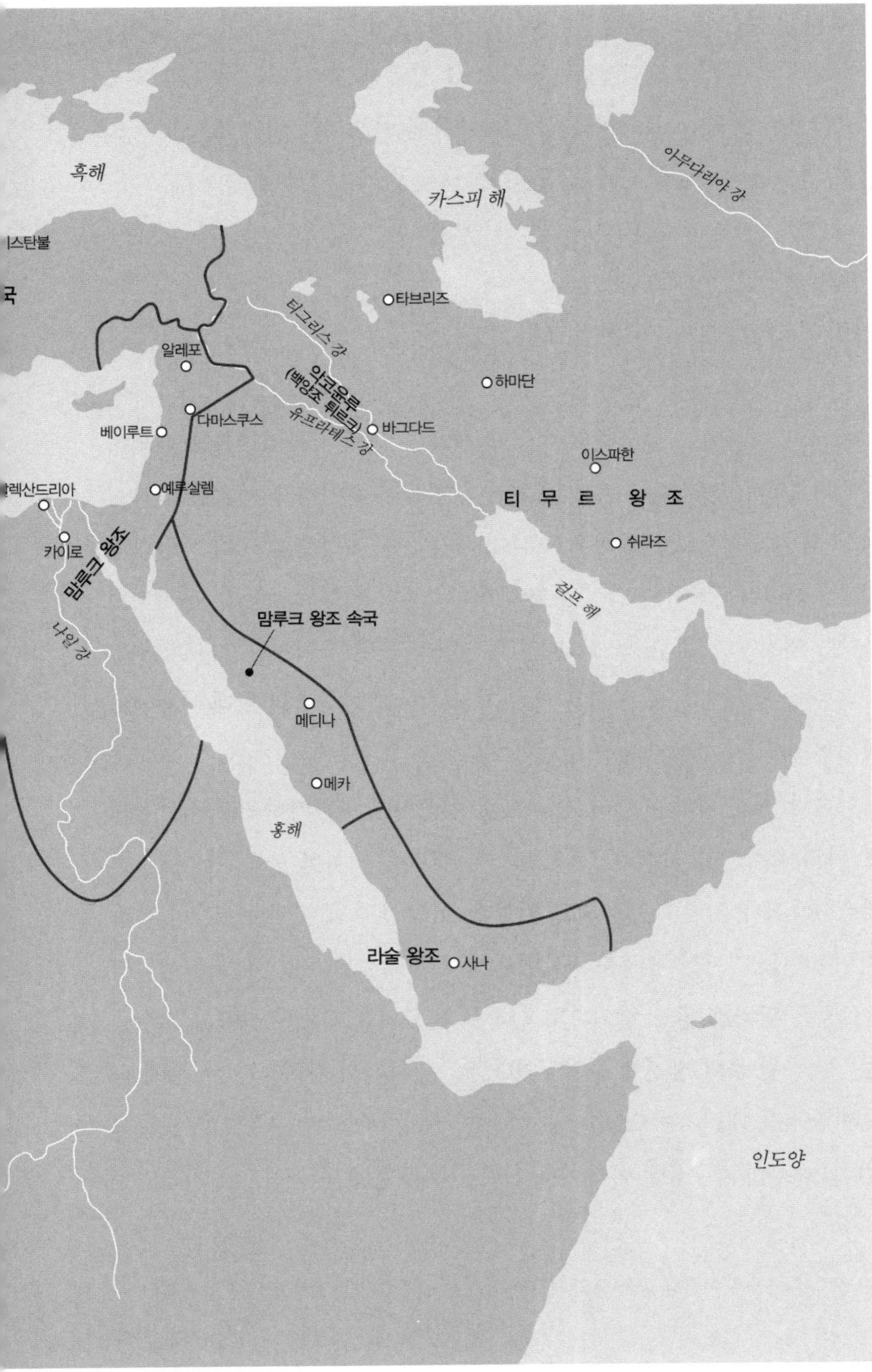

흑해
카스피 해
아무다리아 강
스탄불
타브리즈
티그리스 강
알레포
악코윤루 (백양조 튀르크)
하마단
다마스쿠스
베이루트
유프라테스 강
바그다드
이스파한
렉산드리아
예루살렘
티무르 왕조
카이로
맘루크 왕조
쉬라즈
걸프 해
맘루크 왕조 속국
나일 강
메디나
메카
홍해
라술 왕조
사나
인도양

상기한 알라위 왕조, 오스만 제국, 사파비 왕조, 무갈 제국 등과 같은 4개 강대국 이외에 크림 반도, 옥수스 강 건너편 지역, 아라비아 반도 중앙 및 동부 지역, 새롭게 이슬람으로 개종한 아프리카 지역 등에서도 소규모 이슬람 국가들이 다수 등장했다.

아랍인, 페르시아인, 튀르크인

정치적인 격변에도 불구하고 이슬람 세계의 문화적 통일성은 붕괴되지 않았다. 오히려 이슬람으로 개종하는 주민들이 증가하고 이슬람 신앙이 사상 및 제도적으로 체계화되어 감에 따라 문화적 통일성은 더욱 강화되었다. 그러나 문화적 통일성은 어디까지나 커다란 틀 속에서만 유지되었을 뿐, 머지않아 내부적으로는 여러 형태의 분열이 일어나기 시작했다. 특히 이슬람 세계 동쪽 지역은 서쪽 지역과 달리 이슬람의 도래 이후에도 과거의 의식意識이 여전히 남아 있었다.

이슬람 세계 서쪽 지역의 경우 아랍어의 사용이 증가하면서 점차적으로 지역 토착어가 사라져 갔다. 그러나 이란을 비롯한 동쪽 지역에서는 페르시아어가 여전히 통용되고 있었다. 아랍인과 페르시아인 간의 불화는 아랍인들이 사산 제국을 정복했을 때부터 대두되어 왔다. 사산 제국의 관료들은 압바스 왕조 칼리파의 신하로 등용되었고, 페르시아의 지식인들은 이슬람 문화 발전에 동원되었다. 양 민족 간의 불화는 서로 간에 적대적 감정을 배태하기도 했는데, 이는 슈우비야*shu'ubiyya* 운동으로 표출되었다.[1] 슈우비야 운동은 아랍어로 진행된 문예 논쟁을 중심으로 전개되었

1 슈우비야 운동은 이슬람 공동체 안에서 아랍인들이 누렸던 특권적 지위에 항거했던 운

고, 이슬람의 형성 과정에서 아랍인과 페르시아인이 갖는 우열이 무엇인가에 대해 논의했다. 페르시아인들은 조로아스터교의 종교적 저작들을 집필하기 위해 그리고 얼마 동안은 정부의 행정 운영을 위해 팔레비어를 사용하곤 했다.

10세기 무렵 페르시아어는 새로운 변화의 시기를 맞이했다. 새로운 형태의 페르시아어가 등장하여 고급 문학 언어로 자리 잡은 것이다. 신新페르시아어는 문법 구조상 팔레비어와 크게 다르지는 않았지만 아랍 문자 표기 방식을 차용했고 아랍어 어휘들을 대폭 수용했다. 신페르시아어가 처음 등장한 곳은 이란 동부 지역으로, 아랍어에 익숙하지 못했던 지방 군주들의 궁정에서 쓰였던 것으로 보인다. 신페르시아어와 함께 새롭게 등장한 문학은 당시 다른 궁중에서 유행했던 아랍 문학 작품인 서정시, 찬양시, 역사 문학, 종교 문학 등의 영향을 받았다. 하지만 전형적인 페르시아적 특성을 지닌 문학 작품도 등장했다. 이슬람 이전 시기의 페르시아에는 이란의 역사와 통치자를 기리는 서사시가 존재하였다. 이 서사시가 새롭게 부활하여 신페르시아어로 저술되었는데, 피르다우시Firdawsi(c.940~1020)의 ≪샤나메*Shah-nameh*≫에 이르러 최종적 형태를 갖추었다. 이슬람 국가들 가운데 이란은 이슬람 이전의 전통이 강하게 남아 있었다는 점에서 사실상 유일했다. 물론 그렇다고 페르시아인들이 이슬람의 유산을 거부한 것은 아니었다. 페르시아인들은 율법과 종교적 저술 활동에서는 아랍어를 그리고 세속적 문학 작품 활동에서는 페르시아어를 사용했다. 이러한 문화적 이중성은 북쪽으로는 트란속사니아 그리고 동쪽으

동으로서, ≪꾸란≫에서 언급한 만민평등주의를 강조했다. 이 운동은 9~10세기에 이르러 페르시아 무슬림들의 정치 운동과도 연관되었다. 페르시아인들은 자신들이 아랍인들보다 문화적으로 우수하다고 주장하며 고유한 언어와 문화 회복 운동을 활발히 전개했다. ― 옮긴이

로는 북인도 지역까지 영향을 미쳤다.

이로써 이슬람 세계는 문화적으로 크게 두 지역으로 나뉘었다. 첫째는 아랍어가 유일한 고급 문화어로 통용되었던 지역이고, 둘째는 아랍어와 페르시아어가 용도에 따라 선택적으로 통용되었던 지역이다. 이러한 언어적 분할은 정치권력 중심지의 분할과 밀접하게 연관되어 있었다. 서부와 동부 지역에서 각각 파티마 왕조와 셀주크 왕조가 발흥하면서 일종의 경계가 설정되었다. 물론 그 경계는 고정불변한 것은 아니었고, 시리아와 이라크 사이에서 변화를 거듭하고 있었다. 13세기 무렵 압바스 왕조의 칼리파가 폐위되고 바그다드가 몽골에 함락되었다. 그러나 몽골은 시리아에서 맘루크 왕조에게 패퇴하고 말았다. 이러한 격변을 거치며 동·서 간의 경계는 영구적으로 고착화되어 갔다. 이후 이슬람 동부 지역은 이란, 트란속사니아, 북인도 등을 중심으로 한 국가들에 의해 다스려졌다. 한편 이슬람 서부 지역은 카이로나 마그립, 스페인의 도시들을 중심으로 통치되었다. 과거 이슬람 세계의 중심지였던 이라크 남부는 변경으로 전락하고 말았다. 이란에서 사파비 왕조가 정권을 손에 넣고, 오스만 왕조가 대부분의 아랍어 사용 지역을 제국의 일부로 편입시키면서 이러한 분할은 다른 형태로 존속되었다. 한동안 양 제국은 이라크의 지배를 놓고 싸우기도 했다.

이러한 사정에도 불구하고 당대의 정치적 분열을 아랍인과 페르시아인 간의 대립으로만 볼 수는 없다. 왜냐하면 11세기 이후 양 지역을 지배했던 통치 집단은 출신, 언어, 정치적 전통 등 여러 면에서 아랍인도 아니고 페르시아인도 아니었기 때문이다. 새로운 통치 집단으로 떠오른 튀르크인들은 아시아 내륙 출신으로 원래는 유목 생활을 하던 목축민이었다. 압바스 왕조 시절 튀르크인들은 북동쪽 경계를 넘어 이슬람 세계로 진입하기 시작했다. 처음에 그들은 개별적으로 이주했으나 뒤에는 집단 전체가 넘어 들어와 이슬람으로 개종했다. 튀르크인들은 무슬림 통치자들 밑에서 군역을 담당하면서 손쉽게 자신들의 왕조를 건설할 수 있었다. 셀주크 왕조가 바로 튀르크 계통으로, 이들이 아나톨리아를 향해 서진하자 다른 튀르크인들도 함께 이동하기 시작했다. 이집트를 지배했던 맘루크 왕조의 구성원 가운데 많은 이들도 튀르크 출신이었다. 뿐만 아니라 몽골군도 상당수가 튀르크인들로 편성되어 있었다. 몽골군이 이슬람 영토를 침입하자 상당수의 튀르크인들이 이란과 아나톨리아에 영구히 정착하기 시작했다. 후대에 등장한 오스만, 사파비, 무갈 왕조들도 튀르크 병사들을 주축으로 군대를 편성했다.

튀르크인들이 건설한 왕조들의 군대와 궁중에서는 튀르크 계통 언어들이 사용되었다. 그러나 시간이 흐르면서 튀르크인들은 점차 아랍 또는 아랍-페르시아 문화에 동화되거나 적어도 그 문화의 후원자나 보호자의 역할을 맡았다. 이란 지역의 경우 튀르크어는 통치자와 군대의 언어로서, 페르시아어는 행정과 세속 문화의 언어로서, 아랍어는 종교와 율법의 언어로서 자리 잡았다. 이란 서쪽 지역에서는, 통치자의 언어가 무엇이 되었든, 아랍어가 관료와 고급문화의 언어로 사용되었다. 후대에 이르러 오스만 제국이 등장하고 특유의 오스만 튀르크어와 문화가 형성되면서 이러한 양상은 다소 변화를 보였다. 오스만 제국 시절 튀르크어는 궁중과 군대뿐만 아니라 고위 관료들의 언어로서 널리 정착되었다. 마그립과 스페인에 남겨진 이슬람 지역에서는 아랍어가 고급문화뿐만 아니라 정부의 행정 언어로서 가장 지배적이었다. 때때로 아틀라스 산맥과 사하라 사막 주변부의 베르베르인들이 정치적 역할을 맡았지만 그들은 아랍 문화에 흡수되고 말았다. 그러나 16세기 오스만 제국이 이곳을 정복하면서 오스만 제국의 언어와 정치 문화가 마그립 해안 지역에도 유입되었다.

이 책은 아랍어가 고급문화는 물론이고 여러 형태의 일상 회화 언어로서 지배적이었던 이슬람 서부 지역에 대해 집중적으로 다루고자 한다. 물론 이 지역이 주변의 다른 지역과 칼로 자르듯 명확히 구별된다고 생각하는 것은 잘못이다. 아랍어 사용 국가는 페르시아어나 튀르크어가 통용되었던 국가와 여전히 많은 공통성을 갖고 있었다. 이슬람이 주요 종교로 정착했든 아니든 상관없이 인도양과 지중해 연안 지역은 서로 밀접한 관계를 유지하고 있었다. 어디를 막론하고 이 세계의 각 지역은 인적 자원과 그 활용에 관련된 기술적 지식의 한계 요소들을 똑같이 갖고 있었기 때문이다. 한편 이 광대한 지역을 하나의 단일 '국가'라고 말하는 것도 매우 단순한 생각이다. 그보다는 지리적 위치와 자연 환경을 달리하는, 아랍어가 주요 언어인 지역들이 모인 집합체로 보는 것이 나을 것이다. 이 속에는 저마다 고유한 사회 및 문화적 전통을 물려받은 사람들이 모여 살고 있었다. 이슬람 도래 이전 시대에 대한 기억이 약화되거나 사실상 거의 사라져 버린 지역에서조차 과거의 전통은 여전히 생활 방식이나 사고 및 감정 속에 살아남아 있었다. 이슬람 세계의 각 지역들은 사회 발전 양상에서도 유사성을 보였다. 공통의 언어와 그것을 매개로 형성된 문화는 도시 식자층들이 서로 쉽게 교류할 수 있도록 해 주었다.

지리적 구분

아랍어가 주요 언어로 통용되었던 지역은 크게 다음과 같은 다섯 곳으로 구분된다. 첫째는 아라비아 반도로, 아랍어를 사용하는 무슬림 공동체가 성장했던 지역이다. 아라비아 반도는 대륙과 같은 곳으로 홍해, 걸프 해, 아라비아 해(인도양의 일부에 속함) 등 3면의 바다에 의해 외부 세계와 격리되어 있었다. 또한 이 지역은 다시 여러 지방으로 나뉘어져 있었는데, 각 지방은 자연 환경은 물론 매 시기 역사 발전 과정에서도 차이점을 보였다. 아라비아 반도는 기본적으로 홍해와 같은 남북 방향의 경계선에 의해 나뉜다. 경계선 서쪽은 화산암 지대이다. 서쪽 해안의 티하마Tihama 평원은 구릉지와 고원 지대로 연결되다가 마침내 히자즈Hijaz · 아시르'Asir 산맥, 예멘Yemen 산악 지대로 이어지는데, 남쪽에는 해발 4천 미터 가량의 산봉우리들이 자리한다. 남쪽 산맥은 다시 남동쪽을 향해 연장되는데, 와디 하드라마우트Wadi Hadramawt와 같은 큰 계곡이 이를 가로지르고 있다.

예멘의 산악 지대는 아라비아 반도의 끝자락에 붙어 있어 인도양에서 불어오는 계절풍으로부터 영향을 받는다. 이 지역은 오래전부터 과일과 곡물이 정기적으로 경작되어 왔다. 이곳으로부터 북쪽에 위치한 지역은 강수량이 브다 적고 불규칙적이며 작은 강조차도 찾아볼 수 없다. 그러나 샘, 우물, 계절 하천 등으로부터 제한적으로나마 물을 공급받을 수는 있었다. 주어진 자연 자원을 가장 잘 활용한 생활 형태는 목축과 경작을 적절히 결합하는 것이었다. 낙타를 비롯한 여러 가축들은 대체로 연중 정기적인 이동을 통해 사육되었고, 대추야자를 비롯한 기타 수목들은 물이 풍부한 오아시스에서 경작되었다.

산악 지대는 걸프 해를 향해 동쪽으로 비탈을 이루며 뻗어 있다. 북쪽과 남쪽에는 각각 나푸드Nafud와 알 룹 알 칼리al-Rub al-Khali 등과 같은 모래사막이 자리하고 있다.[2] 그리고 양 사막 사이에는 바위투성이 스텝인 나지드Najd 지역이 있는데, 이 바위 사막은 걸프 해안에 위치한 알 하사al-Hasa

2 알 룹 알 칼리는 아라비아 반도 남부 지역에 자리 잡고 있는 세계 최대 모래사막 가운데 하나이다. 알 룹 알 칼리는 아랍어로 무인지대를 뜻하며, 영어로는 엠티 쿼터Empty Quarter로 번역된다. 사우디아라비아, 오만, UAE, 예멘 등 4개 국가들이 이 사막 지대에 걸쳐 있다. 한여름 더위가 55도까지 상승하고, 모래 언덕 높이가 330미터를 넘는 등 혹독한 자연 환경으로 유명하다. — 옮긴이

지방까지 뻗어 있다. 북쪽 지역에 위치한 고지대를 제외하고는 전반적으로 강수량이 적은 편이다. 그러나 샘과 계절 하천 덕분에 오아시스 경작을 위주로 한 정주 생활을 유지해 나갈 수 있었다. 그 밖의 지역에서는 계절마다 장거리를 이동하며 낙타를 방목했다. 아라비아 반도 남동쪽 구석에는 제3의 지역인 오만이 자리하고 있는데, 이곳의 자연 환경은 남서쪽의 예멘과 크게 다르지 않다. 오만의 해안 지대 평원은 높이 3천 미터에 이르는 산맥으로 이어진다. 산악 지대의 샘과 개천은 고대에 건설된 관개 시설을 통해 물을 공급함으로써 정주 농업 생활을 가능케 만들었다. 오만의 해안 지대에는 항구들이 줄지어 들어서 있다. 고대부터 이곳의 항구들을 중심으로 걸프 해에서 어업과 진주 채취가 이루어졌다.

아라비아 반도 서쪽 지역에서는 남북으로 뻗은 통행로가 인도양 부근 지역과 지중해 연안 국가들을 연결했다. 동쪽 지역의 경우 그곳의 주요 통행로는 일련의 오아시스들로 연결되어 시리아와 이라크까지 뻗어 나갔다. 걸프 해와 오만의 해안 지대에 자리 잡은 항구들은 바닷길을 통해 인도나 동아프리카 해안으로 연결되었다. 그러나 항구나 작은 상업 도시가 대도시나 경제 및 권력의 중심지로 성장하기에는 식료품과 원자재 생산량이 너무 적었다. 성도聖都 메카와 메디나는 주변국들의 희사금 덕분에 유지될 수 있었다.

아라비아 반도는 북쪽 방향에서 두 번째 지역인 비옥한 초승달 지대와 만난다. 초승달 모양의 지역은 하마드Hamad, 즉 시리아 사막 둘레에 위치하고 있으며, 나지드 스텝 및 사막의 북쪽과 연결되어 있다. 고대 문명 발생지이기도 한 이 지역에는 서쪽으로부터 그리스와 로마 문물이 그리고 동쪽으로부터는 이란의 문물이 유입되었다. 이슬람 특유의 사회와 문화 또한 아라비아 반도가 아닌 바로 이곳 비옥한 초승달 지역에서 꽃을 피웠다.

과거에 학자들과 여행가들은 비옥한 초승달의 서쪽 지역을 '시리아'라고 불렀다. 아라비아 반도 서부 지역과 마찬가지로 시리아 역시 지리적 경계가 동서로 나뉜다. 가늘고 긴 해안 평원 지대 뒤편으로 고지대가 펼쳐지는데, 중앙의 레바논 산맥까지 높아지다가 남쪽의 팔레스타인 구릉지에 이르러 낮아진다. 그리고 그 동편에는 대지구대Great Rift로 연결되는 분지가 형성되어 있다. 대지구대는 사해와 홍해를 거쳐 동아프리카로 연결되는 거대한 협곡을 말한다. 이 지역을 넘어서면 또다시 고지대가 펼쳐진다. 이곳 내륙의 대평원 또는 고원은 점차로 하마드의 스텝과 사막으로 바뀌어 간다. 일부 지역에서는 고대의 관개 시설을 이용하여 오론테스Orontes 강과 기타 작은 하천의 수자원을 사용했으며, 이를 통해 비옥한 오아시스의 생명력을 유지해 나갔다. 이러한 관개 사업은 특히 고대 도시 다마스쿠스 주변에서 이루어졌다. 그러나 대부분의 경우 경작은 강수량에 따라 좌우되는 경우가 많았다. 해안 언덕과 산맥의 동편 비탈 지대의 경우 강수량이 풍부하여 비탈면을 단구화段丘化하여 토양이 고착되면 정기적인 경작이 가능하다. 다른 지역은 해마다 강수량이 불규칙할 뿐만 아니라 최고 기온과 최저 기온의 차이가 더욱 심하다. 따라서 내륙 평원 지대의 경우 곡물 경작이나 낙타와 양의 목축 가운데 어느 쪽을 택하는 것이 상대적으로 유리한지는 때에 따라 크게 달라졌다.

시리아는 지중해 동부 연안에 위치한 다른 지역과 밀접하게 연결되어 있었다. 이 연결은 시리아의 항구에서 출발하는 해로와 이집트 방향의 해안선을 따라 형성된 육로에 의해 이루어졌다. 한편 내륙 지방은 아라비아 반도 서부로 연결되었다. 그리고 하마드를 가로지르거나 그 북쪽 언저리를 돌아가는 통행로를 통해 시리아는 동쪽 지역과 연결되었다. 장거리 무역이 성행하고 식료품과 원료 생산이 넘쳐나면서 대도시들이 성장할 수 있었다. 대도시들은 해안과 연결된 내륙 평원에 위치하고 있었는데, 북쪽의 알레포와 중앙의 다마스쿠스가 대표적이다.

하마드를 가로지르거나 우회하는 통행로는 유프라테스와 티그리스 두 강 사이의 유역으로 이어졌다. 아나톨리아에서 발원한 두 강은 대체로 동남 방향으로 흘러, 서로 가까워지다가 다시 멀어지고, 결국 하나로 합쳐져서 걸프 해 북단으로 흘러든다. 두 강 사이와 그 주변부는 크게 두 지역으로 구분된다. 북쪽 지역의 자지라는 옛 여행가들과 학자들이 상上메소포타미아Upper Mesopotamia라고 불렀던 곳이다. 이곳은 지대가 높았기 때문에 강물을 끌어들여 곡물을 경작하기 위한 관개 시설을 설치하기가 힘들었고, 강 또는 그 지류와 가까운 곳에서나 이용할 뿐이었다. 강과 거리가 떨어진 곳은 강수량이 불규칙하고 토질이 메마르기 때문에 대개의 경우 양, 소, 낙타 등을 목축하는 것이 유리했다. 그러나 두 강의 동북쪽 방향에는 다른 종류의 땅이 있다. 이곳은 아나톨리아 산맥들의 한 부분으로서 쿠르드족이 거주한 이후부터 흔히 쿠르디스탄Kurdistan으로 불리었다. 시리아 해안의 산골짜기와 마찬가지로 이 지역의 토지와 물은 고지대의 경우 수목 경작용으로 그리고 저지대의 경우 곡물 경작용으로 이용되었다. 이와 더불어 양과 염소를 정기적으로 이동시키는 이목移牧도 성행했는데, 강 유역에서는 겨울철 방목이 그리고 고산 지대에서는 여름철 방목이 이루어졌다.

남쪽으로 내려와 이라크에 다다르면 토질이 바뀐다. 아나톨리아 산맥들의 눈이 봄에 녹아 커다란 강줄기를 이룬 뒤 주변의 평원을 덮는다. 수천 년 동안 홍수가 남긴 침적토의 퇴적물은 사와드Sawad라고 불리는 거대한 충적 평야를 만들어 냈다. 그리고 거기에는 곡물과 대추야자 등이 대단위로 경작되었다. 이곳 평야는 북쪽에 비해 관개 시설 설치가 손쉬웠는데, 그 이유는 지표면에 기복이 없었기 때문이다. 그리고 고대 바빌로니아 시대부터 대규모 운하가 건설되어 사와드에 물을 공급해 주었다. 평야가 평탄하고 홍수로 인한 범람이 극심했기 때문에 반드시 운하를 정비해 둘 필요가 있었다. 만일 운하의 청소나 보수를 소홀히 할 경우 범람한 물줄기가 강 제방에 넘쳐흘러 인근 지역을 잠기게 하여 영원히 늪지대로 바꾸어 놓는다. 평야가 기복 없이 평탄했기 대문에 나지드에서 목축을 하던 유목민들은 쉽게 강 유역으로 이동할 수 있었다. 그들은 이곳의 토지를 농경 대신 목축용으로 사용했다. 사와드의 안전과 번영은 이곳을 다스렸던 정부의 손에 달려 있었다. 통치자들은 이곳을 보호해 주는 대가로 식량, 원료, 브를 거두어들였다. 유프라테스와 티그리스 두 강이 가깝게 만나는 사와드의 심장부에는 일련의 대도시가 건설되었다. 그 예로 바빌론 Babylon, 사산 왕조의 크테시폰, 압바스 왕조의 수도 바그다드 등을 들 수 있다.

시리아와 나지드를 잇는 통행로와 별도로 이라크도 동쪽으로 이란 고원과 연결되어 있다. 양 지역의 통행로는 북쪽보다는 남쪽의 것이 더 용이했다. 하천은 대부분의 구간에서 항해가 어려웠다. 그러나 하천들이 하나로 합쳐져 걸프 해를 향해 흘러가는 지점부터는 걸프 해와 인도양의 항구들로 해로가 연결되었다. 해로의 주요 종착지인 바스라는 압바스 제국 시절 가장 대표적인 항구 구실을 했다.

아라비아 반도 서쪽에서 홍해나 북쪽의 좁다란 육로를 건너면 모래사막이 펼쳐진다. 그리고 그 건너편에는 세 번째 지역인 나일 강 유역이 자리 잡고 있다. 동아프리카 고지대에서 발원한 하천은 북쪽을 향해 흐르면서 점차 위세를 더해 가다가 에티오피아의 산지에서 내려온 지류와 합쳐진다. 나일 강은 수백 년 동안 퇴적된 침적토로 이루어진 충적 분지를 관통한다. 때에 따라 넓은 평원이나 좁고 긴 땅을 지나 마침내 나일 강은 수많은 지류로 갈라져 비옥한 삼각주를 관통한 뒤 지중해로 흘러들어 간다. 여름철이 되면 동아프리카 고지대의 눈이 녹아 내려 수위가 높아지고 결국 나일 강은 범람하게 된다. 옛적부터 아르키메데스의 나선식 펌프, 양

수차揚水車, 방아두레박 등과 같은 도구들을 사용하여 소규모이긴 하지만 강으로부터 물을 끌어올렸다. 특히 북쪽 지역에서는 고대부터 수로를 설치하여 나일 강이 제방으로 둘러싸인 분지로 범람할 때 물줄기를 딴 곳으로 돌리게 만들었다. 강물은 한동안 이곳에 머물러 있다가 홍수가 끝나면 다시 나일 강으로 빠져나갔고, 이때 강물은 침적토를 남겨 토양을 풍요롭게 만들었다. 이 같은 관개 시설 덕분에 곡물을 비롯한 갖가지 경작물들이 대량 생산될 수 있었다. 나일 강 유역 서쪽을 따라 사막 지대가 길게 펼쳐지며, 이곳의 일부 오아시스에서도 정주민들이 농경 생활을 영위했다.

이집트는 나일 강 유역 북쪽 지대에 자리 잡고 있다. 이집트는 고도로 발달한 문명의 전통이 깃든 국가로, 그곳의 오랜 정치적 지배의 역사는 항구적인 사회적 통합을 일궈냈다. 이집트의 통치자들은 나일 강이 지류로 갈라지고 삼각주로 흘러드는 지점에 자리한 도시에서 정치적 지배권을 행사했다. 기원전 3천 년 무렵 멤피스Memphis를 필두로 많은 도시들이 건설되었고, 이러한 도시의 역사는 카이로까지 이어졌다. 카이로는 동서남북을 잇는 교통망의 중심지에 위치하고 있었다. 카이로는 북쪽으로 지중해의 항구 도시들과 연결되고, 이 도시들은 다시 해로를 따라 시리아, 아나톨리아, 마그렙, 이탈리아 등으로 이어진다. 동쪽으로는 해안 통로를 따라 시리아로 연결된다. 동쪽의 다른 방향으로는 홍해와도 연결되는데, 이곳은 다시 인도양으로 이어진다. 남쪽으로는 나일 강 상류 지역과 동·서 아프리카로 이어진다.

삼각주와 수도가 갖는 사회적 지배력이 나일 강 상류 지역에서는 그 위세가 한풀 꺾인다. 나일 강 상류 지역은 사실상 비가 전혀 내리지 않는다. 나일 강 동안東岸은 경작 가능한 지대가 협소하고 긴 지형을 이룰 뿐이었다. 반면 서안西岸은 지대가 평탄했기 때문에 관개 시설만 확충되면 얼마든지 경작지를 넓혀 갈 수 있었다. 비가 내리지 않는 지역에서 다시 남쪽으로 내려가면 5월~9월의 여름 기간 동안 장대비가 내렸기 때문에 곡물 경작과 가축 사육이 가능했다. 이 지역은 나일 강 건너편 서쪽으로 뻗어 모래투성이인 반半사막 지대에 이르며, 남쪽을 향해 가면 다년생 식생植生 지대와 만난다. 이곳이 바로 수단Sudan이다. 수단에서는 농경과 목축이 가능할 뿐만 아니라 마을도 형성되어 있었다. 수단에서는 유목민들의 야영지와 시장이 설치된 소도시들이 있었지만 대도시는 발전하지 못했다. 수단은 나일 강을 통해 이집트와 연결되어 있었고, 육로를 따라 에티오피아 및 사힐 지역과도 맞닿아 있었다. 사힐은 사하라 사막 남쪽 언저리 지역을 가리킨다.

이집트 서부 사막으로부터 대서양 해안에 이르는 곳이 바로 네 번째 지역인 마그립이다. 마그립은 아랍어로 서쪽 땅 또는 해가 지는 곳을 뜻한다. 오늘날 마그립에 포함되는 국가들은 리비아, 튀니지, 알제리, 모로코 등이다. 이 지역의 자연 환경은 북쪽에서 남쪽으로 가면서 확연하게 달라진다. 지중해와 대서양 해안을 따라 저지대 띠가 펼쳐지는데, 이 띠는 일부 지역에서 평원으로 이어지기도 한다. 튀니지의 사힐 지역과 모로코의 대서양 해안 평원이 바로 그곳이다. 마그립의 내륙 지방에는 산맥이 솟아 있는데, 리비아의 자발 아크다르Jabal Akhdar, 튀니지 북부 산맥, 텔 아틀라스Tell Atlas, 모로코의 리프Rif 등이 그 대표적인 예다. 내륙의 더 안쪽 지역에는 고원과 스텝이 펼쳐지며, 그 너머에는 다시 산맥이 나타난다. 알제리의 아우레스Aurès 산맥과 그 서편에 위치한 중中아틀라스 및 대大아틀라스 산맥이 그 예에 속한다. 남쪽으로 펼쳐진 스텝은 점차 사하라 사막으로 변해 간다. 사막은 암석 지대와 모래 지대가 섞여 있으며, 야자수가 자라는 오아시스들이 들어서 있다. 사하라 사막 남쪽에는 빗물과 나이저Niger 강 덕분에 초원이 형성되어 있는데, 이곳이 바로 서부 수단 또는 사힐 지역이다.

마그립 지역은 관개용으로 사용할 수 있는 하천이 거의 없다. 따라서 정착민들의 생활 형태와 범위는 전적으로 우기와 강수량에 의해 좌우될 수밖에 없다. 해안의 평원과 바다에 면한 산맥의 비탈면은 지중해와 대서양으로부터 몰려오는 비구름으로부터 비를 만드는 구실을 한다. 그 덕택에 곡물, 올리브, 과일, 채소 등을 상시적으로 경작할 수 있었다. 뿐만 아니라 산맥 경사지 위쪽에는 숲도 형성되었다. 그러나 산맥 너머 고원에서는 강수량이 해마다 그리고 계절마다 불규칙적으로 변했다. 이곳의 토지는 곡물을 경작하거나 양과 염소를 계절마다 이동시켜 방목하는 등 여러 방식으로 이용되었다. 더 남쪽의 스텝과 사막으로 가면 그곳의 토지는 방목을 하기에 더욱 적합했다. 여름철이 되면 양 사육자들은 낙타 사육자들과 함께 사막으로부터 북쪽을 향해 이동했다. 사하라 사막은 실제로 마그립 지역에서 낙타를 사육했던 유일한 장소였다. 낙타가 이곳에 등장하기 시작한 시점은 이슬람이 발흥하기 수세기 전이었다. 이곳의 모래사막에는 거의 아무도 살고 있지 않았다. 그러나 일부 지역에서는 가축 사육자들이 오아시스에서 대추야자와 다른 수목을 경작했던 사람들과 함께 살기도 했다.

마그립 지역을 주변 세계와 연결하는 주요 통로들 역시 남북으로 뻗어 있었다. 지중해와 대서양 연안의 항구들은 마그립을 이베리아 반도, 이탈리아, 이집트 등과 연결했다. 이곳으로부터 남쪽을 향해 가면 정착 거주지와 사하라의 오아시스들을 잇따라 통과하여 사힐과 그 너머로까지 연결된다. 일부 지역에서는 통로가 광대한 경작지를 지나 바다까지 연결되어 있었는데, 바로 여기에서 대도시들이 성장하고 번성할 수 있었다. 이들 가운데 다음 두 지역은 특히 중요했다. 하나는 모로코의 대서양 연안이다. 이슬람 초기 바로 이곳에서 페스가 성장했고, 후기에는 남쪽 지역에서 마라케시Marrakish가 성장했다. 다른 하나는 튀니지 해안의 평원이다.

이슬람 초기 이곳에서 성장한 주요 도시로 까이라완을 꼽을 수 있다. 후대에 이르러 까이라완은 튀니스에게 중심지로서의 자리를 내주었다. 튀니스는 고대 도시 카르타고Carthago 근처의 해안 지대에 건설되었다. 모로코와 튀니지는 대도시들을 중심으로 경제, 정치, 문화적 영향력을 주변 지역으로 확장해 나갔다. 양 지역 사이에 위치했던 알제리는 이들과 같은 권력 중심지를 성장시킬 만큼 대규모의 안정된 정주 지역을 갖추질 못했다. 그로 인해 알제리는 항상 두 이웃 지역의 영향권으로 편입되는 신세였다. 이와 유사하게 리비아 서부 지역인 트리폴리타니아Tripolitania는 튀니스의 세력 아래에 있었던 반면 그 동부 지역인 키레나이카Cyrenaica는 이집트로부터 더욱 많은 영향을 받았다. 당시 키레나이카는 바닷가까지 뻗친 리비아 사막으로 인해 다른 마그립 지역으로부터 단절되어 있었다.

다섯 번째 지역은 이베리아 반도, 즉 안달루스이다. 무슬림들은 이 지역의 일부를 통치하고 주된 거주자가 되었다. 11세기 무렵 무슬림들은 이베리아 반도 대부분을 지배했으나 점차 그 영향력을 상실하여 15세기 말에는 종적을 감추고 말았다. 몇 가지 점에서 시리아 지역과 유사하게, 이베리아 반도는 다소 고립된 작은 지방으로 나뉘어 있었다. 이베리아 반도 중앙에는 광활한 고원 지대가 위치하고 있으며, 산맥들이 이곳을 에워싸거나 가로지르고 있다. 바로 이곳으로부터 수많은 강줄기가 발원하여 저지대를 지나 해안으로 흘러간다. 북쪽에 자리 잡은 에브로Ebro 강은 지중해를 향해 나가며, 타호Tajo 강은 포르투갈 저지대를 관통하여 대서양으로 흘러간다. 보다 남쪽에 위치한 과달키비르 강도 대서양으로 향한다. 중앙 고원 둘레의 산맥과 지중해 사이에는 북쪽으로 카탈루냐Cataluña의 산악 지대가 그리고 그 남쪽으로는 평원이 자리 잡고 있다. 기후와 강수량의 편차로 인해 토질은 물론 토지 이용 방법에도 차이가 생겨났다. 고산 지대에서는 추운 기후로 인해 코르크나무, 떡갈나무, 소나무 숲이 형성되었

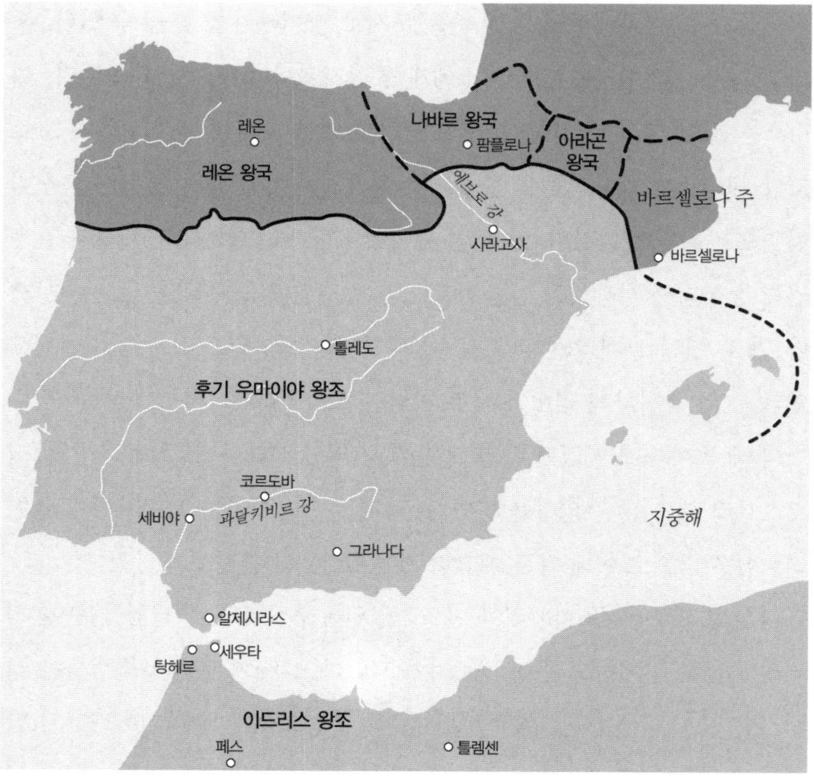

6. 이슬람 세력 하의 스페인. 1) 후기 우마이야 왕조

고, 이들 사이에 위치한 목초지에서는 곡물 경작과 가축 사육이 이루어졌다. 기후 변화가 극심한 중앙 고원은 곡물과 올리브의 경작 그리고 양과 염소의 목축을 병행하기에 적합했다. 강 유역과 해안 평원의 온난 기후대에서는 감귤류를 비롯한 여러 과일들이 재배되었다. 이와 같이 경작이 많이 이루어지고 하천을 이용한 수송이 용이했던 지역을 중심으로 코르도바와 세비야와 같은 대도시가 성장했다.

스페인은 지중해 세계의 일원으로서, 동쪽 해안에 위치한 항구들을 통해 이탈리아, 마그립, 이집트, 시리아 등 다른 지중해 연안국들과 연결되어 있었다. 스페인의 가장 중요한 교역 대상국은 남쪽 이웃 국가인 모로

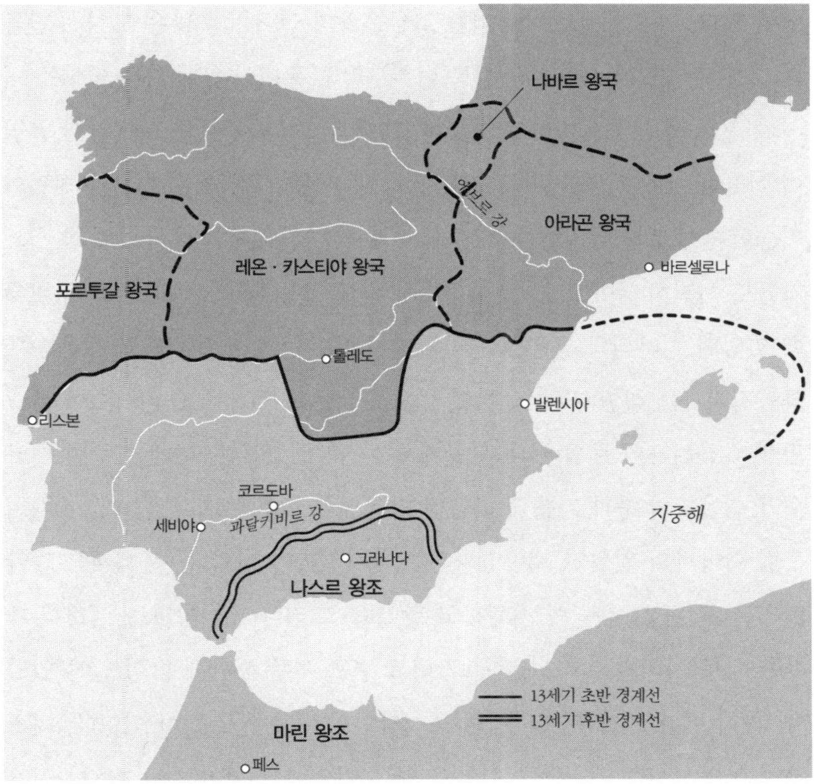

2) 기독교 세력에 의한 재정복

코였다. 좁다란 해협이 두 대륙을 갈라놓고 있었지만 무역, 이주 또는 사상의 전파나 군대의 이동을 막지는 못했다.

아랍 무슬림들과 기타 종파

11세기 무렵 이슬람은 명실 공히 통치자를 비롯한 지배층의 종교로 자리 잡았고, 무슬림들의 인구 비율도 증가하고 있었다. 그러나 아라비아 반도 이외의 다른 지역에서도 인구 대다수가 이슬람을 수용했는지 여부는 확실치 않다. 마찬가지로 아랍어는 고급문화의 언어이자 많은 도시 주민들의 소통 언어였지만 이슬람 정복 이전부터 사용되어 왔던 다른 언어들 역시 여전히 생명을 유지하고 있었다. 15세기까지 아랍어와 이슬람의 물결이 이슬람 세계 전역을 휩쓸었다. 당시 대부분의 주민들은 순니파 계열의 이슬람을 믿고 있었지만 초기 수세기 동안 발전하였던 여러 교리의 신봉자들도 여전히 남아 있었다. 아라비아 반도 남동부와 사하라 사막 주변부에 있었던 이바디파 공동체는 카와리지파의 영적 계승자임을 자처했다. 카와리지파는 싯핀 전투 직후 알리의 수장권을 부정하고, 이라크와 마그립에서 칼리파의 통치에 대해 반기를 든 적이 있었다. 예멘은 주민 대다수가 쉬아파의 분파 가운데 하나인 자이드파를 추종하고 있었다. 10세기 무렵 쉬아파의 일원인 12이맘파와 이스마일파가 아랍 동부 세계를 장악했지만 그 뒤 그 세력이 쇠퇴하고 말았다. 그러나 12이맘파는 여전히 레바논 일부 지역과 이라크 남부 그리고 걸프 서부 해안에 많이 남아 있었다. 특히 이라크 남부 지역에는 12이맘파의 주요 성소들이 있었다. 이스마일파 역시 예멘, 이란, 시리아의 일부 지역에서 여전히 자신들의 신앙을 지켜 나갔다. 이들은 이 같은 지역에서 시리아의 아이윱 왕조나 그 동쪽에 위치한 셀주크 왕조의 순니파 통치자들에게 국지적으로 대항했다. (이스마일파의 저항 운동에 관한 이야기는 십자군 전쟁 기간 동안 유럽에도 전파되었다. 유럽인들은 이스마일파에 '암살자' assassins란 별명을 붙였으며, '산악의 노인' Old Man of Mountains이란 인물이 그들을 엄격하게 지배한다는 전설을 퍼뜨렸다. 그러나 이러한 전설은 아랍 문헌에서는 발견되지 않는다.)[3] 또 다른 쉬아파 분

---

3 산악의 노인 이야기는 마르코 폴로의 《동방견문록》에도 등장한다. 1273년 페르시아 지방을 지나던 마르코 폴로는 이곳에서 전해져 오던 이스마일파 암살자단과 알라오딘 Alaodin이라는 이름을 가진 산악의 노인에 관한 이야기를 《동방견문록》에 소개했다. 노인은 산 계곡에 매우 크고 아름다운 정원을 만들었다. 이곳에는 온갖 훌륭한 과일 나무

파인 드루즈파Druzes와 누사이르파Nusayris 역시 시리아를 근거지로 삼았다. 북이라크에 존속했던 야지드파Yazidis는 기독교와 이슬람의 요소를 혼합한 형태를 취했으며, 남부에 있었던 만다이교Mandaeans는 신앙에서 고대 종교의 관습들로부터 영향을 받았다.

12세기에 이르러 기독교 교회들은 마그립 지역에서 사실상 자취를 감추었다. 그럼에도 불구하고 안달루스에서는 주민 대다수가 이슬람 왕국의 지배 아래서도 로마 가톨릭 교회를 따르고 있었다. 15세기까지만 하더라도 콥트 기독교도들은 이집트 인구 중 상당수를 차지하고 있었다. 하지만 그 수는 개종으로 인해 줄어들고 있었다. 이집트 남쪽에 위치한 수단 북부 지역에서는 기독교가 15세기나 16세기 무렵 자취를 감추었다. 이슬람이 홍해를 건너 나일 강 유역을 따라 전파되었기 때문이다. 시리아 전역과 북이라크 지역에도 기독교 공동체가 존속하고 있었지만 그 외형은 축소된 상태였다. 이 지역의 도시민들은 주로 동방 정교회를 따르고 있었다. 한편 그리스도의 성품을 둘러싼 논쟁으로 인해 이단으로 몰린 교회들도 상당수의 신자들을 확보하고 있었는데, 그 대표적인 예로 단성론Monophysite Doctrine 계열의 시리아 정교회Syrian Orthodox 그리고 네스토리우스파를 들 수 있다. 레바논을 비롯한 시리아의 여러 지역에는 마론파Maronites로 알려진 제4의 기독교 교회가 있었다. 처음에 이들은 단의론Monothele Doctrine을 신봉했다.[4] 그러나 12세기에 이르러 십자군이 시리아 해안을 통

들이 자라고 금은보화로 장식한 저택들이 들어섰으며, 신선한 물, 포도주, 젖과 꿀이 흐르고 있었다. 또한 세상에서 가장 아름다운 여인들이 악기를 연주하고 춤을 추며 남자들을 즐겁게 해 주었다. 노인은 젊은이들에게 '하쉬쉬'라는 대마초를 먹여 정신을 잃게 만든 뒤 이곳으로 데려와 이곳이 바로 천국이라고 속였다. 그리고 적국의 요인들을 암살할 것을 명하고 다시 천국으로 데려올 것을 약속했다. 여기에서 말하는 산악의 노인은 이스마일파의 지도자를 가리키는데, 이로써 이스마일파는 유럽에서 오랫동안 무시무시한 암살자 집단으로 오해되었다. ― 옮긴이

치하자, 마론파는 로마 가톨릭 교리를 받아들이고 교황의 수장권을 인정하였다.

유대인들은 아랍과 이슬람 세계 전역에 걸쳐 더욱 폭넓게 분포되어 있었다. 이슬람 도래 이전 마그립 지역에서는 소작 농민들 가운데 상당수가 유대교로 개종했기에 농촌 지역에는 유대인 공동체가 여전히 존속하고 있었다. 예멘과 비옥한 초승달 지대 일부에서도 마찬가지였다. 유대인들은 또한 이 지역의 도시들 대부분에서도 볼 수 있었는데, 그것은 이들이 무역, 제조업, 금융, 의학 등의 분야에서 중요한 구실을 했기 때문이다. 유대인들은 대개 최대 종파인 랍비 유대교에 소속되었다. 랍비 유대교는 구전口傳 율법을 받아들였고, 이에 대한 해석을 ≪탈무드*Talmud*≫에 집대성했다. 그들은 탈무드 학자들을 통해 자신들의 교세를 유지해 나갔다. 그러나 이집트와 팔레스타인을 비롯한 다른 지역에서 등장했던 카라이트파Karaites는 사정이 달랐다. 이들은 ≪탈무드≫를 인정하지 않았을 뿐만 아니라 자신들의 성서학자들이 해석한 고유한 율법을 갖고 있었다.[5]

---

4 단성론單性論은 그리스도가 신성神性과 인성人性을 융합한 하나의 본성만을 지니고 있다고 주장했다. 네스토리우스파는 그리스도의 신성과 인성을 보다 엄격히 구분하고, 예수에게 인성만을 부여하고자 했다. 이들의 교리에 따르면, 잉태의 순간 하나님의 말씀이 인간 예수에게 임하게 되었다. 따라서 예수는 신의 말씀logos이 아니고 마리아는 신의 어머니가 될 수 없다. 단의론單意論은 그리스도가 두 개의 본성을 갖고 있으면서도 오직 하나의 의지만을 지니고 있다고 주장했다. — 옮긴이

5 랍비 유대교Rabbinic Judaism는 모세가 시나이 산에서 계시 받은 경전이 두 가지였다고 주장한다. 첫째는 오늘날 모세 5경에 해당하는 '문서 토라'Written Torah이고, 둘째는 하느님이 입말을 통해서 계시한 '구전 토라'Oral Torah이다. 구전 토라는 문서 토라의 비밀스러운 내용을 해석할 수 있는 권위 있는 자료로서 랍비들을 통해서만 전수된다. 랍비들이 전한 구전 토라의 내용과 그 주석을 모은 것이 바로 ≪탈무드≫이다. 반면 카라이트파는 랍비 유대교가 주장하는 구전 토라의 존재를 부정함으로써 결국 ≪탈무드≫의 권위를 인정하지 않는다. 카리이트파는 8세기 무렵 압바스 제국의 수도 바그다드에서 처음 등장한 것으로 알려져 있다. 이들은 ≪탈무드≫에 의존한 경전 해석에서 탈피하고자 했

이 무렵 대부분의 유대 공동체들은 아랍어를 사용하고 있었다. 그러나 유대인들이 사용했던 아랍어는 그들만의 고유한 형태를 지니고 있었던 것으로 보인다. 한편 그들은 자신들의 종교 의식에서는 여전히 히브리어 Hebrew를 사용했다. 비옥한 초승달 지대, 이집트, 스페인 등의 기독교도들 사이에도 아람어가 보급되어 있었다. 아람어와 시리아어를 대화나 기록의 수단으로 사용하는 경우는 줄었으나 두 언어는 여전히 종교 의식을 거행할 때 사용되고 있었다. 15세기에 이르러 이집트에서는 콥트어가 종교적 목적을 제외하고는 사실상 종적을 감추었다. 안달루스의 기독교도들 역시 많은 이가 아랍어를 자신들의 언어로 받아들였다. 그러나 그들의 전통 언어였던 로망스 제어Romance languages들은 여전히 살아남아서 부흥의 기회를 엿보고 있었다. 산악 및 사막 지역과 같은 아랍어 전파의 변방에서는 다른 언어들이 사용되었다. 이러한 예들은 이라크 북부 산악 지대의 쿠르드어Kurdish, 수단 북부의 누비아어Nubian, 수단 남부의 여러 토속어, 마그립 산악 지역과 사하라의 베르베르어 등에서 찾아볼 수 있다. 하지만 쿠르드족과 베르베르족은 무슬림들이었기 때문에 교육을 받은 식자층은 아랍어를 사용하기도 했다.

고, 대신 당시 이슬람 세계에서 발전한 언어 분석 수단에 의존한 경전의 해석을 추구했다. ─ 옮긴이

6장 농촌과 지역 사회

토지의 이용

이슬람 국가들은 대서양에서 인도양에 이르는 해안 지대를 따라 형성되었다. 따라서 이들 여러 국가들은 종교와 문화뿐만 아니라 기후, 지형, 토양, 식생 등에서도 어느 정도 유사성을 보였다. 어떤 이들은 종교와 환경 두 가지 요소가 서로 긴밀히 연관되어 있다는 주장을 제기해 왔다. 즉 이슬람은 특정한 환경에 적합한 종교라거나 또는 이슬람이 실제로 그러한 환경에 의해 만들어졌다는 것이다. 다시 말해 이슬람 사회는 사막과 같은 환경이나 최소한 사막과 도시 간의 특정한 관계로 특징지어진다는 것이다. 그러나 이와 같은 이론들은 위험스럽다. 왜냐하면 남아시아와 동남아시아의 이슬람 국가들은 전혀 다른 기후나 사회적 조건들을 갖고 있음에도 불구하고 이슬람이 전파되었고 또 정착했기 때문이다. 이러한 점에서 종교와 환경 두 가지 요소를 구별해서 독립적으로 고찰하는 것이 훨씬 나은 방법으로 보인다.

이슬람을 신앙으로 삼으면서 언어로 아랍어를 사용하는 국가들은 대부분 다음과 같은 기후적 특성을 갖고 있다고 일반화해서 말할 수 있다. 해안 지대는 바다에서 불어오는 바람의 영향 때문에 기후가 다습하다. 그에 반해 내륙 지역은 '대륙성' 기후에 속하며, 낮과 밤 또는 여름과 겨울에 따라 많은 기온차를 보인다. 전 지역에 걸쳐 1월은 가장 추운 시기에 해당하며, 6월과 7월, 8월 등은 가장 더운 시기에 속한다. 강수량이 풍부하고 정기적인 양상을 보이는 지역도 일부 있다. 이러한 지역들은 대부분 해안 지대이거나 산지의 바다 쪽 비탈에 자리하고 있다. 산악 지형은 바다에서 몰려오는 비구름으로부터 비를 만드는 구실을 한다. 이러한 예로는 모로코의 대서양 연안에 위치한 아틀라스 산맥, 리프 산맥, 알제리 동부와 튀니지 북부에 걸쳐 있는 산맥, 지중해 남부 해안을 따라 뻗어 있는 키레나이카 단층지괴斷層地塊 등이 있다. 지중해 동부의 레바논 산맥과 그보다 내륙에 위치한 이라크 북동부도 이와 같다. 아라비아 반도 남서부에는 인도양으로부터 몰려온 구름들이 비를 몰고 온다. 이 지역은 계절풍이 부는 여름철이 우기雨期가 된다. 반면 대부분의 다른 지역들은 9월부터 1월까지 비가 내린다. 이 지역의 연평균 강수량은 대개 500밀리미터 이상이며, 일부 지역은 이보다 훨씬 많다.

연안의 산지 반대편에 위치한 평원과 고원에서는 강수량이 이에 못 미쳐 연평균 약 250밀리미터 정도다. 그러나 평균 강수량은 그리 신뢰할 것이 못 된다. 왜냐하면 내륙 지역으로 가면 강수량은 다달이 그리고 해마다 극심한 변화를 보이기 때문이다. 강수량의 변화는 작황에도 영향을 미친다. 여러 해 동안 비가 전혀 내리지 않아 수확에 실패하는 경우도 있다.

부정기적이지만 적지 않은 비가 내리는 상기한 지역 너머에는 비가 부족하거나 또는 아예 내리지 않는 지역들이 있다. 비를 만들어 낼 산지가 없는 하下이집트와 같이 해안에 가까운 몇몇 지역과 보다 내륙에 위치한 다른 지역들이 그러한 경우에 속한다. 이 지역들은 연간 강수량이 0에서 250밀리미터 사이를 오갔다. 그렇지만 이러한 곳들 대부분은 수자원이 전혀 없는 것이 아니다. 아라비아 사막이나 사하라 사막도 일부 지역에서는 샘이나 우물이 발견되기 때문이다. 이러한 수자원은 간헐적으로 내리는 빗물이나 해안과 가까운 구릉지나 산지로부터 흘러온 지하수가 모여 형성된 것이다. 일부 지역에는 비가 직접 내리지는 않지만 멀리 떨어진 산지로부터 빗물이 하천을 이루며 흘러오는 경우도 있다. 이러한 곳에서 발견되는 하천 대부분은 계절에 따라 형성되는 건곡乾谷, 즉 와디*wadi*다. 와디는 여름철에 물이 말라 있다가 우기를 만나면 홍수로 물이 넘쳐나게 된다. 물론 사시사철 물이 흐르는 하천들도 있다. 스페인, 모로코의 대서양 연안, 알제리, 시리아 등에서는 하천들이 산지에서 발원하여 바다로 흘러간다. 대표적인 대형 하천으로는 나일 강, 티그리스 강, 유프라테스 강 등이 있다.

이들 하천은 광활한 평원을 가로지르며 그 주위에 생명을 불어넣는다. 그러나 그 방법에는 차이가 있다. 나일 강과 그 지류들은 에티오피아와 동아프리카 고원 지대의 빗물이 모여 형성된 것이다. 봄과 여름철에 내린 빗물은 처음에는 백나일White Nile 그리고 다음에는 청나일Blue Nile과 그 지류에 차례로 홍수를 불러일으킨다. 홍수는 5월쯤 이집트에 이르러, 9월까지 계속 불어나 수위가 최고조에 이르렀다가, 11월에 점차 사라지게 된다. 한편 유프라테스 강과 티그리스 강은 봄철에 아나톨리아 고원 지대의 눈이 녹아내리면서 형성된다. 티그리스 강은 3월과 5월 사이에 홍수가 일어나며, 유프라테스 강은 그 시기가 조금 늦다. 두 강의 홍수는 강둑을 넘쳐흐를 만큼 극심하며, 때때로 강의 물줄기를 바꿔 놓기도 한다. 이라크 남부의 일부 지역은 이슬람이 도래하기 직전 무렵에 땅이 가라앉아 늪지대로 바뀌기도 했다.

토지의 기복, 기온, 물의 공급 등 여러 요소들의 차이로 말미암아 토질은 많은 편차를 보인다. 해안 평원 지대나 산지의 바다 쪽 비탈은 토양이 대체로 기름진 편이다. 그런데 산지의 비탈면은 층층으로 깎아야 했는데, 이는 우기 때 토양이 물에 휩쓸려 가는 것을 막기 위해서였다. 내륙 평원 지대로 가면 토양은 얕아지지만 여전히 비옥하다. 내륙 평원이 스텝이나 사막으로 바뀌어 가는 지점에 이르면 토지의 성질이 바뀐다. 지하수가 풍부한 곳의 일부 토지는 바위와 자갈, 화산 단층지괴 그리고 아라비아 반도의 알 룹 알 칼리와 나푸드 사막 그리고 사하라의 에르그Erg 등에서 볼 수 있는 모래 언덕으로 둘러싸여 있다.[1]

아주 오랜 옛날부터 땅과 물이 있는 곳이라면 어디서나 과일과 채소가 경작되었다. 그러나 일부 작물들은 알맞은 조건이 갖춰져야만 했다. 경작에서 다음 세 가지 첨단 작물이 특히 중요했다. 첫째는 올리브인데, 음식물과 식용유, 램프 연료 등 다양한 용도로 사용되었다. 올리브는 강수량이 180밀리미터를 넘고 모래 토양이 많은 지역에서 재배되었다. 둘째는 밀을 비롯한 곡물로, 주로 음식 재료나 가축 사료로 사용되었다. 곡물을 경작하기 위해서는 강수량이 400밀리미터를 넘거나 아니면 강이나 수원지로부터 관개를 해야 했다. 셋째는 대추야자로, 열매를 맺기 위해서는 최소한 기온이 섭씨 16도 이상 되어야 한다. 그러나 대추야자는 물이 부족한 곳에서도 잘 자란다. 만일 물과 목초지가 충분하다면 경작 이외에

---

1 에르그는 모래사막을 가리킨다. 사하라 사막은 이러한 에르그가 전체 면적의 10퍼센트를 차지한다. 에르그의 끝부분과 주변부는 모래 공급량이 적어서 각 사구 간에 기반암과 바위가 드러난다. 모래사막에서 볼 수 있는 사구는 바람이 부는 쪽으로 이동하여 폭풍이 불면 마치 바다와 같다. — 옮긴이

가축의 방목용으로도 토지를 이용할 수 있을 것이다. 염소와 양은 정기적인 방목을 할 목초지가 필요했지만 이동 거리가 너무 멀지 않아야 했다. 낙타는 목초지 간 장거리 이동이 가능할 뿐만 아니라 물도 적게 마셨다.

이슬람 이전 시기부터 중동과 마그립 지역은 자연 조건에 따라 여러 경작지로 나뉘었다. 대부분의 지역은 극단적인 차이를 보이는 두 환경 중간에 속해 있었다. 최적의 자연 환경을 갖춘 지역에서는 사시사철 경작이 가능했다. 올리브가 자라는 기다란 해안 지대, 곡물이 경작되는 평원과 하천 유역, 야자나무가 자라는 오아시스 등이 그러한 예에 속한다. 이곳에서는 과일이나 채소도 생산 가능했다. 그리고 인도양으로부터 지중해에 이르는 지역에 이슬람 사회가 형성되면서 이 지역에 새로운 품종이 소개되기도 했다. 이곳의 목초지에서는 소, 양, 염소 등이 사육되었고, 고산 지대에서는 여러 종류의 수목으로부터 목재, 오배자五倍子, 고무, 코르크 등이 생산될 수 있었다. 반면 최악의 지역에서는 물과 초목이 부족하여 낙타와 같은 동물들을 사육하기 위해 계절마다 장거리를 이동해야 했다. 이러한 지역 가운데 다음 두 곳이 특히 중요했다. 하나는 아라비아 사막과 그 북쪽 연장 지역인 시리아 사막이다. 이곳의 낙타 사육자는 나푸드 사막에서 겨울을 난 뒤 여름철에는 북서쪽의 시리아나 북동쪽의 이라크로 이동하곤 했다. 다른 하나는 사하라 사막이다. 이곳 주민들은 사막으로부터 고지대의 평원이나 아틀라스 산맥의 남쪽 언저리로 이동하곤 했다.

어느 정도 정주 농경 생활이 보장되었던 지역과 유목 생활을 해야만 했던 지역의 양 극단 사이에는 다음과 같은 지역이 있었다. 이곳에서는 농경이 가능하긴 했지만 한결 불안정한 모습을 보였고, 토지와 수자원은 목축용으로도 사용될 수 있었다. 특히 강수량이 불규칙했던 사막 주변이 이러한 특성을 많이 갖고 있었다. 시리아의 스텝 지역, 유프라테스 강 유역, 나일 강 삼각주 외곽 주변과 관개 시설이 설치된 나일 강 유역의 다른 지역, 수단의 코르도판Kordofan과 다르푸르Darfur의 평원, 마그립의 고원 지대와 사하라 아틀라스 산맥 지역 등이 이러한 예에 속한다. 일부 특정 상황에서는 거의 모든 경작 가능지가 목축용으로 전용되기도 했다. 물론 이러한 경우 지형이 험준해서는 안 되었다. 예를 들어, 모로코 사하라 사막의 목축민들은 대大아틀라스 산맥에 발을 들여놓지 않았다.

이와 같이 볼 때 비도시 지역을 정주 농민들이 농작물을 길렀던 지역과 유목민들이 이동하며 가축을 돌보았던 지역 두 가지로 구분하는 것은 지나치게 단순하다. 완전한 정주 생활과 완전한 유목 생활 사이의 중간 형태가 가능했고 또 이러한 생활이야말로 일반적이었다. 토지를 이용하는 방식은 그야말로 다양했다. 일부 지역에서는 정주민들이 토지의 관리에만 골몰했고 가축을 돌보는 일은 고용인에게 맡겨둘 뿐이었다. 그런가 하면 다른 일부 지역에서는 경작민들과 양치기들이 토지를 함께 사용하기도 했다. 한편 주민 대다수가 이동식 방목 생활을 했던 지역도 있었다. 그들은 가축을 몰고 저지低地로부터 고산지의 목초지로 이동했지만 특정 계절에는 땅을 경작하기도 했다. 한편 주민 대다수가 순수하게 유목 생활을 하면서 오아시스나 사막 주변의 정주지를 지배했던 곳도 있었다. 이러한 경우 피지배 농민들은 유목민들에게 노동력을 바쳤다.

토지를 경작했던 이들과 유목을 했던 이들 간의 관계는 오랫동안 뿌리박혀 온 '사막과 농경지' 간의 대립 차원에서 설명하기는 힘들다. 정주 생활을 하는 경작민과 유목 생활을 하는 목축민은 각자의 물건을 팔아 필요한 일용품으로 교환해야 했기 때문에 서로가 서로를 필요로 했다. 순전히 목축업에만 매달렸던 유목민은 곡물이나 대추야자 열매와 같은 필요 양식을 생산할 능력이 없었다. 반면 정주민은 목축민이 기른 동물들로부터 육류, 가죽, 양털 등을 얻어야만 했다. 그리고 낙타, 당나귀, 노새 등과 같은 운송 수단들도 필요했다. 따라서 두 집단이 함께 거주했던 지역에서는 물, 토지, 초목 등을 함께 사용했다. 그리고 가능한 경우에는 서로가 납득할 만한 형태의 장기적인 협약을 체결하기도 했다.

그렇지만 경작민과 목축민 간의 공생 관계는 취약해서 어느 한쪽에게만 유리한 형태로 변질되기 마련이었다. 먼저 유목 생활을 하는 목축민이 기동성과 무력으로 우위를 차지하는 경우를 꼽을 수 있다. 이러한 사례는 사막에서 낙타를 방목했던 이들과 오아시스에 거주했던 이들 사이에서 특히 많이 보였다. 중요한 무역로에 위치한 일부 큰 오아시스에는 상인 계층이 있는 경우가 있었다. 그곳에서 상인들은 시장과 대추야자 등을 관할했다. 그러나 대부분의 오아시스 지역은 목축민의 관할 아래 있었다. 그들은 농경민들로 하여금 토지를 경작하게 했으며 지역에 따라서는 노예를 동원하기도 했다. 사막 주변부에서도 목축민의 세력이 강력하여 정주 마을을 대상으로 쿠와*khuwwa*라고 불리는 일종의 공물을 징수하기도 했다. 아랍 목축민 문화에서 나타나는 이러한 불평등 관계는 농촌 지역에서 일종의 위계 개념으로 비춰졌다. 목축민들은 농민, 상인, 장인 등이 갖지 못한 자유와 고귀함 그리고 명예를 자신들이 가지고 있다고 여겼다. 한편으로는, 일단 목축민들이 평원이나 스텝 지역의 국가 안으로 들어오면 어떤 힘에 의해 자유와 힘을 잃어버리고 정주 생활양식을 받아들이게 되었다.

따라서 목축민과 경작민 간의 공존 관계가 심각하게 악화되었다면, 그것은 양 집단이 끊이지 않는 전쟁 상태에 있었기 때문이 아니라 다른 외적 요인에 의한 것이었다. 그 예로 여러 세기 동안 진행되었던 기후나 수자원의 변화를 들 수 있다. 사하라 사막 지역이 장기간에 걸쳐 점진적으로 건조화되어 왔다는 사실은 이미 증명된 바 있다. 시골이나 사막의 생산물에 대한 수요가 변화한 것도 요인이 될 수 있다. 올리브유, 곡물, 가죽, 양털 육류, 운반용 낙타 등에 대한 수요는 끊임없이 변화되어 왔다.

이따금씩 유목민들은 인구 과잉 사태에 따른 위기를 맞았을 것이다. 대체적으로 유목민은 마을에 거주하던 정주민보다 신체적으로 건강했기에 생활 여건이 허락하는 이상으로 인구가 팽창했을지도 모른다. 때때로 정치적 변화도 요인으로 작용했다. 군주들은 세력이 강성해지면 도시에서 소비되는 식량과 군대 유지에 필요한 세금을 확보하기 위해 정주 농경 지대를 확장하곤 했다.

이슬람 초기에 아랍인들은 주변 국가들을 차례로 정복해 나갔다. 그러나 아랍의 정복이 정주민들의 세계를 집어 삼키거나 그들과의 공존 관계를 뒤엎는 성격의 것은 아니었다. 당시 아랍 군대는 비교적 규율이 잘 잡히고 출신이 다양한 병사들의 소규모 집단으로 구성되어 있었다. 적어도 이라크와 이란에는, 그 정확한 수는 알 수 없지만, 군대를 따라 대규모로 아랍 유목민들이 이주해 오기 시작했다. 하지만 새로운 통치자들은 기존의 경작 체제는 물론 과세와 세입 제도도 그대로 유지하는 정책을 펼쳤다. 과거에 토지를 소유했던 지주들은 대부분 추방되거나 아니면 새로운 통치 계급으로 흡수되었지만 토착 농민들만큼은 그대로 머물렀다. 병사들과 이주민들은 그 토지나 새로운 도시에 정착하였다. 동쪽의 후라산과 트란속사니아에서 서쪽의 안달루스에 이르기까지 기존에 비해 도시들이 더 큰 성장을 이룬 것은 도시민들의 식량을 공급하기에 충분할 만큼 대규모의 비옥한 정주지가 존재하고 있었음을 시사해 준다. 다른 한편, 광활한 이슬람 공동체를 가로지르는 장거리 무역이 성행하고 메카를 향해 매년 순례가 이루어지면서 낙타와 다른 운송용 가축에 대한 수요가 증가하였다.

실제로 목축민과 경작민 간의 공존이 불안해지기 시작한 것은 10세기 또는 11세기 이후의 일이다. 당시 이슬람 세계 변방 지역에 유목 집단들이 침략해 오면서 인구 구성 비율에 변화를 가져온 것이다. 튀르크계 유목민들의 경우 처음에 이란으로 이동했다가 다시 새로운 정복지인 아나톨리아로 옮겨갔다. 이런 움직임은 몽골의 침입기와 그 이후에도 계속되었다. 멀리 서쪽의 마그립 지역도 마찬가지였다. 아틀라스 산맥과 사하라 사막 주변에 거주했던 베르베르인들은 북쪽의 모로코와 안달루스를 향해 이동하였다. 그러나 이슬람 세계의 중심 지역은 상황이 달랐던 것으로 보인다. 한 지역을 대상으로 이루어진 연구는 이러한 점을 잘 보여준다.[2] 남이라크의 티그리스 강 지류인 디얄라Diyala 강 주위에는 관개가 이루어진 커다란 평원이 있었다. 바그다드에 거주하던 막대한 수의 주민들은 바로 이곳으로부터 식량과 원료들을 조달했다. 바빌로니아 시절부터 발전이 이루어져 온 이 지역의 관개 체계는 그것을 유지할 수 있는 강력한 정부를 필요로 했다. 그리고 실제로 압바스 왕조는 초기에 그런 정부를 갖추고 있었다. 압바스 왕조는 사산 왕조 후기부터 낙후되기 시작한 관개 체계를 손질하고 복구해 나갔다. 그러나 몇 세기가 지나면서 상황이 바뀌었다. 바그다드의 도시 규모가 커지고 무역이 발전하자, 농촌의 잉여 생산물을 바탕으로 축적된 국부國富가 지방의 유지보다는 도시를 위해 더 많이 사용되기 시작했다. 한편 중앙 정부의 힘이 약화되면서 지방은 점차 지방 총독이나 징세관들에 의해 장악되기 시작했는데, 이들은 관개 사업 유지에 지속적인 관심을 기울이지 않았다. 동시에 생태적 변화가 일어나면서 대규모 습지가 생겨났다. 이러한 상황은 결국 여러 세기에 걸친 관개 체계의 붕괴로 이어졌다. 경작민 스스로는 관개 체계를 유지하는 데 필요한 재원을 마련할 수 없었고, 그 결과 수로가 마르면서 경작지는 황폐화되거나 목축지로 바뀌어 갔다.

그러므로 유목민들이 목축업을 확산시켰기 때문에 농업이 몰락했다기

2 R. M. Adams, *Land behind Baghdad* (Chicago, 1965).

보다는 목축업이 확산된 것은 농업의 쇠퇴에 따른 결과였을지 모른다. 그렇지만 마그립 지역에서 벌어진 일은 이와 정반대의 경우일지 모른다. 이와 관련하여 현대 역사학자들은 이븐 칼둔이 처음 제기했던 이론을 받아들여 마그립 지역에서 정주 생활이 쇠퇴한 원인을 특정 아랍 부족들의 출현에 돌렸다. 11세기에 나타난 힐랄 부족Banu Hilal이 특히 그러했다. 역사학자들은 이들이 침략과 약탈을 자행함으로써 이후 마그립 역사 전체에 막대한 영향을 미쳤다고 여겼다. 그 결과 정주 생활을 보호하고 있었던 강력한 정부가 붕괴되고, 토지는 농경 대신 목축용으로 전용轉用되었으며, 토착 주민들은 새로운 아랍 이민자들에게 예속되었다는 것이다. 그러나 최근 연구에 따르면 그 과정이 생각처럼 단순하지만은 않았던 것 같다. 실제로 힐랄 부족의 일부는 11세기 초반 이집트로부터 튀니지로 이주했다. 당시 그들이 이주를 단행한 것은 지르 왕조Zirids의 권력을 약화시키기 위한 이집트 파티마 왕조의 계략에 의한 것이었다. 그 무렵 지르 왕조는 까이라완을 통치하던 왕가로, 파티마 왕조의 속국이었지만 충성의 의무를 저버린 상태였다. 그런데 사실 지르 왕조가 쇠락하기 시작한 것은 힐랄 부족의 이주 이전부터였다. 까이라완의 무역 활동은 감소하고 있었고, 지방 도시마다 소규모 제후국들이 출현하여 분열된 상태였다. 따라서 당시 목축민들이 세력을 확장할 수 있었던 것은 아마도 정권의 약화, 무역의 쇠퇴, 이에 따른 수요 감소 등과 같은 요인들의 결과일 것이다. 물론 목축민들의 세력 확장이 파괴와 혼란을 가져온 것은 사실이다. 그러나 힐랄 부족이 실제로 정주 생활 그 자체에 대해 적대적인 자세를 취했던 것으로 보이지는 않는다. 왜냐하면 그들이 다른 왕조들과는 좋은 관계를 유지하고 있었기 때문이다. 만일 당시 지방에서 세력 균형상 변화가 일어났다면 아마도 다른 외적 요인에 의한 것으로 볼 수 있는데, 그 변화는 보편적이지도 영속적이지도 못했다. 튀니지의 일부 지방은 알 무와히드 왕조와 그 후계인 하프스 왕조가 강력한 정부를 세우자 금세 활기를 되찾았다. 따라서 목축업이 확대되었다면, 그것은 지방에서 공생 관계가 붕괴된 결과이지 결코 그 붕괴의 주된 원인은 아니었을 것이다. 그리고 만일 후대인들이 목축업을 농업 붕괴의 원인으로 여겼다면, 그것은 당시의 복잡한 과정을 상징적 차원에서 이해하려는 방편에서 나왔을 것이다. 더구나 당시 아랍의 힐랄 부족은 수적으로 베르베르 원주민을 몰아낼 만큼 많지도 않았던 것 같다. 실제로 이 무렵부터는 아랍어 사용이 계속 확대되는 추세였고, 이에 따라 마그립과 아라비아 반도 주민들 사이에는 일종의 연대 의식이 형성되어 갔다. 그러나 아랍어의 사용이 확대된 원인은 아랍 이주민의 수가 증가했기 때문이 아니라 베르베르인들이 아랍인들에 동화되었기 때문이다.[3]

부족 사회

11세기에서 15세기에 이르는 기간의 이슬람 세계 비도시 지역의 역사에 대한 기술은 지금까지 이루어지지 않았다. 사실 이 시기에 관한 역사서를 저술하기는 거의 불가능한데, 그 이유는 필수적인 사료史料가 부족하기 때문이다. 오스만 제국 시기에 관해서라면 사료가 남아 있긴 하다. 그러나 그 사료조차 오스만의 방대한 서고에서 최근에야 조사되기 시작했다. 보다 최근의 시기에 관해서라면 직접 관찰함으로써 문서 작업을 보완할 수

3 M. Brett, 'Ibn Khaldun and the arabisation of North Africa', *Maghreb Review*, Vol. 4, i (1979), pp.9-16 ; and 'The Fatimid revolution (861~973) and its aftermath in North Africa' in J. D. Fage (ed.), *Cambridge History of Africa*, Vol. 2 (Cambridge, 1978), pp.631-636.

도 있을 것이다. 그러나 불과 2세기나 3세기 전에 작성된 문서나 최근의 자료를 이용하여 그보다 수백 년 전의 역사를 논한다는 것은 위험천만하다. 그럼에도 불구하고 후대의 역사적 지식을 동원하여 중동과 마그립의 지리적 환경 속에서 농촌 사회가 어떤 모습이었는지 '이상형'ideal type을 재구성해 본다면 당시의 사건과 그 추이를 이해하는 데 도움을 줄 수 있을 것이다.

어느 농촌 지역이건 그 경제적, 사회적 과정에 외부의 간섭이 없다면 아마도 대개 '부족사회'의 모습을 띠게 될 것이다. 따라서 무엇보다 먼저 부족tribe이란 무엇인지 그 개념을 규명할 필요가 있다.

유목 공동체나 마을 공동체를 막론하고 사회적 기본 단위는 조부모, 부모, 자녀 등 삼대로 구성되는 핵가족이었다. 삼대는 석재나 흙벽돌 또는 기타 현지에서 구할 수 있는 재료들을 이용하여 마을에 집을 짓고 함께 살았다. 유목민의 경우라면 천막을 치고 살았을 것이다. 남성들은 주로 토지나 가축을 관리했고, 여성들은 요리와 청소, 육아 등의 일을 도맡았다. 물론 여성들도 논밭에 나가거나 가축들을 돌보며 남성들을 도왔을 것이다. 그렇지만 외부 세계와의 교섭은 공식적으로 남성의 책임이었다.

사회인류학자들은 '명예'honour라는 개념으로 표현된 가치관에 대해 많은 연구를 시도해 왔다. 이 가치관은 시골 지역에서 먼 옛날부터 존속해 왔다거나 또는 적어도 도시의 공식적인 종교가 큰 영향을 끼치지 못한 일부 지역에 남았을 것이다. 그리고 이러한 가정을 바탕으로, 여성은 정주 지역에서건 스텝 지역에서건 중요한 사항에 대해서는 남성에게 종속적이었을 것이라고 말할 수 있다. 물론 그 양상은 때와 장소에 따라 달랐을 것이고, 반드시 베일 착용이나 공간적 격리가 공식화된 것은 아니었을 것이다. 토지 자산은 이슬람 율법과 상관없이 대개 관습적으로 남성들에게 귀속되었고, 남자 아이들에게 상속되었다. 이러한 이유 때문에 '아들은 집안의 재산'이라는 말까지 생겨났다. 따라서 남성들은 자신의 재산을 보호하고 가족이나 부족을 비롯한 귀속 집단의 요구에 부응하는 것을 명예로 여겼다. 다시 말해 명예는 집단 전체의 일원이기 때문에 부여되는 것이다. 어머니, 누이, 아내, 딸 등과 같은 집안의 여성들은 남성의 보호를 받는다. 이때 여성들의 행동은 남성의 명예에 영향을 미칠 수도 있다. 여성이 정숙치 못하게 처신하거나 아무 관련이 없는 남성에게 격한 감정을 불러일으킬 만한 행동을 할 경우 사회 질서를 문란하게 만들 수도 있다. 그래서 남성들은 자기 가문의 여성들을 존중하는 동시에 그녀들을 의심하거나 위험스러운 존재로 여겨 두려움을 느꼈을지 모른다. 이러한 사실은 이집트 서부 사막에서 베두인 여성들끼리 주고받는 노래나 시에서 잘 나타난다. 그녀들의 노래와 시는 강제로 부여된 의무를 무색하게 하거나 자신들에게 금지된 영역을 넘나들 수 있는 개인적 감정과 열정을 상기시켜 줌으로써 여성들이 공식적으로 받아들인 채 살아가고 있는 사회 질서에 대해 의문을 제기한다.

> 사내가 베개 위에 놓인 너의 팔에 손을 뻗었다네,
> 사내는 아비도 할아비도 모두 잊어버렸다네.[4]

하지만 여성은 나이를 먹어 가면서 많은 권위를 누리기도 한다. 사내아이를 낳은 어머니로서 또는 (아내가 여럿인 경우) 첫째 부인으로서 권위를 갖는다. 심지어는 집안의 젊은 여성들뿐만 아니라 남성들에게도 권위를 행사하는 경우가 있다.

대부분의 경우 이와 같은 핵가족은 경제적으로나 사회적으로 자급자족

---

4 L. Abu Lughod, *Veiled Sentiments* (Berkeley, 1986), p.147.

하기 힘들다. 따라서 가족은 보다 큰 다음 두 가지 단위로 결합하게 된다. 첫째는 씨족kinship 단위다. 씨족 구성원들은 네다섯 세대 앞으로 거슬러 올라가는 공통 조상을 중심으로 결속하거나 또는 결속되었음을 주장한다. 씨족의 구성원들은 필요할 때 서로에게 도움을 청할 수 있으며, 만약 구성원이 다치거나 죽임을 당하면 씨족 전체가 복수의 의무를 진다.

두 번째로는 경제적 이해를 중심으로 한 영속적 형태의 결속 단위가 있다. 토지를 경작하며 정주 생활을 하던 주민들에게는 마을이 바로 그러한 단위가 된다. 또는 평원이나 하천 유역의 규모가 큰 마을이라면 지구地區가 이에 해당할 것이다. 이곳 주민들은 비록 출신 가문이 다르다 할지라도 토지 경작을 위해 서로 합의를 해 둘 필요가 있었다. 일부 지역에서는 각 가문마다 마을의 일정 구역을 영구히 나누어 갖고, 목초지의 경우는 공동으로 소유하는 방식을 택하기도 했다. 다른 지역에서는 일정 기간 동안 각 가문이 경작이 가능한 토지를 나누어 갖는 것을 보장했다. 이러한 방식은 흔히 무샤*musha'* 제도라고 불린다. 관개지에서는 물을 공유하기 위해 합의를 해 두어야 했다. 물을 공유하는 방식에는 여러 가지가 있었다. 예를 들어, 하천이나 수로를 사람 수만큼 나눈 다음 특정 땅 주인에게 영구적으로 또는 일정 기간마다 재분배해서 할당하는 방식이었다. 농사일에서도 주민들 간에 합의가 이루어졌다. 예를 들어 토지를 전혀 소유하지 못하거나 충분하지 못한 경우 경작자는 남의 땅을 돌보아 주고 대신에 일정한 몫을 챙겼다. 또는 남의 땅에 과실을 심거나 가꾸었을 때 소출所出의 소유주로 인정받을 수도 있었다. 목축 집단의 경우에는 한 목초지에서 다른 목초지로 함께 이동하는 유목 단위가 이와 같은 종류의 단위였다. 상호 협동과 사회 규율 없이는 유목이 이루어질 수 없었기 때문이다. 하지만 이들에게 토지의 분배는 없었다. 대신 그들은 방목지와 물을 공유 자산으로 간주하여 필요로 하는 모든 사람들이 사용할 수 있도록 했다.

씨족 중심 단위와 경제적 이해 중심 단위는 복잡한 관계로 얽혀 있었다. 사실 식자층이 거의 전무했던 농촌 지역에서 다섯 세대 이전의 조상을 기억하는 것은 매우 드문 일이다. 따라서 실제로는 공통 이해관계로 결속되어 있으면서도 공통 혈통임을 주장하기도 했는데, 이는 다른 방식으로는 얻지 못할 결속력을 부여하고자 하는 상징적인 방편에서 비롯된 것이었다. 반면 어떤 상황에서는 갈등이 발생하는 경우도 있었다. 친족 집단의 한 구성원이 다른 이익이나 개인적인 이해관계에 거슬릴 경우 집단의 요청에도 불구하고 완전한 도움을 제공하지 않는 경우가 있었다.

앞에서 살펴본 다소 영속적 형태의 최소 단위 외에 보다 큰 규모의 단위도 존재했다. 지역 마을들 전체, 방목 지역의 유목 단위들 전체, 심지어 서로 멀리 떨어진 집단들도 '종족'fraction 또는 '부족'tribe이라고 하는 보다 큰 통합체에 대해 귀속감을 갖고 있었다. 그들은 자신들의 부족이 다른 부족들과 차이가 난다거나 적대적인 관계에 있다고 생각했다. 대부분의 경우 부족의 정체성과 통일성은 공통 조상으로부터 유래하는 혈통이라는 말로 표현되었다. 그러나 정확히 어떻게 종족이나 가문이 동일한 원조元祖로부터 계통을 이어왔는지는 대개 아무도 알지 못했다. 게다가 전승되어 온 족보는 허위일 가능성이 높았으며, 이질적인 단위 간에 변화하는 관계적 양상을 반영하기 위해 때때로 변경 또는 조작되기도 했다. 그러나 비록 허위라 할지라도 집단 간 통혼通婚이 이루어짐으로써 족보는 권위를 인정받을 수 있었다.

부족이란 첫째로 서로 결속되어 있다고 믿는 사람들의 마음속에 내재한 명칭이다. 이는 집단 구성원들의 행동에 잠재적인 영향력을 행사하곤 했다. 부족이라는 집단이 지닌 잠재력은 특히 외부로부터 공통의 위협이 있거나 대규모 이주가 일어날 때 가시화되었다. 부족은 위기 시 구성원들을 단결시키는 아싸비야, 즉 연대 의식을 불러일으킬 수 있었다.[5] 같은 부족 명칭을 사용하는 사람들은 명예 의식도 공유했다. 사막 지역에서 낙타를 사육했던 유목민들은 스스로 가장 명예로운 집단이라고 여겼다. 이와 같은 명예 의식은 그들이 거의 외부 간섭 없이 가장 자유로운 삶을 영위했기 때문에 생겨난 것이다. 유목민들이 보았던 부족 제도의 바깥 세계에는 상업 도시의 상인, 행상인, 장인(사하라의 유대인 금속 세공인과 아라비아 사막의 금속 세공인 솔룹바Solubba 같은 이들), 오아시스 농경민 등이 있었다.[6]

부족의 명칭은 여러 세기 동안 지속되면서 그 일원에게 충성심과 권리 의식을 심어 주었다. 이 명칭이 일정 지역에서만 통용되는 경우도 있었고 보다 광범위한 지역으로 확산되는 경우도 있었다. 힐랄 부족의 사례는 어떻게 부족의 명칭이 세간에 회자되면서 존속하다가 아랍과 베르베르 등 출신지가 다양한 이들로 이루어진 집단에게 통일성을 심어줄 수 있었는지 잘 보여주고 있다. 이와 유사하게 아라비아 반도 남서부 지역에서는 하쉬드Hashid나 바킬Bakil과 같은 부족의 명칭이 적어도 이슬람 초기부터 현재에 이르기까지 통용되어 오고 있다. 또한 팔레스타인 일부 지역에서는 까이스 또는 예멘과 같은 고대 아랍 부족 명칭이 근대까지 전해 내려오고 있다. 두 부족의 명칭은 일체화의 수단이자 마을 동맹체가 도움이 필요할 때 사람들을 결집시켜 주는 역할을 했다. 마그립의 베르베르 지역

5 아싸비야는 14세기 무슬림 역사학자 이븐 칼둔이 ≪역사서설≫에서 정립한 개념으로 집단 연대 의식을 뜻한다. 이러한 연대 의식은 종족이나 보다 작은 친족 집단 안에서 자연적으로 발생한다. 그런데 이것은 종교적 이념에 의해 강화되고 확대될 수도 있다. 이러한 연대 의식이야말로 지배 집단으로 하여금 권력을 잡게 만드는 추동력을 제공한다. 한편 연대 의식의 약화는 바로 왕국과 제국의 몰락을 예고하고, 보다 강렬한 연대 의식을 가진 집단을 중심으로 새로운 왕국과 제국의 출범을 준비해 준다. — 옮긴이

6 솔룹바는 아라비아 사막에 사는 비유목민들로서 주로 금속공예나 목공예를 업으로 삼았다. 그들은 주변의 베두인들과 다른 독특한 의상을 입었고 방언의 형태도 달랐다. 주변의 베두인들은 그들이 마술적인 힘을 갖고 있다고 여겼으며 천한 신분으로 취급했다. — 옮긴이

에서도 산하자Sanhaja와 자나타Zanata와 같은 부족의 명칭이 이와 비슷한 기능을 했다.

목축 단위이건 마을(또는 지구) 단위이건 대개 장로長老나 가장家長이 권위를 갖게 마련이었다. 이들은 집단의 공통 의식을 기억하고 있었을 뿐만 아니라 긴급한 공통 관심사를 규율하는 역할을 맡았다. 불화 때문에 집단이 분열의 위기에 처할 때는 서로를 화해시키는 구실도 맡았다. 보다 높은 계층에서는 정주 집단과 유목 집단을 막론하고 새로운 지배 세력이 등장하기도 했다. 같은 산악 계곡이나 평원에 자리 잡은 마을들 또는 같은 이름을 사용하는 유목 단위들 사이에서는 특정한 지배 가문이 출현했다. 지배 가문의 일원은 주민의 동의를 얻거나 무용武勇을 발휘함으로써 집단 전체를 통솔하는 지도력을 확보할 수 있었다. 이들 지배 가문들 가운데는 외부 출신도 있었다. 이들은 군사적 명성, 종교적 지위, 분쟁 조정 능력 등을 통해 자신들의 입지를 확보해 나갔다. 또는 도시나 중앙 정부와 협상을 할 때 집단의 중재자가 되기도 했다. 그들이 실제 어디 출신인지는 중요하지 않았다. 그들의 족보는 진짜일 수도 있고 허위일 수도 있었지만 여하튼 같은 부족의 일원으로 간주되었다.

이러한 지도자와 지배 가문들이 누렸던 권력은 그야말로 천차만별이었다. 유목 생활을 했던 목축민의 경우 그들의 부족장이었던 셰이크*shaykh*는 실권이 거의 없었다. 부족장의 권력은 기껏해야 부족 안의 대중에게서 얻는 명망이 전부였다. 부족장은 마을에서 스스로 기반을 마련하거나 새로운 통치자로 거듭나지 않는 한 인기 이외에 특별한 실권을 누릴 수 없었다. 따라서 유목 부족의 흥망은 지배 가문의 성패에 의해 좌지우지될 수밖에 없었다. 이에 따라 부족에 구성원들이 새로 편입하거나 이탈하는 경우도 있었다. 그러나 이러한 사실은 족보를 위조함으로써 감추어졌다. 그 결과 이제 막 부족에 편입된 집단이 마치 예전부터 부족의 일원이었던 것처럼 보이곤 했다.

한편 농경 생활을 기반으로 한 정주 지역, 그 중에서 특히 산악 계곡과 같이 다소 외진 곳의 지배 가문은 이와 정반대의 경우에 속했다. 이곳의 지배 가문은 오래전부터 터전을 다져 왔던 토박이거나 군사 정복 또는 종교적 권위를 바탕으로 입지를 굳힌 외부 침입자, 인근 도시의 정부로부터 임명된 관료 등이었다. 정주 지역에서는 지배 가문과 지역 주민 간의 부족적 연대 의식이 점차 희미해져 갔던 것으로 보인다. 대신 지배 가문은 요직을 장악하거나 군사력을 보유함으로써 어느 정도 지배력을 확보할 수 있었을 것이다. 지배 가문에 의한 권력 집중도가 높아질수록 아싸비야라고 불린 부족 연대 의식은 사라지고 군주와 신민이라는 관계로 대체되었다.

7장
도시 생활

시장과 도시

농민들과 유목민들은 많은 생활필수품을 자급자족할 수 있었다. 농민들은 흙벽돌을 이용하여 스스로 집을 지었다. 아낙네들은 양탄자와 옷을 짰으며, 떠돌이 장인들은 금속 세공품을 만들거나 수리했다. 그러나 사람들은 자신들이 만들어 낸 잉여생산물을 다른 상품과 교환할 필요가 있었다. 다른 지방의 토산품이나 솜씨 좋은 장인이 만든 상품들과 천막, 가구, 동물의 장신구, 요리 기구, 무기 등과 같은 필수품을 얻길 원했다.

여러 농경 지역이 교차하는 지점에서는 정기적으로 시장이 열렸다. 일반적으로 사람들에게 잘 알려지고 교통이 편리하며 오랫동안 자연스런 만남이 이루어졌던 곳에 시장이 세워졌다. 그 가운데는 '수요일 시장'*suq al-arba'a*과 같이 매주 열리는 시장이 있었는가 하면, '알라의 교우敎友'라고 불리는 남녀 성인들을 모신 무덤 사원의 행사를 맞이하여 한 해에 한 번씩 열리는 시장도 있었다. 시간이 지나면서 일부 시장은 영구 정착지인 도시로 변모해 갔다. 도시의 상인과 장인은 농작물을 재배하거나 가축을 사육할 필요가 없었기 때문에 자신들의 기술을 전문화할 수 있었다. 상업 도시들은 대부분 소규모였으며, 심지어 촌락보다 규모가 작은 경우도 있었다. 이러한 도시에서는 수백 또는 수천 명의 주민들이 중앙의 시장을 중심으로 살고 있었다. 이곳의 중심가에는 상점들과 공방들이 들어섰다. 초창기 무렵 상업 도시들은 주변의 비도시 지역과 확연히 구분되지 않았다. 시내에 터전을 잡은 일부 토박이를 제외하고 대부분의 주민들은 상황에 따라 도시와 비도시 지역을 옮겨 다녔기 때문이다. 대도시로부터 멀리 떨어진 작은 마을이나 오아시스에서는 이웃 부족의 셰이크나 지방 군주가 위세를 떨치고 있었던 것으로 보인다.[1] 그러나 시장이 부족이나 마을의 싸움터가 되는 경우는 없었다. 이는 장인이나 소규모 상인 계층이 부족 제도의 바깥에 있었음을 시사한다. 즉 '명예' 또는 '복수'와 같은 부족의 가치관이 이들에게는 아무런 구속력을 발휘하지 않았던 것이다.

몇몇 도시들은 지방의 상업 도시보다 큰 규모로 성장하기도 했다. 여러 농경 지대가 한 장소에서 교차하고 생산물들의 교역 규모가 커지고 복잡해지면서 거대한 도시가 탄생하게 된 것이다. 대표적인 예로 시리아 북부 지역에 자리 잡은 알레포를 들 수 있다. 알레포는 시리아 평원에서 나오는 곡물을 사고팔던 이들이 모이는 곳이었다. 뿐만 아니라 북쪽 구릉지의

1 셰이크는 이슬람 시대 이전부터 아랍 지역에서 쓰였던 경칭이다. 엄밀하게는 50세가 넘은 존경할 만한 사람을 가리킨다. 종교 교단의 지도자나 카이로의 알 아즈하르 대학교와 같은 명문 대학의 총장, 부족장, 촌락장 또는 도시의 구역장區域長에게 붙인다. 이 밖에도 학식 있는 사람들, 특히 울라마(종교학자)에게도 사용하고 나이가 어리더라도 ≪꾸란≫을 전부 암기하고 있으면 이 호칭을 붙여 준다. — 옮긴이

숲과 과실나무에서 나오는 산물들은 물론 구릉지와 넓은 시리아 사막에서 각각 사육되었던 양과 낙타들도 이곳에서 거래되었다. 만일 어떤 도시가 시장으로 쉽게 운송할 수 있는 잉여 농산물이나 원료 생산 지역과 가깝다면 숙련된 장인들이 상품을 대량으로 생산하는 중심지로 발돋움할 수 있었다. 반면에 이러한 유의 다른 도시들과 연결되는 바다, 강, 사막 등의 통로와 인접해 있다면 교역 중심지나 항구로 발전하기도 했다. 이곳에서는 값진 물건들을 취급하며 장거리 무역을 했다. 귀중품일수록 이윤이 컸기 때문에 사람들은 장거리 운송에 따르는 비용과 위험을 기꺼이 감수하고자 했다.

상기한 것처럼 적절한 환경이 갖춰지고 수십 년, 수백 년 동안 생활이 안정되게 되면 어김없이 대도시들이 성장하여 번성했다. 이슬람 세계는 제국의 창건 직후 인도양과 지중해를 아우르는 거대 사회로 발전해 나갔다. 그 결과 동서 전역에 걸쳐 거대 도시들이 우후죽순처럼 등장하였다. 대표적인 도시로 안달루스의 코르도바, 세비야, 그라나다, 모로코의 페스와 마라케시, 튀니지의 까이라완과 튀니스, 이집트의 푸스타트와 카이로, 시리아의 다마스쿠스와 알레포, 아라비아 반도 서부의 메카와 메디나, 이라크의 바그다드, 모술, 바스라 등이 있다. 그 밖에 이란, 트란속사니아, 북인도 등지에도 대도시들이 출현했다. 이 가운데 일부는 이슬람 출현 이전부터 존속해 왔던 도시다. 그리고 나머지는 이슬람 정복 시기나 그 이후의 왕조들에 의해 세워진 도시다. 대부분의 이슬람 도시들은 해안이 아닌 내륙에 위치하고 있었다. 무슬림들의 지중해 연안 지배가 불안정했기 때문에 이슬람 세계의 항구들은 해상으로부터 몰려오는 외적의 침입에 시달릴 수밖에 없었다.

10세기부터 11세기까지 이슬람의 대도시들은 서반구에서 가장 큰 규모를 자랑하였다. 당시 도시 인구가 어느 정도였는지 정확하게 가늠하기는 힘들다. 그러나 도시의 규모나 공공건물의 수와 크기 등을 근거로 어림잡아 추정해 볼 수는 있다. 이렇게 볼 때, 14세기 초반 카이로에 거주했던 인구는 약 25만 명에 이르렀던 것으로 보인다. 14세기에 카이로는 흑사병으로 보이는 역병이 창궐하여 인구가 줄어들었으나 시간이 어느 정도 지나자 예전 수준을 회복했다. 압바스 왕조의 수도였던 바그다드는 최고 전성기 시절 인구가 100만 명을 넘어섰던 것으로 전해지고 있는데, 분명 그것은 과장된 수치인 것 같다. 그럼에도 불구하고 바그다드가 최소한 카이로에 필적하는 도시였다는 사실만은 틀림없다. 1300년 무렵 바그다드의 인구는 급속히 줄어들었다. 인근 농촌의 관개 시설이 노후화되고 몽골인들의 침략과 약탈이 잇따랐기 때문이다. 스페인에 위치한 코르도바 역시 카이로와 바그다드 못지않은 규모를 자랑했다. 15세기 무렵 알레포, 다마스쿠스, 튀니스 등과 같은 도시에는 5만에서 10만 명 정도의 인구가 거주했던 것으로 보인다. 당시 서유럽에는 카이로만 한 규모의 도시가 없었다. 피렌체, 베네치아, 밀라노, 파리 등의 인구는 10만 명 수준에 머무르고 있었다. 한편 영국, (북해 연안) 저지대, 독일, 중부 유럽 등의 도시들은 이보다도 인구가 적었다.

도시 주민

도시 주민 가운데 거상巨商 계층은 부富를 바탕으로 영향력을 행사할 수 있었다. 이들은 지방으로부터 식량과 원료를 가져오는 일에 종사하거나 장거리 무역을 통해 귀중품을 거래하는 일에 관여했다. 이 시기의 주요 교역 품목은 직물, 유리, 중국제 도자기 등이었으며, 특히 향신료는 가장 중요하게 취급되었다. 상기한 교역 물자들은 주로 남아시아나 동남아시아에서 수입되었다. 이슬람 초기에 수입 물품들은 걸프 해의 항구와 시라프, 바스라 등을 통해 들어왔다. 그러나 나중에는 홍해를 따라 이집트의 항구로 들어온 뒤 다시 카이로로 운송되었다. 카이로에 집결된 물품은 또다시 육로나 해로를 따라 지중해 전역으로 공급되었다. 다미에타Damietta, 로제타Rosetta, 알렉산드리아Alexandria 등과 같은 항구들이 무역 거점이 되었다. 금金은 크게 두 개의 무역로를 따라 거래되었다. 에티오피아의 금은 나일 강을 통하거나 대상隊商에 의해 카이로로 운반된 반면 나이저 강 유역의 금은 사하라를 거쳐 마그립으로 운반되었다. 한편 노예들은 수단, 에티오피아 그리고 슬라브 지역에서 주로 수입되었다.

무슬림 상인들이 무역을 완전히 독점하고 있었던 것은 아니다. 지중해 교역의 경우 대부분이 유럽 선단과 상인들의 관리 아래 있었다. 처음에는 아말피 그리고 그다음에는 제노바, 베네치아의 상인들이 그러했고, 15세기 무렵에는 프랑스와 영국이 새롭게 부상했다. 이슬람 도시의 상인들은 마그립, 서아시아, 중앙아시아 등의 대규모 육상 무역로는 물론 인도양의 해상 무역로도 장악했다. 그러나 15세기 말 포르투갈인들이 희망봉을 주항舟航하고 새로운 무역로를 개척하자 무슬림 상인들은 위상에 치명타를 입었다. 이슬람 세계의 상인들은 대부분 무슬림들이었는데, 그 대표적인 예로 한동안 이집트 향신료 무역을 장악했던 카리미 상단Karimi merchants을 들 수 있다. 그러나 바그다드, 카이로, 마그립 등지에는 상당수의 유대 상인들도 존재했다. 유대인들은 이탈리아, 북유럽, 비잔틴 제국 등에 거주하던 가족이나 공동체들과 관계를 유지하고 있었다. 대도시와 달리 소도시에서는 특정 품목만을 취급하는 탄탄하게 조직된 상단들이 존재했다. (이와 같은 전통은 근대까지 계속되었다. 후대의 마그립 지역 역사를 보면 이 같은 상단들이 튀니지 해안의 자르바Jarba 섬, 사막 가장자리에 자리한 므잡Mzab 오아시스, 모로코 남부의 수스Sus 지역에서 출현하는 경우가 있었다.)

상인들은 사업에 수반되는 위험을 방지하기 위해 일반적으로 두 가지 제도를 마련했다. 첫째는 조합을 운영하는 것이었는데, 대개 같은 가문 출신들로 구성되는 경우가 많았다. 이때 둘 또는 그 이상의 조합원들은 투자한 금액에 따라 위험과 이윤을 나누었다. 둘째로는 무역을 하는 이에게 상품이나 자본을 위탁하는 무다라바*mudaraba*, 즉 위탁계약*commenda* 제도였다. 이에 대한 대가로 투자가는 자본금과 함께 계약에 따른 일정한 몫의 이윤을 챙길 수 있었다. 한편 상인들은 다른 도시에 대리점을 두기도 했다. 당시에는 아직 은행 제도가 발달하지 않았으나 어음과 같은 원거리 간 신용 거래를 위한 여러 가지 방법이 있었다. 당시의 무역 제도는 공통의 가치와 보편적 관습에 기초한 상호 신뢰에 의해 지탱되고 있었다.

대도시는 상업뿐만 아니라 제조업의 중심지이기도 했다. 대도시에서 생산된 직물, 금속 세공품, 도기, 피혁 제품, 가공 식품 등의 주요 상품이 지방의 시장으로 팔려 나갔다. 보다 넓은 시장을 겨냥한 명품들이 만들어지기도 했는데, 특히 고급 직물 제품이 인기가 많았다. 그러나 일부 증거 자료에 따르면 11세기부터 이슬람 세계에서는 외부 시장을 겨냥한 제품의 생산이 줄어들었던 것으로 보인다. 반면 중국, 인도, 서유럽 등지에서 생산된 상품의 중계 무역은 점차 그 중요성이 더해 갔다. 이러한 변화는 유럽의 도시들이 다시 활력을 찾았던 것과 관련이 있다. 특히 당시 이탈리아에서는 직물 산업이 성장하고 있었다.

일반적으로 생산 단위는 소규모에 머물러 있었다. 장인은 공방工房에 몇 명의 일꾼과 견습생을 두었던 것으로 보인다. 하지만 군주나 군대를 위한 병기창이나 왕립 직물 공장에서는 보다 큰 규모의 생산이 이루어졌다. 이집트를 비롯한 여타 지역의 설탕 공장 역시 그러했다. 도시에서 입지를 굳힌 계층은 상인뿐만이 아니었다. 상점 주인이나 숙련된 장인들 역시 지속적인 영향력을 지닌 도시 계층으로 행세했다. 장인의 기술은 아버지에서 아들로 전수되었고, 상점이나 공방의 소유권이나 점유권도 여러 세대를 거쳐 대물림되곤 했다. 그러나 상점과 공방의 수는 공간 부족이나 당국의 규제 같은 요인으로 인해 제한받았다. 현대의 페스 지역을 연구한 역사학자의 지적에 따르면, 20세기 초반 그곳의 주요 바자르bazaar(전통 시장)나 공방 지역의 위치와 규모는 16세기 저술가 레오 아프리카누스Leo Africanus(c.1485~1554)가 묘사한 당대의 그것과 별 차이가 없었다.[2] 상점 주인이나 장인들의 소득 수준은 거상들에 비해 낮은 편이었다. 공예와 소매업을 통해 얻는 소득은 귀중품의 장거리 무역을 통해 얻는 소득만큼 많지 않았기 때문이다. 더구나 대부분의 장인들은 충분한 자본을 소유하지도 못했다. 카이로 지역을 대상으로 이루어진 조사 자료에 따르면, 상당수의 상점과 공방의 소유주는 거상이나 종교 재단이었던 것으로 밝혀졌다. 하지만 장인들은 정직과 품위 있는 직업 정신을 바탕으로 사람들로부터 존경과 영예를 누리고 있었다. 장인들의 지위는 직업의 종류에 따라 결정되었다. 일반적으로 귀금속, 종이, 향수 등을 다루는 장인들이 높은 지위를 차지했다. 반면 제혁업, 염색업, 도살업 등과 같이 '불결한' 업종에 종사했던 장인들은 지위가 낮았다.

장인이나 상점 주인은 도시 주민 가운데 확고하고 안정된 입지를 굳힌 계층에 속했다. 그보다 훨씬 많은 대다수의 주민은 별다른 기술을 요하지

2 레오 아프리카누스는 북아프리카와 유럽에서 활약한 여행가였다. 그라나다에서 태어나 가족과 함께 모로코로 이주한 뒤 페스에서 교육을 받고, 젊은 시절 상업 관계 또는 외교 임무 수행 관계로 북아프리카를 두루 여행했다. 이집트 여행 뒤 본국으로 돌아가는 중 기독교권의 해적에게 사로잡혔는데, 뛰어난 총명성을 보여 교황 레오 10세에게 선물로 바쳐졌다. 그의 학식에 감탄한 교황은 1년 뒤 그를 노예 신분에서 해방시켰다. 조반니 레오네Giovanni Leone라는 이름으로 기독교로 개종한 그는 로마 사회에서 특권을 누리면서 라틴어와 이탈리아어를 배우고 아랍어를 가르쳤다. 그는 1526년 무렵 그의 최대작 ≪아프리카의 지리학적 역사*Descrittione dell'Africa*≫(1550)를 완성했다. — 옮긴이

않는 직업에 종사하고 있었다. 행상인, 거리의 청소부, 대도시의 비정규 노동자들이 바로 이러한 부류에 속했다. 이들은 대개 지방 출신의 이주민이었다. 당시에는 도시와 비도시 지역 간의 경계가 그리 명확하지 않았다. 그 예로 도시 주위를 둘러싼 농원을 들 수 있는데, 다마스쿠스를 에워싸고 있었던 구타Ghuta 농원은 관개 시설을 갖춘 넓은 과일 경작지였다. 농원을 경작했던 농부들은 대부분 도시에서 살았던 것으로 보인다. 도시 외곽의 일정 구역에서는 장거리 무역을 하는 대상隊商이 대오를 꾸리고 가축을 구입하거나 여행 채비를 갖추기도 했다. 지방에서 온 유랑민들은 바로 이런 구역에 몰려들었다. 가뭄이나 혼란이 닥치면 더욱 많은 농부들이 마을을 버리고 도시로 몰려들었다.

율법과 울라마

대도시 사람들은 촌락이나 천막 거주자들과 다른 형태의 생활을 할 필요가 있었다. 도시는 전문화된 노동자와 상인들이 상호 협력하여 생산을 하고 서로 다른 출신 배경과 신앙을 가진 사람들이 어우러지는 장소였다. 도시의 거리와 시장은 항상 다양한 기회와 문제로 가득했다. 이러한 이유 때문에 사람들은 다른 이들이 특정 상황에서 어떻게 행동할지 예측할 수 있기를 바랐다. 다시 말해 바람직한 행동에 관한 규범과 보편적으로 납득되고 지켜질 수 있는 제도 및 관습이 필요해진 것이다. 그동안 각 공동체에서는 원로들에 의해 우르프'urf라 불리는 지역 관습이 보존되고 적용되어 왔지만 더 이상 효용을 발휘하기 힘들었다. 압바스 왕조 시절부터 대부분의 무슬림 도시민들은 샤리아, 즉 이슬람 율법을 받아들이기 시작했다. 무슬림 통치자들은 샤리아를 규범으로 제시하여 시민들이 지켜야 할 행동 지침으로 삼았다. 또한 샤리아는 상거래 계약 방식을 규제했기 때문에 사람들은 샤리아가 허용하는 범위 안에서만 이윤을 창출해야 했다. 그 밖에 샤리아는 부부 관계와 재산 분할 등의 문제도 다루었다.

샤리아를 관장했던 판관들은 마드라사라고 불린 특별한 학교에서 양성되었다. 판관은 아랍어로 까디라고 일컬어졌는데, 주로 집안이나 법정에서 혼자 집무를 보았다. 까디는 항상 서기관을 대동하여 자신의 판결을 기록하게 했다. 원칙적으로 재판에서는 신뢰할 만한 증언자의 구술만이 증거로 채택될 수 있었다. 따라서 다른 사람의 증언을 보증해 주고 이에 대해 합당한 자격을 부여하는 법적 공증인들이 출현하였는데, 이들은 우둘*'udul*이라고 불렸다. 실제로 서류가 증거로 채택되는 것은 우둘의 공증을 거쳐 구술 형태의 증언으로 바뀐 경우에만 가능했다. 후대에 이르러 일부 왕조들은 네 개의 법학파, 즉 마드합*madhhab*을 모두 받아들이기 시작하여 동등한 지위를 부여했다. 맘루크 왕조의 경우 네 개 법학파 출신 모두가 정식으로 까디에 임명되었다. 이때 까디는 각자가 속한 법학파의 가르침에 따라 판결을 내렸다. 항소 제도는 존재하지 않았으며, 까디가 내린 결정은 법적인 착오를 제외한 어떤 경우에도 다른 이에 의해 번복될 수 없었다.

원칙적으로 까디는 오직 신의 계시에 의거해 제정된 율법만을 관장했다. 그러나 현실적으로 이슬람 율법은 생각했던 것만큼 보편적이고 확고한 제도가 되지 못했다. 샤리아가 인간의 활동 영역 모두를 포괄하고 있지 않았기 때문이다. 샤리아는 결혼, 이혼, 유산 등과 같이 개인의 신분과 관련된 영역에 대해서는 매우 세밀하게 다루고 있었으나 상거래 문제 그리고 특히 형법과 헌법 문제에 대해서는 치밀함이 떨어졌다. 까디는 형사 사건과 관련해서 상당한 권한을 누렸다. 특히 ≪꾸란≫에서 명백하게 금지되었으며 구체적인 처벌이 명기된 범죄(간음, 절도, 음주 등)가 저질러질 경우 그러했다. 이와 더불어 까디는 반反종교적인 범죄와 관련해서 총체적인 권한을 휘두를 수 있었다(그러나 실제로 대부분의 형사 재판 특히 반국가적 범죄의 경우 까디 대신 통치자나 관료에 의해 사건이 처리되는 경우가 다반사였다).

까디는 법전에 명기된 대로 엄격하게 율법을 적용하지는 않았으며, 이는 까디의 고유 영역이었던 사법 분야에서도 마찬가지였다. 까디는 자신의 역할을 중간 조정자라고 생각했던 것으로 보인다. 따라서 그는 법 조항을 낱낱이 엄격하게 적용하기보다는 분쟁에 대해 서로 납득할 만한 해결책을 제시함으로써 사회적 화합을 유지하는 데 노력을 기울였다. 까디 이외에 또 다른 율법 전문가가 존재했는데, 무프티*mufti*가 바로 이에 해당했다. 무프티는 법률적 문제에 대해 파트와*fatwa*라고 불리는 판정을 내릴 권한을 갖고 있었다. 파트와는 까디에 의해 받아들여질 수 있었을 뿐만 아니라 적절한 절차를 거쳐 법전에 편입되었다.

까디는 도시 생활에서 중심적인 위치를 차지하고 있었다. 그는 율법을 관장했을 뿐만 아니라 시민이 사망하면 상속법에 따라 재산을 나눠 주는 책임을 맡기도 했다. 또한 그는 주민에 대한 감독과 같은 각종 권한을 통치자로부터 위임받았다.

율법을 가르치고 해석하며 관장하는 일을 했던 이들은 종교적 역할, 즉 모스크에서 예배를 집전하고 금요일에 설교를 했던 이들과 함께 도시 사회에서 독자적인 계층을 형성하였다. 울라마라고 불린 이들 종교 지식인들은 공동체 전체가 하나의 신앙과 가치관 그리고 윤리관을 가질 수 있도록 감시하는 수호자의 노릇도 톡톡히 해냈다. 그러나 울라마를 독립된 하나의 계급으로 보기는 힘들 것 같다. 왜냐하면 그들은 사회 전역에 흩어져 서로 다른 역할을 하고 있었고 대중들로부터 받는 평판도 천차만별이었기 때문이다. 울라마 가운데 상위층에 해당했던 이들은 도시 내에서 지도층의 위치를 차지하고 있었다. 즉 학식과 신앙심에서 명성을 얻은 울라마는 주요 법정의 판관, 대학의 교수, 주요 모스크의 설교가, 무덤 사원의 관리자 등 다양한 역할을 수행했다. 울라마 가운데 일부는 예언자의 딸 파티마와 그녀의 남편 알리 이븐 아비 딸립의 자손으로 예언자 무함마드의 후손임을 주장하기도 했다. 당시 예언자의 후손들에게는 사이드*sayyid*나 샤리프*sharif*의 칭호가 주어졌으며 대중들로부터 각별한 존경의 대상이 되었다. 일부 지역에서는 예언자 후손들이 주도권을 장악하는 경우도 있었다. 모로코에서는 16세기 이후 등장했던 두 개의 왕조가 모두 샤리프 신분임을 근거로 정통성을 주장하였다.

상위층에 속한 울라마는 도시의 상인이나 장인과 같은 다른 지도급 계층들과 돈독한 관계를 유지했다. 이들 상류 계층은 공통의 문화를 갖고 있었다. 상인은 자식을 학교에 보내 종교학자로부터 가르침을 받도록 했다. 이로써 상인의 자식들은 아랍어와 ≪꾸란≫은 물론 율법 지식도 습득할 수 있었다. 당시에는 학교 선생이나 학자가 무역업에 종사하는 것이 전혀 이상한 일이 아니었다. 상인들은 울라마와 같은 법률 전문가의 도움이 필요했다. 울라마는 상인들을 위해 정확한 언어로 된 공문서를 작성해 주거나 재산을 둘러싼 분쟁을 해결해 주고 사후死後 발생하는 유산 분배 문제를 관리해 주었다. 신뢰와 존경을 받았던 상인은 우둘, 즉 법적 공증인을 맡기도 했다. 우둘은 사회적으로 평판이 좋은 사람들이 맡았던 직분으로 이들의 증언은 까디에 의해 재판의 증거 자료로 채택되었다.

상인, 장인, 울라마 계층은 가문끼리 통혼通婚을 해 왔음을 알 수 있는 증거가 있다. 이는 그들 사이에 경제적인 이해관계가 얽혀 있었음을 시사해 주기도 한다. 전반적으로 도시의 부富 대부분은 이들 소수 계층에게 집중되어 있었다. 상업적 거래는 대부분 개인적 친분에 따라 성사되었다. 따라서 거래를 위한 투자 금액은 급격하게 증가하거나 감소하는 등 굴곡이 심할 수밖에 없었다. 울라마 계층에 속한 가문들은 비교적 오랫동안 사회적 지위를 유지할 수 있었다. 울라마는 자신의 지위가 대물림될 수 있도록 자식의 교육에 힘썼다. 고위직에 오른 울라마는 문중의 후진이 출세할 수 있도록 영향력을 행사하기도 했다.

상인과 상위층에 속한 울라마는 자신들이 소유한 재산을 다음 세대에 합법적으로 상속할 수 있었다. 그들은 재산 상속 수단으로 샤리아가 인정하는 와끄프*waqf* 또는 후부스*hubus*라고 불리는 종교 기부금 제도를 이용했다. 와끄프란 구호를 목적으로 수입 가운데 일부를 영구적으로 양도하는 일종의 기부금으로서, 주로 모스크와 학교, 병원, 공공 분수대, 여행자 숙소 등의 유지와 죄수 석방이나 병든 가축을 돌보는 목적에 사용되었다. 하지만 와끄프는 설립자의 가족을 위해 사용될 수도 있었다. 이 경우 설립자는 자신의 가족이 재단의 운용자가 되며 이에 따라 급여를 받을 수 있다고 명시할 수 있었다. 또한 기부금에서 발생하는 추가 수입은 평생동안 자신의 자손들에게 귀속되어야 한다든지, 또는 직계가 완전히 사라진 뒤에야 자선의 목적으로 사용할 수 있다는 조건을 내걸 수도 있었다. 이러한 조건들은 나중에 오용을 불러왔다. 와끄프는 까디의 감독 아래 있었으나 궁극적으로는 국가의 군주가 관할했다. 따라서 와끄프는 상거래와 같이 정당한 수단 이외의 방법을 통한 재산 상속을 막고 피상속인의 사치를 방지함은 물론 통치자에 의한 재산 약탈을 예방하는 보호책 구실을 했던 것이다.

노예

부와 사회적 지위라는 점에서 수직적으로 구분되었던 도시 주민은 다시 노예와 자유민, 무슬림과 비非무슬림, 남성과 여성 등 여러 범주로 나뉘었다.

집안 하인들은 노동 인구 가운데 다소 독특한 위치를 차지하고 있었다. 이들의 두드러진 특징은 많은 수가 여성이었다는 사실이다. 이것은 도시 지역에서 여성이 얻을 수 있는 거의 유일한 직업이 집안 내부의 일이었기 때문이다. 또한 하인들 대부분이 노예 신분이었다는 점도 특징이었다. 엄밀히 말해 이슬람 세계에 존재했던 노예 개념은 16세기 이후 서유럽인들이 북미나 남미에서 거느렸던 노예와 달랐다. 이슬람 율법은 노예 신분을 인정하고 있었다. 율법에 따르면 무슬림 자유민은 절대로 노예로 삼을 수 없었다. 따라서 노예의 대상이 된 자들은 전쟁 포로나 다른 경로를 통해 조달된 비무슬림들이었다. 또한 노예 부모 밑에서 출생한 자들은 자동적으로 노예가 되었다. 노예들은 자유민이 가진 완전한 법률적 권리를 누리지 못했다. 그러나 샤리아는 정의와 호의로써 노예를 다루어야 하며 노예를 해방시켜 주는 것은 미덕에 해당한다고 규정해 놓고 있었다. 주인과 노예의 관계는 돈독한 편이었으며, 노예가 해방되더라도 두 사람의 관계가 지속되는 경우도 있었다. 심지어 노예가 주인의 딸과 결혼한다든가 그의 사업을 관리해 주기도 했다.

법률적으로 노예 신분으로 분류되었던 사회 집단은 천차만별로 다양했다. 초창기부터 압바스 왕조의 칼리파는 중앙아시아 튀르크인 출신들을 노예로 고용하여 군대에 편입시켰다. 그리고 이러한 관행은 후대에도 지속되었다. 압바스 왕조의 군軍 노예와 해방 노예는 주로 중앙아시아나 카프카스 지역 출신이 많았다. 이에 반해 마그립과 안달루스에서는 슬라브 지역에서 노예를 데려왔다. 군 노예와 해방 노예는 왕조를 지탱해 주는 중추 세력이 되거나 심지어는 스스로 왕조를 건립하기도 했다. 가장 대표적인 예로 1250년부터 1517년까지 이집트와 시리아를 통치했던 맘루크 왕조를 들 수 있다. 이들은 원래 노예 출신이었으나 훈련을 거쳐 군인이

되고 이슬람으로 개종한 뒤 해방된 자들로, 독립된 신분이라는 지위를 누리고 있었다.

그런데 군 노예들은 독특한 지위를 누리고 있었다. 이러한 이유 때문에 이들을 다른 노예 집단들과 동일시하기는 힘들다. 일부 지역에서는 노예를 농작에 이용하기도 했다. 압바스 왕조 시절 남이라크 지역에서는 동아프리카 출신 노예들이 농작물 경작에서 중요한 역할을 했다. 이들은 나일강 상류 유역과 사하라의 오아시스 경작에도 동원되었다. 그러나 대부분의 노예들은 도시로 끌려와 집안의 하인이나 첩이 되었다. 이들은 블랙아프리카 지역에서 포획된 뒤 인도양, 홍해 그리고 나일 강을 따라 내려오는 길 또는 사하라 사막을 가로지르는 길을 통해 이슬람 세계로 유입되었다. 집안에서 일했던 노예의 대부분은 여성이었다. 환관이 된 남성 노예도 있었는데, 이들은 주로 집안의 사생활을 보호하는 역할을 맡았다.

도시 속의 무슬림과 비무슬림

도시는 만남의 공간이자 동시에 분리의 공간이기도 했다. 아라비아 반도를 제외한 거의 모든 지역의 도시에는 다양한 형태의 유대교나 기독교 집단에 속한 이들이 상당수 거주하고 있었다. 그들은 도시에서 이루어지는 공공사업에 참여하면서도 자신들만의 독특한 정체성을 지키고 있었다. 여러 가지 요인으로 그들은 무슬림들과 구분되었다. 먼저 그들은 지즈야라고 불리는 특별 인두세를 정부에 납부했다. 또한 이슬람 율법과 관습에 따라 자신들을 구분 짓는 징표를 달고 다녀야 했다. 예를 들어, 유대교도와 기독교도들은 특별한 옷을 입어야 했으며, 녹색과 같이 이슬람이나 예언자의 상징이 되는 색을 사용해서는 안 되었다. 무기를 소지한다거나 말을 타서도 안 되었다. 허가 없이 성전을 새로 짓는 것은 물론 낡은 성전을 함부로 보수할 수도 없었다. 만일 성전을 짓더라도 그것이 무슬림의 성전을 가려서는 안 되었다. 그러나 상기한 제한 규정이 항상 일괄적으로 강제되었던 것은 아니다. 이에 반해 결혼이나 상속과 관련해서는 보다 엄격하게 법률의 구속을 받았다. 예를 들어, 비무슬림은 무슬림의 재산을 상속받을 수 없었고, 비무슬림 남성은 무슬림 여성과 결혼할 수 없었다. 이에 반해 무슬림 남성은 유대교도나 기독교도 여성과 결혼할 수 있었다. 무슬림의 경우 다른 종교로 개종하는 것은 엄격하게 금지되었다.

유대인들과 기독교인들은 특정 경제 활동에서 특별히 중요한 위치를 차지하고 있었고, 이것은 그들이 독립된 생활을 누리고 있었음을 말해 준다. 그러나 이 같은 사실은 실제로 그들이 그 밖의 분야에서는 배재되어 있었음을 반증한다. 일부 유대인과 기독교인은 통치자의 궁정이나 행정기관에서 고위직을 맡을 수 있었다. 이집트의 파티마 왕조, 아이윱 왕조, 맘루크 왕조 아래서는 콥트 기독교인들이 재정 업무에서 중요한 역할을 담당했다. 유대인들은 의학 분야에서 두각을 나타냈다. 그들은 궁중에서 어의御醫로 활약하며 큰 영향력을 발휘할 수 있었다. 유대인과 기독교인은 이슬람으로 개종할 경우 보다 높은 고위직에 오를 수 있었다. 실제로 일부 개종자는 재상이 되어 세도를 부리기도 했다.

이슬람 세계의 도시에 거주했던 유대인들은 장거리 무역에서도 중요한 구실을 했다. 그들은 지중해의 유럽 항구들을 오갔을 뿐만 아니라 맘루크 왕조 때까지 인도양 무역을 주도했다. 의약품, 금은 세공과 관련된 수공업은 유대인들과 기독교인들의 차지였던 것으로 보인다. 그들은 자영업 형태로 또는 무슬림 주인 밑에서 일을 했다.

무슬림과 비무슬림의 관계는 복잡했던 사회적 관계의 양상을 반영하고 있었다. 당시 그들은 같은 도시 안에 살고 있었기 때문에 이해관계가 복잡하게 얽혀 있었다. 환경 변화에 따라 그들이 특정 시기, 특정 지역에서 차지하는 지위도 변화를 겪었다. 이슬람의 통치 초기만 하더라도 이슬람, 기독교, 유대교 간에는 사회적, 문화적 교류가 매우 활발했었던 것으로 보인다. 스페인의 후기 우마이야 왕조에서는 무슬림과 유대인이 그리고 바그다드의 압바스 왕조에서는 무슬림과 네스토리우스파 기독교인이 가깝고도 유연한 관계를 유지하고 있었다. 하지만 시간이 지나면서 종교 간의 장벽은 점차 높아져 갔다. 기독교인들이 이슬람으로 개종하기 시작했으며 이보다 드물긴 했지만 유대인들도 이슬람을 받아들이기 시작했다. 그 결과 다수파를 형성하고 있었던 기독교인들은 점차 소수파로 전락하게 되었다. 반대로 이슬람은 소수 지배층의 종교에서 도시 대중에게 가장 영향력 있는 신앙으로 바뀌면서 독자적인 사회 제도를 발전시켰다. 그 결과 무슬림은 비무슬림과 교류가 없어도 독자적으로 생활해 나갈 수 있었다.

기나긴 이슬람의 통치 기간 동안 무슬림 통치자들이 비무슬림을 상대로 지속적이면서도 고의적인 박해를 몇 차례 가한 적이 있다. 이러한 예는 파티마 왕조의 칼리파 알 하킴al-Hakim(996~1021)이 다스렸던 이집트와 알 무와히드 왕조Almohads가 통치했던 마그립 지역에서 찾아볼 수 있다. 한편 이란과 이라크 지역을 다스렸던 몽골 통치자들도 이슬람으로 개종한 뒤 종교적으로 박해를 가한 적이 있다. 하지만 순니 이슬람의 대변자들이 그러한 박해를 부추기거나 정당화한 것은 아니었다. 종교 지식인인 울라마는 비무슬림들이 신분과 관련한 법규를 위반하지 못하도록 만드는 데 관심을 기울였다. 그러나 울라마는 율법이 허용한 테두리 안에서 비무슬림들을 보호해야 한다는 주장에 대해서는 동의하고 있었다. 유대인과 기독교인에 대한 박해는 주로 도시 대중의 압력에 의해 유발되었던 것으로 보인다. 특히 전쟁이나 경제적 어려움이 닥치면 통치자를 보좌하고 있던 비무슬림 관료들에게 적대감이 쏠리곤 했다. 이러한 경우 통치자는 법률을 엄격하게 적용하거나 비무슬림 관료를 경질하는 등의 조치를 취하곤 했지만 이것이 그리 오래 지속되지는 않았다. 이러한 박해 사건은 맘루크 왕조가 이집트와 시리아를 다스리고 있을 때 수차례에 걸쳐 일어났다.

유대인들과 기독교인들은 간헐적으로 박해에 시달리거나 소수 집단으로서 지속적인 불이익에 처할 때마다 공동체 조직을 통해 은신처를 확보하거나 결속력을 강화해 나갔다. 교회나 시나고그Synagogue 또는 보다 상위의 기관들은 기독교와 유대교 공동체들을 하나로 결집시키는 구심점이 되었다.[3] 압바스 왕조 시절 '유대인 포로 족장'Exilarch은 유대 공동체 안에서 최고의 영예를 누리고 있었다.[4] 유대인 포로 족장은 다윗 왕 후손들에게 주어진 직책이었다. 그러나 실질적으로는 주요 대학이나 학파의 수장들이 권력을 행사했는데, 이들은 이라크에 두 명이 그리고 팔레스타인에 한 명이 있었다. 학술 기관의 수장들은 여러 유대인 공동체의 재판관들을 임명할 수 있는 권한도 갖고 있었다. 후대에 이르러 이슬람 제국이 분열되자 각 지방에서는 재판관, 학자 등이 지도층 인사로 등장했다. 특히 이집트에서는 나기드*nagid* 또는 라이스 알 야후드*ra'is al-yahud*라고 불린 '세속의' 지도자가 있었는데, 그 직위는 위대한 사상가 마이모니데스Maimonides의 후손들에 의해 세습되었다.[5]

---

3 시나고그란 유대교의 공적인 예배, 모임, 교육 장소를 가리킨다. '집회'를 뜻하는 그리스어 synagogē에서 유래한 말이다. 그 기원에 대해서는 여러 설이 있으나 일반적으로 기원전 586년 유대왕국이 멸망할 때 불타버린 솔로몬 성전 대신 바빌론 유수 시기에 그들의 공적인 예배 장소로서 발달했다는 설이 유력하다. — 옮긴이

4 유대인 포로 족장은 기원전 6세기 바빌론 유수 이후 중동에 정착한 유대인 공동체의 세습 통치자를 일컫는다. 족장의 지위는 다윗 가문의 후손들에게 세습되었다. 6세기 사산 왕조 시절 족장 마르 주르타Mar Zurta가 독립 운동을 시도하다가 실패한 뒤 한동안 족장 제도는 폐지되었다. 그러나 7세기 아랍인의 정복과 함께 다시 족장 제도가 부활하여 11세기까지 존속했다. — 옮긴이

5 마이모니데스Moses Maimonides(1135~1204)는 중세 최고의 유대 철학자다. 1135년 스페인

이와 유사하게 기독교 공동체 내부에서는 총대주교와 주교들이 권력을 휘두르고 있었다. 압바스 칼리파 체제에서는 네스토리우스파 총대주교가 바그다드에서 그리고 후대의 이집트 왕조들에서는 콥트교 총대주교가 카이로에서 사람들로부터 존경을 받으며 영향력을 행사했다. 유대교와 기독교 공동체의 수장은 딤마*dhimma*의 조항이 제대로 지켜질 수 있도록 보장할 책임이 있었다. 딤마는 무슬림 통치자가 비무슬림 백성들의 신변을 책임진다는 일종의 보호 계약으로 평화, 복종, 질서 등을 기본 원칙으로 한다. 또한 그들은 인두세를 산정하는 일에도 일정한 역할을 했던 것으로 보인다. 하지만 일반적으로 세금 징수는 정부 관리의 몫이었던 것으로 보인다. 또한 공동체 수장은 학교 및 사회 복지 사업을 감독했을 뿐만 아니라 교리와 예배 의식을 보존하는 데도 심혈을 기울였다. 이와 함께 법정을 감독하기도 했는데, 공동체 구성원이 관련된 민사 사건을 재판하거나 분쟁을 조정하였다. 그렇지만 만일 원하기만 한다면 유대인들과 기독교인들은 자신들의 사건을 무슬림 까디(판관)에게 의뢰할 수 있었고, 실제 이런 일이 자주 있었던 것으로 보인다.

도시의 여성

현재까지 알려진 바에 따르면, 도시 경제에서 여성이 맡았던 일은 제한되어 있었던 것으로 보인다. 여성은 대개 가사 노동자였다. 일부 여성들이

의 코르도바에서 태어났고, 나이 70세에 카이로에서 인생을 마쳤다. 그는 주로 아랍어로 저술을 남겼으나 곧 히브리어로 번역되었다. 그의 대표작은 ≪방황하는 자를 위한 안내서*Guide for the Perplexed*≫이다. 이 책의 저술 목적은 아리스토텔레스 철학과 유대교 신학 간의 화해를 모색하기 위한 것이었다. —옮긴이

무역과 공예 분야에서 남편을 내조했을 수 있고, 무용수나 가수와 같은 예능인들도 있었다. 그러나 대체로 여성들은 값비싼 수출용 상품들을 대량 생산하는 대도시의 중심 활동에는 참여하지 않았다. 경제 활동에 적극 참여했던 여성들은 가난한 집안 출신이었다. 재산과 권력이 많고 명망이 높은 집안일수록 여성들은 하렘*harim*이라고 불리는 집안의 특별한 장소에 격리되는 경우가 많았다. 그리고 이들은 길거리나 공공장소에 나갈 때 베일을 착용해야 했다. 말리키 학파 출신의 이집트 법학자 이븐 알 핫즈Ibn al-Hajj(1336년 출생)는 여성은 물건을 사기 위해 시장에 나가서는 안 된다고 언급한 바 있다. 만일 가게 주인과 자리를 같이할 경우 부적절한 행동을 저지를 수 있기 때문이란 것이다. 이와 관련하여 이븐 알 핫즈는 다음과 같이 말했다.

> 독실한 어르신들(알라께서 그들을 반기시길!)께서 말씀하시길, 여자는 다음 세 가지 경우에만 집을 나갈 수 있다고 하셨습니다. 결혼 뒤 신랑 집으로 갈 때, 부모가 돌아가셨을 때, 죽어서 무덤에 갈 때가 바로 그 세 가지입니다.[6]

여성들은 하렘에 갇혀 지내긴 했지만 그것이 세상으로부터 격리되었음을 뜻하는 것은 아니다. 여성들은 대저택에 특별히 마련된 여성만의 구역을 서로 방문하고, 특정한 시간 동안 여성들에게만 개방되는 공중목욕탕 그리고 결혼과 신생아의 출생 축하 잔치 등을 통해 서로가 만나 자신들만의 문화를 가꿀 수 있었다. 일부 여성은 중개인을 통해 자산 관리에 적극 개입하기도 했다. 여성이 자신의 권리를 요구하기 위해 까디의 법정에 출두했던 기록도 있다. 농촌에서처럼 도시에서도 여성들은 나이를 먹거나

---

6 Ibn al-Hajj, *al-Madkhal* (Cairo, 1929), Vol. I, pp.245-246.

남아를 출산했을 때 집안에서 높은 권위를 가질 수 있었다.

이런 상황에도 불구하고 사회 질서는 기본적으로 남성의 우월적 권위와 권리에 바탕하고 있었다. 베일과 하렘은 이러한 양상을 가시적으로 보여준다. 남녀 간의 관계에 대한 사고방식은 이슬람이 등장하기 오래전부터 존재해 온 중동의 문화에 깊숙이 뿌리를 두고 있었다. 농촌 지역의 경우 남녀 관계는 까마득한 옛날부터 관습으로 유지되어 왔다. 도시 지역에서는 샤리아가 발전하면서 이에 대한 사고방식이 더욱 엄격해지거나 변화되기도 했다.

≪꾸란≫은 명백한 어조로 남녀의 본질적 평등을 강조하며, "선善을 실천한 믿음의 남녀는 천국으로 들어가리니"라고 언급하고 있다.[7] 또한 ≪꾸란≫은 무슬림끼리 정의와 우호로써 대하라고 명하고 있다. 이러한 ≪꾸란≫의 계율 덕택에 여성들은 결혼과 상속 문제에서 이슬람 이전의 아라비아 반도에서 처했던 것보다 처지가 더 나아졌다(물론 이러한 상황이 피정복지에서도 마찬가지였던 것은 아니다). 법과 이상적인 도덕의 체계였던 샤리아는 여성의 권리를 공식적으로 옹호하는 동시에 그것을 제한하는 구실도 했다.

샤리아에 따르면 모든 여성은 아버지나 남자 형제 또는 다른 남자 가족을 보호자로 두어야 했다. 여성에게 결혼은 신랑과 자신의 보호자 간에 체결되는 민사 계약이었다. 만일 여성이 결혼 적령기에도 이르지 못한 어린 나이라면 아버지는 딸의 동의가 없더라도 임의로 결혼을 시킬 수 있었다. 그러나 여성이 결혼 적령기를 넘어섰다면 아버지는 반드시 딸로부터 동의를 구해야 했다. 하지만 초혼일 경우 딸의 침묵은 동의의 의사로 간주되었다. 결혼 계약이 이루어지면 신랑은 마흐르*mahr*라고 불리는 혼납금

7 Qur'an 40 : 40 ; 16 : 97.

婚納金을 지불해야 했다. 혼납금은 신부의 사유 재산이며, 그 외에도 그녀의 소유물이나 상속받은 유산은 자신의 재산으로 남는다. 아내에게는 남편에게 순종할 의무가 주어졌다. 그러나 그 대가로 아내는 남편에게 의복, 집, 생계비 등은 물론 잠자리까지도 요구할 수 있었다. 율법 학자들은 특정한 상황에서 피임의 정당성을 인정해 주었지만 남편은 아내의 동의 없이 함부로 피임을 해서는 안 되었다.

하지만 남편과 아내의 관계가 불평등했던 사례는 도처에서 발견된다. 아내는 (남편이 성적 불능인 경우, 남편이 정신적으로 문제가 있을 경우, 남편이 아내의 권리를 부정하는 경우 등) 정당한 이유가 있는 경우에만 이혼을 청구할 수 있었다. 또한 이혼 청구는 반드시 까디에게 의뢰하거나 남편과의 상호 합의를 통해서만 가능했다. 그에 반해 남편은 아무런 사유 없이 단지 증인 앞에서 형식적으로 몇 마디 읊조리는 것만으로도 아내와 이혼할 수 있었다(쉬아파의 율법은 이혼에 관한 규정이 보다 엄격한 편이지만 무트아 *mut'a*라고 불리는 임시 계약 결혼 제도를 인정하고 있다). 결혼 계약서는 남편의 전횡을 방지하는 일종의 안전장치 구실을 톡톡히 했다. 예를 들어, 만일 이혼을 요구하고 싶다면 남편은 결혼 계약서에 명기해 놓은 대로 무앗잘 *mu'ajjal*, 즉 '미루어 둔' 혼납금의 일부를 먼저 아내에게 지불해야 했다. 또한 여성은 남성 친척들로부터 지원이나 후원을 기대할 수도 있었다. 이혼할 경우 여성은 자신의 재산을 갖고 친정으로 돌아올 수 있었다. 또한 여성은 결혼을 통해 얻은 자식이 일정한 나이에 이를 때까지 보호하거나 양육할 수 있는 권한과 의무가 있었다. 율법은 여러 형태로 이에 대해 규정하고 있다. 아버지나 그의 가족은 자식이 장성한 뒤에야 양육을 떠맡을 수 있었다.

샤리아는 ≪꾸란≫과 예언자의 모범에 따라 한 남자가 최대 4명의 아내와 결혼하는 것을 허용하였다. 그러나 이 경우 남자에게는 여러 아내들을 공정하게 대해야 하고 부부간의 의무를 소홀히 해서는 안 된다는 의무가 따랐다. 남성은 원하는 만큼 노예 신분의 첩을 둘 수도 있었다. 노예 첩은 남성에게 아무런 권리도 주장할 수 없었다. 그러나 아내가 될 여성은 결혼 계약서에 남편이 향후 더 이상의 아내나 첩을 두어서는 안 된다는 조항을 명기하도록 요구할 수 있었다.

상속법에서도 남녀 간의 불평등이 나타났는데, 이것 역시 ≪꾸란≫으로부터 유래한 샤리아에 근거를 두고 있었다. 남자는 자신의 재산 가운데 3분의 1 한도 안에서 상속 자격이 없는 사람이나 목적을 위해 원하는 대로 유산을 물려줄 수 있었다. 나머지는 율법에 따라 엄중하게 분배된다. 아내는 유산 가운데 많으면 3분의 1 정도 상속받을 수 있었다. 아들과 딸이 있을 경우 딸은 아들의 절반 정도밖에 상속받을 수 없었다. 만일 딸만 여럿 있을 경우 그녀들은 아버지의 재산 가운데 일정 비율을 상속받았으며, 나머지는 남자 친척의 몫으로 돌아갔다(이것은 순니파의 율법에 따른 것이다. 쉬아파 율법에 따르면, 아들이 없을 경우 상속 재산 전액은 딸들에게 귀속되었다). 딸은 아들이 상속받는 재산의 절반밖에 얻지 못한다는 규정은 샤리아의 다른 규정에도 반영되었다. 즉 재판 과정에서 여성의 증언은 남성의 증언에 비해 절반 정도의 가치밖에 인정받지 못했다.

도시의 형성

도시는 모든 것이 이루어지는 공간이었다. 바로 이곳에서 상인과 장인은 일을 하고, 학자는 공부하고 가르치며, 군주나 총독은 병사들이 지키는 궁정에서 회의를 주재하고, 까디(판관)는 재판을 하였다. 촌락이나 사막의 주민은 도시로 와서 자신들이 생산한 것을 팔거나 필수품을 구입했고, 먼 지역에서 온 상인은 상품을 거래했으며, 학생은 유명한 스승 밑에서 학문을 연마했다. 도시의 구조는 상기한 모든 요구를 만족시켜 주기에 적합해야 했다.

모든 대도시에는 메디나*madina*라고 불리는 중심지가 존재했다(꼭 지리적인 중심지만을 뜻하는 것은 아니다). 메디나에는 크게 두 가지 종류의 시설이 들어섰다. 그 가운데 하나가 대大모스크인데, 이곳은 예배의 장소이자 집회 및 학문의 중심지이기도 했다. 위기가 닥쳤을 때 무슬림 주민들은 모스크를 중심으로 집단의식을 나타내곤 하였다. 모스크 주변에는 대법관의 자택이나 법정, 대학교, 서점, 양초와 같은 종교 용품을 파는 상점 등이 자리 잡고 있었다. 그 밖에 도시와 각별한 인연이 있는 성인을 모신 사원이 들어서는 경우도 있었다. 다른 하나가 수끄*suq*라고 불리는 중앙 시장으로, 이곳은 교역의 중심지였다. 시장 부근에는 직물, 보석, 향신료 등 값진 물건을 파는 상점과 수입 물품을 보관해 두는 창고가 있었다. 환전소도 있었는데, 당시 환전상은 국제 무역에 필요한 자금을 조달하는 은행 역할을 했다. 상점, 창고, 환전소 등은 일렬로 늘어서 있었고, 거리들은 서로 평행을 이루거나 교차하며 방형을 이루고 있었다. 밀집된 건물들은 도로에 밀착되어 있어서 가로지르는 도로를 내기가 어려울 정도였다. 근대 도시에서 찾아볼 수 있는 특징적인 시설들은 찾아보기 힘들었다. 야경꾼, 시장 감독관, 경찰 등과 같은 공권력 수행 기관들이 존재했지만 그들을 위해 별도의 커다란 과시적 형태의 건물을 세우지는 않았다.

시장은 주로 교역의 장소로 활용되었다. 그 가운데 많은 곳, 특히 귀중품이 보관된 곳은 야간에 출입을 차단하거나 경비를 엄중히 했다. 직물이나 금속 세공품 공방은 시장으로부터 얼마간 떨어져 있었으며, 그곳에서 일하던 노동자들의 거처도 마찬가지였다. 부유한 상인이나 학자들은 시장과 가까운 곳에서 살았다. 그러나 대부분의 주민들은 중심지 바깥에 위치한 거주 구역에서 살고 있었는데, 각 구역에는 좁은 골목과 막다른 골목이 밀집되어 있었다. 몇몇 시기에는 이 구역에 밤이면 닫아 놓고 경비를 서는 출입문이 있었다. 거주 구역에는 보통 수백에서 수천 명의 주민들이 살고 있었다. 거주 구역 안에는 모스크, 교회, 시나고그 등이 들어섰으며, 그 외에 일용 양식을 파는 작은 시장 수와이까*suwayqa*, 중요한 회합 장소였던 공중목욕탕 함맘*hammam* 등도 자리를 잡고 있었다. 일부 부유층이나 권력층이 서민용 주택지 안에서 살고 있는 경우도 있었는데, 이 경우 해당 지역에서 유지 행세를 하며 영향력을 발휘할 수 있었다. 하지만 상류층 가운데 일부는 도시 외곽 지역에 정원으로 둘러싸인 넓은 건물을 갖춘 저택이나 별장을 짓기도 했다. 거주 구역은 주민들의 것이었으며 주택들이 모여 생성된 집합체였다. 필요할 때면 젊은이들이 나서서 이 구역의 사생활을 보호하였다. 특히 주아르*zu'ar*, 아야룬*'ayyarun*, 피트얀*fityan* 등 이상적 도덕관에 바탕을 둔 청년 집단들이 등장하여 오랫동안 존속하기도 했다. 이러한 청년 집단들은 도시가 혼란에 빠졌을 때 활동 영역을 확장하곤 했다.

시내로부터 멀리 떨어진 성곽 주변이나 그 외곽에는 빈민 구역이 생겨나기도 했는데, 주로 지방에서 올라온 이주자들이 이곳에 거주했다. 이곳은 대상隊商이 여행을 준비하며 대열을 정돈하고 출발하거나 도착하는 장소였다. 또한 짐 나르는 짐승이 거래되었고, 교외 주민들은 이곳에 과일, 채소, 가축 등을 가져와 판매하기도 했다. 빈민 구역에는 소음과 악취가 심한 무두질 작업장이나 도살장 같은 것도 들어섰다. 이곳으로부터 멀리 떨어진 도시 성곽 바깥쪽에는 묘지가 조성되었다. 묘지는 장례식뿐만 아니라 중요한 회합 장소 구실도 하였다.

일반적으로 같은 구역 안에 살고 있던 주민들은 종교, 민족, 출신지 등이 같거나 서로가 친족이나 인척 관계를 이루고 있는 경우가 많았다. 따라서 그들은 강한 결속력을 가질 수 있었다. 유대인과 기독교인들은 다른 이들 이상으로 자신들만의 특정 구역에 모여 사는 경우가 많았다. 친척이나 고향 사람들과 집단을 이루고 자신들의 예배 장소를 중심으로 살고자 했기 때문이다. 또한 가정에서 여성을 격리하는 무슬림들과는 관습이 달랐기 때문에 무슬림 이웃과 어울리기가 더욱 힘들었다. 마그립 지역의 경우 베르베르나 동방 출신 유대인들은 안달루스 지역에서 건너온 유대인들과 따로 살았다. 그러나 기독교도나 유대교도 거주 구역이라고 해서 반드시 그들만 살고 있었던 것은 아니다. 대부분의 지역에는 게토ghetto가 존재하지 않았다. 하지만 15세기 말이 되면 모로코 지역만은 예외가 되었다. 모로코의 군주는 페스를 비롯한 여러 도시에 유대인 구역을 마련했는데, 이는 민중의 소요로부터 유대인들을 보호하기 위한 처사였다.

이러한 도시의 일반적 모습은 자연 환경, 역사적 전통, 현지 왕조의 활동 등에 따라 다르게 나타날 수밖에 없었다. 예를 들어 알레포를 들 수 있는데, 이 도시는 이슬람 등장 훨씬 이전에 발달했던 고대 도시였다. 이 도시의 중심지는 과거 헬레니즘, 비잔틴 시대와 동일한 장소에 위치하고 있다. 알레포의 중심가는 이슬람 도래 이후 오히려 그 폭이 좁아졌다. 그 이유는 주요 운송 수단이 바퀴를 이용한 수레에서 낙타나 당나귀와 같은 동물로 바뀌었기 때문이다. 알레포의 시민들은 도로의 폭이 짐을 실은 동물 두 마리가 나란히 지날 수 있을 정도면 충분하다고 여겼다. 그러나 방형으로 구획된 중심가의 흔적은 아직도 아치형 석재 천장으로 덮인 수끄(시장)의 미로 같은 골목길에서 찾아볼 수 있다. 대모스크는 헬레니즘 시대에 건설된 열주식 중앙로가 포럼forum이나 광장으로 넓어지던 지점에 위치하고 있었다.

이에 반해 카이로는 완전히 새롭게 건설된 도시의 예에 속한다. 이집트의 권력과 행정 중심지는 이슬람의 지배 초기 수세기 동안 알렉산드리아로부터 점차 나일 강과 삼각주가 만나는 내륙으로 이동해 갔다. 이와 함께 일련의 도심부가 일명 바빌론이라고 불린 비잔틴 시대의 성채 북쪽에 차례로 건설되었다. 그 결과 처음에는 푸스타트Fustat와 까타이Qata'i가 그리고 마지막으로는 알 까히라al-Qahira라고 불린 오늘날의 카이로가 건설되었다. 카이로의 중심부는 파티마 왕조 시절에 건설되었는데, 그 뒤로 19세기 후반까지 그 원형이 거의 그대로 유지되어 왔다. 카이로의 중앙에는 아즈하르 모스크Azhar Mosque가 위치하고 있다. 원래 아즈하르 모스크는 파티마 왕조의 국교였던 이스마일 쉬아파의 교육 중심지로 출발했다. 그 뒤 이 모스크는 순니파 교육의 중심지로 탈바꿈했으며, 카이로의 중앙 사원 구실을 했다. 아즈하르 모스크의 옆에는 이맘 후세인Husayn을 모신 무덤 사원이 있다. 후세인은 4대 칼리파였던 알리 그리고 예언자의 딸 파티마 사이에서 태어난 아들이다. 항간에 떠도는 전설에 따르면, 후세인이 카르발라에서 참수된 뒤 잘려 나간 그의 머리가 이곳으로 옮겨졌다고 한다. 후세인의 무덤 사원으로부터 얼마 떨어지지 않은 곳에는 북문北門인 밥 알 푸투흐Bab al-Futuh와 남문南門인 밥 주와일라Bab Zuwayla를 잇는 중앙 도로가 위치했다. 그리고 중앙 도로 양편과 주변 골목에는 모스크와 학교를 비롯하여 의류, 향신료, 금, 은 등을 취급하는 상점과 보관 창고가 늘어서 있었다.

모로코에서 페스가 건설된 방식은 또 달랐다. 페스는 작은 강을 사이에 두고 생겨난 두 개의 거주지가 합쳐진 형태를 취하고 있었다. 최종적으로 두 거주지 가운데 한 곳으로 중심지가 정해졌으며, 그곳에 페스의 건설자로 추앙받고 있는 마울라이 이드리스Mawlay Idris의 무덤 사원이 자리 잡았다. 무덤 사원 부근에는 까라윈Qarawiyyin 사원과 부속 학교들이 들어섰다. 페스에는 수많은 수끄(시장)들이 그물망처럼 연결되어 있었는데, 밤에는 안전을 위해 시장 입구의 문을 닫아 놓았다. 이곳에서는 향신료, 금은 제

카이로의 알 아즈하르 모스크 및 신학 대학

품, 수입 직물, 페스의 특산품인 가죽 슬리퍼 등이 보관되고 거래되었다.

도시의 대모스크와 중앙의 수끄는 문화와 경제의 중심지 구실을 했다. 그러나 정작 통치자들은 도시 내부에 거주하지 않았다. 이슬람 초기만 하더라도 군주와 지방 총독은 자신의 궁전을 시내 한복판에 건설했었다. 그러나 후대에 이르러 왕궁이나 왕실 구역이 도시 생활의 중심지라고 할 수 있는 메디나로부터 어느 정도 분리되는 것이 점차 일반적인 추세가 되었다. 압바스 왕조의 경우 자신들이 건설했던 도시 바그다드를 버리고 한동안 티그리스 강 상류에 위치한 사마라로 거처를 옮긴 적이 있었다. 후대의 군주들은 압바스 왕조의 예를 따라 궁전을 도시 바깥으로 옮기기 시작했다. 카이로의 경우 살라흐 알 딘은 도시 전체가 내려다보이는 무깟탐 Muqattam 언덕 위에 요새를 건설했는데, 아이윱 왕조와 맘루크 왕조는 바로 이곳에서 어전 회의를 개최하곤 했다. 스페인의 후기 우마이야 왕조 역시 코르도바 외곽에 위치한 메디나 알 자흐라에 궁전을 건설했다. 후대의 모로코 군주들도 페스 외곽에 신도시를 건설하고 그곳을 왕도로 삼았다. 통치자들이 분리 정책을 취한 이유에 대해 짐작해 보는 것은 그리 어렵지 않다. 그것은 바로 분리 조치가 통치자가 지닌 권력의 위대함을 상징했기 때문이다. 다른 한편 군주들은 여론의 압력으로부터 벗어나기 위해 백성들로부터 분리되기를 원했을지도 모른다. 또한 그들은 군대가 도시에서 생기는 이해관계에 개입하는 것을 꺼려했을 수도 있다. 왜냐하면 병사들의 이러한 행동은 자칫 자신에 대한 절대적 충성심을 약화시킬 수도 있었기 때문이다.

왕도王都 또는 왕궁 복합 단지 내부에는 궁전이 자리했으며, 그 곁에는 왕가의 보물 창고와 주조소, 서기를 위한 집무실 등이 들어섰다. 궁전 바깥쪽에 위치한 외궁外宮에서는 공공 업무가 이루어졌다. 즉 외국 사절의 접견, 군대 사열, 재판과 탄원 청취를 위한 회의가 바로 이곳에서 이루어진 것이다. 업무 관계자들은 외궁의 출입이 허락되었으며, 군주는 특정한 날이나 목적을 위해 이곳에 모습을 드러냈다. 내궁內宮은 군주만을 위한 전용 공간이었다. 이곳에서는 환관들이 군주의 가족과 여인들을 호위하고 있었으며, 궁중 노예들은 군주의 수족과 같은 구실을 했다. 그런데 백성으로부터의 분리 정도는 왕조마다 조금씩 달랐다. 예를 들어 하프스 왕조는 그다지 분리되기를 꾀하지 않고 백성들에게 자신들을 드러낸 채 생활했던 데 반해 맘루크 왕조는 분리의 정도가 그보다 심한 편이었다.

왕도에는 또한 근위대의 막사, 고관대작의 공관 그리고 궁정과 군대에 필요한 특별한 상품을 취급하는 수끄가 자리했다. 수끄에는 병기창, 군마와 무기 거래소, 왕실용 고급 직물 공방 등이 들어섰다. 이러한 곳에서 일하던 장인들은 인근에 거주했던 것으로 보인다. 페스의 왕도 안에는 유대인 금은 세공업자들이 살던 구역이 있었다.

도시의 주택

15세기까지 수끄에는 안뜰을 갖춘 대형 건물들이 세워졌다. 건물의 안뜰을 중심으로 1층에는 창고가 마련되었고, 위층은 주로 상인들이나 기타 손님들이 머무는 숙박소로 사용되었다. 다양한 형태를 가진 이 같은 용도의 건축물을 시리아와 이라크에서는 칸*khan*, 이집트에서는 위칼라*wikala*, 마그립에서는 푼두끄*funduq*라고 각각 불렀다. 마그립을 비롯한 여러 지역에는 까이사리야*qaysariyya*라고 불린 건물도 있었는데, 이곳에는 주로 값나가는 귀중품들이 보관되었다. 이 같은 건물들은 대개 군주나 도시의 유지들에 의해 건설되어 와끄프 명목으로 희사되었다. 이 같은 이유 때문에 건물을 통해 벌어들인 수입은 반드시 종교나 자선 목적으로 사용되어야 했다.

도시의 일반 가정용 주택은 크게 세 가지 유형으로 나뉜다. 먼저 빈민층 주택은 대부분이 출입이 자유로운 마당을 중심으로 세워진 오두막집들로 이루어졌다. 인구 밀도가 높은 카이로 중심지에서는 빈민층은 물론 자신의 일터와 가까운 곳에 살아야 했던 장인들과 소매상까지도 아파트식 주택에서 살고 있었다. 아파트식 주택의 전형적인 모습은 다음과 같다. 안쪽 마당을 중심으로 건물을 지었는데, 1층에는 작업장이 들어섰으며 여러 개의 계단을 통해 2층이나 3층으로 올라갈 수 있었다. 위층에는 여러 개의 개방된 방을 갖춘 아파트들로 나뉘어 있었다.

그리고 보다 쾌적한 환경이나 인구 밀집이 덜한 지역에 살고자 했던 사람들을 위해 세운 주택들이 있다. 아라비아 반도 남서부 지역의 것이 바로 전형적인 예에 속한다. 대개 석재로 지어진 이곳의 주택들은 정교하고도 균형 잡힌 모양을 갖추었을 뿐만 아니라 층수도 상당히 높았다. 1층에는 가축이 그리고 2층에는 곡물이 각각 보관되었다. 그 위로 두 개 층이나 세 개 층은 생활공간으로 사용되었다. 맨 꼭대기 층은 손님을 접대하는 응접실로 사용되었는데, 이곳이 공기는 물론 전망이 제일 좋기 때문이다. 또한 대가족을 위한 주택이 있는데, 그 모습은 시기와 지역에 따라 각기 달랐다. 어떤 주택은 이란 또는 이라크 전통과 그리스-로마의 지중해 풍이 혼합된 형식을 취하고 있었다.

주택은 주도로에서 시작된 골목길을 통해 서로 연결되어 있었다. 주택에는 대문의 크기 외에 집주인의 재산이 과연 어느 정도인지 식별할 만한 단서가 하나도 없었다. 이는 군주의 시기심이나 행인들의 호기심을 자극하지 않기 위해서였다. 실제로 대부분의 주택은 밖이 아니라 안에서 감상할 수 있도록 설계되었다. 대문은 주택의 바깥을 장식하는 주된 구조물이었다. 대문은 주로 철재나 목재로 만들었으며 그 둘레는 조각을 새긴 석재로 장식했다. 대문 위에 창문을 만들어서 외부인들의 출입을 살필 수 있도록 했다. 대문으로부터 이어진 복도는 길거리 행인들이 집안 내부를 엿보는 것을 막기 위해 일정한 각도로 휘어져 있었다. 복도를 따라 들어가면 안뜰에 이르게 되고, 바로 이곳에서부터 마즐리스*majlis* 또는 까아*qa'a* 라고 불리는 응접실과 다른 내실로 연결되었다. 인구 밀집 지역에서는 안뜰 대신 실내 공간을 마련했다. 대개 응접실은 출입구를 마주보는 쪽이 정원과 맞닿아 있었는데, 이곳은 문이나 이완*iwan*을 통해 출입이 가능했다. 이완은 커다란 원형 아치로, 이란에서 기원하여 서쪽으로 전파되어 간 양식이다. 일부 지역에서는 큰 방 앞쪽에 작은 쪽방이 따라붙기도 했다. 맘루크 왕조 시대의 카이로에서 큰 방은 실내 정원 형태로 발전하여, 움푹 파인 중앙에 분수를 설치하고 양측에는 앉을 수 있는 공간을 마련해 두었다. 보통 응접실에는 하인들을 위한 방이나 집무실이 딸려 있었다. 이와 별도로 가족들의 거주 공간은 분리되어 있었다. 이곳에서 여성들과 어린이들 그리고 하인들은 자신들이나 집주인의 요구에 따라 격리된 생활을 하고 있었다. 커다란 저택에는 외부인을 위한 접대 공간과 가족 전용 공간을 분리하기 위해 정원을 두 개나 만들기도 했다. 보다 작은 저택은 이러한 목적을 위해 위층과 아래층의 용도를 구분했다. 대저택에는 종종 함맘이라 불리는 목욕탕을 만들기도 했다.

어느 지역에서건 석재로 집을 짓는 경우 많은 비용이 요구되었다. 대부분의 주택은 일반 벽돌이나 흙벽돌로 지었고, 집 대문의 둘레는 석재로 장식되었다. 1층에 자리 잡은 큰 방의 천장은 벽돌을 가지고 아치 모양으로 만들었는데, 이는 습기를 방지하고 위층의 하중을 견디기 위해 고안된 것이었다. 반면 다른 방 천장들은 목재로 만들었으며, 여기에 통풍과 공기 순환을 돕기 위한 각종 장치가 덧붙여졌다. 벽면, 문, 천장 등에는 장식이 첨가되었으며, 목재는 다양한 색깔로 채색되었다(모로코 특유의 색은 녹색이었고 튀니지의 경우 청색이었다). 벽면은 식물 문양을 이용하여 회반죽이나 벽토로 장식되었다. 석재에는 서예나 식물 문양이 새겨졌다. 창문에는 목재로 만든 덧문이 부착되었는데, 덧문은 격자무늬의 목각 장식으로 치장되었다. 이 장식은 파티마 왕조 시절 이집트에서 마슈라비야*mashrabiyya*라는 이름으로 처음 등장하여 맘루크 왕조 시절에 보편화되었다.

주택에는 물품 보관용 궤짝이나 찬장 이외에 특별한 가구가 거의 없었다. 카이로의 한 역사학자의 지적에 따르면, 이곳에서는 직물이 마치 유럽 주택의 목재 가구처럼 사용되었다고 한다. 응접실에는 쿠션을 얹은 소파가 놓여 있었다. 마루나 목판 또는 석판 위에 놓인 속을 채운 이불과 베개는 침대처럼 사용되었다. 벽면은 벽걸이 천으로 그리고 마루와 침대는 카펫으로 덮였다. 밤에는 불을 밝히기 위해 구리로 만든 기름 램프가 사용되었고, 날씨가 추워지면 구리로 만든 화로를 실내에 들여와 숯이나 향나무를 태웠다. 식사는 은이나 구리로 만든 원형 쟁반에 담은 뒤 목재로 만든 걸이 위에 올려놓았다. 음식은 사발이나 컵 등의 질그릇에 담았는데, 부유층은 중국 도자기를 사용하기도 했다. 음료수는 구리, 유리, 질그릇 등으로 만든 컵을 사용하여 마셨다. 큰 접시에 담긴 음식을 집기 위해서는 얇은 빵을 사용했다. 그러나 부자들은 숟가락이나 포크를 사용하기도 했다.

빵은 가난한 이들에게 없어서는 안 될 주식이었다. 정부는 도시에 안정적으로 곡물을 공급하는 데 최우선 순위를 부여하였다. 만일 곡물이 품귀현상을 보이거나 가격이 올라가면 민중 소요 사태가 발생하기도 했다. 이슬람권 대부분의 지역에서는 빵의 재료로 밀이 사용되었다. 빵은 올리브유에 적셔 부드럽게 만든 뒤에 양파, 마늘, 가지 등과 같은 채소와 함께 먹었다. 당시에는 많은 종류의 채소들이 이슬람 세계의 확장과 함께 지중해 지역으로 유입되었다. 대부분의 백성들은 축제나 특별한 때를 제외하고는 육류를 맛볼 기회가 거의 없었다. 부유층의 상차림은 보다 다채로웠기 때문에 더 많은 종류의 채소, 과일, 육류 등을 섭취할 수 있었다(먹을 수 있었던 과일은 무역이나 재배 여건에 따라 달라질 수밖에 없었다. 지중해 연안 국가들에서는 포도, 오렌지, 복숭아, 살구 등을 그리고 이라크 및 사막 주변과 오아시스 등지에서는 대추야자 열매를 먹을 수 있었다). 육류로는 쇠고기나 닭고기보다 양고기를 선호했으며, 바닷가와 강가, 호숫가 근처에서는 어류도 좋은 먹을거리가 되었다. 육류는 올리브나 참깨 기름으로 요리를 한 뒤 향신료로 맛을 냈다. ≪꾸란≫에서 명한 금주禁酒의 계율에도 불구하고 포도주를 비롯한 많은 주류가 현지 기독교인들에 의해 양조되거나 서유럽으로부터 수입되어 널리 소비되었던 것으로 보인다.

하나로 연결된 이슬람의 도시들

도시의 질서와 그 도시에 의존적인 배후지에 대한 지배가 유지되는 한 통치자와 도시 지도층 간의 이해가 맞아 떨어지면서 그들의 부와 권력은 대를 이어 세습될 수 있었다. 이와 더불어 교육 체계, 가치관, 행동 양식, 이상적인 인간형 등과 같은 문화적 요소들도 세대를 넘어 전수되었다. 한 보고 자료에 따르면, 20세기 초반 페스의 까이다*qa'ida*, 즉 행동 규범은 16세기 레오 아프리카누스가 묘사했던 그것과 매우 유사했다고 한다.[8] 올바른 행동과 사고 그리고 교육과 기술에 대한 규범은 세대뿐만 아니라 도시 사이를 연결시켜 주는 매개체 역할을 했다. 당시의 무역망은 이슬람 세계뿐만 아니라 그 바깥 세계까지도 연결해 주었다. 무역로를 따라 대상 무역인들이 낙타나 당나귀에 비단, 향신료, 유리, 귀금속 등을 실어 날랐을 뿐만 아니라 사상, 소식, 유행, 사고 및 행동 양식 등도 함께 전파되었다. 상인과 대상의 지도자는 장터에서 만나 소식을 교환하고 그 의미에 대해 토론을 벌이곤 했다. 한 도시에서 다른 도시로 이주해 정착한 상인들은 도시 간의 관계를 긴밀하게 영속적으로 연결해 주는 매개자 구실을 했다. 그러나 간혹 격렬한 움직임이 무역로를 따라 전해지기도 했다. 새로운 통치자나 반란 세력이 군대를 일으켜 기존의 권력을 붕괴시키면 새로운 사회 규범과 민족적 풍습이 피정복 주민들에게 주입되었을 것이다.

이슬람 역사 초기부터 많은 사람들이 배움을 얻기 위해 여러 지역을 주유했다. 사람들은 초창기 교우들로부터 전승되어 온 예언자의 언행을 전파하기 위해 여행길에 오르곤 했다. 그 뒤 세월이 흐르면서 여행의 목적도 다양해져 갔다. 어떤 이들은 유명한 스승으로부터 종교학을 배우길 원

---

8 R. Le Tourneau, *Fès avant le protectorat* (Casablanca, 1949), pp. 565-566.

했고, 또 어떤 이들은 도인道人으로부터 영적 수행 방법을 전수받고 싶어 했다. 조그만 촌락이나 소도시 출신자들은 지식과 지혜를 얻기 위해 대도시로 몰려들곤 했다. 예를 들어, 모로코 남부 지방에서는 페스의 까라윈 모스크로 그리고 알제리 동부나 튀니지에서는 튀니스의 자이투나Zaytuna 모스크로 구도의 길을 떠났다. 카이로의 아즈하르 대학은 사방 각지로부터 학생들을 끌어들였는데, 이러한 사실은 당시 학생들이 머물렀던 숙소의 이름을 통해서도 확인해 볼 수 있다. 예를 들어 리와끄riwaq라고 불렸던 숙소는 마그립, 시리아, 에티오피아 출신 학생들이 기거했던 장소였다. 한편 이라크의 바그다드 외곽에 위치한 나자프, 카르발라, 사마라, 카지마인Kazimayn 등과 같은 쉬아파 성지에도 학교들이 설립되었다. 이 학교들은 시리아나 아라비아 동부 지역에 있던 쉬아파 공동체들로부터 많은 학

이라크 남부 나자프의 알리 이븐 아비 딸립의 사원

생들을 불러 모았다.

위대한 여행가 이븐 바투타Ibn Battuta(1304~c.1377)의 인생 노정은 당시 이슬람 세계의 도시와 지역들이 어떻게 연결되어 있었는가를 잘 보여준다. 이븐 바투타는 21살이 되던 해에 처음 순례길에 올랐는데, 이는 그가 걸어간 긴 여정의 서막에 불과했다. 순례의 노정에 오른 이븐 바투타는 고향인 모로코의 탕헤르Tangier를 출발하여 시리아를 경유한 뒤 메카에 당도했다. 순례를 마친 뒤 그는 바그다드로 가서 다시 이란의 남서부 지방으로 발길을 옮겼다. 그다음에 그는 예멘, 아프리카 동부, 오만, 걸프 해 지역을 차례로 방문했다. 그리고 그는 다시 소아시아, 카프카스, 러시아 남부 등을 차례로 방문한 뒤 인도와 몰디브 군도를 거쳐 중국에 당도했다. 마지막으로 그는 고향인 마그립 지역으로 돌아왔다가 다시 안달루스와 사하라 사막을 여행했다. 어느 지역을 가든지 이븐 바투타는 그곳의 성인聖人을 모신 무덤 사원을 찾았고 학자들도 방문했다. 그는 각 지역의 사람들과 아랍어로 공통의 문화를 향유할 수 있었다. 이븐 바투타는 각 지역의 군주들로부터 환대를 받았으며 간혹 까디(판관)로 임명되기도 했다. 그는 델리나 몰디브 군도처럼 고향으로부터 멀리 떨어진 곳에서도 이러한 영예를 누릴 수 있었다. 이 같은 점은 아랍어를 사용하는 종교 관련 학자가 이슬람 전역에서 얼마만큼 융숭한 대접을 받을 수 있었는지를 잘 보여주고 있다.[9]

9 Muhammad ibn 'Abd Allah ibn Battuta, *Ribla*, ed. T. Harb (Beirut, 1987) ; English trans. H. A. R. Gibb, *The Travels of Ibn Battuta*, Vols. 1-3 (Cambridge, 1958~1971).

8장
도시와 군주

왕조의 형성

법과 도시의 질서를 유지하기 위해서는 강제력이 있는 권력이 필요했다. 셰이크(부족장)는 관습과 부족민의 동의에 따라 통치를 했기 때문에 권위가 불안정했다. 따라서 셰이크와는 다른 지위를 가진 통치자의 필요성이 대두되었다.

이슬람 역사를 보면, 모순적으로 보일지도 모르겠지만(아마 다른 곳의 역사도 마찬가지겠지만), 지배 왕조가 지방 출신이거나 또는 지방에서 세력을 규합하여 출발했을지라도 결국 도시에서 기반을 다지고 시민들과 이해관계 상의 계약을 맺음으로써 새로운 세력을 얻어야만 살아남을 수 있었다.

왕조는 생존을 위해 도시에 뿌리를 내려야만 했다. 다시 말해 왕조는 부를 얻기 위해 무역과 산업을 장려해야 했고 권력의 정당성을 확보하기 위해 울라마(종교학자)로부터 지지를 얻어야만 했다. 많은 왕조의 성립 과정을 살펴보면 그것이 도시의 정복 과정과 밀접하게 연관되어 있음을 발견할 수 있다. 어떤 정복자든 무역로에 위치한 일련의 도시들을 따라 이동하기 마련이다. 이와 반대로 도시의 탄생과 발전은 왕조의 권력에 달려 있다고도 말할 수 있다. 실제로 이슬람 세계의 일부 대도시는 지배 왕조에 의해 탄생했다. 그 대표적인 예로 압바스 왕조의 바그다드, 파티마 왕조의 카이로, 이드리스 왕조의 페스, 후기 우마이야 왕조의 코르도바 등을 꼽을 수 있다. 드문 경우이긴 하지만 일부 강력한 군주는 무역로의 경로를 바꾸어 자신의 도읍지로 끌어들이기도 했다. 군주가 버리고 떠나거나 더 이상 방어할 수 없게 된 도시들은 쇠락의 길로 접어들었다. 예를 들어, 까이라완은 지르 왕조가 실질적으로 그곳을 포기하자 쇠퇴하고 말았다.

왕조의 최우선 과제는 무엇보다도 자신의 권력을 유지하는 것이었다. 따라서 군주는 시민들과 다소 떨어진 외딴 곳에 살았는데, 그의 궁중은 군대와 외지 출신자들로 이루어졌다. 즉 당시 궁중에는 군주의 가족과 하렘 식구들, 군주 개인의 맘루크, 대부분 맘루크 계층에서 뽑힌 고위 궁정 관리 등이 살고 있었다(맘루크라고 불렸던 노예들은 마그립 지역에서는 주로 아프리카계 흑인이나 개종한 기독교인으로 구성되어 있었다. 이에 반해 동부 이슬람 세계에서는 주로 튀르크인, 쿠르드인, 카프카스인 등이 맘루크가 되었다). 왕조는 세력을 얻은 뒤 기존 군대를 직업 군인들로 대체했는데, 이들 또한 주로 도시 바깥에서 모집되었다. 셀주크 왕조의 군대는 주로 튀르크 병사들로 편성되었다. 이에 반해 아이윱 왕조의 군대는 여러 민족들로 혼성되어 있었다. 시리아에서는 튀르크인, 쿠르드인, 개종한 그리스인 등 여러 지역 출신들이 군 지휘관을 맡았다. 반면 이집트에서는 튀르크인과 쿠르드인 출신들이 주로 지휘관을 맡았다. 맘루크 왕조 시절에도 군대는 여러 지역 출신들로 혼성된 경우가 많았다. 맘루크 군대의 수뇌부는 국왕 직속의 노예병들 차지였다. 이들은 군주가 직접 징집하거나 선대 군주에게서 물려받은 뒤 궁정의 학교에서 훈련을 시킨 자들이었다. 한편 맘루크 왕조의 고급 지휘관들은 각자 자신의 집안에서 훈련받은 군사적 가신 집단을 가지고 있었다. 이 경우 한솥밥을 먹고 함께 성장한 맘루크 병사들은 평생 동안 강한 결속력을 유지하였다. 맘루크 병사는 자신의 지위를 자식에게 세습할 수 없었다. 따라서 맘루크 병사의 아들은 중앙군의 일원이 될 수 없었다. 그러나 그들이 군인이 될 수 없었던 것은 아니다. 당시에는 무슬림 자유민으로 구성된 군대도 있었는데, 맘루크의 자손들은 이곳에 입대하여 군 장교로 등용될 수 있었다. 하프스 왕조의 군대는 원래 지방 출신의 부족민들로 구성되어 있었다. 그러나 국가가 기틀을 완전히 갖추면서 안달루스 지역 출신의 아랍인, 유럽 출신의 기독교 개종자, 튀르크인 등과 같은 용병들에게 점차 의존하게 되었다.

왕조가 확고하게 그 기반을 구축하면 가능한 한 왕족의 일원을 지방 총독 자리에 임명하려고 했다. 그러나 그 결과는 천차만별이었다. 지방의 풍습과 전통 호족의 두 요인으로 인해 그 일이 결코 만만치 않았기 때문이다. 셀주크 왕조의 경우를 보면 다음과 같다. 셀주크 왕조가 다스렸던 제국의 광대한 비옥한 토지는 산맥과 사막에 의해 나뉘어 있었다. 그리고 한 개인보다는 지배 가문 전체에게 권위를 부여하는 전통을 계승하고 있었다. 따라서 그들 제국은 엄격히 말해 중앙 집권적인 단일한 국가로 보기 힘들다. 오히려 통치 가문에 속한 여러 다른 구성원들이 다스리던 반독립 상태의 왕국들로 구성된 연합체에 가까웠다. 시리아를 통치했던 아이윱 왕조도 이와 유사했다. 아이윱 왕조는 여러 도시 국가들로 구성된 일종의 연방제 형태를 취하고 있었고, 각 도시 국가는 아이윱 가문에 의해 통치되었다. 그들은 형식적으로 가문의 수장에게 충성을 했으나 지나

친 내정 간섭은 허락하지 않았다. 하지만 이집트에서만은 상황이 달랐다. 이집트는 토양이 풍요롭고 중앙 집권 전통이 오랫동안 지속되었던 지역이었기 때문에 아이윱 왕조는 직접적인 통치 체제를 유지할 수 있었다. 맘루크 왕조 시절에도 사정은 비슷했다. 당시 시리아를 통치하고 있었던 총독들은 대부분 군 지휘관 출신이었지만 완전한 통제 아래에 있었던 하이집트 지역에 비해 카이로의 중앙 정부로부터 간섭을 덜 받는 편이었다. 하지만 상이집트 지역에서는 맘루크 왕조가 통치권을 완전히 장악하기가 힘들었다. 당시 이 지역에는 하와라Hawara라는 강력한 셰이크(부족장) 가문이 성장하고 있었기 때문이다. 하프스 왕조 역시 변방 지역을 다스리는데 고역을 치르고 있었다. 일부 셰이크 가문들과 변방 도시들은 크고 작은 자치권을 누리고 있었다. 그러나 세월이 흐르면서 중앙 정부의 세력은 점차 증가했다.

대제국을 강력하게 다스리기 위해서는 정교한 관료 체제를 수립해 둘 필요가 있었다. 대부분의 국가는 과거 압바스 왕조 시절부터 있었던 주요 행정 부서를 그대로 유지했다. 그 가운데 디완 알 인샤*diwan al-insha*라고 불린 문서기록원은 각종 서한과 공문서들을 공인된 형식과 전례에 따라 정확한 문장으로 기록한 뒤 보관하는 업무를 도맡고 있었다. 그 밖에 세액 사정과 징세, 세출을 감독했던 재무원, 그리고 군대의 회계와 문서 기록 업무를 담당했던 전문 관청도 있었다. 셀주크 왕조 시절에는 압바스 왕조 시절과 마찬가지로 와지르라고 불린 대신大臣이 모든 민간 행정 업무를 주관했다. 그러나 일부 국가는 와지르의 기능과 권한을 제한하기도 했다. 맘루크 왕조 시절 와지르의 직위는 재무원 장관 정도로 격하되었다. 하프스 왕조에서는 세 개의 행정 관청에 각각 한 명씩의 와지르가 임명되었다. 그 대신에 하집*hajib*이라는 시종장이 군주의 알현을 감독하는 등 어떤 와지르보다 중요한 직책을 수행했다.

군 지휘관이 와지르를 비롯한 주요 고위 관료직을 맡는 경우도 간혹 있었다. 그러나 일반적으로 민간 행정 기관은 현지 시민들이 참여하는 정부 관청의 형태를 띠는 경우가 많았다. 왜냐하면 문서 기록이나 재정 업무를 수행하는 데 필요한 교육과 훈련을 쌓은 자들은 군인이 아니라 시민들이었기 때문이다. 종교학자로서 정식 교육을 받은 자가 행정 관리로 등용되는 일도 종종 있었다. 그러나 언어와 종교에 관한 기본 교육을 받은 뒤 어린 나이에 관청에 들어가 도제식으로 문서 작성과 회계 정리 등 전문 기술을 익히는 것이 보다 일반적이었다. 관리 지망생은 고위 관료 밑에 들어가 그를 본보기로 삼아 따랐을 뿐만 아니라 후원을 얻을 것을 기대했다. 이러한 상황을 미루어 볼 때 행정 관리직이 세습화되어 아버지가 아들을 훈련시키고 뒤를 돌보아 주는 경우가 많았으리라 짐작해 볼 수 있다. 그리고 이러한 세습의 전통은 왕조가 바뀌어도 변함없이 지속되었던 것으로 보인다. 즉 새로운 왕조가 건설되어도 옛 왕조에 봉직했던 관리들은 그대로 남아 있을 수 있었던 것이다. 이러한 사례는 문서 보관과 회계 업무가 연속성을 지니고 있었던 것에서 확인할 수 있다.

이와 같은 방식으로 도시 사회가 외지에서 온 왕조나 집단에 의해 통치되더라도 그 구성원들은 적어도 어느 정도까지는 지배 계층에 들어갈 수 있었다. 페르시아의 관리들은 튀르크인들이 세운 셀주크 왕조를 위해 그리고 이집트와 시리아의 관리들은 맘루크 왕조를 위해 일했다. 그러나 군주들은 도시 지배층의 바깥에서, 다시 말해 군주에 대한 의존도가 높은 이들 가운데서 관리를 발탁할 수 있었다. 시리아의 아이윱 왕조는 관리를 이집트, 이라크, 서부 이란 등에서 수입했다. 하프스 왕조는 안달루스에서 쫓겨난 망명자들 사이에서 관리를 선발하기도 했다. 맘루크 왕조 시절 이집트에서는 이슬람으로 개종한 유대인과 콥트 기독교도 출신들이 관리로 발탁되었다.

법의 집행은 무슬림 통치자의 주요 의무 가운데 하나였다. 이 분야에서도 도시의 식자층이 관리로 발탁되는 경우가 일반적이었다. 군주는 신학교에서 교육을 받은 이들 가운데 자신이 후원하는 법학파 출신을 까디(판관)로 임명하곤 했다. 대개의 경우 까디나 무프티(최고 율법가)는 현지 주민 가운데에서 발탁되는 것이 관례였다. 그러나 세력이 강한 군주는 외부에서 인재를 영입하기도 했다. 예를 들어, 하프스 왕조는 안달루스 출신 학자들에게 고위직을 맡기곤 했다.

군주 자신이나 지방의 총독이 재판을 주재하기도 했는데, 이때 군벌이나 도시 식자층은 공조 체제를 취하곤 했다. 까디가 모든 사건이나 분쟁을 처리했던 것은 아니다. 군주는 여러 사건들 가운데 무엇을 다른 이에게 맡기고 또 무엇을 직접 처리할지 결정할 수 있었다. 군주는 주로 공공질서를 어지럽히거나 국가 이익에 위협을 주는 형사 사건과 복잡한 법적 문제를 일으키는 사건을 직접 처리하곤 했다. 특히 전제주의적 성향이 강한 군주는 권한을 위임한 관리들에 대해 제기되는 탄원*mazalim*을 듣는 것을 상당히 중요하게 여겼다. 이러한 이유 때문에 군주는 백성들과 소통의 길을 열어 둘 필요가 있었다. 압바스 왕조는 일찍부터 전문 관리가 정기적으로 회의를 열어 백성들의 불만을 듣는 상소 제도를 실시했다. 이 제도는 후대의 왕조들 사이에서도 지속되었다. 일부 사건은 일반 행정 절차에 따라 처리되었으나 군주가 직접 회의를 주재하여 탄원을 접수하고 명령을 내리는 경우도 있었다. 카이로의 맘루크 왕조 군주는 매주 공식적인 사법 회의를 주재하였는데, 이때 그의 주위에 최고위직 군사 및 행정 관료, 4대 법학파 까디, 특별 군軍 재판관, 무프티 등이 둘러서 있었다. 군주는 이들과 상의를 한 뒤 판결을 내렸는데, 이때 그는 법전의 규정에 크게 얽매이지 않았다. 이와 마찬가지로 튀니지 하프스 왕조의 군주는 매주 까디 및 무프티와 회의를 열었다.

이해관계의 제휴

궁전과 시장은 도시를 구성하는 두 개의 축으로, 둘의 관계는 상호 의존적이면서도 여러 이해관계가 얽혀 있는 등 밀접하면서도 복잡했다. 군주는 도시의 경제 활동이 필요했다. 그렇게 해야만 군주는 군대와 선박을 유지하는 데 필요한 무기와 장비 그리고 자신은 물론 측근과 가족에게 필요한 가구와 장식품 등을 구입하고 급료도 지불할 수 있었기 때문이다. 군주는 주로 정기적인 세금 징수나 특별 과세를 통해 재원을 마련하였다. 상인들은 군주의 재정 후원자가 되었다. 군주는 징수한 세금보다 더 많은 자금이 필요하게 되면 상인들에게 손을 벌릴 수 있었다. 이와 마찬가지로 지식인 계층도 후원자가 되어 군주가 필요로 하는 인적 자원을 제공했다. 군주는 이들 가운데서 행정 및 사법 관리를 발탁했다. 그리고 시인과 예술인들은 궁전을 아름답게 장식하고 군주의 위대함을 칭송하곤 했다. 한편 도시민들 가운데 특히 부와 지위를 가진 자들은 군주의 권력이 필요했다. 그들은 군주의 힘을 통해 지방으로부터 식량과 원료의 공급망을 확보함은 물론 무역로의 안전을 보장받을 수 있었다. 더 나아가 그들은 원활한 무역 거래를 위해 다른 국가의 군주들과도 좋은 관계를 유지하고자 했다.

도시민들은 군주가 질서와 법 체제를 유지해 주기를 원했다. 만일 그렇지 못하면 복잡한 도시 공동체의 생활이 지속될 수 없었기 때문이다. 국가는 시장의 활동을 통제하고 거리에 불빛을 밝히고 청소를 해 주어야 할 의무가 있었다. 또한 도적이나 평화를 해치는 무리로부터 도시를 보호하고 쓰레기를 치우고 수도관을 깨끗하게 유지해 주어야 했다. 이러한 목적을 실현하기 위해 군주는 도시에 책임자를 임명했는데, 그 직함은 지역마다 달랐다. 이 관리는 슈르따*shurta*라고 불린 경찰력을 마음대로 지휘할 수 있는 권한이 있었다. 슈르따는 보통 현지에서 충원되었다. 그 밖에 각 구역에는 경비병이 그리고 시장과 거리 등에는 야경꾼이 배치되었다. 시장에는 무흐타십*muhtasib*이라고 불리는 전문 관리가 상주하고 있었다. 무흐타십은 상품의 가격, 무게, 크기, 품질 등을 관리하고 상행위를 감독하는 시장 감독관이었다. 무흐타십의 권위는 "선善을 행하고 악惡을 금하라"고 무슬림에게 명한 ≪꾸란≫의 구절에 그 근거를 두고 있다. 경우에 따라 무흐타십은 종교인 계층에서 발탁되기도 했고 군대에서 선발되기도 했다. 예멘의 사나San'a를 비롯한 일부 도시에서는 상거래 방식에 대한 관습적 합의가 규약으로 성문화되기도 했다.

질서 유지와 세금 징수는 서로 밀접하게 연관되어 있었다. 군주의 세입 가운데 상당 부분, 또는 가장 큰 부분은 시골에서 생산된 물품에 세금을 부과함으로써 얻어 낸 것이었다. 그러나 도시 지역에서 거둬들인 세금 및 부과금도 이에 못지않게 다양하고 중요했다. 유대교도와 기독교도에게는 인두세가 부과되었고, 도시 안팎으로 수출입되었던 상품에는 관세가 매겨졌다. 그리고 상점이나 공방 주인의 경우 각종 부과금을 납부해야 했다.

군주는 주민들과 어느 정도 협력 체제를 구축하지 않고서는 도시를 다스릴 수 없었다. 군주는 최소한 기득권층으로부터라도 지지를 얻어 둘 필요가 있었다. 도시에는 완전한 의미의 관리는 아니지만 군주로부터 공동체의 대변자나 대표자로 인정받는 구성원이 있었다. 이들에게는 질서를 유지하고 왕명에 복종하는 것은 물론 공동체 구성원들에게 부과된 세금을 배정해야 할 책임이 주어졌다. 이들 가운데 도시 질서를 유지하는 데 가장 중요한 이는 각 구역의 수장이었다. 이들은 각 세대나 주택에 부과된 세금을 징수했다. 또한 장인이나 상인으로 이루어진 다양한 단체의 수장도 이러한 유에 속했다. 똑같은 직업에 종사한다고 해서 모두가 같은 단체에 속했던 것은 아니다. 당시 직능 단체는 지역에 따라 여러 개로 나뉘어 있었던 것으로 보인다. 하지만 과연 이러한 단체들이 중세 유럽의

'길드'guild처럼 조직화되어 있었는지 밝혀 줄 수 있는 구체적인 증거 자료는 없는 상태다. 유럽의 길드는 자치 조직으로서 상호부조, 가입에 대한 엄격한 규칙, 도제 제도 등으로 알려져 있다. 이슬람 세계의 직능 단체들도 어느 정도 결속력을 지니고 있었던 것으로 보인다. 왜냐하면 군주가 특별 세금과 부역을 부과하면서 그들을 하나의 조직체로 취급했음은 물론 그들 스스로도 시장에서 같은 장소에 모여 작업을 했기 때문이다. 마지막으로 유대교나 기독교 공동체는 또 하나의 예에 속한다. 이 공동체들 역시 대표자를 두고 있었고, 대표자는 공동체의 인두세 징수를 책임졌다. 특히 유대교와 기독교 공동체의 경우 때때로 그 충성심을 의심받았기 때문에 대표자는 이 부분에 특별히 신경을 써야만 했다.

고위층 가운데는 공익에 가까운 사회 브편의 이익을 대변하는 이들도 있었다. 예를 들어, 하프스 왕조 시절에는 장인들을 총괄적으로 대표했던 아민 알 우마나*amin al-umana*가 있었다. 한편 라이스 알 툿자르*ra'is al-tujjar*는 장거리 무역에 종사하며 막대한 이익을 남겼던 거상巨商들의 대표자였다. 특히 그는 군주가 상당한 규모의 자금을 급히 조달해야 할 때 중요한 역할을 담당하곤 했다. 보다 높은 고위층 가운데는 필요할 때 도시 전체의 이익을 대변했던 이들도 있었다. 당시 도시가 공식적으로 어떤 조직체의 구조를 갖춘 것은 아니지만 왕조 교체를 비롯한 각종 위기가 일어날 때 힘을 결집하는 구심점을 갖추고 있었다. 바로 대법관이 그러한 역할을 담당했던 것이다. 그는 비록 군주에 의해 임명된 관료이긴 했지만 동시에 샤리아를 수호하는 계층의 대표자이기도 했다. 샤리아는 이슬람 율법을 가리키는 말로, 모든 사람들이 따라야 할 이상적인 삶의 지침이 된다. 따라서 대법관은 공동체의 집단의식을 대변하는 구실을 할 수 있었다. 일부 지역에서는 간혹 라이스*ra'is*라고 불린 도시 전체 대표자가 존재하기도 했는데, 그의 직무가 무엇이었는지는 명확하지 않다.

각 집단의 수장이나 대표자가 어떤 방식으로 선출되었는지에 대해서는 거의 알려진 바가 없지만 다양한 방식을 거쳤을 것으로 보인다. 단지 확실한 것은 만일 그들이 군주와 총독 또는 그들이 대변하는 이들로부터 신임을 얻지 못했다면 결코 자신들의 책무를 완수해 내지 못했을 것이라는 사실이다.

관리나 공동체 대표자와 같은 중재인이 존재하긴 했지만 군주와 도시민들의 관계는 불확실하고 유동적이었는데, 동맹과 적대 사이를 오가는 상황이었다. 도시는 기본적으로 이해에 기반을 둔 공동체였는데 이는 경제적 협력을 통해 강화되었다. 지배층은 공동으로 신규 사업에 투자를 했으며, 공공건물과 목욕탕, 시장, 칸(여인숙) 등의 상당 부분을 소유하고 있었다. 군주와 고위 관리들은 대규모의 공공시설을 세우고 종교 기금인 와끄프로 기부했다. 맘루크 왕조 시기의 대도시를 연구한 결과에 따르면, 당시 다마스쿠스에는 모두 171채에 이르는 건물이 종교적 목적으로 건설되거나 수리되었다. 그 가운데 10채는 술탄이 직접, 82채는 고위 군 장교가, 11채는 다른 관리가, 25채는 상인이, 43채는 울라마가 각각 비용을 부담했다.[1] 맘루크 왕조 시기에 예루살렘의 건축물을 조사한 결과도 이와 유사했다. 당시 총 86채의 건물이 와끄프에 의해 건설되었는데, 그 가운데 31채는 현지에 정착하여 살고 있었던 맘루크 장교에 의해 설립되었다. 그 밖에 이보다는 적은 수지만 관리, 울라마, 상인도 각각 건물을 세웠다.[2]

도시 내부에서 계층 간 이해의 제휴 관계는 대규모 의식을 통해 표출되었다. 큰 행사가 치러지면 도시 전체가 참여했고 군주는 백성들 앞에 자신의 모습을 드러냈다. 군주는 즉위를 할 때 바이아*bay'a*라는 서임식을 거

---

1 I. M. Lapidus, *Muslim Cities in the Later Middle Ages* (Cambridge, Massachusetts, 1967), pp.199-206.

2 M. H. Burgoyne with D. S. Richards, *Mamluk Jerusalem* (London, 1987), p.69.

행했다. 바이아는 백성이 통치자를 선출했던 초기 이슬람 시대로부터 유래한 의식이었다. 예를 들어 튀니지의 하프스 왕조에는 이 같은 의미를 담은 의식이 두 가지 있었다. 첫 번째는 정부의 고위 관료들이 충성을 맹세하는 의식이고, 두 번째는 군주가 수도의 시민들에게 자신의 모습을 드러내는 의식이다. 어떤 의미에서 보면 이런 식으로 권위를 드러내고 충성을 받아들이는 의식은 매주 금요일마다 반복적으로 거행되어 왔다고 말할 수 있다. 왜냐하면 금요일 정오 예배의 설교 때마다 통치자의 이름이 언급되었기 때문이다. 그 밖에 대규모 연례 의식 때도 군주는 대중에게 모습을 드러냈다. 이런 의식의 상당수가 종교적 의미를 담고 있었지만 전부가 그랬던 것은 아니다. 맘루크 왕조 시절 카이로의 연대기 작가였던 이븐 이야스Ibn Iyas는 매년 치러졌던 의식들을 기록해 놓았다. 당시 카이로의 대표적인 연례 의식으로는 예언자 탄생 기념일, 범람기 때 나일 강물이 카이로를 관통하는 수로로 들어가는 것, 라마단의 개막과 종료, 메카 순례단의 출발과 도착 등을 축하하는 의식이 있었다. 그 밖에 외국의 사절을 영접하거나 왕자의 탄생을 축하하기 위해 특별한 의식이 치러지기도 했다. 이러한 경우 상인과 상점 주인들은 도시를 환하게 밝히기 위해 비용을 부담했으며, 군주는 대중들 앞에 모습을 드러냈다.

하지만 계층 간 이해관계가 악화일로로 치닫는 경우도 있었다. 지배층 내부에서조차 군주와 신하 간의 세력 균형이 무너지기도 했다. 예를 들어, 맘루크 왕조에서는 유력한 노예군 사령관과 그 가솔들이 주요 관직을 장악한 적도 있었다. 심지어는 병사들이 충성을 저버리고 도시를 혼란에 빠뜨리거나 군주의 권력을 위협하는 경우도 종종 있었다. 카이로에서 아이윱 왕조가 파티마 왕조를 계승했을 때나 맘루크 왕조가 아이윱 왕조의 뒤를 이었을 때 바로 이러한 상황이 벌어졌다. 맘루크 왕조 시절에도 한 지배 가문이 다른 지배 가문을 무너뜨리는 상황이 계속되었다. 한편 도시민들 가운데는 군주의 요청이나 명령을 전달하며 백성들과의 중재 구실을 하던 계층이 있었는데, 그들은 소속 집단의 불만이나 요구를 대변하는 역할을 맡았다. 세금이 과도하게 오르고, 병사들이 명령을 따르지 않으며, 관료들이 권력을 남용하고, 식량이 부족해지는 등 상황이 악화될 때마다 고위 울라마(종교학자)의 역할이 중요해졌다. 이러한 이유 때문에 울라마는 군주로부터 독립적인 지위를 유지하고자 노력했다.

도시민들 가운데 유산有産 계층은 불만이 있더라도 드러내 놓고 불복종하는 경우는 거의 없었다. 질서가 무너지면 잃을 것이 너무 많았기 때문이다. 그러나 군주가 적이나 경쟁자에게 패하고 도시 지도층이 새로운 군주를 맞아 항복을 교섭할 때 이들도 드문 경우이긴 하지만 자의적으로 행동하였다. 그러나 평민들의 경우는 달랐다. 그들은 불만이 쌓이면 질서를 파괴하는 행동을 취했다. 숙련된 장인이나 상점 주인들은 탐관오리에게 수난을 당하고, 물가가 상승하고, 식량이나 원료가 떨어지는 최악의 국면에 처하기 전까지는 좀처럼 반란을 도모하지 않았다. 대신 그들은 통치자의 권력을 묵인하는 자세로 일관했다. 왜냐하면 질서의 안정이 자신들의 이익에 도움이 되었기 때문이다. 그러나 시골에서 온 이주자들, 비숙련 노동자들, 걸인들, 상습적인 범죄자들과 같이 도시 외곽에 살고 있었던 무산無産 계층은 대부분 늘 불안정한 환경에 처해 있었다.

정치적 공포와 경제적 궁핍의 순간 도시 주민 전체는 혼란에 빠졌다. 대중적인 설교사들은 줄므*zulm*, 즉 통치자의 압제를 비난하고 정의로운 이슬람의 질서를 설파하며 대중들을 선동하기도 했다. 폭도로 변한 군중들이 수끄에 난입하면 상인들은 상점 문을 걸어 잠갔다. 이때 일부 인사들이 대중의 대변인 역할을 맡아 탐관오리에 대한 불만을 군주에게 토로하거나 빵의 품귀 현상을 고의적으로 조장한 상인들을 고발하기도 했다. 이 같은 국면에 처하게 되면 군주는 민중들의 요구를 일부 수용하여 정책의 변화를 꾀하기도 했다. 그 결과 일부 관리가 파면되었으며 심지어는 처형당하기도 했다. 또한 곡물상이 소유하고 있는 창고의 문을 열기도 했다. 이때 비로소 시장의 문이 다시 열리고 시위 군중도 해산되었다. 그러나 도시 대중들의 생활은 크게 변한 것이 없었다. 잠시나마 흥분을 달래거나 억제했을 뿐, 그들은 여전히 정의로운 이슬람의 질서와는 거리가 먼 삶을 살았다.

지방의 통치

군주와 도시민(적어도 그 가운데 유력 계층)은 지방을 다스리는 데 공통의 이해관계를 갖고 있었다. 그들의 최대 관심사는 어떻게 경작자들로부터 잉여 생산물을 되도록 좋은 조건에 도시로 가져오느냐 하는 것이었다. 군주는 궁정, 관료제, 군대 등을 유지하기 위해 현물이나 현금 어떤 형태로든 지방의 생산물이 필요했다. 또한 군주는 지방을 직접 지배할 필요성도 있었다. 그것은 외적의 침입을 방어하거나 수도를 위협하는 새로운 왕조의 도전을 미연에 방지하기 위해서였다. 도시 주민들도 지방의 잉여 생산물이 필요했는데, 이는 먹을 양식과 수공예품 생산에 필요한 원료를 손에 넣기 위해서였다. 도시의 유력 계층은 지방과 그 주민을 위험스럽게 보는 경향이 있었다. 그들이 보기에 지방은 도시 문명과 샤리아(이슬람 율법)의 경계선에서 벗어나 있었으며 그것을 위협하는 세계였다. 이 같은 이유에서 16세기 이집트의 작가 샤으라니Sha'rani(1565년 사망)는 다음과 같이 알라에게 감사드렸다. "예언자의 축복 속에 나는 지방을 벗어나 카이로로 헤지라(이주)할 수 있었네. …… 역경과 무지로 가득 찬 그곳을 떠나 온화함과 지식으로 충만한 이곳으로 오게 되었다네."[3]

근대 이전에는 국가 간의 경계선이 분명하고 정확하게 그어지는 경우가 없었다. 따라서 지배 왕조가 보편적으로 인정받는 일정한 영역 안에서 권력을 일률적으로 행사했을 것이라고 생각한다면 오산이다. 그보다는 몇몇 도시를 중심으로 왕조의 세력이 뻗어 나갔고, 중심지로부터 거리가 멀어지거나 자연적 또는 인위적 장애물의 존재에 따라 그 세력이 점차 약해졌다고 보는 것이 옳을 것이다. 왕조의 통치가 이루어졌던 지역은 크게 세 가지 부류로 나뉜다. 그리고 해당 지역은 현지 여건에 따라 통치의 양상과 범위가 달라질 수밖에 없었다. 그 첫 번째 부류로 너무나 척박하고, 거리가 멀거나 접근이 어려워 정복할 만한 가치를 별로 느끼지 못했던 스텝이나 사막 또는 산악 지역이 있다. 군주는 이곳에서 주요 무역로를 확보하고 반란을 예방하는 것에 만족했다. 이 지역에서는 현지 부족장들을 제대로 제어하기가 힘들었을 뿐만 아니라 잉여 생산물이 있다 하더라도 그것을 좋은 조건에 건네받기가 어려웠다. 그곳의 주민들은 자급자족하지 못하는 필수품을 얻기 위해 자신들의 생산물을 팔아 도시와 경제적으로 교류했다. 군주는 이 지역에서 부족장들을 서로 대립시키거나 한 가문의 특정인에게만 작위를 수여하는 등의 정치적 술책을 써서 영향력을 확보하는 데 그쳤다. 그러나 군주는 때에 따라 새로운 방식의 영향력을 물려받는 경우가 있었는데, 그 대표적인 예가 바로 종교적 권위였다. 예멘의 자이드파 이맘 가문이나 오만의 이바디파 이맘 가문이 이러한 경우에 속한다. 모로코의 왕가는 16세기부터 자신들이 예언자의 후손을 의미하는 샤리프 가문의 일원임을 강조해 왔다.

두 번째 부류의 지역으로는 산악이나 오아시스 또는 스텝이라 하더라

---

3 'Abd al-Wahhab ibn Ahmad al-Sha'rani, *Lata'if al-manan wa'l-akhlaq* (Cairo, 1972), p.63.

도 군주가 보다 직접적으로 권력을 행사할 수 있었던 곳을 꼽을 수 있다. 이 지역은 도시나 주요 무역로에 보다 가까웠을 뿐만 아니라 잉여 생산물의 양도 더욱 많았다. 물론 이 지역에서도 군주가 직접 행정을 관할했던 것은 아니다. 이 지역의 부족장들은 외딴 곳에 위치한 산악 지대나 사막의 부족장들에 비해 지위가 불안정했으며, 군주는 바로 이러한 점을 이용하여 통치력을 장악할 수 있었다. 군주는 부족장들이 매년 또는 일정한 기간마다 조공을 바치는 대가로 그들에게 작위를 수여했다. 필요할 때 군주는 원정대를 파견하거나 작위를 폐하고 다른 부족장을 세움으로써 조공에 대한 압력을 가하기도 했다.

사실 상기한 두 부류를 나누는 기준은 명확하지 않았다. 그 경계는 군주의 세력 판도에 따라 또는 토지가 농경과 목축 가운데 어느 쪽에 더 많이 이용되느냐에 따라 달라졌기 때문이다. 물론 군주의 처지에서는 정착 지대가 유목민들이 사는 목축 지대보다 통치하기가 수월했을 것이다. 일부 자료에 따르면, 10세기 또는 11세기 이후부터 두 번째 부류의 지역(중앙 정부의 간섭을 받는 곳)이 줄어드는 대신 첫 번째 부류의 지역(중앙 정부의 간섭을 벗어난 곳)이 늘어나는 추세를 보였다. 예를 들어, 상이집트 지역에서는 맘루크 왕조 시절 동안 카이로 정부에 의해 직접 통치받았던 부족민들인 아랍 알 따아 *'arab al-ta'a*(복종하는 아랍인)가 사라지고 베르베르 출신의 유목민인 하와라 가문이 등장하였다. 이들은 19세기에 이르기까지 이집트 상류 대부분을 장악했다. 이 같은 상황은 마그립에서도 마찬가지였다. 힐랄 부족으로 상징되는 유목민의 침입으로 이 지역은 경제 및 사회적 상황이 복잡해졌고, 그 결과 수백 년을 이어온 도시 군주들의 권력은 쇠퇴하고 말았다.

마지막으로 세 번째 부류에 해당하는 지역이 있었다. 이곳에는 탁 트인 평야와 강 유역이 있어 곡물, 벼, 대추야자 등을 경작할 수 있었을 뿐만 아니라 도시로 공급되는 과일과 채소를 재배하는 농원도 있었다. 군주와 도시 유력 계층은 다른 어떤 지역보다 이곳을 강력하면서도 직접적으로 다스릴 필요가 있었다. 특히 대규모 관개 시설에 기반을 두고 농작물이 생산되던 지역은 더욱 중요할 수밖에 없었다. 중앙 정부는 수비대를 상시적으로 주둔시키거나 정기적으로 원정대를 파견함으로써 이 지역의 치안을 유지하고 지방 호족이 등장하는 것을 방지할 수 있었다.

세 번째 부류에 속한 지역은 중앙 정부에 종속되어 있었기 때문에 경제 교역도 도시에 유리한 방향으로 이루어질 수밖에 없었다. 중앙 정부가 농촌의 잉여 생산물을 좋은 조건으로 손에 넣기 위해 이용했던 수단은 바로 세금 제도였다. 원칙적으로 이러한 상황은 이슬람 세계 어디에서나 마찬가지였다. 군주가 재원을 마련하기 위해 거두어들인 세금에는 크게 세 가지 종류가 있었는데, 공인된 비무슬림 공동체 구성원들에 부과하는 인두세, 도시의 상업과 수공업에 부과하는 세금, 토지에서 생산되는 소출에 부과하는 세금 등이 그것이다. 경작지의 경우 세금은 토지에 부과되거나 소출에 대해 일정 비율이 부과되었다. 세금이 토지에 부과될 경우 몇몇 국가에서는 부과 액수가 때에 따라 바뀌었다(예를 들어, 이집트에서는 고대부터 전해 오는 전통에 따라 부과 액수를 정기적으로 재평가하곤 했다). 곡물과 같이 저장이 가능한 작물에 대한 세금은 현물로 납부된 반면 과일과 같이 상하기 쉬운 작물은 현금으로 대납되었다. 중앙 정부는 통제가 가능한 목축지에 대해서도 세금을 부과했는데, 이 경우도 마찬가지였다. 즉 목축지의 경우 세금은 토지 면적에 따라 부과되거나 가축의 일정 비율에 따라 부과되었다.

10세기 부이 왕조 시절부터 일부 지역에서는 지방 세금 징수 제도의 일환으로 이끄타*Iqta'*, 즉 봉토를 나누어 주는 제도가 시행되었다. 왕족이나 고위 관료는 급료 대신 봉토를 할당받았다. 이때 총독에게 관할 지역 전체의 세원稅源이 돌아갔다. 그는 이렇게 마련한 재원을 행정과 세금 징수에 필요한 비용에 충당했고, 일부는 자신의 급료를 대신해 사용했다. 경우에 따라 군 지휘관이 특정 토지에 부과되는 세금을 취하기도 했는데, 그는 이것을 병사들의 양성, 군 장비의 마련, 급료 지불 등의 목적으로 사용했다. 이끄타 제도는 점차 중요해지면서 보편화되었다. 이 제도는 셀주크 왕조의 이란과 이라크에서 상당히 발달하였고, 아이윱 왕조에 의해 서부 이슬람 세계로 전파되었으며, 맘루크 왕조에서 더욱 정교하게 다듬어졌다. 마그립 지역에서도 이와 유사한 제도가 발전했다. 이곳에서는 부족장이 군역의 의무를 수행했고 그 대가로 일정 면적의 토지를 관할할 수 있는 권리를 받았다. 이러한 방식에 의해 모집되고 결성된 부족민 군대를 자이슈*jaysh*라고 불렀다.

어떤 군주라도 세금 징수권을 항구적으로 양도하거나 봉토를 받는 이들에게 영구적으로 모든 관할권을 줄 마음은 없었을 것이다. 따라서 군주들은 이끄타를 제한하기 위해 여러 방법을 사용했다. 이집트 맘루크 왕조의 사례는 당시의 상황을 가장 잘 보여주고 있다. 당시 이집트에서는 토지의 절반 정도가 이끄타(봉토)로 배분되었고, 나머지 절반은 군주나 왕족의 소유로 남아 있었다. 이끄타는 대개 군주 휘하의 맘루크(노예병)나 고위 군 지휘관이 하사받았다. 원칙적으로 그들은 그것에서 일부를 개인 재산으로 챙기고 나머지는 10명이나 40명 또는 100명에 이르는 기마병들에게 급료로 지불하여 군대를 유지해야 했다. 통상적으로 이끄타를 수여받은 자는 자신의 그것을 직접 관할하지 못하도록 되어 있었다. 한 사람이 두 곳 이상의 이끄타를 얻는 경우도 있었는데, 이때 두 곳의 이끄타가 서로 붙어 있으면 안 되었다. 이끄타를 받은 사람은 직접 세금을 징수할 수 없었으며, 적어도 맘루크 왕조 후기까지는 군주가 파견한 관리가 대신 그 일을 맡았다. 한편 이끄타는 자손에게 상속되지 않았다. 그러나 다른 시대', 다른 지역에서는 봉토에 대한 규제가 이처럼 엄격하거나 항구적이지 않았던 것으로 보인다. 세수입을 관리하는 권리는 세금을 징수하고 생산 활동을 감독하며 농경민을 지배하는 일종의 권력으로 변질되어 갔다.

세금 징수 제도는 지방의 배후지에 대한 통치를 군주에 의한 직접 지배 체제에서 도시 거주민들에 의한 지배 체제로 바꾸는 계기 가운데 하나가 되었다. 도시 거주민들은 농촌의 잉여 생산물 가운데 일부를 자신의 몫으로 챙길 수 있었다. 이 경우 이들을 단순히 지주地主라고 부를 수도 있겠지만 이것은 오해의 소지가 있다. 왜냐하면 이들이 농촌의 잉여 생산물에 대해 권리를 주장할 수 있긴 했지만 그것은 어디까지나 군주의 군사력에 의존하고 있을 때만 가능했기 때문이다. 물론 봉토를 직접 하사받은 자가 할당된 지역 안에서 가장 많은 몫을 챙기는 것은 당연한 일이었다. 그러나 세금 징수 업무를 담당했던 관리, 경작에 필요한 자금을 조달하거나 세금을 납부해 주었던 상인, 와끄프(종교 기부금)를 관장했던 울라마 등도 적지 않은 몫을 챙겼던 것으로 보인다.

행정 문서가 부재했던 당시의 상황에서 대부분의 농업 계약은 샤리아에 의해 인정되거나 규제되었던 것으로 짐작된다. 특히 무자라아*muzara'a* 라고 불린 소작 또는 분익 소작이 전 시대에 걸쳐 존속했던 것으로 보인다. 이것은 땅 한 뙈기의 지주와 그것을 경작하는 소작인 사이에 이루어진 계약이었다. 지주와 소작인은 작물 생산에 기여한 정도에 따라 소출의 일정 비율을 나눠 가졌다. 만일 지주가 씨앗, 경작용 가축, 농기구 등을 모두 제공하고 소작인은 단순히 노동력만 투입했다면 각각 소출의 5분의 4와 5분의 1만큼을 나눠 갖는다. 법적으로 이 같은 계약은 일정 기간 동안만 한시적으로 체결되어야 했지만 실제로는 끊임없이 연장되었던 것으로 보인다. 물론 계약의 형태는 다양했으며, 생산된 작물에 대한 정확한 분배는 토지, 노동력, 지주와 소작인의 역학 관계 등 다양한 요소에 의해 결정되었던 것으로 보인다. 극단적인 경우 지주에게 영구히 빚을 지게 된 소작인은 사실상 토지에 묶인 몸이 될 수도 있었다. 그 결과 지주의 권력에 저항할 수 없었을 뿐만 아니라 다른 경작지도 찾지 못하는 신세로 전락하기도 했다.

정치사상

산골짜기, 스텝, 사막 등과 같이 외딴 지역은 군주의 권위가 미치기에는 너무 멀리 떨어져 있기 때문에 권력관계가 윤리적 차원에서 규정되기 힘들었다. 그곳에서 군주의 권위는 일정한 한계 안에서만 인정되었다. 산지와 스텝 지역의 주민들은 군주의 군대에 병사로 동원되기도 했고, 반대로 군주를 제거하려는 적대자의 군대에 동원되기도 했다. 군주는 비非무슬림 백성들과도 윤리적 차원에서 강한 유대감을 형성하지 못했다. 물론 군주는 이교도들과 평화롭고 안정된 관계를 유지하긴 했지만 기독교인들과 유대인들은 공동체 바깥에 위치한 이방인으로만 여겨졌다. 이교도들은 신앙과 가치관이 다르기 때문에 군주에게 변함없이 충성을 바치기 힘들다고 판단했기 때문일 것이다. 하지만 무슬림 주민들만은 사정이 달랐다. 군주와 관리들은 세금을 징수하고, 치안을 유지하고, 사법권을 행사하면서 무슬림 주민들의 삶에 끊임없이 직접적으로 관여했다. 만일 군주와 관리들이 이런 식으로 권력을 행사하지 않았다면 산업과 상업은 번창하지 못했을 것이며 법과 교육의 전통은 유지되기 힘들었을 것이다. 바로 이러한 맥락 속에서 이슬람의 윤리 체계를 만들고 보존했던 울라마들은 당연히 '참된 군주는 누구이며, 군주가 갖는 권력의 한계는 무엇인가?'와 같은 질문을 하지 않을 수 없었다. 이와 마찬가지로 군주는 백성들에게 단순히 물리력만이 아닌 정통성에 기초해서 복종을 요구하고자 했다.

개인이나 집단은 맹세와 서약을 통해 충성을 약속했으며, 군주로부터 입은 은혜에 대해 감사를 표시하고, 미래에 주어질 은전에 대한 기대를 표했다. 이 같은 여러 형태의 관계들을 통해 군주와 개인이나 집단 사이에 유대가 이루어졌다. 하지만 그 이면에는 보다 큰 집단 또는 공동체 성원 모두가 공감할 수 있는 정당한 권위에 관한 어떤 보편적 개념이 작동하고 있었다.

'누구에게 통치의 권위가 있는가'라는 의문은 이미 이슬람 역사 1세기부터 첨예하게 제기되어 왔다. '예언자 무함마드를 계승할 정당한 공동체의 수장은 칼리파인가 아니면 이맘인가?' '통치자는 어떤 절차를 통해 선출해야 하는가?' '통치자가 갖는 권력의 한계는 어디까지인가?' '통치자는 무조건적인 복종을 강요할 수 있는가?' '만일 통치자가 불경스럽거나 정당하지 못하다면 저항하거나 그를 폐위하는 것이 정당한가?' 이바디파나 쉬아파의 각 분파들은 이러한 질문에 대해 각각 독자적인 대답을 내놓았다. 순니파의 울라마들은 점차 '칼리파는 공동체의 통치자이긴 하지만 신앙의 문제에서는 완전무결한 존재가 아니다'라는 신념을 갖게 되었다. 울라마들은 스스로 신앙의 수호자임을 자처했으며, 따라서 어떤 의미에서는 자신들이야말로 예언자의 후계자라고 생각했다. 그들은 칼리파가 그릇될 가능성이 있으며, 그럴 경우 신자는 칼리파를 거부할 의무가 있다고 믿었다. 압바스 왕조는 바로 이러한 주장을 근거로 우마이야 왕조에 대한 반란을 정당화한 바 있었다. 당시 우마이야 왕조는 칼리파로서 권위를 상실하고 세속적 군주로 타락했다는 비판을 받고 있었다.

이슬람력 4세기(서기 10세기)부터는 칼리파에 관한 이론이 완전한 형태를 갖추기 시작했다. 이 무렵 압바스 왕조의 칼리파들은 주변 정세의 급격한 변화와 함께 지위를 위협받고 있었고, 그 결과 칼리파의 권위를 이론적으로 정립함으로써 지위를 보존하고자 노력했다. 당시 압바스 왕조는 크게 두 세력으로부터 위협을 받고 있었다. 하나는 카이로를 중심으로 한 파티마 왕조였고, 다른 하나는 안달루스 지역에서 부흥한 후기 우마이야 왕조였다. 이들 두 왕조는 '누가 진정한 칼리파인가'와 같은 문제뿐만 아니라 '과연 칼리파가 한 명 이상 존재할 수 있는가' 또는 '움마(이슬람 공동체)의 통합이라는 것이 반드시 한 명의 통치자가 존재하는 것을 뜻하는가'와 같은 논쟁을 촉발했다. 당시에는 압바스 왕조의 종주권을 인정하고 있었던 지역 안에서도 지방의 군주들은 사실상 독립된 지위를 누리고 있었다. 수도였던 바그다드도 예외가 아니었다. 부이 가문이 세운 군사 왕조는 칼리파의 문서기록원을 장악함으로써 칼리파의 이름으로 된 칙령을 마음대로 발표할 수 있었다. 게다가 부이 가문은 스스로 고대 이란 군주의 칭호였던 샤한샤를 사용함으로써 독립적 권위를 요구했던 것으로 보인다.

알 마와르디al-Mawardi(1058년 사망)가 칼리파 체제를 옹호하기 위해 그 유명한 이론서를 집필한 것은 바로 이러한 정황에서였다. 그는 '칼리파는 자연적 필연성에 의해 존재하는 것이 아니며, 그 존재는 ≪꾸란≫에 의해 정당화된다'고 언급했다. 이와 관련하여 ≪꾸란≫은 "믿는 자들이여! 알라께 복종하고 선지자와 너희 가운데 책임이 있는 자들에게 순종하라"고 명하고 있다.[4] 이처럼 칼리파는 알라에 의해 임명된 것이다. 그리고 그 목적은 이슬람 공동체를 보호하고 참된 종교를 바탕으로 공동체를 다스리는 데 있다. 따라서 칼리파는 종교적 지식은 물론 정의감과 용기 등을 골고루 갖추어야만 한다. 또한 칼리파는 예언자가 속했던 꾸라이쉬 부족 출신이어야 하고, 한 시대에는 오직 한 명의 칼리파밖에 있을 수 없다. 칼리

4 Qur'an 4 : 59.

파는 자신의 권한을 제한적으로나 무제한적으로 타인에게 위임할 수 있으며, 제국의 일부 지역 또는 그 전체에 대한 통치권의 위임도 가능하다. 그러나 권한을 위임받은 재상이나 지방 군주는 반드시 칼리파의 권위를 인정해야만 하며, 샤리아의 테두리 안에서만 권력을 행사해야 한다. 이 같은 알 마와르디의 정식화된 논리는 분열되어 버린 권력의 현실과 이상적인 칼리파의 권위를 절충시킴으로써 칼리파가 기존의 권력을 보존하고 제후국들에게 양도했던 권력을 회복하는 데 기여했다.

이와 같은 권위와 권력 사이의 균형은 바그다드의 칼리파 체제가 무너지기 전까지는 다양한 모습으로 유지될 수 있었다. 울라마는 군사력의 소유자인 술탄이 칼리파에게 충성을 지키고 종교적 대의를 따르기만 한다면 권력을 행사해도 무방하다고 인정했다.[5] 그러나 그 균형은 안정적이지 못했다. 칼리파는 여전히 수도와 그 주변 지역에서 자신에게 남은 실권을 휘둘렀고, 특히 알 나시르al-Nasir(1180~1225)와 같은 칼리파는 중앙 권력을 확대하기 위해 노력했다. 반면 강력한 군사력을 지닌 술탄은 권력을 확장하여 독립을 꾀했다. 여기에 울라마가 제3의 권위로서 가세하여, 스스로 종교적 진리를 대변하고 있다고 주장했다. 당대의 대표적인 학자였던 알 가잘리al-Ghazali(1058~1111)와 여러 지식인들은 종교적 전통의 틀 속에서 안정적인 권력 구도를 모색하고자 했다. 이러한 맥락에서 그들은 '권력 자체는 칼리파에게 귀속되지만 여러 사람이 나누어 그 권력을 행사하는 것은 무방하다'고 설파했다. 알 가잘리의 견해에 따르면 칼리파(이론가들은 보통 '이맘'이라고 표현한다) 체제는 다음 세 가지 요소를 바탕에 두고 있는

5 술탄은 칼리파로부터 권력을 위임받아 일정한 지역을 통치하던 세속 군주를 가리킨다. 9세기 말부터 칼리파의 권위가 실추되자 각 지방의 군벌과 호족들이 이 칭호를 사용하면서 수많은 술탄이 각 지역에 출현했다. 현재에도 오만, 말레이시아, 브루나이 등지에서는 최고 통치자를 술탄이라고 부른다. — 옮긴이

데, '예언자에 대한 합법적 계승'과 '현실 문제에 대한 지도', '종교의 보호' 등이 바로 그것이다. 알 가잘리는 한 인물에게 이 세 가지 요소가 모두 통합되어 있는 것이 가장 이상적이겠지만 부득이할 경우에는 각각 분리될 수밖에 없다고 주장했다. 알 가잘리가 살았던 당대의 상황이 바로 그러했다. 즉 칼리파는 예언자 무함마드의 권위를 계승했으며, 술탄은 군권軍權의 장악과 함께 정부의 기능을 담당했고, 울라마는 종교적 신앙과 실천을 돌보았다.

머지않아 권력 구조는 삼분화 체제에서 이분화 체제로 바뀌어 갔다. 1258년 몽골군이 바그다드를 점령하자 압바스 왕조의 칼리파 체제는 최후를 맞이했다. 카이로에서 맘루크 왕조의 술탄이 압바스 가문의 일원을 받아들여 칼리파로 옹립하긴 했지만 대체적으로 그 권위는 인정받지 못했다. 물론 사람들에게는 칼리파에 대한 기억이 남아 있었고, 율법 서적들은 여전히 칼리파 체제야말로 가장 이상적인 이슬람의 권력 체제라고 기술하고 있었다. 또한 하프스 왕조와 같이 강력한 왕조가 등장할 때 군주가 칼리파란 칭호를 사용하기도 했다. 그러나 이때부터 법학적 전통 안에서 글을 써왔던 정치 사상가들의 주요 관심사는 칼을 쥔 세속 통치자와 참된 종교를 보호하고 움마를 대변한다고 주장하는 울라마 간의 관계를 정립하는 데 집중되었다. 중동에는 사산 왕조 시대부터 오래된 속담이 전해져 내려온다. "종교와 왕권은 한 형제다. 어느 쪽도 상대편 없이 홀로 존속할 수 없다."[6] 사람들은 칼이 권력을 낳는다는 사실을 인정했다. 그리고 이렇게 얻어진 권력은 바이아라고 불리는 의식을 통해 암묵적인 일반의 동의를 얻었다.[7] 하지만 샤리아를 유지하기 위해, 즉 고결하고 문명화

6 A. K .S. Lambton, *State and Government in Medieval Islam* (Oxford, 1981), p.45.

7 통치자가 그 직위에 오르거나 승인을 받을 때 서약의 형태를 취하는데 이것을 바이아라고 한다. 이는 '충성이나 신의를 맹세'하는 것을 뜻한다. 원래는 백성들이 통치자와 서약

된 생활 기반을 유지하기 위해 권력을 써야만 그 권위를 인정받을 수 있었다. 그러므로 군주는 법정의 판결을 지지하고 울라마들을 존중해야 함은 물론 국가를 통치할 때 그들과 상의해야만 했다. 군주는 샤리아가 허용하는 제도적 틀 안에서만 국정을 운영할 수 있었다. 즉 사회 복지를 증진하고 국가 안보를 확립하는 것과 관련해서 군주는 샤리아에 따라 법규를 제정하고, 판결을 하고, 형법을 집행해야 했던 것이다. 그 대가로 울라마는 공명정대한 술탄에게는 매주 열리는 금요 예배 설교에서 그 이름을 찬양함으로써 끊임없이 권위를 인정해 주어야 했다.

이 문제와 관련하여 맘루크 왕조 시대의 대표적 종교 저술가였던 이븐 타이미야Ibn Taymiyya(1263~1328)는 당대의 상황을 논리적으로 정리하고자 시도했다. 이븐 타이미야는 움마의 통일이란 알라에 대한 신앙과 예언자의 계시에 대한 믿음에 기초한 것이지 정치적인 통일을 뜻하는 것은 아니라고 보았다. 물론 질서를 유지하고 구성원들의 행동을 규율하기 위해서는 반드시 움마에 권위가 있어야 할 것이다. 그러나 그 권위를 행사하는 통치자는 여러 명이 있어도 무방하다. 다시 말해, 통치자가 어떻게 권력을 얻었느냐보다 권력을 어떻게 행사하느냐가 중요한 것이다. 권력을 올바로 행사하는 것은 일종의 종교적 봉사 활동을 하는 것과 같다. 통치자는 반드시 샤리아가 정한 제도적 틀 안에서 국정을 운영해야만 하며, 울라마와의 협력 속에서 다스려야 한다. 이러한 통치자와 울라마의 관계는 한편으로 도시에 살고 있는 무슬림 유력 계층의 이익을 통치자가 존중해야 한다는 것을 뜻하기도 했다. 마그립 동쪽 지역의 경우 10세기 이후부터 군주들 대부분이 튀르크계이거나 이민족 출신이었다. 이 경우 군주와

하는 것이지만 보통은 백성을 대신하여 울라마나 고관대작들이 충성을 서약한다. — 옮긴이

울라마의 관계는 보다 복잡한 의미를 내포했다. 즉 군주는 반드시 아랍어를 사용하는 토착 주민들과 상의해야 했고, 정부를 운영하는 과정에서 그들에게 일정한 몫을 남겨 주어야만 했다.

대개의 경우 사람들은 군주가 정의롭지 못하고 불경하더라도 여전히 통치자로서 섬겨야 한다고 생각했다. 왜냐하면 어떤 형태로든 질서가 존재하는 것이 무정부 상태보다 나았기 때문이다. 이러한 맥락에서 알 가잘리는 다음과 같이 말했다. "백성들이 서로 아귀다툼을 하며 행한 1년간의 폭정이 술탄에 의해 자행된 100년간의 폭정보다 그 폐해가 더 심각하다."[8] 혁명은 군주가 명백히 알라나 예언자의 계명을 위반하는 행위를 저질렀을 때만 정당화될 수 있었다. 그렇다고 해서 울라마가 정의로운 군주와 불의한 군주를 똑같이 여겼다는 것은 아니다. 순니파든 쉬아파든 간에 울라마는 전통적으로 현세를 통치하는 군주들과 일정한 거리를 유지해 왔다. 이와 관련하여 알 가잘리는 다음과 같은 ≪하디스≫의 한 구절을 인용했다. "지옥에는 왕을 방문했던 울라마만을 위한 계곡이 따로 마련되어 있다." 즉 덕이 있는 학자라면 불의한 군주나 관료를 방문해서는 안 된다는 뜻이다. 물론 정의로운 군주라면 방문해도 무방하나 결코 그 앞에서 아첨을 떨어서는 안 된다. 또한 모름지기 학자라면 군주의 잘못을 보고 꾸짖을 수 있어야 한다. 만일 두렵다면 침묵을 지켜도 되겠지만 그보다는 차라리 방문하지 않는 것이 낫다. 만일 군주로부터 방문을 받는다면 먼저 그에게 답인사를 한 뒤 덕치를 베풀도록 열심히 권해야 한다. 하지만 그보다 더 좋은 것은 아예 군주와의 만남을 피하는 것이다(그러나 일부 울라마는 군주가 불의하더라도 정당한 일을 행한 것에 대해서만큼은 지지해야 한다고

8 Muhammad al-Ghazali, *Nasihat al-muluk* (Tehran, 1972), quoted in Lambton, p.124.

주장하기도 했다).

신학자들과 율법학자들이 제창한 정치사상은 이슬람 문화 형성에 기여한 철학적 사고와 결합하기도 했다. 10세기 무렵, 철학자 알 파라비는 국가의 정체성을 판단할 수 있는 준거를 마련하고자 했다. 그는 저서 ≪덕의 도시론*Madina al-fadila*≫에서 그것을 정의했다. 알 파라비의 견해에 따르면, 가장 이상적인 국가는 철학자이면서 동시에 예언자인 인물이 통치하는 곳이다. 이 인물은 이성과 상상력 두 가지 능력을 모두 발휘하여 알라로부터 유출流出된 능동 지성체Active Intelligence와 교통할 수 있다.[9] 만일 이러한 인물이 존재하지 않는다면 철학자와 예언자의 능력을 부분적으로 갖고 있는 인물들이 하나의 집단을 이루어 국가를 공동 통치해야 한다. 그것도 여의치 않다면 창건자가 마련한 율법을 보존하고 해석할 수 있는 능력을 갖춘 자들이 국가를 통치해야 한다(초기 칼리파 시대가 이 같은 경우에 해당한다). 이와 대조적으로 통치 계급이 선善을 전혀 알지 못하는 무지몽매한 사회들이 있다. 이러한 사회는 공동선共同善을 갖고 있지 못하며, 오직 폭력이나 혈통, 기질, 언어 등과 같은 자연적 요소에 기반을 두고 있을 따름이다.

고대 이란의 왕권 사상과 같은 외래 사상들은 이슬람 정치사상에 보다 폭넓은 영향을 미쳤다. 이러한 사상은 종종 순환론적 세계관으로 표현되었다. 즉 세계는 하나의 정원과 같은 것으로, 그 둘레를 감싸고 있는 울타

---

9 알 파라비나 이븐 시나Ibn Sina와 같은 중세 무슬림 신플라톤주의 철학자들은 알라는 선善의 실체이기 때문에 어떤 식으로든 물질과 접촉 불가능하다고 보았다. 즉 그들은 알라가 지성체Intellect와 같은 순수한 영적 존재만 유출할 뿐 물질세계는 창조하지 않는다고 생각했다. 지성체는 모두 10개로 나뉘는데, 한 등급씩 내려갈수록 그 영적 순수성이 흐려진다. 그 가운데 가장 하위에 속하는 10번째 지성체를 특별히 '능동 지성체'라고 부른다. 능동 지성체는 형상과 질료를 결합하면서 지상 만물의 창조를 주관하며, 천상 세계와 지상 세계 사이의 중개 역할을 담당한다. — 옮긴이

리는 통치자나 왕조에 해당한다. 통치자는 병사들에 의해 지탱되며 병사들은 재물에 의해 유지된다. 그런데 재물은 바로 백성들로부터 나오며 백성들은 정의에 의해 보호를 받는다. 통치자의 역할은 바로 정의를 지키는 것이다. 이 주제와 관련된 또 다른 이론을 소개하면 다음과 같다. 인간 세상은 여러 계층으로 구성되어 있으며, 각 계층은 자신의 이익을 좇아 활동한다. 따라서 모든 계층은 서로 간의 조화를 위해 힘써야 하며, 사회를 위해 자신이 꼭 해야 할 바를 기여한다. 이를 위해서 통치 권력이 필요하니 왕권의 존재 이유는 바로 여기에 있다. 이것이야말로 신이 예비하신 인간의 자연 질서인 것이다. "어느 시대를 막론하고 지극히 높으신 알라께서는 인류 가운데 한 사람을 택하시어 그에게 고결한 왕의 성품을 부여하신다. 그리고 알라께서는 그에게 현세의 업무를 맡기고 자신의 종인 인류를 돌봐 줄 것을 위임하신다."[10] 통치자가 자신의 임무를 수행하는 데 가장 필요한 자질은 지혜와 정의감이다. 만일 통치자가 이러한 자질을 갖추지 못했거나 또는 갖추었다 해도 그것을 지탱할 만한 여력이 부족할 경우 "부패, 혼란, 무질서 등이 판을 칠 것이다. …… 왕권은 완전히 자취를 감추고, 모두가 칼을 뽑아 들 것이며, 누구든 더 큰 힘을 지닌 자가 자신의 뜻을 이루게 될 것이다."[11]

알라가 부여한 임무를 수행하려면 통치자는 반드시 여러 사회 계층 바깥에 있어야 한다. 통치자는 백성들에 의해 선출되는 것이 아니며(이러한 주장을 담은 저서들은 대개 왕권이 세습된다는 가정을 전제로 하고 있다), 또한

---

10 Nizam al-Mulk, *The Book of Government or Rules for Kings*, English trans. H. Darke (London, 1978), p.9.
니잠 알 물크Nizam al-Mulk는 11세기 페르시아 출신으로 셀주크 왕조의 재상을 역임했다. — 옮긴이

11 Ibid.

백성들 앞에 책임을 지는 것도 아니다. 다만 통치자는 자신의 양심 앞에 그리고 최후의 심판일이 오면 알라 앞에 책임을 지며, 알라에게 자신의 책무에 대해 보고해야 한다. 통치를 행하는 군주와 통치를 받는 백성들 사이에는 명확한 경계가 있어야 한다. 또한 군주와 관리는 자신들이 담당하고 있는 이해관계로부터 멀리 떨어져 있어야 한다.

이슬람 세계에서는 오랜 역사를 통해 이러한 정치사상을 피력하거나 그것으로부터 영향을 받은 일련의 저작들이 나왔다. 법학자들이 저술한 서적들이 대개 울라마나 그들이 대변했던 계층의 이해와 견해를 드러냈던 것처럼 다른 서적들은 권력에 가까이 있었던 관료들의 이해를 반영했다. 당시 관료들은 공직에 있으면서 그들만의 독자적인 직무 전통을 보존해 갔다. 그러한 저작들 가운데 백미로 꼽히는 것은 니잠 알 물크Nizam al-Mulk(1018~1092)가 저술한 ≪정부론*Book of Government*≫이다. 니잠 알 물크는 바그다드를 통치한 셀주크 왕조 초대 술탄의 대재상을 역임했던 인물이다. 다른 사상서들과 마찬가지로 니잠 알 물크의 저서는 정치에 관한 일반 원리뿐만 아니라 통치자의 국정 운영이나 왕자의 교육을 위한 실용적인 조언을 담고 있다. 이러한 이유 때문에 이와 같은 장르에 속하는 저서들은 종종 '군주의 거울'Mirrors for Princes이라고 불렸다(유럽에서도 유사한 종류의 문학에 이 용어가 사용되었다). 이와 같은 서적들을 통해 왕자는 '관리를 등용하는 법', '신상에 관한 정보를 수집하여 관리를 통제하는 법', '백성의 탄원과 불만을 처리하는 법', '통치자의 이름을 빙자한 신하의 권력 남용을 방지하는 법', '원로와 현자로부터 조언을 얻는 법', '놀이 친구를 사귀는 법', '이민족 출신의 병사를 선발하고 그들의 충성을 유지하는 법' 등을 배운다. 절대 군주는 백성들로부터 고립되거나 신하들이 군주의 이름을 빙자하여 권력을 남용할 때 위기에 몰린다. 상기한 조언들은 주로 이 같은 위기 상황에 대처하기 위해 마련된 것이었다.

9장
이슬람 신앙생활

이슬람의 다섯 기둥

대서양으로부터 걸프 해에 이르는 광활한 땅에는 사막으로 분리된 다양한 공동체가 있었다. 이 공동체들은 제한된 자원을 차지하기 위해 서로 경쟁하며 부침을 거듭했던 왕조들에 복속되어 있었다. 그럼에도 불구하고 이들은 하나의 고리로 연결되어 있었다. 그것은 바로 공동체의 대다수가 무슬림이었다는 사실이다. 초기에는 일부 집단에게만 국한되었지만 후대에 이르러서는 주민 대다수가 이슬람을 받아들였다. 무슬림들은 ≪꾸란≫의 권위 아래서 살아갔다. ≪꾸란≫은 예언자 무함마드에게 아랍어로 계시된 신성한 알라의 말씀이다. 무슬림들이 건설한 이슬람 공동체는 움마라고 불린다. "그러므로 너희는 한 움마가 되어 선善을 촉구하고 계율을 지키며 악惡을 배제하라. 실로 그들이 번성하는 자들이라."[1] 이 같은 ≪꾸란≫

의 말씀은 이슬람을 따르는 신자들에게 중요한 점을 시사한다. 사람들은 알라의 계율을 이해하고 실천하려고 노력하는 과정에서 알라와는 물론 서로 간에도 올바른 관계를 정립할 수 있었다. 이러한 점에서 예언자 무함마드는 마지막으로 행한 '고별의 순례'에서 다음과 같이 언급했다. "모든 무슬림은 한 형제임을 명심하라. 실로 무슬림은 형제들이니라."[2]

한 공동체의 구성원이라는 소속감을 유지하는 데는 일정한 의식과 절차가 중요한 구실을 했다. 이러한 의식과 절차는 이것들을 충분히 준수할 수 있는 무슬림에게 의무가 되었고, 참여자들 사이에서뿐만 아니라 한 세대와 다음 세대를 연결해 주는 매개 고리 역할을 했다. 이슬람에는 실실라*silsila*라고 불리는 개념이 있다. 이것은 예언자 무함마드의 말씀을 세계 각지로 전파한 증언자들의 계보를 일컫는다. 이 계보를 따라 진리의 말씀은 한 세대에서 다음 세대로 직접 전수된다. 실실라의 전통은 이슬람 문화에서 매우 중요한 위치를 차지한다. 어찌 보면 왕조와 인물들이 흥망성쇠를 거듭하는 동안 실실라가 그 이면에서 진정한 역사를 만들어 왔다고도 할 수 있다.

무슬림들의 의식과 절차는 흔히 '이슬람의 기둥'으로 불린다. 이슬람의 기둥은 모두 다섯 가지다. 첫째는 샤하다*shahada*라고 불리는 신앙 증언이다. 무슬림은 '알라 이외에 다른 신은 없고 무함마드는 알라의 사도使徒다'라고 신앙 증언을 해야 한다. 이 같은 증언은 이슬람에 입교했음을 공식적으로 선포하는 구실을 한다. 또한 무슬림들은 매일 다섯 차례 예배를 드리면서 신앙 증언을 반복해야 한다. 신앙 증언의 핵심은 무슬림이 불신자나 다신론자와 본질적으로 다르다는 것을 확인하는 데 있다. 뿐만 아니

---

1 Qur'an 3 : 105.

2 Guillaume, *Life of Muhammad*, p.651.

라 같은 유일신 전통을 갖고 있는 유대교도나 기독교도와도 구분해 준다. 이슬람의 교리에 따르면 신은 오직 알라 한 분뿐이다. 알라는 일련의 예언자들을 통해 자신의 뜻을 인류에게 계시했다. 그 가운데 무함마드는 최후로 보내진 가장 위대한 예언자다. 그렇기에 무함마드는 '예언자의 봉인'Seal of the prophets으로도 불린다. 이슬람의 두 번째 기둥은 예배인데, 아랍어로는 살라트*salat*라고 한다. 무슬림은 매일 예배를 드리며 앞에서 언급한 기본적인 신조를 확인한다. 원래 초창기에는 하루에 두 차례씩 예배를 드렸다. 그러나 후대에 이르러서는 새벽, 정오, 오후, 일몰 시각, 밤 등 다섯 차례 예배를 드리는 것이 관행으로 굳어졌다. 사람들에게 예배 시각이 되었음을 알리는 소리를 아잔*adhan*이라고 한다. 그리고 아잔을 외치는 전문 소리꾼을 무앗진*mu'adhdhin*이라고 부르는데, 그는 높은 탑이나 모스크의 첨탑 위에 올라 큰 소리로 예배 시각을 알린다. 예배는 정해진 절차에 따라 진행된다. 예배를 드리는 자는 먼저 우두*wudu'*라 불리는 세정洗淨 의식을 한 뒤 절하기, 무릎 꿇기, 엎드리기 등 일련의 동작을 취한다. 그 다음 알라의 위대함을 찬양하고 그 앞에 선 인간의 빈약함을 고백한다. 정해진 예배 절차가 끝나면 예배자는 자기 개인의 바람이나 소원을 기원할 수 있는데, 이것은 두아*du'a*라고 불린다.

예배는 장소가 불결하지만 않다면 어느 곳에서 드려도 무방하다. 그러나 기도실이나 마스지드(모스크)와 같은 공공장소에서 사람들과 함께 예배드리는 것이 더 바람직하다. 의무적으로 집단 예배를 드려야 하는 때는 금요일 정오로, 민바르*minbar*라고 불리는 설교단을 갖춘 특별한 자미으*jami'*(모스크)에서 행해진다. 이때 카띱*khatib*(설교사)은 정해진 예배 절차를 마친 뒤 민바르에 올라 쿠뜨바*khutba*(설교)를 한다. 설교 역시 다소 일정한 형식에 따라 진행된다. 보통 알라에 대한 찬양, 예언자에 대한 축복, 공동체 전체를 대상으로 한 교훈 등의 순으로 설교가 진행된다. 과거에는 군주

14세기 중반 이집트의 모스크 램프

에게 알라의 축복을 비는 것으로 설교의 대미를 장식하곤 했다. 설교에서 군주의 이름을 언급하는 것이 점차 왕권의 상징 가운데 하나로 여겨졌다.

이슬람의 세 번째 기둥은 희사금으로, 아랍어로 자카트*zakat*라고 불린다. 자카트는 소득 가운데 일부를 특정한 목적을 위해 헌납하는 것을 가리키며, 이는 어느 의미에서 신앙 행위의 연장이었다. 희사금은 빈민 구제, 채무 탕감, 노예 해방, 여행자를 위한 편의 제공 등에 쓰였다. 자카트는 일정액 이상의 소득을 가진 사람들이라면 누구나 납부해야 하는 의무 사항이다. 사람들은 소득 가운데 일정 비율을 자카트로 내야 했다. 대개의 경우 통치자나 관리들이 자카트를 징수하거나 분배하는 일을 맡았다. 그러나 자카트가 필요한 이들에게 직접 전달되거나 종교인들이 전달자 역할을 맡는 경우도 있었다.

나머지 네 번째와 다섯 번째 기둥 역시 의무 사항이긴 했지만 실제로 수행하는 경우는 상대적으로 적었다. 이 두 가지 기둥은 알라의 주권과 그에 대한 인간의 순종을 상기시켜 주는 엄숙한 의식으로서 매년 정해진 기간 동안에 거행되었다. (이슬람의 종교 행사는 음력을 기준으로 치러진다. 이슬람 음력의 1년은 양력에 비해 11일이 짧다. 따라서 양력을 기준으로 보면 종교 행사일은 매년 달라진다. 이슬람 음력은 대개 종교 행사용으로 사용되었고 주로 도시에서 채택되었다. 그러나 농민들에게는 음력 체계가 적합하지 않았다. 그들에게 더욱 중요한 것은 언제 비가 오고, 강이 범람하며, 기온이 더워지고 추워지는지를 정확히 아는 것이었기 때문이다. 따라서 대부분의 경우 농민들은 고대의 태양력을 이용하였다.)

무슬림들은 1년에 한 번 라마단 기간 한 달 동안 단식을 해야 하는데, 이것이 바로 이슬람의 네 번째 기둥이다. 단식은 아랍어로 사움*sawm*이라고 한다. 또한 그들은 최소한 평생에 한 번은 메카로 순례를 떠나야 하는데, 이것이 바로 다섯 번째 기둥이다. 순례는 아랍어로 핫즈라고 부른다. 라마단은 ≪꾸란≫이 처음 계시되었던 신성한 달이다.[3] 이 기간 동안 10세 이상의 무슬림들은 해가 뜨는 시각부터 해가 지는 시각까지 먹는 것과

3 라마단은 이슬람력에서 아홉 번째 달을 가리킨다. 무슬림들은 라마단 기간에 ≪꾸란≫이 계시되었기 때문에 1년 가운데 가장 신성한 달로 여긴다. — 옮긴이

마시는 것을 삼가고 성교性交도 멀리해야 한다. 그러나 단식을 감내하기에 육체적으로 병약한 자, 정신적 장애가 있는 자, 중노동이나 전쟁을 치르고 있는 자, 여행을 하고 있는 자 등은 면제된다. 단식은 죄를 참회하고 알라를 위해 자신을 부정하는 경건한 행위로 여겨졌다. 단식을 하는 무슬림은 하루를 시작할 때 단식을 하겠다는 자신의 의지를 천명해야 하고, 밤에는 특별 예배를 드려야 한다. 단식을 통해 무슬림은 알라와 가까워지는 것은 물론 주변 이웃과도 더욱 친해지게 된다. 라마단 기간 동안 마을이나 도시 전체가 단식에 함께 참여한다. 이러한 경험은 그들에게 시간과 공간을 초월한 하나의 공동체 의식을 강하게 심어 준다. 해가 지면 무슬림들은 친척이나 친구들을 방문하여 음식을 나눠 먹는다. 라마단이 끝나는 날에는 큰 잔치를 열고 서로 방문하며 선물을 주고받는다. 라마단 종료를 축하하는 이 날은 이드 알 피뜨르*'id al-fitr*라고 하는데, 이슬람의 2대 명절 가운데 하나다.

한편 능력이 허락되는 무슬림이라면 누구나 최소한 평생에 한 번은 메카로 순례를 떠나야 한다. 순례는 크게 공식 순례와 비공식 순례로 나뉜다. 공식 순례인 핫즈는 이슬람력 12월인 둘 힛자Dhu'l-Hijja 달의 정해진 기간 동안 모든 무슬림들이 함께 참여하는 행사다. 그 외에 연중 어느 때라도 순례를 할 수 있지만 이 경우는 비공식 순례인 우므라*'umra*에 해당한다. 신분이 자유롭지 못한 자, 정신적 장애가 있는 자, 순례 여행을 할 만큼의 재산을 갖지 못한 자, 미성년자(기준은 유동적임) 그리고 (일부 학자들에 따르면) 여행길에 동행할 남편이나 보호자가 없는 여성 등에게는 순례의 의무가 강요되지 않는다. 12세기 무렵 메카의 모습과 순례의 광경을 묘사한 기록이 아직도 전해지고 있다. 당시의 기록은 순례객이 취해야 할 행동 지침이 무엇이었는지 그리고 순례객이 여행의 끝에서 찾을 수 있으리라 기대했던 것에 대한 당대 사람들의 공통 의식을 잘 보여주고 있다.

대부분의 순례객들은 이슬람 세계의 대도시에 모여 큰 무리를 이룬 뒤 여행길에 올랐다. 맘루크 왕조 시절 가장 중요한 순례단은 카이로와 다마스쿠스에서 출발했다. 마그립 지역의 순례객들은 해로나 육로를 통해 먼저 카이로에 도착한 뒤 그곳에서 이집트 순례단과 합류했다. 그다음 그들은 육로를 택해 시나이 반도와 아라비아 반도 서부를 통과한 뒤 목적지인 성지聖地에 도착했다. 그들은 이집트 군주로부터 인도와 보호를 받으며 대상隊商을 조직하여 움직였다. 카이로에서 출발한 순례 여행은 보통 30일에서 40일 정도의 기간이 걸렸다. 15세기 말엽 매해 카이로를 출발했던 순례단의 규모는 약 3만에서 4만 명에 이르렀다. 아나톨리아, 이란, 이라크, 시리아의 순례객들은 보통 다마스쿠스를 집결지로 선택했다. 이들은 다마스쿠스의 통치자가 조직한 대상과 함께 했는데, 그들의 순례 여행 역시 보통 30일에서 40일 정도 소요되었으며, 그 규모는 약 2만 명에서 3만 명 정도였던 것으로 추정된다. 그 외에 서西아프리카에서 출발하여 수단과 홍해를 건너거나 이라크 남부나 걸프 해의 항구에서 출발하여 아라비아 반도 중앙을 건넌 순례단도 있었는데 그 규모는 비교적 작았다.

메카에 가까운 어느 지점에 다다르면 순례객은 세정 의식을 통해 몸을 정갈하게 하고 하나의 흰색 천으로 만든 순례복을 입었다. 이 의복은 아랍어로 이흐람*ihram*이라고 불린다. 그다음에 순례객은 일종의 성별聖別 행위로 순례에 나선 본인의 의지를 천명한다. "제가 여기에 있습니다. 알라여! 제가 여기에 있습니다. 당신은 절대 유일하신 분이십니다. 제가 여기에 있습니다. 실로 모든 찬양과 영광은 당신 것입니다. 속세의 나라도 당신 것입니다."[4]

일단 메카 입성에 성공한 순례객은 성역인 하람 구역으로 발길을 향한

---

4 G. E. von Grunebaum, *Muhammadan Festivals* (New York, 1951), p.28.

다. 이 장소는 신성한 의미를 지닌 유적과 건축물로 가득한 곳이다. 오늘날 볼 수 있는 하람 구역의 외형은 12세기에 완성되었다. 이곳의 잠잠Zamzam 우물은 천사 가브리엘이 하갈Hagar과 그녀의 아들 이스마엘Ishmael의 생명을 구하기 위해 파 놓은 것이라고 전해지고 있다. 아브라함의 발자국이 찍힌 바윗돌도 여기에 놓여 있다. 그 밖에 여러 법학파의 이맘들과 관련된 유적지도 이곳에 자리 잡고 있다. 한편 하람 구역의 중앙에는 정육면체 모양의 카으바ka'ba 신전이 우뚝 솟아 있다. 예언자 무함마드는 카으바 신전으로부터 우상들을 없앤 뒤 이곳을 이슬람의 신앙 중심지로 삼았다. 카으바 신전의 한쪽 벽에는 흑석Black Stone이 끼워져 있다. 순례객들은 카으바 신전 주위를 일곱 번 도는데, 이때 흑석을 만지거나 입맞춤을 한다. 둘 힛자(이슬람력 12월) 8일째 되는 날 순례객들은 도시를 빠져나와 동쪽에 위치한 아라파'Arafa 언덕을 향해 발걸음을 옮긴다. 그들은 언덕 위에서 잠시 동안 머무르는데, 이 의식은 순례의 중요한 절차 가운데 하나다. 메카로 되돌아가는 도중에 순례객들은 미나Mina에 들러서 보다 상징적인 의미가 담긴 의식 두 가지를 행한다. 하나는 악마를 상징하는 기둥을 향해 돌을 던지는 의식이고, 다른 하나는 짐승을 희생하는 의식이다. 이로써 이흐람 복장을 입으면서 시작된 순례의 모든 의식은 대단원의 막을 내린다. 순례를 마친 사람들은 이흐람을 벗고 일상생활로 되돌아간다.

여러모로 순례는 그 해에서 또는 어쩌면 한 개인의 일생에서 가장 중요한 행사였다. 이 의식을 통해 무슬림들 간의 결속이 가장 분명히 표출되었다. 한편 순례는 어떤 의미에서 모든 여행의 축소판이기도 했다. 예배를 드리기 위해 메카를 찾아간 방문객은 학업을 위해 메디나에 머무르기도 했다. 일부 순례객들은 여행비를 충당할 목적으로 상품들을 들여오기도 했다. 물건을 가득 실어 온 상인들이 순례 행렬에 합류하여 중간 기착

지나 메카에서 물건을 팔기도 했다. 또한 순례는 이슬람 각지에서 전해진 소식과 사상이 교환되는 시장 구실을 하기도 했다.

유명한 여행가 이븐 바투타는 순례가 당대 사람들에게 무엇을 의미했는지에 대해서 다음과 같이 기록했다.

> 지극히 높으신 알라께서 행하신 가장 놀라운 이적 가운데 하나는 인간의 마음 속에 숭고하게 빛나는 성소를 찾고자 하는 본능적 욕구와 그곳을 직접 방문하고 싶다는 욕망을 심어 놓으신 것이다. 사람들은 성소에 대한 사랑에 압도되고 사로잡혀 아무도 그곳을 떠나려 하지 않는다. 그 누구도 이별의 슬픔 없이 성소를 떠나지 못하리라.[5]

순례는 알라의 명령에 순종하는 행동이다. 이에 대해 ≪꾸란≫은 다음과 같이 언급했다. "능력이 있는 백성에게는 순례를 의무로 하셨노라."[6] 순례는 유일신 알라에 대한 신앙 고백이며, 움마(이슬람 공동체)가 하나임을 가시적으로 보여주는 표상이기도 하다. 세계 각지에서 수천 명의 무슬림이 순례를 위해 동시에 모여들었다. 그들은 다 함께 카으바 주위를 돌았고, 아라파 동산에 섰으며, 악마에게 돌을 던지고 희생제를 거행했다. 이러한 의식을 통해 그들은 이슬람 세계 전체와 하나가 되었다. 순례객들이 도착하고 떠날 때마다 공식적으로 축하 행사가 벌어졌으며 그들의 활동은 현지의 연대기에 기록되었다. 그리고 후대에는 가옥의 담장에 순례를 다녀왔음을 그림으로 표현하기도 했다. 순례객들이 미나에서 제물을 희생할 때면 전 세계의 이슬람 가정에서도 함께 제물을 희생했다. 이렇게

---

5 Ibn Battuta, *Rihla*, p.153 ; English trans. Vol. I, p.189.

6 Qur'an 3 : 97.

가장 큰 연중행사 가운데 하나인 희생제*ʿid al-adha*가 거행되었다.

무슬림들은 서로 양심을 보살피고, 공동체를 보호하며, 공동체의 영역을 확장시키는 것을 의무로 여겼다. 이를 통해 그들은 하나의 공동체에 속해 있다는 귀속감을 표출하곤 했다. 지하드란 공동체를 위협하는 적대 세력에 대한 성전聖戰을 뜻한다. 그들이 말하는 적대 세력이란 공동체 밖에 있는 호전적인 불신자 세력일 수도 있고, 공동체 안에서 보호 계약을 위반한 비非무슬림 세력일 수도 있다. 이처럼 지하드는 무슬림의 중요한 실천 의무였기 때문에 실질적으로 이슬람의 기둥 가운데 하나로 간주되기도 했다. 여느 의무들과 마찬가지로 지하드의 의무 역시 ≪꾸란≫의 말씀에 근거를 두고 있다. "믿는 자들이여! 너희 가까이에 있는 불신자들에 대항하여 투쟁하라."[7] 율법학자들은 지하드의 성격과 범주에 대해 세심하게 정의를 내렸다. 지하드는 무슬림 각자에게 부과되는 개인적 의무가 아니라 공동체 전체가 떠안아야 하는 공동의 의무였다. 따라서 지하드에 필요한 전사를 육성해야 하는 의무는 공동체의 몫이었다. 초기 수세기 동안 이슬람의 영역은 급속히 팽창했으나 그 뒤 서유럽으로부터 반격에 시달리게 되었다. 따라서 지하드는 영토 확장보다는 방어적인 개념으로 이해되었다.

물론 무슬림이라고 해서 모두가 상기한 종교적 의무들을 진지하게 받아들이고 그것을 실천하는 데 동일한 의미를 부여했던 것은 아니다. 개인의 신앙 정도에 따라 차이가 났고, 지역적으로도 도시, 지방, 사막 등에 따라 차이가 났다. 도심지에 거주했던 학자나 독실한 신앙심을 지닌 상인은 예배와 단식의 의무를 성실히 지켰을 뿐만 아니라 자카트와 순례의 의무를 실천하기도 어렵지 않았다. 그러나 베두인의 경우 궁핍한 생활로 인

7 Qur'an 9 : 125.

해 예배, 라마단 단식, 순례 등의 의무를 지킬 수 없었다. 그럼에도 불구하고 베두인들은 여전히 '알라 이외에 다른 신은 없고 무함마드는 그의 사도다'라는 신앙 증언만은 버리지 않았다.

알라의 반려자, 수피 성인聖人

이슬람 초기부터 예언자 무함마드의 추종자들 가운데 일부는 외적인 행동보다 내면의 가치를 더욱 중요하게 여기곤 했다. 그들은 외적인 의무 준수가 내면의 진실을 담아내지 못한다면 아무런 가치가 없다고 생각했다. 그들은 알라의 위대함과 그 앞에 선 인간의 나약함을 인정하면서 알라의 명령에 순종하고자 했다. 이와 함께 외적 의무의 준수는 삶 전체를 포괄하는 윤리적 가르침의 기본이 되어야 한다고 강조하기도 했다.

초창기에 일부 무슬림은 신앙적 순수성을 확보하기 위한 수단으로 금욕주의적 수행 방식을 택했다. 아마도 이러한 그들의 수행 방식은 당대의 동방 기독교 수도승들로부터 영향을 받았던 것으로 추정된다. 그들은 알라와 인간의 관계가 단순히 명령하고 순종하는 관계는 아니라고 생각했다. 그들은 인간이 알라의 뜻에 순종하는 것은 근본적으로 알라를 향한 사랑과 알라와 가까워지고자 하는 의지가 있기 때문이라고 설명했다. 그리고 순종에 대한 보답으로 알라는 다시 인간에게 사랑을 준다는 것이다. 이 같은 금욕주의자들의 사상과 수행 방식은 뒤의 수세기 동안 더욱 발전을 보았다. 이에 덧붙여 진정한 신앙인이 알라에게 다가서면서 걷게 되는 노정에 관한 개념도 정교하게 다듬어졌다. 그리고 이 같은 사상을 받아들이고 실천에 옮기고자 했던 수행자들을 일반적으로 수피Sufi라고 불렀다.[8] 이들은 알라를 향한 영적 도정의 주요 단계를 마깜*maqam*이라고 했다. 세월이 지나면서 수피들은 마깜이 무엇인지에 대해, 비록 불완전했지만, 점차 의견의 일치를 보았다. 그들이 말하는 영적 도정의 제1단계는 참회로, 이것은 과거의 죄로부터 자신을 멀리하는 것을 뜻한다. 이로써 수행자는 금욕의 단계에 이른다. 이때 수행자는 율법적으로 허락된 것이라도 진리를 찾는 데 영혼을 혼미에 빠뜨릴 우려가 있는 행동을 삼가게 된다. 그다음에 영적 도정에 오른 자는 알라에게 모든 것을 맡기는 신탁의 단계를 지나 알라의 뜻에 따라 기다려야 하는 인내의 단계에 들어선다. 여기서 두려움과 희망의 단계를 지나면 신의 계시를 받는다. 이것은 영적 깨달음의 단계로, 이때 모든 삼라만상이 자취를 감추고 오직 알라만이 남는다. 이 경지에 도달한 수행자는 자신이 갖고 있었던 모든 인간적 속성을 잃고 그 자리는 신적 속성으로 채워진다. 이로써 인간과 알라는 사랑 속에서 하나로 결합한다. 인간이 마으리파*ma'rifa*, 즉 영지靈知를 경험하는 것은 찰나에 불과하지만 그 흔적은 오래 남는다. 그의 영혼이 다시 일상의 삶으로 돌아오게 될 때 새로운 변화를 겪기 때문이다.

알라와의 합일을 위한 길을 걸으며 인간은 마음과 영혼뿐만 아니라 감정에서도 변화를 겪는다. 영적 도정의 각 단계마다 인간이 느끼는 심리적인 변화와 생생한 경험을 할*hal*, 복수형은 *ahwal*이라고 한다. 그러나 이때의 경험은 결코 말로써 형언할 수 없고, 단지 은유와 심상心象으로써 비유할 수 있을 뿐이다. 이러한 이유 때문에 이슬람 수피들 사이에서 아랍어를 비롯한 각종 언어를 사용한 시문학이 발전하였다. 수피들은 시적 상상력을 발

8 이슬람 신비주의자를 뜻하는 '수피'의 어원에 대해서는 학자들 간에 의견이 분분하다. 가장 대표적인 설명은 다음 두 가지다. 첫째, 수피라는 말의 어원이 양모羊毛를 뜻하는 아랍어 수프suf에서 나왔다는 설명이다. 이 설명은 옷 위에 흰 양모 외투를 입고 있었던 수피들의 관습을 암시하고 있다. 둘째, 그리스어에서 현자賢者를 뜻하는 단어 소포스sophos의 음역이라는 설이 있다. 이 책의 저자는 앞의 설을 따르고 있다. — 옮긴이

휘하여, 알라를 깨달아 가고 또 궁극적으로 합일에 이름으로써 얻게 된 심리 상태를 환기하려고 애썼다. 혹자는 알라와 인간의 합일 상태를 인간의 사랑에 비유하곤 했다. 이때 두 연인은 서로를 비춰 주는 거울이 된다. 혹자는 합일의 상태를 술에 취한 정신 상태에 비유하기도 했다. 또한 인간의 영혼은 알라라는 거대한 대양大洋 속에 있는 한 방울의 물과 같다거나 또는 장미를 향해 날아가는 나이팅게일과 같다고 비유했던 자들도 있었다. 하지만 이러한 시적 표현은 모호할 수밖에 없다. 따라서 시인의 의도가 인간의 사랑을 표현하려는 것인지 아니면 신의 사랑을 비유하려는 것인지 분간하기가 쉽지 않다.

일부 무슬림들은 이 같은 영적 도정에 수반되는 위험성에 대해 진지하게 우려의 목소리를 내기도 했다. 구도자는 도중에 길을 잃을 수도 있고 자아도취에 빠져 속임을 당할 수도 있기 때문이다. 물론 일부 구도자들은 그 길을 혼자 걸어갈 수도 있을 것이다. 그들은 자신의 능력으로 순간적인 황홀경에 빠져들 수 있고 타계한 스승이나 예언자 무함마드로부터 직접 가르침을 받을 수도 있었다. 그러나 대부분의 구도자들은 상황이 달랐다. 그들은 누군가로부터 가르침과 안내를 받아야 할 필요가 있다고 여겨졌다. 따라서 그들은 자신들보다 도정에서 앞선 선배들을 영적 스승으로 모시게 되었다. 영적 스승은 아랍어로 셰이크나 무르쉬드*murshid*라고 불린다. 이 같은 이유 때문에 수피들 사이에서는 '스승을 모시지 않으면 악마가 스승이 된다'는 말까지 생겨났다. 일단 제자가 되면 맹목적으로 자신의 스승을 따라야 했다. 무릇 제자라면 염습을 당하는 시체처럼 가만히 있어야 하는 것이었다.

10세기 말과 11세기에 이르러 수피 수행자들 사이에서는 다시 새로운 변화가 일어나기 시작했다. 같은 스승을 모신 수행자들은 자신들이 같은 따리까*tariqa*, 즉 도정을 걷고 있다고 믿었다. 그 결과 따리까는 점차 독립된 종단으로 발전하였다. 수피 종단들 가운데 일부는 오랫동안 생명력을 유지해 나갔다. 이 종단들은 역사적으로 위대했던 스승들을 자신들의 시원始原이라고 주장하며 그들의 이름을 종단의 명칭으로 삼았다. 일부 종단은 자신들의 계보가 알리나 아부 바크르를 거쳐 예언자 무함마드까지 거슬러 올라간다고 주장하기도 했다.[9] 이들 가운데 일부 수피 종단은 이슬람 세계 전역으로 널리 퍼져 나가기도 했다. 이것은 같은 스승으로부터 가르칠 수 있는 자격을 얻은 제자들에 의해 이루어졌다. 수피 종단들은 대부분 그 조직 체계가 방만한 편이었다. 같은 스승으로부터 배운 제자들이라도 나중에는 자신들만의 독립적인 종단을 세우는 경우가 있었다. 그러나 그러한 경우라도 최초로 가르침을 전해준 스승과의 관계만은 대체로 인정하는 편이었다. 가장 널리 전파되고 유구한 전통을 지닌 수피 종단들은 이라크 지역에서 시작되었다. 그 대표적인 예로는 12세기에 문을 연 리파이야Rifa'iyya 종단과 13세기에 출발한 수흐라와르디야Suhrawardiyya 종단을 들 수 있다. 그리고 가장 널리 전파된 까디리야Qadiriyya 종단도 빼놓을 수 없다. 까디리야 종단은 바그다드 출신의 성인聖人 압둘 까디르 알 질라니'Abd al-Qadir al-Jilani(1077/8~1166)를 그 시원으로 삼고 있는데, 실제로 이 종단이 완전한 모습을 갖춘 것은 14세기 무렵이었다. 이집트 지역에서도 여러 수피 종단들이 발전했는데, 그 가운데 가장 널리 전파된 것은 샤딜리야Shadhiliyya 종단이었다. 특히 알 자줄리al-Jazuli(1465년경 사망)는 이 종단이 마그립 지역에 전파되는 데 많은 공헌을 했다. 그 밖의 이슬람 지역에서도 중요한 수피 종단이나 집단이 많이 출현했는데, 그 가운데 아나톨리아의 마울라위야Mawlawiyya 종단과 중앙아시아의 낙슈반디야Naqshbandiyya

---

9 아부 바크르는 무함마드와 같은 시대를 살았던 동료이며 무함마드가 사망했을 때 이슬람 공동체를 통치한 제1대 칼리파였다. 알리는 무함마드의 사위로서 제4대 칼리파가 되었으며 뒤에 쉬아파의 제1대 이맘이 되었다. ―옮긴이

종단이 가장 대표적이다. 이 가운데 일부는 후대에 아랍 지역에 전파되기도 했다.

종단에 소속된 수행자들이라 하더라도 평생 수도원에 기거하며 전 생애를 바치는 사람들은 소수에 불과했다. 수피들의 수도원은 아랍어로 자위야*zawiya* 또는 칸까*khanqa*라고 불렀다. 도시에 위치했던 수도원 건물은 대부분 소규모였다. 그러나 일부 지역에서는 대형 수도원도 등장했는데, 그 안에는 모스크, 수행 장소, 학교, 방문객용 숙소 등이 갖추어져 있었다. 이 시설들은 종단의 시조가 묻힌 묘지의 주위에 세워지는 것이 일반적이었다. 종단의 구성원들은 대부분 속세에서 삶을 영위했다. 또한 종단 내부에는 남성뿐만 아니라 여성도 함께 있었다. 종단이 구성원들에게 미치는 영향력은 각양각색이었다. 어떤 사람들에게는 종단 가입이 그저 명목상의 것 이상이 아니었다. 그러나 어떤 사람들에게는 종단 가입이 알라와의 합일이 주는 황홀의 길로 인도하는 교리와 수행으로의 입문을 뜻하기도 했다.

이슬람의 양대 축인 샤리아와 따리까의 관계를 어떻게 보느냐에 대해서는 각 종단마다 견해를 달리했다. 먼저 샤리아란 ≪꾸란≫에 명시된 알라의 계율을 따르는 것을 뜻한다. 반면 따리까는 직접적인 체험을 통해 알라를 인식하는 수행 과정을 뜻한다. '온건한' 수피 종단들은 몰아지경에 이르러 신비한 경험을 한 뒤 일상생활로 다시 돌아왔을 때 샤리아를 충실히 따라야 한다고 가르쳤다. 즉 샤리아가 명한 알라와 인류에 대한 의무를 지키며, 그것에 대해 새로운 의미를 부여하는 것만으로 족하다는 것이다. 그러나 일부 극단적 성향의 종단들은 의견이 달랐다. 그들에게 알라와의 합일 경험은 신이 자신의 몸 안에서 현현하고 있음을 뜻하는 것과 마찬가지였다. 따라서 그들은 외딴 곳에서 고독한 생활을 감내하는 것을 당연하게 받아들였다. 극단적 성향의 수피들은 샤리아가 명한 의무를 무시하였고 이로 인해 초래되는 비난에 대해서도 별로 개의치 않았다. 심지어 이러한 비난을 속세로부터 멀어질 수 있는 좋은 계기로 여겨 오히려 기꺼이 받아들였던 자들도 있었는데, 이들은 말라마티파 수피들로 불렸다. 첫 번째 경향의 수피들은 주나이드Junayd를 계승하였음을 주장했고, 두 번째 경향의 수피들은 아부 야지드 알 비스타미Abu Yazid al-Bistami를 스승으로 모셨다.

종단에 입문하기 위해서는 절차가 필요했다. 먼저 스승인 셰이크에게 충성을 맹세하면 그로부터 특별한 의미가 담긴 외투 한 벌과 위르드*wird*나 히즙*hizb*이라고 하는 비의秘儀적인 기도를 전수받는다. 그들에게는 개인별로 이루어지는 기도 이외에 디크르*dhikr*라고 불리는 기도 의식이 있었다. 이 의식은 따리까의 중심이 되는 행위이자 수피를 다른 이들과 구분해 주는 특징이었다. 디크르란 알라의 이름을 되뇌는 것을 말한다. 디크르를 하는 목적은 영혼이 속세의 번뇌로부터 벗어나 알라와의 합일을 향해 자유롭게 비상할 수 있도록 만드는 데 있다. 디크르의 형태는 각양각색이다. 낙슈반디야를 비롯한 일부 종단은 독특한 호흡과 함께 침묵 속에서 디크르를 행하는 것을 선호한다. 이때 그들은 정신을 신체의 특정 부위나 셰이크, 종단의 시조, 예언자 무함마드에 집중한다. 일반적으로 디크르는 하드라*hadra*라고 불리는 집단 의식儀式 형태로 한 주일의 특정한 날에 종단의 자위야(수도원)에서 정기적으로 행해졌다. 참여자들은 여러 줄로 정렬한 채 알라의 이름을 되풀이했다. 한편 디크르 의식을 거행하는 동안 음악 연주나 시 낭송이 곁들여지기도 했다. 마울라위야 같은 일부 종단에서는 우아한 원형무圓形舞 같은 춤을 의식으로 추기도 한다. 간혹 일부 수피들은 자신들이 신으로부터 은사를 받았다는 것을 보여주기 위해 칼로 뺨을 찌르거나 입안에 불을 집어넣기도 한다. 암송과 동작이 점점 빨라지면 수행자들은 무아지경에 빠져 감각 세계에 대한 의식을 잃게 된다.

이 같은 공개적 의식 중간에 수행자들은 개인적으로 알라에게 찬사를 드리거나 알라에 대한 사랑을 표현하고 영적인 은혜를 갈구했다. 이때 어떤 이들은 알라를 찬양하거나 예언자 무함마드를 축복하는 짧은 절규를 토했고, 다른 이들은 다음과 같이 좀 더 덧붙였다.

> 알라를 찬양할지어다! 저 산들도 모든 것을 바쳐 찬양하지 않느냐.
> 알라를 찬양할지어다! 저 나무들도 잎새를 내어 찬양하지 않느냐.
> 알라를 찬양할지어다! 저 대추야자수들도 열매가 무르익을 때 찬양하지 않느냐.
> 알라를 찬양할지어다! 저 바람도 바다를 건너며 찬양하지 않느냐.[10]

이러한 찬사의 말들은 위대한 영적 스승들에게서 나온 것으로 여겨지고 있다.

알라에게 다가가는 길이란 개념은 인간이 알라의 피조물이자 종복이라는 것뿐만 아니라 알라의 반려자, 즉 왈리*wal*가 될 수 있다는 뜻을 포함하기도 했다. 이 같은 믿음은 다음과 같은 ≪꾸란≫의 구절에서 정당성의 근거를 찾을 수 있다. '오! 하늘과 땅을 만드신 창조주시여, 당신은 현세와 내세에서 나의 반려자이십니다.'[11] 이 같은 배경에서 왈리를 성인으로 추앙하는 사상 윌라야*wilaya*가 나타났다. 알라의 반려자라 불렸던 왈리는 언제나 알라와 가까이 있으면서 항상 알라만을 생각한다. 또한 그는 인간과 알라를 가로막는 욕망으로부터 초탈한 인물이다. 남성뿐만 아니라 여성도 성인이 될 수 있다. 성인은 과거에는 물론 미래에도 항상 존재하며, 세상이 올바른 축 위에 설 수 있도록 돌본다. 후대에 이르러 이러한 사고는 점차 정형화되어 갔다. 즉 이 세상에는 항상 일정한 수의 성인들이 존

---

10 C. Padwick, *Muslim Devotions* (London, 1961), p.252.
11 Qur'an 12 : 101.

재한다는 것이다. 그래서 한 명의 성인이 사망하면 다른 성인이 등장하여 그를 계승한다. 그리고 이들은 하나의 계층을 형성하여 은밀히 세상을 다스린다. 수피들은 자신들의 최고 성인을 꾸틉*qutb*이라고 불렀다. 꾸틉은 중심축이란 뜻으로, 온 세상은 그들을 중심으로 돌아간다.

'알라의 반려자'인 왈리는 알라와 인류의 중재자 역할을 할 수 있다. 그리고 왈리의 중재는 사람들의 병과 불임을 치료하고 액운을 막는 등 가시적인 결과로 나타날 수 있다. 성인이 베푸는 은사는 아랍어로 카라마*karamat*라고 하는데, 이는 또한 그 성인이 알라의 반려자라는 것을 보여주는 징표이기도 하다. 사람들은 성인이 세상에 은사를 베풀 때 사용한 초월적 능력이 그가 죽은 뒤에도 계속 남아 있다고 믿었다. 사람들이 성인의 묘에 모여 기도를 올리게 된 것은 바로 이러한 연유 때문이다. 사람들은 성인의 묘를 방문하고, 그것을 어루만지거나 그 앞에서 기도하는 행위를 신앙의 일부로 간주하기 시작했다. 그러나 일부 무슬림 사상가들은 이러한 행위를 위험스러운 이단적 행동이라고 여겼다. 왜냐하면 그것은 인간을 알라와 인류 사이의 중재자로 내세우는 것이었기 때문이다. 일반적으로 성인의 묘는 사각형의 건물에 둥근 돔형 지붕이 얹혔고 내부는 흰색으로 칠해졌다. 묘는 홀로 독립적인 공간을 차지하거나 모스크 내부에 세워졌다. 또한 수피들의 자위야(수도원)는 성인의 묘를 중심으로 확장되어 나갔다. 이러한 풍경은 이슬람의 지방과 도시 곳곳에서 흔히 볼 수 있었다.

이슬람은 과거에 세워졌던 카으바 신전을 없애지 않고 오히려 거기에 새로운 의미를 부여했다. 이와 마찬가지로 새로운 개종자들은 먼 옛날 자신들이 믿었던 신앙을 버리지 않고 오히려 그것을 이슬람에 접목시켜 나갔다. 특정한 장소에 신이나 초월적 힘을 지닌 정령이 깃들어 있다는 사고관은 고대부터 곳곳에 널리 퍼져 있었다. 사람들은 특이한 종류의 돌,

나이가 아주 많은 나무, 땅에서 자연적으로 솟는 샘 등을 신이나 정령의 존재를 알려 주는 징표로 여기곤 했다. 그래서 그들은 그곳에 천 조각을 매달거나 짐승을 희생하면서 소원을 빌고 제사를 올리곤 했다. 이슬람이 전파되었던 곳이라면 어디에서나 과거의 성소들은 무슬림 성인 숭배 사상이 더해지면서 새로운 의미를 얻었다.

성인의 묘들 가운데 일부는 점차 사람들이 대규모로 신앙 행위를 하는 중심지로 성장했다. 성인의 탄생 기념일이나 기타 그와 특별히 관련된 날이 되면 인근 지역은 물론 먼 곳에 사는 무슬림들도 찾아와 성대한 잔치를 벌였다. 축제에 참여한 무슬림들은 성인의 묘를 방문한 뒤 그것을 손으로 만지거나 그 앞에서 소원을 빌었다. 이러한 축제들 가운데 일부는 해당 지역의 행사로만 그쳤지만 일부는 타지의 방문객들도 불러 모으는 대규모 행사로 발전하기도 했다. '전국 각지' 또는 이슬람 세계 도처에서 숭배되었던 대표적인 성지로는 페스의 창건자 마울라이 이드리스(791년 사망), 알제리 서부 틀렘센Tlemçen 출신의 아부 미드얀Abu Midyan (c.1126~1197), 튀니지 뱃사람들의 수호성인 시디 마흐라즈Sidi Mahraz 등의 묘가 있다. 이집트 탄타Tanta 출신의 아흐마드 알 바다위Ahmad al-Badawi (c.1199~1276)도 위대한 성인으로 널리 추앙되었는데, 학자들은 그의 숭배 의식을 부바스티스Bubastis[12] 지역에서 행해졌던 고대 이집트의 종교 의식이 변형된 것으로 추정하고 있다. 한편 바그다드의 압둘 까디르는 까디리야 종단의 시조로서 널리 숭배되었다.

세월이 지나면서 예언자 무함마드와 그의 혈손들도 성인으로 숭상되기 시작했다. 많은 사람들은 최후의 심판일에 예언자 무함마드가 중재자 역

12 나일 강 삼각주에 있는 고대 이집트 도시. 고양이나 암사자의 머리를 한 이곳의 수호신 바스트Bast를 위한 축제가 매년 성대히 거행되었다. — 옮긴이

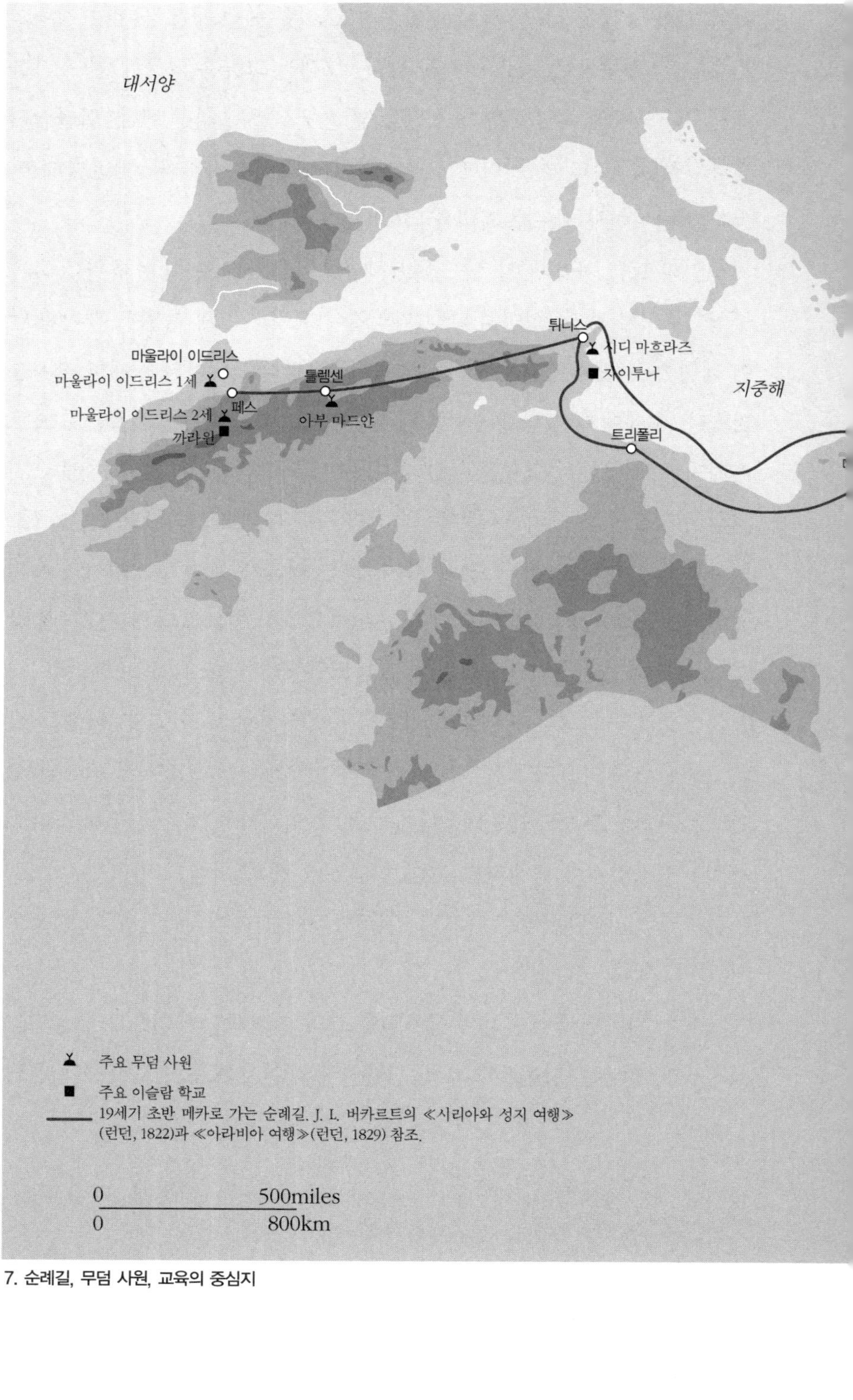

7. 순례길, 무덤 사원, 교육의 중심지

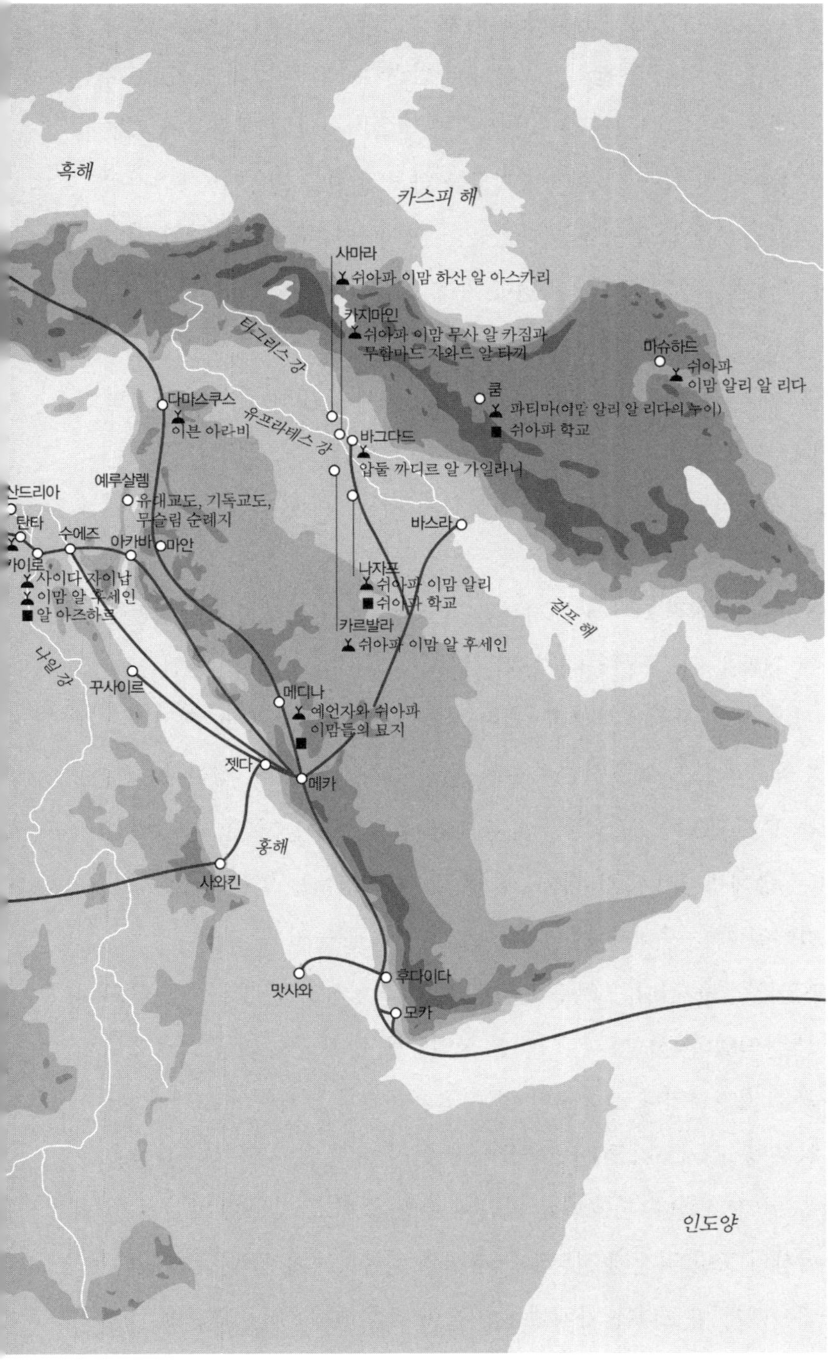

흑해
카스피 해
사마라
쉬아파 이맘 하산 알 아스카리
카지마인
쉬아파 이맘 무사 알 카짐과
무함마드 자와드 알 타끼
티그리스 강
마슈하드
쉬아파
이맘 알리 알 리다
쿰
파티마(이맘 알리 알 리다의 누이)
쉬아파 학교
다마스쿠스
이븐 아라비
유프라테스 강
바그다드
압둘 까디르 알 가일라니
예루살렘
유대교도, 기독교도,
무슬림 순례지
산드리아
탄타
수에즈
아카바
마안
카이로
사이다 자이납
이맘 알 후세인
알 아즈하르
바스라
나자프
쉬아파 이맘 알리
쉬아파 학교
걸프 해
카르발라
쉬아파 이맘 알 후세인
나일 강
꾸사이르
메디나
예언자와 쉬아파
이맘들의 묘지
젯다
메카
홍해
사와킨
맛사와
후다이다
모카
인도양

할을 하여 자신을 따랐던 신도들을 구원할 것이라고 믿었다. 사람들은 그가 예언자일 뿐만 아니라 왈리, 즉 알라의 반려자라고 믿었던 것이다. 사람들은 순례 도중이나 또는 일부러 기회를 만들어서라도 메디나에 있는 예언자 무함마드의 묘를 방문하여 기도를 하고 소원을 빌었다. 예언자의 탄신 기념일인 마울리드*mawlid*는 대중들이 참여하는 축하 행사일이 되었다. 탄신 기념행사는 카이로의 파티마 왕조 시절에 처음 선을 보인 뒤, 13세기와 14세기 무렵 전 이슬람 세계로 확산되었다.

살아생전에는 물론 사망 이후에도 성인은 속세에 대해 권위를 행사할 수 있었다. 특히 지방의 경우 조직적인 관료 체제를 갖춘 정부가 부재하여 사회 세력들의 자유로운 활동이 가능하기 때문에 더욱 그러했다. 성인의 거처나 묘는 사람들이 몸을 피하는 중립 지역과 같은 구실을 했다. 서로 멀리하거나 적대적 관계를 유지하던 집단의 구성원들도 이곳에서만큼은 만나서 거래를 할 수 있었다. 한편 성인을 기념하는 축제는 물건을 사고파는 시골 장터 구실을 하기도 했다. 성인의 무덤은 시장을 지키거나 유목민의 곡물 창고를 보호하는 수호자 역할을 하기도 했다. 성인과 그의 후손 또는 묘지 관리인은 신성神聖의 후광을 업고 이익을 취할 수도 있었다. 그들은 순례객들이 바친 제물들을 통해 부와 명예를 얻을 수 있었고, 분쟁이 벌어질 때는 중재자로 초대됨으로써 권위를 높일 수 있었다.

학식과 신앙심을 겸비한 일부 성인은 기적을 행하고 분쟁을 해결함으로써 명성을 얻었다. 사람들은 이러한 성인들을 정치 운동의 구심점으로 삼아 불의를 저지르거나 정통성이 없는 군주들에게 항거하기도 했다. 이따금씩 일부 종교 지도자들은 민중들에게 널리 퍼져 있던 마흐디 사상을 통해 힘을 얻기도 했다. 마흐디란 알라의 부름을 받고 지상에 파견된 인물로서 세상의 종말 직전에 정의로운 질서를 회복하는 소임을 맡게 된다. 이슬람 역사에서 마흐디를 자처했던 인물이 출현했던 예는 곳곳에서 발견된다. 마흐디로 추앙받았던 인물 가운데 가장 유명하고 성공적이었던 사람은 아마도 이븐 투마르트Ibn Tumart(c.1078~1130)였던 것으로 보인다. 이븐 투마르트는 모로코에서 출생한 종교 개혁가였다. 그는 중동 지역에서 유학한 뒤 마그립 지역으로 돌아와 이슬람이 지녔던 원래의 순수성을 회복해야 한다고 부르짖었다. 이븐 투마르트와 그의 추종자들은 알 무와히드 왕조를 건설했다. 이 왕조는 전성기 시절 마그립 전체는 물론 스페인의 무슬림 지역까지 영토를 확장했다. 후대에 출현한 왕조들은 알 무와히드 왕조의 경험을 자신들의 정통성 확립을 위한 귀감으로 삼기도 했는데, 튀니지의 하프스 왕조가 가장 대표적인 예다.

10장
울라마의 문화

울라마와 샤리아

무함마드의 계시를 받아들인 이들로 이루어진 공동체의 중심에는 종교학자들인 울라마가 존재했다. 그들은 ≪꾸란≫, ≪하디스≫, 율법 등을 섭렵했고, 스스로 공동체의 수호자이자 예언자 무함마드의 후계자임을 자처했다.

이슬람 등장 뒤 1세기 동안 예언자 무함마드의 정치적 계승권을 놓고 벌어진 분쟁은 '누가 그의 종교적 권위를 계승하느냐'는 문제를 내포하고 있었다. 이 문제는 실상 '누가 ≪꾸란≫과 무함마드를 통해 전해진 계시를 해석할 권한을 갖느냐'를 묻는 것이었다. 쉬아파를 비롯하여 그 아류에 속한 종파들은 그 권한이 이맘의 가계家系에 있다고 주장했다. 왜냐하면 이맘을 ≪꾸란≫ 속에 담긴 진리를 오류 없이 해석할 수 있는 능력을 가진 인물로 보았기 때문이다. 그러나 이슬람 초창기부터 아랍어를 사용했던 지역에서는 순니파가 다수를 차지하고 있었고, 이들은 쉬아파와 견해를 달리했다. 즉 순니파는 무오류의 이맘이란 사고 자체를 거부했던 것이다. 왜냐하면 이것은 예언자 무함마드의 사후에도 알라의 계시가 계속된다는 것을 뜻했기 때문이다. 순니파의 교리에 따르면, 알라의 계시는 ≪꾸란≫과 예언자의 순나를 통해 최종적으로 완결되었다. 그리고 알라의 계시를 해석할 수 있는 능력을 지닌 울라마가 공동체의 도덕적 양심을 보호하는 수호자 역할을 했다.

11세기 무렵 윤리와 율법의 해석을 놓고 갈린 법학파, 즉 마드합 사이에 명백한 구별이 이루어졌다. 그 가운데 가장 널리 세력을 확장하고 오랫동안 생명력을 유지했던 학파는 샤피 학파, 말리키 학파, 하나피 학파, 한발리 학파 등 네 학파였다. 때때로 각 학파의 추종자들은 서로 극심한 대립 양상을 보이기도 했다. 압바스 왕조 시절 바그다드에서는 샤피 학파와 하나피 학파의 이름을 걸고 도시의 당파들이 다툼을 벌이기도 했으나 후대에는 학파 간의 차이로 인한 논쟁이 누그러졌다. 일부 지역에서는 특정한 한두 학파가 법학계를 장악했다. 말리키 학파는 마그립 지역에서 주요 법학파로 자리 잡았으며, 샤피 학파는 이집트, 시리아, 이라크, 이란, 히자즈 지역에 널리 퍼졌다. 한편 하나피 학파는 중앙아시아와 인도에서 위세를 떨쳤다. 한발리 학파의 경우 바그다드에서 위세를 떨친 뒤, 12세기 이후부터는 시리아의 여러 도시로 전파되었다. 신학파들과 마찬가지로 법학파들도 점차 서로의 존재를 인정하기 시작했다. 후대에 이르러 일부 왕조는 특정 학파 출신자들을 주요 관직에 등용시키곤 했는데, 이 경우에도 다른 학파 출신이 판관이나 법률 전문가가 될 수 있었다.

이슬람 법학의 원리를 다루는 학문을 아랍어로 우술 알 피끄흐*usul al-fiqh*라고 한다. 각 법학파들은 이슬람 법학 원리에 대한 정확한 정의나 해석의 경중을 놓고 약간씩 의견을 달리했다. 한발리 학파는 이즈마와 관련하여 후대 학자들의 견해들을 제외하고 오직 예언자 교우들의 견해만을 인정했다. 그 결과 한발리 학파는 이즈티하드의 여지를 더욱 넓혀 놓았다.[1] 물론 이때 이즈티하드는 유추의 방법론을 엄격하게 준수해야만 성립될 수 있다. 한편 안달루스 지역에서는 자히리 학파Zahiris가 등장하여 잠시 동안 위세를 떨치다가 사라지기도 했다. 자히리 학파는 예언자의 교우들이 해석한 ≪꾸란≫과 ≪하디스≫의 문자적 의미에만 집착했으며, 후대에 제기된 이즈티하드와 이즈마를 인정하지 않았다. 후대에 알 무와히드 왕조를 건설한 이븐 투마르트도 이와 비슷한 태도를 취했다. 그러나 그는 자신이야말로 ≪꾸란≫과 ≪하디스≫에 대해 오류 없이 해석을 내놓을 수 있는 유일한 인물이라는 주장을 새롭게 제기했다. 한편 하나피 학파와 말리키 학파는 이즈티하드에 대해 약간의 융통성을 보이는 태도를 취했다. 하나피 학파는 유추를 하는 데 항상 엄격한 방법을 따를 필요는 없으며, 학자는 ≪꾸란≫과 ≪하디스≫를 해석할 때 개인이 선호하는 바를 한정된 범위 안에서 취사선택할 수 있다고 주장했다. 이러한 하나피 학파의 견해를 이스티흐산*istihsan*이라고 한다. 말리키 학파 역시 학자라면 엄격한 유추 방법을 무조건 따르는 것보다는 인간의 복리 증진을 더 우선시할 수 있다고 생각했다. 이러한 말리키 학파의 견해를 이스티슬라흐*istislah*라고 한다.

상기한 것처럼 학자들이 법학 원리를 발전시키고 논의한 이유는 단순히 그 자체만을 위한 것이 아니라 그것이 피끄흐의 근간이 되었기 때문이

1 이즈마는 특정 사안에 대한 율법 학자들 또는 공동체 전체의 '의견합일'을 말한다. 의견합일이 성립된 사안은 법으로서 완전한 효력을 갖게 된다. 이즈티하드란 독자적인 법적 판단에 이르게 하는 개별적 법 해석 행위를 말한다. 이지티하드를 행하는 사람을 무즈타히드라고 부른다. — 옮긴이

다. 피끄흐란 아랍어로 법학法學을 뜻하는데, 이것은 샤리아를 상세히 규정하기 위해 학자들이 기울인 노력의 집합체로 볼 수 있다. 한편 샤리아는 무슬림들이 알라의 뜻에 순종하기 위해 반드시 따라야 하는 삶의 방식이다. 알라 또는 인간과의 관계에서 취하는 모든 행동은 ≪꾸란≫과 순나의 테두리 안에서 검증된다.[2] 이즈티하드(독자적인 법 해석)의 자격을 갖춘 학자는 인간의 행동을 해석한 뒤 이를 다섯 가지 범주로 분류한다. 그 다섯 가지는 '의무적 행동(집단 의무 및 개인 의무)', '권장할 만한 행동', '율법과 무관한 행동', '바람직하지 못한 행동', '금지된 행동' 등이다.

점차적으로 각 법학파들은 ≪꾸란≫과 ≪하디스≫의 관점에 따라 인간의 모든 행동을 포괄하는 규범을 작성하였다. 이러한 행동 규범의 전형적인 예는 말리키 학파 출신의 자이드 알 까이라와니Zayd al-Qayrawani(996년 사망)에게서 찾아볼 수 있다. 그는 '입으로 표현해야 하고 마음으로 믿어야 한다'는 일종의 신앙 고백과 같은 기본 진리를 토대로 행동 규범을 만들기 시작했다. 그는 인간의 행동을 크게 두 가지 유형으로 구분했다. 하나는 알라와 직접 관계된 것이다. 이는 예배 행위로 아랍어로 이바다트*'ibadat*라고 한다. 이바다트의 범주에 해당하는 행위들로는 예배, 예배 전에 행하는 세정 의식, 단식, 희사, 순례, 이슬람 대의를 위한 투쟁(지하드) 등이다. 다음은 인간과 인간 사이의 행위로, 아랍어로 무아말라트*mu'amalat*라고 한다. 이 범주에 해당하는 것으로는 먼저 결혼 계약이나 이혼과 같이 개인 간의 친밀한 관계에서 발생하는 행위들이 있다. 또한 이윤 추구를 위한 합의를 포함한 매매 계약, 상속, 유증遺贈, 와끄프의 설정 등과 같이 개

---

2 무슬림들은 ≪꾸란≫을 알라의 말씀 그 자체라고 여긴다. 한편 순나는 예언자 무함마드가 남긴 말과 행동 그리고 모범적인 관행을 가리킨다. 순나는 예언자의 언행록인 ≪하디스≫에 기록되어 있다. ≪꾸란≫과 순나는 샤리아(이슬람 율법)의 근간을 이룬다. — 옮긴이

인을 넘어선 사회적 관계에서 발생하는 행위들이 있다. 또한 범죄 행위와 간음이나 음주와 같이 금지된 행위도 무아말라트의 범주에 속하는데, ≪꾸란≫은 이에 대한 처벌을 상세하게 규정하고 있다. 그리고 판관이 따라야 할 절차에 대해 규정하였다. 판관은 금지된 행위에 대해 판결을 한 뒤, 다음과 같은 도덕적 훈계로써 말을 끝맺어야 한다.

> 믿는 자라면 모름지기 말을 하고 행동을 하면서 알라에 대한 사랑을 마음속에 간직하고 있어야 한다. 알라에 대한 사랑 이외에 엉뚱한 것을 추구하는 자가 내뱉는 말이나 하는 행동은 용납될 수 없다. 위선은 일종의 우상 숭배다. 저지른 죄악에 대해서는 반드시 낱낱이 참회해야 한다. 참회할 때는 잘못을 되풀이하지 않으려는 행동, 과오를 바로잡으려는 노력, 금지된 행동을 삼가는 절제, 타락하지 않으려는 의지 등이 반드시 수반되어야 한다. 죄인은 알라에게 관용을 구해야 한다. 또한 죄인은 알라의 용서를 바라고 그의 심판을 두려워해야 한다. 이와 더불어 알라가 주신 은혜를 기억하고 감사의 마음을 표해야 한다. …… 인간은 알라가 자비를 베풀 것이란 희망을 저버리지 말아야 한다.[3]

해석의 원칙뿐만 아니라 구체적인 사안에 대해서도 법학파들 간에는 지엽적인 것이긴 하지만 의견 차이가 있었다. 심지어 같은 법학파 내부에서도 의견 차이는 존재했다. 왜냐하면 아무리 상세하고 정교하게 만들어진 법전이라 할지라도 일어날 수 있는 모든 상황을 빠짐없이 다룰 수는 없기 때문이다. 많은 사람들은 10세기 이후부터 개인의 의견을 반영한 판결이 이슬람 사회에서 자취를 감추었다고 말한다. 그들의 의견에 따르면,

3 Ibn Abi Zayd al-Qayrawani ; ed. and French trans. L. Bercher, *La Risala*, 3rd edn. (Algiers, 1949), pp.302-303.

그 무렵 모든 사안에 대해서 의견합일(이즈마)이 이루어졌기 때문에 '이즈티하드의 문'이 폐쇄되었다는 것이다. 그러나 실제로 과연 그러했는지에 대해서는 구체적으로 입증할 만한 증거가 없다. 왜냐하면 각 학파에서는 직접 판결을 내리는 판관뿐만 아니라 무프티와 같은 율법학자도 실제로 이즈티하드를 행했기 때문이다. 무프티란 논쟁 발생 시 이즈티하드를 통해 판결을 내릴 수 있는 능력과 학식을 갖춘 개인 율법학자를 말한다. 유명한 무프티가 내놓은 법적 의견, 즉 파트와는 후대에 권위 있는 법학서에 게재되기도 했다. 역사적으로 파트와를 발표하는 행위는 한 번도 중단된 적이 없었다. 13세기 이후부터 군주가 무프티를 공직에 임명하고 급료를 주기 시작한 것으로 보인다. 하지만 개인 무프티들이 여전히 존재하고 있었다. 이들은 판정을 의뢰한 사람들로부터 받는 사례비만으로 생활했기 때문에 군주에 대해 어떠한 의무도 지지 않았다. 이러한 연유 때문에 이들은 이슬람 공동체 안에서 특별히 존경받는 지위에 있었다.

일반적으로 샤리아는 '이슬람 율법'으로 불리며 권위가 정당화되었는데, 이것은 피끄흐(법학)의 결과물이다. 압바스 왕조 시대 이후부터 공직에 임명된 까디(판관)는 샤리아에 의거하여 판결을 내리거나 분쟁을 해결해 왔다. 그러나 실제로 샤리아는 오늘날 우리가 생각하는 법의 개념과는 다소 차이가 있었다. 사실 샤리아는 법 이상이었다. 왜냐하면 이웃이나 군주와의 관계가 아닌 개인적 차원의 행위도 다스렸기 때문이다. 즉 개인의 신앙생활, 사회 규범, '예절'이라 불릴 만한 것 등이 모두 샤리아의 관심 대상이었던 것이다. 이처럼 샤리아는 인간의 모든 행위에 대해 규범을 제시하고 다시 그것들을 범주화하고자 했다. 그럼으로써 무슬림들에게 샤리아는 알라의 뜻대로 살 수 있도록 인도해 주는 나침반 구실을 했다. 한편 샤리아는 오늘날의 기준으로 볼 때 법 이하이기도 했다. 왜냐하면 샤리아는 이론적으로만 존재할 뿐 현실적으로는 거의 또는 전혀 존재하지 않는 문제들도 다루었기 때문이다. 또한 샤리아는 다른 문화권의 법전들이 다루고 있는 문제들에 대해서 전혀 관심을 보이지 않는 경우도 있었기 때문이다. 샤리아는 결혼, 이혼, 유증, 상속 등 개인의 지위에 관한 문제들에 대해서는 매우 치밀한 면모를 보였다. 그러나 계약과 채권 · 채무를 비롯한 경제 활동에 관한 문제들에 대해서는 치밀함이 다소 떨어졌다. 한편 오늘날 형법에 해당하는 분야에 대해서는 전 영역을 다루지 않고 있었다. 예를 들어, 살인 사건이 발생할 경우 샤리아는 그것을 판관이 개입해야 할 공동체의 문제로 보기보다는 관련된 가족 간에 해결해야 할 사적인 문제로 간주했던 것이다. 또한 샤리아는 '헌법'이나 행정법과 관련된 문제들도 사실상 거의 다루지 않았다.

아무리 치밀하게 마련되어 있던 분야라도 샤리아의 규정이 군주의 영향력이나 사회적 관행에 의해 좌우되는 경우가 종종 있었다. 대부분의 이슬람 국가에서는 군주나 관리들이 많은 범죄 행위를 다루었다. 특히 범죄가 국가 안보와 관련된 경우에는 군주가 직접 재판을 주관하고 판결을 내리는 경우가 많았다. 한편 지방에서는 사건이 우르프에 의해 처리되기도 했다. 우르프란 지방 고유의 관습을 뜻하는 것으로 이를 보존하고 관장하는 일은 마을이나 부족의 장로들이 맡았다. 지역에 따라 성문화된 관습법이 있거나 법정 또는 평의회가 정례적으로 열리기도 했다. 이러한 사례는 특히 마그립 지역의 베르베르 사회에서 많이 찾아볼 수 있다. 그러나 이것은 매우 이례적인 경우에 해당했던 것으로 보인다.

샤리아는 느린 속도로 정립되어 갔다. 이에 따라 ≪꾸란≫과 ≪하디스≫가 제시한 규범과 새로이 이슬람권에 편입된 사회의 전통 관습 및 법규가 복잡한 양상을 띠며 상호 작용할 수밖에 없었다. 그 결과 샤리아는 구체적인 형태로 완성된 뒤에도 지속적으로 무슬림 사회의 관행과 영향을 주고받으며 변화했다. 예를 들어, 여러 증거 자료에서 확인되듯이, 상거래에 대한 하나피 학파의 규범은 이집트 상인들의 상관습과 밀접한 연관성을 지니고 있다. 하나피 학파는 히얄*hiyal*이란 개념을 받아들임으로써 계약과 관련된 샤리아의 규정을 수정했던 것이다. 히얄이란 율법이 명한 계율을 어기지 않으면서 소기의 목적을 달성하는 일종의 계책을 뜻한다. 히얄의 개념이 도입된 덕택에 사람들은 이자를 합법적으로 거둬들일 수 있게 되었다.[4] 이와 유사하게 군주와 관리들은 샤리아 통치론*siyasa shar'iyya*이란 원칙을 통해 법규의 공포와 사법권 행사를 정당화할 수 있었다. 샤리아 통치론의 내용은 다음과 같다. 알라는 종교와 윤리를 보호하기 위해 인간 사회에 통치자를 임명하였다. 이슬람 공동체는 이를 받아들임으로써 통치자의 권력을 인정했다. 따라서 통치자는 샤리아가 부과한 한계를 침범하지 않는다면 공정한 사회 질서를 보호하는 데 필요한 법규를 공포하고 이에 따른 판결을 내릴 권리를 갖는다. 통치자는 사건이 발생하면 어느 것을 까디에게 보내고 또 어느 것을 자신이 직접 처리할지 결정할 수 있는 권한을 갖는다고 여겨졌다.

우르프와 샤리아는 명목상 상충되는 처지에 있었다. 그러나 이 두 가지가 반드시 충돌했던 것만은 아니다. 샤리아를 위반하지 않는다면 우르프는 용인될 수 있었기 때문이다. 실제로 마그립 일부 지역에서는 샤리아를 지방 관습의 관점에서 해석하고자 했던 시도가 있었다. 모로코의 경우 최소한 15세기부터 까디가 아말*'amal*이라는 절차를 따랐던 기록이 있다. 즉

---

4 A. L. Udovitch, *Partnership and Profit in Medieval Islam* (Princeton, 1970).
히얄이란 '계략' 또는 '전략'을 뜻하는 아랍어 단어로, 율법이 명한 계율을 어기지 않으면서 소기의 목적을 달성하는 계책을 뜻한다. 이 용어는 주로 상거래에서 많이 사용된다. 예를 들어, 이슬람 율법은 금전을 거래할 때 이자를 철저히 금하고 있다. 그러나 채권자와 채무자는 이중 판매와 같은 거래를 통해 이자에 해당하는 액수만큼의 소득을 보장해 왔다. 이와 같이 양 거래자는 형식상 율법을 어기지 않으면서도 실질적으로는 이자를 주고받는 계책, 즉 히얄을 발휘한 것이다. — 옮긴이

까디는 기존에 법학자들이 내세운 의견들 가운데서 그 지방의 관습이나 이익에 가장 부합하는 것을 취사선택할 수 있었던 것이다. 하지만 이러한 의견들 가운데는 율법학자 다수로부터 지지를 얻지 못한 것도 있었다.

오늘날 우리는 이 시기 지방의 관습법이 어떠했는지에 대해 거의 아무것도 아는 바가 없다. 그러나 보다 근대와 가까운 시기에 대한 연구에 따르면, 샤리아가 지방의 관습에 침투했을 것이라는 통설과 정반대의 과정이 벌어졌을 가능성이 있다. 즉 결혼을 예로 들자면, 이슬람의 영향 때문에 그 의식이 더 엄숙해졌을지 모르지만 결혼과 관련된 권리 및 의무 그리고 결혼에서 파생된 이혼 및 상속 문제들은 여전히 관습에 따라 결정되었다는 것이다. 샤리아는 딸에게 토지 상속권을 허락하고 있지만 많은 지역에서 이 원칙은 관습과 충돌했다. 재산 분배나 동업 관계에서 문제가 발생하면 사람들은 가장 가까운 마을에 있는 까디를 찾아가 사건의 판결이나 중재를 청했다. 또한 계약이나 협약을 맺을 때도 당사자들은 까디를 찾아가곤 했다. 이는 샤리아의 용어로 공식화함으로써 계약이나 협약의 위신을 높이고 영속성을 부여하고 싶었기 때문이다. 그러나 그 뒤 계약 문서를 해석할 때는 해당 지역의 관습을 따르곤 했다. 요르단 계곡 일대에서 발견된 해당 문서들을 연구한 바 있었던 한 학자는 이 상황을 "관습은 주로 내용을 구성하고, 샤리아는 형식을 구성한다" 고 표현했다.[5]

5 A. Layish and A. Shmueli, 'Customs and *shari'a* in the Beduin family according to legal documents from the Judaean desert', *Bulletin of the School of Oriental and African Studies*, Vol. 42 (1979), pp.29-45.

학문의 전달

율법학자들은 합일된 공동체 전체의 의견을 계승 발전시켰으며, 순니 이슬람 세계에서는 가르침을 전달하는 스승의 권위를 갖고 있었다. 한편 그들은 피끄흐나 그 원리에 대한 지식이 온전히 전통적 계보에 의거한 것인지의 확인 여부를 매우 중요하게 여겼다.

이슬람 세계에서는 종교적 지식의 전승을 위한 형식적인 절차가 초창기부터 개발되었던 것으로 보인다. 모스크, 특히 대규모 집회가 열리던 모스크에서 학생들은 건물의 기둥을 등지고 앉은 스승의 주위에 원형으로 둘러앉아 책을 읽고 논평하며 특정 주제에 대해 심도 있게 토론하기도 했다. 그러나 적어도 11세기부터는 주로 율법을 전문적으로 가르치는 시설이 발달하기 시작했다. 이 같은 시설을 아랍어로 마드라사라고 한다. 일반적으로 마드라사는 니잠 알 물크에 의해 처음 시작되었던 것으로 알려져 있다. 니잠 알 물크는 최초로 바그다드를 통치했던 셀주크 왕조 술탄 밑에서 와지르(재상)를 역임했던 인물이다. 그러나 실제로 마드라사의 기원은 그보다 더 오래되었다. 꼭 그런 것은 아니지만 마드라사는 보통 모스크에 딸려 있던 학교였으며 학생들이 거주하던 공간이 포함되어 있었다. 마드라사는 개인 독지가들이 내놓은 와끄프(종교 기부금)에 의해 설립되었다. 이 덕분에 마드라사는 기금을 받아 시설을 계속해서 운영할 수 있었다. 왜냐하면 종교나 자선의 목적으로 바쳐진 자산은 다른 목적으로 전용轉用될 수 없었기 때문이다. 이렇게 모여진 기금은 기본적으로 건물의 유지 보수와 한 명 또는 그 이상이었던 상임 교사의 급료로 지출되었고, 간혹 학생들에게 장학금이나 음식을 나눠 주는 데 사용되기도 했다. 일반적으로 와끄프의 기부는 재력가들의 몫이었다. 그러나 이라크와 이란의 셀주크 왕조, 시리아와 이집트의 아이윱 왕조 및 맘루크 왕조, 마그립 지역의 마린 왕조 및 하프스 왕조 등에서는 군주나 고위 관료들이 장기간에 걸쳐 대규모로 와끄프를 기부하곤 했다.

일부 교육 기관은 ≪꾸란≫이나 ≪하디스≫를 가르치기 위해 세워졌는데, 이 경우에도 교육의 주요 목적은 피끄흐를 연구하고 가르치는 데 있었다. 맘루크 왕조 시절 기부금에 의해 설립된 예루살렘의 탄키지야Tankiziyya 마드라사를 예로 들어 보자. 그곳에는 중앙의 안뜰을 중심으로 4개의 회당*iwan*이 마주보고 있었다. 각 회당에서는 ≪하디스≫, 하나피 율법, 수피 사상 등을 가르쳤으며 마지막 네 번째 회당은 모스크로 사용하였다. 법학, 하디스학, 수피 사상 전공 학생들은 각각 15명, 20명, 15명에 이르렀고, 기금은 학생들을 위한 장학금과 각 과목의 교사들을 위한 급료로 사용되었다. 마드라사에는 학생들을 위한 기숙사는 물론 12명의 과부를 수용하기 위한 시설도 마련되어 있었다.[6] 마드라사는 4대 법학파 가운데 특정 학파, 또는 두 학파 이상, 또는 네 학파 모두를 가르치기 위한 목적으로 기부될 수 있었다. 그 대표적인 예로 카이로의 술탄 하산Sultan Hasan 마드라사를 꼽을 수 있다. 이 학교에서는 4개 법학파 모두가 중앙 안뜰을 중심으로 강좌를 개설했다. 기금에 의해 급료를 받는 정식 교사는 무다리스*mudarris*라고 했다. 무다리스는 정규 과정에 해당하는 과목을 가르쳤고, 그 밖의 부수 과목들은 보조 교사들이 강의했다. 마드라사 입학생 정도쯤 되면 이미 마크탑*maktab* 또는 쿠탑*kuttab*이라고 하는 초등 교육 기관에서 아랍어 학습과 ≪꾸란≫ 암기를 마친 경우가 일반적이었다. 입학 뒤 학생들은 아랍어 문법이나 초기 이슬람 연대기와 같은 부수적 과목을 배우곤 했다. 그러나 마드라사에서 배우는 주요 과목은 역시 종교학이었는데, 그에 해당하는 것은 ≪꾸란≫의 독경 및 해석, ≪하디스≫, 종교학 원론*usul al-*

6 Burgoyne, *Mamluk Jerusalem*, pp.71-72.

din, 법학 원론*usul al-fiqh*, 피끄흐 등이 있었다. 주요 교육 방법은 무다리스가 교본을 강해하는 것이었고 때로는 나중에 보조 교사가 부연 설명을 하기도 했다. 이때 학습 내용의 암기가 가장 우선시되긴 했지만 그 내용에 대한 이해도를 측정하는 것도 소홀히 하지 않았다.

마드라사에서 초급 과정을 마치기까지는 여러 해가 걸렸다. 이때 학생들은 특정 학파의 학자들 간에 의견이 합일된 법률 사항들을 배운다. 학생들 가운데에는 초급 과정을 마친 뒤 더 이상 학업을 지속하지 않는 경우가 꽤 많았다. 왜냐하면 학생들이라고 해서 모두가 법관이 되기 위해 마드라사에 진학한 것은 아니었기 때문이다. 상인을 비롯한 여러 계층의 자제들은 수년 동안 초급 과정에만 머물며 교육을 받았던 것으로 보인다. 고급 과정에 진학하면 갖가지 의견들이 상충하는 복잡한 법적 문제들을 다루게 된다. 난해한 문제들에 대해서는 동일한 법학파 안에서도 의견이 엇갈리는 수가 많았다. 같은 법적 원리라 할지라도 그것이 적용되는 상황의 가짓수에는 제한이 없었기 때문이다. 율법 교사, 고위직 까디, 무프티 등을 지망했던 학생들은 남보다 더 오랫동안 학업을 지속해야 했다. 고급 과정에서는 이즈티하드 방법론도 가르쳤는데, 이 수업은 형식 논리학에 입각한 토론 방식으로 진행되었다. 즉 누군가 논제를 제시하면 상대편이 반론으로 맞서면서, 반론과 답변을 주고받는 토의가 끊임없이 진행되었다.

스승 밑에서 한 권의 책을 독파하고 나면 학생은 이자자*ijaza*라 하는 학위증을 요구할 수 있었다. 학위증에는 '아무개 학생이 아무개 스승 밑에서 이러저러한 책을 공부했다'라는 내용이 적혔다. 고급 과정을 이수하고 나면 새로운 종류의 학위증 발급을 요구할 수 있었는데, 거기에는 그 학생이 무프티로서 이즈티하드를 할 수 있다거나 특정한 책이나 과목에 대해 가르칠 자격을 갖추었다는 내용이 적혀 있었다. 고급 과정의 학생들은 스승을 찾아 여러 도시를 떠돌며 강의를 듣고 학위를 취득하곤 했다. 이러한 풍조는 '무슬림이라면 배움이 있는 어느 곳에서든지 지식을 찾으라'고 명한 ≪하디스≫의 교훈 때문에 생겨난 것이다.

간혹 학위증에는 여러 세대에 걸친 스승과 제자의 계보 전체가 상세히 적히기도 했다. 이제 막 학위를 따낸 학생의 이름은 길게 나열된 계보의 끝에 새겨졌다. 이것은 양식과 지식을 겸비한 무슬림의 삶이 어떠해야 하는지에 대한 어떤 암시이기도 했다. 당시에도 학위를 둘러싼 제도상의 문제점들이 많이 존재했던 것으로 보인다. 학교에서는 게으름과 무지가 판을 치기도 했고, 기부금을 착복하거나 다른 목적으로 사용하는 경우도 종종 발생했다. 이런 사정에도 불구하고 학자는 수세기에 걸쳐 이상적인 무슬림 남성의 전형으로 존경받았다. 바그다드 출신의 법학자이자 의학자였던 압둘 라티프'Abd al-Latif(1162/3~1231)는 바람직한 학자의 모습에 대해 다음과 같이 언급했다.

> 아무리 뛰어난 이해 능력을 갖추고 있다 하더라도 독학으로 책을 읽으며 학문을 닦는 것은 바람직하지 못하다. 해당 학문의 스승을 찾아갈 것을 권한다. 아무리 스승의 지식이 짧다고 해도 더 나은 스승을 발견할 때까지는 그가 가르치는 모든 것을 배워라. 반드시 스승에게 예의와 경의를 표시해야 한다. …… 책을 읽을 때는 그 전체를 외우고 뜻을 파악하는 데 각고의 노력을 기울여야 한다. 읽던 책이 사라져 없어졌다고 가정하고, 그것이 사라지더라도 학업에 전혀 지장이 없을 정도가 되어야 한다. …… 또한 학자라면 모름지기 역사서를 읽고 위인의 전기나 민족의 경험을 연구해야 한다. 독서를 통해 학자는 짧은 생애 동안 마치 과거의 위인들과 동시대에 살면서, 그들과 친분을 나누고, 그들의 장점과 단점을 알게 되는 간접 경험을 하게 될 것이다. …… 이와 아울러 이슬람 초창기 무슬림들의 행동거지를 모범으로 삼아야 한다. 고로 예언자의 전기를 읽어·그의 행동과 관심사를 학습하고, 그의 행적을 따르고, 그를 닮아가기 위해 최선을 다해야

> 한다. …… 또한 자기 자신을 좋게만 바라보기보다는 자주 의심해 보아야 할 것이다. 학식 있는 자들과 그들이 저술한 책으로부터 지식을 구하며, 매사에 주의를 기울이고 섣부른 판단은 피해야 한다. …… 학업에 수반되는 고통을 감내하지 못한다면 지식의 기쁨은 맛보지 못할 것이다. …… 학습과 성찰을 마치고 나면 너의 입이 알라의 이름을 암송하고 그의 영광을 찬양하도록 하라. …… 세상이 너에게 등을 돌리더라도 불평하지 말라. 불평은 훌륭한 인성을 갖추는 데 방해가 될 따름이다. …… 학식은 그 흔적을 남겨 그 주인으로 하여금 향내를 풍기게 만든다. 그리고 한줄기의 빛이 그를 환하게 밝혀 돋보이게 만든다. ……[7]

이 무렵 이슬람 특유의 중요한 문학 장르 가운데 하나인 인명사전 형태의 작품이 등장하기 시작했다. 이것의 원형은 ≪하디스≫의 수집에서 찾아볼 수 있는데, 이 같은 작품이 유행하게 된 계기는 학위증처럼 지식의 계보를 확인하기 위해서였다. ≪하디스≫의 진위를 밝히기 위해서는 누가 이야기를 전해 주었고 또 누구로부터 이야기를 들었는지 알아 둘 필요가 있었다. 이야기의 전승 계보는 끊임없이 연결되어야 할 뿐만 아니라 전달자는 정직하고 신뢰할 수 있는 인물이어야 했다. 그 뒤 점차적으로 ≪하디스≫ 전달자뿐만 아니라 법학자, 종교학자, 수피 스승 등과 같은 위인으로 전기 수집의 대상이 확대되기 시작했다. 그 가운데 가장 눈에 띄는 것은 지방에서 편찬된 인명사전이다. 지방의 인명사전은 해당 지역의 지형 및 역사 소개와 더불어 특정 도시나 저명인사들에 대한 일대기도 내용으로 담고 있는데, 그 주인공 가운데는 여성들도 있었다. 이 같은 장르에 속하는 최초의 주요 작품은 11세기 알 카팁 알 바그다디(1002~1071)

---

7 Ibn Abi Usaybi'a, *'Uyun*, Vol. 3, pp.342-344 ; English trans. in G. Makdisi, *The Rise of Colleges* (Edinburgh, 1981), pp.89-91. 이 부분은 마크디시의 저서에서 대부분 인용하였다.

가 바그다드에서 편찬한 것이었다. 일부 도시에서는 이러한 형태의 작품이 연속적으로 쏟아져 나오기도 했다. 다마스쿠스와 같은 곳에서는 그 도시의 위인을 다룬 전기 작품들이 이슬람력 9세기, 10세기, 11세기, 12세기, 13세기(서기 15~19세기) 등 각 세기마다 편찬되었다. 이슬람의 역사 전체를 다루고자 시도했던 저술가들도 있었는데, 그 가운데 특히 가장 야심 많은 저자는 이븐 칼리칸Ibn Khallikan(1211~1282)이었다.

이븐 칼리칸은 종교학자뿐만 아니라 군주, 재상, 시인, 문법학자 등 다양한 인물들을 저술 대상에 포함시켰다. 그러나 이런 저작들의 중심인물은 어디까지나 특정 모스크나 마드라사에 소속된 학자들이었다. 왜냐하면 전기 작품의 주요 목적은 이슬람 공동체의 역사가 본질적으로 진리와 고급 이슬람 문화의 단절 없는 계승이라는 것을 보여주는 데 있었기 때문이다. 전기의 내용은 해당 학자의 조상이 누구이며 그가 언제 어디에서 태어났는지를 소개하는 것으로 시작한다. 다음에는 그가 어느 스승 밑에서 무슨 책을 공부했고 어떤 학위증을 취득했는가와 같이 학력과 관련된 사항들을 상세하게 다룬다. 그다음에 그를 혈통적 계보와 학문적 계보 두 가지 측면에서 소개한다. 하지만 종종 이 두 가지는 서로 겹치는 경우가 많았다. 왜냐하면 당시의 학자들은 어렸을 때 부친으로부터 학문을 배웠을 뿐만 아니라 유구한 전통을 지닌 학자 가문에서 배출되었기 때문이다. 이와 더불어 해당 학자가 무슨 일을 했고, 어디를 여행했고, 어떤 책을 저술했고, 누구를 가르쳤는지 적어 놓았고, 그와 얽힌 일화도 몇 가지 소개했다. 가끔 어떤 저작은 특정 학자에 대한 찬사로 이어지기도 했다. 찬사의 목적은 그가 특출한 학자라는 것을 선전하기 위한 것이라기보다는 바람직한 학자의 위상을 갖췄다는 점을 보여주는 데 있었다.

칼람(이슬람 신학)

마드라사에서 피끄흐를 공부한 학생들은 신앙과 관련한 기본 교의도 함께 배웠다. 그러나 교과 과정에서 기본 교의가 어떻게 발전되고 고수되어 왔는가는 큰 비중을 차지하지 않았던 것 같다. 각 법학파의 체계가 완전히 성숙했을 무렵, 순니파 교리를 정의하는 중요한 논쟁은 대부분 끝난 상태였다.

무으타질라파는 압바스 왕조 시절 한동안 칼리파들로부터 비호를 받았다. 그러나 그러한 특혜가 끝난 이후에도 무으타질라파는 약 한 세기 가량 계속 번성을 누리며 중요한 신학파로서 지위를 유지했다. 무으타질라파 출신 학자로서 마지막으로 중요한 직책을 맡으며 체계적으로 사상을 정립한 학자는 압둘 잡바르'Abd al-Jabbar(c.936~1025)였다. 11세기에 들어서자 무으타질라파 사상은 압바스 왕조 칼리파와 셀주크 군주에 의해 바그다드를 비롯한 기타 지역에서 박해를 받았다. 그러나 무으타질라파 사상은 쉬아파의 신학 정립에 중요한 역할을 하며 쉬아파 학교에서 교육되었다. 이에 반해 순니파 세계에서는 사상의 주류에서 소외되어 오다가 근대에 이르러서야 겨우 다시 주목 받기 시작했다.

무으타질라파 사상이 쇠퇴한 것은 크게 두 가지 원인 때문이었다. 첫째는 이븐 한발의 전통주의 교의가 계속해서 세력을 이어나갔던 것이다. 이러한 사정은 특히 바그다드와 다마스쿠스에서 두드러졌다. 둘째는 아샤리에서 비롯된 사상적 계보의 발전이었다. 아샤리는 논리학의 원칙에 기초한 이성적 논증에 의해 ≪꾸란≫과 ≪하디스≫의 내용을 설명하고 방어하는 변증신학dialectical theology, 즉 일므 알 칼람*'ilm al-kalam*을 주창했다. 아샤리 신학은 많은 율법학자들에 의해 받아들여짐으로써 법학 이론을 정립하는 데 필요한 신앙의 기초를 제공했다. 이는 아샤리 신학의 전파를 상징할 뿐만 아니라 그 전파의 원인을 설명하기도 한다. 이러한 경향은 특히 샤피 법학파에서 두드러지게 나타났다.

그렇지만 모든 법학파들이 꼭 아샤리 신학과 법학의 접목을 시도했던 것은 아니다. 한발리 법학파는 신학에 반대했고, 샤피 법학파에 속한 학자들조차도 일부는 그러한 경향을 보였다. 마그립 지역에서도 사정은 비슷했다. 그곳에서 위세를 떨치고 있었던 말리키 법학파가 신학적 성찰을 꺼려했기 때문이다. 알 무라비뜨 왕조 시대에는 신학 교육이 금지되었다. 물론 알 무와히드 왕조 시대에 이르러 이븐 투마르트가 아샤리 신학을 장려하기도 했으나 법학계에서는 여전히 엄격한 문자적 해석을 고수하는 자히리 학파를 따랐다. 한편 이슬람 세계의 동북부 지역에서는 알 마투리디al-Maturidi(944년 사망)에 뿌리를 둔 새로운 신학 이론이 정립되었다. 알 마투리디의 신학은 하나피 법학파에 의해 폭넓게 수용되었다. 그의 신학은 인간의 자유의지 그리고 그것과 관련한 알라의 전지전능과 정의의 문제 등 몇 가지 점에서 아샤리 신학과 다른 의견을 제시했다. 알 마투리디의 견해에 따르면, 인간의 행동은 알라의 권능에 의해 발생한다. 하지만 죄악은 알라에게서 기쁨이나 사랑을 불러일으키지 못한다. 셀주크 왕조 초창기에는 알 마투리디 신학과 하나피 법학 간의 접목이 활발하게 이루어졌고, 술탄들은 이러한 학문적 분위기로부터 많은 영향을 받았다. 셀주크 왕조는 서진西進과 함께 새로운 사조를 전파시키고자 몇 차례 시도하였다. 그러나 아샤리 신학과 알 마투리디 신학이 긴장과 적대 관계를 계속해서 유지했던 것은 아니고, 양파 간의 이견은 영속적인 중요성을 갖는 것은 아니었다. 수세기가 지난 뒤 순니파 마드라사에서 집대성된 신앙의 기본 교의서는 학자들 사이에 의견합일된 일반 교의들을 내용으로 담았다.

알 가잘리

순니파의 주류는 아샤리 신학과 그것에 따른 결론을 받아들였으나 이것은 어디까지나 일정한 조건과 한계 속에서 이루어졌다. 이에 해당하는 고전적인 예는 알 가잘리al-Ghazali에게서 찾아볼 수 있다. 알 가잘리는 오래도록 영향력을 미친 저술가로서 당대의 모든 주요 사조들을 폭넓게 통달한 인물이었다. 알 가잘리는 원래 아샤리 신학의 대가였다. 그러나 그는 아샤리 신학이 자칫 자신을 위험스런 길로 몰고 갈지도 모른다고 의심하기 시작했다. 이러한 이유로 알 가잘리는 신학이 어떤 한계 안에서 정당성을 갖는지 정의하고자 했다. 이 같은 그의 시도는 기본적으로 방어적인 자세를 취할 수밖에 없었다. 즉 ≪꾸란≫과 ≪하디스≫에서 유래한 올바른 신앙을 수호하고, 이를 부정하거나 잘못된 사변적 해석을 주장하는 자들에게 대항하기 위해서는 추론적 이성과 논쟁을 반드시 사용해야 한다는 것이다. 그러나 이 같은 시도로 인해 오히려 신앙을 망칠 수 있거나 ≪꾸란≫과 ≪하디스≫가 제시한 길을 넘어선 사고 체계를 구축하는 데 쓰이는 것이라면 이를 함부로 사용해서는 안 된다. 추론적 이성과 논쟁은 어디까지나 특정한 학파에 소속되지 않은 채 독자적으로 활동을 하는 전문가들에만 국한된다.

알 가잘리 사상의 주요 원칙은 무슬림이라면 반드시 ≪꾸란≫과 ≪하디스≫에 명시된 알라의 뜻에 부합하는 율법을 따라야 한다는 것이다. 이 같은 행동을 포기하는 것은 인간의 의지와 사유가 갈피를 못 잡는 세상 속에서 길을 잃는 것과 같다. 즉 인간은 알라의 뜻에 순종해야 하되 반드시 알라의 곁에 한 발 더 가까워질 수 있는 방법을 택해야 한다는 것이다. 이 같은 알 가잘리의 사상은 가장 유명한 이슬람 종교학 명저 가운데 하나인 그의 ≪종교학의 부활*Ihya 'ulum al-din*≫의 주제였다.

≪방황으로부터의 구원자al-Munqidh min al-dalal≫는 정확하지는 않지만 흔히 알 가잘리의 자서전으로 여겨진다. 그는 이 저서를 통해 자신이 어떤 여정을 통해 성찰의 결론에 도달했는지 보여준다. 유년 시절 알 가잘리는 후라산, 투스Tus, 니샤푸르 등지에서 수학한 뒤, 당시 셀주크 술탄의 재상이었던 니잠 알 물크가 세운 바그다드의 유명한 마드라사에서 교편을 잡았다. 바로 그곳에서 그는 샤리아가 명한 외재적 규율을 준수하는 것만으로는 충분하지 않다는 사실을 깨달았다. 그 뒤로 알 가잘리는 올바른 삶의 길을 찾기 위해 매진하기 시작했다. 그는 당시의 심경을 다음과 같이 토로했다. "세속의 욕망은 나로 하여금 옛날 모습 그대로 머무르라고 유혹하기 시작했다. 그러나 내면의 신앙심은 '떠나라! 일어나 떠나라!'고 외쳐 대고 있었다."[8]

알 가잘리는 지성의 힘만으로는 자신이 갈망하고 있던 바를 찾아낼 수 없다는 사실을 확신하게 되었다. 철학자의 길을 따르고 제1원리에 기초하여 우주관을 정립하게 되면 자칫 잘못된 이단의 수렁에 빠져 길을 잃을 수 있기 때문이다.[9] 한편 신앙과 관련하여 쉬아파의 가르침대로 무오류의 해석자를 따르는 것도 위험천만한 것이다. 왜냐하면 내재적 진리를 추구한다는 명목 아래 자칫 이미 계시를 통해 주어진 진리를 포기할 수 있기 때문이다. 더구나 쉬아파는 내재적 진리를 얻게 되면 샤리아의 규제로부터 자유로울 수 있다는 그릇된 신념을 심어 주고 있다.

---

8 Ghazali, *al-Munqidh min al-dalal*, ed. J. Saliba and K. 'Ayyad, 3rd edn. (Damascus, 1939), p.127 ; English trans. R. J. McCarthy, Freedom and Fulfilment (Boston, 1980), p.91.

9 알 가잘리가 말하는 제1원리란 모든 지식과 이성의 근본이 되는 항상 자명한 명제를 일컫는 것으로, 그는 '10은 3보다 크다', '똑같은 것이 동시에 긍정되거나 부정될 수 없다', '어떤 것이 동시에 시간 속에서 창조되거나 영원할 수 없다', '어떤 것이 동시에 존재하거나 존재하지 않을 수 없다' 등을 예로 든다. — 옮긴이

알 가잘리는 무오류의 스승은 오직 예언자 무함마드 한 분뿐이라는 사실을 확신하였다. 올바른 신앙의 길은 '인류의 마음속에 비친 알라의 빛은 알라의 은사'[10]라고 말한 계시의 말씀을 온전히 믿고 따르는 것이다. 그러나 이때도 알라를 섬기는 것 이외의 모든 것을 잊은 채 온 마음과 정성을 다해야 한다.

알 가잘리는 저서 ≪종교학의 부활≫을 통해 행위와 영혼의 성질이 갖는 긴밀한 관계에 대해 논했다. 여기서 그가 말하는 행위란 규율에 대한 외적인 준수를 말하며, 영혼은 행위에 대해 의미와 가치를 부여해 주는 구실을 한다. 그는 양자가 서로 보완적인 관계에 있다고 믿었다. 다시 말해, 행동을 올바르게 함으로써 덕德과 선善의 품성을 갖추고 이를 함양할 수 있다는 것이다. 이와 관련하여 그는 다음과 같이 언급했다.

> 영혼을 정화하고 선행을 통해 그것을 완전하게 고양하길 원하는 이가 있다. 하지만 하루 열심히 수행했다고 그것을 이룰 수는 없다. 그렇다고 하루 게을리 했다고 완전히 그 기회를 잃는 것 또한 아니니다. 흔히 말하듯 한 번 죄를 범했다고 영원한 심판을 받지 않는 것과 같은 이치다. 그러나 하루 덕행으로부터 멀어지면 다음 날 그만큼 또 멀어지고, 결국 영혼은 조금씩 타락하여 나태에 빠진다.[11]

인간의 행위는 오직 알라를 인식하고 섬기고자 하는 목표를 향해 나아가는 정신과 영혼에 의해 실행될 때만 가치를 지닌다.

≪종교학의 부활≫을 수미일관하는 주요 내용은 행위와 영혼 간의 관

10 Ghazali, *Faysal al-tafriqa bayn al-islam wa'l-zandaqa*, ed. S. Dunya (Cairo, 1961), p.202 ; English trans. McCarthy, p.167.

11 Ghazali, *Ihya 'ulum al-din*, Part 3, Book 2 (Cairo, 1334/1916), Vol. 2, p.52.

계를 조명해 보는 것이다. 이 저서는 모두 4개의 장障으로 구성되어 있다. 그 가운데 첫 번째 장은 이슬람의 기둥인 예배, 단식, 희사, 순례 등과 같은 이슬람의 기본 의무를 다루고 있다. 이러한 의무 각각에 대해 알 가잘리는 외적인 준수, 즉 그 의무를 어떻게 실천에 옮길 수 있는지에 대한 명확한 규율의 차원을 넘어 그 안에 담긴 의미를 설명하고 올바른 정신이 깃들었을 때 얻는 충만감을 전달하고자 한다. 예배는 영혼이 깃들어 있을 때만 그 가치를 완전히 발할 수 있다. 즉 예배 때 사용하는 기도문의 뜻을 이해하고 마음가짐을 정갈하게 해야 할 뿐만 아니라 모든 상념을 떨쳐 버리고 오직 알라에 대한 존경과 경외와 희망을 가지고 임해야 한다. 한편 단식은 영혼이 알라를 향해 자유롭게 날 수 있을 때만 그 가치를 발할 수 있다. 희사는 알라에 대해 순종하고 세상의 부귀를 가치 없이 여기는 마음에서 비롯해야 한다. 순례는 삶과 죽음 그리고 최후의 심판을 초월한 순수한 목적에서 행해야 한다.

이 저서의 두 번째 장은 종교 의식의 준수를 넘어 도덕적 함의를 갖는 다른 행위들, 특히 사람들을 서로 묶어주는 인륜의 문제를 다룬다. 음식, 결혼, 물질적 재산 취득, 음악 등이 그것이다. 상기한 각각의 항목과 관련하여 알 가잘리는 '과연 그 행위를 하는 것이 정당한가?', '만일 그렇다면 어떤 한계와 조건 속에서 그러한가?' 등과 같은 질문을 제기한다. 알 가잘리는 인간의 궁극적인 목적은 알라에게 더욱 가까워지는 것이라고 보고, 이러한 시각에서 앞서의 문제들을 검토한다. 예를 들어, 알 가잘리는 결혼이 유익하기도 하고 유해하기도 한 양면성을 갖고 있다고 본다. 인간은 결혼을 통해 후손을 얻을 수 있고 부정한 성욕으로부터 벗어날 수 있을 뿐만 아니라 '천국을 미리 맛볼 수 있는 기회'를 가질 수도 있다. 반면 결혼은 종교적 의무를 온전히 실천하는 데 방해가 되어 알라의 실체를 깨닫는 데 걸림돌이 될 수도 있다.

≪종교학의 부활≫ 세 번째 장은 인간의 욕망과 욕구의 문제를 체계적으로 논의한다. 과도하게 욕망과 욕구에 탐닉할 경우 인간은 종교의 외적 행위로부터 얻는 영적인 충만감을 느끼지 못해 결국 파멸에 이른다. 악마는 오감五感, 심상心象, 육욕肉慾 등을 통해 인간의 마음을 침범한다. 알 가잘리는 식욕, 정욕, 명예욕으로부터 비롯된 우상 숭배를 질타한다. 이로 인해 투쟁, 음탕, 거짓, 조롱, 중상, 아첨, 분노, 미움, 질투 등이 생겨난다. 부와 명예를 얻고자 하는 욕망은 위선을 낳는다. 그 밖에 지식, 신앙심, 출생, 건강, 미美 등을 자랑하는 것도 모두 욕망에서 비롯된 것이다.

이 같은 욕망의 충동은 종교 의식의 준수, 예배, 단식, 순례 등을 통해 알라에게 간청을 드리거나 또는 알라의 이름을 암송하고 명상과 자기 성찰을 행하며 친구나 영적 스승의 도움을 받아서 억제할 수 있다. 이러한 수행을 통해 영혼은 지금까지의 노정을 바꿔 알라의 실체를 깨달아 가는 새로운 길로 들어설 수 있다.

≪종교학의 부활≫ 마지막 장은 알라를 향해 떠나는 영적 도정에 대해 다루고 있다. 영적 도정의 궁극적인 목적은 "지극히 높으신 알라 한 분을 제외한 모든 상념을 영혼으로부터 완전히 없애고 …… 알라에 대한 기억으로 가슴을 채우는 데 몰두하는 것이다."[12] 바로 이 대목을 통해 우리는 알 가잘리가 사상적으로 수피 지도자들로부터 영향을 받았음을 발견할 수 있다. 영적 도정은 알라에 이르기까지 여러 단계(마깜)를 거친다. 그 가운데 첫 번째는 '참회'의 단계로, 이는 잘못된 우상 숭배의 속박으로부터 영혼을 해방시키는 것이다. 그다음으로 '인내' 및 '두려움과 희망'의 단계를 거쳐 '절제'의 단계로 접어든다. 이때 구도자는 죄가 되지 않더라도 영적 도정에 방해가 될 만한 것은 모두 멀리해야 한다. 그 뒤 구도자는 다

---

12 Ghazali, *Munqidh*, p.132 ; English trans. McCarthy, p.94.

시 알라에 대한 '의지依支와 순종'이라는 새로운 단계로 들어선다. 각각의 영적 단계마다 구도자에게는 그에 상응하는 계시, 환영, 영적 위안 등이 주어진다. 이것은 알라의 은총에 따른 일시적인 경험으로서 오래 지속되지 않는다.

영혼이 보다 높은 단계로 상승할 때마다 영혼 자체의 노력이 차지하는 비중은 점차 작아지고 반대로 알라가 이끄는 비중은 점점 커진다. 영혼이 맡은 역할은 '정화, 정죄淨罪, 수련, 준비, 기다림 등이며 그 이상은 없다.' 각 단계마다 영혼은 더 이상 전진하지 못하고 그곳에 머물거나 환각에 길을 잃는 위험을 겪는다. 그렇지만 이때 알라가 도래하여 인간 영혼이 그를 명상하도록 하는 은사를 베푸는 경우가 있다. 바로 이때가 영적 상승이 절정에 이르는 순간이다. 그러나 이 순간은 오직 알라의 은총에 의해서만 맛볼 수 있다. 알라는 이 은총을 내릴 수도 있고 거둬갈 수도 있다.

> 진리의 희미한 빛이 마음속을 비춘다. 처음에 그것은 전광석화처럼 나타나는데, 오래 머무르지는 않는다. 그다음에 진리의 빛이 다시 돌아와 머무르는 경우가 있다. 그것이 되돌아오면 머무르든지 아니면 이내 종적을 감춰 버린다.[13]

바로 이 절정의 순간, 구도자는 자아를 망각한 채 알라를 명상한다. 이때 알라는 사랑을 매개로 자신의 모습을 드러낸다. 바로 이 순간 구도자는 샤리아가 명한 의무들의 진정한 뜻을 깨달으며 그것들을 적절한 방법으로 실천할 수 있는 능력을 갖추게 된다. 그러나 이때 구도자는 또 다른 실체가 존재하고 있음을 알아채게 된다. 여기서 알 가잘리는 또 다른 차원의 지식, 마으리파에 대해 암시한다. 마으리파는 알라가 인간 영혼 내

---

13 Ghazali, *Ihya*, Part 3, Book I, Vol. 2, p.17 ; English trans. R. J. McCarthy, p.380.

면에 드러내 보이는 신성한 지식으로, 천사와 악마, 천국과 지옥뿐만 아니라 알라와 그의 본질 그리고 속성과 이름 등을 알려준다. 알 가잘리는 ≪종교학의 부활≫에서 이 부분을 언급하고 있지는 않지만 다른 저서에서는 상세히 다루고 있다. 마으리파의 단계가 알라 내면으로의 완전한 몰입이나 알라와의 결합을 뜻하지 않는다. 이 단계가 절정에 이르면 구도자는 일시적으로 알라의 곁에 다가서게 된다. 이는 마치 사후 세계를 미리 체험하는 것과 같다. 이때 구도자는 알라를 가까이에서 알현하지만 거리상으로는 여전히 멀리 떨어져 있다.

11장
다양한 사상의 갈래

이슬람 철학

모스크와 마드라사(신학교)에서는 피끄흐(법학)와 그 보조 학문들이 주요 연구 대상이었다. 그러나 그 바깥에서는 그와는 다른 종류의 사상이 계승되고 있었다. 이 가운데 오래도록 중요하게 여겨져 온 것은 철학 사상이었다. 철학자들은 아리스토텔레스의 논리학 법칙에 따라 인간의 이성理性으로 증명 가능한 진리를 얻을 수 있다고 믿고 있었다.

알 킨디와 알 파라비 같은 이슬람 세계의 선구자들에게서 이어진 철학 사상의 계보는 이븐 시나Ibn Sina(980~1037)의 저작에서 절정에 이르렀다.[1]

1 이븐 시나는 이란 출신의 학자로 그가 저술한 철학서와 의학서는 유럽에 많은 영향을 미쳤다. 그의 이름은 유럽에서 라틴어 이름인 아비센나Avicenna로 알려졌다. 특히 그가 저술한 ≪의학대전*Al-Qanun fi al-tibb*≫은 17세기까지 유럽 대학에서 의학 교과서로 사용되

이븐 시나는 후기 이슬람 문화에 전체적으로 큰 영향을 미쳤다. 그는 짤막한 자서전의 단편에서 유년 시절에 자신이 받은 교육에 대해 술회한 바 있다. 어린 시절 그는 당시에 이미 전통 학문이 되어 있던 꾸란학, 아랍 언어학, 법학, 과학, 논리학, 수학, 형이상학 등을 두루 섭렵했다. "내 나이 18세에 이르렀을 때 나는 이 모든 학문들을 끝마쳤다. …… 지금 내가 갖고 있는 지식은 그때와 같거나 조금 더 성숙해졌을 뿐이다. 그때 이후로 내가 얻은 새로운 지식은 없다."[2]

이븐 시나는 여러 학문의 발전에 공헌했다. 그 가운데서도 후대에 가장 널리 영향을 미친 것은 아리스토텔레스의 논리학과 그리스 후기 형이상학의 틀로써 이슬람의 종교적 진리를 규명하고자 한 시도였다. 당시에는 종교적 계시를 철학적으로 증명하고자 한 사람들이 많이 등장했는데, 그들이 가장 골머리를 썩인 문제는 단순자unity인 알라와 복합자multiplicity인 피조물 간의 명백한 모순을 해결하는 것이었다. 이 딜레마는 윤리적인 측면에서 알라의 절대적 선善과 현세의 명백한 악惡 사이에서 발생하는 모순으로 나타난다. 이븐 시나 계열에 속했던 철학자들은 이 문제에 대한 답변을 그리스의 신플라톤 철학에서 찾고자 했다. 당시 이슬람 세계에서는 신플라톤학파 철학자 플로티노스Plotinos가 저술한 ≪엔네아데스*Enneads*≫의 부분 번역본이 널리 회자되고 있었다. 그런데 이 책은 대중들 사이에서 아리스토텔레스의 작품으로 잘못 알려졌고, 그 바람에 '아리스토텔레스의 신학神學'이라는 제명이 따라붙곤 했다. 그러나 그 덕분에 신플라톤 철학은 오히려 이슬람 세계에서 더욱 널리 수용될 수 있었다. 신플라톤학파는 우주가 신으로부터 시작되는 일련의 유출emanation 과정에 의해 형성

었던 것으로 유명하다. — 옮긴이

2 al-Husayn ibn 'Abd Allah ibn Sina, *The Life of Ibn Sina*, ed. and English trans. W. E. Gohlman (Albany, New York, 1974), pp.36-39.

되었다고 보았다. 이 우주관은 단순자인 알라와 복합자인 피조물 간의 모순을 해결하는 데 기여했다. 이븐 시나의 견해에 따르면, 알라는 제1원인자이자 창조주인 동시에 본질essence과 존재existence 두 가지가 하나로 결합된 필연적 존재Necessary Being이다. 그리고 바로 알라로부터 지성체intelligence가 유출된다. 지성체는 제1지성체First Intelligence부터 능동지성체Active Intelligence까지 모두 10단계에 이른다. 이 가운데 능동지성체는 물질세계를 주관한다. 능동지성체는 신성한 빛을 인간의 육체에 비춰 이데아를 전달하며, 이때 인간 영혼이 창조된다.

빛으로 비유하는 상징적 표현은 수피 사상과 다른 신비주의적 사상에서 공통적으로 사용되는데, 그 근거는 다음과 같은 ≪꾸란≫의 구절에서 찾아볼 수 있다.

> 알라는 하늘과 땅의 빛이라. 그 빛은 마치 벽감 속의 등잔과 같은 것으로, 그 안에 등불이 있으며 그 등불은 유리 안에 있더라. 그 유리는 축복받은 올리브유로 별처럼 밝게 빛나도다. 올리브는 동쪽에서 온 것도 아니요, 서쪽에서 온 것도 아니더라. 그 기름은 불이 닿지도 아니하나 더욱 빛나 빛 위에 빛을 더하도다. 알라는 자신이 원하는 자를 그 빛으로 인도하신다.[3]

인간 영혼은 제1존재로부터 시작되는 일련의 하강 과정을 통해 창조된다. 알라로부터 흘러넘치는 사랑은 창조 과정을 움직이는 원동력이다. 그렇다면 인간의 삶은 당연히 그 반대의 상승 과정이 되어야 한다. 즉 사랑과 열정으로써 귀환의 각 단계를 밟아 제1존재에 이르러야 한다.

만일 신성한 빛이 인간 영혼을 비추고, 또 영혼이 스스로의 힘으로 창

3 Qur'an 24 : 35~39.

조주에게 귀환할 수 있다면 과연 예언, 즉 알라의 특별한 계시는 무엇 때문에 필요한 것일까? 이에 대해 이븐 시나는 예언자가 스승 역할을 하기 때문에 필요하다고 답한다. 예언자는 알라와 미래에 관해 자신이 알고 있는 진리를 사람들에게 나눠 준다. 뿐만 아니라 예언자는 사람들이 알라와 영생에 대해 깨달음을 얻을 수 있도록 예배를 비롯한 갖가지 종교 의식을 행하라고 독려한다. 그러나 이븐 시나는 예언자의 능력이라는 것이 단순히 알라로부터 은총을 받았다고 해서 주어지는 것은 아니라고 믿었다. 인간의 지성이 최고로 발현되었을 때 비로소 예언자로서 능력이 갖춰지는 것이기 때문이다. 예언자는 지성체의 위계 속에 들어가서 제1지성체의 수준에 오르는 것이 가능하다. 하지만 이러한 능력이 오직 예언자에게만 주어진 것은 아니다. 높은 영적 능력을 가진 이라면 자기 수련을 통해 누구든 그러한 경지에 이를 수 있기 때문이다.

이 같은 이븐 시나의 사고관은 ≪꾸란≫의 계시 내용에 반하는 것 같았다. 적어도 ≪꾸란≫을 문자 그대로 해석하는 이들에게는 그렇게 보였다. 그 결과 이슬람 역사상 가장 유명한 논쟁이 벌어졌다. 알 가잘리는 이븐 시나를 비롯한 철학자들의 주된 관점이 자신이 이해한 ≪꾸란≫의 내용과 반대된다며 격렬하게 비판하고 나섰다. 알 가잘리는 자신의 역저 ≪철학자들의 부조리*Tahafut al-falasifa*≫에서 철학자들이 범한 사상적 오류 세 가지를 집중적으로 소개했다. 첫째, 철학자들은 질료質料가 영원하다고 믿는다. 즉 신성한 빛이 유출 과정을 통해 질료에 침투하지만 결코 질료를 창조하지는 않는다는 것이다. 둘째, 철학자들은 알라가 보편자universal만 인식할 수 있을 뿐이라고 말한다. 다시 말해 알라는 개별자particular 그 자체를 인식할 수 없고, 단지 개별자 속의 이데아만을 인식할 뿐이라는 것이다.[4] 이 같은 관점은 알라가 모든 살아 있는 피조물의 각 개체에 관여한다는 ≪꾸란≫의 설명과 모순된다. 셋째, 철학자들은 영혼의 불멸성은 인정하지만 육체의 불멸성에 대해서는 부정한다. 철학자들에 의하면, 영혼은 원래 물질과 무관한 순수 존재였으나 능동지성체의 작용에 의해 질료인 육체 내부로 들어오게 된다. 그리고 언제가 영혼은 알라에게로 다시 귀환하게 되는데, 이때 육체는 영혼의 방해물이 될 뿐이다. 죽은 뒤에 영혼은 육체의 속박으로부터 자유로워지면서 육체를 더 이상 필요로 하지 않게 된다.

알 가잘리는 철학자들이 말하는 알라와 ≪꾸란≫에 나타난 알라가 서로 다르다는 것을 지적하고 싶었다. ≪꾸란≫ 속에서 알라는 인간과 대화하고, 인간을 심판하고, 인간을 사랑하는 모습으로 나타난다. 알 가잘리는 외부의 도움 없이 종잡을 수 없는 인간 이성으로써 도달한 결론이 예언자를 통해 인류에게 전달된 계시와 같을 수 없다고 보았다. 그러나 한 세기가 흐른 뒤, 알 가잘리의 주장은 또 한 명의 위대한 철학자 이븐 루쉬드Ibn Rushd(1126~1198)에 의해 반박되었다.[5] 그는 안달루스 지역에서 태어나 그곳에서 수학한 철학자였다. 당시 안달루스는 비록 철학의 역사가 짧긴 했어도 그 토대가 탄탄한 편이었다. 이븐 루쉬드는 철학에 대한 알 가잘리의 비판을 조목조목 반박하며 한 권의 책을 저술했다. 그는 자신의

---

4 이븐 시나의 의견에 의하면, 알라는 개별자를 모르며 단지 보편자만을 알 수 있을 뿐이다. 그리고 여기에서 그가 말하는 개별자란 물질과 결합되어 구체화된 존재를 일컫는다. 이에 반해 보편자란 개별자에게서 물질적 속성을 제거하고 남은 관념적 개념에 해당한다. 한편 알 가잘리는 상기한 이븐 시나의 주장은 이슬람의 근본을 무너뜨리는 매우 위험한 발상이라고 비판했다. 왜냐하면 ≪꾸란≫은 전지전능한 알라의 능력을 언급하고 있기 때문이다. — 옮긴이

5 이븐 루쉬드는 안달루스(현재 스페인 남부)의 코르도바에서 출생한 이슬람 철학자로 12세기 무렵 동서양을 막론한 최고의 아리스토텔레스 주석가로서 명성을 떨쳤다. 그는 아리스토텔레스 학문에 관해서만 26권의 저서를 남겼다. 그의 주석서는 라틴어로 번역되면서 유럽의 중세 스콜라 철학 발전에 많은 영향을 미쳤다. 그는 유럽에서 라틴어 이름인 아베로에스Averroes로 알려졌다. — 옮긴이

저서가 알 가잘리의 저서에 대한 반박문임을 암시하기 위해 ≪부조리의 부조리*Tahafut al-tahafut*≫란 제목을 붙였다. 이 외에 이븐 루쉬드는 ≪종교와 철학의 조화에 관한 소고*Fasl al-maqal*≫란 책도 저술했다. 이 책에서 그는 알 가잘리가 모순된다고 하였던 예언자를 통한 계시와 철학자들이 다다른 결론 사이의 문제를 정면으로 다루었다. 이와 관련하여 이븐 루쉬드는 ≪꾸란≫의 구절을 인용하여 철학 활동을 하는 것은 정당하다고 주장했다. "그들은 하늘과 땅이 지배하고 있는 것들과 알라께서 창조하신 것들을 눈여겨보지도 않았단 말인가?"[6] 이 같은 알라의 말씀에 비춰 볼 때, 철학자들의 결론은 ≪꾸란≫에 명시된 계시의 내용과 모순되지 않는다는 사실이 명백해진다.

> 종교는 진리다. 또한 종교는 진리에 이르는 길을 모색하라고 권고하고 있다. 따라서 우리 이슬람 공동체는 논증에 의한 탐구가 [다다른 결론이] ≪꾸란≫의 계시 내용과 상충하지 않는다는 점을 명확히 알고 있다. 왜냐하면 진리는 진리와 대립하지 않고 오히려 조화를 이루며 서로를 증언해 주기 때문이다.[7]

그렇다면 철학과 계시가 서로 상충하는 현상은 어떻게 설명할 수 있을까? 이 질문에 대해 이븐 루쉬드는 ≪꾸란≫의 말씀 전부를 문자 그대로만 해석해서는 안 된다고 답한다. 만일 ≪꾸란≫ 구절을 문자 그대로 해석한 것과 철학자들이 이성을 통해 도달한 진리가 모순된다면 그 구절은 은유적으로 다시 해석해야 할 필요가 있다. 그러나 대부분의 사람들은 철

---

6 Qur'an 8 : 85.

7 Muhammad ibn Ahmad Ibn Rushd, *Fasl al-maqal*, ed. G. F. Hourani (Leiden, 1959), p.7 ; English trans. G. F. Hourani, *Averroes on the Harmony of Religion and Philosophy* (London, 1961), p.50.

학적 사유가 불가능하며 ≪꾸란≫에 대한 은유적 해석을 받아들일 능력도 없다. 따라서 은유적 해석을 아무에게나 전해서는 안 되고 그것을 받아들일 수 있는 자에게만 국한시켜야 한다.

> 학문에 정통한 이가 아니라면 ≪꾸란≫의 구절을 문자 그대로 받아들여야 한다. 왜냐하면 함부로 은유적 해석을 받아들이면 불신앙의 길로 빠지기 십상이기 때문이다. …… 만일 해석이 가능한 계층 가운데 누군가가 (해석을) 남에게 발설한다면 그것은 마치 그 사람을 불신앙의 길로 인도하는 것과 같다. …… 따라서 은유적 해석은 오직 논증論證 서적 안에만 머물러 있어야 한다. 그렇게 하면 논증 능력을 갖춘 계층만 그것을 접할 수 있기 때문이다.[8]

결국 철학은 식자층 캇사*khassa*를 위해 존재한다. 일반 대중 암마*'amma*는 ≪꾸란≫의 구절을 문자 그대로 받아들이는 것으로 족하다. 예언은 식자층과 대중 모두에게 필요하다. 왜냐하면 식자층에게는 윤리적으로 올바른 길에서 벗어나지 않게 해 주고, 대중에게는 적절한 상징을 통해 진리를 나타내 주기 때문이다. 변증론적 추론에 의거한 신학*kalam*은 지적 수준이 이 둘 중간에 해당하는 이들을 위한 것이다. 왜냐하면 신학은 대중에게 알맞은 차원의 진리를 가르치기 위해 논리를 사용하기 때문이다. 그런데 신학은 위험스럽기도 하다. 왜냐하면 그것이 내세우는 논리적 원칙은 충분히 증명된 것이 아니기 때문이다.

이븐 루쉬드의 저술이 이후의 이슬람 사상에 광범위하고 지속적인 영향을 미친 것 같지는 않다. 그러나 그의 책들 가운데 몇몇은 라틴어로 번역되어 서양 기독교 철학에 심오한 영향을 끼쳤다. 한편 이븐 시나의 경

8 Ibid., p. 7 ; English trans. p.61.

우 그의 사상은 철학뿐만 아니라 종교 분야에서도 중요한 위치를 차지했다. 12세기 무렵에는 알 가잘리의 비판에도 불구하고 신학과 철학을 화해시키려는 노력이 시도되었다. 파크르 알 딘 알 라지Fakhr al-Din al-Razi(1149~1209) 시대 이후로 이슬람 신학에 관한 저술들은 논리학과 존재의 본질에 대해 설명하기 시작했으며, 더 나아가 알라의 개념을 합리적으로 표현하려고 시도했다. 그 결과 ≪꾸란≫의 계시를 옹호하고 설명할 수 있는 논리적 틀이 마련되었다. 전적으로 계시에 기초하여 받아들이기만 했던 문제들을 저술들이 다루기 시작한 것은 바로 이때부터였다.

이븐 아라비와 신지학神智學

이븐 시나는 자신의 저술 속에서 이슈라끄*ishraq*라는 개념을 언급한 바 있다. 이슈라끄는 조명照明, 즉 신성한 빛을 비춘다는 뜻을 지니고 있는데, 인간은 이것에 의해 지성체의 계층과 접촉할 수 있다. 한편 후대의 일부 저술가는 이슈라끄를 고대 동방東方의 비교秘敎적 지혜라는 의미로 사용하기도 했다(이때 샤르끄*sharq*란 아랍어로 '동방'을 뜻함). 또한 이슈라끄는 ≪꾸란≫의 말씀 내면에 담긴 궁극적 실재의 계통적 체계를 서술하기 위한 용어로 사용되었고, 이로써 수피들이 겪은 체험에 의미를 부여하였다.

알 수흐라와르디al-Suhrawardi는 상기한 신지학神智學을 정립하기 위해 노력을 기울였다. 그로 인해 그는 구설수에 올라 1191년 알레포의 아이윱 왕조 군주에 의해 처형당했다. 신지학은 이븐 아라비Ibn 'Arabi(1165~1240)의 손에 의해 가장 정교하게 다듬어져 오랫동안 영향을 미쳤다. 그는 안달루스 출신의 아랍인으로 부친은 이븐 루쉬드와 교분을 나누던 친우였다. 이븐 아라비 자신도 직접 이븐 루쉬드와 만난 적이 있었으며 그가 세상을 떠났을 때는 장례식에 참여하기도 했다. 그는 안달루스와 마그립 지역에서 정규 학업을 마친 뒤 동부 이슬람 세계를 향해 긴 여행길에 올랐다. 드디어 그는 메카를 순례했고, 이것은 그가 자신의 사상을 정립하는 데 결정적인 계기가 되었던 것으로 보인다. 그는 환영을 통해 궁극적 실재가 현상계에 영향을 미치는 접점이 카으바라는 사실을 깨닫게 되었다. 바로 이곳에서 이븐 아라비는 자신의 대표작인 ≪메카의 계시*al-Futuhat al-makkiyya*≫를 저술하기 시작했다. 그는 아나톨리아 지역의 셀주크 술탄국國에서 한동안 세월을 보냈다. 그 뒤 그는 다마스쿠스에 정착하고는 그곳에서 생을 마감했다. 그의 묘지는 다마스쿠스를 굽어보는 서쪽의 까시윤Qasiyun 산 위에 마련되었는데, 뒤에 이곳은 순례의 중심지가 되었다.

≪메카의 계시≫를 비롯한 여러 저술을 통해 이븐 아라비는 우주를 신성한 존재로부터 나왔다가 다시 되돌아가는 실존의 끊임없는 흐름이라고 표현했다. 이것은 마치 빛이 흐르는 것과 같다. 어떤 면에서 이 과정은 알라로부터 근원하는 사랑이 흘러넘치는 것과 같다. 필연적 존재인 알라는 자신의 존재를 알고 싶은 나머지 자신이 비춰진 존재를 바라본다. 이와 관련하여 수피주의 저술가들은 다음과 같은 예언자 무함마드의 말을 자주 인용하곤 했다. "나(알라)는 감추어진 보물이다. 나는 내 모습을 알리고 싶었다. 그래서 내 모습을 보여주기 위해 피조물을 창조했다."[9]

창조는 알라의 존재가 이름이나 속성을 통해 현현함으로써 이루어진다. 여기서 말하는 알라의 이름은 세 가지 차원에서 이해할 수 있다. 첫째, 이름은 그 자체로서 신성한 존재의 본질의 일부다. 둘째, 이름은 영원한 원형原型 또는 형상이다. 셋째, 이름은 제약된 구체적인 실존 속에서 구현

---

9 Muhyi al-Din ibn 'Arabi, *Shajarat al-kawn* (Beirut, 1984), p.45 ; B. Furuzanfarr, *Ahadith-i Masnavi* (Tehran, 1955), p.29. 본인은 발딕J. Baldick 박사와 간제이T. Gandjei 박사의 양해 덕분에 상기 내용을 참고할 수 있었다.

된다. 능동적 형태로서의 이름은 마치 신과 같다. 이름은 알라가 창조한 심상心象 속에서 자신의 모습을 드러낸다. 심상이 구체화되면서 유형의 존재가 생겨난다.

따라서 모든 피조물은 특정한 이름이 심상을 매개로 현현되면서 생겨난 것이다. 그런데 인간은 모든 이름을 현현시킬 수 있는 능력을 갖고 있다. 이 같은 인간의 특권적 지위는 미싸끄*mithaq*, 즉 알라와 맺은 언약으로부터 기인한다. ≪꾸란≫에 의하면 천지를 창조하기 전에 알라는 인류와 언약을 체결했다. 이븐 아라비를 비롯한 여러 저술가들은 인간이 '무함마드의 빛' 또는 '무함마드의 진리'라고 불리는 원형으로부터 만들어졌다고 설명했다. 그 원형은 마치 신성한 존재를 완전하게 비추는 '맑은 거울'과 같은 것이다. 이러한 의미에서 모든 인간은 알라의 완벽한 현현이라고 볼 수 있지만, 또 다른 의미에서는 이러한 특권을 누릴 수 있는 사람은 특정한 인물로 한정되어 있다. 이븐 아라비가 제기한 '완전한 인간'*al-insan al-kamil*이란 개념은 그의 추종자 가운데 한 사람인 알 질리al-Jili(1428년경 사망)에 의해 계승 발전되었다. 완전한 인간이란 알라의 본성이 완벽하게 현현된 자로서 알라와 완전하게 닮게 창조되었다. 즉 이 인물은 영원한 원형인 '무함마드의 빛'이 가시적으로 구현된 존재이다.

예언자들이 바로 알라의 이름이 현현된 이러한 특권을 가진 인간이다. 이븐 아라비는 역저 ≪지혜의 보석*Fusus al-hikam*≫에서 아담으로부터 무함마드에 이르는 예언자들의 계보를 열거한 뒤, 각각의 예언자가 알라의 이름 가운데 어느 것을 표상하고 있는지 보여준다. 그 가운데 마지막 예언자인 무함마드는 가장 완벽한 예언자의 모습을 구현하고 있다. 그렇지만 한편으로는 예언자와 구분되는 성인聖人도 있다. 성인은 자기 수련과 마으리파(영지)를 통해 알라의 빛을 비추는 거울과 같은 지위에 올라선 인물을 일컫는다. 모든 예언자는 기본적으로 성인에 해당한다. 반대로 성인이라고 해서 모두 예언자가 되는 것은 아니다. 왜냐하면 성인은 진리나 율법의 계시를 받거나 전달하지 않기 때문이다. 성인들은 세상의 질서를 유지하는 역할을 담당한다. 한편 그들 사이에는 보이지 않는 위계질서가 있으며, 그 가운데 최고 성인은 꾸틉이라고 불린다. 꾸틉은 아랍어로 '중심축'을 뜻하는데, 한 시대에 한 명밖에 없다. (이븐 아라비는 명백히 자기 자신을 꾸틉으로 여겼으며, 가장 완벽한 마지막 성인이라는 의식도 분명하게 갖고 있었다.)

마으리파를 지닌 이라 할지라도 다른 평범한 세속인들과 마찬가지로 예언자에게 계시된 율법 안에서 살아야 했다. 실제로 이븐 아라비 자신은 ≪꾸란≫과 ≪하디스≫에 계시된 율법의 내용을 문자 그대로 엄격하게 해석했던 자히리 학파를 따랐다. 그럼에도 불구하고 이븐 아라비는 어떤 예언자나 율법가를 통해서 전달받았든 계시는 하나의 실재로부터 나온 것이라고 믿었다. 다시 말해 사람들은 똑같은 신을 믿고 있으며, 단지 경배하는 방식만 다를 뿐이라는 것이다.

모든 피조물은 알라로부터 유출되지만 다른 관점에서 보면 그 과정은 반대로 향하기도 한다. 왜냐하면 피조물은 알라의 지식을 알라 자신에게 비춰 주는 거울과 같기 때문이다. 피조물은 필연적 존재로부터 자신의 존재성을 내림받지만 동시에 역으로 필연적 존재를 향해 올라가기도 한다.[10] 피조물은 마으리파의 조명照明 덕택에 여러 단계를 거쳐 끊임없는 영적 도정에 오른다. 그 와중에 그는 여러 단계를 거치며 자기 자신을 알아간다. 즉 '자기 자신을 아는 자가 자신의 주님을 알게 된다'는 것이다. 영

10 중세 이슬람 철학에서는 알라가 '존재하지 않을 수 없는 존재'라는 뜻에서 필연적 존재*wajib al-wujud*라고 표현되었다. 필연적 존재로서 알라는 만물의 원인자가 된다. 반면 지상의 피조물과 같이 존재할 수도 있고 존재하지 않을 수도 있는 존재는 우연적 존재*mumkin al-wujud*라고 했다. — 옮긴이

적 도정의 중간에서 인간 원형의 모습에 다다르게 된다. 인간 원형의 모습이란 알라의 이름이 '심상의 세계'*'alam al-mithal*라는 매개 속에서 감각적 모습으로 현현한다는 것을 일컫는다. 그 단계를 넘어서면 알라의 모습이 드러난다. 이때 순간적으로 장막이 걷히면서 알라가 자신의 모습을 구도자에게 드러낸다. 알라를 보는 그 순간은 두 가지로 구분된다. 첫째는 파나*fana*라 하는 몰아沒我 상태다. 이때 구도자는 알라를 바라보며 황홀경에 빠져 자아는 물론 다른 모든 피조물들의 존재를 망각하게 된다. 둘째는 바까*baqa*라 하는 영속永續 상태다. 이때 구도자는 알라가 피조물과 함께 있는 것을 바라보지만 의식은 계속 유지하고 있다.

이븐 아라비는 알라를 보는 순간 계시된 우주의 실재를 묘사하려고 시도했다. 그는 자신이 본 우주의 모습을 '와흐다트 알 우주드'*wahdat al-wujud*, 즉 존재일원론存在一元論이란 개념으로 표현했다. 그러나 후대에 이르러 그가 말하고자 했던 존재일원론이 정확히 무엇을 뜻하는지에 대해 논란이 분분했다. 먼저 이 용어는 알라만이 실제로 존재하고 있으며 다른 모든 삼라만상은 실제로 존재하지 않거나 알라의 일부일 뿐이라는 것을 뜻할 수 있다. 그리고 이 용어는 흔히 철학자들이 말하는 대로 필연적 존재Necessary Being와 우연적 존재Contingent Being를 구분 짓기 위한 것일 수도 있다. 다시 말해, 오직 알라만이 자신의 본성에 의해 존재할 수 있는 필연적 존재이며 다른 삼라만상은 창조 행위나 유출 과정을 통해 우연히 생겨난다는 것이다. 또한 이 용어는 구도자가 알라를 보는 순간 겪는 일시적인 경험을 가리킬 수도 있다. 이 순간 구도자는 자아에 대한 의식을 잃게 된다. 결국 알라 속에 구도자가 있고 구도자 속에 알라가 있는 것이다. 이때 순간적으로 구도자의 인간적 속성이 알라의 속성으로 바뀐다.

다른 측면에서 보면, 이븐 아라비가 말한 존재일원론은 ≪꾸란≫의 가르침과 양립하기 어려운 점이 있다. 왜냐하면 ≪꾸란≫은 분명하게 알라와 피조물은 분리되어 있고 하늘과 땅만큼 무한한 차이가 있다고 가르치고 있기 때문이다. 다음 세대에 이븐 아라비의 저술에 대한 비평서들이 대거 쏟아져 나왔다. 그 가운데 절반은 이븐 아라비의 이론이 이슬람이 설파한 진리와 모순된다고 비난했고, 나머지 절반은 그의 이론을 옹호했다. 종교학자들과 법학자들이 이븐 아라비에 대해 파트와(법 해석)를 발표했다. 대부분은 그에 반대하는 것이었지만 항상 그랬던 것은 아니다.[11] 이븐 아라비의 정통성을 가장 옹호했던 인물은 오스만 제국의 술탄 셀림 1세 Selim I(1512~1520)였다. 그는 1516년 시리아를 정복한 뒤 다마스쿠스에 있었던 이븐 아라비의 묘지를 복원하였다. 이 사건을 기념하기 위해 오스만 제국의 유명한 학자 카말 파샤 자데Kamal Paşa-zade(1468/9~1534)는 이븐 아라비를 옹호하는 파트와를 발표했다. 수피 지도자 사이에서도 이븐 아라비의 저술은 논쟁거리가 되었다. 일부 수피 종단은 이븐 아라비의 견해가 자신들이 궁극적으로 갈구했던 마으리파를 온전히 표현하고 있다고 인정했다. 그러나 마그립 지역의 샤딜리야 종단과 동부 이슬람 세계의 낙슈반디야 종단은 이븐 아라비의 견해에 대해 많은 의구심을 표명했다.

이븐 타이미야와 한발리 학파의 전통

전통적으로 순니파 이슬람 세계에는 통치자로부터 보호를 받는 권위 있는 교육 조직이 없었다. 하지만 역사적으로 순니파 세계에서는 철학과 신지학에 적대적인 사상적 흐름이 존재했으며, 이는 신앙의 유산을 논리적

---

11 O. Yahia. *Histoire et classification de l'œuvre d'Ibn 'Arabi* (Damascus, 1964), Vol. I, pp.113-135.

으로 옹호하려는 신학의 시도에 대해 배타적이었다.

이슬람 세계의 중심에는 이븐 한발의 가르침을 추종하는 지적 전통이 남아 있었다. 특히 이러한 전통은 바그다드와 다마스쿠스에서 더욱 강했다. 이븐 한발의 추종 세력은 여러 분파로 나누어져 있었으나 '진정한 이슬람'을 수호한다는 기치 아래 다시 하나로 규합되었다. 그들이 말하는 '진정한 이슬람'이란 예언자 무함마드에게 계시된 알라의 가르침을 엄격하게 따르는 것을 뜻한다. 다시 말해 그들에게 알라란 ≪꾸란≫과 ≪하디스≫의 알라를 뜻한다. 따라서 ≪꾸란≫과 ≪하디스≫에 계시된 내용 그대로 알라를 받아들이고 경배해야 한다. 또한 '진정한 무슬림'이란 단순히 알라를 믿기만 하는 자가 아니라 알라의 뜻에 따라 행동하는 자를 말한다. 이븐 한발은 이슬람 공동체가 모든 무슬림을 하나로 통합해야 한다고 주장했다. 종교적 규정에 순종하기를 거부하거나 예언자를 통해 계시된 진리에 모순되는 교리를 퍼뜨림으로써 스스로 공동체를 박차고 나가는 경우가 아니라면 누구도 공동체로부터 배제되어서는 안 되는 것이다. 공동체 내부에서 불화와 알력을 일으킬 소지가 있는 논쟁이나 다툼은 반드시 피해야 한다.

13세기 무렵 시리아는 맘루크 왕조의 지배 아래 있었다. 이 시기에 이븐 타이미야(1263~1328)는 독자적으로 이븐 한발의 가르침을 다시 한 번 강력하게 설파하기 시작했다. 시리아 북부에서 태어난 이븐 타이미야는 다마스쿠스와 카이로를 오가며 일생의 대부분을 보냈다. 이 무렵 이 지역은 새로운 변화를 맞이하고 있었다. 당시 이곳을 통치하고 있던 맘루크 왕조의 술탄과 휘하의 군사들은 순니파 무슬림들이었다. 하지만 그들은 이슬람으로 개종한 지 얼마 안 된 상태였기 때문에 명목상으로만 무슬림인 경우가 많았다. 따라서 그들에게 이슬람 신앙의 올바른 의미를 가르쳐야 할 필요성이 제기되었다. 이븐 타이미야가 보기에 당시의 이슬람 공동체에는 위험한 오류가 널리 퍼져 있었다. 쉬아파와 각종 반체제 집단들이 등장하여 국가의 안위를 위협했을 뿐만 아니라 이븐 시나나 이븐 아라비와 같은 학자들이 나타나 공동체의 신앙을 어지럽히는 학설을 내놓았기 때문이다.

이븐 타이미야는 이러한 위기에 맞서 한발리 학파의 중도주의中道主義를 다시 설파하는 것이야말로 자신의 업이라고 여겼다. 한발리 학파는 계시된 진리의 원칙을 수호하는 데 남과 전혀 타협하지 않았다. 그러나 그 진리를 따르는 자들이 만든 공동체 내부에는 얼마든지 다양성이 공존할 수 있다는 점을 인정했다. 이와 관련하여 이븐 타이미야는 다음과 같이 언급했다.

> 예언자께서는 '모든 무슬림은 무슬림의 형제다'라고 말씀하셨다. …… 그렇다면 과연 무함마드의 공동체가 여러 견해로 갈라져 한쪽 파당에 들어가 다른 파당을 증오하는 것이 가당키나 한 말인가? 그들은 알라로부터 계시된 어떤 증거도 없이 억측이나 개인의 일시적인 충동에 따라 남을 증오할 뿐이다. …… 통합은 알라가 자비를 내리시는 증거다. 반면 불화는 알라가 내리시는 징벌이다.[12]

알라는 하나지만 동시에 여럿이다. 왜냐하면 알라의 본질은 하나지만 속성은 여러 가지가 있기 때문이다. 알라의 속성에 관해서는 ≪꾸란≫에 묘사되고 있는 그대로 믿어야 한다. 인류의 삶과 관련하여 가장 중요한 속성은 알라의 의지다. 알라는 자신의 의지로써 무無로부터 만물을 창조

12 Ahmad Ibn Taymiyya, *Majmu'at al-rasa'il al-kubra* (Cairo, 1323/1905), Vol. I, pp.307-309 ; French trans. in H. Laoust, *Essai sur les doctrines sociales et politiques de Taki-d-Din b. Taimiya* (Cairo, 1939), pp. 256-257.

했다. 뿐만 아니라 알라가 자신의 존재를 인류에게 드러낸 것도 그의 의지가 무함마드를 마지막으로 하는 일련의 예언자들을 통해 계시된 경전 속에 표현되었기 때문이다. 알라는 자신의 피조물과 무한히 멀면서도 가까이 있다. 또한 알라는 보편자와 더불어 개별자도 알고 있다. 알라는 피조물의 마음속에 담긴 비밀을 직시하고 있으며, 자신에게 순종하는 자들을 사랑한다.

인간은 예언자의 모범에 따라 알라에게 헌신하는 삶을 살아야 한다. 이때 인간은 알라가 계시한 말씀을 받아들이고 그 속에 내포된 이상적인 인간상을 성실히 좇아야 한다. 그렇다면 과연 알라의 의지는 어떻게 해석해야 하는가? 이븐 한발과 마찬가지로 이븐 타이미야는 무엇보다도 ≪꾸란≫을 문자 그대로 엄격하게 읽었다. 그다음에는 ≪하디스≫를, 그리고 그다음에는 예언자의 교우들 예도 살펴보았다. 교우들 간의 의견합일은 ≪하디스≫에 상응하는 효력을 갖기 때문이다. 한편 진리를 보존하기 위해서는 사려 깊은 정통한 무슬림 조직이 종교적 지식을 전달해야 한다. 자격을 갖춘 학자들의 이즈티하드, 즉 독자적인 법해석의 필요성은 계속되었다. 이때 학자들은 약간의 융통성을 발휘할 수도 있다. 예를 들어, 샤리아가 엄격히 금하고 있지 않은 상황에서 유익한 결과가 예상되는 행위가 있다면 그 행위를 허락해 줄 수 있다는 것이다. 이븐 타이미야는 이즈티하드를 행하는 학자들을 하나의 집합체로 여기지 않았다. 다시 말해, 특정 시대를 살던 학자들 사이의 의견합일은 일정한 비중을 차지하긴 하지만 그렇다고 완전무결하다고 볼 수는 없다는 것이다.

이븐 타이미야가 이해한 이슬람은 몇 가지 점에서 이븐 시나의 사고관과 충돌했다. 첫째, 이븐 타이미야는 우주가 알라의 의지에 의해 무로부터 창조된 것이라고 말했다. 둘째, 이븐 타이미야는 알라가 인간을 개별자로서 인식한다고 말했다. 셋째, 이븐 타이미야는 인간이 이성의 활용에 의해서가 아니라 계시를 통해 알라를 인식할 수 있다고 말했다.[13] 이븐 타이미야는 이븐 아라비에 대해서도 비판을 퍼부었는데, 그 정도는 이븐 시나의 경우보다 더욱 신랄했다. 아마도 이븐 아라비의 사상이 이슬람 공동체 전체에 훨씬 심각하면서도 다급한 문제를 일으켰다고 판단했기 때문일 것이다. 이븐 타이미야의 경우, 다른 한발리 학파의 일원들과 마찬가지로, 성인聖人 또는 '알라의 반려자'와 같은 존재를 받아들이기가 어려운 것은 아니었다. 성인은 예언자의 직무를 수행하지는 않지만 영감을 통해 진리를 수여받은 인물이다. 또한 성인은 알라로부터 은총을 받을 수도 있다. 이 때문에 평범한 인간들이 갖는 행위의 일상적 한계를 초월한 것처럼 보인다. 따라서 성인들은 남녀를 막론하고 존경받아야 마땅하다. 그러나 어떤 경우라도 성인을 숭배의 대상으로 여기는 형식을 취해서는 안 된다. 그들의 묘를 방문하거나 그곳에서 예배를 드리는 것도 절대 안 된다. 수피들은 알라의 이름을 반복해서 암송하는 디르크 의식을 거행한다. 물론 디크르는 유용한 경배 수단이긴 하지만 그 영적 가치는 정규 예배나 ≪꾸란≫ 암송에 비해 떨어진다. 이븐 타이미야는 이븐 아라비를 비롯한 많은 이들이 신비적 체험을 해석하기 위해 이용한 사변적 신지학을 완전히 부정했다. 인간은 단지 피조물일 뿐 신성한 빛의 현현일 수 없기 때문이다. 인간이 알라의 존재 속으로 흡수되는 일은 결코 일어날 수 없다. 인간이 알라에게 더욱 가까워질 수 있는 유일한 방법은 계시된 알라의 뜻에 순종하는 것뿐이다.

이븐 타이미야는 당대의 이슬람 사회에서 중요한 구실을 했다. 그의 사망 뒤, 그가 정립한 한발리 학파의 전통은 이슬람 세계 중심부에서 하나

---

13 이븐 타이미야의 이 같은 주장(견해)에 이븐 시나는 창조 대신 유출을 이야기했으며, 알라가 인간을 보편자로서 인식한다고 말했다. 또한 영지靈知를 통해 알라를 인식할 수 있다고 말했다. — 옮긴이

의 종교 문화로 자리 잡았다. 그러나 오랫동안 이븐 타이미야의 사상은 표면에 드러나지 않은 채 조용히 숨죽이고 있었다. 그러다가 18세기 무렵 이븐 타이미야의 사상은 정치적 의미를 지닌 종교 운동으로 주목을 받게 되었다. 당시 아라비아 반도 중앙에 사우디 왕국을 건설했던 와하비주의자들Wahhabis이 이븐 타이미야의 사상을 받아들였기 때문이다.[14] 이슬람에 대한 견해에서 이븐 타이미야와 이븐 아라비가 완전히 모순된 입장을 취하고 있었던 것은 사실이다. 그렇지만 순니파 공동체는 양자가 공존할 수 있도록 관용적인 태도를 보였고, 또 이 둘을 조화시킬 수 있었던 몇몇 학자들도 등장했다. 어떤 학자는 알레포에서 자신이 만났던 낙슈반디야 수피 종단에 대해 기록을 남겨 놓기도 했다. 그의 기록에 따르면 그곳의 수피들은 이븐 아라비와 이븐 타이미야의 저서를 나란히 놓고 학문을 연마했던 것으로 나타난다. 수피들은 이븐 타이미야가 샤리아의 이맘인 데 반해 이븐 아라비는 하끼까*haqiqa*의 이맘이라고 주장했다. 하끼까란 수피 구도자들이 갈망하는 진리를 말한다. 완전한 무슬림이 되려면 모름지기 이 같은 이슬람의 현실적인 양 측면을 모두 하나로 통합할 수 있어야 한다.[15]

14 와하비주의자란 이슬람의 청교도적 운동인 와하비파에 속한 사람들을 일컫는 말이다. 18세기 아라비아 반도 중앙의 나지드 지역에서 무함마드 이븐 압둘 와합Muhammad ibn 'Abd al-wahhab(1703~1792)이 창시했다. 와하비 사상은 오늘날 사우디아라비아 왕국의 이념이 되었다. 와하비 사상은 이븐 타이미야의 학설에 바탕을 두고 있으며, ≪꾸란≫과 ≪하디스≫에 대한 글자 그대로의 엄격한 해석에 기초를 둔 이슬람 국가 수립을 주창한다. — 옮긴이

15 O. Yahia, Vol. I, p.19.

쉬아 사상의 발전

아랍어를 사용하는 무슬림들은 다수가 순니파의 교리를 받아들였으며, '12이맘' 쉬아파의 공동체는 순니파와 대립과 공존을 반복했다. 점차적으로 쉬아파는 과거와 미래의 일에 대한 자신들만의 역사관을 정립하기 시작했다. 쉬아파는 알리와 그 후계자들의 주장을 옹호하면서 최초의 칼리파 3인(아부 바크르, 우마르, 우스만)을 비방하고 찬탈자로 취급했다. 쉬아파는 권력 투쟁으로 점철된 이슬람 역사는 허상에 불과한 것으로서 내면에 감추어진 진정한 역사로부터 이탈한 것으로 보았다.

쉬아파가 말하는 내면에 감추어진 역사란 이맘들에 의해 보존되고 전달되어 온 계시의 역사를 일컫는다. 10세기 이후 쉬아파는 점차적으로 이맘 사상*imamate*을 이론적으로 정립하기 시작했다. 그 사상에 따르면, 알라는 이맘을 항상 세상 속에서 자신의 '증표'*hujja*로 내세워 왔다고 한다. 이맘은 권위로써 종교의 진리를 전파하고 정의로써 인류를 다스리는 책무를 맡았다. 이맘은 모두 예언자 무함마드의 딸 파티마와 사위 알리의 후손이다. 따라서 알리는 최초의 이맘이 된다. 모든 이맘은 선대先代 이맘에 의해 지명된다. 모든 이맘은 알라의 말씀인 ≪꾸란≫과 예언자의 언행인 순나를 해석하면서 어떠한 오류도 저지르지 않는다. 왜냐하면 이맘은 알라가 수여한 비전秘傳의 지식을 갖고 있기 때문이다. 또한 이맘은 어떠한 죄악도 범하지 않는다.

쉬아파의 주류인 12이맘파의 교리에 의하면, 이맘의 계보는 12번째 이맘인 무함마드Muhammad가 874년에 사라짐으로써 끝이 났다. 최후의 이맘이 사라진 초기는 흔히 '소은폐기'小隱蔽期라고 한다. 왜냐하면 이때 이맘은 비록 모습을 감추긴 했어도 대리자를 통해 추종자들과 몇 해 동안이나 관계를 유지했기 때문이다. 그 이후의 시기는 '대은폐기'大隱蔽期라고 한다.

이때부터 사라진 이맘과 신자들 간의 정기적인 접촉은 완전히 단절되고 만다. 이제 그는 간혹 일시적으로 환영幻影이나 몽환夢幻의 형태로 모습을 드러낼 뿐이다. 사라진 그는 일정한 때가 이르면 정의로써 세상을 다스리기 위해 다시 도래한다. 이같이 재림하는 이맘을 마흐디라고 한다. 마흐디는 아랍어로 '올바른 인도자'를 뜻한다(이 용어는 순니파 민중 신앙에서도 사용되고 있으나 쉬아파 사상에서 더욱 구체적인 의미를 지닌다).

그렇지만 인류는 이맘이 나타나기 전까지 자신들을 지도해 줄 인도자가 여전히 필요하다. 일부 쉬아파 교도들은 이맘이 전하고 해석한 ≪꾸란≫과 ≪하디스≫가 충분히 인도자 구실을 할 수 있다고 여겼다. 그러나 다른 일부는 끊임없이 경전을 해석하고 민중을 이끌어 줄 수 있는 누군가가 필요하다고 주장했다. 13세기 이후 쉬아파 교도들은 뛰어난 지성, 인품, 학식 등을 소유한 학자들에게 관심을 갖기 시작했다. 이 같은 학자들은 무즈타히드*mujtahid*라고 했는데, 이는 자신의 지적 노력으로써 신앙의 유산을 해석하는 이지티하드를 행할 수 있는 학자를 가리킨다. 물론 무즈타히드가 알라로부터 직접 계시를 받은 무오류의 인물은 결코 아니다. 단지 무즈타히드는 자신의 지적 능력으로써 이맘의 가르침을 해석할 수 있을 뿐이다. 각 시대마다 새로운 무즈타히드가 필요하며, 평범한 무슬림은 자신의 시대에 등장한 무즈타히드의 가르침을 따라야 할 의무가 있다.

세월이 흐르면서 쉬아파 신앙을 이성적으로 설명하고 정당화하기 위한 신학이 발전했다. 초기만 하더라도 쉬아파는 전통을 중요하게 여겼던 것으로 보인다. 그러나 10세기 후반 알 무피드al-Mufid(c.945~1022)는 칼람, 즉 변증신학辨證神學으로써 계시의 진리를 옹호해야 한다고 주장하고 나섰다. 또한 그의 제자였던 알 무르타다al-Murtada(966~1044)는 종교적 진리가 이성의 기반 위에 서야 한다고 역설했다. 이후부터 쉬아파의 교리는 대체적으로 무으타질라파에서 유래한 요소들을 포함하게 되었다.

후대의 쉬아파 사상가들은 이븐 시나와 같은 학자들이 정립한 이슬람식 신플라톤 철학의 개념을 받아들이기 시작했다. 우주는 지성체intelligence를 매개로 창조되었고, 무함마드를 비롯한 파티마와 이맘들은 지성체의 현현으로 여겨졌다. 또한 이맘들은 알라를 알기 위한 노정의 영적 안내자로 간주되었다. 쉬아파에게 이맘은 순니파의 '알라의 반려자'와 같은 위치를 차지하게 되었다.

쉬아파는 신앙을 설명하기 위해 인간 이성理性의 사용을 강조하기 시작했으며, 이는 쉬아 법학파의 발전으로 이어졌다. 법학의 발전은 이라크 출신 학자들의 손에 의해 이룩되었다. 그 가운데 특히 가장 두각을 나타냈던 학자는 알 무학끼끄al-Muhaqqiq(1205~1277)와 알 알라마 알 힐리al-'Allama al-Hilli(1250~1325)였다. 두 사람의 업적은 나중에 무함마드 이븐 막키 알 아밀리Muhammad ibn Makki al-'Amili(1333/4~1384)에 의해 계승되었는데, 그는 뒤에 시리아에서 극적으로 죽임을 당했기 때문에 '최초의 순교자'로 불리었다. 대체적으로 쉬아파의 법학 원리는 순니파로부터 차용한 것이 많았다. 그러나 쉬아파 특유의 종교관과 세계관으로 인해 순니파와 현저한 차이점을 보인 부분도 상당수 있다. 예언자의 ≪하디스≫와 관련하여 쉬아파는 오직 예언자 무함마드의 후손들이 전한 내용만 인정했다. 또한 역대 이맘들의 언행을 모은 ≪하디스≫는 예언자 무함마드의 ≪하디스≫와 동등한 가치를 지니는 것으로 받아들였다. 하지만 이맘의 ≪하디스≫가 ≪꾸란≫이나 예언자의 ≪하디스≫를 대신하지는 못했다. 공동체의 이즈마(의견합일)는 순니파에서만큼 중요하게 여겨지지 않았다. 완전무결한 이맘이 존재하고 있는 한 공동체는 이맘이 배석한 가운데 이즈마를 행해야만 유효하기 때문이다. 충분한 자격을 갖춘 이가 신뢰할 수 있는 방법으로 아끌*'aql*, 즉 이성을 사용할 경우 법원法源 구실을 할 수 있었다.

세월이 흐르면서 많은 무즈타히드(법 해석자)들이 법원을 마련하였고,

그 결과 순니 법학파와는 몇 가지 점에서 차이가 나는 쉬아파 법학의 줄기가 만들어졌다. 그 예로 쉬아파는 임시 결혼을 허용했다는 점을 들 수 있다. 임시 결혼 시 남녀 당사자는 일반 결혼과 다른 권리와 의무를 짊어졌다. 상속에 관한 법규에서도 쉬아파는 순니파와 달랐다. 일부 특정한 문제에 대해서는 쉬아파 학자들 사이에서도 의견이 갈라졌다. 특히 이맘의 은폐기 동안 세상의 군주를 어떻게 대해야 하느냐는 문제는 오랫동안 논쟁거리가 되었다. 물론 군주가 이맘이 갖는 정통의 권위를 행사할 수는 없었다. 하지만 만일 군주가 정의와 율법으로써 권력을 행사한다면 그에게 세금을 납부하고 헌신하는 것은 타당하지 않은가? 이맘의 은폐기 동안 금요일 집단 예배를 드리고 설교를 행하는 것은 유효한가? 지하드(성전)를 선포하는 것은 정당한가? 만일 그렇다면 누가 선포해야 하는가? 율법학자들은 무즈타히드가 지하드를 선포하고 종교적 희사금인 자카트를 징수 배분할 수 있는 권한을 갖고 있다고 주장했다. 이로써 무즈타히드들은 사회 속에서 일정한 독립적 지위를 얻을 수 있었다. 이를 계기로 무즈타히드의 지위에 관한 문제는 공동체 전체의 논의 대상이 되었다.

적어도 10세기 무렵부터는 쉬아파에서 이맘의 묘를 순례지로 여기기 시작한 것으로 보인다. 이맘의 묘 가운데 4개는 메디나에 있다. 이라크에는 나자프(알리의 묘가 있는 곳), 카르발라(후세인의 묘가 있는 곳), 카지마인, 사마라 등지에 모두 6개의 묘가 있다. 그 밖에 후라산의 마슈하드Mashhad에도 1개의 묘가 있다. 그들의 묘 근처에는 학교와 숙박소가 들어섰다. 뿐만 아니라 쉬아파 교도들을 매장하기 위한 공동묘지가 주변에 생겨났다. 쉬아파 교도들은 이맘의 자손, 예언자의 교우, 유명한 학자 등을 모신 묘들도 소중하게 모셨다.

그렇지만 순니파와 쉬아파의 성소 사이에 엄격한 구분이 있다고 볼 수는 없다. 순니파든 쉬아파든 간에 모든 무슬림들은 메카로 순례 여행을 떠났고 메디나에 있는 예언자 묘를 방문했다. 한편 쉬아파 교도가 수피 성인의 무덤 사원을 찾는 경우가 있었는가 하면 지역에 따라 순니파 교도들이 쉬아파 이맘과 그 후손들에게 경외감을 표시하는 경우도 있었다. 카이로의 경우 이맘 후세인의 머리가 안치된 것으로 추측되는 무덤 사원은 민중 신앙의 중심지 역할을 했다.

쉬아파는 매년 아슈라*'ashura*라고 불리는 특별한 의미를 지닌 기념행사를 거행한다. 아슈라는 680년 이슬람력 1월 10일에 발생한 카르발라 전투에서 이맘 후세인이 살해당한 사건을 추모하기 위한 행사다. 쉬아파에게 아슈라는 역사적으로 가장 중요한 날이다. 이날을 기점으로 세계 역사의 흐름은 알라가 원했던 방향으로부터 어긋나기 시작했다. 후세인의 죽음은 공동체를 위해 스스로를 희생한 순교 행위였다. 또한 그의 죽음은 종국에 알라가 만물의 질서를 바로잡겠다는 언약의 표시이기도 하다. 아슈라 당일 쉬아파 교도들은 추모를 상징하는 옷으로 갈아입는다. 모스크에서는 후세인의 희생을 전하고 그 의미를 설명하는 설교가 울려 퍼진다. 후세인의 이야기가 드라마 형식으로 발전하여 재연되었던 시기도 있었다.

쉬아파는 발전 초기 단계부터 이맘을 초인간적인 존재로 숭배하는 성향을 보였다. 즉 이맘은 알라의 정신이 가시적으로 현현한 것이라는 것이다. 또한 쉬아파는 ≪꾸란≫ 속에 명시적으로 드러난 외재적 의미 이면에 진리가 감추어져 있다고 믿었다. 이 같은 쉬아 사상은 이집트와 시리아를 통치했던 파티마 왕조로부터 지지를 받았다. 이스마일파는 쉬아파 가운데 하나로 파티마 왕조의 기원이 되었고, 파티마 왕조는 이 종파와 밀접히 관련되어 있음을 주장했다. 후대에 이스마일파의 신앙은 파티마 왕조의 후원을 받는 학자들을 통해 발전하고 왕조의 권력 덕분에 전파된 사상체계에 의해 그 성격이 모호해졌다.

파티마 왕조는 이맘의 자리가 자으파르 알 사디끄로부터 그의 손자인 무함마드Muhammad에게로 전수되었다고 주장하는 이스마일파의 교리를 지지했다. 무함마드는 이스마일파의 제7대 이맘이자 현세에 모습을 드러낸 최후의 이맘이다. 이스마일파는 이러한 믿음을 정당화하고 설명하기 위해 일정한 역사적 틀에 따라 이맘의 개념을 정의하기 시작했다. 이스마일파의 역사관에 따르면, 인류는 아무런 죄가 없는 신성한 인물을 스승으로 모셔야 한다. 인류의 역사에는 모두 일곱 차례의 주기에 걸쳐 스승이 도래한다. 각 주기는 사자使者, 즉 나띠끄*natiq*의 도래와 함께 시작된다. 사자는 진리를 세상에 전달하는 인물이다. 그다음에는 해석자, 즉 와시*wasi*가 뒤를 잇는다. 해석자는 선택된 소수에게 계시 속에 감춰진 내재적 의미를 가르치는 역할을 한다. 내재적인 의미는 모든 종교의 외적 형식 아래 감춰진 진리를 말한다. 알라는 비록 우리 인간이 알 수는 없지만 하나뿐인 유일신인 것만은 분명하다. 알라로부터 보편적 지성체universal intelligence가 발현되는데, 이는 모든 피조물의 형상을 담지하고 있다. 각 피조물의 형상은 유출 과정을 거쳐 자신의 모습을 현시한다. 각 해석자(와시) 다음에는 일곱 이맘이 차례로 이어지는데, 그 가운데 마지막 이맘은 다음 주기의 사자가 된다. 한편 마지막 일곱 번째 주기의 사자(나띠끄)는 인류가 기다려 온 구세주, 즉 마흐디로서 모든 자들에게 감추어진 내재적 진리를 밝혀준다. 이로써 외재적인 율법이 다스리는 시대는 종언을 고하고, 우주 본연에 대한 올바른 지식이 알려지기 시작한다.

파티마 왕조가 장려한 이스마일 쉬아 사상은 한동안 여러 지역으로 전파되었다. 이스마일파는 이집트나 마그립보다 오히려 시리아 지역에서 더 큰 성공을 거두었다. 파티마 왕조는 국력이 쇠퇴하면서 결국 아이윱 왕조에 의해 멸망하고 말았다. 그 뒤 이스마일파의 공동체는 축소되었지만 시리아 북부 해안의 산악 지대, 예멘, 이란 등지에서는 여전히 명맥을 유지했다. 시리아의 해안 산악 지대에서는 이스마일파가 현지 토속 신앙과 섞여 2개의 다른 쉬아 종파를 탄생시켰다. 그 가운데 하나는 함자 이븐 알리Hamza ibn 'Ali로부터 기원하는 드루즈 종파이다. 함자 이븐 알리는 이스마일파의 교리를 더욱 발전시켜 모든 이맘은 유일신 알라로부터 유출된 지성체의 현현이라고 주장했다. 또한 그는 유일신이 스스로 인간의 몸속에 임재한다고 말했다. 알라가 임재했던 최후의 인간은 바로 파티마 왕조의 칼리파 알 하킴(996~1021)이었다. 알 하킴은 종적을 감추고 사라졌지만 언제가 다시 재림한다는 것이다. 그리고 무함마드 이븐 누사이르Muhammad ibn Nusayr로부터 기원하는 누사이르 종파가 있다. 이 종파의 교리에 따르면 유일신 알라는 형언이 불가능한 존재이다. 한편 알라로부터 여러 층위의 존재들이 유출되는데, 그 가운데 알리는 최고 존재의 현현이다(이러한 이유 때문에 누사이르파는 일명 알라위파'Alawis라고도 한다).

이라크 지역에서는 다소 그 기원이 모호한 2개의 종파가 등장했다. 북이라크 지역에서 발전한 야지드파는 기독교와 이슬람 두 종교에서 유래한 요소를 모두 포함하고 있었다. 야지드파의 교리에 따르면 세계는 알라에 의해 창조되었다. 그러나 세계를 유지하는 것은 알라의 하위 존재들의 몫이다. 인간은 그 삶이 거듭되면서 점차적으로 완벽한 모습을 갖추어 나간다. 한편 남이라크 지역에서는 고대의 종교적 전통을 흡수한 만다이파가 발전했다. 만다이파의 교리에 따르면 인간 영혼은 내면에 비치는 빛의 길을 따라 성장하게 되어 결국 최고의 존재와 하나로 재결합하게 된다. 이 종파는 정화의 과정인 세례를 중요한 종교 의식으로 받아들였다.

상기한 종파들은 대도시의 부귀영화와 단절된 채 자신들만의 공간 속에서 자라났다. 또한 이들은 순니파 군주로부터 탄압 정도는 아니더라도 모종의 의심의 대상이 되기 일쑤였다. 결국 이 같은 소수 종파들은 다수파와 다른 자기만의 독특한 관습을 발전시켜 나갔다. 이바디파나 자이드파만 하더라도 교리나 율법이 순니파와 크게 다르지 않았다. 그러나 드루즈파나 누사이르파는 경우가 달랐다. 순니 법학자에게 이 두 종파는 기껏해야 이슬람과 비이슬람의 경계에 위치하고 있는 정도로 여겨졌다. 맘루크 왕조 시절 이 두 종파는 한동안 박해를 받기도 했다. 드루즈파와 누사이르파는 자신들만의 예배소를 갖고 있었는데, 순니파나 쉬아파의 것과는 그 모습이 달랐다. 칼와*khalwa*라고 하는 드루즈파의 예배소는 거의 아무런 장식 없이 단순한 형태로 지어진다. 보통 칼와는 도시나 촌락을 굽어보는 언덕 위에 자리한다. 드루즈파의 종교학자들과 수행자들은 칼와에 칩거하곤 했는데, 이스마일파에는 이와 유사한 마즐리스라고 하는 곳이 있었다. 종교학자들은 학교나 자신의 집에서 가르침을 전수하곤 했는데, 이맘이 부재할 때는 자신들의 공동체 안에서 도덕적 권위를 누렸다.

유대교와 기독교 학문

근대 초기까지만 하더라도 유대인들의 생활과 종교 문화의 거점은 대개 이슬람 영토 안에 자리 잡고 있었다. 대부분의 유대인들은 ≪탈무드≫의 권위를 인정하는 교리를 따랐다. 탈무드는 유대 율법에 대한 해석과 토론을 모은 문헌으로 이라크나 바빌로니아 지역에서 집대성되었다. 그러나 유대교 안에서도 소수 종파들이 발전했다. 그 가운데 카라이트파Karaites는 하느님의 계시가 구현된 경전인 토라Torah의 중요성을 강조하며, 토라는 율법의 유일한 근간이 되고 모든 학자는 토라를 직접 학습해야 한다고 역설했다.[16] 또 다른 주요 소수 종파로 사마리아파Samaritans가 있다. 사마리

16 카라이트파는 8세기 압바스 제국의 수도였던 바그다드에서 등장한 유대 신학파다. 그들은 ≪탈무드≫의 권위를 부정했고 대신 토라(모세 5경)의 중요성을 강조했다. 한편 바그다드에서 살았던 많은 카라이트 성서학자들은 이슬람 세계의 발전된 언어 분석

아파는 고대에 일찌감치 유대교의 주류로부터 분리해 나간 자들이었다.

이슬람 초기에도 이라크는 여전히 유대 종교학의 중심지 역할을 하고 있었다. 그곳에 있던 두 곳의 큰 학원에서 연구하던 유대 학자들은 구전口傳으로 전해 내려온 종교적 가르침의 수호자로 여겨졌다. 전 세계의 유대인들은 교리에 대한 해석의 문제가 발생할 때마다 이들에게 묻곤 했다. 그러나 이라크를 지배했던 압바스 제국의 권력이 쇠퇴하면서 그곳의 유대인 공동체도 중심적인 지위를 잃게 되었다. 카이로, 까이라완, 스페인의 도시들같이 유대인들이 많이 거주하던 주요 중심지에서는 점차 자신들만의 독립적인 신학교*yeshivot*를 세우기 시작했다.[17]

이슬람 초기 유대인들은 무슬림들의 정치 및 생활 언어였던 아랍어를 자신들의 일상 언어로 받아들였다. 하지만 이들은 종교와 제식을 위해서는 여전히 히브리어를 사용하고 있었다. 초기 유대교의 종교 및 법학 사상은 이슬람 사상의 체계화에 영향을 미쳤다. 그러나 후대에 이르러서는 오히려 유대교가 신학과 철학 측면에서 이슬람으로부터 많은 영향을 받았다. 안달루스 지역에서는 종교적이거나 세속적이거나를 막론하고 히브리 시문학이 아랍 시의 관습과 문체로부터 영향을 받아 꽃을 피웠다. 그러나 12세기 무렵 알 무와히드 왕조가 안달루스를 지배하자 그곳의 유대 문화와 생활은 더 이상의 성장을 멈추었다. 중세 유대교 사상의 가장 위대한 인물은 마이모니데스라는 이름으로 알려진 무사 이븐 마이문Musa ibn Maymun(1135~1204)이었다. 그는 자신의 고향인 안달루스보다 오히려 아이

수단을 이용하여 성서가 지닌 원뜻을 발견할 수 있다고 주장했다. — 옮긴이

17 예시바yeshiva, 복수형 yeshivot는 유대인 ≪탈무드≫ 교육 기관을 가리키는 일반 명칭으로, 히브리어로 '앉아 있는'이라는 뜻을 갖고 있다. 이 학교들에서 이루어지는 성서 및 율법 해석과 성서 응용은 수세기 동안 유대인들의 종교 생활을 규정하고 지배해 왔다. 오늘날 가장 우수한 예시바들은 미국과 이스라엘에 있다. — 옮긴이

윱 왕조가 지배했던 카이로에서 더욱 자유롭게 활동할 수 있었다. 마이모니데스는 아랍어로 저술한 대표작 ≪방황하는 자를 위한 안내서≫를 통해 유대교에서 나타나는 종교적 문제를 철학적으로 해석하고자 했다. 또한 그는 아랍어와 히브리어로 쓴 다른 저술들을 통해 유대 율법의 문제를 상세히 논구했다. 마이모니데스는 아이윱 왕조 궁전에서 술탄 살라딘Salah al-Din과 왕세자의 시의侍醫로 활약하기도 했다. 그의 인생 역정은 당시 이집트에서 무슬림과 유대인이 학문과 신분 면에서 얼마만큼 우호적인 관계를 유지하고 있었는지를 잘 보여준다. 그러나 수세기가 지난 뒤 무슬림과 유대인의 관계는 소원해졌다. 물론 유대인들 가운데는 카이로와 같은 주요 이슬람 대도시에서 거상巨商이나 고위 관료가 되어 부나 권력을 갖게 된 인물도 있었다. 하지만 이슬람 세계 속에서 창조적 시기를 보냈던 유대 문화는 활기를 잃고 말았다.

이슬람 초기에 기독교인들은 유대인들과 마찬가지로 무슬림들과 우호적인 관계를 유지했다. 이슬람 세계에서도 이란 서부와 같은 일부 지역에서는 기독교인이 여전히 인구의 대다수를 차지하고 있었다.

이슬람이 도래하자 네스토리우스파와 단성론파에 속한 기독교 교회들은 그 지위가 격상되었고, 교리적인 차이 때문에 비잔틴 제국의 통치 아래서 겪었던 고통으로부터 벗어날 수 있었다. 네스토리우스파의 대주교는 압바스 왕조가 통치했던 바그다드에서 중요한 지위를 차지했다. 네스토리우스 교회는 바그다드를 발판 삼아 중앙아시아는 물론 중국까지 교세를 확장할 수 있었다. 이슬람이 발전하는 데 주변의 기독교 환경은 많은 영향을 미쳤다. 기독교 학자들은 그리스의 과학과 철학을 아랍어로 번역하는 데 중요한 역할을 맡았다. 이슬람 도래 이후에도 기독교인들은 과거 자신들의 언어를 계속 사용하는 경우가 많았다(동부 이슬람 세계의 기독교인들은 그리스어, 시리아어, 콥트어 등을 사용했고, 안달루스의 기독교인들은 라틴어를 사용했다). 한편 일부 기독교 수도원은 사상과 학문의 중심지 구실을 했다. 당시의 대표적인 기독교 수도원으로는 아나톨리아 남부의 다이르 자으파란Dayr Za'faran, 북이라크의 마르 맛타이Mar Mattai, 이집트 서부 사막의 와디 나트룬Wadi Natrun 등을 꼽을 수 있다. 그러나 세월이 지나면서 상황이 바뀌었다. 초창기 소수에 불과했던 무슬림이 인구의 대다수를 차지하면서 이슬람은 자신만의 학문 및 종교적 색깔을 본격적으로 드러내기 시작했다. 동부 이슬람 세계에서는 네스토리우스 교회가 티무르의 정복과 함께 거의 종적을 감추었다. 기독교가 사라진 것은 마그립 지역에서도 마찬가지였다. 안달루스 지역의 경우 북방의 기독교 국가들이 점차적으로 세력을 확장하자 무슬림과 기독교인 간의 긴장이 높아졌다. 안달루스는 물론 이집트, 시리아, 이라크 등 동부 지역에서도 기독교인들이 대개 자신들의 고유 언어를 버리고 아랍어를 선택했다. 하지만 유대교 공동체와 비교해 볼 때 아랍어가 기독교도들에게 미친 영향은 19세기까지 미미했던 것으로 보인다.

이슬람, 유대교, 기독교 등 세 종교는 비교적 우호적인 관계를 유지했다 하더라도 무지와 편견이 이 세 종교 사이를 가로막고 있었던 것도 사실이다. 세 종교는 따로 예배를 했고 저마다 우선시하는 예배와 순례 장소가 있었다. 유대인들에게 예루살렘은 가장 중요한 성지다. 한편 기독교인들은 예루살렘뿐만 아니라 각 지역의 성인을 모신 성당도 중요하게 여겼다. 세 종교 간의 차이점은 지방보다 도시 지역에서 더욱 확연하게 드러났다. 특히 중앙 정부의 손길이 직접 미치지 못했던 지역에서는 세 종교가 서로 간의 필요에 따라 밀접한 공생 관계를 유지하거나 동일한 지방 군주에게 복종하고 충성을 바치는 등 서로 가깝게 지냈던 것으로 보인다. 샘, 나무, 바위와 같이 이슬람, 심지어는 기독교의 전파 이전에 중재나 치유의 장소로 여겨졌던 곳이 때로는 다른 종교를 가진 이들에게 성지로 여겨지는 경우가 있었다. 이러한 현상은 근대에 이르러서도 목격된다. 시리아 지역에서는 키드르*khidr*라고 하는 신비스런 영적 존재가 성 게오르기우스St. Georgius와 동일시되었다. 키드르는 샘을 비롯한 기타 성소에서 숭상되었다.[18] 이집트에서는 콥트 기독교인들과 무슬림들 모두 성 다미아누스St. Damianus의 기념일을 축일로 기렸다. 성 다미아누스는 로마 제국이 기독교인들을 마지막으로 박해했을 때 순교했던 성인이다. 모로코에서는 무슬림들과 유대인들이 양 종교의 성인들을 모신 성당에서 함께 축제를 벌이기도 했다.

18 키드르는 영생을 얻은 전설적인 이슬람 성자로, 수피 수행자들 사이에서 그의 이야기가 전해 온다. 키드르란 이름은 '녹색'이란 뜻을 지닌 아랍어 단어에서 유래한다. 전설에 따르면, 그는 생명의 샘에 들어가 그 빛깔이 녹색으로 변했다고 한다. 시리아에서는 키드르가 성 게오르기우스와 동일시된다. — 옮긴이

12장
궁정과 민중의 문화

군주와 후원자

압바스 왕조의 칼리파 체제가 와해되어 최후를 맞자 하나의 보편적인 아랍·이슬람 문화를 발전 가능하게 만들었던 권력과 후원의 중심 제도도 자취를 감추었다.[1] 과거 바그다드에서는 시인, 종교인, 학자 등 다양한 부류의 사람들이 교류했고, 그 덕분에 여러 전통들을 하나로 융합한 새로운 문화를 창출할 수 있었다. 칼리파가 통치했던 영토가 정치적으로 분열되

1 압바스 왕조는 750년에서 세워져 1258년까지 존속했다. 전성기였던 9~10세기 무렵 수도 바그다드의 인구는 100만 명에 이르렀으며, 중국의 장안과 비잔틴 제국의 콘스탄티노플과 함께 세계 3대 도시 가운데 하나로 꼽혔다. 압바스 왕조의 통치 기간 동안 아랍-이슬람 문화는 이란과 이라크 등 동부 지역에서 거대한 발전을 이루었다. 그러나 1258년 몽골군의 침입으로 제국은 멸망했고 수도 바그다드는 완전히 초토화되었다. —옮긴이

자 문화 발전을 주도했던 역량과 재능도 흩어졌다. 그러나 이는 동시에 수많은 지방의 궁정과 도시가 예술과 학문의 중심지로 발돋움할 수 있는 기회를 제공하기도 했다. 하지만 칼리파 체제가 완전하게 분열한 것은 아니었다. 당시에도 문화를 표현하는 하나의 공통 언어가 존재하고 있었고, 각 도시의 학자와 문인은 그것을 발전시키고 보존하고 있었다. 그러나 세월이 지나면서 넓어져 가는 아랍-이슬람 세계의 주요 지역들은 점차 문화적 양상에서 차이점을 드러냈다. 이라크는 여전히 이란 문화의 영향권 아래 있었다. 반면 시리아와 이집트는 자신들의 독특한 문화를 만들었고 그 영향은 아라비아 반도와 마그립 지역에까지 미쳤다. 한편 이슬람 세계의 가장 서쪽에 위치한 안달루스에서는 동쪽 이슬람 세계와는 사뭇 다른 문명이 발전하였다.

안달루스 사회는 다양한 문화적 요소들이 혼합되어 빚어낸 결실이었다. 종교적으로는 무슬림, 유대인, 기독교도가 함께 공존했고, 민족적으로는 아랍인, 베르베르인, 스페인 토착민이 함께 살았다. 그 밖에 동·서 유럽으로부터 유입된 사깔리바Saqaliba 또는 '슬라브'Slav라고 불린 용병도 존재했다. 후기 우마이야 왕조의 칼리파는 코르도바를 도읍으로 정하고 안달루스를 하나로 통합했다. 칼리파 궁정 주변에서는 아랍 출신임을 주장하는 가문들이 안달루스 사회의 지배층을 형성하고 있었다. 이들은 초창기에 이주한 정복자들의 후손으로, 관직과 토지를 기반으로 사회에서 부와 권력을 행사하고 있었다. 안달루스 고유의 고급문화는 바로 후기 우마이야 왕조의 궁전 주변에서 처음으로 나타나기 시작했다. 안달루스의 신학자와 율법학자는 대부분 말리키 학파에 속해 있었다. 그러나 일부는 자히리 학파를 따르기도 했다. 자히리 학파는 신앙에 대해 문자 그대로의 엄격한 해석을 강조했었으나 후대에 이르러 종적을 감추었다. 안달루스의 학자와 관리는 철학과 자연과학을 학습하기도 했다. 군주를 비롯한 지배 계층은 기념비적인 건축이나 시詩를 통해 권력을 과시하곤 했다.

안달루스는 후기 우마이야 왕조의 칼리파 체제가 멸망하자 여러 개의 소규모 왕국으로 분열되었다. 이 시기는 일명 '군소왕국' *muluk al-tawa'if* 시대라고 불렸는데, 이 시기에도 문화는 이들의 궁정 안에서 계속 꽃을 피웠다. 그 뒤 마그립 지역의 사하라 사막 주변부에서 일어난 알 무라비뜨 왕조가 안달루스를 정복했다. 알 무라비뜨 왕조는 말리키 학파의 율법을 엄격하게 적용했고 자유로운 이성적 추론에 대해서는 회의적인 태도를 보였다. 그 뒤 안달루스는 알 무와히드 왕조에 의해 다시 정복되었다. 알 무와히드 왕조는 알 무라비뜨 왕조와 마찬가지로 신앙 부흥 운동을 기반으로 건국되었는데, 특히 알라의 유일성과 율법의 준수를 강조했다. 알 무와히드 왕조의 창건자 이븐 투마르트는 동부 이슬람 세계에서 유학하면서 당대에 유행하고 있던 그곳의 종교 사상을 받아들였고, 그를 추종했던 아틀라스 산맥 출신의 베르베르 정착민들은 그의 사상을 마그립과 안달루스 전역에 전파했다. 알 무와히드 왕조 시대에 안달루스 문화는 마지막으로 화려한 불꽃을 태우며 그 정점을 이루었다. 당대의 철학자 이븐 루쉬드는 아랍 철학 발전의 대미를 장식했다. 한편 이븐 아라비는 그 뒤 수세기 동안 동·서 이슬람 세계의 수피 사상가들에게 지대한 영향을 미쳤다. 알 무와히드 왕조가 무너지자 기독교 세력은 아랍·이슬람 세력의 거점을 하나씩 차례로 장악하기 시작했고, 그 결과 그라나다 왕국만이 홀로 남게 되었다. 그러나 안달루스 문화의 전통은 그 뒤에도 마그립 지역의 여러 도시에서 계승되었다. 특히 안달루스 주민들이 많이 이주한 모로코에 그 흔적이 가장 많이 남았다.

건축물은 인간이 만든 예술품 가운데 가장 긴 생명력을 자랑한다. 군주와 통치 계급은 늘 신앙, 부, 권력 등을 과시하기 위한 수단으로 많은 건축물들을 세웠다. 초창기 무슬림 군주들은 자신들이 정복한 영토에 영원한 기념비로서 대大모스크를 건설했다. 압바스 왕조의 권력이 몰락하면서 권력과 부의 중심지가 각 지방에서 등장했다. 또한 종교와 함께 문명화된 생활을 보존하기 위한 다양한 양식의 건축물이 사방에 세워지기 시작했다. 또한 와끄프, 즉 종교 기부금 제도의 발전 덕택에 마드라사(신학교), 자위야(수도원), 무덤, 병원, 분수, 대상隊商을 위한 여관 등 다양한 건축물들이 설립될 수 있었다. 이러한 건축물들 가운데 일부는 부와 권력을 가진 시민이 세웠다. 하지만 군주가 세운 건축물들이 가장 많았는데, 그 가운데는 궁전이나 성채 등도 있었다. 카이로, 튀니스, 알레포, 다마스쿠스, 페스 등과 같은 도읍지는 물론 예루살렘과 같은 성지에 현재 남아 있는 유적들은 대개 이 시기 후반부에 건설된 것들이다. 그 가운데 카이로의 건축물이 가장 큰 규모와 위용을 자랑한다. 카이로의 대표적인 건축물로는 무깟담Muqattam 언덕 기슭의 맘루크 궁전과 성채, 도시 성벽 외곽의 넓은 묘지에 자리 잡은 역대 술탄들의 무덤과 모스크, 정원을 사방으로 둘러싸고 세워진 술탄 하산 모스크 및 마드라사 복합 시설 등이 있다.

주요 공공 건축물의 기본 형태는 10세기 무렵에 완성되었다. 모스크의 경우 끼블라(예배 방향), 미흐랍(메카 방향을 알리는 벽감), 미나레트(첨탑) 등이 갖추어졌다. 모스크는 담장으로 둘러싸인 실내 정원을 통해 내부와 연결되는데, 이곳에는 세정 의식을 위한 분수가 마련되었다. 한편 군주가 거처하는 궁전은 대부분 성벽으로 외부와 차단되었고 도시로부터도 멀리 떨어져 있었다. 그 안에는 수많은 회당과 정원의 정자들이 연속해서 배치되어 있어 군주 자신만의 삶을 꾸려가도록 했다. 초창기에는 이러한 건축물에서 외관이 차지하는 비중은 별로 크지 않았다. 장식은 주로 내벽을 꾸미기 위해 사용되었다. 장식의 내용은 대개 권력이나 신앙과 관련된 것들이었으며, 소재로는 식물 문양, 기하학적 문양, 서예 등이 사용되었다. 이러한 장식은 후대에도 거의 모든 도시에서 계속 사용되었다. 즉 바그다드에서 코르도바에 이르기까지 유사한 형태의 문양과 서예가 회반죽을 바른 담장, 타일, 조각용 목재 등을 장식하는 데 쓰였다. 그러나 몇 가지 독특한 양식이 나타나기도 했다. 이 무렵부터 건축물의 외관을 구성하는 정면, 출입구, 돔, 첨탑 등이 화려하게 장식되기 시작했던 것이다. 아이윱 왕조와 맘루크 왕조 통치 시절 시리아와 이집트에 세워진 건축물들을 보면 정면이 다양한 색상으로 번갈아 채색된 석재로 장식된 것을 발견할 수 있다. 아블라끄ablaq라고 알려진 이 기법은 원래 로마에서 유래되었는데, 후대에 시리아에서 쓰이다 이집트로 전파되었다. 또한 이탈리아의 움브리아Umbria와 투스카니Tuscany 지역의 교회 건축물에서도 이 기법이 사용되었다. 돔 양식의 변화는 더욱 두드러졌다. 돔의 외부는 기하학적 문양을 비롯한 각종 무늬로 장식되었다. 건물 내부에서는 사각형 회당이 위쪽으로 가면서 원형의 돔으로 바뀌었는데, 이때 기술적인 문제를 해결하기 위해 스퀸치squinch와 펜덴티브pendentive 기법을 사용했다. 또한 돔의 내부 장식을 위해 흔히 종유석 모양의 장식stalactite work을 이용하였다.

아랍-이슬람 세계의 가장 서쪽 지역에서는 코르도바의 대大사원을 필두로 독특한 양식의 모스크들이 등장하기 시작했다. 코르도바 대사원 내부에는 대리석 조각물로 장식된 수많은 복도가 있다. 독특한 모양을 지닌 이곳의 기둥은 말굽 모양의 아치를 떠받들고 있다. 알 무라비뜨 왕조와 알 무와히드 왕조는 자신들의 위업을 기념하기 위해 안달루스, 모로코, 알제리, 튀니지 등 각 지역에 대형 모스크를 건설해 놓았다. 페스의 까라윈 모스크는 알 무와히드 왕조의 소산으로 이러한 건축 양식을 가장 잘 보여주는 대표적인 건축물이다. 모스크 내부에는 가늘고 긴 정원이 들어서 있고, 그 끝에는 두 미나레트가 대칭을 이루며 우뚝 솟아 있다. 기도실 내부에는 기둥들이 미흐랍이 설치된 벽면과 평행을 이루며 늘어서 있으며, 사원의 지붕은 녹색 타일로 장식되었다. 마그립 지역의 미나레트는 대부분 2층 구조를 지닌 사각 기둥 형태로 만들어졌다. 그 가운데 세비야의 히랄타Giralda 미나레트와 마라케시의 쿠투비야Kutubiyya 미나레트는 매우 높고 웅장한 느낌을 준다.

가장 인상적이고 기념비적인 안달루스의 건축물은 사실 모스크가 아니라 그라나다의 알람브라Alhambra 궁전이다. 주요부가 14세기 무렵에 건설된 알람브라를 단순히 궁전이라고 표현하는 것은 적절치 않다. 사실 알람브라는 언덕 아래 도시와 분리된 일종의 왕도王都와 같은 구조를 지니고 있다. 알람브라의 성벽 내부에는 각종 건물들이 단지를 이루어 들어섰다. 외곽에는 주로 병영과 요새가 설치되었고, 중앙에는 두 개의 정원(도금양挑金孃 정원과 사자의 정원)이 있다. 정원과 건물 사이로 물줄기가 흐르고 그 끝에는 각종 예식을 거행하는 회당이 위치하였다. 건축 자재로는 벽돌이 사용되었는데, 벽토나 타일로 화려하게 장식되었다. 벽돌의 표면에는 ≪꾸란≫의 구절이나 특별히 자신들을 위해 지어진 아랍 시구를 새겨 놓기도 했다. 안달루스와 마그립의 건축 양식은 정원을 중요시하는 공통적

스페인 그라나다 알람브라 궁전 사자의 정원 정면

스페인 그라나다 알람브라 궁전 사자의 정원 측면

인 특징이 있다. 따라서 이곳의 건축물들은 항상 물을 적절히 이용한다. 정원의 한가운데는 냇물이나 연못이 위치하며, 사각형 모양의 정원이나 정자가 다시 그 주변을 에워쌌다. 정원에는 세심히 선택한 꽃과 관목을 정성스럽게 가꾸었다. 한편 정원 전체는 벽토로 장식된 높은 벽돌담으로 에워싸여 있었다.

이슬람 건축물 내부의 주요 장식은 타일과 벽토 또는 나무 조각으로 꾸며진 내벽이었다. 궁전과 목욕탕에는 사람과 동물의 모습을 담은 벽화를 그려 놓았는데, 그 내용은 주로 사냥, 전쟁, 향연 등과 관련된 것이었다. 그러나 모스크에서는 이 같은 주제를 사용하는 것이 불가능했다. 왜냐하면 살아 있는 생명체를 묘사하는 행위는 알라만이 갖고 있는 창조 능력을 흉내 내는 것으로 간주해 종교적으로 엄격히 금지했기 때문이다. 회화 작품을 비록 벽면에 걸 수는 없었지만 책을 장식하는 삽화로는 사용할 수 있었다. 12세기와 13세기의 ≪칼릴라와 딤나≫ 필사본을 보면 새와 동물을 묘사한 그림을 발견할 수 있다. 한편 알 하리리가 저술한 ≪마까마 Maqamat≫ 필사본 속에는 모스크, 도서관, 바자르, 가옥 등 일상생활의 풍경이 그려져 있다.[2] 그 외에 과학 기구들을 묘사한 그림들도 발견된다. 이러한 회화 전통은 맘루크 왕조 시절에도 이어졌지만 이란 동부 지역에 비하면 그 활동은 미미한 편이었다.

유리, 도기, 금속 등으로 만든 공예품들이 개인 주택이나 공공건물의 장식품 가운데서 가장 눈에 띄었다. 이 같은 공예품은 실용적, 미적 용도로서 중요했지만 종교적 진리나 왕의 권력을 상징하는 수단으로도 각광받았는데, 나무 · 꽃 · 문자 · 동물 · 군주 등이 그려졌다. 도자기의 경우 초기에는 유약을 바른 토기가 주종을 이루었지만 후대에는 러스터 자기 lustre-ware가 생산되기 시작했다. 이슬람 세계는 중국으로부터 청화백자를 수입하다가 14세기부터는 모방품을 만들기 시작했다. 한때 이집트는 도자기 생산의 중심지로 번성을 누렸다. 그러나 12세기에 푸스타트가 파괴되자 그곳의 도공들은 시리아와 그 너머 지역으로 떠나고 말았다. 한편

---

2 마까마는 11~12세기 유행했던 문학 장르이다. 운을 단 산문으로 쓰였으며, 이야기체 형식을 지니고 있다. 마까마는 원래 '서 있는 장소'를 뜻한다. 따라서 사람들이 연사의 말을 들으며 서 있는 집회, 특히 문학적 토론에서 유래했다. — 옮긴이

라마단 단식의 종료를 기념하는 기마 행렬

모술, 다마스쿠스, 카이로를 비롯한 내륙의 도시들은 구리, 청동, 황동 등을 재료로 한 용기를 생산했다. 이와 함께 정교한 모양의 벽걸이용 유리 램프가 생산되어 모스크의 실내를 밝히기도 했다.

시와 설화

시문학은 통치자와 부유층의 문화생활에서 중요한 구실을 했다. 시인들은 자신들을 후원했던 이들을 위해 찬양시를 썼다. 주로 찬양시는 까시다와 같이 잘 알려진 형식을 빌렸다. 까시다는 아랍의 전통 정형시로 압바스 왕조 시절에 더욱 발전했다. 그러나 안달루스 지역은 상황이 약간 달랐다. 그곳의 후기 우마이야 왕조와 후속 왕조들의 궁전 안팎에서는 새로운 시 형식이 발전하기 시작했다. 그 가운데 가장 대표적인 것은 10세기 말엽에 모습을 드러낸 무왓샤흐muwashshah였다. 그 뒤 수백 년 동안 무왓샤흐는 안달루스뿐만 아니라 마그립 지역에서도 계속 각광을 받았다. 무왓샤흐는 일종의 연절連節 형식의 시다. 즉 각각의 행이 똑같은 운율을 갖지는 않지만 각 절이나 일련의 행마다 일정한 틀의 운율이 등장하여 시 전체에서 계속 반복되는 특징이 있다. 무왓샤흐에서 사용되는 운율과 시어는 기본적으로 까시다와 같지만 각 절이 카르자kharja라고 하는 맺음말로 끝나는 것이 특징이다. 카르자의 기원에 대해서는 학자들 사이에 논쟁이 분분하다. 카르자는 토착 방언과 가까운 언어로 표현되었고, 간혹 아랍어 대신 당시의 토착어였던 로망스어 어휘를 사용하기도 했다. 대개 시인들은 카르자에서 자신이 아닌 다른 제삼자의 입을 빌려 낭만적인 사랑의 감정을 표현하곤 했다. 무왓샤흐는 자연에 대한 묘사, 군주에 대한 찬사, 사랑, 알라와 그의 신비한 지혜에 이르는 길에 대한 찬양 등 아랍 시에서 다루어졌던 모든 것들을 자신의 주제로 삼았다. 그 밖에 후대에는 자잘zajal이라고 하는 또 다른 연절 형식의 시가 등장하기도 했다. 자잘은 안달루스 지역에서 통용되던 아랍어 방언을 사용했던 것이 특징이다.

안달루스에서 만들어진 연애시 가운데 일부는 작가 개인의 색채를 강하게 드러냈다. 그 가운데 특히 이븐 자이둔Ibn Zaydun(1003~1071)의 시 작품은 개인의 운명을 잘 표현하고 있다. 이븐 자이둔은 후기 우마이야 칼리파 왕국이 쇠망해 가던 시절 코르도바에서 성장했다. 당시 그는 안달루스의 정치권에 깊숙이 관여했던 것으로 알려져 있다. 그는 칼리파에 의해 옥고를 치른 경험이 있으며, 그 뒤 세비야를 비롯한 여러 지방의 군주들에게서 은신처를 구하곤 했다. 세비야의 군주가 코르도바를 정복하자 그는 잠시 그곳으로 귀환했다. 하지만 이븐 자이둔은 생애 대부분을 고향이 아닌 망명지에서 보냈다. 그의 시는 잃어버린 고향에 대한 안타까움과 흘러가 버린 젊은 시절에 대한 아쉬움을 까시다의 전통적인 주제들을 통해 표현하고 있다. 하지만 동시에 그는 작품 속에서 자신의 개성도 잘 보여주고 있다. 이븐 자이둔은 다음과 같이 시를 통해 코르도바와 젊은 시절의 모습을 회상하고 있다.

알라께서는 우리가 사랑했지만 버려진 삶의 터전 위에 빗방울을 내려 주셨다. 그리고 그 터전 위에 알록달록한 꽃으로 만든 줄무늬 옷을 짜 놓으셨다. 그리고 다시 그 위에 한 송이의 꽃이 별처럼 떠오르게 만드셨다. 인생이 푸릇하고 분위기가 좋은 시절, 얼마나 많은 아리따운 소녀들이 꽃밭 사이로 옷을 끌고 다녔는지. …… 흘러간 과거에 그들은 얼마나 행복했었는지. 기쁨의 나날들. 그때 우리는 길게 늘어뜨린 검은 머리와 새하얀 어깨를 지닌 임들과 함께 살았지. …… 이미 친절한 마음씨를 잃어버린 운명에게 말하라. 애석하게도 친절은 밤처럼 사라져 버렸다. 저녁 무렵 운명은 미풍처럼 아주 살짝 나를 쓰다듬었다. 그러나 밤길을 걷는 이를 위해 별들은 여전히 빛을 발한다. 코르도바, 그대에게 사랑과 그리움으로 인사를 보낸다.[3]

이븐 자이둔 개인의 회한과 고뇌는 후기 우마이야 왕조의 공주 왈라다Wallada에게 바친 사랑의 시 속에서도 잘 드러나고 있다. 젊은 시절 이븐 자이둔은 왈라다 공주를 사랑했지만 결국 그녀는 그의 곁을 떠나 다른 이에게 가고 말았다.

알 자흐라al-Zahra에서 나는 그대에 대한 그리움에 사무쳤다오. 그때 지평선은 환했고, 땅은 기쁨을 선사했고, 늦은 오후에는 산들바람이 살며시 불었다오. 마

3 Ahmed ibn 'Abd Allah ibn Zaydun, *Diwan*, ed. K. al-Bustani (Beirut, 1951), pp.29-33.

치 나를 동정이나 하듯이. 정원 안의 은빛 물결은 반짝 광채를 발했다오. 마치 가슴으로부터 목걸이가 그곳으로 던져진 것처럼. 그날은 마치 이제는 떠나 버린 기쁜 우리의 나날들 같았다오. 운명이 잠든 밤 우리는 마치 도둑처럼 기쁨을 훔치며 날을 지새웠지. …… 태양이 비추는 침대 위에는 장미 한 송이가 빛났다오. 그 광경을 본 정오의 빛은 더욱 찬란해졌지. 한 송이의 수련화가 향기를 내며 사라지자, 새벽녘 잠자던 이가 눈을 떴다오. …… 우리는 사랑의 정원에서 자유로이 거닐었지. 사랑을 하는 연인들이 내가 지닌 가장 귀하고, 빛나고, 사랑스러운 것을 소유할지라도 우리의 순수한 사랑을 대신 할 수 없으리. 그대와 함께할 수 있는 시간을 허락하신 알라께 감사하리. 그대는 이미 마음의 위로를 얻었지만, 나는 여전히 연인으로 남아 있다오.[4]

위의 시는 근대 이전에 마지막으로 꽃을 피운, 독창적이면서 개인의 감정을 담아낸 서정시이다. 물론 이후에도 지식인들 사이에서 수많은 시 작품이 계속 쏟아져 나왔다. 그러나 그 가운데 후대까지 주목을 받은 작품은 거의 없었다. 하지만 수피 사상으로부터 영감을 받은 일부 작품은 예외였다. 특히 우마르 이븐 알 파리드'Umar ibn al-Farid(1181~1235)의 시는 사랑과 황홀의 이미지로써 다층적인 의미를 전달했다.

안달루스가 번성할 수 있었던 주된 요인 가운데 하나는 그곳이 여러 인종, 언어, 문화 등이 뒤섞인 사회였다는 사실에서 찾을 수 있다. 언어만 하더라도 최소한 다섯 가지가 그곳에서 통용되었다. 그 가운데 둘은 구어口語인데, 특유의 안달루스 아랍어 방언과 로망스 방언이 이에 속한다. 특히 로망스 방언은 후대에 스페인어로 발전하였다. 안달루스에 거주했던

4 Ibid., pp.48-49 ; English trans. A. J. Arberry, *Arabic Poetry* (Cambridge, 1965), pp.114-117.

각계각층의 무슬림, 기독교도, 유대인들이 상기한 두 가지 언어로 의사소통을 했다. 한편 안달루스에서 통용되었던 문어文語로는 고전 아랍어, 라틴어, 히브리어 등 세 가지가 있었다. 무슬림은 아랍어를, 기독교인은 라틴어를, 유대인은 아랍어와 히브리어 모두를 사용했다. 유대인들은 철학이나 과학에 관한 글을 쓸 때 주로 아랍어를 사용했으나 시인들의 경우는 새로운 방식으로 히브리어 사용을 시도했다. 히브리어 시 작품이 예배 이외의 다른 목적으로 쓰인 것은 이때가 거의 처음이었다. 유대 시인들은 궁정과 도시에서 중요한 지위를 차지하고 있었던 유대인 부호나 권세가로부터 후원을 받았다. 그들은 까시다나 무왓샤흐와 같은 아랍 시의 형식을 차용한 뒤, 예배는 물론 일상생활에서도 즐길 수 있는 시를 만들어 냈다. 당시 불멸의 명성을 남긴 대표적인 유대 시인으로는 유다 할레비Judah Halevi(1075~1141)를 꼽을 수 있다.

고급 시 작품은 문법적으로 엄격한 언어를 사용했으며, 잘 알려진 주제를 다루고 옛 시를 흉내 냈다. 그 밖에도 '대중적'이라고 표현하기는 적합하진 않지만 다양한 사회 계층이 향유했던 문학이 있었다. 이러한 문학 작품들은 대부분 즉흥적으로 만들어졌기 때문에 구전되다가 시간이 흐르면서 사라졌지만 몇몇은 살아남았다. 그 가운데 현재까지도 전해지는 대표적인 문학 장르로 자잘을 꼽을 수 있다. 자잘은 11세기 안달루스 지역에서 처음 선보였으며, 그 뒤 아랍어권 전역으로 퍼져 나갔다. 그 밖에 희곡 작품도 빼놓을 수 없는데, 특히 13세기의 작가 이븐 다니얄Ibn Daniyal이 유명했다. 빛과 장막 사이에서 손과 꼭두각시가 연출해 내는 그의 그림자극劇은 아직까지도 전해지고 있다.

안달루스 사회에서 가장 오랫동안 인기를 누렸던 문학 장르는 낭만 설화였다. 영웅을 둘러싼 이야기들은 오랜 세월을 거치면서 집성되었다. 설화는 시간이 흐르면서 점차 그 출처가 모호해졌고, 여러 문화권 속에서 다양한 판본이 발견되었다. 이러한 설화 작품들은 먼저 구전으로 회자되다가 후대에 문자로 기록되었던 것으로 보인다. 당시 가장 대표적인 설화의 주인공은 다음과 같다. 안타르 이븐 샷다드'Antar ibn Shaddad. 그는 노예 어머니에게서 태어났으나 장성하여 아랍 부족의 영웅이 되었다. 이스칸다르Iskandar. 이스칸다르는 아랍어로 알렉산드로스 대왕을 가리킨다. 바이바르스Baybars. 그는 몽골 침략군에게 승리를 거둔 뒤 이집트에 맘루크 왕조를 세웠다. 힐랄 부족. 이 부족은 원래 아랍 출신이었는데 마그립 지역으로 이주했다. 설화집의 주제는 가지각색이었다. 모험과 여행을 전문적으로 다루는 이야기가 있었는가 하면 요정, 마법의 검, 꿈의 도시 등과 같이 인간 생활을 둘러싼 초자연적 힘의 세계에 대한 상상력을 자극하는 이야기도 있었다. 하지만 모든 이야기의 밑바탕에는 악—악당이나 악마 또는 그들의 욕망—의 세력과 맞서 싸우고 이를 극복하는 인간이나 집단의 모습을 그린 영웅관이 깔려 있었다.

이 같은 낭만 설화들은 시, 각운 산문*saj'*, 일반 산문 등이 혼합된 형식으로 낭송되곤 했다. 그 이유는 운율을 사용할 경우 일단 암기하기가 편했고, 또한 설화적 이야기와 일상생활을 주제로 다루는 일반 이야기를 구분지을 수 있었기 때문이다. 여러 형식이 혼합된 덕택에 이야기꾼은 관객에 따라, 또 자신이 원하는 남기고 싶은 인상적인 장면을 위해 하나의 이야기에서 다른 이야기로 옮겨갈 수 있었다. 즉 이야기꾼은 관객이 시골 지역 출신인지 도시 지역 출신인지 그리고 식자층인지 문맹인지를 고려하여 각자의 기대에 맞춰 줄 수 있었다. 세월이 지나면서 설화들은 일정한 문학적 기교를 갖춘 작가들의 손에 의해 문자로 기록되기 시작했다. 암송자들은 문자화된 텍스트에 대해 알고 있었지만 시간과 장소의 변화에 따라 즉흥적으로 이야기를 바꿀 여지를 항상 남겨 놓고 있었다.

설화집의 발전사에 대해서는 아직 충분한 연구가 진행되지 않았을 뿐만 아니라 앞으로도 연구 자체가 불가능할지 모른다. 그러나 한 가지 분명한 점은, 설화는 수세기 동안 각 나라로 전파되어 변형을 겪으면서 점차적으로 발전했다는 사실이다. 안타르'Antar를 주인공으로 한 설화집의 경우, 원래는 이미 종적을 감춰 버린 이슬람 시대 이전의 아라비아 민간 설화로부터 기원했는데, 이후 각 지역으로 전파되면서 조금씩 다른 내용들이 첨가되었다. 현재 전해지고 있는 이야기책은 최소한 14세기 말 이전에 완성된 것으로 보인다. 이 같은 설화의 역사성은 단순히 문학적인 측면에서만 중요성을 갖는 것이 아니다. 새롭게 이슬람으로 개종했거나 아랍화된 사람들이 설화를 통해 자신들의 역사를 아랍적 형식에 적용시키는 데 기여했다. 예를 들어, 사하라의 유목민들은 안타르나 힐랄 부족의 이야기를 자기 식으로 고쳐 자신들의 조상이 아랍에서 기원한다고 주장하기도 했다.

이슬람 세계의 대표적인 설화집 가운데 하나는 ≪천일야화*Thousand and One Nights*≫다. ≪천일야화≫는 유럽에서는 흔히 ≪아라비안 나이트≫로 알려져 있다. ≪천일야화≫는 주제나 발전 양상에서 낭만 설화와 유사하긴 하지만 여러 측면에서 차이가 난다. 일반적으로 낭만 설화는 하나의 인물이나 집단을 중심으로 펼쳐지는 인생 역정과 모험을 다룬다. 이에 반해 ≪천일야화≫는 한 명의 화자가 매일 밤 남편에게 들려주는 여러 종류의 이야기를 모은 형식을 취하고 있다. 이 설화집은 이슬람 초기 팔레비어에서 아랍어로 번역된 이야기들을 주축으로 집대성된 것으로 보인다. ≪천일야화≫를 언급한 10세기의 문헌이 몇 종 있으며, 초기 사본의 단편들도 존재한다. 그러나 가장 오래된 완전한 형태의 원고는 14세기의 것이다. ≪천일야화≫의 이야기들은 10세기부터 12세기까지의 바그다드를 중심으로 만들어졌다. 그 뒤 맘루크 왕조 시절 동안 카이로에서 많은 이야기들이 덧붙여졌다. 당시에 덧붙여지거나 창작된 이야기들은 대부분 압바스 왕조의 칼리파 하룬 알 라쉬드가 통치했던 바그다드를 무대로 설정하고 있다. 18세기에 ≪천일야화≫의 이야기 일부가 유럽 각국의 언어로 번역되기 시작했고, 19세기에는 최초의 아랍어 인쇄본이 등장했다. 그리고 이 과정에서도 과거의 판본에서는 전혀 찾아볼 수 없었던 새로운 이야기들이 일부 덧붙여졌다.

안달루스는 알 무와히드 왕조 시절에 마지막으로 문화적 황금기를 맞이했다. 이곳에서는 기존과 전혀 다른 형식의 이야기 작품이 등장했는데, 이븐 뚜파일Ibn Tufayl(1185/6년 사망)이 저술한 ≪하이 이븐 야끄잔*Hayy ibn Yaqdhan*≫이 가장 대표적인 예다. 이 작품은 이야기체로 서술된 일종의 철학서로, 외딴 섬에서 홀로 성장한 한 아이의 생애를 다루고 있다. 주인공은 홀로 이성理性을 단련하면서 점차 우주의 이치를 깨닫기 시작한다. 여러 단계를 거치며 그의 깨달음은 점차 커져 가는데, 각 단계마다 7년의 세월이 소요된다. 결국 주인공은 인간의 사고가 다다를 수 있는 극치에 이르게 되고, 이때 그는 우주의 궁극적 이치를 이해하게 된다. 우주는 유출과 귀환 운동이 영원히 반복되는 장場이다. 일자the One로부터 시작되는 유출 작용은 점차 낮은 단계의 존재를 낳는다. 그 과정에서 결국 천체가 생성되고, 바로 이곳에서 영혼이 물질과 결합하게 된다. 한편 영혼은 자신의 고향인 일자에게로 돌아가기 위해 각고의 노력을 기울이는데, 이것이 바로 귀환 운동이다.

하지만 이 같은 깨달음의 경지에 이를 수 있는 자는 극히 소수에 불과하다. 소설의 주인공 하이Hayy는 마침내 자신 이외의 다른 사람을 만나고, 그와 함께 섬을 떠나 속세를 경험한다. 이때 비로소 주인공은 사람마다 지적 능력이 차이 난다는 사실을 알게 된다. 오직 자신의 이성만으로 진리에 이를 수 있는 이는 극소수에 불과한 것이다. 어떤 부류의 사람들은 종교적 계시를 해석함으로써 진리에 도달하기도 하는데, 이 정도의 지적 능력을 갖고 있는 이도 소수에 불과하다. 또 어떤 부류의 사람들은 계시가 명한 율법을 따르긴 하되 그 의미를 새길 만한 지적 능력은 갖고 있지 못하다. 한편 대부분의 중생들은 이성적 진리와 종교적 율법 그 어느 것에도 전혀 관심이 없고, 단지 현세의 물질만 탐닉한다. 네 부류의 사람들 가운데 앞의 세 부류는 각자 나름대로 장점과 한계를 갖고 있다. 따라서 자신의 분수를 넘어선 것을 추구해서는 안 된다. 속세를 방문한 주인공 하이는 세 번째 부류의 사람들에게 다음과 같이 충고한다.

> 하이는 자신도 그들의 의견에 동의한다고 말하고, 그들에게 율법의 테두리 안에 머물면서 종교적 의무를 실천해야 한다고 말했다. 또한 그는 그들에게 자신과 관련된 일이 아닌 것에 대해 깊이 알려고 하지 말 것, 이해하기 난해한 것은 그대로 믿고 따를 것, 전통을 자의적으로 바꾸지 말 것, 신앙심이 두터운 선조들의 얼을 본받을 것, 유행하는 경박한 사고를 삼갈 것 등을 당부했다. 또한 하이는 보통 사람들처럼 종교의 길을 포기하거나 속세에 물들어서는 안 된다고 역설했다. …… 이 길만이 그들을 온전함으로 이끌 수 있는 유일한 방법이다. 만일 그들이 주제넘게 더 높은 통찰의 세계로 오르려 한다면 지금까지 얻은 모든 것이 혼란에 빠질 것이다. 만일 그렇게 할 경우 그들은 신의 은총을 입기는커녕 오히려 좌절의 구렁텅이로 빠질 것이다.[5]

5 Muhammad ibn 'Abd al-Malik ibn Tufayl, *Hayy ibn Yaqdhan*, ed. J. Saliba and K. 'Ayyad, 5th edn.(Damascus, 1940), pp.191-192 ; English trans. L. E. Goodman, *Hayy ibn Yaqzan* (New York, 1972), pp.164-165.

음악

어느 시대와 지역을 불문하고 음악은 시와 더불어 권세가와 부유층의 생활을 치장하는 구실을 했다. 안달루스에서는 무왓샤흐란 시가 노래로 불리곤 했다. 시를 노래로 부르는 것은 옛 이란의 전통에서 유래한 것인데, 이슬람 초기 시절부터 발전하기 시작했다. 우마이야 왕조 시절 궁중에서는 전문 악사가 막 뒤에 모습을 감춘 군주를 위해 악기를 연주했다. ≪노래의 서*Kitab al-aghani*≫는 당대의 노래들을 엮은 유명한 선집選集인데, 다음과 같이 압바스 왕조 궁중의 한 작곡가의 말을 전하고 있다.[6]

> 나는 넓고 화려한 객실로 안내되었는데, 그 끝에는 휘황찬란한 비단 막이 드리워져 있었다. 방 중앙에는 막을 향해 의자들이 놓여 있었다. 먼저 온 악사들이 이미 네 개의 의자를 차지하고 있었다. 그들은 여자 세 명과 남자 한 명이었는데, 각자의 손에는 류트가 들려 있었다. 나는 남자의 옆 좌석에 앉았다. 이윽고 공연을 시작하라는 명이 떨어졌다. 먼저 온 네 명이 노래를 했고, 나는 함께 온 동료에게 가서 연주를 부탁했다. …… 나는 내가 직접 작곡한 곡조에 맞춰 노래를 불렀다. …… 드디어 문이 열렸다. 이때 파들 이븐 라비Fadl ibn Rabi'가 '신자들의 왕이 납시오'라고 목청껏 외쳤다. 이윽고 하룬Harun께서 모습을 드러내셨다.[7]

어느 시점부턴가 압바스 왕조의 궁정에서 코르도바의 후기 우마이야

6 ≪노래의 서≫는 이스파한 태생의 아불 파라즈 알 이스바하니Abu'l-Faraj al-Isbahani에 의해 10세기 무렵에 편찬되었다. 이 책은 시, 노래, 시인 · 작곡가 등의 전기와 일화, 당시의 생활상 등 고대 아랍인들의 업적을 집대성했다는 점에서 문학 연구가들의 참고 문헌으로서 가치가 높다. — 옮긴이

7 Abu'l-Faraj al-Isbahani, *Kitab al-aghani* (Beirut, 1955), Vol. 6, pp.294-298 ; English trans. in H. G. Farmer, *A History of Arabian Music* (London, 1929), pp.102-103.

어느 정원의 모임에 참석한 문인들과 류트 연주자

왕조 궁정에 이르기까지 음악가들에 의해 음악이 연주되었다. 그리고 바로 이 무렵 동부 지역 궁정에서 유행했던 이란 풍과 구분되는 안달루스와 마그립 풍의 음악이 발전했다.

음악은 구전을 통해 직접 전수되었기 때문에 사실상 수세기가 흐른 뒤에는 과거에 어떤 음악을 부르고 연주했는지 기록이 남지 않는다. 그러나 음악 이론서들을 통해 어느 정도 과거 음악의 모습을 재구성해 볼 수는 있다. 무슬림 철학자들은 그리스 철학자들과 같이 음악을 과학의 한 분야로 간주했다. 즉 수학적 원리로써 음계를 설명하고자 했던 것이다. 철학자들은 이 같은 설명을 매우 중요하게 여겼는데, 그 이유는 각각의 음이 천체天體가 내는 소리와 관련이 있다고 여겼기 때문이다. 다시 말해, 음은 천체가 운동하면서 내는 소리다. 그리고 천체의 운동은 월하세계에서 일어나는 모든 운동을 불러일으키는 원동력이 된다.[8] 이 같은 철학적 고찰 이외에, 이븐 시나와 같은 이가 남긴 음악에 대한 저술에는 작곡 양식, 공연, 악기 등에 관한 상세한 기록이 남아 있다. 그의 기록에 따르면, 당시 궁중 음악은 주로 성악聲樂에 의존하고 있었다. 시를 노래할 때는 악기 연주가 곁들여지곤 했다. 악기는 손이나 활로 연주하는 현악기, 관악기, 타악기 등 다양했다. 연주를 할 때는 공인된 몇 가지 '음계'를 사용하였는데, 이때도 정해진 틀 속에서 즉흥성을 반영하기 위한 변주와 꾸밈음의 여지는 남겨 두었다. 한편 음악에는 으레 춤이 동원되었다. 춤은 주로 궁전이나 개인 저택에서 직업적인 여성 무용수들에 의해 공연되었다.

사막, 농촌, 도시 등 어느 지역을 막론하고 사회의 모든 계층은 전쟁, 추수, 노동, 결혼 등 중요 행사 때마다 나름대로 음악을 즐겼다. 음악적 전통은 지역마다 달랐다. 노래를 부를 때는 무반주로 하는 경우도 있었고 북, 대나무 피리, 한 줄짜리 현악기 등의 연주가 곁들여지기도 했다. 일부 행사 때는 춤을 추기도 했다. 이때는 직업 무용수가 아니라 일반 남녀들이 무리를 이루고 줄을 맞춰 춤을 공연했다. 사람들의 이동과 아랍어의 전파 덕택에 이러한 문화 전통은 지역마다 유사했지만 그래도 마을이나 부족마다 그 모습은 달랐다.

궁중 음악은 궁중 생활의 세속적인 분위기가 농후했으며, 민중 음악 역시 세속적인 의식과 밀접했다. 종교계는 이러한 현상에 대해 부정적인 견해를 보였지만 그렇다고 해서 음악을 무조건 비난했던 것은 아니다. 왜냐하면 음악은 종교 의식에서도 점차 중요해졌기 때문이다. 예배 시각을 알

---

8 중세 이슬람 학자들은 그들의 우주론에서 지구를 월하세계라고 표현했는데, 제1존재로부터 일련의 천체들이 유출되며 그 마지막이 달이라고 보았다. 달과 그 밖의 천체들은 지구의 운동에 영향을 미친다. — 옮긴이

리는 외침에는 특유의 선율이 있었고, ≪꾸란≫은 정해진 방식에 따라 암송되었다. 뿐만 아니라 알라의 이름을 엄숙하게 반복적으로 외는 디크르 의식을 행할 때도 음악이 빠질 수 없었다. 일부 수피 종단은 디크르 의식을 행할 때 음악뿐만 아니라 춤 동작을 동원하기도 했다. 이 같은 이유 때문에 율법적으로 어느 선까지 음악을 연주하고 듣는 행위를 허용해야 하느냐의 문제는 중요해질 수밖에 없었다. 가잘리는 저서 ≪종교학의 부활≫ 속의 유명한 구절을 통해 인간 심성心性에 영향을 미치는 음악의 힘을 다음과 같이 표현하고 있다.

> 마음으로 통하는 길은 오직 귓구멍밖에 없다. 운율을 갖춘 유쾌한 음악 소리는 마음속에 담겨 있는 것을 밖으로 끄집어내는 것은 물론 그것의 아름다움과 추함을 드러내 보여준다. …… 음악과 노래 속에 담긴 혼이 심금을 울릴 때면 마음속에 담긴 그 무엇이 요동치게 된다.[9]

이 같은 이유 때문에 음악이 지닌 강력한 힘을 제어해야 할 필요가 있었다. 시와 음악 자체를 금하는 것은 아니지만 상황에 따라 그렇게 할 수도 있었다. 순례를 하고 싶다는 감정을 고무하거나 정의로운 전쟁에 참가하라고 독려하기 위한 것이 목적이라면 시와 음악은 허용될 수 있었다. 또한 '종교적 과오나 죄악을 저질렀을 때 밀려오는 비애'를 표현한다면 허용될 수 있었다.[10] 아울러 합법적인 대상을 향한 사랑 또는 알라에 대한 사랑을 노래한다면 시와 음악은 허용되었다. 이때 인간은 "알라의 품속

---

9 Ghazali, *Ihya*, Part 3, Book 8, Vol. 2, p.237 ; English trans. D. B. Macdonald, 'Emotional religion in Islam as affected by music and singing', *Journal of the Royal Asiatic Society* (1901), p.199.

10 Ibid., p.244 ; English trans. p.223.

에서 오직 알라의 소리만을 듣게 된다."[11] 그러나 만일 시인과 가수가 인간에게 유혹의 감정을 품게 만들거나 혹은 가사의 내용이 외설적이거나 불경스러워 정욕을 불러일으킬 경우 시와 노래는 금지된다. 또한 관악기나 현악기 같은 특정 악기는 술꾼이나 나약함을 연상시키기 때문에 금지되었다.

무슬림의 세계관

이슬람 세계에서는 마드라사의 학자나 학생들뿐만 아니라 일정한 소양을 갖춘 도시민도 독서를 즐겼다. 그 덕택에 아랍어 저작들이 봇물처럼 쏟아져 나왔고, 그 결과 아랍어로 표현된 문화적 유산을 연구하고 고찰하고자 하는 자의식이 형성되었다.

독서 문화가 활발해지기 위해서는 무엇보다 사람들이 책을 쉽게 구할 수 있어야 했다. 이슬람 세계에서는 9세기부터 종이의 제조와 보급이 보편화되기 시작했고, 그 덕분에 책을 쉽고 저렴하게 필사할 수 있었다. 책은 보통 저자나 유명한 학자가 구술한 것을 필경사가 받아 적는 형식으로 제작되었다. 저자는 필경사가 완성한 원고를 듣거나 읽어 본 뒤 원의가 올바로 전달되었음을 인증하기 위해 이자자*ijaza*라고 하는 보증서를 발급해 주었다. 이러한 인가 방식은 여러 경로를 통해 반복되기도 했는데, 예를 들어 이미 책을 출간한 필경사는 자신의 책에 대한 필사 권한을 다른 필경사에게 인가해 주기도 했다. 필사된 서적들은 서점을 통해 유통되었는데, 서점은 대개 도시의 주요 모스크 근처에 자리하고 있었다. 그리고

---

11 Ibid., p.249 ; English trans. p.229.

일부 서적은 도서관이 구입하였다.

현재 기록으로 전해지고 있는 최초의 대형 도서관은 칼리파 마문Ma'mun(813~833)이 바그다드에 건립한 바이트 알 히크마*Bayt al-hikma*였다. 바이트 알 히크마는 아랍어로 '지혜의 전당'을 뜻한다. 그 뒤 등장한 대표적인 도서관으로는 11세기 초 파티마 왕조 시절 카이로에 세워진 다르 알 일므*Dar al-'ilm*를 꼽을 수 있는데, 이는 아랍어로 '배움의 전당'을 뜻한다. 상기한 두 기관은 단순히 서적만 보관하는 장소가 아니었다. 두 기관은 도서관이면서 동시에 통치자가 장려하는 학문을 연구하고 보급하는 중심 기관이었다. 즉 바그다드의 바이트 알 히크마는 마문이 장려한 이성理性 학문을, 그리고 카이로의 다르 알 일므는 이스마일파의 교리를 연구하는 학술 기관이기도 했다. 후대에 이르러 도서관의 숫자가 늘어났는데, 그 요인 가운데 하나는 종교학 연구와 학습에 관련된 서적들이 와끄프, 즉 종교 기부금의 대상으로 간주되었기 때문이다. 많은 모스크와 마드라사에는 도서관이 부속 기관으로 설립되었다. 그 이유는 도서관이 단지 학자들의 개인 연구 목적으로만 이용되었던 것이 아니라 원고들을 필사하고 보급하는 구심점 역할도 했기 때문이다.

율법가들은 종교 관련 지식을 취급하는 서적만을 와끄프의 대상으로 간주했다. 그러나 지배 계층이나 부유층은 굳이 이것을 구분 짓지는 않았다. 궁전이나 대형 주택은 으레 도서관을 구비하곤 했는데, 특히 이런 곳에는 서예나 삽화로 장식된 화려한 책자들이 많이 소장되었다.

과거에는 오늘날 '재편집 문학'literature of recollection에 해당하는 서적들이 많이 읽히고 쓰였다. 사전, 문학 논평, 행정 문서, 역사서, 지리서 등이 이에 속한다. 그 가운데 역사서는 거의 모든 이슬람 도시에서 출판되었을 뿐만 아니라 넓은 독자층을 확보하고 있었던 것으로 보인다. 역사서는 종교 서적을 제외하면 이슬람 세계의 주요 언어로 가장 많이 출판되었다.

당시 마드라사에서 역사를 주요 과목으로 가르치지는 않았다. 그러나 마드라사의 신학자들과 학생들은 일반 독자들과 마찬가지로 역사서를 즐겨 읽었던 것으로 보인다. 역사서는 특히 군주 또는 그의 신하들에 의해 각별하게 다루어졌다. 왜냐하면 역사서가 단순히 특정 왕조의 영광과 업적만을 기록했던 것이 아니라 국정 운영에 필요한 교훈들도 가르쳐 주었기 때문이다.

칼리파 중심의 이슬람 제국이 분열되자 각 지방마다 왕조들이 등장하였다. 당시 각 지방 왕조들은 독자적인 궁전과 그 주위에 몰려든 관료 및 유산有産 계층 등을 갖추고 있었다. 그 결과 이슬람 세계 곳곳에서는 각 지방마다 역사를 기록하는 전통이 발전하였다. 역사는 학자, 관료, 궁중 사관史官들에 의해 연대기 형식으로 기술되었다. 이러한 연대기들은 압바스 왕조 시대의 유명한 역사학자들이 남긴 세계사에서 가져온 내용을 요약하는 것으로 시작한다. 그다음에는 해당 지방이나 왕조의 사건들이 연차별로 차례로 소개된다. 만일 어떤 위인이 사망했다면 그에 관한 전기가 연대기에 덧붙여지기도 했다. 이러한 식으로 시리아의 역사학자 이븐 알 아씨르Ibn al-Athir(1163~1233)는 자신이 살았던 시간과 공간에서 벌어진 사건들을 세계사적 맥락 속에서 기술할 수 있었다. 한편 이집트에서는 알 마끄리지al-Maqrizi(1442년 사망)와 이븐 이야스(1524년 사망)가 맘루크 왕조 시대의 지역사를 편찬하기도 했다. 또한 마그립 지역에서는 이븐 칼둔이 아랍 및 베르베르 왕조 역사서의 서문에 해당하는 역작 ≪역사서설≫을 완성했다. 상기 저서에서 이븐 칼둔은 신뢰할 수 있는 역사 기술을 위해서는 다음과 같은 선택과 해석의 원칙을 지켜야 한다고 역설했다.

그 같은 이야기나 견해와 관련해서 많은 능력 있는 작가들과 역사학자들이 우愚를 범했을 뿐만 아니라 아무런 비판 없이 그 사실들을 받아들이곤 했다.

> …… 그 결과 역사는 혼란해질 수밖에 없었다. …… 모름지기 역사학을 업으로 삼는 자라면 국정의 법칙과 존재물의 성질을 알아 둘 필요가 있다. 뿐만 아니라 생활 방식, 성품, 관습, 분파, 학파 등 제반 분야와 관련하여 국가, 지역, 부족 간의 차이점이 무엇인지 알고 있어야 한다. 또한 역사학자는 과거와 현재의 공통점과 차이점이 무엇인지 반드시 구분할 수 있어야 한다. 이와 더불어 여러 왕조와 공동체의 기원이 무엇인지, 그들이 존속할 수 있었던 원인은 어디에 있었는지, 그 왕조와 관련된 인물들의 주변 환경은 어떠했는지, 그 왕조의 역사는 어떠했는지 알아야 할 필요가 있다. 먼저 역사학자는 모든 사건의 원인이 무엇인지에 대해 완전히 알 수 있을 만큼 충분히 정보를 수집해야 한다. 그다음에야 비로소 그는 나름대로의 설명 방식으로써 지금까지 취합한 정보들을 분석할 수 있을 것이다. 만일 설명이 조리를 갖추었다면 이때 그 정보는 옳은 것이며, 만일 그렇지 못하다면 그 정보는 허위다.[12]

인간의 다양한 경험은 지리서나 여행서를 통해서도 표현되었다. 당시 이슬람 세계의 지리학자들은 그리스, 이란, 인도 등의 서적으로부터 지식을 흡수한 뒤 군인과 여행가들이 관찰한 내용을 덧붙이곤 했다. 일부 지리서에는 작가가 직접 여행하며 얻어낸 경험담이 서술되기도 했다. 이러한 유의 대표적인 지리서로 이븐 바투타(1377년 사망)의 것이 꼽힌다. 이븐 바투타는 당대 작가들 가운데 가장 먼 지역까지 여행했는데, 이슬람 세계의 광대함과 함께 그 안에 있는 인간 사회의 다양함을 소개했다. 일부 작가는 세계 각국의 외교 관계를 체계적으로 연구했고, 각 국가의 다양한 자연 자원과 민족, 풍속 등을 기록했으며 이를 통해 국가들 사이를 결속시켜 주거나 분리시키는 원인이 어디에 있는가를 밝히기도 했다. 그 일환

12 Ibn Khaldun, p.28, English trans. Vol. I, pp.55-56.

으로 알 무깟다시al-Muqaddasi(1000년 사망)는 자신이 직접 관찰하거나 신뢰할 만한 목격자로부터 얻은 정보를 바탕으로 세계의 자연 및 인문 지리서를 저술했다. 이와 아울러 알 야꾸트al-Yaqut(1229년 사망)는 일종의 지리학 사전을 편찬하기도 했다.

유산 계층은 마드라사에서 종교를 연구하는 학자나 학생과 문화적 취향이 다소 다를 수밖에 없었다. 특히 군주의 비서관, 회계관, 의사 등을 배출했던 가문에 속한 자들은 직업상 이성적 원칙에 기초한 관찰과 논리적 추론을 중시하는 사유 방식에 매력을 느끼지 않을 수 없었다. 몇몇 율법학자와 군주가 철학적 사유에 의심의 눈초리를 보내기도 했다. 그러나 사물의 성질을 밝히기 위해 이성을 사용할 경우 비난의 대상이 되는 경우가 적었고, 그 실용성도 인정받았다.

천문학의 경우 날짜와 시간을 계산하는 데 이용되었기 때문에 매우 실용적인 학문으로 여겨졌다. 이슬람 세계의 천문학은 그리스, 이란, 인도 등 여러 지역의 과학 전통을 하나로 융합한 학문의 본보기였다. 이같이 학문 간에 융합이 가능할 수 있었던 것은 아랍어가 지중해로부터 인도양에 이르기까지 넓은 지역에서 두루 통용되었기 때문이다.

사회에서 더욱 폭넓게 이용되었던 학문은 의학이었다. 당시 이슬람 사회에서 의사들이 차지하는 사회적 지위는 높은 편이었다. 그들은 군주나 유력 인사의 건강을 돌봄으로써 상당한 정치적 영향력을 손에 넣을 수 있었다. 의사가 되기 위해서는 반드시 인체의 특성, 생리, 구성 요소에 대한 일정 수준의 이해가 필요했다. 이슬람 의학은 주로 그리스의 의학과 생리학으로부터 이론적 근간을 가져왔다. 특히 의학의 대가 갈레노스Galenos의 저술은 이슬람 의학 발전에 많은 공헌을 했다. 갈레노스의 이론에 따르면, 인체는 물질세계와 마찬가지로 불, 물, 흙, 공기 등 네 원소로 구성되어 있다. 이 원소들은 여러 가지 조합 방식에 따라 뒤섞이며, 그 결과로 빚어진 혼합물들은 여러 가지 체질과 '기질'humour을 만들어 낸다. 따라서 각 원소의 균형을 알맞게 유지하는 것이 육체의 건강을 유지하는 비결이 된다. 만일 균형이 무너질 경우 육체는 병이 들며 결국 의사의 치료가 필요해진다.

이슬람 의학 이론은 압바스 왕조 시절 출간된 두 권의 위대한 종합 의학서에 의해 상세히 설명되었다. 그 두 권의 의학서는 아부 바크르 무함마드 알 라지Abu Bakr Muhammad al-Razi(863~925)가 저술한 ≪의학총서*Hawi*≫와 이븐 시나가 저술한 ≪의학대전≫이다. 상기 두 권의 저서는 위대한 그리스 과학자들의 저술에 기초하고 있었다. 하지만 동시에 두 저서는 이슬람 고유의 의학 전통을 보여줌으로써 여러 면에서 그리스 의학의 수준을 뛰어넘었다. 후대에 이븐 시나의 작품은 라틴어를 비롯한 많은 외국어로 번역되었고, 최소한 16세기까지는 유럽의 의과 대학에서 주된 교과서로 사용되었다.

의술은 마드리사의 교과목이 아니었다. 무슬림 의학자들은 보통 도제 방식으로 의술을 전수하거나 병원에서 수업을 통해 가르쳤다. 과거 이슬람 세계에서는 병원을 비마리스탄*bimaristan*이라고 했다. 비마리스탄은 주요 대도시마다 와끄프에 의해 설립되었다. 옛 무슬림 의사들은 임상 의학 부분의 치료 기술에서 가장 중요한 공헌을 했다. 그들은 외과 수술 기법을 더욱 발전시켰을 뿐만 아니라 병이 어떤 경로를 통해 전파되는지 직접 관찰하고 기술하기도 했다. 이븐 알 카팁Ibn al-Khatib(1313~1374)은 역사상 최초로 역병疫病이 어떤 경로를 통해 감염되는지 밝혀 낸 인물일 것이다. 한편 무슬림 의학자들은 약초로부터 약재를 만드는 법과 그것이 인체에 미치는 영향을 연구하기도 했다. 당시 무슬림 학자들이 다루었던 약재료는 매우 광범위했다. 전하는 바에 따르면 약국이 처음 제도화된 곳 역시 이슬람 세계였다고 한다. 또한 무슬림 의학자들은 병을 사전에 예방하기 위해서는 인체를 구성하는 네 원소 간의 균형을 유지해야 할 필요가 있음을 깨닫고, 그 예방책으로 식이 요법, 신선한 공기 쐬기, 운동 등의 중요성을 이해하고 있었다.

후대에는 '예언자 의학' *tibb nabawi*이 대체 의학 체계의 하나로 시도되었다. 이것은 갈레노스로부터 유래하는 전통의 반작용으로서 발전했는데, 그 체계는 건강이나 질병과 관련해 ≪하디스≫에 기록된 예언자 무함마드와 그의 동료들의 관행에 기초를 두고 있다. 예언자 의학을 정립한 이들은 의학자가 아니라 율법학자나 종교 전통주의자였다. 그들은 인간이 살아가는 데 필요한 모든 것은 ≪꾸란≫과 ≪하디스≫에 담겨져 있다고 여긴 보수적 성향을 지닌 자들이었다. 그러나 종교학자들 가운데서도 예언자 의학이라는 개념에 동의했던 자들은 소수에 불과했다. 역사학자 이븐 칼둔 역시 이에 대해 확고한 목소리로 비판을 가한 바 있다. 이븐 칼둔은 예언자 의학이 경우에 따라 우연히 들어맞을 수도 있겠지만 그렇다고 그것이 합리적인 원리에 기초한 것은 아니라는 점을 지적했다. 즉 예언자 무함마드의 행적과 관련하여 기록된 모든 사건과 의견이 신성한 계시처럼 여겨질 수는 없다는 것이다. 이와 관련하여 이븐 칼둔은 다음과 같이 언급했다.

> 예언자 무함마드(평화가 그분께 임하기를)께서는 우리에게 종교적 율법을 설파하기 위해 오신 것이지 의학이나 기타 잡동사니를 가르치러 오신 것은 아니다. …… 올바른 전승에 나타나는 의학과 관련된 언급을 결코 강제적 성격을 지닌 율법처럼 여겨서는 안 된다.[13]

---

13 Ibn Khaldun, pp.493-494 ; English trans. Vol. 3, p.150.

한편 종교학의 공식적인 가르침과 철학의 주변부에는 잡다한 형태의 신앙과 의식이 자리 잡고 있었는데, 사람들은 이를 통해 우주의 힘을 이해하고 제어하기를 희망했다. 이런 식의 믿음은 도저히 이해하기 힘든 역경이 닥쳐왔을 때 겪는 심적인 두려움과 혼란을 반영한 것일 뿐 그 이상은 아니었다. 과거에는 '과학'과 '미신'을 구분 짓는 경계가 오늘과 달랐다. 과거에는 지식을 갖춘 상당수의 남녀가 미신을 믿고 그 의식을 행했다. 왜냐하면 당시의 미신은 많은 사람들이 여러 이유에서 받아들이고 있었던 보편적 생각에 근거하고 있었고, 이에 대해 철학자나 신학자들은 거의 반론을 제기하지 않았기 때문이다.

점성술 이론은 많은 사람들이 받아들여 왔고 상당한 계보를 지닌 전통적 사고관을 바탕으로 정립되었다. 과거부터 사람들은 천계天界가 인간이 사는 월하세계를 지배한다고 생각해 왔다. 사람들은 행성과 별이 천계와 월하세계를 가르는 경계선에 위치한다고 생각했고, 따라서 행성의 배열과 운동에 관한 연구는 현재와 미래의 변화를 설명해 줄 수 있을 뿐만 아니라 인위적으로 그것을 바꿀 수도 있다고 믿었다. 이러한 사고관은 원래 그리스인들로부터 유래했다. 이것이 몇몇 무슬림 사상가들에게 전해졌고, 특히 수피 신비주의자들은 이것에 이슬람적인 색채를 입혀, 하늘의 천체는 모두 알라로부터 유출된 결과물이라고 주장했다. 한편 무슬림 점성술사들은 미래를 예측하고 그에 영향을 주기 위해 다양한 물체 위에 숫자나 문자를 일정한 모양으로 배열한 뒤 새겨 넣는 기술을 개발하기도 했다. 심지어는 일부 명망 있는 학자들조차 이러한 점성술사의 주장에 현혹되어 하늘의 천체가 인간의 건강에 영향을 미친다는 생각을 믿기도 했다. 그러나 보수적인 율법학자나 이성을 중시하는 철학자들은 이 같은 주장에 대해 비판을 가했다. 특히 이븐 칼둔은 점성술은 계시된 진리 속에서 아무런 근거가 없을 뿐만 아니라 유일한 행위자인 알라의 역할을 부정하는 것이라고 지적했다.

연금술사들의 믿음도 사람들 사이에서 널리 받아들여졌다. 그들은 만일 적절한 방법만 찾는다면 비천한 금속으로부터 금이나 은과 같은 귀금속을 생산할 수 있다고 생각했다. 연금술 역시 그 유래는 그리스의 과학 이론으로부터 기원했다. 그 이론에 따르면, 모든 금속은 자연 상태에서 단일한 종을 이루는데, 우연적 요인에 의해 여러 종류의 금속으로 나뉜다. 그리고 이 우연적 요인은 귀중한 성질로 천천히 변화해 나간다. 따라서 금속을 금이나 은으로 변화시키는 것은 자연의 법칙을 위배하는 것이 아니라 이미 전개되고 있는 변화 과정을 인위적으로 촉진하는 것일 뿐이다. 이슬람 세계의 학자들은 이러한 연금술 이론을 놓고 다시 한 번 논쟁을 벌였다. 이븐 칼둔은 금이나 은을 만들어 내는 것은 마법이나 신의 기적이라면 몰라도 인간의 기술로는 불가능하다고 보았다. 또한 그는 설령 금·은의 제조가 인위적으로 가능하다 할지라도 그것이 사회적으로 바람직하지 못하다고 여겼다. 왜냐하면 만일 그럴 경우 금과 은은 희소가치를 잃을 것이고, 그 결과 더 이상 가치 측정의 기준 역할을 할 수 없기 때문이다.

그 외에도 과거 이슬람 사회에서는 정령에 대한 믿음과 이를 통제하려는 주술이 사실상 보편화되어 있었다. 이슬람 민간 신앙에서 가장 많이 등장하는 정령은 진*jinn*이다. 진은 인간의 감각으로 인식할 수 있는 안개나 불꽃 같은 몸을 가지며 종종 동물의 모습으로 나타나기도 한다. 진은 인간의 삶에 영향을 줄 수 있는데, 때로는 사악하며 적어도 화禍를 미칠 수 있기 때문에 그들을 통제하려고 노력할 필요가 있었다. 사람들은 타인이 자신의 행동과 인생에 해를 끼칠 수 있는 힘을 지니고 있을지 모른다고 두려워하기도 했다. 이는 흉안evil eye과 같이 자신도 제어하지 못하는 성질이나 어떤 술수 때문이라고 생각했다. 예를 들어, 특별한 상황에서 장엄한 의식을 행할 경우 초자연적인 힘을 일으킬 수 있다고 믿었다. 이러한 현상은 '알라의 반려자'들이 알라의 은총으로 얻어낸 힘이 왜곡되어 나타난 것이라고 여겼다. 사려 깊은 사상가였던 이븐 칼둔조차 마법이 존재한다고 믿었으며 마술을 통해 타인을 지배하는 것이 가능하다고 생각했다. 단, 그는 이러한 행위가 비난받아 마땅하다고 여겼다. 일반 대중들은 주문 외우기, 신체의 특정 부위에 부적 착용하기, 문자나 숫자를 신비하게 배열하기, 악령을 쫓거나 달래는 주문이나 의식을 통해 이러한 힘을 제어할 수 있다고 믿었다. 악령을 위로하는 자르*zar* 같은 의식은 아직도 나일 강 유역 일대에서 행해지고 있다.

근대 이전 거의 모든 문화권에서는 꿈이나 환영을 감각적 세계를 넘어 다른 세계로 들어가는 관문으로 여겨 왔다. 사람들은 꿈이나 환영이 알라로부터 계시를 전해 주고 인간의 영혼 속에 감추어진 새로운 차원을 보여줄 수도 있다고 믿었다. 또한 그들은 진이나 악령도 꿈이나 환영을 불러일으킬 수 있다고 여겼다. 따라서 많은 이들이 꿈의 의미를 풀이하고 싶어 했고, 또 그것에 대해 별다른 거부감을 갖지 않았다. 왜냐하면 꿈이 매우 중요한 지식을 가르쳐 줄 수 있다고 믿었기 때문이다. 심지어 이븐 칼둔은 꿈의 해석을 종교학의 한 분야로 간주했다. 그에 따르면, 인간은 수면 중에 일상적인 지각 능력을 잃게 되며, 이때 영혼은 자신의 실체를 엿볼 수 있게 된다. 다시 말해, 영혼이 육체로부터 벗어나 자신이 속한 세계를 지각할 수 있게 된다는 것이다. 그리고 영혼은 다시 육체로 귀환하는데, 이때 자신의 세계에서 지각한 것을 함께 가져온다. 영혼은 그것을 심상 작용을 통해 적당한 형상으로 바꾸고, 수면 중의 인간은 그것을 마치 실제로 감각하는 것처럼 인식한다. 무슬림 저술가들은 그리스로부터 꿈의 해석에 관한 학문을 받아들인 뒤 여기에 자신들만의 독창적인 생각을 덧붙였다. 일설에 따르면, 꿈을 소재로 한 문학이 가장 많이 쏟아져 나온 곳은 다름 아닌 이슬람 세계라고 한다.

제3부

오스만 시대

(16세기~18세기)

● 15세기부터 16세기까지 이슬람 세계 대부분이 세 개의 대 제국, 즉 오스만Ottomans 제국, 사파비Safavids 제국,[1] 무갈Mughals 제국으로[2] 통합되었다. 아라비아 반도의 일부 지역, 아프리카의 수단과 모로코를 제외한 나머지 아랍어를 사용하는 지역은 이스탄불을 수도로 한 오스만 제국에 포함되었다. 오스만 제국은 아나톨리아와 남동부 유럽도 포함하였다. 튀르크어

1 사파비 왕조(1501~1722)는 이란 지역에 위치한 쉬아파 무슬림, 튀르크인 왕조이다. 이 왕조가 쉬아 이슬람을 공식 종교로 채택하면서 이 지역은 순니 무슬림 다수에서 쉬아 무슬림 다수로 변하였다. 왕조의 주민은 아제르바이잔인, 체르케스인, 그루지야인, 그리스인, 쿠르드인 등 다양한 인종으로 구성되었다. — 옮긴이

2 무갈 제국(1526~1857)은 16세기 전반에서 인도 반란이 발발한 1857년까지 인도 지역을 통치한 순니파 무슬림 왕조이며, 무갈 제국의 황제들은 튀르크-몽골계인 티무르의 후손들이었다. 마지막 황제인 바하두르 샤 2세Bahadur Shah II는 1857년 반란 직후 영국에 의해서 투옥된 후 추방되었다. — 옮긴이

는 통치 가문, 군대 엘리트, 행정 엘리트의 언어였다. 이 엘리트들은 대체로 이슬람으로 개종한 발칸 반도와 카프카스 출신들이었다. 사법 엘리트와 종교 엘리트는 혼혈 혈통을 갖고 있으며 이스탄불의 대 제국 학교들에서 훈련을 받았고, 아랍어로 표현된 사법 문헌 전집 등을 전수받았다.

오스만 제국은 관료제 국가였고, 여러 지역을 단일한 행정 체계와 재정 체계 안에서 지배하고 있었다. 그러나 이 제국은 이슬람 세계의 보편성을 마지막으로 광대하게 드러냈다. 이 제국은 종교법을 유지하였고, 무슬림 세계의 경계를 방어하고 확장했으며, 아라비아 반도의 성지들을 수호하면서 성지 순례를 계획하였다. 오스만 제국은 다종교 국가였으며, 기독교와 유대교 공동체들에게도 일정한 지위를 부여하였다. 지방 도시의 무슬림 주민들은 정부 체제 안으로 흡수되었고, 아랍 지역들 내에 아랍 오스만 문화를 확장하였으며, 전통을 보존하고 어느 정도는 새로운 방법으로 이 전통을 발전시켰다. 오스만 제국의 경계 너머에 있던 모로코는 좀 더 다른 방법으로 발전하였다. 모로코 왕은 종교를 보호한다는 구실로 자신의 권위를 주장하였다.

18세기에 오스만 중앙 정부와 지방 정부들 간의 세력 균형에 변화가 생겼다. 오스만 제국의 일부 지역에서 지방 통치 가문들과 통치 집단들은 상대적인 자치권을 갖고 있었지만, 오스만 제국의 주요한 이해관계에 충실하였다. 오스만 제국과 유럽 국가들 간의 관계가 변화하였다. 오스만 제국은 제국 형성 초기에는 유럽으로 팽창하였던 반면, 18세기 후반기에는 서쪽과 북쪽으로부터 군사적인 위협을 받고 있었다. 유럽 정부들과 유럽 상인들이 인도양과 지중해에서 영향력이 강력해짐에 따라 무역의 특성과 방향도 변화하였다. 18세기 말경에 오스만 통치 엘리트는 상대적으로 자신들의 권력이 쇠퇴하고 독립을 상실해 가고 있다는 것을 깨달았으며, 이 새로운 상황에 대하여 처음에는 모호한 반응을 나타내기 시작했다.

13장
오스만 제국

정치권력의 한계

울라마와 주민들이 통치자를 수용한다는 것은 양날의 칼이었다. 통치자가 스스로를 지키고 자신의 소유와 관련된 도시의 이익을 수호할 수 있는 권력을 가지고 있는 한, 도시 주민들과 도시에 의존적인 배후 지역 주민들은 그 통치자를 순순히 따르고, 법학자들은 그를 승인하고 어느 정도 협력할 수 있었다. 가잘리를 비롯한 사람들이 울라마들에게 왕자들과 교류하는 것을 삼가도록 당부했음에도 불구하고, 언제나 판사나 관리로서 통치자에게 봉사하고 통치자의 행위에 정당성을 부여하고 싶어 하는 울라마들은 있었다. 그러나 만약 어떤 통치자의 정권이 실패한다면, 해당 도시는 실패한 통치자에게 봉사할 이유가 전혀 없을 것이고, 실제적인 권력을 가진 새로운 통치자에게 충성을 바칠 것이다. 도시가 함락된 순간은 바로 그 도시가 자율적으로 움직일 수 있는 시점이었다. 이때 까디를 비롯한 지도자들은 새로운 통치자를 만나서 이 도시를 새로운 통치자에게 양도할 것이다.

압바스 왕조가 붕괴하기 시작한 이후 500년 동안 오스만인들이 서부 이슬람 세계 대부분에 대한 지배권을 장악하기 이전에 왕조들의 발흥과 몰락이 계속해서 되풀이되었다. 이 상황을 이해하기 위해서는 두 종류의 설명이 필요하다. 하나는 기존 왕권의 약화에 대하여, 다른 하나는 도전자들의 세력 강화에 대하여 설명해야 한다. 동시대의 관찰자들과 작가들은 왕조 내부의 약점을 강조하면서 도덕적인 측면에서 설명하려는 경향이 있다. 니잠 알 물크가[1] 말하는 것처럼 인간 역사에서 끊임없는 교체가 있었다. 신이 부여한 지혜와 정의를 상실한 왕조는 무질서에 빠질 수 있다. 그때 신이 선택한 새로운 통치자가 필요한 자질을 부여받고 나타났다.

이븐 칼둔은 왕조들이 자신들의 약점 때문에 희생되는 이유를 가장 체계적으로 설명하려고 하였다. 그는 다음과 같이 복잡하게 설명하였다. 권력 획득과 유지를 위한 연대인 통치 집단의 아싸비야는 점차로 도시 생활의 영향 아래서 사라졌고, 통치자는 다른 집단들에게 지지를 기대하기 시작했다.

> 통치자는 자신의 가솔들의 도움으로만 권력을 획득할 수 있다. 통치자는 왕조에 반대하여 반란을 일으킨 사람들과 싸우기 위해 그들을 이용한다. 가솔들은

---

1 니잠 알 물크Nizam al-Mulk(1092년 사망)는 셀주크 튀르크의 알프 아르슬란Alp Arslan 술탄, 말리크 샤Malik Shah 술탄 시대에 탁월한 정치를 한 페르시아 출신의 저술가이자 재상으로 유명하다. 이때 셀주크 튀르크 술탄국의 지배권은 재상인 그의 수중에 있었다. 알 물크는 알 가잘리를 바그다드 소재 니자미야 대학 교수로 임명하는 등 학문과 예술을 장려하였다. — 옮긴이

통치자의 행정부를 채우고 통치자는 그들을 와지르(재상)나 세금을 거두는 관리로 지명한다. 가솔들은 그가 지배권을 성취하도록 돕고 통치자의 모든 중요한 관심사를 함께 나눈다. 왕조의 첫 번째 단계가 지속되는 한 이것은 사실이다. 그러나 두 번째 단계가 가까워지면서 통치자는 자신이 가솔들로부터 독립되어 있음을 보여준다. 통치자는 모든 영광은 본인을 위한 것이라고 주장하고 자신의 가솔들을 그 영광으로부터 멀리 밀어낸다. 결과적으로 통치자의 가솔들은 통치자의 적이 되고, 통치자는 자신의 가솔들이 권력을 장악하는 것을 막기 위하여 가솔이 아닌 다른 지지자들을 필요로 하게 된다. 통치자는 지지자들을 통치자 본인의 가솔에 대항하는 데 이용할 수 있다.[2]

또한 조만간에 통치자는 도시 번영의 토대이며 도시 주민과의 접촉의 기반인 샤리아를 유지하는 것을 중지한다. 통치자 주변 사람들은 사치와 낭비, 지출 욕망의 희생자가 되어 사람들의 재산에 과도한 세금을 부과하게 된다. 또 그들은 자신들의 업무에 대한 장악력을 상실하고 다른 사람들의 도구가 되어 그들에게 의존하게 됨으로써 차례로 주민들에 대하여 무관심해진다.[3]

통치자의 요구가 그것을 충족시킬 수 있는 사회의 능력을 넘어선다는 것은 반드시 궁정의 낭비가 증가한 이유 때문만은 아니었다. 그것은 아마도 사회 생산력의 한계 때문이기도 한 것 같다. 국가가 안정되기 위해서는 그 국가의 지배하에 있는 농촌 지역이 농촌 주민들과 도시 주민들에게 공급할 충분한 식량을 생산하고, 제조를 위한 원료를 생산할 필요가 있었다. 또 가축을 기르고 땅을 경작하고 상품을 만드는 사람들은 통치자의

2 Ibn Khaldun, p.183; English trans. Vol. 1, p.372.

3 Ibid., p.100; English trans. Vol. 1, p.300.

입법부, 행정부, 군대 등을 유지하기에 충분한 잉여를 생산할 필요가 있었다. 즉 이들이 조세를 납부함으로써 통치자가 이 조직들을 운영할 수 있었다. 잉여 생산이 가능한가 하는 것은 많은 요인에 의존하고 그러한 요인 중의 일부는 변할 수도 있다. 생산 기술의 변화가 있을 수도 있다. 예를 들면, 새로운 농작물과 새로운 관개 방법을 도입함으로써 생산량을 증가시키거나 잉여 생산을 가능하게 할 수 있고, 기술력의 상실은 그 반대의 효과를 초래할 수 있다. 잉여 생산량의 변화는 새로운 땅을 새로운 방법으로 경작 가능하게 함으로써 생산에 투자할 능력에 영향을 미칠 수 있다. 농촌이나 도시 생산물에 대한 다른 나라의 수요는 증가할 수도 있고 감소할 수도 있다. 운송 방법이나 비용의 변화, 혹은 육로와 해로를 이용한 안전성의 변화는 이러한 수요를 충족시킬 수 있는 국가 능력에 영향을 미칠 수 있다. 중장기적으로는 의학이나 사회의 관습과 도덕의 변화 때문에 출생률과 사망률이 증가하거나 감소할 수도 있다.

위의 모든 것들은 오랜 기간에 걸쳐 그 영향이 관찰될 수 있는 과정이었다. 그러나 지각 변동을 초래하는 전쟁, 흉작, 전염병 같은 갑작스런 사건들이 있을 수도 있다. 전쟁은 무역로를 불통으로 만들고 도시와 기술을 파괴하고 국토를 황폐하게 만든다. 흉작은 강우에 의존해 관개하는 지역에서 가뭄이나 큰 강의 물이 부족해짐으로써 발생한다. 전염병의 발생으로 인해 대다수의 주민이 죽을 수도 있었다. 대부분의 전염병을 방지할 수 있고, 또 일부 전염병은 사실상 사라진 시기에, 페스트와 같은 대단한 전염병이 초래한 갑작스럽고 파괴적인 결과를 이해하는 것은 어렵다. 검은 쥐에 의해서 전염된 페스트는 북부 이라크, 인도의 일부 지역에서 유행해 육로나 바다를 통해서 지중해 세계로 옮겨졌고, 지중해 세계에서 페스트는 급속히 도시와 촌락으로 퍼져서 대규모로 주민들과 가축들을 죽게 만들었다. (우리가 더욱 확실한 통계를 알고 있는 1739~1741년에 동부 지중해의 항구 도시인 이즈미르는 페스트의 유행으로 주민의 20퍼센트를 잃었고, 그 후 30년 내에 또 20퍼센트 이상의 주민을 잃었다.)

위의 과정은 상호 작용했고, 이 과정 중의 일부는 누적되면서 영속되었다. 이 과정을 통해서 권력자들의 요구와 그것을 만족시키려는 사회의 능력 사이의 관계 변화를 설명할 수 있다. 또 이 과정을 통해서 새로운 지도자들과 집단이 권력을 창출하여 자원에 대한 지배권을 확장시킴으로써 도전해 오는 것을 설명할 수도 있다. 이러한 변화는 현존하는 정부 체제 내에서 발생할 수 있었다. 예를 들면, 통치자의 군인들이 통치자로부터 권력을 사실상 빼앗을 수 있었다. 이러한 변화는 사실상 통치자의 통제지역 밖에서 권력을 축적함으로써 발생할 수도 있다. 어떤 지도자는 어떤 개인적인 호소나 종교 사상을 이용해서 산악 지방이나 대초원에서 인력을 동원하기도 했다. 권력 강탈이 내부에서 나오든지 외부로부터 오든지 간에, 원동력은 그 국가의 외곽인 산악이나 대초원 즉 변경 지역 출신의 군인들로부터 나오는 경향이 있었다. 대포가 결정적인 무기가 되기 전에, 그리고 보병대가 화기를 사용하는 훈련을 받기 전에는 산악이나 초원 지대 군인들이 용감하고 전투에 필요한 무기와 말을 능숙하게 다루었다. 근대 의학의 도래 이전까지 산악과 대초원 사람들이 다른 지역의 사람들보다 더 건강하고 군대에 입대할 수 있는 많은 젊은 사람들을 배출하였다는 몇몇 증거가 있다. 통치자가 되기를 열망하는 지도자는 통치하기를 원하는 사회 밖에서 혹은 적어도 그 사회와는 멀리 떨어진 지역에서 군인들을 모집하고 싶어 한다. 이 군인들의 이해관계가 통치자의 이해관계와 결속되었을 것이다. 일단 통치자가 통치기반을 확고히 굳히면, 아마도 군대는 통치자와의 결속력을 상실하고 그 왕조의 이해관계와는 다른 이해관계를 추구하기 시작할 것이다. 그리고 통치자는 기존의 군대를 새로운 직업 군인과 사병私兵으로 대체하려고 할 것이고, 이를 위해서도 멀리 떨어진 지방 혹은 국경 너머를 바라본다. 통치자의 사병으로 훈련받은 군인들은 통치자의 맘루크, 즉 노예로 간주되었다.[4] 개인적인 신분상의 강등뿐만 아니라 그들의 인격과 이해관계가 주인의 것이 된다는 측면에서 노예로 간주되었던 것이다. 머지않아 새로운 통치자가 군대나 한 집안 내에서 출현해서 새로운 왕조를 창설할 것이다.

이러한 환경은 이슬람 역사 속에서 무의미한 것처럼 보이는 왕조들의 흥망성쇠를 이해할 수 있게 한다. 이슬람 발흥기에 서부 아라비아의 도시에서 출현한 새로운 통치 집단은 법체계, 군대, 관료 조직을 창설하고 유지함으로써 문명화된 정착 생활을 번영시킬 수 있었다. 대 제국 도시들의 배후지역에서도 체제는 유지되었다. 관개 사업은 재건되거나 확장되었고, 새로운 생산물과 기술이 소개되었다. 단일한 정치 문화적인 지역에 속해 있던 지중해 주변의 땅과 인도양 주변의 땅을 합병함으로써 거대한 국제 무역을 일으켰다. 인구 증가의 징후는 거의 없었다. 이때는 정권이 안정되어 번영하는 도시들과 도시 주변 지역을 통치하던 시기였다. 남부 이라크의 바그다드, 호라산의 도시들, 시리아의 다마스쿠스, 이집트의 푸스타트, 튀니지의 까이라완, 스페인의 코르도바 등이 대표적인 도시들이었다.

그러나 10, 11세기 이후 장기간의 혼란이 있었다. 이 혼란의 명백한 징후는 압바스 칼리파 왕조의 분열, 이집트와 안달루스에서 경쟁 칼리파들의 성립, 다른 인종적인 요소로부터 힘을 끌어들이는 새로운 왕조들의 이슬람 세계로의 침투 등이었고, 새로운 왕조들 중의 일부는 종교적 열정에 의해서 움직였다. 스페인의 기독교인들은 서부의 우마이야 칼리파 왕조가 해체되면서 발흥한 무슬림 국가들을 희생시키면서 팽창하였다. 마그

4 대부분 이슬람으로 개종한 튀르크인 노예 군인들. — 옮긴이

립과 안달루스의 알 무라비뜨 왕조[5]와 알 무와히드 왕조[6]는 모로코의 산악과 사막 주변지역에서 베르베르족을 동원한 종교 운동으로 시작되었다. 동쪽에는 튀르크인들과 몽골인들이 있었다. 이러한 변화는 정부, 주민, 생산물 사이에 존재하는 균형에 더 깊은 혼란을 일으키는 징후들이며, 다음과 같은 다른 원인으로부터 발생하고 있었다. 즉 옛날 관개 시설들이 파괴되고 목축민들의 이동 지역이 확장됨으로써 이라크와 튀니지의 정착민 지역이 감소하였다. 일부 지역에서는 주민들이 감소하였다. 무슬림 도시들이 생산한 물품에 대한 수요가 감소한 것은 이탈리아의 도시 생활과 생산물의 회복과 연관이 있었다.

13세기에 회복의 순간이 있었다. 몽골 침략과 압바스 칼리파 왕조의 종말은 파괴를 동반하였다. 이로 인하여 이라크의 권력과 부는 축소되었다. 그러나 몇몇 왕조들, 하프스 왕조와 맘루크 왕조 등은 안정된 체제를 수립할 수 있었고, 확립된 이슬람 세계 밖으로부터 오는 강력한 세력들로부터 도전받지 않았다. 튀니스의 하프스 왕조Hafsids는[7] 알 무와히드 왕조의 계승국가이며, 맘루크들은[8] 앞선 압바스 왕조에서 군복무를 하면서 성장했고 이후 이집트와 시리아에서 독자적인 정권을 수립한 군부 엘리트였

---

5 알 무라비뜨 왕조(1040~1147)는 창설자인 야히야 이븐 이브라힘Yahya ibn Ibrahim과 모로코 이슬람 신학자 압달라 이븐 야신'Abd Allah ibn Yasin의 신학적 가르침에 따라 북아프리카 이베리아 반도를 통치했던 베르베르 무슬림 왕조다. — 옮긴이

6 알 무와히드 왕조(1130~1269)는 이븐 투마르트Ibn Tumart의 종교적인 가르침에 따라 북아프리카와 안달루스 지방을 통치했던 베르베르 무슬림 왕조다. — 옮긴이

7 하프스 왕조(1229~1574)는 아부 자카리야Abu Zakariya(1229~1249) 통치하의 알 무와히드 왕조에서 분리된 베르베르인들의 왕조이며 튀니지와 동부 알제리가 중심지였다. — 옮긴이

8 맘루크 왕조(1250~1517)는 9세기부터 13세기 중반까지 압바스 칼리파 왕조에서 군복무를 하던 이슬람으로 개종한 노예 병사들이 1250년에 창설한 왕조다. 이 병사들은 대부분이 튀르크인 노예들이었으나 일반 노예들뿐만 아니라 자유 신분인 시리아인 토착민들이나 이집트 토착민들보다도 신분상으로 우위를 차지하였다. — 옮긴이

다. 아마도 경작은 넓게 확장되고 있는 지역에서 행해졌고, 정부 관리들은 시골의 잉여 생산물들을 도시로 가져올 수 있었다. 도시의 생산과 상업은 일반적으로 수용된 순니 샤리아의 구조 내에서 번창하였고, 일정한 협력관계가 통치 집단과 도시 주민들 사이에서 유지되었다.

그러나 이러한 협력관계는 느슨한 체제였고, 14세기경에는 몇 가지의 힘에 의해서 흔들리기 시작하였다. 아마도 그 가운데 가장 중요한 것은 유럽에서 흑사병으로 알려진 커다란 전염병이었다. 흑사병은 14세기 중반에 대부분의 서방 세계를 공격했고, 이후 거의 1세기 이상 되풀이해 지속되었다. 대강 추정한다면, 흑사병 발발 초기에 카이로 주민의 3분의 1이 감염으로 죽었고, 15세기 중반경에 카이로 주민은 100년 전 주민 수의 거의 절반으로 줄었다(대략 25만 명에서 15만 명 정도로 줄었다). 흑사병이 초기 발발에 이어 다른 사람들에게 옮겨졌고, 도시뿐만 아니라 시골까지 영향을 미쳤기 때문이다. 따라서 시골 이주자들로 도시 주민을 벌충할 수 없었다. 시골 주민들과 가축이 줄어들었기 때문에 정부가 세금을 부과할 수 있는 원천이 감소하였다.

다른 요인들이 점증하는 전염병의 영향에 보태졌다. 이탈리아와 다른 유럽 국가들에서는 직물 생산이 증가했고, 지중해에서는 유럽의 항해술이 발전함으로써 무역 균형에 영향을 미쳤다. 따라서 무슬림 정부들이 필요한 자원을 얻기가 더욱 힘들어졌다. 전쟁 기술, 조선, 항해술 등에서 변화가 생겼고, 대포와 화기 등에서는 화약이 새롭게 사용되었다.

이렇게 변화한 환경에서 당시 맘루크 국가와 마그립 국가들의 정치 질서는 신흥 왕조들의 도전을 받기 쉬웠다. 신흥 왕조들은 인력과 부의 공급원을 찾을 수 있었다. 이로써 신흥 왕조들은 대규모의 효율적인 군대를 창설하고, 생산 능력이 풍부한 지방을 통치하면서 잉여 생산물들을 가져오고 도시들의 제조업과 상업을 육성할 수 있었다. 서부 지중해에서의 도전은 정치적인 질서뿐만 아니라 종교적인 질서에 대한 것이었으며, 스페인의 기독교 왕조들로부터 나왔다. 스페인에서 1492년 마지막 무슬림 왕조의 소멸 직전에 이미 이 기독교 왕조들은 하나로 통일되었고, 곧이어 아메리카에 있는 제국을 정복함으로써 부를 창출하였다. 동부 지중해에서 새롭게 발흥하는 세력은 무슬림 왕조였고, 왕조 창설자의 이름을 따라서 '오스만'이라 불렀다. 이후 오스만의 이슬람식 이름 혹은 동의어인 오토만으로 표기하였다.

오스만 정부

원래 오스만 국가는 서쪽 아나톨리아로 향하는 셀주크 왕조와 튀르크 이주민들의 팽창으로 발흥한 튀르크 공국들 중의 하나였다. 다수의 튀르크 공국들이 성장하면서 비잔틴 제국과 국경 분쟁 중이어서 국경은 유동적이었다. 또 튀르크 공국들은 표면적으로 셀주크 왕조의 주권을 수용하였으나 실제로는 자율적이었다. 오스만이 창건한 공국은 비잔틴 제국과의 중요한 접촉 지점인 아나톨리아의 북서쪽에 위치해 있었다. 오스만 공국은 자국 전사들을 국경 전쟁터로 끌어들였다. 튀르크 유목민들은 방목을 위한 땅을 찾아서 서쪽으로 이동하고 있었으나, 그 국경 내에 비교적 광범위하고 비옥한 농경지들과 상업 도시들을 가지고 있었다. 오스만 내 상업 도시들 중의 일부는 이란과 더 멀리 아시아로부터 지중해까지 뻗은 무역로에 위치한 중요한 지점들이었다. 오스만이 확장됨에 따라 그 자원이 증가하였다. 오스만은 새로운 전쟁 무기와 기술을 사용하고 조직화된 군대를 창설할 수 있었다. 14세기 말경에 오스만 군대는 해협을 가로질러서 동유럽으로 들어갔고, 그곳에서 급속도로 팽창하였다. 이 동유럽 지배권은 여러 가지 의미에서 오스만의 활력에 도움이 되었다. 유럽 국가들과 접촉해서 외교 관계를 맺게 되었고 새로운 인적 자원을 획득하였다. 동유럽지역의 전임 통치 집단들은 오스만 정부 체제 안으로 통합되었고, 발칸 출신의 징집병들은 오스만 군대로 흡수되었다. 오스만 군대는 동쪽으로부터 온 또 다른 튀르크 정복자인 티무르 군대에게 일시적으로 패하였음에도 불구하고, 동부 아나톨리아로 방향 전환을 할 수 있을 정도로 강력해졌다. 1453년에 비잔틴 제국을 완전히 합병하면서 콘스탄티노플을 이스탄불로 개명하여 새로운 수도로 삼았다.

그러나 동쪽에서 기원이 불확실한 또 하나의 신흥 왕조인 사파비 왕조가 도전장을 내밀었다. 사파비 왕조 주변으로 튀르크 부족민들이 모여들었다. 중요한 패권의 중심지들인 동부 아나톨리아와 이라크 사이에 놓여 있는 국경 지역을 차지하기 위한 기나긴 투쟁이 있었다. 1534년 오스만이 바그다드를 정복하였으나, 1623년에는 사파비 왕조에게 빼앗겼으며, 1638년에 오스만이 다시 차지하였다. 오스만이 남쪽 맘루크 술탄의 영토로 이동한 것은 부분적으로 사파비와의 투쟁의 결과였다. 1516~1517년에 대체로 탁월한 화력과 군대 조직력을 가진 오스만은 시리아, 이집트, 서부 아라비아를 차지할 수 있었다.

오스만 제국은 이제 동부 지중해와 홍해에서 주요한 육 · 해군 세력이 되었다. 이런 상황으로 인하여 오스만 제국은 인도양에서는 포르투갈과, 서부 지중해에서는 스페인과 잠재적인 분쟁 상태에 있게 되었다. 홍해 지역에서 오스만 제국의 정책은 포르투갈의 전진을 막기 위한 방어적인 것이었다. 그러나 지중해에서 오스만 제국은 해군력을 동원하여 스페인의 팽창을 저지하고, 알제(1520년대), 트리폴리(1550년대), 튀니스(1574년)에 견고한 요새들의 연결망을 건설하였으나 더 서쪽에 있는 모로코에는 건설하지 않았다. 해전이 오스만인들과 스페인인들 사이에서 얼마간 계속되었으나, 당시까지 스페인의 기세는 신세계 아메리카를 향하고 있었다. 지중해에서 해군력의 다소 안정적인 분할이 이루어졌고, 1580년 이후부터 스페인과 오스만은 평화로운 관계를 수립하였다.

어떤 의미에서 오스만 국가의 형성은 무슬림들의 역사에서 수없이 발생했던 과정 중의 하나이며, 대체로 유목민들로 선발된 군사력으로 정착 왕조들에 도전하는 것이었다. 오스만 국가는 거의 동시에 발흥한 두 개의 다른 국가, 즉 이란의 사파비나 인도의 무갈과 그 기원이 유사했다. 세 국가 모두 초기에 그들의 활력을 튀르크 부족들이 거주하던 중앙아시아 지역으로부터 끌어왔고, 그들의 군사적인 성공은 서구 세계에서 사용하고 있던 화약을 무기로 채택한 덕택이었다. 세 국가 모두 안정되고, 지속적이며, 군사적으로 강력하고, 중앙 집권화 되고, 관료적으로 조직된 정치 제도들을 창출하는 데 성공함으로써 오랫동안 넓은 지역의 질서를 유지하고 세금을 걷을 수 있었다. 오스만 제국은 로마 제국이 해체된 이후 서구 세계가 경험한 가장 규모가 큰 정치 체제 중의 하나였다. 오스만 제국은 동유럽, 서아시아, 마그립의 대부분 지역을 통치하였고, 매우 다른 정치적 전통과 그리스인, 세르비아인, 불가리아인, 로마인, 아르메니아인, 튀르크인, 아랍인 등 다양한 인종 집단, 그리고 순니 무슬림, 쉬아 무슬림, 다양한 기독교인들, 유대인들과 같은 다양한 종교 공동체들이 차지하였던 영토를 통합하였다. 오스만 제국은 그 영토의 대부분에 대한 지배권을 400년 정도 유지하였고, 영토 일부에 대한 지배권은 600년 정도 유지하였다.

이 거대한 제국의 지배 체제 정점에는 통치자와 그의 가문인 오스만 가家가 있었다. 권력은 분명하게 통치자 개인에게 있었다기보다는 오스만 가문에 있었다. 계승에 대한 확고한 법은 없었지만 이 가문의 관습이 대체로 평화로운 계승과 장기간의 통치를 이끌었다. 17세기 초까지 통치자는 일반적으로 아들 중의 한 명이 계승하였다. 그러나 그 이후 통치자가 죽거나 통치를 중단하였을 경우 일반적으로 이 가문에서 가장 나이든 사람이 계승했다. 통치자는 하렘의 여성들과 그들을 경호하는 사람들, 시중들, 정원사와 궁궐 경호원들을 포함하는 거대한 가솔과 함께 살았다.

통치자가 그의 지배권을 유지했던 정부 체제의 정상에는 수석 장관이라고 할 수 있는 고위 관직 사드리 아잠*sadr-i azam*이 있었다. 오스만 시대 초기 이후에 통치자 밑에서 절대적인 권력을 휘두른 것으로 보인다. 그 밑에는 수많은 다른 장관들이 있었다. 이 장관들은 행정기관뿐만 아니라 군대와 지방 정부도 지배하였다.

영토 확장 초기에 오스만 군대는 대체로 튀르크인들과 아나톨리아 및 발칸 지방의 다른 거주민들로부터 충원된 기병대였다. 기병대 장교들 시파히스*sipahis*는 정규 군인들과 함께 필요한 시기에 군 복무에 대한 보답으로 일정한 농경지에서 세금을 걷을 수 있는 권리를 부여받았다. 이것은 티마르*timar* 제도로 알려졌다. 시간이 지남에 따라 이 군대는 효율성이나 중요성이 떨어졌다. 왜냐하면 전쟁 기술이 변했고, 티마르 소유자들이 성장하는 제국에서 멀리 있는 지역으로 오랫동안 출정을 가서 그의 토지로부터 떠나 있는 것을 원하지 않았다. 그런데 또 하나의 군대인 상비군이 초기에 창설되었다. 이 상비군은 고도의 훈련을 받은 보병(예니체리janissaries)[9]과 기병으로 짜였다. 이 군대는 발칸 기독교 마을 출신으로서 이슬람으로 개종한 소년들을 정기적으로 징집하는 데브시르메 제도*devçirme*를[10] 통해

9 예니체리는 오스만 제국 술탄을 호위하는 상비군으로 정예군단을 구성했으며, 튀르크어로 '새로운 군인'을 뜻한다. 술탄 무라드 1세Sultan Murad I가 창설한 14세기 말부터 술탄 마흐무드 2세Sultan Mahmud II가 1826년 해산할 때까지 예니체리들은 15, 16세기에 그들의 무용으로 높이 평가받았으며, 오스만 제국 내에서 강력한 정치세력이었다. — 옮긴이

10 데브시르메 제도는 기독교인 출신들을 신병으로 모집한 이후 이슬람으로 개종시켜서 예니체리 군대로 훈련을 시키는 제도였으며, 17세기 중반(1648)까지 유지되었다. 1632년

서 구성되었다.

16세기에 잘 다듬은 관료 제도 칼레미예*kalemiye*가 발달하였다. 관료는 주로 두 집단으로 나누어졌다. 한 집단은 적당한 형태로 문서(명령, 법규와 탄원에 대한 답변들)를 작성하고 보전했던 장관들이었다. 다른 한 집단은 과세 대상의 재산을 평가하고 세금이 얼마나 걷혀야 하는지, 어떻게 사용되어야 하는지를 계산하는 재정 기록을 취급하는 장관들이었다. (문서들과 대차 계정 등은 주의 깊게 보전되어 있었고, 이슬람 세계에서 유례없고 서구 세계사에서 매우 중요한 공문서 보관소에 보관되었다. 문서 보관에 대한 체계적인 탐구는 최근 몇십 년 사이에 비로소 시작되었다.)

군대와 정부 최고위 관리들은 디완(궁전 회의)에 정기적으로 참가하였다. 이 회의는 정책을 결정하고, 외국 대사들을 맞아들이며, 규정을 작성하고, 고소 사건을 조사해서 탄원에 응답하고, 특히 권력 남용 문제를 다루었다. 초기에는 통치자가 회의를 주재하였으나, 후에는 수석 장관이 회의를 주재하였다.

이러한 통치 체제는 제국 전역으로 확산되었다. 새로운 영토가 병합되었으며 중요 도시들과 그 주변 지역에 통치자가 임명되었고, 제국 군대의 주둔지가 도시와 주변 지역에 위치했다. 나중에 수많은 군, 즉 산자크*sancak*가 몇 개가 모여서 더 큰 주, 즉 에야레트*eyalet*가 되었다. 주 정부는 중앙 정부의 축소판과 같았다. 지방 정부 통치자는 그의 공들인 가솔들, 장관과 회계관들, 정기적으로 회의를 개최하는 고위 관리들을 거느리고 있었다.

정부 운영은 세금에 의존했고, 세금을 거두는 것은 정부의 주요한 의무

예니체리 반란 이후 1648년 데브시르메 제도가 공식적으로 폐지되면서 튀르크 무슬림 지원병들이 예니체리를 구성했다. 예니체리는 오직 술탄에게만 충성을 바치는 엘리트 계급으로 훈련을 받았다. — 옮긴이

중에 하나였다. 초기에는 주의 깊게 재정 상황을 기록했다. 이 기록들은 공문서 보관소에 보관되었으며, 가솔들과 경작지, 통상적인 수입과 지출 예산에 대한 구체적인 과세액을 포함하였다. 이전 무슬림 국가들처럼 세 종류의 정규 세금이 있었다. 첫째는 지방의 생산물, 즉 농산물, 수산물, 가축에 관한 것이었다. 일부 지역에서는 곡식과 다른 농산물에 대한 세금이 수확의 비율에 따라 할당되었다(원칙적으로 10분의 1이었으나 사실은 훨씬 더 많았다). 다른 일부 지역에서는 세금이 경작지에 부과되었다. 일부 세금은 현금으로 거두었고, 다른 일부는 물품으로, 특히 오랫동안 저장할 수 있는 곡식들에 대한 세금은 물품으로 거두었다. 두 번째는 도시의 경제활동에 대한 다양한 세금과 부과금이다. 시장에서 팔리는 상품에 대한 세금, 가게, 목욕탕과 숙박업소, 제조 활동(직물 짜기, 염색, 가죽 손질)에 대한 세금, 그리고 수입되거나 수출된 상품에 대한 세금이 있고 보수와 유지를 위하여 주요 도로에 부과되는 사용료가 있다. 세 번째는 기독교인이나 유대인들이 지불하는 인두세*jizya*가 있다. 무슬림들은 인두세를 지불하지 않았다. 이러한 정규 세금 이외에도 유사시에 납부하는 임시 세금이 있었다. 제국 초기에 세금은 다양한 목적으로 신중하게 사용되었다. 즉 세금은 통치자 자신과 통치 가문 구성원들에게 일부 배당되었고, 지방 정부(산자크, 에야레트) 통치자들에게 봉급과 경비로, 티마르 보유자들에게 보상금으로 지불되었다. 그러나 17세기경에 이러한 세금 제도는 쇠퇴하고 있었다. 왜냐하면 정부(그리고 특히 군대)의 재정적인 요구가 너무나 막대해서 이러한 방식으로 할당되는 세금 수익으로는 감당할 수 없었다. 그래서 이런 세금 징수 방식은 세금 징수 도급 제도에 의해서 대체되었다. 이 제도에 의해서 상인이건, 관리이건 간에 개인들이 일정한 세금을 걷고, 거둔 세금에 대한 일정 비율을 수수료로 공제한 후에, 나머지 세금을 정부가 결정하는 목적에 사용하도록 보냈다. 17세기 말경에 일부 세금 징수도급 제도는 사실상 개인들의 전유물로 세습되었다.

제국 초기에 정부의 인사권은 대체로 군 사령관들, 제국에 통합된 이전 국가의 통치 집단 구성원들, 도시의 교육받은 주민들이 갖고 있었다. 그러나 16세기경에 인사권자는 주로 통치자의 가솔 출신들이었다. 이들이 장관, 군 사령관, 지방 통치자가 되었다. 통치자의 가솔 구성원은 군대에 새로 충원된 군인 출신, 카프카스에서 데려온 노예 출신, 혹은 이전 통치 가문의 구성원 출신이었다. 정부의 요직을 장악한 사람들의 자제들이 통치자의 가솔로 들어가는 것 역시 가능한 일이었다. 그러나 이들은 출신 성분에 관계없이 모두 통치자의 '노예'로 간주되었다. 이들은 궁궐 근무를 위하여 신중하게 훈련을 받았고, 그다음에 궁전, 군대 혹은 정부에서 승진하였다. 승진은 부분적으로 누가 후원, 즉 인티삽*intisap*하느냐에 달려 있었다. 영향력 있는 관리는 자신과 가문이 같거나, 혹은 결혼, 민족, 그 밖의 것으로 관련된 사람들을 위해서 직책을 마련할 수 있었다. 장관과 재정 관리들이 마드라사에서 기본적인 공식 교육을 받고 나면 마치 도제 제도에 의해서 교육을 받은 것 같았고, 칼레미예(관료 제도)에는 세습적인 요소가 있었다. 아들이 아버지 후임으로 근무했다.

이런 방법으로 통치자는 정부 체제 전반에 대한 지배권을 유지할 수 있었다. 그러나 통치자의 통치 행위는 자신의 능력에 달려 있었고, 17세기 전반기는 통치자의 권력이 약화되었던 시기였다. 통치권의 약화에는 몇 가지 이유가 있다. 그 이유 중의 하나는 화폐 가치 하락과 아메리카의 스페인 식민지들로부터 귀금속이 지중해 지역으로 수입됨으로써 유발된 인플레이션이었다. 이후 정부 권력이 다시 강화되었으나, 정부 형태가 이전과는 달랐다. 수석 장관이 더욱 강력해졌고, 승진으로 가는 길은 통치자의 가솔보다는 수석 장관과 다른 고위 관료들의 가솔에게 더 넓게 열려 있었다. 제국은 독재 정치라기보다는 영향력 있는 관리들의 소수 과두제가 되어 가는 경향이 있었다. 이들은 가솔 내에서 키워진 아싸비야, 공통의 교육, 그리고 종종 혈족관계 혹은 결혼에 의해 연결되었다.

오스만 제국 정부의 활동 조직과 유형은 니잠 알 물크를 비롯한 저술가들에 의해서 표현된 왕권 통치라는 페르시아적인 이상을 반영하였다. 공정하고 현명한 통치자는 다양한 사회 집단으로부터 떨어져 있어 각 사회 집단들의 활동 범위를 조절하고 전체의 조화를 유지하기 위해서 원칙적으로 오스만 사회는 지배자들인 아스케르*asker*(원뜻은 군인들)와 신민들인 레아야*reaya*(원뜻은 양떼)로 뚜렷이 양분되어 있었다. 의미상으로, 지배자들인 아스케르는 고위 관리들, 티마르 소유자들, 정규군·비정규군 등 다양한 무장 군인들을 포함했다. 아스케르는 일종의 인두세인 임시 특별 세금을 면제받았고, 자신들만의 사법 제도를 가졌다. 원칙적으로 아스케르 지위를 가진 사람들만이 정부 내 각료에 임용될 수 있었다. 특히 예니체리 근위병들은 엄격하게 분리된 제도 아래에 있었다. 그들은 복무 중에 결혼을 하거나 상거래를 할 수 없었다. 만약 예니체리들이 은퇴 후에 결혼을 하면 이들의 아들들은 군대에 들어올 수 없었다. 이러한 분리 정책은 군주의 생활에서 드러났다. 즉 군주는 보스포루스가 내려다보이는 언덕 위의 톱카프Topkapi 궁전 내에 분리되었고, 노예들과 하렘 사이에서 살았다. 또 쉴레이만(1520~1566)의 치세 이후 군주는 오스만 가문과 결혼을 하면 너무 많은 권력이 주어질 수도 있기 때문에 결코 이 가문과 결혼할 수 없었다. 이러한 분리정책은 궁정 문화 속에서도 나타난다. 즉 세련된 예절 규범, 아랍어뿐만 아니라 페르시아어에서 차용함으로써 풍부해진 오스만 튀르크어, 그리고 아랍의 종교 문학뿐만 아니라 페르시아의 세련된 문학을 포함한 교육 등이 그러한 궁정 문화이다.

그러나 어떤 경우에는 제도가 지켜지지 않거나 세금을 레아야의 협력 없이 거두었다. 군주와 아스케르는 레아야를 직접 타협해야 할 개인들의 모임이 아니라 다수의 집단들(튀르크어로 타이프*taife* 혹은 제마아트*cemaat*)로 간주하였다. 만약 세금이나 국가에 대한 다른 업무에 관하여 일정한 범주의 신민들과 개별적으로 타협을 해야 할지라도, 신민들은 하나의 단위로 간주되었고, 이들 구성원 중 한 명이 중개자로 선정되었으며, 이 중개자를 통해서 정부는 총체적으로 이들을 다룰 수 있었다. 이 중재자는 통상적으로 정부뿐만 아니라 이 집단에서 수용될 수 있는 사람이었다. 이 중개자는 일정한 도덕적인 태도와 활동에 대한 어느 정도의 자율성을 갖고 있었으며, 정부의 명령과 요구사항을 이 집단에게 전달해 주고 이 집단의 불만과 요구사항을 정부에게 전달해 주기도 하였다. 그는 이 집단이 평화와 질서를 유지할 수 있도록 도왔고, 내부 분쟁과 갈등은 정부 간섭이 필요한 상황에 도달하기 이전에 중재함으로써 해결하였다.

이러한 집단들의 종류는 다양하다. 과세 목적의 지방 행정 단위인 산자크는 더 작은 단위, 즉 작은 읍, 마을 혹은 목축 부족으로 나뉘었다. 도시들은 마할*mahalle*과 하라*hara*라는 구역들로 나뉘었다. 그러나 구역의 크기는 각각 매우 달랐다. 하나의 구역에는 수백 명에서 수천 명의 주민이 거주하였다. 과세와 숙련된 인력을 위하여 상업과 수공업자 단체들이 각각 별개로 조직되었다. 어떤 의례 행사에서 이 단체들은 엄숙하게 행진하기도 했다. 오스만 시대에 이 수공업자 단체들은 중세 유럽의 길드와 거의 비슷해서, 세금을 올리고 숙련된 노동을 제공하는 것 이상의 기능을 했다고 말할 수 있다. 그러나 이들은 오스만 정부가 승인함으로써 구성되었다는 점에서 자급자족할 수는 없었다.

다양한 유대인과 기독교인 공동체들은 특별한 지위를 가졌다. 왜냐하면 그들은 인두세를 지불하면서 자신들만의 사법 제도를 가졌고, 또 정부에 그들의 충성심을 보여줘야 했기 때문이다. 수도와 지방에서, 정부는 각 공동체의 정신적인 지도자에게 일정한 사법적인 재판권을 인정했고 인두세를 수납하고 질서를 유지할 책임을 부여하였다. 이러한 방식으로 비무슬림들이 정치 체제로 통합되었다. 비무슬림들이 정치 체제에 완전히 통합된 것은 아니지만, 비무슬림 개인은 권력이 있거나 영향력 있는 지위에 오를 수도 있었다. 유대인들은 16세기에 재정적인 업무에서 중요했다. 17세기 말경에는 그리스인들이 수석 장관의 수석 통역사가 되었고, 루마니아의 발라키아Wallachia와 몰다비아Moldavia의 통치자가 되었다. 비무슬림들이 고립되거나 압박을 받으며 산 것 같지는 않다. 그러나 비무슬림들은 상업이나 수공업 단체에 속해 있었고 예배와 교육은 제한된 범위 내에서 자유였다. 비무슬림은 대부분 경제 활동을 할 수 있었다. 유대인들은 은행가로서 중요했고, 그리스인들은 해상 무역에서 중요했다. 16세기경에 아르메니아인들이 이란산 비단 무역에서 중요해지기 시작했다.

오스만인들과 이슬람 전통

파샤*padishah* 혹은 술탄이라는 오스만 통치자의 호칭은 왕권이 페르시아 전통과 연결되어 있음을 의미했다. 그러나 오스만 통치자는 이슬람 전통의 계승자이기도 했고, 이슬람 용어로 합법적인 권위를 행사할 수도 있었다. 이런 양면성은 공식적인 문서들에서 사용된 호칭들에서 나타난다.

> 폐하, 승리의 술탄 그리고 성공한 술탄, 신이 도와주는 통치자, 통치자의 속옷은 승리다, 파샤의 영광은 하늘만큼 높다, 별과 같은 왕 중의 왕, 왕실 수장의 왕관, 하나님의 그림자, 왕정의 절정, 행운을 가져오는 책의 정수, 정의의 기준선, 넘쳐흐르는 존엄의 전형, 자비심과 자애의 바다, 고귀한 보석, 기념비적인 용감함의 원천, 행운의 발광체, 이슬람의 전형을 세우는 사람, 시간의 흐름 위에 선

정의의 사도, 두 대륙과 두 바다의 술탄, 두 동양과 두 서양의 통치자, 두 성지의 관리자, 인간과 진jinns(영혼)의 사도, 술탄 무함마드 칸Sultan Muhammad Khan.[11]

오스만인들은 때때로 칼리파라는 호칭을 사용했다. 그러나 당시에 칼리파라는 호칭이 이전 시대의 칼리파들이 소유한 것으로 인식되었던 보편적이거나 독점적인 권위를 수반한 것은 아니었다. 차라리 그 호칭은 오스만 술탄이 지역 통치자 그 이상이며, 종교가 승인하는 목적을 위하여 그의 권력을 사용한다는 것을 의미했다. 때때로 오스만 저자들은 술탄이 이슬람 세계에서 우월한 지위인 '고귀한 칼리파'라고 주장했다.

오스만인들은 이슬람 영역을 방어하고 확장하기도 했다. 오스만인들은 몇몇 방향에서 위협에 직면했다. 동쪽에는 이란의 사파비들이 있었다. 아나톨리아와 이라크에 대한 지배권을 놓고 오스만인들과 사파비들의 투쟁은 점차 종교적인 색채를 띠었다. 사파비들이 왕조의 공식적인 종교로서 쉬아주의를 선언했다. 반면 오스만인들은 확장된 제국이 고도로 발달된 이슬람 도시문화의 주요 중심지들을 포함했기 때문에 더욱더 엄격한 순니가 되었다. 나머지 방향에 기독교 유럽 강국들이 있었다. 비잔틴 제국은 1453년에 콘스탄티노플이 함락되면서 소멸되었다. 정교 국가가 러시아 지역에서 성장하면서 비잔틴 제국의 계승자임을 주장하였다. 그러나 이 국가는 17세기 말까지는 흑해를 향하여 남쪽으로 전진하지 못했으므로 오스만 제국에 대한 중요한 도전 세력은 아니었다. 반면 북서 지중해 유역의 세 가톨릭 열강들이 오스만 제국에 대한 주요한 도전 세력들이었다. 스페인, 남부로 팽창하여 이탈리아로 들어가는 신성 로마 제국, 동부 지중해 식민지들을 가지고 있는 베네치아 등이 그들이다. 16세기 동안 오

11 Quoted in T.W. Arnold, *The Caliphate*, new edn (London, 1965), p.203.

스만 제국은 서부 지중해와 마그립에 대한 지배권을 놓고 스페인과 투쟁 중에 있었고, 동부 지중해의 섬들에 대한 지배권을 놓고 베네치아와 투쟁하였고, 도나우 유역에 대한 지배권을 놓고 신성 로마 제국과 투쟁하였다. 16세기 말경에 다소 안정된 국경선이 만들어졌다. 스페인은 서부 지중해를 장악했으나 마그립 해안에 있는 오직 몇몇의 작은 지점들을 장악했을 뿐이다. 오스만인들은 도나우 유역 헝가리까지 지배했다. 베네치아는 키프로스와 다른 섬들을 잃었지만 크레타를 보유하였다. 이러한 균형은 17세기 동안에 일부 변경되었다. 오스만인들이 베네치아 최후의 전초기지였던 크레타를 정복하였으나, 신성 로마 제국에게 헝가리를 빼앗겼고, 칼로비츠 조약the Treaty of Carlowitz(1699)으로 끝난 전쟁에서 유럽의 다른 지역들도 상실하였다.

술탄은 이슬람 영역의 방어자일 뿐만 아니라 성지들, 즉 히자즈에 있는 메카와 메디나, 팔레스타인에 있는 예루살렘과 헤브론의 수호자이기도 했다. 술탄은 메카와 메디나의 통치자로서 두 성지의 관리자라는 자랑스러운 호칭을 가졌다. 또한 술탄은 순례자들이 메카와 메디나 성지들로 가는 주요 통로들을 지배하였다. 매년 순례자들을 조직하고 지도하는 것은 술탄의 주요 임무 중의 하나였다. 성지 순례는 크게 격식을 차려서 실행하는 중요한 공식 행사였으며, 무슬림 세계의 심장부에서 오스만의 주권을 주장하는 연례행사였다.

매년 수천 명의 무슬림들이 전 이슬람 세계에서 메카와 메디나 성지를 순례했다. 1814년 순례 동안에 메카를 방문한 유럽 여행객은 약 7만 명 정도의 순례자들이 그곳에 있었다고 추정하였다. 순례자 단체들은 예멘에서는 직접, 중앙아프리카에서는 수단의 항구를 경유하여, 이라크에서는 중앙 아라비아를 통과해서 메카와 메디나로 들어갔다. 그러나 가장 대규모로 조직된 대상 순례단은 카이로와 다마스쿠스에서 들어갔다. 두 순례단 중에서 오스만 시대에는 다마스쿠스의 순례단이 훨씬 더 중요하였다. 왜냐하면 다마스쿠스는 중요한 육로로 이스탄불과 연결되었고 더욱 확고하게 통제될 수 있었기 때문이다. 매년 술탄이 임명한 특사가 이스탄불을 떠나서 다마스쿠스로 갈 때, 순례를 준비하는 고위 관리들과 오스만 가문 구성원들을 대동하였다. 이때 특사는 메카와 메디나 주민들을 위한 돈과 식량인 수라*surra*[12]를 운반했다. 수라의 일부는 신성한 목적으로 헌납된 제국의 와끄프(종교 재단 재산)의 수익으로 마련된 것이었다(18세기까지 수라는 바다를 통해서 이집트로 보내져서 카이로 순례단이 운반했다). 술탄이 보낸 특사 일행은 다마스쿠스에서 그곳 통치자가 조직한 대상 순례단과 합류했다. 이 순례 행렬은 지도자로서 임명된 고위 관리인 아미르 알 핫즈*amir al-hajj*가 이끌었다. 18세기 초부터 다마스쿠스 통치자 자신이 이 관직을 장악하였다. 이후 오스만 시대 최후에, 새로운 교통수단이 순례 행렬을 조직하는 방법을 변화시키기 직전, 영국 여행자 다우티C. M. Doughty는 다마스쿠스에서 출발하는 순례 행렬을 다음과 같이 설명하였다.

> 새로운 여명이 밝아오고 우리는 아직 이동하지 않았다. 아침이 밝아오고 텐트를 걷었다. 낙타들은 모두 한 곳으로 모아서 운반해야 할 짐 옆에 정지시켰다. 우리는 올해의 순례 여행 시작을 알리는 대포 소리를 듣기 위하여 기다렸다. 10시경에 우리는 출발 신호를 알리는 총소리를 들었다. 그리고 그때 질서 정연하게 들것들이 들려져서 준비하고 있던 짐승들 위에 팽팽히 매여졌다. 짐들은 꿇어앉은 낙타 위에 놓여졌고, 대상 지역에서 태어난 수천 명의 기수들이 말없이 올라탔다. 모두 일어서고, 마부들은 서 있거나 마지막 순간까지 휴식을 취하기 위하여 앉아 있었다. 마부들은 쓰러질 지경임에도 불구하고, 다른 야영지와 텐

---

12 순례 시 메카와 메디나의 빈곤층에게 나눠주는 희사금 혹은 재물. — 옮긴이

트의 고용인들과 함께 맨발로 300개의 단체를 태워 실어 날라야만 했다. 그리고 녹초가 된 발로 걷기 시작했다. 두 번째 총이 발사된 잠시 후에 파샤Pasha의[13] 들것이 앞으로 나아가고 그를 뒤따라서 대상 행렬이 간다. 우리 앞에 긴 행렬이 펼쳐질 때까지 15분이나 20분 이상 우리는 맨 뒤에서 자리를 잡고 멈추어야만 한다. 마침내 우리는 우리의 낙타를 두드리고 거대한 순례 행렬이 움직인다.[14]

순례자들은 엄숙한 행렬로 다마스쿠스에서 순례를 시작하면서 수놓은 천으로 덮인 나무 구조물인 마흐말*mahmal*과 다마스쿠스의 성에 간직되었던 예언자의 깃발을 운반했다. 순례자들은 메카에 도착할 때까지 휴식처를 따라서 이동했고, 요새와 수비대, 식량을 제공했다. 한때 다마스쿠스의 통치자가 순례 행렬 전체에 대한 총체적인 관리를 하는 것으로 간주되었다. 순례 대상을 조직하고 이끄는 것은 실제로 그의 가장 중요한 임무 중의 하나였고, 순례 대상이 필요로 하는 경비는 다마스쿠스와 다른 시리아 지방의 세입에 주로 의존했다. 카이로에서 출발한 대상도 중요했다. 카이로 대상 순례단은 이집트인들뿐만 아니라 육로나 해로로 이집트로 온 마그립 순례자들을 포함했다. 아미르 알 핫즈가 이끄는 카이로 대상 순례단은 마흐말과 카으바 신전의 외벽을 덮을 검은 색 천인 키스와*kiswa*를 운반하였으며, 시나이와 서부 아라비아를 통과해서 메카로 들어갔다. 카이로 대상은 성지로 가는 통로 위의 부족들을 위해서 기부금을 가져왔다. 그러나 때때로 일부 대상에 대한 부족민들의 공격을 막는 것은 불가능했다. 왜냐하면 베두인들의 보조금이 이미 바닥났거나, 혹은 가뭄 때문에 베두인들이 대상의 물을 탈취했기 때문이다.

---

13 오스만 제국의 정치 제도에서 높은 신분을 가리킨다. 영국의 '경'lord과 비슷하다. — 옮긴이

14 C. M. Doughty, *Travels in Arabia Deserta*, new edn (London, 1921), pp.6-8.

샤리아를 유지하는 것은 무슬림 통치자들의 가장 근본적인 의무이며, 무슬림 주민들과 통치자의 동맹을 표현하고 강화시키는 것이었다. 오스만 시대에 샤리아를 보존했던 기구들은 이전보다 통치자와 더 밀접한 동맹 관계를 형성하게 되었다. 오스만인들이 좋아하는 법학파는 하나피였고,[15] 정부는 그 법학파를 운영하는 판관들을 임명하고 임금을 지불하였다. 오스만인들은 정치적인 정치 군부politico-military와 관료 집단과 유사한 관선官選 울라마 집단을 창설하였다. 다른 집단들 내에 있는 지위와 동등한 가치가 있었다. 이들 관선 울라마는 제국의 운영에서 중요한 역할을 하였다. 이 울라마들의 수장에 두 명의 군대 재판관 카디아스케르*kadiasker*가 있었는데, 그들은 술탄의 디완(궁전 회의)의 구성원들이었다. 군대 재판관들 바로 밑에 대도시들의 까디들이 있었고, 까디들 바로 밑에 다시 더 작은 도시들과 지역들의 까디들이 있었다. 사법적인 목적 때문에 지방은 까디가 거주하는 구역들*qada*로 각각 나뉘어 있었다. 까디의 기능은 사법적인 것 이상이었다. 까디는 주민들의 사건을 다루면서 분쟁에 대한 합의를 이끌어 내고 판결하였다. 까디는 샤리아에 부합해서 재정적인 업무, 즉 판매, 대부, 선물, 계약 등을 기록하였다. 까디는 상속 재산을 다루었고, 샤리아 규정과 일치해서 상속인들 사이에서 토지를 분할하였다. 까디는 또한 술탄과 통치자들이 명령과 선언문을 발표하도록 하는 중재자였다(다양한 종류의 이러한 문서들은 까디 법정의 공문서에 주의 깊게 등록되고 보관되었다. 이 문서들은 오스만인들이 통치하던 영역의 행정과 사회 역사에 대한

15 아부 하니파Abu Hanifa an-Nu'man ibn Thabit(699~767)는 최초로 이슬람법을 종합하여 체계화한 사람이며 하나피 법학파를 창시하였다. 순니 이슬람 법학파들은 법률실행의 기준으로 꾸란, 하디스, 합의*ijma*, 유추*qiyas*(이성적 판단)의 순서를 따른다. 순니 이슬람 4대 법학파인 하나피, 한발리, 말리키, 샤피 중에서 하나피가 가장 오래되었다. 오스만 제국과 무갈 제국이 공식적으로 채택했던 하나피가 오늘날 세계적으로 가장 광범위하게 퍼졌다. — 옮긴이

가장 중요한 자료이다. 이제 역사가들은 이 문서들을 이용하기 시작한다).

오스만 정부는 하나피 무프티들을 임명하여 법을 해석하도록 하였다. 무프티들의 수장은 이스탄불의 무프티인 셰이크 알 이슬람*shaykh al-islam*이고, 술탄의 종교적인 조언자로서 활동했다. 이스탄불 무프티는 전체 종교 서열에서 가장 높은 사람으로 간주되었다. 그는 술탄 디완의 구성원인 고위 관료가 아니기 때문에 권력자들을 억제하고 견책할 수 있는 권력과 판단의 자유를 확보할 수 있었다.

합법적인 계급 조직에서 고위직에 임명된 사람들은 제국 학교들, 특히 수도에 있는 학교들에서 교육을 받았다. 15세기에 콘스탄티노플을 정복했던 술탄 메흐메트 2세가 대규모의 학교 복합 단지를 건설하였다. 16세기에 또 하나의 학교 복합 단지가 '위대한 인물' 쉴레이만에 의해서 창설되었다. 유럽의 자료들은 그를 '위대한 인물'the Magnificent이라고 불렀다. 사실상 재직 중인 모든 고위 관리들은 이 학교 졸업생이었다. 이와 같이 다른 부분에서도, 시간이 지남에 따라서 후원과 세습적인 요소가 더욱 중요해졌다. 고위 관리의 아들들은 승진 과정에서 단계를 뛰어넘도록 허용되었다. 관선 울라마로 근무하기 위해서 교육받은 사람들은 후원이나 다른 방법으로 관료로 이동할 수도 있고, 정치 군부로 이동할 수도 있었다.

원칙적으로 술탄은 샤리아를 유지하기 위하여 그의 권력을 사용했다. 법(샤리아)을 집행하는 사람들은 아스케르로 간주된 통치 엘리트들이며, 재정 · 사법상의 특권 소유자들이었다. 예언자의 후손으로 인정된 사이드 가문*sayyids*이 있었다. 사이드 가문 구성원들의 이름은 그 구성원들 중의 한 사람이 보존하는 명부에 올려졌다. 각 주요 도시에서 이 명부를 보존하고 있는 사람들은 각각 술탄이 임명한 '귀족 사령관', 나낍 알 아슈라프*naquib al-ashraf*였다. 이스탄불에 있는 사이드 가문의 수장인 나낍*naquib*은 제국의 위대한 명사였다.

실제로 샤리아는 단지 제국의 법만을 뜻하는 것이 아니다. 이전의 통치자들처럼 오스만 술탄은 그의 권위를 유지하고 정의가 실행된다는 것을 보증하기 위하여 명령을 내리고 법규를 공포하는 것이 필요하다는 것을 깨달았다. 통치자들이 샤리아 범위 내에서 권력을 행사하는 한, 술탄은 샤리아가 통치자들에게 명령을 내리고 법규를 공포할 수 있는 권력을 부여한다고 주장했다. 모든 무슬림 통치자들은 규칙을 공포하고 결정을 하였다. 그러나 오스만 체제에서 특별한 것처럼 보이는 것은 법체계 카눈나메*kanun-name*로 구체화된 축적된 전통을 형성했기 때문이다. 이 법들은 보통 오스만 전통에서 입법자 카누니*Kanuni*로서 알려진 메흐메트 2세나 쉴레이만의 이름과 연관되어 있다. 이 법들은 종류가 다양했다. 이 법들 중의 일부는 정복한 다양한 지역의 전통적인 세금 제도들을 정리하였다. 다른 법들은 범죄 문제를 다루었고, 정복 지역의 법과 관습을 오스만 단일법으로 수용하려고 시도하였다. 또 다른 법전들은 정부 내에서의 승진 제도, 왕실 의례, 통치 가문의 업무와 관계되었다. 까디들이 이러한 법을 집행하였으나 더욱 중요한 범죄, 특히 국가의 안보와 관계되는 범죄는 술탄이나 지방 통치자들의 디완에서 판결했다. 시간이 흐른 후에 이런 형법 관례는 폐기된 것처럼 보인다.

아랍 지방의 정부

오스만 제국은 유럽, 아시아, 아프리카의 강국이었으며, 이 세 대륙에 보호해야 할 중대한 이해관계가 있었고 싸워야 할 적들이 있었다. 오스만 제국은 통치 기간 내내 동부와 중부 유럽으로 통치 영역을 확장하고, 이 지역들을 지배하는 데 막대한 자원과 에너지를 투자하였다. 이곳에는 많은 오스만 제국의 주민이 거주하고 있었으며, 이 유럽 지역은 막대한 수익을 제공하였다. 17세기 말 이후 오스만 제국이 보유한 중·동부 유럽은 서쪽으로부터 팽창해오는 오스트리아와 북쪽으로부터 팽창해오는 러시아를 흑해 주변 지역에서 저지하는 것과 관계되었다. 이와 같이 오스만 제국이 발칸 반도와 아나톨리아 경영에 몰두해 있는 상황에서 제국 내 아랍 지역의 위상이 이해되어야만 한다. 그러나 아랍 지역은 그 자체로도 중요했다. 서쪽의 알제는 스페인의 팽창을 막아내는 견고한 지점이었고, 동쪽의 바그다드는 사파비 왕조에 대항하는 견고한 지점이었다. 이때까지 시리아, 이집트, 히자즈는 외국 열강들의 위협에 노출되지 않았다. 16세기에는 홍해로 해군력을 확장하려던 포르투갈인들의 시도가 중지되었다. 시리아, 이집트, 히자즈는 다른 측면에서 중요했다. 이집트와 시리아의 세입은 오스만 제국 예산의 주요 부분이었고, 이 지역들은 메카로 가는 연례 순례자들이 집합했던 장소이기도 했다. 오스만 제국은 성지인 메카와 메디나를 소유함으로써 다른 무슬림 국가가 갖지 못한 일종의 합법성을 부여받았고, 이슬람 세계가 주목하기를 원했다.

그러므로 술탄 정부가 아랍 지역을 통치하는 것은 중요했다. 술탄 정부가 아랍 지역을 통치하는 데는 다양한 방법이 사용되었다. 이스탄불로부터 너무 멀리 떨어져 있어 오스만 제국 군대를 정규적으로 파견할 수 없는 아랍 지역들이 있었다. 이렇게 멀리 떨어진 지역들을 통치하는 방법은 더 가까이 있는 지역이나 거대한 제국의 통행로에 있는 지역에 대한 통치 방법과 똑같을 수는 없었다. 처음 정복한 이후에 시기에 따라 다양한 정부 체제들이 중앙의 통제와 지방 세력들 사이의 세력 균형을 변화시키면서 성장했다.

시리아의 영역인 알레포, 다마스쿠스 그리고 트리폴리는 오스만 제국의 직접 통치를 받아야만 했다. 이 지역들은 세입 때문에 중요했다. 알레포는 국제 무역 체제에서, 다마스쿠스는 순례 행렬이 조직되는 중심지들 중의 하나로서, 예루살렘과 헤브론은 성지들로서 중요한 위치를 차지했다(예루살렘은 예언자가 밤에 하늘로 올라갔다고 믿어지는 곳이며, 헤브론은 조상 아브라함의 무덤이 있는 장소다). 이스탄불 정부는 아나톨리아와 연결되는 육로와 해로를 통해서 직접적인 통제권을 확보할 수 있었다. 그러나 통제 방법은 대도시, 그 주변의 곡창지대와 해안의 항구들로 제한되었다. 산악과 사막의 통치는 지형 때문에 더욱 어려웠고, 세입 산출의 비중 면에서도 덜 중요했다. 만약 지방 군주들이 세금을 거두어 운송하고 상업 도로와 군대가 통과하는 도로를 위협하지 않는다면, 오스만 제국 정부는 지방 군주 가문을 충분히 승인하였다. 같은 방법으로 시리아 사막의 유목 부족장들과, 순례자들이 메카로 가는 노상에 있는 유목 부족장들도 오스만 제국 정부로부터 공식적인 승인을 받았다. 서로 다른 가문들끼리 혹은 같은 가문의 구성원들끼리 싸우도록 만드는 분열 지배 정책은 일반적으로 제국과 지방의 이해관계에서 균형을 유지하기에 충분하였다. 그러나 때때로 그런 정책은 위협을 받을 수 있었다. 17세기 초기에 알레포의 반체제 통치자와 레바논의 슈프 산악 지방에 있는 우세한 군주였던 파크르 알 딘 알 마아니Fakhr al-Din al-Ma'ni는 이탈리아 통치자들로부터 약간 고무되어 잠시 동안 오스만 제국 권력에 도전할 수 있었다. 파크르 알 딘은 결국 체포되어 처형되었고, 그 후 오스만인들은 레바논 군주들을 감시하기 위하여 사이다Sayda를 수도로 한 네 번째 주를 설립하였다.

이라크는 주로 이란의 침략을 막아내는 요새로서 중요했다. 관개 시설이 쇠퇴하고, 유프라테스 강의 동쪽뿐만 아니라 유프라테스 강과 티그리스 강 사이에 있는 광대한 지역이 유목 부족과 그 부족장의 지배하에 들어간 이후 지방의 부는 많이 감소하였다. 오스만 제국의 직접 통치는 대체로 바그다드와 주요 도시들로 제한되었다. 바그다드는 이란과의 국경

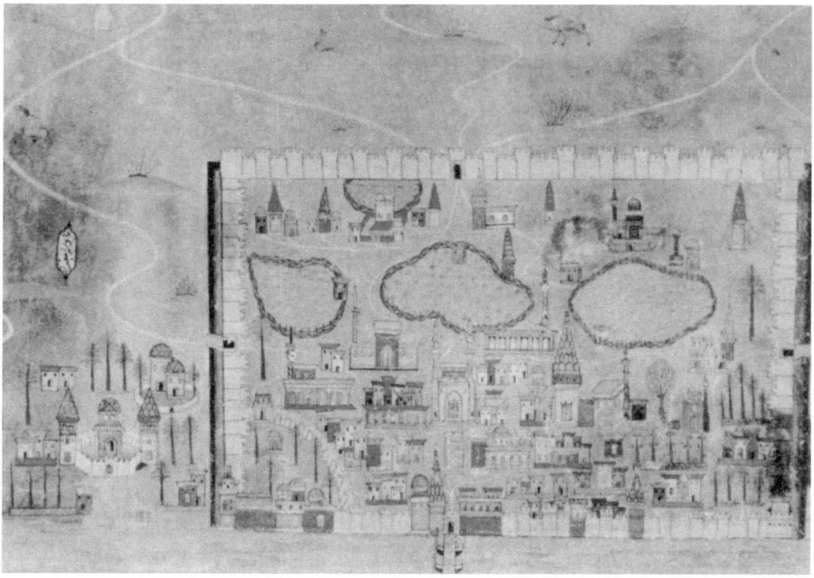

16세기 바그다드의 동부. 티그리스 강의 배다리와 성벽 밖의 아부 하니파의 무덤

선 방어를 위한 중심지이며, 주요 도시들은 이스탄불에서 바그다드에 이르는 노상에 있는 도시들, 특히 티그리스 강 상류의 모술로 제한되었다. 북서쪽에 거주하는 몇몇 쿠르드 가문들은 지역 통치자나 혹은 세금 징세관으로서 인정받았으며, 이들은 이란인들과의 경계를 방어하도록 중앙 정부로부터 위임받았다. 샤흐리조르Shahrizor 지역의 오스만 제국 통치자는 이란인들에 대한 어느 정도의 지배권을 계속해서 행사했다. 포르투갈과 네덜란드가 걸프를 위협하고 있을 때, 남부 바스라는 해군 기지로서 중요했다. 그러나 그 후 그곳의 오스만 해군은 약화되었다. 오스만 제국의 통치 체제에도 약점이 있었다. 쉬아의 성지들인 나자프와 카르발라는 이란의 쉬아 중심지들과 밀접한 관계를 맺고 있었으며, 쉬아주의가 주변 지역에 전파되는 중심지들이었다.

시리아처럼 이집트도 전략적, 재정적, 종교적 이유 때문에 중요하였다. 이집트는 동부 지중해 지배를 위한 오스만 제국의 전략 거점들 중 하나였다. 또한 이집트는 막대한 세입을 제공하였고, 고대 이슬람 문명의 중심지였으며, 성지 순례단이 조직되는 곳이기도 하였다. 그러나 오스만 제국이 이집트를 장악하는 것은 시리아를 장악하는 것보다 더 어려웠다. 왜냐하면 이집트는 이스탄불로부터 멀리 떨어져 있고 시리아를 통과하는 육로도 길었기 때문이다. 한 걸음 더 나아가 이집트는 독립적인 권력의 핵심을 유지할 수 있는 자원을 갖고 있었다. 부유한 농촌에서는 정부가 사용하기 위한 풍부한 잉여 농산물이 생산되었고, 대도시는 수도로서 오랜 전통을 갖고 있었다. 초기부터 오스만 정부는 카이로 통치자에게 너무 많은 권력을 주는 것을 꺼렸다. 카이로 통치자는 빈번히 교체되었고 그의 권력에는 많은 제한이 가해졌다. 오스만인들은 이집트를 정복하면서 몇몇 군대를 창립하였다. 이 군대들은 17세기 무렵에 이집트 사회로 흡수되었다. 군인들은 이집트 가문들과 결혼하였고 상업이나 수공업에 종사하였다. 이집트인들은 군인이 될 권리를 획득했다. 군 사령관들은 이스탄불에서 파견되었으나, 다른 장교들은 이집트 사회와 연대감을 가진 이집트 지방의 오스만인들이었다.

같은 방법으로 일부 맘루크 집단 사이에서 연대감이 형성되었다. 오스만인들이 카이로를 점령하였을 때, 오스만인들은 전임 맘루크 군부 엘리트 중 일부를 오스만 정부 체제 안으로 흡수하였다. 이 맘루크들이 카프카스 출신의 신병을 수입함으로써 그들의 가솔을 영속시켰는지, 혹은 군 장교들이 신병을 모집하고 훈련시키는 것과 비슷한 어떤 조직망을 통해서 새로운 가솔들을 창출하였는지는 분명하지 않다. 그들의 기원이 무엇이든지 간에 17세기경에 카프카스와 그 밖의 다른 곳 출신의 군 맘루크 집단이 출현하였다. 이 맘루크들은 정부 내에서 충분한 세력을 확보하여 몇몇 중요한 관직을 장악하고 이집트 도시와 농촌의 부를 대부분 통제하였다. 1630년경부터 맘루크 가솔들은 지배권을 장악하였다. 1660년대에

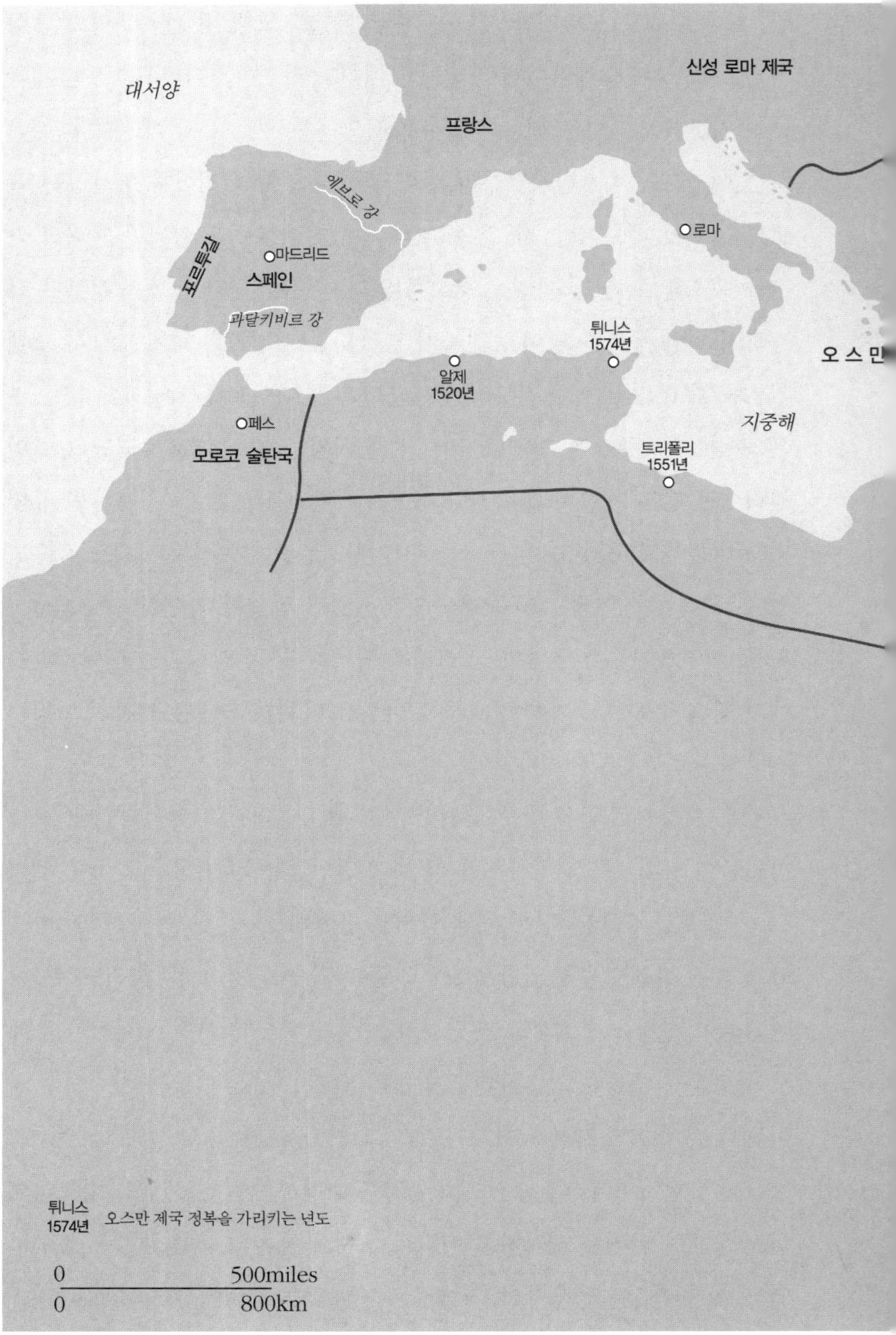

8. 17세기 말엽 오스만 제국

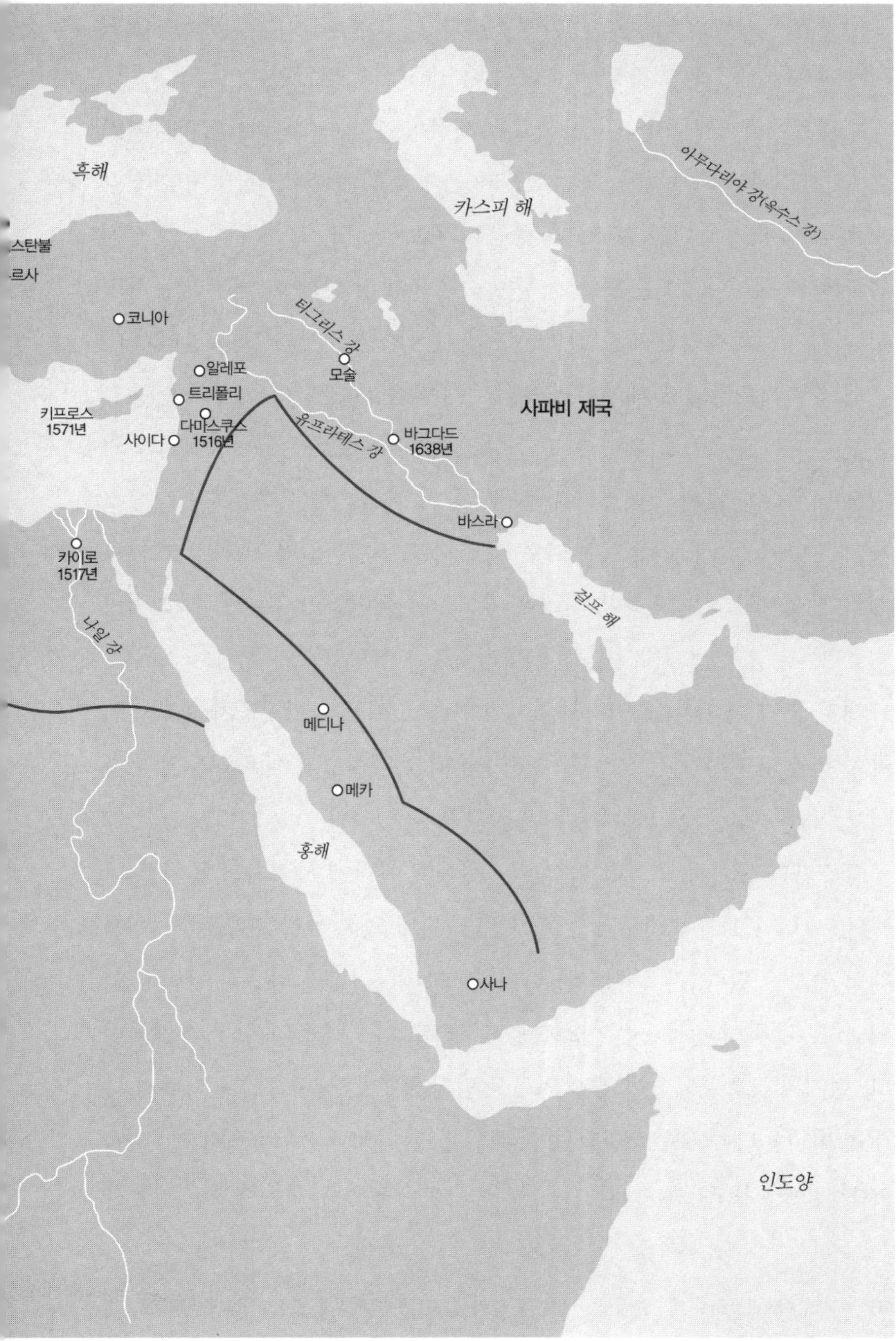

흑해
카스피 해
아무다리야 강(옥수스 강)
스탄불
르사
코니아
티그리스 강
알레포
모술
트리폴리
키프로스
1571년
다마스쿠스
1516년
사이다
사파비 제국
유프라테스 강
바그다드
1638년
바스라
카이로
1517년
걸프 해
나일 강
메디나
메카
홍해
사나
인도양

통치자들이 지위를 회복할 수 있었으나, 17세기 말에 오스만 정부군인 예니체리 고위급 장교들에 의해서 다시 한 번 도전을 받았다.

이집트에서 권력 이양이 시작되어 제국의 주변부 지역들로 확장되었다. 히자즈에서는 오스만 중앙 정부가 통치자를 젯다Jidda 항구에 파견함으로써 이 항구에 대한 지배권을 충분히 확보하였다. 그런데 히자즈 성지인 메카와 메디나에서는 오스만 성지 순례단이 일 년에 한 번씩 방문하면서 지배권을 주장하는 것으로 만족하였다. 오스만 정부의 고위 관리가 이 순례단을 지휘하였고 메카와 메디나 주민들과, 순례단이 지나가는 통로에 거주하는 부족들을 위한 보조금 등을 가져다주었다. 메카와 메디나 지역은 너무나 가난해서 이스탄불에 세금을 낼 수 없었고, 긴밀하게 상설로 통치를 받기에는 거리상으로 너무 멀고 다루기 힘들었다. 따라서 메카와 메디나 성지의 지방 정권은 샤리프 가문이나 예언자의 후손 중에서 임명되었다. 더 남쪽 예멘에서는 통치의 지위조차 상설로 유지하기 어려웠다. 17세기 중엽 이후에는 커피 무역이 증가하는 해안의 항구조차 오스만인들이 진출하지 않았다. 오스만 세력이 물러갔기 때문에 새로운 노선의 자이드 이맘들이 산악 지대에서 기반을 잡을 수 있었다.

오스만의 통치하에 있던 마그립은 처음에는 알제 통치자의 통치를 받았다. 그러나 1570년대부터는 트리폴리, 튀니스, 알제를 수도로 하는 세 개의 주가 있었다. 각 주에 전형적인 오스만 주 정부가 다음과 같이 구성되었다. 각 주의 총독들은 이스탄불로부터 그의 가솔들과 함께 파견되었고, 현지의 오스만인들이 행정 업무를 담당했으며, 상비군인 예니체리 부대는 아나톨리아에서 충원되었고, 하나피 까디(현지 주민들 대다수가 말리키들[16]임에도 불구하고)가 있었다. 해군은 이슬람으로 개종한 유럽인들을

16 말리키 학파는 하나피, 한발리, 샤피와 함께 순니 이슬람 4대 법학파를 구성하며, 전

포함하여 다양한 지역에서 충원되었고, 오스만 술탄이나 지방 통치자들과 전쟁 중에 있는 유럽 국가들의 상선을 상대로 해적질을 하였다.

그러나 1세기 내에 중앙 정부와 지방 세력들 사이의 세력 균형은 지방 세력들에게 유리하게 변하기 시작하였다. 트리폴리에서 예니체리들이 17세기 초에 사실상의 권력을 장악하였다. 예니체리들의 대표로 선출된 데이*dey*가 통치자와 권력을 공유하였다. 그러나 통치자의 권력은 불안정하였다. 트리폴리에서 광범위하고 영구적인 행정과 군대를 유지하는 것은 생활 규모상 불가능했다. 도시들은 규모가 작았으며, 정착생활의 문명화된 지방은 한정되어 있었다. 정부가 해군 사령관을 통제하는 것은 거의 불가능하였고, 해군들의 해적질은 유럽 해군들로 하여금 한 번 더 트리폴리를 포격하도록 만들었다.

튀니스에서 오스만의 직접 통치는 매우 짧은 기간 동안 지속되었다. 16세기 말 이전에 예니체리의 하급 장교들이 반란을 일으켰고, 협의회를 구성해서 통치자와 권력을 공유하는 지도자인 데이를 선출했다. 17세기 중엽에 서열 3위인 베이*bey*는[17] 농촌 지역 세금 징수를 담당했던 예니체리군을 지휘하면서 권력의 일부를 장악했다. 18세기 초에 베이들 중의 한 사람이 베이 왕조인 후세인 왕조Husaynids를[18] 창립할 수 있었다. 베이들과 그들의 정부는 지방의 기반을 수립하고, 상당히 크고 부유하고 중요한 도시

세계 무슬림들 중 약 15퍼센트를 차지한다. 순니 이슬람 법학파들은 법률실행의 기준으로 꾸란, 하디스, 합의, 유추(이성적 판단)의 순서를 따른다. 대다수의 말리키는 북아프리카와 서아프리카에 위치한다. — 옮긴이

17 베이는 변방의 영주 혹은 중앙에서 파견된 총독을 지칭한다. — 옮긴이

18 후세인 왕조(1705~1881)는 1705년에 튀니지 지역에서 창설되었으며, 이 지역에서 1881년 프랑스가 오스만 제국을 대체할 때까지 유지되었다. 18세기경에 북아프리카의 군부 지도자들은 이스탄불의 술탄으로부터 반半독립적인 상태를 유지하면서 거의 간섭을 받지 않았다. — 옮긴이

인 튀니스의 주민들과 이해관계 동맹을 창출하는 데 성공하였다. 중요한 정치적 군부 직책들은 대개 체르케스Circassian와 그루지야Georgian 맘루크 엘리트들과 이슬람으로 개종한 일부 그리스인들, 그리고 서유럽인들의 수중에 있었다. 이 사람들은 모두 베이의 가솔로 훈련을 받았다. 그러나 엘리트들은 상호 결혼이나 다른 방법을 통해서 보다 분명하게 튀니지인이 되려고 하였으며, 현지 튀니지 가문들은 장관직이나 행정관직을 장악했다. 튀르크-튀니지인 통치 엘리트와 영속적인 지방 가문들은 지방 통치와 잉여 생산물에 대한 관리에 공동의 이해관계를 갖고 있었다. 쉽게 접근할 수 있는 비옥한 평야지역 사힐은 광대했고, 베이는 평야지역에 대하여 연간 세금을 징수하는 지방 군대를 가지고 있었다. 정부와 도시는 해적 활동에 대한 공통의 관심을 갖고 있었다. 해적 선장과 선원들은 주로 유럽인 개종자들이거나 오스만 제국의 동부 지역 출신들이었다. 그러나 부분적으로는 지방 정부와 튀니스의 부유한 가문이 해적선을 제공하고 장비를 갖추게 하였다.

마그립 오스만 세력의 세 중심지인 트리폴리, 튀니스, 알제 중에서 알제가 가장 중요하였다. 알제는 스페인이 팽창하던 시기에 오스만 술탄이 견고한 서부 변경 초소를 유지하는 데 필수적인 지역이었다. 스페인의 주요 관심지역이 지중해로부터 아메리카 식민지로 옮겨갔을 때조차 마그립 해안의 항구들은 여전히 스페인이 장악하고 있었다. 오랑은 1509년부터 1792년까지 대부분을 스페인의 통치하에 있었다. 알제는 서부 지중해에서 오스만 제국의 이익을 수호하고 전쟁의 시기에 유럽 상선에 대항해서 해적질을 했던 오스만 해군 기지였다. (유럽 국가들도 똑같이 해적질을 했고, 포획한 알제리인들을 배 안에서 노예로 부렸다.) 알제는 또한 예니체리군의 중요한 기지였고, 아마도 이곳의 예니체리군의 규모는 이스탄불을 제외하고는 오스만 제국 내에서 가장 컸을 것이다. 알제의 통치자는 이 강력한 군대를 이용해서 마그립 전역에 대한 영향력을 행사할 수 있었다. 그러나 이곳 역시 세력 균형이 변했다. 17세기 중반 무렵 권력은 공식적으로 이스탄불이 파견한 통치자의 수중에 있었고, 이 통치자는 몇 해마다 교체되었다. 그러나 해군 사령관은 이 통치자의 통제를 거의 받지 않았다. 예니체리들은 통치자가 세금을 징수해서 자신들의 봉급을 지불할 수 있을 때에만 복종하였다. 17세기 중반 무렵 고위 예니체리 장교 위원회는 세금 징수를 통제할 수 있었다. 장교들은 세금을 징수하고 자신들에게 적당한 봉급을 지급할 수 있는 데이를 선출할 수 있었다. 18세기 초에 이러한 과정의 필연적인 결과로 데이가 중앙 정부로부터 통치자의 직위와 직함을 획득하였다.

트리폴리와 튀니스에서처럼 공통의 이해관계는 알제 통치 엘리트들과 상인들을 결합시켰다. 이들은 함께 선장들의 해적 활동 장비를 마련해 주었고, 포획물 판매 수익과 포로 몸값을 분배하였다. 17세기에 알제 선박들은 멀리 잉글랜드의 해안과 아이슬란드까지 갔다. 알제는 튀니스, 카이로, 다마스쿠스, 알레포와 같은 고대 도시문화의 중심지가 아니었으며 토착 부르주아의 중심지도 아니었다. 다음의 세 집단이 알제를 지배하였다. 예니체리, 이들은 아나톨리아와 제국의 다른 동부 지역에서 주로 데려왔다. 선장, 이들 중의 많은 사람들은 유럽인들이었다. 그리고 상인들, 이들 중의 많은 사람들은 유대인이었으며 이탈리아 항구 리보르노Livorno에서 해적선과 접촉하여 해적들이 포획한 물품들을 처리하였다. 알제리의 도시 생활의 중심지는 내륙지방과 거대한 고원에 위치한 도시들이었다. 여기서 알제의 데이가 임명한 통치자들은 자신들의 무장 군대를 보유했다. 무장 군인들은 알제리인들이나 혹은 알제 예니체리군에 들어가도록 허락받지 못한 예니체리 가문의 구성원들로 모집되었다. 여기에도 역시 지방 정부와 밀접하게 연관된 지역 부르주아가 존재했다. 이 도시들의 세력권을 넘어서는 시골 지역에 대한 알제의 통치는 시골 족장들을 통해서 이루어졌고, 이 족장들이 세금을 징수하고 세금 징수를 위해서 매년 곳곳을 방문했다. 그러나 이러한 간접적인 통치조차 존재하지 않는 지역에서는 기껏해야 오스만 제국의 알제와 이스탄불의 권위에 대한 일정한 묵종이 있었다. 예를 들면, 카바일Kabyle 산악 지방의 공국들, 낙타를 사육하는 사하라의 유목민 지역들, 이바디들이 거주하며 학식 있고 신앙심이 깊은 연장자 위원회가 통치하는 므잡 오아시스 도시들이 있었다.

14장
오스만 사회

오스만 제국의 주민과 재산

많은 지역들이 오스만 제국으로 합병되었다. 이 지역들은 관료 통치와 단일한 사법권의 관할 하에 있었고, 거대한 상업 지역을 형성하면서 사람과 상품이 비교적 안전하게 이동할 수 있었다. 무역로는 제국의 군대에 의해서 유지되었고 대상들이 숙박했던 일종의 여관인 칸이 제공되었다.[1] 관세는 없었지만 다양한 지방세를 지불해야 했다. 상업 지역 한쪽 편은 이란과 인도로 연결되었다. 이란과 인도에서는 사파비인들과 무갈인들이 안정된 생활 구조를 유지하고 있었으며, 포르투갈인, 네덜란드인, 프랑스

1 대상隊商 무역인들이 숙박했던 여인숙. 여행객들은 낙타와 말 등을 아래층에 묶어두고 위층으로 올라가 휴식을 취했다. 북아프리카에서는 주로 '푼두끄'라고 했으며, 시리아와 이라크에서는 '칸', 이집트에서는 '위칼라'라고 했다. — 옮긴이

인, 잉글랜드인 등 유럽인들의 인도양 진출은 무역과 항해라는 전통적인 양식을 아직 유지하고 있었다. 서쪽에서 오스만 제국은 서유럽 나라들과 연결되었다. 이때 서유럽은 강력하게 중앙 집권화된 왕정, 인구와 농업의 성장, 스페인과 포르투갈의 아메리카 식민지로부터의 귀금속 수입으로 인하여 경제적인 팽창 과정에 있었다. 오래된 국제 무역 상품들 이외에 새로운 종류의 고가 국제 무역 상품들이 긴 무역로를 따라 전달되었다. 향신료 무역이 여전히 카이로를 통과했고, 17세기에 잠시 동안 네덜란드가 희망봉을 돌아서 막대한 향신료 무역을 하였다. 페르시아 비단은 이란 사파비 제국으로부터 무역도시들의 연결망을 따라서 아나톨리아를 통과해서 이스탄불, 부르사, 알레포 등지로 유입되었다. 커피는 16세기에 처음 소개되었으며, 예멘으로부터 카이로로 수입되었고, 카이로로부터 지중해 세계에 배포되었다. 노예, 금, 상아 등은 사하라 남쪽 초원지대로부터 마그립으로 유입되었다.

오스만 도시들의 제조업은 세계 시장에서 더 이상 중요하지 않았다. 그러나 시리아의 직물과 튀니스에서 만들어진 독특한 머리 장신구인 샤쉬야*shashiya*는 제국 자체에서 수요가 있었다. 부분적으로 이 무역에서 서유럽 상인들이 점진적으로 큰 역할을 하고 있었으나, 가장 중요한 무역은 여전히 인도양 국가들과의 무역이었으며, 오스만 제국의 상인들이 탁월한 역할을 하였다.

강력한 정부, 공공질서, 번영하는 무역은 오스만 패권 시대에 있어 두 개의 다른 현상과 관계가 있다. 그 중 하나는 인구의 증가다. 인구 증가는 16세기에 전 지중해 세계의 공통된 현상이었다. 부분적으로 그것은 시기에 따른 변화와 더불어 흑사병에 의해서 초래된 장기간의 인구 감소로부터 회복되었기 때문이다. 일반적으로 대개 수용되고 있는 평가는 제국의 인구가 16세기 동안에 약 50% 정도 증가했다는 것이다(아나톨리아에서 세금을 지불하는 인구가 두 배로 늘었다. 그러나 이것은 자연적인 인구 증가에 의한 것이 아니라 통치체제가 확고해짐으로써 더 많은 주민들을 등록시켜 세금을 징수하였기 때문이다). 16세기 말경에 전체 인구는 2, 3천만 정도였던 것 같다. 이 인구 구성은 제국 내의 유럽인, 아시아인, 아프리카인 등으로 고르게 분포되었던 것으로 보인다. 이 무렵 프랑스 인구는 1,600만 명, 이탈리아 국가들의 인구는 1,300만 명, 스페인 인구는 800만 명이었다. 이스탄불은 오스만인들이 정복한 전후에 비교적 작은 도시였다. 그러나 17세기 무렵에는 인구 70만 정도의 도시로 성장했다. 이스탄불은 나폴리, 파리, 런던 등 유럽의 어떤 도시들보다도 더 큰 도시였다. 그러나 이러한 도시 성장이 17세기 동안에 지중해 유역의 무슬림 지역이나 기독교인 지역에서 계속되지는 않은 것으로 보인다.

도시 인구뿐만 아니라 시골 인구도 증가한 것으로 보인다. 현존하는 이러한 증거는 농업의 확장을, 그리고 적어도 제국의 일부에서 시골의 생산력이 증가했음을 말해준다. 이것은 좀 더 나아져가는 질서, 좀 더 공정한 세금 징수 체제, 도시 주민들의 수요 증가 그리고 도시들이 번영함으로써 투자할 자본이 발생한 결과이다. 그러나 17세기에 안정된 시골 생활을 어지럽힌 증거가 있다. 17세기 초 동안에 아나톨리아 일부에서의 젤랄리 *celali* 봉기로 알려진 소요는 지방 질서를 유지할 수 있는 정부의 능력 쇠퇴뿐만 아니라 시골에 과밀한 인구가 생활했다는 표시인 것 같다.

언제나 그렇듯이 도시는 오스만 질서와 경제 성장의 주요한 수혜자였다. 적어도 도시의 일부 계층은 확실히 그랬다. 메흐메트 2세가 콘스탄티노플에 들어왔을 때 위대했던 비잔틴 제국의 도시에는 남겨진 것이 거의 없었다. 메흐메트 2세와 그의 계승자들은 강요까지 하면서 무슬림, 기독교인, 유대인들이 다른 지역에서 이 도시로 와서 정착하도록 유도하였고, 이스탄불로 개명한 이 도시에 웅장한 복합 건물들을 건설하였다. 골든 호른Golden Horn을 바라다보는 언덕 위에 톱카프 궁전이 있었다. 이 궁전 외부에서 공공 업무가 수행되었다. 궁전 내부에서는 술탄과 그의 가솔들이 살았다. 사실상 궁전은 벽이 둘러쳐졌고 그 내부에 수천 명의 거주민들이 살고 있는 하나의 도시였다. 그 외에 궁전 내부는 생산력이 있는 도시의 심장이며, 시장들의 중심지이며, 제국의 토대가 되는 모스크, 학교, 숙박 시설, 도서관의 복합체였다. 위대한 오스만 도시의 특징은 제국의 와끄프이며, 그 때문에 상점과 시장의 수익은 자선과 종교적 목적으로 헌납되었다. 활동의 세 번째 지점은 골든 호른을 가로지르며, 외국인들이 살고 있는 페라Pera 주변 지역이었는데, 이곳은 사실상 이탈리아 도시였다.

이 도시의 식량은 정부의 주요한 관심사였다. 도시 주민은 빵을 만드는 곡물과 고기를 위한 양羊 그리고 다른 생활필수품이 있어야만 했고, 그것은 주민들이 지불할 수 있는 가격이어야 했다. 원칙적으로 한 지역에서 생산된 곡물은 그곳에서 소비되어야 했으나 예외적으로 대도시의 요구를 충족시키는 지역이 있었다. 이스탄불의 많은 주민들에게 양식을 공급하기 위해서, 흑해의 유럽 연안 지역들, 특히 트레이스Trace와 북부 아나톨리아가 중요하였다. 일부 상인들은 곡식을 거래하는 데 있어 까디의 감독 아래 고정된 가격으로 곡식을 샀고 대부분은 바다로 운송하며 정부가 정한 가격으로 팔았다. 배와 항구는 그 곡식이 어느 곳으로 보내지는지를 확인하기 위하여 엄격하게 감독을 받았다.

생산과 상업으로 창출된 광대한 제국의 부 일부가 세금으로 정부의 수중으로 흘러들어 가서 군대와 관료 제도를 유지하는 데 사용되었고, 일부는 개인의 수중으로 흘러들어 갔다. 탁월한 도시 엘리트들은 고위 울라마와 대상인의 연합으로 계속 유지되었다. 이것은 이슬람 세계의 독특한 모습이었다. 장거리 무역에 종사하는 상인, 훌륭한 직물 제조업자, 정부나 상인에게 돈을 대부해주는 사라프*sarrafs*, 즉 은행가들이 상업에서 더 큰 이익을 얻었고, 상업은 더욱 쉽게 계속될 수 있었다. 정부가 특별한 목적을 위해서 모금할 필요가 있을 때에 사라프, 즉 은행가들에게 의지했기 때문에 그들은 상대적으로 보호를 받았고 특권적인 지위를 누렸다. 고위 울라마는 술탄으로부터 받은 급료와 보수뿐만 아니라 그들이 운영하는 와끄프로부터 이익을 얻었다. 그러나 고위 군인과 고위 관리의 부는 고위 울라마와 상인의 부를 능가했다. 고위 군인과 울라마는 자신들에게 할당된 세금 구역에서 이익을 얻었다. 만약 고위 군인과 울라마가 술탄의 총애를 잃는다면, 그들의 부는 불안정해지고 술탄에게 강탈당하기 쉬웠다. 왜냐하면 고위 군인과 울라마는 공식적으로 술탄의 노예로 간주되었고, 그들의 재산은 상속될 수 없었다. 그러나 그들은 재산을 가족들에게 요행히도 교묘하게 양도할 수 있었다. 세금 징수 체계가 도입되었을 때, 세금 징수권을 얻기 위하여 시골 재산의 소유주와 관리와 상인 등 도시 재산의 소유주 사이의 연합이 공고해진 것으로 보인다. 18세기경에 종신 경작할 수 있도록 하사받은 농장인 말리카네*malikanes*의 소유주들은 새로운 토지 소유 계층이 되었고 상업적으로 땅을 경작하였다.

아랍 지방들

오스만 제국 내에서 아랍어를 사용하는 지방의 역사는 유럽이나 아나톨리아 지역의 역사와 거의 비슷하다. 인구는 오스만 정복 직후에 증가한 것으로 보인다. 왜냐하면 오스만 정복 이후 안보 상황이 더 나아졌고 제국이 전체적으로 더욱 번영했기 때문이다. 그러나 그 이후 인구는 정체되었고 조금 후에는 쇠퇴하기조차 했다. 이스탄불은 제국 내에서 가장 큰 도시였고, 주요한 아랍 도시들이 이스탄불 다음으로 컸다. 카이로의 인구는 16세기 중엽에 약 20만 명으로 증가했고, 17세기 말에는 약 30만 명으로 증가하였다. 똑같은 시기에 알레포는 약 10만 명이 거주하는 도시였고, 다마스쿠스와 튀니스의 인구 규모는 알레포보다 더 작거나 거의 같았다. 바그다드는 남부 이라크의 관개 체계의 쇠퇴, 몽골의 침입, 걸프에서 홍해에 이르는 인도양 교역이 성장한 이후 결코 회복되지 않았다. 바그다드 인구는 시리아의 큰 도시들보다도 오히려 적었다. 알제는 스페인 사람들에 대항하는 강력한 거점으로서 오스만 제국의 창조물이다. 17세기 말경에 알제 인구는 5만에서 10만 정도였다.

인구 성장은 물리적 변화 및 도시들의 팽창과 관련되었다. 오스만 제국의 법규는 까디의 감독 하에 거리와 시장을 통제하고, 공공 부문(물 공급, 거리 청소, 전등, 소방시설)을 주의 깊게 감독하며, 주야로 각각 분리된 경찰과 여러 지역의 수비대가 도시 질서를 유지했다. 이스탄불 술탄의 예를 본받아서, 특히 16세기에 오스만 제국의 통치자들과 군 사령관들은 도시 중심지에서 거대한 공공 토목 공사를 시작했다. 상업 빌딩들의 수입으로 모스크와 학교를 건설하고 유지했다. 예를 들면, 알레포의 두까킨 자데 메흐메트 파샤Duqakin-zade Mehmet Pasha의 재단 내에 있는 세 개의 옥내 시장 까이사리야qaysariyyas, 네 개의 여관 칸kans, 네 개의 전통시장 수끄suqs가 대모스크를 유지했다. 이 모스크는 쉴레이만 대제가 세운 순례자들을 위한 숙박 시설, 학교, 모스크의 복합 건물인 다마스쿠스의 타키야Takiyya였다. 좀 더 후에 유명한 군인 리드완 베이Ridwan Bey가 카이로에도 복합 건물을 세웠다.

오스만 제국의 대도시들을 둘러싼 벽은 더 이상 유용하지 않았다. 왜냐하면 오스만인들은 주변 지방의 질서를 유지했고, 무기가 발전함으로써 그 벽이 쓸모없게 되었기 때문이다. 벽의 일부는 허물어졌고, 일부는 폐기되었다. 인구 증가로 인해서 이 도시들은 거주지 주변지역으로 확장되

알레포 성채로 들어가는 탑문과 다리

었다. 부자들은 권좌에 가까운 도시 중심지 또는 자신들이 영향력을 발휘할 수 있는 지역에 살거나 공기가 신선하고 땅이 비옥한 교외에 살았다. 수공업자, 소상인, 최하층 사람들은 무역로를 따라 뻗어 있는 값싼 지역에 살았다. 이 값싼 지역들은 다음과 같다. 알레포에 있는 주다이다 Judayda, 밥 나이랍Bab Nayrab, 반꾸사Banqusa; 다마스쿠스에 있는 수끄 사루자 Suq Saruja, 마이단Maydan 등이다. 이 지역들은 남쪽으로 가는 길로 뻗어 있었다. 이 길로 곡식들이 하우란Hawran으로부터 운반되고 순례자들이 성지를 향해서 떠났다. 또 카이로에서 후사이냐는 카이로 구도시 중심지의 북쪽과 강의 항구인 불라끄Bulaq로 연결되었다. 이 길을 따라 시리아 대상들이 왕래하였다.

이 거주 지역들 중에는 최하층과 멀리 떨어져 자신들의 집을 소유한 가

시리아 북부의 알레포와 그 성채

계들이 있으며, 그래서 그 주민수가 안정적이었다는 증거가 있다. 오스만 제국 시대에는 종교와 종족을 따라서 지역을 분리시키는 경향이 있었다. 알레포에 있는 주다이다에는 주로 기독교인들이 살고 있었고, 다마스쿠스에는 쿠르드인들이 사는 지역이 있었고, 카이로의 이븐 툴룬 모스크 주변 지역은 마그립 출신의 사람들이 주로 거주하였다. 이 모스크 주변에는 공공 우물과 소형 시장이 모여 있고, 이 지역은 주민들의 생활 중심지이며 이곳에서는 순례자들의 출발과 귀환, 유월절, 부활절과 같은 공공 행사뿐만 아니라 출산, 결혼, 장례와 같은 개인적인 행사들이 거행되었다. 밤에는 경비원들과 출입문이 이곳을 보호해 주었다. 그러나 그들의 경제 활동 영역에서 적어도 남성들은 그 경계를 넘나들었고 모든 주민들은 시장에서 만났다.

오스만 제국의 재정 정책, 유럽과의 무역 증가로 말미암아 도시 일상생활에서 기독교인들과 유대인들의 역할이 중요해졌다. 중앙 정부나 지방 통치자들에게 유대인들은 대금업자, 은행가, 세금 징수를 위한 관리자로서 영향력이 있었고, 또 귀금속 세공업자나 상인으로서도 활동했다. 유대 상인들은 바그다드 무역에서 매우 중요한 역할을 했으며, 튀니스와 알제의 유대인들 중 상당수는 스페인 출신이면서 북부와 서부 지중해 지역들과의 교역에서 탁월했다. 이스탄불 파나르Phanar 지역에 살고 있던 그리스 일가들은 흑해 무역의 대부분을 차지하는 곡식과 모피를 통제했다. 아르메니아인들은 이란과의 비단 무역에서 중요한 역할을 했다. 유럽 상인들이 거주하던 알레포를 비롯한 지역에서 기독교인들은 유럽 상인들의 중개인 역할을 하면서 그들이 수출하기 위한 물건을 사거나 유럽으로부터 사들인 물건을 분배하는 것을 도왔다. 시리아 기독교인들은 다미에타와 시리아 해안 사이의 무역에서 중요한 역할을 했다. 콥트 기독교인들은 이집트에서 회계사나 관리 또는 세금 징수원들을 위한 관리자 역할을 했다.

오스만 정부가 지방 중심지에서 영구적인 기반을 획득함에 따라 오스만 지방 통치 집단이 성장하였다. 이스탄불 중앙 정부는 오스만의 직접 통치하에 있는 지방의 통치자와 까디를 임명하고 자주 교체하였다. 그러나 지방 재판소 관리들은 지방 도시에 정착한 오스만 가계 출신으로 채워지는 경향이 있고, 아버지로부터 아들에게 그들의 특별한 전문 지식이 전수되었다. 지방 튀르크 군인들이 지역 사회로 편입되었고, 그들의 특권을 자손들에게 전수했다. 이러한 특권의 전수를 막으려고 이스탄불에서 새로운 군인들이 파견되었지만 성공하지 못했다. 통치자들이나 무장 세력의 지도자들은 그 도시에 오랫동안 남을 수만 있다면, 자신의 맘루크 가솔들을 만들어 내고 그들을 중요한 지위에 임명할 수 있었다.

이러한 지방 통치자 집단은 상인이나 울라마와 동맹을 체결했다. 도시의 부를 가장 많이 소유한 사람은 환전상, 은행가와 원거리 무역에 종사하는 상인들이었다. 유럽 상인, 기독교 상인, 유대 상인 등 외국 상인들의 중요성이 높아졌음에도 불구하고, 제국의 서로 다른 지역 간 혹은 인도양 국가들과의 사이에서 가장 중요하고 수지맞는 무역은 무슬림 상인들의 수중에 있었다. 무슬림 상인들은 카이로의 커피 무역을 지배했고 메카 순례나 시리아와 사하라 사막을 가로지르는 대상로를 통제하였다. 상인 재산이 여러 세대에 걸쳐서 상속된 것 같지는 않다. 더욱 영구적인 것은 종교적인 학식을 겸비한 전통 가문들이었다. 그들은 수적으로 중요한 계층이었다. 18세기 무렵 카이로에서 법률, 교육, 종교 분야에서 역할을 수행했던 사람들을 포괄하는 가장 폭넓은 의미의 울라마는 활동적인 남성인구 5만 명 중에서 4,000명 정도로 추정된다. 아랍 도시들의 울라마는 이스탄불의 울라마와는 다른 특성을 지녔다. 이스탄불의 고위직 울라마는 정부 기관의 매우 많은 부분을 차지하였고, 제국 학교에서 교육을 받았으며, 제국의 업무에 종사하도록 임명되어 고위직에 오르기를 희망하였다. 그러나 아랍 도시들의 울라마는 출신지가 지방이었다. 아랍 울라마 중의 상당수는 오래된 혈통을 갖고 있으며, 맘루크나 이슬람 초기 시대로 거슬러 올라가기도 한다. 울라마 중의 일부는 예언자의 후손인 사이드라고 주장한다. 울라마는 대개 지역 학교(카이로의 아즈하르, 튀니스의 자이투나, 알레포와 다마스쿠스의 학교들)에서 교육받았다. 그리고 울라마는 오스만 시대 훨씬 이전의 언어와 문화 전통을 이어받았다. 울라마는 일정한 독립을 유지하고 있었던 반면, 술탄의 지방 업무에 기꺼이 협조하였다. 좀 더 큰 도시들의 하나피 까디는 통상적으로는 이스탄불로부터 파견되었다. 그러나 하나피 까디의 보좌관들, 대부분의 무프티들, 나낍 알 아슈라프, 마드라사의 선생들은 주로 지역 울라마 본부에 의해서 지명되었다. 한 개 이상의 종파에 속한 무슬림 주민들이 거주하는 도시들에서는 그 학파들 각각이 까디와 무프티를 갖고 있었다. 튀르크 출신들을 제외한 튀니스의 전 무슬림 주민들은 말리키파였고 말리키 까디는 하나피 까디에 필적하는 공식적인 지위를 갖고 있었다.

지역 오스만인들, 즉 상인과 지역 울라마 사이에 다양한 종류의 관계가 존재하면서, 이 집단들에게 각각 이전에 없었던 영속성과 지위가 보장되었다. 이러한 관계가 없었더라면, 그들은 영속성과 지위를 갖지 못했을 것이다. 그들은 어느 정도 공통의 문화를 가졌다. 상인의 아들은 마드라사에 보내졌다. 관리나 군인들 또한 아들에게 좀 더 안정된 기회를 주기 위하여 마드리사에 보낸 것 같다. 튀니스 지방의 튀르크 관리인 바이람 Bayram은 유명한 학자 가문을 세웠다. 18세기 이집트 역사가인 알 자바르티al-Jabarti가 상인 가문으로부터 나왔다. 관리와 상인 가계들은 서로 통혼하였고, 재정적인 관계도 맺고 있었으며, 상업적인 모험에서 협력관계를 유지했다. 세금 징수 체계가 널리 보급되었기 때문에 관리와 상인들은 과

세액을 조정하기 위하여 협력하였다. 군인과 관리들이 시골 세금 징수를 관리하였다. 왜냐하면 시골 세금은 정부의 권력과 후원 없이 징수될 수 없었기 때문이다. 상인과 울라마는 지방세와 수수료 등의 징수에서 더 큰 몫을 차지하였다.

다른 측면에서 또 다른 동맹이 존재했다. 술탄이 지역 주민들과 자신의 직업군인을 분리시키려고 하였음에도 불구하고, 시간이 지남에 따라서 지역 주민들과 직업 군인은 뒤섞이기 시작하였다. 17세기 말경에 예니체리들은 수공업과 무역에 종사하고 있었고, 예니체리 자격은 특권과 보조금에 대한 권리를 주는 일종의 재산이 되었고 아들에게 전수되거나 시민이 살 수도 있었다. 이해관계의 동맹은 때때로 커피숍 같은 곳이 이야기가 행동으로 폭발하는 장소로 제공되면서 폭력적인 운동으로 나타났다. 그러한 행동은 두 가지가 있을 수 있다. 때때로 그것은 정치적이다. 이스탄불의 궁전, 시민, 군대에서 권력 투쟁을 하는 파벌들은 친위대를 이용해서 도시 대중들을 결집하였다. 1703년에 일부 군대의 반란은 정치 반란으로 변질되었고, 이 반란에서 대규모의 가솔을 거느린 일부 고위 관리들과 친위대, 울라마와 상인들은 각각 이해관계가 달랐지만 정의를 위한 요구에서는 모두 협력했다. 이들은 술탄 무스타파 2세Sultan Mustafa II(1695~1703)에 대해 영향력을 행사하는 셰이크 알 이슬람을 몰락시키고, 그다음에 술탄을 폐위시켰다. 지방 도시에서도 유사한 운동이 있었다. 식량이 부족하고 가격이 오를 때 이 운동은 자발적으로 발생했다. 통치 관리들이나 시골 징세 구역 보유자들은 곡식 가격이 오를 때까지 곡식을 감춰둠으로써 인위적으로 부족하게 만들었다고 비난받았다. 이러한 운동은 인기 없는 통치자나 관리들을 교체시키는 데는 즉시 성공했을 것이다. 그러나 도시 엘리트들은 그 운동을 복잡한 심경으로 바라보았다. 도시 주민의 대변인으로서 고위 울라마는 저항 세력에 합류했을 것 같지만, 결국 그들의 이해관계와 감정은 기존 체제의 편에 있었다.

아랍 지방 문화

오스만의 정복은 아랍어를 사용하는 지방 도시의 위대한 건축 유적에 흔적을 남겼다. 일부 유적은 술탄들이 자신들의 위대함과 경건함을 나타내기 위하여 만들었고, 어떤 유적은 권력과 성공을 추구하는 지방 후원자들이 술탄을 모방하여 만들었다. 지방 중심지들에 있는 모스크는 16, 17세기에 오스만 스타일로 건설되었다. 커다란 안뜰은 둥근 천장으로 된 예배당으로 통했다. 예배당 위로는 한두 개 혹은 네 개의 길고 얇고 뾰족한 첨탑(미나레트)이 솟아 있었다. 내부는 초록, 빨강, 파랑의 꽃문양과 함께 이즈니크Iznik 스타일로 채색된 타일들로 장식되었던 것 같다. 이즈니크 스타일은 오스만 궁전에서 좋아하는 양식이었다. 가장 위대한 오스만 건축가 시난Sinan이 설계한 알레포의 쿠스라위야Khusrawiyya 모스크, 카이로의 키타델Citadel에 있는 쉴레이만 파샤 모스크, 튀니스의 시디 마흐라즈 무덤 사원, 알제리의 뉴 모스크 등이 그런 유형이다. 오스만 제국의 지방 창작물 중에서 가장 훌륭한 것은 다마스쿠스의 타키야다. 이것은 시난이 설계했고 순례자들의 편의를 위해서 건립한 훌륭한 복합빌딩이다. 다마스쿠스는 대규모의 순례 대상단이 모이는 곳 중 하나였다. 어떤 점에서는 다마스쿠스가 두 곳 중 더 중요한 지역이었다. 왜냐하면 그곳에는 때때로 술탄의 사절과 가족들이 왔기 때문이다. 이스탄불로부터 아나톨리아와 북부 시리아로 이어지는 순례 행로를 따라 커다란 대상 숙박소들이 즐비했다. 그리고 타키야는 그 숙박소들 중에서 가장 화려했다. 돔 모스크 양옆에 두 개의 높은 미나레트가 균형을 맞추어 세워져 있고, 시리아 양식의 외관을 갖춘 검은색과 흰색의 띠가 번갈아 있는 돌로 지어졌다. 안뜰 주변에는 순례자들을 위한 방, 휴게실, 부엌이 있었다. 술탄 쉴레이만은 예루살렘 성지에도 바위돔 외벽 타일과 예루살렘 구도시를 둘러싸고 있는 커다란 벽에 그의 흔적을 남겼다. 오스만의 대도시들 중 오직 바그다드에서만 새로운 양식의 영향을 거의 느낄 수 없다. 왜냐하면 그곳에서는 더 오래된 페르시아 양식이 계속해서 지배적이었기 때문이다. 부분적으로 오스만 요소들이 장식 설계에 점차 도입되었음에도 불구하고, 다른 도시들에서도 역시 더 작은 모스크와 공공건물은 계속해서 전통적인 양식들로 건축되었다.

오스만 통치하에서 아랍어의 지위는 위축되지 않고 오히려 강화되었다. 카이로나 다마스쿠스와 마찬가지로 이스탄불의 큰 학교들도 종교학과 법학은 아랍어로 교습하였다. 특정한 종류의 책을 저술하는 오스만 작가들도 아랍어로 쓰는 경향이 있었다. 시와 세속적인 작품들은 오스만 튀르크어로 쓰인 것 같다. 오스만 튀르크어는 고급문화의 매개체로서 이 시기에 발전하였으나, 종교 서적과 법학 서적, 심지어 역사서와 일대기들조차 아랍어로 쓰인 것 같다. 따라서 이스탄불의 정부 관리인 핫지 칼리파Hajji Khalifa(1609~1657)는 두 언어를 사용하여 저술하였으나, 세계사와 아랍 저작에 대한 목록 사전인 ≪카슈프 알 주눈*Kashf al-zunun*≫을 비롯한 가장 중요한 저작들은 아랍어로 썼다.

아랍 대도시에서는 시나 순수 문학보다 오히려 지방사나 일대기, 피끄흐(이슬람 법학)와 ≪하디스≫ 편찬 작업에서 문학 전통이 유지되었다. 큰 학교들은 꾸준히 종교학뿐만 아니라 다른 학문의 중심지였다. 일부 예외로 사법 분야의 최고 직위들은 아즈하르나 다마스쿠스 혹은 알레포의 졸업생들이 아니라 이스탄불 제국 재단의 졸업생들이 차지하였다. 지방 중심지들의 하나피 까디 수장조차 대개 이스탄불에서 보낸 튀르크인들이었다. 지방 졸업생들이 열망하는 최고위직은 대리 판사 나입na'ib이나 무프티였다. (그러나 튀니스에는 말리끼법의 지방 전통이 있었기 때문에 두 명의 까디가 있었다. 한 명은 하나피이고 다른 한 명은 말리끼였으며, 이들은 동등하게 지역 통치자와 가깝게 지내면서 영향력을 행사했다. 말리끼 까디는 튀니스의 훌륭한 학교인 자이투나 모스크 출신이었다.)

오스만인들의 출현은 일부 수피 종단을 고무시키기도 하였고, 제어하기도 하였다. 시리아 점령 이후 술탄 셀림 2세가 처음 취한 조치들 중의 하나는 다마스쿠스의 이븐 아라비 무덤에 호화로운 묘비를 세우는 것이었다. 이븐 아라비의 가르침에 영향을 받은 칼와티야Khalwatiyya 종단은 아나톨리아로부터 오스만 제국 전역에 퍼졌고, 시리아와 이집트를 비롯한 여러 곳에 지부를 세웠다. 샤딜리야 종단 역시 널리 퍼졌다. 아마도 마그립 출신 수피들의 영향 때문인 것 같다. 예루살렘에 정착한 모로코 출신 알라미'Alami 가문 중의 한 명은 예루살렘의 샤딜리야 종단 대표였고, 올리브 산에 있는 그의 무덤은 순례지가 되었다.

17세기 말경에는 동부 이슬람 세계의 새로운 영향을 받았다. 낙슈반디야 종단 형제단은 이스탄불을 비롯한 여러 곳에서 17세기 초부터 출현했다. 그러나 사마르칸트 출신의 수피 선생 무라드Murad가 인도에서 공부한 이후 1670년 무렵에는 이스탄불에 와서 살았고, 그 이후에는 다마스쿠스에서 살았다. 그는 17세기 초에 북부 인도에서 아흐마드 알 시르힌디Ahmad al-Sirhindi가 발전시킨 새로운 낙슈반디야의 가르침을 가져왔다. 그는 술탄의 총애를 받고 다마스쿠스에서 가문을 세웠다. 새로운 낙슈반디야 가르침에 영향을 받은 저술가들 중 가장 유명한 사람은 압둘 가니 알 나불시'Abd al-Ghani al-Nabulsi(1641~1731)였다. 다마스쿠스의 방대한 작품들은 이븐 아라비의 가르침에 관한 해설과 성지 여행에 관한 수많은 설명을 포함하며, 정신적인 성장에 대한 기록이기도 하다.

오스만 당국이 후원했던 대도시들의 순니 문화뿐만 아니라 다른 형태의 종교 문화들도 계속해서 존재했다. 오스만인들이 더욱 엄격하게 순니가 되었기 때문에 시리아에서 쉬아의 입지는 더욱 어려워졌다. 쉬아 학문의 전통은 남부 레바논의 작은 도시들과 촌락으로 이미 퇴각했음에도 불구하고, 여전히 학자 가문들이 쉬아 전통을 계속 이어갔다. 오스만 초기 작가인 자인 알 딘 알 아밀리Zayn al-Din al-'Amili(1539년 사망)는 이스탄불로 소환되어 사형에 처해졌다. 그는 쉬아 전통에서 '두 번째 순교자'(알 샤히드 알 타니*al-shahid al-thani*)로 알려졌다. 그러나 쉬아의 학문은 오스만 정부의 직접 통치 영역을 넘어서서 이라크의 성지들과 걸프 서쪽에 있는 알 하사와 바레인 지역에서 계속해서 번성하였다. 사파비 제국이 공식적인 종교로서 쉬아주의를 선언함으로써 쉬아 학문은 새로운 힘을 얻었다. 사파비 제국의 샤 정부는 판관과 선생을 필요로 하였고, 이란 내에서는 그들을 찾을 수 없었다. 그래서 쉬아 학자들이 이라크, 바레인, 남부 레바논으로부터 샤의 법정으로 들어왔고, 이들 중의 일부는 중요한 지위를 차지하였다. 이들 중의 한 사람인 레바논 출신의 누르 알 딘 알리 알 카라키Nur al-Din 'Ali al-Karaki(c.1466~1534)는 쉬아주의를 국가 종교로 채택함으로써 야기된 문제들에 대한 광범위하고 영향력 있는 저술들을 썼다. 이 저술들은 신자들이 통치자에게 세금을 지불해야 하는지, 울라마가 통치자를 위해서 일해야 하는지, 금요 기도회가 이맘 없이 거행될 수 있는지 등에 관한 것이었다.

17세기에 쉬아 학계는 법의 구성에서 이즈티하드(해석)의 역할에 관한 분쟁 때문에 분열되었다. 지배적인 입장은 우술리Usulis 학파의 입장이었다. 우술리 학파는 ≪꾸란≫과 ≪하디스≫ 가르침에 대한 해석과 적용에서 합리적인 논의의 필요성을 수용한 사람들이었다. 이제 또 다른 아크바리Akhbaris 학파 사상가들이 나타났다. 이들은 끼야스(추론)에 의한 합리적인 해석을 제한하기를 원했다. 이 학파는 17세기 후반에 성지들에서 지배적이었다.

외부로부터 온 영향은 오스만 제국의 유대 공동체에서도 감지되었다. 그러나 그 영향은 성격이 달랐다. 기독교인들이 안달루스를 재정복하는 과정에서 그곳에 있는 유대 공동체를 파괴하였다. 유대 공동체 중 일부는 이탈리아로, 일부는 유럽으로 추방되었다. 그러나 많은 유대인들은 이스탄불과 그 밖의 오스만 제국 도시들에 거주하였다. 이 유대인들은 세파르딕 즉 안달루시아 유대교의 독특한 전통을 가지고 있었다. 특히 신앙에 대한 신비적인 해석을 하는 카발라Kabala 학파가 오스만 제국의 도시들에서 발전하였다. 16세기 중반 이후 신비적인 사상의 가장 독창적인 중심지는 팔레스타인의 사파드Safad였다. 위대한 독창적인 사상가인 이삭 루리아Isaac Luria(1534~1572)가 그의 생애 마지막 시기에 사파드에 왔고, 그곳의 카발라 추종자들에게 깊은 영향을 끼쳤다.

이삭 루리아의 가르침 중에서 주목할 만한 것은 전 인류에 대한 분명한 교의였다. 인류의 생활은 혼란에 빠져 있다. 그래서 신의 뜻에 따르는 생활을 함으로써 신의 구원 사업을 돕는 것이 인간들의 임무, 특히 유대인들의 임무다. 이러한 가르침은 구원의 시기가 가까이 왔다는 묵시록적인 기대를 창출하였고, 이 분위기는 구세주의 출현에 안성맞춤이었다. 1665년 삽바타이 세비Sabbatai Sevi(1626~1676)는 이즈미르Izmir에서 태어났고, 계시를 받은 상태에서 이상한 행동을 한 사람으로 알려졌다. 또 성지를 방문했을 때 지역 예언자가 그를 메시아로 인정했다. 그의 명성이 유대 세계 전역에 즉시 퍼졌고 북부와 동부 유럽에까지 퍼졌다. 북동부 유럽에서 유대 공동체들은 대량학살로 폴란드와 러시아에 흩어져 있었다. 유대인들의 성지로의 귀환이 거의 가까워진 것처럼 보였다. 그러나 그 희망은 즉시 무너졌다. 삽바타이 세비가 술탄의 디완(회의)에 출두 요청을 받았을 때, 술탄은 그에게 죽음과 이슬람 개종 중 하나를 선택하도록 요구했다. 삽바타이는 개종을 선택했고, 그의 추종자들 중 일부는 계속해서 신앙을 지켰으나 대부분의 추종자들은 더 이상 그를 믿을 수 없었다.

아랍어를 사용하는 지방의 기독교 주민들 사이에서, 특히 시리아 기독교인들의 사상과 인식에서 변화가 일어났다. 이 변화는 로마 가톨릭 포교종단들의 활동에 의해서 야기되었다. 이 포교종단들은 간헐적으로 오랫동안 시리아에 있었다. 프란체스코 수도회는 15세기 이후 성지에 있는 가톨릭 성소의 관리자로서 시리아에 있었다. 이후에 예수회, 카르멜회, 도미니크회 수도사들을 비롯한 다른 기독교인들도 시리아로 왔다. 16세기 후반부터 많은 대학들이 동부 교회의 성직자들을 훈련시키기 위하여 로마의 교황청 옆에 설립되었다. 1584년 마론파 그리스 대학들이 설립되었고, 1627년에 신앙 전도 연합 대학the College of the Congregation for the Propagation of the Faith이 설립되었다. 17세기에 중동 지역에서 선교 성직자의 수가 증가하였는데 이 과정은 두 가지 결과를 낳았다. 첫 번째는 교황의 권위를 수용한 동방 교회의 신도 수를 증가시켰다. 반면 동방 교회들의 예배의식, 풍습, 종교법을 유지하기를 희망하였다. 마론파들은 십자군 시대 이후 이런 입장에 있었고, 18세기 초에 교황과의 관계를 규정하는 조약을 맺었다. 다른 교회들에서는 교황권 우위 문제가 더욱 불화를 일으켰다. 특히 북부 시리아 알레포에서는 교회 지배권을 놓고 가톨릭과 비가톨릭 집단들 사이에 분쟁이 있었다. 18세기 초에 사실상의 분열이 일어났다. 그때부터 안티오크 동방 정교회 총대주교 직위에서 그리스 정교회 총주교와 가톨릭교회 비숍이라는 두 가지 노선이 생겨났다. 한 노선은 콘스탄티노플의 초교파적인 대주교의 권위를 인정하였고, 다른 노선인 합동 동방 가톨릭교회Uniate 2, 즉 '그리스 가톨릭'Greek Catholic은 로마 교황의 권위를 수용하였다. 유사한 상황들이 서로 다른 시기에 네스토리우스파, 시리아 정교회, 아르메니아 교회와 콥트 교회에서도 나타났다. 그러나 19세기 초까지 오스만 술탄은 동방 가톨릭교회를 독립된 밀레트, 즉 독립된 공동체로서 공식적으로 인정하지 않았다.

두 번째 결과는 아랍어로 표현된 독특한 기독교 문화의 발전이었다. 기독교 문화 중에 일부는 이미 오랫동안 존재해 왔으나 이때에 그 특성을 변화시켰다. 로마 대학들에서 교육을 받은 성직자들은 라틴어와 이탈리아어를 습득해서 돌아왔다. 이 성직자들 중의 일부는 아랍어를 진지하게 공부했다. 일부 성직자들은 특히 레바논 산악 지대의 자유로운 분위기 속에서 서구 모델로 수도회를 창설하였다. 이 수도회들은 토지 경작, 신학과 역사 연구의 중심지가 되었다.

오스만 제국 너머 : 아라비아 반도, 수단, 모로코

아라비아 반도에서 오스만 제국의 국경을 벗어나면 작은 상업 도시들, 항구 그리고 드문드문 촌락이 있는 지역들이 나타난다. 이러한 곳에서는 도시적인 요소들이 제한되어 있었고 중부와 동부 아라비아 반도에 있는 오아시스 도시 공국들과 걸프 해안의 항구 공국들처럼 아주 작은 규모의 정부가 존재했다. 그 도시들 중에서 가장 중요한 도시 하나가 있었다. 아라비아 반도 동남쪽 구석에 있는 오만은 자발 아크다르Jabal Akhdar의 비옥한 바다에 면한 산기슭에 있는 비교적 안정되고 번영하는 농촌 사회였다. 주민들은 이바디들이었고, 그들의 영토는 야으리비Ya'ribi 가문 출신의 왕조 치하에서 17세기 초에 회복되었으며, 산과 계곡들로 이루어진 불안정하

2 로마 교황을 수장首長으로 인정하면서 그리스 정교의 전례 · 관습을 지킴. ― 옮긴이

게 통합된 사회였다. 해안에 있는 마스까트Masqat 항구는 인도양과의 무역에서 중요한 중심지가 되었다. 이 항구는 17세기 중엽에 포르투갈 출신의 오만인들이 장악하였고, 오만 상인들은 동아프리카 해안을 따라서 자리를 잡았다. 이 아라비아 반도의 가장자리에 자리 잡은 오만인들은 종주권을 행사하지는 않았다. 그러나 이란인들이 걸프 항구 중의 하나인 바레인을 1602~1783년 동안 통치하였다. 바레인을 비롯한 걸프의 다른 항구들 주민의 대다수는 쉬아였다. 바레인 북쪽의 알 하사 지역은 실제로 쉬아 학문의 중요한 중심지였다. 아라비아 반도의 남서쪽에 있는 예멘은 더 이상 오스만의 통치하에 있지 않았다. 예멘 항구들 역시 인도 및 동남아시아와 무역을 하고 있었다. 특히 커피 무역이 유명했다. 남부 아라비아 반도 출신 이주자들은 인도 통치자들의 군인으로 복무했다.

이집트 남부에서 오스만의 영향력은 제한되었다. 오스만의 영향력은 제3캐더락the Third Cataract만큼[3] 멀리 나일 강 유역까지 확장되었고, 홍해 연안의 사와킨Sawakin과 맛사와Massawa에는 젯다 통치자에게 소속된 주둔군들이 있었다. 이 주둔군을 능가하는 비교적 세력이 크고 안정된 술탄국이 발흥하였다. 푼즈Funj 술탄국은 청나일과 백나일 사이에 위치한 안정된 농경지에 건설되었다. 이 국가는 3세기 이상 지속되었다(16세기 초부터 1821년까지).

마그립의 서쪽 끝에 위치한 제국의 서부 경계 너머로 다른 국가, 즉 옛 모로코 제국이 있었다. 오스만 해군 작전은 지중해를 넘어서 대서양으로까지 확장되지는 못했다. 오스만 정부는 모로코 해안 지역에서는 영향력

3 나일 강을 따라서 현대 이집트의 아스완과 수단의 수도 카르툼 사이에는 6개의 캐더락이 있다. 나일 강의 캐더락들은 수심이 얕고 물살이 빠르며, 바위들이 튀어나와 있어 배들의 운행에 장애물로 작용한다. 제1캐더락은 아스완에 위치해 있으며, 나머지 5개의 캐더락은 수단에 위치해 있다. 이 중 제3캐더락은 수단 북부에 위치해 있다. — 옮긴이

을 발휘하지도 못했다. 리프와 아틀라스 산악 지대와 고원 지대를 통제하지 못했다. 여기서 지방 권력자들은 통치권을 장악하였고, 이들 중의 일부는 종교적으로 재가를 받았다. 종교적으로 재가를 받은 지도부 주변 지방 세력들이 견고하게 결집함으로써 더 큰 정치적 실체를 창출할 수도 있었다. 15세기에 이러한 동향의 성격을 변화시킨 새로운 요소가 나타났다. 즉 기독교인들이 스페인과 포르투갈을 재정복하면서 모로코를 위협하였다. 이 사건으로 무슬림들은 안달루스로부터 모로코 도시들로 이주하였다. 그러므로 새로운 십자군에 맞서 영토를 방어할 수 있을 것처럼 보이는 움직임은 특별한 호소력이 있었다. 이후로 이러한 움직임은 무슬림 세계에서 중심적이고 정신적인 계보에 자신들을 끼워 넣음으로써 합법성을 주장하는 경향이 있었다. 1510년 예언자의 후손인 사으드 샤리프라고 주장하는 한 가문이 수스의 남부 지역에서 국가를 창건할 수 있었고, 상업 도시인 마라케시에 대한 지배권을 획득한 이후 북쪽으로 이동할 수 있었다. 사으드는 제한된 방법을 사용하였음에도 불구하고, 그 지역의 대부분을 통치할 수 있는 정부 조직을 창출할 수 있었다. 사법과 중앙 행정부 마크잔*makhzan*은 오스만인의 것을 어느 정도 모방하였다. 사으드 술탄은 두 종류의 세력에 의존하였다. 하나는 흑인 군인들로 구성된 술탄의 사병인데, 이들은 남부 오아시스와 나이저 강 유역에서 노예 상태의 주민들로부터 선발하였다. 다른 하나는 평지에 사는 특정 아랍 집단인 자이슈, 즉 '군대 부족들'이었다. 이들은 세금을 징수하고 시골 또는 도시 치안을 담당하였기 때문에 세금을 면제받았다. 이때는 번영을 구가하는 시기였다. 북부의 무역 도시들, 대서양 항구들, 페스와 티트완 등의 내륙 도시들이 부흥하였다. 이는 산업 기술을 지닌 안달루스인들의 도래와 지중해 세계의 다른 지역들과의 접촉에서 어느 정도 영향을 받은 결과이다. 스페인, 포르투갈, 오스만인들이 이 지역에 대한 지배권을 놓고 싸웠던 16세기 중반 이후 사으드들은 일정한 독립을 유지할 수 있었고 남부 지역으로 세력을 확장하기도 했다. 마라케시에서 강력한 지배권을 획득한 사으드 술탄들은 서부 아프리카의 금과 노예무역을 장악할 수 있었다. 16세기 말 무렵 술탄들은 팀북투Timbuktu만큼 멀리 떨어진 사하라의 무역로에 있는 도시들을 정복해서 잠시 장악하였다.

그러나 사으드 샤리프 술탄 정부는 오스만 술탄 정부보다 항상 약했다. 도시의 부와 권력은 더욱 제한되었다. 페스는 사으드 술탄이 통치하는 도시들 중에서 가장 중요한 중심지였다. 도시 학문의 중요한 전통을 가진 도시였으나 알레포, 다마스쿠스, 튀니스의 절반 정도 크기에 불과했고, 이스탄불이나 카이로보다는 훨씬 더 작았다. 나머지 도시들 중에서 대서양 연안의 항구들은 외국 무역과 해적질의 중심지였다. 라바트와 살레 두 항구의 선장들은 알제의 선장들과 일시적으로 경쟁관계에 있었다. 그러나 도시의 무역이나 농촌의 생산물이 충분하지 않아서 사으드 술탄은 정교한 관료제나 대규모의 상비군을 유지할 수 없었다. 일정하게 제한된 지역을 넘어서서 술탄은 임시 군대 파견, 정치적인 술수, 예언자의 후손이라는 명분으로 어느 정도의 권력을 행사했다. 술탄과 중앙 행정부는 오스만 제국이나 동시대의 일부 유럽 국가들의 중앙 집권화된 관료제 정부를 거의 닮지 않았고, 오히려 유랑하는 중세 군주 정부를 닮았다. 술탄, 왕실과 성직자들, 몇몇 장관들과 재무 관리들, 술탄의 사병들은 더 가까운 지역들로 조직적으로 전진해 나갔다. 군대에 지불할 돈을 충분히 모아서 치밀한 정치적인 계략으로 가능한 한 넓은 지역에 대한 통치권을 확보하려고 노력하였다. 도시들조차 술탄의 장악력은 불안정했다. 술탄은 살아남기 위하여 페스, 메크네스를 비롯한 다른 지역들을 통제해야만 했다. 각 지역의 울라마들은 술탄의 합법성을 보장했고, 술탄은 상업과 산업에 부과된 세금으로부터 나오는 수입이 필요했다. 술탄은 관리를 임명하고 시혜를 베풀거나 취소하는 정책 등을 통해서 각 지역을 어느 정도 통제할 수 있었다. 그러나 어떤 측면에서 술탄은 이 도시들에서 형식적인 존재였다. 도시 주민들은 해안에서 유럽인들의 공격으로부터 상업로와 자신들을 보호해 줄 술탄이 필요했기 때문에 술탄의 세력이 완전히 없어지는 것을 원하지 않았다. 그러나 도시 주민들은 술탄과의 관계가 자신들이 원하는 대로 되기를 원하였다. 즉 도시 주민들은 세금을 지불하지 않고, 그들 주변에 있는 자이슈 부족에게 위협당하지 않고, 주민 자신이 선출하거나 적어도 받아들일 수 있는 통치자와 까디를 갖기를 원하였다. 때때로 도시 주민들은 목적을 성취하기 위하여 자신들의 군대를 동원할 수 있었다.

자원과 권력에 대한 한계 때문에 사으드 샤리프들은 오스만인들이나 사파비들과 같은 영구적이고 무제한적으로 계속되는 정부 체제를 창출할 수 없었다. 한 세기 정도 이후에는 사으드 샤리프 가문 내에서 불화가 있었다. 그리고 또 한 번 종교적인 견지에서 합법성을 주장하면서 지도자들 주변에서 지방 세력 파벌들이 발흥하였다. 알제의 오스만인들과 항구에 있던 유럽 상인들이 이 분쟁에 개입하였다. 분쟁 시기를 거친 이후 또 하나의 샤리프 가문인 필랄리스Filalis, 즉 타필랄트Tafilalt 오아시스 출신의 알라위가 정치적 기술과 아랍 부족들 일부의 도움으로 전 지역을 통합할 수 있었다. 즉 이 샤리프들은 먼저 동쪽에서, 그다음에 페스와 북쪽, 그 이후 1670년경에는 중앙과 남쪽에서 오스만 세력의 확장을 반대하는 지도자들로서 행동했다. (이 왕조가 오늘날까지 모로코를 통치하고 있다.)

이 왕조는 초기 통치자들 중의 하나인 마울라이 이스마일Mawlay Isma'il (1672~1727)의 통치하에서 정부 형태를 갖추었고, 적어도 20세기 초까지 유지되었다. 왕실의 가솔들은 대체로 남부로부터 온 흑인 노예 등으로 구성되었다. 각료들은 페스와 자이슈 부족 중 주요 가문 출신이었다. 군대는 유럽 개종자들, 흑인 노예 혈통, 평원의 자이슈 부족 출신이었다. 그리고 유사시에 도시 징집 병사들이 있었다. 술탄은 두 가지 위험에 대항하여 싸웠는데, 하나는 스페인과 포르투갈의 공격에 대한 계속되는 두려움이었고, 다른 하나는 알제로부터 오는 오스만 세력의 팽창이었다. 이러한 위험 요소들에 대한 술탄의 성공적인 저항, 술탄의 군대, 술탄의 종교적 합법성 등으로 술탄은 당분간 영향력을 발휘하였으며, 정부와 도시 사이의 세력 균형을 자신에게 유리하게 유지하며 대부분의 지방에 대한 정치적 지배권을 행사할 수 있었다.

안달루스의 기독교 정복자들은 모로코의 문명을 피폐하게 만들었다. 17세기에 스페인으로부터 무슬림들이 추방됨으로써 더 많은 안달루스 정착민들이 모로코 도시로 들어오게 되었다. 그러나 그들은 마그립을 풍요롭게 할 수 있는 문화를 더 이상 가져오지 않았다. 동시에 동부 무슬림 세계와의 접촉은 거리가 멀고, 아틀라스 산맥이 장애물로 작용함으로써 제한되었다. 일부 모로코인들은 실제로는 무역이나 성지 순례를 목적으로 동쪽으로 갔다. 그들은 타필랄트 오아시스에 모여서 북아프리카 해안을 따라서 혹은 바다를 통해서 이집트로 갔다. 그들은 이집트 카이로에 모인 순례단의 대상과 합류했다. 상인들 중의 일부는 카이로에 남았을 것이고, 학자들 중의 일부는 공부하기 위해서 카이로, 메디나, 예루살렘의 모스크나 학교에 머물렀을 것이다. 그들 중의 몇몇은 선생이 되었고 학자 가문을 일으켰다. 예루살렘의 알라미 가문이 그 예이다. 이 가문은 북부 모로코의 자발 알람Jabal 'Alam 출신의 학자이면서 수피 선생의 자손이라고 알려져 있다. 그러나 동부 출신의 학자들은 멀리 서쪽을 방문하거나 그곳에 정착하는 일이 거의 없었다.

그러므로 이 무렵 모로코 문화는 독특하고 한정된 것이었다. 시인들이나 작가들이 거의 없고 특색도 없었다. 그러나 역사와 전기를 쓰는 전통은 계속되었다. 18세기의 알 자야니al-Zayyani(1734~c.1833)는 중요한 위치를 차지하고 있었던 사람으로 폭넓은 여행을 하고 세계사를 저술하였다. 모로코인이 쓴 이 최초의 역사서는 유럽의 역사에 대한 어느 정도의 지식과 오스만에 대한 지식을 더 많이 보여주고 있다.

학교에서 학습하는 주요 교육은 말리키 법학과 이 법학 연구를 위한 보조 과학들이었다. 말리키 법학은 페스에 있는 알 까라윈al-Qarawiyyin의 대모스크와 이 모스크의 부속 마드라사들, 마라케시와 그 밖의 곳에서 가르쳐졌다. 말리키 법 개론서인 알 칼릴al-Khalil의 ≪무크타사르*Mukhtasar*≫는 특히 중요했다. 이슬람 세계의 도시들에는 대를 이어서 고등 학문의 전통을 보전하는 위대한 가문의 학자들이 있었다. 그 가문들 중의 하나가 파시Fasi 가문이었다. 이 가문은 안달루시아 혈통이며 16세기 이후 페스에 정착하였다.

이 도시들에 있는 법학자들의 영향력은 어느 정도 시골 지역으로 확장되었다. 시골 지역에서 울라마들은 계약과 협약을 공증하는 공증인으로 활동하였을 것이다. 그러나 지식의 주요한 원천은 수피 형제단(종단)들, 특히 샤딜리야 종단과 연계된 종단에 속한 선생들과 영적인 지도자들에 의해서 제공되었다. 샤딜리야 종단은 모로코 태생으로 이집트에 정착한 알 샤딜리al-Shadhili(1258년 사망)에 의해서 창설되었다. 이 단체는 이집트에서 널리 퍼졌고, 15세기에 알 자줄리에 의해서 모로코로 전해졌다. 알 자줄리는 샤딜리야 종단을 페스에 전해준 파시 가문 출신이었다. 샤딜리야 종단과 다른 종단들의 교수법의 영향은 사회의 모든 영역에서 감지되었다. 학식 있는 부류에게는 ≪꾸란≫의 숨은 의미에 대한 설명과 신에 대한 경험적인 인식으로 이끄는 영적인 상태에 대한 분석을 제공하였다. 형제단(종단)에 가입했든 안 했든 간에 선생들과 성인들은 지상의 삶에서 인간과 신 사이의 중재자로서의 희망을 피력하였다. 여기저기에 있는 성인의 무덤들은 성지 순례의 중심지가 되었다. 가장 유명한 성지 중에 마울라이 이드리스의 것이 있다. 그는 페스의 창건자로 유명하며, 그 이후에 성지가 된 페스에서 그의 아들 또한 이드리스라 불렸다.

이곳저곳에서 학식이 있고 경건한 사람들은 미신과 세속적인 야심이 팽배하는 것에 반대하면서 올바른 무슬림 사회의 이상을 보전하려고 노력하였다. 한 프랑스 학자의 연구는 한 예로 알 하산 알 유시al-Hasan al-Yusi(1631~1691)의 가르침과 생활을 보여준다. 남부 사람인 알 하산 알 유시는 박학한 종단에 이끌려서 마라케시와 그 밖의 학교를 거쳐 잠시 동안 페스에서 가르쳤다. 그의 저작들은 다양한 일련의 대화muhadarat를 포함한다. 이 대화에서 그는 대립하는 유혹들 사이에서 학식 있는 경건한 울라마의 중도를 규정하고 유지하려고 노력하였다. 한편에서는 권력에 대한 유혹과 부패가 있었다. 유명한 수필에서 알 하산 알 유시는 울라마의 역할에 관한 견해를 피력하고 관리들이 술탄의 이름으로 실행하고 있는 전제정치에 반대하면서 술탄 이스마일에게 경고하였다. 그는 다음과 같이 선언하였다. 지상은 신에게 속해 있고 모든 사람들은 신의 노예들이다. 만약 통치자가 그의 백성들을 정의로 다스린다면, 그는 지상에서 신의 대리인이고 신의 노예들을 위한 신의 그림자이다. 그는 세 가지 의무를 갖고 있다. 즉 세금을 공정하게 징수할 것, 왕국 방어를 위한 힘을 유지함으로써 지하드를 추구할 것, 약자들에 대한 강자들의 압제를 막아낼 것. 술탄 이스마일의 왕국은 이 세 가지를 소홀히 해왔다. 세금을 징수하는 자들은 압제를 행사하고, 방어는 소홀히 하고, 관리들은 백성들을 억압한다. 그가 명시한 교훈은 다음같이 익히 알려진 것이다. 예언이 끝나면 울라마가 진리의 안내자로 남는다. 울라마는 술탄들로 하여금 칼리파들이 했던 것처럼 하게 하고, 신성한 율법에 대한 믿을 수 있는 대변자의 충고를 받아들이도록 해야 한다.[4]

다른 한편에는 시골 지역의 일반 사람들에게 잘못되고 무식한 수피 선생들에 의해서 초래된 영적인 부패가 있었다.

초기에 까디리야 종단과 샤딜리야 종단 회원들, 영적인 상태에 도달한 사람들의 이야기는 일반 민중들의 관심을 끌고 심금을 울렸다. 이 이야기들은 군중들을 사로잡았고, 군중들은 자신들도 이 이야기들을 좇아 하기 위해서 온 힘을 기울였다. 그러나 무식한 사람은 착각에 빠져서 성법에 내포된 의미는 고사하고 표면적인 의미조차 알지 못한다. 그는 높은 영적인 상태에 도달하지 못한다. 당신은 이러한 무식한 사람에 관해서 무엇을 예상할 수 있는가? 당신은 그가 합리적이고 표면적으로 드러난 지식들에 관해서 열정적으로 이야기하는 것을 발견한다. 당신은 무엇보다도 성인들의 아들들에게서 이것을 발견한다. 이들은 아버지의 품위로 자신을 장식하고 어떤 정당함이나 진실도 없이 오직 이 세상에서의 허영심만을 위해서 추종자들이 자신을 따르도록 만들려고 한다. 이러한 자는 사람들이 신을 위해서 그 자신을 제외한 어떤 다른 사람을 사랑하거나 어떤 다른 사람을 알거나 따르는 것을 허락하지 않을 것이다. 그는 사람들에게 행위와 관계없이 심판의 날에 그의 중재를 통해서 천국에 들어갈 것이라고 약속한다. 무지한 민중들은 이것에 만족하고 아버지의 뒤를 이은 아들의 추종자가 된다.[5]

4 Ahmad al-Nasiri al-Salawi, *Kitab al-istiqsa*, Vol.7 (Casablanca, 1956), pp.82-86 ; French trans. in j. Berque, *Al-Yousi* (Paris, 1958), pp.91-92.

5 Ibid., Vol.4 (Casablanca, 1955), pp. 163-164; French trans. I. Hamet, *Archives Marocaines*, Vol. 33 (1934), pp. 570-572.

15장
18세기 권력 균형의 변화

중앙과 지방 권력자들

7세기에 아랍인들은 새로운 세계를 창조했고 다른 민족들이 이 새로운 세계에 연루되었다. 19세기와 20세기에는 아랍인들이 서유럽에서 창조된 새로운 세계에 연루되었다. 물론 이것은 매우 복잡한 과정을 너무 간단하게 설명하는 방식이고, 이 과정에 대한 설명도 역시 지나치게 단순해질 수 있다.

일반적인 설명 가운데 하나는 다음과 같다. 무슬림들이 통치했던 옛 무슬림 세계 왕국들과 사회들이 18세기경에 쇠퇴했다. 반면 유럽 세력이 성장하고 있었고, 이것은 유럽의 상품, 이념, 힘의 팽창을 가능하게 하여 유럽의 지배를 강화시켰으며, 이후 새로운 형태로 아랍 사회의 힘과 활력을 부흥시켰다.

그러나 쇠퇴라는 개념은 사용하기 어려운 것이다. 몇몇 오스만 저술가들이 쇠퇴라는 개념을 사용하였다. 16세기 후반부터 사람들은 주변에서 본 것과 그 이전에 존재했었다고 믿는 것을 비교하면서, 당시 상황이 초기 정의의 시대에 존재했던 것이 아니고, 오스만 세력이 의존했던 제도와 사회 윤리의 규범은 부패했다고 말했다. 그들 중의 일부는 이븐 칼둔을 읽었다. 17세기에 역사가인 나이마Naima는 이븐 칼둔의 사상을 숙고했고, 18세기에는 이븐 칼둔의 ≪역사서설≫[1]의 일부가 튀르크어로 번역되었다.

이 작가들의 치유 방법은 실재하는 혹은 상상속의 황금시대의 제도로 복귀하는 것이었다. 한때 재무 관리였던 사리 메흐메드 파샤Sari Mehmed Pasha(1717년 사망)는 18세기 초에 중요한 것은 통치자들과 피통치자들 사이의 구분된 관계를 회복하는 것과 통치자들이 올바르게 행동하는 것이라고 쓰고 있다.

> 군대 계층으로 레아야가[2] 들어오는 것을 주의 깊게 피해야 한다. 확실히 무질서는 시파히스의 아들이나 손자가 아닌 사람들이 갑자기 시파히스로 만들어질 때 나타난다. 관리들은 가난한 레아야를 억압하지 말아야 하고 가난한 레아야가 지불하는 데 익숙해진 연간 세금 외에 새로운 세금 요구로 고통을 받지 않도록 하라. 지방 주민들과 도시 거주자들은 불법 행위를 제거함으로써 보호되어야 하고 대단히 많은 관심을 기울여서 주민들의 상황을 풍요롭게 만들어야 한다. 그

1 이븐 칼둔(1332~1406)은 중세 이슬람 세계를 대표하는 역사 사상가이며 정치가였다. 이븐 칼둔은 ≪역사서설≫에서 아랍인과 베르베르인들을 중심으로 주민들의 삶과 국가, 사회, 문화 등을 총체적으로 분석하였다. — 옮긴이

2 오스만 제국에서 피지배 계층을 지칭하는 말로서, 조세 의무를 가지는 일반 대중을 가리킨다. — 옮긴이

러나 레아야에게 지나치게 관대해서는 안 된다.[3]

쇠퇴라는 말보다는 차라리 오스만 통치 방법이 변화하는 환경에 적응하는 방식이었고 제국 내에서의 세력 균형을 유지하는 것이었다고 말하는 편이 더욱 타당할 것이다. 18세기 말까지 오스만 왕조는 500년 동안 존재했고, 거의 300년 동안 아랍 지역의 대부분을 통치해왔다. 통치 방식과 범위가 장소와 시대에 따라서 달랐다고 생각될 뿐이다.

18세기경에 특히 중요한 두 가지 변화가 있었다. 이스탄불의 중앙 정부에서는 권력이 술탄의 가솔들로부터 재상의 사무실 주변에 있는 소수 집단의 고위 관료들에게로 이동했다. 서로 다른 집단의 고위 관료들 사이에서 권력 투쟁이 있었다. 고위 관료들은 몇 가지 측면에서 서로 연결되면서 사법과 종교 업무의 고위직을 장악하였다. 이들은 공통의 문화를 가졌다. 즉 튀르크적인 요소들뿐만 아니라 아랍적이고 페르시아적인 요소들까지 공유했다. 고위 관료들은 제국과 사회의 힘과 번영을 위한 관심사를 공유하고 보호하였다. 술탄의 가솔 노예들과는 달리 고위 관료들은 사회로부터 초연하지 않았을 뿐만 아니라, 경제생활에 관여하여 종교 재산을 관리하고, 수세지를 관리하며, 상업과 토지에 투자하기 위해서 상인들과 협력하였다.

직업 군인들 또한 사회로 흡수되었다. 예니체리들은 상인과 장인이 되었고, 상인과 장인은 예니체리가 되거나 예니체리와 협력관계를 유지하였다. 원인과 결과로서 이 과정은 다른 중요한 변화와 관련되었다. 지역 통치 집단이 지방 중심지들에서 출현하였다. 이들은 지방 세금 재원들을 관리하면서, 자신들의 지역 군대를 조직하기 위하여 세금을 사용할 수 있

3 English trans. in W.L. Wright, *Ottoman Statecraft* (Princeton, 1935), pp. 117-118.

었다. 지역 통치 집단은 이스탄불로부터 쉽게 통제를 받을 수 있는 지역을 제외한 지방 중심지들에서 존재하였다. 지역 통치 집단은 서로 다른 부류일 수 있었다. 일부 지역에서는 가솔을 거느린 통치 가문이었다. 이들의 구성원은 대를 이어서 이스탄불로부터 승인을 얻을 수 있었다. 다른 지역의 통치 집단은 영속적인 맘루크 집단이었다. 이 맘루크들은 발칸이나 카프카스 출신이었다. 맘루크들은 정부 통치자나 군 사령관의 가솔로 군대 노예나 훈련병으로 특정 도시로 들어와서 지방 정부나 군대에서 중요한 지위에 올랐으며, 맘루크 집단 내에서 권력을 양도할 수 있었다. 이러한 지역 통치자들은 그 도시의 상인, 지주, 울라마와 이해관계를 같이 하며 서로 협력할 수 있었다. 지역 통치자들은 그 도시의 번영을 위하여 필요한 질서를 유지하였고 그 대가로 이익을 얻었다.

이러한 상황은 이스탄불이 쉽게 통제할 수 있는 지역들을 제외하고 아나톨리아, 유럽과 사실상 모든 아랍 영역에 있는 대부분의 오스만 통치 지역에서 발생하였다. 제국의 주요 도로상에 위치해 있으며 이스탄불로부터 비교적 쉽게 접근할 수 있는 북시리아의 알레포는 오스만 제국의 직접 통치하에 있었다. 그러나 바그다드와 팔레스타인의 해안에 위치한 아크레는 맘루크 집단들의 통치하에 있었다. 다마스쿠스와 모술에서 오스만 제국을 위한 군복무로 성장한 가문들은 몇 세대에 걸쳐 통치자의 지위를 유지했다. 해안도시인 젯다에 오스만 통치자가 있었음에도 불구하고, 히자즈에서는 예언자의 후손이라고 주장하는 가문 출신의 메카 샤리프들이 성지들을 통치했다. 예멘에는 더 이상 오스만 제국의 영향력이 남아 있지 않았고, 존재했을 법한 중앙 권위는 자이드파 주민들이 인정한 이맘들 가문의 수중에 있었다.

이집트에서의 상황은 더욱 복잡했다. 이스탄불에서 보낸 통치자가 여전히 존재했으나 그 통치자가 너무 많은 권력을 장악할 경우에는 오랜 기간 동안 남아 있을 수 없었다. 그러나 고위 관직과 수세지에 대한 지배권은 계속 경쟁적인 맘루크 집단과 군 장교들 중 가장 강력한 집단의 수중에 있었다. 마그립에 있는 오스만 제국의 세 지역에서는 지역 군대 지도자들이 한 가지 혹은 다른 방식으로 권력을 장악하였다. 트리폴리와 튀니스에서는 군 사령관들이 왕조를 창설하고 이스탄불로부터 통치자로 인정받았으나, 베이라는 현지의 직함을 가졌다. 알제에서는 군대가 통치자, 즉 데이를 지명하였다. 그러나 얼마 후 데이는 자신의 지위를 영속시키고, 스스로 데이의 지위를 유지할 수 있는 고위 관료 집단을 창출할 수 있었다. 처음에는 이 세 지역에서 관리, 군 장교, 상인들이 오스만 술탄과 전쟁 중에 있던 유럽 국가들의 선박을 나포하고 자신들의 상품을 팔기 위하여 해적선을 갖추는 공동의 이해관계로 협력하였다. 그러나 이러한 관계는 18세기 후반에 사실상 끝이 났다.

이러한 변화가 대단하든 안 하든 과장되어서는 안 된다. 이스탄불에서 술탄은 여전히 결정적인 권력을 장악했다. 가장 강력한 고위 관리조차 면직되거나 처형될 수 있었고, 이 관리의 재산은 몰수되었다. 술탄의 관리들은 여전히 술탄의 노예로 간주되었다. 몇 가지 예외가 있지만, 가장 강력한 지방 통치자들조차 오스만 제국 체제 내에서 존재하는 데 만족했다. 지방 통치자들은 '지방 오스만 제국인'이었고, 독립적인 군주가 아니었다. 오스만 제국은 지방 통치자들에게 외국이 아닌 여전히 무슬림 공동체의 상징(혹은 최소한 무슬림 공동체의 가장 큰 부분)이었다. 지방 통치자들은 외국 세력들과 직접 거래를 할 수 있었으나, 자신들의 힘을 이용하여 제국의 주요한 이익을 촉진시키고 제국의 변경을 방어하였다. 더구나 중앙 정부는 여전히 제국의 대부분 지역에서 영향력을 가지고 있었다. 중앙 정부는 의례적으로 권한을 승인하거나 보류할 수 있었다. 튀니스의 베이나 알제의 데이조차 관례적으로 술탄이 통치자로 선임해 주기를 원했다. 술탄은 다른 지방 간, 혹은 한 가문 내, 혹은 한 맘루크 집단 내의 다른 구성원 간, 혹은 한 지방의 통치자와 지역 명사들 간의 경쟁 관계를 이용할 수 있었다. 술탄은 거대한 제국의 도로나 동부 지중해의 해상로를 이용할 수 있는 곳에 그의 지배력을 과시하기 위하여 군대를 보낼 수 있었다. 이러한 일이 1780년대에 일시적으로 발생했다. 다마스쿠스 통치자가 조직한 성지 순례단이 이스탄불로부터 성지 주민들에게 선물을 운반할 때, 오스만 제국 군대가 이 순례단을 호위하였고, 순례단은 오스만 제국 주둔군이 방어하는 도로를 따라서 이동했다. 순례단은 이스탄불로부터 시리아와 서부 아라비아를 거쳐서 무슬림 세계의 중심부에 대하여 오스만 제국의 통치권을 주장하는 지속적인 연례 의식이었다.

새로운 세력 균형이 오스만 제국 내에서 창출되었다. 이 세력 균형은 불안정했고, 각 파벌은 가능한 한 권력을 증대시키려고 하였다. 그러나 각 파벌은 중앙 정부, 지방 오스만인, 부와 명성을 소유한 사회 집단, 상인, 울라마 사이에서 이해관계를 위한 동맹을 유지할 수 있었다. 몇몇 지역에서 강력한 지방 통치자들과 활동적인 도시 엘리트들의 결합은 농업 생산, 도시 번영과 정부 권력의 기반을 유지시키거나 증대시켰다. 이러한 현상은 유럽 지방에서 발생했던 것으로 보인다. 중부 유럽에서 인구의 성장은 식료품과 생활필수품에 대한 수요를 증대시켰고, 발칸 지방이 그 수요를 충족시킬 수 있었다. 튀니지와 알제리에서는 마르세유나 리보르노로 수출할 곡물과 생가죽을 생산했다. 북부 팔레스타인과 서부 아나톨리아에서는 면 생산이 증대되어 프랑스의 수요를 충족시켰다. 그러나 대부분의 지역에서 지방 정부와 그 지역의 도시 엘리트들에 의한 지배는 도시 너머로 멀리 확장되지는 않았다. 마그립에서 오스만 제국 세력은 멀리 떨어진 내륙의 고원지대로 확장되지 않았다. 비옥한 초승달 지대에서 낙타를 기르는 몇몇 부족들은 중앙 아라비아로부터 북쪽으로 이동했다. 목축

지역이 경작지를 희생시키면서 확장되었다. 그 지역 경작자들은 도시 관리들에 의해 통치되었다기보다는 부족의 지도자들에 의해 통치되었다. 오스만 제국 경계 너머의 영토에서도 똑같은 변화가 일어났다. 오만의 새로운 통치 가문은 처음에 이바디의 영토라고 주장하면서 해안에 위치한 마스까트에 자리를 잡았고, 통치자와 상인의 동맹은 오만의 무역을 인도양 해안 주변으로 확장시켰다. 걸프의 다른 항구 도시들, 쿠웨이트, 바레인과 몇몇 더 작은 항구들에서는 상인 공동체와 밀접하게 연결된 통치 가문들이 출현하였다. 이집트의 남부에 위치한 수단에는 오랫동안 유지되어 온 두 술탄의 영토가 있었다. 하나는 푼즈 술탄의 영토인데 청나일 강과 백나일 강 사이의 비옥한 땅에 있었다. 이곳에서는 이집트에서 에티오피아에 이르는 무역로가 서아프리카에서 홍해에 이르는 무역로를 가로질러 갔다. 다른 하나는 나일 강 서쪽에 놓여 있는 다르푸르 술탄의 영토다. 이 영토는 서아프리카에서 이집트로 가는 무역로에 있다.

마그립의 맨 가장자리에 위치한 모로코에서는 알라위가 17세기 중엽 이후 통치해오고 있었다. 이곳에는 지방 오스만 제국 통치자들이 의지할 수 있는 확고한 기반을 갖춘 군대나 관료 세력이 존재하지 않았다. 오스만 제국 통치자들은 그들의 전임자들처럼 강력한 상인 가문과 함께 페스 도시를 결코 완전히 지배할 수는 없었다. 페스의 울라마는 까라윈 모스크 주변에 밀집해 살았고, 성스러운 가문들이 조상의 성지를 지켰다. 이 가문들은 도시 밖에서는 기껏해야 정치적인 술수와 혈통의 명성으로 그 지역의 일부를 통치할 수 있었다. 그들은 불안정한 기반 탓에 동요하였다. 18세기 초에 크게 동요하였고, 그 이후 점점 약화되다가 18세기 후반에 회복되고 있었다.

아랍 오스만 사회와 문화

18세기에 아랍 지역에서 오스만 제국의 지배력과 문화의 흔적은 그 깊이를 더해 간 것으로 보인다. '지방 오스만' 가문 또는 집단으로 불리는 이들이 아랍 도시에 정착하였다. 한편으로 군 사령관과 관리들은 지방 중심지에 정착하고, 가문과 가솔을 만들어서 대를 이어 오스만 정부에서 지위를 확보하였다. 지방의 통치 가문과 맘루크 집단은 이러한 현상의 상류계층에 위치했을 뿐이고, 다른 계층에서도 이러한 현상은 존재했다. 그들 중의 일부는 지방 행정에서 자리를 차지하였고, 일부는 세금을 받는 토지를 취득함으로써 부를 획득하였고, 일부는 아들을 지방의 종교 학교에 보내 사법부로 진출시켰다. 다른 한편 전통적으로 종교적 학식을 갖춘 지방 가문의 구성원들은 점차 종교, 사법 부문에서 지위를 강화시켜 가는 경향이 있었고, 이를 통하여 와끄프에 대한 통제권을 획득하였다. 와끄프 통제권은 성지들과 술탄들이 창설한 기구들을 위해서 수립된 가장 돈벌이가 되는 사업이었다. 술탄이 창설한 기구 중의 많은 것이 본래 목적으로부터 사적인 용도로 변질되었다. 18세기 초기에 다마스쿠스에는 종교-사법 제도에 75개의 공직이 있었다. 18세기 중반까지 그 숫자는 300개 이상으로 증가하였다. 이와 함께 전통적으로 샤피 학파 혹은 말리키 학파를 고수하는 많은 지방 가문들이 하나피 학파 법체계를 수용하게 되었다. 하나피 학파 법체계는 오스만 제국 술탄들이 공식적으로 인정한 것이었다. (그러나 이러한 현상은 마그립에서는 발생하지 않은 것으로 보인다. 이곳에서는 튀르크 혈통의 사람들을 제외한다면 주민의 대부분이 말리키 학파로 남아 있었다.)

18세기 후반에 최소한 아랍 대도시 중 일부에는 강력하고 다소 영구적인 지역 명사 가문들이 존재했다. 이들 중 일부는 좀 더 튀르크 성향이고 다른 일부는 좀 더 아랍 성향이었다. 그들의 권력과 견실함은 알제, 튀니스, 다마스쿠스와 그 밖의 지역들에서 화려한 주택과 궁전 건축으로 표현되었다. 가장 화려한 것은 다마스쿠스의 아즘Azm 궁전이었다. 방과 특실이 두 개의 안마당 주변에 건축되었다. 안마당 하나는 가족의 남성들과 방문객들을 위한 것이었고 다른 하나는 여성들과 가정생활을 위한 것이었다. 더 작은 규모이지만 여전히 화려한 주택이 알레포에 있는 기독교 구역인 주다이다에 건축되었다. 이 주택들은 유럽과의 점증하는 무역을 통해서 부자가 된 가문들이 건축한 것이었다. 남부 레바논 산악 지대에 있는 레바논의 아미르인 바시르 2세Bashir II의 궁전은 다마스쿠스 출신의 숙련공들이 건축한 것이었다. 이것은 멀리 떨어진 언덕 비탈에 위치한 뜻밖의 도시 궁전이었다. 이러한 건축은 지방 건축가들과 숙련공들이 건축한 것이었고, 건축 디자인과 양식은 지방 전통을 표현한 것이었으나, 역시 모스크처럼 오스만 제국 장식의 영향이 나타났다. 특히 타일의 사용에서 그러했다. 일부 유럽 양식이 오스만 제국의 양식과 혼합되어 나타나기도 했다. 유럽 양식은 벽화, 보헤미안 유리, 중동 시장을 위하여 유럽에서 만든 그 밖의 제품에서 나타났다. 튀니스에서 18세기 초에 한 프랑스 여행객은 베이들의 옛 궁전인 바르도Bardo가 이탈리아 양식의 가구들로 꾸며져 있는 것을 발견했다.

명사 가문의 사회 권력은 지방 학교들과 밀접한 관계가 있었다. 카이로에 대한 연구는 남성인구 중 거의 절반 정도 되는 상당수가 글을 읽고 쓸 수 있었지만 여성들은 거의 그렇지 못했을 것이라고 시사했다. 이것은 초등학교인 쿠탑이 많이 있었다는 것을 의미한다. 한 단계 높은 교육에 대해 18세기를 연구하는 한 역사가는 고등 교육을 수행했던 약 20개의 마드라사와 약 20개의 모스크에 대해 말한다. 중앙 기구인 아즈하르 모스크는 더 작고 기부금을 덜 받은 몇몇 모스크나 마드라사를 희생시켜서 번성한 것으로 보인다. 아즈하르 모스크는 시리아, 튀니스, 모로코와 상 나일 강의 지역들에서 학생들을 모집했다. 같은 방법으로 18세기 동안 튀니스에 있는 자이투나 모스크의 규모와 중요성이 증대되었다. 이 모스크 도서관이 확장되었고, 기금은 비무슬림들의 인두세인 지즈야의 수익으로 보충되었다.

이러한 고등 교육기관들에서는 옛 교과 과정이 여전히 유지되었다. 가장 중요한 연구는 ≪꾸란≫ 해석, ≪하디스≫와 피끄흐(이슬람 법학)였다. 이를 위하여 공식적인 보고서들뿐만 아니라 파트와 모음집들이 사용되었다. 언어 과목은 이를 위한 입문서로 연구되었다. 종교상의 기본적인 교리들은 주로 이후의 개론에서 가르쳤다. 이븐 아라비와 다른 수피들의 작품들이 폭넓게 읽혀진 것으로 보인다. 수학과 천문학 같은 합리적인 과학들은 대체로 공식적인 교과과정을 벗어나 연구되고 가르쳐졌지만 이 과목들에 대한 관심이 컸던 것으로 보인다.

다소 경직되고 변함없는 교과 과정의 한계에도 불구하고 높은 수준의 문학 작품들을 위한 여지는 여전히 남아 있었다. 튀니스에서는, 16세기에 오스만 제국 원정대와 함께 이 지역에 온 튀르크 군인이 가문을 창설하여 대대로 4명의 인물을 배출하였다. 4명 모두 무함마드 바이람Muhammad Bayram으로 불렸고, 유명한 학자들이며 하나피 무프티들이었다. 시리아에서 중앙아시아 출신의 낙슈반디야 종단은 무라드가 창설한 가문이며 한 세대 이상 하나피 무프티 지위를 차지하였다. 그들 중의 한 명인 무함마드 칼릴 알 무라디Muhammad Khalil al-Muradi(1760~1791)는 학식과 명성이 있는 인물들의 일대기를 모으던 시리아의 특별한 전통을 이어갔다. 그의 인명사전은 12세기 이슬람 역사를 망라한다.

무라디는 일대기를 모으기 위해서 이집트에 거주하는 유명한 학자 무르타다 알 자비디Murtada al-Zabidi(1732~1791)에게 도움을 요청하였다. 무라디의 편지는 그가 보존되어야만 하는 오랜 전통의 끝자락에 서 있다는 것을 의식하고 있음을 나타내고 있다.

> 내가 이스탄불에 있을 때, 어떤 훌륭한 사람과 다음과 같이 이야기했습니다. …… 역사는 교양과목 중 가장 훌륭한 것임에도 불구하고 쇠퇴하고 있으며 이 시대 사람들에게는 역사에 대한 관심이 부족합니다. 우리는 그것을 매우 슬퍼했습니다.[4]

인도 혈통인 자비디는 잠시 동안 예멘의 자비드Zabid에 살았었다. 자비드는 남부와 남동부 아시아로부터 성지로 가는 길목에 위치해 휴식을 취할 수 있는 중요한 장소였고, 그 시대에 주목할 만한 중심지였다. 자비디는 카이로로 이주했으며 그곳에서 그의 영향력은 더 커지고 넓게 퍼졌다. 이것은 중재 능력에 대한 명성과 그의 저술들 덕택이었다. 그의 저술들에는 ≪하디스≫에 관한 저작들, 가잘리의 ≪종교학의 부활≫에 관한 주석과 훌륭한 아랍어 사전 등이 있다.

이번에는 무르타다 알 자비디가 더 젊은 학자인 압둘 라흐만 알 자바르티'Abd al-Rahman al-Jabarti(1753~1825)에게 인물 자료들을 모으는 일을 도와달라고 요청하였다. 이것은 그의 마음을 역사 서술로 돌리는 원동력이 되었다. 그러는 동안에 그는 전통적인 양식으로 마지막 훌륭한 연대기를 출판하였다. 이것은 정치적인 사건뿐만 아니라 학자들과 유명한 사람들의 생활을 망라하였다.

쉬아의 세계에서 고등 학문의 전통은 계속되었으나, 학자들은 뚜렷하게 구분되었다. 18세기 대부분을 아크바리 학파[5]의 사상이 성지에 있는

---

4 Quoted in 'Abd al-Rahman al-Jabarti, *'Aja'ib al-athar fi'l-tarajim wa'l-akhbar* (Cairo, 1965), Vol. 4, p.214.

학자들 사이에서 우세하였으나 18세기 말에는 두 명의 중요한 학자인 무함마드 바끼르 알 비흐비하니Muhammad Baqir al-Bihbihani(1791년 사망)와 자으파르 카쉬프 알 기타Ja'far Kashif al-Ghita(c.1741~1812)의 영향으로 우술리 학파가[6] 부흥하였다. 우술리 학파는 이라크와 이란의 지방 통치자들의 지지를 받았다. 우술리들의 유연성이 이 통치자들에게 다소간 유리한 것이어서 우술리 학파는 한 번 더 주요 학파가 될 수 있었다. 그러나 아크바리 학파는 일부 걸프 지역에서 여전히 강력했다. 18세기 말경에 우술리들과 아크바리들은 새로운 운동인 쉐이키야Shaykhiyya 종단에 의해서 도전을 받았다. 쉐이키야 종단은 쉬아주의의 특징이었던 영적인 성서 해석을 하는 신비주의적인 전통에서 성장하였다. 이 종단은 다른 두 학파에 의해서 비난을 받았으며 이맘 쉬아주의를 벗어난 것으로 간주되었다.

순니와 쉬아의 사상 중 어느 것도 이 시기에 유럽에서 출현한 새로운 사상들의 영향을 받은 증거는 없다. 라틴어, 이탈리아어, 프랑스어를 습득한 시리아나 레바논의 성직자들 중 일부가 그 시대의 가톨릭 신학이나 유럽 학문에 대해서 알고 있었다. 그들 중 소수가 유럽에서 가르쳤고, 유명한 학자들이 되었다. 가장 유명한 사람은 유수프 알 심아니Yusuf al-Sim'ani,

---

5 아크바리 학파는 소수 쉬아파를 구성하며, 인도, 바레인, 남부 이라크에 존재하고, 법의 원천이 ≪꾸란≫과 ≪하디스≫뿐이라고 믿는 전통주의자들이다. 이 학파는 현존하는 ≪하디스≫의 활용만 인정한다는 입장에서 울라마의 권위와 특권을 제한한다. — 옮긴이

6 우술리 학파는 18세기 후반 아크바리 학파를 압도적으로 누르면서, 이란을 비롯한 지역에서 오늘날까지 12이맘 쉬아파의 주류를 형성하고 있다. 무즈타히드의 이즈티하드(해석)를 중요시하며, 새로운 법을 만들고, ≪하디스≫를 평가하여 믿을 수 없는 전승들을 제외시킨다. 우술리 학파에서는 근본적인 결정을 내리고 종교법을 해석할 자격이 마르자 알 타클리드*marja al-taqlid*(모범의 원천), 즉 무즈타히드들(후자트 알 이슬람 : 이슬람의 증거, 아야톨라 : 하나님의 표시)에게 있으며, 무깔리드*muqallid*(모방자, 무즈타히드들을 제외한 모든 우술리들)는 살아있는 무즈타히드의 판결을 따라야 한다. — 옮긴이

Joseph Assemari(1687~1768)다. 그는 레바논 출신의 마론파이며, 시리아어와 아랍어 필사본 연구자로 바티칸 도서관의 사서가 되었다.

이슬람 세계

오스만 제국 내에 살든지 그 경계 밖에 살든지 간에, 이슬람 신앙을 고백하고 아랍어를 사용하는 사람들은 정치적인 충성이나 공유된 이해관계보다 더 깊은 공통의 무엇인가를 가지고 있었다. 아랍어를 사용하는 사람들 사이에서, 그리고 이들과 튀르크어, 페르시아어, 무슬림 세계의 기타 언어를 사용하는 사람들 사이에서는 예언자 무함마드를 통하여 신의 최종적인 계시에 의해서 창조된 영원하고 확고한 세계에 속한다는 공동의 감정이 있고, 여러 형태의 사상과 사회 활동으로 그 감정을 표현한다. ≪꾸란≫과 ≪하디스≫, 법체계나 이상적인 사회 활동을 위한 제도, 창설자들의 무덤에 방향이 맞추어진 수피의 종단들, 학파들, 학식을 추구하는 학자들의 여행, 책 전시, 라마단 금식 등은 전 세계 무슬림들에 의해서 동시에 같은 방법으로 준수되었고, 수천 명의 무슬림들이 연례행사로 같은 시기에 전 세계로부터 메카로 순례를 했다. 이러한 모든 활동은 이승에서의 행복과 내세에서의 구원을 위해서 필요한 모든 것을 포함하고 있는 세계에 자신이 속해 있다는 의식을 지속시켰다.

다시 한 번 오랫동안 지속되어 온 구조는 변화했으며, 18세기에 존재했던 이슬람은 그 이전 시대와 여러 가지 측면에서 달랐다. 변화의 물결이 무슬림 세계의 극동, 즉 북부 인도로부터 왔다. 이곳에서는 또 하나의 위대한 순니 왕조인 무갈인들이 무슬림들과 힌두인들을 통치했다. 여기서 수많은 사상가들 중 가장 유명한 사람은 델리의 샤 왈리울라Shah Waliullah

(1703~1762)였고, 사상가들은 통치자들이 이슬람의 가르침과 일치되게 통치해야 하며, ≪꾸란≫과 ≪하디스≫를 토대로 법해석을 하는 선생들이 이슬람을 정화시켜야 한다고 가르치고 있었다. 여러 이슬람 법학파들은 도덕과 법의 단일 체계로 통합되어야 했고, 수피 신앙은 단일 체계의 경계 내에서 유지되어야 했다. 인도로부터 서쪽으로 이동한 학자들은 성지순례 때 다른 학자들을 만나서 훌륭한 종파들과 사상을 혼합하였다. 이 혼합은 샤리아의 엄격한 준수를 강조하는 일종의 수피즘을 강화시켰다. 아무리 진보된 무슬림이라 할지라도 신에 대한 체험을 겪는 도중이었다. 낙슈반디야 종단은 일찍이 중앙아시아와 인도로부터 오스만 제국 지역으로 퍼졌다. 이 종단의 영향은 점차 증대되었다. 또 다른 티자니야Tijaniyya 종단은 메카와 카이로를 다녀온 선생이 알제리와 모로코에서 창설한 것으로 서아프리카로 퍼져 나갔다.

이때 다소 덜 중요해 보이는 또 하나의 운동이 있었으나, 이후에 폭넓은 중요성을 가지게 되었다. 이것은 18세기 초에 중앙 아라비아에서 발생하였다. 이때 종교 개혁가인 무함마드 이븐 압둘 와합Muhammad ibn ʿAbd al-Wahhab(1703~1792)은 이븐 한발의 추종자들이 이해하는 이슬람의 가르침으로 돌아가야 할 필요성을 무슬림들에게 설교하기 시작하였다. 즉 알 와합은 각 세대에 책임 있는 학자들이 해석한 ≪꾸란≫과 ≪하디스≫에 엄격하게 복종할 것과 비합법적인 혁신으로 간주될 수 있는 모든 것들을 거부하라고 설교하였다. 신의 중재자인 죽은 성인들을 숭배하는 것과 수피 종단들의 특별한 예배는 비합법적인 혁신으로 간주되었다. 개혁가인 알 와합은 시장이 서는 소도시인 디르이야Dir'iyya의 통치자인 무함마드 이븐 사우드Muhammad ibn Sa'ud와 동맹을 맺었다. 이 동맹은 샤리아의 지시대로 살아갈 것을 요구하는 국가의 형성으로 이끌었고, 또 그 주변의 모든 유목 부족들로 하여금 샤리아의 지시에 따르도록 하였다. 그렇게 하면서 이

동맹은 유목 배후지역에 대항하여 허약한 오아시스 도시의 이권을 주장하였다. 그러나 동시에 오스만인이 진정한 이슬람의 보호자라는 주장을 거부하였다. 19세기 전반기에 이 새로운 국가의 군대가 팽창하였다. 이 군대는 남서부 이라크에 있는 쉬아 성지들을 약탈했고, 히자즈의 성지들을 점령하였다.

유럽과의 변화하는 관계

이슬람 세계에 속한 대부분의 사람들에게 이슬람 세계는 살아 있고, 성장하며, 자부심이 강하고, 도전받지 않는 것처럼 보일지 모른다. 18세기 말기에 적어도 오스만 엘리트들 중 일부는 이슬람 세계가 그 주변을 둘러싼 세계와의 관계 속에서 변화를 원하는 세력들에 의해서 위협을 받고 있다는 것을 알았다. 오스만 정부는 항상 주변 세계정세를 인식하고 있었다. 동쪽으로 이란의 쉬아 제국, 그 너머의 무갈 제국, 북서쪽으로 기독교 국가들에 대해서 알고 있었다. 오스만 정부는 초기부터 서부 및 중부 유럽과 관계를 맺어왔다. 오스만 정부는 지중해의 동부 해안과 남부 해안을 지배했고, 오스만 정부의 서부 경계는 도나우 강 유역이었다. 이 관계가 오직 적대적이었던 것만은 아니다. 오스만 제국 함대가 베네치아 사람들이나 스페인 사람들과 지중해 통제권을 놓고 싸우고, 오스만 제국 군대가 빈Vienna 입구까지 들어갔을 때는 적대적인 관계가 틀림없이 존재했다. 이 점에서 이 관계는 한편으로는 십자군으로, 다른 한편으로는 지하드로 표현될 수 있었다. 그러나 다른 종류의 관계들도 존재했다. 오스만 제국 초기에는 주로 유럽 상인, 베네치아인, 제노바인이, 18세기에는 영국과 프랑스인이 상업 활동을 하였다. 공동의 적에 대항하는 오스만 제국의 술탄과 유럽 왕들의 동맹이 있었다. 특히 오스트리아의 합스부르크 가와 스페인에 대항하여 프랑스와 동맹을 맺었다. 1569년 프랑스는 오스만 제국으로부터 특권(특별 허가 구역)을 얻어 상인과 선교사의 활동을 관리하였다. 일찍이 몇몇 이탈리아 도시의 상인들에게 주어졌던 특권을 모방한 것이었고, 후에 다른 유럽 열강들에게도 주어졌다. 유럽의 주요 국가들은 영구적인 대사관과 영사관을 오스만 제국 내에 설치하였고, 이 대사관과 영사관은 유럽 국가 제도의 일부였다. 그러나 오스만 제국은 훨씬 뒤까지 유럽의 수도들에 영구적인 사절단을 파견하지 않았다. (같은 이유로 모로코와 영국은 양국이 스페인에 적대적일 때는 좋은 관계를 유지하였다.)

18세기 중반까지 오스만인들은 이러한 관계를 대체로 유럽과 동등한 세력이 되는 것으로 간주하였다. 15세기 후반에 술탄의 훈련된 직업 군대는 총기 등을 사용하였고, 유럽의 어떤 군대에 견주어도 뒤지지 않았다. 17세기에 오스만인들은 베네치아로부터 크레타 섬을 빼앗으면서 최후의 위대한 정복을 하였다. 18세기 초기에 오스만인들은 이전 시대에 유지할 수 있었던 우월성 대신에 외교적으로 동등한 수준에서 유럽 국가들과 거래하였다. 오스만 군대는 조직, 전술, 무기 사용에서 다른 국가들에 뒤처져 있는 것으로 간주되었다. 그렇게 많이 뒤처져 있지는 않았음에도 불구하고, 기존의 제도 내에서 군대를 강화시키기 위한 노력을 할 수 없었다. 무역은 여전히 특별 허가 구역 내에서 이루어졌다.

그러나 18세기 말기에 이러한 상황은 급속도로 극적으로 변하기 시작했다. 일부 서부 및 북부 유럽 지역들과 세계의 나머지 지역들 간의 공업 기술적인 격차가 더 벌어졌다. 오스만 통치 기간 동안 과학 기술의 발전이 없었고, 과학 지식과 이해 수준이 쇠퇴하였다. 일부 그리스인들과 이탈리아에서 교육받은 사람들과는 달리, 서유럽 언어에 대한 지식과 서유럽에서 달성된 과학 기술 발전에 대한 지식도 거의 없었다. 코페르니쿠스와 관련된 천문학 이론들이 17세기 말에 처음으로 튀르크어로 간단하게 언급되었을 뿐이고 유럽 의학의 발전상은 18세기에 이르러서야 서서히 알려지게 되었다.

유럽의 몇몇 지역은 이제 수준이 다른 세력으로 변했다. 검역체계가 효과를 발휘했기 때문에 흑사병은 더 이상 유럽 도시들을 파괴하지 못했고, 옥수수의 도입과 경작지의 확장으로 기근의 위협은 종식되었고 더 많은 인구의 식량을 공급할 수 있게 되었다. 선박 건조와 항해술의 발전으로 유럽 선원들과 상인들은 전 세계의 대양으로 진출하게 되었고 무역 루트와 식민지를 건설할 수 있게 되었다. 무역과 광산 개발, 식민지는 자본 축적을 가져왔고, 축적된 자본은 새로운 방법으로 상품을 대량 생산하기 위하여 사용되었다. 인구와 부의 성장으로 정부는 더 큰 규모의 육군과 해군을 유지할 수 있었다. 따라서 서유럽 국가들 중의 일부, 특히 영국, 프랑스, 네덜란드는 자원을 지속적으로 축적하기 시작하였다. 반면 오스만 지역들은 아시아와 아프리카 지역들처럼 주민들이 흑사병과 기아로 인구가 정체된 상황에 처해 있었고, 일부 지역에서는 인구가 감소했다. 생산력은 생산 양식의 근본적인 변화와 정부 조직력을 강화하는 데 필요한 자본을 생성하지 못했다.

서유럽 군사력의 성장은 아직 직접적으로 느껴지지는 않았다. 서부 지중해에서 스페인 세력은 약화되었고, 스페인의 수중에 있던 오랑을 알제의 데이가 1792년에 장악하였다. 동부 지중해에서는 베네치아 세력이 쇠퇴했고, 영국과 프랑스의 세력은 아직 감지되지 않았다. 위협이 북부와 동부로부터 다가오는 것 같았다. 러시아 군대와 정부가 서부 경계를 따라 재조직되었고, 러시아는 남부를 향해서 내려오고 있었다. 오스만인들과의 결정적인 전쟁(1768~1774)에서 러시아의 지휘를 받는 함대가 동부 지중해를 항해하였고, 러시아 군대는 크림 반도를 차지하였다. 크림 반도는 몇 년 후에 러시아 제국으로 합병되었다. 이때부터 흑해는 오스만의 호수가 아니었다. 새로운 러시아 항구 오데사가 무역의 중심지가 되었다.

동쪽 멀리 인도에서는 확실히 불길한 일이 시작되고 있었다. 유럽의 배들이 15세기 후반에 처음으로 희망봉을 돌았다. 그리고 유럽의 교역 장소가 인도의 해안가, 걸프, 동남아시아의 섬에 점차적으로 설립되었다. 그러나 16세기에는 유럽인들의 무역이 제한되었다. 희망봉 길은 멀고 위험했다. 향신료와 다른 아시아 상품들은 여전히 걸프와 홍해를 거쳐 중동의 다른 도시들로 보내졌고 지방 시장에서 팔리거나 더 먼 서쪽과 북쪽의 시장으로 전해졌다. 유럽은 향신료를 사기를 원했지만 그 대가로 제시할 것이 거의 없었다. 인도양의 유럽 선박들과 상인들은 주로 아시아 항구들에서 사고 파는 데 집중하고 있었다. 17세기 초기에 향신료 무역은 네덜란드인들에 의해서 희망봉 주변으로 바뀌었다. 그러나 오스만 상인들의 손해는 새로운 커피 무역으로 벌충되었다. 커피는 예멘에서 재배되었고, 카이로의 상인들에 의해서 서구 세계로 전해졌다. 이후 유럽 무역 회사들은 그들의 항구를 넘어서 확장하기 시작했고, 넓은 지역에서 세금을 징수하고 사실상의 통치를 하였다. 네덜란드의 동인도 회사는 인도네시아에서 지배력을 확장하였고, 영국 동인도 회사는 1760년대에 무갈 제국의 큰 지방인 벵갈에 대한 통치권을 넘겨받았다.

18세기 말경에 중동, 마그립과 유럽 무역의 특성은 확실히 변하고 있었다. 아랍 상인들과 선원들 중 일부 집단, 특히 오만 사람들은 인도양 무역에서 그들의 위치를 여전히 유지할 수 있었다. 오만인들의 활동과 세력은 아프리카 동해안에서 확장되었다. 그러나 일반적으로 세계 각 지역들 간의 교환은 유럽 상인들과 선박 소유주들의 수중에 떨어졌다. 영국 선박들이 커피를 사기 위하여 예멘의 해안에 있는 모카Mokha로 왔다. 유럽 상인들이 아시아 향신료를 중동으로 가져왔다. 상인들뿐만 아니라 생산자들도 이러한 도전에 직면했다. 유럽이나 혹은 유럽 지배하에 있는 아시아와 신세계의 식민지에서 생산된 상품들은 유럽과 중동 시장에서 중동의 상품들과 경쟁하기 시작했다. 마르티니크Martinique(서인도 제도)의 커피가 예멘의 커피보다 더 쌌다. 커피를 취급하는 유럽 상인들은 카이로 상인들보다 상술이 더 좋았다. 또 유럽 상인들은 유럽 시장에 대한 독점권을 가졌다. 18세기 갈경에 모카 커피는 사실상 유럽 시장을 잃었고 카이로, 튀니스, 이스탄불에서는 앤틸리스 제도(서인도 제도) 커피와 경쟁하고 있었다. 앤틸리스 제도 설탕은 마르세유에서 정제되어 이집트 설탕 산업을 위협하고 있었다. 좋은 품질의 프랑스 직물은 왕실뿐만 아니라 일반 여성과 남성들도 샀다. 그 대가로 유럽은 레바논의 실크, 북 팔레스타인의 면, 알제리와 튀니지의 곡물, 모로코의 생가죽을 비롯한 대부분의 원료를 사갔다.

유럽과 무역을 하는 경우, 중동과 마그립의 나라들은 주로 원료 공급지이며 완제품의 구매자가 되어 갔다. 그러나 유럽 무역의 영향은 여전히 제한되어 있었다. 유럽과의 무역은 더 멀리 동쪽에 있는 지역들과의 무역 혹은 지중해 연안과 아프리카 사이의 나일 강과 사하라 노선으로 지나는 무역보다 아랍 지역의 경제에 덜 중요했다. 유럽의 영향이 중요했다면, 아마도 유럽이 경쟁하는 상품들은 오스만 제국 내의 각 지역들 사이의 무역을 위축시켰을 것이다.

유럽 무역이 제한적임에도 불구하고, 이것은 세력 교체의 징후였다. 만약 영국의 배들이 모카에 들어왔다면, 그 배들은 홍해로 더 올라왔을 것이고 성지들의 안전과 이집트의 수익을 위협했을 것이다. 대다수 무슬림 주민들의 거주지이며 무갈 제국의 일부인 벵갈에서 영국 세력의 팽창은 최소한 오스만 통치 집단에게 알려졌다. 주로 무슬림들이 거주하고 오스만인들과 밀접한 관계를 유지한 왕조가 통치하던 크림 반도를 러시아가 점령한 사건과 러시아 함대가 지중해에서 활동하는 모습은 더 널리 알려졌다. 18세기 말에 이러한 사건들의 위험성을 점차 인식하기 시작하였다. 보통 사람들에게, 그리고 어떤 일이 성취되어야 한다고 생각하는 오스만 엘리트들에게 이러한 위험성에 대한 인식은 구세주에 대한 예언으로 나타났다. 유럽 왕실 주재 임시 대사관들, 유럽 외교관들, 여행객들과의 만남을 통해 서유럽에서 야기되는 변화를 어느 정도 인식할 수 있었다. 일부 오스만 고위 관료들에게 제국의 방어가 강화될 필요성은 분명해졌다. 현대식 훈련과 장비를 갖춘 육군과 해군을 창설하려는 시도가 있었다. 1790년대에 새로운 술탄 셀림 3세(1789~1807)의 창안으로, 새로운 모범이 될 군대를 창설하기 위한 더 지속적인 노력이 있었다. 그러나 끝내 이러한 군대는 창설되지 않았다. 새로운 군대의 창설과 이와 연관된 재정 개혁이 강력한 이해관계 세력을 지나치게 위협하였기 때문이다.

제4부
유럽 제정 시대
(1800~1939)

● 19세기는 유럽이 세계를 지배하던 시대였다. 대규모 공장 생산과 소통 방법의 변화, 즉 증기선, 철도, 전보의 등장으로 인해 유럽 무역이 발전하였다. 동시에 유럽 나라들의 군사력이 크게 증가하였다. 아랍어권 나라들에 대한 최초의 두드러진 정복 활동은 프랑스가 알제리를 정복한 일이었다(1830~1847). 이슬람 문명권의 국가들과 지역 사회들은 더 이상 조상으로부터 물려받은 안정된 삶의 양식을 지속하며 살 수 없었다. 그들은 이제 다른 이들에 의해 지배되는 세계에서 살아남을 수 있는 힘을 키워야 했다. 오스만 정부는 유럽을 본보기로 새로운 군사조직, 행정과 법률 제도를 채택하였고, 오스만 제국으로부터 실제적으로 자치권이 유지되던 이집트와 튀니지의 통치자들도 새로운 제도를 채택하였다.

개혁을 겪고 있던 국가들의 수도나 유럽과의 교역 증대의 결과로 성장한 항구들에서는 혁신적인 정부, 외국 상인, 그 지역 토착의 중요 지주,

유럽 교역에 종사하는 토착상인 간에 이해관계에 의한 새로운 협력관계가 형성되었다. 그러나 그것은 불안정한 상태였고, 머지않아 모로코와 리비아에 이어 이집트와 튀니지도 유럽의 지배하에 떨어졌다. 오스만 제국 역시 유럽 지역의 대부분을 잃어버렸으며, 오히려 튀르크-아랍 연방에 가까운 모습이 되었다.

이슬람의 종교적, 법률적인 문화가 보존된 반면, 새로운 종류의 사상도 나타났다. 그 사상은 유럽이 강한 이유를 설명하고 이슬람 문명권의 국가들이 그들 자신의 신앙을 지키면서도 유럽의 사상과 체계를 받아들일 수 있다는 것을 알리고자 했다. 이러한 새로운 사상을 전개한 사람들의 대부분은 혁신적인 정부나 외국 선교사들이 창설한 학교 출신들이었으며, 그들은 그들의 의견을 신문이나 정기간행 잡지 같은 새로운 미디어를 통해 표현할 수 있었다. 그들의 주요한 사상은 이슬람 법률 개편, 오스만 제국의 새로운 토대 구축과 평등한 시민권 창출, 그리고 19세기 말에는 민족자결주의 등이 있다. 그러나 드물었던 격변의 순간들을 제외하고, 새로운 사상은 시골이나 사막 지대에 사는 사람들의 삶에는 거의 영향을 주지 못했다.

제1차 세계대전은 오스만 제국의 소멸과 함께 끝났다. 제국의 잔해로부터 터키라는 새로운 독립 국가가 나타났으나, 아랍 지역은 영국과 프랑스의 지배하에 놓여 있었다. 아라비아 반도의 일부를 제외하고, 아랍어를 쓰는 모든 지역이 이제 유럽의 지배를 받게 되었다. 외세의 지배는 행정상의 변화와 교육에 있어 약간의 진보를 가져다 주었지만, 동시에 주로 교육받은 계층 사이에서 민족자결주의가 성숙하도록 촉진시키기도 했다. 몇몇 지역에서는 일정한 한계 내에서 자치를 확장하는 것에 대해 지배 세력과 합의하기도 했으나, 나머지 다른 지역에서는 반대에 부딪혔다. 영국 정부가 팔레스타인에 유대 국가 건설을 촉진한 것은 아랍어를 사용하는 지역 전체의 민족자결주의자들에게 영향을 줄 만한 상황을 만들었다.

16장
유럽 열강과 개혁하는 정부들(1800~1860)

유럽의 확장

오스만 제국의 정부가 세력을 회복하려는 첫 번째 시도가 절박했던 것은 혁명에 이어 나폴레옹이 등장한 프랑스와 다른 유럽 열강들 사이에 벌어졌던 전쟁 때문이었다. 유럽 열강은 1792년부터 1815년 사이 유럽에서 대소동을 일으키고 육군이 행진하거나 해군이 항해할 수 있는 곳이라면 어디든지 진군했다. 프랑스, 러시아 그리고 오스트리아의 군대가 각기 다른 시기에 술탄의 유럽 영역을 점령했다. 영국과 프랑스의 해군이 동부 지중해 지역에 처음으로 모습을 드러냈다. 한때는 영국의 함대가 이스탄불로 향하는 해협에 진입하려고 했다. 1798년에는 나폴레옹의 명령을 받은 프랑스 원정대가 영국과의 전쟁 중에 부수적으로 이집트를 점령하기도 했다. 프랑스는 이집트를 3년 동안 지배했으며, 이집트로부터 시리아로 진입하려고 했으나, 오스만과 비무슬림 국가들 사이 첫 번째 공식적인 군사 협력이 이루어진 이후 영국과 오스만의 개입으로 인해 철수했다.[1]

그것(프랑스의 이집트 지배, 시리아 진입이 영국과 오스만의 개입으로 좌절된 사건)은 단시간에 일어난 사건이었으며, 일부 역사가들은 사건의 중요성에 이의를 제기해 왔다. 그러나 또 다른 역사가들은 중동 역사의 새 장을 연 사건이라고 생각하기도 했다. 그것은 유럽 열강이 첫 번째로 무슬림 세계의 중심 국가를 침입한 사건이었으며, 무슬림 세계 주민들이 새로운 유형의 군사력과 강대한 유럽 적대국들을 처음으로 겪은 사건이었다. 그 당시 카이로에 살고 있던 이슬람 역사가 알 자바르티는[2] 양쪽(유럽과 이집트) 힘이 불균형하다는 것을 알았다. 그는 유럽의 도전에 대처하기에는 당시 이집트 통치자들이 무능력하다는 것을 인지하면서, 침략자들에게 겪은 충격을 생생하고도 장황하게 기록했다. 알 자바르티는 다음과 같이 말한다. 프랑스가 알렉산드리아에 상륙했다는 소식이 처음으로 카이로의 맘루크 지도자들에게 전해졌을 때, 맘루크 지도자들은 대수롭지 않게 생각했다. 맘루크 지도자들은 "만일 모든 프랑크족들이 온다 해도 프랑크족은 맘루크에게 맞설 수 없을 것이며, 맘루크의 말발굽 아래 프랑크족은 짓밟힐 것" 이라고 주장했다.[3] 이후 패배, 공황상태 그리고 폭동이 잇따랐

---

1 1798년 나폴레옹이 이집트를 침공하여 점령했다. 1801년 프랑스는 오스만, 맘루크, 영국군에 의해서 이집트에서 철수했다. 이후 4년 동안 오스만 제국 편에서 참가했던 오스만인들, 맘루크, 탁월한 역할을 한 알바니아인들 사이에서 권력 투쟁이 계속되었다. 그 결과 오스만 제국군 소속의 알바니아 연대 사령관 무함마드 알리(알바니아-마케도니아인)가 탁월한 지도자로 출현하였으며, 1805년에 이스탄불의 술탄으로부터 이집트의 총독(파샤)으로 인정받았으나, 오스만 제국의 통치 아래 있다는 것은 이름뿐이었다. 무함마드 알리는 이집트와 수단을 통치하는 왕조를 창설하여 1805년부터 1848년까지 통치하였으며, 그의 왕조는 1952년 혁명 때까지 유지되었다. — 옮긴이

2 알 자바르티Abd al-Rahman al-Jabarti(1753~1825)는 이집트의 무슬림학자이며, 연대기 작가다. — 옮긴이

다. 그러나 자바르티는 새로운 통치자들에 대해 적대감을 갖는 동시에 그들과 함께 온 학자들이나 과학자들에 대해 확실히 경탄하기도 했다.

> 만일 무슬림들 중에 어떤 자라도 그들(유럽 출신의 학자들)을 구경하러 간다면, 그들은 무슬림이 그들의 가장 중요한 장소에 들어가는 것을 막지 않을 것이다. 그리고 만일 그들이 그 무슬림에게서 지식에 대한 욕구나 갈망을 발견한다면, 그들은 그들의 우정과 사랑을 표현할 것이고, 온갖 종류의 그림과 지도, 동물, 새, 식물들을 보여줄 것이며 고대인과 국가들의 역사, 선지자들의 일화를 들려 줄 것이다.. 나는 그들에게 자주 찾아갔으며, 그들은 나에게 그 모든 것을 보여주었다.[4]

그러한 사건들은 오스만과 아랍 사람들의 삶을 혼란에 빠뜨렸다. 지중해의 프랑스군들은 알제리에서 곡식을 가져갔으며, 스페인에 있는 영국 군대는 이집트로부터 곡식을 가져갔다. 영국과 프랑스의 상선들은 동부 지중해에서 쉽게 물러날 수 없었는데, 이런 상황이 그리스 상인들과 선주들에게 기회를 마련해 주었다. 그리스인들과 세르비아인들은 발칸 반도 지역에서 프랑스인들의 공화국 창설을 간과하지 않았다. 비록 튀르크나 아랍 무슬림들은 크게 영향을 받지 않았지만, 술탄의 지배하에 있던 기독교도 백성들은 혁명이 가진 설득력의 반향을 알아챘다.

나폴레옹 시대의 전쟁이 끝나게 되자, 유럽의 힘과 영향력은 훨씬 멀리까지 미치게 되었다. 전쟁으로 인해 발생했던 욕구와 에너지로 인해 기동력 있게 새로운 제조공정 기술과 산업조직 체계가 도입되었다. 이제 전쟁

---

3 Jabarti, Vol. 4, p.285.

4 Ibid., p.348.

이 끝나고 상인들과 상품이 자유롭게 이동할 수 있게 되자, 세계는 새롭고 값싼 면과 모직물, 금속 제품에 개방되었다. 그것들은 처음에는 주로 영국에서 생산되었으나 후에는 프랑스, 벨기에, 스위스 그리고 서부 독일에서도 생산했다. 1830년에서 1840년 사이에는 철도와 증기선의 출현과 함께 운송의 혁명이 시작되었다. 이전의 운송, 특히 육상 운송은 비싸고 느리고 위험했다. 이제 운송은 빠르고 확실해졌으며, 상품가격에서 운송비가 차지하는 비율도 줄어들었다. 사치품을 수송하는 것뿐만 아니라 먼 곳에 있는 큰 시장에 부피가 큰 상품을 운반하는 것도 가능해졌다. 사람도 빨리 이동할 수 있었으며 새 소식도 빨리 전달되었다. 이러한 신속한 이동은 은행, 증권 거래를 가능하게 했고, 영국의 통화인 파운드를 교환 단위로 하여 국제적인 금융 시장의 성장을 가능케 했다. 교역의 이익은 새로운 생산 활동을 일으키는 데 투자될 수 있었다. 상인들과 선원들의 뒤에는 유럽 국가들의 군대가 버티고 있었다. 군사기술의 발전이 일어나기 꽤 오래 전의 일이었으므로, 나폴레옹 시대의 전쟁은 유럽 군대가 무기 기술보다는 오히려 군대의 조직과 그 운용에서 특히 우월하다는 것을 보여준 셈이었다.

이러한 변화와 관련하여 인구가 꾸준히 증가했다. 1800년과 1850년 사이에 영국Great Britain의 인구는 1,600만에서 2,700만으로 늘었고, 유럽 전체의 인구는 50퍼센트 가량 증가했다. 런던은 1850년에 250만의 인구로 세계에서 가장 큰 도시가 되었다. 다른 수도들도 역시 성장했으며, 회사와 공장이 중심을 이루는 새로운 종류의 산업도시들이 나타났다. 19세기의 중반에는 영국 인구의 절반가량이 도시에 거주했다. 이러한 도시로의 인구 집중으로 인해 산업과 군대 그리고 공장상품을 팔 수 있는 성장가도의 국내시장에서 활용할 수 있는 인적 자원이 조달되었다. 그러한 상황은 정부가 지역사회에 더 직접적으로 간섭하도록 요구하는 동시에 직접적인 간섭을 가능하게 만들었다. 동시에 문자와 신문의 보급으로 프랑스 대혁명이 낳은 새 사상들이 널리 퍼져서 새로운 정치 수단을 창출하고, 정부를 적극적으로 지지하거나 반대로 정부에 대항하기 위한 여론을 조성하려고 했다.

유럽의 에너지와 유럽 열강의 광대한 확장으로 인한 영향은 전 세계 모든 곳에서 느낄 수 있었다. 1830년과 1860년 사이에 정규 증기선은 남부 지중해와 동부 지중해의 항구들, 런던과 리버풀, 마르세유와 트리에스테(이탈리아)를 연결했으며, 점증적으로 섬유와 금속 제품들의 광대한 시장을 발견하였다. 동부 지중해 지역을 상대로 한 영국의 수출은 1815년과 1850년 사이에 실질적으로 800퍼센트 증가했다. 그즈음에 시리아 사막의 베두인은 랭커셔의 면으로 만든 셔츠를 입고 있었다. 같은 시기에 유럽의 공장에서 사용할 원료와 공장에서 일하는 주민을 위한 식량자원이 필요했기 때문에 판매와 수출을 위한 작물 생산이 증대했다. 비록 러시아의 곡물 수출량 증가만큼 의미 있지는 않았지만 이러한 농작물의 수출은 꾸준히 이어졌다. 비누 생산에 필요한 튀니지의 올리브유, 리옹의 공장에서 사용할 레바논의 견사, 무엇보다도 랭커셔의 제조 공장들에서 쓰일 이집트 면화가 그러한 작물들의 예다. 1820년에 루이 주멜Louis Jumel이라는 프랑스인 기술자가 이집트의 농경지대에서 고급 직물에 어울리는 긴 섬유의 면화를 발견해서 재배하기 시작했다. 그 시점부터 이집트에서는 주로 영국에 수출하기 위한 면화를 생산하는 농경지대가 늘어났다. 루이 주멜이 면화를 재배하기 시작할 때 거의 공짜였던 이집트 면화가 40년 만인 1861년에는 이집트 파운드로 대략 150만 파운드 정도 가격이 올랐다. (이집트 파운드는 영국 파운드 단위와 거의 비슷한 가치였다.)

대부분의 아시아 아프리카 국가들처럼 아랍 국가들은 급증한 유럽의 에너지에 스스로 대항하는 힘을 생성하지 못했다. 19세기 전반기까지 인구는 크게 변화하지 않았다. 페스트가 적어도 해안도시에서는 유럽의 관리에 따른 격리 방식이 도입됨에 따라 점차 제어되었으나, 인도에서 콜레라가 들어왔다. 아랍 국가들은 이집트와 알제리에서 갓 시작된 것을 제외하고 아직 철도시대로 접어들지 못했다. 국제 교류는 열악했으며 여전히 기근이 발생했다. 1800년에 400만이던 이집트의 인구가 1860년에는 550만으로 증가한 반면, 대부분의 다른 나라 인구는 정체된 상태였으며, 알제리에서는 특별한 이유로 1830년에는 300만이던 인구가 1860년에는 250만으로 상당히 줄었다. 해안 항구의 규모가 커졌는데, 특히 이집트 면화의 중심 수출항이던 알렉산드리아에서는 1800년 1만 명가량이던 인구가 1850년 10만 명으로 증가했다. 그러나 대부분의 도시들은 대략 이전과 비슷한 규모를 유지했고, 새로운 정부의 세력을 형성한 현대적인 도시들도 역시 특별히 성장하지는 않았다. 수출을 위한 작물을 생산하던 지역과는 별개로 농작물 생산은 생계수단에 머물렀으며, 생산적인 투자를 위한 자본 축적으로 이어지지는 못했다.

유럽 제정의 시작

유럽의 상인들과 선주들의 뒤에는 유럽 열강의 영사와 대사가 있었는데, 그들 뒤에는 궁극적으로 정부의 무력이 뒷받침하고 있었다. 19세기 전반기 동안에 유럽 상인들과 선주들은 이전에는 불가능했던 방식으로 일할 수 있었다. 그들은 정부와 관리들에 대한 영향력을 가졌고, 그 영향력을 주민들의 상업적인 이득과 국가의 주요한 정치적인 이득을 신장하며, 정부와 특별한 관계인 공동체들을 보호하고 지원을 늘리는 데 사용했다. 17세기로 돌아가서 생각하면 프랑스는 교황의 권한을 받아들인 동방 교회들의 일부인 합동 동방 가톨릭교, 특히 그중에서도 레바논의 마론파 교도들과 특별한 관계를 맺고 있었다. 18세기 후반에는 러시아가 동방 정교회를 지지하기 위해 비슷한 주장을 펼쳤다.

프랑스와 러시아뿐 아니라 대부분의 유럽 국가들이 그들의 새로운 힘을 이용하여 술탄과 기독교를 믿는 주민의 관계에 총괄적으로 개입했다. 1808년 현 유고슬라비아 지방에 살고 있던 세르비아인들이 오스만 지역 정부에 반란을 일으켰고, 많은 변천을 겪은 후에 유럽 열강의 도움을 얻어 1830년대에는 자율적인 세르비아 국가를 건설하였다. 1821년에는 매우 중요한 일이 일어났다. 주민들 사이에서 상당히 유리한 입장에 놓여 있던 그리스인들 사이에서 폭동이 일어난 것이다. 당시 그리스인들의 부는 증대되고 있었으며, 유럽과의 접촉도 확대되고 있었다. 그리스인들의 폭동은 지역 통치자에 대항한 심각한 반란이었으며, 한편으로는 이슬람 지배에 대항하는 종교적인 움직임이기도 했으나, 다른 한편 민족주의라는 새로운 정신에 의해 일어난 일이기도 했다. 같은 언어를 쓰고 같은 역사를 공유하는 사람들은 독립된 정치적 사회에서 함께 살아야 한다는 민족주의는 프랑스 대혁명으로 인해 널리 퍼진 상태였는데, 그리스인들은 민족주의를 고대 그리스에 대한 관심의 부흥과 연관지었다. 여기서도 유럽 열강은 군사적으로 그리고 외교적으로 개입했으며, 그 결과 1833년에 독립 왕국이 창건되었다.

일부 지역에서는 유럽 열강이 직접 통치를 하였다. 직접 통치는 오스만 세계의 중심 지역에서만 일어난 게 아니라 유럽 열강이 다른 국가들의 이해관계에 신경 쓰지 않고 행동할 수 있는 변두리 지역에서도 행해졌다. 카프카스에서는 오스만 영향권 안에서 지방 왕조들이 통치하던 무슬림 거주 지역까지 러시아가 남하하여 세력을 확장했다. 아라비아 반도에 있는 아덴 항구는 1839년에 인도에서 온 영국에 의해 점령되어 인도로 향하는 증기선의 정기 기항지로 변했다. 걸프 지역에서는 해군 군사력에 기반을 둔 영국인들의 수가 점차 증가하였고, 일부 지역에서는 소규모 항구 통치자들과의 공식 협정을 맺었다. 이러한 공식 협정으로 그들은 바다에서 서로 휴전을 유지하기 위하여 경계를 그었다. (휴전에 의해서 그들 중 일부는 '트루셜 스테이츠', 즉 휴전지역이라고 알려졌다. 휴전지역에는 아부다비, 두바이, 샤르자가 포함되어 있었다.)

마그립 지역에서 일어난 일들은 변두리 지역에서 행해진 유럽의 통치보다 더 중요한 의의가 있었다. 1830년에 프랑스의 한 군대가 알제리 해안에 상륙하여 알제를 점령했다. 유럽의 해군 원정대가 나폴레옹 전쟁 중에 그리고 전쟁이 끝난 후에 부활한 사략선의 순항을 감시해왔으나, 프랑스 해군의 침공은 사략선 감시와는 관계없는 사건이었다. 이 사건은 재건된 프랑스의 군주정과 관련된 국내 정세 때문이기도 했고, 전쟁 중에 프랑스에 공급된 곡물에 대한 빚 청산이 불분명했던 문제 때문이기도 했으나, 가장 중요하게는 경제적인 성장에 따라 확장적인 세력이 새로 생겼기 때문이다. 마르세유의 상인들은 알제리 해안에서 강력한 무역 권한을 가지고자 했다. 프랑스인들은 일단 알제에 자리를 잡고 곧 뒤이어 다른 해안 도시들에 들어갔지만 처음에는 무엇을 해야 할지 몰랐다. 그렇다고 철수할 수도 없었는데, 선점한 우위를 수월히 내줄 수는 없는 일이었으며, 이전에 그들이 지방 오스만 정부를 해체한 바 있었기 때문이다. 곧 그들은 단호하게 내지 쪽으로 확장해 갔다. 관리들과 상인들은 영토 습득에 따른 이득을 기대했다. 군인들은 그들의 지위를 더욱 공고히 하고자 내지로의 식량 공급과 무역을 보호했다. 지방 오스만 정부가 해체되자 지방 권력자들 사이의 전통적인 관계가 약화되었다. 데이의 정부는 각각의 지역 정부들이 영향을 미칠 수 있는 지역에서 가능한 한 넓은 지역까지 통제하면서 그러한 관계의 정점에 서 있었다. 전통적인 관계가 바뀜에 따라 지역의 통치자들은 서로 균형을 찾아야만 했는데, 이것은 곧 지배권 장악을 위한 투쟁으로 이어졌다. 이 투쟁에서 가장 성공적인 경쟁자는 서부 지역의 압둘 까디르'Abd al-Qadir(1808~1883)였다. 압둘 까디르는 까디리야 종단의 종교적 지위를 가진 가계에 소속됨으로써 권위를 얻고, 지역의 힘이 모일 수 있는 하나의 구심점이 되었다. 한동안 그는 사실상의 독립된 국가를 통치했다. 국가의 중심지는 내륙에 있었고, 영토를 그 지역의 서부로부터 동부까지 확장했다. 이 확장정책으로 인해서 압둘 까디르는 필연적으로 해안으로부터 확장해 오던 프랑스 세력과 대립하게 되었다. 프랑스 군대에 대한 그의 저항은 전통적인 것으로 상징되었다. 즉 그의 전쟁은 지하드였다. 그는 그의 권위를 '울라마의 선택과 샤리아에 대한 존중'으로 정당화하였다. 그러나 압둘 까디르의 정부조직에는 현대적인 요소들이 있었다.

압둘 까디르는 마침내 패배하여 1847년에 추방되었다. 그는 대중들에게 존경받는 가운데 프랑스와 다른 유럽 세력들의 대표자들과 좋은 관계를 맺으며 다마스쿠스에서 말년을 보냈다. 프랑스는 그를 패배시키는 과정에서 남쪽으로 고원을 가로질러서 사하라의 끝에 이를 정도로 확장되었고, 이곳의 자연은 그로 인해 변하게 되었다. 프랑스인들을 비롯한 다른 이주자들이 침략해 들어와서 몰수, 국유지 매매, 그리고 다른 방법들을 통해 토지를 탈취하기 시작했다. 1840년대에 프랑스 정부는 이주자들의 정착을 돕기 위해 마을의 공유지 일부를 체계적으로 탈취하기 시작했다. 이러한 탈취는 토지를 경작할 자본을 가지고 있는 사람들 사이에서 널리 행해졌는데, 스페인이나 이탈리아 출신의 이민자 농민들과 아랍의 노동력을 이용해서 이러한 수탈이 가능했다. 남은 토지가 마을 사람들의 수요에 충분하다고 여겨졌으나, 그러한 분할은 사실상 과거의 토지 이용 방식을 훼손시켰으며 결국 소규모 경작자들을 몰아내는 원인이 되었다.

소규모 경작자들은 토지에서 쫓겨나 소작민이 되거나 새로운 신분인 토지를 소유하지 못한 노동자가 되었다.

1860년에 알제리에 거주하는 유럽인은 거의 20만에 이르렀는데, 알제리의 무슬림 인구가 대략 250만이었다(이것은 정복 전쟁, 전염병 그리고 여러 해의 흉년으로 인한 기근에 의한 손실 때문에 이전보다 줄어든 것이었다). 알제와 다른 해안 도시들은 유럽식으로 크게 변했고, 경작을 위한 정착이 해안가의 평원을 넘어 남쪽을 향해 고원 안쪽으로 퍼졌다. 경제적인 생활은 정부 관리들과 자본을 가지고 상업적인 경작을 하던 그 지역 지주들, 알제리와 프랑스 간의 교역에 관계하던 상인들 간의 이익 연합에 의해 지배되었다. 상인들 중 일부는 유럽인이고, 일부는 토착유대인이었다. 이러한 경제적 과정은 정치적으로 중요한 일이기도 했다. 식민지 건설이 확대됨에 따라 프랑스가 알제리에서 무엇을 해야 하는지에 관한 시급한 문제가 두드러지게 되었다. 1840년대에는 완전히 정복되어 이주민들이 밀집한 지역들이 프랑스 행정체제에 흡수되었다. 이 정착촌들은 이주민들이 장악한 지방 정부의 관리들에 의해 직접 통치되었고, 과거에 정부와 무슬림들 간의 매개 역할을 하던 그 지역 토착 명사들은 하위 관리의 지위 정도로 몰락하였다. 정착이 크게 진전되지 못한 지역들은 군사 지배하에 남았으나, 이러한 지역은 식민지 건설이 확장될수록 점점 줄어들었다. 이주민들은 이러한 상황이 계속되기를 바랐고, 나라 전체가 프랑스의 소유가 되기를 바랐다. '더 이상 아랍인들은 없다. 우리와는 다른 언어로 말하는 사람들이 있을 뿐이다.' 이주민들은 효과적인 영향력을 행사할 수 있을 만큼 충분히 거대해지고 있었으며 프랑스인 정치가들과 잘 결탁하였다.

이러한 정책은 문제를 내포하고 있었는데, 그 문제는 무슬림 주민들인 아랍인과 베르베르인의 미래에 관한 것이었다. 그리고 1860년대 초반에 프랑스의 통치자인 나폴레옹 3세는 다른 정책을 지원하기 시작했다. 그의 입장에서 볼 때, 알제리는 아랍의 왕국이며, 유럽의 식민지이고 프랑스의 주둔지였다. 조정해야 할 세 가지 다른 입장이 있었다. 프랑스 정부의 입장, 식민지 농장주들의 입장 그리고 무슬림 절대 다수의 입장이었다. 이러한 생각은 1863년의 율령*senatus consultus*에 다음과 같이 명시되었다. 마을의 영토를 분할하는 것은 그만두어야 하며, 땅에 대한 경작자들의 권리는 인정되어야 하고, 지역 지도자들의 사회적 지위를 강화시켜서 프랑스 당국을 지지할 수 있도록 해야 한다는 것이었다.

개혁하는 정부들

여러 방향에서 유럽의 정치적인 그리고 경제적인 세력은 아랍 무슬림 세계의 중심부로 밀려들어 오고 있었다. 그러나 그 지역 안에서도 일부 자유로운 반응이 있었다. 이는 유럽 국가들의 이익이 상충한 탓에 서로를 견제하고 있었기 때문이다. 그러므로 몇몇 토착 정부들이 스스로 체제를 세우려고 시도할 수 있었다. 토착 정부 내에서는 유럽 국가가 이익을 추구할 수는 있지만 유럽 국가의 간섭이 제한되고, 무슬림이든 비무슬림이든 주민들이 토착 정부의 통치를 수락했을 것이다.

셀림 3세의 불확실한 시도들이 아무 성과 없이 끝난 후, 1820년대에 이르러서야 또 다른 술탄 마흐무드 2세(1808~1839)와 소규모 집단의 고위 관리들은 단호한 조치를 취해야 할 만큼 변화의 필요성에 대해 확신할 수 있게 되었다. 이들의 새로운 정책은 옛 군대의 해산과 징병을 통해 조직되고 유럽 출신 교관들에 의해 훈련된 새로운 군대의 창설을 포함했다. 이렇게 만들어진 군대를 통해 유럽, 아나톨리아, 이라크, 시리아, 아프리카의 트리폴리의 일부 지방까지 점차적으로 직접 통치를 수립할 수 있었다. 그러나 개혁은 통치지역을 넓히는 것 이상이었다. 그들은 정부 세력을 재건할 뿐만 아니라, 새로운 방법으로 정부를 조직하고자 했다. 이러한 의도는 귤하네 왕 칙령the Hatt-i serif of Gulhane에서 선언되었고, 마흐무드의 죽음 직후 1839년에 발효되었다.

> 오스만 제국의 건립 이후 ≪꾸란≫의 고결한 원칙과 샤리아의 규율이 언제나 완벽하게 보존되어 왔다는 것은 이 세상 사람들이 모두 다 알고 있다. 우리의 강력한 술탄의 통치는 미칠 수 있는 최대한의 힘과 권세에 도달했으며, 술탄의 모든 백성은 안락하고 번창해 왔다. 그러나 과거 150년 동안 어렵고도 다양한 원인에 의해서 성스러운 샤리아가 지켜지지 않았고 유익한 규정 또한 준수되지 않았다. 그 결과로 이전의 힘과 권세는 유약함과 빈곤함으로 바뀌고 말았다. 샤리아에 의해 통치되지 않는 나라들이 살아남을 수 없다는 것은 명백하다. 가장 고귀한 신의 가호(알라)에 대한 완전한 확신과 우리의 선지자(무함마드)에 대한 지지로, 이제부터 오스만 중앙 정부와 영지들에 대한 효율적인 통치를 달성하기 위해 새로운 법령을 도입하는 것이 필수적이고 중요하다.[5]

관리들은 재산에 대한 독단적인 집행과 압류를 두려워하지 않아야 한다. 그들은 의회에서 고위 관리들이 정한 규정과 일치하도록 통치해야 한다. 주민들은 정의의 원칙에서 비롯된 법률에 따라 살아야 한다. 법률은 주민들로 하여금 경제적인 이득을 자유롭게 추구할 수 있도록 해야 한다. 법률은 오스만 제국의 시민들인 무슬림, 기독교인, 유대인들을 차별해서는 안 된다. 새로운 상법은 외국 상인들이 자유롭게 거래하고 여행할 수

5 English trans. H. Inalcik in J. C. Hurewitz (ed.), *The Middle East and North Africa in World Politics* (New Haven, 1975), Vol. I, pp. 269-271.

있도록 할 것이다. (이 칙령 이후의 개혁은 '탄지마트'라고 알려졌다. 이것은 아랍어와 튀르크어로 훈령을 의미한다.)

중앙 집권제, 의회 관료제, 법치, 평등과 같은 근본적인 생각 뒤에는 다른 사상이 자리 잡고 있었는데, 그 사상은 현대 문명의 표본이 되는 유럽의 사상이였으며, 유럽 문명의 협력자인 오스만 제국의 사상이었다. 개혁가들이 귈하네 칙령을 반포했을 때, 그 칙령은 우호적인 영향력을 가지고 있던 대사들에게 전달되었다.

두 지역에서는 오스만 지방 통치자들에 의해 상당히 비슷한 정책이 개시되었다. 카이로에서는 프랑스의 침공 때문에 지역의 균형이 무너진 결과로 무함마드 알리Muhammad 'Ali(1805~1848)가 통치권을 차지하게 되었다. 무함마드 알리는 프랑스에 대항하여 파견된 오스만 군대와 함께 이집트로 들어온 마케도니아 출신의 튀르크족이었다. 그는 도시인들로부터 지지를 결집하였으며, 경쟁자들을 압도하고 사실상 오스만 정부 내의 통치자로서 역할을 했다. 알리는 자신을 중심으로 오스만 튀르크족과 맘루크인들, 현대식 군대와 교육받은 엘리트 관리들로 이루어진 지역 오스만 통치 집단을 창출하였다. 그는 이 통치 집단을 이용하여 전국의 세금을 징수하고 행정을 운영하면서 통치권을 수단, 시리아, 아라비아까지 확장했다. 시리아와 아라비아에 대한 이집트의 지배는 오래가지 못했다. 그는 유럽 열강에 의해서 강제로 철수해야만 했다. 유럽 열강은 오스만 제국을 약화시키는 사실상의 독립적인 이집트 국가가 존재하기를 바라지 않았다. 시리아와 아라비아에서 물러난 보답으로, 1841년에 그는 그의 가문이 오스만 종주권 아래서 이집트를 통치할 수 있다는 공인을 얻어내었다(그의 후계자들은 케디브*khedive*라는[6] 특별한 호칭으로 불렸다). 그러나 처음으로 단독적

6 1867~1914년에 오스만 제국이 이집트 통치자에게 부여한 칭호. — 옮긴이

인 정치체가 구성된 수단에서는 이집트의 통치가 계속되었다.

어떤 면에서는 무함마드 알리가 시도한 것은 이스탄불의 정치가들이 시도하고 있었던 것보다 간단했다. 시민권에 대한 명백한 인식도 없었고 정부의 도덕적 기반을 변화시키겠다는 분명한 사상도 없었기 때문이다. 그러나 또 다른 한편 이집트에 도입된 변화는 오스만 제국 내의 다른 곳에 도입된 변화보다 훨씬 큰 것이었고, 바로 이 시기부터 이집트는 분리된 발전 노선을 따르게 되었다. 장교, 의사, 기술자, 관리들을 교육시키기 위하여 새로운 학교를 설립하고 유럽에 파견하는 등의 노력이 계속되었다. 제국의 중심부보다 더 작고 단순한 지역사회에서 통치자가 수세 농장과 종교 재산을 몰수함으로써 모든 경작지를 직접 지배할 수 있었다. 그리고 통치자는 그의 권력을 이용하여 면화 재배 지역을 확장하고, 정해진 가격으로 작물을 사서 알렉산드리아에 있는 수출업자들에게 팔 수 있었다. 이것은 강으로부터 물을 끌어들여 필요할 때 인공수로를 통해 필요한 곳에 물을 보낼 수 있게 만든 댐의 건설, 즉 새로운 관개법으로 가능했다. 처음에 무함마드 알리는 공장에서 직물을 비롯한 상품들을 생산하려고 했으나, 내부 시장이 작고 동력이 부족하며 전문 기술이 없었으므로 한동안 직물을 수출할 수 있었음에도 불구하고 이런 시도는 성과가 없었다. 치세 후기에 무함마드 알리는 유럽의 압박으로 인해 면화와 다른 생산물에 대한 독점권을 포기해야만 했고, 이집트는 원료를 공급하고 세계 시장에서 정한 가격으로 가공제품을 수입하는 식민 경제 상태에 놓이게 되었다. 또한 이 시기에 통치자는 가문의 일원들과 측근들에게 토지를 지급함으로써 이들은 경작을 해 지세를 내었고, 그 결과 새로운 지주 계급이 생겨났다.

튀니스에서는 18세기 초부터 권력을 장악하고 있었던 가문 출신의 아흐마드 베이Ahmad Bey(1837~1855) 치하에서 변화가 시작되었다. 튀르크족과 맘루크족 통치 집단의 일부는 현대적인 교육을 받았다. 새로운 핵심 군대가 구성되고, 직접 행정과 직접세가 확장되었으며, 새로운 법률이 발효되었다. 아흐마드 베이는 특정한 상품에 대해 독점권을 확보하고자 했다. 그의 후계자 통치하에서 1857년에 개혁 선언문이 발표되었다. 선언문은 안보, 시민 자유, 정규적인 세금 징수와 정규적인 징병제도, 유대인들과 외국인들도 토지를 소유하고 모든 종류의 경제활동을 할 수 있는 권리 등을 포함하고 있었다. 이슬람 세계에서는 최초로 1861년에 일종의 헌법이 발효되었다. 60명의 의원으로 구성된 의회가 생길 예정이었고, 그들의 승인이 있어야만 법이 제정될 것이었다. 그리고 베이는 일정한 범위 안에서만 통치하겠다고 언약했다.

오스만 제국의 경계 너머 아라비아 반도에서는 유럽 열강의 영향력이 거의 감지되지 않았다. 중앙 아라비아에서는 이집트 세력의 확장으로 인해 와하비 국가가 한때 멸망하였으나 곧 작은 규모로나마 재건되었다. 마스까트에 정착하고 있던 오만의 통치 가문은 그들의 통치권을 동아프리카 해안과 잔지바르까지 확장시킬 수 있었다. 모로코에서는 유럽과의 무역이 확장되었고, 영사관이 생겼으며 정기 증기선 서비스가 시작되었다. 정부의 힘은 이러한 변화를 통제하기에는 한계가 있었다. 술탄인 압둘 라흐만 'Abd al-Rahman(1822~1859)은 수출입을 독점하려고 애썼으나, 외국의 압력으로 인해 나라 전체가 자유무역의 장이 되었다.

토착 정부들은 새로운 통치 방식을 채택하고 독립을 유지하려고 노력했지만, 기껏해야 일정한 한계 내에서만 움직일 수 있었다. 무엇보다도 그 한계는 유럽 국가들에 의해서 정해졌다. 유럽 국가들이 경쟁관계이기는 했지만, 그들의 관심사는 같았고 이권의 확장을 위해 서로 연합했다. 유럽 국가들은 무엇보다도 유럽 상인들이 활동할 수 있는 영역을 넓히는 데 관심이 있었다. 유럽 국가들은 모두 토착 통치자들이 무역의 독점을 유지하는 것에 반대했다. 일련의 상업 협정을 거친 후, 유럽 국가들은 관례적 원칙에 변화를 가져왔다. 오스만 제국에서 있었던 최초의 상업 협정은 1838년에 있었던 앵글로-오스만 협약이다. 모로코에서는 1856년에 비슷한 협정이 있었다. 유럽 국가들은 상인들이 자유롭게 여행하고 거래할 수 있는 권리, 제조업자들과 직접적인 관계를 유지할 수 있는 권리, 이슬람법에 의해 지배되는 이슬람 법정이 아니라 특별한 법정에서 상업적인 분쟁을 해결할 권리를 얻었다. 대사와 영사들의 영향력에 의해서 치외 법권을 의미하는 협정은 이슬람 지역에 거주하는 외국인들이 실질적으로 이슬람법 밖에서 살 수 있도록 하는 구조로 변해가고 있었다.

이 외에도 유럽 열강은 술탄 지배하의 기독교인 주민들에 대해서도 관여했다. 귈하네 법령 발효 이후에 유럽 국가들은 비무슬림에 대한 법령의 보증이 이행되고 있는지 확인하기 위해서 몇 번이나 공동으로 간섭했다. 그러나 다양한 세력들이 앞 다퉈 영향력을 확보하기 위하여 경쟁함으로써 '유럽 협력'에 장애가 발생하였다. 이러한 경쟁으로 인해 1853년에는 크림 전쟁이 일어났고, 이 전쟁에서 오스만 제국은 러시아에 대항하여 영국과 프랑스의 원조를 받았다. 그러나 이 전쟁은 '유럽 협력'을 재확인하는 결과를 가져왔다. 1856년 파리 조약은 술탄이 자신의 백성들의 권리를 보증하는 성명을 재차 포함했다. 어떤 면에서는 통치자와 백성들의 관계가 유럽의 공식적인 관할 아래 놓이게 된 셈이었다. 이 시기부터 술탄은 공식적으로 유럽 군주 집단의 일원으로 여겨지게 되었으나 회의적인 시선도 있었다. 영국과 프랑스가 오스만 제국이 유럽권의 현대식 국가가 될 수 있다고 생각했던 반면, 러시아는 그러한 가능성에 대해서 회의를 표하고, 오스만 제국의 미래는 기독교 유럽 지역에서 광범위한 자치를 승인받는 것에 달려 있다고 믿었다. 그러나 유럽 지역의 평화를 바랐기 때문에 어떤 세력도 적극적으로 오스만 제국을 해체하려고 나서지 않았다. 나폴레옹 전쟁에 대한 기억이 아직도 남아 있었던 것이다.

유럽이 간섭하여 만들어진 한계 안에서조차 개혁은 제한된 성과를 거둘 수밖에 없었다. 그 성과란 소규모 집단의 고문관을 거느린 개별적인 통치자들의 조치였는데, 일부 외국 영사와 대사들이 그것을 장려했다. 통치자의 교체, 각 집단 관리들 사이의 균형의 변화, 유럽 국가들 간 사상과 이해관계의 갈등으로 인해서 정책의 방향이 수정될 수도 있었다. 이스탄불에서는 엘리트 고위 관리들이 충분히 강하고 확고했으며, 제국의 이익에 헌신했기 때문에 정책의 연속성을 확보할 수 있었다. 그러나 카이로, 튀니스, 모로코에서는 모든 것이 통치자에게 달려 있었다. 무함마드 알리가 죽었을 때 정책노선의 일부가 그의 후계자인 압바스 1세(1849~1854)에 의해 바뀌었으나, 그다음 통치자인 사이드(1854~1863)에 의해 다시 원래대로 복귀되었다.

개혁이 진행되고 있는 동안 예기치 못한 결과가 일어나기도 했다. 정부의 일하는 방식에서도 약간의 변화가 일어났다. 공관들은 새로운 방식으로 조직되었고, 관리들은 새로운 규정에 따라 행동하도록 되어 있었다. 새로운 법률이 발효되었다. 군대는 징병제를 통해 모집되고 새로운 방법으로 훈련되었다. 세금은 직접 징수하도록 되었다. 이러한 조치는 더 큰 힘과 정의를 위한 것이었으나, 처음에는 그러한 조치로 인해 정부와 사회의 관계가 약화되었다. 새로운 방식으로 훈련받은 관리들은 새로운 원칙과 정책을 실행했고, 이러한 것은 백성들이 이해하기 어려운 것이었으며, 오랫동안 신성한 것으로 수용해 왔던 도덕체계와도 관련이 없었다. 새로운 정책은 정부와 사회 구성원들 간의 전통적인 관계를 어지럽혔다.

정부의 새로운 방침으로 인해 이익을 얻은 사람은 누구였을까? 분명히 통치 가문과 고급관리들은 이익을 얻었다. 생활과 재산권에 대해 더 든든한 보장이 있었기 때문에 부를 축적하여 나눠 가질 수 있었다. 군대와 행정이 강력해졌기 때문에 영토 전체로 정부의 영향력을 확장할 수 있었다.

이런 것들로 인해 이집트와 튀니지에서는 통치 가문의 친인척이 다스리는 거대한 영지가 조성될 수 있었다. 오스만 중심부 지역들에서도 비슷한 일이 일어났다. 새로운 행정부와 군대에서는 경비가 필요했지만, 세금을 직접 징세할 만큼 세력이 크지는 않았다. 세금 징수에 있어서는 옛 방식이 유지되었고, 세금 징수원은 잉여 농산물에 대한 그들 몫을 차지할 수 있었다.

새로운 방침은 통치 엘리트들 이외에도 유럽 교역에 관계하던 상인들에게도 이익을 가져다 주었다. 수출입 무역이 성장하고 있었고, 상인들은 거래뿐만 아니라 상품의 제조, 경작자나 지주들을 위한 자본 조달, 생산 품목 결정 과정, 상품의 구매, 면화씨 빼기나 견사 감기 등의 가공 그리고 수출에도 점점 더 많이 관여했다. 가장 규모가 큰 상인은 유럽인들이었는데, 그들은 유럽 시장에 대해서 알고 있을 뿐만 아니라 은행 신용거래를 할 수 있었기 때문에 확실히 유리했다. 그 밖의 상인은 지역 출신의 기독교인들이나 유대인들이었다. 즉 그리스 · 아르메니아 · 시리아 출신의 기독교인들, 바그다드 · 튀니스 · 페스 출신의 유대인들이었다. 지역 상인들은 각 지방 시장을 잘 파악하고 있었고 외국 상인들과의 매개자로서 활동할 수 있을 만큼 자리가 잡혀 있었다. 19세기 중반 즈음에는 지역 상인들 중 다수가 새로운 유형의 학교에서 외국어를 습득했다. 이때 대사관이나 영사관은 다수의 지역 시민을 중개인이나 통역관으로 임명할 수 있는 권한을 갖게 되었고, 일부 지역 상인들은 이것을 이용하여 국적이나 여권을 취득하였다. 지역 상인들 중 일부는 맨체스터나 마르세유 같은 유럽 상업의 중심지에 점포를 설립했다. 일부 지역에서는 오랫동안 활동해 온 무슬림 상인 집단들이 새로운 형태의 교역으로 전환하였다. 남부 아라비아 지역 출신의 아랍인들은 동남아시아에서 활발히 활동하고 있었다. 다마스쿠스와 페스 출신의 무슬림 상인들은 1860년경에 맨체스터에 정착했다.

일부 모로코 출신의 무슬림 상인들은 심지어 외국 영사의 보호를 받기도 했다.

반면, 이전에 정부가 의존하고 정부의 이익과 연결되어 있던 집단들은 이제 권력의 분배에서 점점 배제되고 있었다. 법체계를 지배하던 울라마는 새로운 법체계와 법정의 등장으로 위협받게 되었다. 도시 주민들과 정부 간의 매개 역할을 하던 도시의 주요 가문들은 무력해졌다. 일부 지역에서 토지 소유권을 여전히 유지하던 지주들은 판매와 수출을 위한 상품작물을 생산함으로써 수익을 얻을 수 있었지만, 경작에 대한 관리권과 그들의 지위는 항구로부터 활동 영역을 넓혀 온 상인들과 직접 통치 정부에 의해 위태로워졌다. 시리아의 직물 공업, 이집트의 설탕 정제, 튀니지의 샤쉬야*shashiya* 머리장식의 제조 등 오래된 기존의 산업들은 유럽 상품들과의 경쟁으로 타격을 받았다. 그러나 일부는 새로운 상황에 적응하거나 심지어 확장된 경우도 있었다. 시골 지역 주민의 상황에 대해서는 거의 알려진 바가 없지만, 이들의 형편이 나아진 것처럼 보이지는 않으며, 어떤 지역에서는 이전보다 더 나빠진 것 같다. 전반적으로 식량 생산이 증가하고, 흉작과 열악한 교통수단은 이전보다는 덜 했지만 여전히 기근을 불러왔다. 시골 주민들의 상황은 두 가지 이유에서 악화되었을 것이다. 하나는 징병제도에 의해서 젊은 남성 중 많은 수가 군대에 가야 했다는 것이며, 다른 하나는 세금이 더 무거워지고 현실적으로 이전보다 더 올랐다는 점이다.

경제 혼란, 권력과 영향력의 상실, 이슬람 정치 세계가 외부로부터 위협받고 있다는 느낌 등, 이런 모든 것들은 19세기 중반에 폭력을 수반한 운동으로 실체화되었다. 그러한 운동은 새로운 정책, 점증하는 유럽의 영향력, 그리고 어떤 지방에서는 당시 상황에 의해 이득을 보고 있던 토착 기독교인들을 상대로 발생했다. 시리아에서는 1860년에 처음으로 이러한 운동이 발발했다. 레바논 산악 협곡에서는 오래된 주요 종교 공동체인 마론파 기독교도와 드루즈파 무슬림 사이에 공생관계가 있었다. 지역 가문인 쉬합Shihab 가문의 한 구성원은 오스만인 정부로부터 세금 징수원장으로 인정받았다. 그 결과 쉬합 가문 사람들은 산악 지방의 세습적인 통치자이면서 지주 가문들인 기독교도들과 드루즈들의 최고위층 수장이 되었다. 기독교인들과 드루즈교인들은 공동의 목표를 가지고 있었고, 동맹을 맺고 공식으로 교류하고 있었다. 그러나 인구와 지방 권력의 변화, 수장들에 대한 농부들의 불만, 직접 지배권을 확보하려는 오스만 정부의 시도, 영국과 프랑스의 간섭으로 인해 1830년부터 그 공생관계는 무너지기 시작했다. 1860년 레바논에서 내전이 일어났는데, 이로 인해 다마스쿠스에서는 기독교인들을 대량 학살하는 일이 벌어졌다. 그 사건은 상업 침체 시기에 오스만 정부의 개혁 정책과 유럽 세력들의 이해에 관계하던 기독교인들에 대한 적대감을 표명한 것이었다. 이 일로 인해 유럽 열강은 레바논 정세에 개입하게 되었으며, 레바논 산악 지방에서는 특별한 정권이 들어서게 되었다.

1864년 흉년과 전염병이 돌던 튀니지에서는 베이의 통치와 그로 인해 이익을 얻던 계급들, 맘루크들과 외국 상인들에 대항하여, 그리고 개혁의 비용을 충당하기 위한 세금 인상에 반대하여 폭력을 동반한 반란이 일어났다. 처음에 이 반란은 부족들 사이에서 일어났으나, 점차 올리브를 경작하는 해안 평원의 도시인 사힐 지방으로 확산되었다. 반란군들은 세금 인하, 맘루크 통치의 중단, 샤리아에 따른 정의를 요구했다. 잠시 동안 베이의 권력은 위협을 받았으나, 정부와 외국인 사회에 이해관계가 일치하면서 베이는 반란군들의 동맹이 무너질 때까지 기다렸다가 진압할 수 있었다.

17장
유럽 제국들과 지배 엘리트들(1860~1914)

독립의 한계

1856년에 있었던 파리 조약은 유럽 세력과 개혁에 전념하던 오스만 제국 내의 통치 집단 사이의 이해관계에서 일종의 균형을 창출했다. 조약에 서명한 열강들은 술탄의 개혁 칙령(1839년 귈하네 왕 칙령, 탄지마트 개혁)의 '높은 가치를 인정'하는 한편, 오스만 제국의 독립을 존중하겠다고 약속했다. 그러나 사실상 오스만 제국과 유럽 열강의 군사력은 차이가 있고, 다양한 집단의 관리들이 대사들에게 도움을 요청하거나, 다양한 기독교 공동체들과 각 국가의 관계, 유럽의 평화를 위한 공동의 관심 때문에 유럽 열강은 오스만 제국의 내부 문제에 간섭하지 않을 수 없었다. 1860년에 레바논의 내전이 일어난 뒤 정착촌을 건설하게 된 것도 유럽 열강의 간섭에 의한 것이었다. 몇 해가 지난 후 1866년에는 두 개의 로마령이 서로 연합하여 사실상 독립했다. 그러나 '동방의 위기'는 향후 10년 동안이나 장기간 계속되었기 때문에 효율적인 간섭에는 한계가 있다는 것이 드러났다. 오스만 제국 내 유럽 영지에서의 불안한 상태는 심각한 제지와 맞닥뜨리게 되었다. 유럽 정부들은 저항했고, 마침내 러시아가 1877년에 전쟁을 선포했다. 러시아 군대는 이스탄불을 향해 진군했고, 오스만인들은 평화 협정에 서명했다. 그 평화 협정으로 인해 불가리아 지역은 오스만 제국 내에서 자치권을 얻게 되었다. 이 협정으로 인해 러시아는 우위를 점한 것처럼 보였고, 영국은 그 협정에 강하게 반발했다. 얼마동안 유럽 전쟁이 일어날 것처럼 보였으나, 결국 강대국들은 베를린 조약(1878)을 체결하였다. 이 조약에서 두 개의 불가리아 지역이 각각 다른 자치권을 갖는 조건으로, 오스만 정부는 기독교도들이 많이 거주하는 지역을 발전시키겠다고 약속했고, 강대국들은 오스만 제국 내부 일에 더 이상 관여하지 않겠다고 약속했다.

유럽 어느 국가도 다른 나라가 이스탄불과 지중해협을 점령하도록 놔두지 않을 것은 명백했으며, 어떤 나라도 오스만 제국을 해체하려는 시도가 불러일으킬 폭발적인 위험을 감수하고 싶어 하지 않았다. 변경 지역이 분열되는 과정은 사실상 계속되었다. 두 개의 불가리아 지역은 1885년에 하나의 자치 국가로 통일되었다. 1898년에는 크레타 섬에 자치권이 주어졌고 1913년에는 그리스에 통합되었다. 그 해에 옛 신민들이 건립한 발칸 국가들과의 전쟁 이후 오스만 제국은 남아 있던 유럽 영토의 대부분을 잃었다. 한편, 유럽국들 간의 경쟁이 더욱 격렬해졌고 새로이 출현한 독일이 유럽 국가들 사이의 세력 균형에 가담했다. 오스만 정부는 그 중심 지역에서 활동의 자유를 약간 더 얻게 되었다. 이러한 현상은 또 다른 기독교 공동체인 아르메니아의 민족자결주의 정당들이 독립을 위해 적극적으로 활동하기 시작한 1890년대에 나타났다. 오스만인들은 많은 목숨을 희생해서 그들의 활동을 제압할 수 있었고, 유럽은 효과적인 조치를 취하지 않았지만 아르메니아의 민족자결주의는 표면에 드러나지 않은 채 강해졌다.

오스만 제국은 유럽 영토 대부분을 상실함으로써 제국의 성격이 변모하였다. 튀르크인들이든 아랍인들이든, 무슬림들이 보기에 오스만 제국은 적에게 포위당했음에도 불구하고 이전보다도 훨씬 더 정치적인 독립을 유지하는 마지막 무슬림 세계였다. 그 어느 때보다도 정책을 개혁하는 것이 시급해졌다. 관료와 군대가 더욱 더 현대화되었다. 장교들과 관리들은 군대와 일반학교에서 교육을 받았다. 교통 통신 수단이 개선되자 직접 통치가 확장될 수 있었다. 증기선의 등장과 함께 오스만 수비대는 지중해와 홍해 연안에서 빠르게 강화될 수 있었다. 통치를 위한 필수적인 통신 수단이었던 전보는 1850년대와 1860년대에 제국 전체로 확장되었다. 19세기 후반에는 아나톨리아와 시리아에 철도가 건설되었다. 20세기 초반에는 히자즈 철도가 다마스쿠스부터 메디나까지 연결되었다. 이 철도를 이용해서 순례자들은 성지 순례를 할 수 있었고, 오스만 정부는 메카의 샤리프를 더 쉽게 통제할 수 있었다. 또 이 철도를 통해서 오스만 정부는 예멘에도 직접 통치를 재개할 수 있었다. 아라비아의 중심부에서는 오스만 제국이 지지하던 이븐 라쉬드 왕조가 한때 사우디 국가를 제압할 수 있었다. 사우디 국가는 당시 가문의 젊고 강한 일원인 압둘 아지즈에 의해 재건되었고, 1914년경에는 이븐 라쉬드의 세력을 위협할 정도가 되었다. 그러나 동부 아라비아에서는 사우디의 확장이 영국의 정책으로 인해 가로막혔다. 영국 정부는 러시아, 프랑스, 독일 등 다른 국가들의 점증하는 영향력을 저지하기 위해서 걸프 지역의 통치자들과의 관계를 좀 더 공식적으로 표명하였다. 바레인, 오만, 트루셜스테이츠,[1] 쿠웨이트의 통치

1 아랍에미리트의 옛 이름. — 옮긴이

자들은 자신들의 국가와 외부 세계와의 관계를 영국에 맡긴다는 협정을 체결하였다. 오스만 제국이 쿠웨이트에 대한 통치권을 주장하고 있었음에도 불구하고, 이 협정은 오스만 제국의 팽창에 제동을 걸었다.

이스탄불에서 가까운 변경 내에서조차 이스탄불 정권은 표면에 드러난 만큼도 견고하지 않았다. 개혁을 가능케 했던 통치 엘리트 계급 내의 세력 연합이 무너지고 있었다. 그들은 양심과 정의의 원칙에 의거한 관료제 정부를 믿는 사람들과, 선거를 통해 표현된 대중의 의지를 책임지는 대표 정부를 믿는 사람들로 분열되었다. 많은 연로한 관리들은 대중의 의지가 교육받은 대중이 없는 국가에서는 위험한 것이며, 다른 민족이나 종교 집단들이 오스만 제국으로부터 독립을 쟁취하기 위하여 우매한 대중들의 정치적 자유를 이용할 것이라고 생각했다. 1876년, '동방의 위기'의 정점에 이르러 헌법이 제정되었고 의회가 선출되었다. 그러나 당시 술탄이었던 압둘 하미드 2세(1876~1909)가 자신의 힘이 충분하다고 생각하여 헌법과 의회의 활동을 중지시켜 버렸다. 그때부터 더 깊은 분열이 시작되었다. 권력은 고위 관리 엘리트들로부터 술탄과 그의 추종자들에게로 넘어갔고, 이것은 제국이 궁극적으로 의존하고 있었던 튀르크적인 요소와 왕조 간의 유대를 약하게 만들었다.

1908년에 군대 중 일부가 지원한 혁명이 헌법을 회복시켰다. (루마니아와 불가리아는 이 혁명을 이용하여 그들의 독립을 공식적으로 선언하였다.) 처음에 많은 사람들이 이 혁명으로 인해 오스만 제국을 구성하는 민족들 사이에서 협력과 자유의 새로운 시대가 열릴 것이라고 생각했다. 베이루트에서 오랫동안 거주하던 한 미국인 선교사는 혁명이 새로운 전환점이 될 것이라고 썼다.

> 굶주리고 부패한 파샤들의 무책임한 통치로부터, 오스만 제국의 모든 종파들, 무슬림, 기독교인, 유대인 등 대중들이 선출한, 제국의 모든 영역에서 나온 대표들의 의회로! 오스만 제국 전체가 함께 기뻐하고 있다. 언론은 소리 내어 말한다. 대중 집회가 열렸고, 도시와 마을들은 장식을 하였으며, 무슬림들은 기독교인과 유대인을 포옹했다.[2]

그러나 이후 몇 해 동안에는 중앙 집권을 강화함으로써 제국의 힘을 키우고자 했던 일단의 튀르크인 장교들과 관료들(진보와 협력 위원회, 즉 '청년 튀르크')이 정권을 장악하였다.

오스만 정부가 정치 활동에 있어서의 자유를 유지할 수 있었음에도 불구하고, 유럽으로부터의 다른 형태의 간섭이 더 중요해졌다. 1850년부터 오스만 정부는 군대, 행정부 그리고 몇몇 공공 업무에 지불할 자금이 점점 더 필요하게 되었고, 유럽 지역에서 새로운 자금원을 발견했다. 유럽에서는 산업과 무역의 발달로 인해 자본이 축적되고 있었고, 그 자본은 새로운 유형의 기관인 은행을 통해 전 세계에 투자되고 있었다. 1854년과 1879년 사이에 오스만 정부는 불리한 조건하에 막대한 양의 빚을 졌다. 명목상 2억 5,600만 튀르크 파운드(튀르크 1파운드는 영국 0.9파운드와 같았다)를 빌린 셈이었지만, 실제로 오스만 정부가 받은 돈은 1억 3,900만 튀르크 파운드에 불과했고 잔여금은 들어오지 않았다. 1875년에는 원금과 이자의 상환이 불가능할 정도로 과해졌고, 1881년에는 채권국들을 대표하는 공공 채무 관리국A Public Debt Administration이 설립되었다. 이 기구는 오스만 정부 세입의 상당한 양을 통제할 수 있었으며, 그럼으로써 사실상 재정과 관련된 오스만 정부의 활동을 통제하였다.

---

2 H. H. Jessup, *Fifty-three Years in Syria*, Vol. 2 (New York, 1910), pp. 786-787.

아프리카의 분할 : 이집트와 마그립

비슷한 과정이 튀니지와 이집트에서도 발생했으나, 유럽 열강의 직접 통치로 귀결되었다는 점에서 달랐다. 여러 가지 이유로 이집트와 튀니지 양국은 단독 국가가 과감하게 간섭할 수 있는 나라들이었다. 튀니지에서는 유럽 은행에 진 부채가 늘어나고 있었으므로 오스만 제국과 똑같은 직접적인 결과가 발생했다. 즉 1869년에 국제 재정 위원회가 창설되었다. 그 후에는 재정 상황을 개선하고 정의를 실현하며 현대 교육을 확대하려는 시도가 뒤따랐다. 그러나 외국 기업에 개방되면 될수록 튀니지는 외국 정부, 특히 프랑스가 주목하는 대상이 되었다. 프랑스는 이미 튀니지의 서쪽 변경 너머 알제리에 자리 잡고 있었다. 1881년 프랑스의 군대가 튀니지를 점령했다. 이것은 한편으로는 재정적인 이유로, 또 경쟁 세력 즉 이탈리아의 영향력이 증대되는 것을 저지하기 위해, 또 다른 한편으로는 알제리 변방을 지키기 위한 것이었다. 2년 후에는 프랑스가 공식적으로 튀니지의 보호국이 되어, 행정과 재정을 책임지는 협정이 베이와 프랑스 사이에 체결되었다.

이집트는 외국 기업에 지나치게 개방되었기 때문에 외부로부터의 간섭이 훨씬 용이했다. 무함마드 알리의 후계자들, 특히 이스마일(1862~1879)의 지배하에서 현대 사회의 제도들을 창출하려는 시도가 계속되었다. 이집트는 사실상 오스만 제국으로부터 독립하였다. 교육이 확대되었고, 몇몇 공장이 문을 열었는데, 이러한 진전으로 인해 이집트는 영국 시장을 위한 면화 재배지로 변해갔다. 1861~1865년에 있었던 미국 남북전쟁으로 한동안 면화의 공급이 중단되었는데, 이로 인해 이집트 면화 생산량이 증대하였다. 이집트 면화 생산량의 증대는 전쟁이 끝난 뒤에도 계속되었고, 이것은 관개공사와 교통 통신 수단에 대한 설비투자와 밀접한 관계가 있

수에즈 운하 개통식에 온 나폴레옹 3세의 유제니 황후

었다. 이집트는 1850년대부터 일찍이 철도 시대로 접어들었다. 또 하나의 대규모 공공사업이 실행되었다. 주로 프랑스와 이집트의 자본 그리고 이집트의 노동력으로 이루어진 수에즈 운하가 1869년에 개통되었다. 수에즈 운하의 개통은 19세기의 대사건 중 하나였다. 케디브[3] 이스마일은 이집트가 더 이상 아프리카의 일부가 아니라 문명화된 유럽 세계에 속한다는 것을 증명할 수 있었다. 초대된 손님으로는 오스트리아 황제, 프랑스 나폴레옹 3세의 부인인 유제니Eugénie 황후, 프러시아 황태자, 프랑스인 작가들과 예술가들—테오필 고티에, 에밀 졸라, 외젠 프로망탱—, 헨릭 입센, 그리고 유명한 과학자들과 음악가들이 있었다. 무슬림들과 기독교인들에 의해서 의식이 거행되었고, 황실 요트에 탄 유제니 황후가 새로운

3 무함마드 알리 왕조(1805~1953) 통치자의 칭호는 통치자가 스스로 케디브라고 선언한 시기(1805~1867), 오스만 제국 술탄이 공식적으로 케디브를 인정한 시기(1867~1914), 술탄(1914~1922), 왕(1922~1953) 순으로 변화했다. — 옮긴이

운하를 건너는 보트의 행렬을 선두에서 이끌었다. 그리고 거의 동시에 카이로의 오페라 극장이 이스마일에게 경의를 표하는 칸타타와 베르디의 리골레토를 공연하는 것으로 문을 열었다. 영국이 아시아 및 인도제국과의 해상 교역을 수호해야 하는 입장에서 수에즈 운하가 개통되자 불가피하게 이집트에 다가갔다.

면화의 가공과 수출은 유럽 자본가들에게 이익이 많았고, 수에즈 운하와 다른 공공사업 또한 매우 큰 이득을 가져다주었다. 1862년과 1873년 사이에 이집트는 6,800만 파운드를 빌렸으나 잔여금을 제한 실제 수령액은 그것의 3분의 2에 불과했다. 이집트 정부는 수에즈 운하에 대한 이집트 지분을 영국 정부에게 판 것을 포함하여 자금원을 확보하려는 다양한 노력을 했음에도 불구하고 1876년에는 부채를 갚는 게 불가능해졌다. 그리고 몇 년 후 영국-프랑스 재정 관리가 시작되었다. 외국 영향력의 증대, 외국 부채를 상환하기 위해 늘어가는 세금 부담 그리고 다른 원인들로 인해 케디브의 권한을 제한해야 한다는 운동이 일어났다. 그 운동은 민족주의의 성격을 띠고 있었으며, 군 장교인 아흐마드 우라비Ahmad 'Urabi(1839~1911)가 이 운동의 대변인이었다. 이 운동 과정에서 하원을 창설하는 법률이 1881년에 발효되었고, 하원 의회가 열렸을 때 이 의회는 의정활동의 독립권을 주장하려고 했다. 외국의 이권에 덜 순응할 것 같은 정부(아흐마드 우라비를 수장으로 한 운동 세력이 세운 정부)도 유럽의 간섭을 받을 수밖에 없었다. 처음에는 영국과 프랑스가 협력하여 외교적으로 간섭해왔고, 1882년에는 영국이 단독으로 군사적인 간섭을 했다. 간섭의 구실은 이집트 정부가 합법적인 권위에 대항하여 반란을 일으켰고 질서가 무너졌다는 것이었다. 그러나 당시 대부분의 증인들은 이러한 주장을 지지하지 않았다. 영국이 간섭한 진짜 이유는 팽창의 시대에 국가들이 가졌던 권력에 대한 욕구가 유럽의 재정적 이해관계를 대변하는 사람들에 의해 강화되었기 때문이다. 수에즈 운하 지역에 군대가 도착하자마자 시작된 알렉산드리아에 대한 영국의 포격은 민족감정보다 종교적인 감정을 불러일으켰다. 그러나 이집트의 여론은 케디브와 정부 사이에서 양극화되었고, 이집트군은 저항을 했지만 효과가 없었다. 영국군이 이집트를 점령했고, 외국의 복잡한 이해관계 때문에 영국의 지배가 공표되지는 않았지만, 그때부터 영국은 사실상 이집트를 통치하기 시작했다. 프랑스는 1904년까지 이집트에서 영국이 우세하다는 사실을 알아채지도 못했다.

유럽 열강이 서로 싸우지 않고 튀니지와 이집트를 점령한 것은 아프리카에서 저마다의 이익을 확립하는 과정에서 중요한 단계였으며, 이들은 그다음 단계로 나아갔다. 영국의 통치는 나일 협곡을 따라 남쪽으로 수단까지 확장되었다. 이에 대한 표면적인 이유는 이슬람 운동의 발발이었다. 무함마드 아흐마드Muhammad Ahmad(1844~1885)가 주도한 이 운동은 이슬람법의 통치를 회복하는 것을 목표로 하였고, 추종자들은 그를 마흐디(구세주)라고 생각하였다. 수단에 대한 이집트의 통치는 1884년에 끝이 났고, 이슬람 정부가 창건되었다. 그럼에도 불구하고 영국-이집트의 수단 점령은 이슬람 정부의 확장에 대한 두려움보다는 다른 유럽 정부들이 전진할 것이라는 두려움에서 비롯된 것이었다. 영국-이집트는 이슬람 국가를 파괴하고 1899년에 새로운 정부 체제를 수립하였다. 이 정부 체제는 공식적으로는 영국-이집트 공동 통치지만 사실은 영국의 통치였다.[4]

---

4 1820년 무함마드 알리 이집트 총독이 수단을 침공하여 합병한 후, 이집트가 수단 합병 통치(1821~1884)를 실시하였다. 수단의 종교 지도자 무함마드 아흐마드는 1881년 스스로 마흐디(구세주)라고 선언하고 외세의 지배에 대항하는 반란을 주도함으로써, 영국과 이집트 군대를 수단으로부터 철수시켰다. 마흐디 추종자들이 이슬람 신정 통치(1885~1898)를 실시하였다. 마흐디 추종자들이 영국과의 전투에서 패배한 이후, 1899년 수단은 영국-이집트 공동통치협정을 체결함으로써, 1955년까지 영국-이집트 양국의 공동통치령이 되어 앵글로-이집트 수단Anglo-Egyptian Sudan(1899~1956)이라고 하였다. 수단은 1956년 1월 1일 독립하였다. — 옮긴이

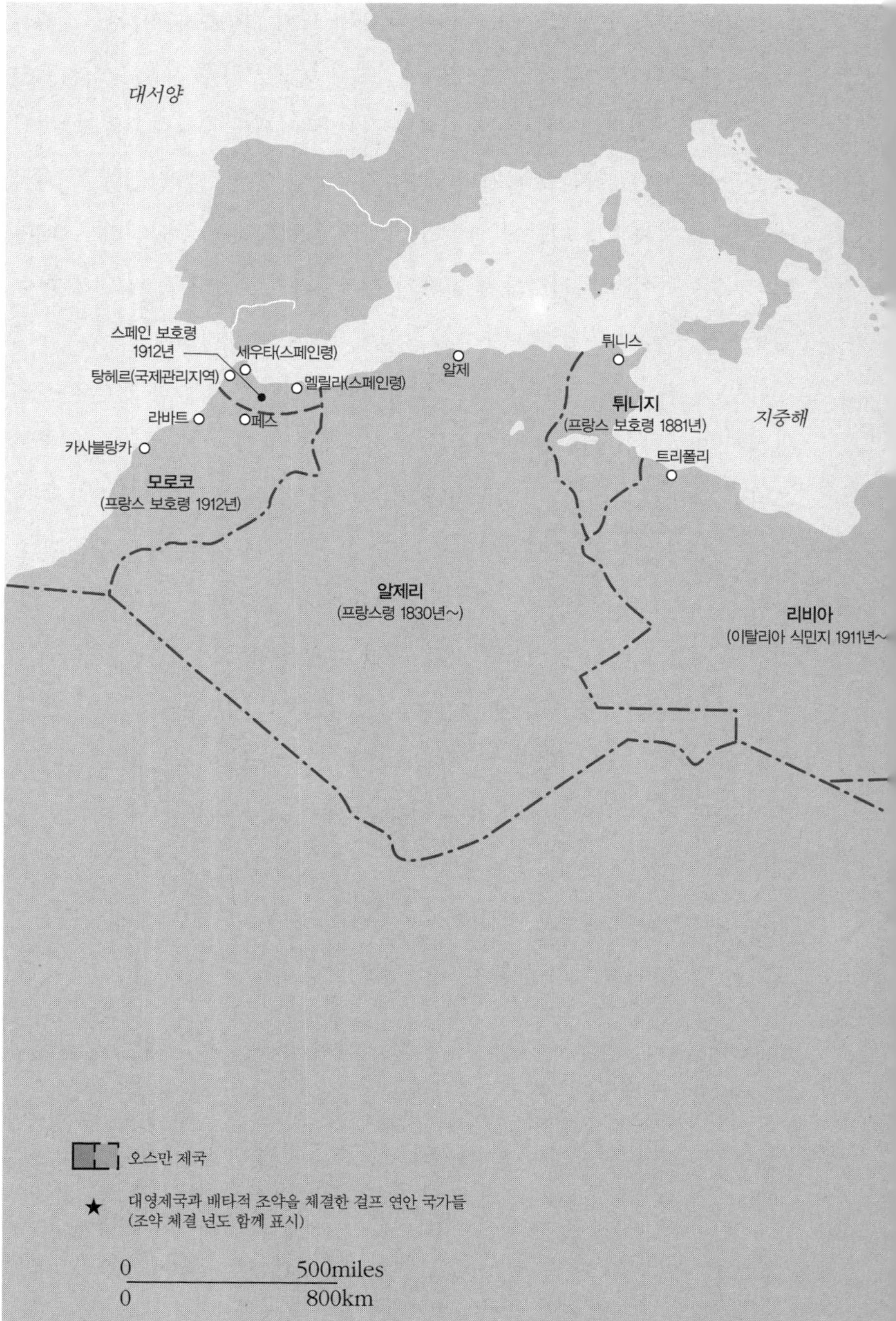

9. 1914년까지 진행된 유럽 열강들의 식민지 확산

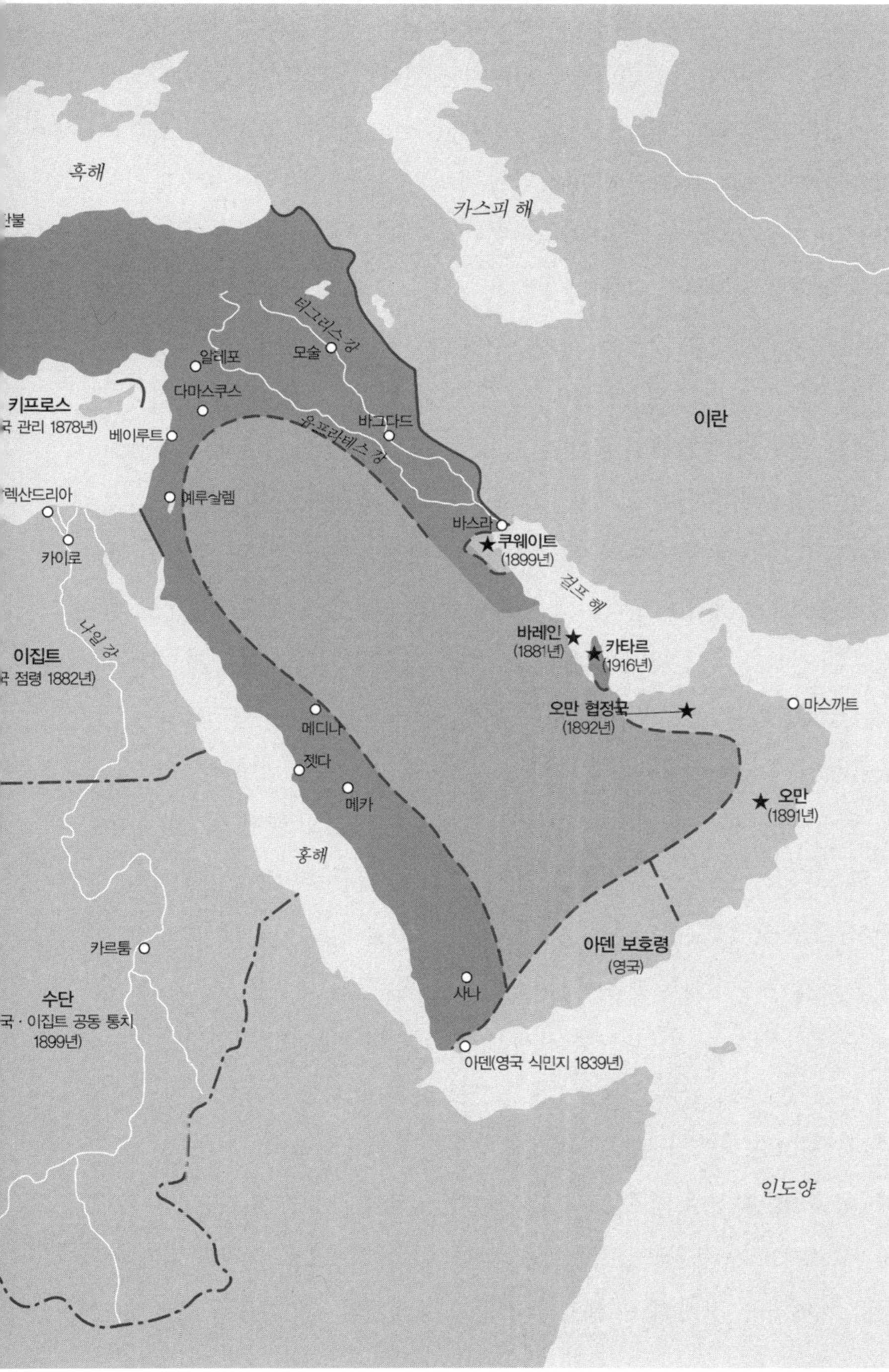

흑해
카스피 해
탄불
티그리스 강
모술
알레포
다마스쿠스
키프로스
국 관리 1878년)
베이루트
바그다드
유프라테스 강
이란
렉산드리아
예루살렘
카이로
바스라
쿠웨이트
(1899년)
걸프 해
나일 강
이집트
국 점령 1882년)
바레인
(1881년)
카타르
(1916년)
오만 협정국
(1892년)
마스까트
메디나
젯다
메카
오만
(1891년)
홍해
카르툼
아덴 보호령
(영국)
수단
국·이집트 공동 통치
1899년)
사나
아덴(영국 식민지 1839년)
인도양

곧이어 모로코 왕국 내에서 증대하는 유럽의 영향력은 유사한 결말을 가져왔다. 외국의 간섭으로부터 나라의 주권을 지키려던 술탄의 시도는 스페인의 침략으로 사실상 1860년에 끝났다. 스페인이 모로코를 침략한 이유는 한편으로 몇 세기 동안 장악해 왔던 두 항구, 세우타Ceuta와 멜릴라Melilla 너머로 지배권을 확장하려는 것이었고, 다른 한편으로는 영국 영향력의 확대를 저지하기 위한 것이었다. 침략은 모로코가 능력 이상의 경제적인 보상을 해야 하는 조약으로 마무리되었다. 유럽 열강과 상업적인 협약을 맺은 모로코가 보상금을 갚기 위해 한 노력으로 인해 유럽 열강의 활동은 급격히 활발해지게 되었다. 술탄 하산Hasan(1873~1894) 치하에서 모로코 정부는 유럽의 침투가 억제될 수 있는 체제를 만들기 위해 다른 나라들이 시도했던 것과 비슷한 개혁을 시도했다. 군대 창설, 행정 개혁, 더 효율적으로 세금을 인상하고 사용하는 방법 등이 그 내용이다. 이러한 정책은 정부가 국가 전역에 대해 충분한 통제력을 가지지 못했기 때문에 그 성공은 제한적일 수밖에 없었다. 지방 영주들의 지위는 종교적인 또는 종족적인 결속에서 비롯되었고 사실상 독립적이었으며, 남부에서는 그들의 권력이 증대되고 있었다. 도시에서는 새로운 세금과 행정 정책이 통치자의 도덕적 권위를 약화시켰다. 지방 영주들은 외국의 대표들과 직접적인 관계를 맺었고, 상인들은 자진해서 외국인들의 보호 하에 들어갔다. 모로코 정부는 살아남기 위해서 유럽 은행들로부터 대출을 받기 시작했다. 이러한 현상은 외국의 이해관계를 더욱 증대시켰으며, 필연적인 경과가 1904년에 나타났다. 이때는 세 열강들 중 영국과 스페인이 가장 깊이 관여하였고 프랑스의 우세한 이해관계를 인정했다(영국은 이집트에서 자유재량권을 갖는 대신에, 스페인은 모로코에 대한 궁극적인 지배권을 프랑스와 공유하기로 했다). 1907년에는 프랑스와 스페인이 실질적으로 행정과 경제 부문을 지배하는 것에 주요 유럽 국가들이 동의했다. 두 열강은 모로코를 나누어 점령했는데, 스페인은 북쪽을, 프랑스는 대서양 해안과 알제리 국경 쪽을 맡았다. 스스로 프랑스 보호 하에 들어간 술탄에 반대하는 폭동이 있었으나, 프랑스 세력은 계속 확장해 나갔다. 1912년에는 새로운 술탄이 프랑스 보호령에 동의하는 협정에 서명했다. 남부의 중요한 부족장들도 그 협정을 받아들였다. 프랑스-스페인의 협정에 의해, 북쪽 지역의 일부는 스페인이 통치하게 되었다. 그리고 외국 세력들이 가장 많은 관심을 보였던 탕헤르는 특별 국제 통치하에 남게 되었다.

비슷한 시기에 마그립의 분할도 결론이 났다. 1911년에 '아프리카 쟁탈전'에 뒤늦게 뛰어든 이탈리아가 오스만 제국에 대해 전쟁을 선포했고, 트리폴리 해안에 군대를 상륙시켰으며, 오스만의 저항에도 불구하고 항구를 점령하고 오스만 정부로부터 이탈리아의 지위를 어느 정도 인정받을 수 있었다.

유력한 이해관계 동맹

제1차 세계대전이 발발할 무렵, 리비아에 대한 이탈리아의 지배 관계와 모로코에 대한 프랑스와 스페인의 지배 관계는 거의 눈에 띄지 않았으나, 알제리와 튀니지에 대한 프랑스의 지배와 이집트와 수단에 대한 영국의 지배는 그 족적을 남겼다. 어떤 면에서 열강의 지배는 과거, 그리고 오스만 제국에서 발생하고 있던 것들과의 단절을 표시했다. 단일 유럽 국가의 주요한 전략상의 그리고 경제적인 이해관계는 최고에 달했고, 비록 이집트, 튀니지 그리고 모로코에서 토착 정부들이 명목상으로 존재했지만, 이 정부들은 유럽 관리들의 장악력이 확대됨에 따라서 점차 그 권력을 잃었다. 토착 지방 정부들은 독립적인 활동을 할 수 있는 제한된 영역조차 소유하지 못했기 때문에, 이스탄불 중앙 정부는 지방 권력자들 사이의 싸움을 조장하여 국가적인 이익으로 간주되는 것을 추구할 수도 없었다.

다른 면에서 영국과 프랑스가 추구한 정책은 좀 더 효율적인 형태로 토착 개혁가들의 정책을 연장시키는 것으로 간주되었다. 허울뿐인 토착 정부의 통치하에 더 많은 외국 관리들이 채용되었고, 이들은 점차적으로 지배력을 확대해 갔다. 토착 관리들과 외국 관리들 사이의 세력 균형이 바뀌었다(수단은 허울뿐인 토착 정부조차 없었으며, 직접 식민 통치를 받았다. 거의 모든 주요부서가 영국인의 수중에 들어갔으며, 하급 부서는 이집트인과 그 외의 사람들이 맡았다). 정부 기관들은 더욱 효율적으로, 더 멀리 움직였다. 외국 군인들, 혹은 외세의 지휘를 받는 토착 군인들, 그리고 훈련된 경찰들은 정부의 통치권이 시골지역까지 확장되도록 도왔다. 튀니지와 이집트에서 철도가 발달하고, 튀니지에서는 도로 역시 정비되는 등, 교통의 발달로 인해 지방은 수도와 더 가까워졌다. 유럽식 법체계를 시행하는 세속 법정들이 창설되거나 확장되었다. 더 엄격한 재정 관리와 더 효과적인 세금 징수로 인해 외채가 처리될 수 있는 수준으로 줄어들었다. 부양력 있는 재원과 더 유리한 조건으로 외국 자본에 접근함으로써 몇몇 공공사업을 완수할 수 있었다. 특히 나일 협곡의 관개 사업은 아스완 댐에서 절정에 이르렀다. 이 사업을 통해서 북부 이집트로 물이 영속적으로 공급되었다. 학교는 수를 제한하여 건립되거나 이전 시대에 건설된 학교들이 존속되었다. 학교는 당시 고용하기에 적당하다고 판단되는 수준으로 관료들이나 기술자들을 교육시키기에 충분했으나, 비판적인 다수의 지식인을 낳기에는 부족했다.

19세기 후반에는 이스탄불, 카이로, 튀니스, 알제 등의 통치를 받는 지역들에서, 새로운 정부를 둘러싼 이해관계 간의 동맹이 확장되고 강화되었다. 정부의 정책은 관료들 이외에, 특히 두 집단의 편의를 봐주었다. 첫

19세기 말 알제의 부둣가

번째 집단은 경제, 통상과 관련된 집단이다. 불경기임에도 불구하고 유럽에서의 인구 증가와 산업 발전, 항구의 발달, 철도의 건설 그리고 (레바논, 알제리 그리고 튀니지에서의) 도로 건설은 중동의 각 지역들과 마그립 사이의 교역을 확대시켰을 뿐만 아니라 유럽과의 무역 확대로 이끌었다. 대개의 경우 그 교역은 이전과 비슷한 양상이었다. 원료(이집트의 면, 레바논의 견사와 양모, 마그립의 가죽, 그리고 튀니지의 인산 광물)와 식료품(팔레스타인의 오렌지, 알제리의 포도주, 튀니지의 올리브유)은 유럽으로 수출되었으며 직물, 금속 제품, 차, 커피, 설탕이 수입되었다. 유럽과의 교역은 대부분 수입초과인 경우가 많았다. 이것은 주로 공공사업을 위한 자본을 차입함으로써 상쇄되었고, 일부 지방에서는 신세계로 이주한 사람들이 보낸 송금액과 금, 은의 유출로 벌충되었다.

교역의 주된 이득은 유럽 회사들과 상인들에게 돌아갔는데, 첫째로 영국과 프랑스, 그리고 인구와 산업이 발전하고 있던 독일의 이익도 차차 늘게 되었다. 그러나 토착 상인 집단도 국제 교역에서 상당한 역할을 하고 있었고, 국내 교역에서는 토착 상인이 지배적인 역할을 맡았다. 중동에서는 시리아와 레바논의 기독교인들, 시리아와 이라크의 유대인들, 그리고 나일 강 유역의 교역에서는 이집트 콥트교도들이 지배적인 역할을 했다. 마그립에서는 지역 유대인들과 오랫동안 교역의 전통을 지닌 상인들, 즉 모로코의 수스 지방 상인들, 알제리의 므잡 오아시스의 상인들, 튀니지 연안의 자바 섬 상인들이 주로 활동했다.

유럽의 경제적 이득은 교역의 범위 이상으로 증가했다. 첫 번째 대규모 자본 투자는 정부들에게 차관을 주는 것이었다. 이로 인해 외세의 금융 관리가 확고하게 되었다. 이후에 정부는 더 많은 차관을 조달하였으나, 외세의 금융 관리로 인해 이전보다 더 쉽게 조달할 수 있었다. 이제 투자금은 정부들에게 대부해 주는 것을 넘어서 외국 기업들이 특권을 받을 수 있는 공공사업에까지 확장되었다. 수에즈 운하 건설 이후에 기업 특권은 다양한 범위, 즉 항구, 전차 궤도, 물, 가스, 전기, 그리고 무엇보다도 철도 사업에 있어서 당연시되었다. 이것에 비하여 농업에 대한 투자는 거의 없었다. 그러나 이집트와 알제리 일부 농업 지역에 유럽 자본 투자가 있었다. 이곳에서는 대규모의 일정 수요가 있는 농산물이 생산되고, 유럽이 관리 경영하며 막대하고 안전한 이득을 올릴 수 있었기 때문이다. 공업에 대한 투자는 거의 없었다. 그러나 소규모의 소비재 제조업과 광물이 채굴되는 일부 지역(튀니지의 인산 광물, 이집트의 석유)에서는 유럽의 자본 투자가 이루어졌다.

유럽의 은행과 기업뿐만 아니라, 이제 오스만 은행처럼 이스탄불, 카이로, 그리고 그 외의 지역에 설립된 몇몇 은행과 기업들도 투자에 한몫을 했다. 그러나 이러한 지역 은행의 자산은 대부분 유럽인의 것이었으며, 투자이익의 대부분은 민족 자본과 부를 증진시키기 위하여 그 국가에 남겨지는 것이 아니라 유럽인들의 부와 자본을 불리기 위해서 본국, 즉 유럽 국가들로 유출되었다.

토지 관리

새로운 정부와 이해관계가 있는 또 다른 집단은 지주 집단이었다. 오스만 제국과 이집트의 주요 지방에서는 19세기에 토지 소유의 법적인 근거가 바뀌었다. 오스만 제국에서는 1858년의 토지법이 다양한 종류의 토지를 정의했다. 오랫동안 이어져온 전통에 따라 경작되는 농지 대부분은 국가의 소유로 간주되었다. 그러나 농지를 경작하는 사람 혹은 경작의 책임을 진 사람은 그 토지에 대한 완전한, 도전받지 않는 사용권을 갖고, 그것을 팔거나 후계자에게 상속할 수 있는 권리를 획득할 수 있었다. 이 법의 목적은 생산을 장려하고 실질적인 경작자의 지위를 강화하려는 것처럼 보였다. 일부 지역에서 이 법률은 다음과 같은 결과를 성취할 수도 있었다. 아나톨리아의 일부 지방과 레바논에서는 견사를 생산하는 소규모 자작농지가 늘어났는데, 그 원인은 이민자들이 그들의 가족에게 보낸 송금액 때문이기도 했다. 그러나 대부분의 지방에서 그 법률이 야기한 결과는 달랐다. 도시 근처의 토지는 대부분 도시 가문들이 소유하였고, 도시에 판매하거나 수출하기 위한 식료품이나 원료 생산에 사용되었다. 도시 가문들은 토지 권리를 등록하는 행정 조직을 잘 이용할 줄 알았다. 도시인들은 농민들보다 더 유리한 위치에서 상업은행이나 융자회사 혹은 정부의 농업은행으로부터 대출을 받았다. 도시인들은 농민들에게 선불을 주고 세금을 내거나 필요한 것을 조달하게 했다. 수출용 생산을 하던 여러 지역에서 도시 상인들은 외국 시장과 연계되어 있었기 때문에 생산을 통제하고, 재배할 작물의 종류를 결정하고, 재배에 필요한 자금을 조달하며, 수확물을 구매할 수 있었다. 일부 상인들은 전매권을 갖기도 했다. 오스만 제국 전역에서 견사와 담배 구매는 외국의 자본을 가진 특권 소유 기업이 독점하고 있었다. 이러한 방식으로 부재지주 계층이 창출되었다. 이 계층은 본질적으로 도시 거주자들이었다. 이들은 수확물을 분배받으려는 자신들의 요구를 지지하도록 정부에 압력을 가할 수 있는 위치에 있었다. 토지를 실제로 경작하는 농민들은 땅 없는 노동자거나 물납 소작인이어서 겨우 생존에 필요한 만큼의 수확물만을 손에 넣을 수 있었다. 이러한 광대한 사유지 중에 아마도 가장 크고 가장 잘 관리된 토지는 바로 술탄 압둘 하미드의[5] 것이었다.

도시의 효율적인 관리를 넘어서는 멀리 떨어진 시골에서는 다른 형태의 대지주가 등장했다. 대부분의 토지, 특히 방목지로 사용되는 지역의 토지에 대해서 오스만 정부와 그곳에 거주하는 사람들 양측 모두 그것을 부족의 공동 소유로 간주했다. 이제 그 토지 중 많은 부분이 부족장 가문의 이름으로 등록되었다. 그러나 면적이 넓은 토지에 대한 효율적인 관리는 부족장이 직접 하는 것이 아니라, 도시의 지주나 대 부족장 셰이크보다 토지와 경작 과정에 더 가까이 접근할 수 있는 중개 관리인 집단이 수행하곤 했다.

여전히 이스탄불의 통치를 받는 오스만 제국의 대부분 지역에서 이러한 새 지주들은 기독교도 상인과 유대교도 상인, 사채업자들이었고, 외국인은 거의 포함되지 않았다. 그러나 팔레스타인은 예외였다. 팔레스타인에서는 1880년대부터 새로운 유대인 공동체가 성장하고 있었다. 그들은 오래전에 설립된 동양 유대인 집단이 아니라 중부 유럽과 동유럽에서 온

5 술탄 압둘 하미드 2세(1842~1918)는 오스만 제국의 34대 술탄이며 칼리파로 1876년 8월 31일부터 1909년 4월 27일까지 재위한 오스만 제국 최후의 절대 권력자이다. — 옮긴이

유대인들이었으며, 예루살렘에서 공부하고 기도하고 죽기 위해서 온 사람들이 아니라 팔레스타인 땅에 뿌리를 둔 유대 국가를 복원시킨다는 새로운 비전을 가지고 온 사람들이었다. 이러한 열망은 1897년에 개최된 첫 번째 시온주의자 대회 결의에서 표출되었다. 이 결의는 국제법으로 확보된 팔레스타인에 유대인의 고향을 건설하는 것이었다. 오스만 정부의 반대와 토착 아랍인들의 불안심리가 점증함에도 불구하고, 1914년에는 팔레스타인의 유대 인구가 대략 8만 5,000명, 즉 전체 인구의 12퍼센트로 증가했다. 이들 중 4분의 1 정도는 유대 민족 기금으로 팔레스타인 땅에 정착하였고, 팔레스타인 땅의 일부를 사들이면서 양도가 불가능한 유대인들의 재산으로 선언하였으며, 유대인이 아닌 그 누구도 그 땅에서 일할 수 없었다. 일부 유대인들은 새로운 농업 정착촌인 키부츠*kibbutz*에서 생활하였다. 키부츠는 공동 생산과 공동생활 체제였다.

이집트에서는 통치자로부터 개인에게 토지가 이전되는 과정이 무함마드 알리 통치 말기에 시작되었고, 1858년에서 1880년 사이에 더욱 활발히 진행되었다. 일련의 법과 칙령은 결국 완전한 개인 소유권을 이끌어 냈고, 오스만 법이 지니고 있던 제한들은 없어졌다. 이러한 법에 대지주 계급을 만들어 낼 의도가 있었던 것은 아닐지라도 상호 관련된 수많은 과정들에 의해서 사실상 그런 계급이 만들어지고 있었다. 1882년 영국이 점령하기 전에 케디브가 많은 토지를 그의 가문 일원이나 그를 위해서 일하는 고위 공직자들에게 나누어 주었다. 많은 양이 케디브 개인 사유지로서 그의 소유로 남았다. 마을의 중요 가문들도 면화의 수요가 증가함에 따라 그들의 토지를 넓힐 수 있었다. 영국 점령 후에는 통치자에 의해서 외채를 상환하기 위해서 넘겨졌던 토지와 새로이 경작지로 개발된 토지가 대지주나 토지 및 대부를 다루는 기업의 손에 넘어갔다. 소지주들은 도시의 사채업자들에게 빚을 지고 그들의 토지를 잃었다. 설령 소지주들이 토지를 보유했다 해도 개선 자금 조달을 위한 융자를 쉽게 받을 수 없었다. 상속법으로 인해 소유자산은 분열되어서 소지주들은 더 이상 한 가족을 부양할 수 없는 지경에까지 이르렀다. 제1차 세계대전이 일어날 즈음에는 경작지의 40퍼센트 이상이 대지주들의 소유였고(50펫단 이상 소유한 자를 대지주라고 할 때), 그리고 20퍼센트 가량이 5펫단 이하를 소유한 소지주들의 소유였다. (1펫단은 대략 1에이커나 0.4헥타르와 같다.) 특히 북쪽에서는 거대 부동산의 5분의 1이 외국인이나 외국 기업 소유였다. 일반적인 경작 형태는 농민들이 대지주 소유의 토지를 경작하는 것이었다. 농민들은 노동력을 제공하고, 한 조각의 땅만을 빌려 스스로의 힘으로 농사를 짓는 사람들이었다. 이들보다 더 열악한 처지에 있는 땅 없는 노동자의 수가 점점 늘어나고 있었으며, 그 노동자들은 전체 노동 인구의 5분의 1에 달했다.

튀니지에서는 외국 지주들의 토지 전유가 훨씬 심했다. 프랑스가 점령할 때쯤에는 이미 대규모의 프랑스인과 이탈리아인의 공동체가 형성되어 있었다. 보호령이 내려졌던 초기 10년가량 오스만 정부가 취했던 정책은 토지를 사고자 하는 사람들에게 대단히 유리했다. 토지 관련 소송은 유럽 사람들이 포함된 법정에서 해결되었다. 종교 재단 토지를 임대한 사람들은 그 토지를 사는 게 허락되었다. 1892년에는 이민과 정착을 장려하는 새로운 정책이 도입되었다. 이 정책은 프랑스 영역을 늘리기 위한 정착민들의 압력에서 비롯되었다. 대단위의 토지 구매가 용이해졌다. 종교 재단 토지, 국유지, 부족의 공유지 등과 관련하여 알제리에서 이미 시행되었던 정책이 채택되었다. 이 정책은 주민들에게 압력을 가해서 작은 양의 토지만을 소유하게 하였다. 우호적인 조건이 구매자들을 위해 제시되었다. 전원 신용 대출, 장비, 도로, 경제적인 상황 또한 유리했다. 곡식에 대한 수요는 줄지 않았고, 포도주, 올리브유에 대한 수요는 증가했다. 유럽 사람들이 소유한 토지의 양은 증가했다. 특히 북부의 곡류 재배 지역과 사힐의 올리브 재배 지역에서 유럽인들의 토지 소유는 더 늘어났다. 1915년경에는 정착민들이 경작지 전체의 5분의 1을 소유했다. 그들 중 소지주들은 거의 없었다. 일반적인 방식은 대규모 지주들이 시칠리아인, 남부 이탈리아인, 튀니지인 노동자들의 힘을 빌려 경작하거나, 튀니지인 소작농들에게 임차해주고 소작료를 받는 형태였다. 토지를 수용하는 과정에서 농부들의 처지는 더욱 악화되었기 때문에 노동력의 공급은 충분했다. 농부들은 자본에 접근할 수 없었고, 토착 지주들이 그들에게 제공해 왔던 보호를 박탈당한 상태였다. 경제적인 변화는 정치력에도 변화를 가져왔다. 정착민들은 정책의 결정에 있어서 더 큰 지분을 요구하고 있었다. 정착민들은 튀니지 정부가 이 지역을 프랑스에 합병하는 방향으로 움직이기를, 토착 주민을 무력으로 다스리기를, 그리고 토착 주민들이 권력을 효율적으로 공유하지 못하도록 그들을 전통적인 문화와 생활 방식 안에 가두어 두기를 희망했다. 정착민들은 이 점에 있어서는 다소 성공을 거두었다. 많은 정부 관리들이 프랑스인이었다. 재정과 경제 문제에 관한 자문 회의는 주로 정착민들로 구성되었다. 반면 파리의 정부와 파리에서 파견된 고위 관리들은 프랑스인과 튀니지인들 간의 협력을 토대로 보호령을 유지하고자 했다.

1914년에 프랑스가 튀니지에 취한 정책은 1860년에 알제리를 상대로 행했던 정책과 비슷한 단계에 다다른 반면 알제리에 대한 프랑스의 정책은 이미 변해 있었다. 1870~1871년에 발발한 보불전쟁에서 프랑스의 패배와 나폴레옹 3세의 몰락은 알제에서의 프랑스 정부의 권위를 약화시켰다. 정착민들이 권력을 잠시 이어받았으나, 알제리의 동부에서 새로운 일이 발생했다. 즉 여러 가지 원인으로 아랍인들과 베르베르인들의 광범위한 폭동이 일어났다. 귀족들의 입장에서는 직접 통치가 확장됨으로 인해서 약화되었던 그들의 정치적, 사회적인 지위를 회복하고자 하는 욕망이 널리 퍼졌다. 시골 사람들의 입장에서는 자신들의 토지를 잃어버린 것과 정착민들의 세력이 성장하는 것에 대한 저항, 흉작과 전염병 뒤의 빈곤이 널리 퍼졌다. 일반 대중 사이에서는 독립의 욕구가 널리 퍼졌다. 이 욕구는 아직 민족주의자의 용어로 표현되지 않았으나, 종교적인 방식으로 표현되면서 한 수피 종단에게 지도력과 방향을 제시했다. 반란이 진압되면서 알제리 무슬림들에게는 심각한 결과를 동반했다. 공동 벌금과 토지 재산 몰수가 처벌로 부과되었다. 반란에 관련된 지역들은 그들 자산의 70퍼센트를 잃은 것으로 추정되었다.

장기적인 결과는 더욱 심각했다. 토착 지도부의 몰락과 파리에서의 통치 체제 변화로 인해 유럽인 지주의 확산을 차단하는 장애가 사라졌다. 국유지와 몰수된 토지를 팔거나 양도함으로써, 혹은 공유지나 법률적 속임수로 장악함으로써, 넓은 면적의 토지가 정착민들의 손으로 들어갔다. 1914년에는 유럽인들이 대략 경작지의 3분의 1을 소유했으며, 그 토지는 가장 생산성이 좋은 것이었다. 그 토지에서는 꾸준히 곡물이 수확되거나 포도나무를 재배했다. 왜냐하면 프랑스의 큰 시장에서 알제리산 포도주가 팔렸기 때문이다. 포도주 제조용 토지의 경작은 유럽인 이민자들, 즉 스페인 사람, 이탈리아인, 프랑스인들이 담당하고 있었으나, 그 토지는 주로 자본에 접근할 수 있는 비교적 부유한 지주들의 소유였다. 알제리인 소지주들은 자본을 갖지 못하고, 소유한 가축 자원이 점차 줄어들어 척박한 토지에 한정되면서 유럽인들의 대농장에서 물납 소작인이 되거나 노동자로 전락하는 경향이 있었다. 그러나 일부 지역에서는 새로운 무슬림 지주들이 부상하고 있었다.

어느 정도는 토지에 대한 새로운 기회 때문에 알제리의 유럽 인구는 빠르게 늘어서 1860년에는 20만 명이었던 것이 1911년에는 대략 75만 명에 이르렀다. 이 숫자는 프랑스 국적이 부여된 알제리 유대인들을 포함한다. 이때 토착 인구는 474만 명에 이르렀다. 그러므로 유럽인들은 전체 인구의 13퍼센트를 차지하는 셈이었다. 대도시에서는 유럽인들이 훨씬 더 큰 비율을 차지했다. 1914년경에 알제에 사는 거주민들의 4분의 3이 유럽인이었다.

이렇게 증가하는 유럽인 주민은 1914년에 이르러서 사실상 그 지역의 정부를 지배했다. 이때쯤에 이들은 프랑스 의회에 대표를 보냈고 파리에서 중요한 정치적 압력단체를 형성했다. 점차 알제리에서 태어난 새로운 세대가 자랄수록, 다른 나라에서 온 이민자들이 프랑스 시민권을 획득했다. 이들은 독립된 정체성과 압력단체가 추진할 수 있는 독립된 이해관계를 발전시켰다. 이것은 알제리를 프랑스에 가능한 한 많이 동화시키면서도 알제리 지역의 프랑스 행정권을 그들이 관리하려는 것이었다. 전체적으로 보면 그들은 이 점에 있어서 성공했다. 알제리 지역 관리들의 대다수가 프랑스인이었고, 그들 중 거의 대부분이 고위직을 차지했다. 프랑스인 다수로 구성된 지방 자치 의회들이 통치하는 지역이 늘어났고, 이들 지역에서 무슬림들은 사실상 아무런 힘이 없었다. 무슬림들은 정착민들이 내는 것보다 훨씬 많은 양의 직접세를 냈지만, 그러한 세입은 주로 유럽인들의 이익을 위해 사용되었다. 무슬림들은 프랑스인 치안 판사에 의해 관리되는 특별 형법의 대상자였다. 무슬림들의 교육을 위해서는 세금이 거의 사용되지 않았다. 19세기 후반에는 파리 정부가 '아랍 문제'에 대해서 깨닫게 되었다. 즉 행정 당국이 정착민들의 압력으로부터 독립성을 확보하는 것이 중요하며, 행정 당국의 권력을 '좌절한 사람들의 존엄성을 수호'하기 위해서 사용할 수 있어야 한다는 것이었다.[6] 무슬림들을 위

---

6 J. Cambon, quoted in C. R. Ageron. *Les algériens musulmans et la France* (1871~

한 초보적인 수준의 교육이 시행되기 시작했으나, 1914년에 중등 혹은 고등 교육을 받는 알제리인의 수는 천 단위가 아니라 백 단위 혹은 십 단위에 불과했다.

주민들의 상황

정부의 통제가 더욱 효율적으로 이루어졌던 중동과 마그립 지역에서는 공공 토목 공사가 실시되고, 새로운 토지법이 사유재산권을 보장했다. 은행이나 토지-융자 기업들이 자본을 제공하고, 생산물이 공업화된 세계의 시장에서 팔렸다. 1860년과 1914년 사이에는 경작지가 늘어나고 작물 생산량이 증가했다. 통계자료들로 입증하기는 어렵지만, 이러한 현상이 경작지가 두 배로 늘어난 튀니지와 알제리에서 발생했다는 것이 확실하다. 이집트에서의 상황은 특히 순조로웠다. 이 시기에 이집트 정부는 상 이집트까지도 확실히 통치할 수 있었다. 가격이 불안정하기는 했지만 면화 시장이 확장되었고, 대규모의 관개 사업으로 인해 토지 생산량이 증가하였다. 1870년대와 1914년 사이에 생산 지역은 대략 3분의 1이나 늘어났다. 이러한 생산지 증가는 위험 부담을 동반했다. 면화 수출로 인한 이익이 너무나 커서 면화 생산을 위한 토지가 점점 증가했기 때문에, 1900년경에 이집트는 공산품뿐만 아니라 식료품까지 전부 수입하는 국가가 되고 말았다.

시리아, 팔레스타인 그리고 이라크에 대한 통계는 불충분하지만 매우 비슷한 경향이 있었다. 시리아와 팔레스타인의 고지대 마을 농부들은 경

1919) (Paris, 1968), p. 478.

작지를 평원으로까지 넓히면서 외국 시장을 위해서 곡물과 올리브유, 참깨, 오렌지 등의 작물을 생산할 수 있었다. 레바논에서는 명주의 재배가 확대되었다. 이라크에서 중요한 요인은 국력의 확장도, 관개 시설의 발전도 아니었다. 최초의 대형 공사인 유프라테스 강의 힌디야Hindiyya 댐 건설도 1913년에 이르러서야 착수되었기 때문이다. 이라크에서는 토지법이 실행되는 방식이 중요한 요인으로 작용했다. 부족의 지도자들이 토지를 자신의 이름으로 등록할 때, 이들은 부족민에게 유목 생활로부터 곡물을 생산하거나 남부의 경우에 수출을 위한 대추야자를 경작하는 정착 농업으로 바꾸도록 권유했다.

두 가지 요인이 동시에 존재하는 곳이라면 어디에서든지 정착 농업과 유목업 사이의 균형이 깨졌다. 첫 번째 요인은 정부의 통제를 받는 지역에서의 정착 농업의 확장이었다. 정부는 세금을 낼 수 있고 징병이 가능한 정착 농민들을 유목민보다 선호했다. 유목민들은 정치 공동체에서 벗어나서 생활하고, 통치에서 벗어날 위험이 있었다. 정부의 영향력이 강하고 교통수단이 발달한 지역이라면 어디든지 정착 농업이 널리 퍼졌다. 알제리에서는 프랑스 군대가 남쪽을 향해서 고원으로부터 투아레그족이 살고 있던 사하라의 오아시스로 이동했다. 시리아에서는 철도의 건설로 인해 경작지를 대초원지대로까지 확장할 수 있었다. 모든 기차역에는 정부 관리, 수비부대, 시장 등이 있었고, 따라서 기차역은 경작과 교역이 확장되는 중심지였다. 특정 지역 주민들은 변방을 지키는 데 쓰였다. 쿠르드인 군대는 북쪽에서 징집되었다. 러시아인들이 카프카스를 정복했을 때 고향을 떠난 체르케스인들은 남부 시리아 마을에 정착했다.

정착 농업이 확장된 두 번째 요인은 대초원지대의 주요 생산물에 대한 수요의 감소, 혹은 판매나 수출을 위해 생산되는 작물들에 비해 대초원지대의 생산물을 통한 이윤의 감소였다. 현대적인 교통수단이 도입됨에 따라 낙타시장이 축소되었다(그러나 결정적인 변화인 자동차의 도입은 아직 시작되지 않았다). 양에 대한 수요는 계속되었고, 인구가 증가함에 따라 수요가 늘기도 했으나, 곡물 생산에 자본을 투자했을 때 이윤이 더 컸다. 확실히 인구당 가축의 수가 줄었다. 알제리에서는 1885년에 인구당 2.85마리의 양이 있었으나 30년 후에는 그 숫자가 1.65마리로 줄었다.

일반적으로 말하면 각 국가마다 비율은 크게 다르지만 이 시대는 인구가 증가하던 시기였다. 통계자료가 가장 신빙성 있고 인구 증가가 가장 뚜렷이 나타난 국가는 알제리와 이집트였다. 알제리에서는 무슬림 인구가 50년 사이에 두 배 늘어서, 1861년에 200만 명이던 인구가 1914년에는 450만 명이 되었다. 튀니지에서도 같은 상황으로, 100만 명이 200만 명으로 늘었다. 이집트의 인구 증가는 19세기 동안 지속되어서 1800년에는 400만 명이던 인구가 1860년에는 550만 명, 1914년에는 1,200만 명으로 늘었다. 수단의 인구는 영국 점령이 시작되던 때부터 지속적으로 증가한 것으로 보인다. 비옥한 초승달 지대의 인구 증가는 아직 어림짐작할 뿐이다. 대체적으로 말하면 시리아의 인구는 1860년에서 1914년 사이에 40퍼센트 정도 증가해서 250만 명에서 350만 명으로 늘었다. 반면, 레바논으로부터 남 · 북 아메리카 대륙을 비롯한 그 밖의 지역으로 대규모 인구 유출이 있었고, 1914년경에는 30만 명의 레바논인들이 떠난 것으로 알려졌다. 이라크에서의 인구도 비슷한 정도로 증가했다. 아랍 국가들을 총체적으로 계산했을 때, 대략 1800년에는 1,800만~2,000만 명이었던 인구가 1914년경에는 3,500만~4,000만 명 정도로 증가하였다.

그러나 시골 인구는 대체로 정체되어 있었다. 몇몇 도시들은 급속히 성장하였다. 특히 알제리 해안의 도시들, 베이루트, 알렉산드리아(1914년경에 이 도시는 아랍 국가에서 두 번째로 큰 도시였다) 등이 유럽과의 교역으로 특성화된 항구들로 성장했다. 다른 도시들, 특히 수도나 지방의 중심지들은 전체 인구의 증가에 비례하여 성장했다. 예를 들면, 두 배 정도 커진 카이로는 여전히 아랍의 도시 중에서 가장 컸고, 이집트 전체 인구 또한 증가했다. 도시화의 정도는 이전과 비슷했고, 시골 인구의 도시로의 이동은 겨우 시작하는 상태였다.

인구의 증가는 여러 요인들로 인한 결과였다. 아마도 이집트의 인구 증가는 면화 경작이 널리 퍼진 것과 관계가 있었다. 어린아이들이 어렸을 때부터 들에서 작업을 도울 수 있었고, 이것은 사람들이 일찍 결혼하여 대가족을 형성하는 요인이었다. 대부분의 나라에서는 과거에 인구 증가를 막았던 주요한 두 가지 요인인 전염병과 기근을 퇴치할 능력이 생겼기 때문에 인구가 증가했다. 유럽 의사들의 관리와 외국 정부의 지원으로 발전한 검역 절차로 인해 1914년에는 지중해 연안의 나라들에서 전염병을 거의 몰아낼 수 있었고, 콜레라의 발생을 제한할 수 있었다. 식량 생산량의 증가와 교통수단의 발달로 이전이라면 기근의 원인이 될 수 있었을 지방의 흉작을 보완할 수 있었다. 알제리, 튀니지, 수단 등 몇몇 국가들에서는 인구 증가가 전례 없을 정도로 급격하지는 않았는데, 이것은 이전의 가파른 인구 감소를 상쇄하였기 때문이다. 알제리의 인구는 19세기 중반에 정복전쟁, 폭동, 전염병과 기근으로 인해 상당히 감소했다. 튀니지에서는 오랫동안 서서히 감소해왔다. 수단의 인구는 연이은 흉작에 이어 발생한 마흐디 운동으로 인한 사회 혼란으로 1890년대에 상당히 감소했다.

물론 인구 증가가 반드시 생활수준의 향상을 의미하는 것은 아니었으며, 오히려 그 반대를 의미할 수도 있었다. 그럼에도 불구하고 일부 지역에서는 생활수준이 좋아졌다고 생각할 만한 근거가 있다. 도시의 상류층, 새로운 정부 또는 경제 분야와 연계된 사람들의 생활수준은 확실히 높아졌다. 그들은 더 많이 벌었으며, 더 좋은 주택과 나아진 의료 관리를 받을 수 있었고, 그들이 구매할 수 있는 상품은 더 다양해졌다. 지방에서는 식량 생산의 증가와 교통수단의 발달로 인해 적어도 일부 지역에서의 영양 상태는 향상되었다. 농부들이 가장 비옥한 땅을 빼앗기고 유럽의 식민지가 된 국가들에서는 그렇지 않았고, 이집트와 시리아 일부 지역에서는 생산과 인구의 균형이 맞았다. (그러나 이집트에서는 더 나은 영양 상태로 인한 건강 개선은, 관개 사업이 진행됨에 따라 물에 의해 전염이 확산된 주혈 흡충병 bilharzia이 널리 퍼짐으로써 상쇄되었다.)

그러나 가장 유리한 환경에서조차 경작 농민들의 삶의 질이 향상될 가능성은 한계가 있었다. 그 이유는 인구가 계속 증가했을 뿐만 아니라 사회 권력이 토지를 소유하고 지배하는 사람들에게로 옮겨갔기 때문이다. 이들은 법과 정부가 자신들의 요구를 반영하게 할 힘이 있었다. 이들은 생산 과정과 수확물이 시장으로 운반될 때 반드시 필요한 자본에 접근할 수 있었다. 대부분의 지역에서 이들은 자신들과 경작 농민들 사이에 있는 도덕적인 의무에 구속될 필요가 없었다. 즉 정착민들, 도시의 사채업자들, 그리고 지주가 된 부족장들은 그들의 전임자들이 경작 농민들과 맺었던 관계를 맺지 않았다. 이러한 상황에서 생존에 필요한 최소한의 농산물조차 얻을 능력이 없었던 농민들은 압제와 고난으로부터 스스로를 지킬 수도 없었다.

이중적인 사회

1914년에 이르러 오스만 제국과 마그립의 아랍 국가들에서는 다양한 측면에서 새로운 계층들이 나타났다. 각 정부 권력이 보호하고 후원하는 유럽의 상인 집단들과 일부 지역의 정착민 공동체들, 외국인 공동체와 이해관계가 어느 정도 서로 맞물려 있으나 상황에 따라 그들과 경쟁 관계에 있는 토착 상인들과 토착 지주 계층들, 권력에 진입할 능력이 부족하고, 행정적 · 법률적 · 경제적인 혜택에서 제외됐으나 점점 증가하는 도시 빈민계층과 농촌 주민들이 바로 그 계층들이다

19세기 후반기에 도시 생활에서 발생하기 시작한 변화 속에서 새로운 사회 세력 관계가 드러났다. 경제 활동과 경제력은 내륙의 도시로부터 항구로, 특히 지중해 연안의 항구들로 이동했다. 이러한 항구들은 상품 수송 장소들일 뿐만 아니라 내륙으로부터 상품이 집결되고 수입품이 배분되는, 수입과 수출 산업이 성행하는 그리고 상당량의 농작물이 가공되고 판매되는 재정과 상업의 중심지가 되었다. 항구들 중 일부는 옛 중심지들이었는데 이제 더 커지고 중요해졌다. 베이루트가 사이다와 아크레를 대신해 남부 시리아의 주요 항구가 되었다. 유럽과의 교역이 늘고 아나톨리아와 시리아 해안과의 교역이 쇠퇴함에 따라 알렉산드리아가 이집트 해상 무역의 중심지였던 다미에타와 로제타를 대신했다. 바스라는 이라크의 대추야자와 곡물의 주요 수출 장소였다. 젯다는 히자즈의 중심 항구인데, 서부 아랍이 외국의 상품을 시리아에서 오는 대상을 대신해 선박을 통해 공급받게 되자 더욱 중요해졌다. 알제리 항구들과 튀니스 등도 중심 역할을 하던 항구들이었다. 다음 항구들은 사실상 국제 교역의 중심지로 새로이 부상한 장소들이다. 수에즈 운하의 북쪽 끝에 있는 사이드 항구, 증기선 항로를 따라 유럽에서 운하를 거쳐 인도만으로 향하는 배들의 기항과 석탄 공급을 위한 항구인 아덴, 모로코 대서양 연안의 카사블랑카가 그러했다.

항구의 중심지들은 남부 유럽의 멋진 건축스타일로 지어진 창고, 은행, 선박회사의 사무실로 이루어졌다. 중심지에는 정원으로 둘러싸인 저택들이 있는 주거지역도 있었다. 항구 중심지에는 공공정원, 광장, 호텔, 식당, 카페, 상점과 극장이 들어설 계획이었다. 항구의 중심 도로는 전차와

마차의 통행이 가능하고, 1914년경에는 최초의 자동차도 운행할 수 있을 정도로 넓었다. 내륙의 도시들 또한 항구 도시들과 비슷한 방향으로 그 외관이 변하고 있었다. 초반에는 구도시의 중심부에 새로운 도로와 새로운 건물을 끼워 맞추려는 시도가 있었다. 카이로로부터 시타델까지 넓은 도로가 뚫렸다. 다마스쿠스에서는 시장을 정돈하고 확장해서 하미디야 시장과 미다 파샤 시장을 만들었다. 그러나 장기적으로 새로운 구역들은 도시의 성벽(만일 성벽이 아직 존재한다면) 밖에 만들어졌다. 성벽 밖은 건물이나 재산권에 방해받지 않고 계획대로 개발할 수 있는 장소였다. 신 다마스쿠스는 구 다마스쿠스의 동쪽으로, 자발 까시윤의 비탈까지 이르도록 확장되었다. 신 카이로는 처음에는 구 카이로의 북부에 건설되었고, 이후 나일 강을 향해 뻗어 나가는 서쪽 땅으로 확장되었다. 서쪽 땅은 원래는 늪지대였으나 물이 빠져서 건축하기에 용이해졌다. 신 튀니스는 튀니스 서쪽에 있는 호수를 메워서 만든 땅 위에 만들었다. 수단의 수도 카르툼은 이집트의 지배하에 있다가 그 후에는 국제 공동 관리하에 들어갔다. 카르툼은 청나일 강과 백나일 강이 만나는 지점 근처에 있으며, 대칭으로 도로가 뻗어 완전히 새롭게 태어났다. 신도시 건설 기간이 끝나갈 무렵 모로코에서도 비슷한 변화가 일어났다. 보호령의 수도이자 술탄의 주요 거주지는 해안 도시 라바트의 신시가에 위치했다. 구도시의 성벽 밖에서는 그곳으로의 침입을 조심스럽게 피하면서 새로운 페스가 만들어졌다.

새로운 도시들은 점점 이전의 생활 방식을 몰아내었다. 바로 이곳에 은행과 회사 사무실이 있었고, 대저택과 정부 관청이 형성되었다. 카이로에서는 서쪽 지역에 새로운 행정부 건물이 들어섰고, 외국 영사들이 거주지를 마련했으며, 케디브는 시타델을 떠나 유럽 스타일로 지어진 새로운 대저택으로 옮겼다. 영국 군대가 나일 강 제방의 까스르 알 닐레 병영에 머물면서 카이로를 통치했다.

새로운 도시와 새로운 구역의 인구는 대부분 관리, 영사, 상인, 은행가 등 전문가로 이루어진 외국인이었다. 알제리의 가장 큰 도시인 알제와 오랑에 사는 인구의 대다수도 유럽인들이었다. 카이로 인구의 16퍼센트, 알렉산드리아 인구의 25퍼센트가 외국인이었다. 그들은 내국인들로부터 격리되어 특혜를 받으며 생활했는데, 그들을 위한 학교, 교회, 병원, 오락 장소가 마련되었고, 그들의 소송은 유럽인 영사나 외국인이 섞인 재판관들이 판결을 내렸으며, 그들의 경제적인 이익은 영사관 혹은 유럽 국가의 통치하에 있는 국가에서는 정부가 직접 보장해 주었다. 권력과 새로운 삶의 방식에 대한 매력은 국제교역에 관계하는 토착 상인들을 유혹하여 신도시로 끌어들였다. 그 상인들은 주로 기독교도와 유대인들이었다. 그들 중 일부는 외세의 보호를 받으면서 사실상 외국인 공동체로 흡수되었다. 1914년에는 무슬림 가문 출신의 정부 관리들이나 지주들이 조상 대대로 내려오던 구도시의 고향을 떠나 새로운 지역의 쾌적함을 찾아오기 시작했다.

새로운 도시에서는 유럽을 흉내 낸 새로운 방식의 삶이 유행했다. 남성과 여성이 서로 다른 방식의 의복을 입었다. 마흐무드 2세Mahmud II[7] 시대의 근대화 개혁에서 보였던 두드러진 요인 중 하나는 정장 형식의 변화였다. 술탄과 그의 관리들은 조상에게서 물려받은 치렁치렁한 예복과 큰 터번을 벗어 버리고 유럽의 정장인 프록코트와 붉은 페스를 쓰거나 까만 술이 달린 타르부스tarbush를 착용하는 새로운 헤어스타일을 했다. 오스만, 이집트, 튀니지의 신식 군대는 유럽 스타일의 제복을 입었다. 상인들과 전문가 그리고 그들의 가족들은 여행을 통해, 그리고 외국 거주자들의 차

---

7 마흐무드 2세(1784~1839)는 1808~1839년 동안 오스만 술탄으로 재위하여 1826년 예니체리의 반란 이후 그들을 해산하고, 새로운 유럽 스타일의 군대를 창설하였고, 종교 세력들을 제압하고 중앙 집권강화책을 실시하면서 지방의 자율성을 축소하였다. — 옮긴이

사나의 전통 예멘 가옥의 외관

림새와 새로운 학교를 통해 새로운 옷차림에 익숙해졌다. 무슬림보다는 유대인과 기독교인들이 그 복장을 먼저 받아들였다. 19세기 말경에는 그들의 아내와 딸들 중 일부가 역시 삽화 잡지, 새로운 도시의 상점, 여행, 학교를 통해 배운 프랑스식 또는 이탈리아식의 옷을 입었다. 그러나 1914년경까지 무슬림 여인들은 얼굴 전체는 아니지만, 머리를 가릴 수 있는 일종의 머리쓰개를 쓰지 않고서는 바깥 외출을 하지 않았다.

주택 또한 삶의 방식이 변화한 것을 보여주었다. 사업을 위한 것이든 거주를 위한 것이든, 새로운 구역의 건물들은 대부분 프랑스인이나 이탈리아인 건축가에 의해서, 혹은 그들의 스타일로 건축되었다. 즉 이 건물들은 돌로 건축되었고, 회반죽이 칠해지고, 정교하게 세공된 철조물로 풍부하게 치장되었다. 공공건물들은 외부 세계를 향해 멋진 외관을 드러내었고, 카이로의 오페라 하우스, 박물관, 이집트 총독 도서관을 비롯한 건물들 중 일부는 사회의 새로운 비전을 표현했다. 주택 또한 가족생활의

1867~1890년경 다마스쿠스의 가옥 실내

새로운 전망을 반영했다. 거실은 1층에, 침실은 2층에 분리하는 방식은 가족이 사는 하렘과 남성이 손님을 맞이하는 응접실을 확실히 구분한 옛날 방식과 융합시키기 힘들었다. 경제생활과 사회 관습의 변화 그리고 오스만인, 이집트인, 영국인들이 노예무역에 대해 반대한 활동은 1914년에 가내 노예제를 폐지시키는 데 일조했으며, 궁 밖에서는 하렘 순결의 수호자였던 흑인 환관이 거의 사라졌다. 18세기 프랑스 가구를 모방한 의자와 테이블로 인해 손님을 접대하고 식사하는 방식이 달라졌다. 주택은 안마당 위주로 지어지는 것이 아니라 정원으로 둘러싸였다. 창문은 밖을 향해 거리 쪽으로 나 있었으므로 바깥을 내다보거나 밖에서 안을 들여다보는 것이 가능했다. 대로나 도시의 외곽에서는 양가집 규수가 마차를 타고 바람을 쐴 수도 있었다. 극장이 새로운 볼거리를 제공했으며, 반대로 여성을 볼거리의 대상으로 삼기도 했다. 1914년경에는 카이로의 상류 계급 여성들이 오페라 하우스 관람석의 특등석에서 얇은 천 뒤에 조심스럽게 숨은 채로 프랑스의 고전극이나 이탈리아 오페라의 순회공연을 관람할 수도 있었다.

18장 제국주의의 문화와 개혁

제국주의의 문화

새로운 도시에서, 특히 유럽에 점령된 지역에서 유럽인들과 아랍인들은 이제 새로운 방식으로 서로를 마주하고 있었으며, 서로에 대한 인식도 변화했다. 18세기에는 여행과 교역의 영향으로 서유럽인들의 세계에 대한 호기심이 늘었다. 19세기에는 그 호기심이 심화되었고 무역, 체류, 전쟁 등으로 인해 중동과 북아프리카 지역에서 유럽인들과 미국인들의 수가 늘어났다. 19세기 중반에는 성지 순례와 나일 강 여행처럼 잘 조직된 형태의 관광이 시작되었다.

일반적인 호기심으로 유물과 사료를 연구함으로써 아시아 사회의 자연과 역사를 이해하려고 하는 새로운 종류의 학문이 생겼다. ≪꾸란≫은 12세기에 유럽어 번역본이 처음 나왔지만, 이러한 초기의 노력은 그 이후 거의 사라졌다. 무슬림의 신앙과 역사에 대한 기본적인 사료를 이해하려는 체계적인 시도는 17세기에 이르러서 시작되었다. 즉 17세기에 파리와 라이덴의 대학들, 옥스퍼드와 케임브리지 대학교에서 아랍어 강좌가 개설되었고, 대형 도서관에서 원고를 수집하여 처음으로 그것들을 번역해서 편집하였다. 그 이후 에드워드 기번Edward Gibbon(1737~1794)[1]은 ≪로마제국 쇠망사*Decline and Fall of the Roman Empire*≫(1776~1788)를 썼는데, 그는 중요한 원사료를 수집했고 이용할 만한 저작들을 연구했다.

아랍과 이슬람에 대한 체계적인 연구와 교육, 그리고 세대 간에 전승될 만한 결과를 낼 학회의 설립은 더 뒤의 일이다. 새로운 영국 점령지인 벵골에서는 윌리엄 존스 경Sir William Jones(1746~1794)이 인도의 힌두문화뿐만 아니라 무슬림도 연구하기 위해서 아시아 학회Asiatic Society를 창립했다. 이 학회는 이러한 종류의 학회 중에서는 최초로 창설된 것이었다. 파리에서는 프랑스 학자인 실베스트르 드 사시Silverstre de Sacy(1758~1838)가 일련의 선생들과 연구자 모임을 처음 시작해서 일종의 사도 계승으로 다른 세대와 다른 지역에까지 확장시켰다. 이러한 전통의 계승에는 독일어를 구사하는 독일과 합스부르크 제국 출신 학자들이 특별한 역할을 담당했다. 이들은 그 시대의 위대한 지적 훈련을 통해서 단련된 정신으로 이슬람 종교와 문화를 바라보았다. 한 시대 또는 사람들로부터 그 후의 세대로 전해지는 인간발달의 연속성에 대한 연구인 문화사, 언어의 친족관계와 역사를 추적하고 그 언어를 통해 나타난 집단적인 인간성과 문화를 연구하는 비교언어학, 종교적 전통의 초기 발달을 밝혀내기 위한 성서에 대한 비판적 해석 방법 적용 등이 그들이 했던 연구였다. 아시아와 아프리카 사람

1 영국 역사가이며 의회 의원이었다. 그의 탁월한 업적은 1776~1788년에 출판한 총 6권으로 된 ≪로마제국 쇠망사≫이다. — 옮긴이

들의 삶, 풍습, 신념을 기록하고 해석하는 작업은 당시 유럽의 여행과 통치가 행해지는 범위 내에서 이루어졌고, 동시에 인류학을 발달시켰다. 19세기 말경에 또 하나의 과학이 문서 연구에 밝은 전망을 제시했다. 즉 인간이 정착한 시대의 유물을 발견하고 해석하기 위해 노력하는 고고학이 부상했다. 이러한 방식으로 아랍인들이 살던 나라들, 특히 이집트와 이라크의 역사에 대한 지식은 이슬람문명의 발전 이전까지 거슬러 올라갔다.

낭만적인 상상과 멀고 기묘한 과거에의 동경은 여행과 학문 연구를 통해 얻어진 지식에 영향력을 발휘하면서 신비하고도 유혹적이며 무서운, 그리고 신비한 이야기와 동화들로 가득한 동양에 대한 환상을 창조해냈고, 그 환상으로 인해 예술은 풍요로워졌다. ≪아라비안나이트≫의 번역은 서양 유산의 한 부분이 되었다. ≪아라비안나이트≫와 다른 책들의 이미지는 유럽 문학에 부차적인 주제를 제공해 주었다. 괴테Johann Wolfgang Goethe(1749~1832)는 이슬람적인 주제에 관한 시 <동서 시집*Westostliche Diwan*>을 썼고, 월터 스콧 경Sir Walter Scott(1771~1832)은 <부적*The Talisman*>에서 살라딘을 중세 기사도의 전형으로 만들었다. 시각 예술의 영향은 더욱 더 컸다. 이슬람의 주제는 건축물의 장식이나 디자인에 반영되었다. 무명 화가들뿐만 아니라 앵그르나 들라크루아와 같은 위대한 화가들도 '오리엔탈리스트' 스타일의 그림을 그렸다. 다음과 같은 특정 이미지들이 그들의 작품 속에서 반복되었다. 야만 영웅으로서의 아랍인 기수, 하렘의 미녀들의 매혹적인 아름다움, 시장의 매력, 고대의 웅장한 건축물 폐허 속에서도 계속되는 삶의 비애와 같은 이미지들이 그것이다.

또 하나의 주제는 알고자 하는 욕망과 상상 속에서 신비로운 매력을 불러일으키는 것이 뒤섞인 것이었다. 패배는 승리보다 인간의 영혼에 깊게 침투한다. 권력을 소유한 사람들에게 지배당하는 것은 우주의 질서에 대한 의심을 불러일으키는 의식 경험이다. 그러나 권력을 소유한 사람은 지배한 경험을 쉽게 잊어버리거나 권력 자체가 자연의 법칙이라고 간주하고, 자신의 권력을 정당화할 구실을 찾아낼 수 있다. 몇 가지 유형의 정당화는 19세기 유럽, 특히 영국과 프랑스에서 두드러졌다. 주로 이 두 국가가 아랍인들을 지배했기 때문이다. 어떤 것은 서구 기독교인들이 무슬림 세력과 처음 마주친 이후, 그들이 이슬람과 무슬림들에 대해 가졌던 태도를 세속적인 언어로 바꾼 표현이었다. 그 당시 서구 기독교인들에게 이슬람은 도덕적으로나 군사적으로 싸워야 할 위험한 존재였다. 이러한 점이 세속적인 용어로 변형되어 지배에 대한 정당한 이유와 경고를 제시했다. 서구 기독교인들이 지배했던 무명의 민족들 사이에서 갑작스럽게 발발할 수 있는 '이슬람의 반란'에 대한 두려움이 영국인과 프랑스인 지배자들의 마음속에 존재했다. 이와 같은 측면에서 십자군에 대한 기억 또한 침략을 정당화하기 위해서 사용되었다.

당시 지적인 분위기는 여러 가지 이론을 창출했다. 헤겔이 역사 철학에 대한 견해에서 밝힌 것처럼, 모든 아랍인들은 인간 정신의 발달과정 중 과거에 속해 있었다. 그들은 그리스 사상을 보존하는 그들의 임무를 수행했고, 그들 문명의 횃불을 다른 사람들에게 넘겼다. 비교언어학에서는 셈어를 줄곧 사용하며 살아온 아랍인들은 합리성과 고등 문명에 가까워질 수 있는 능력을 결여한 반면, 아리아인들은 이 모든 능력을 가지고 있는 것으로 간주되었다. 특정한 방향으로 해석된 다윈의 진화론은 생존 경쟁에서 살아남은 개체는 우등하므로 지배할 권리가 있다는 주장을 지지했다. 반면 권력은 의무를 동반하는 것으로 여겨지기도 했다. '백인의 의무 the White Man's burden'라는 어구는 어떻게든 관리, 의사, 선교사 심지어 아시아와 아프리카에 대해서 공부하는 멀리 있는 사람들까지 고무시키는 이상적인 표현이었다. 전 세계에 대한 책임의식은 재난의 희생자들에 대한 초기 원조에서 나온 표현이었다. 유럽과 아메리카에서 1860년의 레바논 내전 희생자에게 보낸 돈과 영사들의 기부금이 체계화된 국제적 구호의 첫 번째 본보기가 되었다.

많은 차이가 있음에도 불구하고, 모든 사람이 동일하며 평등하다는 주장도 가끔씩은 제기되었다. 19세기 초반에 괴테는 "동방과 서방은 더 이상 분리될 수 없다"고 선언했다.[2] 그러나 19세기 말에는 "동방은 동방이고, 서방은 서방이다"라고[3] 역설하는 키플링Kipling, Joseph Rudyard(1865~ 1936)의 주장이 지배적으로 받아들여졌다(그러나 그가 말한 의미를 다른 사람들이 정확하게 받아들인 것 같지 않았다).

지식 계급의 출현

19세기 후반에 오스만의 지배 엘리트 사이에 이미 존재했던 유럽의 힘에 대한 각성이 널리 퍼졌다. 서구의 교사들이 교육한 새로운 계층이 증가하고 있었다. 이 계층은 날카로운 통찰력으로 자신과 세계에 대해서 판단할 수 있고 그들이 판단한 바를 서로 나눌 수 있었다.

이러한 계층은 일부를 제외하곤 새로운 종류의 학교에서 형성되었다. 가장 영향력 있는 학교는 개혁 정부가 일련의 목적을 가지고 설립하였다. 처음에 이 학교들은 이스탄불, 카이로, 튀니지의 관리, 장교, 의사 그리고 기술자를 훈련시키기 위해 특성화되었다. 그러나 19세기 말에 이르러서는 공식적인 제도가 발달했다. 오스만의 지방 도시에는 초등학교와 중등학교가 존재했고, 교통이 발달함에 따라서 소년들이 이스탄불에 있는 고

---

2 J. W. Jessup, *Fifty-three Years in Syria*, Vol.2 (New York, 1910), pp. 786-787.
3 R. Kipling, 'A Ballad of East and West'.

등 전문대학으로 진학하여 황실에서 일할 수 있게 되었다. 이스탄불에는 종합대학교도 건립되었다. 이집트에서는 학교가 공식 제도권 밖에서 발전했다. 카이로에는 외국인과 내국인이 함께 참여하는 법정에서 일할 변호사를 교육시키는 프랑스 법 전문학교가 있었고, 첫 번째 종합대학교가 개인 자본으로 설립되었다. 수단에서는 공립 전문학교인 고든 대학Gordon College이 행정부에서 하급 관리를 맡을 소년들을 교육했다. 비슷하게 튀니지에서도 정부의 원조는 제한되어 있었다. 튀니지에는 '프랑스-아랍인' 초등학교가 있었고, 선생들을 교육시키는 고등 교육기관이 있었으며, 리세이(프랑스 국립고등학교)를 본떠 건립된 중등학교인 사디끼야Sadiqiyya는 프랑스의 주도로 개혁되었다. 알제리에서 초등학교는 1890년부터 서서히 늘어났지만, 그나마도 아주 느린 속도로 조금만 늘었을 뿐이며, 그 또한 프랑스어로 된 지식을 습득하고 프랑스어로 말하는 알제리인 무슬림을 보기 싫어한 식민지 농부들의 의지와는 상반된 것이었다. 중등 수준에서 현대 과목과 전통 과목을 가르치는 세 개의 마드라사는 계속 존재할 수 있었다. 알제리인들은 프랑스 중등학교나 법률학교, 알제 대학의 의학부나 문학부에는 거의 진학하지 않았는데, 그것은 알제리인 중 그런 학교에 입학할 수 있는 수준에 도달한 사람이 거의 없었기 때문이기도 하고, 알제리인들이 자신의 아들을 프랑스 학교에 보내는 것을 달갑게 여기지 않았기 때문이기도 하다.

정부 관리하에 토착인들이 세운 학교는 소수에 불과했으며, 유럽인들과 미국인 사절단이 후원하는 학교가 더 많았다. 레바논, 시리아, 이집트의 기독교인 집단 중 일부, 특히 오랜 고등 교육 전통을 가진 마론파교도들은 스스로 학교를 세웠고, 자발적인 무슬림 집단이 약간의 현대식 학교를 설립하기도 했다. 프랑스 정부가 보호하고 경제적인 지원을 하는 가톨릭 선교 학교가 확장되었다. 1875년에 가톨릭 예수회는 베이루트에

성 요셉 대학교를 설립했고, 1883년에는 그 대학에 프랑스식 의학부를 만들었다.

프랑스는 모로코에서 이라크까지 존재하는 유대인 공동체를 위한 학교를 설립하는 유대인 조직인 이스라엘인 동맹Alliance Islaelite 창설을 주도하기도 했다. 19세기 초반에는 가톨릭 선교 사업이 주로 미국의 개신교 선교 사업에 의해서 보충되기도 하고, 다른 한편으로는 도전받기도 하였다. 이 개신교 선교 사업은 소규모의 개신교 공동체를 형성하였다. 그러나 다른 교파 기독교도들을 교육하고, 나중에는 일부 무슬림들을 위한 교육도 실시하였다. 개신교 학교의 정점에는 베이루트에 위치한 시리아 개신교 대학이 있다. 이 학교는 1866년에 건립되어 나중에는 베이루트 아메리칸 대학교로 발전하였다. 동방 정교회 교도를 위한 러시아 학교들도 러시아 제국 정교회 팔레스타인 협회Imperial Russian Orthodox Palestine Society에 의해 설립되었다.

이러한 모든 제도 내에는 여학교들도 있었다. 이 학교들은 남학교만큼의 높은 수준에 도달하지는 못했으나, 읽기와 쓰기를 보급시키고 몇몇 전문 직업에서 자신들의 생계를 꾸려갈 수 있는 여성들을 배출했다. 학교 선생님, 간호사, 드물게는 언론인과 작가가 여성 직업이었다. 몇몇 국립학교들이 있었으나 대부분은 선교사 양성 학교들이었다. 무슬림 부모들은 가톨릭 수녀들의 학교를 선호하였다. 이 학교는 무슬림 딸들에게 프랑스어, 예절, 여성의 교양을 가르치고 보호해 주었다.

읽기에 익숙해진 새로운 세대가 성장했다. 그들 중 많은 사람들이 외국어로 읽었다. 19세기 중반경에 프랑스어가 무역과 도시의 언어로 이탈리아어를 대체했다. 영어에 대한 인식은 마그립에서는 거의 존재하지 않았고, 훨씬 더 동쪽에서도 프랑스어보다 덜 보급되었다. 흔히 2개국어를 사용했다. 일부 가족들, 특히 카이로, 알렉산드리아, 베이루트 등의 가족들 내에서는 프랑스어나 영어가 아랍어를 대체하고 있었다. 아랍어로 고등 교육을 받은 사람들에게서 새로운 문학작품이 나오고 있었다. 아랍어 인쇄물은 19세기 이전에는 거의 존재하지 않았으나, 19세기 동안에 인쇄술의 중심지였던 지역들, 특히 카이로, 베이루트 등지에서 널리 보급되었다. 카이로의 국립학교들과 베이루트의 선교사 양성 학교들은 상당히 대규모의 학식 있는 대중을 배출했다. 19세기에 학교 교재가 아닌 책은 신문이나 정기간행물보다 덜 중요했다. 신문이나 정기간행물은 1860년대와 1870년대에 큰 역할을 하기 시작했다. 사상에 관한 정기간행물들 중에 서구의 문화, 과학, 기술을 소개한 책을 카이로 거주 레바논의 기독교인들이 출판하였다. 야꿉 사루프Ya'qub Sarruf(1852~1927)와 파리스 니므르Faris Nimr(1855~1951)가 출판한 ≪알 무끄타타프*al-Muqtataf*≫와 주르지 자이단Jurji Zaydan(1861~1914)이 출판한 ≪알 힐랄*al-Hilal*≫이 그것이었다. 유사한 모험적인 시도로 정기간행물로 출판된 백과사전이 있다. 이 백과사전은 부트루스 부스타니Butrus Bustani(1819~1883)와 그의 가족이 출판하였다. 이 근대 지식의 개요는 19세기의 4/4분기에 베이루트와 카이로에서 알려지고 이해된 것이다. 근대 과학과 기술에 관한 항목은 정확하고 명료하게 표현되어 있다. 그리스 역사, 신화, 문학에 관한 항목은 이전 시대의 이슬람 문화에서 고전 문화에 대해서 알려졌던 것을 훨씬 능가하였다. 아랍 기독교인들이 편집하고 쓴 작품은 망설임이나 두려움 없이 분명한 논조로 이슬람의 문제들에 대해서 말했다. 최초의 신문은 이스탄불, 카이로, 튀니스에서 공식적인 후원을 받아 발행되었다. 이 신문들은 법과 법령의 본문과 주석을 함께 실었다. 비공식적인 여론 신문은 이후 발달하였다. 이때 새로운 세대의 독자들은 세계에서 발생하는 일들을 알고 싶어 했다. 전보가 이 새로운 독자들의 호기심을 만족시킬 수 있었다. 독서 대중의 규모와 더 높은 지적인 자유는 카이로를 일간 신문의 중심지로 만들었고, 이전처

1870~1890년경 베이루트

럼 최초의 성공적인 언론인들은 레바논 출신의 이민자들이었다. 예를 들면, 1875년에 타끌라Taqla 가문이 창설한 ≪알 아흐람*al-Ahram*≫지는 후에 아랍 세계에서 최고의 신문이 되었다.

개혁의 문화

책, 정기간행물, 신문은 새로운 세계인 유럽과 미국의 지식이 아랍인들에게 전해지는 통로였다. 아랍인들이 출판한 것 대부분이 프랑스어나 영어판을 번역하고 개작한 것들이었다. 번역은 무함마드 알리 통치하에서 시작되었다. 무함마드 알리는 관리들과 장교들을 위한 소책자와 학교 교재를 필요로 했다. 유럽에서 교육을 받은 사람들과 프랑스어나 다른 언어를 배운 사람들 일부는 그들이 보거나 들었던 것의 특징을 서술했다. 한 예로 무함마드 알리는 리파아 알 타흐타위Rifa'a al-Tahtawi(1801~1873)에게 교육적인 임무를 주어 파리로 파견하였다. 리파아 알 타흐타위는 파리와 파리 주민들의 특징을 다음과 같이 서술하였다.

> 파리 시민들은 예리한 지식, 정확한 이해력, 심오한 문제들에 대한 집중력 부문에서 기독교국 주민들 중 가장 탁월했다. 이들은 전통에 얽매인 사람들이 아니고, 항상 문제의 근원과 증거를 밝혀내려고 하는 사람들이다. 보통사람들조차 읽고 쓰는 방법을 알고, 자신의 능력에 따라 다른 사람들처럼 중요한 주제를 제기한다. 새로운 것에 대하여 호기심 있고 열광적이고, 사물, 특히 옷을 변화시키고 개조하는 것을 좋아하는 것은 프랑스 사람들의 특성이다. 변화와 변덕 또한 프랑스인들의 특질이다. 프랑스인들은 즐거워하다가도 바로 슬퍼하고, 심각하다가 바로 농담을 하고 혹은 농담하다가 바로 심각해진다. 그래서 프랑스 사람은 하루에 모든 모순된 행위들을 한다. 그러나 이 모든 것은 작은 문제에서만 발견된다. 크고 중요한 문제들에서 그들의 정치적 견해는 변하지 않는다. 모든 개인들은 자신들의 믿음과 견해를 견지한다. 프랑스인들은 관대하기보다는 인색하다. 이들은 기적을 부정하고 자연의 법칙을 어기는 것이 불가능하며, 종교는 사람들로 하여금 좋은 일을 하도록 지시한다고 믿는다. 그러나 그들의 까다로운 믿음 속에는 현명한 사람들의 지식과 능력이 예언자들의 지혜보다 더 위대하다는 믿음이 있다.[4]

그러나 시간이 지남에 따라서 새로운 종류의 문학이 출현하였고, 이 저술들에서 아랍 작가들은 근대 세계 속에서 자신들의 의식과 위치를 아랍어로 표현하려고 시도하였다. 새로운 문학에 대한 주요한 관심사 중의 하

---

4 Rifa'a Rafi'i al-Tahtawi, *Takhlis al-ibriz ila talkhis Bariz* in M. F. Hijazi (ed.), *Usul al-fikr al-'arabi al-hadiyh 'ind al Tahtawi* (Cairo, 1974), pp. 208 ff.

나는 아랍어 그 자체였다. 새로운 유럽의 학문과 문학이 전파되는 영역 내에서 자라난 사람들은 새로운 방법으로 자신들의 과거를 바라보기 시작하였다. 고전적인 아랍의 저술들이 유럽뿐만 아니라 카이로에서도 인쇄되었다. 예전의 문학 양식들이 재생되었다. 당대 최고의 레바논 작가인 나시프 알 야지지Nasif al-Yaziji(1800~1871)는 마까마 양식으로 작품을 썼다. 마까마 양식은 위대한 영웅에 관한 일련의 이야기와 일화로 구성되며, 정교한 운이 달린 산문으로 되어 있다. 다른 사람들은 스스로 새로운 사상과 새로운 형태의 예술적 심성을 표현할 수 있는 언어를 채택했다. 부트루스 부스타니와 그로부터 배운 사람들은 새로운 종류의 설명적인 산문을 사용했다. 이 산문들은 아랍어 문법의 기본적인 규칙으로부터 벗어나면서 더 간단한 표현, 새로운 단어들과 방언들을 사용했고, 또 아랍어로 된 자원으로부터 발전하거나 그 밖에 영어나 프랑스어판을 각색하였다. 또한 아랍시가 부흥하였다. 아랍시들은 여전히 고전적인 운율과 리듬 체계를 사용하고 있었으나, 점차 새로운 사상과 느낌을 표현하게 되었다. 아흐마드 샤우끼Ahmad Shawqi(1868~1932)는 마지막 고전 시인으로 간주될 수 있다. 그는 공적인 사건들을 기념하고 민족 감정을 표현하거나 통치자들을 찬양하기 위하여 고상한 언어를 사용하였다. 그는 이집트 궁정 주변에 밀집해 있던 튀르크-이집트 엘리트 출신이었다. 그러나 그의 동년배들 사이에서 칼릴 무트란Khalil Mutran(1872~1949)은 전통적인 형식과 언어로 시를 썼다. 시에서 사용된 전통적인 형식과 언어는 그 자체가 목적이 아니라 외부 세계라든지 작가의 감정을 명확하게 표현하기 위한 것이었다. 하피즈 이브라힘Hafiz Ibrahim(1871~1912)은 일상적인 언어로 당대 이집트인들의 정치 사회 사상을 표현하였고, 샤우끼보다 더 폭넓은 호소력을 가졌다. 또 완전히 새로운 종류의 저술들이 유행하기 시작하였다. 희곡, 단편소설, 장편소설들이 그것이었다. 최초의 중요한 소설인 후세인 하이칼

Husayn Haykal의 ≪자이납 *Zaynab*≫이 1914년에 출판되었고, 농촌과 자연에 뿌리를 둔 인간 생활과 남녀 관계를 바라보는 새로운 방법을 표현하였다.

팽창하는 유럽의 사회적이고 지적인 힘과 함께 새로운 글쓰기에 대한 주요 관심은 반대자로서뿐만 아니라 도전으로서 간주되었고 어떤 측면에서는 매력적이었다. 유럽의 힘과 거대함, 현대 과학과 기술, 유럽 국가들의 정치 제도, 현대 사회의 사회도덕은 모두 인기 있는 주제였다. 이러한 저술은 근본적인 문제를 제기하였다. 아랍 무슬림들과 오스만 무슬림 국가가 유럽과 맞설 수 있는 힘을 획득할 수 있는 방법은 무엇이며, 근대 세계의 일부가 될 수 있는 방법은 무엇인가?

이러한 질문에 답하려는 최초의 명백한 시도가 이스탄불, 카이로, 튀니스 등에서 19세기 중반의 개혁과 연계된 관리들의 저술에서 나타난 것으로 보인다. 일부는 튀르크어로, 일부는 아랍어로 쓰였다. 특히 카이르 알 딘Khayr al-Din(1889년 사망)의 작품이 그 예다. 그는 프랑스 점령 이전에 튀니지 정부를 개혁하려고 최후의 시도를 한 지도자였다. 카이르 알 딘은 그의 책 서문에서 개혁 목적을 다음과 같이 설명하였다.

> 첫째로 정치가들과 종교인들 중에 열광적이고 결단력 있는 사람들에게, 그들이 할 수 있는 한 이슬람 사회의 번영과 이슬람 문명의 발전에 도움이 되는 것이면 무엇이든지 채택하도록 촉구하기 위함이다. 과학과 학문의 영역을 확장하고 풍요함으로 이끌 방법을 모색해야 한다. 이 모든 것의 토대는 훌륭한 정부다. 두번째로 다른 종교 신자들의 풍습에서 찬양받을 가치가 있는 것과 우리 자신들의 종교법을 충족시키는 것에 눈을 감는 완고함에 반대하여 일반 무슬림들 중에서 부주의한 사람들에게 경고하기 위함이다. 왜냐하면 그들은 무슬림이 아닌 사람들의 모든 행위와 제도는 기피해야 한다는 마음속의 고정 관념을 가지고 있기 때문이다.[5]

이러한 저자들의 견지에서 보면 오스만 제국은 법률, 통치 방법, 군사 조직을 변화시킴으로써 근대 국가의 장점을 습득해야만 했다. 술탄과 신민들의 관계는 근대 정부와 시민들의 관계로 변화되어야만 했고, 통치 가문에 대한 충성은 오스만 근대 국가가 무슬림들과 비무슬림, 튀르크인들과 비튀르크인들로 구성되어 있기 때문에 국민의 구성원이라는 느낌으로 변화되어야만 했다. 만약에 모든 것들이 정확하게 이해되었다면, 이슬람이나 제국의 전통을 지키면서도 바뀔 수 있었을 것이다.

19세기가 지나면서 1860년대와 1870년대에 새롭게 교육받은 계층의 발흥으로 개혁을 지지하는 사람들 사이에서 분열이 발생했다. 이것은 권위의 토대에 관한 견해의 분열이었다. 이 분열은 정의와 제국의 이해관계에 대한 자신들의 판단에 대해서 책임질 수 있는 관리 쪽에 서거나 아니면 선거로 출현한 의원내각제 정부 쪽에 서는 것이었다.

그러나 이러한 분열보다 세대 간의 분열은 더 깊어갔다. 이스탄불, 카이로, 튀니스에서 두 번째 세대는 발생하고 있는 변화들에 내재하는 문제를 알고 있었다. 제도의 개혁이 도덕적인 연대에 뿌리를 두고 있지 않다면 위험한 것이다. 이것은 당연히 어떠해야 하는가? 이것은 이슬람의 가르침으로부터 어느 정도 유래되었는가? 새로운 학교들이 전통적인 이슬람의 가르침을 배우지 않고 서구로부터 들어오는 이념들에 노출된 세대를 배출했을 때, 이러한 문제는 더욱 긴급한 것이 되었다.

물론 분열이라는 문제가 레바논이나 시리아의 아랍어를 사용하는 기독교인들에게서는 발생하지 않았다. 기독교인들은 이 시기에 지적인 생활에서 커다란 역할을 했다. 이들의 대부분에게 서구 문명이 완전히 이질적

---

5 Khayr al-Din al-Tunisi, *Aqwam al-masalik fi ma'rifat ahwal al-mamalik* (Tunis, 1867~1868), p.5; English trans. L. C. Brown, *The Surest Path* (Cambridge, Massachusetts, 19670, p.74.

이지는 않은 것처럼 보였다. 이들은 자신들에게 불성실하다는 느낌이 없었다면 서구 문명을 향하여 나아갈 수도 있었다. 그러나 이들은 이 문제에 필적하는 자신들의 문제를 가지고 있었다. 국가가 인정하고 후원하는 교회 지배층들의 권력은 기독교인들이 원하는 대로 스스로를 표현하고 생각하는 데 장애가 될 수 있었다. 기독교인들 중의 일부는 세속주의로 나아가거나 프로테스탄티즘으로 나아갔다. 이들은 종교 공동체의 구성원이라고 표현되는 정체성을 가진 사회에서 세속주의에 다가갈 수 있는 한 가깝게 다가갔다.

그러나 무슬림들에게 있어 이 문제는 불가피한 것이었다. 이슬람은 무슬림들에게 가장 은밀한 것이다. 근대 세계에서 살기 위해서 사회를 조직하는 방법에 변화가 요구된다면, 그들은 변화를 위해서 노력해야 했지만, 본질은 충실히 남겨두어야만 했다. 그리고 이슬람이 세상에서 생존, 우위, 진보, 이런 것들과 양립할 수 있는 것으로 이해된다면, 이것은 가능할 것이다. 이러한 이해는 '이슬람 근대주의자들'이라고 불릴 수 있는 사람들의 출발점이었다. 그들이 믿는 이슬람은 이성, 진보, 사회적 연대, 근대 문명의 토대들과 양립될 수 있을 뿐만 아니라 적극적으로 제휴하고 있다. 이러한 사상은 자말 알딘 알 아프가니Jamal al-Din al-Afghani(1839~1897)에 의해서 제시되었다. 이란인인 그의 저술들은 잘 알려지지 않았지만, 그의 영향력은 대단하고 광범위했다. 그의 저술들은 이집트인 무함마드 압두Muhammad 'Abduh(1849~1905)의 저술에서 더욱 완전하고 명백하게 발전되었다. 무함마드 압두의 저술들은 무슬림 세계 전역에서 대단하고 지속적인 영향력을 가졌다. 무함마드 압두는 자신의 생애의 목표를 다음과 같이 밝혔다.

> 전통의 족쇄들로부터 사상을 해방시키고, 불화가 발생하기 이전에 공동체가

이해했던 것처럼 종교를 이해해야 한다. 즉 종교 지식을 습득함으로써 원전으로 돌아가 이성의 눈으로 이 원전을 숙고해야 한다. 신은 종교가 극단으로 흐르거나 조악하게 되는 것을 방지하기 위하여 인간의 이성을 창조하였다. 그래서 신의 지혜가 실현될 것이고 인간 세계의 질서는 보전될 것이다. 이러한 견지에서, 종교는 과학의 동반자로 간주되어야 하고, 인간이 존재의 비밀을 탐구하도록 후원하고, 기존의 진리를 존중하고 진리에 따라서 도덕적인 생활과 행위를 하도록 인간에게 요구해야 한다.[6]

압두의 작품에서는 이슬람의 본질적인 교리와 사회적 가르침 · 법 사이를 구별한다. 교리는 중요한 일련의 사상가들인 '경건한 선조들'(알 살라프, 살라피야)에 의해서 전달되었다. 이들은 소박하게 신을 믿고, 일련의 예언자들을 통해서 무함마드에서 끝난 계시를 믿고 도덕적 책임과 판단을 믿는 사람들이다. 그리고 이것은 이성으로 표현되고 변호될 수 있다. 반면 법과 사회도덕은 ≪꾸란≫에 포함되어 있고 인간 이성으로 수용될 수 있는 확실한 일반 원리를 개별적인 상황에 적용시키는 것이다. 상황이 변할 때 법과 사회도덕 역시 변해야 한다. 근대 세계에서 원리를 변화시키지 않기 위하여 법과 풍습을 변화시키고, 법과 풍습에 한계와 방향을 부여하는 것은 무슬림 사상가들의 의무다.

이러한 이슬람의 관점은 많은 교육받은 아랍 무슬림들과 아랍 세계 너머 멀리 있는 무슬림들의 사고방식의 일부를 형성하게 되었다. 그러나 이 관점은 한 가지 이상의 노선을 따라서 발전할 수 있었다. 압두의 가장 뛰어난 제자인 시리아인 라쉬드 리다Rashid Rida(1865~1935)는 그의 정기간행

---

6 Rashid Rida, *Tarikh al-ustadh al-imam al-shaykh Muhammad 'Abduh*, Vol. I (Cario, 1931), p. 11.

물 ≪알 마나르al-Manar≫에서 스승의 가르침의 양 측면을 충실하게 따르려고 했다. 모든 공격에 대항하여 변하지 않는 이슬람 교리를 수호할 때, 그는 한발리의 해석에 가까워졌고, 나중에는 와하비즘에 더 가까워졌다. 그는 일련의 파트와[7]에서 개정된 샤리아의 체제 내에서 법을 근대 세계에 적합하게 변형시키려고 시도하였다.

민족주의의 출현

압두와 리다는 전통적인 교육을 받은 울라마들이었으며, 변화를 정당화할 뿐만 아니라 변화에 한계를 부여하는 데 관심이 있었다. 그러나 근대 학교에서 교육을 받은 사람들에게 이슬람에 대한 압두의 견해는 매력적이었다. 그 이유는 압두의 견해가 자신들의 과거를 저버린다는 느낌 없이 근대 서구 사상을 수용하도록 사람들을 해방시켰기 때문이다. 일련의 작가들 중의 일부는 압두에게 충성을 공언했고, 사회와 국가를 조직하는 방법에 관한 새로운 사상을 제시하기 시작했다. 이 세대에서 민족주의 사상은 튀르크인, 아랍인, 이집트인과 튀니지인들 사이에서 분명해졌다. 일찍이 민족의식이 고무되었고, 배후에는 오래된 기존 사회가 방해받지 않고 계속 유지되기를 바라는 소망이 있었다. 그러나 정치 운동을 고무시키는 명료한 사상으로서 민족주의는 제1차 세계대전 이전 마지막 20년 동안 중요해졌다.

다양한 민족운동들이 도전에 대한 응답으로 발생하였다. 튀르크 민족

---

7 파트와란 종교 지도자인 무프티가 내놓은 종교상의 교리나 법과 관련하여 공표된 견해나 결정을 말한다.— 옮긴이

주의는 지속적이며 점증하는 유럽의 압력과 오스만 민족주의 이상의 붕괴에 대한 반작용이었다. 제국의 기독교인들이 차례로 분리되면서 오스만 민족주의는 더욱 이슬람적인 색채를 띠었다. 그러나 압둘 하미드 치하에서 술탄과 튀르크 통치 엘리트 동맹이 붕괴되었고, 튀르크 민족주의 사상이 출현하였다. 즉 이 사상은 제국이 공통의 언어로 결합된 민족의 연대를 토대로 할 때만 살아남을 수 있다는 것이다.

제국이 대체로 튀르크-아랍 국가가 되었던 시기 이후에 튀르크 요소의 탁월성을 강조하려는 모든 시도는 튀르크인들과 아랍인들 사이의 균형을 깨뜨리는 경향이 있었고, 그 반발로 아랍 민족주의가 점차 명백해졌다. 처음에 이것은 시리아, 주로 다마스쿠스의 교육받은 무슬림들, 그리고 시리아와 레바논의 일부 기독교인 작가들 사이에서 생긴 감정적인 운동이었다. 이 운동의 뿌리는 새로운 학교에서 아랍의 과거를 각성시키는 데 있었고, 아랍인들이 우세했던 초기 이슬람 역사에서 이슬람 개혁가들을 강조하였다. 1908년 혁명은 전통적인 충성의 중심이었던 술탄의 지위를 약화시키고 결국 청년튀르크당이 권력을 장악할 수 있도록 했다. 이 혁명 직후 아랍 민족주의는 중요한 정치 세력이 되었다. 청년튀르크당의 정책은 중앙 지배력을 강화하고 제국의 민족 통합을 강조하는 것이었기 때문에, 암암리에 이것은 튀르크 민족주의를 지향하였다. 일부 아랍 장교들과 관리들, 주로 다마스쿠스 출신의 시리아인들은 여러 가지 이유 때문에 청년튀르크당에 반대하면서 제국 내의 아랍 지역들을 위한 좀 더 나은 상황, 즉 자치를 할 수 있을 정도의 지방 분권 상태로 만들어 줄 것을 요구하였으나, 아직은 아랍 국가의 독립을 요구한 것이 아니었다. 아랍어를 사용하는 지역에서 일부 레바논 기독교인들은 유럽 열강의 보호 아래 레바논 자치를 위한 광범위한 조처를 희망했다.

이 단계에서 튀르크 민족주의와 아랍 민족주의가 원래 유럽 열강의 침략에 맞서기 위해서 시작된 것이 아니라 제국의 정치 조직과 정체성 문제를 해결하기 위하여 시작되었다. 다시 말하면, 오스만 무슬림 공동체가 계속해서 존재할 수 있는 조건은 무엇일까? 원칙적으로 그 조건은 제국의 경계를 넘어 튀르크어나 아랍어를 사용하는 모든 사람들에게 확장될 수 있었다. 이집트 민족주의, 튀니지 민족주의, 알제리 민족주의는 이러한 방식에서 달랐다. 이 세 민족주의는 유럽 통치라는 특별한 문제와 맞섰고, 세 민족주의 모두 명백하게 경계가 정해진 국가 내에서 이러한 문제에 관계했다. 이집트와 튀니지는 사실상 오랫동안 분리된 정치적 실체들이었으며, 처음에 자체적인 왕조 치하에 있었고, 그다음에는 영국과 프랑스의 통치하에 있었다. 알제리 또한 분리된 오스만 영토였고, 이미 사실상 프랑스로 통합된 상태였다.

따라서 이집트 민족주의가 출현하였을 때, 그것은 영국의 점령을 제한하거나 끝내려는 시도로서 발흥하였고, 명확히 아랍 혹은 무슬림 혹은 오스만적인 내용보다는 특히 이집트적인 내용을 포함하였다. 1882년 영국의 점령에 대한 저항은 그 안에 이미 민족주의적인 요소가 담겨 있었다. 그러나 그것은 아직 완전히 명확하지는 않았고, 20세기 초까지는 영향력 있는 정치 세력이 되지 못했고, 사회가 조직되어야 하는 방법에 관한 여러 사상들을 위한 중심 사상을 제공하지도 못했다. 그것은 연합된 세력이 아니었다. 영국의 철수를 요구하는 사람들과, 이슬람 근대주의 사상의 영향 아래 가장 먼저 필요한 것은 사회적 지적인 발전이며, 이러한 측면에서 이집트가 영국의 존재로부터 이익을 얻을 수 있다고 생각하는 사람들 사이에 분열이 있었다. 유사하게 튀니지에서도 1881년에 프랑스의 침략에 대한 저항으로 민족주의적인 감정이 높아졌다. 그러나 최초로 분명하게 탁월한 민족주의자 단체는 청년튀니지당이었으며, 이 단체 회원들은 프랑스 교육을 받은 소수였고 1907년경에 나타났다. 여기서도 역시 우세한 감정은 프랑스 정책의 변화에 대한 우호적인 태도만큼 즉각적인 프랑스의 철수에 대해서는 그렇게 호의적이지 않았다. 프랑스의 정책은 튀니지인들에게 프랑스 교육에 접근할 수 있게 했고, 국가 공무원과 농업 부문에서 더 큰 기회를 주었다. 이것은 식민자들이 반대하는 정책이었다. 알제리에서도 프랑스의 식민지화에 대한 깊고 계속되는 저항이 표면적으로는 여전히 전통적인 용어들로 표현되었다. 근대주의자들의 사상과 똑같은 토대를 가진 소규모의 '젊은 알제리인의 운동'이 출현하였다. 이 운동은 프랑스어로의 교육, 현존하는 체제 내에서 재정 개혁, 사법 개혁, 더 넓은 정치적 권리 등을 요구하였다. 그러나 모로코에서는 프랑스의 보호령에 대한 반대가 도시와 시골 지역에서 널리 퍼졌고, 여전히 도시의 울라마들 사이에서 지도자를 찾았으며, 이슬람 사상의 전통적인 방식에서 그 상징을 찾았다.

이슬람 전통의 연속성

오스만 주의, 이슬람 개혁주의, 민족주의는 교육받은 도시 소수의 사상이며 새로운 개념으로 국가와 외부 세계의 새로운 관계를 표현하였다. 이 소수를 넘어서는 사상과 감정의 움직임이 있었다. 이후 세대에서 이 사상과 감정은 민족주의자의 모습을 분명히 드러내면서 민족주의 운동에 새로운 힘을 실어주었다. 그러나 대체로 전통적으로 생각되는 이슬람은 여전히 동기를 부여했고, 이 동기는 사람들이 행동하도록 자극을 주었고, 그 행동에 의미를 부여하는 견지에서 상징성을 띠었다. 그러나 소위 전통은 변하고 있었다. 전통은 그 자체의 속도로, 자체의 경로를 따라가고 있었다.

구식 학교 제도는 사회에서 그 위치를 상실하였다. 구식 교육은 더 이상 고위직 국가 공무원을 배출하지 못했다. 새로운 통치 방법이 도입되었다. 새로운 종류의 전문 지식이 요구되었고, 유럽어 능력이 거의 필수불가결하게 되었다. 구식 학교 졸업생들이 더 이상 사법 제도를 좌우하지 못했다. 서유럽의 형법, 상법 체계를 원형으로 해 만든 새로운 형법, 상법 체계는 샤리아가 효력을 발휘할 수 있는 영역을 제한하였다. 오스만 제국의 민법은 여전히 샤리아에 그 토대를 두고 있었으나 또다시 개정되고 있었다. 새로운 법과 함께 새로운 법정이 생겨났다. 외국인이 연루된 사건을 위한 외국인 법정이나 혼합 법정과 지역의 문제를 포함하는 대부분의 사건을 다루는 새로운 법정—알제리의 프랑스 법정—이 그것이었다. 까디의 법정은 개인적인 문제로 제한되었다. 그러므로 새로운 판사와 법률가가 필요했고, 이들은 새로운 방법으로 교육받았다. 이집트와 알제리에서 전통적인 방식으로 교육을 받은 학생들에게 근대적인 주제들 내에서의 교육이 시도되었다. 알제리의 마드라사와 이집트의 다르 알 울룸Dar al-'Ulum이 그러했다. 그러나 부유하고 탁월한 가계의 아들들은 점차 신식 학교에 보내졌다.

그럼에도 불구하고 구식 학교들은 계속되었고, 이슬람 학문의 누적된 전통 속에서 신학과 법에 관한 학문적인 업적을 계속 생산하였다. 구식 학교 학생들은 그들이 받았던 교육 내용에 대한 실망을 매우 민감하게 표현하기 시작하였다. 한 학생은 다음과 같은 글을 썼다.

> 학교 생활은 단조롭게 되풀이되었고, 연초부터 연말까지 새로운 것을 전혀 발견하지 못했다. 학업을 통해서 반복되는 용어와 이야기를 들었다. 이것들은 전혀 감동을 주지 못했고, 호기심을 불러일으키지도 못했으며, 마음을 풍요롭게 하거나 지식에 보탬이 되지도 않았다.[8]

구식 학교들을 개혁하려는 몇 가지 시도가 있었다. 특히 압두의 영향을 받은 아즈하르가 개혁을 시도하였으나 크게 성공하지 못했다. 그러나 여전히 구식 학교들은 가난한 시골 출신의 똑똑한 소년들이 마땅한 지위를 얻을 수 있는 경로 역할을 하였고, 일종의 공동 의식을 형성하고 표현함으로써 사회에서 커다란 영향력을 발휘하였다. 이러한 이유 때문에 개혁적인 정부는 구식 학교들에 대해서 좀 더 긴밀한 지배권을 행사하려고 했다. 19세기 말경에 아즈하르의 수장은 이곳의 선생들과 학생들에 대해서 이전보다 더 큰 권위를 부여받았다. 그러나 이번에는 그가 완전히 케디브의 지배권 아래로 들어갔다. 튀니지의 프랑스 당국자들은 자이투나를 자신들의 지배권 아래 두려고 노력하였다.

수피 종단의 영향으로 인한 뚜렷한 쇠퇴는 없었다. 수피 종단에 대한 와하비들의 반대는 중앙 아라비아 밖에서는 거의 영향력이 없었다. 일부 근대주의자들은 수피즘의 폐해—수피 선생들이 제자들에게 행사하는 권위, '신의 친구들'의 기도로 행해지는 기적에 대한 믿음 등—로 생각되는 것을 비난했다. 그러나 대부분은 정화된 수피즘이 가능하고, 실제로 공동체의 건강을 위해서 필요하다고 믿었다. 일반적으로 많은 사람들은 계속해서 수피 종단에 가입해 있었다. 샤딜리야와 카디리야 같은 오래된 종단들은 계속해서 하위 종단을 발흥시켰다. 샤리아의 준수를 강조하는 낙슈반디야와 티자니야 같은 종단들이 널리 퍼졌다. 페스와 메카에서 공부했던 알제리인이 1840년대에 키레나이카에서 창설한 사누시야Sanusiyya와 유사한 새로운 종단이 출현하였다.

관리들, 경찰, 군인들(이집트나 마그립 지역의 외국인들)이 새로운 방법으

8 Taha Hussayn, *al-Ayyam*, Vol. 3, 19th edn (Cairo, 1972), pp. 3-4; English trans. K. Cragg, *A Passage to France* (Leiden, 1976), pp. 1-2.

로 도시 질서를 유지하는 것은 도시 내에 있는 종단들의 사회적 영향력을 제한하고, 사실상 대중적인 불만을 선동하고 표현하는 모든 세력들에 대한 영향력을 제한하였다. 1860년대와 1870년대의 커다란 사건들과 외국군의 점령 시기에 있었던 혼란 이후 19세기 후반은 도시 내의 무질서가 거의 존재하지 않았다. 그러나 시골 지역에서 정신적인 권위를 주장하던 선생들은 여전히 이전과 똑같은 권력을 행사할 수 있었다. 제국이 팽창하던 시기에 시골 지역 저항 세력의 대변인과 지도자는 대체로 종교인 출신이었다. 알제리에서 지역 까디리야 종단 내 압둘 까디르의 지위는 그의 권력이 확장될 수 있는 출발점을 제공했다. 1871년 반란에서 라흐마니야 Rahmaniyya 종단은 중요한 역할을 했다. 비슷하게 이집트, 튀니지, 모로코에서 유럽 영향력의 증가에 대한 저항은 이슬람의 상징을 사용함으로써 결집되었고, 리비아를 정복하려는 이탈리아의 시도는 사누시야 종단의 저항에 직면하였다. 그때 사누시야 종단은 키레나이카 사막 오아시스에 지역 중심지 정보망을 가지고 있었다. 그러나 모든 수피 종단이 저항을 선택한 것은 아니었다. 알제리의 티자니야 종단은 프랑스와 평화를 유지했고, 이집트에 있는 대부분의 종단들은 1882년 위기 상황에서 케디브 편을 들었다.

종교 지도자가 정치권력을 장악한 가장 두드러진 나라가 수단이다. 수단은 종교 운동으로 1880년대 이집트의 통치를 종결시켰다. 이 운동은 반대파로부터 외국 통치자들에 이르기까지 세력의 일부를 흡수하였으나 더 깊은 뿌리가 있었다. 종교 운동을 창설한 무함마드 아흐마드는 수피 교육으로부터 영감을 얻었다. 그를 추종하는 사람들은 그를 마흐디, 즉 정의로운 통치를 회복하기 위해서 신이 세상에 보낸 사람으로 간주하였다. 마흐디 운동은 정부의 권력이 미치지 않는 곳에서 빨리 퍼져나갔다. 도시들은 규모가 작았고 울라마의 이슬람은 너무 허약해서 시골 선생의 영향력

모로코 멕네스의 시디 이사 모스크 광장에서 행한 종교 의식

을 상쇄할 수 없었다. 이집트의 통치를 종결시키면서 무함마드 아흐마드는 자신이 해석한 이슬람의 가르침에 토대를 둔 국가를 창설할 수 있었고, 의식적으로 예언자 무함마드와 예언자 동료들의 공동체를 이상적인 본보기로 삼았다. 이 국가는 무함마드 아흐마드 사후 그의 대리인(칼리파)이 계속해서 통치하였으나 19세기 말에 영국-이집트의 점령으로 막을 내렸다.

이러한 운동은 개혁적인 외국인 정부들이 느끼는 '이슬람 반란'에 대한 두려움을 부채질하였다. 이 정부들은 이 운동을 반대하거나 적어도 통제하려고 시도했다. 이집트에서는 수피 종단 중의 하나인 바크리야Bakriyya와 관련 있는 가문의 수장을 모든 수피 종단의 수장으로 임명함으로써 무함마드 알리 시대부터 수피 종단을 통제하려는 시도가 있었다. 수장의 권력과 역할은 19세기 후반에 공식적으로 정해졌다. 한 종단의 지도부는 정부가 공식적으로 인정한 직책이었다. 지도자를 통해서 점점 비판을 받고 있던 수피들의 지나친 대중적인 관습들의 일부는 억제될 수 있었다. 알제리에서 1871년 반란 이후 프랑스는 수피 종단을 의심하였고, 적대적으로 보이는 종단들을 억압하고, 호의를 베풀어서 다른 종단의 지도자들을 자기편으로 끌어들이려고 시도하였다.

오스만 제국에서 술탄은 대중의 종교적인 감정을 술탄 자신에게 유리하도록 이끌 수 있었다. 19세기 중엽부터 정부는 술탄의 역할을 강조하기 위하여 계속 노력하였다. 술탄은 사실상 독립적인 순니 이슬람과 정치권력 최후의 유물이며 국가의 수호자였다. 술탄이 칼리파라는 주장은 그때까지 크게 강조되지 않았다. 그러나 어떤 강력한 무슬림 통치자는 칼리파라고 불려질 수도 있었다. 하지만 19세기 중반부터 오스만 술탄 주변으로 제국 안팎의 무슬림을 모이도록 규합하고, 수백만 무슬림 국민들을 가진 유럽 국가들에게 경고하도록 더욱 체계적으로 압력이 가해졌다. 술탄 압둘 하미드는 믿을 만한 수피들을 이용해서 자신의 종교적인 주장을 강조하였다. 무슬림들의 자본으로 성지 순례를 위하여 히자즈 철도를 건설하는 것은 똑같은 정책의 표현이었다. 이슬람 근대주의자들은 이러한 정책을 비난하면서, 술탄 압둘 하미드가 고무시키는 이슬람이 진정한 이슬람이 아니라고 주장하였다. 또한 근대주의자들은 술탄 압둘 하미드가 칼리파라는 주장에 이의를 제기하고, 칼리파를 아랍인들에게 되돌려 주기를 희망한 것으로 보인다. 그럼에도 불구하고 압둘 하미드의 정책은 아랍과 튀르크를 넘어서 이슬람 세계에서 충성심을 불러일으켰다. 즉 1857년 '인도 반란' 이후 무갈 제국이 마침내 소멸된 인도에서, 또 러시아의 팽창이 옛 왕국들을 파괴했던 카프카스와 중앙아시아에서, 그리고 북아프리카의 영국과 프랑스 통치 지역 등에서 충성심을 불러일으켰다.

1870~1890년경 예루살렘 성묘교회 야외광장에서 발을 씻는 그리스 정교 의식

19장
유럽 열강의 극성기(1914~1939)

영국과 프랑스의 패권

1914년경에 유럽 열강의 경쟁자들은 공동 운명체라는 의식과 나폴레옹 전쟁에 대한 기억으로부터 벗어나고 있었다. 오스만 제국 내에서 유럽 열강은 매우 예민했다. 오스만 제국은 허약했고, 이곳에서 열강의 중요한 이해관계가 걸려 있었다. 일부 지역에서 철도 허가는 이익을 낼 수 있는 영역으로 배당되었으나, 다른 지역들, 즉 발칸 반도, 이스탄불, 지브롤터 해협, 팔레스타인 등에서 열강의 이해관계는 직접 서로 충돌하였다. 오스트리아와 러시아는 발칸의 경쟁자들이었고, 1914년 제1차 세계대전 발발의 직접적인 원인을 제공했다. 오스만 제국이 11월 영국, 프랑스, 러시아에 대항하여 독일과 오스트리아 편에서 참전하였을 때, 오스만 제국 영토는 전쟁터가 되었다. 오스만 제국 군대는 그 동맹국들에 의해서 강화되었고, 북동부 전선에서 러시아와 싸워야 했으며, 아랍 지역에서는 주로 영국군과 싸워야만 했다. 초반에는 오스만 제국 군대가 이집트에서 영국을 위협했으나, 이후에 영국과 연합국 군대가 팔레스타인으로 진입하였고, 전쟁 끝 무렵에 시리아 전체를 점령하였다. 그 사이에 또 다른 영국군과 인도 군대가 걸프의 입구인 이라크에 상륙했고, 전쟁이 끝날 즈음에 이들 군대는 이라크 전역을 장악하였다.

1918년경에 중동 지역과 마그립 지역에서 영국과 프랑스의 군사 지배는 이전보다 훨씬 강력하였다. 훨씬 더 중요한 것은 아랍 지역 대부분이 수세기 동안 거대한 오스만 제국 정부의 지배하에 남아 있었고, 오스만 제국은 유럽의 지배에 대항하여 이 지역을 보호해 왔으나, 이제 쇠퇴하고 곧 사라질 것이라는 점이었다. 오스만 제국은 아랍 지역을 잃었고, 아나톨리아와 유럽의 일부로 축소되었다. 술탄은 연합국 해군과 대표들의 지배를 받으면서 수도 이스탄불에 있었고, 외국이 술탄 정부를 사실상 감독하는 비우호적인 평화조약(세브르 조약, 1920)에 서명하도록 강요받았다. 그러나 군 장교들이 아나톨리아 튀르크 주민들의 거부 운동을 주도하였다. 그리고 이 거부 운동은 연합국 측이 그리스인들로 하여금 서부 아나톨리아 일부를 점령하도록 자극함으로써 강화되었다. 그 결과 터키 공화국Turkish Republic이 창설되고 술탄 통치가 폐지되었다. 동맹국들은 이러한 변화를 로잔 조약(1923)에서 수용하였다. 로잔 조약은 오스만 제국의 공식적인 종말을 초래한 것으로 간주될 수 있다.

대부분의 아랍인들이 4세기 동안 지탱해 온 정치 구조가 해체되었다. 새로운 터키 공화국의 수도는 이스탄불이 아니라 아나톨리아 고원에 있는 앙카라였다. 오랫동안 권력의 중심부였던 대도시는 매력적인 힘을 상실하였다. 칼리파의 통치라는 주장이 수용되었든 안 되었든 간에 수호자로 간주되었던 왕조는 권좌에서 물러났고, 순니 이슬람의 독립은 역사 속으로 사라졌다. 이러한 변화는 정치적으로 의식 있는 아랍인들이 자아 고찰과 정치적 정체성을 정의하려는 시도에 중대한 영향을 끼쳤다. 아랍인들은 정치 공동체에서 함께 살아남을 수 있는 방법에 관하여 질문을 제기하였다. 전쟁은 기폭제이면서 지금까지 분명치 않았던 의식을 각성시키고 변화에 대한 기대를 창출하였다. 미국 대통령 우드로 윌슨과 다른 연합국 지도자들의 연설은 민족 자결권을 바탕으로 세계를 개조한다는 사상을 고무시켰고, 전쟁 중에 발생한 사건들은 정치적 지위를 변화시키려는 일부 아랍인들의 욕망을 불러일으켰다. 마그립 지역의 알제리인 군인들과 튀니지인 군인들 중 많은 사람들은 지원병이다. 이들은 서부 전선에 있는 프랑스 군대에 속해서 싸웠고, 자신들의 공로를 인정받을 수 있는 어떤 변화를 기대할 수 있었다. 이집트인들은 이 전쟁에서 전투원으로 직접 연루되지 않았음에도 불구하고 고통을 겪었다. 강제 노동, 높은 물가, 식료품 부족과 대규모 외국군에 의해서 점령되었다는 수치심 등이 그것이었다. 오스만 제국의 아랍 지역들에서 다른 종류의 변화가 일어났다. 1916년 하쉼가 출신으로 메카의 샤리프인 후세인Husayn (1908~1924)은 오스만 술탄에 대항하는 반란에 참가하였다. 아랍 군대는 부분적으로 서부 아라비아 베두인들, 죄수들, 오스만 군대로부터 이탈한 병사들로 충원되었다. 팔레스타인과 시리아 점령지에서 연합군과 협력하여 오스만 제국에 대항하여 싸웠다. 이러한 움직임은 영국과 후세인 사이의 서신교환을 이끌어 내었고, 아랍 민족주의자 단체들과의 접촉을 수반했다. 맥마혼-후세인 서한McMahon-Husayn correspondence(1915~1916)에서 영국은 아랍인들의 독립에 대한 희망을 고무시켰다. 이러한 영국의 조치를 이끌어 낸 것에 대해 로렌스T. E. Lawrence(1888~1935)는 다음과 같이 추론했다. 그는 영국의 조치와 관련되어 매우 자주 언급되는 사람이다.

우리는 새로운 요인이 동부에서 필요하다는 것을 알 수 있다. 약간의 권력이 부여되고 경쟁이 촉발된다면 생산량이나 정신 활동에서 수적으로 튀르크인들을 압도할 것이다. 역사적으로 우리가 이러한 소질을 유럽에서 만들어서 공급할 수 있다고 생각할 근거는 없다. 우리 중 일부는 아랍 민족들(구 튀르크 제국의 가장 위대한 구성원)에게 충분한 잠재력과 여유가 있다고 판단했다. 아랍 민족들은 다산의 셈족이며, 종교 사상에서 위대하고, 상당히 근면하며 상업적이고 정치적이다. 그러나 성격이 위압적이라기보다는 융화력이 있다.[1]

아마도 그는 자신의 역할을 과장하는 방법으로 다음과 같이 주장하였다. "나는 새로운 민족을 만들어서 잃어버린 영향력을 회복하려고 했다."[2] 실제로 어떤 것이 약속되었는지, 만약 그렇다면, 메카 샤리프 후세인의 반란이 연합국의 승리에 중요한 역할을 했는지 하는 것은 논쟁 중에 있다. 그러나 확실한 것은 무엇보다도 아랍어를 사용하는 사람들이 민족을 구성하고, 국가를 가져야 한다는 것을 열강이 어느 정도 수용하였다는 것이다.

희망, 불만, 정체성 추구와 같은 의식은 모두 영국과 프랑스의 권력과 정책에 반대하여 전쟁 직후 몇 년 내에 출현하였다. 알제리에서 실제로 프랑스 정부는 어느 정도 변화를 추구했고, 그 결과 무슬림들이 유럽 정착민들과 똑같은 세금을 지불하고, 지방 의회에서 더 많은 대표를 가지게 되었다. 그러나 압둘 까디르의 후예들이 이끄는 운동과 무슬림들이 개인의 지위에 대한 이슬람법을 유지하면서 프랑스 의회에 참가해야 한다는 요구는 금지되었다. 모로코에서 프랑스와 스페인 통치에 대한 무장 저항

1 T. E. Lawrence, *Seven Pillars of Wisdom*, new edn (London, 1940), p. 56.
2 Ibid., p. 23.

운동은 압둘 카림 알 캇타비Abd al-Karim al-Khattabi(1882~1963)가 이끌었으나 1926년에 패배했다. 그는 북부 리프 산악 지대인 북부 모로코 스페인 영역의 전직 판사였다. 프랑스는 1920년대 말경에 모로코 전역을 사실상 완전히 정복하였다. 유사하게 이탈리아는 1934년경에 통치권을 리비아 해안으로부터 사막으로 확장하였다. 영국은 1914년에 이집트에 대한 오스만 통치의 종결을 선언하면서 영국의 보호령으로 만들었다. 케디브가 술탄의 칭호를 차지하였다. 1919년에 평화회의에서 영국이 이집트 정부의 독립 제안을 거부함으로써, 이집트 전역에서 민중 봉기가 발발하였다. 이 봉기는 중앙에서 조직되고 대중적인 지지를 받았다. 비록 진압되었지만 민족주의자 당인 와프드당Wafd party이 창설되고, 이후 1922년에 영국이 이집트 '독립 선언'을 공포하도록 이끌었다. 와프드당의 지도자는 사으드 자글룰Sa'd Zaghlul(1857~1927)이었고, '독립 선언'은 두 국가 사이의 협정이 체결될 때까지 전략적 경제적 이익에 대한 지배권을 영국인에게 남겨 두었다. 독립 선언은 이집트 헌법이 공포될 수 있도록 만들었다. 술탄은 그 직함을 왕으로 다시 한 번 바꾸었다. 이집트 남쪽 수단에서는 군대의 저항 운동이 진압되었고, 공동 통치 협정 아래서 이 지역에 대한 지배권을 영국과 공유하였던 이집트 군인들과 관리들은 추방되었다.

오스만 제국의 다른 아랍 지역들은 상황이 더욱 복잡했다. 1916년 영국-프랑스 협정(사이크스-피코 협정, 1916년 5월)은 샤리프 후세인과의 서한에서 약속한 아랍 독립의 원칙을 수용하면서, 아랍 지역을 영구적인 세력권, 즉 영국 세력권과 프랑스 세력권으로 분할하였다. 1917년 영국 문서인 밸푸어 선언은 영국 정부가 팔레스타인에 유대인 민족 고향 건설에 호의적이며, 이것은 이 지역의 다른 주민들의 시민권과 종교적 권리를 손상시키는 것이 아니라고 규정하였다. 전쟁이 끝난 후 베르사유 조약은 이전에 오스만 통치하에 있던 아랍 지역들은 독립한 것으로 잠정적으로 인

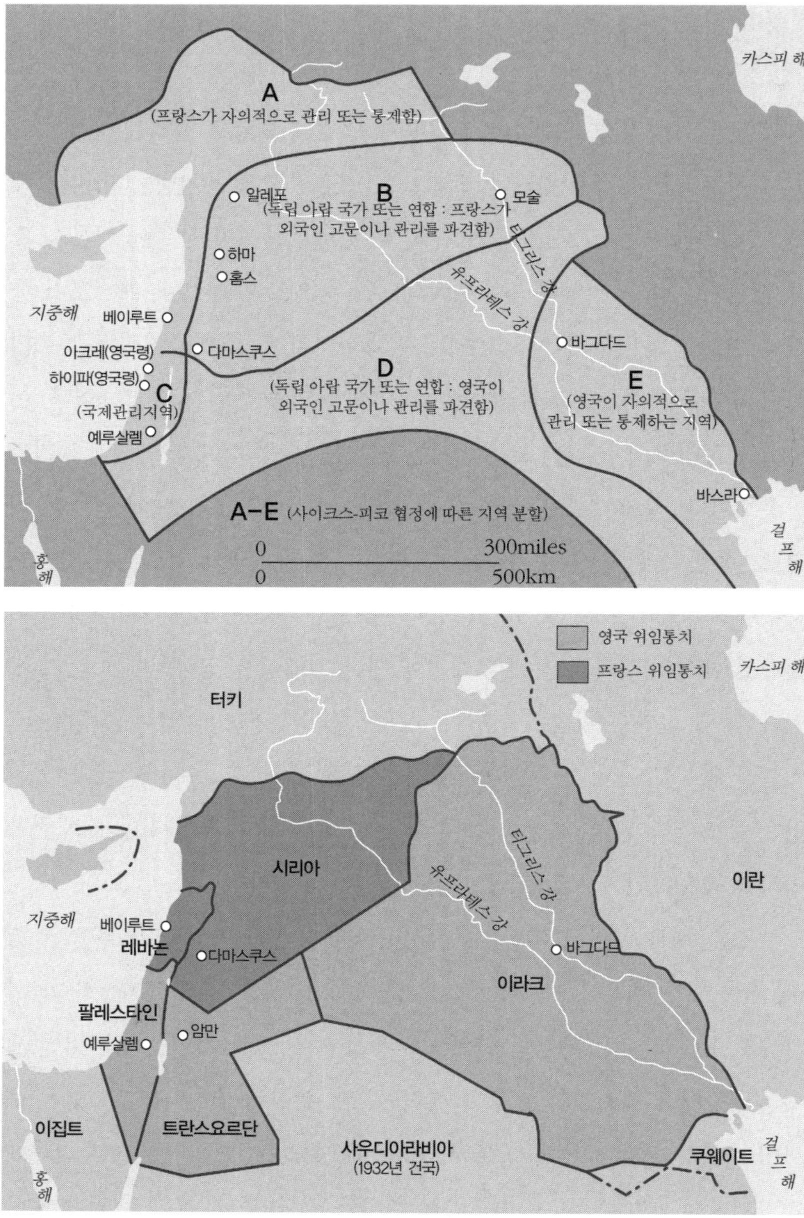

10. 전후 분할 협정, 1918~1923년. 1) 사이크스-피코 협정, 1916년, 2) 위임통치

정될 수 있으며, 아랍 지역들의 위임통치를 책임지고 있는 국가의 원조와 충고를 따르도록 규정하였다. 아랍 지역의 정치적인 운명을 결정한 것은 이해관계가 반영되어 있는 바로 이 조약 문서였다. 1922년 국제연맹에 의해서 공식적으로 승인된 위임통치 조건하에서 영국은 이라크와 팔레스타인에 대해서 책임을 지고, 프랑스는 시리아와 레바논에 대해서 책임을 졌다. 시리아에서는 후세인 반란의 지지자들이 후세인의 셋째 아들 파이잘이 통치하는 독립 국가를 건설하려는 움직임을 보였다. 프랑스가 이 움직임을 진압하였고, 두 개의 정치적 실체, 시리아 국가와 레바논 국가가 수립되었다. 1861년에 창출된 특권 지역이 확대되었다. 1925년에 프랑스의 존재에 대한 민족주의자들의 반대와 함께 시리아 드루즈 지역에서 프랑스 통치에 대항하는 구체적인 불만이 결집되어 반란을 유도하였다. 이 반란은 어렵게 진압되었다. 영국은 프랑스 위임통치 지역 남쪽에 위치한 팔레스타인과 팔레스타인 동부 지역을 위임통치하였다. 유대인의 민족 고향의 창설을 촉진하기로 한 밸푸어 선언에서의 약속과 위임통치에서 되풀이된 약속 때문에 영국은 팔레스타인을 직접 통치하였다. 그러나 그 동쪽으로는 트란스요르단 공국이 수립되었고, 후세인의 둘째 아들인 압둘라에 의해서 통치되었다(1921~1951). 트란스요르단은 영국의 위임통치하에 있었으나 유대 민족 고향의 창설에 관한 약속은 없었다. 세 번째 지역인 이라크에서 영국 지배하의 자치 정부 기구 설립 시도 이후에 영국의 군사 점령에 대항하는 민족주의적 성격의 부족 반란이 1920년에 발발하였다. 프랑스가 시리아로부터 축출하였던 파이잘이 영국의 감독과 위임통치 체제 아래서 이라크의 왕이 되었다(1921~1933). 위임통치 규정은 영국-이라크 조약에서 구체화되었다.

전 아랍 지역 중 오직 아라비아 반도의 일부만이 유럽의 지배로부터 벗어나 있었다. 오스만 제국의 점령이 종결되었을 때 예멘은 자이드파 이맘, 야흐야 통치하에서 독립 국가가 되었다. 히자즈에서 1920년대에 샤리프 후세인은 스스로 왕임을 선언하고 몇 년간 통치하였으나 그의 통치는 영국의 지지를 받지 못했고 무력했다. 중앙 아라비아로부터 사우디 통치자 압둘 아지즈'Abd al-'Aziz(1902~1953)의 세력 확장으로 샤리프 후세인의 통치는 종결되었다. 히자즈는 새로운 사우디아라비아 왕국의 일부가 되었고, 걸프로부터 홍해까지 뻗어나갔다. 그러나 여기서도 남부와 동부에서 영국 세력과 맞섰다. 걸프 지역의 작은 국가들에 대한 영국의 보호 정책은 계속 유지되었다. 영국의 보호 지역은 아덴으로부터 동쪽으로 확장되었다. 이 반도의 남서부 외곽 지역에서는 마스까트에 있던 오만 술탄의 세력이 영국의 도움으로 이바디 이맘 세력을 희생시키면서 내부로 확장했다.

예멘과 사우디아라비아는 의지할 곳 없고, 외부 세계와 연결이 거의 없이 영국 세력에 의해서 완전히 둘러싸인 채 오직 제한된 범위 내에서만 독립할 수 있었다. 이전에 오스만 영토였던 곳에서 전쟁 이후에 출현한 진정한 독립 국가는 오직 터키뿐이었다. 터키는 오스만 제국의 행정 제도와 군대 골격 위에 수립되었다. 탁월한 지도자 무스타파 케말(아타튀르크, 1881~1938)이 죽을 때까지 터키를 지배하였다. 터키는 과거에 매우 밀접하게 관계를 맺었던 아랍 지역들을 멀리하면서 과거로부터 거리를 두고 새롭게 출발하였다. 민족적 연대에 토대를 두고 개조된 사회, 국가와 종교의 확고한 분리, 중동 세계로부터 벗어나서 유럽의 일부가 되려는 신중한 시도 등이 그것이었다. 터키인들과 아랍인들 사이의 옛 유대는 사라졌고, 양측은 다소 고통이 남은 상황에서 이라크와 시리아 간의 국경분쟁으로 잠시 악화되었다. 그럼에도 불구하고 성공적으로 유럽에 도전하고 새로운 방향으로 국가를 건설한 아타튀르크의 예는 아랍 세계 전역의 민족운동에 중대한 영향을 주었다.

절정에 달한 영국과 프랑스의 이해관계

1920년대에 저항 운동이 저지되었고, 중동과 마그립에서 영국과 프랑스는 지배에 대한 내부로부터의 심각한 도전에 직면하지 않았으며, 몇 년간은 외부로부터의 도전도 받지 않았다. 나머지 유럽 강국들인 러시아, 독일, 오스트리아-헝가리 제국들은 전쟁 끝 무렵에 붕괴되거나 축소되었다. 사실 중동은 오랫동안 유럽 열강 5, 6개국의 경쟁의 장이었으나, 이제 영국과 프랑스의 영역이 되었다. 프랑스의 영역이라기보다는 영국의 영역이었다. 영국은 외형적으로는 승리했지만 이 전쟁 이후 많이 약화되었다. 그러나 마그립에서 프랑스는 최고의 세력을 유지했다.

영국과 프랑스에게 아랍 지역에 대한 지배는 중요했다. 왜냐하면 영국과 프랑스는 아랍 지역 자체에서의 이권뿐만 아니라 세계에서 자신들의 입지를 강화하기 위해서도 아랍 지역에 대한 지배가 필요했다. 영국은 중동에서 주요한 이권을 가졌다. 랭커셔의 공장들을 위한 면화 생산, 이란의 석유에 이은 이라크의 석유, 이집트와 그 외 지방에서의 투자, 제품 판매를 위한 시장, 유대 민족 고향 창설을 도울 의무에서 생긴 도덕적인 이해관계 등이 영국의 이권이었다. 또 더 확장된 이해관계가 있었다. 중동에서의 영국의 존치는 지중해 강국과 세계 강국으로서의 영국의 입지를 유지시켰다. 인도와 극동으로 향하는 해로는 수에즈 해협을 통과했다. 중동을 가로지르는 항공로 또한 1920년대와 1930년대에 발전했다. 사람들은 이집트를 경유해서 이라크와 인도로 갔고, 또 다른 길은 이집트를 통과해서 남쪽 아프리카로 갔다. 이러한 이해관계는 증강된 군 기지들에 의해서 보호되었고, 지중해 유역과 인도양에 있는 다른 군 기지들에 의해서 보강되었다. 알렉산드리아 항구와 그 밖에 사용될 수 있는 다른 항구들, 이집트와 팔레스타인의 군 기지들, 그 밖에 다른 지역들과 이라크와 걸프에 있는 비행장 등을 들 수 있다.

비슷하게 마그립은 프랑스에게 중요했는데, 그 자체뿐만 아니라 프랑스의 제국주의 체제 내에서의 입지 때문이었다. 마그립은 군대에 인적 자원을 제공했고, 공장에 광물과 그 밖의 다른 원료들을 제공했다. 마그립은 막대한 투자의 장이었고, 100만이 넘는 프랑스 시민의 고향이었다. 서부 아프리카와 중앙아프리카에 있는 프랑스 점령지로 가는 육로, 해로, 항공로는 마그립을 지나갔다. 이러한 이해관계는 마그립 전역에 퍼져 있는 프랑스 육군에 의해서 보호되었고, 비제르타, 카사블랑카, 이후 메르스 엘 케비르에서의 이해관계는 프랑스 해군에 의해서 보호되었다. 마그립 지역에서의 이해관계와 비교해서, 중동에서의 프랑스의 이해관계는 제한적이었으나 여전히 중요했다. 이집트와 레바논에서의 투자 등이 중요했고, 이라크의 석유, 특히 1936년경에 이라크의 석유는 프랑스가 필요로 하는 양의 절반을 제공하고 있었다. 위임통치 영역에 거주하는 기독교인들에 대한 어느 정도의 도덕적인 의무감도 있었다. 더구나 시리아와 레바논에서 프랑스 군대의 주둔은 지중해 강국과 세계 강국으로서의 프랑스의 입지를 강화시켰다. 프랑스 육군은 이 지역 영토를 사용할 수 있었고, 프랑스 해군은 이 지역의 항구를 이용할 수 있었으며, 군사 항공로는 레바논을 경유해서 인도차이나의 프랑스 제국으로 갔다.

1930년대 후반까지 이러한 입지는 사실상 손상되지 않았다. 최초의 심각한 도전은 이탈리아로부터 왔다. 그것이 얼마나 심각한지를 이야기하는 것은 어렵다. 1918년경 이탈리아는 이미 1912년에 오스만 제국으로부터 빼앗은 도데카네스 제도와 리비아 해안에서 자리를 잡았고, 1939년경에 이탈리아는 리비아 전역, 지중해의 알바니아, 동아프리카의 에티오피아를 차지하였다. 그러므로 이탈리아는 튀니지에 있는 프랑스의 입지를 위협할 수 있었다. 튀니지에 거주하는 유럽인 중 많은 수가 이탈리아 출신이고, 이집트, 수단, 팔레스타인에 있는 유럽인 중 많은 수가 영국 출신이었다. 이탈리아는 영국과 프랑스의 지배에 반대하는 아랍 운동에 대하여 어느 정도의 영향력을 행사하였다. 1939년경에 독일도 약간의 영향력을 행사했다. 그러나 그곳에서 영국과 프랑스의 이해관계에 대하여 독일이 직접적으로 도전하는 분명한 징후는 아직 없었다. 러시아 또한 1917년 혁명 이후에는 자신의 존재를 거의 주장하지 않았다. 그러나 영국과 프랑스 관리들은 공산주의자의 영향력 때문에 자신들이 어려움에 처했다고 생각하는 경향이 있었다.

권력에 대한 자신들의 입지를 확고하게 굳힌 영국과 프랑스는 1918~1939년 시기 동안에 해당 지역의 상업과 생산물에 대한 지배권을 확장할 수 있었다. 아랍 세계는 여전히 유럽에 대한 원료의 공급지로서 가장 중요하였고, 영국과 프랑스 투자의 대부분이 원료를 추출해 수출하는 환경을 창출하는 데 맞추어졌다. 이때는 양국의 자본이 부족한 시기였다. 그러나 프랑스 자본은 관개, 철도, 도로, 전기 공급(물이나 수입 석탄 · 석유를 활용) 등 경제생활 기반을 개선하고, 광물 자원들을 개발하기 위하여 마그립으로 들어갔다. 특히 인산염과 망간은 마그립 지역의 가장 커다란 수출품이었다. 영국은 수출을 위한 면화 경작지를 확장하기 위하여 이집트, 그리고 청나일 강과 백나일 강 사이에 있는 수단의 일부 지역에 투자하였다. 또 영국은 하이파 항구를 발전시키기 위하여 팔레스타인에 투자하였고, 유대 기구들은 유대 민족 고향을 건설하기 위하여 대규모 자본을 팔레스타인으로 보냈다.

농업과 광업 분야에 대한 유럽 자본의 투자와 비교하여 공업 분야에서의 유럽 자본 투자는 소규모였고, 대부분은 건축 자재와 식품 가공 처리, 섬유 산업으로 제한되었다. 주요한 예외는 석유 산업이었다. 1914년경에 이미 석유가 이란에서 추출되고 있었고, 이집트에서도 소규모로 추출되고 있었다. 1939년경에 석유는 이라크에서 대규모로 생산되었고, 레바논의 트리폴리와 팔레스타인의 하이파에 있는 지중해 해안으로 오는 두 개의 지선을 가진 하나의 파이프라인을 통해서 유럽 국가로, 주로 프랑스로 수출되었다. 석유는 사우디아라비아와 바레인에서도 소규모로 생산되었다. 석유 회사 소유주들의 대부분은 영국인, 프랑스인, 미국인, 네덜란드인들이었다. 영국이 석유 회사들의 입장을 지지함으로써 생산국들과 석유 회사 간의 협정은 재정적 불균형뿐만 아니라 정치력의 불균형을 반영하였다. 이 협정은 석유 회사에게 특권을 부여하면서, 석유 회사에게 넓은 지역에 걸쳐 오랫동안 탐사, 생산, 정제, 수출에 대한 지배권을 주고, 생산국 정부에는 한정된 사용료를 지불하고, 그들이 사용할 수 있는 정도의 한정된 양의 석유를 공급하도록 하였다.

석유를 제외하고 대부분의 제품에 대해서 아랍 국가들은 여전히 유럽에 의존했다. 섬유 제품뿐만 아니라, 연료, 금속, 기계 등이 그러했다. 수입과 수출은 주로 영국과 프랑스 선박으로 이루어졌다. 그러나 이집트는 관세에 의한 통제권을 더 많이 확보하였고, 모로코에서 '문호개방'을 유지하기 위한 유럽 국가들 사이의 1906년 협정에 의해 프랑스는 제한을 받았다.

이민과 영토

대규모로 유럽인들이 이주한 지역에서 그들은 재정, 산업, 외국 무역뿐만 아니라 대규모로 토지를 소유했다. 1914년경에 알제리의 식민지가 이미 건설되었으나, 전쟁 이후 몇 년 내에 프랑스 정부는 튀니지와 모로코의 영토에 더 많은 이민과 정착을 추진하려고 했다. 1920년대에 모로코는 점차 프랑스의 지배하에 들어갔고, 국유지와 공유지는 정착민들에게 개방되었다. 이러한 노력은 상당히 많은 이민을 끌어들여서 경작지를 확장시키고 생산량을 늘렸다는 점에서 성공적이었으나, 이민자들 대부분이 계속 거주하지 않았다는 점에서 실패하였다. 1929년부터 마그립은 식료품 가격을 떨어뜨린 세계 경제 위기에 직면했다. 알제리, 튀니지, 모로코 정부와 프랑스 은행들은 지주들에게 신용 연장을 약속해 주었다. 그러나 실제로 대지주들만 이 제도를 이용할 수 있었다. 1939년경의 정착 유형은 트랙터와 최신의 기술을 사용하며, 스페인인들, 베르베르인들, 아랍 노동자들을 고용하고, 프랑스 시장을 위한 곡물과 포도주를 생산하는 대토지 소유제였다. 어떤 작가가 '빨간 지붕의 농촌 주택의 표상'이라고[3] 부른 것이 여전히 유럽 이주민의 자화상 속에서 중요하게 작용하였음에도 불구하고 전형적인 이민은 소규모 경작자들이 아니라 정부 관리들, 회사의 직원, 상점주나 정비사 등이었다. 유럽인들은 전체 주민의 10퍼센트 미만(1,700만 명 중 150만 명 정도)이었다. 그러나 유럽인들은 대도시를 지배했다. 알제와 오랑에서는 유럽인들이 다수를 차지했고, 튀니스에서는 인구의 절반을, 카사블랑카에서는 인구의 거의 절반을 유럽인들이 차지했다.

그 외 두 국가에서 1918~1939년 동안 이민자들이 토지를 전유하는 것은 중요했다. 리비아 동부의 키레나이카에서는 이탈리아 정부가 제공하는 자금을 가지고 계획적으로 몰수한 토지 위에 식민지화가 공식적으로 이루어졌다. 그러나 여기서도 역시 다른 마그립 지역에서의 경험이 재현되었고, 1939년경에는 11만 명의 이탈리아 주민 중 오직 12퍼센트 정도만이 농촌에서 살았다. 리비아에 거주하는 이탈리아인은 대표적으로 트리

3 J. Berque, *Le Maghreb entre deux guerres* (Paris, 1962), p. 60; English trans. *French North Africa* (London, 1967), p. 63.

폴리 거주자와 몇몇 다른 해안 도시 거주자였다.

팔레스타인에서 유럽 유대 이민자들을 위한 토지 취득은 19세기 후반에 시작되었고, 영국이 수립한 위임통치 정부라는 새로운 행정 체제 내에서 계속되었다. 유대인의 이민은 장려되었다. 그런데 팔레스타인 지역이 흡수할 수 있는 이민자 숫자는 위임통치 행정부가 시기에 따라 결정하거나 아니면 시오니스트와 아랍인들이 런던 정부에 주는 압박의 정도에 따라서 이민자 숫자가 결정되었다. 이 지역의 인구 구조는 영국의 위임통치 기간 동안에 극적으로 변화하였다. 1922년 유대인은 전체 인구 75만 명 중 약 11퍼센트를 차지했다. 89퍼센트는 주로 아랍어를 사용하는 무슬림들과 기독교도들이었다. 1949년경에 유대인은 전체 인구 150만 명 중 30퍼센트 이상을 차지했다. 이때에 유대인들과 유대 민족 고향의 창설을 돕기 위하여 구성된 유대 기구들이 상당한 양의 자본을 투자했다. 투자의 대부분은 이민자들의 즉각적인 요구를 충족시켰고, 일부만 산업 계획에 투자되었다. 전력(유대 회사가 전력에 대한 독점적인 특권을 가졌다), 건축 자재들, 식품 가공 처리와 같은 산업 계획들이 있었다. 또 많은 자금이 토지 구매와 농업 계획에 투자되었다. 1940년대 초에 유대인들은 경작 가능한 땅의 약 20퍼센트를 소유하였고, 이 토지의 대부분을 유대 민족 기금the Jewish National Fund이 소유하였다. 이 기구는 토지를 보유하면서 양도할 수 없는 유대인들의 소유지로 만들었다. 이 소유지에서 비유대인들은 고용될 수 없었다. 마그립에서처럼 이민자들이 장악하고 경작하는 토지는 대부분 가장 비옥한 지역이었다. 그러나 마그립에서처럼 이민자들은 주로 도시에 거주하였다. 1939년경에 유대 인구의 오직 10퍼센트만 농촌에 살았다. 왜냐하면 이때 이민이 너무 많아서 농촌에서 흡수할 수 없었기 때문이다. 팔레스타인 유대인은 대표적으로 3개의 대도시 예루살렘, 하이파, 텔아비브 중 한 곳에 거주하는 도시 거주자였다. 그러나 집단 유대 정착촌인 키브츠에 사는 농부는 중요한 상징이었다.

토착 엘리트의 성장

정착민 사회와 유럽 정부들은 자신들의 이권을 수호하기 위하여 권력을 사용하는 것이 가장 중요했다. 그러나 만약 권력이 합법적인 권위로 전환되지 않는다면 그것은 편안하지 못했다. 유럽인들이 문명화 사명을 수행하기 위하여 아랍 지역에 있다는 생각이 아랍 지역을 지배하거나 아랍 지역에서 사업을 하는 유럽인들 사이에서 팽배했다. 이러한 생각은 우월한 문명이 저급하고 침체된 문명의 수준을 끌어올리고, 정의, 질서, 번영을 창출하고, 언어와 문화 교류를 한다는 것으로 표현되었다. 이러한 생각으로부터 동등한 수준에 있는 아랍인들을 궁극적으로 새롭고 통합된 세계로 흡수한다는 필연적인 결론이 나온다. 이러한 생각은 다른 것과 교차되었다. 정착민 집단과 그 밖의 집단 사이에서 심각한 차별에 대한 느낌과 선천적인 우월성이 지배권을 부여했다는 느낌 등이 존재했다. 마그립에서는 이미 정착민이라는 거의 분리된 하나의 민족이 출현했다. 고등의 엘리트들은 사회적으로 문화적으로 본국 프랑스에 속해 있는 것 같았으나 하층민 대중은 달랐다. 대체로 마그립에서 태어난 혼혈의 이탈리아, 스페인, 프랑스 혈통은 프랑스어를 사용했다. 이들은 프랑스에서처럼 완전히 편하지는 않았고, 그들을 끌어당기기도 하고 격퇴하기도 하는 주변의 이질적이고, 적대적인 세계를 의식하면서 자신들의 이권을 수호하기 위하여 프랑스에 의지했다. 이들의 이권은 더 큰 이권과는 다른 것 같았다. 마찬가지로 팔레스타인에서 새로운 유대 국가가 출현하고 있었다. 그것은 다른 지역의 정착민들과는 의식적으로 달랐다. 유대 국가는 일상생활 언어로서 재생된 히브리어라는 매개를 통해서 살아 있었고, 다른 문화와 사회 풍습, 완전히 유대적인 어떤 것을 창출하려는 열망, 유럽 유대인의 운명에 대한 점증하는 불안 때문에 아랍 주민들과는 구별되었고, 유대 국가가 스스로 유지할 수 있을 때까지 영국에 의지하였다.

정착민의 압력만큼이나 주요 이권 때문에 영국과 프랑스가 계속해서 지배해야 한다는 결정이 강화되었다. 그러나 반면에 제국주의적인 지배에 대한 도덕성은 아니더라도 최소한 제국주의 지배 비용에 관한 의구심이 그 결정에 영향을 끼쳤다. 프랑스인들 사이에서 초창기부터 시리아의 위임통치의 수익성에 대해서 의구심이 있었다. 그러나 프랑스인들은 마그립으로부터의 어떤 종류의 철수도 생각하지 않았다. 프랑스 공산주의자들이 무슬림들과 다른 관계를 희망하고, 구체적으로 부당한 행위에 항의하는 데 치중하였음에도 불구하고, 이들조차 알제리를 더욱 완전하고 평등하게 또 다른 종류의 프랑스로 흡수한다는 생각을 견지했다. 영국에서는 제국 통치의 정당성에 이의를 제기하고, 피지배 국민 중에서 제국의 통치자와 기꺼이 타협하는 구성원들과의 협정 등 다른 방법으로 영국의 이익이 보장될 수 있는지에 대하여 논쟁하는 경향이 점차 증가하였다.

관계의 변화를 향한 자극이 더 강해졌다. 왜냐하면 다른 편에 있는 사람들이 그것을 가능하게 만들 것처럼 보였기 때문이다. 새로운 엘리트 구성원들은 이권 혹은 사고방식에 의해서 현대 사회에서 살아가기 위하여 필요한 것으로 생각되는 정치 사회 조직에 전념하였고, 제국주의 강국들에게 반드시 필요한 이해관계를 보호할 것이었다.

1920년대에는 대부분의 아랍 지역에 지주 계층이 있었다. 지주들의 이익은 수출을 위한 원료 생산이나 제국 통치를 유지하는 것과 결부되었다. 시골 지주들 중 일부는 현대 지주로 이행하였고, 때때로 외국의 통치자들을 도왔다. 외국의 통치자들은 지주들에게 의지하면서 지지를 호소하였다. 모로코에서는 프랑스가 통치권을 내륙으로 확장한 방법과 시골 지역의 특성에 의해 아틀라스 고원의 몇몇 강력한 지주들, 특히 마라케시 동부 산악 지대를 통치하고 있는 베르베르 추장인 타미 알 글라위Thami al-Glawi와 같은 사람들과의 협정이 적절하게 체결되었다. 이라크에서는 부족의 영토가 부족의 주요 가문의 영토로 등록되는 과정이 19세기에 시작되었고, 영국 위임통치 정부에 의해서 더욱 촉진되었다. 수단에서는 수년 동안 영국 위임통치 정부가 부족의 지도자들을 이용해서 시골 지역을 통치하는 '간접 통치' 정책을 수행했다. 관계 당국의 후원으로 부족 지도자들의 권력은 변했고 증가되었다. 그러나 그 밖의 다른 곳에서는 대개 신흥 계층에 속한 지주들이 상업 작물이라는 새로운 조건에 의해서 출현하게 되었다. 이집트의 면화 재배 지주들은 상업 작물이 낳은 최초의 계층이었고, 최고 부자이면서 국민 생활에 가장 큰 영향력을 계속해서 행사했다. 유사한 집단이 시리아와 이라크에도 존재했다. 마그립 지역에 있는 유럽 정착촌 지역에서도 토착 신흥 지주 계층이 출현하고 있었다. 사힐에서 올리브 나무를 경작하는 튀니지인들, 그리고 도시로 떠나는 식민지 주민들로부터 토지를 사고 경제적 열망을 키우는 알제리인들이 그들이었다.

국제 무역은 대체로 유럽인들이나 기독교 유대 공동체 구성원들의 수중에 남아 있었다. 이들은 서로 긴밀하게 연결되어 있었으나 일부 예외가 있었다. 일부 이집트 지주들은 면화 수출에 종사했다. 페스의 상인들은 여전히 영국으로부터 직물을 수입했고, 그들 중 일부는 카사블랑카에 자리 잡았다. 일반적인 관례에 일부 예외가 있었고, 제조업은 유럽인들의 수중에 있었다. 이집트는 유럽인들에게 가장 중요했다. 1920년에 이집트에는 제조업체들에게 재정 지원을 목적으로 은행 하나가 설립되었다. 방끄 미스르Banque Misr의 자본은 주로 대토지 소유주들로부터 나왔다. 대토지 소유주들은 당시 농업이 산출할 수 있는 것보다 더 많은 이익을 창출할 수 있는 투자처를 찾고 있었다. 그리고 몇 년 내에 이 자본은 일련의 회사그룹을 설립하는 데 사용되었다. 특히 선박 회사, 영화 회사, 면방적과 면방직 회사들이었다. 회사 설립의 당위성은 몇 가지 변화의 징후에서 찾을 수 있었다. 투자처를 찾는 민족 자본의 축적, 토지 투자에 비하여 감소되는 생산량, 민족의 역량과 독립에 대한 열망 등이 그것이었다. 그러나 새로운 상황은 불확실했으며, 1930년대 후반에 미스르 그룹은 경영난에 처하게 되었고 정부가 개입함으로써 구제되었다.

또 다른 종류의 엘리트도 중요했다. 유럽 유형의 교육을 받은 사람들이 그들이었다. 이 시기 동안에 학교 교육은 여전히 주로 경제적으로 여유가 있거나 어떤 다른 장점을 가지고 있는 사람들에게 한정되었다. 이 집단 내에서조차 학교 교육은 여전히 제한되어 있었다. 왜냐하면 가족들과 전통으로부터 소외될 수도 있는 학교에 자제들을 보내기를 꺼려하는 사회 분위기가 있었기 때문이다. 또 어떤 부류는 교육받아도 공무원으로 흡수될 수 없고, 저항 세력에 가담할 수도 있었기 때문에 외국인 통치자들은 이들을 교육시키는 것을 꺼려했다. 그럼에도 불구하고 국가마다 각각 다른 속도로 교육은 확장되었다.

모로코에서 근대 학교들은 많은 '프랑스-무슬림' 중등학교들과 라바트에서 몇몇 고등교육기관들의 창설과 함께 시작되고 있었다. 1939년경에 알제리에서 중등학교 졸업 증명서를 소유한 사람은 여전히 수백 명에 불과했고, 대학 졸업자 수는 훨씬 더 적었다. 알제 대학교는 손꼽히는 프랑스 학교 중 하나였고 주로 유럽인들을 위한 학교였으며, 증가하는 무슬림들은 교육을 받기 위하여 파리, 튀니스 혹은 카이로로 갔다. 튀니지에서 프랑스 양식의 국립 중·고등학교에 가려는 사람들의 수가 증가하고 있었고, 이후에 조국의 지도자가 된 집단은 더 높은 교육을 받기 위하여 장학금으로 프랑스에 가고 있었다. 이집트에서 중등학교들의 학생수는 1913~1914년에 1만 명 이하에서 30년 후에는 6만 명 이상으로 증가하였다. 20세기 초에 창설된 소규모의 사립대학은 1925년에 정부의 더 큰 재정 지원을 받는 이집트 대학으로 흡수되었다. 이 대학에는 문학과 과학, 법, 의학, 공학, 상업 등의 학교가 있었다. 정치적 변화로 인해 교육 정책에 대한 통제권이 이집트 정부에 더 많이 주어졌고, 학교들은 모든 수준에서 급속도로 팽창하였다. 이라크에서도 똑같은 일이 발생하였으나 그 과정은 더 낮은 수준에서 시작되었다.

이집트에서 중등교육과 고등교육의 많은 부분은 유럽이나 미국의 종교 혹은 문화 사업단의 수중에 있었다. 이러한 현상은 시리아, 레바논, 팔레스타인에서도 있었다. 다마스쿠스에는 소규모의 국립대학이 하나 있었고, 예루살렘에는 교육 대학이 하나 있었다. 그러나 주요한 대학은 사립대학들이었다. 베이루트에 있는 프랑스 정부의 지원을 받는 예수회 대학인 성 요셉 대학교와 아메리칸 대학교, 주로 히브리어로 표현된 새로운 민족 문화의 창조를 목표로 한 예루살렘의 히브리 대학교는 당시에 아랍 학생들을 거의 끌어들이지 못했다. 이 지역들에서 중등교육은 역시 대개 외국인의 수중에 있었고, 레바논에 있는 외국인은 주로 프랑스인이었다.

매우 많은 고등교육 기관들이 이국적이라는 사실은 몇 가지 의미를 가졌다. 소년과 소녀들이 이 교육 기관들 중 하나에서 공부하는 것은 그 자체가 사회적 심리적 배제 행위였다. 이것은 그가 태어난 사회의 전통에 맞지 않는 방법 및 교과 과정에 맞춰 공부하는 것과 외국어라는 매개체를 통해서 공부해야 한다는 것을 포함했다. 외국어는 그가 어떤 주제를 생각하고 업무를 수행할 수 있는 첫 번째 혹은 유일한 언어였다. 더 중요한 의미는 중고등 교육 혹은 더 높은 교육을 받는 소녀들의 수가 국립학교만 있었을 때보다 더 많아졌다는 것이다. 소녀들은 초등학교 이상의 국립학교에는 거의 가지 않았다. 프랑스 가톨릭 수녀들이나 미국 개신교 학교 선생들이 학교에 가는 많은 소녀들을 보호했다. 마그립에서 선교 학교들은 더욱 소수였고, 이주민들과 밀접하게 제휴하였다. 초등 수준을 넘어서는 소녀들의 교육은 이제 단지 시작일 뿐이었다. 동부 아랍에는 무슬림 소녀들보다 더 많은 기독교인들과 유대교도들이 외국인 학교에 다녔다. 그들은 더 완전히 외국 문화에 흡수되는 것처럼 보였고, 자신들의 사회 전통으로부터 멀어졌다.

신식 학교 졸업생들은 변화하고 있는 사회의 구성원이 되기 위하여 기다리는 것이 그들의 역할이라는 것을 알게 되었다. 여성들은 여전히 학교 선생이나 간호사를 제외하고는 공적인 역할을 거의 찾을 수 없었지만 남성들은 법률가, 의사가 될 수 있었고, 소수는 공학도나 기술자도 될 수 있었다. 과학 교육과 기술 교육은 퇴보했고, 낮은 수준에서 농부나 숙련공들에 대한 훈련이 있었다. 무엇보다도 이들은 정부 관리가 된다는 희망을 가질 수 있었다. 정부 관리들은 사회에 대한 외국의 지배 정도와 특성에 따라서 다양했다. 여러 가지 다른 이유들 때문에 이집트와 이라크에서 대부분의 정부 고위직이 영국인의 수중에 있었고, 팔레스타인과 수단에서 최소한의 정부 고위직이 영국인의 수중에 있었다. 마그립에서는 프랑스 출신의 관리들이 지배적인 위치를 차지하고 있었고, 중급과 훨씬 더 낮은 지위는 대체로 지역 출신 유럽인들이 차지하고 있었다.

토착 지주들과 상인들은 자신들의 이권 때문에 정부 조직을 통제할 필요가 있었다. 교육받은 젊은 사람들은 정부 관리가 되기를 원했다. 이러한 열망은 이 시기를 대표했던 외국의 통치에 대항하는 민족 저항 운동에 힘을 실어주고 방향을 잡아주었다. 그러나 이것들과 뒤섞인 그 밖의 것이 있었다. 새로운 방법으로 사회 내에서 살아가려는 욕구와 필요성이 그것이었다.

정치적 합의 시도

교육받은 남성들과 여성들은 더 넓은 영역에서 공무원과 전문직을 원했다. 지주들과 상인들은 정부 조직을 통제할 필요가 있었다. 때때로 그들은 도시 대중들 사이에서 지지를 결집할 수 있었다. 이때 그들은 자신들의 현실적인 불만 혹은 공동체가 위험에 빠졌다는 느낌을 호소할 수 있었다. 이러한 종류의 민족주의는 또한 외국의 통치자들에게 타협의 가능성을 주었고, 외국 통치자들은 지지자들을 충분히 결집해서 타협하도록 강요할 수 있었다.

대부분의 지역에서 정치 조직화의 수준은 높지 않았다. 왜냐하면 제국주의 열강이 자신들의 입지를 심각하게 위협하도록 허락하지 않았거나, 전통적인 정치 행위 유형이 지속되었기 때문이다. 모로코에서는 일단의 교육받은 젊은 사람들, 대체로 페스의 부르주아 출신들이 1934년 '개혁 계획'을 구상하였고, 프랑스 보호제도의 변화를 요구하기 시작했다. 알제리에서는 프랑스 교육을 받은 전문직 계층의 일부 구성원들이 여전히 먼 희망인 독립을 요구하면서, 프랑스-알제리 내에서 더 좋은 지위와 자신들의 문화 보전을 요구하기 시작하였다. 1930년 프랑스의 알제리 점령 100주년 공식 축하행사는 알제리인들의 운동에 새로운 긴박성을 심어 주었다. 시리아, 팔레스타인, 이라크에서 오스만 제국의 전직 관리들과 현직 관리들 중 일부는 도시의 명망가로 오래된 가문에 속했고, 나머지 사람들은 오스만 군대를 통해서 신분 상승한 사람들이었다. 이들은 자치를 위한 더 큰 조치를 강력하게 요구했다. 이들은 당시 통치 엘리트의 구성원들이었기 때문에 자신들의 현재 지위를 수용한다는 것은 더욱 어려웠다. 수단에서는 고등학교를 졸업한 소규모 집단이 1939년경에 행정부 내에서 더 큰 지분을 요구하기 시작하였다.

그러나 두 국가, 튀니지와 이집트의 지도자들은 더욱 고도로 조직화된 정당들을 창출할 수 있었다. 양 국가에서는 대도시가 정착된 시골을 통치하는 오랜 전통이 있었다. 튀니지에서 입헌당the Destour party은 다른 국가들에서 존재했던 것과 똑같은 지도자들의 느슨한 집단이었다. 입헌당은 1930년대에 신입헌당the Neo-Destour party으로 대체되었다. 신입헌당은 하빕 부르기바Habib Bourguiba(1902년 출생)에 의해서 창립되었고, 프랑스 고등교육을 받은 젊은 튀니지인들이 주도했다. 그러나 이 당은 지방 도시들 그리고 사힐처럼 올리브를 재배하는 해안 평야 마을에 뿌리를 내렸다. 똑같은 일이 이집트에서도 실현되었다. 이집트의 와프드당은 전쟁이 종결된 이후 영국의 정책에 대항하는 투쟁 과정에서 형성되었고, 이집트 전역에서 상설 조직을 창설하였다. 이 당은 전문직 엘리트들, 부르주아, 일부 지주 계층으로부터 지지를 이끌어 내었고, 위기의 순간에 도시 주민 전체로부터 지지를 받았다. 자글룰의 권위는 1927년 그의 죽음에도 불구하고 살아남았다. 그래서 지도부의 분열에도 불구하고 와프드당은 1939년에도 여전히 민족을 대변할 것을 주장할 수 있었다.

이러한 단체들과 정당들의 궁극적인 희망이 무엇이든지 간에 이들의 직접적인 목표는 자신들이 전복시킬 수 없을 것 같은 제국의 체제 내에서 더 많은 부분의 자치를 성취하는 것이었다. 이 시기에 프랑스보다는 영국에서 정치적이고 공식적인 여론은 점차 이러한 단체들과 합의를 통해서 영국의 이익을 보호하려는 방향으로 움직였다. 최종적인 통치권은 영국의 수중에 남아 있으나, 지역 통치에 대한 책임과 한정되고 독립적인 국제 활동은 민족주의자들의 의견을 대표하는 정부로 이양하는 것이었다.

이 정책은 이라크와 이집트에서 속행되었다. 이라크에서 영국 위임통치는 처음부터 거의 왕인 파이잘과 그의 정부를 통해서 행사되었다. 이 정부의 활동 범위는 1930년 영국-이라크 조약Anglo-Iraqi Treaty으로 확장되었다. 이 조약으로 이라크는 형식적인 독립을 얻었다. 즉 이라크의 외교정책을 영국의 외교정책과 조화시키고, 필요한 시기에 영국에게 두 개의 공군 기지와 통신의 사용을 허락한다는 합의에 대한 보답이었다. 이라크는 국제연맹의 회원으로 받아들여졌다. 이것은 평등의 상징이었고 국제사회에 참가한 것이었다. 이집트에서는 한편으로 잘 조직된 민족주의자 정당과 이 당 배후에 있는 강력한 토지 소유자 계층, 그리고 확대되는 부르주아가 격렬한 변화를 바라지 않았고, 다른 한편으로 영국은 이탈리아의 야망을 두려워하였다. 이러한 상황이 1936년 영국-이집트 조약the Anglo-Egyptian Treaty을 이끌어 낼 수 있었다. 영국은 이집트에 대한 군사 점령의 종결을 선언하였으나, 여전히 수에즈 운하 주변 지대에 무장 군대를 주둔시켰다. 곧이어 국제 협정에 의해서 항복 문서가 파기되고 이집트는 국제연맹에 가입하였다. 양국에서 성취된 균형은 깨지기 쉬웠다. 영국은 양국의 민족주의자들이 지속적으로 수용할 수 있는 것보다 더 좁은 범위 내에서 자치를 허용하려고 하였다. 이라크의 통치 집단은 소규모이고 불안정하며, 의지할 수 있는 확고한 사회 세력의 토대를 가지고 있지 않았다. 이집트에서 1940년대에 와프드당은 이 지역의 모든 정치 세력을 지속적으로 통제하고 이끌어 나갈 수 없었다.

프랑스의 통치하에 있는 국가들에서는 이해관계의 조화가 깨지기 쉬운 균형조차 성취될 수 없는 것 같았다. 프랑스는 세계무대에서 영국보다 허약했다. 이라크와 이집트에서 영국의 통치가 느슨해졌을 때조차 이라크와 이집트는 여전히 영국 군대와 재정적인 힘에 의해서 모든 측면에서 포위당해 있었다. 이라크와 이집트의 경제생활은 여전히 런던과 랭커셔의 면방직 제조회사들에 의해서 좌우되었다. 반면 프랑스는 불안정한 화폐, 발전 없는 경제, 동부 변경에 집중된 군 병력 등으로 인해 자신의 세력권 안에 독립된 국가를 남겨둘 자신이 없었다. 마그립에서의 프랑스의 필수

불가결한 이해관계는 이집트에서의 영국의 이해관계와 달랐다. 유럽인 주민이 프랑스 정부에 요구하면 이를 수용한다는 입장이었다. 알제리와 튀니지에서는 대규모의 유럽 사업가들과 지주들이 예산과 다른 재정적인 문제들에 대해서 정부에 조언하는 지방 의회를 지배했다. 파리에서 알제리-프랑스인 의회의원들과 마그립의 은행, 제조업, 무역회사를 지배하는 커다란 재정적인 이해세력들은 허약한 프랑스 정부들이 지탱할 수 없는 강력한 압력을 행사하였다. 이것은 1936년 인민전선 정부the Popular Front government가 양보하려고 했을 때 명백하게 드러났다. 이 정부는 제한된 알제리 무슬림 유권자들의 대표를 의회에 보내기로 계획하고, 튀니지와 모로코의 민족주의자 지도자들과 대화를 시작했다. 그러나 강력한 압력으로부터 나온 저항이 변화를 방해했고, 이 시기는 마그립 전역에서 무질서와 억압으로 막을 내렸다.

변화에 반대하는 강력한 압력의 영향은 시리아와 레바논의 프랑스 위임통치 지역에서도 느껴졌다. 1936년에 인민전선 정부는 영국이 이라크와 맺은 조약과 유사하게 시리아, 레바논과 협상하였다. 이 두 국가는 독립했으나, 프랑스는 20년 동안 시리아에서 두 개의 공군 기지 사용권을, 레바논에서 군사 시설 사용권을 얻어냈다. 이러한 협상들은 시리아의 우세한 민족주의 지도자 동맹, 레바논의 기독교 정치 엘리트들에 의해서 수용되었다. 그러나 이 협상안은 프랑스에 의해서 비준되지 않았다. 왜냐하면 인민전선 정부가 붕괴되었고, 그 이후 허약한 연립 정부가 파리의 다양하고 강력한 압력에 굴복했기 때문이다.

팔레스타인에서도 실행 가능한 이해관계의 균형이 결여되어 있었다. 영국 위임통치 행정 초기부터 시오니스트와 토착 아랍 주민 양쪽의 이해관계를 조화시킬 수 있는 지역 정부 구조를 창출한다는 것이 어렵다는 것은 분명했다. 시오니스트에게 중요한 점은 이민에 문호개방을 유지한다는 것이었다. 또 이것은 유대 공동체가 충분히 확대되고 팔레스타인 지역의 경제적 자원들에 대한 충분한 지배권을 확보할 때까지 영국이 직접 지배하는 것도 포함되었다. 아랍인들에게 필수불가결한 것은 유대 이민을 막는 것이었다. 규모면에서 유대 이민은 경제 발전, 궁극적인 자결권, 아랍 공동체의 존재 자체조차 위험에 빠뜨릴 수 있었다. 양쪽의 압력 사이에 낀 영국 정부의 정책은 직접 통치 체제를 유지하고 일정 범위 내에서 유대 이민을 허용하며 대체로 유대 공동체의 경제 발전에 호의를 보이면서 당시 발생하고 있는 문제로 인해 아랍인들을 종속시키는 것을 허용하지 않을 것이라고 때때로 아랍인들을 안심시키는 것이었다. 이러한 정책은 아랍인들보다는 시오니스트의 이해관계와 결부된 것이었고, 아랍인에게 보증했던 것과 관계없이 유대 공동체의 성장이 현안 문제가 될 수 있는 시기는 점점 더 가까워졌다.

1930년대 중반에 영국이 균형을 유지한다는 것은 더욱 어려워졌다. 독일에서의 나치스의 권력 장악은 유대 이민의 확대를 허용하라는 유대 공동체와 영국 내 유대인 지지자들로부터의 압력을 증가시켰다. 그리고 이번에는 이민이 팔레스타인의 인구와 권력 균형을 변화시켰다. 1936년 아랍인들의 저항이 무장 반란 형태를 취하기 시작했다. 정치 지도부는 가장 탁월한 인물인 예루살렘 무프티 아민 알 후세이니를 포함하는 도시 명사 연합의 수중에 있었다. 그러나 대중적인 군부가 출현하기 시작하였고, 주변 아랍 국가들에서 파문을 불러일으켰다. 이때 이탈리아와 독일이 영국의 이익을 위협하였고, 이에 따라 영국이 아랍 국가들과 좋은 관계를 유지하는 것이 바람직한 상황이 만들어졌다. 이러한 상황에 직면한 영국 정부는 이 문제를 해결하기 위하여 두 가지 시도를 하였다. 1937년에 팔레스타인을 유대 국가와 아랍 국가로 분할하는 계획이 왕실 위원회(필 위원회)의 조사 이후에 제출되었다. 이 계획은 원칙적으로 시오니스트들을 만족시키는 것이었고 아랍인들에게는 수용될 수 없는 것이었다. 1939년 백서는 최종적으로 아랍인 다수를 가진 정부 수립, 유대 이민과 토지 구입 제한을 규정하였다. 이 백서는 약간 수정함으로써 아랍인들을 만족시킬 수 있었으나, 유대 공동체는 이 해결책에 동의하지 않았다. 이 백서가 대다수의 유대 이민에 반대하여 팔레스타인의 문호를 폐쇄하고, 유대 국가의 출현을 저지하는 것이었기 때문이다. 마침 새로운 유럽 전쟁이 발발하여 공식적인 정치 활동이 종결되었을 때, 유대 무장 저항 운동이 모습을 드러내기 시작하였다.

20장
생활양식과 사고방식의 변화(1914~1939)

인구 및 지방

식민 제국과 각 지역의 민족주의자들은 서로를 인정해 주는 편이었지만, 그 양상은 기껏해야 이해관계를 공유하는 수준에 머물러 있었다. 1930년 무렵부터 아랍 사회에는 변화의 바람이 불기 시작했고, 이러한 현상은 자연스럽게 정치 상황의 변화로 이어지게 되었다.

여러 자료를 통해 추측해 보건대 당시 아랍 사회는 급격한 인구 성장기를 맞이하고 있었던 것으로 보인다. 당시 인구 증가율은 아마도 역사상 최고였던 것으로 보인다. 신뢰할 만한 자료를 가장 손쉽게 입수할 수 있는 이집트의 경우, 1917년 1,270만 명이었던 인구가 1937년에는 1,590만 명으로 증가했다. 이 기간 동안 연평균 인구 증가율은 1,000명당 12명 수준이었다. 대략적으로 1914년 전체 아랍 국가 인구는 3,500만~4,000만 명 정도였으나, 1939년에는 5,500만~6,000만 명 수준으로 증가했다. 인구 증가 원인 중 하나는 이민이었다. 유럽인들이 모로코와 리비아로, 유대인들이 팔레스타인으로 몰려왔을 뿐만 아니라, 제1차 세계대전 중 아르메니아 난민들이 터키를 떠나 시리아와 레바논으로 향했다. 반대로 해외로 나갔던 이민자 수도 증가했다. 시리아와 레바논 사람들은 서아프리카나 라틴 아메리카로 이주했다(1914년 이후부터 미국으로의 대량 이민은 중단되었는데, 그 이유는 미국의 이민법이 바뀌었기 때문이다). 한편 알제리인들은 일자리를 찾아 일시적으로 프랑스에 거주하기도 했다. 그러나 인구 증가의 가장 중요한 원인은 출산율의 상승이었다. 당시 아랍 사회에서는 부르주아 계층에서만 출산율이 증가하지 않았는데, 그 이유는 부르주아 계층이 생활 수준 향상의 일환으로 산아제한을 실시하고 있었기 때문이다. 그러나 일반대중들은 산아제한 방법을 잘 몰랐을 뿐만 아니라, 자녀(특히 남아)를 낳는 것을 명예로 여기고 있었다. 명예는 이익과 직결되어 있었다. 자녀들은 어린 시절부터 야외에서 일을 할 수 있었기 때문에 가계에 보탬이 되었을 뿐만 아니라, 성장한 후에는 노년에 이른 부모들을 돌봐줄 수도 있었다. 특히 과거에는 평균 수명이 짧고 국가에서 사회보장 제도를 실시하지 않고 있었기 때문에 자녀들의 역할은 더욱 중요했다. 한편 질병 예방과 건강관리 체제가 도입되면서 사망률이 감소하게 되었고, 이는 다시 인구 증가의 원인으로 작용했다. 보건 체제의 향상은 사회 전 영역 가운데서도 특히 도시에 커다란 변화를 가져왔다. 과거 시절 도시는 이따금씩 발생하는 역병에 커다란 피해를 입곤 했지만, 이제는 역사상 처음으로 역병의 공포로부터 벗어날 수 있게 되었다.

인구 증가를 비롯한 여러 가지 이유로 인해 사회 각계각층 간의 세력 균형 역시 변화하게 되었다. 1920년대와 1930년대에 이르러 목축 생활을 영위했던 유목민들은 사실상 아랍 사회의 주요 구성원으로서의 지위를 상실하게 되었다. 철도와 자동차의 도입은 낙타 사육을 비롯한 장거리 무역과 관련된 유목민들의 경제 활동에 치명타를 입혔다. 초목이나 수자원이 부족하여 목축업이 유일한 최선의 농작 형태가 될 수밖에 없는 지역에서조차 베두인들의 이동이 제약되었는데, 그 이유는 유목민들로 구성된 군대가 이 지역을 군사적 목적으로 사용했기 때문이다. 양羊을 사고파는 시장은 여전히 존재하고 있었다. 그러나 산기슭이나 스텝 주변부에 위치한 양 사육지가 정부의 관할지로 변모하고 양에 대한 수요가 변화하면서 유목민과 목축업자들은 점차 정착 농경민으로 변모해 갔다. 이러한 예는 티그리스 강과 유프라테스 강 사이에 위치한 자지라 지역에서 찾아볼 수 있다.

이 무렵은 유목민으로 구성된 군대가 정치적 목적으로 이용된 마지막 시기에 해당한다. 샤리프 후세인이 튀르크인들에 대항하여 봉기했을 때 그가 이끌었던 초창기의 군대는 아라비아 반도 서부 지역에서 차출된 베두인들로 구성되어 있었다. 그러나 항전 말기에는 오스만 군대에 복무한 경험이 있었던 장교와 징집병들이 후세인 군대의 주력을 맡게 되었다. 압둘 아지즈 이븐 사우드ʿAbd al-ʿAziz ibn Saʿud가 아라비아 반도 대부분을 정복했을 때 그가 지휘했던 군대는 종교적 신념으로 무장한 베두인들로 구성되어 있었다. 그러나 정작 베두인 군대의 지휘를 맡았던 그는 도시 출신자로서 베두인들을 정착민으로 변모시키는 데 관심을 두고 있었다. 1930년대 이라크에서는 도시를 중심으로 정파들 간에 분쟁이 발생했고, 이는 유프라테스 강 주변 부족들의 항거를 부추기는 결과를 가져왔다. 당시 이라크 정부는 부족민들을 진압하기 위해 공중 폭격과 같은 새로운 전술을 도입하기도 했다.

정주지역에서도 변화의 바람이 불었지만, 유목지역과 달리 경제적 기반이 약화되지는 않았다. 대부분의 국가에서는 경작지가 확장되었다. 모로코, 알제리, 이집트, 수단, 이라크 등 일부 지역에서는 관개 시설도 확충되었다. 이집트의 경우 가장 토질이 비옥한 지대에서는 이미 경작이 실시되고 있었고 주변 지대도 점차 경작지로 바뀌어 가고 있었다. 그러나 기타 대부분의 국가들은 사정이 달랐다. 자본이 충분한 지역은 수확량을 증대시킬 수 있었다. 일부 국가는 광활한 경작지를 갖고 있었음에도 불구하고 그곳의 농촌 인구는 오히려 식량난이 가중되었다. 인구는 자연적으로 계속 증가했지만, 비옥한 농지에서는 더 이상 그토록 많은 노동력이 필요하지 않았기 때문이다. 대규모 지주들은 풍부한 자본력을 바탕으로 경작의 기계화를 추진하기 시작했고, 결과적으로 노동력에 대한 필요성이 감소되었던 것이다. 모로코나 팔레스타인과 같은 일부 국가에서는 자본 유입이 외국인 노동자의 정착 과정과 밀접하게 연관되어 있었다.

그 결과 많은 국가에서는 농촌 사회가 양극화되는 현상이 벌어졌다. 부유한 농촌에서는 관개 시설을 갖춘 비옥한 대단위 사유지에서 면화, 곡류, 포도주, 올리브유, 오렌지, 대추 등과 같은 수출용 작물을 재배했다. 이곳에서는 필요시 트랙터나 비료를 사용했고, 임금 노동자들이 경작일을 맡았다(한편 공동수확은 점차 종적을 감추기 시작했다). 사유지 대부분은 외국 기업이나 개인의 소유였으며, 팔레스타인이나 마그립 지역에서는 외국 이민자들이 노동력을 제공했다. 반면 빈곤한 농촌에서는 마을이 공동으로 소작 농지를 소유하고 있었는데, 대개 이 경우 토지는 척박하고 관개 시설을 제대로 갖추지 못하기 일쑤였다. 이곳의 소규모 토착 농민들은 자본이 부족했을 뿐만 아니라 신용 대출을 할 수 있는 여력도 없었다. 그들은 후진적인 방식으로 곡물, 과일, 채소 등을 생산했으며, 농산물은 자체적으로 소비하거나 지방 시장에 내다팔았다. 빈곤한 농촌에서 인구 증가는 노동력 1인당 할당되는 토지 면적과 1인당 소득의 감소를 초래했다. 이 지역에서 답습되어 온 세습제는 농부들의 상황을 더욱 열악하게 만들었는데, 그 이유는 소규모의 소작 농지가 더욱 작게 나뉘어졌기 때문이다. 1930년대 세계적인 경제 위기가 불어닥치면서 농산물 가격이 하락하자 농가는 심각한 피해를 입게 되었다. 피해는 경작자 모두에게 영향을 미쳤지만, 이미 입지가 취약했던 사람들의 피해는 더욱 심각했다. 정부와 은행들은 정치적 영향력이 높거나 국제 경제에 파급효과가 큰 농산물을 생산하는 지주들을 구제하기 위해 개입했다.

농촌 지역에서 남아도는 인구들은 도시로 이동했다. 물론 이 같은 이농離農 현상은 과거에도 있었지만, 이 무렵에는 보다 급속하고 대단위적으로 진행되어 전에 없었던 새로운 결과를 불러일으켰다. 과거에는 이농이 역병으로 인해 황폐해진 도시의 인구를 충원해 주는 역할을 했다. 그러나 이제는 이농 인구가 공공 보건의 향상 덕택에 성장하고 있는 도시 인구를 더욱 증가시키는 결과를 초래하게 되었다. 특히 고용의 기회가 높은 도시들은 국가 전체 평균보다 인구가 훨씬 빠르게 성장하고 있었다. 국가 전체에서 대도시 인구가 차지하는 비중은 과거 어느 때보다도 높았다. 카이로의 경우 1917년 80만 명에 불과하던 인구가 1937년에는 130만 명으로 증가했다. 1900년 무렵 이집트 전체에서 20만 명 규모 이상의 도시에 살고 있는 인구는 15퍼센트 미만이었다. 그러나 1937년에는 25퍼센트 이상으로 증가했다. 이와 마찬가지로 팔레스타인 5대 도시에 살고 있었던 아랍 인구는 20년 만에 두 배 이상 증가세를 보였다. 마그립 지역에서도 도시에 사는 아랍 인구는 빠르게 성장했다.

신도시의 생활 방식

급속한 인구 증가로 인해 도시의 성격과 형태는 변화를 맞이하게 되었다.

1914년 제1차 세계대전을 계기로 변화는 이전보다 급물살을 타게 되었다. 메디나(구도시) 외곽에는 신흥 부르주아를 위한 구역이 건설되었다. 부유층을 위한 대저택은 물론 늘어나는 중산층, 정부 관리, 전문직 종사자, 시골에서 이주한 지방유지 등을 위한 아파트 단지도 생겨났다. 이 같은 구역은 계획적으로 조성되는 경우도 있었고, 낙후되고 파괴된 구역에서 무작위로 증가하는 경우도 있었다. 도시 개발 계획이 가장 정교하게 진행된 곳은 모로코였다. 식민지 시절 프랑스 당국의 총독을 역임했던 리요테Lyautey는 높은 예술적 안목을 가진 인물로서 성벽으로 둘러싸인 구도시 바깥에 페스 신도시New Fez를 건설했다. 리요테의 취지는 구도시의 생활양식을 보존하는 것이었지만, 그의 계획은 의도와는 반대의 결과를 가져왔다. 경제와 사회적 지위가 높은 페스의 가문들은 안락함을 찾아 메디나의 낙후된 집을 버리고 신도시로 이사했다. 한편 그들이 떠나버린 구도시에는 시골 출신자나 빈곤 계층이 몰려들었다. 이 같은 이유로 인해 메디나의 물리적 환경과 생활수준은 하락하게 되었다.

물론 모든 이주자들이 메디나에서 거처를 마련할 수 있었던 것은 아니었기 때문에, 메디나 안에는 서민들을 위한 거주지가 새롭게 건설되었다. 신거주지 안에 정착한 사람들은 대부분 아랍인이었고, 마그립 지역에서는 베르베르인들이 많았다. 그 밖에 알제리의 경우 '프티 블랑'petits blancs이라고 불린 유럽의 빈곤층 이민자들이, 베이루트와 알레포의 경우 터키 출신의 아르메니아 난민들이, 팔레스타인의 경우 유대인 이민자들이 메디나의 신거주지에 몰려들었다. 도시 외곽에서 성장한 일부 거주지는 공방이나 공장이 설립되어 고용을 창출하기도 했다. 카이로에서는 부르주아 계층을 위한 부촌이 나일 강 서편으로 확장되어 나간 반면 빈곤층이 사는 빈민촌은 북쪽 방향으로 확대되어 나갔다. 1937년 무렵 카이로 인구의 3분의 1 이상은 빈민촌에 살고 있었다. 카사블랑카에서는 빈민촌이 도시 전역에서 생겨났는데 특히 이러한 현상은 산업지구에서 두드러지게 나타났다. 한편 빈민촌을 중심으로 '비동빌' *bidonvilles*이 퍼져 나가기도 했다. 비동빌은 프랑스어로 판자촌을 의미하는데 이곳의 가옥은 주로 갈대나 깡통을 재료로 만들어졌다. 비동빌은 공터가 있는 곳이면 어디에서나 우후죽순처럼 생겨났다.

많은 외국인이 거주하는 도시들에서는 대개 유럽인 거주지와 토착민 거주지가 비록 가깝게 인접해 있을지라도 분리되어 있었다. 이 무렵 카사블랑카는 작은 어촌에서 마그립 최대 도시로 변모하고 있었는데, 유럽인 마을은 메디나 근처에 자리 잡고 있었던 반면 무슬림이 사는 마을은 그곳으로부터 동떨어진 지역에 새롭게 조성되었다. 당시 새롭게 조성된 무슬림 마을은 수끄(시장), 모스크, 궁전, 부유층을 위한 대저택, 서민용 주거지 등 전통적인 메디나의 모습을 그대로 간직하고 있었다. 마그립 지역과 달리 동부 도시에서는 유럽인 마을과 토착민 마을의 경계가 분명하지 않았다. 특히 시리아와 레바논의 경우 부유층은 대개 토착민들이었고 외국인 인구는 적은 편이었다. 그러나 팔레스타인만은 예외였다. 그곳에서는 아랍인 거주지와 유대인 거주지가 완전히 분리되어 있었다. 예를 들어 텔아비브에는 유대인만 거주하고 있었던 반면 야파에는 아랍인만 살고 있었다.

시골 출신 이주자들은 특히 초창기에 동향인들과 함께 어울려 살고 있었는데, 이는 자신들만의 고유한 생활 방식을 고수하기 위한 것이었다. 처음에 이주자들은 가족들을 고향에 남겨두고 상경하지만 일단 자리가 잡히면 가족들을 데리고 왔다. 이로써 그들은 고향의 생활 방식을 도시에서도 그대로 유지하거나 재현할 수 있었다. 이와 같은 방식으로 나일 삼각주의 생활 방식이 카이로에, 티그리스 계곡의 생활 방식이 바그다드에, 카빌 산악 지대의 생활 방식이 알제에, 샤위야와 소小아틀라스의 생활 방

이라크 밥 알 셰이크의 거리

식이 카사블랑카에 옮겨질 수 있었다.

그러나 결국 이주민들은 고향은 물론 메디나와도 다른 새로운 유형의 생활 방식을 받아들이게 되었다. 수끄와 같은 전통 시장에 가는 것과 도시의 현대적 상점을 이용하는 것은 차이가 났다. 물론 사람들은 여전히 개인적인 친분을 나눌 수 있는 소규모의 상점을 선호했다. 레스토랑, 카페, 영화관 등은 새로운 형태의 여가와 사교의 장소로서 역할을 했다. 여성들은 보다 자유롭게 외출할 수 있게 되었고, 교육을 받은 젊은 무슬림 여성들은 베일을 벗거나 보다 가벼운 복장을 착용할 수 있게 되었다. 가사家事에서의 편의도 크게 증가했다. 1920년대 무렵에는 현대적인 상·하수도, 전기, 전화 등 각종 시설들이 보급되기 시작했다. 가스는 이보다 일찍 보급되었고, 교통수단도 변화를 맞이했다. 19세기 말엽 벨기에의 한 회사는 중동의 일부 해안 도시에 전차 선로를 설치했다. 그 후 1903년 카이로 시내에 자동차가 처음 모습을 드러냈고, 나중에 중동 전역으로 퍼져나갔다. 1930년대에는 자가용, 버스, 택시 등이 보편적인 교통수단으로 자리 잡았고, 마차는 조그만 시골 마을을 제외한 전 지역에서 종적을 감추었다. 자동차 보급의 증가로 인해 도로와 다리가 확장되었고, 이는 다시 도시 규모의 확장을 촉발시켰다. 바그다드는 티그리스 강변을 중심으로 수마일 확장되었다. 한편 카이로는 나일 강에 있는 라우다Rawda와 가지라Gazira 두 섬과 나일 강 서안 방향으로 확장되었다.

교통수단의 발전은 도시 인구를 새롭게 결합시키는 계기가 되었다. 남녀노소 누구나 더 이상 동네의 좁은 경계 안에 머무르지 않게 되었다. 사람들은 거주지와 멀리 떨어진 일터를 오갈 수 있었기 때문이다. 가족의 일원들은 도시 여기저기에 흩어져 살 수도 있었다. 같은 부족 출신자들 혹은 같은 종교를 믿는 사람들끼리 같은 구역에 모여 사는 경우도 있었다. 결혼에 있어서 선택의 폭도 더 넓어졌지만, 보이지 않는 제약은 여전히 남아 있었다. 타 종교를 믿는 사람들과의 결혼은 여전히 어렵고 드물었다. 외국의 식민 당국이 통치했던 도시에서는 종교와 민족 사이에 혹은 지배층와 피지배층 사이에 장벽이 놓여 있었다. 여러 면에서 장벽은 과거보다 더 높아졌다. 유럽인 집단 거주지가 커져 갈수록 유럽인들은 현지인들과 더욱 동떨어졌고 고국의 생활 방식을 거의 그대로 누릴 수 있었다. 한편 프랑스어나 영어를 구사할 수 있는 아랍인 숫자는 점점 증가한 반면 아랍어를 알거나 이슬람 문화에 관심을 갖는 유럽인들은 거의 없었다. 해외에서 유학을 했던 아랍인 학생들이 외국인 아내와 함께 귀국하는 경우가 상당수 있었지만 외국인 아내들은 어느 공동체에서도 완전한 구성원으로 인정받기가 힘들었다.

부르주아 계층은 과거처럼 자기가 태어난 고향이나 도시에 계속 거주해야 할 필요성이 없게 되었다. 교통수단의 발전 덕택에 도시뿐만 아니라 국가들도 전에 없이 가까워졌기 때문이다. 1914년에 처음 선을 보인 철도는 그 후에도 일부 국가를 중심으로 계속 확장되었다. 역사상 처음으로 대부분의 국가에서는 주요 도시들이 도로를 통해 하나로 연결되었다. 이 무렵 가장 괄목할 만한 변화는 자동차가 사막을 정복한 사건이었다. 1920년대 무렵 전쟁 특수를 노리고 중동에 온 두 명의 호주 출신 형제가 택시와 버스를 이용하여 다마스쿠스, 예루살렘, 바그다드 등 지중해의 주요 도시를 잇는 운수업을 개시했다. 그 결과 제1차 세계대전 이전까지만 해도 한 달이나 걸렸던 이라크-시리아 여행이 하루도 채 걸리지 않게 되었다. 1920년 초반 이라크 북부 출신의 한 학생은 베이루트 아메리칸 대학교로 유학을 가기 위해 인도를 경유해야 했다. 그러나 이제는 육로를 이용하여 여행을 할 수 있게 되었다. 이와 마찬가지로 트럭이나 버스를 이용하여 지중해변으로부터 사하라 사막을 횡단하는 것도 가능하게 되었다.

교류 또한 범위가 확장되고 질적 수준이 높아졌다. 새로운 표현 매체의 등장 덕택에 아랍의 지식인들은 과거에 지식을 찾아 순례나 여행을 떠났던 학자들보다 더 많은 학문적 교류를 할 수 있었다. 신문의 숫자도 증가했고, 특히 카이로에서 발간된 신문들은 이집트 밖에서도 구독이 가능했다. 이집트에서는 정기적으로 간행되는 문화 잡지가 계속 증가했는데, 가장 대표적인 예는 ≪알 리살라*al-Risala*≫와 ≪알 싸까파*al-Thaqafa*≫로서 시인들과 비평가들의 작품들을 게재했다. 카이로와 베이루트의 출판사들은 증가하는 학생들의 수요를 만족시키기 위해 교과서를 발간했다. 뿐만 아니라 시집, 소설, 대중용 과학서, 역사서 등도 출판했는데, 이 같은 서적들은 아랍권 전역에서 읽혔다.

1914년에는 카이로를 비롯한 여러 도시에 영화관이 등장하기 시작했다. 1925년에 이집트 최초로 본격적인 영화가 제작되었는데, 이 작품은 이집트 최초의 소설 ≪자이납≫을 각색한 것이었다. 1932년에는 이집트 최초로 발성talkie 영화가 제작되었고, 1939년에는 이집트 영화가 전 아랍 세계에서 상영되기 시작했다. 바로 이 무렵 이집트 현지 라디오 방송사는 대담, 음악, 뉴스 방송 서비스를 시작했고, 유럽 각국들은 앞을 다투어 아랍 세계로 방송을 내보냈다.

여행, 교육, 미디어 등의 발전 덕택에 아랍인들은 서구인들의 취향과 가치관을 받아들이게 되었다. 2개 국어 병용은 점차 보편화되어 갔는데 특히 지중해 연안 국가들에서 이러한 현상이 두드러졌다. 프랑스어와 영어는 직장뿐만 아니라 가정에서도 사용되었다. 프랑스 수녀원 학교에서 교육받은 여성들 사이에서는 사실상 프랑스어가 아랍어를 대신하여 모국어로서의 지위를 누리고 있었다. 아랍인들은 외국의 신문이나 방송을 통해 세계 각지의 뉴스를 접할 수 있었다. 지식인들과 과학자들은 아랍어보다 오히려 영어나 프랑스어 서적을 읽어야 할 필요성이 더욱 많아졌다. 여름 휴가철 동안 유럽을 여행하는 취미가 확산되어 갔으며, 특히 수개월

동안 유럽에서 생활할 수 있는 재력을 지닌 이집트 부유층 사이에서 이러한 현상이 증가했다. 알제리, 이집트, 팔레스타인 등의 아랍인들은 유럽이나 미국 관광객들을 보거나 만나는 기회가 점차 증가했다. 여행과 만남의 증가는 아랍인들의 취향과 태도에도 변화를 초래했는데, 그 양상은 복잡했다. 즉 가구의 배치 방식, 벽에 그림을 거는 방법, 식사 매너, 사교 방식, 의복 등 모든 것이 달라졌다. 특히 여성들의 패션은 파리의 것을 모방하기 시작했다. 여가 생활을 즐기는 방식도 달라졌다. 대도시에는 경마장이 생겨났는데, 이것은 어느 면에서 보면 옛날의 스포츠를 새로운 형식으로 바꾼 것에 불과했다. 그러나 부유층이 즐겼던 테니스나 대중들 모두가 참여했던 축구는 전혀 새로운 방식의 여가 문화에 속했다.

유럽 문화와 새로운 매체의 등장은 예술계에도 변화의 바람을 일으켰다. 당시 아랍 미술계는 신 · 구 교체기에 놓여 있었다. 아랍의 전통 공예는 침체기에 빠져들었는데 그 원인은 두 가지였다. 첫째, 전통 공예품은 외국에서 수입되는 대량 산업 제품에 밀려 설자리를 잃게 되었다. 둘째, 내적인 이유로서 공예품을 제작하기 위해서는 재료를 수입해야 했고 관광객과 같은 새로운 고객의 취향에 맞춰 변화를 꾀할 수밖에 없었다. 일부 화가들과 조각가들은 서구적 스타일로 작품 활동을 시작했지만 아랍 바깥세상에서는 별다른 주목을 끌지 못했다. 당시에는 갤러리조차 없었기 때문에 나름대로의 예술적 풍조가 형성되기 힘들었고, 사진집도 별로 흔하지 않았다. 정부 청사와 같은 대규모 건축물의 건설 계약은 대개 영국 혹은 프랑스 건축가들이 독차지했다. 그 가운데 특히 마그립 지역의 프랑스 건축가들은 화려한 오리엔탈 풍을 가미하는 것을 선호했다. 해외 유학 경험이 있는 일부 아랍 건축가들은 지중해풍의 대저택을 건축하기 시작했다. 카이로 가든 시티에 세워진 '아르 누보' *art nouveau* 대저택과 최초의 근대식 학교들이 대표적인 지중해풍 건물에 속했다.

20세기 초반 이집트에서는 아랍 음악이 처음으로 축음기 방식으로 녹음되었다. 이와 함께 방송과 음악 영화의 보급이 증가하면서 음악적 전통에도 변화를 가져왔다. 과거에는 공연이 주로 즉흥성에 의존하고 있었으나 이제는 악보를 사용하고 리허설도 하게 되었다. 또한 과거에는 음악인들이 청중의 갈채와 격려로 영감을 얻었지만 이제는 조용한 스튜디오 안에서 녹음을 해야 했다. 가수는 서구 악기와 전통 악기로 혼합 구성된 오케스트라의 반주에 맞추어 노래를 불렀다. 1930년대 아랍 가수들이 불렀던 노래는 아랍 전통 음악보다는 이탈리아나 프랑스의 카페 음악과 더욱 유사했다. 그러나 전통 음악 양식도 여전히 존재하고 있었고, 카이로, 튀니스, 바그다드 등에서는 연구 활동도 활발하게 진행되었다. 최고의 전통 음악 가수는 움무 쿨쑴Umm Kulthum이었다. 그녀는 ≪꾸란≫을 비롯하여 샤우끼와 같은 유명 시인들의 시작품을 노래로 불렀다. 새로운 대중 매체는 움무 쿨쑴을 아랍 전역에서 스타의 반열에 올려놓았다.

민족주의 문화

서구와 토착 문화 간의 융합이 가장 성공을 거둔 분야는 문학이었다. 신문, 라디오, 영화 등은 현대적이고 단순화된 문어체 아랍어를 전 아랍 세계에 보급했다. 그 덕택에 이집트식 아랍어 말투와 억양이 전 아랍 지역에 통용되기 시작했다. 전통적인 아랍어의 형태를 보존하기 위해 바그다드, 다마스쿠스, 카이로 등 세 곳에 연구기관이 설립되었다. 약간의 반대가 있긴 했지만 대체적으로 문어체 아랍어를 발전시켜야 한다는 대의에 대해서는 모두가 공감하고 있었다. 그러나 당시 작가들은 새로운 방식으로 아랍어 작품 쓰기를 시도하기도 했다. 1890년대 무렵 이집트에서는

'아폴로'Apollo 시詩 동호회가 결성되었다. 아폴로 그룹은 전통 운율과 시어를 사용했고, 개인적인 감정을 표현하는 데 있어서는 시 전체의 통일성을 중시했다. 아폴로 그룹에서 가장 유명한 시인은 자키 아부 샤디Zaki Abu Shadi(1892~1955)였다. 영국 시와 프랑스 시는 아폴로는 물론 후대의 시 그룹에도 영향을 미쳤다. 낭만주의 시인들은 감정의 진지한 표현을 중요시했으며 자연 세계에 눈을 돌렸다. 이러한 경향은 과거 아랍시 전통에서는 찾아볼 수 없는 것이었다. 북미 혹은 남미로 이주했던 레바논 시인들은 잃어버린 세계에 대한 향수를 낭만주의 형식으로 노래했다. 레바논 낭만주의자들은 시인이란 바깥세계로부터의 상상을 통해 진리에 목소리를 실어주는 선각자라고 여겼다. 과거의 시적 전통에 대한 부정은 극단으로 치닫기도 했는데, 이러한 예는 튀니지의 시인 아불 까심 알 샤비Abu'l-Qasim al-Shabbi(1909~1934)의 작품에서 그 전형을 찾아볼 수 있다. 그는 "지난 역사의 매 시기마다 아랍인들의 정신이 만들어 낸 모든 것들은 단조로울 뿐만 아니라 시적 영감이라곤 하나도 갖고 있지 않다"고 말했다.[1]

과거와의 단절은 고전 문학에서는 볼 수 없었던 새로운 장르가 발전한 사실에서도 나타났다. 희곡은 19세기에도 작품이 쓰였으며 20세기 초반에는 그 수가 더욱 증가했다. 그러나 당시에는 아직 연극 공연장이 매우 드물었다. 이집트의 나집 리하니Najib Rihani가 설립한 극장은 몇 안 되는 공연장 중 하나로서 사회 풍자극과 자신이 직접 창작한 '키쉬 키쉬 베이'Kish-Kish Bey를 무대에 올렸다. 소설과 단편의 등장은 문학의 발전에 한층 더 많은 기여를 했다. 이러한 현상은 특히 이집트에서 두드러졌다. 19세기 말과 20세기 초에 태어난 이집트 작가들은 사회와 개인을 분석하고 비

1 Abu'l-Qasim al-Shabbi, quoted in M. M. Badawi, *A Critical Introduction to Modern Arabic Poetry* (Cambridge, 1975), p. 159.

평하기 위한 새로운 수법을 창안했다. 작가들은 이야기를 통해 촌락과 도시에 사는 빈곤층의 가난과 애환, 사회적 억압에 맞서 자신의 정체성을 찾고자 하는 개인의 분투, 세대 간의 갈등, 서구적 생활 방식과 가치관이 몰고 온 파국적인 결과 등을 그려냈다. 당시 활약했던 가장 유명한 소설 작가 가운데는 마흐무드 타이무르Mahmud Taymur(1894~1973)와 야흐야 학끼 Yahya Haqqi(1905년 출생)를 꼽을 수 있다.

당대에 직면한 시대적 문제와 소망을 가장 탁월하게 표현한 작가는 이집트의 따하 후세인Taha Husayn(1889~1973)이었다. 그는 대표적인 작가였을 뿐만 아니라 가장 독창적인 세계관을 가진 인물로서 문학계에 길이 남을 불후의 명저인 자서전 ≪유년시절*al-Ayyam*≫을 저술했다. ≪유년시절≫은 눈먼 어린 소년이 자기 자신과 주변의 세계를 인식해 나가는 과정을 서술한 작품이다. 그 밖에 따하 후세인은 각종 소설, 에세이, 역사서, 문학 비평서 등은 물론 ≪이집트 문화의 미래*Mustaqbal al-thaqafa fi Misr*≫와 같은 비중 있는 작품을 내놓았다. 당시 그가 저술한 일련의 작품들은 이집트 문화를 규정하는 데 있어서 가장 중요하다고 여긴 세 가지 요소를 균형 있게 다루려고 한 노력의 흔적을 잘 보여주고 있다. 그 세 가지 요소란 첫째, 고전 아랍어와 같은 아랍적 요소, 둘째, 그리스의 합리주의와 같이 각 시기마다 유입된 외래문화 요소, 셋째, 오랜 역사를 통해 전수되어 온 이집트적 요소 등이다.

> 아랍화 시기 이후 줄곧 이집트의 문학 정신을 규정해 온 요소는 크게 세 가지였다. 그 중 첫째는 고대로부터 물려받은 순수한 이집트적 요소이다. 우리는 이것을 이집트의 하늘과 땅 그리고 나일 강과 사막으로부터 끊임없이 가져왔다. 둘째는 아랍적인 요소로서, 이것은 언어, 종교, 문명 등을 통해 우리에게 전수되어 왔다. 무엇을 하든 우리는 아랍적 요소로부터 벗어나거나 그것을 약화시키거

나 삶에 미치는 그것의 영향력으로부터 벗어날 수 없다. 왜냐하면 아랍적 요소는 그 생성 방식과 특징에 있어서 우리의 삶과 혼재되어 있기 때문이다. 그것을 단지 외래의 요소라고 치부하지 마라. 아랍어는 외래의 언어가 아니라 바로 우리의 언어다. 우리에게 아랍어는 고대 이집트어보다 수천 배 가까이 있다. 셋째는 외래 요소로서, 과거부터 줄곧 이집트인들의 삶에 영향을 미쳐왔을 뿐만 아니라 앞으로도 영원히 그러할 것이다. 외래 요소는 동양과 서양의 선진 문명과의 접촉을 통해 이집트로 유입되었다. 이집트인들은 고대시기에 그리스인, 로마인, 유대인, 페니키아인 등과, 중세시기에 아랍인, 터키인, 기독교 십자군 등과, 현대에서는 유럽 및 미국인과 접촉해 왔다. 나는 이집트의 교육이 상기한 세 가지 요소들 간의 조화 위에 기반을 두고 있어야 한다고 생각한다.[2]

이집트는 그리스 사유가 만들어 낸 문화권의 일원이라고 말한 따하 후세인의 발언은 당대의 최대 논쟁거리가 되었다. 그러나 그가 기여한 최대의 공헌은 아마도 아랍어에 대한 관심이었을 것이다. 그는 아랍어가 현대의 지성과 감성에서 보이는 뉘앙스를 모두 표현할 수 있다는 점을 증명하고자 했다.

따하 후세인은 이슬람에 관해서도 저술했다. 1920년대와 1930년대에 그는 상상력을 동원하여 예언자 무함마드의 일생을 그린 작품을 내놓았다. 이러한 식의 작품들은 일반 독자들의 취향을 만족시켜 주었다. 나중에 따하 후세인은 작품의 방향을 바꾸었다. 한동안 그의 작품 세계는 이슬람보다 이집트의 민족 정체성 문제를 천착하기도 했다. 이와 같은 성향은 그가 살았던 당대의 아랍 지식인들 사이에 나타난 공통된 특징이었다.

2 Taha Husayn, reply to Tawfiq al-Hakim, *al-Risala*, 15 June 1933, pp. 8-9; reprinted in Fusul fi'l-adab wa'l-naqd (Cairo, n.d.), pp. 107-109.

그들의 화두는 무엇보다도 민족이었다. 그들의 관심사는 단순히 어떻게 독립을 쟁취하느냐에 그치지 않고 어떻게 현대 세계에서 부를 얻고 번영할 수 있느냐의 문제로까지 확대되었다. 민족Nation에 대한 정의는 얼마든지 달라질 수 있다. 당시 아랍 국가들은 유럽의 식민 당국들과 각기 상이한 문제에 직면하고 있었기 때문에, 각 국가들(특히 정치지도자들)은 각자의 실정에 맞는 나름대로의 민족주의 운동과 이데올로기를 발전시키고자 했다. 이러한 예는 이집트의 경우에서 확연히 드러난다. 이집트는 무함마드 알리의 치세 이후 독특한 정치적 정체성을 지녀왔다. 이집트가 독특한 정체성을 지니고 있다는 사실은 때때로 역사 이론에 의해 정당화되기도 했다. 민족주의 운동은 현재 혹은 가까운 과거에 대해 부정하면서 동시에 이슬람 이전의 보다 먼 과거에 대한 기억으로부터 힘을 얻고자 했다. 고고학자들의 발견과 박물관의 개원은 먼 과거의 역사를 현실로 보여주는 계기가 되었다. 1922년 투탕카멘Tutankhamen의 묘지 발굴은 세인들의 관심을 불러일으켰을 뿐만 아니라, 이집트인들에게 자신들의 삶이 고대 파라오 시절부터 이어 내려온 것이라는 사실을 확신시켜 주는 기폭제가 되었다.

이집트 궁중 시인을 지낸 바 있었던 아흐마드 샤우끼는 1920년대 이집트 민족주의의 대변자로 떠올랐다. 그는 자신의 민족주의적 영감과 희망을 아주 먼 고대 이집트의 역사 유적으로부터 가져왔다. 아흐마드 샤우끼는 카이로의 한 공원에서 행해진 유적물 제막식을 기념하기 위해 시 한 편을 헌상한 바 있었다. 그 시에서 그는 이집트의 모든 역사를 변함없이 굽어보고 있는 스핑크스를 다음과 같이 묘사했다.

> 말하라! 너의 말은 우리를 인도하리라. 전하라! 네가 전하는 사실은 우리를 위로하리라. 너는 태양과 달의 위대한 자손 파라오를 보지 않았는가? 파라오는 우리 조상들의 문명을 일으키고 거대한 건축물과 유물을 세우신 분이셨다. 또한

> 너는 카이사르가 우리에게 저지른 만행도 보았다. 그는 우리를 노예로 삼았고 그의 군대는 우리를 마치 당나귀 몰듯이 마음대로 움직였다. 그러나 결국 그들은 소수의 고상한 정복자들에 의해 패배하고 말았다. … [스핑크스가 말한다:] 나는 당신들에게 힘이 되어줄 수 있는 무엇인가를 지켜왔습니다. 왜냐하면 돌처럼 달콤함을 지켜줄 수 있는 것도 없으니까요. 밝아오는 희망의 아침이 절망으로 가득한 어둠을 몰아내고, 지금 이 순간이야말로 그토록 염원해 왔던 아침입니다.[3]

이 같은 민족주의 운동의 근저에는 직접적이든 간접적이든 아랍적인 요소가 밑바탕에 깔려 있었다. 민족주의 운동이 추구했던 목적은 자주적이고 번영한 근대 사회였다. 따라서 근대적 표현 수단과 통합의 기제로서 아랍어를 부활시키는 것은 중심과제가 될 수밖에 없었다.

똑같은 이유에서 이슬람적 요소 역시 민족주의의 형성에 큰 역할을 하지 않을 수 없었다. 그러나 당시에 이슬람적 요소는 지식인 계층 사이에서 가시적으로 모습을 드러내지 못했는데, 그 이유는 크게 두 가지였다. 첫째, 근대 민족주의 국가가 성공하기 위해서는 정 · 교 분리가 필수 조건으로 여겨졌기 때문이다. 둘째, 시리아, 팔레스타인, 이집트 등과 같이 일부 동부 아랍 국가들에서는 무슬림과 기독교도가 함께 살고 있었고, 따라서 당연히 종교보다는 민족적 공감대를 강조할 수밖에 없었기 때문이다. (레바논은 이러한 측면에서 어느 정도 예외에 속했다. 프랑스인들이 창건한 대大 레바논은 오스만 제국의 통치 시기보다도 많은 무슬림 인구를 갖게 되었다. 당시 레바논에 편입된 무슬림들은 보다 큰 아랍 혹은 시리아 공동체의 일원이 되어야 마땅하다고 생각하고 있었다. 한편 기독교도들은 레바논은 기본적으로 기독교 국가라

---

3 Ahmad Shawqi, *al-Shawqiyyat*, Vol. I (Cairo, n.d.), pp. 153-166.

고 생각했다. 기독교와 무슬림 공동체가 합의를 통해 국가를 건설해야 한다는 사고가 힘을 얻기 시작한 것은 1930년대 말에 이르러서였다.)

하나의 집단이 민족을 형성하고 민족이 국가를 이루어 독립한다는 발상은 당연해 보이기 때문에 항상 사회 조직 운영의 방향을 제시하는 지침의 역할을 해 왔다. 그러나 이 당시에는 민족주의 문제가 다양한 사상이 교차하는 논란의 대상이 되었다. 당시에는 민족주의는 일반적으로 세속주의를 의미했다. 세속주의란 다양한 사상과 종교를 수용하고 국가와 사회의 이익을 우선시하는 정책을 펼쳐야 한다는 것을 뜻한다. 또한 민족주의는 입헌주의를 의미하기도 했다. 입헌주의란 국가의 의사는 의회 앞에 책임을 지는 선출 정부에 의해 결정되어야 한다는 것을 의미한다. 한편 민족주의는 대중 교육의 필요성을 강조하기도 했다. 교육이야말로 국민들로 하여금 완전한 성원으로서 집단생활에 참여할 수 있도록 도와줄 수 있기 때문이다. 마지막으로 민족주의는 국가 산업 발전을 지칭하기도 했는데, 산업화는 곧 국력의 원천으로 여겨졌기 때문이다.

유럽을 현대 문명의 모범으로 여기는 사상은 19세기 개혁 정부뿐만 아니라 20세기 민족주의 운동가들에게도 많은 영향을 미쳤다. 독립을 얻는 것은 유럽 국가들에 의해 동등한 일원으로 받아들여지고, 외국 시민들에게 부여했던 특권을 폐지하고, 국제연맹에 가입하는 것을 의미했다. 근대화란 서유럽 국가들과 유사한 정치 및 사회적 생활 방식을 취하는 것을 뜻했다.

민족주의 문제와 관련된 사상운동 가운데 또 한 가지 간과할 수 없는 것이 있다. 그것은 바로 민족주의가 여성 해방 운동을 촉발시켰다는 사실이다. 19세기 후반 정부와 외국의 선교단체들이 여학교를 개설하자 여성 해방 운동은 더욱 고무되었다. 여행을 통한 왕래, 유럽의 언론, 유럽 여성들의 출현 등도 이를 부추겼다. 여성 해방 운동은 이슬람 개혁 운동을 주창했던 소수 작가들의 작품 속에서 이론적 정당성을 찾았다(그러나 모든 작품들이 그러한 역할을 했던 것은 아니다).

베이루트의 유력한 순니파 가문 출신의 여류 작가가 저술한 자서전은 변화를 향한 발상을 담아내고 있었다. 안바라 살람ʻAnbara Salam은 19세기 말기에 태어난 레바논 여성 작가다. 그녀는 보수적인 가정에서 성장했기 때문에 20대까지 공개석상에서 베일을 써야 했지만 현대적 교육만큼은 철저하게 받았다. 안바라 살람의 어머니와 할머니는 교양을 갖추었을 뿐만 아니라 종교와 역사 서적을 즐겨 읽었다. 안바라 살람은 한동안 가톨릭 학교에 다닌 적이 있었는데, 그곳에서 수녀들이 보여준 겸양과 친절은 그녀의 뇌리 속에 오랜 기억으로 남게 되었다. 그 후 그녀는 이슬람 자선단체가 설립한 학교로 자리를 옮겼다. 또한 그녀는 당대 최고의 학자로부터 아랍어로 수업을 받기도 했다. 1912년 안바라 살람은 카이로를 방문했으며, 그곳에서 전깃불, 승강기, 자동차, 여성 전용석을 갖춘 영화관 및 극장 등과 같은 현대 문명의 이기를 체험했다. 그녀는 이미 십대 시절에 언론에 글을 기고하고, 여성 모임에서 연설하고, 여성의 독립적 지위에 관한 신사고를 받아들인 바 있었다. 그녀는 어린 나이에 약혼을 해야 하는 현실을 부정했고, 그런 이유에서 생면부지의 남성과 결혼하지 않겠다고 결심했다. 안바라 살람은 예루살렘의 유력 가문 출신 남성인 아흐마드 사미흐 알 칼리디Ahmad Samih al-Khalidi와 결혼을 했다. 그는 아랍인들의 교육 수준 향상을 위해 노력한 지도자였다. 안바라 살람은 남편과 함께 팔레스타인 아랍인들이 겪어야 했던 역정과 고난을 함께 했을 뿐만 아니라 개인적으로는 아랍 여성들의 해방을 위해 주어진 소임을 다했다.[4]

---

4 ʻAnbara Salam Khalidi, *Jawla fi'l-dhikrayat bayn Lubnan wa Filastin* (Beirut, 1978).

민족이 지닌 모든 잠재력을 키우려는 바람은 여성 해방 운동에 새로운 의미를 부여했다. 나머지 반쪽이 힘을 발휘하지 못한다면 어떻게 민족 전체가 번영할 수 있을 것이며, 또 권리와 의무에서 불평등이 존재하고 있는 상태에서 어떻게 자유로운 사회가 가능할 수 있단 말인가? 민족주의 운동이 고조에 달하자 여성 운동은 새로운 용기를 얻게 되었다. 1923년 당시 이집트의 페미니스트 운동 지도자였던 후다 샤으라위Huda Sha'rawi(1878~1947)는 로마에서 개최된 여성 회담에 참석한 후 카이로의 중앙 기차역에 도착했다. 이때 그녀는 기차의 발판에 올라 얼굴에서 베일을 벗어 던졌다. 그 순간 자리에 참석했던 여성들이 갈채를 보냈고, 일부 여성들은 그녀의 행동을 똑같이 따라 했다. 동시대의 여성들은 후다 샤으라위의 행동을 모방하기 시작했고, 결국 후세대에 이르러서는 베일을 착용하지 않을 수 있게 되었다.

하지만 1939년까지 변화의 물결은 별 진전을 보지 못했다. 취학 여성의 숫자는 더욱 증가하고 일부 소수의 여성은 대학까지 진학했다. 사회 활동의 자유 역시 더욱 확대되었다. 그러나 여성의 법적 지위는 실질적으로 크게 변화하지 않았다. 여성들 가운데는 이집트의 와프드당 운동 혹은 팔레스타인의 반영反英 투쟁과 같은 정치 활동에 참여하는 자들도 있었다. 그러나 직업의 기회는 여전히 여성들에게 문호를 개방하지 않았다. 그나마 이집트, 레바논, 팔레스타인 등과 같은 국가들에서는 여성의 지위가 조금씩은 향상되고 있었다. 그러나 모로코, 수단, 아라비아 반도 국가들에서는 아무런 변화의 조짐도 보이지 않았다.

지도층과 대중들의 이슬람

도시에 오랫동안 터전을 잡아 왔던 주민들은 소득 수준에 상관없이 공동체 속에서 함께 생활하며 자신들만의 경험을 공유하고 있었다. 공통된 의복 양식과 종교적 성소들은 도시 주민들을 하나로 결속시켰다. 귀족과 부유층은 공예인 혹은 상점주들과 함께 살며 제품 생산을 감독하고 보호자의 역할을 했다. 도시와 농촌은 비록 종교적 양태가 다르긴 했지만, 예배, 라마단, 순례, 성지 등과 같은 요소들을 공통적으로 갖고 있었다. 도시에 살고 있었던 대부분의 울라마(종교학자)는 다양한 형태의 수피 종단에 소속되어 있었다. 당시 각 수피 종파들은 농촌 지역 곳곳에 분원分院을 소유하고 있었다. 촌락 주민들은 관습에 따라 생활하고 있었지만 기본적으로 샤리아만큼은 존중하고 있었다. 또한 주민들은 중요한 협정을 맺거나 공동의 사업을 착수할 때 샤리아의 형식을 빌리기도 했다. 그러나 이 무렵부터 사상과 실천 두 영역의 간극은 점차 벌어지기 시작했다. 신도시의 등장과 함께 주민들의 거주 구역이 물리적으로 분리되어 있었는데, 이는 인생관, 취향, 취미, 신앙 등이 심각한 분열상을 겪고 있음을 상징적으로 보여주었다.

1930년대 무렵 대부분의 지식인 계층은 더 이상 샤리아에 구속받지 않았다. 새롭게 건국된 터키 공화국은 샤리아를 공식적으로 폐기했고 대신 유럽식 실정법을 도입했다. 아랍 국가들 혹은 그들을 지배하고 있었던 유럽의 식민 당국은 터키와 같은 급진적인 변화는 취하지 않았다. 그러나 19세기 무렵 개혁적 전제 군주 혹은 외국의 식민 당국에 의해 영향을 받았던 국가들 대부분은 이원화된 법률 체제를 받아들였다. 즉 형사, 민사, 상업 등과 관련된 사건들은 유럽식 법률과 절차에 따랐던 반면, 샤리아와 이를 집행하는 판관의 권한은 개인 지위와 관련된 문제들을 판결하는 것으로 한정되었다. 다만 아라비아 반도 지역만은 예외였다. 특히 사우디아라비아는 한발리 법학파의 해석을 따른 샤리아만을 국가의 유일한 법으로 인정했으며, 국가 공무원들은 예배 및 단식과 같은 종교적 의무를 엄격히 관리했다. 변화가 급속히 진행된 국가에서는 샤리아가 명한 종교적 의무조차 이전처럼 지켜지지 않았다. 물론 이슬람의 율법은 여전히 출생, 혼약, 장례, 유산 등과 같이 중요한 의례들을 관장하고 있었다. 그러나 신흥 부르주아들이 사는 동네에서는 하루 다섯 차례 예배 시각을 알리기 위해 울려 퍼지는 아잔 소리가 시간의 흐름과 인생의 변화를 일깨워주는 데 큰 의미를 주지 못했다. 과거 메디나에서는 이웃들이 서로를 감시하며 사회적 압력을 행사할 수 있었다. 그러나 사람들이 이와 같은 압력으로부터 자유로워지게 되자 라마단과 같은 종교적 의무를 철저히 지키지 않게 되었다. 이와 더불어 알코올음료의 소비도 점차 증가해 갔다. 이슬람은 생활을 규제하는 율법이라기보다는 하나의 문화유산이라고 여기는 부류의 사람들이 증가했던 것이다.

지식인 계층 가운데는 이슬람을 여전히 살아 있는 신앙으로 받아들이고 있는 사람들도 있었는데, 이들은 이슬람을 새로운 방식으로 해석하기 시작했다. 도시 상류층 사회에서 울라마의 지위는 변화를 겪었다. 울라마는 더 이상 정부의 조직에서 중요한 위치를 점하지 못하게 되었고, 그들 대신 정치지도자들이 부르주아들의 열망을 대변하게 되었다. 또한 울라마들이 설파했던 가르침은 장래가 유망한 젊은이들로부터 더 이상 매력을 끌지 못했다. 뿐만 아니라 그들의 가르침은 정부를 발전시키고 근대세계를 이해하고 주도해 나가는 데 아무런 도움을 주지 못했다. 시리아, 팔레스타인, 레바논, 이집트, 튀니지 등에서는 좋은 집안 출신의 젊은이들(상당수의 여성을 포함한)이 현대식 국립 혹은 외국계 고등학교에 진학하고, 카이로나 베이루트, 프랑스, 영국, 미국 등에 있는 대학으로 유학을 갔다. 변화 과정이 다소 늦었던 모로코에서조차 학생들이 까라윈 대학 대신 프랑스인들이 페스에 신설한 물레이 이드리스 대학Collége Moulay Idris으로 몰려들었다.

신식 교육을 받은 지식인들은 아즈하르나 자이투나와 같은 전통 대학 출신의 지식인들과 이슬람에 대한 견해를 달리했다. 새로운 지식인들은 압두 학교 출신의 개혁주의자들과 유사한 입장을 갖고 있었다. 압두의 사상을 종교와 사회의 분리라는 관점에서 해석했던 사람들은 1920년대 동안 새로운 주제를 논쟁거리로 삼았다. 새롭게 건국된 터키 공화국이 오스만 제국의 칼리파 제도를 폐지하자, 이를 계기로 정치권력의 본질에 관한 논의가 촉발되었다. 압두의 추종자 가운데 하나였던 알리 압둘 라지끄'Ali 'Abd al-Raziq(1888~1966)는 유명한 저서인 ≪이슬람과 정치권력의 근본*al-Islam wa usul al-hukm*≫을 저술했다. 그는 이 저서를 통해 칼리파의 직위는 신에 의해 부여되는 것이 아니며, 예언자 무함마드는 국가를 건설하기 위해 세상에 오지 않았고 사실 그렇게 행동하지도 않았다고 주장했다.

> 사실 종교로서의 이슬람은 무슬림들이 알고 있는 칼리파 제도와 전혀 무관하다. 칼리파 제도는 종교 제도도 아니요 판관이나 국가의 어느 공직에 해당하는 것도 아니다. 이 모든 것들은 정치적 성격의 직위들이며, 종교는 이들과 아무런 관련이 없다. 종교는 정치적인 문제들을 알지도 못하고 부정할 수도 없고 명하거나 금할 수도 없다. 종교는 정치적인 문제들을 우리에게 맡겼고, 이에 따라 우리는 이성의 원리, 국가적 경험, 통치의 법칙 등에 의거하여 업무를 처리하게 된다.[5]

5 'Ali 'Abd al-Raziq, *al-Islam wa usul al-hukum*, 2nd edn (Cairo, 1925), p. 103.

보수종교주의자들은 알리 압둘 라지끄의 사상을 백안시했지만, 칼리파 제도를 부활시켜서는 안 된다는 주장에 대해서는 대체로 동의했다.

또 하나의 사상이 압두에 기원을 두고 발전하여 신앙의 근본으로 되돌아가고 그로부터 합리적 사유를 통해 현대에 적합한 사회적 윤리를 정립해야 한다고 주장했다. 이 같은 개혁주의 사상은 마그립 지역에 큰 영향을 미쳤고, 결국 정치적 형태를 띠게 되었다. 알제리에서는 무함마드 벤 바디스Muhammad Ben Badis가 1931년에 알제리 울라마 협회를 설립했다. 이 협회의 목적은 지난 한 세기 동안 프랑스의 지배로 인해 뿌리를 잃어버린 알제리 국민들에게 이슬람과 아랍어를 되찾아 주는 것이었다. 울라마 협회는 그러한 작업의 일환으로 ≪꾸란≫과 ≪하디스≫를 바탕으로 이슬람을 새롭게 해석하고 각 종파와 법학파 간의 장벽을 허물기 시작했다. 이를 위해 울라마 협회는 아랍어로 교육하는 사립학교를 설립하고 이슬람 관련 기관들이 국가의 통제로부터 벗어날 수 있도록 노력했다. 울라마 협회의 노력은 수피 지도자들과 프랑스 정부로부터 반발을 샀다. 1939년 무렵 울라마 협회는 정치적 문제에 개입하게 되었다. 울라마 협회는 프랑스 통치구조 속에서 무슬림들은 자신들의 고유한 법과 사회적 윤리를 포기하지 않고도 동등한 권리를 누릴 수 있어야 한다는 민족주의자들의 주장에 동조했다.

1920년대에는 모로코에서도 개혁주의자들의 가르침이 뿌리를 내렸고 그 결과는 알제리에서와 유사했다. 개혁주의자들은 모로코에서 보이는 이슬람 말기의 부패 현상을 일소하기 위해 수피 종단의 지도자들을 몰아내야 한다고 주장했다. 또한 샤리아의 개혁을 통해 새로운 사회와 국가를 건설해야 하고, 이를 위해서는 국가를 점령하고 있는 외세의 통치에 항거해야 한다고 강조했다. 이와 같은 개혁주의 사상은 결국 정치적 움직임으로 구체화되었다. 개혁주의자들로부터 가르침을 받은 알랄 알 파시'Allal al-

Fasi(1910~1974)는 민족주의 운동의 지도자가 되었다. 1930년 민족주의 운동은 행동으로 구체화되기 시작했다. 이 무렵 프랑스 식민 당국은 베르베르 지역에 샤리아 대신 관습법을 도입하려고 노력했다. 민족주의자들은 이와 같은 프랑스의 시도를 베르베르인들과 아랍인들을 이간하려는 음모로 간주했고 이를 빌미로 도시민들 사이에서 자신들에게 유리한 여론을 조성하고자 했다.

교육받은 지도층은 각종 개혁 운동을 주도한 반면 도시 대중과 대부분의 농촌 인구는 여전히 전통적인 사유와 행동 양식을 따르고 있었다. 예배, 단식, 순례 등은 아직도 중요한 일일 혹은 연중행사로 여겨지고 있었다. 또한 금요일 모스크 예배의 설교사와 성인의 무덤 사원을 관리하는 수피 선사들은 여전히 일상의 주요 사건이 발생할 때마다 여론을 형성하고 대변하는 역할을 맡고 있었다. 수피 종단들 역시 아직도 도시와 농촌 대중들 사이에 널리 퍼져 있었지만 그 성격과 기능은 변화하기 시작했다. 개혁주의와 와하비 사상의 영향으로 울라마와 지식인들은 점차 수피 종단에 가담하기를 꺼려하게 되었고, 이로써 수피 사상과 수행 방식은 이제 도시 고급문화의 주류로부터 벗어나게 되었다. 정부가 농촌지역을 확고하게 장악하게 되자 수피 지도자들의 정치적 역할은 과거에 비해 제약을 받게 되었다. 그러나 정부의 통치가 미치지 못하거나 미약한 곳에서는 수피 지도자가 여전히 정치적 영향력을 행사할 수 있었다. 이러한 예는 이탈리아 점령기의 리비아에서 찾아볼 수 있다. 당시 사누시야 종단의 지도자들은 동부에 위치한 키레나이카 지역을 중심으로 대對 이탈리아 항전을 지휘했다.

민중들이 믿는 이슬람 역시 보다 적극적이고 정치적인 형태를 띠기 시작했다. 1930년대에는 프랑스와 알제리에 거주하고 있는 알제리 노동자들을 중심으로 민중 이슬람 운동이 전개되어 나갔다. 그 대표적인 예로서 멧살리 알 핫즈Messali al-Hajj가 이끈 '북아프리카의 별' Etoile Nord-Africaine 운동이 있다. 이 운동은 프랑스에서 교육받은 지도층들이 전개했던 개혁 운동에 비해 민족주의 성향이 강했을 뿐만 아니라 이슬람 정서도 다분히 반영되었다. 보다 중요한 이슬람 운동 단체는 이집트의 무슬림 형제단the Society of Muslim Brothers으로서, 이 단체는 나중에 각 이슬람 국가에서 등장한 각종 유사 단체의 원형이 되었다. 무슬림 형제단은 1928년 초등학교 교사였던 하산 알 반나Hasan al-Banna(1906~1949)에 의해 설립되었다. 무슬림 형제단은 오로지 정치적인 목적만을 추구하는 단체가 결코 아니었다.

> 너희(무슬림 형제단원)들은 자선단체도 아니요, 정치 정당도 아니며, 특수한 목적을 지닌 지방 조직체도 아니다. 너희들은 바로 나라의 심장 안에 있는 새로운 영혼으로서 ≪꾸란≫을 통해 나라에 생명을 불어넣는 자들이다. 누군가 너희에게 무엇을 부르짖냐고 묻거든 이슬람이라고 답하라. 이슬람은 예언자 무함마드가 전한 계시로서, 정부의 근원이 되며 자유를 의무 가운데 하나로 여긴다. 누군가 너희에게 당신은 정치적인 단체라고 말한다면, 이슬람은 그 같은 분별을 인정하지 않는다고 답하라. 또한 누군가 너희에게 당신은 혁명주의자라고 비난한다면 다음과 같이 답하라. 우리는 우리가 진정으로 믿고 긍지를 갖는 정의와 평화를 외치는 자들이다. 만일 네가 우리에게 맞서거나 뜻을 막는다면, 우리가 너의 불의에 맞서 스스로를 지킬 수 있도록 알라께서 허락하실 것이다.[6]

무슬림 형제단은 개인과 사회의 도덕을 개혁하기 위한 운동으로 출발했다. 무슬림 형제단은 이슬람 사회에서 발견되는 오류를 반성의 대상으로 삼았고 이러한 점에서 살라피야*Salafiyya* 운동으로부터 영향을 받았다고

6 Quoted in R. Mitchell, *The Society of the Muslim Brothers* (London, 1969), p. 30.

볼 수 있다. 그들의 의견에 따르면, 이슬람이 쇠퇴한 원인은 극단적 형태의 수피즘을 맹목적으로 따르거나 도입했기 때문이다. 또한 서구의 영향도 이슬람의 쇠퇴에 한몫 거들었다. 물론 서구도 나름대로의 사회적 가치관을 갖고 있긴 하지만, 외래의 가치관, 부도덕, 선교, 제국주의 침략 등은 이슬람 사회를 쇠퇴시켰다. 이와 같은 상태를 치유하기 위한 첫걸음은 모든 무슬림들이 진정한 이슬람으로 되돌아가는 것이다. 또한 진정한 이즈티하드로써 ≪꾸란≫을 해석하고 삶의 매 순간마다 ≪꾸란≫의 가르침을 따르려고 노력해야 한다. 이집트는 샤리아의 개혁을 통해 이슬람 국가로 거듭나야 한다. 이러한 변화는 삶의 모든 영역에 의미를 부여하게 될 것이다. 여성들은 교육을 받고 직업을 가질 수 있어야 한다. 그러나 남녀간의 사회적 거리는 어느 정도 유지되어야 바람직할 것이다. 교육은 종교에 바탕을 두어야 하며, 경제 역시 ≪꾸란≫의 원리에 입각하여 개선되어야 마땅하다.

무슬림 형제단의 가르침은 정치적인 의미도 포괄하고 있었다. 처음에 형제단원들은 자신들이 직접 통치자로 나서야 한다고 주장하지 않았다. 그러나 점차 그들은 샤리아를 준수하는 자들만이 통치자로서의 자격을 갖고 있다고 생각하게 되었다. 그 결과 그들은 샤리아와 이슬람 공동체를 위협하는 외세에 대해 항거하기 시작했다. 형제단원들은 처음에 이집트에 관심을 집중했지만 점차 이슬람 세계 전체로 시야를 넓혀나갔다. 무슬림 형제단은 1930년대 팔레스타인 아랍인들의 봉기를 계기로 처음으로 정치 문제에 개입하게 되었다. 1930년대 말에 이르러 무슬림 형제단은 괄목할 만한 정치 세력으로 성장했으며 도시 인구를 대상으로 지지층을 확산시켜 나갔다. 무슬림 형제단의 지지 기반은 빈곤층이나 고도의 지식층이 아닌 중산층이 대부분이었다. 중산층에 속한 사람들은 지배층에서 배제된 공예인, 소상인, 교사, 직업인 등이었다. 이들은 영어나 프랑스어가 아닌 아랍어로 교육을 받은 자들로서 간단한 읽기 능력을 갖추고 있었다.

무슬림 형제단과 같은 이슬람 운동 단체들은 이슬람 교리와 율법이 현대세계에서 필요로 하는 사회적 기반을 제공할 수 있다고 믿고 있었다. 그리고 이 같은 믿음은 사우디아라비아와 같이 실제로 이슬람 교리에 바탕을 둔 국가가 창설됨으로써 힘을 얻게 되었다. 압둘 아지즈 국왕과 그를 지지했던 와하비주의자들은 부족의 전통 관습이나 서구의 새로운 제도 대신 한발리 법학에 입각한 샤리아를 국가 운영의 최우선으로 삼고자 했다. 이 같은 시도는 후에 사우디아라비아의 국제적 위상이 높아지면서 더 많은 영향력을 발휘하게 되었다. 그러나 이 무렵에도 사우디아라비아의 시도는 어느 정도 반향을 불러일으키고 있었는데, 그 이유는 사우디아라비아가 비록 빈곤하고 후진적인 국가였지만 이슬람의 성지들을 갖고 있었기 때문이다.

제5부
국민국가 시대
(1939년 이후)

● 제2차 세계대전은 세계의 권력 구조를 변화시켰다. 프랑스의 패배, 전쟁의 재정적 부담, 초강대국으로서 미국과 소련의 출현, 여론 흐름의 확실한 변화는 이후 20년간 아랍 지역에서 영국과 프랑스 지배를 종식시켰다. 1956년 수에즈의 위기와 1954~1962년 알제리 전쟁은 영국과 프랑스, 두 열강이 자신들의 지위를 거듭 주장하기 위한 최후의 주요한 시도들이었다. 팔레스타인에서의 영국의 철수는 아랍인들을 패배로 이끌었고 이스라엘 국가가 창설되었다. 그 밖의 곳에서 이전의 지배자들은 민족의 근원, 대중 교육과 여성 해방의 전개 등 민족주의 이념과 뜻을 같이하는 정부들로 대체되었다. 이 정부들은 급변하는 사회 내부에서 그들의 정책 실현을 위해 노력해야 했다. 인구는 급속히 증가하고, 도시들은 팽창하고, 특히 수도에서 그러했다. 사회는 다른 방법으로 계층별로 분류되었다. 새로운 대중매체들—영화, 라디오, 텔레비전, 카세트—은 다른 종류의 동원

을 가능하게 만들었다.

1950년대와 1960년대의 지배적인 이념은 아랍 민족주의였다. 아랍 민족주의는 아랍 국가들의 밀접한 통합, 초강대국들로부터 독립과 더 큰 평등을 향한 사회 개혁을 열망하였다. 이 이념은 이집트의 통치자인 자말 압둘 나세르Jamal 'Abd al-Nasir(1918~1970)[1]에 의해서 일시적으로 구체화되었다. 그러나 1967년 이스라엘과의 전쟁에서 이집트, 요르단, 시리아가 패배함으로써 아랍 민족주의 이념은 성장을 멈추고 분열의 시기를 맞았으며 기세등등한 미국과 다른 초강대국들에 더욱 의존하게 되었다. 다른 면에서 아랍 국민들 사이의 접촉은 더욱 밀접해지고 있었다. 신구 미디어들은 사상과 이미지를 한 아랍 국가로부터 다른 아랍 국가로 전파시켰다. 몇몇 아랍 국가들의 석유 자원 개발은 급속한 경제 발전을 가져왔고, 이것은 다른 국가들로부터 이민자들을 끌어들였다.

1980년대에 여러 요소가 결합되어 민족주의와 사회 정의의 이념에 세 번째 이념이 덧붙여졌다. 이것이 체제에 합법성을 제공할 수 있을 것 같았으나 오히려 체제에 대한 반대 운동을 고무시켰다. 확고한 생활 기반을 찾으려고 고향을 떠난 도시 주민들의 절박한 욕구, 민족주의 이념에 내재하는 과거에 대한 정서, 서구 세계로부터 유입된 새로운 이념과 풍습에 대한 반감, 1979년 이란 혁명의 예는 모두 무슬림들의 감정과 충성심을 급속하게 증대시켰다.

---

1 1952년 자유 장교단을 주축으로 한 쿠데타를 통해서 파루크 왕을 축출하고 1953년 쿠데타 동지인 나기브 소장이 대통령에 취임했다. 나세르는 1954~1956년 총리로, 1956~1970년 대통령으로 재임했다. 나세르는 아랍 세계의 지도자로서 아랍 연합 공화국United Arab Republic(이집트와 시리아의 정치연합, 1958~1961)을 수립했고, 이스라엘과 두 차례 전쟁(1956, 1967)을 치러 패배했으며, 요르단 내전(1970)을 중재하는 등 아랍 세계의 정치에 깊이 관여했다. — 옮긴이

21장
제국들의 종말(1939~1962)

제2차 세계대전

제2차 세계대전이 영국과 프랑스 제국주의 체제 안에 확고하게 포획된 것처럼 보였던 아랍 세계를 엄습하였다. 민족주의자들은 제국주의 체제 내에서 더욱 유리한 위치를 희망하는 것 같았다. 그러나 영국과 프랑스의 군대, 경제적 · 문화적인 지배력은 흔들릴 수 없는 것처럼 보였다. 미국과 소련은 중동과 마그립에 대한 일정한 정도 이상의 관심을 가지고 있지 않았다. 독일과 이탈리아의 위력과 선전은 젊은 세대들에게 약간의 영향을 미쳤지만 전쟁이 발발할 때까지 확고한 토대를 다진 기존 구조는 도전을 물리칠 수 있을 것 같았다. 그러나 또 한 번의 전쟁은 기폭제였고, 지배력과 사회생활에 그리고 전쟁의 영향을 받은 사람들의 이념과 희망에 급격한 변화를 초래하였다.

처음 몇 달 동안 전쟁터는 북유럽으로 제한되었다. 마그립에서 프랑스 군대, 중동에서 영국군과 프랑스 군대가 준비를 하고 있었지만 교전하지는 않았다. 그 상황이 1940년에 변했다. 이때 프랑스는 전쟁에 패해서 철수했고, 이탈리아가 참가하였다. 이탈리아 군대는 이집트 서부 사막과 수단 남부 변경에 있는 에티오피아에서 영국의 진지를 위협하였다. 1941년 초기 몇 달 동안 독일은 유고슬라비아와 그리스를 점령하였고, 동쪽으로 시리아와 레바논, 이라크로 전진할 것이라는 공포를 유발하였다. 시리아와 레바논은 프랑스로부터 지령을 받는 프랑스 행정부에 의해서 통치를 받았고, 이라크 통치권은 라쉬드 알리 알 가일라니Rashid 'Ali al-Gaylani(1892~1965)가 이끄는 일단의 군 장교들과 정치인들의 수중에 있었으며, 이들은 독일과 어느 정도 관계를 맺고 있었다. 1941년 5월에 영국군은 이라크를 정복해서 영국에 우호적인 정부를 세우고, 6월에 영국과 제국 군대, 드골 장군의 부름에 응답한 사람들로 구성된 프랑스군이 시리아를 침략했다. 프랑스는 이 전쟁에서 패하지 않았고 프랑스인들은 전쟁에 계속 참가해야만 했다.

1941년 중반부터 유럽 국가들 사이의 전쟁이 세계 전쟁으로 변했다. 독일의 소련 침략은 독일이 카프카스와 터키를 거쳐서 중동으로 나아갈 가능성을 열어 주었다. 그리고 소련을 지원하려는 영국과 미국의 뜻에 따라 영국과 소련 군대가 이란을 공동 점령하였다. 1941년 말경에 일본이 미국 해군을 공격함으로써 미국은 일본뿐만 아니라 독일과 이탈리아에 대항하는 전쟁을 시작하게 되었다. 1942~1943년은 중동에서 전환점이었다. 독일 군대는 리비아에 있는 이탈리아인들을 보강했다. 1942년 7월에 이탈리아인들은 이집트로 나아가서 알렉산드리아에서 멀지 않은 곳에 주둔했다. 그러나 이 사막 전쟁은 신속하게 진행되어 1942년 말 이전에 반격이 시작되었고, 멀리 서쪽에 있던 영국 군대가 리비아로 들어왔다. 거의 같은 시점인 11월에 영미 연합군이 마그립에 상륙하면서 모로코와 알제리를 재빨리 점령하였다. 독일인들은 튀니지에서 최후의 요새로 퇴각하였고, 마침내 1943년 5월에 동쪽과 서쪽 양 방향으로부터 공격을 받고 이 요새를 포기하였다.

아랍 국가들이 관련된 전쟁은 대체로 끝났다. 전쟁은 영국과 프랑스의 지배를 재차 확인하는 것으로 끝난 것처럼 보인다. 이전에 영국의 지배하에 있었던 지역들은 모두 그대로 남았고, 영국군은 리비아, 시리아, 레바논에도 진주하였다. 프랑스의 통치권은 시리아, 레바논, 마그립 지역에서 형식적으로 여전히 존재하였다. 이 지역들에서 프랑스군은 유럽 내 전쟁 최후의 국면에서 적극적인 활약을 하도록 재조직되었다.

그러나 사실상 영국과 프랑스 세력의 기반은 이미 흔들렸다. 프랑스가 형식적으로 열강의 지위를 유지하면서 승자의 편에 섰음에도 불구하고, 피지배국의 입장에서 본다면 1940년 프랑스의 패배는 그 입지를 약화시켰다. 안정적인 국가의 활기를 재창출하는 문제와 손상된 경제를 회복시켜야 하는 문제가 산적하면서 모로코로부터 인도차이나에 이르는 프랑스 제국을 유지하는 것은 더욱 어렵게 되었다. 전쟁의 결과는 영국을 경제적 위기로 몰고 갔으며, 이 문제는 미국의 도움으로 점진적으로 겨우 극복될 수 있었다. 전후의 피로감과 종속에 대한 현실인식은 이전과 같은 방식으로 광범위한 제국을 통치하는 것이 가능한지 혹은 바람직한지에 대한 의구심을 불러일으켰다. 이 전쟁으로 잠재 능력이 표면화된 두 열강, 미국과 소련은 영국과 프랑스를 볼품없게 만들었다. 미국과 소련은 다른 어떤 국가들보다 앞서는 경제적 자원과 인적 자원을 가지고 있었고, 전쟁을 치르는 동안 세계의 많은 지역에서 영향력을 발휘하였다. 이제부터 미국과 소련은 모든 곳에서 자신들의 이해관계가 고려되도록 주장하는 위치에 있게 되었고, 미국의 원조에 경제적으로 의존하는 유럽은 그 동맹국들에게 압력을 가할 수 있는 강력한 수단을 미국에게 제공하였다.

아랍 국민들 사이에서는 이 전쟁이 삶을 바꿔줄 것이라는 희망이 싹텄다. 여러 갈래로 찢겨지는 유럽의 광경, 승리한 영미 동맹에 의한 고상한 원칙 선언, 세계 열강으로서 공산 러시아의 출현을 비롯한 경쟁적인 선전 활동 등은 군대의 활동(특히 사막에서 민첩하고 광범위한), 점령과 해방에 대한 두려움, 기대, 전망 등을 제시하였다. 이 모든 변화가 아랍 주민들의 삶을 바꿀 것이라는 믿음을 심어 주었다.

그 밖에 많은 변화들 중에서 전쟁 상황은 아랍 국가들이 서로 더욱 밀접하게 통합해야 한다는 이념을 강화시켰다. 카이로는 영국이 중동을 장악하고, 경제 활동을 조직하는 데 있어서 중요 거점이었다. 선박운송을 유지하기 위해 중동 조달 센터the Middle East Supply Centre(처음에는 영국, 후에는 영국과 미국에 의해)가 창설되었다. 그러나 이 센터는 중동이 더 완전하게 자급할 수 있도록 농업과 공업 분야의 변화를 장려하기 위한 수입 규제를 위반하였다. 카이로가 군사적 · 경제적인 결정을 하는 중심지라는 사실은 아랍 국가들 사이에서 밀접한 관계 창출을 선도할 수 있는 기회를 이집트 정부(영국의 모호한 격려와 함께)에게 부여하는 것을 의미했다. 1942년 초에 이집트 왕에게 보낸 영국의 최후통첩은 이집트 왕을 압박하여 와프드당으로 정부를 구성할 것을 요구하였다. 전쟁이라는 위기의 순간에 왕과 그 주변 사람들보다는 이 지역을 통제할 수 있고 영국에 더 협조적인 이집트 정부를 세우는 것이 영국에게 더 바람직해 보였다. 영국의 후원으로 와프드 정부는 아랍 국가들 사이에서 더욱 밀접하고 공식적인 통합의 가능성에 관하여 다른 아랍 국가들과 토론을 시작할 수 있었다. 아랍 국가들 사이에는 정서와 이해관계 면에서 입장차가 존재했다. 시리아와 이라크의 지도자들은 여전히 오스만 제국의 상실된 통합에 대한 기억들을 떠올리며 좀 더 밀접한 결속을 희망했다. 레바논은 자신들을 아랍인으로 생각하는 사람들과, 레바논은 독립된 국가이며 서유럽과 밀접하게 연결된 것으로 생각하는 사람들, 주로 기독교인들 간에 불안정한 균형이 유지되었다. 이집트, 사우디아라비아와 예멘 정부는 아랍 연대에 대해 어느 정도 공감을 하면서도 자신들의 국가 이익에 대한 생각이 더 강했다. 이들 모두 팔레스타인 아랍인들에 대한 효율적인 지지를 창출하기를 희망했다. 1944년에 알렉산드리아에서, 1945년에 카이로에서 두 번의 대회가 개최된 결과 아랍 국가 연맹the League of Arab States을 창설하였다. 이것은 7개 국가(이집트, 시리아, 레바논, 트란스요르단, 이라크, 사우디아라비아, 예멘)가 팔레스타인 아랍인들의 대표와 함께 어느 정도 행동의 자유를 갖도록 하였다. 아랍 국가 연맹은 만약 다른 아랍 국가들이 독립한다면 가입할 수 있도록 문호를 개방하였다. 각 국가의 주권에 대한 간섭은 없었으나 아랍 연맹 국가들은 공통의 관심사—특히 팔레스타인 아랍인들과 마그립의 방어—에서 함께 행동하고 설사 어떤 국제적인 조직이 전쟁 과정에서 출현할지라도 함께 행동하기를 희망했다. 국제연합이 1945년 창설되었을 때 독립 아랍 국가들은 그 구성원이 되었다.

국가 독립(1945~1956)

전쟁이 끝난 이후, 한 세대 동안 두 유럽 국가의 거의 독점적인 영향 아래 있던 중동과 마그립은 4개국 이상의 국가들이 영향력을 행사할 수 있게 되었으며, 전쟁 이전 '유럽 협력'의 시대만큼 그들 사이의 관계가 안정적이지는 않았다. 이 상황에서 민족주의자 파벌들과 그들이 대변하는 지역의 이해관계는 각 국가의 지위 변화를 재촉할 수 있었다.

프랑스는 영국보다 더 약한 위치에 있었고, 프랑스에 가해지는 압박은 더 컸다. 프랑스는 1945년 알제리 동부에서 발생한 폭동을 혹독하게 진압한 이후, 전쟁 말미에 인도차이나와 마그립에서 그 위치를 회복할 수 있었으나 시리아와 레바논을 떠날 수밖에 없었다. 영국과 자유 프랑스 군대가 1941년 이 지역을 점령하였을 때, 행정권을 가졌던 프랑스와 전략적인 통제권을 가졌던 영국이 협정을 맺었다. 시리아와 레바논에 대한 독립을 승인하는 조건으로 영국은 프랑스의 지위를 이 지역에서 최고의 유럽 세력으로 인정했다. 이해관계의 충돌 가능성이 컸다. 자유 프랑스인들은 즉시 자치를 인정하려고 하지 않았다. 만약 프랑스인들이 믿는 것처럼 프랑스 영토를 그 주민들에게 양도하는 것이 아니라 영국의 영향권 아래 들어가게 한다면, 프랑스인들이 바라는 진정한 프랑스는 실현될 수 없다는 것이 그들의 시각이었다. 반면 영국이 독립에 대한 약속을 이행하는 것은 팔레스타인에서 영국의 정책에 적대적인 아랍 민족주의자들에게 유리한 것이었다. 베이루트와 다마스쿠스의 정치인들은 전쟁이 끝난 이후 프랑스의 무제한적인 통치에 남겨지기 전에 독립을 획득하기 위하여 영국과 프랑스 간의 불화를 이용할 수 있었다. 두 번의 위기 상황이 있었다. 한 번은 1943년 레바논 정부가 프랑스의 권한을 제한하려고 시도하였고, 또 한 번은 1945년 시리아인들이 레바논과 유사한 시도를 하여 프랑스가 다마스쿠스를 폭격하였고 영국이 개입하였다. 이 사건은 프랑스와 영국이 1945년 말경에 동시에 완전히 철수한다는 협정으로 끝났다. 더불어 이집트와 이라크에서 영국과의 협정이 부과했던 제한은 없어지고, 시리아와 레바논은 완전한 독립을 획득하였다. 이제부터 어떤 민족주의자 파벌도 시리아와 레바논의 해결방식 이하로는 받아들이기 어렵게 되었다.

중동에서의 영국의 입지는 흔들리지 않는 것처럼 보였고, 몇 가지 측면에서 전쟁 끝 무렵에는 강화되기까지 했다. 사막에서의 작전은 또 하나의 아랍 국가인, 영국 통치하의 리비아를 출현시켰다. 중동 아랍 지역들에서 미국은 시장과 석유 생산을 지배하기 위한 경쟁이라는 의미에도 불구하고 최고 세력인 영국을 대체하기를 바라지 않는 것처럼 보였다. 그러나 '냉전'의 시작은 미국이 더 깊이 개입하게 만들었다. 1947년 미국은 소련의 위협에 대항하여 그리스와 터키를 방어하는 책임을 넘겨받았다. 이 사건에 내재된 의미는 새로운 냉전 시대에 더 남쪽의 아랍 국가들에서는 영국이 주로 서구의 정치적·전략적인 이익을 보호할 책임이 있다는 것이었다.

이 내재된 의미는 10년 정도 지속되었고, 초기에 영국의 노동당 정부는 아랍 국가들과의 관계를 새로운 발판 위에 올려놓기 위하여 지속적으로 노력하였다. 1947년 영국이 인도에서 철수했기 때문에, 영국 입장에서는 중동에 남아 있어야 할 당위성이 이전보다 줄어든 것처럼 보였다. 그러나 이것은 영국 정부의 입장이 아니었다. 투자, 석유, 시장, 통신, 서구 동맹들의 전략적 이익과 관련하여 영국이 주도권을 차지할 수 있는 세계 유일의 지역으로 중동과 아프리카가 존재한다는 의식이 있었다. 이에 따라 중동에서 영국의 위치를 확보하는 것이 더욱 중요하게 여겨졌으나 새로운 기반은 없었다.

영국 정책의 일반적인 방침은 우호적인 협정으로 필수불가결한 전략적인 이익을 보존하면서 아랍 독립과 더 큰 범위의 통합을 지지하고, 아랍 정부들이 자신들의 방어를 책임질 수 있는 정도까지 기술 습득과 경제 발전을 도와주는 것이었다. 이러한 정책은 두 가지 가정에 의존했다. 하나는 아랍 정부들이 그들의 주요한 이해관계를 영국과 서구 동맹의 이해관계와 동일한 것으로 간주하는 것이다. 다른 하나는 영국과 미국의 이해관계는 더 강한 편이 약한 편에게 기꺼이 일임하여 이해관계를 수호하게 하는 정도에서 일치한다는 것이다. 그러나 10년 후 이러한 가정은 둘 다 실효성이 없는 것으로 판명되었다.

결정을 해야 했던 첫 번째 국가는 리비아였다. 제2차 세계대전 말경에 리비아의 세 지역 중 두 곳, 키레나이카와 트리폴리타니아에서는 영국의 군사 통치가 있었고, 세 번째 지역인 팟잔에서는 프랑스의 군사 통치가 있었다. 동부 지역에 있는 키레나이카에서는 사누시야 종단에 충성하는 세력들이 정복을 도왔고 미래에 대한 약속을 얻어냈다. 주요 열강과 다른 파벌들 간의 토론과 국제연합에서는 리비아가 '선진국들'의 '신탁통치'라는 새로운 개념이 적용될 수 있을 것이라는 견해가 제시되었다. 국제연합의 특징 중의 하나는 제국의 지배에 대한 반대였다. 그 첫 번째로 대다수 사람들은 영국과 프랑스가 리비아에 남아 있거나 이탈리아가 신탁통치 국가로 복귀하는 것을 꺼렸다. 다양한 지역 집단들은 세 지역 사이의 향후 관계에 관하여 의견이 불일치하였음에도 불구하고 독립을 요구하였다. 1949년에 국제연합은 독립을 지지하는 결의를 통과시켰고 권력 이양을 감독하기 위한 국제 위원회를 수립하였다. 1951년 이 지역은 사누시야 종단의 수장을 이드리스 왕으로 옹립하여 독립했다. 그러나 수년 동안 영국과 미국은 그곳에 군사 기지를 두었다.

그 밖의 다른 지역인 팔레스타인에서 충돌하는 이해관계는 해결이 불가능한 것으로 입증되었고, 이것은 아랍 주민들과 서구 세력들 사이의 관계를 지속적으로 손상시켰다. 전쟁 기간 동안 팔레스타인으로의 유대 이민은 사실상 불가능했고, 정치 활동은 대부분 중지되었다. 전쟁이 거의 끝났을 때, 권력관계가 변했다는 것은 확실해졌다. 1936~1939년의 반란 기간과 그 이후 일부 아랍 지도자들의 추방과 투옥, 폭력적인 운동에 의해서 야기되는 긴장과 적대감 때문에 팔레스타인 아랍인들은 연합 전선을 구축하기가 예전보다 더 힘들어졌다. 팔레스타인인들에 대한 지원을 약속하는 아랍 연맹 창립은 그들에게 힘을 실어 주는 것처럼 보였다. 그러나 이것은 결국 환상으로 판명되었다. 팔레스타인 유대인들은 자신들

1946년 7월 25일 다마스쿠스 근처 블룬단에서의 아랍 연맹 회의

의 몫을 위하여 강력한 공동 기구로 연합하였다. 유대인들 중 많은 사람들이 전쟁 동안 영국군에서 군사 훈련을 했고 경험을 쌓았다. 이 유대인들은 다른 지역에 있는 유대인들로부터 더 폭넓고 결정적인 지원을 받았고, 유럽 유대인 대량 학살에 자극을 받아 살아남은 사람들을 위한 피난처로서 그리고 이후로 그러한 사건이 일어나지 않도록 하는 유대 세력의 진지를 창출하기로 결정하였다. 신속한 대규모의 유대인 이주에 대한 우호적인 여론을 의식한 영국 정부는 유대 이민이 유대 국가 건설을 요구할 것이며 종속이나 제거를 두려워하는 아랍인들과 아랍 국가들의 강력한 반대에 직면할 것을 알고 있었다. 영국 정부는 미국과의 밀접한 관계 및 미국에 대한 경제적 의존 때문에 1939년 이전만큼 자유롭지 못했다. 미국

정부는 중동에서 아직은 이해관계가 적은 편이었고 상당히 정치적으로 활발한 유대 공동체로부터 어느 정도의 압력을 받고 있었다. 미국은 이민과 국가 지위를 요구하는 시오니스트들에게 호의적으로 영향력을 발휘하는 쪽으로 기울어져 있었다. 이제 팔레스타인 문제는 영미 관계에서 중요한 주제가 되었다. 영미 조사 위원회(1945~1946)와 양자 토론을 통해서 공동 정책을 창출하려는 시도가 결론에 이르지 못했고, 유대인들과 아랍인들의 승인을 받을 수 있는 정책이 제시되지도 못했다. 영국 정부는 승인을 얻지 못한 정책을 실행할 수가 없었다. 영국에 대한 미국의 압력이 증가했고, 팔레스타인에 있는 영국 관리들과 시설들에 대한 유대인의 공격은 공공연한 반란에 가까웠다.

1947년 영국은 이 문제를 국제연합으로 넘기기로 결정하였다. 이 문제를 연구하기 위하여 파견된 유엔 특별 위원회는 1937년의 분할 계획보다 시오니스트들에게 더 우호적인 분할 계획을 제시하였다. 이 분할 계획은 1947년 11월에 국제연합 총회에서 미국과 소련의 매우 적극적인 지지로 승인되었다. 이 계획은 영국이 팔레스타인으로부터 철수할 것을 요구하였다. 국제연합의 아랍 구성원들과 팔레스타인 아랍인들은 이것을 거부하였고, 아랍인들과 유대인들 양측이 수용할 수 있는 정책을 찾는 것이 불가능하다는 것이 다시 한 번 입증되었다. 영국은 정해진 날짜인 1948년 5월 14일 팔레스타인으로부터 철수하기로 결정하였다. 이것은 영국이 인도로부터 철수한 선례를 따랐다. 인도에서처럼 영국은 철수가 임박했기 때문에 아랍인들과 유대인들 양측이 어떤 협정에 도달하기를 희망했던 것 같다. 날짜가 가까워지자 영국의 영향력은 불가피하게 쇠퇴하고 투쟁이 발발하였다. 이 투쟁에서 유대인들은 곧 승리를 획득하였다. 이어서 이웃 아랍 국가들이 개입하였고, 일련의 지역 분쟁이 전쟁으로 변했다. 5월 14일 유대 공동체는 이스라엘 국가로 독립을 선언하였고, 즉시 미국과 소련은 이스라엘 국가를 인정하였다. 이집트, 요르단, 이라크, 시리아, 레바논의 군대는 팔레스타인 지역 중 주로 아랍 지구로 전진하였다. 고정된 경계나 주민들의 분명한 경계가 획정되지 않은 상황에서 새로운 이스라엘 군대와 아랍 국가의 군대들 사이에서 전투가 발생하였다. 휴전으로 중단된 네 번의 전투를 통해서 이스라엘은 팔레스타인 땅의 더 많은 부분을 차지할 수 있었다. 처음에는 신중하게, 이후에는 공포를 불러일으키는 이스라엘 군대의 고의적인 정책 때문에 아랍 주민들의 3분의 2가 그들의 고향을 떠나서 난민이 되었다. 1949년 초에 일련의 휴전 협정은 국제연합의 감독 하에 이스라엘과 아랍 이웃들 간에 체결되었고, 안정된 경계가 만들어졌다. 팔레스타인의 약 75퍼센트는 이스라엘의 경계 안으로 포함되었다. 가자부터 이집트 경계까지 뻗어있는 남부 해안의 좁고 긴 땅은 이집트의 행정 통치 아래 들어갔다. 나머지는 요르단 하쉼 왕국이 합병하였다(영국과의 조약으로 두 국가의 관계를 재정의한 후 1946년 트란스요르단이 정한 명칭). 예루살렘은 이스라엘 영역과 요르단 영역으로 나누어졌다. 그러나 많은 다른 국가들이 공식적으로 이 분할을 인정하지 않았다.

이 사건들은 아랍 국가들 내부 여론에 많은 영향을 미쳤다. 아랍 정부들은 패배한 것으로 간주되었고, 이 때문에 이후 몇 년 동안 수많은 격변이 일어났다. 아랍 정부들은 일반적으로 영국 때문에 패배한 것으로 인식했다. 영국은 팔레스타인 지역으로부터 손실 없이 관리들과 군인들을 철수시키는 데 성공하였으나, 양측에 의심과 적대감을 불러일으키는 상황에 직면했다. 아랍 국가들에서 우세한 여론은 사실상 영국 정책이 시오니스트들을 도왔다는 것이었다. 영국 정부는 유대인 이주를 장려하면서 그것이 아랍인에게 미치는 영향을 인정하려고 하지 않았다. 유대 이민이 아랍인들을 종속시키거나 축출하기 이전에 유대인 이주를 중지시키거나 최소한 그것이 초래할 수도 있는 피해를 제한하려고 노력하지도 않았다.

미국은 시종일관 시오니스트들을 옹호하는 입장에서 행동했다.

그럼에도 불구하고 영국과 미국의 입지는 확고했다. 이스라엘 정부에는 데이비드 벤 구리온David Ben Gurion(1886~1973)이라는 탁월한 인물이 있었고, 이스라엘 정부는 많은 아랍 난민들을 귀환시키는 것을 거부하였다. 그러나 영국, 미국, 이스라엘 정부는 아랍 난민들이 그들의 피난처에서 그 나라 국민으로 곧 흡수될 것이며, 그 이후 평화스럽게는 아닐지라도 최소한 이스라엘과 그 이웃들 사이에서 안정된 생활이 성취될 것이라는 것을 대체로 받아들였다. 그때까지 이스라엘 정부는 동유럽뿐만 아니라 아랍 국가들로부터 다수의 유대 이민자들을 흡수하는 일에 막대한 에너지를 쏟아 부었다. 이것은 인구 구조를 변화시켰다. 1956년경에 전체 인구 160만 명 중에서 아랍 무슬림들과 기독교인들은 20만 명, 즉 12.5퍼센트였다. 유대 정착촌 건설을 위하여 아랍인들 땅 대부분을 다양한 법적 수단을 동원해서 강탈하였다. 이스라엘의 아랍 시민들은 합법적 정치적인 권리가 있음에도 불구하고, 이들은 모습을 갖추어 가던 국민 공동체에 완전하게 흡수되지 않았다. 이스라엘로의 인구이동은 아랍 국가들 안에서도 영향을 미쳤다. 1948년 이후 세대에서 아랍 국가들 내의 옛날 유대 공동체들은 사실상 이미 존재하지 않았다. 예멘이나 이라크 출신의 유대인들은 주로 이스라엘로 이주했다. 시리아, 이집트, 마그립의 유대인들은 이스라엘뿐만 아니라 유럽과 북아메리카로 이주했다. 오직 모로코의 유대 공동체만 상당한 규모로 계속 남아 있었다.

다음 몇 년 동안 정치적 갈등과 논란의 중심은 아랍-이스라엘 분쟁이 아니라, 영국이 여전히 특별한 위치를 확보하고 있는 다른 국가들, 이란과 이집트에 있었다. 아랍 세계의 동부 경계 너머에 있는 이란이 영국 소유 석유 회사를 국유화함으로써 국제적인 위기를 야기했다. 이집트에서 영국은 매우 자유롭게 행동했다. 미국은 팔레스타인에 대한 영국의 정책과는 달리 아랍 세계의 다른 지역에서 서구의 이해관계의 수호자로서 영국의 위치를 약화시키려고 하지 않았다. 하지만 사우디아라비아 석유 분야에 대규모의 미국 자본을 투자해 이곳에서 미국의 영향력이 영국을 대체하기도 했다. 소련은 자국의 몫을 위하여 다른 지역에 너무 지나치게 몰두하였기 때문에 아랍 국가들에서 활발한 정책을 전개할 수 없었다. 아랍 국가들은 팔레스타인인들의 이해관계를 원칙적으로 옹호했지만, 그보다 그들 자신의 문제에 치중했다.

중동에서 영국 세력의 기반은 항상 이집트 주둔 군대였다. 그리고 여기서 영국은 가장 긴급한 문제에 직면했다. 전쟁이 끝나자마자 이집트 정부는 1936년에 체결된 협정을 수정할 것을 요구했다. 1946년 이후 이집트와 영국 정부 사이에서 협상이 진행되었다. 그러나 이 협상은 두 가지 점에서 실패했다. 첫째는 이집트의 수단에 대한 주권 주장으로 영국 정부는 이 주장을 수용하지 않았다. 영국 정부는 대부분의 수단인들이 이집트의 주장을 수용하지 않으며, 영국 정부가 수단인들에 대한 책임이 있다고 믿었다. 둘째는 이집트에서 영국의 전략적인 입장이 문제였다. 1936년 협정에 따라서 영국 군대는 카이로와 나일 삼각주에서 철수하였다. 그러나 수에즈 운하 지대에 관해서는 교착상태였다. 영국 정치가들과 전략가들은 중동에서 나오는 서구 이익을 수호하고 동부 지중해와 아프리카에서 영국 이익을 수호하기 위하여 수에즈 운하의 군대 주둔이 절대로 필요하다고 생각했다. 1951년 영국 군대와 이집트 게릴라 사이에서 심각한 전투가 발생했다. 그리고 이 사건은 1952년 1월 카이로에서 대중 운동을 유발시켰다. 이 운동으로 카이로에서 영국과 관련된 시설들이 파괴되었다. 치안이 붕괴되면서 처음에는 공동 지도부가, 나중에는 자말 압둘 나세르가 지휘하는 이집트 중간계급 장교들의 비밀 조직이 1952년 7월 권력을 장악할 기회가 왔다. 많은 영역에서 과거와의 단절이 이루어졌는데, 그것은 왕의 폐위와 이집트 공화국 선언으로 대표되었다.

이집트 군부 통치자들은 이전 이집트 정부들보다 국가를 확고하게 장악하였고, 영국과 협상을 재개할 수 있었다. 두 가지 주요 쟁점 중에 수단 문제는 이집트 정부가 1953년 주요한 수단 파벌들과 직접 협상을 시작함으로써 제거되었다. 수단에서의 정치 운동은 1947년 입법의회가 선출된 이후 보다 자유로운 의사표현이 가능해지면서 세 그룹의 주요 세력이 등장하였다. 그것은 독립과 함께 영국과의 관계 유지를 바라는 사람들, 독립과 함께 이집트와 더 긴밀한 관계를 바라는 사람들, 비무슬림들과 남부의 비아랍인들을 대변하는 사람들이었다. 이집트와의 협정은 이들 중 앞의 두 세력들을 포함하였고, 영국은 마지못해 이 협정을 수용하였다. 이 협정은 권력을 영국-이집트 공동 통치로부터 국제 관리하에 수단인들에게 이양하는 것이었다. 1953년에 선거가 실시되었고, 1955년경에 권력이 수단인들에게 완전히 이양되었다. 행정권은 수단인들의 수중에 들어갔고 영국과 이집트의 무장 세력들은 철수하였다. 남부 지방에서의 반란과 게릴라 전쟁을 시작으로 수단의 미래에 커다란 그림자가 드리워졌다. 이곳의 주민들은 아랍인도 무슬림도 아니었고, 영국으로부터 아랍의 통치로 전환된 결과를 우려하였다.

수단 문제가 해결되면서 다른 쟁점, 즉 영국의 전략적인 입장에 관한 협상이 진행되었고, 1954년에 협정이 체결되었다. 영국 군대가 수에즈 운하 지대에서 철수하면서 70년 이상 계속되어 온 영국의 점령은 끝이 났다. 그러나 이집트, 다른 아랍 국가, 터키에 대한 공격이 발생한다면 수에즈 기지가 적극적으로 사용될 수 있다는 것에 동의하였다. 터키를 포함시킨 것은 소련의 위협에 대항하여 중동에서 서구 이익을 수호하기 위한 영국과 미국의 관심을 표현한 것이었다. 중동 방어 협정에 대한 다양한 계획들이 논의되었고, 이 협정에서 터키에 대한 언급을 이집트가 기꺼이 허락한 것은 아마도 소련의 위협에 대해 이집트도 대항할 것으로 해석될 수 있었다.

시리아, 레바논, 이집트와 수단에서 외국 점령이 종식되었다. 이라크와 요르단은 시리아, 레바논, 이집트, 수단이 이미 성취한 외국 점령 종식 이상의 것을 요구했다. 이라크에서 1941년 영국의 개입으로 복원된 정권은 서구 열강과의 전략적인 연대를 갈망하였다. 이 정권은 다른 아랍 국가들이 느끼는 것보다 훨씬 더 소련의 접근을 감지하고 있었다. 이러한 맥락에서 1948년에 1930년대의 영국-이라크 조약에 대한 재협상 시도가 있었으나, 서구와 밀착된 동맹을 원치 않는 사람들의 반대 때문에 실패하였다. 이후 1955년에 이라크 정부는 터키와 공동 방위 경제 조약(바그다드 조약)을 체결하였다. 파키스탄, 이란, 영국이 이 조약에 참가하였고, 이후 미국이 참가하였다. 이 조약이 체결된 상태에서 영국과의 협정이 체결되었다. 이 협정으로 두 개의 영국 공군 기지가 이라크에 양도되었다. 그러나 이라크에 대한 공격 또는 위협이 발생하거나 이라크가 도움을 요청한다면 영국이 원조하기로 동의하였다.

요르단의 상황도 이라크와 유사했다. 요르단 정권은 외부—아랍 이웃들과 이스라엘—로부터 오는 위협에 대항해서 영국이 도와주기를 갈망하였으나, 민족주의자들과 여론의 압력을 받고 있었다. 1948년 이후 요르단에는 다수의 팔레스타인인들이 있었다. 그들은 이스라엘을 가장 큰 적으로 간주하였고, 요르단 정권이 혹시나 이스라엘에게 양보하려는 징후가 있는지 주시하였다. 1951년 압둘라 왕이 암살되었다. 민족주의자들은 압둘라가 현명하고 정의롭다기보다는 이스라엘인들과 이스라엘 후원자들인 서구인들을 더 배려하고 있다고 의심하였다. 불안한 정국은 완전한 독립을 위하여 잠시 동안 자취를 감췄다. 1957년에 영국과의 조약이 합의에 의해서 종결되고, 영국군은 점령지로부터 철수하였다. 그러나 같은 해에 영국과 미국 정부는 요르단의 독립과 통합이 그들에게 중요한 이익이라고 선언하였다. 이것은 요르단과 하쉼 체제가 다른 국가의 의지에 따라 결정된다는 의미였다.

마그립에서 프랑스가 독립 요구에 타협하는 것은 더욱 어려웠다. 프랑스의 주둔은 군대 문제와 본국의 경제적 이익을 위한 지배권뿐만 아니라 그곳에서 생활하는 대규모 프랑스인 사회의 문제였다. 프랑스인들은 이익이 많이 나는 경제 부문을 통제하면서, 정부 내에서 최하급직을 제외하고 다수의 고위직을 차지하였다. 프랑스인들과 아랍인들의 관계에서 어떤 변화를 가져오는 것은 더 큰 노력을 수반하였고 더 강력한 저항에 직면하였다. 전쟁이 끝나자마자 튀니지와 모로코에서 그러한 노력이 시작되었다. 튀니지에서는 신입헌당이 도덕적으로 유리한 위치를 차지하였고, 이 당의 지도자인 부르기바는 전쟁 동안에 망명 중이거나 감옥에 있으면서 자유 프랑스와 그 동맹국들을 명백하게 지지하였다. 실질적인 힘은 신입헌당과 노동조합 동맹의 연합으로부터 나왔다. 전쟁 이후 튀니지인들이 처음으로 조합에 가입할 수 있었으며, 이때 신입헌당이 창립되었다. 모로코에서 정치 세력은 몇 가지 요소의 결합으로부터 나왔다. 1930년대에 출현한 소규모의 민족주의자 단체들은 독립당으로 통합 조직되었고 무함마드 5세(1927~1962) 술탄과의 관계를 수립하였다. 이 술탄은 사려 깊게 프랑스 보호국 종결을 요구하기 시작하였다. 독립 사상은 더 넓은 사회 계층에 퍼지기 시작하였다. 노동조합 동맹이 형성되었고, 독립당은 이 노동조합 동맹을 통제할 수 있었다. 카사블랑카와 기타 도시들로 이주하는 시골 사람들을 매개로 도시와 시골 사이의 탄탄한 관계가 형성되었고 민족주의자들의 사상이 퍼질 수 있었다. 외국과의 통상 이익은 20세기 초 이후 국제 조약과 미국의 새로운 전략적 이해관계에 의해서 보호되었고, 민족주의자들에 대한 외부의 호의는 다소간의 희망을 주었다.

전쟁 이후 몇 년 동안 쇠약해진 프랑스 정부는 패배의 굴욕으로부터 회복되지 못한 대중 여론에 신경을 써야 할 처지였기 때문에 취약한 연립 정권에 기반을 둔 채 단지 억압이나 '공동 주권'을 제시할 뿐이었다. 공동 주권은 유럽인 공동체가 지방 조직들에서 토착 주민들과 동등한 영향력을 갖는다는 것, 그리고 결정적인 선택권은 여전히 프랑스 본국 정부가 갖는다는 것을 의미했다. 1952년에 부르기바와 그 외 많은 사람들이 튀니지에서 체포되었다. 저항 운동이 활발히 전개되었고, 유럽 정착민들 사이에서 유사한 폭력이 일어났다. 그다음 해에 모로코에서 위기가 발생하였다. 왕실과 독립당 사이의 교섭이 더 긴밀해졌고, 술탄은 완전한 통치권을 요구하였다. 프랑스 당국자들은 어쩌면 마지막일지 모를 전통적인 방식의 정치 수법을 사용하였다. 프랑스 당국자들은 시골 족장 세력을 끌어들여서 권력을 강화하였다. 이때 시골 족장들의 지위는 민족주의자들이 제시한 미래에 대한 전망에 내재되어 있는 강력한 중앙 통치로부터 위협을 받고 있었다. 1953년 술탄은 물러나 망명하였다. 그 결과 술탄은 대다수의 모로코인들을 위한 통합의 상징이 되었고, 소요는 무장 반란으로 변했다.

그러나 1954년 프랑스의 정책이 바뀌었다. 인도차이나에서 새로운 종류의 대중 민족주의자무장 운동으로부터 프랑스의 입지는 심각한 위협을 받았고, 알제리에서도 유사한 운동이 출현하고 있었다. 새롭고 더욱 단호해진 프랑스 정부는 모로코의 신입헌당, 그리고 망명에서 복귀한 술탄과 협상을 시작하였다. 모로코와 튀니지 두 국가는 1956년에 프랑스로부터 독립하였다. 모로코 내의 스페인 지구와 국제도시인 탕헤르가 독립 모로코 국가로 완전히 통합되었다. 독립은 술탄의 권력을 강화시켰다(1957년에 왕이 되었다). 그러나 튀니지에서는 정치에서 거의 역할을 하지 않았던 베이가 쫓겨나고 부르기바가 대통령이 되었다. 그러나 두 나라의 독립,

20세기 초의 탕헤르

그리고 프랑스와의 관계는 그 후 몇 년 동안 불안정한 상태로 지속되었다. 이때 알제리는 독립 전쟁에 몰두하였다. 1954년 11월에 첫 총성이 울리고, 그 반향이 곧 마그립 전역에서 감지되었다.

수에즈 위기

1950년대 중반에 유럽의 통치하에 있던 대부분의 아랍 지역들은 공식적으로 독립했다. 외국군 기지들이 아랍 지역 일부에 남아 있었지만 곧 철수했다. 프랑스 지배는 알제리에만 남아 있었으나 이곳에서 프랑스는 대중적인 민족주의자들의 반란으로 도전받고 있었다. 영국 지배와 보호는 아라비아 반도의 동부와 남부 가장자리에 남아 있었다. 아라비아 반도에서 가장 큰 국가인 사우디아라비아는 외국의 통치를 전혀 경험하지 않았으나 영국의 영향력은 대단했다. 석유의 발견과 개발로 영국의 영향력은 미국의 영향력으로 대체되었으나 사우드 가문의 가부장적인 통치는 더욱 발전한 정부 체제로 변화하였다. 그때쯤인 1953년 압둘 아지즈 국왕이 죽었다. 그가 수립한 정부는 이 지역 정치에서 더욱 중심적이고 중요해졌다. 반면 예멘은 아랍 연맹의 구성원이 되었음에도 불구하고 이맘의 통치하에서 다른 국가들로부터 고립되어 있었다.

그러나 이라크와 요르단 정부 정책의 모호함, 예를 들면 영국 군대 주둔을 종식시키려는 의도와 동시에 서구 열강과 어느 정도 군사적 관계를 유지하려는 이중적 성향은 외국 군대의 공식적인 철수로 전임 제국 통치자들과 다른 관계를 창출했다기보다는 독립 문제를 새로운 형태로 바꿨을 뿐임을 보여주는 것이었다. 아랍 국가들은 자신들이 모든 경제, 정치 활동에서 또 하나의 서구 국가인 미국의 점증하는 세력과 영향력에 직면해 있다는 것을 발견했다. 이제 미국은 냉전과 경제적 팽창의 시기에 서구 동맹의 정책에 공조할 준비가 되어 있는 중동의 각 정부들과 밀접한 관계를 맺음으로써 이 지역에서 미국의 이해관계가 보호될 수 있다고 믿었다. 그러나 많은 정치인들과 정치 집단들은 탈식민지 세계에서 오직 독립 보증단이 서구와 동구라는 두 개의 무장 진영 사이에서 중립을 유지할 수 있는 방법이라고 주장했다. 서구 진영이 제국의 지배에 대한 기억과 여전히 곪아있는 알제리 문제와 팔레스타인 문제 등에 연루되어 있고, 게다가 방위 협정을 체결하려고 압박을 가해 왔기 때문에 중립의 열망은 다른 진영, 즉 동구 진영으로 더욱 기울어지는 경향이 있었다.

서구 진영과 동구 진영으로의 양극화, 중립과 서구 동맹 사이의 정책 갈등은 아랍 국가들 사이의 관계에 새로운 특징을 제공했다. 아랍 국가들 사이에서 더 밀접한 연합을 향한 열망은 아랍 정치에서 공통분모가 되었다. 이제 이 열망은 아랍 국가들의 통합이 서구 열강과의 친밀한 협의의 관점에서 이루어져야 하는지 아니면 자주적으로 자신들의 관점에서 이루어져야 하는지에 관한 논쟁을 불러왔다.

또 향후 아랍 국가들과 이스라엘의 관계는 전반적인 조정 문제와 관계가 있었다. 1950년대에 영국과 미국 정부는 이 문제의 해결을 위해 다음과 같은 계획을 논의하였다. 아랍인들에게 유리하게 1949년의 경계가 일부 조정되어야 하고, 일부 난민들을 그들의 고향으로 귀환시켜야하며, 주변 아랍 국가들에서 대다수의 난민들을 수용해야 한다. 만약 아랍 국가들이 서구 열강과 밀접한 관계를 가지고 있다면, 이러한 해결책을 수용할 것이고, 어느 정도 이스라엘의 존재를 승인할 것이다. 반면 동구와 서구양 진영과 실제적인 관계를 갖는 중립 아랍 국가들 단체의 구성은 아랍 국가들의 정치적 영향력을 증대시킬 것이고, 아랍 국가들의 무력을 강화시킬 것이며, 따라서 1949년의 휴전 협정이 정한 상황은 근본적으로 변화하게 될 것이다.

이러한 접근 방법과 정책의 견해차가 커짐에 따라 그것은 당시 이집트를 통치했던 군부 지도자인 자말 압둘 나세르의 존재와 결부하여 생각하기에 이르렀다. 영국이 수에즈 운하 지대를 떠나는 협정이 사실상 이집트를 서구의 방위 체계 안으로 끌어들이는 기능을 하지 못했다. 반면 이 협정으로 이집트는 비동맹의 정책을 자유롭게 추구하고, 이집트를 중심으로 유사 비동맹 아랍 국가들 진영을 자유롭게 구성할 수 있게 되었다. 이제 외부세계는 비동맹 아랍 국가들을 총체적으로 다루어야 할 것이다. 이집트의 이런 정책은 비동맹 이념의 주요한 지지자들인 인도, 유고슬라비아와의 밀접한 관계 확립으로 표현되었다. 또 하나의 극적인 사건은 소련과 그 동맹국들로부터 이집트로 무기를 공급하기 위해서 1955년에 체결한 협정이었다. 이 협정은 미국, 영국, 프랑스가 유지하려고 했던 이스라엘과 주변 아랍 국가들로의 무기 공급에 대한 통제권을 깨뜨렸다.

이러한 중립주의 정책으로 이집트와 그 동맹국들은 이 정책 때문에 손해를 볼 사람들과 불가피하게 반목하게 되었다. 서구 열강은 최소한 정치적·경제적인 이익 추구에 대한 장애와 제한을 예상해야만 했다. 서구 열강은 이스라엘 문제와 다른 문제들을 계속해서 통제하기를 원했으나 그렇게 할 수 없었다. 미국 정부 입장에서 보자면, 중동에서 서구 방위 동맹에 참가하기를 거부하는 것은 실제로는 동구 진영에 참가하는 것이었다. 압둘 나세르는 아랍 각국 국민들에게 각국의 지도자들을 초월하는 이집트 지도부 아래서 중립주의와 더 밀접한 통합에 동참하도록 호소하였다. 이것은 나세르와 다른 정책을 견지하는 아랍 정권들을 위협하는 것이었다. 특히 이라크 정권은 바그다드 협정 성립 이후 서구 동맹의 주요한 주창자가 되었다. 이 기간 동안에 이라크 정권의 정치 활동은 누리 알 사이드Nuri al-Sa'id(1888~1958)에 의해서 지배되었는데, 그는 제1차 세계대전 동안에 아랍 반란 이후 아랍 민족 정치에서 중요한 역할을 했었다. 한편 팔레스타인인들과 다른 아랍인들의 정서에 강력하게 호소하면서 자신의 무기 공급자를 가지고 있는 강력한 이집트 정부의 발흥이 이스라엘에게는 존재의 위협으로 간주되었다. 이러한 지역적인 반목은 서구 열강, 미국, 영국, 프랑스에 대한 적대감을 심화시켰다. 미국은 이스라엘과 연계되었고, 영국은 바그다드 협정에 관여하고 있었으며, 프랑스는 이집트가 독립적인 비동맹 아랍 세계라는 비전으로 알제리 혁명을 고무시키고 도와준다고 생각하였다.

1955년과 1961년 사이에 이 모든 것이 관련된 일련의 위기가 있었다. 1956년 미국은 매우 거대한 관개 사업(아스완 댐)에 대한 재정적인 원조를 하겠다고 밝혔다가 갑자기 이 제안을 철회하였다. 이에 대한 반응으로 이집트 정부는 수에즈 운하 회사를 갑자기 국유화하고, 수에즈 운하의 운영권을 인수하였다. 이러한 이집트의 정책은 운하 이용자들에게 불안감을 불러일으켰다. 이용자들은 이 운하 사용권이 정치적인 이해관계에 따라 좌우될 것이라고 두려워하였다. 영국과 프랑스는 수에즈 운하를 건설하고 소유했었다. 이 운하 회사에 대한 영국과 프랑스의 이해관계 때문에 그리고 이집트의 정책이 아랍 국가들 내에서 압둘 나세르의 입지를 강화시켰기 때문에, 이집트의 정책은 영국 정부와 프랑스 정부에 대한 적대적인 조치로 보였다. 이 이집트 정책을 계기로 이스라엘인들은 강력하고, 적대적이며, 잠시 동안 불안한 국경을 유지했던 이웃 이집트를 약화시키려고 하였다. 그 결과 이집트를 공격하고 압둘 나세르를 전복시키기 위한 프랑스, 영국, 이스라엘 사이의 비밀 협정이 체결되었다.

10월에 이스라엘 군대는 이집트를 침공하였고 수에즈 운하를 향하여 이동하였다. 이전 협정에 따라서 영국과 프랑스는 이 운하 지대로부터 이스라엘과 이집트 양국이 철수하도록 최후통첩을 보냈다. 그러나 압둘 나세르가 이 최후통첩을 거부함으로써, 영국과 프랑스 군대가 수에즈 지역의 일부를 공격하여 점령하는 데 빌미를 제공했다. 그러나 영국과 프랑스의 수에즈 점령은 이집트와 이집트를 지지하는 다른 아랍 국가들뿐만 아니라 미국과 소련에게도 위협이었다. 열강인 미국과 소련은 자신들의 이해관계가 고려되지 않는다면 이 지역에서 취해지는 그러한 결정적인 조치들을 수용할 수 없었다. 미국과 소련의 압력 하에서 세계적인 반대와 재정 붕괴에 직면해서 삼국의 군대가 철수하였다. 이것은 세계의 권력 구조가 분명하게 드러난 상태에서 나타난 드문 에피소드 중의 하나였다. 지역 세력들이 초강대국들의 이익에 도전했을 때, 지역 세력들 사이의 적대행위는 자신들의 이익을 추구하는 두 번째 대열의 세계 열강 속으로 흡수되고, 지역 세력 자신들은 힘의 한계에 뚜렷이 직면하였다.

이 위기의 결과로 주변 아랍 국가들에서 압둘 나세르의 입지가 강화되었다. 일반적으로 압둘 나세르는 이 위기로부터 출현한 정치적인 승리자로 인식되었다. 그는 자신을 지지하는 사람들과 자신의 정책을 위험한 것으로 생각하는 사람들 사이의 내분을 심화시킨 사람으로 간주되었다. 이제 이러한 분열은 다른 아랍 국가들의 내부 문제 중 하나가 되었다. 1958년에 이 문제는 지역 경쟁자들과 결합하여 레바논에서 내전을 촉발시켰다. 같은 해에 시리아에서는 정치 파벌들 사이의 권력 투쟁을 통해서 이 파벌들 중 하나가 이집트와의 연합을 주장하면서 주도권을 장악하였다. 이 연합은 성사되었고, 2월에 이집트와 시리아는 아랍 연합 공화국the United Arab Republic으로 통합되었다. 하쉼 왕국인 이라크와 요르단도 대등한 통합을 주창하였다. 그러나 1958년 7월에 이라크 내부 불만에다 새로운 아랍 세계 지도자인 이집트가 불러일으킨 희망이 복합적으로 작용해 이라크의 군 장교들이 권력을 장악하였다. 왕과 왕족 대부분은 살해되었고, 누리 알 사이드도 살해당하였다. 이라크는 공화국이 되었고, 하쉼 왕가는 더 이상 아랍 정치에서 중요한 역할을 할 수 없었다(요르단에서는 하쉼 왕가의 분가가 계속해서 통치하고 있었다). 이라크의 혁명 소식에 불안정한 상황을 안정시키기 위하여 미군이 레바논에 파병되고, 영국군이 요르단으로 파병되었다. 그러나 그들은 곧 철수하였다. 이 상황은 영국이 아랍 정치에서 능동적이고 주도적인 역할을 더 이상 할 수 없음을 의미했다.

혁명 초기에는 이라크가 이집트와 시리아 연합에 참가할 것처럼 보였다. 그러나 바그다드와 카이로의 이해관계가 달랐다. 아랍 연합 공화국 그 자체 내에서도 다마스쿠스와 카이로가 서로 이해관계를 달리 함으로써 1961년에 시리아에서 군부 쿠데타가 발생하고 이 연합은 해체되었다. 그러나 이러한 걸림돌에도 불구하고 대부분의 아랍인들과 외부 세계의 시각에서는 압둘 나세르가 여전히 위대한 아랍의 통합과 진정한 독립을 향한 아랍 민족 운동의 상징인 것처럼 보였다.

알제리 전쟁

중동에서 위기의 시기는 마그립 지역에 대한 제국 지배의 최종적인 위기의 시기이기도 하였다. 마그립에서 알제리 아랍인들은 프랑스로부터 독립을 획득하기 위한 기나긴 전투, 결국엔 성공하는 전투를 시작하였다.

알제리인들은 독립 투쟁에서 대부분의 다른 아랍인 국민들보다 더 큰 어려움에 직면하였다. 공식적으로 알제리 지역은 식민지가 아니라 본국 프랑스로 통합된 지역이었다. 알제리 지역의 독립 요구는 프랑스 땅이 분할될 수 없다고 주장하는 사람들의 저항에 직면하였다. 더구나 유럽의 정착민들은 이제 거의 하나의 민족이 되어 알제리에 뿌리를 내렸고, 정착민들 중 80퍼센트는 알제리에서 태어났다. 정착민들은 강력한 지위를 쉽사리 포기할 수 없었다. 이들은 대부분의 비옥한 토지와 대부분의 생산력이 뛰어난 농업을 지배하였고, 계속해서 기계화하고 확장하였다. 주요 도시인 알제와 오랑은 알제리 무슬림풍이라기보다는 프랑스풍이었다. 정착민들은 정부와 전문직 분야에서 대부분의 주요한 지위를 장악하였다. 지역 행정부에 대한 정착민들의 강력하고 지속적인 영향력과 파리의 프랑스 정부는 정착민들에게 불이익이 될 수 있는 어떤 변화도 저지할 수 있었다. 1943년 교육받은 알제리인 단체가 프랑스와 결부된 자치 공화국을 요구하는 선언을 선포하였으나 일부 합법화된 불이익의 폐지를 제외하고는 호응을 얻지 못했다. 1945년 더욱 폭력적인 운동이 무자비하게 진압되었다. 이때 변화가 일부 이루어졌다. 알제리 무슬림들은 프랑스 의회에 진출하게 되었고, 이들은 알제리 의회에서 유럽인과 동등한 수의 의원을 가지게 되었다. 그러나 알제리 의회 의원 선거는 유순한 다수를 만들기 위하여 행정부에 의해서 조작되었다.

그러나 확고한 프랑스 지배라는 겉모습과는 달리 저변의 알제리 사회는 변하고 있었다. 무슬림 인구가 급성장하고 있었다. 1954경에 무슬림 인구는 거의 900만으로 증가했다. 이들 중 절반 이상이 20세 이하였다. 유럽 인구는 거의 100만 정도였다. 무슬림 인구의 대부분은 생산력이 떨어지는 토지에 밀집되어 있었고 토지의 생산력을 발전시킬 자본도 소유하지 못한 상태에서 정부가 그들에게 제공하기 위한 소규모의 때늦은 지원에도 불구하고 제한된 신용 융자제도밖에는 없었다. 결국 생활수준은 낮았고 시골의 실업률은 높았다. 침체된 인구 과밀의 시골지역으로부터 농부들이 점차 평야로 이주하여 유럽인의 농장에서 노동자로 일하였고, 해안 도시들로 이주하여 비숙련, 불완전 고용의 프롤레타리아 계급을 형성하였다. 1954년경에 알제리 무슬림 주민의 거의 5분의 1이 도시 거주자들이었고, 약 30만 명 정도가 바다를 건너 프랑스로 갔다. 교육을 위한 기회는 예전보다 더 확대되었지만 여전히 소수였다. 주민의 90퍼센트는 문맹이었다. 오직 수천 명만이 초등학교에서 중등학교로 진학했고, 오직 수십 명만이 고등교육을 받았다. 1954년경에 무슬림 의사와 약사는 200명도 채 되지 않았고, 엔지니어의 수는 더 소수였다.

가족들과 떨어져서 낯선 도시에서 살고 있는 이주자들, 프랑스 군대의 군인들과 제한된 기회를 가진 학생들은 세계에서 일어나고 있는 커다란 변화를 깨닫고 있었다. 즉 인도차이나 전쟁에서의 프랑스의 패배, 아시아·아프리카 국가들의 독립, 식민 지배에 대한 사고의 변화 등을 알고 있었다. 독립이 가능해 보이기 시작했으나 상당한 대가를 치러야 했다. 1945년 소요는 쉽게 진압되지 않았다. 프랑스 정치 체제 내에서 좀 더 나은 지위에 안착하기 위하여 준비했던 이들의 파벌은 대부분의 영향력을 상실했고, 민족주의자 파벌 내에서 점차 혁명적인 단체가 형성되었다. 후자는 대부분 제한된 교육을 받았으나 프랑스 군대에서 경험을 쌓은 남성들이었다. 나중에는 교육받은 엘리트들을 그 구성원으로 끌어들였다.

1954년 이들은 민족해방전선(FLN)Front de Liberation Nationale을 창설하였고, 같은 해 11월에는 혁명의 신호탄을 쏘아 올렸다.

처음에 그것은 제한된 움직임이었고 성공 여부는 의심스러웠다. 그러나 혁명의 여세와 프랑스 정부의 조치들은 점차 그 움직임을 세계의 폭넓은 지지를 받는 민족 운동으로 바꿔놓았다. 정부의 최초 반응은 군사적인 압박이었다. 좌파 쪽으로 기울어진 정부가 권력을 장악했을 때는 양보할 준비가 되어 있는 것처럼 보였다. 그러나 그 이후 프랑스 정부는 군부와 알제리 유럽인들의 반대에 밀렸다. 1956년 말경에 모로코와 튀니지의 도움으로 해결을 위한 협상을 시도하였으나 아무것도 성취하지 못하였다. 라바트로부터 튀니스로 비행하던 알제리 지도자들 중 일부가 그들의 비행기를 알제로 돌렸고 알제에서 그들은 체포되었다. 프랑스 정부는 지역의 주장인 것처럼 보이는 조치를 수용하였다.

사실상의 권력은 이미 파리 정부로부터 군부와 알제리 유럽인들에게 이양되었다. 반대편에 있는 알제리 무슬림 주민들의 대부분은 민족해방전선으로 재결집하였다. 유식하고 동정적인 프랑스 학자는 2년간의 전쟁 후에 거의 모든 무슬림 사회가 자체적으로 견고하게 확립되고, 비밀 구조에 의해서 효율적으로 유지되고 있다고 말하였다. 통제하는 남성들은 혁명적인 계급 출신들만이 아니었다. 그들은 알제리 주민 엘리트 전체를 대표했다.[1] 사회적인 평등과 토지의 소유를 목표로 한 혁명이 촉발시킨 열정과 함께 알제리 독립 국가의 윤곽이 드러나기 시작한 것처럼 보였다. 이 전쟁은 1957년에 군사적으로 최고조에 달했다. 이때 알제에 대한 통제권을 향한 강렬하고 장기적인 전투가 있었다. 군부는 수도에 대한 통제권

---

1 G. Tillion, *Les ennemis complementaires* (Paris, 1960); English trans. *France and Algeria : complementary enemies* (New York, 1961), p.9.

을 재수립하였고 시골에서는 주민들의 광범위한 이주 정책이 뒤따랐다. 전투의 성격이 점차 변하였다. 모로코, 튀니지, 카이로에서 활동하기 시작한 민족해방전선은 1958년에 '임시 알제리 공화국 정부' Provisional Government of the Algerian Republic를 선언하면서 전 세계의 지지를 받아 협상을 수행했고, 프랑스의 일부 급진적인 세력들로부터 고무되었다. 이 전쟁을 튀니지로 확대하려는 프랑스 군부의 시도는 미국과 그 밖의 국가들의 반대로 무산되었고, 그것은 국제적인 압력이 약화된 전후 프랑스 정부를 궤멸시킬 것이라는 두려움 때문에 프랑스 군대와 유럽인들 그리고 프랑스 내에 있는 그 지지자들은 사실상 통치 체제의 변화를 강요하였다. 네 번째 공화국이 종말을 고하고 1958년 공화국 대통령에게 보다 폭넓은 권력을 부여한 신헌법과 함께 드골이 권좌에 복귀하였다.

드골을 권좌에 불러들인 사람들의 속내는 드골이 그의 지위를 이용해서 알제리에 대한 프랑스의 장악력을 강화하는 것이었다. 그러나 드골이 완전한 독립을 처음으로 승인하게 될지는 불확실하지만, 그가 모호하고 간접적인 방법으로 알제리인들과 화해를 하려고 한다는 것이 곧 명확해졌다. 첫 번째 단계에서 드골의 정책은 반란을 진압하기 위한 군사적인 조치를 계속하면서도 무슬림들의 상황을 증진시키기 위하여 알제리의 군부나 유럽인들과는 관계없이 행동하는 것이었다. 경제 개발 계획이 발표되었다. 즉 공업이 장려될 것이고 토지는 분배될 것이었다. 알제리 의회 선거가 이루어질 것이고, 선거는 프랑스가 협상할 수 있는 대안적인 지도부를 창출함으로써 민족해방전선과 타협할 필요가 없어지는 것이었다. 그러나 이러한 희망은 헛되었다. 민족해방전선과 협상하는 것 말고는 대안이 없었다. 1960년 최초의 회담은 아무런 성과가 없었다. 1961년 드골은 더 자유로운 전략을 구사하였다. 프랑스에서의 국민 투표는 알제리의 민족 자결권을 인정하는 다수가 있다는 것을 보여주었다. 드골에 대항하여 쿠데타를 실행하려는 알제리 군부의 시도는 진압되었다. 협상이 재개되었고, 두 가지 문제가 해결하기 어렵다는 것이 입증되었다. 즉 유럽인 사회의 문제와 알제리의 사하라 문제였다. 이미 석유와 천연가스 등의 중요한 자원이 그곳에서 발견되었고 프랑스 회사에 의해서 개발되고 있었기 때문에 프랑스는 이곳을 계속 보유하기를 원했다. 결국 프랑스는 두 가지 점을 인정하였다. 즉 유럽인들은 그들의 재산을 가지고 자유롭게 머물거나 떠날 수 있다. 사하라를 포함하는 알제리 전체는 독립국이 될 것이며 이 국가는 프랑스의 원조를 받을 것이다. 1962년 3월에 협정이 조인되었다. 독립은 확보되었으나 관련된 모두에게 커다란 희생이 있었다. 대다수의 무슬림 주민이 추방되었고, 약 30만 명 이상이 살해되었고, 프랑스 편에 섰던 수천 명의 사람들이 살해되거나 독립 이후 강제로 이민을 갔다. 프랑스인은 약 2만 명이 죽었다. 보증에도 불구하고 대다수의 정착민들이 알제리를 떠났다. 너무나 많은 피를 흘려서 잊혀질 수가 없다. 정착민들 중 적극적인 행동주의자 단체는 전쟁 막바지에 폭력를 행사했고, 이것은 유럽인들의 위치를 불안정하게 만들었다.

22장
변화하는 사회(1940년대와 1950년대)

인구와 경제 성장

이 시기는 정치적인 억압이 있었고, 사회가 급속도로 변화하던 때이기도 하였다. 무엇보다도 인구 성장과 생계에 대한 인구의 압력이 이제 거의 모든 곳에서 나타나며, 많은 종류의 문제들을 유발시키는 원천으로 인식되기 시작하였다.

이집트에서 인구 증가는 가속도가 붙으면서 1세기 이상 계속되어 왔다. 1930년대의 인구 증가율은 1년에 약 1퍼센트 정도였다. 1960년대에 인구 증가율은 2.5~3퍼센트였다. 전체 인구는 1937년에 1,600만에서 1960년에는 2,600만으로 증가했다. 이 변화는 주로 사망률이 1939년 인구 1,000명당 27명에서 1960년에는 18명으로 감소한 것에 원인이 있다. 특히 이때 유아 사망률이 1,000명당 160명에서 109명으로 감소했다. 사망률과 비교해서 출생률에는 거의 변화가 없다. 그때쯤 이미 유사한 인구 증가율이 다른 국가들에서도 나타났으나 이집트보다는 다소 늦게 시작되었다. 모로코에서는 1940년 이전에는 자연 증가가 거의 없었던 것처럼 보이지만, 그 후 20년이 지났을 때 인구는 700만에서 1,150만으로 증가했다. 이 시기에 튀니지 인구는 260만에서 380만으로 증가했고, 시리아 인구는 250만에서 450만으로, 이라크 인구는 350만에서 700만으로 증가했다.

이러한 급속한 인구 증가로 국민의 나이별 분포구조가 변했다. 1960년경에 대부분의 국가에서 주민의 절반 이상이 20세 이하였다. 인구 구조에서 다른 변화도 있었다. 근대적인 경제 부문에서 매우 큰 역할을 했던 외국인 구성원이 변화된 정치적인 상황과 함께 위축되었고, 경제적인 특권이 줄어들었다. 이집트 외국인 거주민 수는 1937년 25만 명에서 1960년경에는 14만 3,000명으로 줄었다. 같은 기간에 리비아 외국인 거주민은 10만 명에서 절반으로 줄었고, 튀니지 외국인 거주민은 20만에서 10만 이하로, 모로코 외국인 거주민은 35만에서 10만으로, 알제리 외국인 거주민은 거의 100만에서 10만 이하로 줄었다. 이와 반대로 유럽과 중동, 마그립 지역으로부터 새로운 이스라엘 국가로 유대인들이 대규모로 이동하였다. 이스라엘의 유대 인구는 1948년에 75만 명에서 1960년경에는 190만으로 증가하였다. 아랍 국가들에 있던 예전의 유대 공동체는 유대인들이 이스라엘, 유럽, 미국으로 이주함으로 인해서 이에 상응하는 정도로 위축되었다.

더욱 일반적인 주요 변화는 토지로부터 이탈하는 인구의 이동이었다. 이러한 인구 이동은 주로 인구 증가를 지탱할 수 있는 토지의 수용력을 넘어서는 시골 인구 증가에서 비롯되었으나, 일부 지역에서는 농업 기술의 변화에 의해서 인구 이동이 촉발되기도 했다. 곡물을 생산하는 토지에 트랙터를 도입함으로써 노동자는 훨씬 더 적은 수만 요구되었다. 상업적인 목적으로 집약적으로 경작되던 땅의 소유주들은 물납 소작인들보다는 숙련된 일꾼을 더 선호했을 것이다. 팔레스타인에서의 추방은 더 직접적인 정치적 변화의 결과였다. 시골의 과도한 인구는 1948년경에 이미 아랍 마을들에서 볼 수 있었으나 1948년의 사건은 마을 사람들의 절반 이상을 축출하는 결과를 초래했고, 이들은 대부분 요르단, 시리아, 레바논의 난민촌과 빈민촌에 땅도 없이 머무는 난민이 되었다.

농촌 마을에서 살아남을 수 없었던 농부들에게 권력과 무역의 중심지들은 분명 매력적인 곳이었다. 그들은 성장하는 공업과 서비스 분야에서 일하면서 자녀 교육을 위한 좀 더 나은 기회를 갖고 생활수준을 높이기를 원했다. 알제리의 카빌리아, 모로코, 튀니지 출신 수천 명의 농부들은 그들의 나라로부터 프랑스의 대도시와 독일의 소도시로 이주했다. 1960년경에 프랑스에는 약 50만 명의 북아프리카인들이 있었다. 그러나 시골 이주자들의 대부분은 주변 국가 도시들이나 국내 도시들로 갔다. 모로코에서는 카사블랑카가 다른 도시들보다 더욱 급성장하였다. 카사블랑카는 1936년에 인구 25만 명의 도시였는데, 1960년에는 인구 100만의 도시가 되었다. 카이로는 1937년에 인구 130만 명의 도시에서 1960년경에는 인구 330만 명의 도시가 되었고, 이들 중 절반 이상이 카이로 밖에서 태어났다. 바그다드 인구는 1940년대 50만 명에서 1960년대에는 150만 명으로 증가했다. 가장 극적인 인구 성장은 암만에서 발생했다. 암만 인구는 1948년 3만 명에서 1960년경에는 25만 명으로 증가하였다. 증가한 인구의 대부분은 팔레스타인 난민 이동의 결과였다.

이러한 국내 이주 때문에 아랍 국가 대부분은 주로 촌락 사회로부터 인구 대부분이 점차 몇몇 대도시로 집중되는 사회로 변화되었다. 이집트에서 인구의 거의 40퍼센트가 1960년대에 도시에 거주하였으며, 13퍼센트가 카이로에 거주하였다(지금은 사실상 카이로에 편입되어 있는 기자 지역을 포함시키면 그 이상이었다). 카사블랑카는 전 모로코인의 10퍼센트가 거주하였고, 바그다드는 전 이라크인의 20퍼센트가 거주하였다.

증가하는 주민들을 먹여 살리고 생활수준을 개선하기 위해서는 시골과 도시에서 더 많은 것을 생산할 필요가 있었다. 이러한 필요성으로 경제 성장에 대한 새로운 긴박함이 생겼고 그 밖에 다른 이유들로 정부를 끌어들이게 되었다. 제국 지배의 마지막 국면에서 영국과 프랑스는 급속한 경제 성장을 통치자와 피통치자 간의 공동 이익을 창출할 수 있는 방법으로 간주하기 시작했다. 민족주의자들이 정부를 인계받았을 때 이들 역시 경제 발전을 권력과 자급자족을 성취할 수 있는 유일한 방법으로 간주하였고, 경제 발전 없이는 국가가 진정으로 독립할 수 없다고 생각하였다.

그러므로 이때는 정부들이 성장을 독려하기 위하여 경제 과정에 더욱 강력하게 간섭한 시기였다. 이때는 많은 나라들이 지방에서 대규모의 관개 사업을 벌인 시기였다. 즉 모로코, 알제리, 튀니지, 시리아, 특히 이집트, 이라크 등에서 그러하였다. 이집트에서는 관개 체제의 변화가 1세기 이상 진행된 이후 1950년대 후반에 결론에 도달했다. 1950년대 후반에 소련의 재정적 · 기술적인 원조로 아스완 하이댐 건설 공사가 시작되었다. 미국이 댐 건설 원조를 철회하면서 소련이 개입한 것이었다. 나일 강 유역에서 이전의 관개 계획은 연례적인 홍수를 예방하고 더 넓은 땅에 영속적으로 물을 보내서 일 년에 한 번 이상의 작물 생산이 가능하도록 물을 분배하는 데 목적이 있었다. 그러나 아스완 하이댐은 그 이상을 하는 것이었다. 아스완 하이댐의 건설 목적은 거대한 호수에 계속해서 많은 물을 저장하고 필요한 곳에 필요한 시기에 방출하는 것이었다. 이러한 방식으로 해마다 변하는 수량의 불안정성이 해소될 수 있었고, 오랜 역사상 처음으로 나일 강 유역 정착 생활에서 연례 행사였던 홍수가 더 이상 한 해의 중심적인 사건이 아니게 되었다. 이러한 방법으로 경작지역을 100만 펫단[1] 정도 확장시키고, 이미 경작하고 있던 땅으로 영속적인 관개를 확장시킴으로써 작물 수확지역을 훨씬 더 많이 늘리기를 희망했다. 아스완 하이댐은 전력을 생산하기 위해 사용되었고, 이 호수에서 수산업을 발전시킬 가능성도 있었다. 그러나 단점으로 물의 증발 비율이 높았고 기후가 변할 수도 있었다. 즉 호수의 물 보유로 물 투입구는 퇴적될 수 있었으나 북부 이집트에서는 퇴적되지 않는다는 것을 의미했다.

이라크에서는 막대한 석유 생산으로 정부 세입이 증가함으로써 처음으로 계획에 따른 대규모의 홍수 통제와 관개 사업을 수행할 수 있었다. 1950년에 개발 위원회가 창설되어 석유로부터 나오는 막대한 세입을 통제하면서 티그리스 강과 유프라테스 강 양편의 홍수 통제를 위한 대규모 계획을 수립하고 실행하였으며, 북쪽의 티그리스 강 지류에 댐을 건설하였다.

이때는 역시 트랙터가 대규모로 도입된 시기였다. 트랙터는 마그립 지역의 유럽인들이 소유한 땅과 팔레스타인의 유대인들이 소유한 땅에서 1939년경에 이미 사용되었다. 그러나 그 밖의 지역에서는 거의 사용되지 않았다. 이제 트랙터는 이라크, 시리아, 요르단, 이집트로 수입되었고, 이곳들에서 1959년경에는 1만 대 이상 사용되었다. 화학 비료는 이집트, 레바논, 시리아를 제외하고는 그렇게 널리 확산되지 않았고, 종자나 품종 개량도 이루어지지 않았다.

이러한 변화의 결과는 몇몇 국가들에서 경작지의 확장과 거의 모든 곳에서 곡물 수확지의 확장으로 나타났다. 대부분의 지역에서 현지 소비를 위한 곡물 생산은 도시에 판매하거나 수출을 위한 환금 작물의 생산으로 변화하였다. 모로코에서 프랑스 당국자들은 통치 막바지 국면에서 '소작

---

1 펫단은 이집트, 수단, 시리아 등지에서 미터법과 함께 사용되는 토지 측정 단위다. 1펫단 = 4200제곱미터(m^2) = 1.038에이커. — 옮긴이

농의 근대화'에 체계적인 노력을 하였다. 대단위로 형성된 토착 경작자들에게 새로운 경작법과 환금 작물의 생산법이 교수되고, 신용과 판매를 위한 협동조합 시설이 제공되었다. 시리아와 북부 이라크에서는 민간 기업체가 변화를 주도하였다. 티그리스 강과 유프라테스 강의 중간 지역에서는 자본을 가진 상인들이 부족 셰이크들로부터 땅을 임대하기 시작하면서 트랙터를 이용하여 곡물을 재배하기 시작하였다. 강우가 불확실한 이 지역의 땅이 대규모로 경작될 수 있었고, 인력을 충분히 효율적으로 사용하여 경작에서 많은 이익을 남길 수 있었다. 그 결과 정주 농업과 예전에는 가장 안전하고 이익이 되는 토지 용도였던 가축 사육, 경작지 확대가 조화를 이루면서 변화하였다. 시리아에서 곡물 재배 지역은 20년간 2배 이상 늘어났다. 즉 1934년 74만 8,000헥타르에서 1954년에는 189만 헥타르가 되었다. 또한 유프라테스 강 유역과 그 밖의 시리아 지역에서 면화 경작이 확대되었다.

농업 발전이 중요한 것 같아 보였지만 투자할 자원을 가진 대부분의 정부들에게 최우선의 과제는 아니었다. 급속한 산업 발전이 더욱 긴급한 것처럼 보였다. 정부들은 사회 기반 시설을 창출하는 데 주목하였다. 즉 도로, 철도, 항구, 통신, 수력 발전 등의 기반 시설 없이 산업이 성장할 수 없었기 때문이다. 마그립 지역의 3개국에서 프랑스는 운송, 통신, 전기 생산, 관개 사업을 증진시키기 위하여 체계적인 노력을 하였다.

정부의 투자와 다소 미약하나마 민간(주로 마그립의 유럽인들, 그리고 그보다 더 동쪽에서 여윳돈을 가진 지주들)에 의한 투자는 어느 정도 산업을 발전시켰다. 대부분의 투자는 소비재 산업에서 이루어졌다. 즉 식품 가공 처리, 건축 자재, 섬유 등에 투자가 이루어졌다. 특히 이집트와 시리아에서는 면화가 생산되었다. 광물 자원을 가진 국가들에게 광산업은 중요했다. 특히 요르단, 모로코, 튀니지에서 인산염이 중요했다.

몇 가지 측면에서 경제 성장은 대부분의 아랍 국가들이 공업화된 국가들에 더욱 의존하도록 만들었다. 투자를 위한 민족 자본의 축적이 불충분했기 때문에 성장은 외부로부터의 투자와 원조에 의존하였다. 제2차 세계대전 이후 몇 년 동안 몇몇 국가는 전쟁 군비로 모은 파운드 잔고에 의존할 수 있었고, 마그립 국가들은 프랑스 정부가 제공한 자금을 가지고 있었다. 이것은 마셜 플랜 하에서 프랑스에게 주어진 원조 자금이었다. 모로코를 제외하고는 민간 외국인의 투자는 거의 없었다. 프랑스에서 발생할지 모를 사태에 대한 두려움 때문에 전후 몇 년 동안 모로코는 프랑스 자본가들에게 매력적이었다. 이후 미국 차관이 마그립 지역의 국가들로 들어왔고, 이 국가들은 미국의 정책에 협조적이었다. 1950년대 말에 소련 차관이 이집트와 시리아로 들어왔다.

외국 원조는 최소한 부분적으로 정치적인 이유 때문에 제공되었다. 서로 복잡하고 종종 적대적인 관계에 있다는 것을 잘 알고 있는 신생 독립 국가들이 자신들의 군사력 증강에 원조금을 사용하지 않는 경우, 이 원조는 산업을 발전시키고 기반 시설을 발전시키기 위하여 요구되는 자본재나 자재들을 수입하는 데 주로 사용되었다. 그 결과 원조를 해 주는 국가들에 대한 의존도가 높아지는 경향이 있었다. 원조를 받는 국가들은 원조를 제공한 국가들에게 빚을 지고 있었다. 그리고 그들의 주요 무역 관계는 유럽 산업 국가들을 상대로 하면서 점차 미국과도 늘려나가고 있었다. 이집트는 예외였다. 1950년대 말에 이집트는 수출의 50퍼센트 이상이 동구권 국가들이었고, 수입도 30퍼센트 이상이 이 국가들이었다. 교역 형태는 이전과 마찬가지로 원자재가 수출되고 가공품이 수입되는 형태였다. 그러나 두 가지 중요한 변화가 있었다. 현지에 직물 공장들이 만들어졌기 때문에 직물 수입은 덜 중요해졌다. 한편 밀은 현지 생산이 더 이상 도시의 증가하는 인구를 부양할 수 없었기 때문에 수입이 증가하였다.

이 시기에 한 종류만 급속도로 중요해졌는데, 즉 석유 수출이다. 석유 수출은 석유를 소유한 국가들과 산업화된 세계가 경제적으로 상호 의존하는 가장 두드러진 예였다. 제2차 세계대전 이전에 시작된 이후 중동과 마그립 국가들의 석유 자원은 세계에서 가장 중요한 자원에 속하는 것으로 입증되었다. 1960년경에 이 국가들은 전 세계 원유의 25퍼센트를 생산하고 있었으며, 현지 시장의 작은 규모 때문에 집단적으로 세계에서 가장 큰 수출국이 되었다. 이란이 가장 대규모의 생산 국가였고, 아랍 국가들 중에는 이라크, 쿠웨이트, 사우디아라비아 등이 있었다. 그러나 또한 걸프 지역의 기타 국가들과 이집트에서도 생산되었다. 1960년경에 대규모의 매장지가 리비아와 알제리에서 발견되었다. 앞으로도 중동 석유는 여전히 중요할 것처럼 보였다. 1960년에 중동의 석유 매장량이 전 세계 매장량의 약 60퍼센트를 차지하는 것으로 평가되었다.

서구 회사들이 석유를 탐사하고, 발견해서 추출하고 수출하는 권리를 모든 곳에서 장악하고 있었다. 그 대부분은 소수의 거대한 석유 회사들이 지배되고 이 거대 회사들이 석유 산업에 대한 사실상의 독점권을 장악하고 있었다. 이라크에서의 개발권은 영국인, 프랑스인, 네덜란드인, 미국인이 공동으로 소유한 회사의 수중에 있었다. 사우디아라비아에서의 개발권은 미국인의 수중에 있었다. 쿠웨이트에서의 개발권은 영국인과 미국인의 수중에 있었다. 리비아에서의 개발권은 다수 회사들의 수중에 있었다. 알제리에서의 개발권은 정부 자금으로 이곳에 투자한 프랑스 회사의 수중에 있었다. 이들의 자본은 대부분 서구 개인 투자가들로부터 나온 것이었다. 그리고 실제로 이것은 이 시기 동안 아랍 국가들 내에서 서구 개인 투자의 가장 중요한 예였다. 고급 기술 역시 주로 유럽과 미국 관리들에 의해서 제공되었다. 석유의 대부분은 서구 국가들로 수출되었다. 산유국들은 석유 그 자체 외에도 숙련, 비숙련의 노동자 계층을 제공했다.

석유 추출과 가공이 많은 노동을 요구하지 않았기 때문에 이러한 노동자 계층의 기여는 한계가 있었다.

그러나 1960년대 초에 상황이 변하고 있었다. 더 많은 현지인들이 매우 숙련된 직업에 종사하게 되었고, 전체 노동력이 여전히 많지 않음에도 불구하고, 석유 산업에서 훈련된 사람들이 다른 경제 부문으로 이동하고 있었다. 여전히 더욱 중요한 것은 석유 회사들과 산유국들 사이의 이익 분배가 변하고 있었다. 1948년에 석유 산업 총 수입액 중 65퍼센트가 회사로 들어갔다. 산유국들의 몫은 사용료로 제한되었으며, 석유 회사들이 정한 가격에서 얼마 안 되는 비율이었다. 1950년부터 산유국들의 압력으로 새로이 협정을 맺고 산유국들의 몫이 석유 회사들의 순 수입의 50퍼센트가 되었다. 1960년에 주요 산유국들(중동에 국한된 것이 아닌)이 석유 수출국 기구OPEC를 조직하였다.[2] 이 기구는 매우 밀접하게 상호 작용하는 거대 석유 회사들과의 협상에서 공동 전선의 형성을 목적으로 하는 동맹이었다. 따라서 그 기구는 산유국들이 적어도 생산 공정에서 석유 회사들의 기능을 인계받는 것을 목표로 새로운 흐름을 여는 것이었다.

---

2 세계의 석유 산업을 장악해 온 국제석유카르텔을 구성하는 7대 석유 회사International Major Oil Company를 흔히 메이저라고 부른다. 석유의 탐사, 생산에서 수송, 정제, 판매 등 모든 권한은 석유 메이저에 의해 결정되었다. 7대 석유 메이저는 미국계 엑손Exxon, 걸프Gulf, 모빌Mobil, 소칼Socal, 텍사코Texaco와 영국계 브리티시 페트롤리움British Petroleum, 영국-네덜란드계 쉘Royal Dutch Shell이다. 7대 석유 메이저는 1965년 세계 원유 생산량의 68퍼센트를 차지했고 중동 석유 생산의 98퍼센트 이상을 장악하기도 했다. 1960년 9월 세계 석유 수출의 85퍼센트 이상을 차지했던 사우디아라비아, 이란, 이라크, 쿠웨이트 및 베네수엘라는 이라크의 수도 바그다드에서 회의를 개최하였다. 이 회의에서 OPEC를 결성하였다. 이 기구는 석유 메이저에 대항하여 산유국의 발언권을 강화하기 위해 만든 것이다. 2001년 현재 회원국은 베네수엘라, 이란, 이라크, 쿠웨이트, 사우디아라비아, 카타르, 아랍에미리트, 알제리, 나이지리아, 리비아, 인도네시아 등 11개국이다. — 옮긴이

성장으로부터 오는 이익 : 상인과 지주들

독립의 성취와 함께 토착 상인들과 지주들이 경제 성장에서 오는 이익의 대부분을 차지할 수 있었다. 상인들은 수출입 무역에서 오는 보다 큰 몫을 획득하기 위하여 독립 정부에 접근하였다. 이집트의 면화 무역도 오랫동안 외국 회사와 은행들의 수중에 있었으나 몇몇 매우 큰 이집트 회사들이 정치인들과 밀접하게 협력하면서 이 무역에서 중요한 역할을 하게 되었다. 이라크에서는 유대 대자본가가 영국과 인도 무역에서 탁월하였으나 이스라엘 국가 창설 이후 입지가 좁아짐으로써 이라크를 떠났고, 주로 이라크 쉬아파 상인들이 유대 자본가의 역할을 대신하였다. 상인과 지주들이 축적된 자본을 어느 정도 가지고 있었기 때문에 대부분의 신흥 산업들이 현지인들의 수중에 있었으나 초기 산업을 위한 필요성 때문에 정부에 접근하였다. 그러나 몇몇 국가들에서는 토착 자본가들과 외국 자본가들이 협력하였다. 모로코에서는 프랑스-모로코 회사들이 독립 이후에도 계속해서 중요했고, 일정 시기까지 이집트에서도 역시 그랬다. 또한 토착 은행들이나 외국 자본과 결합된 은행들이 중요해졌다. 로열티 보유와 투자, 석유 산업으로부터 나오는 사적인 이익은 대부분 베이루트의 레바논인들이나 팔레스타인인들이 운영하는 은행들의 수중에 들어갔다.

대부분 지역에서 전후에 농업 발전은 땅을 소유하거나 지배하는 사람들의 이익에 부합되었다. 특히 은행과 금융 회사들로부터 신용 대출을 받아서 자본을 축적할 수 있는 대토지 소유자들의 이익에 부합되었다. 모로코와 튀니지에서 외국인의 수중에 있던 땅은 독립 이후 토착 자본가들이나 정부의 수중에 들어갔다. 이집트에서 대토지 소유자들의 지위는 1952년까지 여전히 탄탄한 상태였다. 400명 남짓한 왕족들이 집단적으로 가장 큰 대토지 소유자들이었다. 이 왕족들 주변에는 약 2,500개의 이집트 가문과 회사 집단이 있었고, 약 200개 외국 회사가 각각 100펫단 이상을 소유했다. 이들 사이에서 대토지 소유자들은 경작 토지의 27퍼센트를 장악했다. 대토지 소유자들이 실제로 정부를 통제했다. 대체로 장관들의 절반과 상원의원 그리고 하원의원들이 이 계층에서 나왔다. 그러므로 대토지 소유자들은 관개 사업에서 이익을 얻을 수 있었고, 자신들에게 유리한 세제를 유지할 수 있었다. 대토지 소유자들은 축적된 자본과 신용 대출 덕에 이익이 되는 토지를 살 수 있었고, 가장 비옥한 토지에 대한 통제로 이 토지의 대부분을 경작하는 소작인들에게 높은 소작료를 부과할 수 있었다. 일부 경제학자들은 토지 개혁의 필요성을 주장하고 있었다. 부당성에 대한 자각이 경작자들 사이에서 강하게 나타났으나 1952년 이전에는 국가 공식 회의에서 개혁에 우호적인 목소리는 거의 없었다.

이 시기에 지주들의 권력이 시리아와 이라크에서 증가했다. 시리아에서 곡물 경작에 이용되었던 내륙 대평원들은 항상 그 도시들의 주요 가문의 소유였으나 이제 유프라테스 강 유역에 있는 관개 토지에서 면화를 재배하는 사람들과 자지라 지역에서 곡물을 재배하는 사람들(소유주이든 임차인이든)이 대지주 대열에 합류하였다. 이라크에서 대지주 계층은 대부분 19세기 후반 이후 발생한 변화, 즉 트랙터, 펌프, 관개 사업에 의한 경작지의 확장, 목축업으로부터 정주 농업으로의 전환, 토지 등기 등에 의해서 창출되었다. 영국 위임통치 정부의 정책과 이후 독립 정부의 정책은 지주들, 부족 셰이크들, 영국과 왕정에 호의적으로 영향력을 발휘할 수 있는 사람들에게 유리하게 작용하였다. 1958년경에 개인이 소유한 토지의 60퍼센트 이상이 1천 두눔*dunum* 이상을 소유한 사람들의 수중에 있었고, 49개 가문이 각각 3만 두눔 이상을 소유했다(이라크의 두눔은 대략 0.25 헥타르 또는 0.6에이커다). 이집트에서보다 소유지가 더 광대했는데 이는 경작이 광범위하게 이루어지고 토지가 충분하고 과도한 염분이 토지를 빠르게 고갈시키기 때문이었다. 토지 소유 계층은 부족의 셰이크들 이외에도 국가 공무원이나 종교적인 권세를 통해서 토지를 소유한 도시 명사 가문들과 자본을 투자할 수 있는 무슬림 상인들이었다. 이집트와 마찬가지로 장관들과 의회를 통해서 지주들은 강력한 정치적 지위를 유지하였다. 왕과 통치 집단이 지주들을 필요로 했기 때문이다.

국가의 권력

그러므로 민족주의의 승리는 처음에는 토착 소유 계층의 것처럼 보였다. 그러나 대부분의 국가들에서 토착 소유 계층의 승리는 짧았고, 승리는 국가 그 자체의 것이었다. 정부를 통제하는 사람들과 군대와 관청에서 일하는 사람들을 통해서 국가는 권력을 행사하였다. 정부가 영토 전반을 직접 지배해 나가는 기본적인 사회의 조직화 과정은 외국 통치자가 떠날 때쯤 대부분의 국가에서 완수되었다. 도시 정부의 권위가 약했던 모로코와 같은 국가들에서도 그러했다. 독립 정부는 통치 수단인 군대, 경찰, 관료 제도를 인수했다. 사우디아라비아는 압둘 아지즈가 아들들에게 넘겨준 보다 강력하고 잘 조직된 정부가 통합된 정치 사회 내에서 수많은 지역들을 장악하였다. 아라비아 반도의 남부 변경 지역만 여전히 불완전한 사회 조직화 과정에 있었다. 예멘은 이맘의 통치가 아직 전 국가 영역으로 확대되지 못했다. 아덴에서의 영국 통치는 주변 시골 지역에서 영국의 보호하에 있는 미약한 족장들의 느슨한 연대를 창출하였으나 족장들을 직접 통치하지는 않았다. 오만 역시 영국의 후원을 받은 통치자의 권력이 해안 마스까트 수도로부터 내륙 전체에 미치지 못했다.

이제 정부의 활동이 법과 질서 유지, 세금 징수, 일부 기본 서비스 제공을 넘어서서 확장되기 시작하였다. 거의 모든 곳에서 공공시설들, 즉 발권 은행, 철도, 전화, 물 공급, 가스, 전기 등이 공공 기관 소유로 되었다. 이것은 전반적인 세계 변화에 부응하는 것이었다. 그러나 여기에는 특별한 이유가 있다. 대부분의 나라들에서 공공시설은 외국 회사들이 소유해 왔고, 국유화는 개인 소유로부터 공공 소유로, 외국인 소유로부터 토착인 소유로의 변화를 의미했다.

국유화 움직임은 그 자체의 타성을 갖고 있었다. 새 정부는 독립적인 경제력의 중심지들이 확대되고 성장하는 것을 두려워했다. 그것은 정치 권력을 일으키거나 그 자신들을 전임 통치자들과 연계시킬 수도 있었다. 더구나 급속한 산업화가 만약 개인 기업들에게 맡겨진다면 어렵거나 더딜 수 있었다. 투자를 위한 개인 자본의 축적은 외국 통치하에서 제한되었고 여전히 불충분했다. 금융시장이 조직되지 않는 한 생산적인 투자 계획은 어려웠다. 개인 투자가들은 도시 빌딩이나 토지보다 좀 더 새로운 아직 시도해보지 않은 산업에 투자하는 데 머뭇거릴 것이었다. 설령 그들이 그런 산업에 투자한다 할지라도 그들이 세운 공장은 국가의 계획이 그 산업에 우선권을 주지 않을 것이었다.

이러한 것은 경제 계획에서 정부의 개입을 찬성하는 주장이었고, 그러한 개입은 정부의 수중에 있는 재원의 축적 때문에 가능했다. 외국 통치자들의 철수는 세금으로부터 나온 재원이 정부의 완전한 통제 아래 있다는 것을 의미했고, 외국 기업들이 향유했던 재정상의 특권이 사라졌기 때문에 재원이 더 커졌다는 것을 의미했다. 몇몇 국가들에서 투자를 위한 재원은 이제 증가된 석유 수익에서 나왔다. 석유를 소유하지 않은 국가들조차 회사들의 통행료 지불금과 더 부유한 국가들이 주는 차관이나 보조금으로부터 이익을 얻었다. 1960년경에 이라크 정부 세입의 61퍼센트, 사우디아라비아 정부 세입의 81퍼센트, 걸프 지역의 작은 국가들에서는 거의 100퍼센트가 석유로부터 나왔다. 시리아 정부 세입의 25퍼센트가 이라크와 아라비아로부터 지중해 연안으로 석유를 운송하는 파이프라인에서 나왔고, 요르단 정부 세입의 15퍼센트가 그러했다. 개발 차관은 공업화된 국가들과 국제기구들로부터 들여왔다.

독립 이전에도 일부 경제 활동은 국가의 통제 아래에 있었다. 모로코에서는 인산염 채취가 중요해진 이후 이를 정부 기관의 통제 아래에 두었다. 수단의 자지라 지역에서 영국에게 주어졌던 면화 경작권은 1951년에 종결되었다. 독립 이후 그 과정은 활기를 띠었다. 튀니지는 인산염 산업을 인수하였다. 요르단 역시 정부가 인산염 회사에 크게 관여하였다. 1952년에 정권을 장악한 이집트 군사 정부의 정책은 공장들을 국유화하는 방향으로 선회하였다. 모든 은행, 보험 회사, 거의 모든 대기업들을 국가가 인수하면서 이 정책은 1961년 정점에 이르렀다. 1960년에 정부 통제 아래에서 급속한 산업 성장과 농업 성장을 목표로 한 제1차 5개년 계획이 발표되었다. 모로코는 이러한 경향의 주요한 예외였다. 모로코에서는 1960년경까지 급속한 산업화와 소비 제한을 추진하는 통제 경제와 개인 기업과 개인 투자에 의존하는 경제 사이에서 분명한 선택을 했던 것으로 보인다. 이 선택은 급속한 변화를 추구하는 민족주의자 파벌과 왕 주변에 모여 있는 보수적인 세력들 사이의 권력 투쟁을 포함했다. 이 투쟁은 왕이 직접 권력을 장악하고 개인 기업에 유리한 선택으로 끝났다.

경제 계획에서 국가 개입의 가장 극적인 예는 산업이 아니라 토지 소유 제도의 개혁이었다. 토지 소유 제도의 개혁은 가장 큰 정치 사회적인 중요성을 갖는다. 왜냐하면 아랍 국가 주민들의 대부분은 여전히 시골에 살고 있었고 거의 모든 곳에서 대토지 소유자들이 가장 강력한 계층을 형성하였기 때문이다. 이 계층이 정부에 대해서 가장 큰 영향력을 행사하고 가장 많은 자본을 소유하였다. 이 계층의 재산을 공격하는 것은 정부를 지배할 수 있는 권력을 파괴하고 다른 곳에 투자할 수 있도록 자본을 풀어놓는 것이었다.

토지 개혁에 대한 최초의 광범위한 계획이 1952년 권력을 장악한 이집트의 새 군사 정부에 의해서 발표되었다. 이 문제가 이전 정부나 의회에서 거의 토론된 적이 없었음에도 불구하고 권력을 장악한 직후 구체화된 계획을 내놓을 수 있었다는 것은 정부가 매우 독립적인 권력을 가졌다는 것과 추방된 사람들과는 매우 다른 사상을 가진 새로운 통치 집단이 출현했다는 것을 의미했다. 이 계획의 가장 탁월한 부분은 개인당 200펫단에 자녀들을 위한 토지 100펫단을 더한 것을 토지 소유 상한선으로 제한한 것이었다. 1961에는 상한선이 100펫단으로, 1969년에는 50펫단으로 낮아졌다. 상한선 이상의 토지는 국채로 정부에 의해서 고정가격에 구매되어 소규모 자작농에게 분배되었다. 게다가 왕족에게 속한 토지는 보상 없이 몰수되었다. 소유자가 소작인에게 부과할 수 있는 소작료는 제한되었고, 소작지 계약은 최소한 3년이었다. 소작인들과 소규모 자작농들은 정부가 만든 협동조합을 통해서 자신들의 수확물을 시장에서 팔고 신용 대출을 받을 수 있었다. 이후 10년간 약 50만 펫단을 강제적으로 국가가 구매하였고 이 중 일부가 분배되었다. 그 영향은 널리 미쳤지만 언제나 예상된 것은 아니었다. 정치적으로 대토지 소유자들과 왕족의 권력은 붕괴되었고, 경제적으로 수입은 대토지 소유자들로부터 소규모 자작농과 소작농들에게 재분배되었다. 반면 중간 토지 소유자들 집단은 거의 관계가 없었다.

시리아에서 유사한 조치들이 1958년에 시작되었다. 소유의 상한선이 만들어졌고, 소작인과 물납 소작인들을 위해서 경작 계약이 개정되었고, 농업 노동자들을 위해서 최저 임금이 정해졌다. 이집트와 마찬가지로 첫 해에는 이것이 효율적으로 적용될 수 없었다. 왜냐하면 관료 제도가 이 정책을 실행하기에 적당하지 않았고, 토지의 법적 권리에 대한 조사가 완전하지 못했으며, 지주들의 정치력이 아직 붕괴되지 않았기 때문이다. 이라크에서도 유사한 조치들이 1958년 군사 쿠데타 이후에 채택되었다. 그러나 사회가 어떻게 조직되어야 하는지에 관한 명확하고 일치된 이념을 가진 안정된 통치 집단이 혁명으로부터 출현하기 이전에, 처음 몇 년 동안 국가가 인수한 토지를 국가가 소유해서 개발해야 하는지 아니면 소규모 자영농에게 분배해야 하는지에 관하여 통치자들 간에 의견차이가 있었다.

도시의 부자와 가난한 자

점증하는 인구, 시골로부터 도시로의 이주 그리고 수적으로나 권력 면에서 점증하는 민족 자본가들—지주, 상인, 공장 소유주와 경영자, 공무원과 군 장교—은 여러 방면에서 도시 생활의 특성에 영향을 끼쳤다. 독립과 함께 이전에는 유럽인들이 주로 거주하던 구역으로 토착 중간 계층이 이주하였고, 시골 이주자들은 중간 계층이 떠난 구역이나 새로운 구역으로 이주하였다. 각각의 경우 풍습이나 생활 방식에 변화가 있었다. 중간 계층은 이전에 외국 거주자들이 살아왔던 전형적인 방식대로 살았고, 시골 이주자들은 도시의 가난한 사람들의 생활 방식을 택하였다.

마그립의 근대 교육을 받은 계층들이 외국인들로부터 도시의 중심지들을 넘겨받는 과정은 이미 독립 이전인 1940년대와 1950년대 초반에 시작되었다. 도시의 인종 분리 정책은 모로코에서 프랑스인 보호 정책이었고, 그것은 알제리에도 존재했으며, 튀니지에서는 조금 약하게 존재했었으나 점차 폐지되었다. 독립 국가는 인종 분리 정책의 폐지 과정을 앞당겼다. 유럽인들은 그들의 자본을 가지고 떠났고, 자본을 가진 새로운 통치자들인 관료, 지주, 상인 계층이 이주해왔다. 카이로와 알렉산드리아에서 인종 분리가 그렇게 철저한 적은 없었으나 이집트인들보다 유럽인들이 더 많이 사는 구역이 있었고 이러한 특성은 변했다. 가지라 스포츠 클럽을 이집트인들에게 완전히 개방한 것과 카이로에서 1952년 반란 때 외국인들과 관계된 빌딩들이 불탄 것은 사회 변화의 상징이었다. 레바논, 시리아, 이라크에서 외국 식민 거류지는 그렇게 광범위하거나 독점적이지 않았다. 그러나 팔레스타인에서 1948년 대부분의 아랍 주민을 추방시킨 것은 이전의 다국적 도시들이 유럽 출신 유대인 도시로 변한 것을 의미하였다. 예루살렘은 이제 이스라엘과 요르단으로 분리되었다. 요르단은 예루살렘 구도시를 수중에 넣었고, 구도시는 거의 완전히 아랍 세계였다. 그러나 예루살렘의 아랍 자본가 대부분은 하이파와 자파의 아랍 자본가들처럼 팔레스타인 밖의 도시들에 거주하였고, 그들의 자본과 능력이 암만의 급속한 성장의 주요 요인이었다.

그들은 새로운 지역에서 유럽인들과 똑같은 종류의 집에서 똑같은 종류의 옷을 입고 유럽인들이 살았던 것처럼 살았다. 비록 옛날 생활 방식과 새로운 생활 방식 사이에서 약간의 절충이 있었겠지만 말이다. 카사블랑카의 모로코인들은 근무 중에는 유럽 옷을 입었지만, 금요일마다 모스크에서는 전통 의상인 잘라바*jallaba*를 입었다. 근대적인 집은 아마도 동양적인 양식으로 낮은 의자, 구리 쟁반, 장식용 벽걸이가 갖추어진 방을 하나 가지고 있었을 것이다. 일부 새로운 구역에는 그들이 메디나(구도시)에서 했던 것 이상으로 다른 종교 공동체 구성원들이 섞여 있었다. 그들은 같은 아파트나 거리에 살면서 그들의 어린이들을 같은 학교에 보냈다. 무슬림, 기독교인, 유대인들 사이의 통혼은 여전히 드물었으나 이전보다는 약간 흔해졌다.

새로운 지역들의 개방으로 부유층은 구도시에서보다 더욱 자유롭게 모습을 드러낼 수 있었다. 구도시에서는 통치자와 이웃에 대한 두려움 때문에 자신들의 부유함을 감추어야 했다. 집은 거리 쪽으로 더욱 대담하게 정향으로 지었고, 방은 더욱 화려하게 꾸며졌으며, 보석으로 공공연하게 장식되었다. 지위에 대한 특별한 상징인 자가용은 이 시기에 중요해졌다. 자동차는 제2차 세계대전 이전에는 비교적 드물었으나 이제는 흔해졌다. 카이로에서 자동차 수는 1945년과 1960년 사이에 거의 두 배가 되었다. 자동차, 트럭, 버스가 증가하자 도시와 시골에서 넓은 신작로가 만들어졌다. 구도시 지역을 관통하는 넓은 가로수 길을 운전하는 것은 거의 근대성과 독립의 상징적인 행위가 되었다. 이스마일 파샤가 카이로에 무함마드 알리 거리를 만들었을 때인 1870년대에 처음으로 발생했던 일이 이제 중동 전역에서 행해졌다. 그러나 마그립에서는 그렇지 않았다. 자가용과 자동차를 위해 만든 도로들은 더욱 부유해진 계층이 살아가는 방식을 변화시켰다. 부유한 계층의 생활은 더 이상 자신들의 지역에 한정되지 않았다. 이들은 도시 전체와 도시의 배후 시골 지역을 소유할 수 있었고, 일터에서 멀리 떨어진 곳에서 거주할 수 있었다.

자본가들이 떠난 지역은 시골 이주자들에 의해서 채워졌다. 시골 이주자들의 일부는 유명한 성지와 모스크, 즉 숙소를 이용할 수 있는 매력에 이끌려 메디나로 갔다. 다국적 도시들에서 일부 시골 이주자들은 카이로의 슈브라 같은 이전 유럽 소자본가들의 지역에 정착했다. 몇몇 도시들에서 이미 존재했던 판자촌들이 빈 땅이 있는 곳이면 어디든지 우후죽순으로 늘어났다. 그러나 이러한 일이 카이로에서는 발생하지 않았다. 카이로의 '죽음의 도시'인 구도시 외곽의 광대한 공동묘지는 넘쳐나는 사람들에게 판자촌과 같은 주거지를 제공하였다. 판자촌은 당국자들에 의해서 이곳저곳으로 옮겨졌다. 그러나 그 과정에서 판자촌 중 일부는 그 도시의 영구적인 빌딩들이나 도시의 쾌적함을 확보하였다. 베이루트, 다마스쿠스, 암만 외곽에 있는 팔레스타인 난민촌들은 사실상 각 도시의 일부가 되었다. 몇몇 국가의 정부들은 새로운 산업 지대 근처나 도시의 외곽에 저가의 서민 주거지를 건설하는 계획을 진행시켰다. 모로코에서 프랑스 통치의 마지막 10년 동안 천부적인 도시 계획자가 이와 같은 종류의 계획을 수립하려고 하였다. 이집트에서는 1960년에 카이로 근처의 위성 신도시인 메디나 나스르Madinat Nasr를 포함하는 5개년 주택 건설 계획이 발표되었다. 이 시기에 이집트 건축가인 하산 파티(1900~1989)는 이러한 계획이 고안되고 실행되는 방법에 관한 중요한 문제들을 제기하였다. 당대의 방법과 서구 건축 양식 유형을 채택하는 대신에 이슬람식 도시 계획과 건축의 전통으로부터 많은 것을 배우는 것이 가능하다고 주장하였다.

카이로, 베이루트 그리고 몇몇 다른 도시들에서 '근대'라는 특징적인 양식과 이 양식을 지원하는 데 필요한 소득은 소규모 계층을 넘어서 퍼져 나갔고, 부유한 지역과 가난한 지역 사이에 '과도 지역'이 놓여 있었다. 이 지역에서는 소매상인, 하위 공무원, 숙련공들로 구성되는 소자본가가 중간 계층의 전형을 유지하려고 하였다. 그러나 대부분의 부자와 가난한 자들 사이에는 큰 격차가 있었다. 그 시기에 시골 이주자들은 도시 거주자들이 포기할 것 같은 도시 대중의 풍습을 택하였고, 그래서 전통적인 생활 방식이 영속되었다. 시골의 들판에서 베일을 벗은 채로 일하거나 우물에서 물을 긷던 여성들은 이제 베일을 쓰고 격리되었다. 그러나 이런 사회에서조차 약간의 변화가 있었다. 특정한 사회 계층에서 어느 정도 행해졌던 일부다처제는 더욱 드물어졌다. 그것은 작은 아파트 생활의 어려움이나 가족에 대한 개념의 변화 때문이었다. 이혼 비율이 높긴 해도 점차 감소했다. 출생률은 산업 국가들과 비교해서는 높았지만, 시골 지역보다 도시가 더 낮았다. 왜냐하면 학교에 다니는 여성들이 결혼을 늦게 하는 경향이 있었고 남성들은 고정된 일자리를 찾아서 결혼하기 이전에 돈

1867~1890년경 레반트의 드루즈 여인들. 길을 만들기 위해 돌을 모으는 장면

을 저축하려는 경향이 있었으며, 또 출산을 조절했기 때문이다. 이집트에서 1950년대 후반에 고등교육을 받은 사람들의 50퍼센트 이상, 도시 빈민의 약 10퍼센트가 출산을 조절했으나 시골의 가난한 사람들은 누구도 실제로 출산을 조절하지 않았다. 이때 이집트에서 인구 폭발의 문제는 널리 알려지고 토론되면서 울라마들 중 일부는 출산 조절이 합법적이라고 선언하였다.

도시에 거주하는 가난한 사람들의 생활은 계속해서 힘들었다. 이들의 대부분은 실업자였다. 카이로의 주민 중 1960년에 7.5퍼센트가 공장에서 일했고, 23퍼센트가 서비스업에 종사했으며, 66퍼센트는 고정된 정규 직업이 없었다. 이들 대부분이 사는 인구 밀집 가옥들이나 판잣집들은 질병이 만연했다. 이전 시기에 도시 사람들을 많이 죽였던 콜레라와 흑사병은 이제 다소 사라졌다. 그러나 폐결핵, 장티푸스, 말라리아, 눈병 등이 유행했다. 유아 사망률이 높았다. 바그다드의 판자촌에서 1956년 유아 사망률은 1,000명당 341명이었다.

그러나 최소한 일부 가난한 사람들의 생활 조건이 개선되고 있다는 증거가 일부 있다. 이들의 경제력을 넘어서는 차와 설탕은 이때 모로코와 이라크에서는 생활필수품이 되었다. 이집트에서 식량 소비는 1950년대 초반에 하루 평균 2,300칼로리에서 이후 10년간 2,500칼로리로 증가했다. 사회 서비스가 확장되었고, 진료소들이 보건 서비스를 제공했고, 양질의 물 공급이 일부 질병 발생을 감소시켰다. 일부 도시들에서 대중교통이 개선되었다. 대부분의 어린이들이 초등학교에 입학했으며, 문맹 퇴치 운동이 일어났다. 더 많은 여성들이 일터, 주로 가정부나 공장으로 나갔다. 이들은 대부분 가정에서 생활하는 젊은 미혼 여성들이었다. 이들이 가정 밖에서 일하고 돈을 번다는 사실이 아직은 가족 생활 구조에 많은 변화를 일으키지 않았다. 이것이 그들 가족의 수입을 증가시켰으나 여성 노동자들이 반드시 성공하거나 독립하는 것은 아니었다.

이러한 변화는 다른 사람들보다 일부 사회 계층의 주민들에게 영향을 끼쳤다. 공장 노동자들과 비숙련 임시 노동자들 사이의 격차는 더 커지게 되었다. 정부는 더욱 적극적으로 산업에 개입하고, 노동 조건을 개선하기 시작했다. 이집트에서 일일 및 일주일 최대 노동 시간을 법으로 정했다. 대부분의 국가들에서 노동조합이 이제 합법화되었다. 이러한 변화는 1940년대에 대부분 전쟁의 충격과 영국의 노동당 정부와 프랑스 좌파 연합 정부의 통치시기에 발생했다. 모로코와 튀니지에서 노동조합은 민족주의 운동의 필수불가결한 부분을 형성했고, 이집트 노동자 조직 역시 1945년 이후 영국 통치에 반대해서 활동했다. 독립이 성취되었을 때 정부는 조합의 정치 활동을 제한하려고 하였으나 몇몇 곳에서 조합 활동은 더 나은 노동 조건을 성취하는 데 유효했다.

도시와 시골 사이의 불평등은 도시 내에서의 불평등보다 훨씬 더 컸다. 모든 도시 계층들은 도시 생활의 변화하는 조건들로부터 어느 정도 이득을 얻었으나, 진보가 시골 생활에는 거의 영향을 끼치지 않았다. 대부분의 아랍 국가들에 있는 시골 사람들은 그들이 살아왔던 방식대로 살았다. 시골 사람들은 아이를 많이 낳았지만 아이들 대부분이 치료받지 못한 채로 죽는 것을 지켜보아야 했다. 오직 초등교육만 받고 전기 없이 생활하며 지주들과 징세 관리들이 농업 생산으로부터 발생한 잉여분을 차지하는 경작제도에 허덕였고, 유리한 환경을 빼앗는 과잉 인구 상황에 처해 있었다. 사회관계의 형태를 바꾸지 않은 채 시골 사람들의 상황을 개선시키기 위해서 1940년대에 정부는 약간의 시도를 하였다. 특히 이집트의 '시골 협력 단체'는 시골 사람들을 위하여 보건과 다른 서비스들을 제공했다. 시골 계층들의 관계를 바꾸고, 농업으로부터 나오는 수입을 재분배하려는 최초의 신중한 시도는 1950년대에 일부 국가들이 도입한 토지 개혁 조치 때에 처음으로 나타났다. 그러나 부분적으로 상황이 변하고 있었다. 도시로 이주한 사람들은 그들의 가족들에게 돈을 보내줄 수 있었고, 자동차, 트럭을 위한 도로의 확장, 신문의 배포, 라디오와 초등학교의 증가 등으로 마을 생활의 범위가 넓어지고 있었다.

23장
국민 문화(1940년대와 1950년대)

교육 문제들

사회 변화와 토착 엘리트의 정권 장악으로 교육이 빠른 속도로 확대되었다. 도시 생활의 절박함은 읽고 쓰는 능력과 기술 습득을 더욱 절실하게 만들었다. 민족주의 정부들은 강력한 국가 수립에 전념하였고, 이것은 모든 인간의 잠재력을 활용하는 것을 포함하였다. 중앙 집권화된 근대 정부들은 과거 정부들보다 더욱 완전하게 국민들과 의사소통을 할 필요가 있었다.

물론 고등교육을 받은 엘리트의 창출은 아랍 국가들의 일부에서는 오래전에 시작된 과정이었다. 그러나 엘리트 증가 속도가 독립과 함께 빨라졌다. 1939년에 6개의 대학이 있었고, 이 대학들 대부분은 규모가 작고 외국의 통제를 받았다. 1960년에는 약 20개의 대학이 있었으며, 이 대학들 중 4분의 3은 국립대학이었고, 몇몇 고등교육을 위한 기관들도 있었다. 유럽이나 미국에서 공부하는 학생들을 제외하면 대학생 수는 대략 10만 명 정도였다. 이집트 대학생 수가 가장 많았고, 시리아, 레바논, 이라크 순이었다. 그러나 마그립에서는 증가 속도가 빠르지 않았다. 프랑스가 튀니지를 떠났을 때 토착 의사 143명, 엔지니어 41명이 있었고, 모로코에는 무슬림 의사 19명, 모로코 유대인 의사 17명, 무슬림 엔지니어 15명, 유대인 엔지니어 15명이 있었고, 좀 더 많은 법률가, 선생, 공무원이 있었을 뿐이다. 그러므로 엘리트 훈련은 낮은 단계부터 시작되어야만 했다.

민족주의의 논리는 엘리트의 형성을 넘어서 대중 교육으로 가는 것이었다. 대중 교육은 새 정부가 수립한 첫째 과업 중의 하나였고, 새 정부는 대중 교육을 위해서 세입의 많은 부분을 쏟아 부었다. 도시 빈민가와 일부 마을들을 비롯한 거의 모든 곳에서 학교가 대규모로 문을 열었다. 1960년경 이집트에서 취학 연령에 해당하는 어린이들의 65퍼센트가 학교에 다녔고, 300만 명의 학생 중 20만 명이 중등학교에 갔다. 모로코에서는 프랑스가 보호령 마지막 10년 동안 노력했음에도 불구하고, 1954년에 무슬림 어린이들 중 오직 12퍼센트만 학교에 다녔다. 그러나 1963년에 이 숫자는 60퍼센트로 증가했고 7세 어린이의 거의 100퍼센트가 학교에 다녔다. 튀니지에서 같은 기간 동안 학생은 11퍼센트에서 65퍼센트로 증가했다. 성인 교육을 위한 노력과 함께 학생 수의 증가는 일부 국가들이 완벽한 문자 해독이라는 목표에 더 가까이 다가가도록 했으나 여전히 이 목표를 달성하지는 못했다. 이집트에서는 1937년에 남성 중 76퍼센트가 문맹이었고, 1960년에는 이 숫자가 56퍼센트로 감소하였다. 그러나 아라비아 반도의 국가들에서 이 변화는 더디었다. 사우디아라비아와 예멘의 종교적 보수 정권들은 신식 학교를 열어서 학생들을 새로운 이념의 창에 노출시키는 것에 대해서 다른 국가들보다 더욱 신중했다. 이 국가들은 메카와 메디나 성지 외에 문자 해독 문화가 도시에서 시골 지역으로 퍼져나갈 수 있는 중심지들을 가지고 있지 않았다. 영국의 통치를 받거나 보호를 받는 국가들의 주변부에는 자원이 빈약했고, 영국인들이나 영국인들이 비호하는 통치자들도 어떤 문제를 불러일으킬 수도 있는 급속한 변화에 대한 적극적인 열망이 없었다. 쿠웨이트는 예외였다. 쿠웨이트에서는 석유 수출로부터 나오는 점증하는 세입을 근대 사회를 창출하는 데 사용하였다.

교육받지 못하고 문자 해독 능력이 없는 여성 비율은 남성보다 훨씬 더 높았다. 이집트에서는 1937년에 여성의 94퍼센트가 문맹이었고, 1960년에는 83퍼센트였다. 대부분의 국가들에서 이 숫자는 여전히 더 높았다. 민족 정부들의 목표는 소년들뿐만 아니라 소녀들을 교육시키는 것이었다. 그렇지 않다면 민족 구성원 중 잠재적인 능력이 있는 절반 정도가 임금 경제에서 노동력을 사용하지 못했을 것이다. 이집트에서는 1960년에 취학 연령 소녀들의 50퍼센트가 학교에 다녔다. 튀니지에서는 취학 연령 소녀들의 약 30퍼센트가 학교에 다녔다. 중 · 고등교육에서 소녀들의 비율은 더 낮았으나 점차 증가하고 있었다. 1960, 1961년에 바그다드 대학생의 22퍼센트가 소녀들이었고, 라바트 대학생의 14퍼센트, 튀니스 대학생의 23퍼센트가 소녀들이었다. 수단에서는 여성 교육이 더 나중에 시행되었고, 여성을 위한 사립 대학들이 창설되었으며, 1959, 1960년에 카르툼 대학교에서는 소수의 소녀들이 공부하고 있었다.

급속도로 확장되는 교육 과정에 내포된 몇 가지 문제점은 변화와 성장의 단계에 있는 모든 국가들에서 공통된 것이었다. 비록 취학 연령 아동 중 재학 비율이 증가했음에도 불구하고 인구가 급속히 증가하였기 때문에 학교에 다니지 않는 아동의 전체 숫자가 반드시 감소한 것은 아니었다. 가능한 한 많은 학생들을 수용하기 위하여 학교들이 급히 문을 열었으나 효율적으로 가르치기에는 학급 학생 수가 너무 많았고 대부분의 선생들은 잘 가르치기에는 훈련이 부족했다. 그 결과는 모든 수준에서 나타났다. 특히 아랍의 중등교육은 부적당한 수준이었고, 대학에 가는 학생들은 전체적으로 더 수준 높은 연구를 할 수 없었다. 기술이나 직업 훈련보다는 공무원이나 자유직업에 필요한 인문교육에 집중되는 경향이 있었다. 사고방식뿐만 아니라 기술의 사용이 대부분의 전근대적인 문화의 교육 개념과 맞지 않았던 것처럼 이슬람 문화의 교육 개념과도 맞지 않았다. 그러나 석유 산업의 성장은 변화를 가져왔다. 석유 산업에 종사하는 아랍 노동자들은 다른 부문의 경제에 사용할 수 있는 기술과 지식을 습득하였다.

그러나 아랍 사회들의 특수한 역사적 경험을 표현한 것으로서 몇 가지 문제를 들 수 있다. 아랍 사회가 독립했을 때 다양한 학교들을 계승하였다. 즉 공립학교와 사립학교, 근대적인 학교와 전통적인 이슬람 학교, 아랍어를 사용하여 가르치는 학교와 유럽 언어들, 일반적으로 영어와 프랑스어를 사용하여 가르치는 학교 등이 있었다. 독립 정부의 취지는 제도들을 단일화하여 모든 제도들을 국가 통제 아래 두는 것이었다. 전통적인 이슬람 학교들은 폐쇄되거나 정부제도 안으로 통합되었다. 카이로에 있는 오래된 교습 모스크인 아즈하르는 근대 대학의 일부가 되었고, 튀니스에 있는 자이투나는 튀니스 대학의 샤리아 학교가 되었다. 페스에 있는 카라윈은 교습 기구로서의 역할을 사실상 그만두었으나, 메디나에 있는 학교들과 이라크 쉬아 성지들에 있는 학교들은 많은 변화 없이 그대로 유지되었다.

몇몇 국가들에서 외국 학교들은 국가 통제 아래 들어왔고, 국가 학교 프로그램에 따라 가르쳤다. 그러나 예외가 있었다. 레바논에서는 국립대학이 창설되었음에도 불구하고, 국립대학들과 나란히 있는 두 외국 대학, 미국 대학과 프랑스 대학이 여전히 성장하였다. 이집트에서 카이로의 미국 대학과 바티칸의 외교적인 보호를 받고 있는 가톨릭 선교 학교들은 독립적으로 운영되었다. 주요 추세는 학교를 아랍화하는 것이었다. 외국어를 사용하여 가르치던 외국 학교들은 이제 아랍어를 더 많이 사용하였다. 이것은 이제 초등교육 수준에서는 일반적인 규범이었다. 시리아에서는 11세 이전에 외국어를 배우지 않았고, 중 · 고등교육에서 외국어 습득이 중요해졌다. 그러나 마그립에서는 정부와 경제를 통제하는 다수의 외국인이 존재하였고, 이들은 프랑스어 지식을 아랍 동부에서보다 사회 저변 계층으로 보급시키려고 했다. 독립 정부들은 아랍어의 중요성을 강조하면서도 2개 국어 상용을 문화적 자산의 일부로 간주하였다. 몇몇 대학들에서는 자연 과학을 포함하여 모든 과목을 아랍어로 가르치도록 노력하였다. 그러나 이것은 어려운 일이었다. 아랍어 교과서가 만들어질 수도 있었으나 고등교육을 위한 전문적이고 과학적인 외국어 저작물들을 읽을 수 없는 학생들은 불리하였다. 수천 명의 학생들이 공부하기 위해서 정부 장학금으로 해외로 나갔고, 그들은 외국어를 완전히 습득할 필요가 있었다.

다른 사회에서처럼 부를 장악하고 권력이나 문화적인 가족 전통에 접근할 수 있는 사람들은 이러한 문제를 극복하거나 피할 수 있었다. 각 국가에는 다른 학교들보다 특별히 좋은 학교들이 있었다. 이 학교들은 외국이나 개인 단체들에 의해서 통제되었고, 소규모의 학급 수와 더 훌륭한 선생님들로 구성되었다. 프랑스 정부가 선생들을 공급하는 마그립, 이집트, 레바논의 리세이(프랑스 국립고등학교)와 같은 학교들이 그런 학교였다. 이 학교 출신들은 가족이나 정부 자금으로 성공적으로 공부할 수 있었고, 그 결과는 두 문화 사이의 차이를 영속시키는 것이었으나 이전에 존재했던 형태와는 좀 달랐다. 자신들의 환경을 영속시키려는 엘리트들은—앞선 세대가 살았던 것처럼—영국, 미국 혹은 프랑스 문화 환경에서 살지 않았고 영미-아랍 혹은 프랑스-아랍 문화 환경에서 살면서 두 개 혹은 세 개의 언어를 구사하였다. 가정에서는 아랍어를 사용하였고, 영어와 프랑스어(마그립을 제외하고는 점차적으로 영어 사용이 증가하였다)를 통해서는 세계의 높은 문화와 지식을 습득하였다. 그러나 훨씬 더 광범위한 계층은 아랍어만 사용하였고, 아랍어로 세계 정치에 대한 지식과 사회사상 그리고 책, 신문, 방송으로부터 과학 지식을 습득하였다.

언어와 자기표현

지금까지 아랍어를 매개로 세상을 바라보는 사람들의 마음을 만족시키는 매체가 점증하고 있었다. 이 매체의 대부분은 모든 아랍 국가들에게 공통적인 요소였다.

당시는 대단한 영화 시대였다. 1960년대 초에 텔레비전이 아랍 국가들에 막 등장하기 시작하였다. 그러나 영화관은 무수히 많았다. 1949년에 이집트에는 194개의 영화관이 있었고, 1961년에는 375개의 영화관이 있었다. 대부분의 아랍 국가들에서 증가 속도는 같았다. 세계 거의 모든 곳에서처럼 미국 영화가 대중적이었고, 프랑스 영화는 마그립 지역에서 대중적이었다. 이집트에서 제작된 영화들이 또 널리 상영되었다. 1959년에 60편의 영화가 카이로에서 제작되었다. 이 영화들 대부분은 초기부터 만들어졌던 낭만적인 음악 영화들이었다. 그러나 몇몇 심각한 사회 현실을 반영한 영화들이 있었다. 이 영화들은 아랍인이라는 공동 의식을 증대시켰고, 마그립의 안달루시아 음악을 대체하는 영상 정보들, 이집트 대중음악과 이집트 아랍어 구어체, 이집트의 목소리와 친근함을 모든 곳에 유포시켰다.

이때는 또 라디오 시대였다. 라디오는 1940년대와 1960년대에 대규모로 수입되었다. 1959년경 이집트에는 85만 대가 보급되었고 모로코에는 50만 대가 보급되었다. 라디오 한 대를 카페나 마을 광장 등에서 수십 명이 청취하였다. 전쟁과 전후 시기 승리와 패배, 약속, 희망, 두려움 등이 이전보다 널리 그리고 빨리 전파되었다. 모든 정부들은 라디오 방송국을 소유하고 있었으며, 아랍 국가들에 이해관계를 갖고 있는 열강 또한 아랍어로 된 단파 방송국들을 운영하였다. 모든 방송국들이 송출하는 대부분의 방송 프로그램들—대담, 음악, 오락—은 카이로에서 시작되었고, 이 프로그램들은 이집트의 지식과 화법을 확산시켰다. 이 시기에 가장 영향력 있는 방송국은 '아랍의 소리'였고, 이것은 이집트에서 주변 아랍 국가들로 송출되었고, 이집트가 인식하는 아랍인의 열망을 날카로운 어조로 표현하였다. 특정한 이집트인들의 목소리—이집트의 통치자인 자말 압둘 나세르의 목소리, 가장 유명한 이집트 가수인 움무 쿨쑴의 목소리 등—는 모든 곳에서 잘 알려지게 되었다. 여가수인 움무 쿨쑴이 노래할 때 전 아랍 세계가 귀를 기울였다.

공공의 문제들에 대한 관심사와 문자 해독 능력이 확장됨에 따라 신문이 널리 유통되면서 여론 형성에 더욱 중요한 역할을 하게 되었다. 다시 한 번 카이로의 신문은 더욱 널리 읽혀지고 영향력을 발휘하게 되었다. ≪알 아흐람≫은 수십만 부가 유통되면서 가장 유명한 신문이 되었다. 1952년 군부 정치인들이 집권할 때까지 이집트 언론은 비교적 자유로웠으나, 그 후에는 국가의 통제 아래 들어갔고, 1960년에 다른 대기업들과 함께 국유화되었다. 그 이후에도 이집트 신문은 이 국가의 통치자들이 세계를 바라보는 방식을 알려 주었기 때문에 여전히 광범위하게 읽혔다. 알 ≪알 아흐람≫의 편집장인 하사나인 하이칼의 기고문은 중요한 정치적 사건을 다루었다. 대부분의 나라들에서도 신문은 뉴스와 여론에 관해서 엄격하게 통제하였다. 그러나 몇몇 곳에서는 뉴스가 자유롭게 보도되었고, 모든 종류의 여론이 표출되었다. 특히 가장 자유로운 것은 베이루트의 언론이었다. 베이루트의 교육받은 대중들은 광범위하고 다양했으며 레바논뿐만 아니라 다른 국가들에서도 들어왔다. 정치 세력들의 미묘한 균형은 강력하고 억압적인 정부의 출현을 불가능하게 만들었다. 베이루트의 신문과 잡지들은 카이로처럼 레바논의 국경을 넘어서 널리 읽혔다.

카이로와 베이루트는 아랍 국가들을 위하여 책을 출판하는 주요 중심지들이기도 하였다. 두 도시에서 수많은 책이 발행되었고, 수많은 복사본이 놀랍게 증가하여 점증하는 학생 대중과 일반 독자에게 공급되었다. 1960년대에는 1년에 약 3,000권의 책이 이집트에서 출판되었다. 다양한 종류의 책들, 즉 다양한 수준의 교과서들, 대중적인 과학, 문학 작품들, 어린이들을 위한 문학(19세기에 유럽에서 고안된 어린이의 세계에 대한 개념은 이제 보편적인 것이 되었다)과 순수 문학이 출판되었다. 아랍 작가들이 동시대의 사회와 과거의 관계를 탐구한 책들이 가장 중요했다. 이제 몇몇 대학들—튀니스, 카이로, 베이루트의 아메리칸 대학교—에서 역사 연구의 전통이 수립되었고, 아랍과 이슬람 역사에 대한 몇 가지 독창적인 해석이 제시되었다. 압둘 아지즈 두리'Abd al-'Aziz Duri(1919년 출생)의 ≪아랍인의 역사 서술의 발흥*The Rise of Historical Writing among the Arabs*≫과 압둘라 라루이Abdullah Laroui(1933년 출생)의 ≪마그립의 역사*Histoire du Magreb*≫ 등이 그러한 책이다. ≪마그립의 역사≫는 프랑스 작가들로부터 마그립 역사 해석을 되찾으려는 시도였다. 압둘 아지즈 두리의 견지에서 프랑스 작가들은 마그립 역사의 본질을 이해하는 데 실패하였다고 다음과 같이 주장하였다.

> 우리는 오랜 시기를 마그립이 순수한 객체였던 시대와 유럽 정복자들의 시각을 통해서만 볼 수 있는 시기로 구분할 수 있다. 유럽 정복자들에 의해서 보는

시기의 역사는 아프리카 땅 위에 있는 외국인의 역사일 뿐이다. 몇 가지 경우에 사회 메커니즘은 마그립에서 멈추었다. 개인들과 집단들은 어쩔 수 없이 종종 단독 강화를 체결해 왔다. 우리는 이러한 일이 발생하는 것을 막기 위해서 무엇을 할 수 있는가? 지금 식민지화의 종결이 우리에게 새로운 출발을 할 수 있는 기회를 제공했다. 오늘날 우리 개개인이 알기를 원하는 것은 우리 자신에서 벗어나는 방법, 우리의 산과 모래언덕으로부터 벗어나는 방법, 우리 자신을 다른 누가 아닌 우리 자신의 입장에서 정의하는 방법과 정신적으로 추방되는 것을 멈추는 방법이다.[1]

장편소설과 단편소설은 아랍 작가들이 사회와 자신들의 관계를 탐구하는 주요한 형식으로 유지되었다. 민족주의자의 주제, 자신의 전통적인 문화와 유럽 문화 사이에서 교육받은 아랍인들의 괴로운 처지를 표현했던 장편소설은 이제 사회 분석과 암묵적인 비판을 추가하였다. 이전처럼 가장 재미있는 소설은 이집트에서 제작되었다. 일련의 도시 생활에 관한 소설들은 카이로에서 시작되어 1940년대와 1950년대에 쓰였다. 이런 소설에서 나집 마흐푸즈Najib Mahfuz(1911~2006)는 이집트 소부르주아의 생활을 표현하였다. 여기서 소부르주아들은 낯선 세계에서 근심과 혼란 속에 빠져 있었다. 그는 1988년에 노벨 문학상을 받았다. 압둘 라흐만 알 샤르까위'Abd al-Rahman al-Sharqawi(1920년 출생)는 그의 소설 ≪지구*al-Ard*≫에서 시골의 가난한 사람들의 생활을 묘사하였다. 이러한 작품들은 통치자들로부터 소외된 사회뿐만 아니라 사회로부터 소외된 개인을 적어도 함축적으로 설명하였다. 새로운 특징은 많은 여성 소설가들의 출현이었다. 여성들

1 Abdullah Laroui, *L'histoire du Maghreb:un essai de synthèse* (Paris, 1970), pp.15, 353-354 ; English trans. R. Manheim, *The History of the Maghreb : an interpretive essay* (Princeton, 1977), pp.10, 384-385.

소설가 나집 마흐푸즈

의 작품은 더욱 자유롭게 살려는 여성들의 노력을 다루었다. 라일라 바알바키Layla Ba'albaki의 최초의 소설 ≪나의 생활*Ana ahya*≫은 여성들의 목표를 상징적으로 표현했다. 몇몇 소설가들은 현재에 대항하여 근대적인 생활이라는 변화된 상태가 모습을 드러내기 이전에 일부 '진정한' 과거라는 이름으로 새로운 종류의 반란을 일으켰다. 이러한 작가들은 종교를 다른 관점에서 바라보았다. 이들이 보여준 이슬람은 근대주의자들의 이슬람이 아니었고 진정한 혹은 상상의 초기 순수 이슬람도 아니었다. 그것은 현실적으로 발전되어 온 이슬람, 성인 숭배, 성지 숭배, 마을의 수피의 행위를 포함하는 이슬람이었다.

다른 국가들에서는 훨씬 덜하지만 이집트에서는 이러한 주제들이 비교적 새로운 매체인 연극으로 표현되었다. 연극은 문화의 대중적인 형태로 자리 잡고 있었다. 영화와 라디오는 말과 몸짓으로 표현된 인간관계의 긴장을 청중들이 보고 듣는 데 익숙하도록 만들었고, 희곡 작가들을 후원하였다. 매우 고전적인 언어로 쓰이고 상연 목적보다는 읽힐 목적으로 고안된 시적인 희곡도 여전히 쓰였다. 예를 들면, 타우피끄 알 하킴Tawfiq al-Hakim(1899~1987)이 시적인 희곡을 썼다. 이러한 시적인 희곡과 나란히 카이로와 다른 도시들의 소극장에서 상연된 근대 사회 연극도 출현하였다. 점차 이러한 희곡들이 구어체로 쓰이거나 구어체에 필적하는 언어로 쓰였다. 문학자들이 그 이유를 설명해 왔다. 고전적인 언어는 극적인 행위보다는 정적인 낭독에 적합하였다. 공적인 언어는 개인적인 기질을 쉽게 표현할 수가 없다. 공적인 언어는 추상적이고 구체적인 환경을 언급하지 않는다. 반면에 구어는 극적이거나 비극적인 순간의 정점으로 끌어올리기 위해서 필요한 울림이 부족한 것 같다.

고전 언어와 그와 관련된 표현 형태의 냉랭하고 비인간적인 특성에 대한 불만이 당대의 시에서 발견될 수 있었다. 1940년 후반부터 특히 레바논, 시리아, 팔레스타인, 이라크의 젊은 시인들 사이에서 시인의 혁명이 있었다. 이들은 주로 바그다드와 베이루트에 살면서 자신들을 대변하는 잡지인 ≪쉬으르*Shi'r*≫를 출판하였다. 이들은 다양한 변화를 일으키려고 시도하였다. 시의 의도와 내용에 변화가 있었다. 이전 세대의 낭만주의는 개인적인 감정을 표현하고 자연 세계를 개인적인 감정의 외적인 표현으로 간주하는 것으로 수사학적이고 공적인 사건들을 대체하려고 했었다. 이제 새로운 시인들은 낭만주의 작가들로부터 배운 것을 보존하면서 그들의 주관주의와 관계를 끊으려고 하였다. 시는 현실의 사물을 표현해야 하지만 현실은 지성만으로 배울 수 있는 것은 아니었다. 현실은 시인의 총체적인 개성, 즉 그의 이성뿐만 아니라 그의 상상력에 의해서 이해되어야만 했다. 개개의 시인들은 다방면의 현실의 다양한 측면에 대한 강조점이 서로 달랐다. 일부 사람들은 불안한 시대에 그들 자신의 정체성 문제에 관심이 많았다. 다른 사람들은 1950년대의 프랑스 문학에 관하여 토론하는 과정에서 어떤 작가가 전념했던 사상을 채택하였고, 아랍인과 아랍 국가의 허약함이라는 주제에 관심을 가졌다. 새로운 아랍 국가, 새로운 아랍인이 출현할 필요가 있었고 시인들은 '새로운 세계의 창조자'가 되어야만 했다. 이 그룹의 대표적인 시인은 시리아의 아흐마드 사이드Ahmad Sa'id(1929년 출생)였다. 그는 아두니스라는 이름으로 글을 썼고, 시는 '사물의 질서에 맞게 변화'[2]되어야 한다고 말했다.

바드르 샤키르 알 사이얍Badr Shakir al-Sayyab(1926~1964)의 시에서 그가 자랐던 이라크 마을은 개인 생활뿐만 아니라 아랍 사람들의 생활의 표상이 되었다. 이것은 이 도시의 거리들, 메마른 인간 정신의 감옥에 속박된 것이었다.

> 화롯가에서 이야기되는 거리의 이야기들은 다음과 같다. 아무도 거리로부터 되돌아오지 않는다. 아무도 죽음의 해안으로부터 되돌아오지 못하는 것처럼. 거리에 우리 마을들을 건설하기 위해서 누가 거리에 있는 우물에서 물이 쏟아져 나오도록 할 것인가? 거리에서 누가 문을 두드리는 아들에 반대하여 자이쿠르 문을 닫았는가, 누가 도로의 방향을 바꾸었는가? 그래서 아들이 가는 곳마다 도시가 그를 향해서 머리를 쳐드는가? 자이쿠르는 초록이다. 슬픔에 잠긴 태양과 함께 황혼이 야자수 나무의 끝에 내렸다. 나의 길은 밝은 섬광처럼 그곳으로 나아갔다. 섬광은 튀어 올랐다가 사라지고 빛이 되돌아와서 그 도시를 밝힐 때까지 불길에 휩싸이게 했다.[3]

---

2 Adunis ('Ali Ahmad Sa'id), quoted in S. K. Jayyusi, *Trends and Movements in Modern Arabic Poetry* (Leiden, 1977), Vol.2, p.572.

3 Badr Shakir al-Sayyab, *Unshudat al-matar* (Beirut, 1960), pp.103-107; English trans. in S. K. Jayyusi (ed.), *Modern Arabic Poetry* (New York, 1987), pp.432-435.

새로운 세계는 새로운 언어를 필요로 했다. 이 시인들은 시를 쓰는 방법에 대한 일반적으로 인정된 관점으로부터 벗어나려고 했다. 시적인 언어의 기본적인 단위는 고정된 운율로 구성된 선이 아니다. 일반적으로 인정된 운율 그 자체는 포기될 수 있다. 단어들 간의 엄격한 문장 구성 관계는 더 자유롭게 배치되도록 양보될 수 있다. 반복되는 무의미한 표현들과 단어들은 다른 것들로 변화되어야 하고 새로운 체계의 상징이 만들어져야 한다. 이것들 중 일부는 개인적인 것이고, 다른 것은 근대 프랑스어 시나 영어 시의 상징으로 된 공통적인 줄기로부터 나온 것이었다.

이 집단적인 독특한 표현들 중의 하나는 유럽 시에 의해서 이미 형성된 시적인 지성과 감성이었다. 이것들은 아랍 독자들의 시적인 인식을 전 세계의 문화유산으로 확장시키려고 하였다. 엘리엇의 ≪버려진 땅*The Waste Land*≫으로부터 나온 풍요함의 이미지, 고전적인 신화로부터 나왔으나 시리아 지역과 관련하여 지역적인 반향을 불러일으킨 탐무즈(아도니스)의 죽음과 부활의 이미지(아흐마드 사이드가 채택한 필명인 아도니스는 중요했다) 등이 그러한 것이었다.

마그립에서 이 시기에 장편소설, 희곡, 시들을 프랑스어로 출판하고 독특한 감성과 사고방식을 표현하는 한 단체의 작가들이 나타났다. 알제리에서 카텝 야신Kateb Yacine(1929~1989), 물루드 페라운Mouloud Feraoun(1913~1962)과 물루드 맘메리Mouloud Mammeri(1917~1988) 같은 '1952년 세대'의 작가들은 개인의 자유와 민족의 정체성 문제를 탐구하기 위하여 자신들이 통달한 프랑스어를 사용하였다. 이들이 프랑스어로 쓴 것이 자신들의 뿌리로부터 벗어났다는 것을 의미하는 것은 아니었다. 이것은 각 공동체의 입장과 교육의 결과였다. 일부 알제리인들은 아랍어보다는 프랑스어에 더 정통한 카빌리아 출신의 베르베르인들이었다. 일부는 민족 투쟁에 참가하였고, 모두 민족 투쟁에 의해 특징지어졌다. 프랑스에서 가장 유명한 카텝 야신은 1970년 이후 프랑스어로 저술하는 것을 포기하였고 구어체 아랍어로 희곡을 창작하는 데 전념하였다.

이슬람 운동

사람들은 새롭게 쓰인 시를 읽고 생각하게 되었다. 이 시는 이 시대의 독특한 특징이었던 시 축제에서 많은 청중들이 암송했던 시와는 중요한 점에서 달랐다. 새로운 시는 그 시의 암시를 이해할 수 있는 소수에 의해서 읽혀졌으나 그럼에도 불구하고 총체적인 불만, 자신들과 세계에 대한 아랍인들의 불만을 표현하였다.

더 많은 주민들은 이러한 느낌과 변화에 대한 욕구를 이슬람과 관련된 이미지와 단어들을 통해서 다양한 모습으로 표현하였다. 근대 생활의 요구에 대하여 현실적으로 대답할 수 있는 방법으로 이슬람을 재구성하기 위한 근대주의자들의 시도는 아마도 교육받은 엘리트 계층에서 가장 널리 퍼진 이슬람의 모습이었다. 교육받은 엘리트들은 민족주의자 운동을 이끌었고 이제 새로운 정부를 지배하였다. 인기 있는 대중 작가들은 이슬람을 청중들을 위해서 지적으로 다소 덜 엄격한 형태로 표현하였다. 예를 들면 이집트의 칼리드 무함마드 칼리드Khalid Muhammad Khalid(1920년 출생)의 체계적 정리는 아즈하르의 종교적 가르침을 예리하게 거부하였다. 그는 '성직자'의 이슬람이 반동적인 종교이며, 인간의 지적인 자유를 공격하고, 강자들과 부자들의 이익을 후원하며 가난을 정당화시킨다고 주장하였다. 진실한 종교는 이성적이며, 인도적이고, 민주적이며 경제 발전에 전념하였다. 합법적인 정부는 종교적인 것이 아니며, 민족 통합에 기초하여 번영과 정의를 목표로 하는 것이었다. 이 시대의 주요 작가들 중의 일부는 더욱 이슬람적인 표현 방식으로 쓰기 시작하였고, 여기서 이 작가들의 주요 강조점은 역시 사회 정의였다. 따하 후세인에게 칼리프 우마르는 사회 개혁가였으며 그의 사상은 근대 사상과 유사했다.

이제 이러한 목소리와 함께 혼합된 다른 목소리가 있었다. 이 목소리는 사회 정의란 이슬람을 정책과 법의 토대로 삼은 정부의 지도하에서만 성취될 수 있는 것이라고 주장하였다. 전쟁 이후 무슬림 형제단 운동은 이집트에서 주요한 정치적인 요소였고, 시리아와 몇몇 아랍 국가들에서는 무시하지 못할 요소였다. 1945~1952년 이집트 정치 체제의 붕괴시기에 형제단의 가르침은 영국과 부패에 대항하는 투쟁이 통합과 신뢰로 수행될 수 있다는 견지에서 통합된 행동의 원칙을 제시하는 듯했다. 1952년 장교들의 권력 장악 이후 장교들 일부와 밀접한 관계를 유지해 온 형제단은 새로운 정부의 정책이 나아갈 목표를 제시하였다. 형제단은 정당을 해산시키는 법령으로부터 맨 처음 면제된 유일한 정치 조직이었다. 그러나 정부와 형제단의 관계는 곧 적대적인 것이 되었고, 1954년 압둘 나세르의 생명을 노린 이후 형제단 지도자들 중 몇 명이 사형에 처해졌다. 그 이후 형제단은 비밀 저항 세력의 가장 효율적인 통로로서 역할을 하였고 정의 사회라는 대안 모델을 제공했다.

무슬림 형제단의 창설자인 하산 알 반나는 전쟁 이후 어수선한 시기에 암살당했다. 그러나 형제단 운동과 관련된 다른 작가들은 당시 구체적으로 이슬람 정의 사회라는 사상을 표현하고 있었다. 시리아의 무스타파 알 시바이Mustafa al-Siba'i와 이집트의 사이드 꾸틉Sayyid Qutb(1906~1966)이 그들이었다. 유명한 ≪이슬람에서의 사회 정의*Social Justice in Islam*≫라는 책에서 사이드 꾸틉은 이슬람의 사회적인 가르침에 대한 영향력 있는 해석을 제시하였다. 기독교인들과는 별개의 것으로서 무슬림들에게는 신앙과 생활 사이에 불일치가 없다고 사이드 꾸틉은 주장하였다. 모든 인간의 행위는 예배 행위로 간주될 수 있고, ≪꾸란≫과 ≪하디스≫는 행위의 토대인 원칙들을 제시했다. 그에 의하면 인간은 신에 대한 복종을 제외한 모든 권력에 대한 복종으로부터 해방되어야만 자유롭다는 것이었다. 즉 성직자, 두려움, 지배적인 사회 가치들, 인간의 욕망과 욕구로부터 해방되어야 한다는 것이다.

꾸틉은 사회에서 인간 공동 책임 원리가 ≪꾸란≫에서 끌어낸 원칙 중에 있다고 주장하였다. 신의 눈으로 보면 인간 존재가 근본적으로 평등함에도 불구하고, 인간들은 사회에서 서로 다른 위치에 부합하는 각각의 직무를 가지고 있었다. 남성와 여성은 영적으로 평등하지만 직분과 의무가 달랐다. 통치자들 역시 특별한 책임이 있다. 법을 유지하는 것, 권리와 생명을 보존하기 위하여 법을 엄격하게 적용하는 것, 도덕성을 강화하는 것, 정의 사회를 유지하는 것 등이 통치자들의 책임이었다. 또 통치자들의 책임은 재산권을 유지하는 것도 포함했다. 그러나 재산권은 사회의 선을 위해서 사용되어야 한다고 확실히 밝혔다. 즉 부는 사치 혹은 고리대금, 혹은 부정직한 방법으로 사용되어서는 안 된다. 부는 사회의 이익을 위해서 과세되어야 한다. 공동생활의 필수품들은 개인들의 수중에 있어서는 안 되고 공동으로 소유해야 한다. 통치자들이 정의 사회의 구조를 지탱하는 한 그들에게 복종해야 한다. 그러나 그들이 그렇게 하지 않으면 복종의 의무는 소멸된다. 이슬람의 정의가 실현된 위대한 시대는 첫 번째 시대였다. 그 후 주민들에 의해서 승인 받지 못한 통치자들이 무슬림 공동체에 계속해서 재앙을 불러왔다. 적당한 교육 수단에 의한 새로운 정신의 창조를 통해서만 진정한 이슬람 사회가 회복될 수 있을 것이었다.

이집트와 그 밖의 다른 국가들에서 무슬림 형제단 운동의 지도자들은 대부분 비교적 고등교육을 받고 사회에서 높은 지위를 차지하고 있던 사람들이었다. 그러나 그들의 추종자들은 대체로 하류 계층 출신들이었다.

이 추종자들은 프랑스어나 영어보다는 아랍어를 통해서 일정한 교육을 받았고, 도시 사회에서 중간적인 지위를 차지했으나 상위 계층으로부터는 차단된 사람들이었다. 이들에게 이러한 유형의 운동은 근대 세계에서의 삶에 가능한 도덕적인 토대를 제공했다. 무슬림 형제단 운동은 모든 사회 문제에 적절하고, 모든 남녀가 접근하기 쉬운 원리 체계를 제시하였다. 무슬림 형제단 운동의 원리 체계는 성인과 성소의 이슬람과는 다른 것이었다. 성인과 성소의 이슬람은 본래 특정 장소 및 제한된 집단과 관련되었다. 그러므로 무슬림 형제단 운동의 원리 체계는 사회 정치적 행위가 전 국가 공동체로 확장된 사회에 적합한 것이었으며, 또한 국가의 경계를 넘어서서 전 이슬람 세계로 확장되기를 희망하였다.

새로운 생활로 편입되지 못한 사회의 폭넓은 계층들이 여전히 대규모로 존재했다. 시골 사람들과 시골로부터 이주한 새로운 도시의 무산 계급들에게 지역 성인의 무덤은 삶의 의미를 보증하는 화신이었다. 도시로 이주한 시골 사람들에게 위대한 순례지들, 페스의 마울라이 이드리스, 카이로의 사이다 자이납Sayyida Zaynab, 다마스쿠스의 이븐 아라비 등은 이질적인 세계에서 친근한 표상이었다. 무덤 관리인은 의사나 경찰관이나 정부 관리들에게 그의 사회적인 역할 중의 일부를 빼앗겼을 것이다. 그러나 그는 여전히 일상생활 문제에서 불운이 닥친 사람들, 아이가 없는 여성들, 도둑이나 이웃의 원한으로 인한 피해자들에게 유효한 중재자일 수 있었다. 죽은 지 오래되지 않은 성인의 기억으로부터 생겨나는 타리까(수행과정)는 도시 자본가 사회의 틈에서 근대적인 조직 방법을 사용함으로써 그 영향력을 확장하는 것이 가능했다.

24장 아랍주의의 정점(1950년대와 1960년대)

대중적인 민족주의

특정한 이슬람 요소는 당대의 대중적인 민족주의를 구성했던 다양한 이념들 중에서도 항상 중요했고, 고등교육을 받은 엘리트를 넘어서 주로 도시에 거주하는 더 폭넓은 계층으로 확장되었다. 교육과 대중 매체는 도시 거주민들을 정치에 참가하도록 유도했다. 그러나 근대주의자들의 이슬람이든 무슬림 형제단의 이슬람이든 간에 이슬람은 대체로 체제 내에서 부차적인 요소로 남아 있었다. 대중적인 민족주의의 논조를 세운 주요한 요소들은 다른 원천들로부터 왔다. 당시는 '제3세계'의 사상이 중요했던 시대였다. 그 사상은 대체로 과거 식민지 제국에 속해 있었고, 서구나 공산 동구 진영 중 어느 것에도 전념하지 않는, 함께 행동함으로써 특히 국제연합 총회에서 과반수의 요구를 통해서 확실한 공동의 영향력을 행사하는 발전 도상 국가들의 공동 전선의 사상이었다. 두 번째 요소는 아랍 통합 사상이었다. 새로 독립한 아랍 국가들은 공동의 이해관계뿐만 아니라 공유된 문화와 역사적인 경험을 충분히 공통적으로 갖고 있었다. 때문에 이들은 서로 밀접한 연합을 형성할 수 있었고, 이러한 연합은 이들에게 더 큰 공동의 영향력을 미칠 뿐만 아니라 합법적이고 안정된 정부를 만들기 위하여 주민들과 정부를 윤리적으로 통합할 수 있었다.

이러한 요소들에 이제 사회주의라는 또 하나의 요소가 추가되었다. 다시 말해서 사회주의는 사회의 이익 내에서 정부에 의한 자원 통제, 생산품의 국가 소유와 생산 목표, 세금을 통한 소득의 공평한 분배, 사회 복지 대책 등과 같은 사상이었다. 점차 강화되는 이 사상의 위력은 부분적으로 세계의 다른 지역에서 발생하고 있는 것을 반영한 것이었다. 서유럽의 사회주의자와 공산주의자 당들의 위력, 소련과 그 동맹국들의 점증하는 세계적인 영향력, 중국 공산당의 권력 장악, 새로 독립한 아시아 국가들에서 권력을 장악한 일부 당들의 프로그램에서 민족주의 사상과 사회주의 사상을 혼합한 것 등이 그것이었다. 특히 이 사상의 위력은 마르크스 사상이 아랍어로 정확하게 표현된 것에서 증명되었다. 또 이러한 위력의 중심지는 이집트였다. 역사가들은 이집트 역사를 마르크스주의의 용어로 해석하기 시작하였다. 그 결과 민족주의 운동인 것처럼 보였던 것이 이제 특정 계급들이 자신들의 이익을 추구하는 운동으로 간주되었다. 이집트 문화에 대한 사회주의자들의 비판은 마흐무드 아민 알 알림Mahmud Amin al-'Alim과 압둘 아짐 아니스'Abd al-'Azim Anis에 의해서 쓰였다. 이들이 강조한 문화는 전체 사회의 특징과 상황을 반영해야만 한다. 문학은 경험적으로 사회와 개인의 관계를 표현하려고 해야만 한다. 그러한 경험에서 벗어난 문학은 공허하다. 따라서 부르주아 민족주의를 반영한 글쓰기는 이제 의미가 없다. 새로운 글쓰기는 이집트인의 삶에 근본적인 요소인 '문어발식 제국주의'에 대한 투쟁을 충분히 표현하는지, 혹은 노동 계층의 삶을 잘 비추고 있는지에 의해서 평가되어야만 한다. 이러한 입장에서 표현 양식에 대한 문제가 중요해진다. 이들이 제시한 표현과 내용 사이의 불일치는 현실로부터의 도피이다. 나집 마흐푸즈는 대중적인 삶에 관한 글을 쓰지만 구어체 아랍어를 사용하지 않고 있으며, 따라서 실제 삶으로부터 일정한 거리를 두고 있는 것처럼 보인다.

이러한 다양한 요소들이 대중 운동으로 통합되는 방법은 지역별로 다양했다. 마그립 지역에서 프랑스 통치에 대한 반대 투쟁의 환경은 더 멀리 동쪽에 있는 지역들보다 더 폭넓은 지지를 받으면서 잘 조직된 민족주의 운동으로 전개되었다. 프랑스인들이 외국 정부로서뿐만 아니라 풍부한 자원을 지배하는 특권을 가진 거주민 집단으로 존재해 왔기 때문에 그들에게 성공적으로 반대하는 유일한 방법은 도시를 넘어서 시골로 퍼져나가는 잘 조직된 대중 반란이었다. 튀니지 독립이 성취되었다. 노동조합과 신헌법당이 튀니지 신정부를 지배하였으며 교육받은 엘리트 계층이 이 정부를 주도하였다. 교육받은 엘리트들의 근거지는 대부분 소도시들과 평원의 마을들이었고 튀니지 전역에 지부를 두었다. 알제리에서도 유사했다. 1954년에 프랑스 통치에 대항하는 반란을 시작했던 조직인 민족해방전선은 주로 하위 계층 출신들로 군사 훈련을 한 사람들에 의해서 주도되었으나, 전쟁의 긴박함 속에서 점차 모든 사회 계층의 폭넓은 지지에 관심을 가지게 되었다. 민족해방전선이 혁명 세력으로부터 정부로 변했을 때, 이 조직의 지도부는 혁명의 중요한 군 수뇌들과 고등교육을 받은 고급 관료들의 혼합체였다. 이들 없이 근대 정부는 운용될 수 없었다. 이 정부는 소상인들, 지주들, 선생들이 역할을 하는 정당 지부들의 전국적인 네트워크를 통해서 활력을 얻었다. 모로코에서는 왕, 독립당, 노동조합 사이의 비슷한 이해관계의 결합이 독립을 성취하는 데 기여하였으나 마그립의 다른 국가들과 마찬가지로 결합 그 자체가 안정되고 통합된 것으로 입증되지 못하였다. 왕은 독립당에 반대하고 진정한 민족 공동체의 구현을 주장하면서 새로운 군대를 통제할 수 있었다. 국민의 의지를 표현하는 일반화된 주장으로부터 유래하는 대중적인 지지를 받지 못한 독립당은 계층을 따라서 여러 파벌로 분해되고 있었다. 이 과정에서 독립당으로부터 새로운 운동인 민중세력 민족연합the Union Nationale des Forces Populaires이 출현하였다. 이 정당은 시골과 산악 지대 출신의 지도자들이 주도하였고, 도시 프롤레타리아의 이익을 대변하였다.

대부분의 중동 지역에서는 대중 소요의 시기임에도 불구하고 내부와 외부 정치 세력의 조작과 비교적 평화로운 협상으로 독립이 성취되었다. 신생 독립 국가들의 권력은 우선 통치 가문들이나 교육받은 엘리트들의 수중으로 들어갔다. 이들은 권력 이양 시기에 필요했던 정치 기술과 사회적 위치를 갖고 있었다. 그러나 이러한 집단들은 대체로 새로운 독립 환경에서 대중적인 지지를 결집시키기거나 완전한 국가를 창설하는 데 필요한 기술과 호소력을 소유하지 못했다. 이들은 자신들이 대표한다고 지칭하는 사람들의 언어와 똑같은 정치적 언어를 사용하지 않았고, 이들의 이해관계는 더 큰 사회 정의의 방향으로 변화하기보다는 현존하는 사회 구조의 존속과 부의 분배에 있었다. 이 국가들에서 정치 운동은 독립 이후 해체되는 경향이 있었고, 민족주의 요소들, 종교, 더 많은 호소력을 갖고 유행한 사회 정의를 혼합한 새로운 운동과 이념을 지향하는 운동이 나타났다. 특히 이집트, 수단, 시리아에서 무슬림 형제단은 이러한 운동을 주도했다. 공산주의자와 사회주의자 집단들 또한 제국주의 지배의 마지막 국면에서 제국주의자와 자신의 존재를 인정받으려고 했던 신정부라는 두 세력에 반대하여 중요한 역할을 시작하였다.

이집트에서 공산주의 운동은 소규모 단체들로 분열되었다. 그럼에도 불구하고 이 소규모 단체들은 명백한 위기의 순간에 제 역할을 하였다. 특히 전쟁 종결 몇 년 후 영국과 대결하는 동안 공산주의자가 지배했던 노동자-학생 위원회는 고무되고 있던 대중 세력의 지도부로서 방향을 제시했다. 이라크에서 공산주의자들이, 1948년 영국과 맺었던 방위 협정을 철회하도록 정부를 압박하는 운동을 주도함으로써 이집트 공산주의자들과 유사한 역할을 했다. 기존 정치지도자들 대부분은 이 협정을 지지하였다. 이 협정은 이라크 군대에 무기를 공급하고, 당시에 팔레스타인에서 시작된 투쟁에서 영국이 지원할 가능성이 있었기 때문에 이라크에 약간의 이익을 제공하였다. 그러나 이 협정은 이라크와 영국 간의 영구적인 유대를 의미하면서 결국은 영국의 이해관계에 이라크가 영구적으로 복종해야 함을 강요하는 것이기도 했다. 이 협정에 대한 반대는 수많은 서로 다른 이해관계들이 통합될 수 있도록 구심체 역할을 하였다. 토지 소유자가 된 셰이크들로부터 소외된 농부들의 이해관계, 높은 식량가격에 직면한 도시 프롤레타리아들의 이해관계, 학생들의 이해관계, 다른 상황에 처한 민족주의자들의 이해관계 등이 그것이었다. 이러한 상황에서 공산당은 각 집단들 간의 유대를 창출하는 데 중요한 역할을 하였다. 또 수단에서 영국의 위치를 물려받은 통치 집단은 두 파벌과 연계되었다. 이 두 파벌은 수단과 이집트가 어느 정도로 연합해야 하는지를 놓고 의견을 달리했지만, 각 파벌은 전통적인 종교 지도부와 연합했고, 사회 조직에서도 유사했다. 이 파벌들은 대중적인 역할을 하는 데 실패했지만, 대체로 이집트에서 공부했던 학생들이 구성한 공산당이 이 역할을 수행하려고 했다.

이러한 정치 세력들의 분열에 직면해서 모든 중요한 요소들을 결합할 수 있는 새로운 종류의 운동을 창출하려는 몇몇 시도가 있었다. 두 번의 시도는 1950년대와 1960년대에 특히 중요했다. 한 번은 시리아에서 성장한 바쓰당이었다. 바쓰당은 소수의 거대 도시 가문들이나 자신들의 이해관계를 대변하는 지도자들의 느슨한 연합 또는 정당들이 시리아 정치를 지배하는 것에 도전했다. 바쓰당은 주로 새로 교육받은 계층에게 호소하였다. 새로운 계층은 교육이 급속하게 증대됨으로써 창출되었으며, 사회에서 영향력이 적은 계층 출신들이었고, 대다수가 다수파인 순니 무슬림을 제외한 공동체, 즉 알라위, 드루즈 또는 기독교인들로부터 나왔다. 바쓰당의 기원은 시리아인들의 민족적인 정체성과 아랍어를 사용하는 다른 공동체들과의 관계에 관한 지적인 토론에 있었다. 이 토론은 다른 곳에서보다 시리아에서 더욱 긴급했다. 왜냐하면 대부분의 중동 지역들과 비교해 볼 때 영국과 프랑스가 자신들의 이해관계에 따라서 획정한 경계가 자연적이고 역사적인 구분에 부합하지 않았기 때문이다.

이러한 문제에 대하여 바쓰당의 주요 이론가이며 다마스쿠스의 기독교인이었던 미셸 아플라끄Michel ʿAflaq(1910~1989)는 단호하게 아랍어로 대답하였다. 단일 아랍 민족은 단일 연합 국가에서 살 권리를 가졌다. 단일 아랍 민족은 이슬람교 예언자 무함마드가 창설하였고, 사회가 그것을 구체화시키는 등 위대한 역사적 경험으로 형성되었다. 이러한 경험은 아랍 무슬림의 것일 뿐만 아니라 이 경험을 자신들의 것으로 전유하면서 이 세상에서 특별한 사명과 독립과 통합에 대한 권리를 갖는다는 주장의 토대로 간주하는 모든 아랍인들의 것이었다. 모든 아랍인들은 두 가지의 변화에 의해 이러한 목적을 성취할 수 있었다. 먼저 지식과 영혼—이해와 사랑을 통한 아랍 민족 사상의 전유—의 변화, 그리고 정치 사회 체제의 변화가 그것이었다.

이러한 사상 체계에서 사회 개혁적인 요소와 사회주의는 처음에는 별로 중요하지 않았다. 그러나 1950년대 중반에 바쓰당은 좀 더 명백하게 사회주의자 당과 통합하였다. 이러한 형태로 바쓰당의 영향력은 시리아와 주변 아랍 국가들인 레바논, 요르단, 이라크와 아라비아 반도에 있는 국가들로 퍼졌다. 바쓰당의 호소는 정체성 문제로 고민하는 학생들과 지식인들을 넘어서서 확장되었다. 특히 바쓰당은 미천한 지역 출신의 군 장교들과 시골 출신의 도시 이주 노동자들 사이에서 대단했다. 1950년대에 시리아에서는 군부 통치와 의회 통치가 교체되고 있었다. 권력이 분열된 상황에서 분명한 정책과 대중적인 호소력을 가진 정당이 그 구성원들을 능가하는 역할을 할 수 있었고, 바쓰당은 1958년 아랍 연합 공화국의 형성을 주도한 운동과 1961년 이 공화국의 해체에 중요한 역할을 했다. 이라크에서도 유사하게 1958년 혁명 이후 바쓰당이 점증하는 영향력을 행사했다.

바쓰는 정치 세력의 이념이었으나, 이 시기의 다른 중요한 운동은 정치 체제였다. 이 정치 체제는 사상 체계 내에서 합법화를 주장함으로써 점차 사상 체계를 발전시켰다. 1952년에 권력을 장악한 이집트 군 장교들과 이 장교들 중 한 명인 압둘 나세르는 곧 의문의 여지없는 지도자로 출현하였다. 이들은 처음에는 제한된 활동 계획을 갖고 있었고, 정당들과 파벌들의 이해관계를 넘어서는 민족적인 이익에 호소하는 것 이상의 공통 이념이 없었으며, 농민 대중의 연대 감정을 갖고 있었다. 전부 다는 아닐지라도 이들 대부분은 농민 대중 출신들이었다. 그러나 시간이 지남에 따라서 이들은 독특한 이념을 채택했고, 일반적으로 압둘 나세르의 개성과 일체성을 갖게 되었다. 이러한 나세르주의자의 이념에는 당시에 여론을 움직일 수 있는 힘을 가진 많은 요소들이 있었다. 이슬람의 언어는 지도자들이 대중들에게 호소하는 데 사용한 자연스러운 언어였다. 일반적으로 지도자들은 이슬람 개혁가들의 견해를 지지하였다. 왜냐하면 이슬람 개혁가들이 지도자들이 시작하고 있는 세속적이고 근대적인 변화들을 반대하지 않고 지지했기 때문이다. 이 시기에 아즈하르 대학은 더욱 엄격하게 정부의 통제 아래로 들어갔다.

그러나 대체로 이슬람에 대한 호소는 아랍 민족주의와 통합에 대한 호소에 비해 덜 강조되었다. 전임 이집트 정부는 아랍 통합을 대외 정책에서 중요한 가닥으로 수용했었다. 그러나 이집트의 독자적인 역사 발전과 나일 계곡에서 성장해 온 독특한 문화는 그 이웃들로부터 나오는 감정과는 약간 거리가 있었다. 그러나 이제 압둘 나세르의 통치는 이집트를 아랍 세계의 일부이며 아랍 세계의 지도자로 간주하기 시작하였다. 이들이 믿었던 이집트의 지도력은 사회 혁명을 위해서 사용되어야만 했다. 국가 소유권, 즉 생산수단의 통제와 소득의 재분배는 국가의 힘을 극대화하고 통치에 대한 대중의 지지를 확보하기 위하여 반드시 필요하였다.

사회 개혁 프로그램은 계층 사이의 갈등을 지지하는 마르크스주의와 개인 이익을 우선시하고 생산수단을 소유한 계층의 지배를 의미하는 자본주의 사이의 중간적인 체제, 정확히 말하면 '아랍 사회주의'라는 이념으로 정당화되었다. '아랍 사회주의'는 사회 전체가 모두의 이익을 추구하는 정부 주위에 집결하는 것을 생각하였다. 이 이념은 1962년에 발행된 '국민 헌장'에서 제기되었다.

> 혁명은 아랍 국가가 속박으로부터 자신을 해방시킬 수 있고, 부담이 되는 어두운 유산을 제거할 수 있는 방법이다. 혁명은 억압과 착취를 강요했던 저발전을 극복할 수 있고 아랍과 저발전된 국가들을 기다리고 있는 도전에 맞설 수 있는 유일한 방법이다. 이 도전은 발전된 국가들과 퇴보된 국가들 사이의 차이를 확대시키는 깜짝 놀랄 만한 과학의 발전에 의해서 제시되었다. 고통과 희망의 시대는 최종적으로 아랍의 투쟁을 위한 분명한 목표를 만들어 내었다. 아랍의 각성을 진실로 표현하는 이러한 목표는 자유, 사회주의 그리고 통합이다. 오늘날 자유는 국가와 시민의 자유를 의미한다. 사회주의는 국가와 시민의 자유를 위한 충분하고 공정한 수단과 목적이다. 통합에 이르는 길은 단일 국가라는 당

연한 질서를 회복하기 위한 대중적인 요구다.[1]

정치적인 민주주의는 사회적인 민주주의 없이 불가능하다고 선언하였다. 이것은 통신과 다른 공공 서비스, 은행, 보험회사, 중공업과 중기업, 가장 중요한 외국 무역 등의 공공 소유를 포함했다. 여성과 남성 등 모든 사람들은 기회, 보건, 교육 분야에서 평등해야만 한다. 가족계획이 장려될 것이다. 계층 분할은 국민 통합 내에서 해소되어야 하고, 아랍 국가들 사이의 분열이 해소되어야만 한다. 이집트는 이것이 다른 국가들에 대한 내정 간섭이라는 주장을 수용하지 말고 아랍 통합을 요구해야 한다. 이후 몇 년 이내에 사회 개혁 조치들이 힘차게 실행되어야 한다. 노동 시간의 제한과 최저 임금, 공공 서비스의 확대, 산업 수익이 보험과 복지 사업으로 분배되어야 한다. 이러한 조치들이 1960년대 초에 이집트의 급속한 성장에 의해서 가능해졌다. 그러나 1964년경에 성장이 멈추었고 1인당 소비가 더 이상 증가하지 않았다.

최고의 정점에 있을 때조차 압둘 나세르의 통치는 이집트 국민들의 모든 정치 세력들에게 방향을 잡아주는 데 성공하지 못했다. 이집트의 대중 정치 운동인 아랍 사회주의 연방은 대중적인 열망, 제안, 불만이 표현될 수 있는 통로라기보다는 정부의 의도가 국민들에게 전달될 수 있는 통로였다. 무슬림 형제단은 본질적으로 세속적인 정책을 은폐하기 위하여 이슬람의 언어를 사용하는 것에 대하여 정부를 비난했다. 마르크스주의자들은 '아랍 사회주의'가 계층 사이의 차별과 갈등을 인정하는 데 토대를 둠으로써 '과학적' 사회주의와 다르다고 비난하였다.

---

1 Department of Information, Cairo, *Mashru' al-mithaq* (Cairo, 1962), pp. 13 ff; English trans. S. Hanna and G. H. Gardner (eds.), *Arab Socialism* (London, 1969), pp. 344-345.

그러나 다른 아랍 국가들에서 나세르주의는 광대하고 계속적인 대중적인 승인을 획득하였다. 압둘 나세르의 개성과 그의 통치의 성공—1956년 수에즈 위기에서의 정치적 승리, 아스완 하이댐의 건설, 사회 개혁 조치들—과 팔레스타인의 대의를 지키기 위한 강력한 지도부 약속 등 이 모든 것들은 다른 세계, 즉 진정한 사회주의 혁명에 의해서 활기차고, 세계에서 정당한 위치를 확보하는 통합된 하나의 아랍 국가에 대한 희망을 제시하는 것처럼 보였다. 이러한 희망은 신문과 라디오 등을 기술적으로 이용함으로써 고무되었다. 신문과 라디오들은 다른 정부들의 지도자들에게보다는 '아랍 민족'에게 호소하였다. 이러한 호소는 아랍 정부들 사이의 갈등을 심화시켰다. 그러나 나세르주의는 통합과 혁명의 강력한 상징으로 남아 있고 팔레스타인 난민들 사이에서 인기 있고 베이루트에서 창설된 아랍 민족주의자 운동과 같은 넓은 범위의 정치운동으로 구체화되었다.

나세르주의의 지배력

1960년대에 아랍 국가들의 대중 생활은 아랍 민족주의 지도자이자 상징인 압둘 나세르와 함께 사회주의자, 중립주의자, 아랍 민족주의 이념에 의해서 좌우되었다.

1962년 알제리의 독립으로 유럽 제국들의 시대는 사실상 종말을 고하였으나 중동의 일부 지역에서는 여전히 영국의 세력이 잔존하여 정부의 형태로 구체화되었으며, 무장 세력을 사용할 수 있는 최후의 장소에 기지를 두었다. 아덴과 아덴 주변의 보호령에서 영국의 이해관계는 1950년대에 더욱 중요해졌다. 아덴의 정유 공장은 중요했고 소련이 홍해의 맞은편 해안에서 아프리카 대륙의 북동부에 대한 지배권을 수립할 수도 있다는 두려움 때문에 이곳에 해군기지를 두었다. 주변 국가에 대한 느슨한 보호령 제도는 좀 더 공식적인 지배 체제로 변형되고 있었다.

아덴에서 정치적 의식의 동요는 나세르주의에 의해서 고무되었고, 예멘에서 발생하고 있던 변화 때문에 영국은 정부 내에 지역의 참여를 늘려 나갔다. 입법 의회가 아덴에 수립되었고, 주변 보호국들은 아덴 자체가 합병되는 연방을 형성하였다. 그러나 제한된 이권으로 말미암아 아덴의 교육받은 소수 계층과 노동자들 그리고 연방 통치자들의 지배에 반대하는 사람들로부터 새로운 주장이 나왔고, 이집트가 이 상황을 고무시켰다. 소요가 발발했고, 1966년에 영국 정부는 철수하기로 결정했다. 이때까지 반대파는 두 집단으로 나뉘어 있었고, 1967년에 철수가 시작되었을 때 마르크스주의자에 기원한 도시 집단이 권력을 장악할 수 있었다.

세계가 바라보는 영국 지위에 대한 생각의 변화가 영국의 철수를 이끌어 낸 것이지, 걸프 지역에서의 지역적인 압력이 영국의 철수를 이끌어 낸 것은 아니었다. 1961년 쿠웨이트는 완전한 독립을 승인 받았다. 통치 가문 주변에 몰려든 안정된 통치 계층인 상인 가문들은 석유 채취에 의해서 이제 새로운 정부와 사회를 창출할 수 있었다. 걸프 아래쪽의 자원과 전략에 대한 재검토를 한 영국은 1968년에 군대를 철수하기에 이르렀고, 1971년에 인도양 지역 전역에 대한 정치적인 지배를 철회하게 되었다. 어떤 측면에서 이러한 결정은 영국의 지역적인 이해관계에 역행하는 것이었다. 걸프 지역에서의 석유의 발견과 아부다비에서의 대규모 유전 개발은 매우 가난했던 지역들에 대한 중요성을 새롭게 부각시켰고, 해안의 작은 항구들로부터 내륙으로 영국 통치를 확실하게 확장시켰다. 이제 내륙에서는 분명한 경계 획정이 중요하게 되었다. 영국의 영향력을 통하여 느슨한 연방인 아랍에미리트가 영국이 행사했던 통합의 역할을 떠맡기 위하여 수립되었다. 아랍에미리트는 7개의 작은 국가(아부다비, 두바이, 샤르자 그리고 다른 4개)들로 구성되었으나, 바레인과 카타르는 참가하지 않았다. 한때 바레인의 독립은 역사적인 근거에 토대를 둔 이란의 주권 주장에 의해서 위협을 받았으나 1970년에 이러한 주장들은 철회되었다.

그 후 영국군이 계속 주둔했던 이 반도의 유일한 지역은 결코 이전에 영국군이 존재하지 않았던 지역이었다. 오만의 통치자는 오랫동안 몇몇 영국 관리들의 실제적인 지배하에 오랫동안 존재했다. 오만의 통치는 내륙으로 거의 확장되지 않았고, 내륙에서의 실제적인 권력은 이바디파의 이맘이 장악하고 있었다. 그러나 1950년대에 내륙에서 석유 발견이 예상됨에 따라 영국의 후원을 받는 술탄의 권력이 내륙으로 확장되었다. 이어서 사우디아라비아의 후원을 받는 지역 봉기가 유발되었고, 사우디아라비아가 영토에 대한 권리를 주장하였다. 이 분쟁의 배후에는 영국과 미국 석유 회사들 간의 상충하는 이해관계가 놓여 있었다. 영국의 지원으로 봉기가 진압되었고, 이맘의 영토는 소멸되었다. 그러나 1965년에 더 심각한 봉기가 이 국가의 서부 두파르에서 발생하였다. 이 봉기는 외부 세력들의 개입과 함께 1970년대까지 계속되었다. 술탄은 변화를 일으키는 어떤 양보도 하지 않으려고 했다. 1970년에 술탄은 그의 아들을 선호하는 영국의 선동으로 퇴위했다.

1960년대에는 통일 아랍 국가가 출현할 것이라는 정세와 관련하여 제국 통치의 자취는 더 이상 주목을 받지 못하게 되면서 두 종류의 다른 분쟁이 주목을 받았다. 그 하나는 두 초강대국 사이의 분쟁이었다. 다른 하나는 대체로 나세르주의 노선 위에서 급속한 변화와 혁명에 전념하는 집단에 의해서 통치되는 국가들과, 정치적 · 사회적 변화에 신중하면서 나세르주의자의 영향력 확대에 적대적인 왕조와 집단에 의해서 통치되는 국가들 사이의 분쟁이었다. 시리아에서는 1963년 바쓰당이 권력을 장악하였다. 처음에는 시민의 지도자들이, 그다음에는 군대 장교들이 바쓰당과 제휴하였다. 이라크에서는 1958년 혁명으로 수립된 장교들의 정부가 1963년에 전복되면서 바쓰당과 나세르주의로 기울어졌다. 그러나 이라크, 시리아, 이집트 사이의 통합에 관한 논의는 이 세 국가들 사이의 이해관계와 이념의 차이를 드러내었다. 수단에서는 1958년에 군부 쿠데타가 발생하였다. 1964년 대중적인 압력으로 의원내각제가 회복될 때까지 쿠데타에 의해 수립된 정부는 중립주의와 경제 발전 정책을 추진했다. 알제리에서 독립 이후 아흐마드 벤 벨라를 대통령으로 하여 수립된 최초의 정부는 1965년에 교체되었고, 하와리 부메디엔Hawari Boumediene이 주도하면서 사회주의와 중립주의를 더욱 완전하게 실행하였다. 그러나 다른 한편에서는 모로코, 리비아, 요르단, 사우디아라비아 등에 왕들이 존재했고, 모호한 입장의 튀니지가 있었다. 튀니지는 대중 민족주의자 당의 지도자인 부르기바에 의해서 통치되었으며, 열심히 개혁을 추진해 왔으나 이집트의 영향력 확장과 아랍 민족주의라는 당시의 이념에 대해서는 반대했다.

국가 형성 과정에서 국민의 감정은 이 시기에 신흥 부자들에 의해서 강화되었고, 다른 변화가 석유 채굴에 의해서 창출되었다. 아랍과 다른 중동 국가들의 석유 자원은 이제 세계 경제에서 실제로 중요해졌다. 이것은 석유 생산 국가들 사회에 깊은 충격을 주고 있었다. 1960년대 중반에 5대 아랍 석유 생산 국가들—이라크, 쿠웨이트, 사우디아라비아, 리비아, 알제리—은 매년 약 20억 달러의 정부 수익을 확보하였다. 이 수익은 현대 사회의 사회기반시설을 구축하고, 사회 서비스를 확대하는 데 사용되었으나 정교한 행정 구조, 방위군, 보안군을 창설하는 데도 사용되었다. 이라크, 쿠웨이트, 리비아와 알제리에서는 수익의 사용처에 대해서 상당히 신뢰할 수 있었다. 그러나 사우디에서는 압둘 아지즈가 사망하면서 부친의 왕위를 계승하였던 큰아들인 사우드를 대체하는 가족 혁명이 발생하고 나서야 비로소 책임감이 강화되었다. 이 가족 혁명으로 압둘 아지즈의 형제인 파이잘Faysal(1964~1975)이 왕위를 계승하였다.

이러한 발전은 두 가지 다른 방법으로 아랍 세계에서 아라비아 반도의 위상을 변화시키기 시작했다. 하나는 사우디아라비아와 걸프 지역 국가의 통치자들이 그들의 부를 이용해서 아랍의 문제에 대해 큰 영향력을 행사하는 지위를 획득할 수 있었다는 것이다. 이 시기에 그들은 나머지 가난한 국가들에게 대규모의 원조를 제공하기 시작하였다. 다른 하나는 이 국가들의 급속한 사회 변화가 다른 아랍 지역들로부터 대단히 많은 이주자들을 끌어들이기 시작했다는 것이다. 이러한 현상이 알제리와 이라크에서는 일어나지 않았다. 이 두 국가는 인구가 많아서 자신들의 숙련되고 교육받은 노동자들을 창출할 수 있었다. 그러나 사우디아라비아, 쿠웨이트, 걸프 연안 국가들과 리비아에서는 인구가 너무 적어서 자원을 개발하는 데 필요한 노동력을 충족시킬 수가 없었고, 교육받은 계층도 여전히 소수였다. 이민자들 중에는 팔레스타인인들이 가장 많았고, 시리아인들과 레바논인들도 있었다. 리비아에서는 예외적으로 소수의 이민자들이 이집트로부터 왔다. 대규모의 상비군과 점증하는 국가 통제 경제로 말미암아 이집트 정부는 대규모의 외국 이주를 꺼리게 되었다. 1970년대 초에 대략 50만 명의 이주자들이 있었다. 그들의 대부분은 교육받고 숙련된 노동자들이었고, 나세르주의자들의 혁명 사상, 바쓰당의 민족주의 사상, 영토를 되찾으려는 팔레스타인인들의 끝없는 열망과 같은 그 지역의 새로운 사상들을 이민 국가들로 가져갔다. 그들의 사상과 열망은 이집트 주도하에 아랍 국가들의 강력한 세력권을 창출하려는 도구로서 석유 국가들의 부를 이용하면서 압둘 나세르의 이집트의 이해관계에 부합하는 것 같았다.

1967년의 위기

이미 1960년대 초에 나세르주의의 요구와 주장이 성취되기 어려운 징후가 있었다. 1961년 이집트와 시리아 연방의 해체, 이후 통합 회담의 실패는 앞둘 나세르 지도력의 한계와 아랍 국가들의 공동 이해관계의 한계를 드러냈다. 더 중요한 것은 예멘에서 발생한 사건들이었다. 1962년에 예멘의 통치자였던 자이드파 이맘이 죽었고, 그의 계승자는 망명 중에 있던 교육받은 자유주의자들이 새로운 정규군과 동맹하고 일부 부족의 지지를 받은 운동을 일으킴으로써 즉시 퇴위했다. 옛 이맘의 통치국은 예멘 아랍 공화국이 되었다(이후 흔히 북예멘으로 불린다. 예멘과 그 주변의 보호령으로부터 영국이 철수한 이후에 수립된 남예멘과는 구분된다. 남예멘은 공식적으로는 예멘 인민 민주주의 공화국으로 알려졌다). 권력을 장악한 단체는 즉시 이집트의 도움을 요청했고, 이집트의 군대가 파견되었다. 그러나 이러한 지원에도 불구하고 이맘국의 축적된 기술과 인맥에 의해 직접 통치되며 결집되었던 지역을 통치한다는 일은 새로운 정부에게는 너무나 힘겨운 일이었다. 시골 지역들은 여전히 이맘의 권위를 받아들였고, 정부가 창출하려고 시도하는 통치를 반대해서 반란을 일으켰다. 시골 지역들은 사우디아라비아의 지지를 받았고, 몇 년간의 시민전쟁이 발발하였다. 이 전쟁에서 지역 단체들 사이의 분쟁과 이집트와 '전통적'인 아랍 군주들 사이의 분쟁이 서로 뒤엉켰다. 어느 쪽도 상대방을 극복할 수 없었다. 이집트가 후원하는 사람들은 단지 주요 도시들과 도시 간 도로들을 지배할 수 있었으나 시골의 더 넓은 지역은 지배할 수 없었고, 낯선 환경에서 싸워야 하는 대규모 이집트 군대는 수년 동안 그곳에서 제지당했다.

이집트와 아랍 세력의 한계는 1967년에 발발한 더 큰 위기에서 결정적으로 드러났다. 이때 이집트와 다른 아랍 국가들은 이스라엘과 직접적이고 파괴적인 대결을 하게 되었다. 아랍인들 대부분에게 핵심 문제인 이스라엘과 아랍인들의 관계 속에서 나세르주의자 정책의 역동성은 압둘 나세르를 아랍인들의 주요 투사의 지위로 밀어붙이는 것이 불가피했다. 처음에는 조심스럽게 그 문제에 접근하는데, 1955년 이집트 군사 정부가 문제의 주도권을 주장하기 시작했다. 1956년과 그 후 몇 년간의 사건들은 압둘 나세르를 아랍 민족주의의 상징적인 인물로 만들었다. 그러나 그 이면에는 확실한 이집트의 정책이 감춰져 있었다. 이 정책은 이집트를 밀접하게 통합된 아랍 세력권의 지도자로 만들기 위한 것이었고, 외부 세계는 카이로와의 협정에 의해서만 아랍 세력권과 논의할 수 있도록 하였다. 팔레스타인의 대의에 대한 대변인이며 지도자로서 활동하는 임무는 명백한 위험성을 안고 있었고, 1964년까지 이집트는 이 임무를 신중하게 수행했다. 1964년 관개를 위하여 요르단의 수역을 사용하려는 이스라엘의 계획을 놓고 이집트는 이스라엘과 대립하는 것을 거부하였다. 그러나 이때부터 압둘 나세르는 여러 측면의 압력을 경험하였다. 그는 이미 예멘 내전 때문에 보수적인 정권들과 분쟁 중에 있었고, 이 보수적인 정권들은 나세르의 신중한 태도에 대해 나세르가 자신이 지지한다고 주장한 팔레스타인의 대의를 실제로는 믿지 않는 징조라고 주장하였다. 시리아에서는 바쓰당이 권력을 장악했다. 바쓰당은 사회주의 혁명과 이스라엘과의 직접적인 대결을 통해서만 팔레스타인 문제를 해결할 수 있고 새로운 아랍 국가가 창설될 수 있다고 믿었다.

이제 아랍 국가들 사이에서 새로운 관계가 형성되었다. 1948년 이후 팔레스타인인들은 자신들의 운명을 토론하는 데 독립적인 역할을 할 수 없었다. 팔레스타인인들의 지도부는 붕괴되었고, 팔레스타인인들은 수많은 국가들로 흩어졌고, 자신들의 고향과 일자리를 잃어버린 팔레스타인인들은 스스로 새로운 삶을 개척해야만 했다. 팔레스타인인들은 아랍 국가들

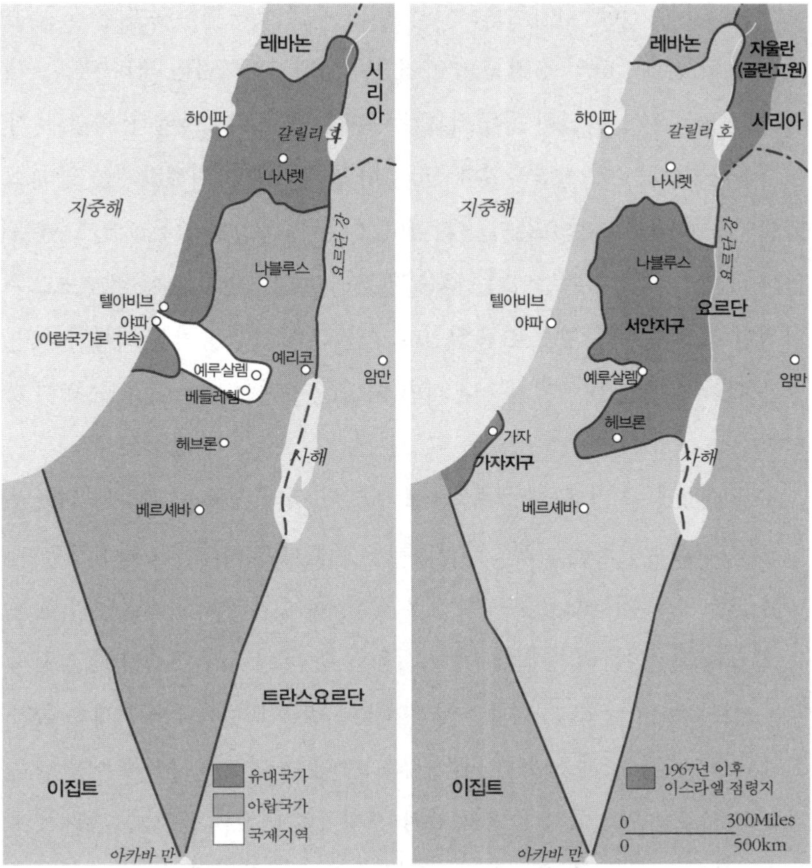

11. 팔레스타인 분할. 1) 영국 심의회의 분할안, 1937년, 2) 1949년 정전에 따른 경계선과 1967년 이스라엘의 점령지.

의 통제와 허락 하에서만 일정한 역할을 할 수 있었다. 1964년 아랍 연맹은 팔레스타인인들을 위한 독립적인 실체인 팔레스타인 해방기구PLO를 창설하였다. 그러나 팔레스타인 해방기구는 이집트의 통제 하에 있었고, 팔레스타인 해방기구와 연계된 무장 조직들은 이집트, 시리아, 요르단, 이라크 무장 조직들의 일부를 구성하였다. 이 시기에 팔레스타인의 새로운 세대가 추방상태에서 자라고 있었다. 이 세대들은 팔레스타인에 대한 기억을 가지고 카이로와 베이루트에서 교육을 받았고 이곳에서 새로운 사상을 수용하였다. 점차적으로 1950년대 후반에 분명하게 다음과 같은 두 종류의 팔레스타인 정치 운동이 출현하였다. 그 하나인 파타[Fatah]는 아랍 정권들로부터 완전히 독립적으로 존재하면서 이스라엘과 직접 무장 투쟁을 전개하는 데 전념하였다. 당시 아랍 국가들의 이해관계는 팔레스타인인들의 이해관계와 같지는 않았다. 다른 하나인 수많은 소규모 운동들이 나세르 아랍 민족주의자 단체들로부터 출현하면서 점차 마르크스주의적인 사회 운동 방향으로 움직였다. 이들은 팔레스타인을 회복하는 방법은 아랍 국가들 내에서의 근본적인 혁명을 통해서 이루어질 수 있다고 믿었다.

1965년경에 이 단체들은 이스라엘 내에서 직접 행동을 취하기 시작하였고, 이스라엘인들은 팔레스타인인들을 후원하는 시리아의 바쓰뿐만 아니라 요르단에 대항해서 복수하기 시작하였다. 이러한 이스라엘의 행동은 팔레스타인인들의 행위에 대한 대응일 뿐만 아니라 이스라엘 정치의 역동성으로부터 나왔다. 이스라엘 인구는 주로 이민에 의해서 계속 증가했다. 1967년경에 이스라엘 인구는 약 230만이 되었고, 이 중 아랍인은 약 13퍼센트를 차지했다. 이스라엘의 경제력은 미국의 원조와 외부 세계 유대인들의 기부, 서독으로부터의 배상으로 증대되었다. 이스라엘은 군사력을 강화하고 전문화하였다. 특히 공군 분야에서 그러했다. 이스라엘은 자신이 아랍 주변 국가들보다 군사적으로나 정치적으로 더 강력하다는 것을 알았다. 이스라엘이 주변 아랍 이웃들의 위협에 대응하는 최선의 방침은 자신의 힘을 보여주는 것이었다. 아마도 이러한 상황은 이스라엘이 성취할 수 있었던 것보다 좀 더 안정적인 협정으로 이끌어 갔을 수도 있다. 그러나 그 배후에는 팔레스타인의 나머지 땅을 정복하고 1948년의 미완성 전쟁을 끝내려는 속내가 감춰져 있었다.

이 모든 상황은 1967년에 집중되었다. 주변 아랍 국가들에 대항하는 이스라엘의 보복과 장차 있을 시리아에 대한 이스라엘의 보복에 대한 미확인 보도들에 직면한 압둘 나세르는 국제연합에 1956년 수에즈 전쟁 이후 이스라엘과의 국경에 주둔했던 군대를 철수할 것을 요구했다. 국제연합 군대가 철수했을 때 나세르는 이스라엘 선박들의 아까바 해협 출입을 금지시켰다. 나세르가 패배하지 않을 것처럼 보였다. 나세르에게 승리를 안겨다 줄 정치적 협상 최후의 국면에서 미국이 개입하거나, 아니면 전쟁이 시작된다 하더라도 소련에 의해서 무장되고 훈련된 그의 군대는 충분히 승리할 수 있었을 것이다. 아마도 이러한 나세르의 계산은 옳은 것으로 입증되었을 것이다. 왜냐하면 미국 정부 내에서 이 문제를 평화적으로 해결하기 위한 움직임이 있었고, 미국은 이스라엘에 대한 충분한 통제력을 갖고 있었기 때문이다. 그러나 강대국들과 그들의 하수인들 간의 관계는 결코 단순하지 않았다. 이스라엘인들은 세력 균형에 부합하지 않는 정치적 승리를 이집트에게 안겨 줄 준비가 되어 있지 않았고, 또한 그들이 패배할 이유가 전혀 없었다. 이스라엘인들은 무장된 자국 군대가 더 강력하다는 것을 믿었고, 갑작스런 반전으로 미국으로부터 지원을 확신할 수 있었다. 긴장이 고조되고 요르단과 시리아는 이집트와 군사 협정을 체결했다. 6월 5일 이스라엘은 이집트를 공격해서 이집트 공군을 파괴했다. 며칠 동안의 전투 끝에 국제연합이 전쟁을 종결시키는 휴전에 동의하기 이전에 이스라엘은 시나이 반도와 수에즈 운하, 요르단 통치하의 예루살렘, 서안(요르단 강 서쪽)과 시리아의 골란 고원을 점령했다.

이 전쟁은 여러 가지 측면에서 전환점이 되었다. 이스라엘인들이 예루살렘을 정복함으로써 무슬림들과 기독교인들의 성지가 유대인의 지배하에 들어갔다는 사실은 이 지역 분쟁의 또 하나의 요소가 되었다. 이 전쟁은 중동에서 세력 균형을 변화시켰다. 이스라엘이 어떤 아랍 국가 연합보다도 군사적으로 더 강력하다는 것이 확실해졌다. 이것은 외부 세계와 아랍 국가들 각각의 관계를 변화시켰다. 옳든 그르든 간에 이스라엘의 존재에 위협으로 간주되는 것은 유럽과 미국에서 같은 생각을 불러일으켰다. 신속한 이스라엘의 승리는 또한 미국인들의 시각에서 이스라엘을 더욱 매력 있는 동맹으로 만들었다. 아랍 국가들, 특히 이집트에게 발생한 일은 모든 측면에서 패배였다. 이 패배는 아랍 국가들의 군사력과 정치적인 능력의 한계를 드러냈다. 또 소련에게도 이 전쟁은 일종의 패배였으나 소련인들에게 그들의 종속국들이 똑같은 규모의 또 다른 패배를 당하지 말아야 한다는 것을 확고히 심어주었다. 더 깊은 차원에서 이 전쟁은 유대인이나 아랍인으로서 자신의 정체성을 가지고 있는 세계의 모든 사람들에게 상흔을 남겼다. 그리고 지역적인 분쟁이 세계적인 분쟁이 되었다.

가장 중요한 결과는 아랍 팔레스타인, 즉 예루살렘, 가자, 서안이 결국 이스라엘의 점령 하에 들어갔다는 것이다. 더 많은 팔레스타인인들이 난민이 되었고 이스라엘의 지배하에 있게 되었다. 이것은 팔레스타인인들의 정체성을 강화시켰다. 결국은 팔레스타인인들이 자신들 외에는 의지할 게 없다는 그들 사이의 확신을 강화시켰던 것이다. 이것은 또한 이스라엘인들, 아랍인들, 강대국들에게 하나의 문제를 제기하였다. 이스라엘이 정복한 지역에 대한 점령상태를 유지할 것인가? 아니면 아랍 국가들과의 평화적인 해결을 위하여 땅을 교환할 것인가? 팔레스타인인들을 위한 정치적인 실체가 존재할 것인가? 아랍 국가들은 빼앗긴 땅을 어떻게 되찾을 수 있을 것인가? 강대국들이 자신들이 개입하는 또 다른 전쟁 없이 어떻게 해결을 할 수 있을 것인가?

승자들이 주도적으로 이러한 질문에 대답할 수 있는 몇 가지 방법이 있다. 그러나 그러한 일은 발생하지 않았다. 왜냐하면 아마도 이스라엘인들이 매우 갑작스럽고 완전한 승리의 결과를 수용하는 데 약간의 시간이 걸렸고 모든 관계자들은 그들 스스로 새로운 위치에서 자신들을 확립했기 때문이다. 팔레스타인인들은 이스라엘의 통치하에서 단결된 자신들을 발견했고, 분리 독립된 국가를 요구하였다. 이스라엘인들은 정복한 땅을 이스라엘의 일부로 현실적으로 통치하기 시작하였다. 유엔 안전보장이사회는 11월에 제242호 결의에 동의하는 데 마침내 성공하였다. 제242호 조항은 평화를 유지하기 위하여 이스라엘이 정복한 영토로부터 확실하고 인정된 경계 밖으로 철수할 것과 난민들을 위한 대책을 만들 것을 요구하였다. 그러나 제242호 결의를 해석하는 방법이 다음과 같이 달랐다. 이스라엘이 점령지 전역에서 철군할 것인가 아니면 일부에서 철군할 것인가. 팔레스타인인들을 국민으로 간주할 것인가 아니면 개인적인 난민들의 집합체로 간주할 것인가. 아랍 국가 수뇌부들은 1967년 9월 카르툼에서 개최된 회의에서 다음과 같은 자신들의 결의안을 채택하였다. 이스라엘 정복자들을 인정하지 않는다. 이스라엘 정복자들과 협상하지 않는다. 그러나 여기에도 역시 다른 해석들이 존재할 수 있었다. 적어도 이집트와 요르단에게 협상을 통한 해결책은 여전히 열려 있었다.

25장
아랍 통합과 분열(1967년 이후)

1973년의 위기

압둘 나세르는 전쟁에 패한 이후 3년을 더 살았다. 세계적인 그의 위상은 패배로 인해서 심하게 흔들렸다. 미국 · 영국과의 관계는 악화되었다. 그는 이스라엘을 군사적으로 도와준 미국과 영국을 비난하였고, 미국은 평화가 회복되어야만 이스라엘이 정복한 영토에서 철군할 것이라고 고집하였다. 나세르의 힘의 한계가 명확해지자 아랍 통치자들에 대한 그의 영향력은 약화되었다. 1967년 전쟁의 직접적인 결과로 나세르는 예멘에서의 손실을 줄여야 했고, 그의 군대를 예멘에서 철수함으로써 사우디아라비아와 협정을 체결하였다.

그러나 이집트 내에서 나세르의 위치는 여전히 강력하였다. 1967년 6월에 운명적인 일주일이 끝나갈 무렵 그는 사임을 발표하였다. 그러나 그의 사임은 이집트와 다른 아랍 국가들 내에서 광범위한 반대에 부딪혔다. 아마도 이러한 반대는 숙련된 조직이 있었기 때문이기도 했고, 그의 사임이 더 깊은 패배와 굴욕이 될 수 있다는 느낌 때문이기도 했을 것이다. 다른 아랍 국가들 내에서 대중적 정서에 대한 그의 장악력은 여전히 강했다. 이집트에서의 위상과 인정된 위치 때문에 그는 팔레스타인인들과 그들이 살고 있는 지역 사람들 사이에 없어서는 안 될 중재자였다. 1967년 이후 몇 해 동안 팔레스타인인들의 민족 감정의 성장세와 1969년 이후 팔레스타인 해방기구를 통제했던 파타의 위세에 의해 이스라엘에 대적하는 수많은 게릴라 활동이 전개되었고, 팔레스타인인들이 약간의 자유를 누렸던 땅에 대항하는 이스라엘의 보복이 잇따랐다. 1969년에 이집트의 중재로 레바논 정부와 팔레스타인 해방기구는 협정을 체결하였다. 이 협정은 팔레스타인 해방기구가 남부 레바논에서 자유롭게 작전을 수행할 수 있는 한계를 설정하였다. 다음 해인 1970년에 요르단 군대와 팔레스타인 게릴라 단체들 사이에서 심각한 전투가 요르단에서 발생하였다. 팔레스타인 게릴라 단체들이 요르단에서 권력을 장악하는 순간인 것 같았다. 요르단 정부는 영향력을 강화하여 팔레스타인 단체들의 자유로운 행동을 중지시킬 수 있었다. 나세르는 한 번 더 이들 사이에서 평화를 창출하는 중재자가 되었다.

이 사건 직후 압둘 나세르는 갑자기 죽었다. 거리에서 수백만 명이 눈물을 흘리는 그의 장례식 장면은 확실히 다음과 같은 것을 의미했다. 적어도 그 순간에 나세르 없는 이집트나 아랍 세계를 상상한다는 것은 어려웠다. 그의 죽음은 새롭게 통합된 아랍 세계의 형성을 희망하는 시대가 끝났다는 것을 의미했다.

압둘 나세르의 오랜 동료였던 안와르 사다트Anwar Sadat(1918~1981)가 그를 계승하였다. 처음에는 이집트가 이전과 똑같이 지속되는 것 같았다.

자말 압둘 나세르의 장례 행렬

다른 아랍 국가들에서도 1969년과 1970년의 변화는 대체로 나세르주의와 유사한 정책이나 적어도 나세르주의에 모순되지 않는 정책을 따를 것 같은 사람들을 강화시켰다. 실제로 모로코와 튀니지에서는 이 시기에 근본적인 변화는 없었다. 모로코에서는 하산 왕과 왕 주변의 사람들이, 튀니지에서는 부르기바와 그가 이끄는 신입헌당이 권좌에 남아 있었다. 알제리에서는 통치 집단 내의 변화가 몇 년 일찍 시작되었다. 더 동쪽의 사우디아라비아의 파이잘 왕의 통치, 요르단의 후세인 왕, 걸프 국가들의 왕조들은 계속 유지되었다. 그러나 리비아에서는 군 장교들과 급진적인 지식인들의 긴밀한 연합이 1969년에 군주제를 전복시켰고, 잠시 후에 새로운 통치 집단 내에서 장교 출신의 탁월한 인물인 무암마르 알 까다피Mu'ammar al-Qadhafi가 출현하였다. 수단에서는 자으파르 알 누메이리Ja'far al-

Numayri가 이끄는 유사한 집단이 1969년에 합법적인 정권을 전복시켰다. 시리아에서는 1967년 전쟁 패배와 깊이 연루된 바쓰주의자 정권이 하피즈 알 아사드Hafiz al-Asad가 이끄는 군 장교들에 의해서 1970년에 대체되었고, 이들은 바쓰당에 속했지만 정책에서는 좀 더 신중했다. 이라크에서도 군 장교들과 시민들의 제휴에 의해서 다소 불안정한 통치 시기가 종말을 고했다. 바쓰당과 연계된 좀 더 응집된 그룹이 1968년에 권력을 장악하였다. 사담 후세인이 점차 가장 강력한 인물로 등장했다. 남예멘에서도 1969년은 중대한 시기였다. 독립이 가까워지면서 권력을 장악했던 세력들의 연합이 좀 더 엄격한 마르크스주의자 단체에 의해서 대체되었다. 그러나 북예멘에서는 이 시기가 결정적인 변화의 시점은 아니었다. 내전의 종결은 양측 집단들의 제휴를 강화시켰고, 이들의 관계는 여전히 서로의 입장을 분명히 한 채로 남아 있었다. 군부와 몇몇 강력한 부족 지도자들의 후원으로 좀 더 안정된 정권이 수립된 것은 1974년 이후의 일이었다.

1973년에 1967년보다 더 극적인 사건들이 발생했다. 그것은 강대국들에 정면으로 맞서 독립을 다시 주장하면서 아랍 통합의 새로운 국면을 드러내는 것처럼 보였다. 다시 한 번 이스라엘과 대결이 있었다. 압둘 나세르가 사망하기 전에 이미 1967년의 패배를 상쇄시키려는 욕구가 수에즈 운하 지역에서의 소모전으로, 또는 소련이 이집트와 시리아 군대를 재무장시킴으로써 드러났다. 1970년대 초에 이집트의 새로운 통치자인 사다트는 소련 고문관들과 기술자들의 철수를 요구함으로써 정책을 확실히 변화시켰으나 소련인들이 무장시키고 훈련시킨 군대는 그대로 남겨 두었다. 1973년 10월에 이 군대는 갑자기 수에즈 운하의 동쪽에 주둔한 이스라엘 군대를 공격하였다. 그 순간에 시리아 군대가 협정에 의해서 골란 고원의 이스라엘인들을 공격하였다.

최초의 돌격에서 이집트 군대가 수에즈 운하를 건너서 전진 기지를 수

렵하는 데 성공하였고, 시리아인들은 골란 고원의 일부를 차지하였다. 이들은 소련인들이 공급한 무기를 사용하였고, 1967년 당시 승리를 거둔 바 있는 이스라엘 공군을 무력화시켰다. 이후 며칠 동안 군사 상황이 바뀌었다. 이스라엘 군대가 수에즈 운하를 건너 서쪽에 전진 기지를 수립하였고 시리아인들을 다마스쿠스 쪽으로 몰아냈다. 이스라엘인들이 성공할 수 있었던 것은 자신들의 능력과는 무관하게 미국인들이 재빨리 무기를 보내준 것에 기인했고, 다른 한편으로는 곧 드러날 이집트와 시리아의 상충된 정책에 기인한 것이었다. 이 군사행동은 이스라엘인들의 군사적인 우위를 한 번 더 보여준 것이었으나 아랍인들의 시각에서나 세계인들의 시각에서 이 전쟁이 패배인 것처럼 보이지는 않았다. 이 공격은 신중한 계획과 중대한 결정을 보여주었다. 즉 이 공격은 다른 아랍 국가들로부터 공감을 얻어 낸 것뿐만 아니라 재정적 · 군사적인 도움을 이끌어 내었고, 강대국들의 영향력으로 강요된 휴전으로 끝났다. 미국은 이스라엘이 패배하는 것을 용인할 수 없었고, 소련은 이집트가 패배하는 것을 용인할 수 없었다. 그리고 미국과 소련이 개입하는 상황으로 전쟁이 점차 확대되는 것을 바라지도 않았다.

강대국들이 간섭한 이유는 매우 강력한 무기로 보이는 석유 수출 금지를 부과할 수 있는 힘을 아랍 국가들이 사용한 것 때문이기도 했다. 처음이자 아마도 마지막이 되겠지만 이 무기는 성공적으로 사용되었다. 아랍 산유국들은 이스라엘이 아랍 영토를 점령하는 한 석유 생산을 감축하기로 결정하였고, 사우디아라비아는 미국과 네덜란드 수출을 전면 금지하였다. 네덜란드는 서유럽 국가들 중에서 이스라엘에 가장 우호적인 국가로 간주되었고 석유 자유 시장의 중심지이기도 했다.

이러한 결정의 효과는 매우 컸다. 잠시 동안 석유 수출 국가들이 지향해 왔던 또 다른 변화와 대체로 일치했다. 중동 석유의 수요는 증가하고 있었고, 산업 국가들에서 석유 수요는 생산품보다 더 빠르게 증가했다. 석유 수출 국가들의 기구OPEC는 점점 강력해졌고 석유 수익의 몫을 늘리기로 결정했다. 석유 가격 중 그들의 수익은 석유를 수입하는 소비국들이 부과한 세금의 비중보다 더 낮은 것이었다. 1973년 말경에 석유 수출국 기구는 가격을 올리기로 결정하였고 석유는 약 300퍼센트 오른 가격으로 팔렸다. 이란과 아랍 국가들이 이 결정을 주도하였다. (그러나 세금과 다른 비용이 그만큼 오르지 않았기 때문에 소비자들이 지불한 가격은 300퍼센트까지는 오르지 않았다.)

미국 영향력의 우세

그러나 몇 년 이내에 정치적 · 경제적 독립 선언이 이루어질 것처럼 보였던 것이 사실은 미국에 대한 더 큰 의존으로 가는 첫 번째 단계였다는 것이 분명해졌다. 지난 20여 년 동안 지도적인 위치는 전全 아랍 기업이 갖고 있었으나 이제 이집트가 그 위치를 차지하게 되었다. 사다트에게 1973년 전쟁은 군사적인 승리를 성취하기 위한 것이라기보다는 강대국들에게 충격을 주고, 결국 그들이 미래의 위기와 위험한 대결의 예방 차원에서 이스라엘과 아랍인들 사이의 문제 해결을 위한 협상을 이끌도록 하기 위한 것이었다. 실제로 그러한 일이 발생했다. 그러나 결국 초강대국 중의 하나인 미국의 개입과 세력 증대를 초래했다. 미국은 결정적으로 이 전쟁에 개입했고, 처음으로 이스라엘에게 무기를 공급하면서 이스라엘이 패배하는 것을 막았고 그 결과 합의에 도움이 되는 세력 균형을 가져왔다. 다음 2년 동안 미국은 이스라엘-시리아 협상을 중재하였고, 이 협상에 의해서 이스라엘은 1967년과 1973년에 정복한 시리아 영토의 일부로부터 철수했다. 그리고 유사한 협정이 이스라엘과 이집트 사이에도 맺어졌다. 국제연합의 후원으로 초강대국들, 이스라엘 그리고 아랍 국가들이 함께 총회를 개최하려는 시도가 실패로 끝났다. 그러나 미국 정책의 주요 노선은 중동으로부터 소련을 제거할 가능성과는 거리가 멀었다. 미국은 이스라엘을 정치적으로 군사적으로 지지하면서 이스라엘에게 평화의 대가로 점령한 영토로부터 철수할 것을 요구하는 아랍 국가들과 협정을 체결하도록 요구하였으나, 이스라엘의 의사를 존중함으로써 이스라엘을 인정하지 않는 팔레스타인 해방기구를 이 논의에서 제외시켰다.

이 정책은 1977년에 잠깐 동안 바뀌었다. 이때 신임 미국 대통령 지미 카터는 미국과 소련이 이 문제에 공동으로 접근하는 것을 시도하였고, 팔레스타인인들이 협상 과정에 참가할 수 있는 방법을 모색하려고 노력하였다. 그러나 이러한 노력은 다음과 같은 두 가지 이유 때문에 아무런 결실을 맺지 못하였다. 이스라엘의 반대가 그 하나다. 메나헴 베긴이 총리가 됨으로써 좀 더 강력한 민족주의자 정부가 들어섰을 때 이스라엘의 반대가 증가하였다. 다른 하나는 사다트의 전격적인 결정이었다. 1977년 11월 사다트는 이스라엘을 방문하였고 이스라엘에게 직접 협상에 의한 평화 성취의 기회를 제공하였다.

사다트의 마음속에는 계속되는 전쟁을 끝내려는 의도가 확실히 있었다. 그가 믿기에 아랍인들이 승리할 수 없으나 다음과 같은 폭넓은 전망이 있었다. 미국이 후원하는 직접 협상은 중동에서 하나의 요소인 소련을 제거할 수 있을 것이다. 이스라엘과 평화를 이룩하기만 한다면 이집트는 좀 더 중요한 미국의 동맹국이 될 것이다. 결국 이 모든 것은 팔레스타인 아랍인들의 요구를 향한 경제적 지원과 좀 더 우호적인 미국의 태도로 귀착될 것이다. 이 시기에 이스라엘 정부의 속내는 달랐다. 그것은 시나이 반도에서 이스라엘이 철군할 대가로 가장 강력한 적대국인 이집트와 평화를 성취함으로써 이스라엘 정책의 본질적인 목표를 자유롭게 성취하는 것이었다. 그 목표는 이스라엘이 정복한 영토인 서안 지역에 이스라엘 정착민들을 이주시키고 점차적으로 정복한 영토를 합병하는 것이었다. 한 걸음 더 나아가 시리아나 팔레스타인 해방기구의 반대를 효율적으로 처리하는 것이었다. 그러므로 사다트의 방문에 뒤따른 논의에서 중심적인 것은 이스라엘-이집트의 평화와 서안의 미래 위상 사이에서 수립될 관계에 대한 문제였다. 1978년 미국의 중재로 캠프 데이비드 협정이 최종적으로 체결되었다. 이때 본질적인 문제에 대해서 이스라엘의 의견이 이집트의 의견을 압도하여 미국을 설득한 것이 분명하였다. 이 협정에 따라서 이집트와 이스라엘 사이에 공식적인 평화가 수립되었고, 서안과 가자에서 일종의 자치 정부가 인정되었고 그것이 나중에는 더 명확해졌다. 그리고 5년 후에 자치 정부의 최종적인 지위에 대한 논의로 이어졌다. 그러나 이스라엘-이집트의 평화와 서안 가자의 미래 위상 사이의 상관관계에 대한 공식적인 논의는 없었다. 자치에 관한 이후의 논의에서 이스라엘의 구상은 이집트나 미국의 구상과 완전히 다르다는 것이 곧 분명해졌다. 이스라엘은 이 점령지들에서 유대 정착촌 정책을 보류하는 것을 거부하였다.

사다트 대통령은 그의 정책에 반대해 이집트 사회의 이슬람적인 토대를 회복하려는 단체의 구성원들에 의해서 1981년에 암살당했다. 그러나 사다트 정책의 주요 노선은 그의 계승자인 후스니 무바라크Husni Mubarak에 의해서 계속되었다. 이후 몇 년 동안 미국과 이집트의 관계는 더 가까워졌고, 이집트는 상당한 재정적 · 군사적 원조를 받았다. 그러나 캠프 데이비드 협정은 팔레스타인인들뿐만 아니라 대부분의 아랍 국가들에 의해서 거부되었다. 이집트는 공식적으로 아랍 연맹으로부터 제명되었고, 아랍 연맹은 본부를 카이로에서 튀니스로 옮겼다. 그럼에도 불구하고 이집트로서는 미국의 정책과 더 밀접해지는 것으로부터 나오는 이익이 더 크고 확실했다. 또 다른 많은 아랍 국가들도 이집트와 같은 방향으로 나아갔다. 모로코, 튀니지, 요르단, 특히 아라비아 반도의 석유 산유국들이 그러했다. 1973년 아랍 국가들의 영향력이 정점에 달한 이후 석유로부터 나오는 부가 강점보다는 약점을 낳을 수 있다는 것이 분명해졌다.

이전의 모든 기준으로 판단해 볼 때 석유에서 얻어지는 부는 실제로 매우 대단했다. 1973년과 1978년 사이에 주요 아랍 산유국들의 석유로부터 나온 연간 수익은 엄청나게 증가했다. 사우디아라비아에서는 43억 5,000만 달러에서 360억 달러로, 쿠웨이트에서는 17억 달러에서 92억 달러로, 이라크에서는 18억 달러에서 236억 달러로, 리비아에서는 22억 달러에서 88억 달러로 증가했다. 몇몇 다른 아랍 국가들, 특히 카타르와 아부다비, 두바이가 생산량을 크게 늘렸다. 이 아랍 국가들의 자원에 대한 국가의 지배권은 크게 확장되었다. 1980년경에 거대 다국적 기업들이 여전히 운송과 판매에서 우위를 점하고 있음에도 불구하고 모든 주요 산유국들은 석유 생산을 국유화하거나 회사 운영에서 주요한 위치를 차지하였다. 부의 증가는 산업화된 국가들에 대한 의존도 증가로 나타났다. 산유국들은 석유를 판매해야만 했고, 산업 국가들은 그들의 주요 고객들이었다. 1970년대에 공급을 넘어서는 초과 수요는 끝이 났다. 경제 불황, 연료 소비를 줄이려는 시도, 석유 수출국 기구 회원이 아닌 국가들의 생산 증대 등이 그 원인이었다. 석유 수출국 기구의 통합과 교섭의 지위는 더 약해졌고, 높고 일률적인 가격은 더 이상 유지될 수 없었다. 회원국들은 인구와 천연 자원의 한계 때문에 발전을 위해서 투자할 수 있는 것보다 더 많은 수익을 가지고 있었고, 이 잉여 자본의 대부분을 산업화된 국가에 투자했다. 또한 자산 상품들과 기술적인 전문 지식을 위해서 그리고 경제 발전과 군대를 창설하기 위하여 산업화된 국가들로 가야만 했다.

점증하는 의존은 또 다른 국면을 낳았다. 1973년 아랍 국가들이 석유 수출 금지라는 무기를 사용한 것은 산업 국가들이 중동 석유에 대한 의존의 문제를 뼈저리게 느끼게 했다. 산유국들의 혁명 혹은 미국의 견지에서 걸프 국가들에 대한 소련의 영향력 확장으로 석유 공급이 다시 중단된다면 미국이 무력으로 간섭할 것이라는 징후가 10년 동안 계속되었다. 그러나 간섭은 마지막 수단일 것이다. 대부분 지역에서 미국은 걸프 지역의 주요 동맹국들인 사우디아라비아와 이란에 의존했다. 그러나 1970년대 말에 상황이 변했다. 1979년 소련의 아프가니스탄 점령이 긴장을 불러일으켰다. 이것이 정당하든 아니든 간에 소련은 그 지배권을 인도양 세계로 확장하려고 하는 것 같았다. 1978~1979년 이란 혁명은 미국의 가장 강력한 동맹이던 샤의 지위를 붕괴시켰고 샤의 정부는 이란을 순수한 이슬람 국가로 만들려고 하는 정부에 의해서 대체되었다. 이것은 다른 무슬림 국가들이 유사한 변화를 일으키는 첫 번째 단계였다. 이 혁명은 서쪽의 이웃 국가들로 번질 위험이 있었고 걸프 국가들의 정치 체제, 미국과 걸프 국가들의 관계를 붕괴시킬 수 있었다. 이러한 염려는 걸프 지역의 방어를 위해서 미국의 계획을 체계화하도록 만들었다. 필요할 경우에 중동 국가들이 협력할 수 있는 협정이 필요했다. 그러나 걸프 국가들의 대부분은 미국과의 완전한 동맹으로부터 약간의 거리를 유지하려고 하였고, 1981년 사우디아라비아와 더 작은 국가들은 걸프 협력 회의Gulf Co-operation Council를 창설하였다.

서구에 대한 개방은 외교정책이나 군사정책의 변화 그 이상의 것이었다. 즉 개방은 아랍 정부들 대부분이 경제적인 측면에서 태도와 정책을 변화시키는 것이었다. 이 변화는 이집트에서는 문호개방정책*infitah*으로 알려졌고, 이와 관련하여 1974년에 이미 법률이 공포되었다. 수많은 대의들이 문호개방정책으로 귀결되었다. 1973년 전쟁과 그 이후에 보여주는 것처럼 미국 세력의 등장, 자원을 개발하고 권력을 장악하기 위한 외국 차관과 투자의 필요성, 정부 통제 경제 정책의 한계와 이에 대해 점증하는 각성, 민간 권익을 수호하려는 압력 등이 그 내용이었다.

문호개방정책은 각각 서로 밀접하게 관련된 두 과정으로 구성되었다. 첫 번째는 경제적인 측면에서 공공 부문과 민간 부문 사이의 균형 있는 변화였다. 실제로 공공 부문이 전혀 존재하지 않았던 레바논을 제외하고, 민간 기업에 매우 치중했던 국가들조차 공공 부문을 일부 유지했다. 왜냐하면 국가의 지휘와 투자를 제외하고는 급속한 발전 가능성이 없었기 때문이다. 예를 들면, 사우디아라비아는 석유 산업과 가장 큰 새로운 산업체를 국유화하였다. 그러나 이제 대부분의 국가들은 농업, 공업, 상업에서 더 넓은 영역을 민간 기업들에게 할당하였다. 이러한 현상은 이집트에서 가장 두드러졌다. 이집트에서는 1960년대의 국가 사회주의로부터 급속하고 광범위한 변화가 1970년대에 나타났다. 튀니지에서는 수출과 수입, 산업 생산과 국내 분배에 대한 국가 통제 시도가 어려워지자 1969년에 이를 종결하였다. 시리아와 이라크에서도 바쓰당 사회주의자들의 원칙에도 불구하고 유사한 변화가 발생하였다.

두 번째로 문호개방은 외국, 특히 서구의 투자와 서구 기업에 대한 개방을 의미했다. 석유 생산에서 나오는 자본의 축적에도 불구하고, 아랍 국가들 대부분의 자본 축적은 그 정부들이 전념하는 급속한 대규모의 발전을 위해서는 충분하지 못했다. 미국, 유럽, 국제기구들로부터 나오는 투자가 보증과 세제 혜택 등으로 촉진되었고, 수입 제한이 완화되었다. 전반적으로 그 결과는 바라던 대로 되지 않았다. 많은 민간 외국 자본이 들어오지 않았다. 왜냐하면 대부분의 국가들에서 통치체제는 불안정하고 이익의 기회가 불확실해보였기 때문이다. 대부분의 원조는 정부들과 국제기구들로부터 들어왔고, 군 장비, 기반시설, 값비싸고 지나치게 야심찬 계획들을 위해서 사용되었다. 일부 원조는 명시적이거나 묵시적인 상태로 주어졌다. 적자를 줄이라는 이집트에 대한 국제 통화 기금의 압력은 식료품 가격을 올리려는 시도로 변질되었고, 결국 1977년에 심각한 소요를 유발하였다. 더구나 수입 제한 완화는 신생 토착 산업들이 미국, 서유럽, 일본 등의 발전된 산업들과 경쟁에 직면하는 것을 의미했다. 적어도 높은 수준의 기술 전문화와 경험이 필요했던 생산 부문에서는 그랬다. 그 결과는 제3세계의 다른 국가들과 마찬가지로 아랍 국가들이 자신의 힘으로 소비재 제품을 생산할 수 있으나 더 나은 기술 제품을 수입해야 하는 상황이 계속되었다.

아랍 국가들의 독립

압둘 나세르의 죽음과 1970년대의 사건들은 독립과 통합에 대한 환상을 약화시켰으나 몇 가지 측면에서 이 시기에 다른 아랍 국가들 사이의 연대가 밀접해지는 계기가 되었다. 아랍 내부 조직들이 이전보다는 훨씬 더 현실화되었고 이 조직의 일부는 유력해졌다. 아랍 연맹으로부터 이집트가 추방되었을 때 아랍 연맹은 제한된 권력의 대부분을 상실했으나 그 구성원들은 증가했다. 서아프리카의 모리타니아, 동아프리카의 지부티와 소말리아 등이 아랍 연맹의 구성원으로 들어왔다. 이 국가들은 이전에는 아랍 국가로 간주되지 않았다. 이 국가들의 가입은 '아랍'이라는 용어의 모호성을 상징했다. 국제연합과 다른 국제기구들에서 아랍 연맹 구성원들은 공동의 정책을 수립하는 데 성공하였다. 특히 팔레스타인 문제에서 그러했다.

석유 자원을 가진 국가들과 석유 자원을 가지지 못한 국가들 사이의 이해관계의 차이는 경제 기구들의 창설을 통해서 줄어들었다. 경제 기구들을 통해서 더 부유한 국가들의 부 중 일부를 더 가난한 국가들에게 기부하거나 빌려주었다. 석유 수출국 기구가 만들고 아랍 석유 수출국 기구OAPEC가 제공한 특별 기금, 아랍 경제 사회 발전 기금이 그것들이었다. 쿠웨이트, 사우디아라비아, 아부다비 등 개별적인 아랍 국가들이 또 다른 기금들을 설립하였다. 1970년대 말경에 원조 규모는 매우 컸다. 1979년에 석유 생산국들은 다른 개발 도상 국가들에게 다양한 경로를 통해서 약 20억 달러를 기부하였다. 이것은 개발 도상 국가들 국민총생산의 2.9퍼센트였다.

다른 종류의 유대는 훨씬 더 중요해졌다. 이것은 개인들 사이의 유대뿐만 아니라 개인들이 형성한 사회들 간의 유대였다. 공통의 문화가 형성과정에 있었다. 국가들이 독립했을 때 시작된 교육의 급속한 확대는 다소 차이가 있었지만 가속화된 속도로 계속되었다. 1980년대에 초등학교 연령층의 남학생 취학률은 이집트에서 88퍼센트, 사우디아라비아에서 57퍼센트, 여학생 취학률은 이라크에서 90퍼센트, 사우디아라비아에서 31퍼센

북아프리카 초기 건축 양식으로의 회귀를 연상시키는 알제의 중등학교 건축

포스트모더니즘 건축 형태를 보이는 서안지구 나블루스의 나자흐 국립대학교

트였다. 이집트에서의 문자 해독 능력은 남성 56.8퍼센트, 여성 29퍼센트였다. 이집트와 튀니지에서 대학생의 3분의 1이 여학생이었고, 쿠웨이트에서는 50퍼센트 이상이었다. 사우디에서도 여학생 비율은 거의 25퍼센트였다. 학교와 대학들은 다양한 특성을 지녔다. 가능한 한 많이, 가능한 한 빨리 교육시키려는 욕구는 학급들이 대규모이고, 선생들이 충분히 훈련받지 못하고, 건물들이 부적당하다는 것을 의미했다. 대부분의 학교들은 공통적으로 아랍어 교육과 아랍어를 매개로 한 과목을 강조하였다. 학교와 신설 대학을 졸업한 더 많은 사람들에게 아랍어는 유일하게 정통한 언어였고 세계를 바라볼 수 있게 해 주는 매개체였다. 이것은 아랍어를 사용하는 모든 사람들에 의해서 공유되는 공통 문화에 대한 자각을 강화시켰다.

이러한 공통 문화와 자각은 이제 새로운 매체에 의해서 퍼졌다. 라디오, 영화, 신문 등은 계속해서 중요했다. 그러나 이러한 매체들의 영향력에 텔레비전의 영향력이 추가되었다. 1960년대 10년간은 아랍 국가들이 텔레비전 방송국을 설립한 시기였다. 아주 가난한 사람들이나 전기가 공급되지 않는 마을에 살고 있는 사람들을 제외한 모든 계층에게 텔레비전은 주방 기구나 냉장고만큼 중요한 집안 살림의 일부가 되었다. 1973년경에 이집트에 약 50만 대의 텔레비전이 보급되었다. 이라크에도 이집트와 비슷한 수가 보급되었고, 사우디아라비아에는 약 30만 대가 보급되었다. 방송 내용은 뉴스를 포함하여 다소 차이는 있지만 대부분의 국가들에서 정부의 정책을 홍보하거나 종교 프로그램들을 내보내는 방식으로 제공되었다. 영화나 연재물들이 유럽이나 미국으로부터 수입되었고, 연극이나 뮤지컬 프로그램들이 이집트와 레바논에서 만들어졌다. 연극은 아랍 국가들 간의 경계를 넘어 사상과 표현, 유머를 전파했다.

10년 동안 더욱 가까워진 아랍 국가들 간의 또 다른 유대는 개인들의 운동에 의해서 창출되었다. 이 시기에는 폭넓은 인구 층이 항공 운송을 이용할 수 있었다. 공항들이 건설되었고, 대부분의 국가들은 항공사와 아랍 수도들을 연결하는 항공로를 갖고 있었다. 육로가 개선되고 자동차와 버스 등이 더욱 일반화되었기 때문에 육로 여행 또한 증가하였다. 사하라, 시리아, 아라비아 사막은 잘 닦인 도로들이 가로지르고 있었다. 국경을 폐쇄하고 여행자들이나 상품유통을 가로막는 정치적 분쟁에도 불구하고 이 통로들은 증가하는 여행객들과 사업가들을 수송하였다. 1980년대에 아랍 내부 무역이 아랍 국가들의 해외 무역 대비 10퍼센트 이하의 비율임에도 불구하고 아랍 국가들 사이의 상업적 유대를 강화하기 위한 아랍 연맹과 다른 기구들의 노력은 어느 정도는 성공하였다.

그러나 항공로와 육로를 이용한 가장 중요한 이동은 상품의 이동이 아니라 가난한 아랍 국가들로부터 석유 부국들로 떠나는 이민자들의 이동이었다. 이 이동은 1950년대에 시작되었으나 1960년대 후반과 1970년대에 두 가지 다른 요인들 때문에 그 흐름이 더욱 커졌다. 한편으로 석유로부터 나오는 막대한 이익과 야심 찬 발전 계획은 석유 생산 국가들에서 노동에 대한 수요를 증가시켰고 많은 석유 국가들이 성장했다. 알제리와 이라크를 제외한 나머지 석유 생산 국가들은 다양한 수준에서 자신들의 자원을 개발하는 데 필요한 인력을 갖지 못했다. 반면에 가난한 국가들에서는 인구 압박이 더욱 커졌고, 이민에 대한 전망은 매력적이었다. 특히 1967년 이후 이집트에서는 그것이 현실이었다. 왜냐하면 경제 성장이 거의 이루어지지 않았고, 정부는 문호개방의 시기에 이민을 장려하였다. 전에는 주로 교육받은 젊은 남성들이 이동하였으나 이제 모든 기술 수준에서 노동자들의 대량 이주가 이루어졌다. 이들은 공무원이나 전문직뿐만 아니라 건축 노동, 가사일 분야에서 일했다. 대부분의 이민은 이전에는 독신 남성의 이동이었으나 점차 가족들을 고향에 남겨둔 여성의 이동이 증가하였다. 그러나 고향을 잃은 팔레스타인인들은 전 가족이 이동하는 경향이 있었고, 이민 국가에서 영구적으로 정착하는 경향이 있었다.

전체 노동자의 숫자는 정확히 알 수가 없지만, 1970년대 말경에는 약 300만 명의 아랍 이민자들이 있었다. 아마도 그들 중 절반은 사우디아라비아에 있었고, 쿠웨이트, 그 밖의 걸프 국가들과 리비아에도 많은 수가 있었다. 가장 대규모의, 아마도 전체의 3분의 1 정도의 이민자들은 이집트 출신이었고, 비슷한 수가 두 예멘 출신이었다. 50만 명 정도는 요르단인이거나 팔레스타인인이었고, 비슷한 수가 시리아와 레바논, 수단, 튀니지, 모로코 출신이었다. 가난한 국가들 간에도 약간의 이민이 있었다. 요르단인들이 걸프 지역으로 이주해갔기 때문에 이집트인들이 요르단 경제의 일부 영역에서 자리를 차지하였다.

이러한 대규모의 이민은 주민들, 풍습, 방언에 대한 지식을 증가시켰다. 이러한 상황은 아랍인들이 비교적 자유롭게 이동할 수 있고 서로 이해할 수 있는 단 하나의 아랍 세계가 존재한다는 의식을 심화시켰음에 틀림없다. 그러나 더욱 밀접한 통합을 위한 욕구가 필연적으로 증가했던 것은 아니다. 차별에 대한 자각이 있었고, 이민자들은 그들이 이주한 지역사회로부터 소외되어 있다는 것을 알고 있었다.

아랍의 분열

이러한 유대의 강화에도 불구하고 정치 영역에서 1970년대의 주요한 경향은 차별을 향한 것이었고 더 큰 통합보다는 적대적이기까지 했다. 압둘 나세르의 특성이 적대감을 불러일으켰고, 아랍 국가들 사이의 분열과 정부와 주민들 사이의 불화를 유발하였음에도 불구하고, 그것은 형성 과정에 있는 하나의 아랍 국가라는 존재에 대한 연대 의식을 만들어 내는 것이었다. 그의 사후 몇 년 동안 이러한 경향이 유지되었다. 아랍의 연대 의식이 최후로 표명된 것은 1973년 전쟁에서였다. 이 전쟁에서 체제의 특성과 상관없이 아랍 국가들은 공동 전선을 형성하는 것처럼 보였다. 그러나 공동 전선은 즉시 붕괴되었다. 두 국가 혹은 그 이상의 아랍 국가들 사이에서 통합 시도가 여전히 논의되고 때때로 공포되었음에도 불구하고 1970년대 말까지 아랍 국가들이 국민들과 전 세계에게 주는 일반적인 인상은 허약함과 분열이었다.

모든 아랍 국민들이 허약함을 자신들의 공통된 문제로 생각한다는 것은 매우 분명해 보였다. 1970년대 말경에 1967년 전쟁에서 이스라엘이 점령한 지역의 상황은 급속도로 변하고 있었다. 유대 정착촌 정책이 1967년 전쟁 직후에 시작되었고, 그것은 어느 정도 전략적인 것이었다. 베긴이 이끄는 더욱 완고한 민족주의적인 정부가 권력을 장악하면서 유대 정착촌 정책은 새로운 의미를 갖게 되었다. 이스라엘은 아랍 주민들로부터 토지와 수자원을 약탈하면서 이 지역을 궁극적으로 합병할 목적으로 정착촌을 대규모로 건설하였다. 예루살렘의 아랍 구역과 시리아의 골란 고원은 실제로 공식적으로 합병되었다. 이러한 조치에 직면한 팔레스타인인들과 아랍 국가들은 무력해 보였다. 팔레스타인 해방기구와 그 의장 야세르 아라파트는 점령지의 팔레스타인인들을 위해서 연설하고 국제적인 지지를 얻을 수 있었으나, 점령 상황을 어떤 식으로도 변경시킬 수는 없었다. 이론적으로 아랍 국가들에게 열린 대응 방법은 거의 실현 가능하지 않았다. 이스라엘에 대한 적극적인 반대는 불가능했고, 이스라엘인들의 무장은 월등했으며, 아랍 국가들은 서로 이해관계를 달리하고 있었다. 때문에 아랍 국가들은 위험에 빠지려고 하지 않았다. 사다트의 통치하에서 이집트가 시도했던 방법은 시나이로부터 이스라엘의 철군으로 귀착되었다. 그러나 이것으로 이집트가 이스라엘이나 미국에 대한 충분한 영향력을 확보하지 못했다는 것이 분명히 드러났다. 이집트는 의례적인 방법 이상으로 이스라엘을 설득하여 정책을 변경시키거나 미국이 이스라엘의 정책을 반대하도록 설득하지 못했다.

미약한 군사력, 상충하는 이해관계, 경제적 의존은 1973년 전쟁 때까지 존재했던 공동 전선을 분열시켰다. 명백한 구분선은 궁극적인 성향이 미국 편인 이스라엘과의 정치적 타협, 자유 자본주의 경제를 추구하는 국가들과 중립주의 정책에 매달렸던 국가들을 다른 편으로 나누는 것이었다. 중립주의 국가들 편에는 보통 알제리, 리비아, 시리아, 이라크, 남예멘이 포함되며 팔레스타인 해방기구와 협력한 것으로 생각되었다. 아랍 국가들은 공식적으로 팔레스타인 해방기구가 독립된 정부의 지위를 갖는 것으로 간주하였다.

그러나 실제로 이러한 선이 분명하게 그어진 것은 아니었다. 개별적인 국가들 간의 동맹은 이 선을 초월하는 것처럼 보였다. 각 편 내에서의 관계들도 반드시 밀접하거나 용이하지 않았다. 이집트가 채택한 이스라엘에 접근하는 독자적인 정책은 '친서방' 국가들 사이에서는 망설임과 당황스러움을 유발했고, 사실상 모든 아랍 국가들은 공식적으로 이집트와의 관계를 단절하였다. 그러나 아랍 국가들은 이민자들이 그 가족들에게 송금하는 것을 차단하지는 않았다. 다른 편에서 또 하나의 강대국인 소련과의 다양한 관계가 존재했다. 즉 시리아, 이라크, 남예멘은 소련으로부터 군사적 · 경제적인 원조를 얻었다. 시리아와 이라크의 두 바쓰당 체제 간에는 심각한 반목이 있었다. 당분간은 강력하고 팽창하는 민족주의당이 될 것으로 보이는 지도부 장악을 위한 경쟁과, 유프라테스 강의 수자원 체계를 공유하면서 공동의 국경을 가진 양측의 서로 다른 이해관계가 두 국가의 반목을 야기하였다. 더구나 리비아와의 끊임없는 알력이 있었다. 리비아의 통치자 까다피는 때때로 압둘 나세르의 제자가 되려는 것처럼 보였다. 그러나 그는 자금을 제외하고는 권력을 뒷받침할 만한 것이 아무것도 없었다.

이 시기에 아랍 국가들 간의 관계에 중대한 영향을 미치는 세 번의 무력 분쟁이 발생하였다. 첫 번째 분쟁은 아랍 세계의 서쪽 끝에서 발생했다. 그것은 서西사하라로 알려진 영토와 관련되었다. 모로코 남쪽의 대서양 해안으로 인구가 희박한 사하라 사막의 서부 확장이 그것이었다. 이 지역은 19세기 후반 이래 스페인이 점령하여 통치를 해 왔다. 그러나 1960년대에 인산염의 중요한 광산이 발견될 때까지는 거의 전략적으로나 경제적으로 중요하지 않았다. 그런데 스페인 회사가 이 인산염을 캐냈다. 1970년대에 모로코가 이 지역에 대한 권리를 주장하기 시작하였다. 왜냐하면 공식적으로 모로코의 술탄 정부가 이곳을 통치해 왔기 때문이다. 이러한 모로코의 권리 주장은 스페인과 남쪽에 인접한 국가인 모리타니아에 의해서 거부되었다. 모리타니아는 20세기 초 이후 프랑스의 통치하에 있다가 1960년에 독립하였고, 최소한 이 지역의 일부에 대한 권리를 주장하였다. 오랜 외교 협상 끝에 스페인, 모로코, 모리타니아는 1975년에 협정을 체결하였다. 이 협정으로 스페인은 철수하고, 이 영토는 모로코와 모리타니아로 양분되었다. 그러나 이것으로 위기가 종결된 것은 아니었다. 이 시기에 이 영토의 주민들은 자신들의 정치 운동을 조직하였다.

1975년 협정 이후 이 정치 운동 중의 하나로 알려진 폴리사리오가 모로코인들과 모리타니아인들의 권리 주장에 반대하면서 독립을 요구하였다. 모리타니아는 1979년에 권리 주장을 포기하였다. 그러나 모로코는 폴리사리오와 장기간의 분쟁에 계속 연루되어왔다. 폴리사리오는 알제리의 지원을 받았고, 알제리는 이 영토와 국경을 접하고 있으며 모로코가 확장되는 것을 원하지 않았다. 수 년 동안 여러 형태로 분쟁이 계속되었고, 모로코와 알제리의 관계뿐만 아니라, 이 양국이 각각 분파를 형성한 조직들 내에서 관계가 복잡해졌다. 즉 아랍 연맹과 아프리카 통합기구가 그것들이었다.

또 하나의 분쟁이 거의 동시에 레바논에서 발발하였고, 중동의 주요 정치 세력들을 여러 가지 방법으로 끌어들였다. 즉 아랍 국가들, 팔레스타인 해방기구, 이스라엘, 서유럽과 초강대국들이 연관되었다. 이 분쟁의 기원은 정치 제도를 문제 삼았던 레바논 사회 내의 확실한 변화에 있었다. 레바논이 1940년대에 독립했을 때 서로 다른 종류의 주민과 정부의 전통을 가진 세 지역을 포함하였다. 레바논 산 지역에서는 북부에 주로 마론파 기독교인들이, 남부에 드루즈와 기독교인들이 혼합되어 거주하였다. 해안 도시들에는 무슬림들과 기독교 주민들이 혼합되어 거주하였고, 레바논 산의 동부와 남부의 시골 지역에는 쉬아 무슬림 주민들이 주로 거주하였다. 이 지역들 중 첫 번째 지역은 이 지역 군주의 통치하에 전통적으로 오랫동안 독립된 행정체제를 유지해 왔고, 후에 오스만 제국은 이 지역에 특권을 부여하였다. 두 번째와 세 번째 지역은 제국의 일부로 통합되었다. 세 지역은 모두 프랑스 위임통치 정부에 의해서 레바논으로 통합되었다. 새로운 국가는 민주적인 헌법을 가졌고, 프랑스가 이 국가를 떠날 때까지 마론파와 순니 무슬림 지도자들 사이에 협정이 체결되었다. 이 협정에 의하면 공화국의 대통령은 항상 마론파가 되어야 하고, 총리는 순니파가 되어야 한다. 정부와 행정부의 다른 직위들은 다른 종교 공동체들 사이에서 분배되었으나, 이러한 방식은 사실상 기독교인들이 권력을 효율적으로 장악하기 위한 것이었다.

1945년과 1958년 사이에 이 제도는 서로 다른 공동체들의 지도자들 사이에서 균형을 맞추면서 어느 정도 협력을 유지하는 데 성공하였다. 그러나 한 세대 동안 이 제도의 토대는 점차 약화되고 있었다. 인구 구성에서 변화가 있었다. 무슬림 인구가 기독교 인구보다 빠르게 성장하였다. 1970년대에 일반적으로 세 공동체(순니, 쉬아, 드루즈)가 집단적으로 무슬림 공동체로 간주되면서 기독교 공동체보다 더 많아졌다. 그리고 그 지도자들의 일부는 대통령직과 최고 권력이 기독교인들의 수중에 있는 상황을 수용하지 않으려고 하였다. 더구나 레바논과 중동 지역에서의 급속한 경제 변화로 베이루트는 대도시로 성장하였다. 전체 주민의 절반이 베이루트

베이루트의 주거 빌딩

에 거주하였고, 전체 주민의 절반 이상이 베이루트에서 일을 하였다. 레바논은 확장된 도시 국가가 되었다. 이제 레바논은 강력하고 효율적인 정부에 의해서 통치될 필요성이 있었다. 부자와 가난한 자의 격차가 심화되었고, 가난한 사람들은 주로 순니 혹은 쉬아 무슬림들이었다. 이들은 과세나 사회 복지 사업을 통한 부의 재분배를 필요로 했다. 지도자들 사이의 유약한 협정에 토대를 둔 정부는 요구되는 사항들을 제대로 처리할 위치에 있지 못하였다. 왜냐하면 정부는 강력한 이해관계를 깨뜨릴 수 있는 어떤 정책도 추진하지 않음으로써 살아남을 수 있었기 때문이다.

1958년에 이 균형이 깨졌고, 몇 달 동안 내전이 발발하였다. 이 전쟁은 '승자도 없고, 패자도 없다'는 구호 아래서 균형을 거듭 주장함으로써 끝났다. 그러나 파괴로 점철된 근본적인 상황은 계속해서 존재하였고 다음 10년 동안 또 하나의 요소가 추가되었다. 그것은 팔레스타인인들과 이스라엘의 분쟁에서 레바논이 커다란 역할을 하게 된 것이다. 요르단에 있던 파타 세력과 다른 게릴라 조직들이 1970년에 붕괴된 이후 이들의 주요한 시도는 남부 레바논에 집중되었다. 이스라엘과 접한 남부 레바논의 국경은 팔레스타인 조직들이 어느 정도 자유롭게 대규모의 팔레스타인 난민들의 지지를 받으면서 작전을 펼칠 수 있는 유일한 곳이었다. 이것은 기독교인들에게는 심각한 공포였다. 특히 기독교인들의 가장 잘 조직된 정당인 팔랑헤들에게 그러했다. 남부에서의 팔레스타인인들의 활동이 이스라엘의 강한 반응을 일으켰으며, 이러한 이스라엘의 반응은 레바논의 독립을 위협할 수도 있었다. 또 팔레스타인인의 출현은 주요 무슬림들과 드루즈에게 힘을 실어주었는데, 그들은 권력이 주로 기독교인들의 수중에 있는 정치 제도를 변화시키기를 원했다.

1975년경에 세력들 간에 위험한 분쟁이 있었다. 각 지도자들은 외국으로부터 무기와 원조를 받았다. 팔랑헤와 그 동맹들은 이스라엘로부터, 팔레스타인인들과 그 동맹들은 시리아로부터 지원받았다. 심각한 전투가 1975년 봄에 발발하였고, 1976년 후반까지 옥신각신하며 지속되다가 이때 다소 안정적인 휴전에 도달했다. 이 사건의 주동자는 시리아였다. 시리아는 전투 중에 정책을 바꾸었다. 시리아는 초기에는 팔레스타인인들과 그 동맹들을 지지하였다. 그러나 팔랑헤와 그 동맹들이 패배할 위기에 처하자 이들에게 더 가까이 다가갔다. 시리아의 이해관계는 세력 균형을 유지하는 데 있었다. 세력 균형은 팔레스타인인들을 제지하는 것이며, 팔레스타인인들이 남부 레바논에서 추구하는 정책을 어렵게 만들 것이었다. 왜냐하면 팔레스타인인들의 정책은 시리아를 이스라엘과의 전쟁으로 끌어들일 수도 있었기 때문이다. 시리아는 자국의 이익을 지키기 위하여 다른 아랍 국가들과 미국의 승인을 얻어 레바논으로 군대를 파견하였고, 시리아 군대는 전후 그곳에 주둔하였다. 그 후 5년 동안 불안한 휴전이 유지되었다. 마론파 집단은 북부를 통치하였다. 시리아 군대는 동쪽에 있었고, 팔레스타인 해방기구는 남부에서 영향력이 컸다. 베이루트는 팔랑헤가 지배하는 동부와 팔레스타인 해방기구와 그 동맹들이 지배하는 서부로 분할되었다. 정부의 영향력은 대체로 존재하지 않았다. 남부에서의 팔레스타인 해방기구의 무제한적인 권력은 이스라엘과의 간헐적인 분쟁을 초래하였다. 1978년 이스라엘은 침략을 시작하였다. 이 침략은 국제적인 압력에 의해서 중지되었으나, 국경을 따라 좁고 긴 땅에 이스라엘 지배하의 지방 정부를 남겨 놓았다. 이스라엘의 침략과 남부의 불안정한 상황은 이 지역의 쉬아 주민들이 자신들의 정치적 · 군사적인 세력인 아말을 창설하도록 만들었다.

1982년에 상황은 더욱 위험한 국면을 맞이하였다. 이스라엘의 민족주의자 정부는 이집트와 평화 조약을 체결함으로써 남부 국경을 안전하게 하였다. 이제 이스라엘은 팔레스타인인들의 문제에 대한 이스라엘 자신의 해결책을 강요하려고 하였다. 이것은 레바논에서 팔레스타인 해방기구의 군사적 · 정치적 세력을 파괴하고, 우호적인 정권을 수립하려는 시도를 포함했다. 또 그 후에 실제적인 팔레스타인인의 저항 없이 점령지 팔레스타인의 합병과 정착촌 정책을 실행하기 위한 것이었다. 미국으로부터 어느 정도의 암묵적인 승인을 받은 이스라엘은 1982년 6월에 레바논을 침공하였다. 이 침략은 서부 베이루트를 장기간 포위 공격하였을 때 절정에 달했다. 서부 베이루트는 주로 무슬림들이 거주하고 팔레스타인 해방기구가 지배하였다. 이 포위 공격은 미국 정부가 중재한 협정으로 종결되었다. 레바논인들과 미국 정부가 팔레스타인 시민들의 안전을 보증하였고, 이 협정에 의해서 팔레스타인 해방기구는 서부 베이루트에서 철수하였다. 동시에 대통령 선거에서 팔랑헤의 군 사령관인 바쉬르 제마옐 Bashir Jumayyil이 당선되었다. 그 뒤 곧 그는 암살당했고, 이후 그의 형제인 아민이 선출되었다. 이스라엘은 바쉬르 제마옐 대통령 암살을 서부 베이루트 점령을 위한 기회로 간주하였다. 그리고 이 사건은 팔랑헤가 사브라와 샤틸라 난민촌에서 팔레스타인인 대량 학살을 하는 단초가 되었다.

팔레스타인 해방기구의 철수는 당분간 전투를 중지시킨 반면, 분쟁을 더 위험한 국면으로 몰고 갔다. 지역 집단들 사이의 골이 더 깊어졌다. 이스라엘이 후원하고 팔랑헤가 지배하는 새로운 정부는 자신의 해결책을 강요하려고 하였다. 레바논 정부의 수중에 권력이 집중되고, 이스라엘과의 협정으로 이스라엘 군대는 철수하였으나 레바논에 대한 이스라엘의 사실상의 정치적 · 전략적인 지배를 남겨놓았다. 이것은 시리아의 후원을 받은 드루즈와 쉬아 등의 다른 공동체들로부터 강력한 반대를 유발시켰다. 이스라엘의 침략에 대해서 시리아나 다른 아랍 국가들이 공동으로 효율적인 조치를 취하는 데 무력함을 드러냈지만, 시리아 군대는 레바논 일부 지역에 계속 주둔했고 시리아의 영향력은 정부 반대파들과 함께 강력했다. 시리아와 그 동맹들은 소련의 지지를 이끌어 낼 수 있었다. 반면에 미국은 팔랑헤와 팔랑헤의 이스라엘 후원자들에 대한 군사적·외교적인 지원을 하였다. 이러한 환경에서 팔레스타인 해방기구가 베이루트를 떠났고, 강력한 미국을 포함한 다국적군이 레바논에 파견되었다. 다국적군은 재빨리 철수하였으나, 사브라와 샤틸라의 대량 학살 이후 되돌아왔다. 그때부터 미국을 비롯한 다국적군은 시민의 방위를 넘어서서 새로운 레바논 정부에 대한 적극적인 지지와 1983년에 미국이 중재한 레바논-이스라엘 협정에 대한 적극적인 지지로 그 기능을 확장하였다. 1983년 후반에 미국은 레바논 정부를 지지하는 군사 작전에 연관되었으나, 미 해군에 대한 공격 이후 미국 여론의 압력으로 미군은 철수하였다. 미국이나 이스라엘의 강력한 지원 없이 드루즈, 쉬아, 시리아 등의 강력한 저항에 직면한 레바논 정부는 이스라엘과의 협정을 철회하였다. 이러한 사건들의 결과로 아말과 다른 쉬아 단체들이 레바논 정치에서 주요 구성 요소로 출현하였다. 1984년에 아말은 서부 베이루트를 효율적으로 지배하였다. 어느 정도 아말의 압력에 의해 이스라엘 군대는 남부 국경에 접해 있는 좁고 긴 땅을 제외하고 레바논 전역에서 철수하였다.

이 시기에 세 번째 분쟁은 하나의 아랍 국가와 하나의 비아랍 국가가 연관되었고 다른 아랍 국가들을 위협하여 끌어들였다. 이것은 1980년에 시작된 이라크와 이란 사이의 전쟁이었다. 이 두 국가 사이에 확실한 국경 문제가 있었고, 이 문제는 1975년에 이란에 우호적으로 해결되었다. 이때 이란의 샤는 세계적으로 권력의 절정에 있었다. 이란 혁명과 그 이후 혼란과 명백한 유약함의 시기에 이라크는 세력 균형을 조정할 수 있는 기회를 얻었다. 그러나 이것보다 더 중요한 위기에 직면했다. 새로운 이란 체제는 이슬람의 권위를 회복하기 위하여 전 세계의 무슬림들에게 호소하였고, 이라크의 쉬아파 다수에게 특별한 매력을 주는 것 같았다. 세속적인 민족주의자 정부와 순니 무슬림들에 의해서 지배되는 이라크 정부 체제는 이중의 도전에 직면하였다. 1980년 이라크 군대가 이란을 침공하였다. 그러나 최초의 성공 이후 이라크 군대는 이란의 어떤 지역도 영구적으로 점령할 수 없었고, 잠시 후 이란이 공세를 취하여 이라크를 침공하였다. 이 전쟁은 이라크 사회를 분열시키지 못했다. 왜냐하면 이라크의 쉬아파가 어쨌든 침묵을 지켰기 때문이다. 그러나 이 전쟁은 아랍 세계를 어느 정도 분열시켰다. 이라크와 불화 상태에 있던 시리아가 이란을 지원하였다. 그러나 대부분의 다른 아랍 국가들은 이라크를 재정적 · 군사적으로 지원하였다. 왜냐하면 이란의 승리가 걸프 지역 국가들의 정치체제를 전복하거나 무슬림들 특히 쉬아의 정서가 강한 국가들의 사회 질서에 영향을 끼칠 수도 있었기 때문이다.

결국 전투는 1988년에 국제연합이 중재한 휴전으로 종결되었다. 어느 편도 영토를 획득하지 못했고 양측 모두 인명과 재산 피해가 심각했다. 그러나 어떤 측면에서는 양측은 무엇인가를 지켰다. 전쟁의 긴박함 속에서 체제가 붕괴되지 않았고, 이란 혁명은 이라크와 걸프 지역으로 확산되지 않았다.

이라크 · 이란 전쟁의 종결은 아랍 국가들 사이의 관계에서 변화에 대한 전망을 내놓았다. 이라크는 방출된 에너지와 전쟁을 통해서 신뢰를 받는 군대를 가졌고, 걸프 지역과 아랍 세계의 일반 정치에서 더욱 적극적인 역할을 할 수 있을 것이었다. 이집트 · 요르단과 이라크의 관계는 이 두 국가가 이 전쟁 기간에 이라크에 도움을 줌으로써 강화되었다. 시리아가 이란을 도왔기 때문에 시리아와 이라크의 관계는 나빠졌다. 시리아의 반대자로서 이라크는 레바논의 복잡한 사태에 더욱 적극적으로 개입할 것 같았다.

또 팔레스타인 문제는 1988년에 새로운 국면에 접어들었다. 1987년 말에 이스라엘 점령지인 서안과 가자 주민들이 폭발적으로 저항 운동을 시작하였다. 이 운동은 거의 전면적이었고, 때때로 평화적이었으며, 총기 사용을 피했음에도 불구하고 때때로 폭력적이기도 하였다. 지역 지도부는 팔레스타인 해방기구와 그 밖의 다른 조직들과도 연대했다. 이 민중 봉기는 점령지 전역에서 1988년에 계속되었고, 팔레스타인인들 상호간의 관계와 외부 세계와의 관계를 변화시켰다. 이 민중 봉기는 통합된 팔레스타인인들의 존재를 드러내었고, 이스라엘의 점령지와 이스라엘 본토 사이의 분할을 재확립하였다. 이스라엘 정부는 이 운동을 제압할 수 없었다. 이스라엘 정부는 점차 외국의 비난에 방어 자세를 취하면서 심각하게 분열된 여론에 직면하였다. 요르단의 후세인 왕은 자신이 이 봉기를 통제할 수 없고 팔레스타인인들을 대변할 수 없다는 것을 깨닫고 해결책을 찾는 데 적극적으로 나서지 않았다. 팔레스타인 해방기구가 이 공백 상태로 들어와서 자리를 잡았다. 그러나 팔레스타인 해방기구 자체의 특성은 변화하였다. 팔레스타인 해방기구는 점령지 전역에 거주하는 주민들의 의견을 고려해야만 했고, 주민들의 열망은 점령을 종식시키는 것이었다. 팔레스타인인들의 대표부인 팔레스타인 민족회의가 알제에서 소집되었고, 기꺼이 이스라엘의 존재를 수용하고 이스라엘과의 최종적인 해결을 협의하겠다고 명시하는 헌장을 만들었다. 이러한 진전은 새로운 환경에서 발생하고 있었다. 이 문제에 대한 아랍 연대의 확실한 재천명, 아랍 문제에 적극적인 참가자로서 복귀한 이집트, 미국과 소련 사이의 관계 변화 등이 그것이었다. 미국은 처음으로 팔레스타인 해방기구와 직접 대화할 것을 기꺼이 선언하였고, 소련은 중동 문제에 더욱 적극적으로 중재하기 시작하였다.

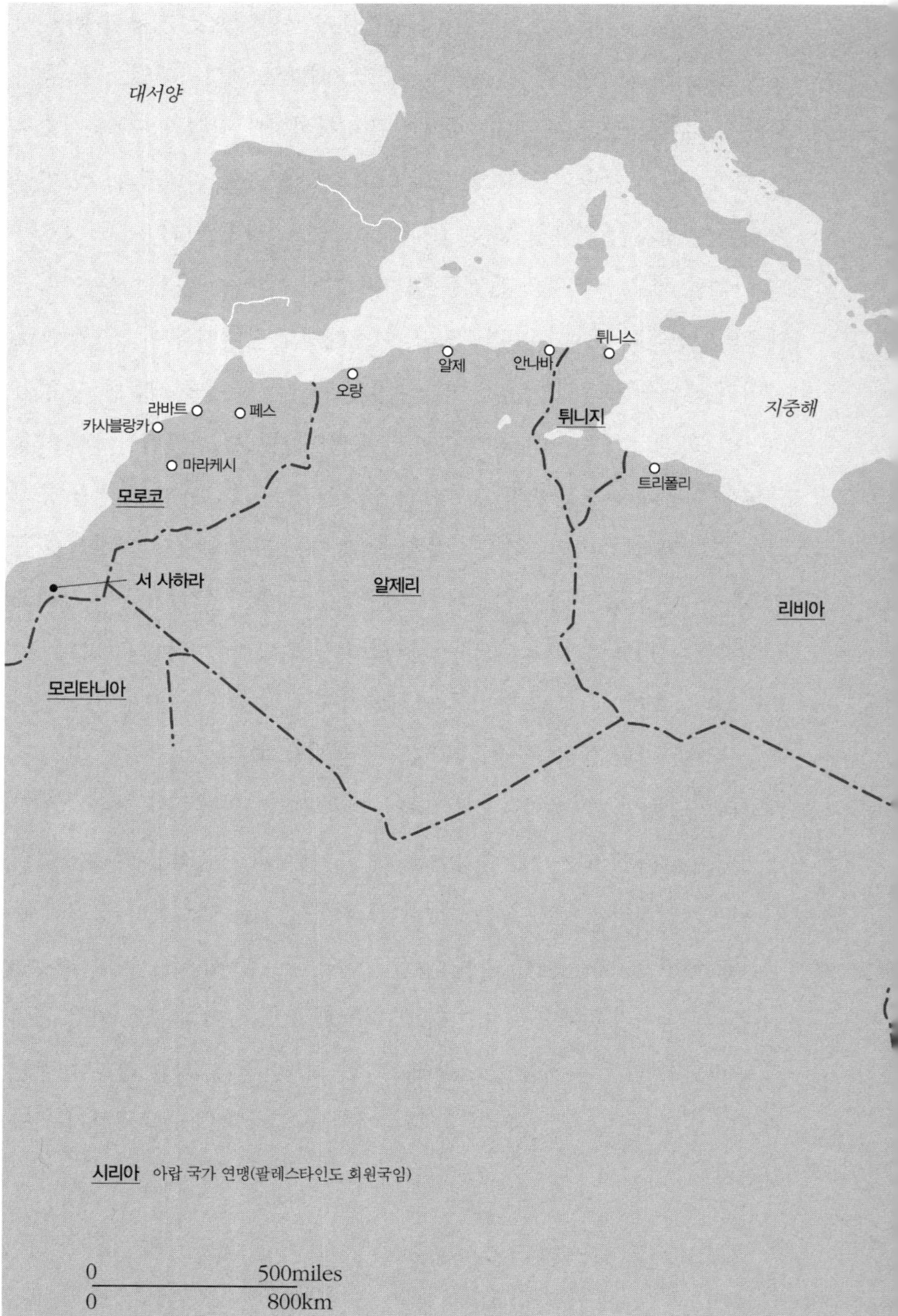

12. 1988년 중동과 마그립 지역

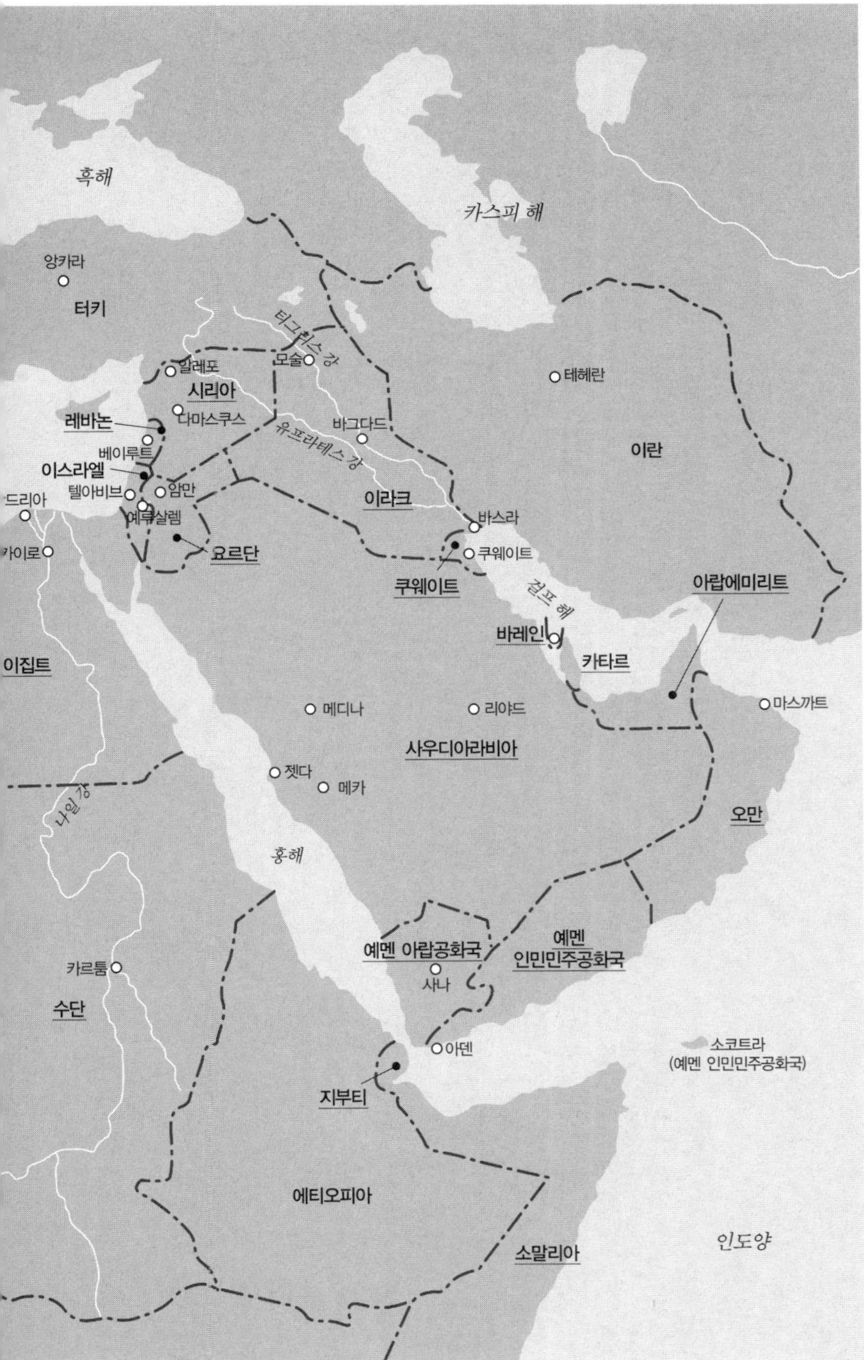
흑해
카스피 해
앙카라
터키
티그리스 강
모술
알레포
시리아
테헤란
레바논
다마스쿠스
유프라테스 강
바그다드
베이루트
이스라엘
이란
텔아비브
암만
이라크
예루살렘
바스라
카이로
요르단
쿠웨이트
쿠웨이트
아랍에미리트
걸프 해
바레인
카타르
이집트
메디나
리야드
마스까트
사우디아라비아
젯다
메카
나일 강
오만
홍해
예멘 아랍공화국
예멘
인민민주공화국
카르툼
사나
수단
아덴
소코트라
(예멘 인민민주공화국)
지부티
에티오피아
인도양
소말리아

26장
정신의 혼란(1967년 이후)

인종적 · 종교적 분할

레바논과 이라크에서의 분쟁은 국가들 사이의 반목이 한 국가 내의 충돌하는 요소들과 얼마나 쉽게 뒤얽힐 수 있는지를 보여주었다. 이 시기에는 모든 국가에 존재하는 내부적인 불화가 더욱 중요해졌다. 이라크에는 아랍인 반대파와 쿠르드인 반대파가 있었다. 이라크 북동부 지역에 있는 쿠르드 소수파는 경제 사회적 변화 조치들에서 오랫동안 소외되었다. 이러한 조치들은 주로 대도시 근처에 있는 지역들에서 시행되어 왔다. 산악지대 주민들, 즉 유목 부족들인 쿠르드 소수파들은 도시 관리들에 의한 긴밀한 통치를 원하지 않았다. 이들은 쿠르드의 독립 이념에 영향을 받았다. 쿠르드 독립 이념은 오스만 제국 이후 현실성이 없었다. 영국의 위임통치 시기부터 간헐적인 쿠르드 봉기가 있었다. 1958년 혁명 이후 봉기는 점점 지속적이고 잘 조직되었으며, 이라크에 적대적인 국가들의 지원을 받았다. 몇 년 동안 봉기는 이란으로부터 지원을 받았으나, 양국이 1975년 여러 가지 문제들에 관한 협정에 도달했을 때 이란의 지원은 철회되었다. 이후 쿠르드 봉기는 종결되었고, 이라크 정부는 쿠르드 지역에 특별 행정 통치와 경제 발전 프로그램을 부과하는 조치를 취했다. 그러나 상황은 불안정했고, 봉기는 1980년대 후반 이란과 이라크 전쟁 동안 다시 불타올랐다.

알제리에서도 잠재적으로 유사한 상황이 존재했다. 모로코의 아틀라스와 알제리의 카빌리아 산악 지대 주민의 일부는 베르베르인들이었고, 아랍어와는 다른 방언을 구사했으며, 오랜 전통을 지닌 지방 조직과 지도부를 가지고 있었다. 프랑스 통치 기간 동안 프랑스 정부는 베르베르인들과 아랍어를 사용하는 주민들 사이의 차이를 유지하는 경향이 있었다. 이것은 정치적인 이유뿐만 아니라 지방 관리들이 통치했던 공동체들의 특성을 보존하려는 자연스러운 성향 때문이기도 하였다. 독립 이후 민족주의자 정부들이 권력을 장악하게 되었을 때, 이 정부들의 정책은 중앙 정부와 아랍 문화의 지배를 확장시키는 것이었다. 모로코에서 이 정책은 두 가지 요인, 즉 오래되고 강력한 술탄의 통치권과 대도시의 아랍 문화의 위세에 의해서 강화되었다. 베르베르어는 고급문화의 문어체가 아니었고, 베르베르 시골 사람들은 도시 생활 영역으로 들어왔기 때문에 아랍어를 사용하게 되었다. 그러나 알제리에서의 상황은 달랐다. 아랍 문화 전통이 더 약했다. 알제리에는 대도시나 학교가 없었고, 프랑스 문화 전통이 더 강력하고 미래에 대한 대안적인 미래상을 제시하는 것처럼 보였다. 정부의 통치권 또한 확고하게 뿌리내리지 못했다. 정부의 합법성 주장은 독립을 위하여 투쟁한 지도부라는 점에 토대를 두었다. 독립을 위한 투쟁에서 카빌리아 출신의 베르베르인들은 충분한 역할을 하였다.

그 당시 인종적인 차이는 이해관계를 더욱 심각하게 만들었고, 종교적인 차이 역시 그러했다. 레바논의 예는 권력을 향한 투쟁이 종교의 견지에서 어떻게 표현될 수 있는지를 보여주었다. 수단에서도 유사한 상황이 존재했다. 수단 남부 지역 주민들은 아랍인도 아니고 무슬림도 아니었다. 이들 중의 일부는 영국의 통치 기간 동안에 선교사들에 의해서 개종된 기독교인들이었다. 이 기독교인들은 북부로부터 노예사냥을 당해야 했던 시기에 대한 기억을 가지고 있었다. 또 이 기독교인들은 독립 이후에는 아랍 무슬림들의 통치를 받았고, 권력은 주로 아랍 무슬림 수중에 있었기 때문에 자신들의 미래를 염려하였다. 새로운 정부는 남쪽으로 이슬람과 아랍 문화를 확장시키려고 하였고, 멀리 떨어진 지역들보다는 수도에서 가까운 지역들에 대한 이해관계를 더욱 의식하였다. 이 국가가 독립하자마자 남부에서 봉기가 발발하였고, 이 봉기는 1972년까지 계속되었다. 1972년에 남부 지역에 상당한 정도의 자치를 허용하는 협정으로 봉기가 종결되었다. 그러나 상호 긴장과 불신이 계속해서 존재하였고, 이러한 풍조는 정부가 더욱 명백하게 이슬람 정책을 실시하기 시작했을 때인 1980년대 초에 표면화되었다. 카르툼의 통치에 대한 반란은 1980년대 동안 대규모로 계속되었고, 정부는 봉기를 진압하거나 타협할 수도 없었다.

더 위험하고 복잡한 상황은 대규모의 쉬아파 주민들이 살고 있는 국가들에서 존재했다. 이라크, 쿠웨이트, 바레인, 사우디아라비아, 시리아, 레바논 등이 이 국가들이었다. 이란 혁명은 쉬아파의 정체성에 강력한 감정을 불러일으킨 것으로 보인다. 이것은 정부가 확고하게 순니파의 수중에 있는 국가들에서 정치적인 영향을 미칠 수 있었다. 그러나 반면에 공동의 민족의식이나 공동의 경제적 이해관계는 반대 방향으로 작동할 수 있었다. 시리아에서 다른 상황이 최소한 일시적으로 존재했다. 1960년대 이후 권력을 장악했던 바쓰당 정권은 1970년 이후 일련의 장교와 정치인들에 의해서 지배되었고, 이들의 수장은 아사드였으며, 쉬아파의 비주류 분파인 알라위 공동체로부터 나왔다. 그러므로 정부 반대파는 무슬림 형제단이나 유사한 단체들이 강력하게 주장하는 순니 이슬람의 형태를 띠는 경향이 있었다.

부자와 가난한 자

또 다른 종류의 격차, 즉 부자와 가난한 자의 격차가 대부분의 아랍 국가들에서 점점 벌어지고 있었다. 물론 이 상황은 항상 존재했으나 급속한 경제 발전의 시기에는 다른 의미를 띠었다. 이때는 근본적인 구조의 변화라기보다는 성장의 시기였다. 주로 석유로부터 나오는 수익의 증가 때문에 성장률이 석유 생산국들뿐만 아니라 다른 국가들에서도 높았다. 다른 국가들은 차관, 원조, 투자와 이민 노동자들의 송금으로부터 부를 얻었다. 1970년대에 연간 성장률은 아랍에미리트와 사우디아라비아에서 10퍼센트를 넘어섰고, 시리아에서 9퍼센트, 이라크와 알제리에서 7퍼센트, 이집트에서 5퍼센트를 넘어섰다. 그러나 성장이 모든 경제 부문에서 동등하게 발생하지는 않았다. 정부 세입 증가분의 대부분은 주로 미국과 서유럽으로부터 무기를 구입하고 행정기구를 확장하는 데 소비되었다. 급속도로 성장한 경제 부문은 서비스 부문, 특히 정부 서비스 부문이었다. 1976년에 공무원은 이집트 경제활동 인구의 13퍼센트였다. 다른 중요한 확장 분야는 소비재 산업 부문으로 섬유, 식료품, 소비재, 건축이었다. 이러한 확장은 이 시기에 두 가지 발전에 의해서 고무되었다. 즉 대부분의 국가들에서 개인 기업들에 대한 규제 완화는 소기업들의 급증을 유발했고, 이민자들로부터 송금이 엄청나게 증가했다. 1979년에 이 지역에서 전체 송금액은 1년에 50억 달러에 달했다. 이러한 상황은 수지의 균형 문제를 해결할 수 있었고 대체로 부동산과 소비 제품을 위하여 사용되었기 때문에 정부에 의해서 고무되었다.

개인 투자자들 대부분은 자금을 중공업에 투자할 이유가 없었다. 중공업은 자본의 출자액과 위험 부담이 높았고, 이 분야에 대한 외국인 투자는 제한되었다. 사실상 유일한 신규 중공업은 정부가 필요한 재원을 가지고 있을 경우 투자한 것들이었다. 많은 석유 생산 국가들은 석유 화학, 철강, 알루미늄 산업을 발전시키려고 하였다. 대체로 공업화는 유망한 시장이 뒷받침할 수 있을 정도의 대규모였다. 가장 야심 찬 공업화 계획은 사우디아라비아에서 시행했다. 사우디아라비아에는 두 개의 대규모 단지가 조성되었다. 하나는 홍해 연안에, 다른 하나는 걸프 연안에 있었다. 알제리에서도 공업화 계획이 진행되었다. 부메디엔 통치하에서 알제리 정부는 강철과 같은 중공업과 첨단 산업 기술이 포함된 산업에 막대한 재원을 쏟아 부어 강력한 산업 국가들로부터 독립된 국가를 건설한 후의 단계에서 농업과 소비재 산업을 발전시키기 위하여 새로운 기술과 중공업 제품들을 사용한다는 구상이었다. 그러나 1979년 부메디엔의 사후 이 정책은 변경되었고, 농업과 사회 복지를 더 강조하게 되었다.

거의 모든 지역에서 가장 경시된 분야는 농업이었다. 그러나 시리아는 주요한 예외였다. 시리아는 투자의 절반 이상을 농업에 쏟아 부었다. 시리아는 특히 유프라테스의 탑까 댐Tabqa Dam에서 소련의 도움으로 1968년에 투자를 시작하였고, 1970년대 말경에 강 계곡에 관개 시설을 확장하였을 뿐만 아니라 수력 발전을 하였다. 모든 국가의 주민 대부분이 시골 마을에 살고 있음에도 불구하고 농업에 대한 전반적인 경시 탓에 농업 생산은 대부분의 지역에서 증가하지 않았을 뿐만 아니라 일부 지역에서는 감소하기까지 하였다. 사우디아라비아는 경제 활동 인구의 58퍼센트가 시골에 살았으나 그들은 국내총생산의 10퍼센트만을 생산하였다. 석유 생산이 가장 중요했기 때문에 이곳의 환경은 예외적이었다. 그러나 이집트에서는 그 비율이 매우 달랐다. 52퍼센트의 주민들이 시골 지역에 살면서 국민총생산의 28퍼센트를 생산했다. 1970년대 말경에는 아랍 국가들에서 소비하는 식량의 대부분이 수입되었다.

경제 성장은 예상했던 것만큼 삶의 질을 향상시키지 못했다. 왜냐하면 인구가 이전보다 빨리 증가하였고, 대부분의 아랍 국가들의 정치 체제가 생산 수익을 공정하게 분배하지 않았기 때문이다. 대체로 아랍 국가들의 전체 인구는 1930년대에 5,500만~6,000만이었고, 1960년경에 약 9,000만으로 증가했고, 1979년경에 1억 7,900만이었다. 대부분의 국가들에서 자연 증가율은 2~3퍼센트였다. 이것은 출생률의 증가에 의한 것이 아니었다. 실제로 출생률은 감소하고 있었다. 산아제한 방법이 보급되기 시작하였고 도시 환경은 젊은이들이 결혼을 늦게 하도록 만들었다. 주요한 이유는 평균 수명의 증가와 특히 유아 사망률의 감소였다.

이전처럼 인구 증가는 도시들을 팽창시켰다. 보건 환경이 개선되었기 때문에 도시 주민들의 자연 증가는 이전보다 더 높아졌고, 외국으로부터의 이민이 증가했다. 1970년대 중반에 대부분의 아랍 국가 주민의 절반 정도가 도시에 살고 있었다. 쿠웨이트, 사우디아라비아, 레바논, 요르단, 알제리 등에서는 50퍼센트 이상이, 이집트, 튀니지, 리비아, 시리아에서는 40~50퍼센트가 도시에 거주하였다. 인구 증가는 대도시들뿐만 아니라 소도시들에서도 발생하였다. 그러나 수도와 상공업 중심지들에서 가장 두드러졌다. 1970년대 중반에 100만 이상의 인구가 거주하는 아랍 도시는 8개나 되었다. 카이로에는 640만 명, 바그다드는 380만 명의 주민들이 거주하였다.

경제 성장과 급속한 도시화는 이전에 존재했던 것보다 더 크고 명백한

젯다의 거리

양극화를 초래했다. 성장의 수익자들은 우선 통치 계급의 구성원들, 군 장교들, 정부 고위 관리들, 기술자들, 건설업, 수입업, 수출업, 소비재 산업 혹은 다국적 기업들과 관계를 맺고 있는 사람들이었다. 숙련된 산업 노동자들 또한 약간의 이익을 얻었다. 특히 정치적 환경은 산업 노동자들이 자신들을 효율적으로 조직할 수 있게 했다. 다른 주민들은 거의 혹은 전혀 이익을 보지 못하였다. 모든 도시들에 소규모의 피고용인들, 소상인들이 존재했고, 이들은 부자들을 위해서 일을 하였으며 이들 주변에는 떠돌이 행상인, 일용직 노동자들 같은 '비공식적인 부문'에 고용된 사람들과 실업자들이 대규모로 떠돌아다녔다. 시골 지역에서 중간 규모의 지주들이나, 토지 개혁이 실시되지 않은 국가들에서 대규모의 지주들은 토지를 수익성 있게 경작할 수 있었다. 왜냐하면 그들은 신용 제도에 접근할 수 있었지만, 토지를 약간 소유하거나 전혀 소유하지 못한 가난한 사람들은 그들의 지위를 개선시키는 것을 거의 바랄 수 없었다. 산유국들에서 이주 노동자들은 그들 자신의 국가에서보다 더 많이 벌 수 있었다. 그러나 이들은 안전하지도 않았고, 단체 행동을 통해서 그들의 지위를 개선시킬 가능성도 없었다. 이들은 예고 없이 해고될 수 있었고, 다른 사람들이 그들의 위치를 차지하려고 기다리고 있었다. 1970년대 말경에 이주 노동자들의 신분은 훨씬 더 취약해졌다. 왜냐하면 이주 노동자들 중에 많은 사람들이 아랍 국가들로부터 오는 것이 아니라 더 먼 동쪽, 즉 남아시아, 태국, 말레이시아, 필리핀, 한국 등에서 임시직이나 계약직으로 왔기 때문이다.

외부 세계의 현대 사상의 영향을 받은 몇몇 정부들은 수익의 재분배를 유발하는 사회 복지를 시행하기 시작하였다. 대중적인 주택 건설, 건강 교육 서비스, 사회 보험 제도 등이 그것들이었다. 가장 부유한 국가들에서조차 모든 주민들이 이러한 제도로부터 혜택을 받을 수는 없었다. 쿠웨이트에서 이러한 제도는 모든 쿠웨이트인들에게 혜택을 주었으나, 거주민들 중 비쿠웨이트인들에게는 혜택을 거의 주지 않았다. 사우디아라비아의 대도시 주변 지역에는 싸구려 주택지들이 있었고, 농촌 마을은 풍요롭지 못했다. 상황은 이민과 자연 증가를 통해서 급속히 성장한 대도시들에서 가장 어려웠다. 만약 싸구려 주택지들이 없어진다면, 이 주택지들을 대체할 값싼 주택 건설이 반드시 더 나은 것은 아니었다. 왜냐하면 이것은 싸구려 주택단지에 존재할 수 있었던 물질적인 편의 시설들과 공동체 감정이 결여되어 있었기 때문이다. 대중교통 시설은 거의 모든 곳에서 불완전하고, 개인적인 운송 수단을 소유한 사람들과 그렇지 못한 사람들 사이에 분명한 차별이 존재했다. 대부분의 도시들에서 상하수도 체계는 소규모 지역 사회를 위해서 건설되었고, 더 큰 규모의 주민들의 요구에 대처할 수 없었다. 카이로에서 하수도 체계는 사실상 붕괴되었다. 쿠웨이트와 사우디아라비아에서 물 공급 문제는 바닷물의 담수화에 의해서 해소되었고, 매우 비싸지만 효과적인 방법이었다.

사회에서의 여성

이 시기에 사회 내부에서 또 하나의 관계가 명백한 문제로 제기되었다. 변화하는 여성의 역할과 가족 구조의 변화는 강력하고 건전한 민족 공동체를 희망하는 남성들뿐만 아니라 여성으로서의 자신들의 지위를 자각하고 있는 여성들에게 문제의식을 불러일으켰다.

이전 세대들에게 다양한 변화가 발생하였고, 그것은 사회 내에서 여성의 지위에 영향을 끼쳤다. 이러한 변화 중의 하나는 교육의 확대였다. 모든 국가들, 심지어 아라비아 반도의 가장 보수적인 사회에서조차 소녀들

쿠웨이트 시티의 쿠웨이트 워터 타워

은 이제 학교에 다니고 있었다. 몇몇 국가들에서는 초등학교에 재학 중인 여학생 비율이 남학생과 비슷했다. 고등학교에서 그 비율은 빠르게 증가하고 있었다. 여성들의 읽고 쓰는 능력이 확대되고 있었다. 그러나 남성들보다는 여전히 낮은 비율이었다. 몇몇 국가들에서 실제로 모든 젊은 여성들이 학문적 소양을 갖추었다. 부분적으로 이런 이유뿐만 아니라 다른 이유로 여성들에게 유망한 일의 범위는 더 넓어졌다. 시골에서 남성들이 도시나 산유국으로 이민 갈 때, 가족 중의 남성들이 멀리 나간 동안에 여성들은 종종 토지와 가축을 돌보았다. 도시의 현대 공장들은 여성을 고용했으나 이곳의 일은 불안정했다. 여성들은 남성 노동자들이 부족할 경우에 고용되었고, 불황이나 과잉 고용의 상황에서는 여성들이 먼저 해고되었다. 미숙련 여성들은 가정부 일을 찾으려고 하였다. 이들은 주로 시골 출신의 미혼 여성들이었다. 교육받은 여성들이 정부에서 일하는 수는 점차 증가하였다. 특히 사무직에서 그러했다. 전문직 여성들, 법률가, 의사, 사회사업가 등의 숫자가 증가하였다. 몇몇 국가들에서 정부의 책임 있는 지위에서 일하는 여성의 숫자는 소규모지만 증가하고 있었다. 이것은 특히 튀니지, 남예멘, 이라크와 같은 국가들에서의 현실이었다. 이 국가들은 과거와 결별하고 '현대' 사회를 창출하려는 계획적인 노력을 하고 있었다. 그러나 이러한 변화에도 불구하고 오직 소수의 여성들만이 가정 밖에서 고용되었고, 어디서나 그들은 남성과의 경쟁에서 불리한 입장에 있었다.

도시에서의 생활환경과 가정 밖에서의 일은 가족의 생활과 가정 내에서의 여성의 위치에 어느 정도 영향을 끼쳤다. 시골에서 남성 노동자들의 이민은 아내들이 그 가족에 대해서 더 큰 책임감을 가지게 했고, 이전에는 남편들에게 있던 결정권을 가지게 되었다는 것을 의미했다. 도시의 가족은 시골 마을에서와 똑같은 것이 아니었다. 아내들은 더 이상 시어머니

시리아의 도자기 접시 공장

의 통제 하에서 그리고 누이와 혈연이라는 대단위의 여성사회에서 살지 않았다. 어린이들은 더 이상 가족 내에서 사회생활에 대한 교육을 받지 못했고, 학교에서 그리고 거리에서 성장했다. 사상 교류와 의료 서비스의 확장으로 피임이 확대되었다. 도시의 가계들은 경제적 빈곤과 새로운 가능성 때문에 시골의 가계보다 규모가 작은 경향이 있었다. 교육과 고용 때문에 소녀들은 10대 중반보다는 10대 후반과 20대에 결혼하였다. 거리와 일터에서 여성 격리 관습은 불가피하게 사라졌다. 베일은 더 이상 예전만큼 일반적이지 않았고, 다른 형태의 남성과 여성의 분리 관습이 사라지고 있었다. 사우디아라비아에서 이러한 현상을 막는 다음과 같은 시도가 있었다. 거리에서 베일이 여전히 일반적으로 착용되었고, 교육은 엄격하게 분리되었으며, 분리된 여성의 일은 한정되었다. 여성들은 학교나 여성 병원에서 일할 수 있었다. 그러나 관공서나 남성들과 섞여 있는 다른 장소에서는 일할 수 없었다.

그러나 여전히 대체로 변하지 않는 그리고 남성의 지위를 떠받치고 있는 합법적 · 도덕적인 구조에 변화가 일어나고 있었다. 실제로 어떤 변화는 개인의 지위에 관해 이슬람법을 해석하는 방식에 의해 만들어지고 있었다. 아랍 국가들 중 튀니지만 일부다처 제도를 폐지하였지만 이 제도는 거의 모든 곳에서 사라져가고 있었다. 몇몇 국가들에서, 예를 들면 튀니지와 이라크에서 여성들이 이혼을 요구하는 것이 더 쉬워졌으나, 모든 곳에서 이유나 법률 절차 없이 아내에게 이혼을 요구할 남편의 권리는 유지되고 있었다. 이혼한 남편은 아이들의 나이에 관계없이 아이들의 양육권을 갖는다. 몇몇 국가들에서 결혼의 최소 나이가 올라갔다. 일부 국가들에서 상속법 또한 재해석되었으나 어디에도 상속에 대한 세속법은 없었다. 더구나 어떤 아랍 국가도 개인의 지위에 대하여 세속법이 샤리아로부터 유래한 법을 대체하지 않는다. 그러나 터키에서는 개인의 지위에 대하여 세속법이 샤리아를 대체했다.

법이 변화할 때조차 사회 풍습이 반드시 법과 함께 변화하지는 않는다. 새로운 법이 항상 실행될 수는 없었다. 특히 이 법이 남성의 지배권을 주장하고 보존하는 뿌리 깊은 사회 풍습에 역행하는 것일 때는 더더욱 그렇다. 소녀들은 일찍 결혼한다. 그 결혼이 가족들에 의해서 계획되고, 아내들이 쉽게 이혼당하는 것은 확고하게 뿌리박힌 관념이고 여성들 스스로가 이 제도를 유지했다. 어머니들과 시어머니들은 종종 이 제도의 기둥이다. 많은 여성들은 여전히 원칙적으로 이 제도를 수용했으나, 남자들을 다소 교묘하게 조종함으로써 자신들의 힘으로 이 제도 내에서 더 나은 위치를 차지하려고 했다. 예를 들면, 그들의 태도는 이집트 여성 작가인 알리파 리파아트Alifa Rifaat의 이야기 속에 잘 나타난다. 무슬림 여성의 생활은 여전히 하루에 다섯 번씩 기도하도록 하는 사원의 요구에 의해서 강조되었다.

> 그녀는 손을 입술로 들어 올렸고, 신의 관대함에 대한 감사함으로 손바닥과 손등에 키스하였다. 그녀는 이러한 몸짓과 약간의 간단한 탄원을 통해서만 그녀의 신에게 감사를 표할 수 있는 것을 유감으로 생각했다. 아흐메드의 생애 동안 그녀는 그가 기도할 때 그 뒤에 서 있었다. 그녀는 그가 절하고 엎드리는 움직임을 따라 하고, 그가 암송하는 구절들에 진심으로 귀를 기울였다. 그녀는 기도 인도자 뒤에 서서 그 인도자의 움직임을 따라 하는 그가 스스로 기도를 드린다는 것을 알고 있었다. 그의 죽음과 함께 그녀는 통상적인 기도 수행을 포기하였다.[1]

그러나 이 제도를 수용하지 않는 여성들이 점차 증가하고, 자신들의 정체성을 규정할 권리를 주장하면서 그들의 사회적 지위에 새로운 정의를 반영한 변화를 불러일으키고 있었다. 그들은 아직 권력 있는 위치에 있지 않았다. 여성 장관이나 의회 의원들은 변화의 징표 그 이상은 아니다. 그들의 견해는 여성 단체들이나 언론을 통해서 표현되었다. 여성 소설가들은 별문제로 하고, 많은 유명한 논쟁적인 작가들이 있고, 그들의 작품은 아랍 국가들뿐만 아니라 번역을 통해서 외부 세계에도 널리 보급되었다. 모로코인 파티마 메르니시Fatima Mernissi는 ≪베일을 넘어서≫에서 성적인

1 A. Rifaat, *Distant View of a Minaret*, English trans. D. Johnson-Davies (London, 1983), p. 109.

불평등이 여성에 대한 특별한 이슬람의 견해에 토대를 두고 있거나 최소한 정당화되어 왔고, 이슬람은 여성을 억제되어야 할 위험한 힘을 가진 존재로 간주한다고 주장했다. 이러한 것은 현대 사회에서 독립 국가에 대한 요구와 모순되는 것이었다.

실제로 1970년대 후반과 1980년대 초반의 현상은 반대의 경향을 보여주는 것 같았다. 거리에서 일터에서, 특히 학교에서 대학에서 젊은 여성들은 점차 얼굴은 아닐지라도 머리를 가리고 남성들과의 사회적·직업적인 교제를 피했다. 역설처럼 보이지만 이것은 남성의 권력보다는 여성 자신들의 정체성 주장의 표시였다. 이러한 방식을 취하는 사람들은 분리가 규칙인 가문에서 나온 것이 아니라, 이슬람 사회가 존재해야 한다는 확실한 견해에서 시작되어 이 방식을 신중한 선택 행위로 취하고 있었다. 그리고 어느 정도는 이란 혁명으로부터 영향을 받았다. 그러나 이러한 태도에 대한 동기가 무엇이든 간에 오랫동안 그것은 사회에서 여성의 지위에 대한 전통적인 견해를 강화시켜 왔다.

유산과 그 부활

1967년 사건과 이 사건 이후의 과정은 더욱 긴장을 조성했다. 영혼의 혼란과 잘못 되어가는 세계에 대한 감정은 이미 1950년대와 1960년대의 시에서 이미 표현되었다. 1967년의 패배는 군사적인 패배일 뿐만 아니라 일종의 도덕적 심판이라는 인식이 널리 퍼졌다. 만약 아랍인들이 그렇게 빨리, 완전히, 공개적으로 패배했다면, 그것은 아랍인들이 사회적으로 도덕적으로 타락한 것을 표현한 것은 아닐까? 독립을 위한 역사적인 투쟁의 시대는 끝났다. 독립을 위한 투쟁은 더 이상 아랍 국가들과 아랍 주민들을 통합시킬 수 없었다. 과거에 열강과 외세의 간섭을 비난했던 것처럼 실패와 부족함을 비난할 수는 없었다.

교육받고 사려 깊은 남성과 여성들은 사회 내에서 발생하는 거대하고 급속한 변화에 대하여 점차 깨닫게 되었다. 그들 자신의 위치가 이 변화에 의해서 영향을 받았다. 인구의 증가, 도시의 성장, 대중 교육과 미디어의 확대는 공공 업무에 대한 토론에서 전통적인 언어로 신념, 불만, 희망을 표현하는 새로운 목소리를 끌어내었다. 그리고 그것이 교육받은 사람들 사이에서 그들과 대중들 사이의 격차에 대한 자각을 일깨웠고 의사소통의 문제를 생각하게 했다. 어떻게 교육받은 엘리트들이 대중들과 대중들의 편에서 말할 수 있을까? 그 이면에는 정체성이라는 또 하나의 문제가 놓여 있다. 그들의 도덕적인 유대는 무엇인가? 도덕적인 유대에 의해서 그들은 하나의 사회이며 정치적인 공동체라고 주장할 수 있는가?

대부분 정체성의 문제는 과거 유산과 현재의 필요성 간의 관계에서 표현되었다. 아랍 국민들은 외부로부터 계획된 길을 따라가야만 하는가? 혹은 현대 사회에서 그들에게 방향을 제시해 줄 수 있는 가치를 그들이 상속받은 신앙과 문화에서 발견할 수 있는가? 이러한 문제는 정체성의 문제와 독립의 문제 간의 밀접한 관계를 명확하게 해 주었다. 만약 사회가 존재하기 위한 가치가 외부 세계로부터 오는 것이라면 그것은 외부 세계, 특히 서유럽과 미국에 대한 영구적인 의존을 의미하는 것은 아닐까? 혹은 문화적인 의존이 경제적 · 정치적인 의존 또한 가져오는 것은 아닐까? 이집트 경제학자 갈랄 아민Galal Amin(1935년 출생)이 이러한 점을 ≪이집트의 경제 문화의 곤경*The Plight of the Economy and Culture in Egypt*≫에서 지적하였다. 이 책은 개방과 문화 위기의 관계를 추적하려고 하였다. 여기서 그는 이집트와 다른 아랍 국민들이 자신감을 상실하였다고 주장하였다. 개방과 1952년 이집트 혁명 이후 일련의 사건들은 실제로 불건전한 토대에 의존하였다. 즉 경제생활은 소비자 사회의 잘못된 가치와, 진정한 애국 충정 대신에 통치 엘리트의 지배에 의존하였다. 이집트인들은 외국인들이 필요하다고 설득하는 것은 무엇이든지 수입하였고, 이것은 이집트인들이 외국에 영구적으로 의존하도록 만들었다. 건강해지기 위해서 이집트인들의 정치 경제 생활은 자신들의 도덕적인 가치로부터 유래되어야하고, 그것은 종교에 토대를 두어야만 한다.

다소 유사한 방법으로 또 다른 이집트 작가인 하산 하나피Hasan Hanafi는 유산과 부흥의 필요성의 관계에 관하여 썼다. 다른 사람들과 마찬가지로 아랍인들은 경제 혁명에 깊이 빠져있다. 경제 혁명은 '인간 혁명'이 없다면 실행될 수 없다. 이것은 과거 유산의 포기를 포함하지는 않았다. 그러므로 아랍인들은 '주민들, 영토, 부'뿐만 아니라 유산에 대해서도 책임이 있다. 유산은 '시대의 요구에 부응해서' 재해석되고, 정치 운동을 불러일으킬 수 있는 이데올로기로 바뀌어야만 한다. 전통에 대한 맹목적인 집착과 맹목적인 혁신은 둘 다 부적당하였다. 전자는 현재의 문제에 대한 대답을 할 수 없었기 때문이고, 후자는 대중을 움직일 수 없었기 때문이다. 둘 다 그들이 이해한 다른 언어로 표현되었다. 요구된 것은 종교적 사고의 일부를 개혁하는 것이었다. 종교적 사고는 전체 국민 대중에게 자아에 대한 새로운 정의를 내려주었고 혁명적인 당은 민족 문화를 창출하였으며, 그 결과 공동 행동 양식을 변화시켰다.

동시대 아랍 사상의 대부분은 풀리지 않는 과거와 현재의 문제 주변을 맴돌았다. 일부 작자들은 이 난제를 해결하려는 대담한 시도를 하였다. 그 해답은 시리아 철학자인 사디끄 잘랄 알 아즘Sadiq Jalal al-'Azm(1934년 출생)에 의해서 주어졌으며, 종교적 사고에 대한 총체적인 거부로부터 비롯되었다. 그는 진리에 도달하는 인식과 인식의 방법이 무엇인가라는 견지에서 종교적인 사고가 본질적으로 잘못되었으며, 근거가 확실한 과학적 사고와 모순된다고 주장하였다. 이것들을 양립시키는 방법은 없었다. ≪꾸란≫에 대한 문자 그대로의 사실을 믿는다는 것은 불가능했고, 만약 ≪꾸란≫의 일부가 폐기되어야만 한다면 그것이 신의 말이라는 주장은 거부되어야만 한다. 종교적 사고는 잘못되었을 뿐만 아니라 위험하였다. 종교적 사고는 현존하는 사회 질서와 이 질서를 지배하는 사람들을 후원하였고, 그 결과 사회와 정치적 자유를 추구하는 순수한 운동을 방해하였다.

이러한 입장을 취한 작가들은 거의 없었다. 그러나 종교적 믿음이라는 실체를 상속받은 문화의 실체로 변형시키고, 상속받은 문화의 실체를 비판적인 표현 방법의 주제로 바꾸는 경향이 더욱 만연했다. 튀니지의 히샴 드자이트Hisham Djaït(1935년 출생)는 민족의 정체성을 종교 문화의 관점에서 정의할 수 없었다. 사실 종교 문화는 보존되어야만 했다. 인간 생활에 대한 전망은 예언자 무함마드를 통해서 중재되었다. 수세기에 걸쳐 예언자 무함마드 주변에 결집된 사랑과 충성이 간직되어야만 했고, 그 사랑과 충성은 국가에 의해서 보호되어야만 했다. 그러나 사회 기구들과 법은 종교로부터 완전히 분리되어서 '인도주의적인' 원리에 토대를 두어야만 했다. 시민 개개인이 원한다면 상속받은 신앙은 자유롭게 포기할 수도 있었다.

> 우리는 세속적이다. 그러나 세속주의는 이슬람에 적대적이지 않을 것이고, 반이슬람 감정으로부터 유발된 것도 아니다. 우리의 괴로운 여행 동안에 우리는 신앙의 본질적 요소, 이 종교에 대한 심오하고 뿌리 깊은 애정을 보존해왔다. 이 종교는 우리의 어린 시절을 밝혔고, 선과 절대자의 발견으로 가는 최초의 안내자이다. 우리의 세속주의는 국가, 일련의 도덕적 · 사회적 행위의 요소들, 집단적인 인격의 구조 등과 이슬람 신앙 사이의 본질적인 관계에 대한 인식과 이 신앙을 유지하고 개혁하기 위한 우리의 존재 안에서 그 한계를 찾는다. 개혁이 종

교에 반대해서 이루어져서는 안 된다. 개혁은 종교에 의해서, 종교 내에서, 종교와는 관계없이 한 번에 동시에 이루어져야 한다.[2]

또 다른 마그립 작가인 압둘라 라루이는 과거와 현재를 본질적으로 재정의하였다. 과거에 필요한 것은 진정한 역사적인 이해였다. 인과관계, 즉 사물은 다른 어떤 것으로부터 발전한다는 것을 이해함으로써 '우리의 과거를 소유하는 것'이었다. 이것을 넘어서는 진정한 '역사주의'가 필요했다. 즉 '문화, 언어, 전통을 근본적으로 비판'함으로써 필요한 것을 과거로부터 가져와서 미래를 창조하기 위하여 사용하는 것이었다. 이러한 비판적인 이해 과정은 그 자체가 미래에 대한 방향을 제시할 수는 없다. 그것은 살아 있는 시대정신에 의해서 안내되어야 할 필요가 있다. 정확하게 이해했다면, 특히 마르크스주의에 의해서 인도되어야 한다. 역사는 방향을 가지고 있으며, 목표를 향해 단계적으로 나아갔다. 역사는 통찰력을 제공할 수 있다. 통찰력에 의해서 과거는 사고와 행동의 새로운 체계로 통합될 수 있다.[3]

이 스펙트럼의 맞은편에는 이슬람 유산 자체가 현재 생활의 토대를 제공할 수 있고, 이슬람 유산만이 그렇게 할 수 있다고 믿는 사람들이 있었다. 왜냐하면 이슬람 유산은 신의 언어로부터 나왔기 때문이다. 이것은 이집트와 그 밖의 곳에서 무슬림 형제단과 연합한 일부 사람들에 의해서 점차 뚜렷한 용어로 표현되었다. 이러한 운동에서 1960년대에 분명한 양극화가 발생했다. 일부 지도자들과 구성원들은 권력자들과 기꺼이 타협

---

2 Hichem Djaït, *La personnalité et le devenir arabo-islamiques* (Paris, 1974), p. 140.

3 A. Laroui, *La crise de intellectuels arabes* (Paris, 1974), English trans. *The crisis of the Arab intellectual* (Berkeley, 1976); and *L'idéologie arabe contemporaire*, new edn (Paris, 1977).

하고 현존하는 체제를 기꺼이 수용하고 있었다. 이들은 최소한 당분간은 타협하는 행위를 통해서 자신들이 정책에 대한 영향력을 발휘할 수 있기를 희망했다. 그러나 다른 사람들은 반대 방향으로 움직였다. 이들은 완전히 이슬람적인 것을 제외하고는 모든 형태의 사회를 총체적으로 거부했다. 일찍이 1964년에 출판된 저작인 ≪이정표*Signposts on the Path*≫에서 사이드 꾸틉은 완고한 용어로 진실한 이슬람 사회를 규정하였다. 꾸틉은 진실한 이슬람 사회는 신의 주권을 수용한다고 다음과 같이 주장하였다. 즉 ≪꾸란≫은 인간 생활을 위한 모든 지침의 원천이다. 왜냐하면 ≪꾸란≫만이 실체의 본성에 부합하는 도덕과 법체계를 만들어 낼 수 있기 때문이다. 다른 사회들은 모두 원리가 무엇이든 간에 자힐리야(종교적 진리에 대하여 무지한) 사회들이다. 이 사회들이 공산주의자, 자본주의자, 민족주의자들이다. 이들은 다른 잘못된 종교에 토대를 두거나 무슬림이라고 주장하지만 샤리아에 복종하지는 않았다.

> 인간 사회에서 서구적 인간의 지도부는 종말을 맞이하고 있다. 서구 문명이 물질적으로 파산하거나 경제적 · 군사적 힘을 상실했기 때문이 아니라 서구 질서가 그 역할을 했고, 서구 질서에 주도권을 부여한 '가치'의 축적을 더 이상 유지하지 못했기 때문이다. 과학 혁명은 그 역할을 끝냈다. '민족주의'와 영토적으로 제한된 공동체들이 이 시대에 성장했다. 이슬람의 시대가 오고 있다.[4]

사이드 꾸틉이 선언한 진실한 무슬림 사회를 창출하는 방법은 개인적인 확신과 함께 시작했고, 마음속에서 살아 있는 이미지로 전환되며, 행동 프로그램으로 구체화되었다. 이러한 프로그램을 수용하는 사람들은

---

4 Sayyid Qutb, *Ma'alim fi'l-tariq* (Cairo, 1964), pp. 4-5.

선두에서 헌신적인 전사들이 되었고, 지하드를 포함하는 모든 수단을 사용했다. 전사들은 내적인 순결을 성취하고 나서야 비로소 지하드를 수행할 수 있다. 필요할 경우 방어뿐만 아니라 모든 잘못된 신 숭배를 파괴하고 사람들이 이슬람을 받아들이는 것을 방해하는 모든 장애물을 제거해야 한다. 투쟁은 보편적인 무슬림 사회를 창출하는 것을 목표로 해야 한다. 보편적인 무슬림 사회는 인종 차별이 없고 세계적인 하나의 사회다. '서구 시대는 끝났다.' 서구는 새로운 물질문명을 후원하기 위하여 필요한 가치를 제공할 수 없다. 오직 이슬람만이 세계에 대한 희망을 제시하였다.

이러한 신중한 가르침의 영향은 광범위했다. 이것은 무슬림 형제단의 일부가 사이드 꾸틉을 지지하면서 압둘 나세르의 통치에 반대하도록 만들었다. 꾸틉 자신은 체포되었고 1966년 재판을 받고 처형되었다. 이후 10년 동안 무슬림 형제단으로부터 출현한 단체들은 그의 가르침을 글자 그대로 따랐다. 그의 가르침은 이슬람 사회의 창설을 향한 첫 번째 단계로 샤리아에 따라서 살고, 마음을 정화시키고, 헌신하는 전사들의 핵심을 형성하기 위하여 자힐리야 사회로부터 벗어나는 것이었다. 이러한 단체들은 폭력과 순교에 대해서 준비되어 있었다. 이 단체들 중 한 단체 구성원들이 1981년 사다트를 암살하고, 시리아에 있는 무슬림 형제단 단원들이 1982년 하피즈 알 아사드 정권을 전복하려고 했을 때 이러한 사실들이 입증되었다.

이슬람이 문화를 넘어서는 것이라고 계속해서 믿는 사람들이 스펙트럼의 가운데 어딘가에 있다. 이슬람은 드러난 신의 언어였다. 그러나 이슬람은 올바르게 이해되어야만 하고, 이슬람으로부터 나오는 사회도덕과 법은 이슬람을 현대 사회의 도덕적 토대로 만들기 위해 채택될 수 있어야 했다. 이러한 여러 형태의 개혁주의자들의 태도가 있다. 사우디아라비아와 그 밖의 다른 나라의 와하비 학파의 보수주의자들은 현존하는 법전이 현대 생활의 필요에 적합한 체계로 천천히 주의 깊게 변화될 수 있다고 믿었다. 어떤 이들은 ≪꾸란≫만이 신성하고 새로운 법의 토대로서 자유롭게 사용될 수 있다고 믿었다. 또 어떤 이들은 ≪꾸란≫의 진실한 해석은 수피들의 해석이라고 믿었고 개인적인 신비주의 신앙은 다소 세속적인 경향의 사회 조직과 양립할 수 있다고 믿었다.

몇몇 새로운 시도가 도덕적 사법 체계를 책임 있고 강력한 방법으로 ≪꾸란≫과 ≪하디스≫로부터 새롭게 추론해 낼 수 있었다. 수단에서 19세기 후반 종교 지도자의 장손이고 자신이 중요한 정치지도자였던 사디끄 알 마흐디Sadiq al-Mahdi(1936년 출생)는 현대 세계의 필요에 부응하여 ≪꾸란≫과 ≪하디스≫로부터 샤리아를 끌어낸다는 새로운 종교적 사고를 하는 것이 필요하다는 입장을 견지했다. 아랍 세계를 넘어서서 파키스탄인 학자 파즐루르 라흐만Fazlur Rahman(1919~1988)이 새로운 법체계의 원리를 명시하기 위해 가장 주의 깊게 논리적인 시도를 했다. 현대 무슬림의 '정신적인 공황'에 대한 해결 방법을 제시하려는 시도로 ≪꾸란≫ 해석 방법을 내놓았다. 그는 다음과 같이 주장하였다. ≪꾸란≫ 해석은 이슬람 정신에 충실하며 현대 생활의 필요성에 부응하는 것이다. ≪꾸란≫은 예언자 시대의 아라비아의 도덕적·사회적 상황에 대한 무함마드의 이성을 통한 신성한 응답이었다. 이 가르침을 다른 시대의 도덕적·사회적 상황에 적용하기 위하여 '신성한 응답'으로부터 고유한 보편적인 원리를 추론하는 것이 필요했다. 이것은 그 응답이 드러날 구체적인 환경을 연구하고, 단일체로서의 ≪꾸란≫ 해석에 비추어 연구함으로써 수행될 수 있다. 보편적인 원리들이 추론되었을 때, 이것은 안내가 필요한 특별한 상황에 대한 분명하고 정확한 이해와 함께 이용되어야만 한다. 따라서 이슬람에 대한 적절한 해석은 역사적인 해석, 정확하게 현재로부터 과거

로, 과거로부터 현재로 움직이는 해석이었다. 그리고 새로운 종류의 종교 교육이 필요했다.[5]

정치 제도의 안정성

1980년대의 아랍 국가들을 관찰하는 사람은 문화의 유대가 강하고 아마도 점차 더 강해지는 사회를 발견하게 된다. 그러나 정치적 통합을 이루지는 못했다. 점증하는 부와 불균등한 분배는 일부 경제 성장을 이끌었지만 경제 성장으로부터 이익을 얻는 사람들과 그렇지 못한 사람들의, 팽창하는 도시에 사는 사람들과 시골에 사는 사람들의 격차를 더 벌려 놓았다. 일부 여성들은 사적이고 공적인 세계에서 그들의 종속적 지위에 대하여 더욱 자각하게 되었다. 도시 대중들은 자신들이 상속받은 문화의 심연으로부터 사회 질서의 공정성과 정부의 합법성에 대하여 의문을 제기하고 있었으며 교육받은 엘리트는 심각한 정신적 혼란을 겪고 있었다.

그러나 관찰자는 또한 모든 환경 속에서 그 밖의 놀라운 것에 주목하였다. 정치 체제가 명백하게 안정되었다. 아랍 국가들이 종종 정치적으로 불안정한 것처럼 보이고, 인물들의 교체가 있었음에도 불구하고 사실상 1960년대 말 이후 정책의 방향이나 체제의 일반적인 특징에서 거의 변화가 없었다. 사우디아라비아, 걸프 국가들, 요르단, 튀니지, 모로코에서 한 세대 이상 동안 실제적인 변화가 없었다. 알제리에서 실제적인 변화가 1965년에 발생하였다. 리비아, 수단, 남예멘, 이라크에서는 1969년에 권력을 장악한 집단이 1980년대까지 권좌에 남아 있었다. 시리아에서는

5 F. Rahman, *Islam and Modernity* (Chicago, 1982).

1970년에 권력을 장악했다. 이집트 역시 1970년에 압둘 나세르로부터 사다트로 권력의 변화가 생겼다. 처음에는 이러한 변화가, 계속되는 통치 집단 내에서 개인의 교체인 것처럼 보였다. 그러나 곧 그것은 방향의 변화를 상징하는 것으로 판명되었다. 오직 세 나라에서만 1970년대 10년 동안 혼란을 겪었다. 즉 통치 집단 내부의 분쟁이 있었던 남예멘, 1974년에 일정한, 다소 불확정적인 체제의 변화가 발생한 북예멘, 1975년 이후 내전과 혼란 상태에 있었던 레바논이 그 국가들이다.

매우 혼란된 사회들 내의 안정되고 영속적인 통치 체제라는 명백한 역설은 고려해볼 만한 가치가 있다. 결국 그것은 역설이 아닌 것으로 판명난 것 같다. 이븐 칼둔의 사상을 빌리거나 각색하여 정치 체제의 안정성이 세 가지 요소의 결합에 의존한다는 것이 제시될 수 있다. 응집력 있는 통치 집단이 자신의 이해관계를 사회의 강력한 요소들의 이해관계와 연결시킬 수 있을 때, 이해관계의 동맹이 사회의 시각, 최소한 사회의 중요한 부분의 시각에서 통치 세력을 합법화하는 정치 이념으로 표현될 때 정치 체제는 안정적이었다.

통치 체제들의 결속과 영속성은 부분적으로 명백한 방법으로 설명될 수 있다. 이제 정부들은 자신들의 의지대로 통제와 억압의 수단을 가졌다. 이것은 과거에는 이용될 수 없었던 것이다. 정보 보안 기관들, 군대, 몇몇 지역에서는 용병이 외부로부터 충원되었다. 만약 정부가 원하고 진압 기관이 정부의 수중에 있다면 정부는 어떤 반란도 어떤 식으로든 진압할 수 있었다. 유일한 장애물은 이 기관들이 전적으로 수동적이지 않으며 통치자에 반대해서 움직일 수도 있고 정부를 해산시킬 수도 있다는 사실이었다. 이러한 일은 1979~1980년에 국민들의 대규모 봉기에 직면한 이란에서 발생했다. 또 이 기관들은 과거에 정부가 통제할 수 없었던 사회 전반에 관하여 직접 통제할 수 있었다. 첫째 오스만 제국의 개혁가들과 유럽의 식민지 통치자들은 도시와 그것에 의존적인 배후 지역들을 넘어서 멀리 떨어진 시골 지역과 산악 지역과 초원 지대로 정부 권력을 확장시켰다. 과거에는 중앙 정부로부터 멀리 떨어진 지역들에서는 그 지역의 권력자들인 산악 지역의 군주들, 부족장들, 예언자 혈통 출신들이 정치적 계략에 의해서 권력을 행사하였다. 이제 권력은 직접적인 관료적 통제에 의해서 행사되었고, 정부의 영향력은 모든 마을들과 거의 모든 가옥과 천막으로 확장되었다. 정부가 이러한 곳까지 들어갔고, 정부는 과거처럼 도시, 도로, 국경을 방어하고 오로지 세금을 인상시키는 데만 관계하는 것은 아니었다. 정부는 현대 정부들이 하는 모든 임무를 수행하였다. 즉 교육, 보건, 공공사업과 공적인 경제 분야 등이 그것이었다.

그러나 정부가 강력한 것은 이러한 명백한 원인 이외에 다른 원인들도 있다. 통치 집단들은 권력을 획득하고 유지하기 위하여 그들 자신의 아싸비야 즉 연대를 창출하고 유지하는 데 성공적이었다. 몇몇 나라들, 알제리, 튀니지, 이라크 등에서 아싸비야는 정당의 연대였다. 다른 나라들, 이집트와 시리아의 군부 정치인들에서 나타나는 것처럼 아싸비야는 초기 생활에서 수립되고 공통의 경험에 의해서 강화된 정치인 집단의 연대였다. 다른 나라들에서 통치 가문과 그 구성원들의 연대는 아싸비야와 밀접하게 관련되었고 공통의 이해관계뿐만 아니라 혈연에 의해서 결합되었다. 이러한 다양한 종류의 집단은 겉으로 보이는 것처럼 그렇게 매우 다른 것은 아니었다. 모든 종류의 집단에서 이해관계의 유대는 친밀한 이웃관계, 혈연관계, 동족결혼 등에 의해서 강화되었다. 중동과 마그립 사회의 전통은 혈연관계보다 다른 종류의 관계가 더 강력하였다.

더구나 이제 통치 집단들은 자신들의 뜻대로 정부의 조직을 과거보다 더 확장하고 더 복잡하게 만들었다. 방대한 수의 남성과 여성들이 정부 조직과 연결되거나 이에 의존하고 있으며, 정부의 권력을 유지하기 위해 기꺼이 돕는다. 초창기에 정부 구조는 단순하고 제한적이었다. 19세기 후반까지 모로코의 술탄은 순회 군주였다. 그는 사병들과 수십 명의 비서들을 거느리고 그의 영지가 발전하면 세금을 인상하고 그의 영향력을 보여주었다. 아마도 중동 최고의 관료 정부로 알려진 오스만 제국에서조차 관리들의 수는 비교적 소수였다. 19세기 초에 중앙 행정부에 약 2,000명의 관리가 있었다. 그러나 19세기 말에 그 수는 약 3만 5,000명으로 증가했다. 1980년대 초에 이집트에서는 공무원이 제조업에 고용된 노동자 수의 거의 두 배였다. 이 비율은 다른 국가들에서도 거의 비슷하였다. 이렇게 방대한 수의 공무원들은 다양한 사회 부문을 통제하는 많은 조직들 속에 분포되어 있다. 즉 군대, 경찰, 정보기관, 기획 조직, 관계 당국, 재정부, 산업부, 농업부와 사회 복지부 등이다.

개인적인 이해관계가 체제의 유지와 연관되었다. 통치자들의 이해관계뿐만 아니라 군 장교, 정부 고관, 공공 부문 기업 관리자들의 이해관계는 현대 정부가 반드시 필요로 하는 고급 기술자들의 이해관계와 관련되었다. 또한 정권들 대부분의 정책은 사회의 다른 강력한 부문들을 선호했다. 그것은 일정한 민간 경제 부문들, 즉 민간 소유의 산업들, 다국적 대기업들과 관련된 수출입 무역을 통제하는 사람들이었다. 다국적 대기업들은 경제 개방의 시기에 점점 더 중요해졌다. 다소 덜 중요하지만 이것들과 더불어 대기업의 숙련 노동자들은 몇몇 국가들의 경우 노동조합에서 자신들을 효과적으로 조직할 수 있었고, 더 좋은 노동 조건과 임금을 위하여 교섭할 수 있었다. 그러나 그들은 정부의 전반적인 정책에 대해서 영향력을 행사하기 위하여 집단적인 힘을 이용할 수 없었다.

지난 10~20년 동안 새로운 사회 집단이 출현하였다. 산유국들로 이민가 성공한 사람들이었다. 이집트, 요르단, 남예멘, 북예멘, 그리고 그 밖의 곳에서 리비아, 사우디아라비아, 걸프 지역으로 간 300만 명 이상의 이민자들 중 대부분은 정착하려는 의도가 없었다. 그러므로 그들의 이해관계는 이민자들에게 이리저리 쉽게 이주하도록 허락하고, 저축한 것을 고향으로 가져와서 그 대부분을 토지, 빌딩, 내구성 소비재들에 투자하고, 자신들이 소유한 재산권을 안전하게 유지할 수 있게 해 주는 안정된 정부들로부터 나왔다.

그러므로 군 장교, 정부 관리, 국제 상인, 기업가들과 새로운 이자 생활자들은 모두 상당히 안정되고 질서를 유지할 수 있는 통치 체제를 원했다. 또한 이들은 정치 투쟁에도 불구하고 서로 충분한 조건으로 노동자들과 자금의 자유로운 유통을 허락하고, 소비재 상품들의 수입을 허락하고 민간 부문에 유리하게 움직이는 균형을 갖춘 혼합된 경제를 유지하는 통치 체제를 원했다. 1970년대 말경에 대부분의 통치 체제들은 이러한 특성을 지녔다. 엄격하게 통제된 경제 체제를 가진 남예멘은 예외였고, 부메디엔의 사후에 중점이 변했음에도 불구하고 알제리는 약간 예외였다.

정부의 정책이 호의적이지 않았던 다른 사회 부문들이 있었다. 그러나 그것들은 정부에 대하여 효과적인 압력을 행사할 위치에 있지 않았다. 대지주들은 도시에 기반을 가지고 있으며 신용 능력을 갖고 있었고, 농업으로부터 이익을 얻을 수 있었다. 그러나 소규모 자작농들, 소작인들, 땅이 없는 농부들은 열악한 위치에 있었다. 이들은 여전히 상당한 비율이었지만, 다른 도시들로 이주했기 때문에 이들의 인구 구성 비율은 이전보다는 줄어들었다. 이들은 모든 국가의 국내총생산에서 중요한 부분을 차지하지 못했고, 도시 주민들이 필요로 하는 식량을 더 이상 공급할 수도 없었다. 그래서 도시 주민들은 수입 식량에 의존하였다. 대부분의 정권들은 투자 계획에서 식량부분을 경시하였다. 전반적으로 식량 투자 계획은 침체된 상태였으나, 농민들이 결집하여 이 상황을 개선시키는 것은 어려웠다.

도시들에는 거대한 집단의 반숙련 노동자들과 비숙련 노동자들이 있었다. 하급 공무원들, 비숙련 공장 노동자들, 서비스업에 종사하는 사람들, 뜨내기 상인들이나 임시 노동자들과 같은 '비공식적'인 경제 부문에서 일하는 사람들과 실업자들이 그들이었다. 이들의 위치는 근본적으로 취약했다. 공급이 수요를 훨씬 초과하고 작은 집단들—가족, 같은 지역이나 인종 혹은 종교 공동체—로 쪼개져 있기 때문에 거대하고 익명의 적대적인 도시에서 패배하지 않기 위해서 이들은 매일 매일의 생존 경쟁과 일상적인 경쟁에 몰두해야 했다. 이들은 특별한 환경에서만 효율적이고 단결된 행동을 분출할 수 있었다. 정부의 통제 시스템이 붕괴되었을 때, 혹은 1977년 이집트의 식량 폭동과 1979~1980년 이란 혁명과 같은 직접적인 필요성이나 더 심오한 충성심과 관련된 문제가 있을 때 등이다. 아랍 사회들에서 정부의 새로운 주요 입장을 상징하는 것 중에 하나는 정부가 스스로 정치사상을 이용할 수 있다는 것이었다. 이 사상은 마음과 상상력을 움직일 수 있고, 이 사상으로부터 합법적인 권위에 대한 주장을 이끌어 낼 수 있다. 이 시기에 살아남기를 바랐던 아랍 정부는 세 가지 정치적 용어로 정당성을 주장해야만 했다. 즉 민족주의, 사회 정의, 이슬람이 그것이었다.

강력한 용어로 가장 먼저 출현한 것은 민족주의였다. 1980년대 초에 존재했던 몇몇 정권들은 독립 투쟁 동안에 권력을 장악했거나 권력을 장악했던 사람들의 계승자들이라고 주장할 수 있었다. 정당성에 대한 이러한 종류의 호소는 특히 마그립 지역에서 강했다. 마그립 지역에서 투쟁이 격렬했고, 투쟁에 대한 기억은 여전히 신선했다. 거의 모든 정권들은 아랍 통합이라는 특별한 종류의 민족주의자들의 용어를 사용했다. 아랍 정권들은 아랍 통합에 형식적으로 전념하였고 독립에 대해서 말했다. 마치 독립이 완전한 통합은 아니라 할지라도 더욱 긴밀한 연합으로 향하는 첫 번째 조치인 것처럼 주장했다. 팔레스타인인들을 지지하는 일부 합의된 행위가 통합 사상과 연계되었다. 최근에는 민족주의 사상이 다음과 같이 확대되었다. 정권들은 경제 발전의 관점에서 혹은 공동 목적을 위한 인간과 자연, 즉 국가 자원의 전용이라는 입장에서 민족주의의 정당함을 주장하였다.

사회 정의라는 두 번째 용어는 1950년대와 1960년대에 일반적으로 정치적 용어로 사용되었다. 이 시기는 알제리 독립의 시기였으며 나세르주의가 만연한 시기였다. 이때 특히 아랍 사회주의 사상이 1962년에 국민헌장에서 표현되었다. 사회주의와 사회 정의 같은 용어들은 구체적인 의미로 사용되는 경향이 있었다. 이 용어들은 토지 소유 제도의 개혁, 사회복지 확장, 소년들뿐만 아니라 소녀들을 위한 보편적인 교육제도의 도입을 의미했다. 그러나 소득에 대한 고율의 세금을 부과함으로써 부를 재분배하는 체계적인 시도를 한 국가들은 거의 없었다.

마지막 용어는 이슬람이었다. 물론 어떤 측면에서 이 용어는 새로운 것이 아니다. 이슬람이라는 종교를 상속받은 사람들 사이에서 공동 운명의 감정은 항상 존재했다. 역사적인 기억을 통해서 풍요로워진 믿음, 예언자의 전승인 ≪꾸란≫과 샤리아는 공통의 윤리가 영위되도록 원리를 제공할 수 있었다. 그러나 1980년대에 이슬람의 언어는 10년이나 20년 앞선 시기보다 정치적인 담론에서 더욱 두드러졌다. 이것은 두 가지 요소의 결합 때문이었다. 한편으로 인구와 도시의 성장과 대중 매체의 확장으로 정치적 영역이 거대하고 급속하게 확장되었다. 도시로 이주한 시골 사람들은 자신들의 정치 문화와 언어를 가져왔다. 이주자들이 도시화되었으나 도시들도 시골과 융화되었다. 이주자들은 시골 생활을 가능하게 했던 친척 관계와 이웃 관계로부터 차단되었고, 외부 환경이 생소한 사회 속에서 살았다. 소외의 느낌은 보편적 이슬람 사회에 대한 소속감에 의해서 상쇄될 수 있었다. 보편적 이슬람 사회 내에서 일정한 도덕적 가치는 절대적이었고, 이것은 그들의 불만과 열망을 표현할 수 있는 언어를 제공했다. 이슬람은 다음과 같은 요소들에 효과적으로 반대할 수 있는 언어를 제공할 수 있었다. 즉 서구 세력과 서구의 영향, 이러한 것을 따르는 사람들, 부패하고 무능한 정부, 도덕성이 전혀 없는 사적인 이익을 추구하는 기구들, 도덕적인 원칙과 방향을 잃고 사회 통합을 상실한 것처럼 보이는 사회가 그 요소들이다.

이러한 종류의 요소들은 무슬림 형제단과 같은 운동을 유발시켰다. 무슬림 형제단의 지도자들은 논리정연하고 교육받은 사람들이었다. 그러나 무슬림 형제단은 권력과 새로운 사회의 번영에서 소외된 사람들에게 호소하였다. 그리고 부분적으로 무슬림 형제단에 대항하여 자신을 방어하거나, 국민들에게 더 폭넓게 호소하기 위하여 대부분의 정권들은 이전보다 더 종교적인 언어를 사용하기 시작하였다. 사실 몇몇 정권들, 특히 사우디아라비아 정권은 자발적으로 계속해서 이슬람의 언어를 사용하였다. 사우디아라비아는 인류 사회에 신의 의지의 탁월함을 재확인하기 위한 운동에 의해서 창설되었다. 그런데 다른 정권들도 그렇게 되어가는 것 같았다. 대부분의 세속적인 통치 집단들조차, 예를 들면 시리아, 이라크, 알제리 등의 통치 집단들도 이슬람의 언어를 한 가지 이상의 방법으로 다소 설득력 있게 사용하였다. 이들은 이슬람의 전파자라는 아랍인들의 역사적인 주제를 환기시켰다. 이란과 교전 중에 있던 이라크 통치자들은 아랍인들이 마지막 사산조 페르시아 통치자를 격퇴시켜서 이슬람을 이란으로 전파했던 까디시야의 전투에 대한 기억에 호소하였다. 혼합된 주민들이 거주하는 대부분의 아랍 국가들에서 헌법은 대통령이 무슬림이어야 한다고 규정했다. 그래서 이슬람 종교를 합법적인 권위와 연계시키고 있다. 법전에는 입법의 토대로서 ≪꾸란≫과 샤리아를 언급했다. 이러한 방식을 취하고 있는 대부분의 정부들은 현대 사회에 필연적인 혁신을 정당화하기 위하여 샤리아를 현대주의자의 방법으로 해석하는 경향이 다소 있었다. 사우디아라비아에서조차 새로운 법을 정당화하기 위하여 한발리 법학파의 원리를 가동하였고, 새로운 경제 질서는 새로운 법규를 요구했다. 그러나 몇몇 정권들은 현실 생활에 샤리아를 문자 그대로 엄격하게 적용시키려 하였다. 즉 사우디아라비아와 쿠웨이트에서 알코올 판매가 금지되었고, 수단에서 상습적인 절도범들은 손을 절단해야 한다는 샤리아의 규정이 지난 몇 해 동안 누메이리의 통치 기간에 부활되었다. 몇몇 국가들에서 자발적으로 퍼지고 있는 라마단 금식을 엄격하게 준수하도록 정부가 이를 고무하였다. 그러나 튀니지 정부는 라마단 금식이 경제 발전을 위해서 필요한 노력에 방해된다고 판단하여 이 금식을 저지하려고 시도하였다가 초기에 광범한 반대에 부딪혔다.

취약한 정권들

결집력 있는 통치 집단, 우세한 사회 계층, 강력한 사상, 이 모든 요소의 결합은 1970년대에 정권들이 안정적이었던 이유를 설명해 줄 것이다. 그러나 이 세 요소를 모두 면밀하게 조사해보면 취약함의 원인이 드러날 것이다.

통치 집단들은 충돌하는 야망 때문에 불가피하게 발생하는 개인적인 대립뿐만 아니라 정부 조직이 확대되고 복잡해짐에 따라 구조적으로도 분할되었다. 정부의 각 부문들은 각각 권력의 분리된 중심들—정당, 군대, 정보기관—이 되었고, 통치 집단 중 야심 찬 구성원들은 이 부문들 중 하나를 통제하려고 시도할 수 있었다. 이러한 과정은 정부의 모든 복잡한 체계에서 발생하는 경향이 있었다. 그러나 일부에서 이 과정은 안정된 제도의 체제 내에 수용되어 있었고 정치적 관행에 깊이 뿌리박혔다. 그렇게 수용되지 않았을 경우에 이러한 과정은 정치 파벌 형성과 권력 투쟁으로 전개되었다. 권력 투쟁에서 한 파벌의 지도자는 그의 경쟁자를 제거하려 할 것이고 최고 지위를 장악하기 위한 방법을 모색할 것이다. 정부의 수장이 이를 정치적으로 조정함으로써 이러한 투쟁은 일정 수준을 넘지 않는다.

정권과 우세한 사회 집단 사이의 유대는 깨어지기 쉬운 것으로 판명날 수도 있다. 중동사에서 되풀이되는 유형이 목격될 수 있다. 도시들에서 부와 사회 권력의 구조를 지배하는 계층들은 평화, 질서, 경제 활동의 자유를 원했고, 자신들이 원하는 것을 제공할 수 있는 정권을 지지하였다. 그러나 이들은 정권을 구출하기 위하여 손가락 하나 까딱하지 않았다. 그리고 그 계승자가 유사한 정책을 수행할 것으로 보이면 그를 용인하였다. 1980년대 중반에 일부 정권들의 상황이 위태로운 것처럼 보였다. 석유 가격이 1981년에 최고 정점에 달했다. 그 이후 과잉 생산, 산업 국가들의 신중한 에너지 사용, 가격과 생산량에 대한 석유 수출국 기구의 연합 전선 실패 등으로 석유 가격은 급속히 내려갔다. 석유 수익의 감소는 이란 · 이라크 전쟁의 결과와 함께 모든 아랍 국가들에게 충격을 주었다.

강력한 사회 부문들이 정부를 소극적으로 지지한다면, 이는 부분적으로 이 부문들이 정책 결정에 활발하게 참가하지 않기 때문이다. 대부분의 정권들은 소규모 집단으로 구성된 고위급 차원에서 정책 결정을 했다. 그리고 그 결과는 폭넓게 전달되지 않았다. 권력을 장악했을 때 잠자코 있거나 위축되는 통치자들의 성향이 있다. 이들은 보안대에 의해서 보호되고, 통치자들에게 접근하는 것을 통제하는 관리들과 인척들에 의해서 둘러싸여 있다. 그리고 유순한 청중들에게 자신의 행위를 형식적으로 설명하고 정당화하기 위해서만 나타나는 성향이 있다. 그러나 정부와 사회의 괴리에 대한 이러한 사정의 배경에는 또 다른 이유가 있다. 즉 정부와 사회를 서로 결속시키는 확신의 취약함이 바로 그것이다.

정부가 정치사상을 소유하기만 하면 이 사상은 의미를 상실할 위험에 빠졌다. 이 정치사상은 반복됨으로써 진부한 선전 문구가 되었다. 그리고 이 사상은 더 이상 강력하게 그 주변에 다른 사상들을 결집시킬 수 없고, 실행을 위하여 사회 세력들을 결집시킬 수도 없고, 권력자를 합법적인 권력자로 바꿀 수도 없었다. 민족주의 사상은 이러한 운명을 경험한 것 같다. 민족주의 사상은 외부로부터의 위협에 대한 직접적이고 자연스러운 반응으로 항상 존재했다. 이러한 사실은 이라크 · 이란 전쟁에서 드러났다. 이 전쟁 때 정부에 적대적일 것으로 예상되던 이라크 주민들이 정부를 지지하였다. 그러나 민족주의 사상이 효율적인 조치를 위해서 결집시키는 힘으로 작용할 수 있을 것인지 아니면 사회를 조직하는 사상 체계의 중심으로서 기능할 수 있을 것인지는 의문이다. 이스라엘과 아랍 이웃들 사이의 관계에서 새로운 위기가 발생한다면 정치적으로 통합된 아랍 국가를 지향하는 아랍주의는 실행될 수 있다. 이스라엘의 침공 동안에 아랍 국가들의 침묵은 부분적으로 레바논 상황의 복잡성에 의해서 설명될 수 있으며, 그것이 이스라엘과 아랍 국가들 사이에 반드시 전쟁이 발발할 전조는 아니었다. 그러나 일반적으로 아랍주의의 주요 기능은 아랍 국가들 사이의 분쟁에 대한 방어 수단이고, 한 국가가 다른 국가의 일에 간섭하는 구실이었다. 압둘 나세르는 각 아랍 정부의 수장들을 뛰어넘어 아랍 국민들에게 호소함으로써 잊혀지지 않았다. 반면 교육, 이민, 대중 매체 등에 의해 아랍 국민들 사이에서 인간적인 유대 강화는 결국 효력을 발휘할 것이다.

다른 주요 사상인 사회 정의 사상과 이슬람 사상 등에 관하여 말한다면 반대로 해석될 수도 있다. 즉 이러한 사상들은 그 의미를 상실한 것이 아니라 너무 많은 의미를 갖고 있고, 동기 유발로는 너무 큰 위력을 갖고 있어서 어떤 정권의 목적으로 오랫동안 활용될 수는 없다. 이 사상들은 역사와 양심에 깊이 뿌리내리고 있으며 정부가 제어할 수 있는 온건한 수단이 되었다.

이렇게 뿌리 깊고 강력한 사상에 호소하는 정부들은 위험을 각오했다. 이 정부들은 불확실한 상태에 있었고 권력에 타협했다. 만약 이 정부들이 이렇게 강력한 호소력을 가진 언어를 사용한다면 정부의 언행의 불일치를 보여주기 위해서 정부 반대자들도 역시 그렇게 할 수 있었다. 반대자들은 이슬람 역사 전체를 통해서 울려 퍼진 폭정과 위선과 같은 단어들을 매우 강력하게 사용할 수 있다. 1981년 사다트의 암살과 확신에 찬 무슬림 집단이 메카의 대모스크를 점령한 1979년 사우디아라비아 사건은 이러한 반대파 운동의 상징이었다. 특히 이때 이들은 사회 정의에 대한 호소와 이슬람에 대한 호소를 결합시킬 수 있었다.

가장 안정되고 가장 오래 지속된 정권들조차 붕괴되기 쉬운 것으로 입증될 것이다. 사망이나 궁전 혁명으로 통치 집단들 내에 권력 교체가 있을 것이다. 1985년에 수단의 통치자인 누메이리는 광범한 시민 소요와 결합된 군부 쿠데타로 퇴위했다. 1988년에 튀니지 부르기바의 장기 집권이 종말을 고했다. 그는 퇴위했고 군 장교인 자인 알 아비딘 벤 알리Zayn al-'Abidin Ben 'Ali가 그를 대체하였다. 사다트가 압둘 나세르를 계승했을 때 발생했던 것처럼 이러한 사건들은 정책 방향을 변화시킬 것이다. 그러나 더 격렬하고 급진적인 변화들이 있을까?

몇몇 국가들에서 정책 결정에 참가하는 범위를 확장시키기 위하여 더욱 지속적이고 공식적인 제도들이 회복될 가능성이 있었다. 교육받은 계층들 사이에서 이를 위한 총체적인 요청이 있었고, 일부 정권들 스스로 이것이 자신들에게 이익이 될 것이라고 결정한 것 같았다. 어느 정도의 참여가 없다면 효율적인 사회 경제적 발전은 기대할 수 없고, 제도 없이 현실적인 안정도 없다. 즉 권력이 획득되고, 사용되고, 양도되는 방법에 관한 알려지고 승인된 규정들이 있어야 한다.

이러한 변화가 발생할 것인지 아닌지는 교육 수준, 중산 계층의 규모와 위력, 정권에 대한 신뢰에 달렸다. 대부분의 아랍 국가들에서 발생할 것 같지 않지만, 그 중 일부에서 발생할 것 같은 징후가 있다. 쿠웨이트에서 의회가 몇 년 동안의 휴지기를 거친 후 1981년에 회복되었다. 이때 의회가 독립적인 견해와 권력을 가지고 있었으므로 정부를 설득하여 의회의 견해에 주목하도록 했다. 그러나 이 의회는 1986년에 해산되었다. 요르단에서 얼마동안 중지되었던 의회를 복귀시키려는 시도가 1984년에 있었다. 레바논에서는 내전에도 불구하고 결국 불화가 조정될 수 있는 기구가 의회라는 생각과 합법성의 토대는 헌법 통치라는 생각이 여전히 존재했다.

헌법 통치가 가장 잘 복원될 것 같은 국가는 이집트였다. 이집트에서는 교육받은 계층이 대규모였으므로 대부분의 아랍 국가들보다 정치를 이해하는 수준이 높았다. 이집트는 사회적 · 문화적으로 통일되어 있었고, 입헌 정치 시기를 경험한 기억이 있다. 이 시기는 30년 동안 지속되었고, 일정한 한계가 있지만 여론이 자유롭게 표현될 수 있었다. 압둘 나세르와 사다트 시기에 상대적으로 정치적 자유가 결핍된 상황과 비교함으로써 그 기억은 최근 몇 년 사이 되살아났다. 사다트의 계승자인 후스니 무바라크 통치하에서 신중한 변화가 시작되었다. 의회 선거가 1984년에 실시되었다. 선거 제도가 정부에 호의적인 다수를 확보하기 위한 방법으로 고안되었다. 그러나 선거는 비교적 자유로운 분위기에서 실시되었다. 와프드당의 부활로 일부 야당 의원이 선출되었다. 이것은 이집트가 터키나 일부 라틴 아메리카 국가들과 비슷하게 움직이고 있다는 징후이다. 이 국가들에서도 의회 통치 시기와 군부 독재 시기가 번갈아 발생했고, 헌정은 항상 회복되고 항상 위협받았다.

만약 더 급진적인 변화가 발생한다면, 1980년대에 발생한 것처럼 이 변화는 순수하게 세속적인 이상에 호소하기보다는 세상에 존재하는 신의 정의라는 이슬람 사상에 호소하는 것이다. 변화에 대하여 오직 하나의 이슬람 사상만 있는 것은 아니고 광범한 스펙트럼이 있다. '이슬람'이라는 단어는 단순하고 간단한 의미를 갖는 것이 아니고 무슬림들이 만들어낸 것이었다. '전통적인' 시골 사람들에게 이슬람은 그들이 생각하고 행동하는 모든 것을 의미했을 것이다. 의식 있고 사려 깊은 무슬림들에게 이슬람은 삶을 구체화하고 행위를 판단하는 기준을 제공했다. '근본주의'라는 용어는 유행이 되었고 다양한 의미를 갖고 있다. '근본주의'는 무슬림들이 예언자 무함마드와 그 동료들의 가르침과 관행으로 되돌아가기 위해서 노력하는 것 혹은 ≪꾸란≫만이 인간 생활의 기준을 제공한다는 사상이라고 해석될 수 있다. 그런데 만약 무슬림들이 ≪꾸란≫을 자유롭게 해석할 권리를 가졌다고 주장한다면—리비아 지도자인 까다피가 그랬던 것으로 보인다—이것은 혁명적인 사상일 수 있다. '근본주의'라는 단어는 '보수적'이라고 불리는 태도에도 사용될 수 있다. 그것은 무슬림들이 과거로부터 상속받은 것, 즉 이슬람의 누적된 전통 전부를 수용하고 보존하기를 희망하며, 신중하고 신뢰할 수 있는 방법으로만 전통을 변화시키기를 희망하는 사람들의 태도이다. 이것은 사우디 정부와 그 지지자들, 이란 혁명 정부의 태도였다. 그러나 이들이 수용한 누적된 전통은 서로 다른 것이었다.

서로 다른 아랍 국가들의 환경은 매우 다양했다. 한 국가의 이슬람 운동은 다른 국가의 이슬람 운동에서 나타나는 것과 다른 의미를 가질 수 있다. 예를 들면, 시리아의 무슬림 형제단은 이집트의 무슬림 형제단의 역할과 같지 않다. 무슬림 형제단은 알라위 공동체와 제휴하는 정부에 대한 순니 주민들의 반대를 위한 수단으로 제공되었다. 마찬가지로 이란 혁명이 분명한 형태를 취했다고 해서 이 혁명이 다른 국가들에서도 똑같은 형태를 취할 것이라고는 볼 수 없다. 최소한 이 혁명은 이란에게 특별했던 요소라는 말로 어느 정도는 설명될 수 있다. 즉 확실하고 강력한 사회 계층들은 종교적 언어로 표현된 호소에 특히 민감했다. 그리고 모든 반대파 운동의 집결지로서 행동할 수 있는 종교 지도부가 있었다. 종교 지도부는 비교적 정부로부터 독립적이었고, 일반적으로 신앙심과 학식에 대해서 존중을 받고, 항상 공동체 정신의 대변자로 행동했다.

이러한 상황이 아랍 국가들에서는 존재하지 않았다. 이라크에서는 쉬아파가 다수를 형성했다. 이라크 쉬아의 학식 있는 인물들은 이란처럼 도시 대중들과 친밀한 관계를 맺지 않았고, 정부에 대해서도 이란과 같은 영향력을 발휘하지 못했다. 순니 울라마들은 덜 독립적인 위치에 있었다. 오스만 통치하에서 순니 울라마들은 국가 공무원이었고 정부와 가까웠다. 이러한 관계 때문에 울라마들은 정부와 타협하였다. 즉 전통과 이해관계 때문에 순니 울라마들은 대도시의 상류 자본가들과 연계되었다. 그러므로 이슬람 운동 지도부는 평신도들, 즉 개종한 현대 교육을 받은 엘리트들의 수중에 있었다. 이러한 운동은 상속되고 인정된 신앙심과 학식 있는 지도자들이 부여하는 신성함이 없었다. 이 운동은 다른 파벌들과 경쟁하는 정당이었다. 대체로 이 운동은 분명한 사회 경제 정책을 갖고 있지 않았다. 이 운동은 중요한 야당 세력인 것처럼 보였으나 정부를 구성할 수 있는 위치에는 있지 않았다.

1980년대 중반에 아랍 국가들이나 많은 무슬림 국가들에 대한 관찰자는 다음과 같은 결론을 내릴 것이다. 이란의 길과 유사한 어떤 것이 미래의 길이 될 것이다. 그러나 이란이 관련되더라도 이것은 성급한 결론이 될 것이다. 어떤 측면에서 종교인의 통치는 전통의 재확인이었지만, 다른 측면에서는 전통에 반대되는 것이었다. 승계된 울라마의 지혜는 울라마들이 자신들을 세속 정부와 너무 긴밀하게 연계시키지 않아야 하는 것이었다. 울라마들은 정부와 정신적인 거리를 유지해야만 했고, 반면 통치자들에게 가까이 있어서 영향력을 유지해야만 했다. 이슬람의 영구적인 이해관계를 세속의 일시적인 통치자의 운명에 매어 놓는 것은 위험했다. 이러한 측면에서 대중들은 세속적인 분야에서 두드러진 역할을 하는 종교인들을 약간 의심했다. 이들은 권력과 부의 문제에서 다른 사람들과 마찬가지로 부패하기 쉬웠다. 아마도 이들은 훌륭한 통치자는 아니었던 것 같다.

일정한 국가 발전 단계에서 종교 사상에 대한 호소—최소한 누적된 전통으로부터 나온 신성화된 사상들에 대한 호소—가 또 다른 사상, 즉 근본적으로 세속적인 법이나 사회도덕과 똑같은 힘을 갖는 시기는 끝날 것이다. 그러나 ≪꾸란≫에 내재한 사회 정의의 보편적인 원리와는 어느 정도 관계를 유지하게 될 것이다.

2002년 후기

고故 앨버트 후라니가 이 책의 초판을 발행한 후 10년 동안에 다음과 같은 극적이고 중요한 사건들이 많이 일어났다. 1990년 8월 이라크의 쿠웨이트 침공은 사막의 폭풍 작전으로 이어졌다. 10만 명 정도가 희생된 알제리의 쓰라린 내전, 두 예멘의 통일, 아랍 정치에서 위대한 세 노장의 죽음(1999년 2월 요르단 후세인 왕, 1999년 7월 모로코 하산 왕, 2000년 6월 시리아의 하피즈 알 아사드 대통령의 죽음. 이들은 각각 아들에 의해서 계승되었다), 이스라엘 총리 이츠하크 라빈과 팔레스타인 해방기구 의장인 야세르 아라파트가 워싱턴 백악관의 잔디밭에서 서명한 오슬로 협정으로 이스라엘이 점령한 가자와 서안의 일부에서 팔레스타인 자치 정부의 창설, 유대 극단주의자에 의한 라빈 암살과 팔레스타인의 2차 민중 봉기 이후 2002년 오슬로 협정에 대한 해명과 이스라엘의 군사적 대응 등이 그 중요한 사건들이다.

그러나 인명 손실과 고통 면보다 대중 매체의 유효 시청 범위라는 시각에서 가장 극적인 최근의 사건은 2001년 9월 11일 뉴욕과 워싱턴에 대한 공격이었다. 이 사건은 3,000명 이상이 희생되었고, 내전 종결 이후 미국 본토에 대한 호전적인 행위의 결과로서 가장 심각한 손실로 평가되었다. 승객을 싣고 연료를 적재한 세 대의 민간 여객기를 맨해튼의 세계 무역 센터와 워싱턴 근처의 펜타곤 빌딩으로 조종한 자살 납치범의 혐의를 받고 있는 19명은 모두 아랍인들이며, 이들 중 15명은 사우디아라비아 출신이다. 모두 사우디 반체제 인사인 오사마 빈 라덴이 지휘하고 자금을 대는 알 까에다 조직에서 훈련받았다는 혐의를 받고 있다. 물론 1993년 슬프고 예기치 못한 앨버트 후라니의 죽음 이후 발생한 모든 사건들을 후라니가 예견할 수 있었다고 주장하는 것은 어처구니없는 일이다. 그러나 내가 생각하기에 아무것도 그를 놀라게 하지 않았을 것이다. 역사 사상가로서 그의 지식은 넓고도 깊었다. 그는 종교에 대한 양측의 공동 유산을 깊이 이해하고 아랍 국민들을 하나로 묶는 역사의식을 공유하였고, 아랍인들을 서로 분열시키는 이념적인 차이와 구조적인 세력을 깊이 이해하였다.

이 책의 서문과 본문의 여러 군데에서 후라니는 아랍 역사 철학자인 이븐 칼둔에게 경의를 표했다. 이븐 칼둔의 아싸비야는 주기적으로 재생되며 권력을 장악하고 유지하기 위한 협력 개념으로서 동시대의 사건을 바라보는 데 여전히 유용한 구조를 제공한다. 이븐 칼둔의 이론에서 인간 사회의 최초 모습은 초원과 산악 지방의 건장한 사람들이었다. 그곳에서 권위는 인척관계 유대와 집단 연대 의식(아싸비야)에 토대를 두었다. 아싸비야를 가진 통치자는 왕조를 창설하게 되었다. 도시 거주자들은 아싸비야의 특성을 결여하고 있었다. 왕조의 통치가 안정되고 번영했을 때 도시 생활이 번영했다. 그러나 이븐 칼둔 시대에 모든 왕조는 그 자체 내에서 쇠퇴의 씨앗을 잉태했다. 통치자들은 압제자로 변하거나 사치스러운 생활로 부패하게 되었다. 그러는 동안 권력은 한계 상황으로부터 새로운 건장한 통치자들 집단으로 넘어갔다.

1830년대에 프랑스의 알제리 정복을 시작으로 1918년 오스만 제국의 붕괴에서 최고조에 이른 유럽의 지배 이후 아랍 무슬림 세계가 받은 엄청난 문화 충격에도 불구하고, 더 폭넓은 관계에서 후라니가 해석한 칼둔의 접근은 여전히 우리에게 중요한 통찰력을 제공한다. 후라니는 1960년대 초 이후 탈식민지 이후 시기에 대부분의 아랍 정권들의 총체적인 특성 혹은 이들의 정책 방향에서 현저한 변화가 거의 없다고 지적한다. 즉 사우디아라비아, 걸프 국가들, 요르단, 튀니지, 모로코 등에서 한 세대 이상 동안 실제적인 변화가 없었다. 리비아, 시리아, 이라크에서 1970년대에 권력을 장악한 집단들이 1980년대와 1990년대에 지배권을 유지하였다.

이러한 정치적 연속성은 모순인 것 같다. 특히 급속한 변화와 다음과 같은 사회적 격동의 수준을 생각할 때 그렇다. 폭발하는 인구, 급속한 도시화, 모터가 장착된 운송수단의 확장, 시골의 변화, 젊은이들 쪽으로 균형이 기울어지는 인구 변화, 서부 사하라로부터 팔레스타인과 걸프에 이르는 지역에서 무장 투쟁의 계속적인 발생 등이 그것이다. 그럼에도 불구하고 과거 10년 동안의 소용돌이친 사건들에 비추어 볼 때 후라니의 설명은 여전히 유효하다. 이븐 칼둔의 사상을 빌리고 채택해서 후라니는 다음과 같이 쓰고 있다.

> 정권의 안정성은 세 가지 요소의 조화에 의존한다고 말할 수 있다. 응집력 있는 통치 집단이 사회 내에서 자신의 이해관계와 강력한 요소의 이해관계를 연결시킬 수 있을 때, 그리고 이해관계의 동맹이 사회의 시각에서 통치자들의 권력을 합법화시키는 정치사상으로 표현되었을 때 혹은 적어도 정치사상의 중요한 일부가 되었을 때 정권은 안정될 수 있다.

현재 정권의 결속은 시각적인 대중매체를 통해서 유포된 개인숭배와 도처에 존재하는 정보 보안 기관과 같은 요소에 의존한다. 이러한 요소는 과거 통치자들이 이용할 수 없었던 것들이다. 더구나 대부분의 국가들에서 정부의 권력은 이제 멀리 떨어진 시골 지역으로 확장되고 있다. 예전에는 시골에서 정부의 공문서는 약하거나 실제로는 무시되었다. 그러나 현대 아랍 정치에서 통치 집단의 아싸비야는 여전히 중요하다. 아마도 권력 획득과 유지에서 결정적인 요소다.

2002년 초에 아랍 국가들의 모습은 후라니 논제에 충분한 구조를 제공한다. 1980~1988년 최초의 걸프전과 1991년 사막의 폭풍 작전에서 군사적인 실패와 민족적인 굴욕, 미국과 영국 공군이 관리하는 '비행 금지 구역'의 설정으로 인한 이라크 주권 침해와 북동부 지역에서 연합군의 보호를 받는 쿠르드 자치 지역 정부의 수립에도 불구하고, 사담 후세인은 이라크의 권좌에 남아 있다. 1991년 사막의 폭풍 작전에서 후세인의 군대는 사우디아라비아, 이집트, 시리아 출신의 아랍 군대를 포함하는 미국이 이끄는 연합군에 의해서 쿠웨이트에서 축출되었다. 그리고 유엔의 제재 규정을 위반하면서 대량 파괴 무기(핵무기, 생물학 무기, 화학 무기)를 제조하고 사용하려는 그의 능력을 파괴하기 위하여 무력으로 그를 제거하려는 미국과 영국의 위협이 증가하고 있음에도 불구하고 대안이 없다. 이라크의 야당은 산산조각이 나 있고 무능하다. 워싱턴과 백악관이 사담을 대체하기를 간절히 원하지만 사담을 대체할 후보가 없다.

칼둔 식의 분석을 따르면, 사담의 회복력의 원천은 타크리트 지역의 알부 나스르 씨족의 아싸비야로 설명될 수 있다. 이 아싸비야는 바그다드 북쪽의 티그리스 강가에 있는 타크리트 지역에 기원을 둔 가문, 씨족, 부족들의 확장된 조직망을 통해서 퍼져나간다. 이 아싸비야는 순니 아랍 영역에 속한 타크리트로부터 나왔다. 장교 부대의 중요한 일부가 군사 쿠데타 이전에 신병으로 모집되었다. 이 군사 쿠데타를 계기로 사담 후세인과 그의 전임 지휘관인 하산 알 바크리가 1968년에 권력을 장악하였다. 이 쿠데타 세력들은 공식적으로 바쓰당의 세속적인 아랍 민족주의에 집착하고 있음에도 불구하고, 이 집단의 아싸비야는 바쓰당의 이념적인 성향보다 훨씬 더 오래 지속된 것으로 입증된다. 씨족의 충성과 경쟁을 능숙하게 조종함으로써 사담은 압정과 두려움뿐만 아니라 고객주의에 토대를 둔 강력한 권력 체계를 수립하였다.

사담이 주도한 토지 분배(구 통치 체제의 지주들이나 정치적 반대파에게서 몰수한 토지)와 석유 수익의 지출은 이러한 후원자-고객 관계의 중심부에 있다. 그러나 이라크와 같은 근대 국가는 석유와 토지 외에도 수많은 다른 수익 구조를 가지고 있다. 회사, 무기 수입을 포함하는 수출입 기업, 외국 교역의 통제, 노동관계에 대한 통제를 수립하기 위한 허가 등이 그것이다. 찰스 트립Charles Tripp이 비평하는 것처럼, 사회경제 구조는 단순히 최우선적으로 그 나라의 경제 상황을 증진시키기 위한 총제적인 관심으로 설비되었다기보다는 권좌에 오른 사람들의 입지를 강화시키는 의존관계와 공모관계를 창출하기 위하여 특별히 고안 설비된 것이다.[1]

타크리트 출신이 우세한 공화국 수비대의 아싸비야는 사막의 폭풍 작전 동안에도 사담에 의해서 보호되었고, 1991년에 바스라, 아마라, 나시리야, 나자프, 카르발라 등 남부 도시의 쉬아파와 북부의 쿠르드인들이 일으킨 계속되는 봉기 동안에 후세인의 방패 역할을 하였다. 쿠르드인들이 연합국 공군에 의해서 보호를 받았다. 그러나 미국은 쉬아 저항자들을 처음에는 지지하였으나 이후 포기하였다. 몇 주 이내에 공화국 수비대가 인명의 대량 살상과 파괴를 저지르면서 반란이 발생한 도시들을 탈환하였다. 2차 걸프전 이후 이라크에 부과된 제재 조치들은 사담 후세인의 권

1 Charles Tripp, *A History of Iraq* (Cambridge, 2000), p. 207.

력을 침식시키는 것과는 거리가 멀었고, 오히려 아싸비야를 강화하는 것이었다. 2000년 서구 언론에서 공개된 보고들은 이 정권이 석유 밀수출로 연간 20억 달러를 벌어들이고 있다고 폭로하였다. 사담 후세인의 사위인 후세인 카밀 알 마지드의 망명과 사형 이후 대통령의 큰아들 우다이가 이라크의 국제연합 제재 조치에 따른 결과를 유리하게 이용한 주요 수혜자인 것처럼 보였다.

이라크는 확실히 극단적인 예다. 그러나 이라크는 아싸비야의 유형에 속한다. 아싸비야는 아랍 무슬림 세계의 다른 대부분 지역에서 만연한 후원자-고객 관계를 떠받치고 있다. 이라크 통치 씨족의 아싸비야와는 대조적으로 사우디아라비아의 사우드 가문은 국가 제도라는 탈을 쓰고 이 국가의 중요한 천연 자원의 소유권을 감추려고 시도하지 않는다. 1920년대에 사우디아라비아의 창설 이후 아니자 부족 중의 한 씨족인 알 사우드 가는 그 통치자들일 뿐만 아니라 사실상 천연자원에 대한 소유자들이기도 하였다. 석유는 왕국 최고의 국가적인 자원이지만 무엇보다 사적인 가문의 재산이다. 수익의 대부분은 국가의 소득으로 기록되기 이전에 왕에게 지불된다. 왕실이 그 소득의 쓰임새를 결정하기 때문에 정부 관리들이 적절하게 행동하지 않을 수 없다. 알 사우드 가와 연관된 6,000여 명의 왕자와 공주들은 사업상의 거래에서 받는 수수료나 정부 관리로서 받는 월급 이외에 정기적인 수당을 받는다. 1996년에 한 사우디의 경제학자는 국가가 왕실 가문에게 1년에 최소한 40억 달러의 비용을 쓰고 있다고 평가하였다.

유사한 제도들이 산유국인 대부분의 걸프 국가들에도 적용된다. 걸프 국가들에서는 각각 한 가문이 한 국가의 통치권을 장악하고 있다. 반면 리비아에서는 석유 채굴권, 씨족과 부족의 충성 등의 후원이 절충적이고 예측할 수 없는 무암마르 알 까다피를 군사 쿠데타 이후 30년 이상 지탱해 주었다. 그는 28년 동안 군 사령관으로서 복무한 후에 군사 쿠데타를 통해서 권좌에 올랐다.

세습주의(국가와 국가 자원의 개인 소유)의 영속성은 정치 수단인 석유 자원의 지배권을 가장 유력한 집단들에게 확실하게 부여함으로써 강화되었다. 그러나 세습주의의 영속성은 훨씬 더 제한된 가용자원을 가진 국가에서조차 존재한다. 시리아에서는 이라크와 똑같은 방식으로 소수 종교 공동체 출신의 유력한 시골 집단이 바쓰당의 군사 정치 조직을 장악하였다. 그러나 이라크의 순니 타크리티 공동체(순니 아랍 소수 출신들이며, 이라크 주민의 약 20퍼센트를 구성한다)와는 대조적으로 시리아의 유력한 집단의 아싸비야는 레바논 북부 시골 지역인 라타키아 출신의 알라위나 누사이르 공동체 등 협소한 인종-종교의 발상지에 기반을 두었다.

알라위는 시리아 주민의 12퍼센트 이하를 구성하며, 외부인과는 동떨어진 독특한 비밀 신학을 가진 쉬아파이다. 알라위의 경우에 밀접한 연대의식은 폐쇄된 종교 전통에 의해서 강화된다. 1930년대와 1940년대에 프랑스인들이 무장 세력으로 고용했던 알라위들의 군사적인 전문 지식은 그들이 계급을 뛰어넘어 발흥할 수 있도록 했다. 1963년 바쓰당의 쿠데타 이후 새로운 정권 하에서 불신을 받는 많은 장교들이 알라위들로 교체되었다. 그 추세는 알라위 공군 사령관이었던 하피즈 알 아사드가 취임한 이후 가속화되어 1970년에 그의 바쓰주의자 동료들에 대항하는 쿠데타가 성공하였다. 그 후 국가의 권력은 알라위의 수중에 확고하게 집중되었다. 47 탱크 부대를 지휘하는 장교들은 약 2만 명의 인명을 희생시켜서 1982년 하마에서 발발한 무슬림 형제단의 반란을 진압하였으며, 이 장교들 중 70퍼센트는 알라위였던 것으로 알려졌다.

하피즈 알 아사드가 2000년에 죽자 헌법상 엄격했던 관행이 급속히 완화되어 순조로운 계승이 보장되었다. 하피즈의 동생 라파드 알 아사드(앞서 하피즈가 아팠을 때 그를 축출하려 한 이후에 추방되었다)가 권력을 승계하려고 할 것을 두려워하여 성급하게 소집된 국민의회는 대통령이 될 수 있는 최소 나이를 40세에서 34세로 낮추는 데 만장일치로 가결하였다. 34세는 바사르 알 아사드의 나이였다.

아랍 세계는 직접적인 식민 통치 시기로부터 더 멀어지고, 아싸비야와 왕조 통치의 오래된 전통은 그 계승을 거듭 주장하는 것으로 보인다. 바사르 알 아사드의 계승에 대한 내막이 폭로되면서 공개적인 왕조 통치와 은밀한 왕조 통치 사이의 차이가 불분명해졌다. 16개월 전, 1999년 2월 후세인 왕 사후 요르단 하쉼 왕국의 계승은 놀랍게도 다마스쿠스에서 표면화된 사건과 유사함을 보여주었다. 후세인이 병 치료를 위해서 미국에 있는 동안에 그는 권한을 동생인 하산 황태자에게 대부분 이양했다. 하산은 1965년 이후 황태자 자리에 있었다. 그러나 후세인은 사망 2주 전에 요르단으로 돌아와서 자신의 큰아들인 압둘라를 황태자로 임명하였다(후세인은 동생 하산에게 보낸 편지에서 자신이 미국에 있는 동안에 하산이 왕국의 일을 처리한 것에 대해 불만을 드러냈다. 특히 군사적인 문제에 대해 그러했다). 또한 죽어가고 있는 군주는, 하산이 그의 직계 가족들을 비방하는 자들을 후원하고 심각한 가족 불화에 대한 추측을 조장한다고 비난하였다. 결국 바사르 알 아사드의 계승으로 요르단의 왕위승계는 매우 조용하게 지나갔다. 새로운 왕은 법에 의한 통치를 강화하고 민주화를 더욱 촉진시킬 것을 포함하는 근본적인 개혁을 약속하였다. 그는 새로운 총리 아래서 새로운 정부를 조각하였다. 그의 삼촌인 하산은 권력으로부터 사실상 배제되었고, 그의 몇몇 정치적 동맹자들도 대체되었다. 팔레스타인인 라니아 여왕은 요르단의 여왕으로서 공식적으로 눈에 띄는 자세를 취했다. 오슬로 협정의 실패와 제2차 팔레스타인 인티파다[2]에 기인한 계속되는 압박감에도 불구하고 하쉼 왕가의 연속성과 합법성은 확고한 것처럼 보인다.

모로코에서 알라위 왕가는 하심 왕가처럼 합법적이다. 왕가의 혈통은 예언자 무함마드로부터 내려왔으며, 부자 간에 평탄한 왕권이양을 경험했다. 무함마드 6세는 1999년 7월에 그의 아버지를 계승한 즉시 그 자신이 개혁과 근대화의 옹호자임을 선언하고, 아버지와는 매우 다른 대중적 방식을 채택하였다. 그는 10일 동안 가난한 사람들과 소외된 북부 리프 지역을 방문하였다. 이것은 그의 아버지가 무시했던 사항들이었다. 그는 가난한 사람들을 도와주고 실업률을 줄이기로 약속하였으며, 사회 정의, 인권, 여성 평등권을 포함하는 민감한 문제들에 관해서 이야기했다. 11월에 그는 아버지의 최측근 조언자였던 드리스 바스리Driss Basri를 갑자기 해임했다. 이것은 개혁에 대한 그의 열망으로 받아들여졌다.

다른 아랍 국가들에서도 다소 불명확하기는 하지만 똑같은 유형의 연속성이 감지되었다. 이집트와 튀니지에서 똑같이 '강력한 사람들'인 후스니 무바라크와 자인 알 아비딘 벤 알리가 이 책의 초판이 발행된 이후 현재까지 권좌에 남아 있다. 둘 다 합법적인 수단으로 권좌에 올랐다. 부통령이던 무바라크는 1981년 10월 안와르 알 사다트 암살 이후 대통령직을 승계했고, 벤 알리는 7년간의 의사 생활 이후 1987년 11월 고령에다 점차 변덕스럽기까지 한 근대 튀니지의 창설자인 부르기바가 통치권자로 적합하지 않다고 선언하였다. (벤 알리는 부르기바를 10년 이상 감금하였고, 마침내 부르기바는 2000년 4월 96세의 나이로 죽었다.)

이러한 상대적인 연속성과 안정성이라는 실상에 견주어 볼 때 알제리는 매우 불행한 경우였다. 알제리에서 집권 정당이었던 민족해방전선의

2 인티파다란 아랍어 문자 그대로는 민중 봉기라는 뜻이다. 제1차 팔레스타인 인티파다는 1987년 12월 9일에 가자에서 발발하였다. 제2차 팔레스타인 인티파다는 알 아크사 인티파다라고도 불리며, 2000년 9월 28일에 동예루살렘에 있는 알 아크사 모스크에서 발발하였다. — 옮긴이

붕괴와 그 이후의 군부의 간섭은 10만 명 이상을 희생시킨 격심한 내전으로 이어졌다. 희생자의 대부분은 시민이었다. 여기서 이슬람 구국전선the Islamic Salvation Front이 1991년 12월 1차 선거에서 승리한 이후 군부가 2차 총선을 취소함으로써 점차 유혈을 동반한 내전이 유발되었다. 이 내전은 잔학행위가 자행되고 시민 생명이 존중되지 않았다는 측면에서 거의 두 세대 이전에 알제리 민족주의자들에 대항해서 싸웠던 프랑스인들의 군사행동을 닮았다. 이 글을 쓰는 시점에 압둘 아지즈 부트플리카 대통령의 집권과 함께 안정화 조치가 취해졌다. 그는 전임 외무 장관이었고 온건한 이슬람주의 지도자들과 권력의 끈을 계속해서 장악함으로써 군 장성들 사이에서 교량 역할을 할 수 있는 사람으로 생각되었다. 야만적이고 비통한 알제리 전쟁은 후라니-칼둔 이론을 벗어나는 예외로 볼 수 있다. 군부가 권력을 장악하기 이전에 샤들리 대통령은 세 가지 중요한 점에서 실패했다. 즉 집권당인 민족해방전선이 내부 경쟁자들 때문에 단결하지 못할 것이라는 점, 반면 민족해방전선의 부패와 합법성의 결여는 강화되는 사회의 시각에서 민족해방전선을 불신하게 만들었다는 점이다.

이웃 튀니지와 멀리 이집트에서 알제리 참사의 교훈은 무시될 수 없었다. 튀니지에서는 확고하게 억압적인 조치들과 결합된 상대적으로 번영하는 경제가 잠재적인 이슬람주의자 반대파를 궁지에 빠뜨렸다. 반면 이슬람주의자 반대파는 이슬람주의자 혹은 '근본주의자' 대안에 대한 본래의 포부를 포기하고, 결론과는 관계없이 적어도 대중적으로 민주화를 시작하는 데 동의하였다. 이집트에서는 일련의 이슬람주의자 봉기가 계속되고 정부의 억압적인 조치가 잇따랐다. 그러나 이집트에서는 정부가 이슬람주의자들보다 우세한 것으로 보인다. 이슬람주의자 테러리스트들은 1997년 11월에 룩소르에서 60명의 외국인 여행객들을 포함한 70명의 민간인을 대량 학살하였다. 이 사건은 관광 산업을 붕괴시킴으로써 경제를 초토화시켰을 뿐만 아니라 대규모 일반 대중들이 이슬람주의자들에 대해 반감을 갖게 되는 원인이 되었다. 대중적인 압력으로 이슬람주의자들의 대다수는 정부에 반대하는 전쟁을 중지한다고 발표하였다.

사우디아라비아에서는 통치 가문인 알 사우드 가문이 다음 세대에 압둘 아지즈의 손자들 중에서 왕을 선출해야 할 때 그 가문의 응집력이 새로운 도전에 직면할 것이다. 파드 왕의 건강이 나빠지고 있기 때문에 보안 사령관이며 그의 동생인 왕세자 압달라가 권력을 장악하였다. 그러나 하사 알 수다이리의 아들들, 즉 파드의 이복형제들과 또 그들의 아들들은 사우디아라비아에서 중요한 지위를 차지하고 있다. 상존하는 국제 정세의 불확실성과 감소하는 수출 수익, 점증하는 실업은 사회적인 긴장을 불러일으키고 있다. 권력 장악을 위해서 경쟁하는 강력한 왕자 파벌들과 함께, 과거와 마찬가지로 알 사우드 가문에게 봉사하는 아싸비야가 미래로 확장될 것인지는 불확실하다. 만약 압달라가 그의 병든 형제의 왕위를 계승할 경우 왕조의 안정을 위한 결정적인 실험은 누구를 그의 후계자인 왕세자로 선정하느냐가 될 것이다.

10년 이후 후라니의 역사를 다시 읽는 사람들은 이 책의 말미에서 그가 설명하는 역설적인 안정성이 얼마나 불안정한 것인지를 새롭게 깨닫게 된다. 22장에서 후라니가 설명하는 것처럼, 여러 가지 측면에서 식민지 시대에 출현한 근대 아랍 국가는 유럽의 후원 하에 도입된 근대화 과정에 의해서 강화되었다. 이전에 외국의 지배 아래 있었던 은행업, 사회 기반 시설, 통신, 공공시설과 같은 분야가 법과 질서를 유지하고 세금 징수와 일부 기본적인 공공 서비스 대책을 포함하는 전통적인 정부의 활동에 추가되었다. 그러나 국가 권력의 강화에 걸맞게 공공 책임이 강화되지 않았다. 근대 국가는 아마도 오스만 계승자보다는 훨씬 더 강력한 것 같다. 그러나 결정적인 측면에서 근대 국가는 근대 민주적인 합법성과 역사적인 사건들에 대한 도덕적인 권위를 결여하고 있다.

근대 아랍 국가와 이 국가가 통치하는 국민들의 곤경은 합법성의 원천이 무엇인가 혹은 무엇이어야 하는가에 대한 문화적인 합의가 결여됨으로써 더욱 다루기가 어려웠다. 이슬람주의자 운동은 일반적으로 이슬람의 신성한 법인 샤리아로의 '복귀'를 위한 요구에서 연대한다. 이슬람주의자 운동은 불법적으로 수입된 외국 법체계와 정부 체제가 샤리아를 대체한 것으로 판단한다. 그러나 이슬람주의자 운동 간에도 이슬람법의 내용, 이 법이 근대 상황에서 운영되는 방법이나 제도화되는 형태에 대한 합의는 거의 없다.

동시에 전 세계의 다른 사회들처럼 근대 아랍사회들은 전자 미디어의 범주로 들어왔다. 예전에는 정부가 통제하는 신문과 방송망을 통해서 여과되어 방영되었던 사건들이 현재는 위성 방송을 통해서 주민들의 거실로 직접 전송된다. 위성 텔레비전을 금지하거나 제한하려는 정부의 시도는 대체로 성공하지 못했다. 주민들이 외부의 영향에 노출됨으로써 자신들의 사회와 정부 체제의 단점과 저 너머 세계에 대해서 훨씬 더 잘 인식하게 되었다. 필연적인 불만은 표면적으로 다른 방향으로, 즉 정부 반대파인 이슬람주의자들을 향해서 혹은 더 많은 표현의 자유와 민주적인 권리를 요구하는 '시민 사회'를 향해서 흘러갈 것이다. 그러나 이러한 흐름이 어우러지지는 않을 것 같다. 가장 폭넓게 '샤리아의 복귀'에 대한 요구는 단지 독단적인 개인이나 왕가의 통치를 저지하고 제한하고 법치로 대체시키려는 소망이다. 이슬람과 민주주의에 관한 대다수의 최근의 저작들을 검토한 구드런 크레이머Gudrun Kramer에 의하면 이슬람주의자들의 이념적인 입장은 사람들이 바라는 것보다 더욱 모호하고 분명하지 않다. 그러나 이 입장이 평등, 다원론, 민주주의의 가치들과 양립할 수 없는 것은 아니다. 그러나 사이드 꾸틉이나 알제리의 이슬람구국전선FIS의 지도자인 알리 벤 하즈가 제시한 급진 정치 이슬람의 가장 강력한 옹호자들의 주장은 이러한 가치들과 양립할 수 없다.[3]

독단적인 통치로 인한 불안정성과 정부가 적법하다는 근거가 모호하기 때문에 아랍 국가들을 구분하는 경계와 영역들에 대한 합법성이 불확실하고 계속해서 문제를 야기한다. 이와 관련하여 후라니는 다음과 같이 우리에게 상기시킨다.

> 근대 이전에 경계는 분명하지 않고, 정확하게 정해져 있지 않았다. 왕가의 권력은 고정된 것이나 일반적으로 승인된 지역 내에서 변함없이 작동하는 것이 아니었다고 생각하는 것이 최선일 것이다. 왕가의 권력은 힘을 가진 수많은 도시를 중심으로 뻗어 나가고 그 힘은 중앙에서 멀어질수록 거리 때문에 그리고 자연 또는 인위적인 장애물들 때문에 더욱 약해지는 경향이 있다.

근대적인 무기, 통신, 관료적인 지배로 가능해진 군부 권력의 엄청난 증대에도 불구하고 변경은 허점이 많아서 무너지기 쉽다. 아랍 국가들이 의례적으로 서로를 인정하고 아랍 연맹이나 다른 지역 단체들과 같은 조직들을 통해서 각 국가를 기반으로 협력하지만, 경계선을 초월하는 부족이나 가족에 대한 충정과 공통된 언어로 말미암아 국가에 대한 충성심은 늘 불안정하다. 이라크가 1990년 8월 쿠웨이트를 침공한 것은 아마도 놀라운 일이 아닐 것이다. 쿠웨이트의 무장 세력들은 명색뿐인 저항 그 이상을 꾀할 수 없었다. 즉 군사력에서의 불균형이 불가항력이었다. 현존하는 국가 체제에 대하여 전망할 때 더욱 난해한 것은 팔레스타인에서 그리

3 Gudrun Kramer, 'Islamist notions of democracy', in Joel Beinin and Joe Stork (eds.) *Political Islam-Essays from Middle East Report* (London, 1997), p.79.

고 사우디아라비아에 전통적으로 적대적인 예멘에서 상당히 많은 사람들이 적극적으로 이라크를 지지했다는 점이다.

예멘인들의 반대에 대한 사우디의 응답은 50만 명 이상의 예멘 노동자들을 추방하고, 연간 6억 6,000만 달러의 보조금을 중단한 것이었다. 임시적으로나마 이라크 침공이라는 위험이 사라졌을 때 1991년 2월에 미국이 이끄는 연합군(적어도 표면적으로는 대부분의 아랍 국가들을 포함했다)이 이라크인들을 추방하고 쿠웨이트의 주권을 회복한 후에 사우디가 남부 예멘의 분리주의자 운동을 후원함으로써 예멘에 대한 적대감을 강조했다. 사우디의 의도는 둘로 나뉘었던 예멘이 1990년에 성취한 불확실한 정치적 통합을 파기하는 것이었다. 이 분리주의 운동은 1994년에 단기간의 내전을 유발하였다. 이때 85대의 탱크가 파괴되었고 400명 이상의 군인이 살해되었다고 보도되었다. 북부 예멘인들은 분리주의 운동(다른 걸프 지역 국가들로부터도 후원을 받았다)을 후원한 사우디를 비난하였다. 이 분리주의 운동의 목표는 사우디의 영향 아래서 하드라마우트Hadhramaut 지역에서 인도양에 판로를 가진 새로운 석유 토후국을 창설하는 것이었다. (원래 하드라마우트 출신이며 알 사우드 가와 밀접한 관계를 가진 빈 마흐푸즈 가문이 소유한 니미르 회사는 그곳에서 주요한 석유 이권을 갖고 있다.) 그러나 미국이 예멘의 통합에 찬성함으로써 국제연합에서 북부의 승리를 명백하게 만들었다. 쿠웨이트에서처럼 예멘에서 미국은 자신들의 이익과 기타 석유 의존적인 서방 경제의 이익을 보호하기 위하여 앞장섰다.

사막의 폭풍 작전은 국가 체제를 강화하는 것과는 전혀 관계없이 오히려 이 체제의 유약성을 강조했다. 미국은 아마도 동맹국들과 걸프 지역의 협력자들에 대한 두려움 때문에 바그다드로 이라크 군대를 추격하는 것을 자제한 것 같다. 이 과정은 이 지역을 상호 적대적인 세 개의 영토로 해체시킬 수 있었다. 이란의 정치적 통제나 조종을 받기 쉬운 남부 쉬아 국

남부 예멘의 와디 하드라마우트

가, 사담 후세인 통치하의 바그다드 주변의 핵심부, 북부의 쿠르드 지역이 그것이다. 이 사건에서 미국은 이라크 군대를 패배시킨 후 예상되는 쉬아 반란 지원을 자제하였고, 이라크는 미국과 영국 공군이 설치한 비행 금지 구역과 일정 정도의 쿠르드 자치로 인해 영토의 일부가 해체됨으로써 고통을 받았다. 이라크에 대항하는 새로운 전쟁이 적극적으로 고려되고 있는 이 시점에 똑같은 생각이 적용된다. 그러나 아랍 국가들의 이해관계에서 이러한 행위가 이론적으로 예기될 수 있었고, 아랍 국가들은 적극적으로 자신들의 적대 행위를 표시했기 때문에 이 시기에 정치적인 위험은 훨씬 더 절박하기까지 했다. 서구 국가들의 이라크 공격에 대해서 많은 아랍인들과 무슬림들은 이슬람 세계에 대한 적대 행위이며 대체로 이 지역 전역을 더욱 불안정하게 만들 것이라고 생각했다.

좋든 나쁘든 이제 아랍의 경험은 나머지 세계의 경험과 뿌리 깊게 결속되어 있다. 아랍인들과 무슬림들은 정복을 통해서 얻지 못했던 것들을 궁극적으로 이민을 통해서 성취했다. 현실적으로 서구에서 물질적 · 문화적으로 실재하게 된 것이 그것이다. 이 실재는 긴장을 초래하고 아마도 과장되는 것 같다. 이 긴장은 한 사회학자가 '불확실함의 제도화'라고 행복하게 부른 것 위에 기반을 둔 근대 환경에서 살아남기 위한 필요성과 신이 창조한 세계를 받아들이는 '전통적' 전제에 토대를 둔 정체성 사이에 존재한다.[4]

2001년 뉴욕과 워싱턴에 대한 9 · 11 공격은 전략적으로 세계의 민감한 부분—아라비아 반도와 걸프—에서 비롯되는 분쟁이 예측할 수 없을 정도로 전 세계적인 영향을 끼쳤다. 15명의 용의자들은 예멘 국경에 있는 아시르Asir 지역 출신 사우디아라비아인들이었다. 이 지역은 1920년대에 최후로 사우디아라비아 왕국에 합병된 지역들 중의 하나였다. 선데이 타임스의 조사자들은 이 지역의 '소수 가문들'은 알 사우드 가문에 의해서 패배한 예멘 부족들로부터 비롯되었다는 것을 발견하였다.

칼둔 식 방법론의 수정된 표현은 9 · 11 공격에 적합하다. 권력의 핵심부에서 멀리 떨어진 배후 지역 출신의 부족원들이 '중심'을 공격한다. 21세기 이븐 칼둔 식의 이렇게 세련된 표현법에서, 공격을 받은 것은 사우디의 수도인 리야드나 히자즈 상업 중심지인 젯다가 아니었다. 그것은 맨해튼에 있는 세계 무역 센터의 쌍둥이 빌딩과 미국 국방부 건물이었다. 이 건물들은 사우디 왕가를 후원하면서 팔레스타인에 대한 이스라엘의 불법적인 점령을 지지하는 것으로 간주되는 미국의 재정적 · 군사적인 힘의 표상이었다. 알 까에다와 그 지도자인 오사마 빈 라덴(예멘 하드라마우트 계곡에 있는 성지 타림 출신 가문의 후손으로 사우디 왕자들의 궁전을 건축함으로써 큰 돈을 벌었다)이 공언한 사우디인들과 미국인들에 대한 혐오는 쉬

4 Anthony Giddens, *The Consequences of Modernity* (Cambridge, 1990), p. 176.

아 반란자들로부터 아븐 투마트와 수단인 마흐디까지 되풀이되는 초기의 선언들과 유사한 언어로 표현된다. 즉 현재의 통치자들은 '신이 내려 보낸' 것과 일치된 통치를 하지 않는다. 그러므로 이 통치자들은 신의 법을 회복시킬 수 있는 고결한 사람에 의해서 대체되어야만 한다. 그러나 물론 이러한 도전이 이루어지는 상황과 환경은 이전의 것과는 크게 다르다. 미국을 급습한 아랍 지도자들은 도시의 세련됨에 맞서 싸우는 소박한 신앙심을 가진 고원이나 스텝 지역 출신의 미개한 부족민들이 아니었다. 이들은 현대적인 무기, 통신과 구조 공학 기술에 철저히 익숙한 고도로 훈련된 책략가들이다. 이들은 편리한 교육제도를 이용하면서 서구 도시들의 심장부에서 자신들의 작전을 계획하고 구상했다. 이들은 세계에서 가장 세련된 여객기를 조종하는 방법을 알았다.

물론 이 중 어느 것도 구체적으로 예측할 수 없었다. 누구라도 서구의 정보력이 확실히 실패한 지점에서 이 역사가(이븐 칼둔)가 성공할 것이라고 예상할 수 없었다. 그러나 이 책을 주의 깊게 읽는 독자들이라면 9·11 공격으로 인도하는 표시('이정표')—테러리스트들에게 영감을 준 사이드 꾸틉의 유명한 소책자의 제목을 빌리자면—인 현대 아랍의 수많은 곤경을 후라니의 설명에서 발견할 것이다. 꾸틉이 제시한 성전을 수행하는 '헌신적인 투사들의 선봉'은 단지 방어만이 아니라 잘못된 모든 신들에 대한 숭배를 분쇄하고 사람들이 이슬람을 받아들이는 것을 방해하는 모든 장애물들을 제거하는 것이며, 이집트에서 최초로 시작되었고, 그 후 1966년 꾸틉의 사형 이후 무슬림 세계 전역으로 퍼진 이슬람주의자 운동에서 실행되었다.

사우디아라비아, 걸프 국가들과 미국이 파키스탄의 군 정보기관을 통해서 자금과 무기를 소련인들에 대항하는 성전(1979년 소련의 아프가니스탄 침공 이후)에 지원하였다. 이 성전은 이집트, 사우디아라비아, 북아프리카로부터 수천 명의 지원자들을 무시무시한 전투 부대에 참가시키는 촉매제였다. 이 글을 쓰는 시점에 이 전투 부대는 여전히 아프가니스탄에서 미국이 주도하는 '테러와의 전쟁'에 여전히 대항하고 있다. 꾸틉의 추종자들에게 서구로 대표되는 새로운 자힐리야(무지 혹은 이교도)에 대항하는 성전은 범이슬람 투쟁의 일부였다. 최소한 알 까에다 정보망의 일부를 형성했던 단체들 중의 하나는 이 투쟁을 통해서 세계적인 칼리파 통치를 복원시킬 것을 의도했다.

소련인들에게 대항하는 지하드가 전 세계 무슬림 지역으로부터 지원자들을 끌어들였음에도 불구하고 이 운동의 핵심 인사들은 아랍 세계 출신이었고, 아랍인들(소위 '아프간-아랍인들')은 이러한 새로운 꾸틉 유형의 선구자들 중에서 압도적이다. 1989년 아프가니스탄으로부터 소련의 철수 이후 전투로 단련된 무자헤딘들은 그들의 관심을 다른 지역으로 돌렸다. 그들의 분석에 따르면 무자헤딘들은 반무슬림, 친서구, 세속적인 정부들로 대표되는 새로운 자힐리야 세력들과 싸우고 있다. 카슈미르, 보스니아, 남부 필리핀, 소말리아와 같은 지역들 중 몇몇은 언어적으로나 문화적으로 아랍-무슬림 핵심부와 멀리 떨어져 있다. 그러나 최소한 이집트, 알제리, 아라비아 반도 등의 중요한 세 지역으로부터 아프간-아랍인들의 귀환은 정부와 외국 후원자들로 간주되는 세력들에 대항하는 폭력을 엄청나게 증가시켰다. 사우디아라비아와 예멘은 세련된 테러리스트들이 미국의 군인들과 미 해군 선박, 미국 선박USS Cole을 공격하는 것을 목도하였다. 이집트에서는 외국 현금의 유입을 중단시킴으로써 경제를 무력화시킬 목적으로 외국 관광객들을 공격했다. 알제리에서는 주요 이슬람주의자 당인 이슬람 구국전선이 1992년 1월로 예정된 2단계 국민의회 선거에서 승리하는 것을 막기 위하여 군부가 개입한 이후 파괴적인 폭력이 점차 급격하게 증대하였다.

이 글을 쓰는 시점에, 9·11 공격에 뒤이어 미국이 선언한 '테러리즘과의 전쟁'은 내부적인 반대의 압력으로 무산되고 있다. 아프가니스탄에서 사우디의 후원을 받은 탈레반 정권은 알 까에다를 보호했으나 미국의 군사 행동으로 제거되고, 서구의 이해관계에 호의적인 임시정부로 대체되었다. 그러나 조지 부시 대통령의 마니교적인 연설은 아랍 무슬림 세계를 포함하는 전 세계가 테러리즘에 대항하는 십자군에 가담해야 한다고 주장했다. 이스라엘 연립정부 총리 아리엘 샤론은 이러한 부시의 주장을 오슬로 협정으로 철수했던 팔레스타인 도시들을 재점령하기 위한 '청신호'로 해석했다. 그는 이스라엘 시민들을 향해 일련의 자살폭탄 공격을 강화해 온 책임을 팔레스타인 파벌들에게 묻고 이들을 제거하고 몰아내려고 하였다. 9·11 공격의 잔학 행위는 팔레스타인 난민촌과 도시들로 밀고 들어오는 이스라엘 탱크들의 이미지가 야기하는 만행으로 잊혀졌다. 이스라엘 탱크들은 난민촌과 도시들을 산산이 부수고 아랍인 시체들을 매장했다.

오슬로 협정에 따라서 팔레스타인 당국이 통치하게 된 팔레스타인 영토 안으로 이스라엘 탱크가 밀고 들어오기 이전인 2002년 3월말에 아랍 연맹은 역사적으로 중요한 조치를 취했다. 즉 아랍 연맹은 1967년 전쟁에서 이스라엘이 점령한 모든 영토(약간의 조정과 함께)를 팔레스타인인들에게 돌려주는 대가로 이스라엘을 인정하고 관계(외교관 교환과 무역, 관광을 포함하는)를 정상화시키는 데 만장일치로 이미 결의하였다. 그러나 이스라엘의 재침략 이후 이 결의를 따르는 분쟁 해결에 대한 전망은 이전보다 더 불투명해 보였다. 이 새로운 아랍-이스라엘의 위기의 실질적인 수혜자는 이라크였다. 새롭게 양극화된 정세에서 어떤 아랍 정부도 이스라엘의 주요한 동맹이며 후원자인 미국이 주도하는 이라크 '테러리즘'에 대항하는 일련의 군사행동에 협력할 수 없었다. 반세기 이상 지속되어온 이스라엘-팔레스타인 분쟁이 해결된다고 해서 본질적으로 아랍 국민들이나 그들의 정부를 여전히 괴롭히는 합법성과 권위주의의 문제가 해결되는 것은 아닐 것이다. 그러나 이스라엘-팔레스타인 분쟁 해결은 아랍-무슬림 세계의 심장부에 그리고 아랍-무슬림들의 의식 속에 맺힌 상처를 사회 경제적 재건을 위한 강력한 수단으로 변화시킬 수 있는 잠재력을 갖고 있다. 기회는 존재했으나 이스라엘과 팔레스타인의 연로한 지도자들인 아리엘 샤론과 야세르 아라파트는 20년 이상 지속된 개인적인 원한에 몰두해 있어서 이 기회를 잡을 가능성은 거의 없어 보인다.

역자 후기

누군가 '번역이야말로 가장 정직한 공부 방법'이라고 말했던 것이 기억난다. 저술서나 학술 논문은 모르는 것이 나오면 살짝 비켜가고 자신 있는 부분만을 강조하여 한껏 멋 낼 수 있는 여지가 조금은 허락되지만 번역은 사정이 전혀 다르다. 처음 번역을 마음먹었던 때는 쉽게 작업을 마칠 수 있을 거라고 생각했고 실제로 초역은 1년여 만에 마쳤다. 그러나 문제는 그때부터였다. 공역 작업이다 보니 두 사람의 번역 문체가 너무 달랐고, 용어 선택에도 문제가 있었다. 또 같은 문장이라도 해석하는 바가 상이했다. 그래서 각자의 의견을 내세우며 갑론을박하기도 했다. 그러다가 바쁜 강의 일정과 개인적인 일에 시달리느라 작업을 차일피일 미루며 여유가 생기면 찔끔 찔끔 작업하기를 수차례 반복했다. 결국 초역이 완성된 후 2년 이상이 훌쩍 지난 오늘에야 책이 겨우 세상의 빛을 보게 되었다.

앨버트 후라니(1915~1993)는 레바논 출신의 영국인으로 20세기 후반 서구를 대표하는 중동 역사학자 가운데 한 사람이었다. 그는 맨체스터에서 기독교 계통의 이민자 가정에서 태어나 그곳에서 유년 시절을 보냈다. 그는 1930년대와 1940년대에 베이루트, 카이로, 예루살렘 등에서 장기 체류하며 현대 아랍 민족주의, 아랍 기독교인과 무슬림 간의 관계 등 당대의 현안에 관심을 갖기 시작했다. 1948년부터 그는 옥스퍼드에서 교편을 잡게 되었고, 이때부터 영국의 해밀턴 깁과 아놀드 토인비, 프랑스의 루이 마시뇽, 자크 베르크 등 그 시대 최고의 동양학자 및 역사학자들과 교류를 하며 지적 역량을 키워 나갔다.

앨버트 후라니라는 인물과 관련하여 매우 인상적인 것은 그가 아랍인 출신이면서도 독특하게 기독교인이었으며, 또 가장 저명한 이슬람 역사학자였다는 사실이다. 그는 원래 스코틀랜드 장로교 집안에서 태어났으나 성년이 된 후 종교적 신념에 이끌려 가톨릭으로 개종을 했다고 전해진다. 그는 매우 독실한 신앙인이었으며, 강의나 강연에서도 신앙이 자신의 학문 발전에 어떻게 영향을 미쳤는지 종종 말하곤 했다고 한다. 그는 자신이 아랍 출신이며 영국인이라는 사실, 그리고 기독교 신자이면서도 이슬람 연구자라는 크로스 오버 식 정체성 때문이었는지는 몰라도 서구인들에게 이슬람을 소개하는 데 매우 신중한 자세를 취했다. 그는 기독교와 이슬람에 대한 연구는 소통과 존중을 기본적인 전제로 깔고 이루어져야 한다고 역설했으며, 이런 맥락에서 이슬람의 모습을 기형적으로 과장된 예외적 현상 속에서가 아니라 최고 경지에 달한 울라마나 수피 수도승의 가르침 속에서 찾고자 했다.

≪아랍인의 역사≫는 앨버트 후라니의 대표 저서 가운데 하나이자 영어권에서 가장 대중적으로 널리 알려진 아랍 역사 개론서다. 이 책은 1991년에 처음 출판되었다가 2003년에 말리즈 루스벤이 1980년대 중반

부터 2001년 9·11 사건까지의 최근 중동 상황을 정리한 원고를 덧붙인 후 재출간되었다. ≪아랍인의 역사≫는 이슬람의 출현 이후부터 20세기 후반까지의 아랍인들의 역사를 다루고 있다. 앨버트 후라니는 이 책의 프롤로그에서 14세기 아랍의 위대한 역사학자 이븐 칼둔의 일생을 소개하며, 이슬람 세계는 시간과 공간을 초월한 지속적인 특성이 있음을 지적하고 있다. 실제로 그는 그 지속적인 특성이 무엇인지 책 전체를 통해 일관되게 보여주고자 하며, 그것을 지탱해주는 중요한 힘으로서 이븐 칼둔의 저서 ≪역사서설≫에 등장하는 아싸비야에 주목한다. 아싸비야란 권력을 획득하고 유지하기 위한 일종의 집단 연대 의식으로 같은 종족 혹은 공통의 종교 등으로 대표되는 개념으로서, 이븐 칼둔은 이것이 왕조의 흥망성쇠와 매우 밀접한 관계가 있다고 보았다. 다시 말해, 사막에 사는 유목 부족은 강한 아싸비야로 인한 강력한 결속력 덕분에 손쉽게 새로운 제국을 건설할 수 있는 반면에, 아싸비야의 와해는 곧 왕조의 몰락으로 직결된다는 것이다. 왕조의 몰락은 통치자뿐만 아니라 그 권력을 뒷받침했던 사람들과 생활양식까지 전면적인 쇠퇴를 초래한다.

이 책의 1부에서 3부는 이슬람 문명 출현 시기인 7세기에서부터 유럽 제국들이 본격적으로 침공하기 직전인 18세기까지를 다루고 있다. 우선 아라비아 반도의 주민들이 이슬람이란 연대 의식으로 군사 원정을 감행하여 칼리파를 정점으로 하는 신흥제국을 건설하는 과정이 그려진다. 그리고 점차 아라비아 반도를 벗어나 다마스쿠스 중심의 우마이야 왕조, 바그다드 중심의 압바스 왕조, 이스탄불 중심의 오스만 제국 등과 같이 이슬람 역사의 한 페이지를 장식했던 왕조들이 어떻게 형성되어 발전하고 쇠락해 왔는지를 정치, 경제, 사회, 문화적인 측면에서 상세하게 설명하고 있다. 후라니는 아랍인들이 강력한 결속력을 바탕으로 그리스 문명과 페르시아 문명을 대체시키면서 아라비아 반도에서 스페인에 이르는 거대한 하나의 아랍 이슬람 문명을 건설했다고 설명한다. 이 과정에서 주목할 점은 이슬람 문명과 다른 사상들 사이의 관계다. 후라니는 이슬람 문명이 발전하고 체계화되는 과정에서 그리스 철학, 유대교 사상, 기독교 사상이 상호 작용하였음을 보여준다. 아랍 이슬람 문명은 나름대로 사회적 문화적 통일성을 유지하고 있지만, 획일적이고 배타적인 특성을 지닌 돌연변이가 아니다. 그것은 다양한 지역적 특성들을 나타내며, 다양한 종교 · 언어 · 종족과 공존하면서 발전해 온 혼합 문화의 특성을 갖는다. 기독교인들과 유대인들이 이슬람 사상과 문학의 번영에 기여했으며, 도시 간 무역에서도 중요한 역할을 했다. 특히 후라니는 오스만 제국이 다종교 · 다언어 국가로서 이슬람 세계의 보편성을 마지막으로 드러내었으며, 그 안에서 기독교 공동체들과 유대교 공동체들도 일정한 지위를 인정받았다고 강조한다.

4부와 5부는 서구가 지배 세력이 된 19세기부터 20세기 후반까지를 다루고 있다. 19세기 이후 유럽 제국들이 오스만 제국 영토를 정복하면서 이슬람 문명권은 더 이상 전통적인 생활방식을 유지할 수 없었다고 설명한다. 세계대전을 거치면서 열강들의 이해관계에 따라 민족주의 정치 이념이 활성화되면서 오스만 제국은 유럽식 국민 국가들로 분할되고, 유럽의 근대적인 사상과 제도들이 이식되게 되었다. 각 아랍 국가마다 정도의 차이는 있지만, 특히 지식인들 계층에서 이슬람에 대한 태도 변화가 나타났다. 이슬람을 생활을 규제하는 율법으로 여기기보다는 하나의 문화유산으로 여기는 사람들이 점차 증가하게 되었다. 여기서 후라니는 전통적인 아랍 이슬람 문명의 특성보다는 근대 유럽의 사상, 제도, 기술이 어떻게 이식되고 수용되어 왔는지 그리고 전면적이고 공세적인 열강들의 침략 과정에서 정치, 경제, 사회, 사상, 문화에 어떠한 변화가 발생했는지를 주요 항목별로 상세하게 설명하고 있다. ≪아랍인의 역사≫는 현대 아랍 세계의 형성과정을 알기 쉬우면서도 깊이 있게 서술함으로써 아랍 세계를 이해하려는 사람들에게 길잡이가 될 수 있는 저술이다.

'인문학의 위기'란 말이 이제는 너무나 평범해져 더 이상 위기란 말이 무색해져 버린 작금에 인내심을 갖고 우리의 번역을 독려해 주고 끝까지 좋은 책이 출판될 수 있도록 물심양면의 지원을 아끼지 않은 심산출판사의 편집팀 여러분께 감사드린다. 아울러 궁금한 사항이 있을 때마다 흔쾌히 조언을 해주셨던 은사님들과 선배, 동료, 후배님들께도 감사드린다. 또한 마지막 교정 작업에 몰두할 수 있도록 좋은 연구 공간을 마련해 주신 건국대학교 중동연구소 최창모 교수님께도 감사의 뜻을 전한다.

김정명 · 홍미정

부록 : 계보 및 왕조

예언자 무함마드의 가문

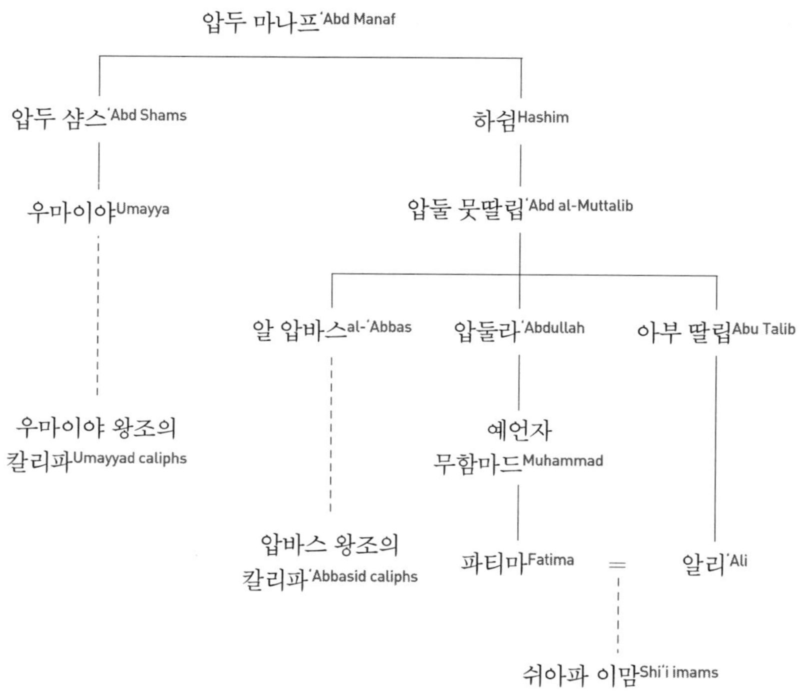

※ J. L. 바카라치, ≪중동연구 핸드북≫(시애틀, 1984), 17쪽에서 인용.

쉬아파 이맘의 계보

압둘 뭇딸립'Abd al-Muttalib

압둘라'Abdullah

아부 딸립Abu Talib

예언자 무함마드Muhammad

파티마Fatima

1. 알리'Ali(661년 사망)

i/2. 알 하산al-Hasan (669년 사망)

ii/3. 알 후세인al-Husayn (680년 사망)

iii/4. 알리 자인 알 아비딘 'Ali Zayn al-'Abidin(714년 사망)

* 자이드Zayd(740년 사망)

iv/5. 무함마드 알 바끼르 Muhammad al-Baqir(731년 사망)

v/6. 자으파르 알 사디끄Ja'far al-Sadiq (765년 사망)

vi. 이스마일Isma'il (760년 사망)

7. 무사 알 카짐Musa al-Kazim (799년 사망)

vii. 무함마드 알 마흐디 Muhammad al-Mahdi

8. 알리 알 리다'Ali al-Rida (818년 사망)

9. 무함마드 알 자와드Muhammad al-Jawad(835년 사망)

파티마 왕조의 칼리파 Fatimid caliphs

10. 알리 알 하디'Ali al-Hadi(868년 사망)

11. 하산 알 아스카리Hasan al-'Askari (874년 사망)

니자리파 이맘Nizari imams

12. 무함마드 알 문타자르Muhammad al-Muntazar

• 아라비아 숫자는 12이맘파가 인정하는 계보 순서를 가리킴.
• 로마 숫자는 이스마일파가 인정하는 계보 순서를 가리킴.
* 자이드파에 의해 이맘으로 인정 받음.
※ J. L. 바카라치, ≪중동연구 핸드북≫(시애틀, 1984), 21쪽에서 인용.

칼리파 계보

●정통 칼리파

순니파 무슬림들은 최초 4명의 칼리파들을 '라쉬둔' Rashidun, 즉 '정통 칼리파'로 부르고 있음.

아부 바크르 (623~624)
우마르 이븐 알 카땁 (634~644)
우스만 이븐 아판 (644~656)
알리 이븐 아비 딸립 (656~661)

●우마이야 왕조

무아위야 이븐 아비 수프얀 1세 (661~680)
야지드 1세 (680~683)
무아위야 2세 (683~684)
마르완 1세 (684~685)
압둘 말리크 (685~705)
알 왈리드 1세 (705~715)
술레이만 (715~717)
우마르 이븐 압둘 아지즈 (717~720)
야지드 2세 (720~724)
히샴 (724~743)
알 왈리드 2세 (743~744)
야지드 3세 (744)
이브라힘 (744)
마르완 2세 (744~750)

●압바스 왕조

아불 압바스 알 삿파 (749~754)
알 만수르 (754~775)
알 마흐디 (775~785)
알 하디(783~786)
하룬 알 라쉬드(786~809)

알 아민(809~813)
알 마문(813~833)
알 무으타심(833~842)
알 와씨끄(842~847)
알 무타왁킬(847~861)
알 문타시르(861~862)
알 무스타인(862~866)
알 무으탓즈(866~869)
알 무흐타디(869~870)
알 무으타미드(870~892)
알 무으타디드(892~902)
알 무크타피(902~908)
알 무끄타디르(908~932)
알 까히르(932~934)
알 라디(934~940)
알 뭇타끼(940~944)
알 무스타크피(944~946)
알 무티으(946~974)
알 타이으(974~991)
알 까디르(991~1031)
알 까임(1031~1075)
알 무끄타디(1075~1094)
알 무스타즈히르(1094~1118)
알 무스타르쉬드(1118~1135)
알 라쉬드(1135~1136)
알 무끄타피(1136~1160)
알 무스탄지드(1160~1170)
알 무스타디(1170~1180)
알 나시르(1180~1225)
알 자히르(1225~1226)
알 무스탄시르(1226~1242)
알 무즈타으심(1242~1258)

※ C. E. 브로스워스, ≪이슬람 왕조≫ (에딘버그, 1967)에서 인용.

주요 왕조

압바스 왕조(749~1258) : 칼리파 제국으로 이슬람 전역 지배. 주요 도읍은 바그다드.

아글랍 왕조(800~909) : 튀니지, 알제리 동부 지역, 시칠리아.

알라위 왕조(1631~현재) : 모로코

알 무와히드 왕조(1130~1269) : 마그립 지역, 스페인.

알 무라비뜨 왕조(1056~1147) : 마그립 지역, 스페인.

아이윱 왕조(1169~1260) : 이집트, 시리아, 아라비아 반도 서부 지역 일부.

부이 왕조(932~1062) : 이란, 이라크

파티마 왕조(909~1171) : 마그립 지역, 이집트, 시리아. 스스로 칼리파 제국임을 선포.

하프스 왕조(1228~1574) : 튀니지, 알제리 동부 지역.

이라크의 하쉼 왕조(1921~1958) : 이라크

요르단의 하쉼 왕조(1923~현재) : 트란스요르단, 팔레스타인 일부 지역.

이드리스 왕조(789~926) : 모로코

일칸국(1256~1336):이란, 이라크

맘루크 왕조(1250~1517) : 이집트, 시리아

마린 왕조(1196~1464) : 모로코

무갈 왕조(1526~1858) : 인도

무함마드 알리와 그의 계승자들(1805~1953) : 이집트

안달루스의 군소 왕조Muluk al-tawa'if (11세기) : 스페인

나스르 왕조(1230~1492) : 스페인 남부 지역

오스만 왕조(1281~1922) : 터키, 시리아, 이라크, 이집트, 키프로스, 튀니지, 알제리, 아라비아 반도 서부 지역.

랏시 왕조(9~13세기, 16세기 말~1962) : 예멘의 자이드파 이맘.

라술 왕조(1229~1454) : 예멘

루스탐 왕조(779~909) : 알제리 서부 지역

사으드 왕조(1511~1628) : 모로코

사파비 왕조(1501~1732) : 이란

삿파르 왕조(867~15세기 말) : 이란 동부 지역

사만 왕조(819~1005) : 이란 동북부 지역, 중앙아시아.

사우디 왕조(1746~현재) : 아라비아 반도 중부 및 서부 지역

셀주크 왕조(1038~1194) : 이란, 이라크.

룸 셀주크 왕조(1077~1307) : 터키 중부 및 동부 지역.

티무르 왕조(1370~1506) : 중앙아시아, 이란.

툴룬 왕조(868~905) : 이집트, 시리아.

우마이야 왕조(661~750) : 칼리파 제국으로 이슬람 전역 지배. 도읍은 다마스쿠스.

스페인의 후기 우마이야 왕조(756~1031) : 스스로 칼리파 제국임을 선포.

※ 유의사항 : 왕조가 언제 시작했고 언제 종말을 맞이했는지 정확히 알 수 없기 때문에 상기에 표기한 연대는 대략의 추정치임을 밝혀둠. 국가명은 해당 왕조의 주요 세력 중심지를 가리킴. 현대 왕조의 경우를 제외하고 지명은 대략적인 개념으로 사용함.

※ T. 모스튼(편집), ≪케임브리지 중동 · 북아프리카 백과사전≫ (케임브리지, 1988), 59쪽에서 인용함.

19세기~20세기 왕가

◆오스만 왕조의 술탄

셀림 3세, 1789~1807년
무스타파 4세, 1807~1808년
마흐무드 2세, 1808~1839년
압둘메지드 1세, 1839~1861년
압둘아지즈, 1861~1876년
무라드 5세, 1876년
압둘 하미드 2세, 1876~1909년
메흐메드 5세 레샤드, 1909~1918년
메흐메드 6세 와히뎃딘, 1918~1922년
압둘메지드 2세, 칼리파로 인정을 받았으나 술탄으로는 인정받지 못함. 1922~1924년

◆사우디아라비아 국왕

압둘 아지즈, 1926~1953년
사우드, 1953~1964년
파이잘, 1964~1975년
칼리드, 1975~1982년
파흐드, 1982~2005년
압둘라, 2005~현재

◆이집트의 무함마드 알리 왕조

무함마드 알리, 이집트 왈리(총독), 1805~1848년
이브라힘, 왈리, 1848년
압바스 1세, 왈리, 1848~1854년
사이드, 왈리, 1854~1863년
이스마일, 케디브(총독), 1863~1879년
타우피끄, 케디브, 1879~1892년

압바스 2세 힐미, 케디브, 1892~1914년
후세인 카밀, 술탄, 1914~1917년
푸아드 1세, 술탄(이후 '국왕'으로 칭호 변경), 1917~1936년
파루끄, 국왕, 1936~1952년
푸아드 2세, 국왕, 1952~1953년

◆ 모로코의 알라위 왕가

술레이만, 술탄, 1796~1822년
압둘 라흐만, 술탄, 1822~1859년
무함마드, 술탄, 1859~1873년
하산 1세, 술탄, 1873~1894년
압둘 아지즈, 술탄, 1894~1908년
압둘 하피즈, 술탄, 1908~1912년
유수프, 술탄, 1912~1927년
무함마드 5세, 술탄(이후 '국왕'으로 칭호 변경), 1927~1961년
하산 2세, 국왕, 1961~1999년
무함마드 6세, 국왕, 1999~현재

◆ 하쉼 왕가

- 후세인, 히자즈 지역의 왕 (1916~1924년)
  - 알리, 히자즈 지역의 왕 (1924~1925년)
    - 압둘 일라, 이라크 섭정 (1939~1953년)
  - 압둘라, 트란스요르단 아미르(1923~1946년), 요르단 국왕(1946~1951년)
    - 딸랄, 요르단 국왕 (1951~1952년)
      - 후세인, 요르단 국왕 (1952~1999년)
        - 압둘라 2세, 요르단 국왕 (1999~현재)
  - 파이잘 1세, 이라크 국왕 (1921~1933년)
    - 가지, 이라크 국왕 (1933~1939년)
      - 파이잘 2세, 이라크 국왕 (1939~1958년)

참고 문헌

일반적인 참고 문헌

참고 문헌

The Encyclopaedia of Islam, 2nd edn (Leiden, in progress : 5 vols. published 1960-86).

J. D. Pearson and others (eds.), *Index Islamicus 1906-1955* and regular supplements (Cambridge, 1958-).

W. H. Belan, *Index Islamicus 1665-1905* (Millersville, Pennsylvania, 1988).

D. Grimwood-Jones and others, *An Islamic Bibliography* (Hassocks, Sussex, 1977).

J. Sauvaget and C. Cahen, *Introduction to the History of the Muslim East : a bibliographical guide*, English trans. (Berkeley, 1965).

J. Bacharach, *A Middle East Studies Handbook*, revised edn (Cambridge, 1984).

C. E. Bosworth, *The Islamic Dynasties* (Edinburgh, 1967).

G. S. P. Freeman-Grenville, *The Muslim and Christian Calendars* (London, 1967).

지리

R. Roolvink, *Historical Atlas of the Muslim Peoples* (Amsterdam, 1957).

F. Robinson, *Atlas of the Islamic World since 1500* (Oxford, 1982).

P. Birot and J. Dresch, *La Méditerranée et le Moyen-Orient* (Paris, 1956).

J. Despois, *L'Afrique du nord* (Paris, 1964).

역사 개관

M. G. S. Hodgson, *The Venture of Islam*, 3 vols. (Chicago, 1974).

I. M. Lapidus, *A History of Muslim Societies* (Cambridge, 1988).

U. Haarmann (ed.), *Geschichte der arabischen Welt* (Munich, 1987).

J. M. Abun-Nasr, *A History of the Maghrib in the Islamic Period* (Cambridge, 1987).

이슬람

H. A. R. Gibb, *Islam*, 2nd edn (Oxford, 1969).

F. Rahman, *Islam*, 2nd edn (Chicago, 1979).

M. Ruthven, *Islam in the World* (Harmondsworth, Middlesex, 1984).

J. A. Williams (ed.), *Themes of Islamic Civilization* (Berkeley, 1971).

문명과 문화

J. Schacht and C. E. Bosworth (eds.), *The Legacy of Islam*, 2nd edn (Oxford, 1974).

B. Lewis (ed.), *The World of Islam* (London, 1976).

H. A. R. Gibb, *Studies on the Civilization of Islam* (London, 1962).

T. Khalidi, *Classical Arab Islam* (Princeton, 1985).

H. A. R. Gibb, *Arabic Literature*, 2nd edn (Oxford, 1963).

G. Brockelmann, *Geschichte der arabischen Literatur*, 2 vols. and 3 supplements (Leiden, 1938-49).

F. Sezgin, *Geschichte des arabischen Schrifttums* (Leiden, in progress : 9 vols. published 1967-84).

R. Ettinghausen and O. Grabar, *The Art and Architecture of Islam* (London, 1987).

D. Eickelman, *The Middle East : an anthropological approach* (Englewood Cliffs, New Jersey, 1981).

A. L. Udovitch (ed.), *The Islamic Middle East 700-1900 : studies in economic and social history* (Princeton, 1981).

정기간행물(날짜는 창간 연도임)

Arabica (Leiden, 1954).

Bulletin of the School of Oriental and African Studies (London, 1917).

Der Islam (Berlin, 1910).

International Journal of Middle East Studies (Cambridge, 1970).

Journal of the Economic and Social History of the Orient (Leiden, 1957).

Middle East Journal (Washington, 1947).

Middle Eastern Studies (London, 1964).

Oriente Moderno (Rome, 1921).

Revue des Études Islamiques (Paris, 1927).

Studia Islamica (Paris, 1953).

프롤로그

이븐 칼둔의 ≪무깟디마≫

Text : E. Quatremère (ed.), *Les prologomènes d'Ebn Khaldun*, 3 vols. (Paris, 1858) ; *Muqaddimat Ibn Khaldun* (Bulaq, 1857 ; reprints, Cairo and Beirut).

English trans. F. Rosenthal, *Ibn Khaldun : the Muqaddimah*, 3 vols. (London, 1958).

이븐 칼둔의 역사

Text : *Kitab al- 'ibar wa diwan al-mubtada wa'l-khabar*, 7 vols. (Bulaq, 1867-8) ; reprint as *Tarikh al-'allama Ibn Khaldun*, 7 vols. (Beirut, 1956-61).

Partial French trans. M. de Slane, *Histoire des Berbères et des dynasties musulmanes de l'Afrique septentrionale*, 2 vols. (Algiers, 1847-51).

자서전

Text : M. al-Tanji (ed.), *Al-Ta'rif bi Ibn Khaldun wa rihlatuhu gharban wa sharqan* (Cairo, 1951) ; French trans. A. Cheddadi, *Ibn Khaldun : le voyage d'occident et d'orient* (Paris, 1980).

연구

Bibliography in A. al-Azmeh, *Ibn Khaldun in Modern Scholarship* (London, 1981), pp. 231-318.

A. al-Azmeh, *Ibn Khaldun : an essay in reinterpretation* (London, 1982).

M. Mahdi, *Ibn Khaldun's Philosophy of History* (London, 1957).

M. A. al-Jabiri, *al-'Asabiyya wa'l-dawla* (Casablanca, 1971).

제1부 이슬람 세계의 출현(7세기~10세기)

연대기

Ahmad ibn Yahya al-Baladhuri, *Ansab al-ashraf* : Jerusalem edn, Vols. 4A, 4B, 5 (Jerusalem, 1936-) ; ed. A. Duri, Vols. 3, 4i (Wiesbaden, 1978-).

al-Baladhuri, *Futuh al-buldan*, ed. S. Munajjid, 3 vols. (Cairo, 1956-7) ; English trans. P. K. Hitti and F. C. Murgotten, *The Origins of the Islamic State*, 2 vols. (New York, 1916-24).

'Ali ibn al-Husayn al-Mas'udi, *Muruj al-dhahab*, ed. C. Pellat, 7 vols. (Beirut, 1966-79) ; French trans. C. Barbier and P. de Courtelle, 9 vols. (Paris, 1861-77).

Muhammad ibn Jarir al-Tabari, *Kitab tarikh al-rusal wa'l-muluk* : ed. M. J. de Goeje and others, *Annales*, 15 vols. (Leiden, 1879-1901) ; ed. M. A. Ibrahim, *Tarikh al-Tabari*, 10 vols. (Cairo, 1960-9) ; English trans. *The History of al-Tabari* (Albany, New York, in progress : 20 vols. published 1985-9).

비문

M. van Berchem and others, *Matériaux pour un corpus inscriptionum arabicorum*, Part I (Egypt), Part 2 (Syria), Part 3 (Asia Minor) (Paris, 1903-

54), Part 4i (Arabia) (Cairo, 1985).
E. Combe and others, *Répertoire chronologique d'épigraphie arabe* (Cairo, in progress : 17 vols. published 1931-82).

화폐

M. Broome, *Handbook of Islamic Coins* (London, 1985).

개관

H. Kennedy, *The Prophet and the Age of the Caliphates* (London, 1986).
C. Cahen, *L'islam dès origines au début de l'empire ottoman* (Paris, 1970).
D. and J. Sourdel, *La civilisation de l'islam classique* (Paris, 1968).
C. A. Julien, *Histoire de l'Afrique du nord*, Vol. 2, revised edn R. Le Tourneau (Paris, 1956) ; English trans. *History of North Africa* (London, 1970).
E. Lévi-Provençal, *Histoire de l'Espagne musulmane*, revised edn, 3 vols. (Paris, 1950-3).
W. M. Watt and P. Cachia, *A History of Islamic Spain* (Edinburgh, 1965).
M. Amari, *Storia dei Musulmani di Sicilia*, revised edn C. Nallino, 3 vols. (Catania, 1933-9).

1장 구세계에 도전한 새로운 문명, 이슬람

이슬람 이전의 중동

P. Brown, *The World of Late Antiquity* (London, 1971).
P. Brown, 'The rise and function of the holy man in late antiquity', *Journal of Roman Studies*, Vol. 61 (1971), pp. 80-101.
J. Herrin, *The Making of Christendom* (Oxford, 1987).
J. M. Cook, *The Persian Empire* (London, 1983).
R. C. Zaehner, *The Dawn and Twilight of Zoroastrianism* (London, 1961).
I. Shahid, 'Pre-islamic Arabia' in P. M. Holt and others (eds.), *The Cambridge History of Islam*, Vol. 1 (Cambridge, 1970), pp. 3-29.
I. Shahid, *Rome and the Arabs* (Washington, 1984).
I. Shahid, *Byzantium and the Arabs in the Fourth Century* (Washington, 1984).
I. Shahid, *Byzantium and the Arabs in the Fifth Century* (Washington, 1989).
J. Ryckmans, *L'institution monarchique en Arabie méridionale avant l'islam* (Louvain, 1951).
G. Ryckmans, 'Les religions arabes preislamiques', *Le Muséon*, Vol. 26 (1951), pp. 6-61.
H. Pirenne, *Mahomet et Charlemagne* (Paris, 1937) ; English trans. *Mohammed*

and Charlemagne (London, 1939).
D. Whitehouse and R. Hodges, *Mohammed, Charlemagne and the Origins of Europe* (London, 1983).

이슬람 이전의 시

The Mu'allaqat, numerous editons ; English trans. A. J. Arberry, *The Seven Odes* (London, 1957).
R. Blachère, *Histoire de la littérature arabe*, 3 vols. (Paris, 1952-66).
A. F. L. Beeston and others (eds.), *Arabic Literature to the End of the Umayyad Period* (Cambridge, 1983).
M. Zwettler, *The Oral Tradition of Classical Arabic Poetry* (Columbus, Ohio, 1975).
T. Husayn, *Fi'-l adab al-jahili* (Cairo, 1927).
A. A. Sa'id (Adunis), *Diwan al-shi'r al-'arabi*, Vols. 1-3 (Beirut, 1964-8).

무함마드

'Abd al-Malik ibn Hisham, *al-Sira al-nabawiyya*, 2 vols. (Cairo, 1955) ; English trans. A. Guillaume, *The Life of Muhammad* (London, 1957).
W. M. Watt, *Muhammad at Mecca* (Oxford, 1953).
W. M. Watt, *Muhammad at Medina* (Oxford, 1956).
M. Rodinson, *Mahomet*, 2nd edn (Paris, 1968) ; English trans. *Mohammed* (London, 1971).
M. Cook, *Muhammad* (Oxford, 1983).
Muhammad ibn 'Umar al-Waqidi, *Kitab al-maghazi*, ed. J. M. B. Jones, 3 vols. (London, 1955).
A. Caetani, *Annali dell'Islam*, 10 vols. (Milan, 1905-26).
M. J. Kister, *Studies in Jahiliyya and Early Islam* (London, 1980).
P. Crone, *Meccan Trade and the Rise of Islam* (Princeton, 1987).
R. B. Serjeant, '*Haram* and *hawta* : the sacred enclave in Arabia' in A. R. Badawi (ed.), *Mélanges Taha Hussein* (Cairo, 1962), pp. 41-58.
S. P. Brock, 'Syriac views of emergent Islam' in G. H. A. Juynboll (ed.), *Studies on the First Century of Islamic Society* (Carbondale, Illinois, 1982), pp. 9-21.

≪꾸란≫

English trans. A. J. Arberry, *The Koran Interpreted*, 2 vols. (London, 1961).
Commentaries : 'Abd Allah ibn 'Umar al-Baydawi, *Anwar al-tanzil*, 2 vols. (Cairo, AH 1330/1912).
Muhammad ibn Jarir al-Tabari, *Jami' al-bayan 'an ta'wil ay al-Qur'an*, ed. M. M.

and A. M. Shakir, Vols. 1-16 (Cairo, 1955-69) ; English trans. J. Cooper, *Commentary on the Qur'an*, Vol. 1 (Oxford, 1987).
W. M. Watt (ed.), *Bell's Introduction to the Qur'an* (Edinburgh, 1970).
T. Izutsu, *Ethico-religious Concepts in the Qur'an* (Montreal, 1966).
F. Rahman, *Major Themes of the Qur'an* (Minneapolis, 1980).
J. Wansbrough, *Quranic Studies* (Oxford, 1977).
J. Wansbrough, *The Sectarian Milieu* (Oxford, 1978).

2장 이슬람 제국의 형성

라시둔과 우마이야 왕조

J. Wellhausen, *Das arabische Reich und sein Sturz* (Berlin, 1902) ; English trans. *The Arab Kingdom and Its Fall* (Calcutta, 1927).
F. M. Donner, *The Early Islamic Conquests* (Princeton, 1981).
G. H. A. Juynboll (ed.), *Studies on the First Century of Islamic Society* (Carbondale, Illinois, 1982).
H. Lammens, *Études sur le siècle des Omayyades* (Beirut, 1981).
G. R. Hawting, *The First Dynasty of Islam : the Umayyad Caliphate A.D. 661-750* (London, 1986).
P. Crone, *Slaves on Horses* (Cambridge, 1980).
T. Nagel, *Rechtleitung und Califat* (Bonn, 1975).

압바스 왕조

M. A. Shaban, *The Abbasid Revolution* (Cambridge, 1970).
H. Kennedy, *The Early Abbasid Caliphate* (London, 1981).
J. Lassner, *The Shaping of Abbasid Rule* (Princeton, 1980).
D. Sourdel, *Le vizirat 'abbasid de 749 à 936*, 2 vols. (Damascus, 1959-60).

3장 이슬람 사회의 형성

압바스 왕조의 몰락과 이슬람 세계의 분열

H. Busse, *Chalif und Grosskönig : die Buyiden in Iraq 945-1055* (Beirut, 1969).
W. Madelung, 'The assumption of the title Shahanshah by the Buyids and "the reign of Daylam"', *Journal of Near Eastern Studies*, Vol. 28 (1969), pp. 84-108, 168-83.
G. Hanotaux (ed.), *Histoire de la nation égyptienne*, Vol. 4 : G. Wiet, *L'Egypte arabe* (Paris, 1937).
M. Canard, *Histoire de la dynastie des Hamdanides* (Paris, 1953).

M. Talbi, *L'emirat aghlabide 184-296/800-909* (Paris, 1960).

경제 · 사회적 변화

M. Morony, *Iraq after the Muslim Conquest* (Princeton, 1984).

H. Djait, *Al-Kufa : naissance de la ville islamique* (Paris, 1986).

J. Lassner, *The Topography of Baghdad in the Early Middle Ages* (Detroit, 1970).

S. al-'Ali, *al-Tanzimat al-ijtima'iyya wa'l-iqtisadiyya fi'l-Basra* (Baghdad, 1953).

A. al-Duri, *Tarikh al-'Iraq al-iqtisadi fi'l-qarn al-rabi'* (Baghdad, 1945).

Ya'qub ibn Ibrahim Abu Yusuf, *Kitab al-kharaj* (Cairo, 1933) ; French trans. E. Fagnan, *Le livre de l'impot foncier* (Paris, 1921).

M. A. Cook, 'Economic developments' in J. Schacht and C. E. Bosworth (eds.), *The Legacy of Islam*, 2nd edn (Oxford, 1974), pp. 210-43.

A. M. Watson, *Agricultural Innovation in the Early Islamic World* (Cambridge, 1983).

R. W. Bulliet, *Conversion to Islam in the Medieval Period* (Cambridge, Massachusetts, 1979).

R. W. Bulliet, *The Camel and the Wheel* (Cambridge, Massachusetts, 1975).

건축

O. Grabar, *The Formation of Islamic Art* (New Haven, 1973).

K. A. C. Creswell, *Early Muslim Architecture*, Vol. 1, 2nd edn (Oxford, 1969), Vol. 2 (Oxford, 1940).

R. W. Hamilton, *Khirbat al-Mafjar* (Oxford, 1959).

O. Grabar and others, C*ity in the Desert : Qasr al-Hayr East*, 2 vols. (Cambridge, Massachusetts, 1978).

지리

A. Miquel, *La géographie humaine du monde musulman jusq'au milieu du 11e siècle*, 2nd edn, 3 vols. (Paris, 1973-80).

'Ali ibn al-Husayn al-Mas'udi, *Kitab al-tanbih wa'l-ashraf*, ed. M. J. de Goeje (Leiden, 1894/Beirut, 1965).

Abu'l Qasim ibn 'Ali ibn Hawqal, *Surat al-ard* (Beirut, 1979).

역사

A. al-Duri, *Bahth fi nash'at 'ilm al-tarikh 'ind al-'arab* (Beirut, 1960) ; English trans. *The Rise of Historical Writing Among the Arabs* (Princeton, 1983).

T. Khalidi, *Islamic Historiography : the histories of Mas'udi* (Albany, New York, 1975).

F. Rosenthal, *A History of Muslim Historiography* (Leiden, 1952).
Muhammad Abu Rayhan al-Biruni, *Tahqiq ma li'l-Hind* (Hyderabad, 1958) ; English trans. E. Sachau, *Alberuni's India*, 2 vols. (London, 1888).

문학

J. Pedersen, *The Arabic Book* (Princeton, 1984).
A. Hamori, *On the Art of Medieval Arabic Literature* (Princeton, 1974).
I. 'Abbas, *Fann al-shi'r* (Beirut, 1959).
J. E. Bencheikh, *Poétique arabe : essai sur les voiés d'une création* (Paris, 1975).
Abu Tayyib al-Mutanabbi, *Diwan* (numerous editions) ; English trans. A. J. Arberry, *The Poems of al-Mutanabbi* (Cambridge, 1967).
T. Husayn, *Ma' al-Mutanabbi* (Cairo, 1962).
R. Blachère, *Un poète arabe du 4e siècle de l'Hegire : Abou-t-Tayyib al-Mutanabbi* (Paris, 1935).
C. Pellat, *Le milieu basrien et la formation de Gahiz* (Paris, 1953).
C. Pellat, *The Life and Works of Jahiz*, English trans. (London, 1969).

지역적 정체성

U. Haarmann, 'Regional sentiment in medieval Islamic Egypt', *Bulletin of the School of Oriental and African Studies*, Vol. 43 (1980), pp. 55-66.
A. al-Duri, *al-Takwin al-tarikhi li'l-umma al-'arabiyya* (Beirut, 1984) ; English trans. A. A. Duri, *The Historical Formation of the Arab Nation* (London, 1987).

4장 이슬람 교리와 사상

칼리파와 이맘

T. W. Arnold, *The Caliphate*, 2nd edn (London, 1965).
W. Madelung, 'Imama', *Encyclopaedia of Islam*, 2nd edn, Vol. 3, pp. 1163-9.
A. K. S. Lambton, *State and Government in Medieval Islam* (London, 1965).
T. Nagel, *Staat und Glaubensgemeinschaft in Isalm*, 2 vols. (Zurich, 1981).
P. Crone and M. Hinds, *God's Caliph* (Cambridge, 1986).
J. C. Wilkinson, *The Imamate Tradition of Oman* (Cambridge, 1987).

신학

I. Goldziher, *Vorlesungen über den Islam* (Heidelberg, 1910) ; English trans. A. and R. Hamori, *Introduction to Islamic Theology and Law* (Princeton, 1981).
H. Laoust, *Les schismes dans l'islam* (Paris, 1965).

W. M. Watt, *The Formative Period of Islamic Thought* (Edinburgh, 1973).
A. J. Wensinck, *The Muslim Creed* (Cambridge, 1982).
J. Van Ess, *Anfänge Muslimische Theologie* (Wiesbaden, 1977).
M. A. Cook, *Early Muslim Dogma* (Cambridge, 1981).
L. Gardet and M. M. Anawati, *Introduction à la théologie musulmane*, 2nd edn (Paris, 1970).
W. Madelung, *Religious Schools and Sects in Medieval Islam* (London, 1985).
R. J. McCarthy, *The Theology of Al-Ash'ari* (Beirut, 1953).
G. Makdisi, 'Ash'ari and the Ash'arites in Islamic religious thought', *Studia Islamica*, Vol. 17 (1962), pp. 37-80 ; Vol. 18 (1963), pp. 19-39.

시아파와 이스마일파
M. Momen, *An Introduction to Shi'i Islam* (New Haven, 1985).
S. M. Stern, *Studies in Early Isma'ilism* (Leiden, 1983).
W. Madelung, *Der Imam al-Qasim ibn Ibrahim und die Glaubenslehre der Zaiditen* (Berlin, 1971).
W. Madelung, 'Isma'iliyya', *Encyclopaedia of Islam*, 2nd edn, Vol. 4, pp. 198-206.

≪하디스≫
Muhammad ibn Isma'il al-Bukhari, *al-Jami' al-sahih*, 8 vols. (Bulaq, AH 1296/1879), 3 vols. (Cairo, AH 1348/1930).
I. Goldziher, *Muhammedanische Studien*, Vol. 2 (Halle, 1890) ; English trans. ed. S. M. Stern, *Muslim Studies*, Vol. 2 (London, 1971).
G. H. A. Juynboll, *Muslim Tradition* (Cambridge, 1983).
W. A. Graham, *Divine Word and Prophetic Word in Early Islam* (The Hague, 1977).

법학과 법률
J. Schacht, *The Origins of Muhammadan Jurisprudence* (Oxford, 1950).
J. Schacht, *An Introduction to Islamic Law* (Oxford, 1964).
P. Crone, *Roman, Provincial and Islamic Law* (Cambridge, 1987).
N. J. Coulson, *A History of Islamic Law* (Edinburgh, 1964).
Muhammad ibn Idris al-Shafi'i, *al-Risala*, ed. A. M. Shakir (Cairo, AH 1357/ 1938) ; English trans. M. Khadduri, *Islamic Jurisprudence* (Baltimore, 1961).
E. Tyan, *Histoire de l'organisation judiciaire en pays d'islam*, 2 vols. (Paris, 1938-43).

수피즘

M. Molé, *Les mystiques musulmans* (Paris, 1965).

J. Baldick, *Mystical Islam* (London, 1989).

A. M. Schimmel, *Mystical Dimensions of Islam* (Chapel Hill, North Carolina, 1975).

R. A. Nicholson, *The Mystics of Islam* (London, 1914).

R. A. Nicholson, *Studies in Islamic Mysticism* (Cambridge, 1921).

M. Smith, *Readings from the Mystics of Islam* (London, 1950).

L. Gardet and G. C. Anawati, *Mystique musulmane* (Paris, 1961).

Harith ibn Asad al-Muhasibi, *Kitab al-nufus* (Beirut, 1984).

J. van Ess, *Die Gedankenwelt des Harit al-Muhasibi* (Bonn, 1961).

Muhammad ibn 'Ali al-Tirmidhi, *Kitab Khatm al-awliya*, ed. U. Yahya (Beirut, 1965).

Ahmad ibn 'Abd Allah al-Isbahani, *Hilyat al-awliya*, 10 vols. (Cairo, 1932-8).

L. Massignon, *Essai sur les origines du lexique technique de la mystique musulmane* (Paris, 1922).

L. Massignon, L*a passion de Husayn ibn Mansour Hallaj, martyr mystique de l'islam*, 2nd edn, 4 vols. (Paris, 1975) ; English trans. H. Mason, *The Passion of al-Hallaj, Mystic and Martyr of Islam*, 4 vols. (Princeton, 1982).

철학

F. Rosenthal, *Das Fortleben der Antike in Islam* (Zurich, 1965) ; English trans. *The Classical Heritage in Islam* (London, 1975).

R. Walzer, *Greek into Arabic* (Oxford, 1962).

M. Fakhry, *A History of Islamic Philosophy*, 2nd edn (London, 1983).

G. F. Hourani, *Reason and Tradition in Islamic Ethics* (Cambridge, 1985).

제2부 아랍-이슬람 사회(11세기~15세기)

연대기

'Izz al-Din 'Ali ibn al-Athir, *al-Kamil fi'l-tarikh*, 12 vols. (Cairo, 1884-5).

Ahmad ibn' 'Ali al-Maqrizi, *Kitab al-suluk li ma'rifat duwal al-mulak*, 8 parts (Cairo, 1934-72).

Muhammad Lissan al-Din al-Khatib, *Kitab a'mal al-'alam* : Vol. 3, *Tarikh al-Maghib al-'arabi fi'l-'asr al-wasit* (Casablanca, 1964).

지리학자와 여행가

Muhammad ibn 'Abd Allah Ibn Battuta, *Tuhfat al-nuzzar fi ghara'ib al-amsar wa'aja' ib al-safar*, ed. T. Harb, *Rihlat Ibn Battuta* (Beirut, 1987) ; English trans. H. A. R. Gibb, *The Travels of Ibn Battuta*, 3 vols. (Cambridge, 1958-71).

Yaqut ibn 'Abd Allah al-Hamawi, *Mu'jam al-buldan*, 10 vols. (Cairo, 1906-7).

Leo Africanus, French trans. A. Epaulard, *Jean Leon, l'Africain, Description de l'Afrique*, 2 vols. (Paris, 1956) ; English trans. J. Pory, *The History and Description of Africa*, 3 vols. (London, 1896).

문서

S. M. Stern (ed.), *Fatimid Decrees* (London, 1964).

S. M. Stern (ed.), *Documents from Islamic Chanceries* (Oxford, 1965).

D. Little, *A Catalogue of the Islamic Documents from al-Haram al-Šarif in Jerusalem* (Beirut, 1984).

개관

G. E. Grunebaum, *Medieval Islam* (Chicago, 1953).

6장 농촌과 지역 사회

농업 생산과 관개

R. M. Adams, *Land behind Baghdad* (Chicago, 1965).

J. C. Wilkinson, *Water and Tribal Settlement in South-East Arabia* (Oxford, 1977).

J. Weulersse, *Paysans de Syrie et du proche-orient* (Paris, 1946).

H. M. Rabie, *The Financial System of Egypt A.H. 564-741/1169-1341* (London, 1972).

T. F. Glick, *Irrigation and Society in Medieval Valencia* (Cambridge, 1970).

M. Mundy, 'The Family, Inheritance and Islam' in A. al-Azmeh (ed.), *Islamic Law : Social and Historical Contexts* (London, 1988).

부족과 권위

R. Montagne, *La civilisation du désert* (Paris, 1947).

C. Cahen, 'Nomades et sédentaires dans le monde musulman du moyen âge' in Cahen, *Les peuples musulmans dans l'histoire médiévale* (Damascus, 1947), pp. 423-37.

P. Dresch, *Tribes, Government and History in Yemen* (Oxford, 1989).

J. Berque, *Structures sociales du Haut Atlas*, 2nd edn (Paris, 1978).

E. E. Evans-Pritchard, *The Sanusi of Cyrenaica* (Oxford, 1949).

A. Musil, *The Manners and Customs of the Rwala Bedouins* (New York, 1928).

W. Lancaster, *The Rwala Bedouin Today* (Cambridge, 1981).

J. Pitt-Rivers (ed.), *Mediterranean Countrymen* (Paris, 1963).
J. G. Peristiany (ed.), *Honour and Shame* (London, 1965).
L. Abu Lughod, *Veiled Sentiments* (Berkeley, 1986).

7장 도시 생활

도시 일반

A. H. Hourani and S. M. Stern (eds.), *The Islamic City* (Oxford, 1970).
I. M. Lapidus, *Muslim Cities in the Later Middle Ages* (Cambridge, Massachusetts, 1967).

도시 규모

A. Raymond, 'La population du Caire de Maqrizi à la description de l'Egypte', *Bulletin d'Études Orientales*, Vol. 28 (1975), pp. 201-15.
J. C. Russell, *Medieval Regions and their Cities* (Bloomington, Indiana, 1972).
M. Dols, *The Black Death in the Middle East* (Princeton, 1977).

도시의 성장과 형태

카이로 J. Abu Lughod, *Cairo : 1001 years of the City Victorious* (Princeton, 1971).
J. M. Rogers, 'al-Kahira', *Encyclopaedia of Islam*, 2nd edn, Vol. IV, pp. 424-41.
다마스쿠스 J. Sauvaget, 'Esquisse d'une histoire de la ville de Damas', *Revue des Études Islamiques*, Vol. 8 (1934), pp. 421-80.
알레포 J. Sauvaget, *Alep* (Paris, 1941).
H. Gaube and E. Wirth, *Aleppo : historische und geographische Beitrage* (Wiesbaden, 1984).
예루살렘 M. Burgoyne and D. S. Richards, *Mamluk Jerusalem : an architectural study* (London, 1987).
바그다드 G. Makdisi, 'The topography of eleventh century Baghdad', *Arabica*, Vol. 6 (1959), pp. 178-97, 281-309.
꾸스 J. C. Garcin, *Un centre musulman de la Haute-Egypte médiéval : Qus* (Cairo, 1976).
사나 R. B. Serjeant and R. Lewcock (eds.), *San'a, an Arabian Islamic City* (London, 1983).
페스 R. Le Tourneau, F*ez in the Age of the Marinids* (Norman, Oklahoma, 1961).
R. Le Tourneau, *Fès avant le protectorat* (Casablanca, 1949).

대도시의 생활 : 카이로

Ahmad ibn 'Ali al-Maqrizi, *al-Mawa'iz wa'l-i'tibar fi dhikr al-khitat wa'l-akhbar*, ed. G. Wiet, 5 vols. (Cairo, 1911) ; index : A. A. Haridi, *Index analytique des ouvrages d'Ibn Duqmaq et de Maqrizi sur le Caire*, 3 vols. (Cairo, 1983-4).

S. D. Goitein, *A Mediterranean Society*, 5 vols. (Berkeley, 1967-88).

E. W. Lane, *The Manners and Customs of the Modern Egyptians* (London, 1836 and reprints).

교역과 시장

G. Wiet and A. Raymond, *Les marchés du Caire* (Cairo, 1979).

E. Wirth, 'Zum probleme des bazars', *Der Islam*, Vol. 51 (1974), pp. 203-60 ; Vol. 52 (1975), pp. 6-46.

S. Y. Habib, *Handelsgeschichte Ägyptens im Spätmittelalten 1171-1517* (Wiesbaden, 1965).

R. Lopez, H. Miskimin and A. L. Udovitch, 'England to Egypt : long-term trends and long-distance trade' in M. A. Cook (ed.), *Studies in the Economic History of the Middle East* (London, 1970), pp. 93-128.

A. L. Udovitch, *Partnership and Profit in Medieval Islam* (Princeton, 1970).

M. Rodinson, *Islam et capitalisme* (Paris, 1966) ; English trans. *Islam and Capitalism* (London, 1974).

주민 구성

B. Musallam, *Sex and Society in Islam* (Cambridge, 1983).

B. Lewis, *The Jews of Islam* (London, 1984).

R. Brunschvig, "Abd', *Encyclopaedia of Islam*, 2nd edn, Vol. 1, pp. 24-40.

G. Rotter, *Die Stellung des Negers in der islamisch-arabischer Gesellschaft bis zum 16ten Jahrhundert* (Bonn, 1967).

주택 생활

J. C. Garcin and others, *Palais et maisons du Caire : L'époque mamelouk (13e-16e siècle)* (Paris, 1982).

D. Waines, 'Cuisine' in T. Mostyn and A. Hourani (eds.), *The Cambridge Encyclopedia of the Middle East and North Africa* (Cambridge, 1988), pp. 240-3.

8장 도시와 군주

군대

V. J. Parry and M. E. Yapp (eds.), *War, Technology and Society in the Middle East* (London, 1975).

D. Ayalon, *Gunpowder and Firearms in the Mamluk Kingdom* (London, 1956).
D. Ayalon, *The Mamluk Military Society* (London, 1979).

왕권

R. Mottahedeh, *Loyalty and Leadership in an Early Islamic Society* (Princeton, 1980).
C. Cahen, 'Mouvements populaires et autonomisme urbain dans L'Asie musulmane du moyen âge', *Arabica* : Vol. 5 (1958), pp. 225-50, Vol. 6 (1959), pp. 25-56, 233-65.

통치

C. F. Petry, *The Civilian Élite of Cairo in the Later Middle Ages* (Princeton, 1981).
J. P. Nielsen, *Secular Justice in an Islamic State : mazalim under the Bahri Mamlukes* (Leiden, 1985).
R. Brunschvig, 'Urbanisme médiéval et droit musulman', *Revue des Études Islamiques* (1947), pp. 127-55.
B. Johansen, '*Amwal zahira wa amwal batina* : town and countryside as reflected in the tax-system of the Hanafite School' in W. al-Qadi (ed.), *Studia Arabica and Islamica* (Beirut, 1981), pp. 247-63.
B. Johansen, 'The all-embracing town and its mosques', *Revue de l'Occident Musulman et de la Méditerranée*, Vol. 32 (1981), pp. 139-61.
A. Raymond, 'Espaces publics et espaces privés dans les villes arabes traditionelles', *Maghreb Mashrek*, No. 123 (1989), pp. 194-201.

지방의 통치

C. Cahen 'L'évolution de l'iqta' du 9e au 13e siècle' in Cahen, *Les Peuples musulmans dans l'histoire médiévale* (Damascus, 1977), pp. 231-69.
A. K. S. Lambton, 'The evolution of the *iqta'* in medieval Iran', *Iran*, Vol. 5 (1967), pp. 41-50.

정치이론

'Ali ibn Muhammad al-Mawardi, *al-Ahkam al-sultaniyya* (Cairo, AH 1298/1881) ; French trans. E. Fagnan, *Les statuts gouvernementaux*, reprint (Paris, 1982).
Husayn ibn 'Ali, Nizam al-Mulk, *Siyaset-name* ; English trans. H. Darke, *The Book of Government, of Rules for Kings*, 2nd edn (London, 1978).
Ahmad ibn Taimiyya, *al-Siyasa al-shar'iyya fi islah al-ra'y wa'l-ra'iyya* (Baghdad, n.d.) ; French trans. H. Laoust, *Le traité de droit public d'Ibn Taimiya* (Beirut, 1948).

Muhammad al-Farabi, *Ara ahl al-madina al-fadila* ; text and English trans. R. Walzer, *Al-Farabi on the Perfect State* (Oxford, 1985).

9장 이슬람 신앙생활

이슬람의 다섯 기둥

G. E. von Grunebaum, *Muhammadan Festivals* (New York, 1951).
M. Gaudefroy-Demombynes, *Le pélerinage à la Mekke* (Paris, 1923).
J. Jomier, *Le mahmal et la caravanne égyptienne des pélerins de la Mecque 13e-20e siècle* (Cairo, 1953).
'Ali ibn Abi Bakr al-Harawi, *Kitab al-isharat ila ma'rifat al-ziyarat* (Damascus, 1957) ; French trans. J. Sourdel-Thomine, *Guide des lieux de pélerinage* (Damascus, 1957).
R. Peters, *Islam and Colonialism : the doctrine of jihad in modern history* (The Hague, 1979), pp. 9-37.

성인과 수피

J. S. Trimingham, *The Sufi Orders in Islam* (Oxford, 1971).
C. Padwick, *Muslim Devotions* (London, 1961).
J. A. Williams (ed.), *Themes of Islamic Civilization* (Berkeley, 1971), 'The friends of God', pp. 307-70.
I. Goldziher, *Muhammedanische Studien*, Vol. 2 (Halle, 1890), pp. 277-378 ; English translation S. M. Stern, *Muslim Studies*, Vol. 2 (London, 1971), 'Veneration of saints in Islam', pp. 255-341.
T. Canaan, *Mohammadan Saints and Sanctuaries in Palestine* (London, 1927).
J. S. Macpherson, *The Mawlids of Egypt* (Cairo, 1941).
E. A. Westermarck, *Pagan Survivals in Mohammedan Civilization* (London, 1933).

마흐디 사상

W. Madelung, 'al-Mahdi', *Encyclopaedia of Islam*, 2nd edn, Vol. 5, pp. 1230-8.
I. Goldziher (ed.), *Le livre de Mohamed ibn Tumart, mahdi des Almohades* (Algiers, 1903).

10장 울라마의 문화

법전

L. Milliot, *Introduction à l'étude du droit musulman* (Paris, 1953).

'Abd Allah ibn Abi Zayd al-Qayrawani, *Risala* ; text and French trans. L. Bercher, *La Risala ou Epitre sur les éléments du dogme et de la loi de l'islam selon le rite malekite* (Algiers, 1949).

'Abd Allah ibn Ahmad ibn Qudama, *Kitab al-'umda fi ahkam al-fiqh* (Cairo, 1933) ; French trans. H. Laoust, *Le précis de droit d'Ibn Qudama* (Beirut, 1950).

J. Berque, "Amal', *Encyclopaedia of Islam*, 2nd edn, Vol. 1, pp.427-8.

A. Layish and A. Shmueli, 'Custom and *shari'a* in the Beduin family according to legal documents from the Judaean desert', *Bulletin of the School of Oriental and African Studies*, Vol. 42 (1979), pp. 29-45.

마드라사

G. Makdisi, *The Rise of Colleges : institutions of learning in Islam and the West* (Edinburgh, 1981).

J. Berque, 'Ville et université : aperçu sur l'histoire de l'école de Fès', *Revue Historique du Droit Français et Etranger*, Vol. 27 (1949), pp. 64-117.

인명사전

H. A. R. Gibb, 'Islamic biographical literature' in B. Lewis and P. M. Holt (eds.), *Historians of the Middle East* (London, 1962), pp. 54-8.

Ahmad ibn Muhammad Ibn Khallikan, *Wafayat al-a'yan wa anba abna al-zaman*, ed. I. 'Abbas, 8 vols. (Beirut, 1968-72).

알 가잘리

W. M. Watt, *Muslim Intellectual* (Edinburgh, 1963).

Muhammad al-Ghazali, *Ihya 'ulum al-din*, 4 vols. (Cairo, 1916).

G. H. Bousquet, *Ihya ouloum ed-din ou vivification des sciences de la foi : analyse et index* (Paris, 1955).

Muhammad al-Ghazali, *al-Munqidh min al-dalal*, ed. J. Saliba and K. 'Ayyad (Damascus, 1939) ; English trans. R. J. McCarthy, *Freedom and Fulfilment* (Boston, 1980).

F. Jabr, *La notion de la ma'rifa chez Ghazali* (Beirut, 1958).

11장 다양한 사상의 갈래

철학

L. Gardet, *La pensée religieuse d'Avicenne* (Paris, 1955).

W. E. Gohlman (ed. and trans.), *The Life of Ibn Sina* (Albany, New York, 1974).

al-Husayn ibn 'Abd Allah ibn Sina, *Kitab al-isharat wa'l-tanbihat*, ed. S. Dunya, 4 vols. (Cairo, 1957-60) ; French trans. A. M. Goichon, *Livre des directives et remarques* (Paris, 1951).

A. M. Goichon, *Lexique de la langue philosophique d'Ibn Sina* (Paris, 1938).

Muhammad al-Ghazali, *Tahafut al-falasifa*, ed. S. Dunya, 3rd edn (Cairo, 1964).

Muhammad ibn Ahmad ibn Rushd, *Tahafut al-tahafut*, ed. S. Dunya (Cairo, 1964) ; English trans. S. van den Bergh (London, 1954).

Muhammad ibn Ahmad ibn Rushd, *Fasl al-maqal*, ed. G. F. Hourani (Leiden, 1959) ; English trans. G. F. Hourani, *Averroes on the Harmony of Religion and Philosophy* (London, 1961).

이븐 아라비

Muhyi al-Din ibn 'Arabi, *Fusus al-hikam*, ed. A. 'Afifi (Cairo, 1946) ; English trans. R. J. W. Austin, *The Bezels of Wisdom* (London, 1980).

A. E. Affifi, *The Mystical Philosophy of Muhyid Din Ibnul Arabi* (Cambridge, 1939).

O. Yahia, *Histoire et classification de l'œuvre d'Ibn 'Arabi*, 2 vols. (Damascus, 1964).

T. Izutsu, *Sufism and Taosim ; a comparative study of key philosophical concepts*, revised edn (Berkeley, 1984).

이븐 타이미야

H. Laoust, *Essai sur les doctrines sociales et politique de Taki-d-Din Ahmad b. Taimiya* (Cairo, 1939).

쉬아 사상

H. Modarressi Tabataba'i, *An Introduction to Shi'i Law* (London, 1984).

D. M. Donaldson, *The Shi'ite Religion* (London, 1933).

E. Kohlberg, 'From Imamiyya to Ithna'ashariyya', *Bulletin of the School of Oriental and African Studies*, Vol. 39 (1976), pp. 521-34.

드루즈파

M. G. S. Hodgson, 'Duruz', *Encyclopaedia of Islam*, 2nd edn, Vol. 2, pp. 631-4.

D. Bryer, 'The origins of the Druze religion', *Der Islam* : Vol. 52 (1975), pp. 47-84, 239-62 ; Vol. 53 (1976), pp. 5-27.

N. M. Abu Izzeddin, *The Druzes* (Leiden, 1984).

기독교와 유대교

A. S. Atiya, *A History of Eastern Christianity* (London, 1968).

G. Graf, *Geschichte der christliche arabischen Literatur*, 5 vols. (Vatican, 1944-53).

N. Stillman (ed.), *The Jews of Arab Lands* (Philadelphia, 1979).

공동의 숭배 대상

F. W. Hasluck, *Christianity and Islam under the Sultans*, 2 vols. (Oxford, 1929).
N. Slousch, *Travels in North Africa* (Philadelphia, 1927).

12장 궁정과 민중의 문화

안달루스 사회와 문화

E. Lévi-Provençal, *La civilisation arabe en Espagne* (Cairo, 1938).
T. F. Glick, *Islamic and Christian Spain in the Early Middle Ages* (Princeton, 1979).
R. I. Burns, *Islam under the Crusades : colonial survival in the thirteenth-century kingdom of Valencia* (Princeton, 1973).

예술과 건축

K. A. C. Creswell, *The Muslim Architecture of Egypt*, 2 vols. (Oxford, 1952-9).
G. Marçais, *L'architecture musulmane de l'occident* (Paris, 1954).
O. Grabar, *The Alhambra* (London, 1975).
R. Ettinghausen, *Arab Painting* (Lausanne, 1962).
O. Grabar, *The Illustrations of the Maqamat* (Chicago, 1984).
A. Lane, *Early Islamic Pottery* (London, 1947).
A. Lane, *Later Islamic Pottery*, 2nd edn (London, 1971).
J. W. Allan, *Islamic Metalwork : the Nuhad es-Said collection* (London, 1982).
J. Lehrman, *Earthly Paradise : garden and courtyard in Islam* (London, 1980).
J. Dickie, 'The Hispano-Arab garden', *Bulletin of the School of Oriental and African Studies*, Vol. 31 (1958), pp. 237-48.

문학

I. 'Abbas, *Tarikh al-adab al-andalusi*, 2nd edn, 2 vols. (Beirut, 1969-71).
S. M. Stern, *Hispano-Arabic Strophic Poetry* (Oxford, 1974).
Ahmad ibn 'Abd Allah ibn Zaydun, *Diwan*, ed. K. al-Bustani (Beirut, 1951).
Abu Bakr ibn al-Tufayl, *Hayy ibn Yaqdhan*, ed. J. Saliba and K. 'Ayyad, 5th edn (Damascus, 1940) ; English trans. L. E. Goodman, *Hayy ibn Yaqzan* (New York, 1972).
D. Goldstein (ed.), *The Jewish Poets of Spain 900-1250* (Harmondsworth, Middlesex, 1971).
M. M. Badawi, 'Medieval Arabic drama : Ibn Daniyal', *Journal of Arabic Literature*, Vol. 13 (1982), pp. 83-107.

Y. Eche, *Les bibliothèques arabes* (Damascus, 1962).

대중문학과 로망스

P. J. Cachia, *Narrative Ballads of Modern Egypt* (Oxford, 1988).
H. T. Norris, *The Adventures of Antar* (Warminster, Wiltshire 1988).
H. T. Norris, *Saharan Myth and Saga* (Oxford. 1972).
A. Miquel and P. Kemp, *Majnun et Layla : l'amour fou* (Paris, 1984).
M. Mahdi, *Kitab alf layla wa layla* (Leiden, 1984).
D. B. Macdonald, 'The earlier history of the Arabian Nights', *Journal of the Royal Asiatic Society* (1924), pp. 353-97.
P. Heath, 'Romance as genre in *The Thousand and One Nights*', *Journal of Arabic Literature* : Vol, 18 (1987), pp. 1-21 ; Vol. 19 (1988), pp. 1-26.

음악

H. G. Farmer, *A History of Arabian Music* (London, 1929).
Abu'l-Faraj al-Isbahani, *Kitab al-aghani*, 30 vols. (Cairo, 1969-79).
Muhammad al-Ghazali, *Ihya 'ulum al-din* (Cairo, 1916), Vol. 2, pp. 236-69 ; English trans. D. B. Macdonald, 'Emotional religion in Islam as affected by music and singing', *Journal of the Royal Asiatic Society* (1901), pp. 198-252, 705-48 ; (1902), pp. 1-28.
O. Wright, 'Music', in J. Schacht and C. E. Bosworth (eds.), *The Legacy of Islam* (Oxford, 1974), pp. 489-505.
O. Wright and others, 'Arabic music' in S. Sadie (ed.), *The New Grove Dictionary of Music and Musicians* (London, 1980), Vol. 1, pp. 514-39.
E. Neubauer, 'Islamic religious music' in *The New Grove Dictionary of Music and Musicians*, Vol. 9, pp. 342-9.
O. Wright, *The Modal System of Arab and Persian Music A.D. 1250-1300* (Oxford, 1978).

과학과 의학

A. I. Sabra, 'The scientific enterprise' in B. Lewis (ed.), *The World of Islam* (London, 1976), pp. 181-200.
A. I. Sabra, 'The exact sciences' in J. R. Hayes (ed.), *The Genius of Arab Civilization* (London, 1976).
J. Vernet, 'Mathematics, astronomy, optics' in J. Schacht and C. E. Bosworth (eds.), *The Legacy of Islam* (Oxford, 1974), pp. 461-89.
M. Ullmann, *Islamic Medicine* (Edinburgh, 1978).
M. Ullmann, *Die Medizin in Islam* (Leiden, 1970).

P. Johnstone, 'Tradition in Arabic Medicine', *Palestine Exploration Quarterly*, Vol. 107 (1975), pp. 23-37.

신비주의

L. Thorndike, *A History of Magic and Experimental Science*, Vol. 1, Parts 1 and 2 (New York, 1934).

M. Ullmann, *Die Natur und Geheimwissenschaften in Islam* (Leiden, 1972).

G. E. von Grunebaum and R. Caillois (eds.), *The Dream and Human Societies* (Berkeley, 1966).

제3부 오스만 시대(16세기~18세기)

역사 일반

P. Kinross, *The Ottoman Centuries : the rise and fall of the Turkish empire* (London, 1977).

S. J. and E. Shaw, *A History of the Ottoman Empire and Turkey*, 2 vols. (Cambridge, 1976-7).

R. Mantran (ed.), *Histoire de l'empire ottoman* (Paris, 1989).

I. H. Uzunçarsılı, *Osmanlı Tarihi*, Vols. 1-4, new edn (Ankara, 1982-3).

E. Z. Karal, *Osmanlı Tarihi*, Vols. 6-8, new edn (Ankara, 1983).

A. K. Rafiq, *Bilad al-Sham wa Misr 1516-1798*, 2nd edn (Damascus, 1968).

13장 오스만 제국

오스만 세력의 등장

P. Wittek, *The Rise of the Ottoman Empire* (London, 1971).

R. P. Lindner, *Nomads and Ottomans in Medieval Anatolia* (Bloomington, Indiana, 1983).

A. Hess, *The Forgotten Frontier : a history of the sixteenth century Ibero-African frontier* (Chicago, 1978).

A. Hess, 'The evolution of the Ottoman seaborne empire in the age of the oceanic discoveries, 1453-1525', *American Historical Review*, Vo. 75 (1970), pp. 1892-1919.

R. H. Savory, *Iran under the Safavids* (London, 1980).

F. Braudel, *La Méditerranée et le monde méditerranéen à l'époque de Philippe II*, 2nd edn, 2 vols. (Paris, 1966) ; English trans. *The Mediterranean and the Mediterranean World in the Age of Philip II*, 2 vols. (London, 1972-3).

정부 구조

H. Inalcık, *The Ottoman Empire : the classical age, 1300-1600* (London, 1973).

H. Inalcık, *The Ottoman Empire : conquest, organization and economy* (London, 1976).

A. D. Alderson, *The Structure of the Ottoman Dynasty* (Oxford, 1956).

I. H. Uzunçarsılı, *Osmanlı Devletinin Teşkilâtından Kapukulu Ocaklari*, 2 vols. (Ankara, 1943-4).

I. H. Uzunçarsılı, *Osmanlı Devletinin Saray Teşkilâtı* (Ankara, 1945).

N. Itzkowitz, *Ottoman Empire and Islamic Tradition* (New York, 1972).

C. Fleischer, *Bureaucrat and Intellectual in the Ottoman Empire* (Princeton, 1986).

M. Kunt, *The Sultan's Servants : the transformation of Ottoman provincial government, 1550-1650* (New York, 1983).

O. G. de Busbecq, *The Turkish Letters of Ogier Ghiselle de Busbecq*, English trans. (Oxford, 1927).

P. Rycaut, *The History of the Present State of the Ottoman Emprie*, 4th edn (London, 1675).

오스만 문서의 예

Ö. L. Barkan, *Kanunlar* (Istanbul, 1943).

R. Mantran and J. Sauvaget, *Règlements fiscaux ottomans : les provinces syriennes* (Beirut, 1951).

R. Mantran, 'Règlements fiscaux : la province de Bassora', *Journal of the Economic and Social History of the Orient*, Vol. 10 (1967), pp. 224-77.

U. Heyd, *Documents on Palestine 1552-1615* (Oxford, 1960).

R. Mantran, *Inventaire des documents d'archive turcs du Dar-el-Bey* (Tunis) (Paris, 1961).

A. Temimi, *Sommaire des registres arabes et turcs d'Alger* (Tunis, 1979).

종교 및 사법 기구

I. H. Uzunçarsılı, *Osmanli Devletinin Ilmiye Teşkilâtı* (Ankara, 1965).

U. Heyd, *Studies in Old Ottoman Criminal Law* (Oxford, 1973).

U. Heyd, 'Some aspects of the Ottoman fetva', *Bulletin of the School of Oriental and African Studies*, Vol. 32 (1969), pp. 35-56.

R. C. Repp, *The Mufti of Istanbul* (London, 1986).

R. C. Repp, 'Some observations on the development of the Ottoman learned hierarchy' in N. Keddie (ed.), *Scholars, Saints and Sufis* (Berkeley, 1972), pp. 17-32.

아랍 지방의 정부

A. Raymond, 'Les provinces arabes 16e-18e siècle' in R. Mantran (ed.), *Histoire de l'empire ottoman* (Paris, 1989), pp. 341-420.

P. M. Holt, *Egypt and the Fertile Crescent 1516-1922* (London, 1962).

P. M. Holt, *Studies in the History of the Near East* (London, 1973).

S. H. Longrigg, *Four Centuries of Modern Iraq* (Oxford, 1925).

A. M. Al-'Azzawi, *Tarikh al-'Iraq bayn ihtilalayn*, 5 vols. (Baghdad, 1935-56).

A. Abu-Husayn, *Provincial Leadership in Syria 1575-1650* (Beirut, 1985).

K. S. Salibi, *The Modern History of Lebanon* (London, 1965).

A. Cohen and B. Lewis, *Population and Revenue in the Towns of Palestine in the Sixteenth Century* (Princeton, 1978).

W. D. Hütteroth and K. Abdelfattah, *Historical Geography of Palestine, Transjordan and Southern Syria in the Late 16th Century* (Erlangen, 1972).

14장 오스만 사회

주민

Ö. L. Barkan, 'Essai sur les données statistiques des registres de recensement dans l'empire ottoman aux 15e et 16e siècles', *Journal of the Economic and Social History of the Orient*, Vol. 1 (1958), pp. 9-36.

M. A. Cook, *Population Pressure in Rural Anatolia 1450-1600* (London, 1972).

D. Panzac, *La peste dans l'empire ottoman* (Louvain, 1985).

교역

S. Faroghi, *Towns and Townsmen of Ottoman Anatolia : trade, crafts and food-production in an urban setting 1520-1620* (Cambridge, 1984).

S. Faroghi, *Peasants, Dervishes and Traders in the Ottoman Empire* (London, 1986).

R. Mantran, 'L'empire ottoman et le commerce asiatique aux 16e et 17e siècles' in D. S. Richards (ed.), *Islam and the Trade of Asia* (Oxford, 1970), pp. 169-79.

이스탄불

H. Inalcik, 'Istanbul', *Encyclopaedia of Islam*, 2nd edn, Vol. 4, pp. 224-48.

R. Mantran, *Istanbul dans la seconde moitié du 17e siècle* (Paris, 1962).

L. Güçer, 'Le commerce intérieur de céréales dans l'empire ottoman pendant la seconde moitié du 16e siècle', *Revue de la Faculté des Sciences Economiques*

de l'Université d'Istanbul, Vol. 11 (1949-50), pp. 163-88.
L. Güçer, 'L'approvisionnement d'Istanbul en céréales vers le milieu du 18e siècle', ibid., pp. 153-62.

아랍 도시

A. Raymond, *The Great Arab Cities in the 16th-18th centuries* (New York, 1984).
A. Raymond, *Les grandes villes arabes a l'époque ottomane* (Paris, 1985).
A. Tamimi (ed.), *al-Hayat al iqtisadi li'l-wilayat al-'arabiyya wa masadiruha fi'l-'ahd al-'uthmani*, 3 vols. : Vols. 1 and 2 Arabic, Vol. 3 French and English (Zaghouan, Tunisia, 1986).
A. Abdel-Nour, *Introduction à l'hisoire urbaine de la Syrie ottomane* (Beirut, 1982).

건축

G. Goodwin, *A Hitory of Ottoman Architecture* (London, 1971).
J. Revault, *Palais et demeures de Tunis, 16e et 17e siècles* (Paris, 1967).
B. Maury and others, *Palais et maisons du Caire : époque ottomane, 16e-18e siècle* (Paris, 1967).

종교와 문학

N. Keddie (ed.), *Scholars, Saints and Sufis* (Berkeley, 1972).
L. W. Thomas, *A Study of Naima* (New York, 1972).
A. Abdesselam, *Les Historiens tunisiens des 17e, 18e et 19e siècles* (Paris, 1973).
J. Berque, *L'intérieur du Maghreb 15e-19e siècles* (Paris, 1978).
J. Berque, *Ulémas, fondateurs, insurgés du Maghreb* (Paris, 1982).
B. Brarude and B. Lewis (eds.), *Christians and Jews in the Ottoman Empire*, 2 vols. (New York, 1982).
S. Runciman, *The Great Church in Captivity* (Cambridge, 1968).
G. Scholem, *Sabbatai Sevi : The Mystical Messiah, 1626-1676* (London, 1973).

수단

P. M. Holt and M. W. Daly, *A Hisotry of the Sudan*, 4th edn (London, 1988).

모로코

Ahmad al-Nasiri al-Salawi, *Kitab al-istiqsa li akhbar duwal al-maghrib al-aqsa*, 9 vols. (Casablanca, 1954-6) ; French trans. 'Histoire des dynasties du Maroc', *Archives Marocaines*, Vols. 9 (1906), 10 (1907), 30 (1923), 31 (1925), 32 (1927), 33 (1934).
H. de Castries, *Les sources inédites de l'histoire du Maroc de 1530 à 1845*, 26 vols.

(Paris, 1905-60).
E. Lévi-Provençal, *Les historiens des chorfa* (Paris, 1922).
J. Berque, *Al-Yousi : problèmes de la culture marocaine au 17e siècle* (Paris, 1958).

15장 18세기 권력 균형의 변화

개설

T. Naff and R. Owen (eds.), *The Islamic World in the 18th Century* (Carbondale, Illinois, 1977).

중앙 정부

I. Moradgea d'Ohsson, *Tableau générale de l'empire ottoman*, 7 vols. (Paris, 1788-1924).
H. A. R. Gibb and H. Bowen, *Islamic Society and the West*, Vol. 1, Part i (London, 1950).
N. Itzkowitz, 'Eighteenth century Ottoman realities', *Studia Islamica*, Vol. 16 (1961), pp. 73-94.
R. A. Abou-el-Haj, *The 1703 Rebellion and the Structure of Ottoman Politics* (Istanbul, 1984).
M. Aktepe, *Patrona Isyani 1730* (Istanbul, 1958).

아랍 지방

P. Kemp, *Territoires d'Islam : le monde vu de Mossoul au 18e siècle* (Paris, 1982).
H. L. Bodman, *Political Factors in Aleppo 1760-1826* (Chapel Hill, North Carolina, 1963).
A. Russell, *The Natural History of Aleppo*, 2nd edn, 2 vols. (London, 1794).
J. L. Burckhardt, *Travels in Syria and the Holy Land* (London, 1822).
A. K. Rafeq, *The Province of Damascus 1723-1783* (Beirut, 1966).
K. K. Barbir, *Ottoman Rule in Damascus 1708-1758* (Princeton, 1980).
K. K. Barbir, 'From pasha to efendi : the assimilation of Ottomans into Damascene society 1516-1783', *International Journal of Turkish Studies*, Vol. 1 (1979-80), pp. 63-83.
A. Cohen, *Palestine in the Eighteenth Century* (Jerusalem, 1973).
A. al-Budayri al-Hallaq, *Hawadith Dimashq al-yawmiyya* (Cairo, 1959).
A. Raymond, *Artisans et commerçants au Caire au 18e siècle*, 2 vols. (Damascus, 1973-4).
A. Raymond, 'Problèmes urbains et urbanisme au Caire aux 17e et 18e siècle' in A. Raymond and others, *Actes du colloque internationale sur l'histoire du*

Caire (Cairo, 1973), pp. 353-72.

A. Raymond, 'Essai de géographie des quartiers de résidence aristocratique au Caire au 18e siècle', *Journal of the Economic and Social History of the Orient*, vol. 6 (1963), pp. 58-103.

Description de l'Egypte, 9 vols. text, 14 vols. plates (Paris, 1809-28).

C. F. Volney, *Voyages en Syrie et en Egypte*, 2 vols. (Paris, 1787) ; English trans. *Travels through Syria and Egypt*, 2 vols. (Dublin, 1793).

'Abd al-Rahman al-Jabarti. *'Aja'ib al-athar fi'l-tarajim wa'l-akhbar*, 4 vols. (Bulaq, 1879-80).

아라비아

C. Niebuhr, *Reisebeschreibung nach Arabien*, 3 vols. (Copenhagen, 1774-8) ; English trans. *Travels through Arabia*, 2 vols. (Edinburgh, 1792).

마그립

L. Valensi, *Le Maghreb avant la prise d'Alger 1790-1830* (Paris, 1969) ; English trans. *On the Eve of Colonialism* (New York, 1977).

M. H. Chérif, *Pouvoir et société dans la Tunisie de Husain bin 'Ali*, 2 vols. (Tunis, 1984-6).

Muhammad ibn Tayyib al-Qadiri, ed. N. Cigar, *Nashr al-mathani* (London, 1981).

경제적 변화

A. Raymond, 'L'impact de la pénétration européenne sur l'économie de l'Egypte au 18e siècle', *Annales Islamologiques* 18 (1982), pp. 217-35.

R. Paris, *Histoire du commerce de Marseille*, Vol. 5 : *Le Levant* (Paris, 1957).

R. Davis, *Aleppo and Devonshire Square* (London, 1967).

M. von Oppenheim, *Die Beduinen*, 4 vols. (Leipzig/wiesbaden, 1939-67).

A. A. 'Abd al-Rahim, *al-Rif al-misri fi'l-qarn al-thamin 'ashar* (Cairo, 1974).

K. M. Cuno, 'The origins of private ownership of land in Egypt : a reappraisal', *Internationl Jounal of Middle East Studies*, Vol. 12 (1980), pp. 245-75.

L. Valensi, *Fellahs tunisiens : l'économie rurale et la vie des campagnes aux 18e et 19e siècle* (Paris, 1977) ; English trans. *Tunisien Peasants in the 18th and 19th Centuries* (Cambridge, 1985).

건축과 예술

J. Revault, *Palais et demeures de Tunis : 18e et 19e siècles* (Paris, 1971).

J. Carswell and C. J. F. Dowsett, *Kütahya Tiles and Pottery from the Armenian Cathedral of St James, Jerusalem*, 2 vols. (Oxford, 1972).

J. Carswell, 'From the tulip to the rose' in T. Naff and R. Owen (eds.), *Studies in Eighteenth Century Islamic History* (Carbondale, Illinois, 1977), pp. 325-55.

종교와 문학

H. A. R. Gibb and H. Bowen, *Islamic Society and the West*, Vol. 1, Part ii (London, 1957).

J. Heyworth-Dunne, *Introduction to the History of Education in Modern Egypt* (London, 1939).

A. Hourani, 'Aspects of Islamic culture : introduction' in T. Naff and R. Owen (eds.), *Studies in Eighteenth Century Islamic History* (Carbondale, Illinois, 1977), pp. 253-76.

N. Levtzion and J. O. Voll (eds.), *Eighteenth Century Revival and Reform in Islam* (Syracuse, New York, 1987).

J. O. Voll, *Islam : continuity and change in the modern world* (London, 1982).

Muhammad Khalil al-Muradi, *Silk al-durar fi a'yan al-qarn al-thani 'ashar*, 4 vols. (Bulaq, 1883).

M. H. Chérif, 'Hommes de religion et de pouvoir dans la Tunisie de l'époque moderne', *Annales ESC*, Vol. 35 (1980), pp. 580-97.

와하비 사상

H. St J. Philby, *Saudi Arabia* (London, 1955).

H. Laoust, *Essai sur les doctrines sociales et politiques de Taki-d-Din b. Taimiya* (Cairo, 1939), p. 506-40.

제4부 유럽 제정 시대(1800~1939)

동방 문제

M. S. Anderson, *The Eastern Question 1774-1923* (London, 1966).

J. C. Hurewitz (ed.), *The Middle East and North Africa in World Politics*, 2 vols. (New Haven, 1975).

L. C. Brown, *International Politics and the Middle East* (London, 1984).

일반 개관

M. E. Yapp, *The Making of the Modern Middle East 1798-1923* (London, 1987).

B. Lewis, *The Emergence of Modern Turkey* (London, 1961).

W. R. Polk and R. L. Chambers (eds.), *Beginnings of Modernization in the Middle East* (Chicago, 1968).

Groupes de Recherches et d'Études sur le Proche-Orient, *L'Egypte au 19e siècle* (Paris, 1982).

경제 및 사회의 변화

C. Issawi, *An Economic History of the Middle East and North Africa* (New York, 1982).

C. Issawi (ed.), *The Economic History of the Middle East 1800-1914* (Chicago, 1966).

C. Issawi (ed.), *The Fertile crescent 1800-1914* (New York, 1988).

R. Owen, *The Middle East in the World Economy 1800-1914* (London, 1981).

S. Pamuk, *The Ottoman Empire and World Capitalism 1820-1913* (Cambridge, 1987).

G. Baer, *Studies in the Social History of Modern Egypt* (Chicago, 1969).

A. Barakat, *Tatawwur al-milkiyya al-zira'iyya fi Misr wa atharuha 'ala al-harakat al-siyasiyya 1813-1914* (Cairo, 1977).

지적 변화

N. Berkes, *The Development of Secularism in Turkey* (Montreal, 1964).

A. Hourani, *Arabic Thought the Liberal Age*, revised edn (Cambridge, 1983).

16장 유럽 열강과 개혁하는 정부들(1800~1860)

유럽의 확장

F. Charles-Roux, *Bonaparte Governor d'Egypte* (Paris, 1936) ; English trans. *Bonaparte Gouverneur of Egypt* (London, 1937).

H. L. Hoskins, *British Routes to India* (New York, 1928).

J. B. Kelly, *Britain and the Persian Gulf 1795-1880* (Oxford, 1968).

C. A. Julien, *Histoire de l'Algérie contemporaine*, Vol. 1 1827-71 (Paris, 1964).

R. Danziger, *Abd al-Qadir and the Algerians* (New York, 1977).

탄지마트와 지역 운동

Turkish Ministry of Education, *Tanzimat* (Istanbul, 1940).

Cevdet Paşa, *Tezâkir*, 4 vols. (Ankara, 1953-67).

C. V. Findley, *Bureaucratic Reform in the Ottoman Empire* (Princeton, 1980).

U. Heyd, 'The Ottoman 'ulama and westernization in the time of Selim III and Mahmud II' in Heyd (ed.), *Studies in Islamic History and Civilization* (Jerusalem, 1960), pp. 63-96.

R. Clogg (ed.), *The Movements for Greek Independence 1770-1821* (London,

1976).
L. S. Stavrianos, *The Balkans since 1453* (New York, 1958).
M. Maoz, *Ottoman Reform in Syria and Palestine 1840-1861* (Oxford, 1968).
A. Hourani, 'Ottoman reform and the politics of notables' in Hourani, *The Emergence of the Modern Middle East* (London, 1981), pp. 36-66.

이집트
A. Lutfi al-Sayyid Marsot, *Egypt in the Reign of Muhammad 'Ali* (Cambridge, 1984).
E. R. Toledano, *State and Society in Mid-Nineteenth-Century Egypt* (Cambridge, 1990).
A. R. al-Rafi'i, *Tarikh al-haraka al-qawmiyya wa tatawwur nizam al-hukm fi Misr*, 14 vols. (Cairo, 1929-51).

튀니지
L. C. Brown, *The Tunisia of Ahmad Bey 1837-1855* (Princeton, 1974).

모로코
J. L. Miège, *Le Maroc et l'Europe*, 4 vols. (Paris, 1961-3).
J. L. Miège (ed.), *Documents d'histoire économique et sociale marocaine au 19e siècle* (Paris, 1969).

17장 유럽 제국들과 지배 엘리트들(1860~1914)

동방 문제
W. L. Langer, *The Diplomacy of Imperialism 1890-1902*, 2nd edn (New York, 1951).
E. M. Earle, *Turkey, the Great Powers and the Baghdad Railway* (New York, 1966).

오스만 정부와 지방
R. H. Davison, *Reform in the Ottoman Empire 1856-1876* (Princeton, 1963).
R. Devereux, *The First Ottoman Constitutional Period* (Baltimore, 1963).
R. Abu Manneh, 'Sultan Abdulhamid II and Shaikh Abulhuda al-Sayyadi', *Middle Eastern Studies 15* (1979), pp. 131-53.
C. Findley, *Ottoman Civil Officialdom* (Princeton, 1989).
E. E. Ramsaur, *The Young Turks : prelude to the revolution of 1908* (Princeton, 1957).
F. Ahmed, *The Young Turks : the Committee of Union and Progress in Turkish politics 1908-1914* (Oxford, 1969).
W. Ochsenwald, *Religion, Society and the State in Arabia : the Hejaz under*

Ottoman control 1840-1908 (Columbus, Ohio, 1984).
L. Nalbandian, *The Armenian Revolutionary Movement* (Berkeley, 1963).

시오니스트 이민

W. Z. Laqueur, *A History of Zionism* (London, 1972).
N. Mandel, *The Arabs and Zionism before World War I* (Berkeley, 1976).

이집트

R. Hunter, *Egypt under the Khedives 1805-1879* (Pittsburgh, 1984).
Nubar Pasha, *Mémoires* (Beirut, 1983).
D. Landes, *Bankers and Pashas* (London, 1958).
J. Marlowe, *The Making of the Suez Canal* (London, 1964).
A. Schölch, *Ägypten den Ägyptern!* (Zurich, 1972) ; English trans. *Egypt for the Egyptians! : the socio-political crisis in Egypt 1878-1882* (London, 1981).
Lord Cromer, *Modern Egypt*, 2 vols. (London, 1908).
J. Berque, *L'Egypte, impérialisme et révolution* (Paris, 1963) ; English trans. *Egypt, Imperialism and Revolution* (London, 1972).
A. Lutfi al-Sayyid, *Egypt and Cromer* (London, 1968).
T. Mitchell, *Colonising Egypt* (Cambridge, 1988).

수단

P. M. Holt, *The Mahdist State in the Sudan 1881-1898* (Oxford, 1958).
M. W. Daly, *Empire on the Nile : the Anglo-Egyptian Sudan 1898-1934* (Cambridge, 1986).
Abu Bakr (Babikr) Badri, *Tarikh hayati*, 3 vols. (Omdurman, 1959-61) ; English trans. *The Memoirs of Babikr Badri* : Vol. 1 (London, 1969), Vol. 2 (London, 1980).

프랑스와 마그립

J. Ganiage, *Les Origines du protectorat français en Tunisie 1861-1881* (Tunis, 1968).
C. R. Ageron, *Histoire de l'Algérie contemporaine*, Vol. 2 : 1871-1954 (Paris, 1979).
C. R. Ageron, *Les algériens musulmans et la France 1871-1919* (Paris, 1968).
E. Burke, *Prelude to Protectorate in Morocco* (Chicago, 1976).
D. Rivet, *Lyautey et l'institution du protectorat français au Maroc 1912-1925*, 3 vols. (Paris, 1988).

주민과 경제적 변화

A. Jwaideh, 'Midhat Pasha and the land system of lower Iraq' in A. Hourani (ed.), *St Antony's Papers : Middle Eastern Affairs 3* (London, 1963), pp. 106-36.

N. N. Lewis, *Nomads and Settlers in Syria and Jordan 1800-1980* (Cambridge, 1987).

R. Aboujaber, *Pioneers over Jordan* (London, 1989).

A. Schölch, *Palästina im Umbruch 1856-1882* (Stuttgart, 1986).

B. Labaki, *Introduction à l'histoire économique du Liban : soie et commerce extérieur ... 1840-1914* (Beirut, 1984).

D. Chevallier, *La société du Mont Liban à l'époque de la révolution industrielle en Europe* (Paris, 1971).

E. J. R. Owen, *Cotton and the Egyptian Economy 1820-1914* (London, 1962).

G. Baer, *Introduction to the History of Landownership in Modern Egypt 1800-1950* (London, 1962).

J. Poncet, *La colonisation et l'agriculture européenne en Tunisie depuis 1881* (Paris, 1962).

X. Yacono, *La colonisation des planies du Chelif*, 2 vols. (Algiers, 1955-6).

X. Yacono, 'Peut-on évaluer la population de l'Algérie vers 1830?' *Revue Africaine*, Vol. 98 (1954), pp. 277-307.

J. Ruedy, *Land Policy in Colonial Algeria* (Berkeley, 1967).

사회 변화

D. Quaetaert, *Social Disintegration and Popular Resistance in the Ottoman Empire 1881-1908* (New York, 1983).

L. T. Fawaz, *Merchants and Migrants in Nineteenth Century Beirut* (Cambridge, Massachusetts, 1983).

L. Schatkowski Schilcher, *Families in Politics : Damascus factions and estates of the 18th and 19th centuries* (Stuttgart, 1985).

R. Tresse, 'L'évolution du coutume syrien depuis un siècle' in Centre d'Études de Politique Étrangère, *Entretiens sur l'évolution des pays de civilisation arabe*, Vol. 2 (Paris, 1938), pp. 87-96.

A. Mubarak, *al-Khitat al-tawfiqiyya*, 4 vols. (Cairo, 1887-9).

J. P. Thieck, 'Le Caire d'après les *Khitat* de 'Ali pacha Mubarak' in Groupe de Recherche et d'Études sur le Proche-Orient, *L'Egypt au 19e siècle* (Paris, 1982), pp. 101-16.

A. Berque, 'Fragments d'histoire sociale' in Berque, *Écrits sur l'Algérie* (Aix-en-Provence, 1986), pp. 25-124.

K. Brown, *People of Salé : tradition and change in a Moroccan city 1830-1930*

(Manchester, 1976).

18장 제국주의의 문화와 개혁

오리엔탈리즘

M. Rodinson, *La fascination de l'islam* (Paris, 1980) ; English trans. *The Mystique of Islam* (London, 1989).
E. Said, *Orientalism* (London, 1978).
A. Hourani, *Europe and the Middle East* (London, 1980).
N. Daniel, *Europe, Islam and Empire* (Edinburgh, 1966).

교육

A. I. 'Abd al-Karim, *Tarikh al-ta'lim fi Misr*, 3 vols. (Cairo, 1945).
A. L. Tibawi, *British Interests in Palestine 1800-1901* (Oxford, 1961).
A. L. Tibawi, *American Interests in Syria 1800-1901* (Oxfore, 1966).
A. L. Tibawi, *Islamic Education : its traditions and modernization into the Arab national systems* (London, 1972).
D. Hopwood, *The Russian Presence in Syria and Palestine 1843-1914* (Oxford, 1969).
H. Charles, *Jésuites missionaires dans la Syrie et le Proche-Orient* (Paris, 1929).
A. Chouraqui, *L'Alliance Israélite Universelle et la renaissance juive contemporaine 1860-1960* (Paris, 1965).

저널리즘

P. de Tarazi, *Tarikh al-sahafa al-'arabiyya*, 4 vols. in 3 (Beirut, 1913-33).
I. 'Abduh, *Tarikh al-tiba'a wa'l-sahafa fi Misr* (Cairo, 1949).
N. Farag, 'The Lewis affair and the fortunes of al-Muqtataf', *Middle Eatern Studies*, Vol. 8 (1972), pp. 74-83.

문학

M. M. Badawi, *A Critical Introduction to Modern Arabic Poetry* (Cambridge, 1975).
S. K. Jayyusi, *Trends and Movements in Modern Arabic Poetry*, 2 vols. (Leiden, 1977).
S. K. Jayyusi (ed.), *Modern Arabic Poetry : an anthology* (New York, 1987).
A. Shawqi, *al-Shawqiyyat*, 4 vols. (Cairo, 1961).
I. Shahid, *al-'Awda ila Shawqi* (Beirut, 1986).
A. Boudot-Lamotte, *Ahmad Šawqi, l'homme et l'œuvre* (Damascus, 1977).
M. M. Badawi, *Early Arabic Drama* (Cambridge, 1988).
M. M. Badawi, *Modern Arabic Drama in Egypt* (Cambridge, 1987).

이슬람 개혁

C. C. Adams, *Islam and Modernism in Egypt* (London, 1933).

N. Keddie, *Sayyid Jamal al-Din 'al-Afghani'* (Berkeley, 1972).

N. Keddie, *An Islamic Response to Imperialism* (Berkeley, 1968).

M. 'Abduh, *Risalat al-tawhid* (Cairo, numerous editons) ; English trans. *The Theology of Unity* (London, 1966).

M. R. Rida, *Tarikh al-ustadh al-imam al-shaykh Muhammad 'Abduh*, 3 vols. (Cairo, 1906-31).

J. Jomier, *Le commentaire coranique du Manar* (Paris, 1954).

A. H. Green, *The Tunisian Ulama 1873-1915* (Leiden, 1978).

F. de Jong, *Turuq and Turuq-linked Institutions in Nineteenth Century Egypt* (Leiden, 1978).

B. Abu Manneh, 'The Naqshbandiyya-Mujaddidiyya in the Ottoman lands in the early 19th century', *Die Welt des Islams*, Vol. 22 (1982), pp. 1-36.

O. Depont and X. Coppolani, *Les confrèries religeuses musulmanes* (Algiers, 1897).

C. S. Hurgronje, 'Les confrèries, la Mecque et le pan-islamisme' in Hurgronje, *Verspreide Geschriften*, Vol. 3 (Bonn, 1923), pp. 189-206.

C. S. Hurgronje, *Mekka in the Latter Part of the 19th Century* ; English trans. (Leiden, 1931).

J. M. Abun-Nasr, *The Tijaniyya : a Sufi order in the modern world* (Cambridge, 1965).

민족주의

S. Mardin, *The Genesisi of Young Ottoman Thought* (Princeton, 1964).

S. Mardin, *Jön Türklerin siyasî Fikirleri 1895-1908* (Ankara, 1964).

Z. Gökalp, *Turkish Nationalism and Western Civilization*, ed. and trans. N. Berkes (London, 1959).

W. L. Cleveland, *The Making of an Arab Nationalist : Ottomanism and Arabism in the life and thought of Sati' al-Husri* (Princeton, 1971).

W. L. Cleveland, *Islam against the West : Shakib Arslan and the campaign for Islamic nationalism* (London, 1985).

S. al-Husri, *Al-Bilad al'arabiyya wa'l-dawla al-'uthmaniyya* (Beirut, 1960).

G. Antonius, *The Arab Awakening* (London, 1938).

S. Haim (ed.), *Arab Nationalism : an anthology* (Berkeley, 1962).

C. E. Dawn, *From Ottomanism to Arabism* (Urbana, Illinois, 1973).

Z. N. Zeine, *The Emergence of Arab Nationalism* (Beirut, 1966).

P. S. Khoury, *Urban Notables and Arab Nationalism : the politics of Damascus 1860-1920* (Cambridge, 1983).

J. M. Ahmed, *The Intellectual Origins of Egyptian Nationalism* (London, 1960).

I. Gershoni and J. P. Jankowski, *Egypt, Islam and the Arabs : the search for Egyptian nationhood 1900-1930* (New York, 1986).

L. C. Brown, 'Stages in the process of change' in C. A. Micaud (ed.), *Tunisia : the politics of modernizatio*n (London, 1964), pp. 3-66.

A. Laroui, *Les origines sociales et culturelles du nationalisme marocaine 1830-1912* (Paris, 1977).

19장 유럽 열강의 극성기(1914~1939)

제1차 세계대전과 평화 정착

E. Monroe, *Britain's Moment in the Middle East 1914-1956* (London, 1963).

B. C. Busch, *Mudros to Lausanne : Britain's frontier in Asia 1918-1923* (Albany, New York, 1976).

T. E. Lawrence, *Seven Pillars of Wisdom* (London, 1935).

E. Kedourie, *England and the Middle East : the destruction of the Ottoman Empire 1914-1921*, 2nd edn (London, 1987).

M. Vereté, 'The Balfour Declaration and its makers', *Middle Eastern Studies*, Vol. 6 (1970), pp. 48-76.

A. J. Toynbee, *Survey of International Affairs 1925*, Vol. 1 : *The Islamic World after the Peace Conference* (London, 1927).

C. M. Addrew and A. S. Kanya-Forstner, *France Overseas : the Great War and the climax of French imperial expansion* (London, 1981).

P. Kinross, *Atatürk : the rebirth of a nation* (London, 1964).

A. Kazancigil and E. Özbudun (eds.), *Atatürk, Founder of a Modern State* (London, 1981).

위임통치와 서구의 이해관계

E. Monroe, *The Mediterranean in Politics* (London, 1938).

S. H. Longrigg, *Iraq 1900-1950* (London, 1953).

P. Sluglett, *Britain in Iraq 1914-1932* (London, 1976).

M. Khadduri, *Independent Iraq 1932-1958*, 2nd edn (London, 1960).

P. S. Khoury, *Syria and the French Mandate* (London, 1987).

M. C. Wilson, *King Abdullah, Britain and the Making of Jordan* (Cambridge, 1987).

L. Hirszowicz, *The Third Reich and the Arab East* (London, 1966).

팔레스타인 문제

W. Z. Laqueur (ed.), *An Israel-Arab Reader* (London, 1969).

J. C. Hurewitz, *The Struggle for Palestine* (New York, 1950).
Palestine Royal Commission, *Report*, Cmd 5479 (London, 1937).
W. Khalidi, *From Haven to Conquest* (Beirut, 1971).
F. R. Nicosia, *The Third Reich and the Palestine Question* (London, 1985).
K. Stein, *The Land Question in Palestine 1917-1936* (Chapel Hill, North Carolina, 1984).
Y. M. Porath, *The Emergence of the Palestinian National Movement 1918-1929* (London, 1974).
Y. M. Porath, *The Palestinian Arab National Movement 1929-1939* (London, 1977).

이집트

A. Lutfi al-Sayyid-Marsot, *Egypt's Liberal Experiment 1922-1936* (Berkeley, 1977).
M. Anis, *Dirasat fi thawrat sanat 1919* (Cairo, 1963).
M. H. Haykal, *Mudhakkirat fi'l-siyasa al-misriyya*, 3 vols. (Cairo, 1951-78).
M. Deeb, *Party Politics in Egypt : the Wafd and its rivals 1919-1939* (London, 1979).

마그립

J. Berque, *Le Maghreb entre deux guerres* (Paris, 1962) ; English trans. *French North Africa : the Maghrib between two world wars* (London, 1962).
R. Le Tourneau, *Évolution politique de l'Afrique du nord musulmane 1920-1961* (Paris, 1962).
A. al-Fasi, *al-Harakat al-istiqlaliyya fi'l-maghrib al-'arabi* (Cairo, 1948).

경제 및 사회 변화

H. Batatu, *The Old Social Classes and the Revolutionary Movements of Iraq* (Princeton, 1978).
C. Issawi, *Egypt, an Economic and Social Analysis* (London, 1947).
R. L. Tignor, *State, Private Enterprise and Economic Change in Egypt 1918-1952* (Princeton, 1984).
A. Dasuqi, *Kibar mallak al-aradi al-zira'iyya wa dawruhum fi'l-mujtama' al-misri* (Cairo, 1975).
S. B. Himadeh (ed.), *The Economic Organization of Syria* (Beirut, 1936).
S. B. Himadeh (ed.), *al-Nizam al-iqtisadi fi'l-'Iraq* (Beirut, 1938).
E. Davis, *Challenging Colonialism : Bank Misr and Egyptian Industrialization 1920-1941* (Princeton, 1983).
J. Beinin and Z. Lockman, *Workers on the Nile : nationalism, communism, Islam and the Egyptian working class 1882-1954* (London, 1988).

R. Montagne, *Naissance du proletariat marocain* (Paris, 1951).

20장 생활양식과 사고방식의 변화(1914~1939)

도시 생활

M. Wahba, 'Cairo memories', *Encounter*, Vol. 62 v (May 1984), pp. 74-9.
A. Adam, *Casablanca*, 2 vols. (Paris, 1968).
J. Abu Lughod, *Rabat : urban apartheid in Morocco* (Princeton, 1980).
R. D. Matthews and M. Akrawi, *Education in Arab Countries of the Near East* (Washington, 1950).
R. F. Woodsmall, *Muslim Women Enter a New World* (London, 1936).
S. Graham-Brown, *Images of Women....1860-1950* (London, 1988).

문학과 예술

P. Cachia, *Taha Husain* (London, 1956).
T. Husayn, *al-Ayyam*, 3 vols. (Cairo, 1929-73) ; English trans. vol. 1 : *An Egyptian Childhood* (London, 1932) ; Vol. 2 : *The Stream of Days* (London, 1948) ; Vol. 3 : *A Passage to France* (London, 1976).
T. Husayn, *Mustaqbil al-thaqafa fi Misr*, 2 vols. (Cairo, 1938).
A. Shabbi, *Diwan* (Beirut, 1971).
G. Sadoul (ed.), *The Cinema in the Arab Countries* (Beirut, 1966).
J. Racy, 'Arabic music and the effects of commercial recording', *The World of Music*, Vol. 20 (1978), pp. 47-55.
J. Racy, 'Music' in T. Mostyn and A. Hourani (eds.), *The Cambridge Encyclopedia of the Middle East and North Africa* (Cambridge, 1988), pp. 244-50.
J. Dickie, 'Modern Islamic Architecture in Alexandria', *Islamic Quarterly*, Vol. 13 (1969), pp. 183-91.

이슬람 운동

H. A. R. Gibb, *Modern Trends in Islam* (Chicago, 1947).
C. Geertz, *Islam Observed* (New Haven, 1968).
R. P. Mitchell, *The Society of the Muslim Brothers* (London, 1969).
A. 'Abd al-Raziq, *al-Islam wa usul al-hukm* (Cairo, 1925) ; French trans. 'L'islam et les bases du pouvoir', *Revue des Études Islamiques* : Vol. 7 (1933), pp. 353-91 ; Vol. 8 (1934), pp. 163-222.
A. Merad, *Le réformisme musulman en Algérie de 1925 à 1940* (Paris, 1967).
W. Bennabi, *Mémoires d'un témoin du siècle* (Algiers, n.d.).
E. Gellner, 'The unknown Apollo of Biskra : the social base of Algerian

puritanism' in Gellner, *Muslim Society* (Cambridge, 1981), pp. 149-73.
K. Brown 'The impact of the *Dahir Berbère* in Salé' in E. Gellner and C. Micaud (eds.), *Arabs and Berbers* (Paris, 1967), pp. 201-15.

제5부 국민국가 시대(1939년 이후)

참고 문헌

Europa Publications, *The Middle East and North Africa* (London, annual 1948-).
Centre de Recherches et d'Études sur les Sociétés Méditerranéennes, *Annuaire de l'Afrique du Nord* (Paris, annual 1962-).
T. Mostyn and A. Hourani (eds.), *The Cambridge Encyclopedia of the Middle East and North Africa* (Cambridge, 1988).
P. Mansfield, *The Middle East : a political and economic survey*, 4th edn (London, 1973).
W. Knapp, *North-west Africa : a political and economic survey*, 3rd edn (Oxford, 1977).

통계

United Nations, Department of Economic Affairs, *World Economic Survey* (New York, annual).
United Nations, Statistical Office, *Statistical Year-book* (New York, annual).
United Nations, Food and Agriculture Organization, *Production Year-book* (Rome, annual).
United Nations Educational, Social and Cultural Organization (UNESCO), *Statistical Yearbook* (Paris, annual).

국가와 지역

P. Sluglett and D. M. Farouk-Sluglett, *Iraq since 1958* (London, 1987).
P. Marr, *The Modern History of Iraq* (London, 1985).
A. J. Cottrell and others, *The Persian Gulf States* (Baltimore, 1980).
R. S. Zahlan, *The Making of the Modern Gulf States* (London, 1989).
F. Heard-Bey, *From Trucial States to United Arab Emirates* (London, 1982).
A. Raymond (ed.), *La Syrie d'aujourd'hui* (Paris, 1980).
D. Hopwood, *Syria, 1945-1986 : politics and society* (London, 1988).
P. Gubser, *Jordan* (London, 1983).
H. Cobban, *The Making of Modern Lebanon* (London, 1985).
N. Lucas, *The Modern History of Israel* (London, 1974).

Groupe de Recherches et d'Études sur le Proche-Orient, *L'Egypte d'aujourd'hui* (Paris, 1977).
D. Hopwood, *Egypt : politics and society 1945-1984*, 2nd edn (London, 1986).
Centre de Recherches et d'Études sur les Sociétés Méditerranéennes, *Introduction à l'Afrique du nord contemporaine* (Paris, 1975).
M. K. and M. J. Deeb, *Libya since the Revolution* (New York, 1982).
J. -C. Vatin, *L'Algérie politique : histoire et société*, 2nd edn (Paris, 1983).

21장 제국들의 종말(1939~1962)

제2차 세계대전

I. S. O. Playfair and others, *History of the Second World War : the Mediterranean and the Middle East*, 6 vols. (London, 1954-73).
C. de Gaulle, *Mémoires de guerre*, 3 vols. (Paris, 1954-9) ; English trans. 3 vols. (London, 1955-60).
E. L. Spears, *Fulfilment of a Mission : the Spears Mission in Syria and Lebanon 1941-1944* (London, 1977).
H. Macmillan, *War Diaries : politics and war in the Mediterranean 1943-1945* (London, 1984).
Y. Porath, *In Search of Arab Unity 1930-1945* (London, 1986).
A. M. H. Gomaa, *The Foundation of the League of Arab States* (London, 1977).

영국과 중동

W. R. Louis, *The British Empire in the Middle East 1935-1951* (Oxford, 1984).
W. R. Louis and J. A. Bill (eds.), *Musaddiq, Iranian Nationalism and Oil* (London, 1988).
W. R. Louis and R. Owen (eds.), *Suez 1956 : the crisis and its consequences* (Oxford, 1989).

팔레스타인 문제

W. R. Louis and R. W. Stookey (eds.), *The End of the Palestine Mandate* (London, 1986).
M. J. Cohen, *Palestine and the Great Powers* (Princeton, 1982).
B. Morris, *The Birth of the Palestine Refugee Problem 1947-1949* (Cambridge, 1987).
A. Shlaim, *Collusion across the Jordan : King Abdullah, the Zionist movement and the partition of Palestine* (Oxford, 1988).
M. 'Alami, *'Ibrat Filastin* (Beirut, 1949) ; English trans. 'The lesson of Palestine',

Middle East Journal, Vol. 3 (1949), pp. 373-405.

프랑스와 마그립

C,-A. Julien, *L'Afrique du nord en marche*, 3rd edn (Paris, 1972).
M. Bourguiba, *La Tunisie et la France* (Paris, 1954).
A. Nouschi, *La naissance du nationalisme algérien* (Paris, 1962).
M. Lacheraf, *L'Algérie, nation et société* (Paris, 1965).
A. Horne, *A Savage War of Peace : Algeria 1954-1962* (London, 1977).
J. Daniel, *De Gaulle et l'Algérie* (Paris, 1986).

22장 변화하는 사회(1940년대와 1950년대)

경제 성장

Y. Sayigh, *The Arab Economy : past performance and future prospects* (Oxford, 1982).
D. Warriner, *Land Reform and Development in the Middle East* (London, 1957).
Lord Salter, *The Development of Iraq* (London, 1955).
C. lssawi, *Egypt at Mid-century* (London, 1954).
C. lssawi, *Egypt in Revolution* (London, 1963).
R. Mabro, *The Egyptian Economy 1952-1972* (Oxford, 1974).
A. Gaitskell, *Gezira : a study of development in the Sudan* (London, 1959).
S. Amin, *L'économie du Maghreb*, 2 vols. (Paris, 1966).
G. Leduc (ed.), *Industrialisation de l'Afrique du nord* (Paris, 1952).
W. D. Swearingen, *Moroccan Mirages : agricultural dreams and deceptions 1912-1986* (London, 1986).

도시화

L. C. Brown (ed.), *From Madina to Metropolis* (Princeton, 1973).
P. Marthelot, 'Le Cairo, nouvelle métropole', *Annales Islamologiques*, Vol. 8 (1969), pp. 189-221.
A. Raymond, 'Le Caire' in Centre de Recherches et d'Études sur le Proche-Orient, *L'Egypte d'aujourd'hui* (Paris, 1977), pp. 213-41.

건축

H. Fathy, *Architecture for the Poor : an experiment in rural Egypt* (Chicago, 1973).
S. S. Damluji, 'Islamc architecture in the modern world' in T. Mostyn and A. Hourani (eds.), *The Cambridge Encyclopedia of the Middle East and North Africa* (Cambridge, 1988), pp. 232-6.

교육

J. S. Szyliowicz, *Education and Modernization in the Middle East* (Ithaca, New York, 1973).

B. G. Massialas and S. A. Jarrar, *Education in the Arab World* (New York, 1983).

J. Waardenburg, *Les universités dans le monde arabe actuel*, 2 vols. (Paris, 1966).

A. B. Zahlan, *Science and Science Policy in the Arab World* (London, 1980).

역사 문헌

A. Laroui, *L'histoire du Maghreb : un essai de synthèse* (Paris, 1970) ; English trans. *The History of the Maghrib* (Princeton, 1977).

C. Zurayq, *Nahnu wa'l-tarikh* (Beirut, 1959).

문학

J. Stetkevych, 'Classical Arabic on stage' in R. C. Ostle (ed.), *Studies in Modern Arabic Literature* (Warminster, Wiltshire, 1975), pp. 152-66.

Adunis (A. A. Sa'id), *al-athar al-kamila*, 2 vols. (Beirut, 1971).

B. S. al-Sayyab, *Diwan*, 2 vols. (Beirut, 1971-4).

D. Johnson-Davies (ed. and trans.), *Arabic Short Stories* (London, 1983).

N. Mahfuz, *Zuqaq al-midaqq* (Cairo, 1947) ; English trans. *Midaq Alley* (London, 1974).

N. Mahfuz, *Bayn al-qasrain, Qasr al-shawq, al-Sukkariyya* (The 'Cairo Trilogy' ; Cairo, 1956-7) ; English trans. of Vol. 1, *Palace Walk* (London, 1990).

A. al-Sharqawi, *al-Ard* (Cairo, 1954).

L. Ba'labakki, *Ana ahya* (Beirut, 1963).

J. Dejeux, *Littérature maghrebine de langue française*, 3rd end. (Sherbrooke, Quebec, 1980).

J. Dejeux and A. Memmi, *Anthologie des écrivains maghrebins d'expression française*, 2nd edn (Paris, 1965).

K. Yacine, *Nedjma* (Paris, 1956).

M. Feraoun, *Le fils du pauvre* (Paris, 1954).

A. Djebar, *Les alouettes naïves* (Paris, 1967).

이슬람 운동

K. M. Khalid, *Min huna nabda* (Cairo, 1950) ; English trans. *From Here We Start* (Washington, 1953).

T. Husayn, *al-Fitna al-kubra*, 2 vols. (Cairo, 1947-56).

O. Carré and G. Michaud, *Les frères musulmans : Egypt et Syrie 1920-1982* (Paris, 1983).

O. Carré, *Mystique et politique : lecture révolutionnaire du Coran par Sayyid Qutb* (Paris, 1984).

S. Qutb, *Al-'Adala al-ijtima'iyya fi'l-islam*, 4th edn (Cairo, 1954) ; English trans. S. Kotb, *Social Justice in Islam* (New York, 1970).

M. Gilsenan, *Saint and Sufi in Modern Egypt* (Oxford, 1973).

24장 아랍주의의 정점(1950년대와 1960년대)

압둘 나세르와 나세르주의

P. Mansfield, *Nasser* (London, 1969).

R. Stepens, *Nasser* (London, 1971).

H. Heikal, *The Sphinx and the Commissar : the rise and fall of Soviet influence in the Middle East* (London, 1978).

H. Heikal, *Cutting the Lion's Tail : Suez through Egyptian eyes* (London, 1986).

M. Kerr, *The Arab Cold War 1958-1970*, 3rd edn (London, 1971).

E. O'Ballance, *The War in the Yemen* (London, 1971).

E. O'Ballance, *The Third Arab-Israeli War* (London, 1972).

정치 사상

J. 'Abd al-Nasir, *Falsafat al-thawra* (Cairo, 1955) ; English trans. *The Philosophy of the Revolution* (Cairo, 1955).

Egypt, Department of Information, *Mashru' al-Mithaq al-watani* (Cairo, 1962).

S. A. Hanna and G. H. Gardner (eds.), *Arab Socialism : a documentary survey* (London, 1969).

S. Botman, *The Rise of Egyptian Communism* (Syracuse, New York, 1988).

J. F. Devlin, *The Ba'th Party* (Stanford, California, 1966).

M. 'Aflaq, *Fi sabil al-ba'th* (Damascus, 1959).

M. 'Aflaq, *Ma'rakat al-masir al-washid* (Beirut, 1958).

M. A. al-'Alim and A. Anis, *Fi'l-thaqafa al-misriyya* (Beirut, 1955).

L. 'Awad, *Thaqafatuna fi muftaraq al-turuq* (Beirut, 1974).

A. Laroui, *La crise des intellectuels arabes* (Paris, 1974) ; English trans. *The Crisis of the Arab Intellectual* (Berkeley, 1974).

A Laroui, *L'idéologie arabe contemporaine*, revised edn (Paris, 1977).

25장 아랍 통합과 분열(1967년 이후)

이스라엘과의 전쟁화 평화

E. O'Ballance, *No Victor, No Vanquished : the Yom Kippur war* (London, 1968).

W. B. Quandt, *Decade of Decision : American policy towards the Arab-Israeli conflict 1967-1976* (Berkeley, 1977).

W. B. Quandt, *Camp David : peacemaking and politics* (Washington, 1986).

H. Kissinger, *Years of Upheaval* (London, 1982).

J. Carter, *The Blood of Abraham* (Boston, 1985).

M. Riyad, *Mudhakkirat 1948-1975* (Beirut, 1985) ; English trans. M. Riad, *The Struggle for Peace in the Middle East* (London, 1981).

H. Heikal, *The Road to Ramadan* (London, 1975).

P. Seale, *Asad of Syria : the struggle for the Middle East* (London, 1988).

개방 정책

J. Waterbury, *The Egypt of Nasser and Sadat* (Princeton, 1983).

R. Hinnebusch, *Egyptian Politics under Sadat* (Cambridge, 1985).

H. Heikal, *Kharif al-ghadab*, 2nd edn (Beirut, 1983) ; English trans. *Autumn of Fury* (London, 1983).

Y. Sayigh, *The Economies of the Arab World*, 2 vols. (London, 1975).

J. S. Birks and C. Sinclair, *Arab Manpower : the crisis of development* (London, 1980).

M. Bennoune, *The Making of Contemporary Algeria* (Cambridge, 1988).

점령 하의 팔레스타인

H. Cobban, *The Palestinian Liberation Organization* (Cambridge, 1984).

M. Benvenisti and others, *The West Bank Handbook* (Jerusalem, 1986).

D. MacDowell, *Palestine and Israel* (London, 1989).

레바논 내전

K. Salibi, *Cross-roads to Civil War* (London, 1976).

K. Salibi, *A House of Many Mansions* (London, 1988).

E. Picard, *Liban : état de discorde* (Paris, 1988).

Z. Schiff and E. Ya'ari, *Israel's Lebanon War* (London, 1985).

R. Khalidi, *Under Siege : P.L.O. decision-making during the 1982 war* (New York, 1986).

이라크 · 이란 전쟁
S. Chubin and C. Tripp, *Iran and Iraq at War* (London, 1988).

26장 정신의 혼란(1967년 이후)

사회적 분할
S. Ibrahim, *The New Arab Social Order : a study of the social impact of oil wealth* (London, 1982).
R. Owen, *Migrant Workers in the Gulf* (London, 1985).
D. MacDowell, *The Kurds* (London, 1985).

남성과 여성
E. Fernea (ed.), *Women and the Family in the Middle East* (Austin, Texas, 1985).
L. Beck and N. Keddie (eds.), *Women in the Muslim World* (Cambridge, Massachusetts, 1978).
N. Hijab, *Womanpower : the Arab debate on women at work* (Cambridge, 1988).
F. Mernissi, *Beyond the Veil : male-female dynamics in a modern Muslim society*, revised edn (London, 1985).
N. Abu Zahra, 'Baraka, material power, honour and women in Tunisia', *Revue d'Histoire Maghrébine*, Nos. 10-11 (1978), pp. 5-24.

사상 운동
G. A. Amin *Mihnat al-iqtisad wa'l-thaqafa fi Misr* (Cairo, 1982).
H. Hanafi, *al-Turath wa'l-tajdid* (Cairo, 1980).
S. J. al-'Azm, *Naqd al-fikr al-dini* (Beirut, 1969).
H. Djaït, *La personalité et le devoir arabo-islamique* (Paris, 1974).
M. A. al-Jabiri, *al-Khitab al-'arabi al-mu'asir* (Casablanca, 1982).
M. A. al-Jabiri, *Takwin al-'aql al-'arabi*, 2nd edn (Beirut, 1985).
F. Ajami, *The Arab Predicament* (Cambridge, 1981).

이슬람의 재평가
H. Enayat, *Modern Islamic Political Thought* (London, 1982).
R. Mottahedeh, *The Mantle of the Prophet* (London, 1985).
F. Rahman, *Islam and Modernity* (Chicago, 1982).
J. Piscatori (ed.), *Islam in the Political Process* (Cambridge, 1981).
J. Piscatori, *Islam in a World of Nation-States* (Cambridge, 1986).
J. R. Cole and N. Keddie (eds.), *Shi'ism and Social Protest* (New Haven, 1986).
G. Kepel, *Le prophète et Pharaon* (Paris, 1984) ; English trans. *The Prophet and*

Pharaoh (London, 1985).
M. Gilsenan, *Recognizing Islam* (London, 1982).
S. 'Uways, *Rasa'il ila'l-imam al-Shafi'i* (Cariro, 1978).
S. Qutb, *Ma'alim fi'l-tariq* (Cairo, 1964).

용어 설명(가나다 순)

※ 아랍어나 터키어 용어를 적을 때 일반적인 아랍어 표기 방식과 현대 터키어 표기 방식 중 어느 것을 따라야 할지 결정하기가 쉽지 않다. 일반적으로 오스만 제국과 관련된 맥락에서 사용된 단어는 터키어 표기 방식을 따른다. 그 밖의 경우는 아랍어 표기 방식을 따른다. 그러나 이 원칙을 완전히 지키지는 못했다.

가이바ghayba 주로 쉬아파에서 사용하는 용어로서 최후 이맘의 '은폐기'를 지칭한다. 쉬아파 교리에 따르면 12번째 이맘인 무함마드 알 문타자르가 873년 어느 날 갑자기 사라졌다. 추종자들은 그가 혼탁한 속세를 떠나 세상 어디엔가 여전히 살고 있다고 믿고 있다. 이와 같이 사람들의 눈에 띄지 않는 상태가 가이바, 즉 은폐 상태이다. 최후의 이맘은 미래의 어느 때인가 가이바의 상태를 끝내고 구세주로서 재림하게 된다.

가잘ghazal 아랍의 연시戀詩. 이슬람 이전 고대 시절부터 아랍인들은 연애를 소재로 한 시문학 작품을 즐겼으며, 이러한 전통은 후에 페르시아, 터키, 우르두 문학에도 영향을 미쳤다.

까디qadi 판사 혹은 법관을 지칭하는 아랍어. 우마이야 왕조(660~750)부터 법관 체제가 발전했다. 칼리파들과 지방 총독들은 주요 도시에 까디를 두고 자신의 사법권 행사를 대리하게 했다.

까시다qasida 아랍의 전통 정형 장시長詩. 최대 백 개의 행으로 구성되는 이 정형시는 이미 통용하고 있는 수많은 운율 가운데 하나를 택한 후 하나의 운을 처음부터 끝까지 사용한다. 까시다의 각 운은 첫 행의 두 번째 반구에서 사용한 것과 똑같은 운이 둘째, 셋째 행에서도 반복되며 시의 마지막 행까지 계속된다.

까아qa'a 이슬람식 전통 가옥에서 사랑방 혹은 접견실 역할을 했던 곳. 손님들은 이곳에서 집주인과 모임을 가졌다. '마즐리스'majlis라고도 한다.

까이다qa'ida 이상적으로 여겨지는 행동 윤리.

까이사리야qaysariyya 상점 혹은 공예점 등이 밀집한 구역이나 옥내 시장. 마그립 지역에서는 주로 까이사리야라고 했으며, 이란과 터키에서는 바자르bazaar라고 했다.

꾸틉qutb 원래 회전체의 '중심축'이란 뜻을 지닌 단어로서 수피 종단에서 최고 성인으로 모시는 중심인물을 가리킨다. 우주 질서가 그를 중심으로 돌아간다는 의미에서 꾸틉이란 명칭을 붙였다.

끼블라qibla 무슬림들의 예배 방향. 무

슬림들은 하루 다섯 차례 예배 볼 때 반드시 메카 방향을 향해서 절을 올린다. 끼블라는 바로 메카 방향을 가리킨다.

끼야스 qiyas　이슬람 법원法源 가운데 하나로서 유추를 뜻한다. 이슬람 법원에는 ≪꾸란≫, 순나, 합의, 유추 등 네 가지가 있다. ≪꾸란≫과 순나에서 판결의 근거를 찾지 못하고 해결할 수 없는 문제가 발생했을 때, 기존의 판결들 속에서 유사한 상황을 찾아내어 적용하는 방법이 바로 끼야스다.

나기드 nagid　이집트에 있었던 유대인 공동체의 수장首長을 가리키는 말. 라이스 알 야후드 ra'is al-yahud라고도 했다. 12세기 무렵 이집트에는 약 25,000명의 유대인들이 거주하고 있었고, 이들 중 대부분은 카이로에 머물렀다.

나낍 알 아슈라프 naquib al-ashraf　예언자 무함마드의 후손들의 집단 수장 혹은 그들을 관리하던 지방 행정관.

나띠끄 natiq　이스마일 쉬아파에서 알라의 사도를 지칭하는 용어. 이스마일파 교리에 따르면 인류에게는 모두 일곱 차례의 예언 주기가 있다. 각 주기마다 나띠끄는 알라로부터 계시를 받는다. 이와 함께 와시 wasi는 그의 계시 속에 함의된 내적 의미를 해석하게 된다.

나입 na'ib　대리 판사.

데브시르메 dev irme　오스만 제국에서 시행되었던 군軍 제도 가운데 하나로서 '기독교 소년의 징발제도'를 가리킨다. 이렇게 양성된 기독교 소년들은 후에 예니체리 혹은 궁전 근위대로 편입되었다.

데이 dey　오스만 제국 시절 마그립에 주둔하고 있던 예니체리 군단에서 선출된 대표자로서 후대에 중앙 파견 총독과 권력을 양분하기도 했다.

두눔 dunum　이라크와 시리아 지역에서 사용하던 토지 측정 단위. 이라크의 경우,　1두눔은 대략 0.25헥타르 혹은 0.6에이커에 해당한다.

두아 du'a　무슬림들이 드리는 예배 절차 가운데 하나로서 개인적인 소원을 기원하는 기도에 해당한다. 예배가 끝나는 순간 거의 모든 무슬림들은 '두아'라고 하는 기도를 짧고 조용하게 드린다.

디완 divan　오스만 제국의 최고 정부 조직으로서 일종의 내각內閣에 해당한다. 아랍어로는 'diwan'으로 표기하고 터키어로는 'divan'으로 표기한다. 국가의 주요 업무를 디완에서 논의하고 결정하였다. 디완은 술탄 시대까지는 술탄에 의해, 그 후로는 사드리 아잠이라고 하는 재상에 의해 주재되었다.

디완 diwan　시문학 작품을 엮은 문헌집. '기록' 혹은 '수집'이란 뜻을 지닌 아랍어에서 유래되었다. 후에 정부의 문서를 기록하는 관료를 지칭하기도 했다. 오스만 제국의 최고 의사 결정 기관인 디완 divan은 바로 이 단어에서 유래했다.

디크르 dhikr　이슬람 신비주의자인 수피들의 수행 방법 가운데 하나. 디크르는 일정한 양식의 말을 정기적으로 수천 번씩 반복하는 것으로서 수피 수행자들은 이를 통해 황홀경에 도달하게 된다.

딤마dhimma 이슬람 영토 안에서 거주하는 기독교, 유대교, 조로아스터교 등의 교인들을 지칭하는 말로서, 이들은 이슬람으로의 개종을 거부하는 대신 인두세를 납부함으로써 신변의 안전을 보장받았다. 이들은 인두세를 냄으로써 병역도 면제되었다.

따리까tariqa 수피 수행자들이 신비 체험을 통해 신에게 다가가려고 하는 길. 같은 길을 걷고 있는 수피 동지나 집단의 형제애와 그들 간의 질서 체계를 의미하기도 한다. 수피 종단宗團 자체를 따리까라고 일컫기도 한다.

띱브 나바위tibb nabawi 예언자 의학prophetic medicine. ≪꾸란≫과 ≪하디스≫에 적힌 의학 상식을 체계화하여 정립했다. 그리스 혹은 서구 의학 체계에 대항하여 등장한 것으로 정립자들은 대부분 의사가 아니라 율법가 혹은 종교학자였다.

라위rawi 시詩 낭송자 혹은 전송자를 뜻하는 아랍어. 고대 아랍 시인들은 라위를 데리고 다니며, 자기 시를 암송케 하였다. 때로는 시인이 라위를 겸하는 경우도 있었다.

라이스 알 툿자르ra'is al-tujjar 장거리 무역을 전문으로 하는 상단商團의 우두머리.

레아야reaya 오스만 제국에서 피지배계층을 지칭하는 말로서 조세 의무를 지닌 일반 대중을 가리킨다. 제국의 지배 계층은 국가를 확장, 보호, 유지하고 술탄과 국가를 위한 부富를 확보해야 할 의무가 있었다. 반면 레아야들은 농경이나 교육, 제조업에서 노동을 통해 부를 생산하고, 수익의 일부를 세금 형태로 국가에 납부해야 할 의무가 있었다.

리와끄riwaq 아즈하르 대학 기숙사. 아즈하르 대학에서는 지역 혹은 국적에 따라 학생들의 숙소를 나눠서 배치했는데, 리와끄는 바로 개별 기숙사를 가리킨다.

릿다ridda 배교背教. 특히 예언자 무함마드의 사후를 전후로 일부 부족들이 이슬람 공동체로부터 이탈한 행위를 가리킨다.

마까마maqamat 11~12세기 유행했던 문학 장르. 운율이 있는 산문으로 쓰였으며, 이야기체 형식을 띠고 있다. 마까마는 원래 '서 있는 장소'를 뜻한다. 사람들이 연사의 말을 들으며 서 있는 집회, 특히 문학적 토론에서 유래했다. 작품의 주인공은 방랑하며 자신의 수사와 시, 학식 등을 과시한다. 각각의 마까마는 독립되어 있으므로 이를 한 편의 작품으로 엮으면 운문과 산문이 혼합된 소설로 간주될 수 있다.

마깜maqam 수피 수행자들이 영적인 성취를 해나가면서 상승하는 단계. 수행자는 여러 마깜의 단계를 지나 그 종착역인 '신과의 합일'에 이르게 된다.

마드라사madrasa 이슬람 신학교. 초등교육을 담당했던 쿠탑에 비해 마드라사는 고등 교육의 기능을 맡았다. 주로 이슬람 율법과 이와 관련된 종교학 과목을 가르쳤다.

마드합madhhab 이슬람 율법 학파. 주요

학파로는 샤피 학파, 하나피 학파, 말리키 학파, 한발리 학파 등이 있다.

마스지드masjid 이슬람의 예배당을 가리키는 말로서 원래 '절하는 장소'란 의미를 갖고 있다. 영어의 모스크mosque 혹은 스페인어의 메스키타mezquita의 어원. 아랍어 가운데 동의어로 자미으jami' 가 있다.

마왈리mawali 비아랍 무슬림을 가리키는 용어. 페르시아, 이집트, 레반트, 마그립 등지에서 살았던 백성들은 아랍 정복 이후 이슬람으로 개종했으며, 이들을 마왈리라 했다.

마울리드mawlid 예언자의 탄신 기념일. 대중들이 참여하는 축하 행사일이 되었다. 탄신 기념행사는 카이로의 파티마 왕조 시절에 처음 선을 보인 뒤, 13세기와 14세기 무렵 전 이슬람 세계로 확산되었다.

마으리파ma'rifa 영지gnosis를 뜻하는 아랍어. 흔히 이르판'irfan이라고도 한다. 신비주의 사상에서 주로 사용하는 개념으로서 유일신 알라와 인간 세계를 중재하는 역할을 한다. 인간은 마으리파의 중재를 통해 '신인합일'의 경지에 이르게 된다.

마잘림mazalim 실책, 부정, 죄악 등을 뜻하는 아랍어. 이슬람 제국의 칼리파는 지방 관리의 부정행위를 고발하는 백성들의 상소를 듣는 제도를 도입했다.

마즐리스majlis 이슬람식 전통 가옥에서 사랑방 혹은 접견실 역할을 했던 곳. 손님들은 이곳에서 집주인과 모임을 가졌다. 오늘날에는 의회 혹은 위원회라는 의미로 통용되기도 한다.

마크잔makhzan 주로 마그립 지역에서 사용되었던 행정 용어로서 중앙 정부 혹은 왕실을 지칭한다.

마크탑maktab 과거 이슬람 세계에 있었던 초등 교육기관으로서 우리나라의 서당과 같은 기능을 했다. 어린 학생들은 이곳에서 아랍어를 깨우치고 꾸란을 암송했다. 쿠탑kuttab이라고도 한다.

마할mahalle 오스만 제국 시절 도시의 일부를 구성했던 구역 단위.

마흐디mahdi 쉬아파에서 말하는 구세주. 최후의 심판의 날 마흐디가 재림하여 이슬람을 올바른 길로 인도하고 정의를 세우게 된다. '기다리는 이맘'이라고도 한다.

마흐르mahr 신부대금을 지칭하는 아랍어. 이슬람 결혼 풍습에서 신랑은 결혼 계약서에 마흐르의 금액을 명시하고 이를 지불해야 한다. 마흐르는 신부의 자산이 된다.

마흐말mahmal 과거 메카 순례 때, 이집트 혹은 시리아인들이 낙타 등에 싣고 왔던 화려한 장식의 나무로 된 가마. 그 가마 안에는 보통 ≪꾸란≫이 놓여 있었다. 마흐말은 그 지역의 독립과 주권을 상징했다.

말리카네malikane 세금 징수 도급 제도. 오스만 제국에서 시행되었던 세금제도로 1695년에 처음 도입된 후 18세기에 유행했다. 세금농지Tax-farm는 가장 높은 가격 혹은 지대를 지불하는 자에게 경매되었다. 오스만 제국은 극심한 재정난을 극복하기 위해 이 제도를 도입했다.

맘루크mamluk 아랍어로 '노예'란 뜻으로 주로 튀르크 노예 용병을 가리킨다. 이들은 후에 군사권을 장악하면서 압바스 왕조의 멸망을 초래했다. 또한 이들 중 일부는 이집트에서 13~16세기 동안 독립 왕국을 건설하기도 했다.

메디나madina '도시'를 뜻하는 아랍어. 경우에 따라 메디나Medina로 표기되기도 한다.

무다리스mudarris 스승 혹은 선생을 가리키는 아랍어. 중세 이슬람 신학교였던 마드라사madrasa에서 율법 및 종교학을 가르쳤다.

무르쉬드murshid 수피즘에서 '스승'을 지칭하는 용어. '지도자'란 뜻을 지닌 아랍어에서 유래했다. 피르pir 혹은 셰이크shaykh라고도 한다.

무샤musha' 집단 혹은 공동 토지 소유 제도. 정기적으로 개인, 가족, 부족 등이 토지를 분배받아 경작한다. 일반적으로 토지가 외부인에게 유출되는 것을 방지하기 위해 마을 내부인에게만 분배되었다.

무아말라트mu'amalat 이슬람 율법학자들은 인간의 행동 유형을 크게 두 가지로 나눈다. 그중 첫째가 이바다트'ibadat이고, 둘째가 무아말라트이다. 이바다트는 인간과 알라(하느님)의 관계에 관한 것으로서 예배, 단식, 희사, 순례 등이 그 예에 속한다. 한편 무아말라트는 인간과 인간의 관계에 관한 것으로서 결혼, 이혼, 매매, 유산, 상속 등이 이에 속한다. 무아말라트는 서구에서 말하는 가족법, 상법, 형법 등에 해당한다.

무앗잘mu'ajjal 결혼 계약 시 미납된 나머지 신부대금으로서 원래 '연기된 것'을 뜻하는 아랍어. 이슬람 결혼 풍습에서 신랑은 결혼 계약서에 신부대금, 즉 마흐르mahr의 금액을 명시하고 이를 지불해야 한다. 마흐르는 한 번에 지불할 수도 있으나, 결혼 전에 일부를 지불하고 나머지는 이혼 시에 지불할 수도 있다. 이때 그 나머지 금액이 '무앗잘'이다.

무앗진mu'adhdhin 아잔adhan 소리꾼. 아잔은 예배 시간을 알리는 리듬 있는 음성으로서 하루 다섯 차례 모스크에서 울린다. 아잔을 소리 내는 사람을 무앗진이라고 하는데, 크고 청아한 목소리의 주인공이라면 누구나 될 수 있다. 무앗진은 모스크의 첨탑에 올라 널리 퍼지도록 아잔을 소리 낸다.

무엣진muezzin 무앗진mu'adhdhin의 영어식 표기.

무왓샤흐muwashshah 중세 안달루스 지방에서 발전한 시詩 형식. 아랍 전통 정형시의 단조로움에서 벗어나 음악적 요소를 가미한 가요라고 말할 수 있다. 주로 아랍어 구어와 라틴어계 구어인 로망스어가 혼합된 것이 특징이다.

무자라아muzara'a 소작농 계약. 소작농은 지주로부터 땅을 빌려 경작하며, 그 소출을 일정한 비율에 따라 나누게 된다. 지주는 경작지 외에 씨앗, 가축, 기구 등도 빌려줄 수 있는데, 이 경우 지주가 갖는 몫은 더 커진다.

무즈타히드mujtahid 이즈티하드ijtihad를 행하는 자로서 법해석자를 지칭한다. 이즈티하드는 이슬람 율법학의 용어로서 '독자적인 판결에 이르게 하는 개별적 법해석 행위'를 말한다.

무트아mut'a 임시결혼제도. 원래 '쾌락'이란 뜻을 지닌 단어에서 유래했다. 주로 쉬아파 국가인 이란에서 행해지며, 대부분 순니파 국가인 아랍 지역에서는 불법으로 간주한다. 이것은 계약서에 결혼 기간과 그에 대한 보상액수를 사전에 약속함으로써 성사되는데, 계약기간은 하루, 수주, 수개월, 수년 등 다양하다. 그 계약내용은 중간에 수정할 수 없으며, 남자는 여자에게 약속한 액수만 주고 집이나 음식을 장만해야 할 의무는 없다.

무프티mufti 최고 율법가. 일반적으로 파트와를 내놓을 수 있을 정도의 자격을 갖춘 율법학자를 무프티라고 한다. 파트와란 판단이 서지 않는 법 문제에 대해 권위 있는 견해를 내놓는 것을 말한다. 오늘날에도 일부 이슬람 국가들은 무프티 제도를 두고 있고, 국가 최고 무프티를 공식 임명하기도 했다.

무흐타십muhtasib '시장 감독관'. 시장에 파견된 행정 관리로서 상품의 가격, 무게, 크기, 품질 등을 관리하고 상거래 윤리를 감독했다.

미싸끄mithaq '약속' 혹은 '언약'을 뜻하는 아랍어. 종교적으로는 유일신 알라가 세계를 창조하기 전에 인간과 맺었던 언약을 말하며, 이때 인간은 유일신을 숭배하기로 증언했다.

미흐랍mihrab 모스크의 건축 양식 가운데 하나로서 벽면에 파놓은 조그만 벽감壁龕을 지칭한다. 미흐랍은 신도들이 예배를 드릴 때 메카의 방향을 알려주기 위해 만든 것이다. 미흐랍의 장식으로는 돌이나 스투코에 조각을 새겨 넣거나, 유약을 발라서 구어 낸 타일을 사용하기도 하고, 장식적인 그림 혹은 모자이크 장식을 이용하기도 한다.

민바르minbar 모스크의 설교단을 가리키며, 보통 미흐랍 바로 오른쪽에 위치한다. 금요예배 때 카띱khatib은 바로 이곳에 올라 설교를 한다.

바까baqa 수피들의 신비 체험을 설명하는 용어 가운데 하나다. 파나fana의 상대적 개념으로서 새롭게 신神 안에서 소생하여 영속하는 것을 말한다.

바디으badi' 언어의 정교화 그리고 수사적 기법을 가미해 변형된 새로운 시詩 장르를 말한다.

바이아bay'a 칼리파의 등극 시 그에게 충성을 맹세하는 선서를 말한다.

베이bey 군軍 장교를 지칭하는 터키어. 소규모 관할 지역의 관료 혹은 통치자를 지칭하기도 한다. 과거에는 'beg'로 표기되기도 했다.

비동빌bidonville '깡통'을 의미하는 bidon과 '마을'을 의미하는 ville이 합성된 프랑스어로서 '판자촌'을 의미한다. 모로코 카사블랑카의 빈민가를 지칭한다.

비마리스탄bimaristan '병자들을 위한 장소'란 뜻을 지닌 페르시아어에서 나온 말로서 이슬람 세계의 '병원'을 지칭한다. 10세기 무렵부터 이슬람 세계에서는 체계적인 치료를 받을 수 있는 병원이 등장하기 시작했다.

빌라 카이프bila kayf 이슬람 주요 신학파 가운데 하나인 아샤리 학파의 교리로서 '왜냐고 묻지 말라'는 뜻을 지니고 있다. ≪꾸란≫ 가운데 인간의 이성理性으로써 이해되지 않는 구절이 나타나더라도 의심하지 말고 문자 그대로 받아들이라는 의미를 담고 있다. 이성보다 신앙의 우위성을 강조하는 말이다.

사드리 아잠sadr-i azam 오스만 제국의 대재상. 대신大臣에 해당하는 와지르vizir의 최고직이 바로 사드리 아잠이다. 사드리 아잠은 술탄의 옥새를 관장하고, 술탄의 부재 시 최고 사령관으로서 군을 통솔한다.

사라프sarraf '은행가'를 뜻하는 아랍어.

사움sawm '단식'을 뜻하는 아랍어. 무슬림들은 라마단(이슬람력 9월) 한 달 동안 금식의 의무를 지킨다. 해뜰 때부터 해질 때까지 먹거나 마셔서는 안 된다. 신앙증언(샤하다), 예배(살라트), 종교세(자카트), 순례(핫즈) 등과 함께 이슬람 신앙과 실천의 다섯 기둥 가운데 하나다.

사이드sayyid 예언자 무함마드의 후손을 지칭하는 단어. 이슬람 각 지역에서 이들은 특별히 존경을 받아왔다. 마그립 지역에서는 샤리프sharif라고도 한다.

사즈으saj' 각운脚韻 산문으로서 고대 아랍시에서 애용하던 표현 양식 중 하나. 이 양식은 고대 아랍 세계에서 주술과 관련된 문장에서 많이 사용하였다. 고대 주술가들은 사즈으 문체로써 축복이나 저주를 내렸으며 예언을 하기도 했다. 사즈으 문체는 ≪꾸란≫에서도 사용되었다. 후대에 이르러 사즈으는 단순한 수사학적 장식으로 웅변적 말이나 글의 특징이 되었다.

산자크sancak 오스만 제국의 행정 단위. 오스만 제국은 주州에 해당하는 에야레트, 군郡에 해당하는 산자크Sancak, 면面에 해당하는 카자Kaza, 동洞에 해당하는 쾨이Köy로 구성되었다. 산자크의 행정은 산자크베이sancak-Bey라는 장長이 관장한다.

살라트salat '예배'를 뜻하는 아랍어. 예배는 종교적 실천 행위 중 가장 우선하며, 무슬림들은 하루 다섯 번씩 예배드린다. 신앙증언(샤하다), 종교세(자카트), 라마단 단식(사움), 순례(핫즈) 등과 함께 이슬람 신앙과 실천의 다섯 기둥 가운데 하나다.

살라피야salafiyya 이슬람 복고주의 운동. 선조 혹은 조상을 뜻하는 아랍어 살라프salaf에서 유래한 용어. 이슬람 초기의 선조들은 후대보다 ≪꾸란≫과 순나에 정통하므로 그들의 관행을 귀감으로 삼고 존경해야 한다는 의미를 담고 있다. 18~19세기의 와하비야 운동, 사누시야 운동, 마흐디 운동 등이 그 예에 속한다.

샤리아shari'a 이슬람 율법. '길'을 뜻하는 아랍어에서 유래한 것으로서 무슬림이라면 누구나 복종하고 좇아야 할 규범이며, ≪꾸란≫과 순나를 근거로 하고 있다.

샤리프sharif 예언자 무함마드의 후손을 지칭하는 단어. 이슬람 각 지역에서 이들은 특별히 존경을 받아왔다. 사이드sayyid와 동의어이다.

샤쉬야shashiya 튀니지인들이 착용하는 머리 덮개.

샤하다shahada '신앙증언'을 뜻하는 아랍어. 무슬림들은 "라 일라하 일랄라, 무함마드 라술룰라"(알라 이외에 신은 없고, 무함마드는 알라의 사자이다)라고 신앙증언을 한다. 이것은 이슬람의 유일신관과 무함마드가 알라의 마지막 예언자임을 정의하고 있다. 예배(살라트), 종교세(자카트), 라마단 단식(사움), 순례(핫즈) 등과 함께 이슬람 신앙과 실천의 다섯 기둥 가운데 하나다.

셰이크shaykh 족장, 원로, 스승, 종교 지도자 등을 가리키는 아랍어.

셰이크 알 이슬람shaykh al-islam 오스만 제국의 최고 종교 지도자. 오스만 제국은 16세기부터 일미예ilmiye라고 하는 고위 이슬람 종교학자 기구를 발전시켜 사법과 교육을 관장하게 했다. 이 기구의 수장은 이스탄불의 무프티였으며, 셰이크 알 이슬람이라고 했다.

수끄suq 아랍의 전통 시장市場. 페르시아에서는 바자르라고 한다.

수라surra 순례 시 메카와 메디나의 빈곤층에게 나눠주는 희사금 혹은 재물.

수와이까suwayqa 동네의 작은 시장. 작은 규모의 시장으로서 동네에서 필요한 일용품을 판매한다.

수피즘Sufism 이슬람 신비주의神秘主義. 영적 체험을 통해 신비적 직관을 얻고자 하는 사상을 가리킨다. 이 용어는 양모羊毛를 뜻하는 수프suf라는 단어에서 유래한다. 초기 수피 수행자들이 거칠게 짠 양털 옷을 입고 금욕생활 속에서 신비 체험을 한 데서 기원한다.

순나sunna 예언자 무함마드의 언행 혹은 관행을 지칭하는 아랍어. 순나는 모든 무슬림들의 인생 지침의 역할을 한다. ≪꾸란≫, 합의(이즈마아), 유추(끼야스) 등과 함께 샤리아의 법원法源 가운데 하나다. 순나를 기록한 서책을 ≪하디스≫라고 한다.

술탄sultan 세속적 의미의 최고 권력자를 지칭하는 용어로서 주로 군주의 호칭으로 사용되었다.

슈르따shurta '경찰'을 지칭하는 아랍어.

시야사 샤르이야siyasa shar'iyya 샤리아 통치론. 이슬람 국가의 통치자는 율법 샤리아의 한계 내에서 통치해야 한다는 개념. 통치 권력은 알라가 부여한 것으로 최고 권력자라도 샤리아를 어길 수 없다는 것을 의미한다.

실실라silsila '계보'를 뜻하는 아랍어. 예언자 무함마드로부터 근원하는 말씀, 관행, 영적 권위가 세대를 거듭하며 연결되는 계보를 말한다.

아끌'aql 이성理性 혹은 지성知性을 가리키는 아랍어.

아답adab '문학'을 뜻하는 아랍어.

아말'amal 재판 과정 중 참고가 되는 판례를 말한다. 재판관은 여러 가지 판례를 살펴본 후 현지의 풍습에 가장 적합한 것을 따른다.

아미르amir 군사령관, 총독, 군주 등을 지칭하는 칭호. 흔히 영어로 에미르emir라 표기하기도 한다. 터키에서는 보통 베이bey라고 한다.

아미르 알 핫즈amir al-hajj 메카로 떠나는 순례단을 이끄는 우두머리를 지칭하는 말로서 후에 공식 관료 직책으로 발전하기도 했다.

아민 알 우마나amin al-umana 단체의 우두머리를 지칭하는 칭호로서 흔히 장인匠人 조합장을 가리킨다.

아블라끄ablaq 아랍 건축 기법 가운데 하나로서 보통 흑색, 적색, 백색의 벽돌을 엇갈리게 배치한다.

아슈라'ashura 이슬람력 1월 10일에 해당하며, 쉬아파의 3대 이맘 후세인이 카르발라에서 순교한 사건을 기리는 날이다. 아직도 이라크와 이란의 쉬아파 교도들은 이날을 기념하여 각종 행사를 거행한다.

아스케르asker '군대'를 가리키는 말로서 오스만 제국의 지배 계층을 지칭한다.

아싸비야'asabiyya 부족 간의 연대 의식을 지칭하는 단어로서 아랍의 역사학자 이븐 칼둔은 이 개념을 사용하여 역사 발전 법칙을 설명했다. 사막에 사는 유목 민족은 강한 아싸비야 덕분에 도시 정주민을 정복하고 새로운 제국을 건설할 수 있다. 반면 아싸비야의 와해는 곧 국가의 몰락으로 직결된다.

아야룬'ayyarun '부랑자' 집단을 뜻하는 아랍어. 10~12세기 등장했던 젊은 층으로 이루어진 도시 건달들이다. 이들은 국가 권력에 대항하는 무장집단으로 발전하기도 했다.

아잔adhan 예배 시간을 알리는 리듬 있는 음성. 하루 다섯 차례 예배 때마다 모스크의 첨탑에서 아잔을 육성으로 소리 냄으로써 예배 시간이 되었음을 알려준다.

알림'alim '이슬람 학자'를 지칭하는 아랍어로서 복수형은 '울라마'라고 한다. 서西아프리카에서는 말람mallam, 인도에서는 물라mullah라고 한다.

암마'amma 일반 대중을 지칭하는 말로서 특수한 식자층을 가리키는 캇사khassa에 대비된다. 흔히 이슬람 철학자들이 많이 사용한 용어로서 난해한 철학은 소수의 식자층을 위해 존재하는 데 반해 종교 경전은 일반 대중을 위해 계시되었다고 설명한다.

에야레트eyalet 오스만 제국의 행정 단위. 오스만 제국은 주州에 해당하는 에야레트, 군郡에 해당하는 산자크Sancak, 면面에 해당하는 카자Kaza, 동洞에 해당하는 쾨이Köy로 구성되었다. 에야레트의 수장首長은 베이레르베이Beylerbeyi라고 한다.

예니체리janissary 오스만 제국 시절의 특수 보병 부대로 주로 기독교도 노예들과 이슬람으로 개종한 비非투르크인들을 주축으로 구성되었다.

와끄프waqf 종교 기부금. 종교 혹은 구호의 목적으로 재산 수입금 중 일부를 영구적으로 기부하며, 이 기부금은 모스크, 학교, 병원 등을 건립하는 데 사용한다. 후부스hubus와 동의어이다.

와시wasi 이스마일 쉬아파에서 계시의 내적 의미를 해석하는 자를 지칭하는 용어. 이스마일파 교리에 따르면 인류에게는 모두 일곱 차례의 예언 주기가 있다. 각 주기마다 나띠끄natiq라고 하는 사도가 알라로부터 계시를 받는다. 한편 와시는 계시 속에 함의된 내적 의미를 해석하는 역할을 맡는다.

와지르wazir 이슬람 정부의 대신大臣 혹은 장관. 영어로는 vizir 혹은 vizier로 표기한다.

와흐다트 알 우주드wahdat al-wujud 수피즘에서 사용하는 철학적 용어로서 존재일원론存在一元論을 의미한다. 수피즘에 의하면 우주 만물은 창조주 알라의 현현顯現이다. 따라서 모든 존재는 궁극적으로 하나의 근원으로부터 나온 것이다.

왈리wali, **아울리야**awliya 왈리는 수피 성자聖者를 일컫는 칭호로 '알라의 친구'라는 뜻을 지닌다. 아울리야는 왈리의 복수형이다. 왈리는 높은 경지에 이른 수피 수행자로서 숭배의 대상이 되기도 한다. 왈리는 예언자보다는 지위가 낮지만 기적과 치유의 은사를 행하는 것으로 여겨진다.

우두wudu 세정洗淨 의식을 뜻하는 아랍어. 무슬림들은 예배를 드리기 전에 반드시 손발을 씻는 세정 행위를 통해 몸과 마음을 깨끗이 하는데, 이를 우두라고 한다.

우둘'udul 법적 공증인. 우둘은 사회적으로 평판이 좋은 사람들이 맡았으며, 이들의 증언은 판관에 의해 재판의 증거 자료로 채택되었다.

우르프'urf 지방 관습.

우므라'umra 비공식 순례. 무슬림들의 의무인 순례에는 핫즈hajj와 우므라 두 가지 종류가 있다. 핫즈는 정해진 순례 기간 동안 치르는 정기 순례이다. 반면 우므라는 정기 순례가 아니라 개인의 편의에 따라 개별적으로 메카를 방문하여 치르는 비공식 순례이다.

우술 알 딘usul al-din 이슬람 신앙 원리. ≪꾸란≫과 순나에 나타난 종교의 근본적 신앙을 체계적으로 연구하는 학문.

우술 알 피끄흐usul al-fiqh 이슬람 법학 원리. 원리를 뜻하는 우술usul과 법학을 뜻하는 피끄흐fiqh의 합성어. 꾸란과 하디스 등과 같은 법원法源으로부터 율법적 규범을 도출하는 것이 바로 피끄흐이며, 그 방법론을 우술 알 피끄흐라고 한다.

울라마'ulama 이슬람 종교에 관한 지식을 쌓은 무슬림 법학자 혹은 신학자들을 통칭하는 용어. 이들은 종교에 관한 가르침을 주고 올바른 인도를 할 수 있는 지식인들로서 높은 학식 때문에 무슬림 대중으로부터 존경받는다. '이슬람 학자'를 지칭하는 알림'alim의 복수형이다. 인도에서는 이슬람 학자를 물라mullah라고 한다.

움마umma 이슬람 공동체. 현대에 와서는 민족이라는 의미로 통용되기도 한다.

위르드wird 수피 수행자가 읊조리는 기도문. 일정한 양식의 말을 정기적으로 반복한다는 점에서 디크르dhikr와 유사하다. 그러나 위르드는 수행자 개인의 기도문인 데 반해 디크르는 집단으로 읊는다. 히즙hizb과 동의어이다.

위칼라wikala 대상隊商 무역인들이 숙박했던 여인숙. 여행객들은 낙타와 말 등을 아래층에 묶어두고 위층으로 올라가 휴식을 취했다. 마그립에서는 주로 푼두끄라funduq고 했으며, 시리아와 이라크에서는 칸khan, 이집트에서는 위칼라라고 했다.

윌라야wilaya 수피 성자숭배 사상. 수피 성자를 일컫는 왈리에서 파생된 용어이다. 왈리는 높은 경지에 이른 수피 수행자로서 각 수피 종단에서 숭배의 대상이 되곤 한다.

이끄타iqta' 봉토를 뜻하는 아랍어. 10세기 무렵부터 이슬람 세계에서는 지방 군주들에게 봉토를 나눠주는 토지제도가 등장했다. 지방 군주는 중앙 정부에 세금을 납부하고 군軍을 동원했으며, 그 대가로 토지의 수익 일부를 사적私的으로 소유할 수 있는 권리를 인정받았다. 이 제도는 셀주크 왕조 시절에 발전하기 시작했으며, 후에 이집트와 마그립 지역으로도 전파되었다.

이드 알 아드하'id al-adha 이슬람의 대大축제인 '희생제'를 가리키는 아랍어. 순례 의식이 끝나는 마지막 날 양을 바쳐 제사 지내며, 이는 아들 이스마엘을 바치고자 했던 아브라함의 신앙심을 기리기 위한 것이다.

이드 알 피뜨르'id al-fitr 이슬람의 소小축제로서 라마단 단식이 끝나는 것을 축하하는 날이다.

이맘imam 순니파에서는 주로 '예배를 인도하는 자'를 의미한다. 이맘의 지위를 취득하기 위해서 특별교육과정이나 어떤 의식을 거치지 않아도 되며, 누구나 이맘이 될 자격이 있다. 한편 쉬아파에서는 이슬람 공동체의 최고 지도자인 알리와 그의 후손들을 지칭한다. 쉬아파에서 이맘은 아무나 될 수 없으며, 숭배의 대상이 되기도 한다.

이바다트'ibadat 이슬람 율법학자들은 인간 행위의 유형을 크게 두 가지로 나눈다. 그중 첫째가 이바다트이고, 둘째가 무아말라트mu'amalat이다. 이바다트는 인간과 알라의 관계에 관한 것으로서 예배, 단식, 희사, 순례 등이 그 예에 속한다. 한편 무아말라트는 인간과 인간의 관계에 관한 것으로서 결혼, 이혼, 매매, 유산, 상속 등이 이에 속한다.

이슈라끄ishraq 이슬람 철학 분야 가운데 하나로서 조명철학照明哲學을 지칭한다. 12세기 철학자 수흐라와르디에 의해 정립되었다. 이 철학의 주요 내용은 신과 영의 세계는 본질적으로 빛이며,

우리의 인식 과정은 위로부터의 조명에 의해 깨달음에 도달하게 된다는 것이다. 이 철학은 수피즘 발전에도 많은 영향을 주었다.

이스나드isnad 하디스의 '전달 계보'. 하디스는 크게 '마튼'과 '이스나드' 두 부분으로 구성되어 있다. 마튼은 하디스의 본문 즉 전달 내용을 가리킨다. 한편 이스나드는 그 내용이 누구를 통해 어떻게 전달되었는가의 계보를 말한다.

이스티슬라흐istislah 이슬람 법학 용어 가운데 하나로서 '올바르고 건전한 것을 추구하는 것'을 의미한다. 이 개념은 이스티흐산과 유사한 것으로서 대중적이며 개인적인 선善은 반드시 법률 발전의 기준이 되어야 한다는 취지에서 나온 것이다.

이스티흐산istihsan 이슬람 법학 용어 가운데 하나로서 공리적 원칙에 따라 법 판단 시 예외적 결정을 선택하는 것. 기존의 법적 결정을 준수하는 것이 불가능하거나 개인 혹은 집단에게 불이익을 초래할 경우, 차선의 선택을 하는 경우에 이 개념을 적용하게 된다.

이쓰나 아샤리야ithna 'ashariyya '12이맘 쉬아파'를 가리키는 아랍어. 알리와 파티마 후손 가운데 12명을 이맘으로 인정하고 있다. 특히 873년에 홀연히 자취를 감춘 12번째 이맘이 미래의 구세주로 재림할 것이라고 믿고 있다. 쉬아파의 최대 종파로서 이란 전역과 이라크 남부 지역에서 집중적으로 발견된다.

이완iwan 이슬람 건축 양식을 가리키는 아랍어로서 페르시아어로는 에이반eyvan이라고 한다. 간혹 아랍어 방언으로 리완liwan이라고 하기도 한다. 이것은 건물의 중앙에 높은 아치형의 천장을 가지는 커다란 방으로 만들어져 있다. 그 정면은 정원을 향해 열려 있다. 이 건축 양식은 파르티아 서부와 사산 왕조에서 유래된 것으로 중세 이후 이란 지역에서 발달했다.

이자자ijaza 중세 이슬람 대학에서 스승이 제자에게 발급해 주었던 학위증. 제자가 어떤 스승으로부터 어떤 문헌의 내용을 전수 받았는지를 적었다.

이즈마ijma' 이슬람 법원法源 가운데 하나로서 합의consensus를 의미한다. 이슬람 법원에는 ≪꾸란≫, 순나, 합의, 유추 등 네 가지가 있다. 이슬람 율법학에서는 한 시대의 모든 법학자들이 특정 사건에 대한 판결에 동의했을 때, 그것을 합의에 이르렀다고 규정한다.

이즈티하드ijtihad 이슬람 율법학의 용어로서 '독자적인 판결에 이르게 하는 개별적 법해석 행위'를 말한다. 이즈티하드를 행하는 사람을 무즈타히드mujtahid라고 한다.

이흐람ihram 순례를 할 때 무슬림들은 두 개의 흰색 천을 몸에 두른 후 메카에 입성한다. 이와 같이 옷을 갈아입는 것을 이흐람이라고 한다. 이흐람은 순례의 시작을 의미한다. 간혹 이 단어는 순례 복장 자체를 지칭하기도 한다.

인산 알 카밀insan al-kamil 이븐 아라비를 비롯한 수피 사상가들이 사용한 개념으로서 '완전한 인간'이란 의미를 갖고 있다. 수피 사상가들은 모든 인간들을 유일신 알라의 성품이 체현된 존재라고 본다. 완전한 인간은 알라의 현현顯現이다.

인티삽intisap 오스만 제국 시절 고위직 인사와 관료 후보자 사이에 존재했던 후원제도. 고위직 인사는 혈연 혹은 지연으로 맺어진 젊은이들을 고위직 관료에 등용시켰다.

인티파다intifada 1980년대 후반 팔레스타인에서 발생한 '민중 봉기 운동'을 지칭한다. 인티파다는 1987년 12월 8일 이스라엘 군대의 탱크 운반 크레인이 아랍 노동자들을 태우고 가던 자동차 대열을 덮쳐 승객 네 명이 사망하고 일곱 명이 중상을 입으면서 발단되었다.

인피타흐infitah '개방'을 뜻하는 아랍어. 1970년대 중동의 아랍 국가들이 서구 문화에 대해 문호를 개방하고 경제 개혁 조치를 취한 '경제 개방 정책'을 지칭한다.

일므'ilm 지식 혹은 학문을 뜻하는 아랍어로서 특히 종교학에 관한 것을 지칭한다.

일므 알 칼람'ilm al-kalam 중세 이슬람 신학神學을 가리키는 용어. 학문을 뜻하는 '일므'와 말씀을 가리키는 '칼람'이 합성된 단어이다. 그리스 철학의 방법론을 사용하여 이슬람에 대한 새로운 해석을 추구했으며, 후에 서구 신학 발전에 많은 영향을 끼쳤다.

일미예ilmiye 오스만 제국 시절에 존재했던 고위 이슬람 종교학자 기구로서 주로 사법과 교육을 관장했다. 이슬람 종교 기구로서는 매우 드물게 16세기부터 정교한 위계질서를 갖추었다. 이 기구의 수장은 이스탄불의 무프티였으며, 셰이크 알 이슬람Shaykh al-islam이라고 했다.

자미으jami' 이슬람의 예배당을 가리키는 낱말로서 모스크mosque를 말한다.

자위야zawiya 수피 수행자들의 수도원 혹은 사당과 같은 곳으로서, 스승은 이곳에서 제자들을 가르치고 예배 의식을 거행한다. 주로 마그립 지역에서 자위야라고 한다. 한편 터키에서는 텍케tekke, 이란과 인도에서는 칸까khanqa라고 한다.

자이슈jaysh '군대'를 뜻하는 아랍어.

자잘zajal 중세 안달루스 지방에서 발전한 시詩 형식으로서 서민적 경향이 강한 가요라고 할 수 있다. 자잘은 무왓샤흐와 유사한 형태를 갖기도 하지만, 카르자 부분에서는 무왓샤흐보다 까시다의 형식을 따르는 경향이 있다.

자카트zakat 종교세. 무슬림이라면 연간 수입의 1/40에 해당하는 종교세를 납부해야 하는데, 이를 자카트라고 한다. 신앙증언(샤하다), 예배(살라트), 라마단 단식(사움), 순례(핫즈) 등과 함께 이슬람 신앙과 실천의 다섯 기둥 가운데 하나다.

자힐리야jahiliyya 이슬람 발생 이전 시기를 지칭하는 아랍어. 자힐리야 시대는 광명이 비치지 않는 무지의 시대라는 뜻이다.

잘라바jallaba 모로코인들이 입는 전통 의상으로 온몸을 덮는 통옷이다.

제마아트cemaat 오스만 제국의 행정 용어로서 사회 집단을 나누는 단위를 지칭한다. 오스만의 통치자들은 각 제마아트, 즉 집단의 대표자를 통해 세금을 징수하고 명령을 하달했다.

젤랄리celali 1607년 오스만 제국 시절 지방 봉건 영주들에 대항하여 토지 소유· 개혁을 위해 일으켰던 봉기 운동을 말한다.

주아르zu'ar '부랑자' 집단을 뜻하는 아랍어. 아야룬'ayyarun이라고도 한다.

줄므zulm 통치자의 '압제' 혹은 '억압'을 의미하는 아랍어.

지즈야jizya 인두세를 지칭하는 아랍어. 이슬람 영토에 사는 비非무슬림들은 지즈야를 지불하는 것으로 자신의 부, 생명, 명예는 물론 신앙의 자유도 보장받았다.

지하드jihad 개인적 신앙 투쟁이나 선교, 종교 교육 및 모스크 같은 종교 기관의 설립 등 이슬람 전파와 팽창을 위해 '헌신적으로 노력하는 것'을 의미한다.

진jinn 민속 신앙에 자주 등장하는 영적 존재이다. ≪꾸란≫에 의하면 천사는 빛으로, 인간은 흙으로, 그리고 진은 불로 창조되었다. 천사보다 아래 등급에 있고, 인간의 눈으로는 파악할 수 없는 존재이다. 진 가운데는 이슬람을 믿는 선한 진과 이슬람을 믿지 않는 악한 진이 있다.

카눈나메kanun-name 오스만 제국의 법전法典. 오스만 제국은 선대先代 통치자들의 규율과 결정을 법전 형태로 모은 후 이를 카눈나메로 집대성했다.

카디아스케르kadiasker 오스만 제국의 군軍 최고 재판관. 오스만 제국에서는 군인과 군 내부의 문제를 다루기 위해 별도로 군사 법정을 설치하였다. 군법정의 심리審理는 카디아스케르라는 최고 사령관이 처리했다.

카띱khatib 금요예배 설교자를 뜻하는 아랍어. 설교자는 민바르라고 하는 설교단에 올라 설교를 한다. 내용은 주로 꾸란의 가르침이나 종교적 선행에 관한 것이고 길게 하지 않는다.

카라마karamat 수피즘에서 사용하는 용어로 '은혜'란 뜻을 지닌다. 수피의 성자는 카라마 즉 은혜를 베풀어서 병자를 치유하거나 불운을 없애는 은사를 행한다.

카라즈kharaj 토지세. 이슬람 초기에는 지주가 무슬림인가, 비무슬림인가에 따라 징수 비율에 차이가 났으나, 후대에는 점차 그 차이가 줄어들었다.

카르자kharja 무왓샤흐의 마지막 연聯. 무왓샤흐는 중세 안달루스에서 발전한 시 형식이다. 당시 아랍인들은 무왓샤흐의 마지막 연에 해당하는 카르자에서 로망스 어휘를 사용하곤 했다.

칸khan 대상隊商 무역인들이 숙박했던 여인숙. 여행객들은 낙타와 말 등을 아래층에 묶어두고 위층으로 올라가 휴식을 취했다. 시리아와 이라크에서는 주로 칸이라고 했고, 마그립에서는 푼두끄funduq, 이집트에서는 위칼라wikala라고 했다.

칸까khanqa 수피 수행자들의 수도원 혹은 사당과 같은 곳으로서, 스승은 이곳에서 제자들을 가르치고 예배 의식을 거행한다. 리바트ribat 혹은 자위야zawiya라고도 한다.

칼람kalam 중세 이슬람 신학神學을 가리키는 용어. '말씀'을 뜻하는 아랍어에서 유래. 한편 신학자는 무타칼림mutakalim이라고 한다.

칼레미예kalemiye 오스만 제국의 관료체제. 술탄의 명령과 규율을 기록하는 문서 기록관, 자산과 세금을 기록하는 회계관으로 구성되었다.

칼리파khalifa '후계자' 혹은 '대리자'란 뜻을 지닌 아랍어에서 유래한 용어로서 예언자 무함마드의 사후 이슬람 공동체를 이끌어 나간 최고 지도자를 지칭한다. 칼리파는 무함마드가 행사하던 정치권력과 종교권력 모두를 계승했다. 영어식으로는 칼리프Caliph라고 표기한다.

칼와khalwa 드루즈파의 예배당. 거의 아무런 장식이 없는 단순한 형태로 만들어지며, 경전을 암송하거나 사회 문제를 토론하는 장소로 이용한다.

캇사khassa 식자층을 지칭하는 말로서 일반 대중을 가리키는 암마'amma에 대비된다. 흔히 이슬람 철학자들이 많이 사용한 용어로서, 난해한 철학은 소수의 식자층을 위해 존재하는 데 반해 종교 경전은 일반 대중을 위해 계시되었다고 설명한다.

케디브khedive 1867년 오스만 제국 술탄이 이집트 태수에게 부여한 칭호로, 이집트 통치자들은 1914년까지 이 칭호를 사용했다.

콜론colon 정착자 혹은 이주자를 뜻하는 프랑스어로서 19세기 프랑스는 본토 이주자들을 통해 마그립 식민지 영토를 개발해 나갔다.

쿠뜨바khutba 금요예배 때 행해지는 설교.

쿠탑kuttab 과거 이슬람 세계에 있었던 초등 교육기관으로서 우리나라의 서당과 같은 기능을 했다. 어린 학생들은 이곳에서 아랍어를 깨우치고 ≪꾸란≫을 암송했다. 마크탑maktab이라고도 한다.

키드르khidr 영생을 얻은 전설적인 이슬람 성자로서 수피 수행자들 사이에서 그의 이야기가 전해온다. 키드르란 이름은 '녹색'이란 뜻을 지닌 아랍어에서 유래한다. 전설에 따르면 그는 생명의 샘에 들어가 그 빛깔이 녹색으로 변했다고 한다. 시리아에서는 키드르가 성 게오르기우스St. George와 동일시된다.

키부츠kibbutz 이스라엘의 집단생활 공동체의 한 형태. 재산의 공동 소유와 어린이의 공동 교육이 그 특징이다. 1909년 팔레스타인에 세워졌던 농민 정착촌 케부차kevutzah가 그 기원이다.

키스와kiswa 카으바 신전을 덮고 있는 검은색 천. 키스와는 매년 순례 마지막 날에 새로운 것으로 갈아준다. 벗겨진

헌 키스와는 조각으로 자른 후 순례객으로 온 외국 유명 인사 혹은 단체에 헌사한다.

타사우우프tasawwuf 수피즘Sufism을 지칭하는 아랍어. 양모를 뜻하는 아랍어 단어 수프suf에서 유래했다.

타이프taife 오스만 제국의 행정 용어로서 사회 집단을 나누는 단위를 지칭한다. 제마아트cemaat라고도 한다.

탄지마트tanzimat 19세기 오스만 제국 위정자들이 주도한 개혁 운동. 유럽식 근대화의 일환으로 군의 개혁, 행정 정비, 교육과 법의 개혁 등을 추진했다.

티마르timar 오스만 제국에서 귀족 혹은 병사들에게 봉급 대신 분봉되었던 봉토. 특히 14~15세기 오스만의 유럽 원정 때 장교들에게 티마르를 지급하였다.

파나fana 이슬람 수피주의 용어로서 유일신 알라와의 합일(타우히드) 직전 경험하게 되는 몰아沒我의 황홀경 상태를 말한다.

파디샤padishah 오스만 제국의 술탄sultan을 지칭하는 호칭. '통치자'를 뜻하는 페르시아어에서 유래했다.

파트와fatwa 구체적 사건에 대한 율법학자 개인의 법적 의견 혹은 해석을 말한다. 파트와를 내놓을 수 있을 정도의 자격을 갖춘 율법학자를 무프티mufti라고 한다.

펫단feddan 이집트에서 사용하였던 토지 측정 단위. 1펫단은 약 0.4헥타르에 해당한다.

푼두끄funduq 대상隊商 무역인들이 숙박했던 여인숙. 여행객들은 낙타와 말 등을 아래층에 묶어두고 위층으로 올라가 휴식을 취했다. 마그립에서는 주로 푼두끄라고 했으며, 시리아와 이라크에서는 칸khan, 이집트에서는 위칼라wikala라고 했다.

피끄흐fiqh 이슬람 법학法學을 지칭하는 용어. ≪꾸란≫, ≪하디스≫ 등과 같은 법원法源으로부터 율법적 규범을 도출하는 것이 바로 피끄흐 즉 법학이며, 이는 이슬람 학문의 최고봉이다.

피트얀fityan 젊은 세대로 구성된 단체 혹은 집단으로서 푸트와futuwwa라고 하는 이념을 공유하고 있다. 푸트와는 용기 혹은 고귀함과 같은 젊은이가 갖추어야 할 덕성德性을 지칭한다.

하드라hadra 수피주의자들이 종교 의식을 거행하기 위해 모이는 집회를 일컫는다. 수피 수도승들은 금요일 혹은 특정일에 집회를 열어 신인합일(타우히드)을 위한 각종 의식을 거행한다.

하디스hadith 예언자 무함마드의 언행록言行錄으로서 이슬람의 제2경전으로 취급되고 있다. ≪꾸란≫은 유일신 알라의 말씀을 기록한 경전인 데 반해 ≪하디스≫는 무함마드의 말과 행동을 적어 놓은 것이다. 예언자 사후 약 200년 후에 집대성되었으며, ≪하디스≫에 담긴 교훈은 이슬람 사회의 생활양식의 근간을 이루고 있다.

하라hara 오스만 제국 시절에 통용되었던 행정 단위 가운데 하나. 도시 혹은 마을의 한 구역을 지칭한다.

하람haram ‘금지된 것’을 뜻하는 아랍어. 역사적으로 하람은 크게 두 가지 의미로 사용되었다. 첫째, 율법적으로 절대로 해서는 안 되는 행동 혹은 행위. 둘째, 신성하고 소중한 것으로서 함부로 출입하거나 접촉해서는 안 되는 장소나 물건. 두 번째 맥락에서 한 마을의 지성소 혹은 메카와 같은 성도聖都를 하람이라고도 한다.

하림harim**/하렘** 궁전 혹은 집 안에서 여성들만 거주하는 은폐된 공간. 우리에게는 영어식 발음인 하렘Harem으로 더 많이 알려져 있다. ‘금지된 것’ 혹은 ‘성스러운 곳’을 뜻하는 낱말 ‘하람’에서 기원했다.

하집hajib 중세 이슬람 국가의 궁중에서 일하던 고관 직위 가운데 하나. 궁중의 살림을 도맡았던 시종장에 가까웠으며, 군주를 직접 알현할 수 있었기 때문에 재상보다 막강한 권력을 휘두를 수도 있었다.

할hal 수피 수련자가 신일합일 과정에서 느끼게 되는 영적 심리 상태. 또 다른 용어인 마깜maqam과 대조되는 개념이다. 일반적으로 마깜은 수련자 자신의 노력에 의해 성취되지만, 할은 창조주 알라의 은총에 의해 부여받는 것으로 알려져 있다.

함맘hammam 공중목욕탕을 지칭하는 아랍어. 우마이야 왕조 시기부터 등장했던 함맘은 후에 오스만 제국 시절에 더욱 번창했다. 이 때문에 함맘은 우리에게 ‘증기탕’ 혹은 ‘터키탕’이란 용어로 더욱 널리 알려져 있다.

핫즈hajj 메카로의 순례巡禮를 지칭하는 아랍어. 이슬람 신자의 종교적 의무 가운데 하나로서 평생에 한 번 이상 핫즈를 할 것을 권고한다.

후부스hubus 종교 기부금. 종교 혹은 구호의 목적으로 재산 수입금 중 일부를 영구적으로 기부하며, 이 기부금은 모스크, 학교, 병원 등을 건립하는 데 사용된다. 와끄프waqf와 동의어이다.

훗자hujja 징표proof를 뜻하는 아랍어로서 이슬람 성자聖者를 묘사하는 호칭으로 많이 사용한다. 즉 성자는 무형의 존재인 유일신 알라가 실재함을 증명하는 징표가 된다는 것을 의미한다. 흔히 쉬아파에서 고위 성직자를 지칭할 때 이 용어를 사용한다.

히얄hiyal ‘계략’ 혹은 ‘전략’을 뜻하는 아랍어로서 율법이 명한 계율을 어기지 않으면서 소기의 목적을 달성하는 계책을 주로 의미한다. 이 용어는 주로 상거래에서 많이 사용된다. 예를 들어, 이슬람 율법은 금전거래 시 이자利子를 철저히 금하고 있다. 그러나 채권자와 채무자는 이중판매와 같은 거래를 통해 이자에 해당하는 액수만큼의 소득을 보장해 왔다. 이와 같이 쌍방의 거래자는 형식상 율법을 어기지 않으면서도 내용적으로는 이자를 주고받는 계책 즉 히얄을 발휘한 것이다.

히즈라hijra**/헤지라** 기원후 622년 예언자 무함마드가 메카에서 메디나로 이주한 사건으로서 이슬람 역사의 시발점이 되는 원년元年이 된다. 우리나라에서는 영어식 발음인 헤지라hejira로 많이 알려져 있다.

히즙hizb 수피 수행자가 읊조리는 기도문. 일정한 양식의 말을 정기적으로 반복한다는 점에서 디크르dhikr와 유사하다. 위르드wird와 동의어이다.

찾아보기

ㄴ

ㄷ

ㄹ

ㅂ

ㅅ

ㅇ

ㅈ

ㅊ

ㅋ

ㅌ

ㅎ

■■■ 저자 소개

앨버트 후라니Albert Hourani는 레바논계 영국인으로 맨체스터에서 출생했다. 그는 옥스퍼드 대학교의 모들린 칼리지에서 철학 · 정치 · 경제학을 전공했고 우수한 성적으로 졸업했다. 1937년부터 2년 동안 베이루트 아메리칸 대학교에서 강의를 했다. 전쟁이 발발하자 그는 런던으로 돌아와 왕립국제문제연구소에서 근무했다. 1943~1945년 카이로에서 외무부 소속 분석관으로 근무했으며, 1945~1947년에는 예루살렘과 런던의 아랍사무소에서 일했다. 또한 1946년 영 · 미 팔레스타인 조사위원회의 자문 위원 가운데 한 명으로 활약했다.

이스라엘이 건국되었던 1948년 옥스퍼드로 돌아와 모들린 칼리지의 연구원으로 활동하다가 곧바로 대학에서 근동현대사 강의를 처음 맡게 되었다. 1958년 세인트 안토니 칼리지로 옮겨 그곳의 중동센터 초대 소장을 지냈다. 중동센터에서 역사학자 엘리자베스 먼로Elizabeth Monroe와 함께 중동에 관한 희귀 문서들을 수집했다. 후라니의 헌신 덕분에 옥스퍼드는 중동학 분야에서 영어권 최고의 명성을 얻었다. 1979년 은퇴할 때까지 옥스퍼드에서 중동센터 소장을 지냈다. 그 뒤에도 하버드, 시카고, 프린스턴, 필라델피아 등 미국의 유수 대학과 유럽 및 아랍의 대학에서 방문 교수로서 맹활약했다. 1993년에 작고했다.

그는 강의와 작품 활동을 통해 많은 업적을 남겼다. 특히 아랍 민족주의 발전 과정 및 이슬람과 서구의 관계사 연구 발전에 많이 기여했다. 그는 오랜 연구와 현장 경험을 바탕으로 8권의 저술서와 7권의 편집서를 출간했고 그 밖에 수많은 논문을 남겼다.

≪아랍인의 역사*A History of the Arab Peoples*≫ 초판이 발행되었을 때 에드워드 사이드Edward Said는 ≪인디펜던트*Independent*≫에 다음과 같은 말을 실었다. "후라니는 오늘날 가장 탁월한 중동사 학자 가운데 한 명이다. 과거 그가 출간한 ≪시리아와 레바논*Syria and Lebanon*≫ 그리고 탁월한 통찰력과 장인 정신이 돋보인 ≪자유주의 시대의 아랍 사상*Arabic Thought in the Liberal Age*≫은 이미 고전이 되었다. 상기 두 작품은 아랍인들의 삶의 모습을 방대하면서도 꼼꼼하게 다룸으로써 학자들은 물론 일반 독자들에게도 깊은 인상을 남겼다."

〈2002년 후기〉를 쓴 말리즈 루스벤Malise Ruthven은 ≪세계 속의 이슬람*Islam in the World*≫, ≪이슬람 개론*Islam : A Very Short Introduction*≫, ≪신을 파는 슈퍼마켓 : 신을 쇼핑하는 미국*The Divine Supermarket : Shopping for God in America*≫ 등을 비롯한 여러 저서들을 출간했다. 그는 런던에 본부를 둔 BBC의 아랍어 서비스와 월드 서비스에서 편집인 겸 방송작가로 활동하기도 했다. 그 밖에 영국과 미국의 여러 대학에서 이슬람학과 비교종교학을 강의하기도 했다. 최근에는 콜로라도 스프링스의 콜로라도 대학교와 샌디에이고의 캘리포니아 대학교 방문 교수로 있다.

■■■ 역자 소개

김정명

한국외국어대학교 아랍어과 졸업
모로코 무함마드 5세 대학교 이슬람 철학 박사
현재 건국대학교 중동연구소 전임연구원
한국외국어대학교 국제지역대학원 중동·아프리카학과 겸임교수

논저

『세계의 혼인 문화』, 『세계의 성문화』, 『세계의 장례 문화』(이상 공저)
『한눈으로 보는 아랍에미레이트』(공역)
「페르시아 이슬람의 특성」, 「철학자들에 대한 알 가잘리의 비판과 그 정치적 배경」, 「이븐 루쉬드의 해석학과 알 가잘리의 비판」, 「서구 오리엔탈리스트들의 이슬람 세계에 대한 이미지 변천 연구」, 「천일야화와 유럽의 낭만적 오리엔탈리즘」, 「이슬람 성문화의 이중성에 대한 고찰」, 「아랍 지역의 기업 조직과 비즈니스 문화연구」 외 다수

홍미정

경희대학교 사학과 박사(중동 현대사 전공)
현재 건국대학교 중동연구소 전임연구원

논저

『팔레스타인 땅, 이스라엘 정착촌』
『중동 종교운동의 이해』 2, 3(공저)
「시온주의 신화」, 「아랍 지역의 팔레스타인 난민」, 「예루살렘 소유권 논쟁」, 「이스라엘 정착촌과 팔레스타인 국가로의 길」, 「캠프데이비드 협정과 정착촌 확장 – 1987년 인티파다의 원인」, 「하마스의 정체성 연구」, 「요르단 군부 엘리트와 부족주의」, 「알제리 정부와 이슬람주의자들」, 「쿠웨이트 종교 운동의 현황과 전망」 외 다수

아랍인의 역사

초판 1쇄 발행일 2010년 3월 31일

지은이 | 앨버트 후라니
옮긴이 | 김정명 · 홍미정
편 집 | 양상모 · 윤태욱
발행인 | 최원필
발행처 | 심산출판사
주 소 | 서울시 은평구 불광동 219-7 예은 101호
전 화 | 0502-324-6280, 02-357-0633
팩시밀리 | 02-357-0631
E-mail | simsan@korea.com
등록번호 | 제1-2114호(1996년 11월 28일)
ISBN 978-89-89721-93-2 93910